Nicdat Pierre

Kim

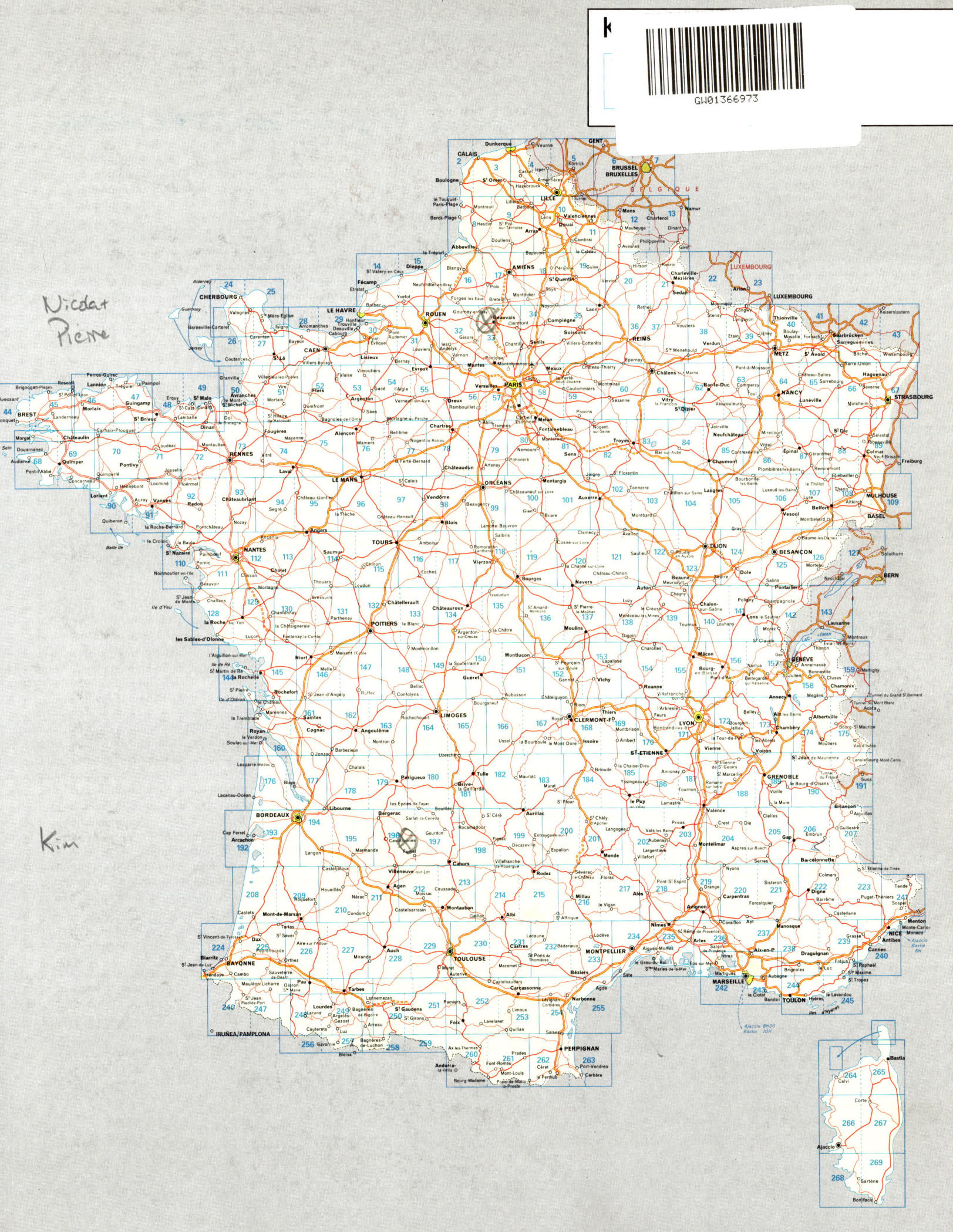
CALAIS
Dunkerque
Boulogne
LILLE
BRUSSEL BRUXELLES
BELGIQUE
GENT
Valenciennes
Arras
Douai
Namur
Charleroi
Abbeville
AMIENS
St Quentin
Dieppe
LUXEMBOURG
Charleville-Mézières
Sedan
CHERBOURG
LE HAVRE
ROUEN
Beauvais
Compiègne
Laon
REIMS
Verdun
METZ
Saarbrücken
Kaiserslautern
CAEN
Lisieux
Évreux
Soissons
Châlons sur Marne
NANCY
STRASBOURG
BREST
Morlaix
Guingamp
St Brieuc
St Malo
Dinan
PARIS
Versailles
Meaux
Melun
Chartres
Troyes
St Dizier
Bar-le-Duc
Épinal
Colmar
Freiburg
RENNES
Laval
Alençon
Le Mans
Fontainebleau
Sens
Quimper
Lorient
Vannes
LE MANS
ORLÉANS
Auxerre
Chaumont
MULHOUSE
BASEL
Angers
TOURS
Blois
Vierzon
Bourges
Nevers
DIJON
BESANÇON
NANTES
Cholet
Saumur
POITIERS
Châtellerault
Châteauroux
Montluçon
Moulins
Mâcon
Bourg-en-Bresse
GENÈVE
Lausanne
BERN
La Rochelle
Niort
Rochefort
Saintes
Angoulême
LIMOGES
Guéret
CLERMONT-FD
Vichy
Roanne
LYON
Annecy
Chambéry
Royan
Périgueux
Tulle
Brive
Aurillac
Le Puy
ST-ETIENNE
GRENOBLE
Valence
BORDEAUX
Arcachon
Bergerac
Cahors
Rodez
Mende
Privas
Montélimar
Gap
Briançon
Agen
Montauban
Albi
Millau
Alès
Avignon
Digne
NICE
Mont-de-Marsan
Dax
BAYONNE
Biarritz
Pau
Tarbes
Lourdes
Auch
TOULOUSE
Castres
Carcassonne
Béziers
MONTPELLIER
Nîmes
Arles
Aix-en-P
MARSEILLE
TOULON
Cannes
Antibes
IRUÑEA/PAMPLONA
Foix
Andorra la-Vella
PERPIGNAN
Narbonne
Bastia
Corte
Ajaccio
Bonifacio
Sartène
Calvi

MICHELIN
ROAD ATLAS
France

MICHELIN® ROAD ATLAS France

MICHELIN® Touring Services

PAUL HAMLYN

MICHELIN maps and guides

MICHELIN, the world's leading manufacturer of radial tyres, is also a well known name in the field of tourist publications; its annual sales of maps and guides exceed 16m in over 70 countries.

Acting on the belief that motoring would have a great future, the Michelin brothers decided to offer the motorist a touring service, an innovative step at the turn of the century: free or inexpensive publications designed to provide information, assistance and encouragement.

At the wheel, touring, on holiday – these three aspects of travel were met by a simple response – a trio of complementary publications to be used together.

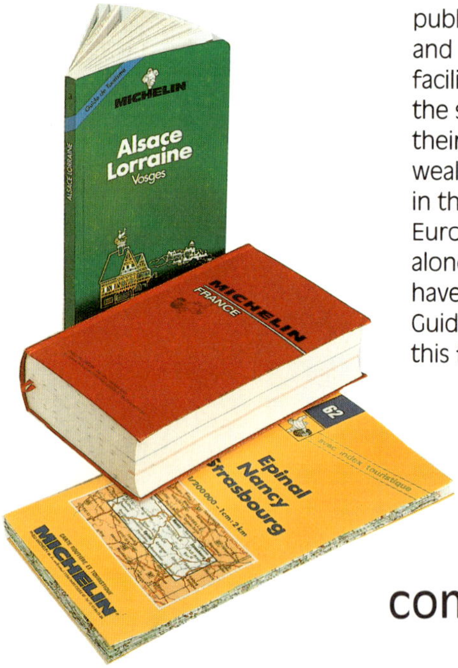

The first of these, the Red Guides, which are published annually, present a selection of hotels and restaurants, with a wide range of prices and facilities. It is, however, probably their award of the stars for good cooking that has established their international reputation; as well as the wealth of essential touring information included in them. There are several guides covering Europe, including the Red Guide to France which alone has sold over 20m copies to date. Readers have such faith in their reliability that the Red Guides are foremost among reference books in this field.

MICHELIN
maps and guides complement one another:

First published 1987 by
Paul Hamlyn, an imprint of Reed Consumer Books Limited
Michelin House, 81 Fulham Road, London SW3 6RB
and Auckland, Melbourne, Singapore and Toronto

Seventh edition 1994
First impression 1994

All maps and index
Copyright © Michelin et Cie Propriétaires-Éditeurs 1994
Creation, graphic arrangement and text pages I-XVI
Copyright © Reed International Books Limited 1987, 1994

All rights reserved. No part of this publication may be reproduced, stored in a retrieval system or transmitted, in any form or by any means, electronic, mechanical, photocopying, recording or otherwise, without the permission of the Publishers and the copyright owners.

Contents

The role of the Michelin Green Guides is to provide tourists with an introduction to the regions of France and other foreign countries. The guides describe the sights, the countryside and picturesque routes; they also contain maps, plans and practical information as well as illustrations and photographs which whet one's appetite for travel. There are over 70 titles covering Europe and North America, which are published in French and other European languages and are revised regularly.

This Road Atlas of France is composed of the series of detailed maps originally published in 1910; they have benefited from the evolution of technical processes and have kept up to date with changes in the road network and the needs of the modern motorist. Over the years new symbols have been devised to facilitate the 'reading' of the map.

Michelin's latest innovation is the A.M.I. (Michelin Travel Assistance) computer communications system, which is accessible 24 hours a day on MINITEL (code 36.15 MICHELIN). Using map and guide coverage of the 40 000 communes and points of interest in France, A.M.I. is an essential aid for route planning and for choosing hotels, camp sites and restaurants.

To improve their service to the customer, Michelin call upon the latest techniques in the compilation and production of their maps and guides. Because of their practical approach, their regular revision and their common concepts, these publications will continue to be an indispensable aid to travel.

use them together!

In spite of the care taken in the production of this book, it is possible that a defective copy may have escaped our attention. If this is so, please return it to your bookseller, who will exchange it for you, or contact Reed Consumer Books Limited.

The representation in this atlas of a road is no evidence of the existence of a right of way.

A catalogue record for this book is available from the British Library.

ISBN 0 600 58047 4

Printed in Great Britain

Front endpapers
Keys to symbols
Town plans   1:200 000 maps
Key to map pages

IV Michelin maps and guides
VI Introduction
Traffic information
Road signs
VIII **Route planning**
X Motoring in France
XII **Paris area** at a scale of 1:105 000
XVI Snow affected roads

1 **Key** to 1:200 000 map symbols
2 **Maps of France** at a scale of 1:200 000

270 **Index** to 1:200 000 maps
309 **Paris** street plan

Channel Tunnel
334   Calais Terminal
335   Folkestone Terminal

Back endpapers
Distances France
Distances France – Europe

Plans of cities and principal towns

271 Aix-en-Provence	**14** Dieppe	**306** Orléans
268 Ajaccio	**286** Dijon	**308** Pau
272 Angers	**291** Grenoble	**263** Perpignan
273 Annecy	**293** Le Havre	**68** Quimper
273 Avignon	**296** Lille	**317** Reims
264 Bastia	**297** Limoges	**318** Rennes
276 Besançon	**90** Lorient	**144** La Rochelle
255 Béziers	**298** Lyon	**319** Rouen
224 Biarritz	**299** Le Mans	**48** St-Brieuc
192 Bordeaux	**242** Marseille	**321** St-Etienne
2 Boulogne	**301** Metz	**49** St-Malo
277 Bourges	**302** Monte Carlo	**327** Strasbourg
44 Brest	**303** Montpellier	**245** Toulon
279 Caen	**304** Mulhouse	**329** Toulouse
2 Calais	**305** Nancy	**330** Tours
282 Chartres	**110** Nantes	**330** Troyes
25 Cherbourg	**240** Nice	**332** Versailles
284 Clermont-Ferrand	**305** Nîmes	

Introduction

The first maps

André Michelin published his first guide book in 1900, to provide 'information which will be useful to a motorist travelling in France', and logically this led to the first Michelin road map, in 1907, and then to the first 1:200 000 series which covered the whole of France.

The first edition of this series, published between 1910 and 1913, was the forerunner of the modern series of Michelin sheet maps, still published at the scale decided by André Michelin early in the century. These maps in turn are the basis of this atlas, which, like the first Michelin maps and guides, is a thoroughly practical companion for travellers using the roads of France; it also looks beyond the roads to many of the topographical and man-made features of this varied country.

The roads of France

In European terms France is a large country, and it is still predominantly rural, characterized more by open country and villages or small towns than sprawling urban areas – outside Paris, only the conurbations of Lyon and Marseille have populations of more than a million. It is thus a country where the road network has traditionally been important, and it has become steadily more important through the last three decades.

There are more than 1.5 million kilometres (930 000 miles) of roads. The network includes about 7942 km (over 4935 miles) of motorways, some 800 000 km (almost 500 000 miles) of main roads, and around 700 000 km (around 435 000 miles) of minor roads. The main roads are either 'N' roads, which are regarded as part of the international or national routes network, or 'D' roads which are inter-regional; these are the red and yellow roads on the maps. Other roads are shown in white on the maps.

Many of the trunk roads, most logically those which do not duplicate motorway routes, have been uprated. Often superbly aligned, sometimes still lined with the poplar trees that were once traditional, these can make for enjoyable driving and overall journey speeds very near to the governing legal speed limit. From a driver's point of view the motorways are less interesting, but they do provide straightforward routes between main centres. Most are *autoroutes à péage*, or toll roads. The charge per kilometre varies from motorway to motorway and the toll payments on a long journey can be high. Different rates apply to coaches, goods and utility vehicles, cars towing caravans or trailers, motorcycles, and so on.

Overall, congestion is not a feature of motoring in France, though city rush hours are best avoided. The routes out of Paris or back into the capital can be very congested at weekends or holiday periods, while the almost perpetual congestion on the *périphérique* has become notorious. This ring road does, however, offer quick and easily understood routes from one side of the capital to another, or between suburban districts, and it links the motorways radiating out to the provinces. At peak holiday periods routes through Lyon can be very crowded but are difficult to avoid. Other traffic trouble spots are predictable – for example, parts of the south coast during the summer, or routes to winter sports resorts early in the year.

Using this atlas

The Michelin maps in this atlas provide the best possible guidance for drivers in France, from route pre-planning to on-the-spot selection to avoid a delay. Each spread of two pages in this atlas covers an area of approximately 61 by 92 kilometres (38 by 57 miles), displaying a sizeable area of country. Through routes are obvious and the painstaking work of the cartographers also ensures that the detail of road widths can be seen in advance. Diversions can be devised quickly, perhaps using the yellow or white minor roads.

The yellow roads are often used in signposted alternative routes, with signs frequently directing drivers to good 'D' roads; these can be particularly useful in avoiding built-up areas and often provide good, less congested long-distance routes. This system uses green signs which incorporate the word *Bis* since the routes are known as *Itinéraires Bis* in France.

Many of the 'D' roads are keys to intrinsic delights and the map symbols guide tourists to sites ranging from historic buildings to viewpoints. Many of the places picked out on the maps also merit entries in the renowned Michelin Green Guides, which cover regions of France with detailed descriptions of places of interest and suggestions for tours; the outline maps can be used in conjunction with this atlas. Picturesque roads are distinguished on the maps with green borders. More broadly, topography can be read off the maps, with hill shading, for example, fleshing out the bare bones of a named mountain pass or throwing into relief the sweep of one of the superb French river valleys which have provided routes for travellers since prehistoric times.

The maps are also related very directly to the Michelin Red Guide; places, not simply towns but villages and isolated hamlets, that merit entries in the Guide are underlined in red on the maps, while red frames pick out the towns with street plans included in the Guide.

This atlas has been planned as an end in itself, and as part of the Michelin tourist library, where it complements the series of well-established maps and guides. It does not take the place of the yellow sheet maps, which slip conveniently into a pocket or handbag with the local Green Guide, but, in combination, this atlas, the guides and the sheet maps are invaluable to travellers in France.

Traffic information

Centre de Renseignements Autoroutes (9-12h, 14-18h)
Monday-Friday   (1) 47 05 90 01   **Minitel** 3615 Code AUTOROUTE

Centres Régionaux d'Information et de Coordination Routière

Bordeaux 56 96 33 33	Marseille 91 78 78 78
Ile de France/	Metz 87 63 33 33
Centre (1) 48 99 33 33	Rennes 99 32 33 33
Lille 20 47 33 33	
Lyon 78 54 33 33	

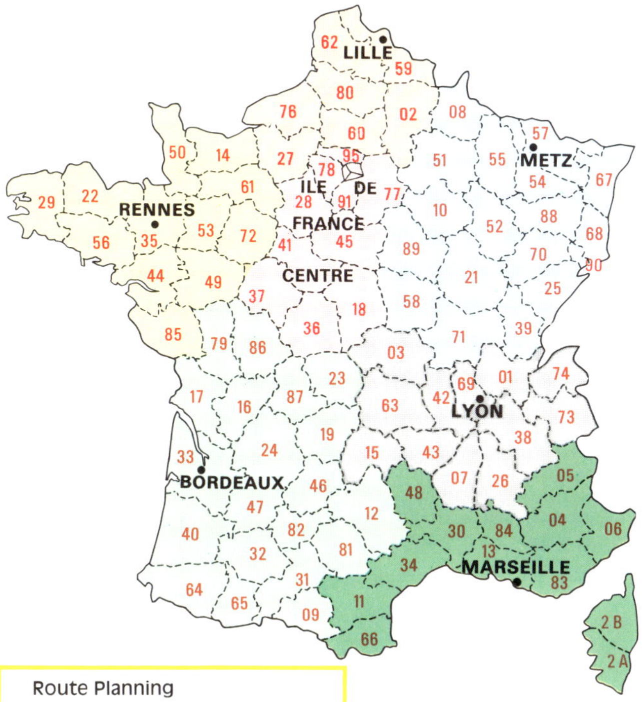

Route Planning
Michelin Travel Assistance (24-hour)
Minitel: 36 15 code MICHELIN

21 Number of *département*, listed on page 270

Road signs

The background colours of direction signs are appropriate to categories of roads:

blue - motorways
green - main roads
white - local roads

Yellow signs with black lettering are used for temporary routes, especially diversions (*déviations*).

The *Itineraire Bis* road signs are used to indicate less congested alternative routes.

Sign indicating the start of a stretch of 'priority' road and sign indicating the end of a 'priority' stretch.

Sign indicating a roundabout where vehicles already on the roundabout have priority.

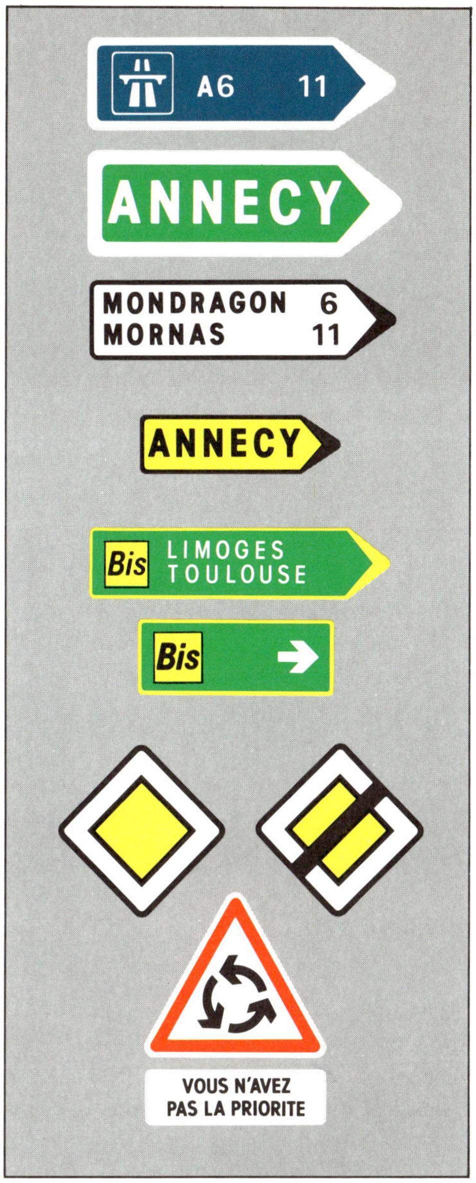

Speed limits

Urban areas: 50 kmh/31 mph

Single carriageway roads: 90 kmh/56 mph
(**on wet roads:** 80 kmh/50 mph)

Dual carriageway roads: 110 kmh/68 mph
(**on wet roads:** 100 kmh/62 mph)

Motorways: 130 kmh/80 mph
(**on wet roads:** 110 kmh/68 mph)
A *minimum* speed limit of 80 kmh/50 mph applies to the overtaking lane of motorways in daylight and good weather.

These limits apply to motor cycles over 81cc; light motor cycles (51–80cc) are subject to a 75 kmh/47 mph limit.

Local variations are indicated on speed limit road signs. The *rappel* sign indicates a continuing restriction.

Priority

The system giving priority to traffic entering a road from the right now applies in built-up areas only, and then not in every case; main roads outside built-up areas have priority. Visual confirmation of a 'priority' road is displayed in yellow and black signs; the same sign with a diagonal cancel stripe clearly indicates the end of a 'priority' stretch. Stop signs must be observed as such, with drivers bringing their vehicles to a standstill. In roundabouts with the approach sign illustrated drivers must give way to vehicles already on the roundabout.

Full information on motoring in France is available from French Government Tourist Offices or motoring organizations such as the Automobile Association or the Royal Automobile Club.

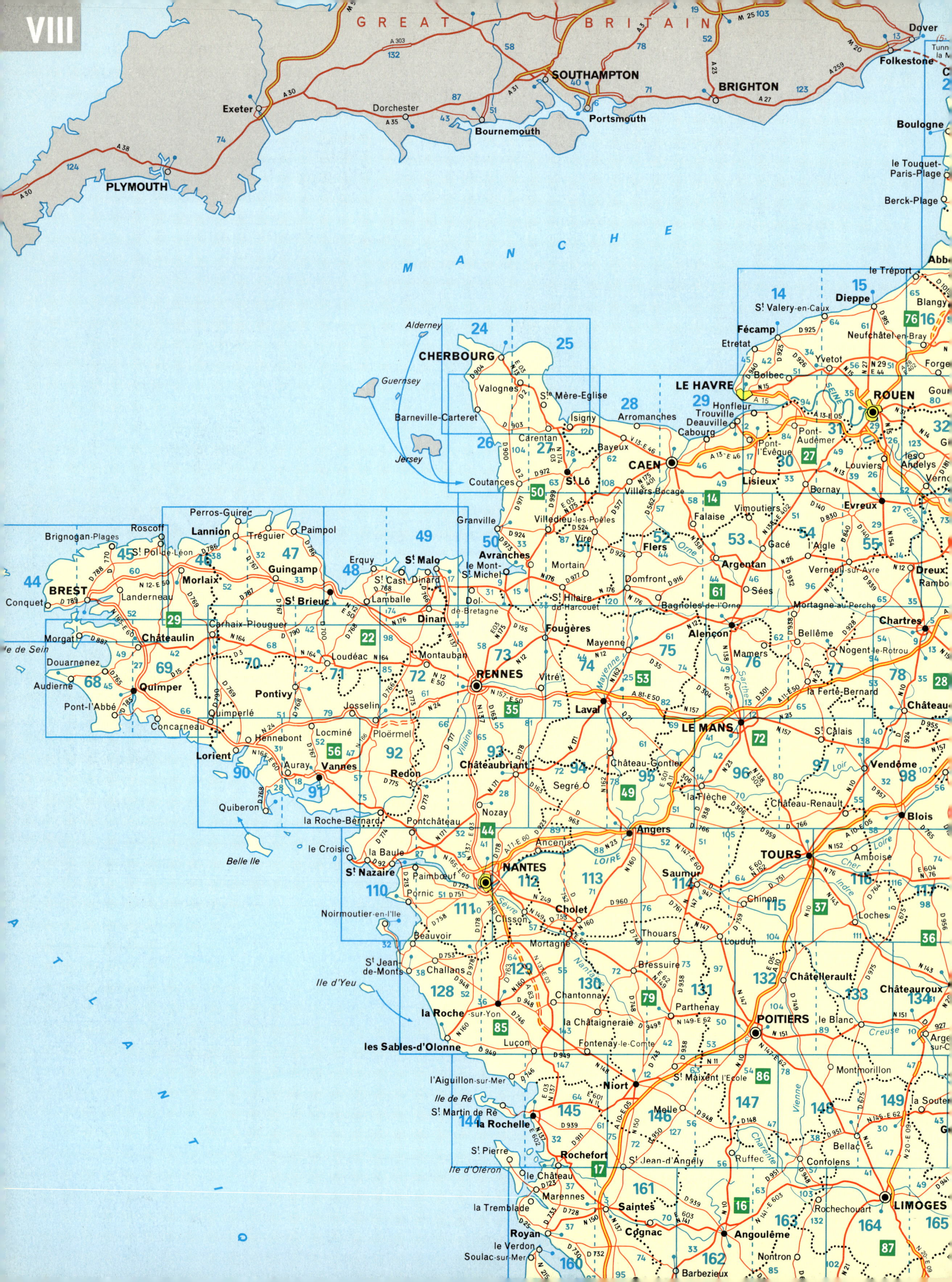
GREAT BRITAIN
Exeter
PLYMOUTH
Dorchester
Bournemouth
SOUTHAMPTON
Portsmouth
BRIGHTON
Dover
Folkestone
Boulogne
le Touquet-Paris-Plage
Berck-Plage
MANCHE
ATLANTIQUE
le Tréport
St Valery-en-Caux
Dieppe
Blangy
Fécamp
Etretat
Neufchâtel-en-Bray
Yvetot
Bolbec
LE HAVRE
Honfleur
Trouville
Deauville
Cabourg
ROUEN
Pont-Audemer
Pont-l'Évêque
Lisieux
Louviers
les Andelys
Bernay
Evreux
Alderney
Guernsey
Jersey
CHERBOURG
Valognes
Ste Mère-Eglise
Barneville-Carteret
Isigny
Arromanches
Carentan
Bayeux
CAEN
Coutances
St Lô
Villers-Bocage
Granville
Villedieu-les-Poêles
Vire
Falaise
Vimoutiers
Flers
Argentan
Gacé
l'Aigle
Avranches
le Mont-St Michel
Mortain
Domfront
Sées
Verneuil-sur-Avre
Dreux
St Hilaire-du-Harcouët
Bagnoles-de-l'Orne
Mortagne-au-Perche
Chartres
Alençon
Bellême
Mamers
Nogent-le-Rotrou
la Ferté-Bernard
Fougères
Mayenne
Vitré
Laval
LE MANS
St Calais
Vendôme
Perros-Guirec
Lannion
Tréguier
Paimpol
Roscoff
Brignogan-Plages
St Pol-de-Léon
Morlaix
Guingamp
St Brieuc
Erquy
St Malo
Dinard
St Cast
Lamballe
Dinan
Dol-de-Bretagne
BREST
Conquet
Landerneau
Morgat
Châteaulin
Carhaix-Plouguer
Ile de Sein
Douarnenez
Audierne
Quimper
Pont-l'Abbé
Concarneau
Quimperlé
Pontivy
Loudéac
Montauban
RENNES
Josselin
Ploërmel
Lorient
Hennebont
Locminé
Auray
Vannes
Quiberon
Belle Ile
Redon
Châteaubriant
Château-Gontier
Segré
la Flèche
Château-Renault
Blois
la Roche-Bernard
Pontchâteau
Nozay
le Croisic
la Baule
St Nazaire
Paimbœuf
Pornic
Ancenis
Angers
TOURS
Amboise
NANTES
Saumur
Chinon
Loches
Noirmoutier-en-l'Ile
Clisson
Cholet
Thouars
Loudun
Beauvoir
Mortagne
St Jean-de-Monts
Challans
Bressuire
Châtellerault
Châteauroux
Ile d'Yeu
la Roche-sur-Yon
Chantonnay
Parthenay
POITIERS
le Blanc
les Sables-d'Olonne
la Châtaigneraie
Fontenay-le-Comte
Luçon
Montmorillon
l'Aiguillon-sur-Mer
Niort
St Maixent-l'Ecole
Ile de Ré
St Martin de Ré
la Rochelle
Melle
Bellac
St Pierre
Rochefort
St Jean-d'Angély
Ruffec
Confolens
Ile d'Oléron
le Château
Marennes
Saintes
Rochechouart
LIMOGES
la Tremblade
Royan
Cognac
Angoulême
le Verdon
Soulac-sur-Mer
Nontron
Barbezieux
LOIRE
SEINE

Route planning

Scale 1:2 200 000 | 1cm:22km | approx 35 miles: 1 inch

Motorway
Dual carriageway with motorway characteristics
Major road
Secondary through route
A6 N 4 Motorway or road number
17 Intermediate distances in kilometres
Regional prefecture
Prefecture
Other principal town

The blue rectangles outline the coverage of each page in the 1:200 000 maps sequence which starts on page 2. The blue numbers are map pages.

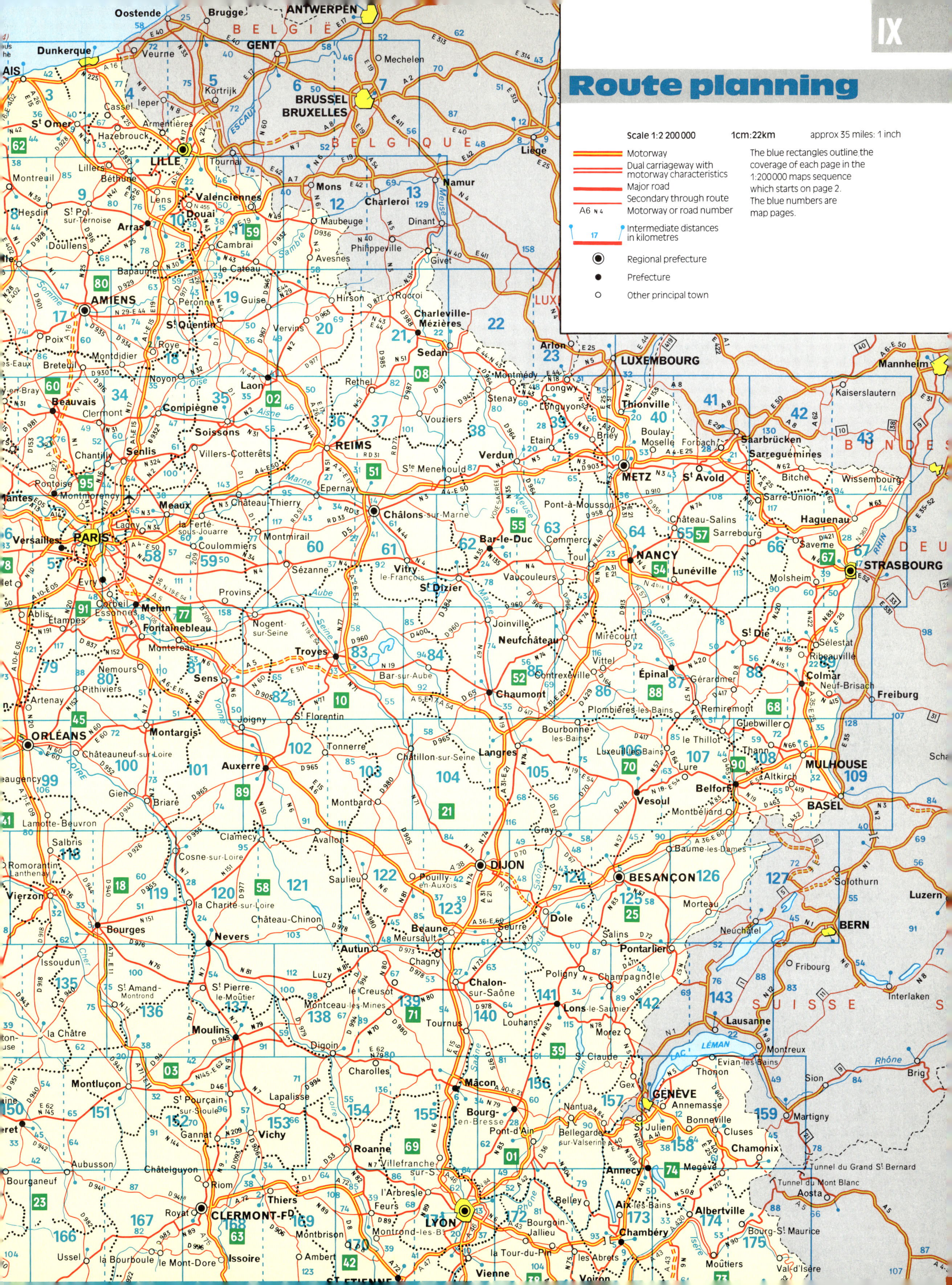

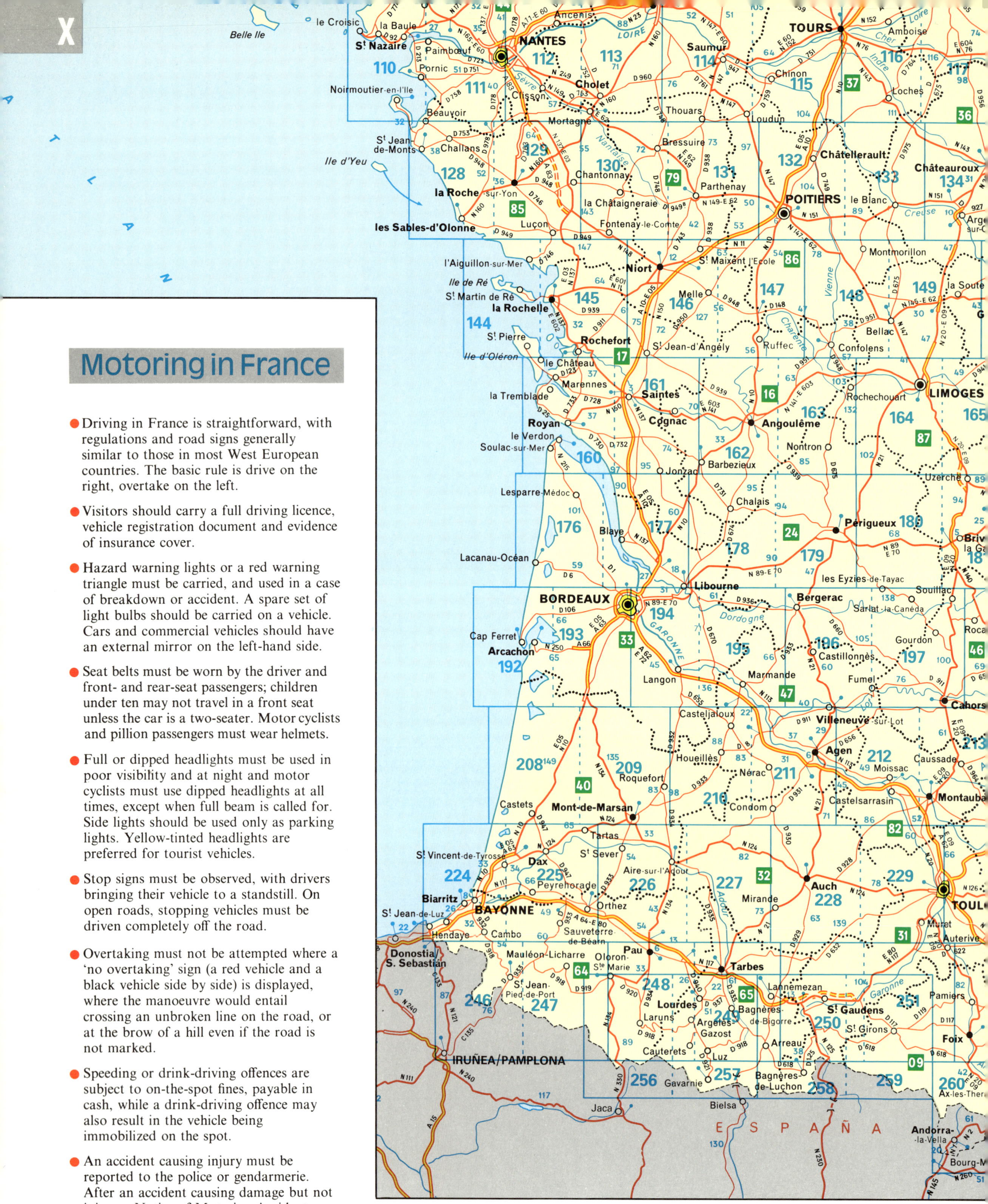

Motoring in France

- Driving in France is straightforward, with regulations and road signs generally similar to those in most West European countries. The basic rule is drive on the right, overtake on the left.

- Visitors should carry a full driving licence, vehicle registration document and evidence of insurance cover.

- Hazard warning lights or a red warning triangle must be carried, and used in a case of breakdown or accident. A spare set of light bulbs should be carried on a vehicle. Cars and commercial vehicles should have an external mirror on the left-hand side.

- Seat belts must be worn by the driver and front- and rear-seat passengers; children under ten may not travel in a front seat unless the car is a two-seater. Motor cyclists and pillion passengers must wear helmets.

- Full or dipped headlights must be used in poor visibility and at night and motor cyclists must use dipped headlights at all times, except when full beam is called for. Side lights should be used only as parking lights. Yellow-tinted headlights are preferred for tourist vehicles.

- Stop signs must be observed, with drivers bringing their vehicle to a standstill. On open roads, stopping vehicles must be driven completely off the road.

- Overtaking must not be attempted where a 'no overtaking' sign (a red vehicle and a black vehicle side by side) is displayed, where the manoeuvre would entail crossing an unbroken line on the road, or at the brow of a hill even if the road is not marked.

- Speeding or drink-driving offences are subject to on-the-spot fines, payable in cash, while a drink-driving offence may also result in the vehicle being immobilized on the spot.

- An accident causing injury must be reported to the police or gendarmerie. After an accident causing damage but not injury a Notice of Motoring Accident should be completed and signed by both parties.

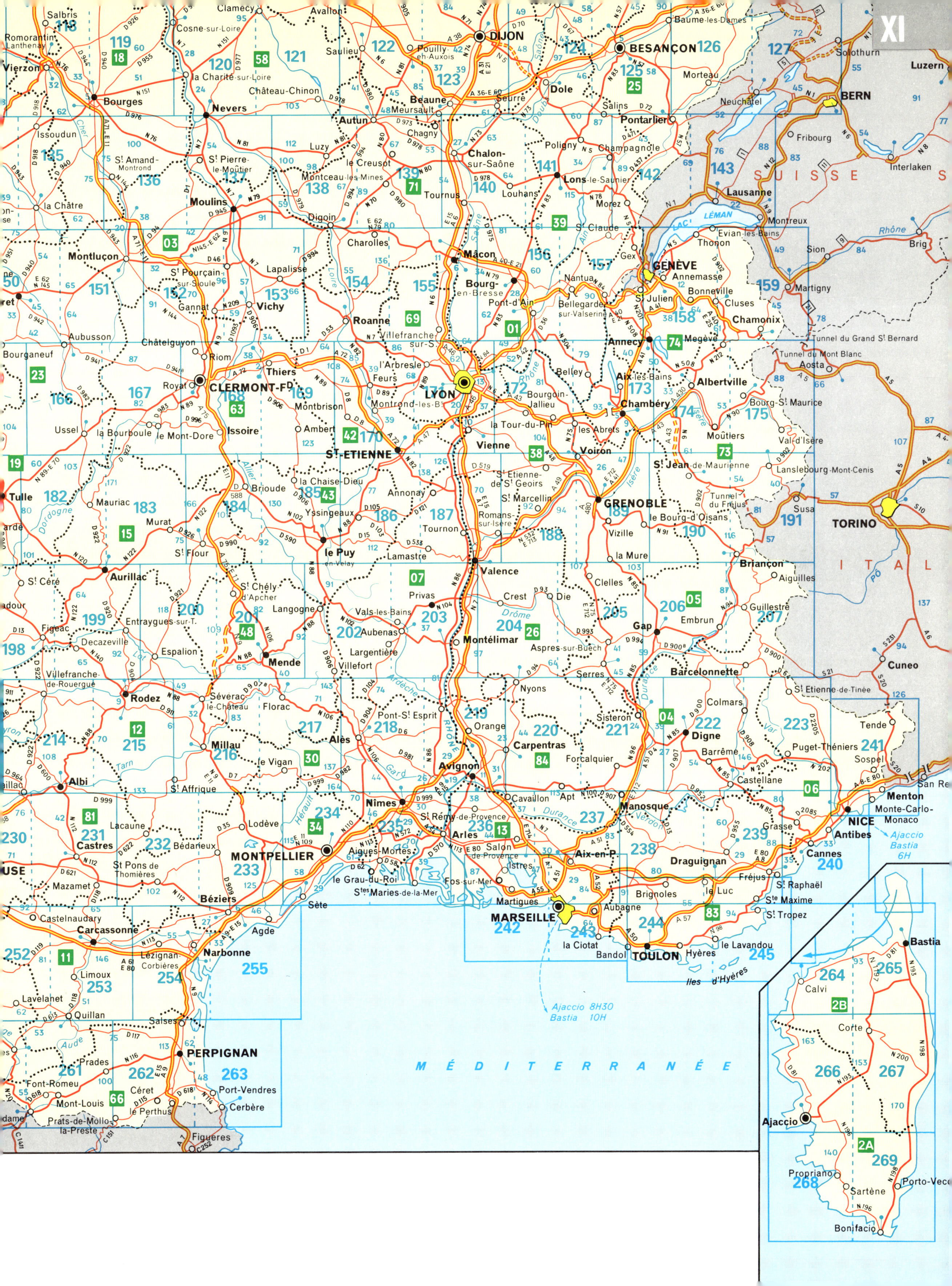
DIJON
BESANÇON
BERN
Luzern
Solothurn
Neuchâtel
Fribourg
Interlaken
SUISSE
Lausanne
LÉMAN
Montreux
Sion
Brig
Martigny
GENÈVE
Annemasse
Thonon
Evian-les-Bains
Chamonix
Tunnel du Grand St Bernard
Tunnel du Mont Blanc
Aosta
Annecy
Megève
Aix-les-Bains
Chambéry
Albertville
Bourg-St Maurice
Moûtiers
Val-d'Isère
Lanslebourg-Mont-Cenis
St Jean-de-Maurienne
Tunnel du Fréjus
Susa
TORINO
ITALIA
GRENOBLE
le Bourg-d'Oisans
Vizille
la Mure
Briançon
Aiguilles
Guillestre
Embrun
Gap
Barcelonnette
Cuneo
St Etienne-de-Tinée
Tende
Sospel
Menton
Monte-Carlo
Monaco
NICE
Antibes
Cannes
Grasse
Castellane
Digne
Barrême
Puget-Théniers
Colmars
Sisteron
Manosque
Forcalquier
Apt
Cavaillon
Carpentras
Avignon
Orange
Nyons
Serres
Aspres-sur-Buëch
Die
Crest
Valence
Montélimar
Privas
Aubenas
Vals-les-Bains
Largentière
Villefort
Pont-St Esprit
Alès
Nîmes
St Rémy-de-Provence
Arles
Salon-de-Provence
Istres
Aix-en-P.
Martigues
MARSEILLE
Aubagne
la Ciotat
Bandol
TOULON
Hyères
Iles d'Hyères
le Lavandou
St Tropez
Ste Maxime
St Raphaël
Fréjus
Draguignan
le Luc
Brignoles
Fos-sur-Mer
Stes Maries-de-la-Mer
le Grau-du-Roi
Aigues-Mortes
MONTPELLIER
Sète
Agde
Béziers
Narbonne
Lézignan-Corbières
Carcassonne
Castelnaudary
Limoux
Lavelanet
Quillan
Salses
PERPIGNAN
Port-Vendres
Cerbère
Figueres
le Perthus
Céret
Prats-de-Mollo-la-Preste
Mont-Louis
Font-Romeu
Prades
MÉDITERRANÉE
Ajaccio 8H30
Bastia 10H
Ajaccio
Bastia
6H
Bastia
Calvi
Corte
Ajaccio
Propriano
Sartène
Porto-Vecchio
Bonifacio
Castres
Mazamet
St Pons de Thomières
Bédarieux
Lodève
Lacaune
Albi
Millau
St Affrique
le Vigan
Florac
Séverac-le-Château
Mende
Rodez
Villefranche-de-Rouergue
Decazeville
Figeac
Espalion
Entraygues-sur-T.
St Chély-d'Apcher
Langogne
le Puy
Yssingeaux
Lamastre
Tournon
Annonay
Romans-sur-Isère
St Marcellin
St Etienne-de-St Geoirs
Vienne
Voiron
les Abrets
la Tour-du-Pin
Bourgoin-Jallieu
ST-ETIENNE
Montbrison
Ambert
la Chaise-Dieu
Brioude
St Flour
Murat
Mauriac
Aurillac
St Céré
Tulle
Ussel
la Bourboule
le Mont-Dore
Issoire
CLERMONT-FD
Royat
Riom
Châtelguyon
Thiers
Vichy
Gannat
St Pourçain-sur-Sioule
Lapalisse
Roanne
Feurs
l'Arbresle
Villefranche-sur-S.
LYON
Montrond-les-B.
Bourg-en-Bresse
Pont-d'Ain
Mâcon
Belley
Bellegarde-sur-Valserine
Nantua
St Julien
Bonneville
Cluses
Gex
St Claude
Morez
Lons-le-Saunier
Champagnole
Poligny
Pontarlier
Salins
Dole
Morteau
Baume-les-Dames
Louhans
Tournus
Chalon-sur-Saône
Chagny
Beaune
Meursault
Seurre
Pouilly-en-Auxois
Saulieu
Autun
le Creusot
Montceau-les-Mines
Charolles
Digoin
Luzy
Château-Chinon
Avallon
Clamecy
Cosne-sur-Loire
la Charité-sur-Loire
Nevers
St Pierre-le-Moûtier
Moulins
Bourges
Vierzon
Romorantin-Lanthenay
Salbris
Issoudun
St Amand-Montrond
la Châtre
Montluçon
Aubusson
Bourganeuf
Cher
Loire
Allier
Saône
Rhône
Isère
Durance
Drôme
Ardèche
Gard
Hérault
Tarn
Lot
Dordogne
Aude
Verdon
Var
Doubs
Ain
Po

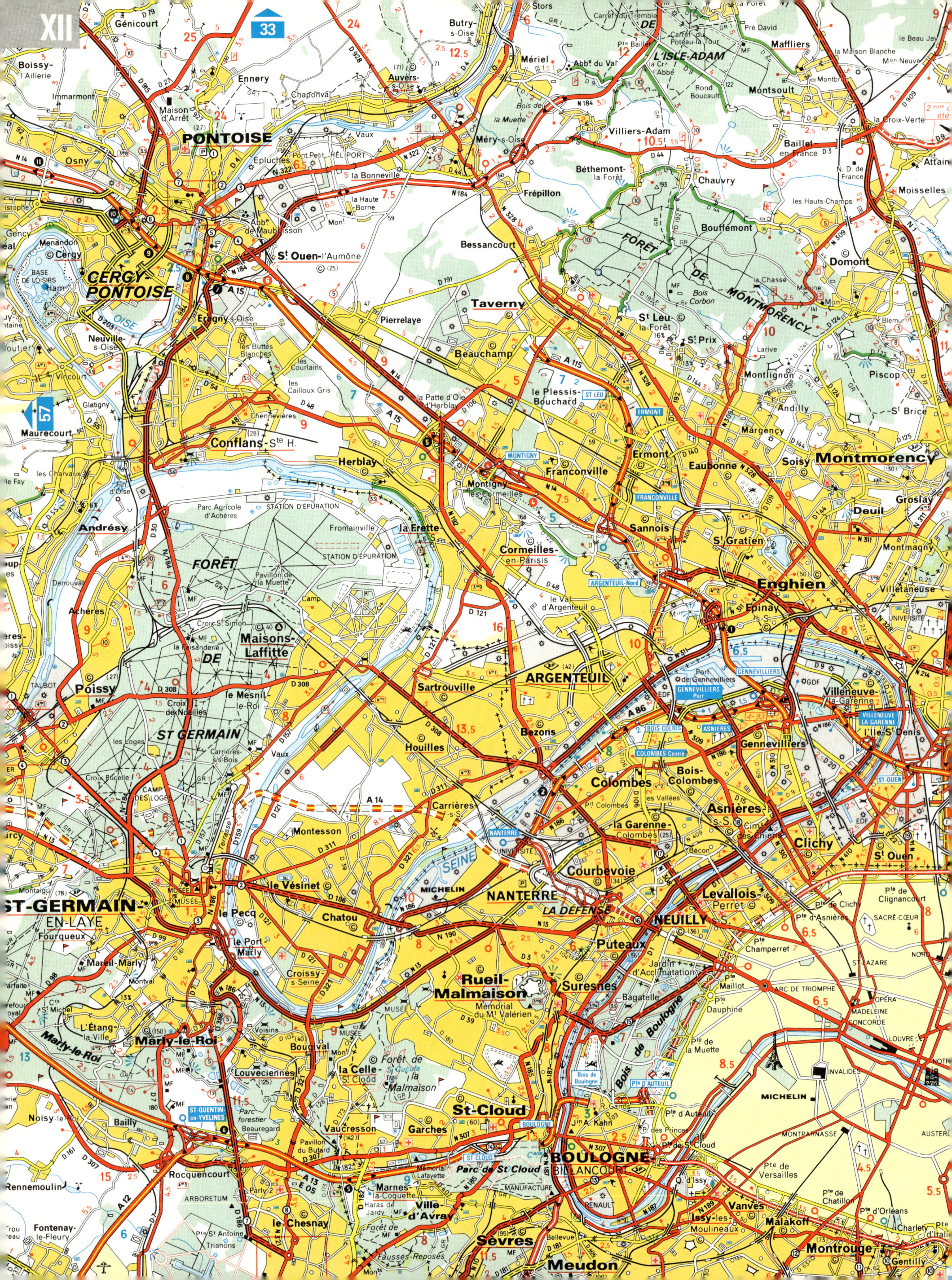
33
57
Génicourt
Boissy-l'Aillerie
Immarmont
Ennery
Chaponval
Maison d'Arrêt
PONTOISE
Auvers-s-Oise
Butry-s-Oise
Stors
Mériel
Abb. du Val
Carrefour du Tremble
Carref. du Poteau-la-Tour
Pté Baillet
L'ISLE-ADAM
Pré David
Maffliers
la Maison Blanche
Mon Neuve
Montsoult
Rond Boucault
Villiers-Adam
Baillet en-France
la Croix-Verte
Attainville
Moisselles
Osny
Vaux
Epluches
Pont Petit
HÉLIPORT
la Bonneville
Méry-s-Oise
Frépillon
Béthemont-la-Forêt
Chauvry
N.D. de France
Les Hauts-Champs
la Haute Borne
Abb. de Maubuisson
St Ouen-l'Aumône
Bessancourt
Bouffémont
FORÊT DE MONTMORENCY
Domont
Menandon
Cergy
BASE DE LOISIRS
Ham
CERGY-PONTOISE
OISE
Eragny-s-Oise
Neuville-s-Oise
Pierrelaye
Taverny
Bois Corbon
la Chasse
St Leu-la-Forêt
St Prix
Piscop
Montlignon
Larive
Beauchamp
les Buttes Blanches
les Courlains
les Cailloux Gris
Vincourt
Glatigny
Maurecourt
Chennevières
Conflans-Ste H.
le Plessis-Bouchard
la Patte d'Oie d'Herblay
ST LEU
ERMONT
Andilly
St Brice
Margency
Ermont
Eaubonne
Soisy
Montmorency
Groslay
Herblay
MONTIGNY
Franconville
Montigny les-Cormeilles
FRANCONVILLE
Deuil
Montmagny
Parc Agricole d'Achères
STATION D'ÉPURATION
Fromainville
la Frette
Sannois
St Gratien
Andrésy
FORÊT
Pavillon de la Muette
Cormeilles-en-Parisis
ARGENTEUIL Nord
Enghien
Epinay
Villetaneuse
UNIVERSITÉ
Achères
Denouval
Camp.
le Val d'Argenteuil
Croix St Simon
Maisons-Laffitte
la Faisanderie
DE
ARGENTEUIL
Port de Gennevilliers
GENNEVILLIERS
GENNEVILLIERS Port
Villeneuve-la-Garenne
VILLENEUVE LA GARENNE
TALBOT
Poissy
Croix de Noailles
le Mesnil-le-Roi
Sartrouville
Bezons
BOIS COLOMBES
ASNIÈRES
Gennevilliers
l'Ile-St Denis
ST GERMAIN
les Loges
Carrières-s-Bois
Vaux
Houilles
COLOMBES Centre
ST-OUEN
Croix Pucelle
CAMP DES LOGES
A 14
Carrières
Colombes
Bois-Colombes
Asnières-s-S.
Pt Colombes
les Vallées
la Garenne-Colombes
Montesson
NANTERRE UNIVERSITÉ
Cimetière des Chiens
Clichy
St Ouen
SEINE
Courbevoie
Bécon
ST-GERMAIN EN-LAYE
Montaigu
Fourqueux
MUSÉE
le Vésinet
MICHELIN
NANTERRE
Levallois-Perret
Pte de Clignancourt
Pte de Clichy
Pte d'Asnières
SACRÉ-CŒUR
le Pecq
Chatou
LA DÉFENSE
NEUILLY
le Port Marly
Puteaux
Pte Champerret
Mareil-Marly
Montval
Croissy-s-Seine
Rueil-Malmaison
Suresnes
Jardin d'Acclimatation
Maillot
ST LAZARE
NORD
ARC DE TRIOMPHE
OPÉRA
MADELEINE
CONCORDE
LOUVRE
Bagatelle
Pte Dauphine
Crx St Michel
L'Étang-la-Ville
Marly-le-Roi
Voisins
Bougival
Mémorial du Mt Valérien
Bois de Boulogne
Pte de la Muette
INVALIDES
Louveciennes
la Celle-St Cloud
Forêt de St Cucufa
la Malmaison
MUSÉE
Noisy-le-Roi
Bailly
ST-QUENTIN-en-YVELINES
Parc forestier Beauregard
Vaucresson
Garches
St-Cloud
Pte d'AUTEUIL
Pte d'Auteuil
A. Kahn
MICHELIN
BOULOGNE
Pte des Princes
Pte de St Cloud
MONTPARNASSE
AUSTERLITZ
Pavillon du Butard
ST CLOUD
Parc de St Cloud
BOULOGNE BILLANCOURT
Pte de Versailles
Rocquencourt
ARBORETUM
Parly 2
Marnes-la-Coquette
Haras de Jardy
Ville-d'Avray
Mémorial Lafayette
MANUFACTURE
RENAULT
Issy
Vanves
Malakoff
Pte de Châtillon
Pte d'Orléans
Rennemoulin
le Chesnay
Forêt de Fausses-Reposes
Issy-les-Moulineaux
Charlety
Pte d'Italie
Fontenay-le-Fleury
Pte St Antoine
Trianons
Sèvres
Bellevue
Meudon
Montrouge
Gentilly

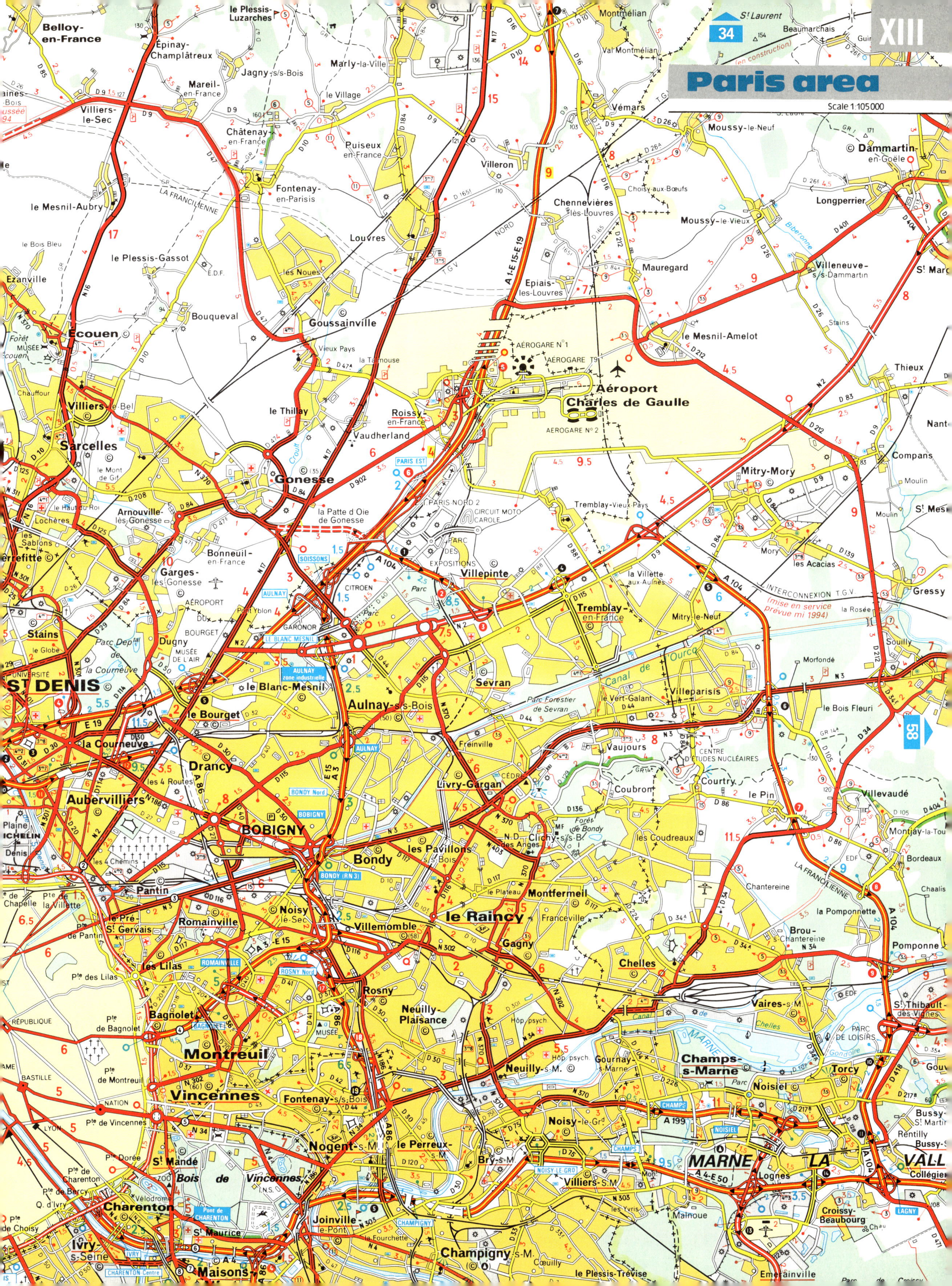
Paris area
Scale 1:105 000
34
58
Belloy-en-France
Epinay-Champlâtreux
le Plessis-Luzarches
Mareil-en-France
Jagny-s/s-Bois
Marly-la-Ville
Montmélian
Val Montmélian
St Laurent
Beaumarchais
(en construction)
Villiers-le-Sec
Châtenay-en-France
le Village
Puiseux-en-France
Vémars
Moussy-le-Neuf
Dammartin-en-Goële
Fontenay-en-Parisis
Villeron
Chennevières-lès-Louvres
Choisy-aux-Bœufs
Longperrier
le Mesnil-Aubry
LA FRANCILIENNE
Louvres
Moussy-le-Vieux
le Bois Bleu
le Plessis-Gassot
E.D.F.
les Noues
NORD
T.G.V.
Mauregard
Villeneuve-s/s-Dammartin
Ezanville
Epiais-lès-Louvres
Bouqueval
Goussainville
le Mesnil-Amelot
Stains
Ecouen
Forêt
MUSÉE
Vieux Pays
la Tamouse
AÉROGARE N° 1
AÉROGARE T9
Thieux
Aéroport Charles de Gaulle
AÉROGARE N° 2
Chauffour
Villiers-le-Bel
le Thillay
Roissy-en-France
Vaudherland
Nantouillet
Sarcelles
Gonesse
PARIS EST
Compans
le Mont de Gif
Mitry-Mory
Arnouville-lès-Gonesse
la Patte d'Oie de Gonesse
PARIS NORD 2
CIRCUIT MOTO CAROLE
Tremblay-Vieux Pays
St Mesmes
Lochères
les Sablons
Pierrefitte
SOISSONS
PARC DES EXPOSITIONS
Villepinte
Mory
les Acacias
Bonneuil-en-France
Garges-lès-Gonesse
AÉROPORT DU BOURGET
AULNAY
CITROEN
Parc
la Villette aux Aulnes
INTERCONNEXION T.G.V.
(mise en service prévue mi 1994)
Gressy
Port Yblon
GARONOR
Tremblay-en-France
Mitry-le-Neuf
la Rosée
Stains
le Globe
Parc Dep.
de la Courneuve
Dugny
MUSÉE DE L'AIR
LE BLANC MESNIL
Souilly
ST DENIS
AULNAY zone industrielle
le Blanc-Mesnil
Sevran
Canal de l'Ourcq
Morfondé
Villeparisis
le Vert-Galant
Parc Forestier de Sevran
le Bois Fleuri
le Bourget
Aulnay-s-Bois
la Courneuve
Freinville
Vaujours
CENTRE D'ETUDES NUCLÉAIRES
Drancy
les 4 Routes
BONDY Nord
Livry-Gargan
Coubron
Courtry
Aubervilliers
BOBIGNY
le Pin
Villevaudé
Plaine
Bobigny
les Pavillons s/s Bois
Clichy-s/s-B.
Forêt de Bondy
les Coudreaux
Montjay-la-Tour
Bondy
BONDY (RN 3)
le Plateau
Bordeaux
Pantin
Chantereine
Chalifert
Pte de la Villette
Noisy-le-Sec
Montfermeil
Franceville
la Pomponnette
Pte de Pantin
Pré-St Gervais
Romainville
le Raincy
Brou-Chantereine
Villemomble
Gagny
Pomponne
les Lilas
ROMAINVILLE
ROSNY Nord
Chelles
Rosny
Vaires-s/M.
St Thibault-des-Vignes
Pte des Lilas
Neuilly-Plaisance
Canal de Chelles
PARC DE LOISIRS
RÉPUBLIQUE
Pte de Bagnolet
Bagnolet
BAGNOLET
MUSÉE
Hôp. psych.
MARNE
Champs-s-Marne
Torcy
Montreuil
Gournay-s-Marne
Neuilly-s-M.
BASTILLE
Pte de Montreuil
Noisiel
Vincennes
Fontenay-s/s-Bois
CHAMPS
NATION
Pte de Vincennes
Noisy-le-Grd
NOISIEL
Bussy-St Martin
Rentilly
LYON
St Mandé
Nogent-s-M.
le Perreux-s-M.
Bry-s-M.
NOISY LE GRD
MARNE
LA VALLÉE
Pte Dorée
Bois de Vincennes
Villiers-s-M.
Lognes
Collégien
Pte de Charenton
Pte de Bercy
Charenton
Pont de CHARENTON
Joinville-le-Pont
CHAMPIGNY
les Yvris
Malnoue
Croissy-Beaubourg
Pte de Choisy
St Maurice
la Fourchette
Ivry-s-Seine
Maisons
Champigny-s-M.
Cœuilly
le Plessis-Trévise
Emerainville

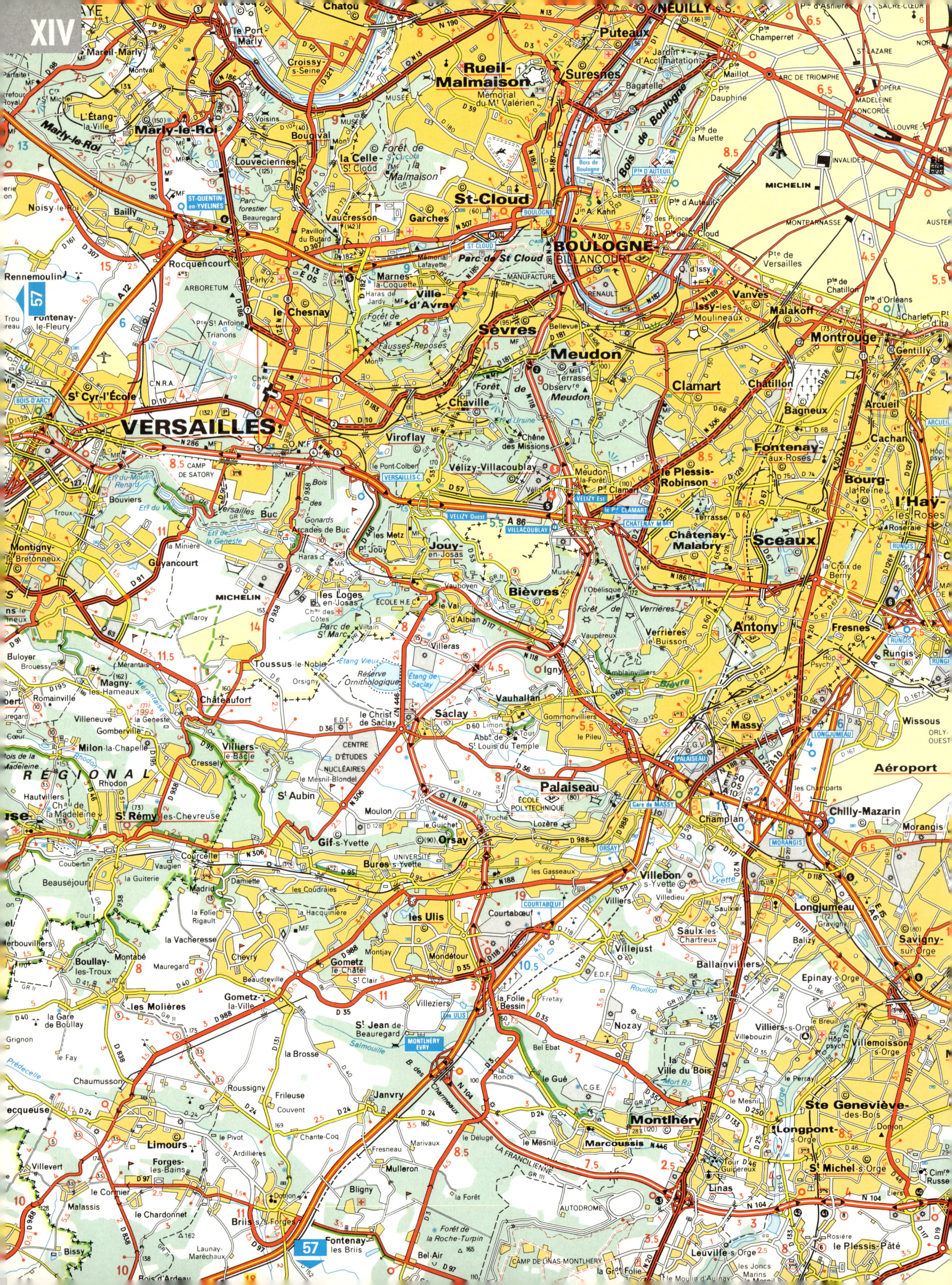
Chatou
NEUILLY
Puteaux
Rueil-Malmaison
Suresnes
Marly-le-Roi
Croissy-s-Seine
Bougival
Louveciennes
la Celle-St Cloud
St-Cloud
Garches
Vaucresson
BOULOGNE-BILLANCOURT
Noisy-le-Roi
Bailly
Rocquencourt
Marnes-la-Coquette
Ville-d'Avray
Sèvres
Meudon
le Chesnay
Vanves
Malakoff
Montrouge
Issy-les-Moulineaux
Clamart
Châtillon
Bagneux
Arcueil
Cachan
St Cyr-l'École
VERSAILLES
Chaville
Viroflay
Vélizy-Villacoublay
Fontenay-aux-Roses
le Plessis-Robinson
Bourg-la-Reine
L'Haÿ-les-Roses
Châtenay-Malabry
Sceaux
Buc
Guyancourt
Montigny-le-Bretonneux
Jouy-en-Josas
Bièvres
les Loges-en-Josas
Antony
Verrières-le-Buisson
Fresnes
Rungis
Igny
Toussus-le-Noble
Magny-les-Hameaux
Châteaufort
Vauhallan
Saclay
Massy
Wissous
Aéroport
Palaiseau
Villiers-le-Bâcle
Milon-la-Chapelle
St Rémy-lès-Chevreuse
St Aubin
Gif-s-Yvette
Orsay
Bures-s-Yvette
Champlan
Chilly-Mazarin
Morangis
Villebon-s-Yvette
Longjumeau
Saulx-les-Chartreux
les Ulis
Courtabœuf
Villejust
Ballainvilliers
Savigny-sur-Orge
Epinay-s-Orge
Gometz-le-Châtel
Gometz-la-Ville
les Molières
Boullay-les-Troux
St Jean-de-Beauregard
Nozay
Villiers-s-Orge
la Ville du Bois
Janvry
Limours
Forges-les-Bains
Montlhéry
Marcoussis
Ste Geneviève-des-Bois
Longpont-s-Orge
St Michel-s-Orge
Linas
Briis-s-Forges
Fontenay-lès-Briis
Leuville-s-Orge
le Plessis-Pâté
Bissy
MICHELIN
57

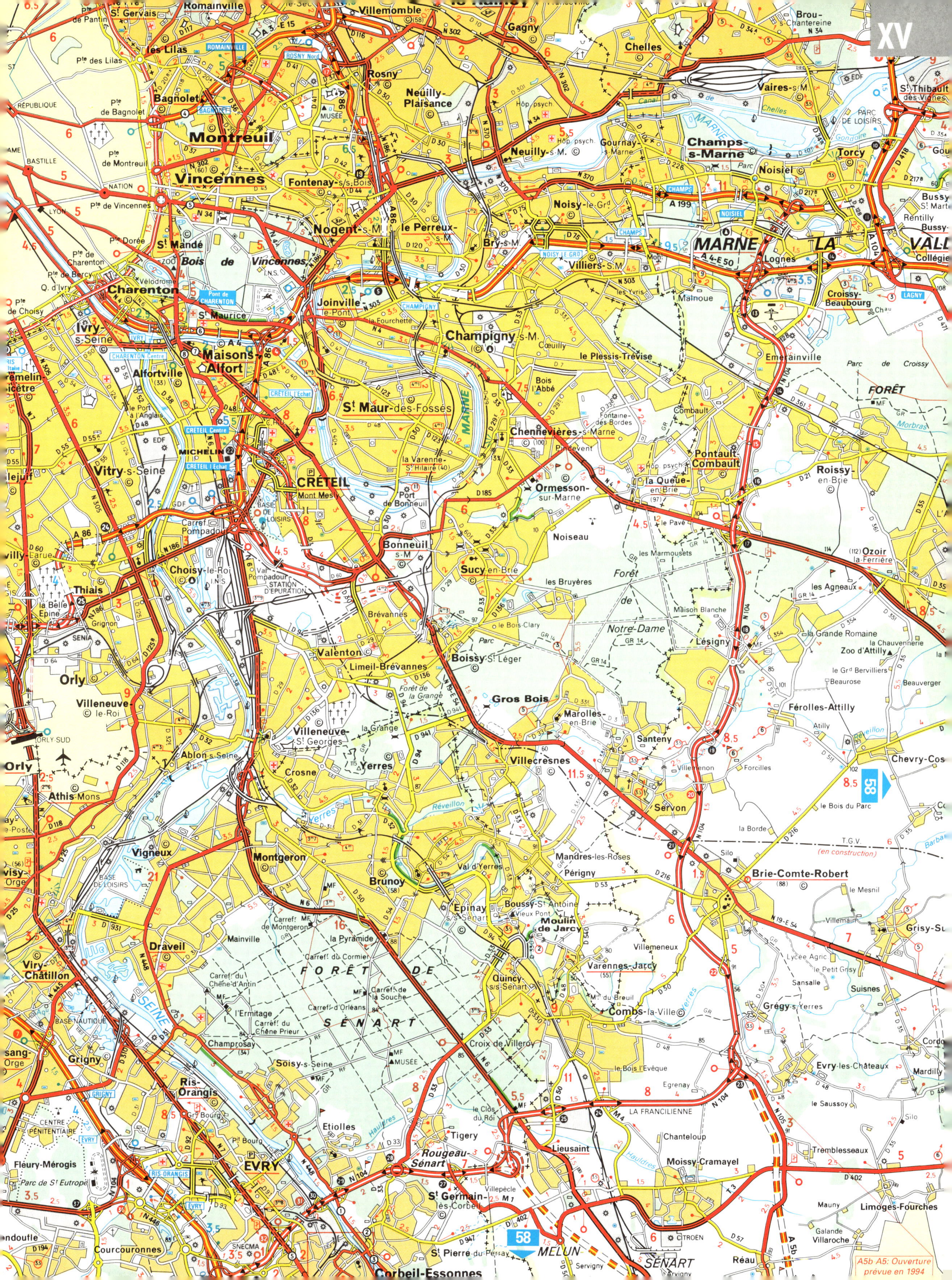
St Gervais
Romainville
Villemomble
Gagny
Brou-Chantereine
Chelles
les Lilas
Pte des Lilas
Bagnolet
Pte de Bagnolet
Rosny
Neuilly-Plaisance
Vaires-s/M
St Thibault des-Vignes
Montreuil
Pte de Montreuil
Vincennes
Fontenay-s/s-Bois
Neuilly-s-M.
Gournay-s-Marne
Champs-s-Marne
Torcy
Noisiel
Pte de Vincennes
Nogent-s-M.
le Perreux-s-M.
Noisy-le-Grd
Bry-s-M.
MARNE
LA
VALL
Lognes
Croissy-Beaubourg
Pte Dorée
St Mandé
Bois de Vincennes
Villiers-s-M.
Pte de Charenton
Charenton
Joinville-le-Pont
Champigny-s-M.
Malnoue
Emerainville
St Maurice
Ivry-s-Seine
Maisons-Alfort
Alfortville
le Plessis-Trévise
Parc de Croissy
FORÊT
St Maur-des-Fossés
MARNE
Chennevières-s-Marne
Pontault-Combault
Roissy-en-Brie
Vitry-s-Seine
MICHELIN
CRÉTEIL
Ormesson-sur-Marne
la Queue-en-Brie
Noiseau
Ozoir la-Ferrière
Bonneuil-s-M
Choisy-le-Roi
Sucy-en-Brie
les Bruyères
Forêt de Notre-Dame
Thiais
Brévannes
les Agneaux
Valenton
Boissy-St-Léger
Lésigny
la Grande Romaine
Orly
Limeil-Brévannes
Gros Bois
Villeneuve-le-Roi
Marolles-en-Brie
Santeny
Férolles-Attilly
Villeneuve-St-Georges
Ablon-s-Seine
Crosne
Yerres
Villecresnes
Chevry-Cos
Orly
Athis-Mons
Servon
Vigneux
Montgeron
Brunoy
Mandres-les-Roses
Périgny
Brie-Comte-Robert
Epinay-s-Sénart
Boussy-St-Antoine
Moulin de Jarcy
Draveil
la Pyramide
Grisy-Su
FORÊT DE SÉNART
Varennes-Jarcy
Viry-Châtillon
Quincy-s/s-Sénart
Combs-la-Ville
Grégy-s-Yerres
Suisnes
SEINE
Grigny
Soisy-s-Seine
Croix de Villeroy
Evry-les-Châteaux
Ris-Orangis
Etiolles
Tigery
Lieusaint
LA FRANCILIENNE
Chanteloup
Moissy-Cramayel
Fleury-Mérogis
EVRY
Rougeau-Sénart
Tremblesseaux
St Germain-lès-Corbeil
Limoges-Fourches
Courcouronnes
St Pierre-du-Perray
MELUN
SÉNART
Réau
Corbeil-Essonnes
A5b A5: Ouverture prévue en 1994

XVI

Snow affected roads

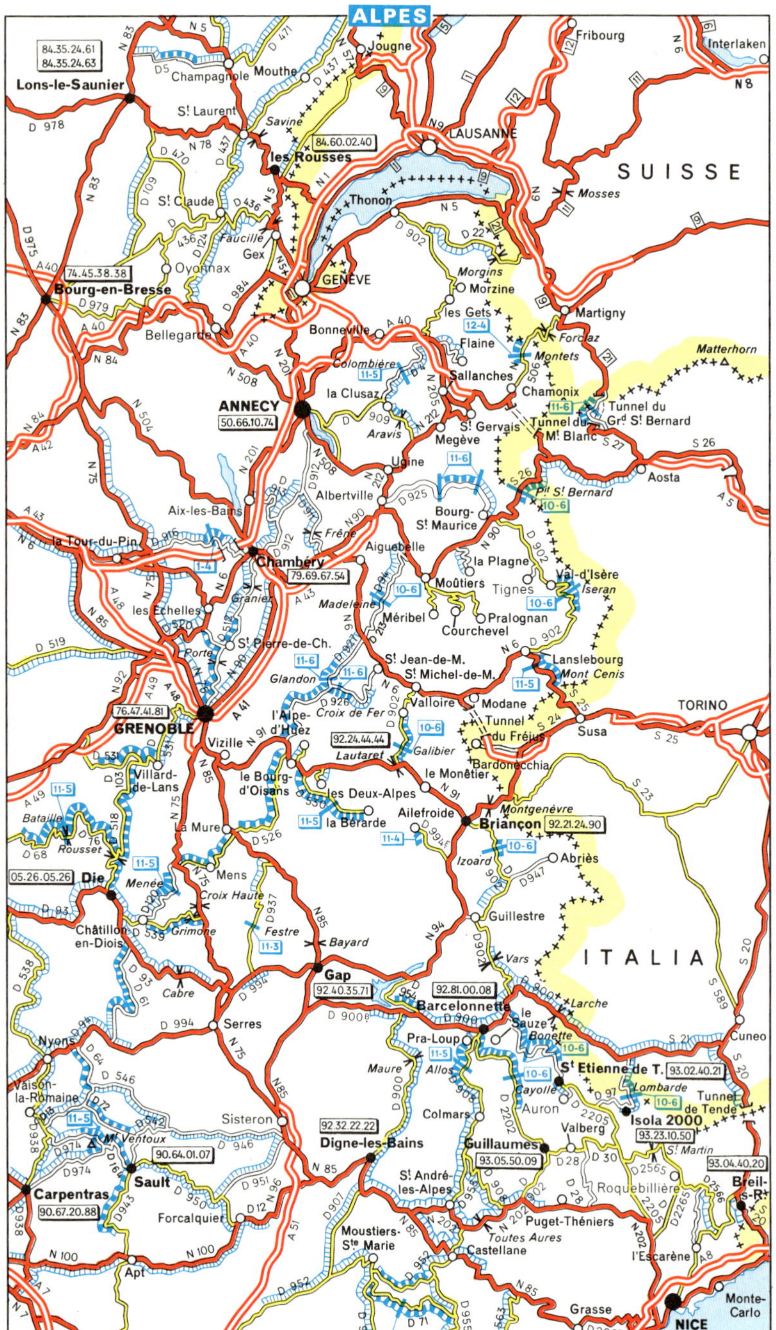

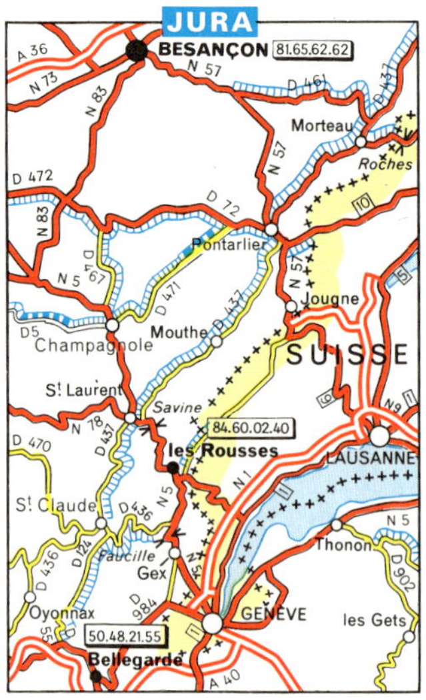

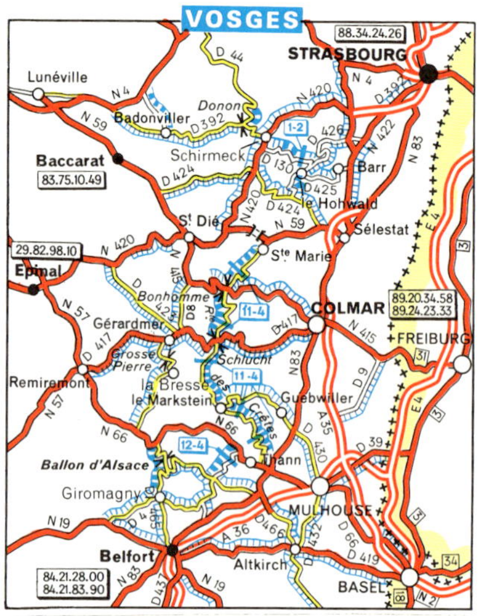

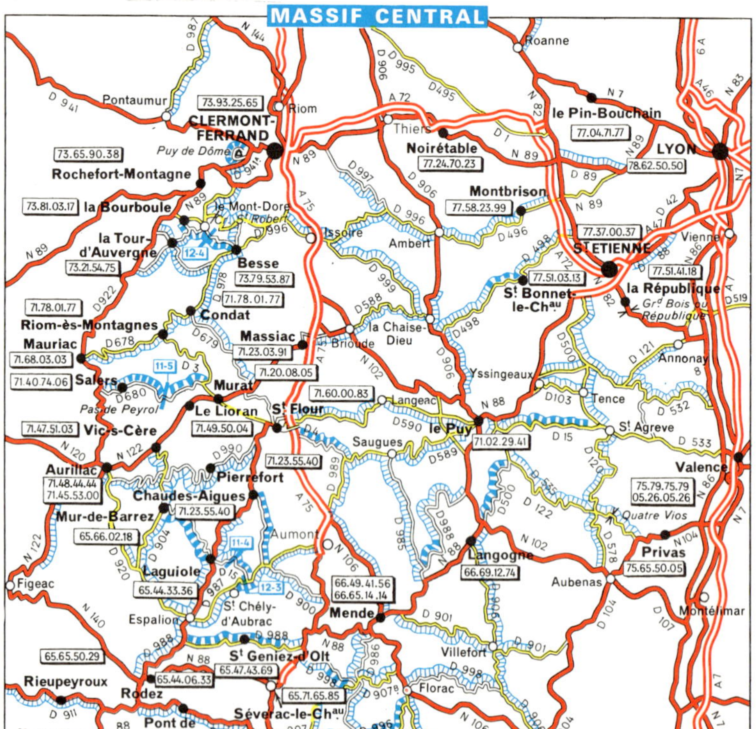

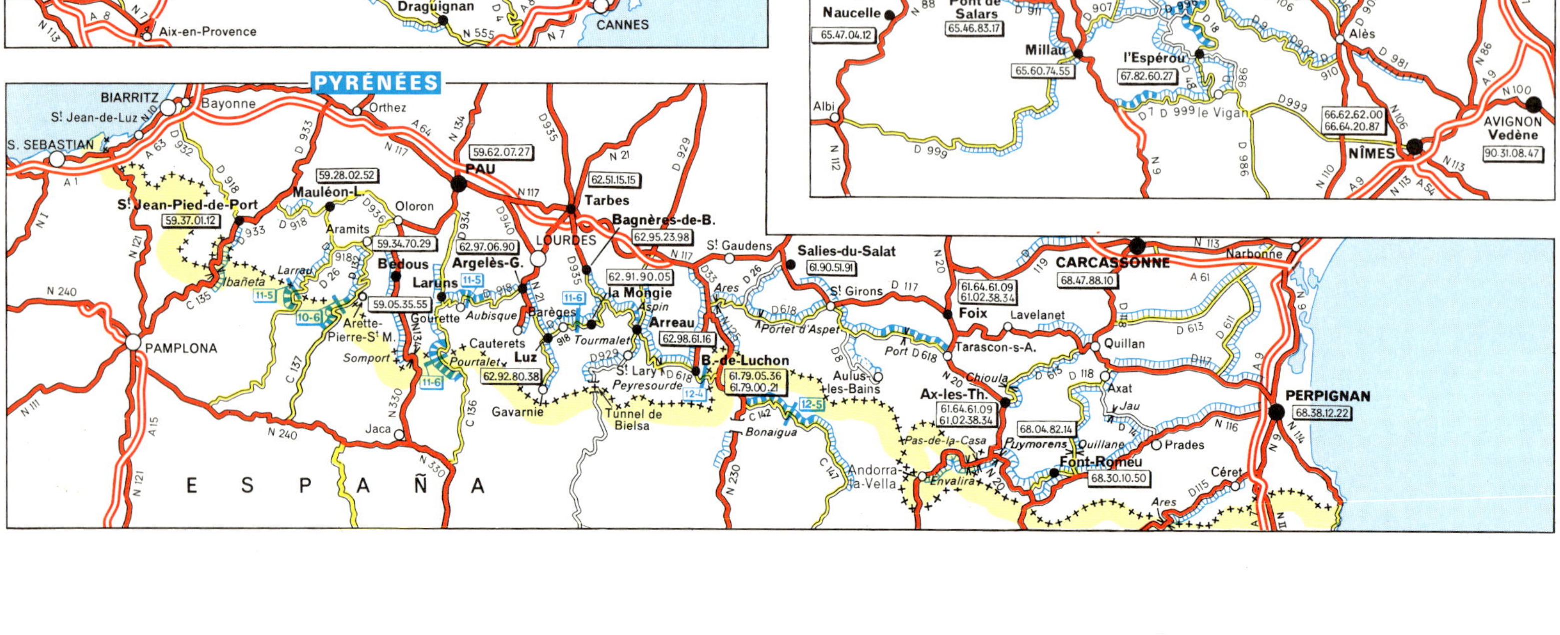

Key to symbols

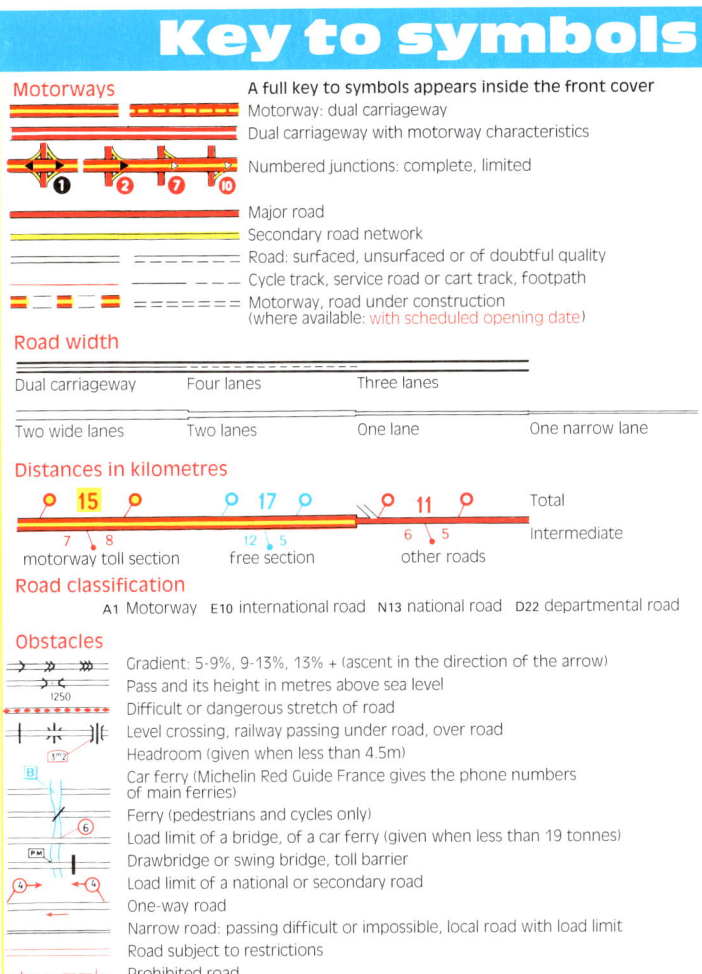

Motorways

A full key to symbols appears inside the front cover

Motorway: dual carriageway
Dual carriageway with motorway characteristics
Numbered junctions: complete, limited
Major road
Secondary road network
Road: surfaced, unsurfaced or of doubtful quality
Cycle track, service road or cart track, footpath
Motorway, road under construction
(where available: with scheduled opening date)

Road width

Dual carriageway — Four lanes — Three lanes
Two wide lanes — Two lanes — One lane — One narrow lane

Distances in kilometres

15 — 17 — 11 — Total
7 8 — 12 5 — 6 5 — Intermediate
motorway toll section — free section — other roads

Road classification

A1 Motorway — E10 international road — N13 national road — D22 departmental road

Obstacles

Gradient: 5-9%, 9-13%, 13% + (ascent in the direction of the arrow)
1250 Pass and its height in metres above sea level
Difficult or dangerous stretch of road
Level crossing, railway passing under road, over road
Headroom (given when less than 4.5m)
Car ferry (Michelin Red Guide France gives the phone numbers of main ferries)
Ferry (pedestrians and cycles only)
Load limit of a bridge, of a car ferry (given when less than 19 tonnes)
Drawbridge or swing bridge, toll barrier
Load limit of a national or secondary road
One-way road
Narrow road: passing difficult or impossible, local road with load limit
Road subject to restrictions
Prohibited road

Légende

Autoroutes

Voir la légende complète à la première page de garde

Autoroute à chaussées séparées
Double chaussée de type autoroutier (sans carrefour à niveau)
Échangeurs numérotés: complet, partiels
Route principale
Itinéraire régional ou de dégagement
Route: revêtue, non revêtue ou de mauvaise viabilité
Piste cyclable, chemin d'exploitation, sentier
Autoroute, route en construction
(le cas échéant: date de mise en service)

Largeur des routes

Chaussées séparées — Quatre voies — Trois voies
Deux voies larges — Deux voies — Une voie — Une voie étroite

Distances en kilomètres

15 — 17 — 11 — Distances totalisées
7 8 — 12 5 — 6 5 — Distances partielles
sur section à péage — sur section libre — sur route

Numéros de routes

A1 Autoroute — E10 route européenne — N13 nationale — D22 départementale

Obstacles

Pente: 5-9%, 9-13%,13% et plus (flèches dans le sens de la montée)
1250 Col et sa cote d'altitude
Parcours difficile ou dangereux
Passages de la route: à niveau, supérieur, inférieur
Hauteur limitée (indiquée au-dessous de 4,50m)
Bac passant les autos (le Guide Michelin France donne le numéro de téléphone des principaux bacs)
Bac pour piétons et cycles
Limite de charge d'un pont, d'un bac (indiquée au-dessous de 19t)
Pont mobile, barrière de péage
Limite de charge d'une route nationale ou départementale
Route à sens unique
Une voie étroite: croisement difficile, impossible; chemin à charge limitée
Route réglementée (interdite à certaines heures, sens alterné, etc)
Route interdite

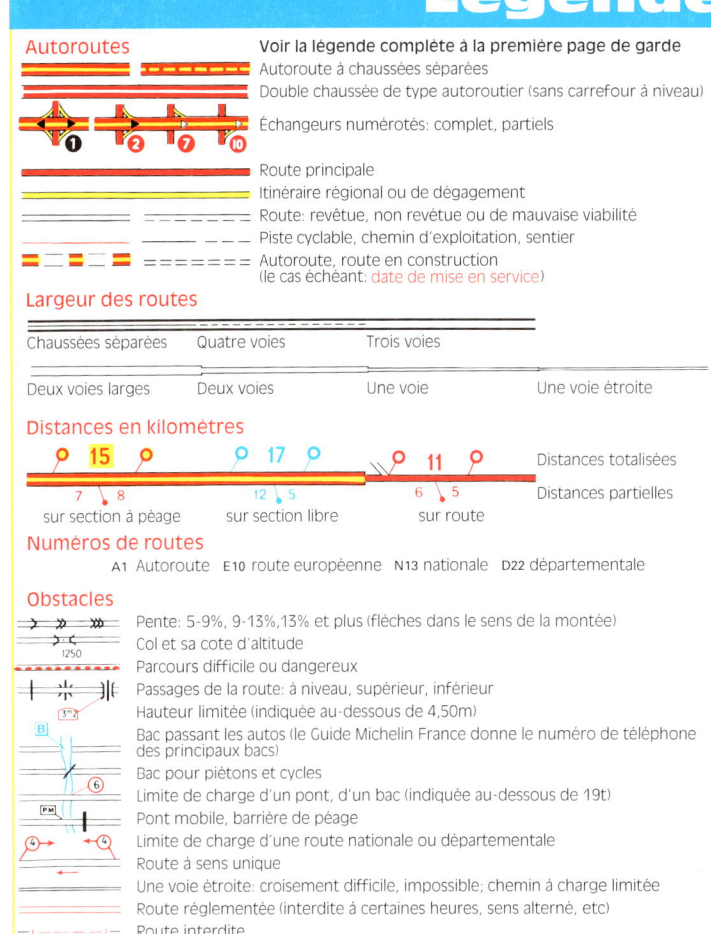

Zeichenerklärung

Autobahnen – Straßen

Autobahn: getrennte Fahrbahnen
zweibahnige Straße, autobahnähnlich
Numerierte Anschlußstellen: uneingeschränkt, eingeschränkt
Hauptverkehrsstraße
Straße 2. Ordnung
Nebenstraße, befestigt, unbefestigt oder in schlechtem Zustand
Radweg, Wirtschaftsweg, Pfad
Autobahn/Straße, im Bau befindlich
(ggf. Datum der Verkehrsfreigabe)

Straßenbreite

Getrennte Fahrbahnen — 4 Fahrspuren — 3 Fahrspuren
2 breite Fahrspuren — 2 Fahrspuren — 1 Fahrspur — 1 sehr schmale Fahrspur

Entfernungen (in km)

15 — 17 — 11 — Gesamtentfernung
7 8 — 12 5 — 6 5 — Teilentfernung
Autobahn, Mautstrecke — Mautfreie Strecke — Übriges Straßennetz

Straßennummern

A1 Autobahn — E10 Europastraße — N13 Nationalstraße — D22 Departementstraße

Verkehrshindernisse

Steigung, Gefälle: 5 – 9%, 9 – 13%, 13% u.m. (Steigung in Pfeilrichtung)
1250 Paß mit Höhenangabe (in m über N.N.)
Schwierige oder gefährliche Strecke
Bahnübergänge, schienengleich; Überführung; Unterführung
Zulässige Gesamthöhe (angegeben wenn unter 4,50 m)
Autofähre (Im Roten Michelin-Führer sind die Telefonnummern der wichtigsten Fährunternehmen aufgeführt)
Personenfähre
Höchstbelastung einer Brücke, einer Fähre (angegeben wenn unter 19t)
Bewegliche Brücke; Mautstelle
Beschränkung des zulässigen Gesamtgewichts auf einer National- oder Departementsstraße
Einbahnstraße
Schmale Straße: Überholen schwierig oder unmöglich, mit Gewichtsbeschränkung
Straße mit eingeschränkter Befahrbarkeit
Gesperrte Straße

Verklaring van tekens

Wegen

Autosnelweg: met gescheiden rijbanen
Weg met gescheiden rijbanen van het type autosnelweg
Aansluiting met nummer; volledig (in alle richtingen)
Aansluiting met nummer; gedeeltelijk
Hoofdweg
Secundaire verbindingsweg
Andere weg: verhard; onverhard of slecht berijdbaar
Fietspad; bedrijfsweg of karrespoor; voetpad
In aanleg; autosnelweg; andere weg
(indien van toepassing: datum openstelling)

Breedte

Gescheiden rijbanen — 4 rijstroken — 3 rijstroken
2 brede rijstroken — 2 rijstroken — 1 rijstrook — 1 smalle rijstrook

Afstanden

15 — 17 — 11 — Total afstanden
7 8 — 12 5 — 6 5 — Tussenstanden
Autosnelwegen:tolweg — tolvrij — Andere wegen

Wegnummers

A1 Autosnelweg — E10 Europaweg — N13 nationale weg — D22 departementale weg

Hindernissen

Hellingen, afdalingen 5-9%, 9-13%, +13% (pijlen in de richting van de belling)
1250 Bergpas en hoogter boven de zeespiegel
Moeilijk of gevaarlijk traject
Spoorwegovergangen: gelijkvloers, overheen, onderdoor
Vrije hoogte (aangegeven onder 4,50 m)
Auto-veerpont (tel. nr. in Rode Michelingids van Frankrijk)
Pont voor voetgangers en fietsers
Maximumdraagvermogen van een brug, van een veerpont (aangegeven onder 19t)
Ophaalbrug, beweegbare brug of draaibrug, tol
Maximumdraagvermogen van een hoofd- of secundaire weg
Weg met eenrichtingsverkeer
Smalle (passeren moeilijk of onmogelijk) weg, weg met beperkt draagvermogen
Beperkt toegankelijke weg
Verboden weg

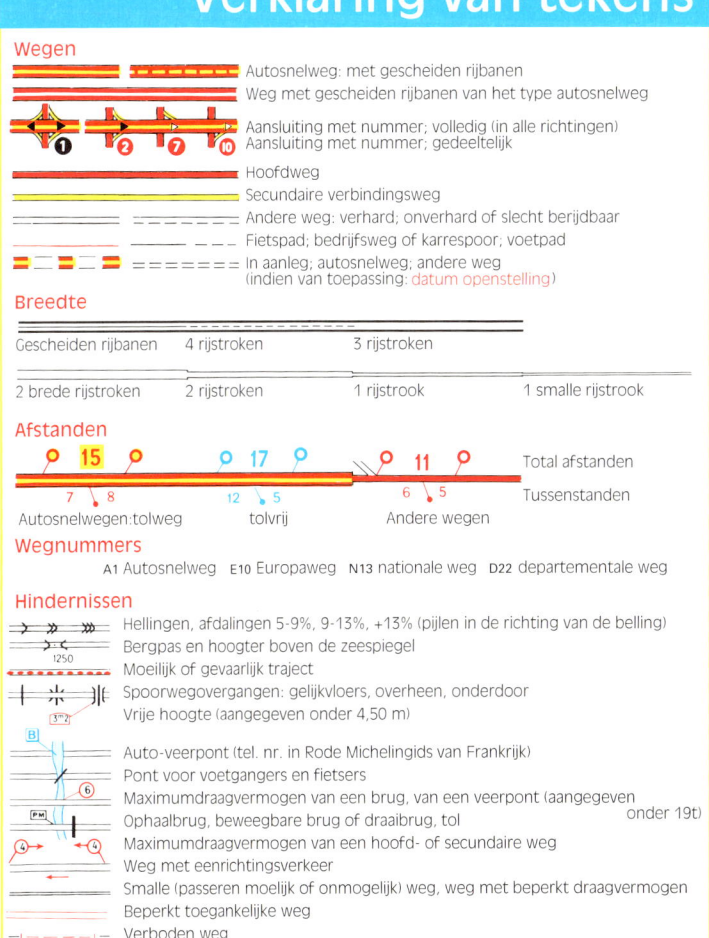

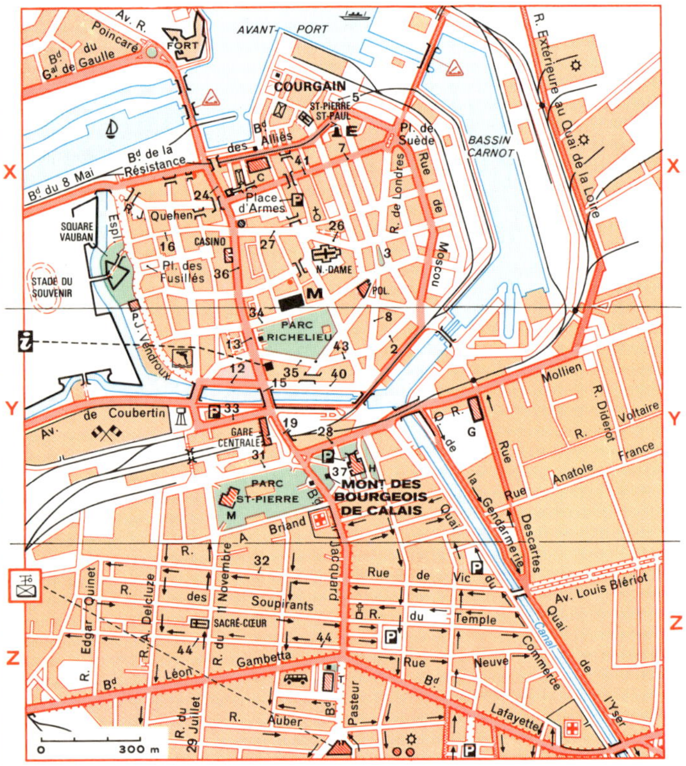

Calais

Gambetta (Bd Léon) .... Z
Jacquard (Bd) .... Z
Lafayette (Bd) .... Z
Pasteur (Bd) .... Z
Royale (R.) .... X 36

Amsterdam (R. d') .... Y 2
Angleterre (Pl. d') .... X 3
Barbusse (Pl. Henri) .... X 5
Bonningue (R. Cdt) .... X 7
Bruxelles (R. de) .... Y 8
Escaut (Quai de l') .... Y 12
Foch (Pl. Mar.) .... Y 13
George-V (Pont) .... Y 15
Gerschell (R. André) .... X 16
Jacquard (Pont) .... Y 19
Mer (R. de la) .... X 24
Notre-Dame (R.) .... X 26
Paix (R. de la) .... X 27
Paul-Bert (R.) .... Y 28
Phare .... X E
Prés-Wilson (Av.) .... Y 31
Quatre-Coins (R.) .... Z 32
Rhin (Quai du) .... Y 33
Richelieu (R.) .... Y 34
Rome (R. de) .... Y 35
Soldat-Inconnu (Pl.) .... Y 37
Tamise (Quai de la) .... Y 40
Thermes (R. des) .... X 41
Varsovie (R. de) .... Y 43
Vauxhall (R. du) .... Z 44

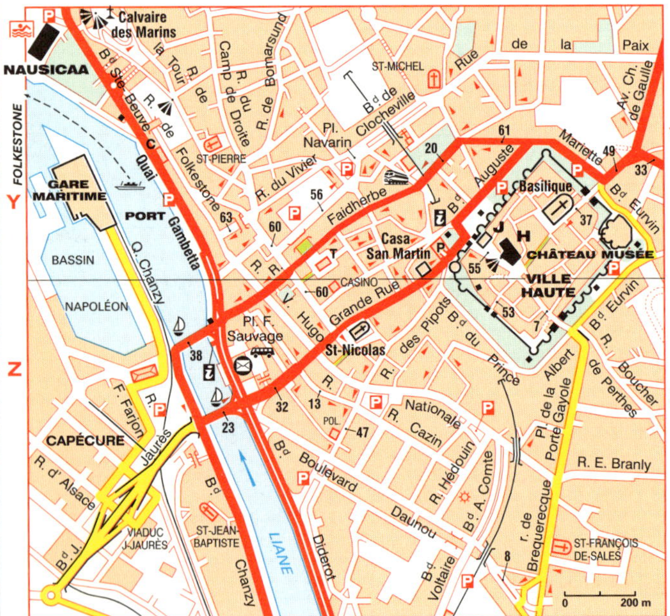

Boulogne-sur-Mer

Faidherbe (R.) .... Y
Grande-Rue .... Z
Lampe (R. de la) .... Z 32
Thiers (R. Adolphe) .... YZ 60
Victor-Hugo (R.) .... YZ

Ansart-Rault (R.) .... Z 4
Aumont (R. d') .... Z 7
Basilique .... Y B
Beaucerf (Bd) .... Z 8
Beaurepaire (R. de) .... Y 9
Bras-d'Or (R. du) .... Z 13
Duflos (R. Louis) .... Y 19
Dutertre (R.) .... Y 20
Entente-Cordiale (Pont de l') .... Z 23
Lattre-de-Tassigny (R. de) .... Y 33
Lille (R. de) .... Y 37
Marguet (Pont) .... Z 38
Perrochel (R.) .... Z 47
Porte-Neuve (R.) .... Y 49
Puits-d'Amour (R) .... Z 53
Résistance (Pl.) .... Y 55
St-Louis (R.) .... Y 56
Tour-N.-Dame (R.) .... Y 61
Victoires (R. des) .... Y 63
Wicardenne (R. de) .... Y 64

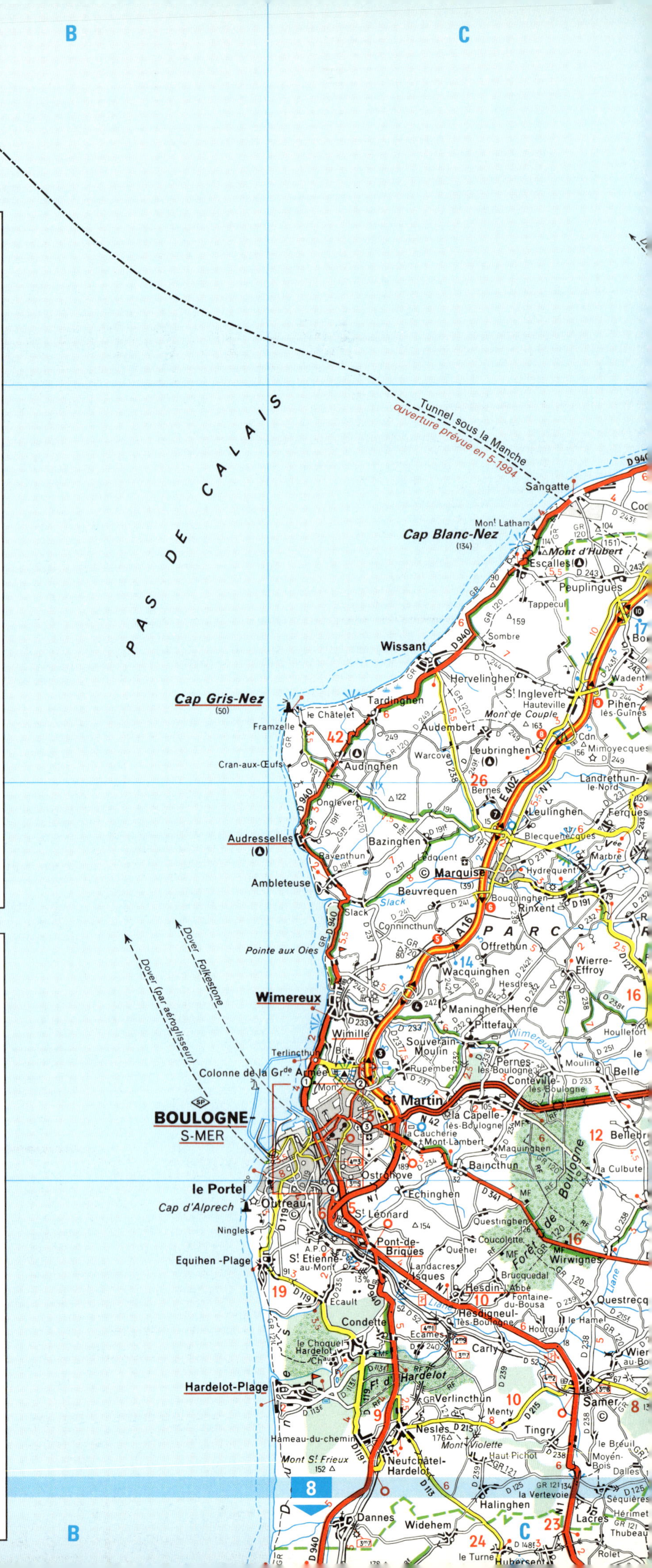

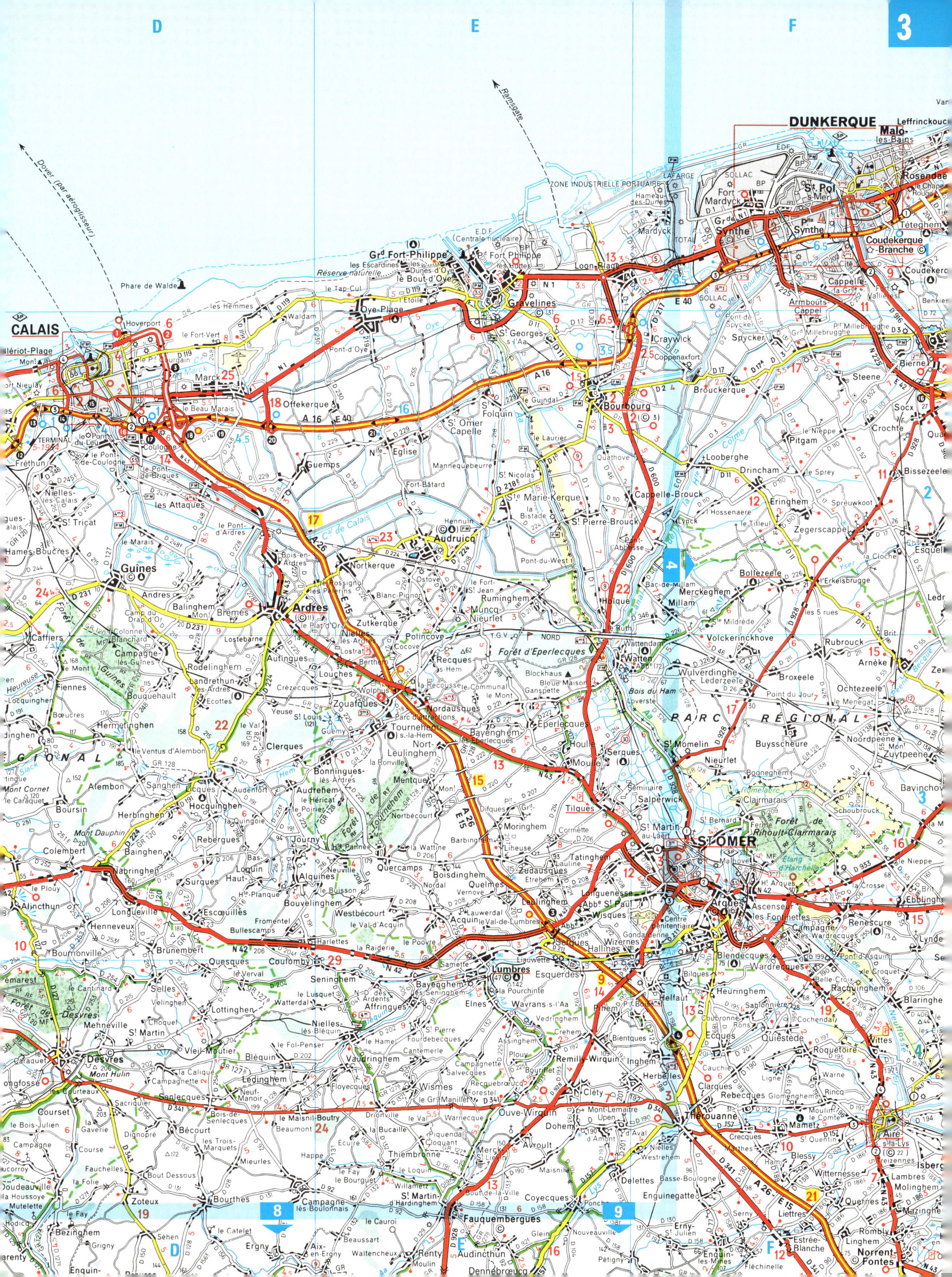
D
E
F
DUNKERQUE
Malo-les-Bains
Leffrinckoucke
Rosendaël
St Pol-s-Mer
Grde Synthe
Pte Synthe
Fort Mardyck
Mardyck
Coudekerque-Branche
Téteghem
Cappelle-la-Gde
Armbouts-Cappel
Spycker
Craywick
Bierne
Steene
Socx
Crochte
Pitgam
Drincham
Looberghe
Bissezeele
Eringhem
Zegerscappel
Esquelbecq
Bollezeele
Merckeghem
Volckerinckhove
Rubrouck
Arnèke
Broxeele
Ochtezeele
Buysscheure
Noordpeene
Zuytpeene
Bavinchove
Clairmarais
Forêt de Rihoult-Clairmarais
ZONE INDUSTRIELLE PORTUAIRE
Loon-Plage
Grd Fort-Philippe
Gravelines
Oye-Plage
Phare de Walde
CALAIS
Blériot-Plage
Hoverport
Marck
Coquelles
Fréthun
Guînes
Ardres
Audruicq
Offekerque
Bourbourg
St Folquin
St Omer Capelle
Nlle Eglise
Guemps
Cappelle-Brouck
Holque
Watten
Millam
Serques
Moulle
Houlle
Eperlecques
Forêt d'Eperlecques
Tournehem-s.-la-Hem
Nordausques
Zouafques
Recques-s-Hem
Licques
Hocquinghen
Clerques
Bonningues-lès-Ardres
Alquines
Quercamps
Bouvelinghem
Lumbres
Esquerdes
Wizernes
Hallines
Longuenesse
Arques
ST OMER
Blendecques
Helfaut
Heuringhem
Racquinghem
Wardrecques
Campagne-lès-Wardrecques
Renescure
Ebblinghem
Lynde
Thérouanne
Aire-s-la-Lys
Mametz
Quiestède
Roquetoire
Wittes
Desvres
Colembert
Nabringhen
Alincthun
Longueville
Henneveux
Bournonville
Brunembert
Quesques
Coulomby
Seninghem
Affringues
Nielles-lès-Bléquin
Bléquin
Lédinghem
Wismes
Ouve-Wirquin
Remilly-Wirquin
Cléty
Dohem
Delettes
Enquinegatte
Fauquembergues
Audincthun
Dennebrœucq
Coyecques
Campagne-lès-Boulonnais
Bourthes
Zoteux
Ergny
Renty
Quernes
Lambres
Isbergues
Liettres
Estrée-Blanche
Norrent-Fontes
Dover (par aéroglisseur)
Ramsgate
PARC RÉGIONAL
8
9
4

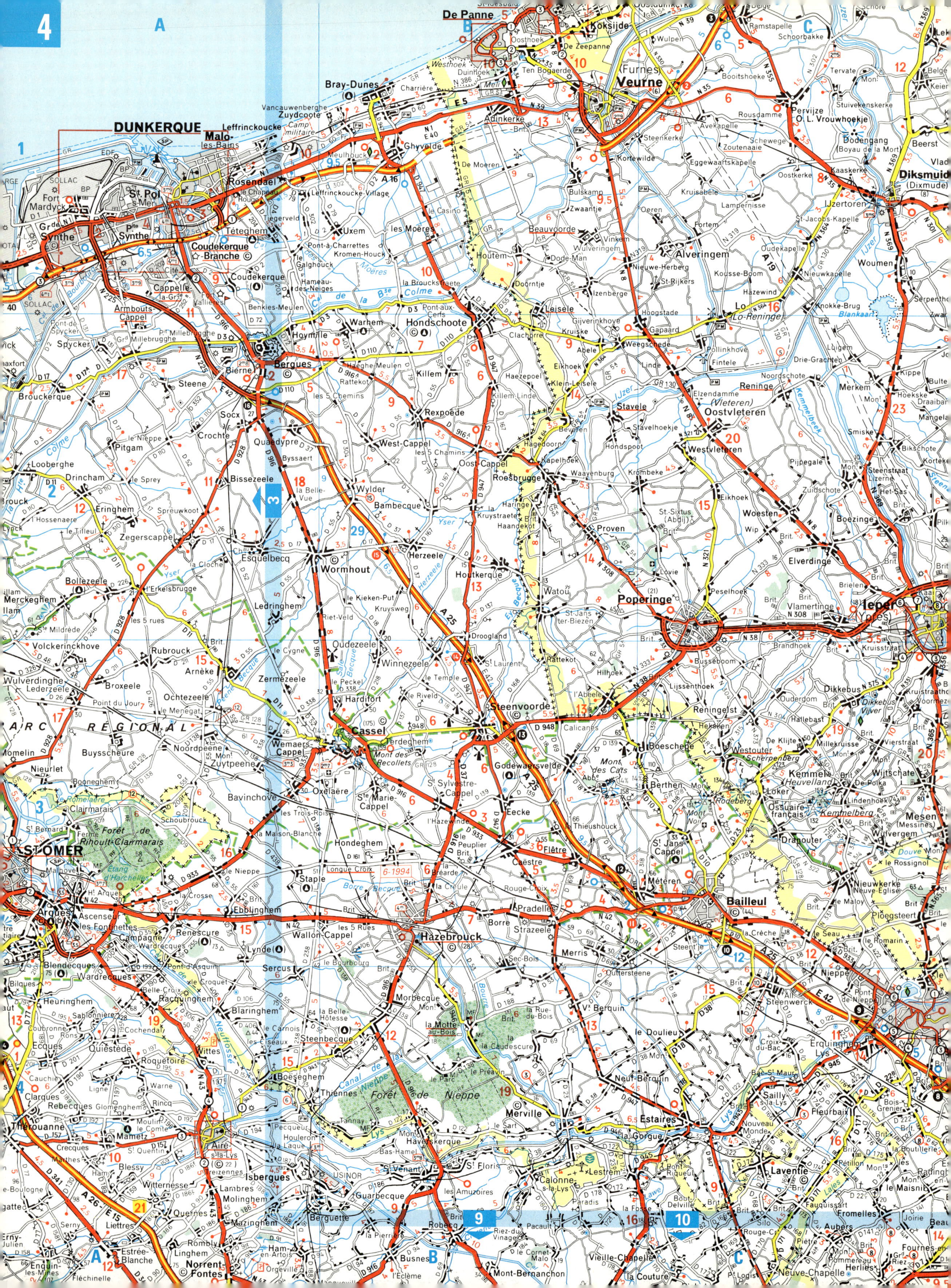
DUNKERQUE
Malo-les-Bains
Rosendael
St. Pol
Gde Synthe
Coudekerque-Branche
Bray-Dunes
De Panne
Koksijde
Veurne
(Furnes)
Diksmuide
(Dixmude)
Bergues
Hondschoote
Alveringem
Poperinge
Ieper
(Ypres)
Wormhout
Cassel
Steenvoorde
Esquelbecq
Rexpoede
Bollezeele
Hazebrouck
Bailleul
St. Omer
Arques
Aire-s-la-Lys
Merville
Estaires
Isbergues
Forêt de Nieppe
Forêt de Rihoult-Clairmarais
Watou
Proven
Kemmel
Nieppe
Laventie
Lestrem
St. Venant
Thérouanne
Lambres
Norrent-Fontes
Gravelines
PARC RÉGIONAL
Yser
Lys
Canal de Neufossé

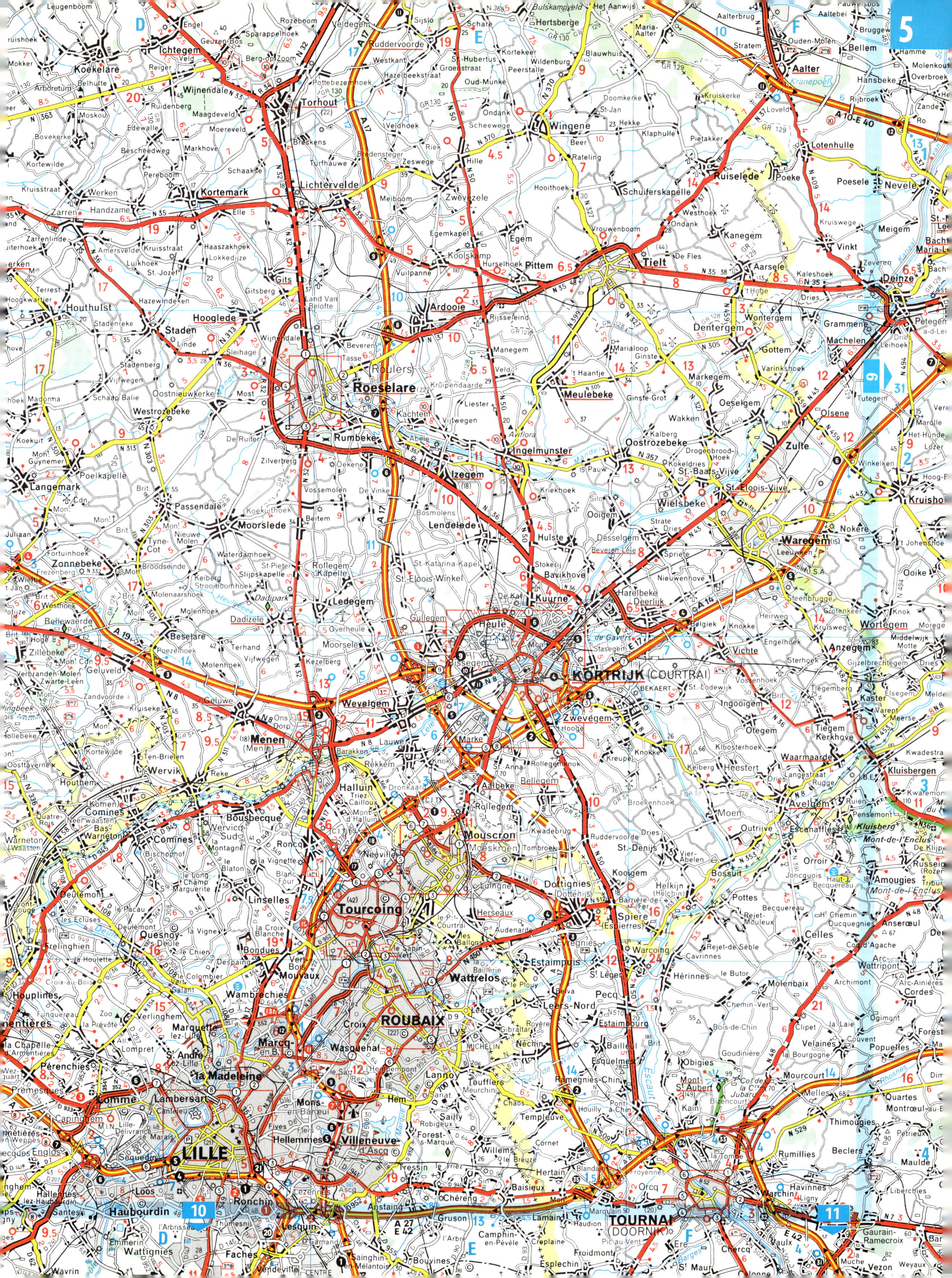
Torhout
Lichtervelde
Kortemark
Houthulst
Staden
Hooglede
Roeselare
(Roulers)
Rumbeke
Izegem
Ingelmunster
Ardooie
Pittem
Tielt
Wingene
Ruiselede
Aalter
Lotenhulle
Deinze
Meulebeke
Oostrozebeke
Wielsbeke
Zulte
Waregem
Dentergem
Langemark
Poelkapelle
Passendale
Moorslede
Zonnebeke
Ledegem
Lendelede
Kuurne
Harelbeke
Heule
Kortrijk (Courtrai)
Zwevegem
Wevelgem
Menen
(Menin)
Wervik
Comines
Bousbecque
Halluin
Mouscron
(Moeskroen)
Tourcoing
Roubaix
Wattrelos
Dottignies
Avelgem
Anzegem
Kluisbergen
Estaimpuis
Pecq
Lille
Lambersart
la Madeleine
Marcq-en-B.
Wasquehal
Croix
Villeneuve-d'Ascq
Hellemmes
Lomme
Haubourdin
Ronchin
Lesquin
Tournai
(Doornik)
Leers-Nord
Templeuve
Baisieux
Néchin
Celles
Vichte
Wortegem
Avelgem
Zwevegem
Houplines
Armentières
Wambrechies
Quesnoy-s-Deûle
Linselles
Bondues
Mouvaux
Sequedin
Loos
Wattignies
Faches
Orcq
Froyennes
Kain
Mont-St Aubert
Warcoing
Spiere
Espierres
Hérinnes
Quartes
Rumillies
Havinnes
Warchin
Vezon
Gaurain-Ramecroix

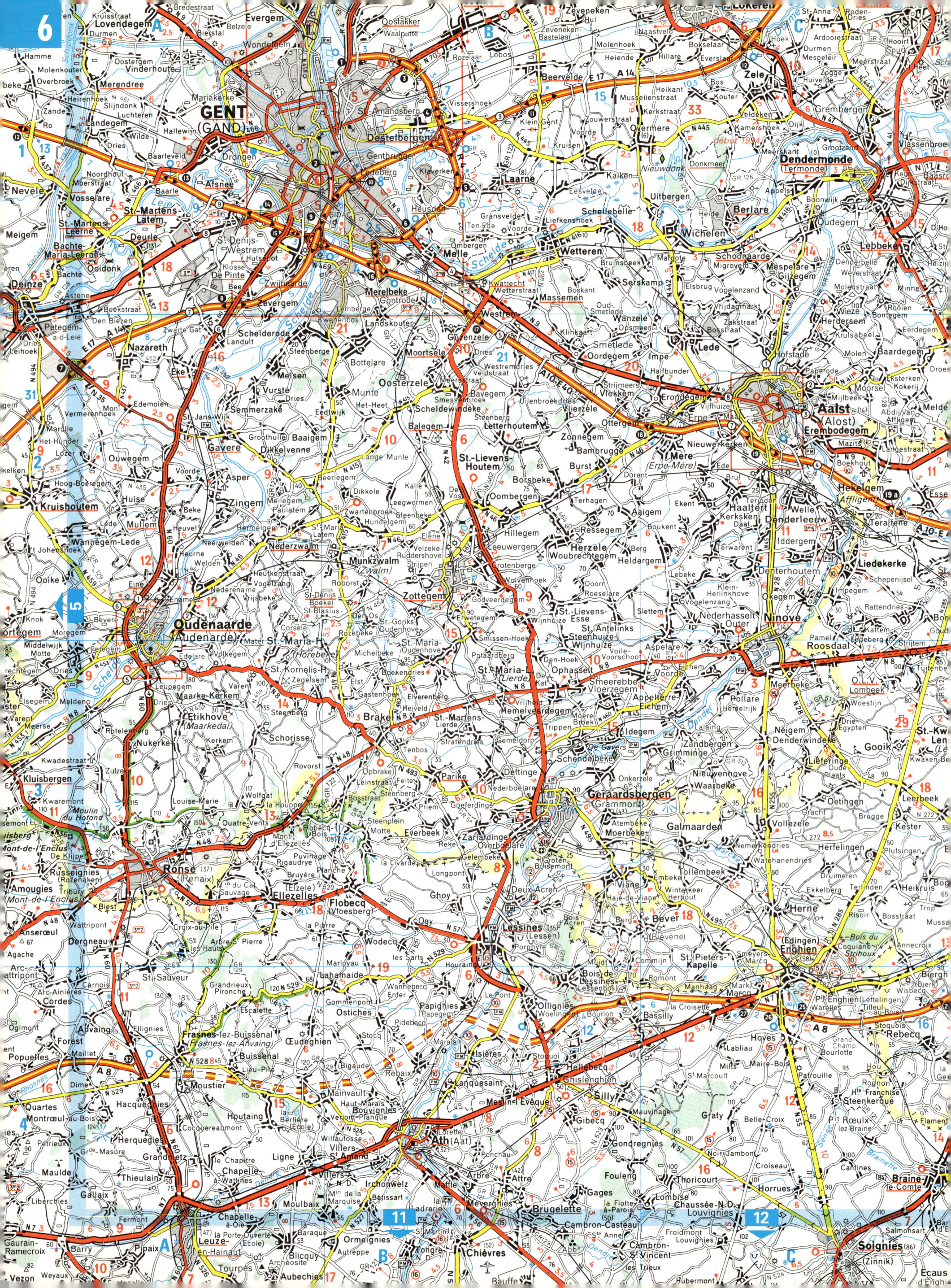
6
Gent
(Gand)
Lovendegem
Evergem
Oostakker
Lokeren
Zeveneken
Destelbergen
Drongen
Afsnee
Sint-Martens-Latem
Deurle
Nevele
Deinze
Merelbeke
Melle
Laarne
Wetteren
Wichelen
Berlare
Zele
Dendermonde
(Termonde)
Uitbergen
Lede
Aalst
(Alost)
Erembodegem
Oosterzele
Nazareth
Gavere
Zingem
Munkzwalm
Zottegem
Sint-Lievens-Houtem
Herzele
Haaltert
Denderleeuw
Ninove
Oudenaarde
(Audenarde)
Brakel
Geraardsbergen
(Grammont)
Ronse
(Renaix)
Ellezelles
Flobecq
(Vloesberg)
Lessines
(Lessen)
Enghien
(Edingen)
Herne
Galmaarden
Frasnes-lez-Buissenal
Ath
(Aat)
Chièvres
Brugelette
Silly
Leuze-en-Hainaut
Soignies
(Zinnik)
Braine-le-Comte
Kluisbergen
Gooik
Hekelgem
Affligem
Bever
Kruishoutem
Zwalm
11
12
A
B
C
5

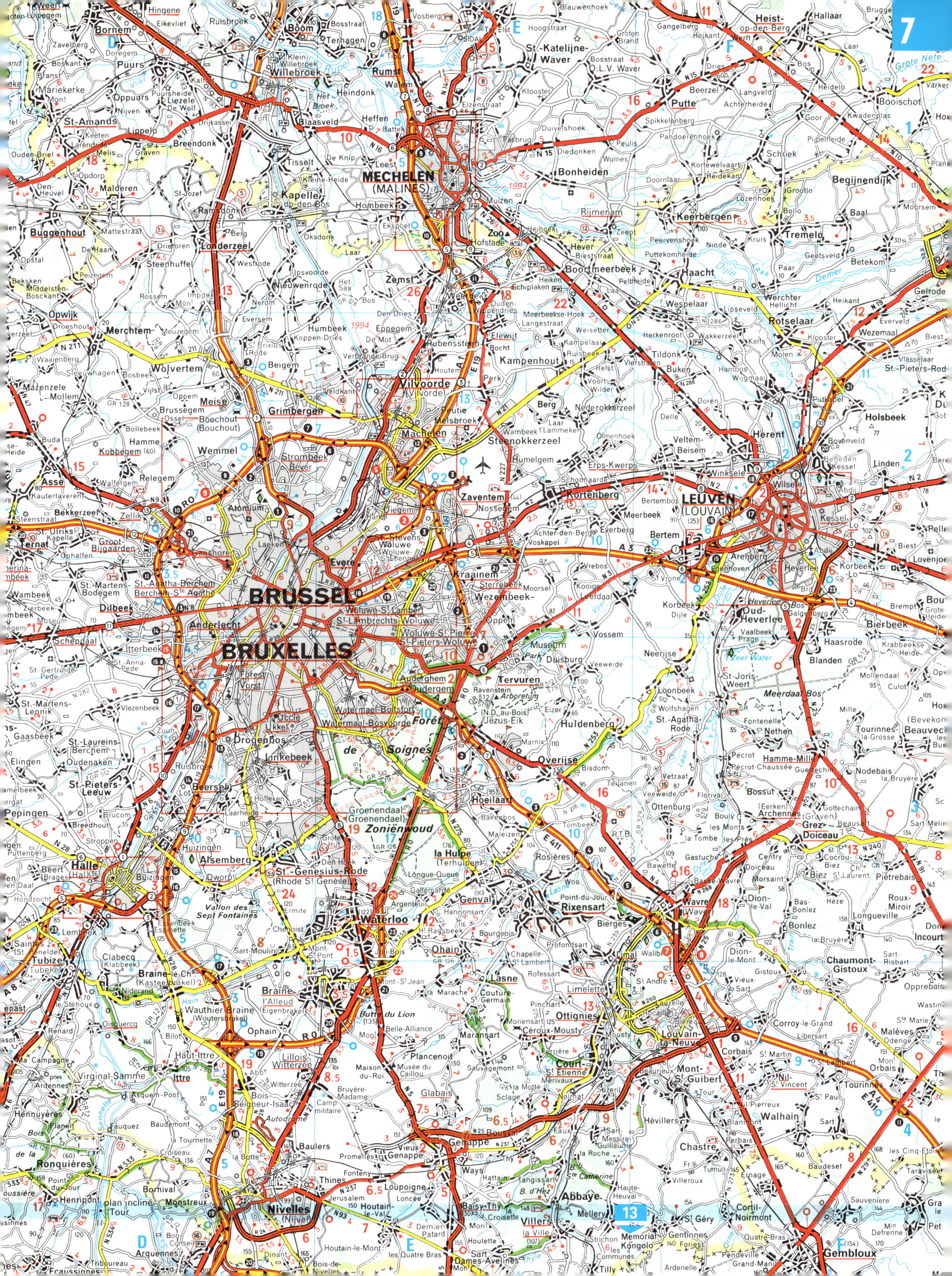
MECHELEN
(MALINES)
LEUVEN
(LOUVAIN)
BRUSSEL
BRUXELLES
Vilvoorde
(Vilvorde)
Zaventem
Halle
Hal
Waterloo
Wavre
(Waver)
Louvain-la-Neuve
Nivelles
(Nijvel)
Gembloux
Genappe
Tervuren
Overijse
Braine-l'Alleud
Tubize
Grimbergen
Asse
Dilbeek
Anderlecht
Boom
Willebroek
Rumst
Heist-op-den-Berg
Keerbergen
Haacht
Rotselaar
Tremelo
Kortenberg
Herent
Bierbeek
Oud-Heverlee
Huldenberg
Rixensart
Genval
Ottignies
Court-St-Etienne
Mont-St-Guibert
Walhain
Chastre
Villers-la-Ville
Ittre
Rebecq
Forêt de Soignes
Zoniënwoud
Hoeilaart
Sint-Genesius-Rode
(Rhode St-Genèse)
Beersel
Drogenbos
Linkebeek
Ukkel
Uccle
Bornem
Puurs
St-Amands
Buggenhout
Londerzeel
Kapelle-op-den-Bos
Merchtem
Wolvertem
Meise
Wemmel
Ternat
Zemst
Kampenhout
Steenokkerzeel
Boortmeerbeek
Putte
Bonheiden
Begijnendijk
Holsbeek
Lubbeek
Grez-Doiceau
Chaumont-Gistoux
Incourt
Perwez
Lasne
Ohain
Plancenoit
Braine-le-Château
Clabecq
Ronquières
Seneffe
Baulers
Thines

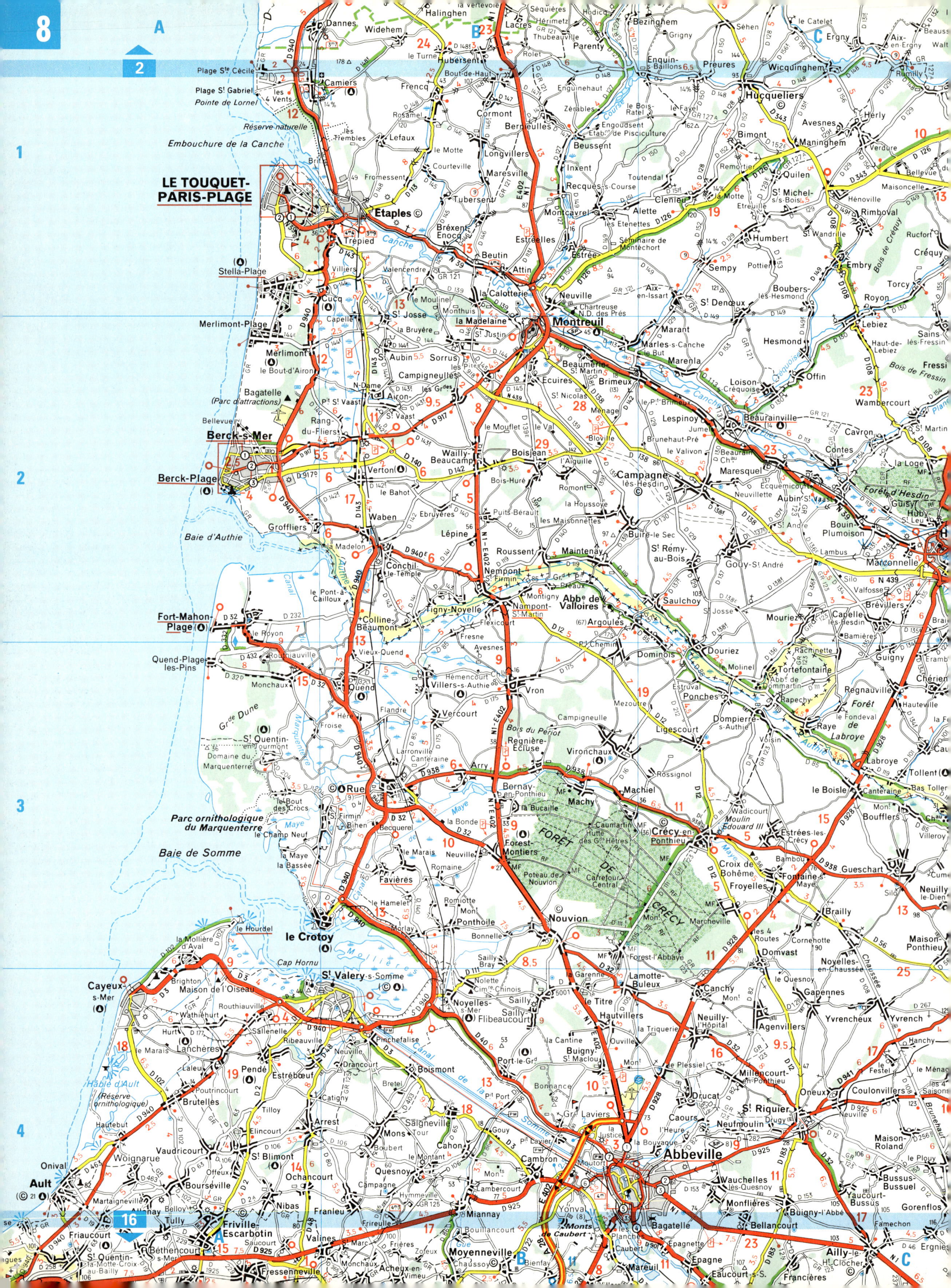

A
B
C
2
16
1
2
3
4
Plage Ste Cécile
Plage St Gabriel
Pointe de Lornel
Réserve naturelle
Embouchure de la Canche
LE TOUQUET-PARIS-PLAGE
Etaples
Dannes
Widehem
Halinghen
Camiers
Frencq
Hubersent
Cormont
Bernieulles
Lefaux
Longvilliers
Maresville
Tubersent
Brexent-Enocq
Trépied
Stella-Plage
Cucq
Merlimont-Plage
Merlimont
Bagatelle
(Parc d'attractions)
Berck-s-Mer
Berck-Plage
Baie d'Authie
Groffliers
Waben
Verton
Rang-du-Fliers
Montreuil
la Madelaine
Beutin
Attin
la Calotterie
Neuville
Marant
Marles-s-Canche
Marenla
Beaumerie-St Martin
Brimeux
Campigneulles
Sorrus
St Aubin
St Josse
Airon-St Vaast
Wailly-Beaucamp
Boisjean
Campagne-lès-Hesdin
Lépine
Roussent
Maintenay
Nempont-St Firmin
Abbe de Valloires
Argoules
Saulchoy
Douriez
Dominois
Colline-Beaumont
Tigny-Noyelle
Fort-Mahon-Plage
Quend-Plage-les-Pins
Quend
Vron
Villers-s-Authie
Vercourt
Regnière-Ecluse
Arry
Rue
Bernay-en-Ponthieu
Machy
Machiel
Crécy-en-Ponthieu
FORÊT DE CRÉCY
Forest-Montiers
Nouvion
Favières
le Crotoy
Parc ornithologique du Marquenterre
Baie de Somme
Cayeux-s-Mer
St Valery-s-Somme
Noyelles-s-Mer
Lamotte-Buleux
Hautvillers
le Titre
Canchy
Domvast
Brailly
Fontaine-s-Maye
Estrées-lès-Crécy
Gapennes
Yvrench
Yvrencheux
Agenvilliers
Millencourt-en-Ponthieu
St Riquier
Drucat
Abbeville
Vauchelles-lès-Quesnoy
Bagatelle
Bellancourt
Epagne
Eaucourt-s-S.
Mareuil
Cambron
Port-le-Grd
Buigny-St Maclou
Pendé
Estréboeuf
Lanchères
Brutelles
Arrest
St Blimont
Vaudricourt
Woignarue
Onival
Ault
Friville-Escarbotin
Fressenneville
Béthencourt-s-Mer
Ochancourt
Quesnoy
Franleu
Nibas
Mons
Saigneville
Cahon
Boismont
Moyenneville
Mianay
Hucqueliers
Wicquinghem
Maninghem
Quilen
St Michel-s/s-Bois
Rimboval
Embry
Créquy
Torcy
Royon
Lebiez
Hesmond
Offin
Loison-Créquoise
Wambercourt
Beaurainville
Contes
Cavron
Aubin-St Vaast
Marconnelle
Brévillers
Mouriez
Capelle-lès-Hesdin
Guigny
Raye
Forêt de Labroye
Labroye
Tortefontaine
Dompierre-s-Authie
Ligescourt
Ponches
le Boisle
Tollent
Boufflers
Gueschart
Neuilly-le-Dien
Maison-Ponthieu
Noyelles-en-Chaussée
Coulonvillers
Oneux
Neufmoulin
Maison-Roland
Bussus-Bussuel
Yaucourt-Bussus
Gorenflos
Aily-le-Ht Clocher
Francières
Sempy
Humbert
Clenleu
Alette
Beussent
Inxent
Recques-s-Course
Montcavrel
Estrée
Estréelles
Lespinoy
Buire-le-Sec
St Rémy-au-Bois
Gouy-St André

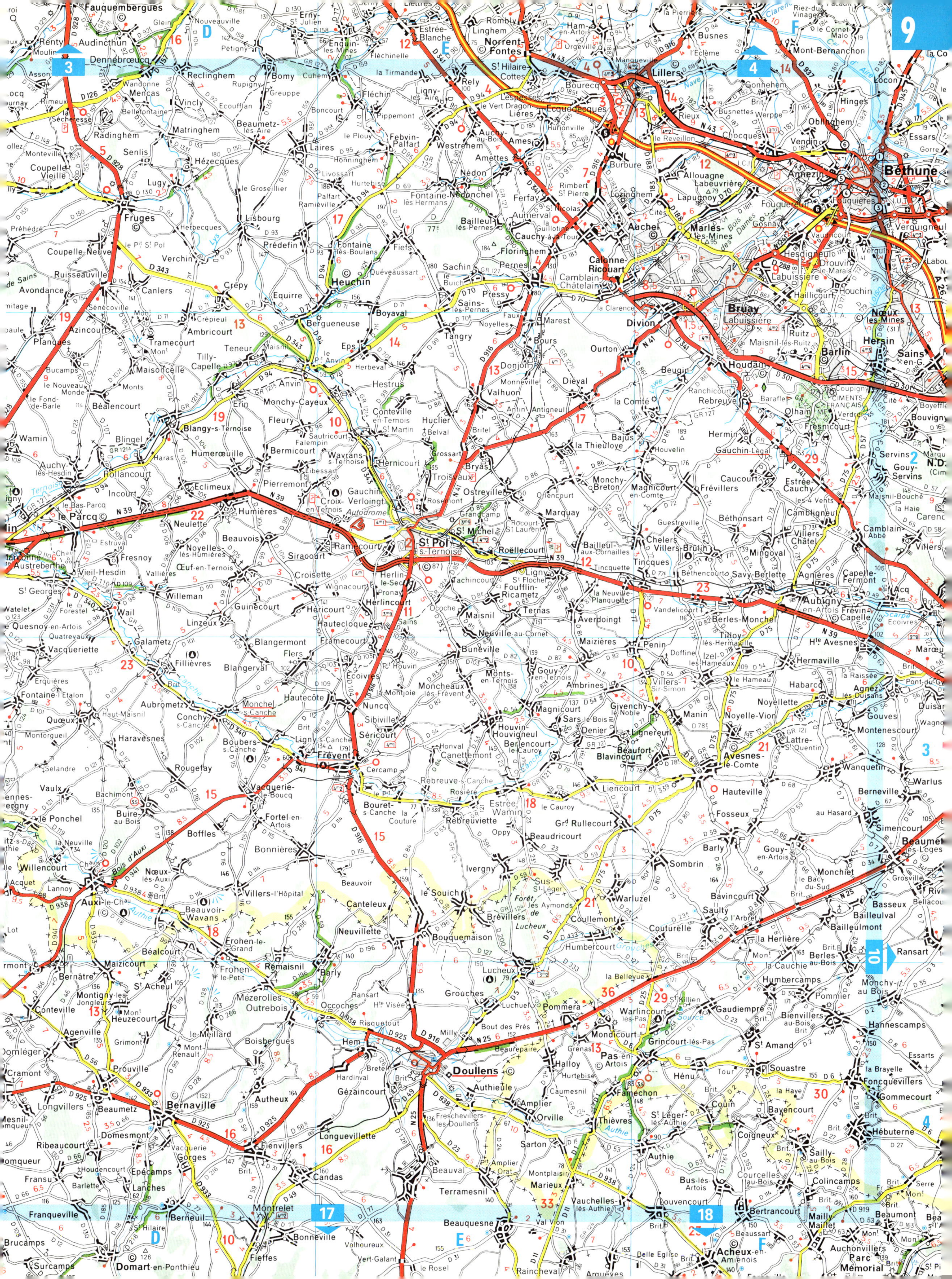
Fauquembergues
Dennebrœucq
Reclinghem
Bomy
Enquin-les-Mines
Estrée-Blanche
Linghem
Norrent-Fontes
Ham-en-Artois
Busnes
Mont-Bernanchon
St Hilaire-Cottes
Lillers
Burbure
Allouagne
Lapugnoy
Béthune
Fouquereuil
Fouquières
Verquigneul
Vaudricourt
Hesdigneul
Drouvin-le-Marais
Labuissière
Haillicourt
Houchin
Nœux-les-Mines
Hersin
Sains-en-G.
Barlin
Bruay
Divion
Houdain
Ruitz
Maisnil-les-Ruitz
Marles-les-Mines
Auchel
Calonne-Ricouart
Camblain-Châtelain
Pernes
Cauchy-à-la-Tour
Floringhem
Ferfay
Ames
Amettes
Auchy-au-Bois
Lières
Lespesses
Ecquedecques
Fontaine-lès-Hermans
Nédon
Nédonchel
Febvin-Palfart
Westrehem
Laires
Fléchin
Ligny-lès-Aire
Rely
Radinghem
Senlis
Matringhem
Hézecques
Beaumetz-lès-Aire
Vincly
Mencas
Lugy
Fruges
Coupelle-Vieille
Coupelle-Neuve
Ruisseauville
Avondance
Lisbourg
Prédefin
Heuchin
Fontaine-lès-Boulans
Bailleul-lès-Pernes
Sachin
Pressy
Sains-lès-Pernes
Tangry
Boyaval
Bergueneuse
Eps
Hestrus
Crépy
Equirre
Canlers
Verchin
Azincourt
Tramecourt
Ambricourt
Teneur
Tilly-Capelle
Maisoncelle
Anvin
Monchy-Cayeux
Fleury
Conteville-en-Ternois
Huclier
Valhuon
Dieval
Ourton
Beugin
Bours
Marest
Donjon
Monneville
Béalencourt
Blangy-s-Ternoise
Humerœuille
Bermicourt
Wavrans-s-Ternoise
Hernicourt
Brias
Ostreville
Troisvaux
Gauchin-Verloingt
Croix-en-Ternois
Rollancourt
Auchy-lès-Hesdin
Eclimeux
Pierremont
le Parcq
Neulette
Humières
Beauvois
St Pol-s-Ternoise
Ramecourt
Roëllecourt
Marquay
Bailleul-aux-Cornailles
Tincques
Chelers
Villers-Brûlin
Magnicourt-en-Comte
Monchy-Breton
la Thieuloye
Bajus
la Comté
Hermin
Gauchin-Légal
Caucourt
Estrée-Cauchy
Fresnicourt
Olhain
Servins
Gouy-Servins
Camblain-Châtelain
Camblain-l'Abbé
Cambligneul
Villers-Châtel
Béthonsart
Frévillers
Mingoval
Savy-Berlette
Aubigny-en-Artois
Capelle-Fermont
Frévin-Capelle
Agnières
Acq
Berles-Monchel
Tilloy-lès-Hermaville
Hermaville
Avesnes
Habarcq
Noyellette
Noyelle-Vion
Duisans
Gouves
Montenescourt
Lattre-St Quentin
Wanquetin
Avesnes-le-Comte
Manin
Givenchy-le-Noble
Beaufort-Blavincourt
Lignereuil
Villers-Sir-Simon
Penin
Izel-lès-Hameaux
Averdoingt
Ternas
Maizières
Ligny-St Flochel
Foufflin-Ricametz
Maisnil
Neuville-au-Cornet
Buneville
Monts-en-Ternois
Gouy-en-Ternois
Ambrines
Magnicourt-s-Canche
Sars-le-Bois
Denier
Houvin-Houvigneul
Berlencourt-le-Cauroy
Liencourt
Hauteville
Fosseux
Barly
Gouy-en-Artois
Simencourt
Beaumetz-lès-Loges
Monchiet
Bavincourt
Saulty
Basseux
Bailleulval
Bailleulmont
Ransart
la Herlière
Berles-au-Bois
Humbercamps
Monchy-au-Bois
Pommier
Bienvillers-au-Bois
Hannescamps
Gaudiempré
St Amand
Souastre
Foncquevillers
Gommecourt
Hébuterne
Sailly-au-Bois
Colincamps
Bayencourt
Coigneux
Courcelles-au-Bois
Mailly-Maillet
Auchonvillers
Beaumont
Bertrancourt
Acheux-en-Amiénois
Louvencourt
Vauchelles-lès-Authie
Bus-lès-Artois
Authie
St Léger-lès-Authie
Thièvres
Famechon
Coin
Hénu
Pas-en-Artois
Grincourt-lès-Pas
Warlincourt-lès-Pas
Mondicourt
Pommera
Halloy
Orville
Amplier
Doullens
Authieule
Gézaincourt
Hem
Longuevillette
Beauval
Terramesnil
Sarton
Marieux
Beauquesne
Raincheval
Arquèves
Humbercourt
Coullemont
Couturelle
Warluzel
Sombrin
Grand Rullecourt
Beaudricourt
Sus-St Léger
Ivergny
le Souich
Bouquemaison
Brévillers
Lucheux
Grouches
Occoches
Outrebois
Mézerolles
Remaisnil
Frohen-le-Grand
Frohen-le-Petit
Neuvillette
Canteleux
Beauvoir-Wavans
Villers-l'Hôpital
Bonnières
Boffles
Fortel-en-Artois
Vacquerie-le-Boucq
Rebreuviette
Estrée-Wamin
Rebreuve-s-Canche
Bouret-s-Canche
Frévent
Ligny-s-Canche
Séricourt
Sibiville
Nuncq
Canettemont
Honval
Cercamp
Boubers-s-Canche
Conchy-s-Canche
Monchel-s-Canche
Hautecôte
Blangermont
Blangerval
Flers
Herlincourt
Héricourt
Hautecloque
Framecourt
Ecoivres
Moncheaux-lès-Frévent
Croisette
Siracourt
Linzeux
Guinecourt
Willeman
Œuf-en-Ternois
Noyelles-lès-Humières
Fresnoy
Vieil-Hesdin
Wail
Galametz
Fillièvres
Vacqueriette
Quœux
Haravesnes
Aubrometz
Rougefay
Vaulx
Buire-au-Bois
le Ponchel
Willencourt
Auxi-le-Château
Nœux-lès-Auxi
Bois d'Auxi
Bealcourt
Maizicourt
St Acheul
Montigny-les-Jongleurs
Heuzecourt
Agenville
Conteville
Prouville
Bernaville
Beaumetz
Domesmont
Longvillers
Ribeaucourt
Gorges
Epécamps
Lanches
Fienvillers
Candas
Montrelet
Fieffes
Bonneville
Berneuil
Domart-en-Ponthieu
Franqueville
Brucamps
Surcamps
Doullens
N 39
N 41
N 43
D 916
N 25

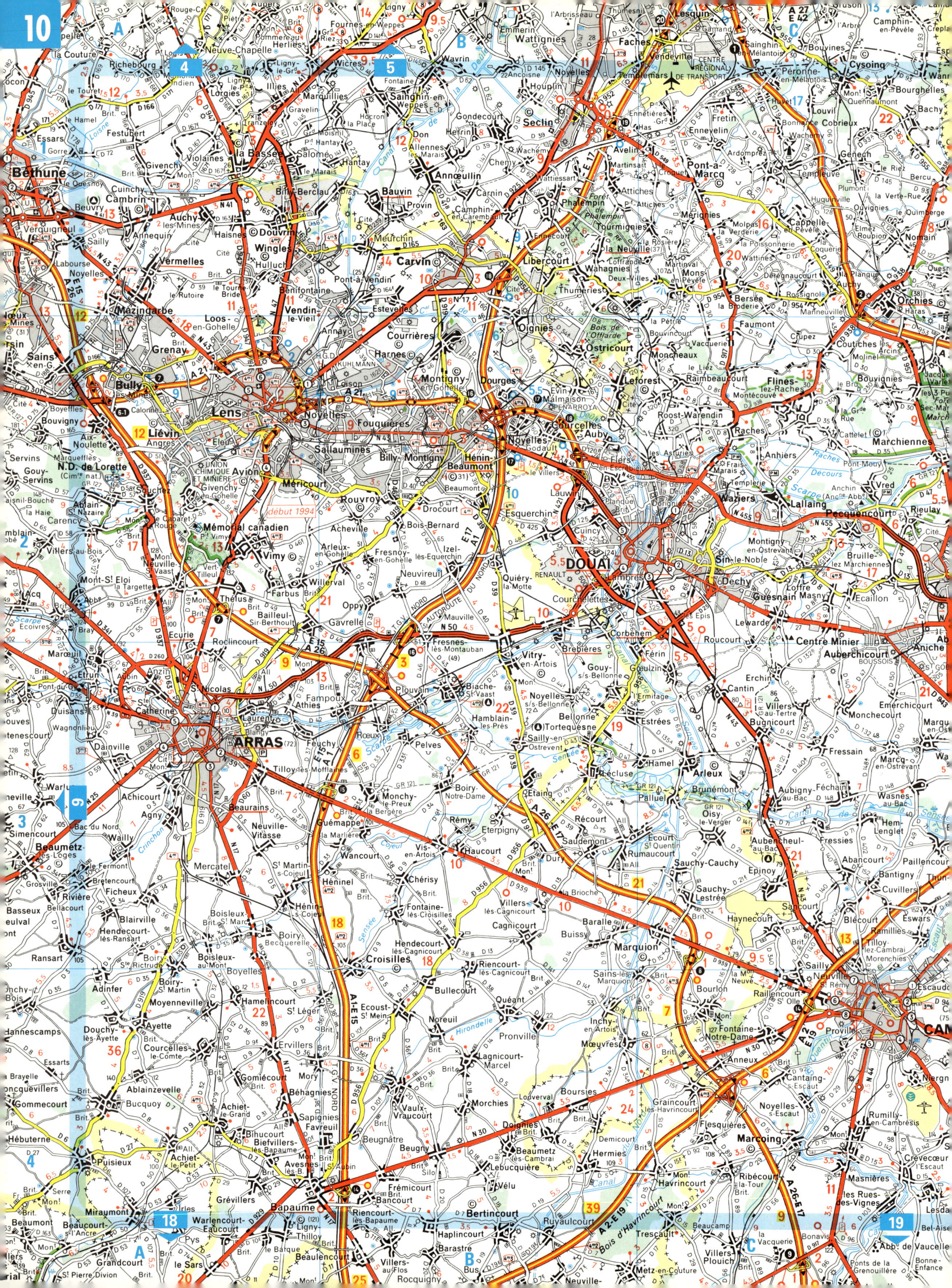
Béthune
Lens
Liévin
Arras
Douai
Carvin
Seclin
Lesquin
Cysoing
Orchies
Pont-à-Marcq
Phalempin
Libercourt
Oignies
Hénin-Beaumont
Noyelles-Godault
Courcelles
Sin-le-Noble
Pecquencourt
Lallaing
Waziers
Flines-lez-Raches
Marchiennes
Auberchicourt
Aniche
Vitry-en-Artois
Bapaume
Croisilles
Marquion
Bertincourt
Marcoing
Cambrin
Auchy-les-Mines
Douvrin
Wingles
La Bassée
Vermelles
Mazingarbe
Grenay
Bully
Loos-en-Gohelle
Vendin-le-Vieil
Harnes
Courrières
Montigny
Dourges
Sallaumines
Noyelles
Avion
Méricourt
Rouvroy
Vimy
Mémorial canadien
N.D.-de Lorette
Mont-St Eloi
Beaumetz-lès-Loges
Avesnes-lès-Bapaume
Ostricourt
Leforest
Raches
Dechy
Guesnain
Arleux
Annœullin
Bauvin
Pelves
Fresnes-lès-Montauban
Sailly
Raillencourt
Fontaine-Notre-Dame
Cantaing-s-Escaut
Noyelles-s-Escaut
Havrincourt
Ribécourt-la-Tour
Masnières
Rumilly-en-Cambrésis
CENTRE RÉGIONAL DE TRANSPORT
Centre Minier
RENAULT
debut 1994
A 26
A 1
E 17
E 15
N 17
N 43
N 50
Canal du Nord
Bois d'Havrincourt
4
5
9
18
19

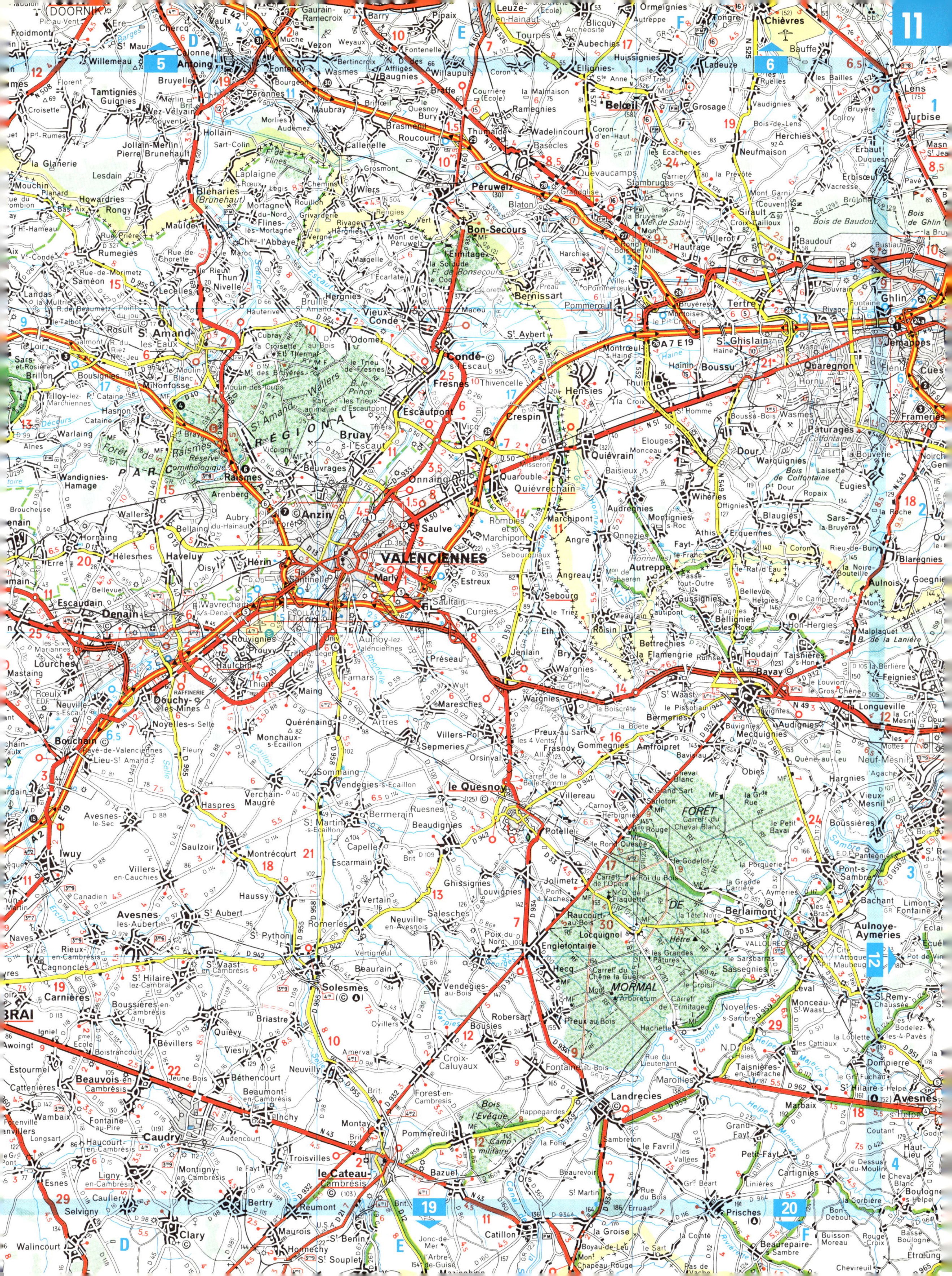

11
DOORNIK
Antoing
Péruwelz
Bon-Secours
Belœil
Chièvres
Lens
Jurbise
Ghlin
Jemappes
Quaregnon
Frameries
St. Ghislain
Boussu
Tertre
Hautrage
Quiévrain
Dour
Bernissart
Condé-s-l'Escaut
Vieux-Condé
St. Amand-les-Eaux
Raismes
Anzin
VALENCIENNES
Saulve
Marly
Denain
Escaudain
Lourches
Douchy-les-Mines
Bouchain
Bruay-s-l'Escaut
Onnaing
Crespin
Fresnes
Escautpont
Quarouble
Quiévrechain
Sebourg
Jenlain
Bavay
Houdain
Taisnières
Feignies
Hon-Hergies
Malplaquet
Bellignies
Wargnies
Préseau
Famars
Maing
Trith
Haulchin
Prouvy
Rouvignies
Hérin
Haveluy
Wallers
Hélesmes
Aulnoy-lez-Valenciennes
Villers-Pol
Le Quesnoy
Orsinval
Sepmeries
Hasnon
Hergnies
Mortagne-du-Nord
Flines-lès-Mortagne
Bléharies
Rumegies
Hollain
Bruyelle
Péruwelz
Fontenoy
Wiers
Harchies
Pommerœul
Hensies
Thulin
Elouges
Montignies-s-Roc
Autreppe
Angre
Roisin
Erquennes
Blaugies
Eugies
La Bouverie
Pâturages
Wasmes
Hornu
Sars-la-Bruyère
Blaregnies
Goegnies
Aulnois
Gognies
Bettrechies
La Flamengrie
Bermeries
St. Waast
Gommegnies
Amfroipret
Frasnoy
Preux-au-Sart
Villereau
Potelle
Jolimetz
Louvignies
Ghissignies
Salesches
Vendegies-s-Écaillon
Sommaing
Querénaing
Artres
Monchaux-s-Écaillon
Verchain-Maugré
Haspres
Saulzoir
Montrécourt
Haussy
Avesnes-le-Sec
Iwuy
Villers-en-Cauchies
St. Aubert
Avesnes-les-Aubert
St. Python
Romeries
Solesmes
Vertain
Beaurain
Neuville-en-Avesnois
Poix-du-Nord
Englefontaine
Hecq
Locquignol
Raucourt-au-Bois
Preux-au-Bois
Robersart
Bousies
Vendegies-au-Bois
Croix-Caluyaux
Fontaine-au-Bois
Forest-en-Cambrésis
Landrecies
Maroilles
Berlaimont
Aulnoye-Aymeries
Pont-s-Sambre
Bachant
Limont-Fontaine
Boussières
Hargnies
Vieux-Mesnil
Neuf-Mesnil
Obies
Mecquignies
Audignies
Longueville
Sassegnies
Noyelles-s-Sambre
Leval
Monceau-St. Waast
St. Remy-Chaussée
Dompierre
Taisnières-en-Thiérache
Marbaix
Avesnes-s-Helpe
St. Hilaire-s-Helpe
Grand-Fayt
Petit-Fayt
Cartignies
Le Favril
Prisches
Beaurepaire-s-Sambre
La Groise
Catillon
Ors
Bazuel
Pommereuil
Le Cateau-Cambrésis
Reumont
Honnechy
Maurois
St. Benin
St. Souplet
Troisvilles
Bertry
Clary
Caudry
Caullery
Selvigny
Walincourt
Esnes
Ligny-en-Cambrésis
Montigny-en-Cambrésis
Inchy
Beaumont-en-Cambrésis
Béthencourt
Viesly
Quiévy
Bévillers
Boussières-en-Cambrésis
St. Hilaire-lez-Cambrai
St. Vaast-en-Cambrésis
Saint-Aubert
Rieux-en-Cambrésis
Naves
Cagnoncles
Carnières
Beauvois-en-Cambrésis
Fontaine-au-Pire
Estourmel
Cattenières
Wambaix
Igniel
Boistrancourt
Briastre
Neuvilly
Amerval
Ovillers
Montay
Forêt de Mormal
Forêt de Raismes
Parc Naturel Régional St. Amand-Wallers
E 19
E 42
A 7
A 2
A 16
N 30
N 43
N 49
D 932
D 942
D 955
D 958
5
6
12
19
20
D
E
F

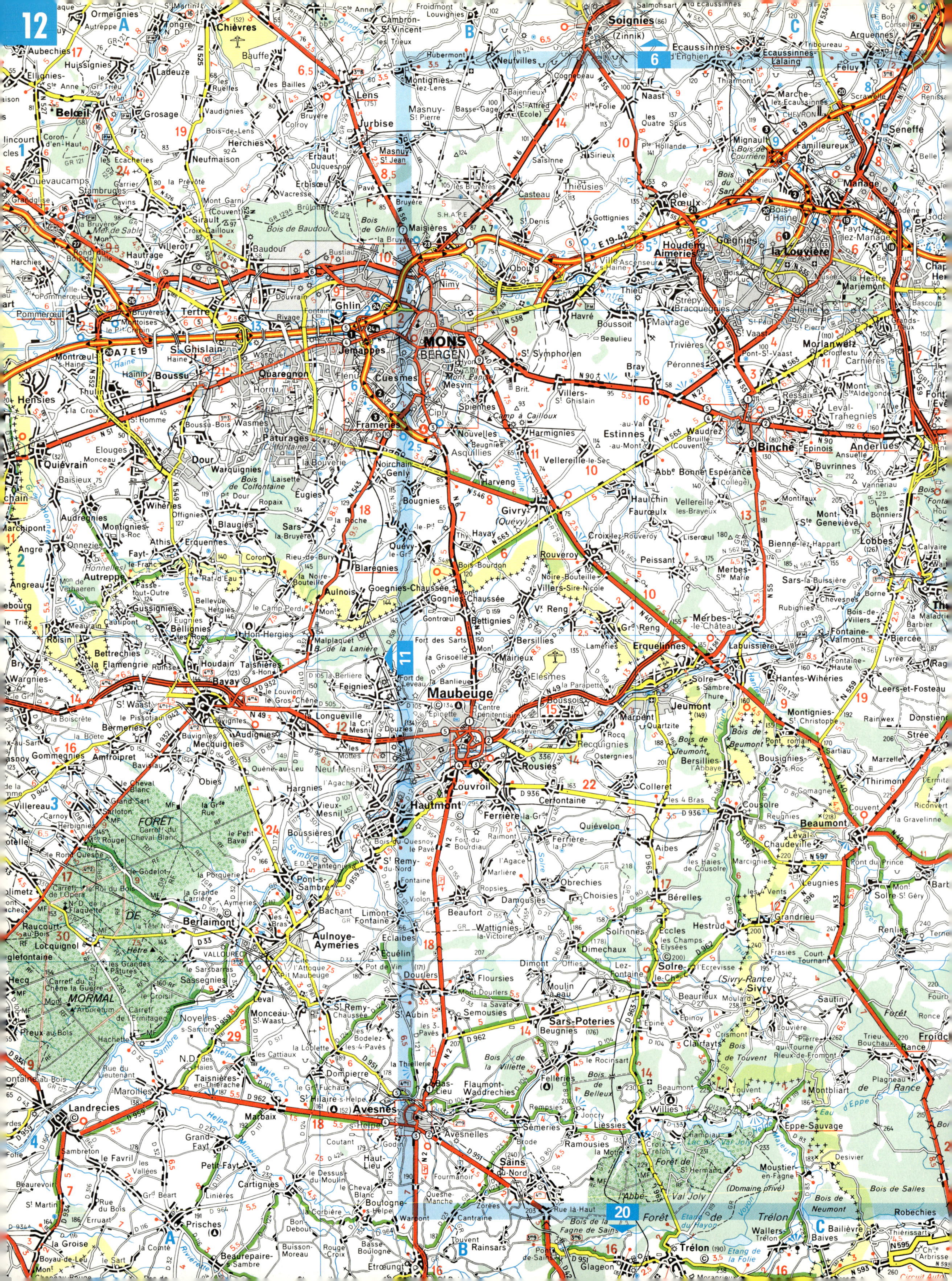
Soignies
Chièvres
Belœil
Lens
Jurbise
Ecaussinnes
Seneffe
Manage
Rœulx
Houdeng-Aimeries
la Louvière
Morlanwelz
Mons (Bergen)
Jemappes
St-Ghislain
Quaregnon
Boussu
Cuesmes
Frameries
Hensies
Quiévrain
Dour
Pâturages
Binche
Anderlues
Estinnes
Lobbes
Givry
Merbes-le-Château
Erquelinnes
Bavay
Maubeuge
Jeumont
Feignies
Hautmont
Louvroil
Beaumont
Berlaimont
Aulnoye-Aymeries
Forêt de Mormal
Landrecies
Avesnes
Sars-Poteries
Solre-le-Château
Sivry
Trélon
Sains-du-Nord
Prisches
Forêt de Trélon

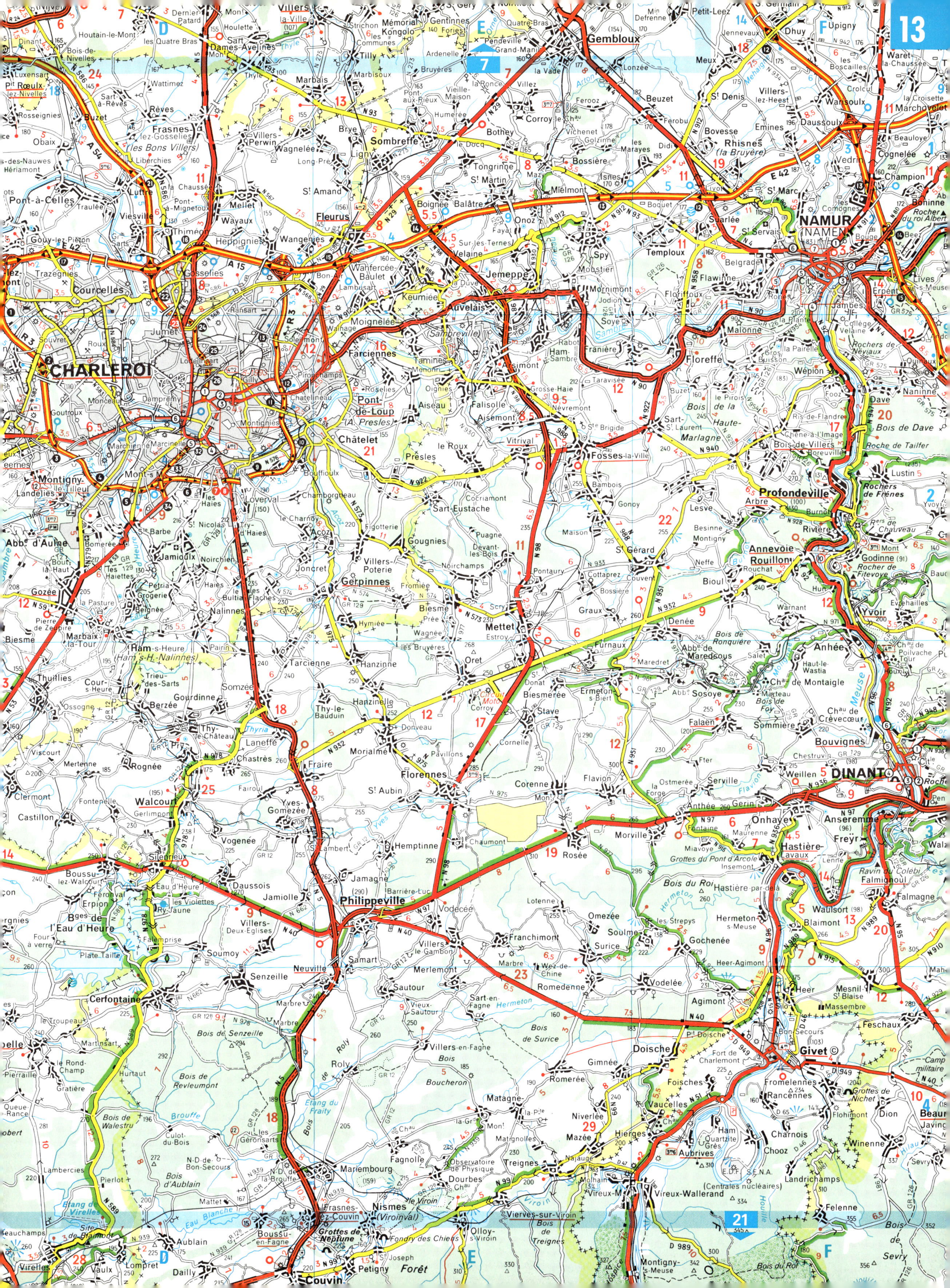
Gembloux
Sombreffe
Fleurus
Jemeppe
Auvelais
Charleroi
Gosselies
Courcelles
Trazegnies
Pont-à-Celles
Farciennes
Châtelet
Pont-de-Loup
Aiseau
Presles
Fosses-la-Ville
Floreffe
Namur
Jambes
Profondeville
Annevoie-Rouillon
Yvoir
Anhée
Maredsous
Dinant
Bouvignes
Anseremme
Hastière
Givet
Mettet
Gerpinnes
Florennes
Philippeville
Walcourt
Silenrieux
Cerfontaine
Mariembourg
Couvin
Nismes
Doische
Vireux
Montigny-le-Tilleul
Marcinelle
Jumet
Mont-s-Marchienne
Nalinnes
Ham-s-Heure
Thy-le-Château
Fraire
Chastrès
Rosée
Morville
Onhaye
Agimont
Treignes
Mazée
Aubrives
Fromelennes
Rancennes
Olloy-s-Viroin
Vierves-sur-Viroin
Romedenne
Franchimont
Senzeille
Neuville
Sautour
Villers-le-Gambon
Vodelée
Gochenée
Heer-Agimont
Waulsort
Falmignoul
Blaimont
Feschaux
Hermeton-s-Meuse
Surice
Soulme
Omezée
Hemptinne
Jamagne
Jamiolle
Daussois
Vogenée
Yves-Gomezée
Berzée
Somzée
Tarcienne
Hanzinne
Biesme
Oret
Stave
Ermeton-s-Biert
Furnaux
Denée
Sosoye
Falaën
Sommière
Weillen
Serville
Anthée
Flavion
Corenne
Biesmerée
St Gérard
Bioul
Godinne
Rivière
Lustin
Wépion
Dave
Malonne
Temploux
Suarlée
St Servais
Belgrade
Rhisnes
Bossière
Mazy
Spy
Onoz
Balâtre
Boignée
Ligny
Brye
Wanfercée-Baulet
Lambusart
Moignelée
Tamines
Velaine
Keumiée
Ham-s-Sambre
Franière
Vitrival
Sart-Eustache
Gougnies
Villers-Poterie
Loverval
Jamioulx
Marbaix-la-Tour
Thuillies
Gozée
Landelies
Viesville
Luttre
Buzet
Obaix
Frasnes-lez-Gosselies
Villers-Perwin
Wagnelée
Mellet
Heppignies
Wangenies
Marbais
Tilly
Villers-la-Ville
Sart-Dames-Avelines
Houtain-le-Mont
St Amand
Rèves
Thiméon
Ransart
Dampremy
Monceau
Gilly
Montignies
Couillet
Lodelinsart
Châtelineau
Bouffioulx
Acoz
Joncret
Nalinnes
Beuzet
St Denis
Bovesse
Emines
Dhuy
Upigny
Marchovelette
Cognelée
Champion
Bonine
Beez
Erpent
Lives
Naninne
Wierde
Profondeville
Arbre
Burnot
Lesve
Besinne
Neffe
Warnant
Salet
Falaën
Chestruvin
Freÿr
Lenne
Mesnil St Blaise
Massembre
Heer
Hierges
Najauge
Vaucelles
Foisches
Charnois
Chooz
Landrichamps
Felenne
Beauraing
Winenne
Dion
Flohimont
Aubrives
Fromelennes
Niverlée
Romerée
Gimnée
Matagne-la-Grande
Matagne-la-Petite
Dourbes
Fagnolle
Roly
Villers-en-Fagne
Sart-en-Fagne
Merlemont
Samart
Soumoy
Frasnes-lez-Couvin
Petigny
Boussu-en-Fagne
Aublain
Dailly
Lompret
Vaulx
Virelles
Pesche
Forêt
Montigny-s-Meuse
Forêt de Couvin
Bois de Senzeille
Bois de Revleumont
Bois de Walestru
Bois de Surice
Bois de Treignes
Bois de Sevry
Bois du Roi
Hermeton
Viroin
Meuse
Sambre
Eau d'Heure
Eau Blanche
Eau Noire
Lacs de l'Eau d'Heure
Grottes de Neptune
Grottes du Pont d'Arcole
Fort de Charlemont
Centrales nucléaires
E 42
A 15
A 54
N 5
N 40
N 97
N 98
N 90
N 93
N 29
N 922
N 936
N 95
N 96
N 958
N 951
N 932
N 975
N 978
D 949
D 989
D 47
D 46
7
21

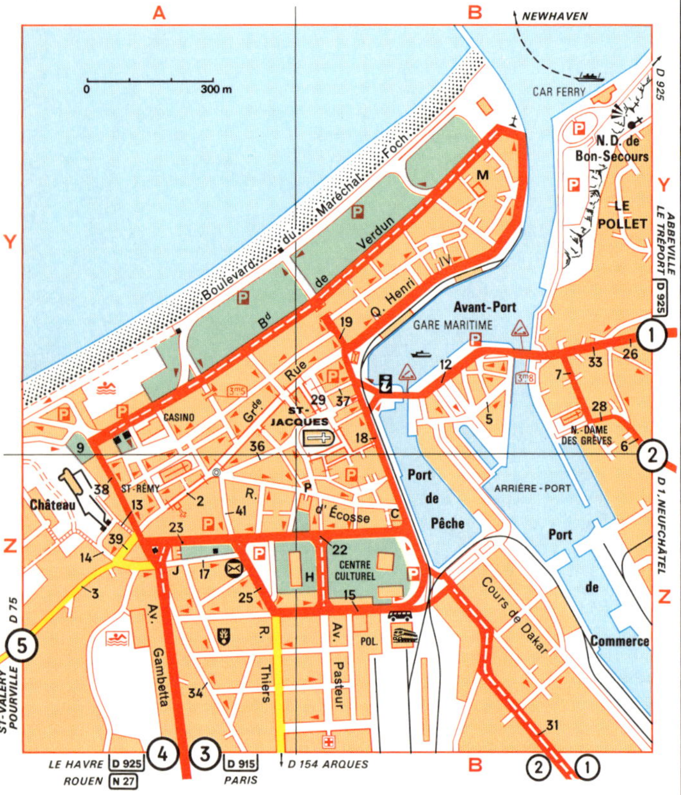

Dieppe

Barre (R. de la)	AZ	2
Grande-Rue	ABY	
St-Jacques (R.)	AYZ	36
Barre (R. du Fg-de-la)	AZ	3
Belleteste (R. Jean)	BY	5
Bonne-Nouvelle (R.)	BY	6
Brunel (R. J.)	BY	7
Canada (Sq. du)	AY	9
Carénage (Q. du)	BY	12
Chastes (R. de)	AZ	13
Citadelle (Ch. de la)	AZ	14
Clemenceau (Bd G.)	BZ	15
Desmarets (R.)	AZ	17
Duquesne (Quai)	BYZ	18
Duquesne (R.)	BY	19
Gaulle (Bd. Gén.-de)	ABZ	22
Groulard (R. C.)	AZ	23
Joffre (Bd Mar.)	AZ	25
Leclerc (Av. Gén.)	BY	26
Levasseur (R.)	BY	28
Nationale (Pl.)	BY	29
Pénétrante (La)	BZ	31
Pollet (Gde-R. du)	BY	33
République (R. de la)	AZ	34
St-Jean (R.)	BY	37
Sygogne (R. de)	AZ	38
Toustain (R.)	AZ	39
Victor-Hugo (R.)	AZ	41

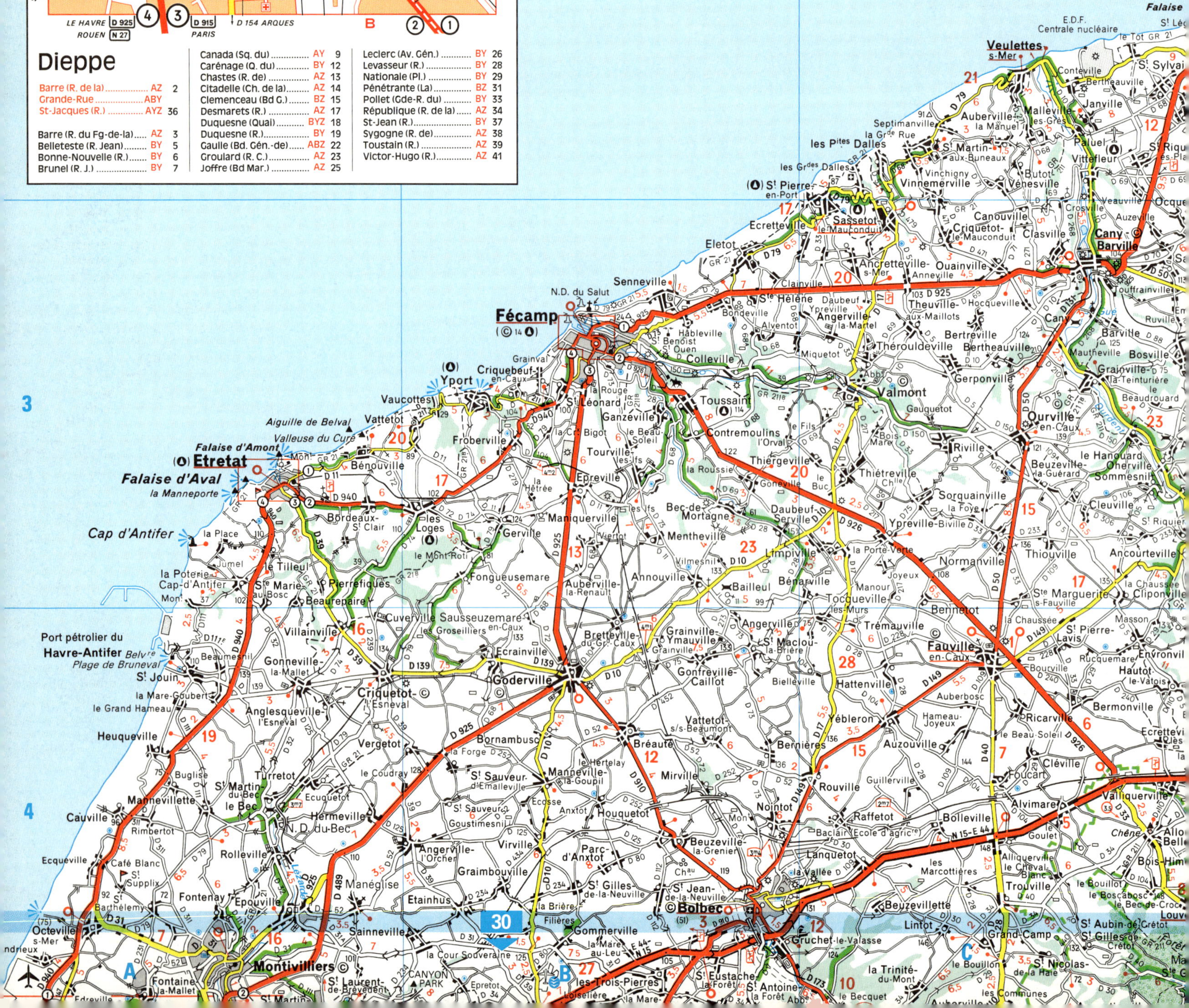

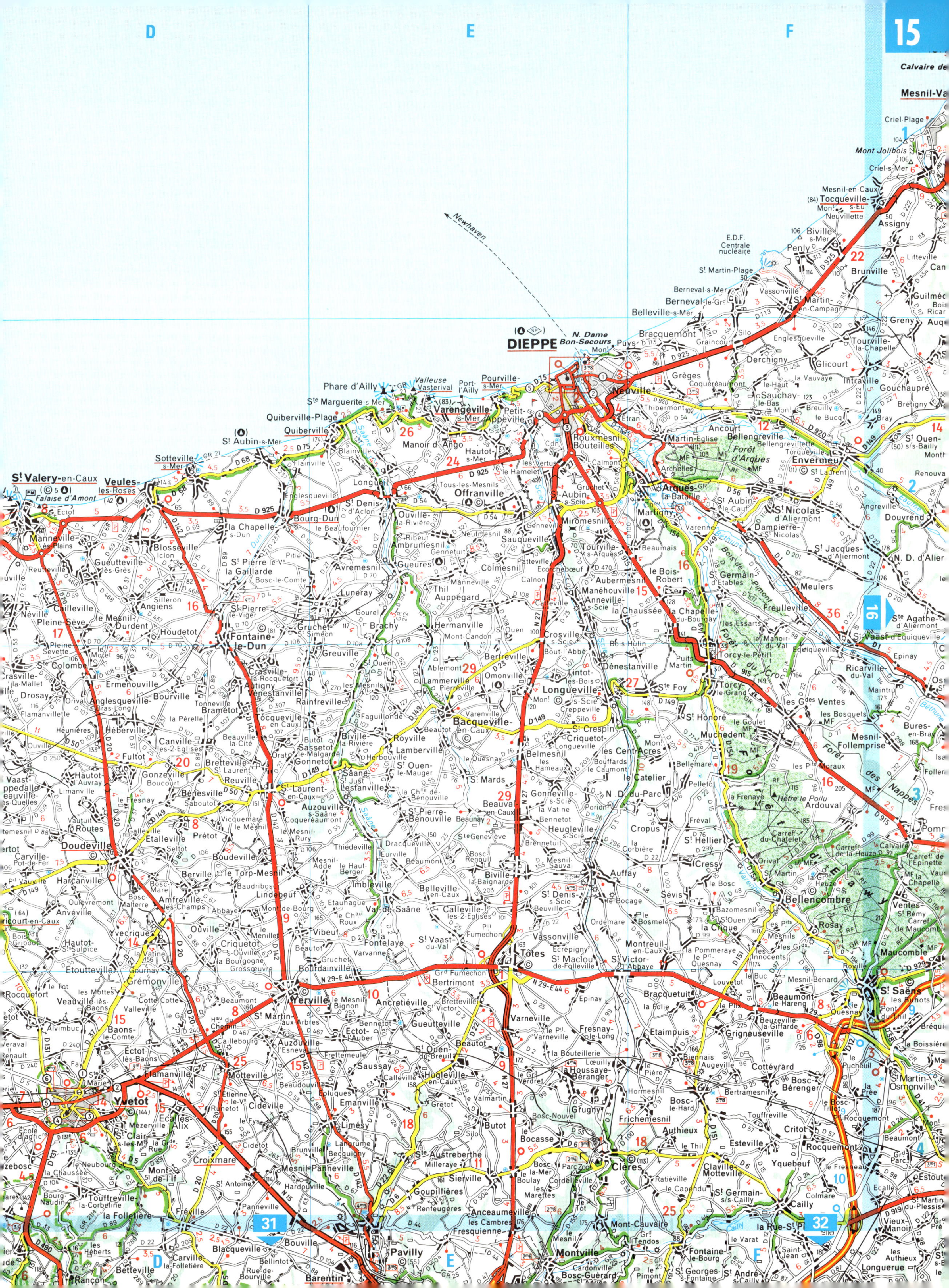
D
E
F
Newhaven
DIEPPE
N. Dame Bon-Secours
Phare d'Ailly
Varengeville-s-Mer
Pourville-s-Mer
Ste Marguerite-s-Mer
Quiberville-Plage
Quiberville
St Aubin-s-Mer
Sotteville-s-Mer
St Valery-en-Caux
Veules-les-Roses
Falaise d'Amont
Offranville
Arques-la-Bataille
Martin-Eglise
Forêt d'Arques
Envermeu
Neuville
Puys
Bracquemont
Belleville-s-Mer
Berneval-le-Grand
Berneval-s-Mer
St Martin-Plage
E.D.F. Centrale nucléaire
Penly
Biville-s-Mer
Tocqueville-s-Eu
Criel-s-Mer
Criel-Plage
Mont Jolibois
Mesnil-Val
Calvaire des
Assigny
Brunville
St Martin-en-Campagne
Derchigny
Glicourt
Gouchaupré
St Nicolas-d'Aliermont
St Jacques-d'Aliermont
Douvrend
Meulers
Freulleville
St Vaast-d'Equiqueville
Ste Agathe-d'Aliermont
Rouxmesnil-Bouteilles
St Aubin-s-Scie
Sauqueville
Tourville-s-Arques
Bourg-Dun
Luneray
Fontaine-le-Dun
Gueures
Brachy
Greuville
Avremesnil
Longueville
Torcy-le-Grand
Torcy-le-Petit
Bacqueville-en-Caux
Lamberville
Auffay
Tôtes
Bellencombre
Forêt d'Eawy
St Saëns
Rosay
Maucomble
Doudeville
Yerville
Yvetot
Motteville
Clères
Montville
Pavilly
Barentin
Bouville
Blacqueville
Fresquienne
Mont-Cauvaire
Fontaine-le-Bourg
St Georges-s-Fontaine
Cailly
Varneville
Ancretiéville
Hugleville-en-Caux
Limésy
Croixmare
Flamanville
Cany
Ecalles-Alix
Fréville
Betteville
Rançon
Les Hêberts
Carville-la-Folletière
Touffreville-la-Corbeline
Auzouville-l'Esneval
Bertrimont
Beautot
Saussay
Emanville
St Ouen-du-Breuil
Cottévrard
Bosc-Bérenger
Critot
Rocquemont
Yquebeuf
Estouteville
Beaumont-le-Hareng
Grigneuseville
St Martin-Osmonville
Bosc-le-Hard
Frichemesnil
Authieux
Esteville
Claville-Motteville
St Germain-s-Cailly
La Rue-St Pierre
Vieux-Manoir
St Martin-du-Plessis
Longuerue
Les Authieux
Bellencombre
Cressy
Sévis
Bracquetuit
Etaimpuis
Biennais
Beauval-en-Caux
Gonneville-s-Scie
Heugleville-s-Scie
Crosville-s-Scie
Lintot-les-Bois
Dénestanville
Ste Foy
St Honoré
Muchedent
Les Grandes Ventes
Bures-en-Bray
Mesnil-Follemprise
Forêt des Nappes
Ardouval
Hêtre le Poilu
Carrefour du Châtelet
Carrefour de la Houzée
Calvaire
Pommereval
Ventes-St Rémy
Criquetot-sur-Longueville
St Crespin
Belmesnil
Les Cent-Acres
Le Catelier
Saâne-St Just
Imbleville
Belleville-en-Caux
Calleville-les-Deux-Eglises
Val-de-Saâne
La Fontelaye
Vassonville
St Maclou-de-Folleville
St Victor-l'Abbaye
Montreuil-en-Caux
St Denis-s-Scie
Bosc-Mesnil
Ordemare
Bertreville
Omonville
Royville
Thiédeville
Beautot
Sassetot
Gonnetot
Auzouville-s-Saâne
Bénesville
Reuville
Brametot
Gueutteville
Vibeuf
Criquetot
Baudribosc
Lindebeuf
Ouville
Amfreville-les-Champs
Harcanville
Anvéville
Hautot-St-Sulpice
Etoutteville
Gremonville
Veauville-lès-Baons
Baons-le-Comte
Ectot-les-Baons
Ecretteville
Carville-Pot-de-Fer
Vaast
Fultot
Hautot-l'Auvray
Gonzeville
Héberville
Anglesqueville
Ermenouville
Drosay
Houdetot
Angiens
Blosseville
Manneville-ès-Plains
Gueutteville-les-Grès
Le Mesnil-Durdent
Cailleville
Pleine-Sève
Néville
Silleron
Crasville-la-Rocquefort
Autigny
Vénestanville
Rainfreville
Tocqueville-en-Caux
Canville-les-Deux-Eglises
Bretteville-St Laurent
St Laurent-en-Caux
Etalleville
Prétot
Boudeville
Berville
Le Torp-Mesnil
Hautot-s-Dieppe
Manoir d'Ango
Appeville
Ouville-la-Rivière
Ambrumesnil
Colmesnil
Manneville
Thil
Hermanville
Ablemont
Lammerville
Biville-la-Rivière
Thil-Manneville
Tous-les-Mesnils
Miromesnil
Aubermesnil
Manéhouville
Anneville-s-Scie
La Chaussée
Le Bois-Robert
Martigny
Ancourt
Bellengreville
Sauchay
Grèges
St Ouen-s/s-Bailly
Guilmécourt
Greny
Bréthigny
N29-E44
N27
D925
D149
D915
D920
31
32
16
36

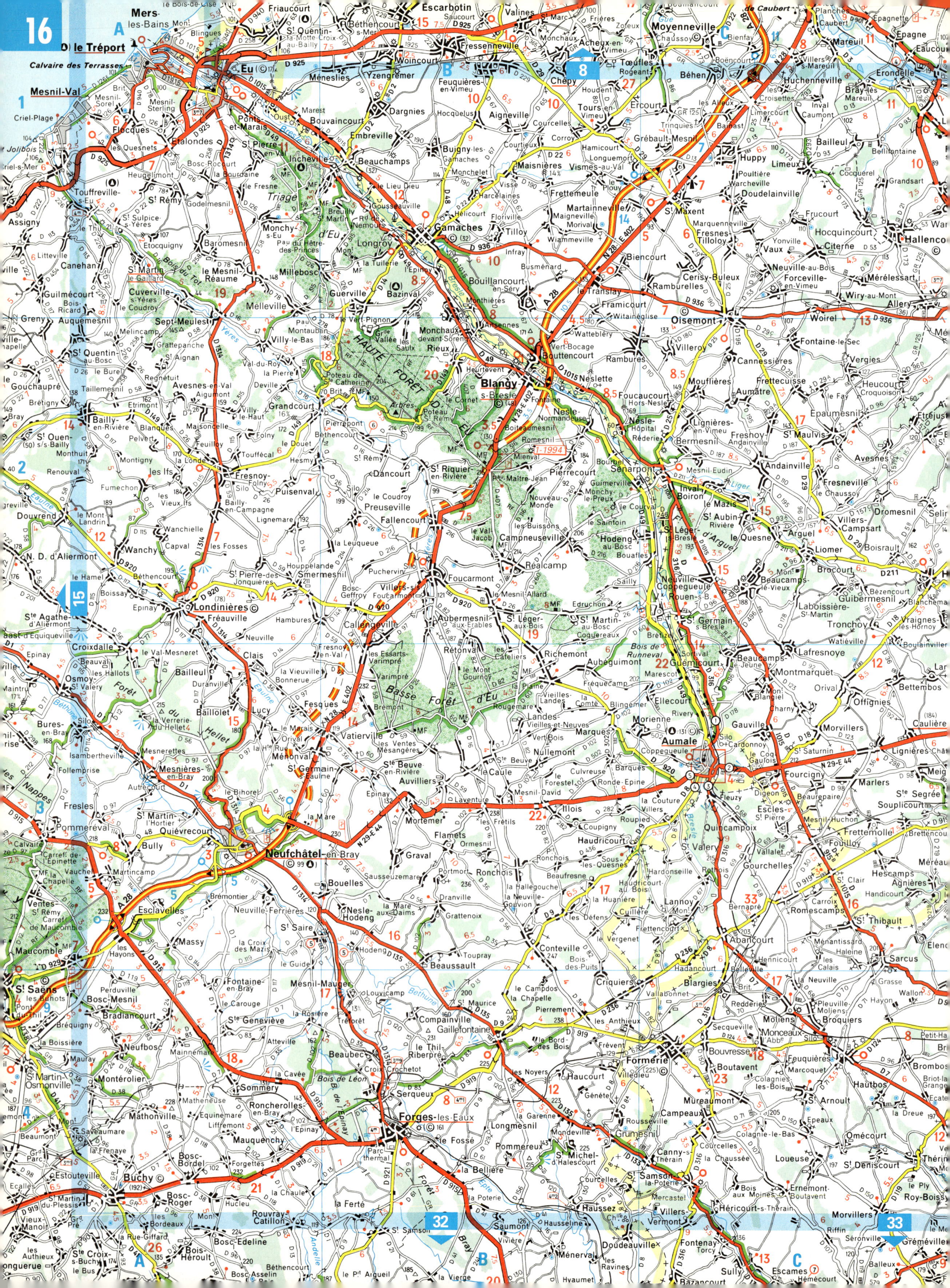
le Tréport
Mers-les-Bains
Eu
Mesnil-Val
Criel-Plage
Escarbotin
Friville-Escarbotin
Woincourt
Fressenneville
Moyenneville
Béhen
Huppy
Hallencourt
Gamaches
Blangy-s-Bresle
Oisemont
Senarpont
Longroy
Bazinval
Guerville
Melleville
Londinières
Foucarmont
Aumale
Neufchâtel-en-Bray
Forges-les-Eaux
Formerie
Buchy
St Saëns
Mesnières-en-Bray
Grandcourt
Callengeville
Richemont
Abancourt
Gaillefontaine
Sommery
Haute Forêt d'Eu
Basse Forêt d'Eu
Forêt d'Eu
Forêt du Hellet
Bois de l'Épinay
Yères
Bresle
Béthune
Eaulne
Liger
Varenne
Andelle
Epte
A 28
N 28
D 925
D 1015
D 936
N 29-E 44
D 1314
D 920
D 316
D 915
8
14
15
32
33
A
B
C

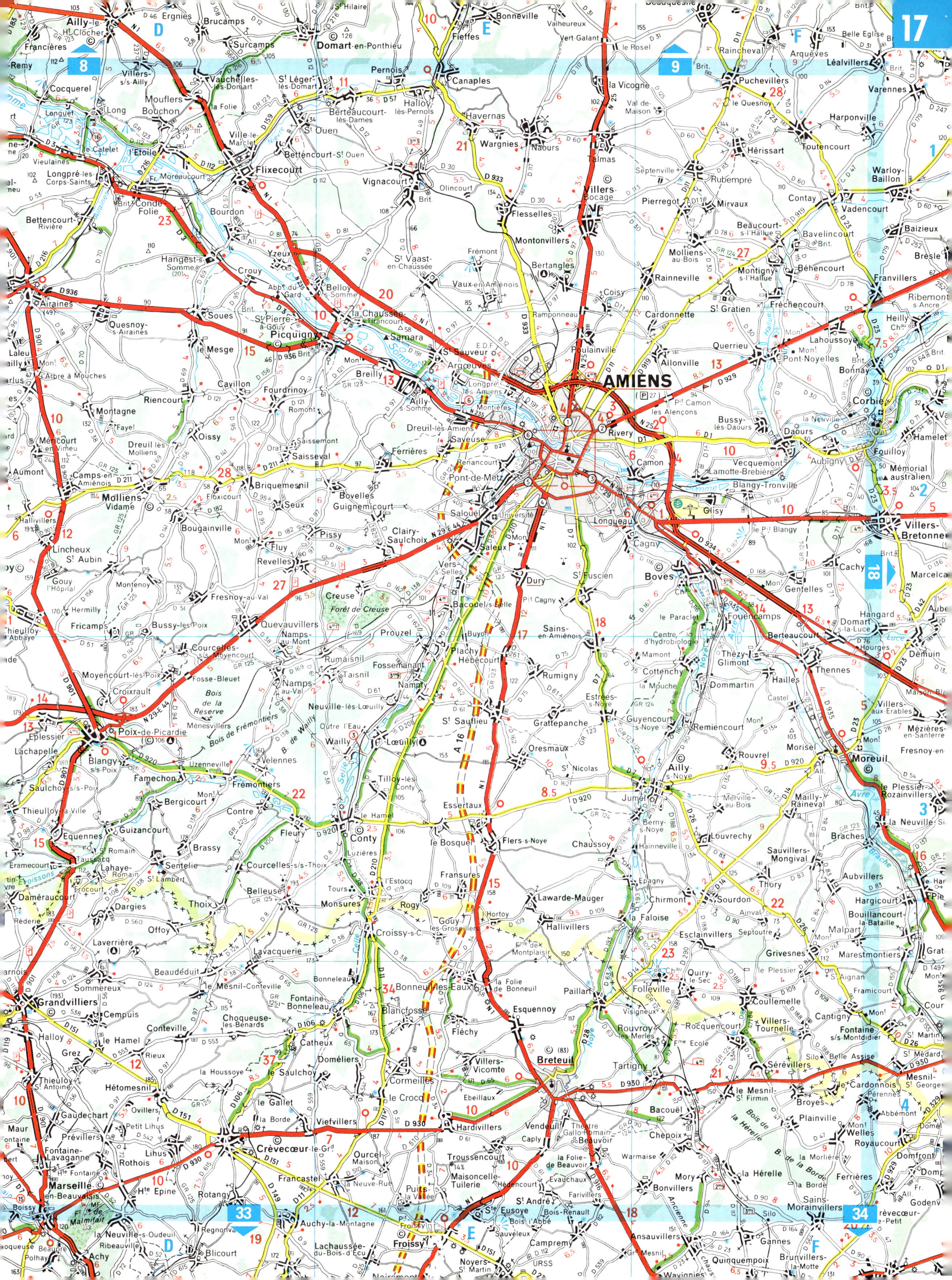
AMIENS
Ailly-le-Ht Clocher
Francières
Ergnies
Brucamps
Domart-en-Ponthieu
St Hilaire
Bonneville
Fieffes
Vert-Galant
Raincheval
Arquèves
Léalvillers
Belle Eglise
Cocquerel
Long
Mouflers
Bouchon
Surcamps
Vauchelles-lès-Domart
St Léger-lès-Domart
Berteaucourt-lès-Dames
Halloy-lès-Pernois
Pernois
Canaples
Havernas
Wargnies
Naours
Talmas
la Vicogne
Puchevillers
Varennes
Harponville
Toutencourt
Hérissart
le Quesnoy
Longpré-les-Corps-Saints
Flixecourt
Ville-le-Marclet
St Ouen
Bettencourt-St Ouen
Vignacourt
Olincourt
Flesselles
Villers-Bocage
Pierregot
Rubempré
Mirvaux
Contay
Vadencourt
Warloy-Baillon
Baizieux
Bettencourt-Rivière
Condé-Folie
Hangest-s-Somme
Bourdon
Yzeux
Montonvillers
Bertangles
Molliens-au-Bois
Rainneville
Beaucourt-s-l'Hallue
Bavelincourt
Béhencourt
Montigny-s-l'Hallue
Franvillers
Ribemont-s-Ancre
Airaines
Quesnoy-s-Airaines
Soues
Croüy
Belloy-s-Somme
St Pierre-à-Gouy
Picquigny
la Chaussée-Tirancourt
St Vaast-en-Chaussée
Vaux-en-Amiénois
Frémont
Coisy
Cardonnette
St Gratien
Fréchencourt
Querrieu
Lahoussoye
Heilly
Le Mesge
Samara
Breilly
Ailly-s-Somme
St Sauveur
Argœuves
Poulainville
Allonville
Pont-Noyelles
Bonnay
Corbie
l'Arbre à Mouches
Cavillon
Fourdrinoy
Riencourt
Montagne
Oissy
Dreuil-lès-Amiens
Saveuse
Montières
Rivery
Camon
Bussy-lès-Daours
Daours
Vecquemont
Lamotte-Brebière
Blangy-Tronville
Aubigny
Fouilloy
Hamelet
Mémorial australien
Méricourt-en-Vimeu
Dreuil-les-Molliens
Saisseval
Ferrières
Camps-en-Amiénois
Molliens-Vidame
Briquemesnil
Seux
Bovelles
Guignemicourt
Pont-de-Metz
Renancourt
Saleuel
Université
Longueau
Glisy
Villers-Bretonneux
Hallivillers
Lincheux
Bougainville
Pissy
Clairy-Saulchoix
Fluy
Revelles
Vers-s-Selles
Saleux
Dury
St Fuscien
Cagny
Boves
Gentelles
Cachy
Marcelcave
Gouy-l'Hôpital
Monténoy
Fresnoy-au-Val
Creuse
Forêt de Creuse
Bacouel-s-Selle
Sains-en-Amiénois
Fouencamps
Berteaucourt
Domart-la-Luce
Hangard
Demuin
Hornoy
Fricamps
Bussy-les-Poix
Quevauvillers
Namps-au-Mont
Prouzel
Plachy-Buyon
Hébécourt
Rumigny
Thézy-Glimont
Thennes
Hailles
Dommartin
Courcelles-s-Moyencourt
Rumaisnil
Taisnil
Fossemanant
Nampty
Cottenchy
la Mouche
Moyencourt-lès-Poix
Fosse-Bleuet
Croixrault
Bois de la Réserve
Namps-au-Val
Neuville-lès-Lœuilly
Grattepanche
Estrées-s-Noye
Guyencourt-s-Noye
Remiencourt
Villers-aux-Erables
Mézières-en-Santerre
Poix-de-Picardie
Eplessier
Lachapelle
Ménévillers
Bois de Frémontiers
Wailly
Lœuilly
St Sauflieu
Oresmaux
St Nicolas
Ailly-s-Noye
Rouvrel
Morisel
Moreuil
Blangy-s-Poix
Uzenneville
Velennes
Famechon
Frémontiers
Tilloy-lès-Conty
Essertaux
Jumel
Merville-au-Bois
Mailly-Raineval
Plessier-Rozainvillers
Fresnoy-en
Saulchoy-s-Poix
Thieulloy-la-Ville
Bergicourt
Contre
Conty
le Hamel
Berny-s-Noye
Hainneville
Louvrechy
la Neuville-Si
Equennes
Guizancourt
Brassy
Fleury
Lœuilly
le Bosquel
Flers-s-Noye
Chaussoy
Braches
Sauvillers-Mongival
Eramecourt
Tasseaux
Lahaye-St Romain
Sentelie
Courcelles-s/s-Thoix
Luzières
Fransures
Epagny
Aubvillers
Daméraucourt
St Lambert
Dargies
Thoix
Belleuse
Tours
Monsures
l'Estocq
Rogy
Lawarde-Mauger
Chirmont
Sourdon
Thory
Hargicourt
Rederie
Offoy
Croissy-s-C
Gouy-les-Groseillers
l'Hortoy
Hallivillers
la Faloise
Aînval
Septoutre
Bouillancourt-la-Bataille
Malpart
Laverrière
Lavacquerie
Esclainvillers
Grivesnes
Marestmontiers
Beaudéduit
le Mesnil-Conteville
Bonneleau
Bonneuil-les-Eaux
Fermes de Montplaisir
la Folie de Bonneuil
Paillart
Folleville
Quiry-le-Sec
le Plessier
Coullemelle
Sommereux
Grandvilliers
Cempuis
Fontaine-Bonneleau
Blancfossé
Esquennoy
Visigneux
Villers-Tournelle
Cantigny
Conteville
Choqueuse-les-Bénards
Catheux
Fléchy
Rouvroy-les-Merles
Rocquencourt
Fontaine-s-Montdidier
Halloy
le Hamel
Grez
Rieux
Doméliers
Villers-Vicomte
Breteuil
Tartigny
Sérévillers
Belle Assise
Thieuloy-St Antoine
Hétomesnil
la Houssoye
le Saulchoy
Cormeilles
le Crocq
le Mesnil-St Firmin
Cardonnois
Broyes
Gaudechart
Oviliers
le Gallet
la Borde
Viefvillers
Ebeillaux
Hardivillers
Vendeuil-Caply
Théâtre Gallo-Romain
Beauvoir
Chepoix
Bacouël
Plainville
Welles-Pérennes
Royaucourt
Prévillers
Petit Lihus
Crèvecœur-le-Gd
Ourcel-Maison
Troussencourt
Maisoncelle-Tuilerie
la Folie-de-Beauvoir
Warmaise
Bois de la Hérelle
la Hérelle
la Morlière
Ferrières
Domfront
Fontaine-Lavaganne
Lihus
Rothois
Francastel
la Neuve-Rue
Puits-la-Vallée
Hédencourt
Évauchaux
Farivillers
Mory
Bonvillers
Ancienne
Marseille-en-Beauvaisis
Hte Epine
Rotangy
Auchy-la-Montagne
St André
Ste Eusoye
Bois-Renault
Bois l'Abbé
Sains-Morainvillers
Godenvillers
Boissy
Bois de Malmifait
la Neuville-s-Oudeuil
Regnonval
Froissy
Sauveleux
Campremy
Ansauvillers
Gannes
Brunvillers-la-Motte
Achy
Blicourt
Lachaussée-du-Bois-d'Écu
Noyers-St Martin
Quinquempoix
Wavignies
Silo
Polhay
Evoissons
Selle
Celle
Noye
Avre
Somme
Hallue
Ancre
Luce
Brache
Airaines
Nièvre
Canal de la Somme
E.D.F.
Zoo
Gd Hospice
Centre d'hydrobiologie
Castel
Ramponneau
Bienfay
Bois de Wailly
8
9
18
33
34
D
E
F
A16
N1
N25
N29
E44
D929
D934
D1
D930
D920
D210
D7
D936
D211
D216
D901

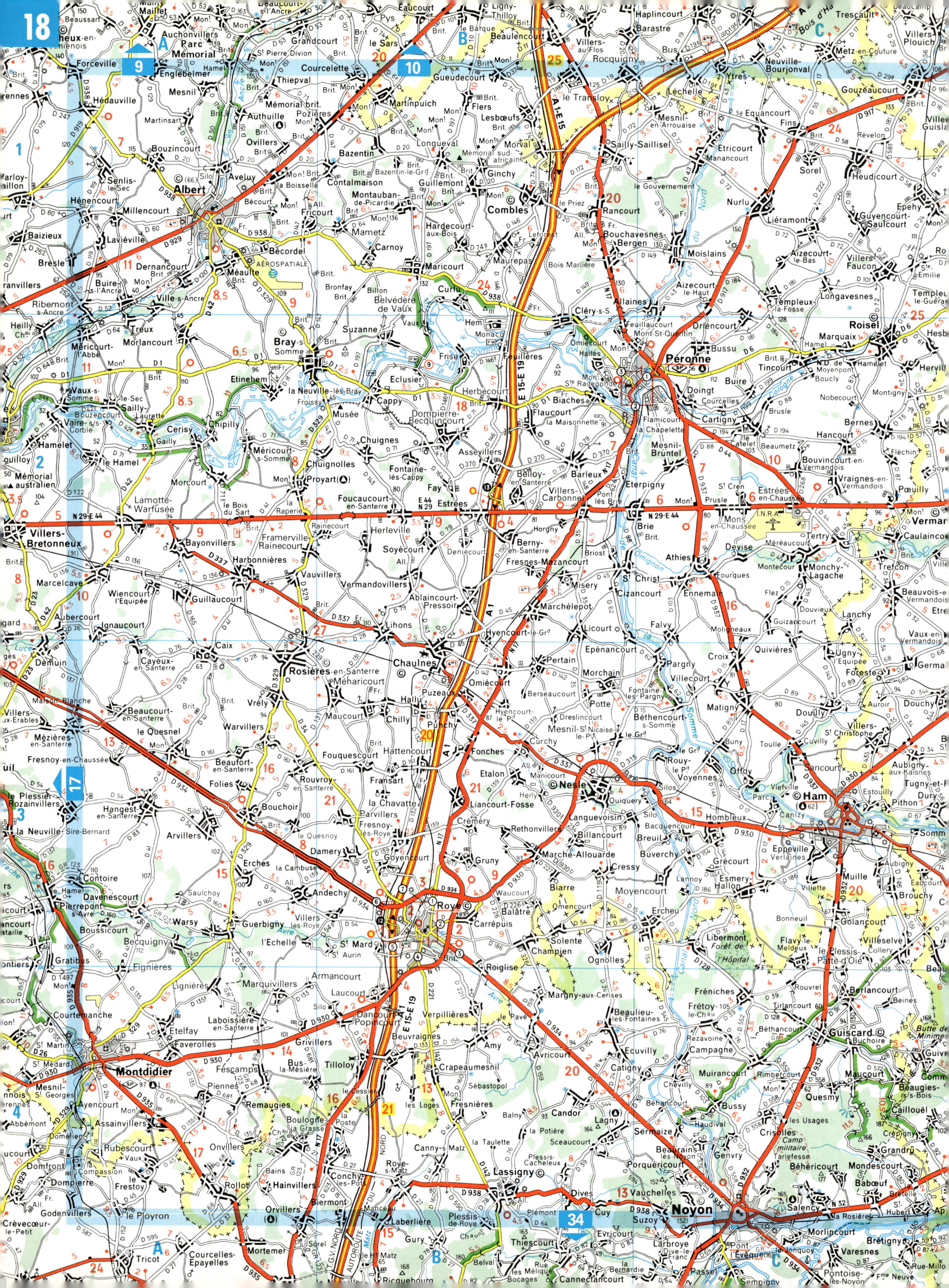
Albert
Péronne
Roisel
Bray-s-Somme
Combles
Chaulnes
Nesle
Ham
Roye
Montdidier
Rosières-en-Santerre
Guiscard
Lassigny
Noyon
Villers-Bretonneux
Corbie
Forceville
Hédauville
Mesnil
Thiepval
Courcelette
Pozières
Martinpuich
Flers
Lesbœufs
Morval
Ginchy
Guillemont
Longueval
Bazentin
Contalmaison
Mametz
Carnoy
Fricourt
Bécordel
Méaulte
Dernancourt
Millencourt
Senlis-le-Sec
Hénencourt
Baizieux
Bresle
Laviéville
Ville-s-Ancre
Morlancourt
Treux
Méricourt-l'Abbé
Heilly
Ribemont-s-Ancre
Buire-s-l'Ancre
Bouzincourt
Aveluy
Authuille
Ovillers
Mesnil-en-Arrouaise
Sailly-Saillisel
Rancourt
Bouchavesnes-Bergen
Moislains
Aizecourt-le-Haut
Allaines
Cléry-s-Somme
Maricourt
Curlu
Maurepas
Hardecourt-aux-Bois
Suzanne
Eclusier
Cappy
Frise
Herbécourt
Feuillères
Biaches
Flaucourt
Dompierre-Becquincourt
Chuignes
Chuignolles
Proyart
Fontaine-lès-Cappy
Assevillers
Belloy-en-Santerre
Barleux
Villers-Carbonnel
Estrées
Fay
Foucaucourt-en-Santerre
Herleville
Soyécourt
Vermandovillers
Lihons
Ablaincourt-Pressoir
Deniécourt
Berny-en-Santerre
Fresnes-Mazancourt
Misery
Marchélepot
Licourt
Epénancourt
Pertain
Morchain
Hyencourt-le-Grand
Omiécourt
Puzeaux
Hallu
Chilly
Punchy
Fonches
Etalon
Liancourt-Fosse
Rethonvillers
Languevoisin
Billancourt
Marché-Allouarde
Cressy
Buverchy
Breuil
Gruny
Crémery
Carrépuis
Balâtre
Biarre
Solente
Champien
Ognolles
Roiglise
Margny-aux-Cerises
Beaulieu-les-Fontaines
Ecuvilly
Catigny
Sermaize
Candor
Lagny
Fresnières
Crapeaumesnil
Amy
Avricourt
Beuvraignes
Tilloloy
Verpillières
Dancourt-Popincourt
Laucourt
Armancourt
Grivillers
Bus-la-Mésière
Remaugies
Boulogne-la-Grasse
Conchy-les-Pots
Hainvillers
Orvillers
Biermont
Roye-s-Matz
Canny-s-Matz
Thiescourt
Evricourt
Cuy
Suzoy
Larbroye
Vauchelles
Porquéricourt
Dives
Plessis-de-Roye
Gury
Laberlière
Mortemer
Courcelles-Epayelles
Tricot
Rollot
Godenvillers
le Ployron
Crèvecœur-le-Petit
Dompierre
Domfront
Rubescourt
Assainvillers
Ayencourt
Fescamps
Piennes
Faverolles
Etelfay
Courtemanche
Fignières
Boussicourt
Warsy
Guerbigny
l'Echelle
Andechy
Erches
Damery
Goyencourt
Parvillers
Fresnoy-lès-Roye
la Chavatte
Fransart
Hattencourt
Fouquescourt
Maucourt
Rouvroy-en-Santerre
Bouchoir
Folies
Arvillers
Hangest-en-Santerre
Beaufort-en-Santerre
Warvillers
Vrély
Méharicourt
Caix
Cayeux-en-Santerre
Beaucourt-en-Santerre
le Quesnel
Mézières-en-Santerre
Fresnoy-en-Chaussée
Démuin
Ignaucourt
Aubercourt
Wiencourt-l'Equipée
Guillaucourt
Marcelcave
Harbonnières
Vauvillers
Framerville-Rainecourt
Bayonvillers
Lamotte-Warfusée
Morcourt
Méricourt-s-Somme
Chipilly
Cerisy
Sailly-Laurette
Le Hamel
Hamelet
Vaire-s-Corbie
Vaux-s-Somme
Etinehem
la Neuville-lès-Bray
Mesnil-Bruntel
Eterpigny
Brie
Athies
St Christ
Cizancourt
Falvy
Pargny
Epénancourt
Béthencourt-s-Somme
Mesnil-St Nicaise
Potte
Curchy
Quiquery
Voyennes
Rouy-le-Petit
Offoy
Matigny
Croix
Quivières
Ennemain
Monchy-Lagache
Devise
Tertry
Doingt
Cartigny
Bussu
Buire
Tincourt
Hancourt
Bernes
Nurlu
Liéramont
Equancourt
Fins
Sorel
Heudicourt
Templeux-la-Fosse
Longavesnes
Marquaix
Hesbécourt
Driencourt
Estrées-en-Chaussée
Prusle
Mons-en-Chaussée
Vraignes-en-Vermandois
Bouvincourt-en-Vermandois
Beaumetz
Poeuilly
Vermand
Caulaincourt
Trefcon
Beauvois-en-Vermandois
Lanchy
Douvieux
Ugny-l'Equipée
Foreste
Douilly
Villers-St Christophe
Aubigny-aux-Kaisnes
Tugny-et-Pont
Pithon
Dury
Eppeville
Muille
Golancourt
Brouchy
Villeselve
Flavy-le-Meldeux
le Plessis-Patte-d'Oie
Berlancourt
Beines
Frétoy-le-Château
Fréniches
Libermont
Esmery-Hallon
Grécourt
Hombleux
Moyencourt
Ercheu
Muirancourt
Campagne
Bussy
Quesmy
Maucourt
Crisolles
Béhéricourt
Mondescourt
Baboeuf
Salency
Morlincourt
Varesnes
Pont-l'Evêque
Genvry
Beaurains-lès-Noyon
Chevilly
Behancourt
Candor
Haplincourt
Barastre
Bus
Villers-au-Flos
Rocquigny
le Transloy
Ytres
Léchelle
Neuville-Bourjonval
Metz-en-Couture
Trescault
Gouzeaucourt
Villers-Plouich
Beaulencourt
Gueudecourt
le Sars
Pys
Eaucourt
Ligny-Thilloy
Grandcourt
Auchonvillers
Mailly-Maillet
Englebelmer
Martinsart
Mémorial Parc
Montauban-de-Picardie
Belvédère de Vaux
Hem-Monacu
Epehy
Guyencourt-Saulcourt
Villers-Faucon
Aizecourt-le-Bas
Sancourt
Canizy
Bacquencourt
Breuil
Manicourt
Cambronne
le Gouvernement
Feuillaucourt
Mont-St Quentin
Halles
Omiécourt
Flamicourt
la Chapelette
Ste Radegonde
la Maisonnette
Bois Marlière
Aérospatiale
Musée
Framerville
Maison Blanche
Villers-Bretonneux
Montdidier
Pierrepont-s-Avre
Davenescourt
Contoire
la Neuville-Sire-Bernard
le Plessier-Rozainvillers
Hargicourt
Mesnil-St Georges
Gratibus
Boussicourt
Becquigny
Lignières
Marquivillers
Laboissière-en-Santerre
Villers-lès-Roye
St Mard
St Aurin
la Cambuse
Sauchoy
Camp Militaire
Forêt de l'Hôpital
Canal du Nord
Somme
A1
E15-E19
N 29-E 44
N 17
D 930
D 934
D 938
D 929
D 329
D 337
D 1017
D 932
A
B
C
9
10
17
34

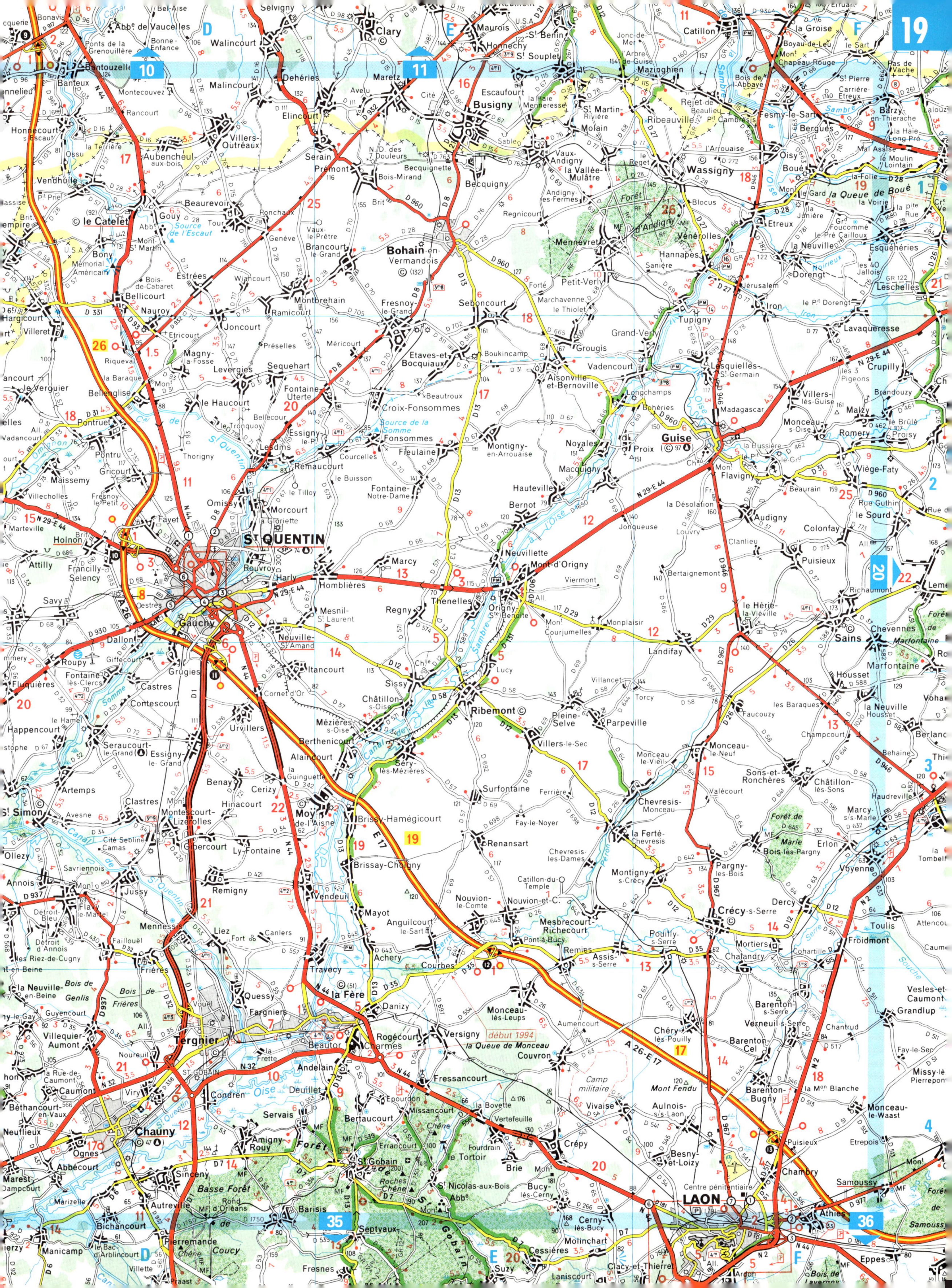

Clary
Maurois
Honnechy
St. Benin
St. Souplet
Catillon
La Groise
Bantouzelle
Walincourt
Malincourt
Dehéries
Elincourt
Maretz
Busigny
Escaufourt
St. Martin-Rivière
Molain
Mazinghien
Ribeauville
Rejet-de-Beaulieu
Fesmy-le-Sart
Barzy-en-Thiérache
Bergues
Boué
Oisy
Wassigny
Honnecourt
Vendhuile
Aubencheul-aux-bois
Villers-Outréaux
Serain
Prémont
Bois-Mirand
Becquigny
Beaurevoir
le Catelet
Gouy
Source de l'Escaut
Bohain-en-Vermandois
Brancourt-le-Grand
Vaux-Andigny
la Vallée-Mulâtre
Forêt d'Andigny
Mennevret
Vénérolles
Hannapes
Etreux
la Neuville
Esquéhéries
Leschelles
Dorengt
Bony
Estrées
Bellicourt
Nauroy
Montbrehain
Ramicourt
Joncourt
Fresnoy-le-Grand
Seboncourt
Petit-Verly
Grand-Verly
Tupigny
Iron
Lavaquéresse
Villeret
Hargicourt
Magny-la-Fosse
Levergies
Sequehart
Etaves-et-Bocquiaux
Grougis
Vadencourt
Aisonville-et-Bernoville
Lesquielles-St. Germain
Crupilly
Le Verguier
Bellenglise
le Haucourt
Fontaine-Uterte
Croix-Fonsommes
Fonsommes
Fieulaine
Montigny-en-Arrouaise
Noyales
Macquigny
Proix
Guise
Flavigny
Villers-les-Guise
Malzy
Romery
Wiège-Faty
Pontru
Maissemy
Lesdins
Remaucourt
Thorigny
Omissy
Morcourt
Fontaine-Notre-Dame
Hauteville
Bernot
Audigny
Colonfay
Holnon
Fayet
St. QUENTIN
Rouvroy
Harly
Homblières
Marcy
Neuvillette
Mont-d'Origny
Attilly
Francilly-Selency
Savy
Gauchy
Mesnil-St. Laurent
Regny
Thenelles
Origny-Ste. Benoite
Landifay
Sains
Chevennes
Marfontaine
Dallon
Roupy
Fluquières
Neuville-St. Amand
Itancourt
Sissy
Châtillon-s-Oise
Ribemont
Lucy
Pleine-Selve
Parpeville
Housset
la Neuville-Housset
Castres
Contescourt
Grugies
Urvillers
Mézières-s-Oise
Berthenicourt
Alaincourt
Séry-lès-Mézières
Villers-le-Sec
Monceau-le-Neuf
Faucouzy
Happencourt
Seraucourt-le-Grand
Essigny-le-Grand
Benay
Cerizy
Moy-de-l'Aisne
Surfontaine
Chevresis-Monceau
Sons-et-Ronchères
Châtillon-lès-Sons
Marcy-s/s-Marle
Artemps
Clastres
Hinacourt
Brissy-Hamégicourt
Fay-le-Noyer
la Ferté-Chevresis
Erlon
Marle
St. Simon
Montescourt-Lizerolles
Gibercourt
Ly-Fontaine
Renansart
Bois-lès-Pargny
Voyenne
Brissay-Choigny
Chevresis-les-Dames
Montigny-s-Crécy
Pargny-les-Bois
Jussy
Remigny
Vendeuil
Nouvion-le-Comte
Nouvion-et-C.
Crécy-s-Serre
Dercy
Toulis
Flavy-le-Martel
Mennessis
Liez
Mayot
Anguilcourt-le-Sart
Mesbrecourt-Richecourt
Pouilly-s-Serre
Mortiers
Froidmont
Achery
Courbes
Remies
Assis-s-Serre
Chalandry
Travecy
Quessy
Fargniers
La Fère
Danizy
Monceau-les-Leups
Barenton-s-Serre
Vesles-et-Caumont
Grandlup
Villequier-Aumont
Tergnier
Beautor
Charmes
Rogécourt
Versigny
début 1994
la Queue de Monceau
Couvron
Chéry-lès-Pouilly
Verneuil-s-Serre
Barenton-Cel
Andelain
Fressancourt
Camp militaire
Mont Fendu
Barenton-Bugny
Condren
Deuillet
Bertaucourt
Vivaise
Aulnois-s-Laon
Monceau-le-Waast
Chauny
Viry
Servais
Amigny-Rouy
Fourdrain
le Tortoir
Crépy
Puisieux
Ognes
Abbécourt
Sinceny
Basse Forêt de Coucy
St. Gobain
Brie
Bucy-lès-Cerny
Besny-et-Loizy
Chambry
Samoussy
Autreville
Barisis
St. Nicolas-aux-Bois
Forêt de St. Gobain
Centre pénitentiaire
LAON
Athies
Bichancourt
Septvaux
Cerny-lès-Bucy
Molinchart
Manicamp
Pierremande
Suzy
Cessières
Clacy-et-Thierret
Eppes
Fresnes
Laniscourt
Ardon

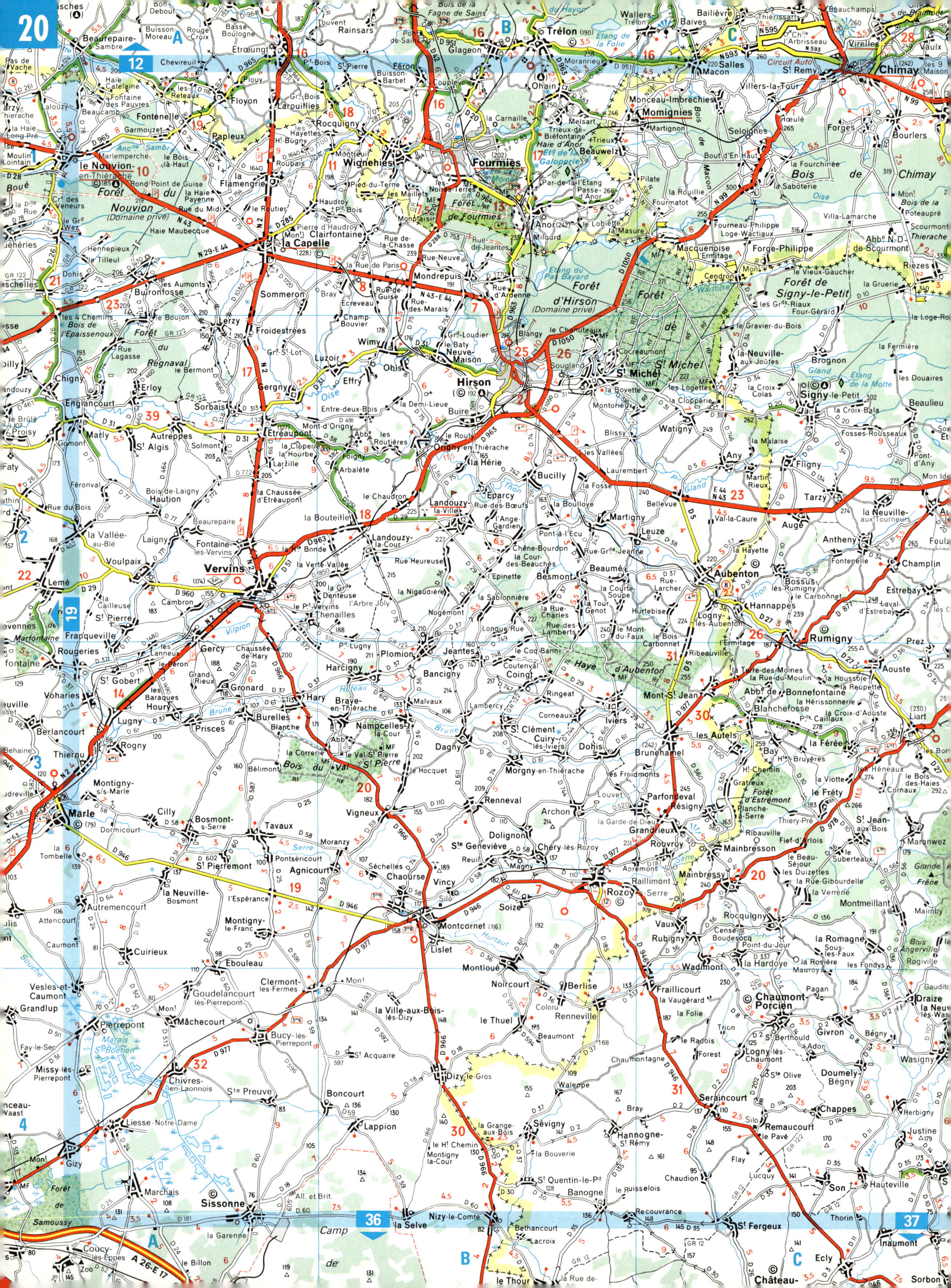

Trélon
Glageon
Fourmies
Wignehies
Anor
Chimay
Salles
Macon
Momignies
Forêt de Fourmies
Bois de Chimay
le Nouvion-en-Thiérache
Forêt du Nouvion
la Capelle
Clairfontaine
Mondrepuis
Forêt d'Hirson
Forêt de St Michel
St Michel
Hirson
Forêt de Signy-le-Petit
Signy-le-Petit
Macquenoise
Buironfosse
Sommeron
Froidestrées
Luzoir
Wimy
Ohis
Effry
Étréaupont
Gergny
Sorbais
Englancourt
Chigny
Autreppes
St Algis
Origny-en-Thiérache
la Hérie
Landouzy-la-Ville
Landouzy-la-Cour
Eparcy
Bucilly
Martigny
Leuze
Aubenton
Hannappes
Rumigny
Vervins
Fontaine-lès-Vervins
Laigny
Voulpaix
Gercy
Harcigny
Plomion
Jeantes
Bancigny
Coingt
Haye d'Aubenton
Mont-St Jean
les Autels
Brunehamel
Parfondeval
Résigny
Rozoy-s-Serre
Dagny
Nampcelles-la-Cour
Hary
Burelles
Prisces
Gronard
Lugny
Rogny
Marle
Montigny-s/s-Marle
Cilly
Bosmont-s-Serre
Tavaux
Vigneux
Chaourse
Montcornet
Lislet
Soize
Vincy
Agnicourt
St Pierremont
la Neuville-Bosmont
Autremencourt
Cuirieux
Montigny-le-Franc
Ebouleau
Clermont-les-Fermes
Goudelancourt-lès-Pierrepont
Pierrepont
Bucy-lès-Pierrepont
Chivres-en-Laonnois
Liesse-Notre-Dame
Gizy
Marchais
Sissonne
Lappion
Boncourt
St Acquaire
la Ville-aux-Bois-lès-Dizy
Dizy-le-Gros
le Thuel
Noircourt
Montloué
Berlise
Renneville
Fraillicourt
Wadimont
Chaumont-Porcien
Rocquigny
Sévigny
Hannogne-St Rémy
Seraincourt
Remaucourt
Chappes
Banogne
Nizy-le-Comte
la Selve
St Fergeux
Son
Hauteville
Inaumont
Ecly
Camp de Sissonne
Forêt de Samoussy
A 26-E 17

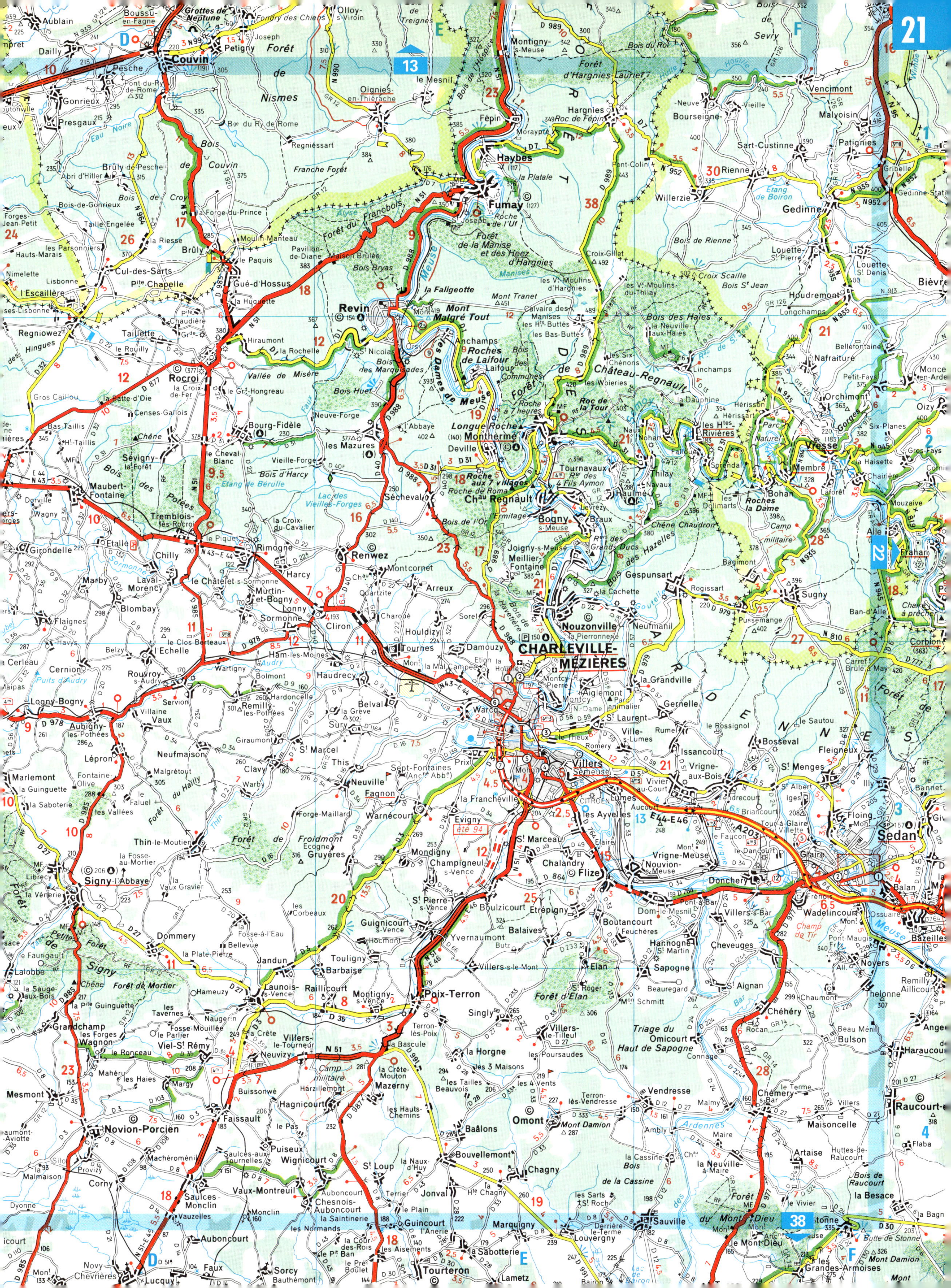
Couvin
Forêt de Nismes
Oignies-en-Thiérache
Fépin
Haybes
Fumay
Hargnies
Forêt d'Hargnies-Laurier
Vencimont
Gedinne
Bourseigne-Neuve
Willerzie
Rienne
Bièvre
Revin
Rocroi
Anchamps
Laifour
Monthermé
Deville
Les Mazures
Bourg-Fidèle
Sévigny-la-Forêt
Maubert-Fontaine
Tremblois-lès-Rocroi
Rimogne
Renwez
Château-Regnault
Bogny-s-Meuse
Les Hautes-Rivières
Membre
Vresse
Bohan
Joigny-s-Meuse
Nouzonville
Charleville-Mézières
Gespunsart
Sugny
Corbion
Neufmanil
Warcq
Villers-Semeuse
Vrigne-aux-Bois
St Menges
Sedan
Balan
Bazeilles
Donchery
Flize
Signy-l'Abbaye
Thin-le-Moutier
Launois-s-Vence
Poix-Terron
Mazerny
Novion-Porcien
Faissault
Saulces-Monclin
Chagny
Omont
Vendresse
Chémery-s-Bar
Raucourt
Le Chesne
Tourteron
Sorcy Bauthémont
Lucquy
Forêt de Signy
Forêt d'Élan
Forêt du Mont Dieu
Ardennes
Meuse

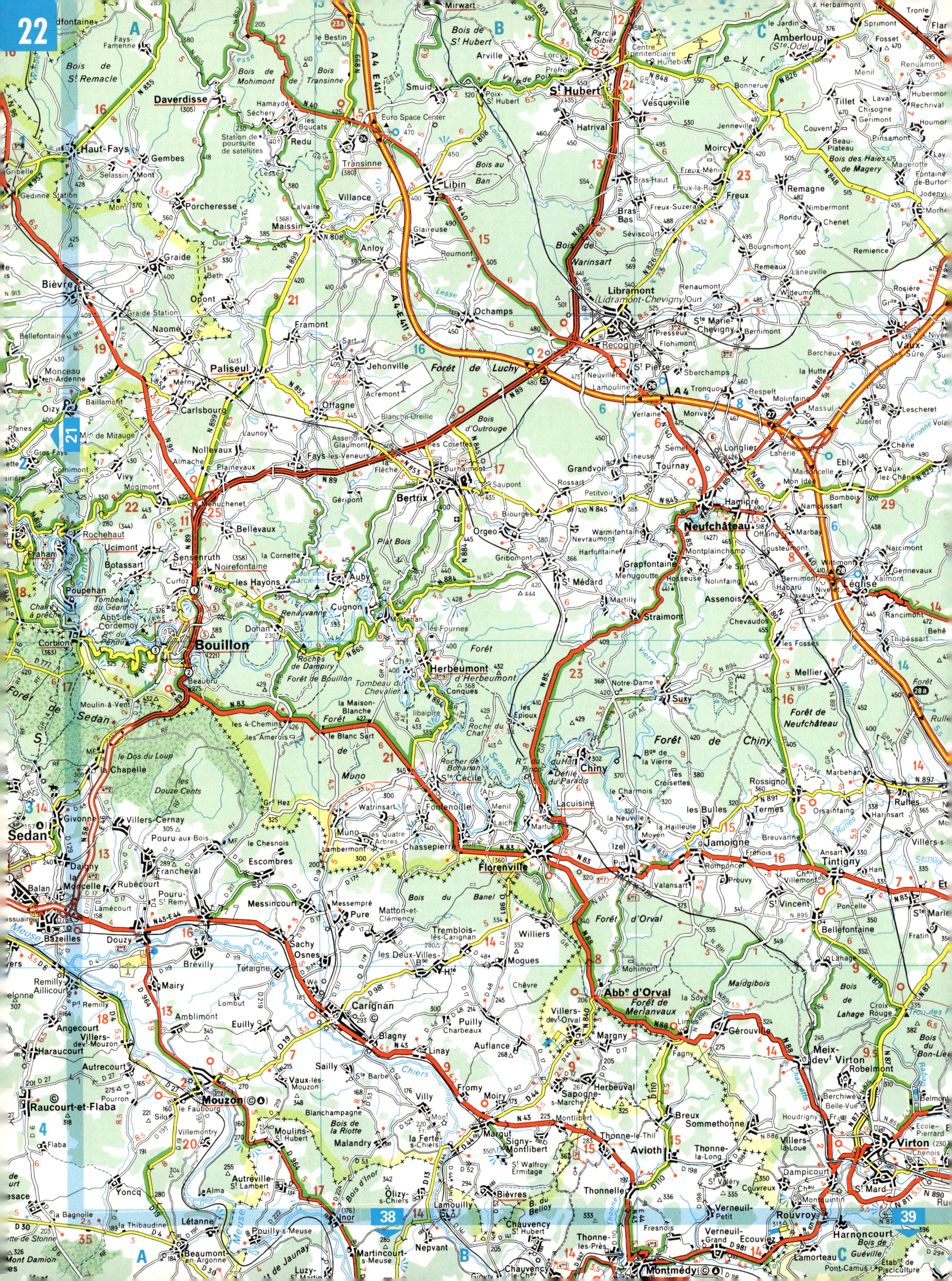

Daverdisse
Haut-Fays
Gembes
Porcheresse
Maissin
Graide
Bièvre
Naomé
Paliseul
Carlsbourg
Transinne
Libin
Villance
Anloy
Smuid
Arville
St Hubert
Vesqueville
Hatrival
Euro Space Center
Jehonville
Ochamps
Forêt de Luchy
Libramont
Recogne
Moircy
Freux
Remagne
Amberloup
Tillet
Offagne
Fays-les-Veneurs
Bertrix
Rochehaut
Bellevaux
Noirefontaine
Bouillon
Les Hayons
Dohan
Cugnon
Auby
Herbeumont
Neufchâteau
Hamipré
Longlier
Tournay
Grapfontaine
Assenois
St Médard
Straimont
Suxy
Chiny
Léglise
Vaux-sur-Sûre
Forêt d'Herbeumont
Forêt de Chiny
Forêt de Neufchâteau
Lacuisine
Izel
Jamoigne
Rossignol
Termes
Rulles
Tintigny
Ste Cécile
Fontenoille
Muno
Chassepierre
Florenville
Forêt d'Orval
Villers-devt-Orval
Margny
Abbe d'Orval
Gérouville
Meix-devt Virton
Robelmont
Virton
St Mard
Avioth
Thonne-la-Long
Montmédy
Carignan
Blagny
Linay
Mouzon
Raucourt-et-Flaba
Sedan
Balan
Bazeilles
Douzy
Francheval
Messincourt
Pure
Mairy
Amblimont
Sachy
Osnes
Margut
Signy-Montlibert
Sapogne
Herbeuval
Fromy
Moiry
Villy
Malandry
Autreville-St Lambert
Inor
Pouilly-s-Meuse
Beaumont-en-Argonne
Martincourt-s-Meuse
Nepvant
Lamouilly
Chauvency
Bièvres
Yoncq
Létanne
Givonne
Villers-Cernay
Escombres
Rubécourt
Brévilly
Tétaigne
Autrecourt
Remilly-Aillicourt
Haraucourt
Villers-devt-Mouzon
Flaba
A4 E411
N 89
N 83
N 85
N 40
Sedan
Chiers
Semois
Meuse
21
38
39

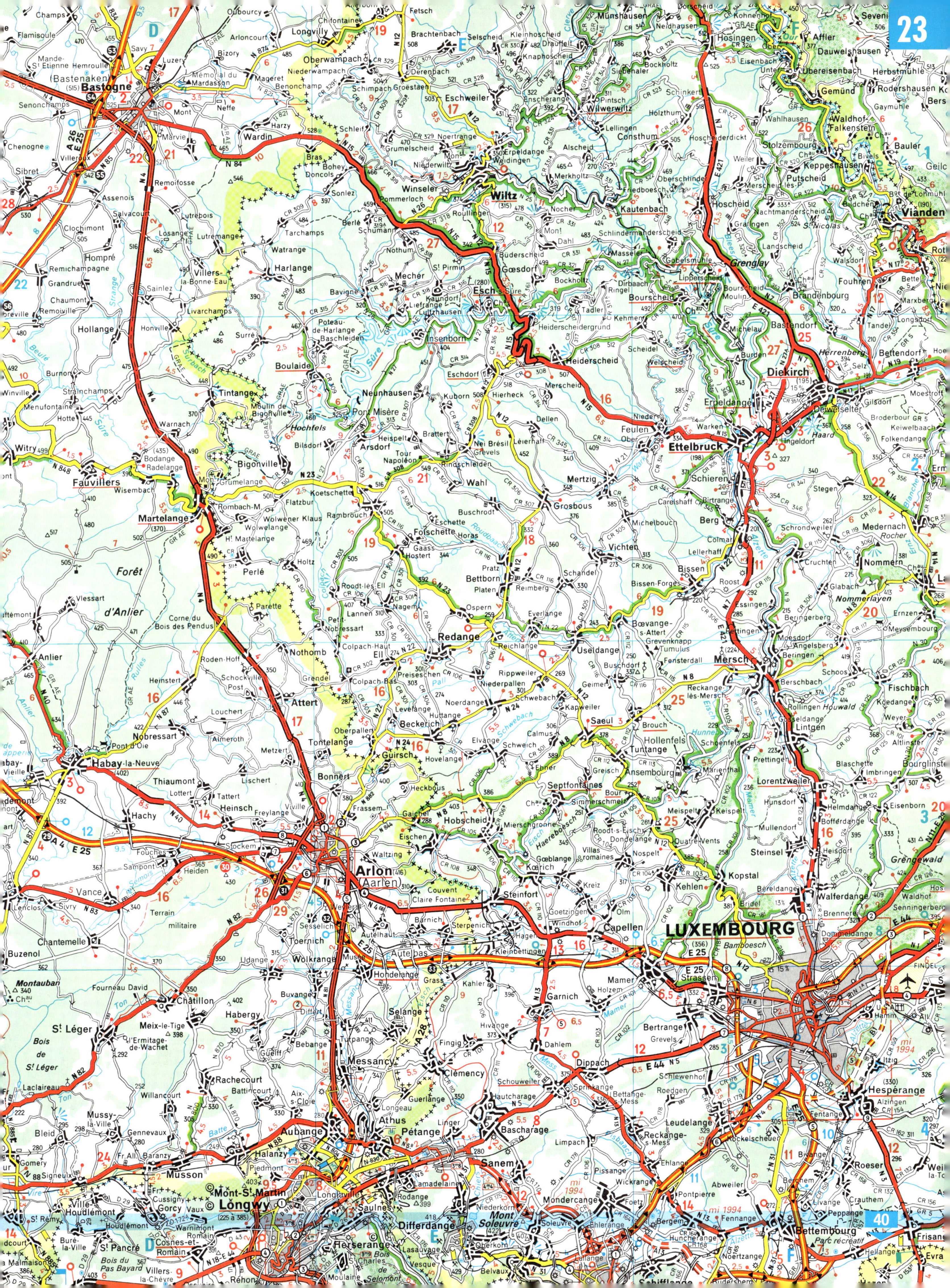
Bastogne
(Bastenaken)
Wardin
Longvilly
Oberwampach
Niederwampach
Eschweiler
Wiltz
Winseler
Kautenbach
Hosingen
Munshausen
Clervaux
Wilwerwiltz
Consthum
Hoscheid
Vianden
Stolzembourg
Putscheid
Grenglay
Brandenbourg
Bastendorf
Diekirch
Erpeldange
Ettelbruck
Schieren
Feulen
Heiderscheid
Esch-s-Sûre
Insenborn
Boulaide
Harlange
Villers-la-Bonne-Eau
Tintange
Hollange
Bigonville
Fauvillers
Martelange
Rombach-M.
Koetschette
Rambrouch
Arsdorf
Wahl
Grosbous
Mertzig
Redange
Useldange
Vichten
Bissen
Mersch
Medernach
Nommern
Berg
Colmar
Lintgen
Lorentzweiler
Heinerscheid
Forêt d'Anlier
Anlier
Habay-la-Neuve
Attert
Tontelange
Beckerich
Hovelange
Saeul
Tuntange
Hollenfels
Ansembourg
Septfontaines
Hobscheid
Steinfort
Kehlen
Kopstal
Walferdange
Steinsel
Heisdorf
Mamer
Capellen
Strassen
Bertrange
LUXEMBOURG
Hesperange
Arlon
(Aarlen)
Heinsch
Thiaumont
Hachy
Vance
Etalle
Chantemelle
Châtillon
Buzenol
Meix-le-Tige
St Léger
Habergy
Messancy
Clemency
Fingig
Garnich
Dahlem
Dippach
Schouweiler
Bascharage
Pétange
Athus
Aubange
Halanzy
Rachecourt
Mussy-la-Ville
Musson
Mont-St-Martin
Longwy
Herserange
Differdange
Sanem
Mondercange
Soleuvre
Esch-sur-Alzette
Bettembourg
Roeser
Leudelange
Schifflange
Huncherange
Houdlemont
Rodange
Lamadelaine
Ehlerange
Limpach
Reckange-s-Mess
Sélange
Turpange
Toernich
Autelbas
Sterpenich
Kleinbettingen
Hagen
Eischen
Gaichel
Guirsch
Bonnert
Oberpallen
Colpach-Haut
Ell
Nothomb
Perlé
Holtz
Folscheid
Buschrodt
Bettborn
Reichlange
Platen
Pratz
Preizerdaul
Rippweiler
Everlange
Schwebach
Kapweiler
Boevange-s-Attert
Tuntange
Fischbach
Stegen
Ingeldorf
Warken
Neunhausen
Bavigne
Mecher
St Pirmin
Goesdorf
Buderscheid
Lultzhausen
Kaundorf
Liefrange
Eschdorf
Heispelt
Bilsdorf
Flatzbur
Pont Misère
Grumelange
Bodange
Radelange
Wisembach
Witry
Warnach
Hompré
Chaumont
Sibret
Villeroux
Remoifosse
Assenois
Salvacourt
Lutrebois
Losange
Lutremange
Marvie
Mont
Neffe
Bizory
Luzery
Savy
Mande-St Etienne
Hemroulle
Champs
Flamisoule
Senonchamps
Chenogne
Grandrue
Remichampagne
Sainlez
Livarchamps
Honville
Surré
Poteau-de-Harlange
Baschleiden
Tarchamps
Watrange
Sonlez
Bras
Bohey
Doncols
Harzy
Mageret
Arloncourt
Oubourcy
Chifontaine
Fetsch
Brachtenbach
Derenbach
Selscheid
Kleinhoscheid
Drauffelt
Knaphoscheid
Eselborn
Sibenaler
Lellingen
Pintsch
Alscheid
Merkholtz
Erpeldange
Weidingen
Noertrange
Grumelscheid
Niederwiltz
Pommerloch
Berlé
Schumann
Nothum
Roullingen
Dahl
Nocher
Masseler
Bockholtz
Dirbach
Ringel
Tadler
Kehmen
Scheidel
Welscheid
Bourscheid
Lipperscheid
Gobelsmühle
Michelau
Burden
Landscheid
Walsdorf
Fouhren
Bettel
Marxberg
Longsdorf
Tandel
Bettendorf
Moestroff
Reisdorf
Gilsdorf
Broderbour
Keiwelbach
Folkendange
Medernach
Ermsdorf
Cruchten
Schrondweiler
Glabach
Nommerlayen
Ernzen
Meysembourg
Angelsberg
Beringen
Schoos
Bourglinster
Blaschette
Gonderange
Eisenborn
Junglinster
Rameldange
Senningerberg
Grengewald
Bridel
Helmsange
Bofferdange
Mullendorf
Hunsdorf
Prettingen
Keispelt
Meispelt
Marienthal
Kreuzerbuch
Nospelt
Dondelange
Goeblange
Koerich
Olm
Goetzingen
Windhof
Holzem
Hivange
Bettange-Mess
Pissange
Wickrange
Foetz
Ehlange
Abweiler
Pontpierre
Fennange
Bergem
Livange
Crauthem
Peppange
Fentange
Alzingen
Itzig
Howald
Hamm
Sandweiler
Findel
Dommeldange
Bambësch
Mühlenbach
Weimerskirch
Eich
Beggen
Kalchesbrück
Cessange
Gasperich
Schlewenhof
Roedgen
Sprinkange
Hautcharage
Linger
Guerlange
Longeau
Bebange
Guelff
Aix-s-Cloie
Battincourt
Willancourt
Gennevaux
Baranzy
Signeulx
Gomery
Bleid
Laclaireau
Bois de St Léger
Wachet
Fourneau David
Udange
Sesselich
Waltzing
Weyler
Toernich
Fouches
Sampont
Heiden
Sivry
Lenclos
Terrain militaire
Buvange
Differt
Wolkrange
Hondelange
Grass
Kahler
Vesque
Lasauvage
Obercorn
Niedercorn
Mont Soleuvre
Crauthem
Cosnes-et-Romain
Gorcy
Cussigny
Villers-la-Chèvre
Rehon
Saulnes
Longlaville
Moulaine
St Pancré
Bois du Pas Bayard
Buré-la-Ville
Malmaison
Villers
Ville-Houdlemont
St Rémy
Tellancourt
Fresnois-la-Montagne
Nobressart
Louchert
Heinstert
Almeroth
Metzert
Lischert
Tattert
Lottert
Freylange
Tontelange
Post
Schockville
Grendel
Roden-Hoff
Corne du Bois des Pendus
Vlessart
Holtz
Parette
Heckbous
Frassem
Viville
Stockem
Frassem
Barnich
Autelhaut
Couvent
Claire Fontaine
Kleinbettingen
Kahler
Mamer
Keispelt
Crauthem
Kopstal
Bridel
Luxembourg
Rocher
Parc récréatif
Fisbach
Mersch
Pettingen
Essingen
Roost
Cruchten
Schrondweiler
Lellelhaff
Vichten
Bissen-Forge
Michelbouch
Grevenknapp
Tumulus
Fensterdall
Buschdorf
Boevange-s-Attert
Finsterthal
Reckange
Brouch
Hunnebour
Schoenfels
Kreuzerbuch
Simmerschmelz
Simmern
Hivange
Bour
Roodt-s-Eisch
Villas romaines
Quatre-Vents
Schiernaeler
Grevels
Gretzen
Merzig
Buschrodt
Eschette
Horas
Gaass
Hostert
Roodt-lès-Ell
Lannen
Nagem
Nobressart
Ospern
Colpach-Bas
Niederpallen
Noerdange
Huttange
Levelange
Calmus
Schweich
Ehner
Elvange
Greisch
Mierscher Geenbesch
Noertzange
Bettembourg
Frisange
Hellange
Evrange
Mondorf
Dudelange
Kayl
Rumelange
Tétange
Huncherange
Schlewenhof
Pontpierre
Parc récréatif
Mont Soleuvre
Belvaux
Differdange
Lasauvage
Herserange
Longwy
Mont-St-Martin
Musson
Halanzy
Aubange
Athus
Pétange
Rodange
Lamadelaine
Bascharage
Sanem
Schouweiler
Dippach
Bertrange
Strassen
Hesperange
Alzingen
Roeser
Crauthem
Peppange
Livange
Berchem
Bivange
Bettembourg
Leudelange
Reckange-s-Mess
Ehlange
Wickrange
Pissange
Limpach
Mondercange
Bergem
Foetz
Schifflange
Esch-sur-Alzette
Soleuvre
Ehlerange
Sanem
Niedercorn
Obercorn
Differdange

40

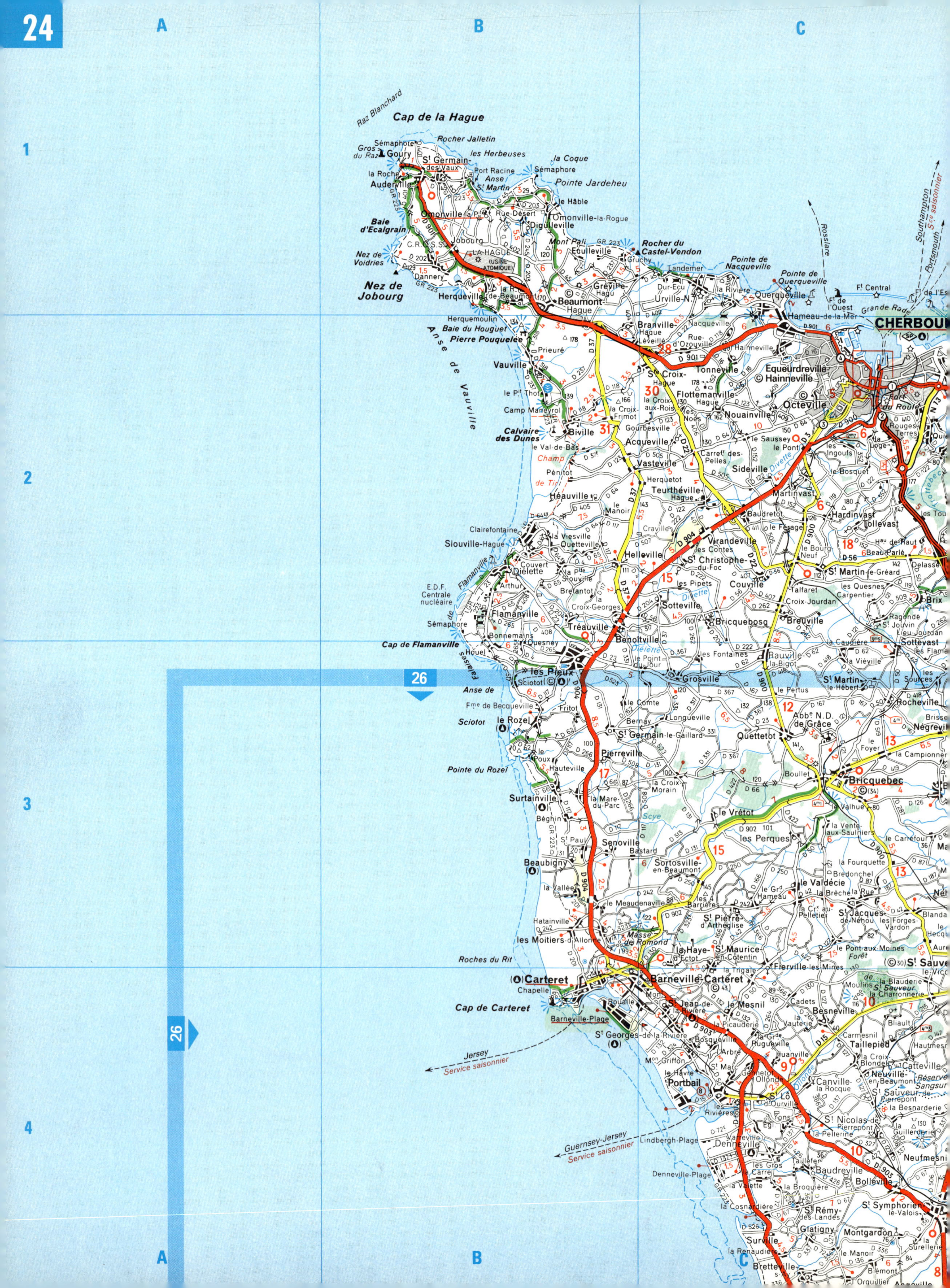
Cap de la Hague
Raz Blanchard
Rocher Jalletin
Goury
St Germain-des-Vaux
Auderville
Omonville-la-Rogue
Digulleville
Baie d'Ecalgrain
Nez de Voidries
Nez de Jobourg
Jobourg
Herqueville
Beaumont-Hague
Gréville-Hague
Rocher du Castel-Vendon
Pointe de Nacqueville
Pointe de Querqueville
Querqueville
Urville-Nacqueville
Grande Rade
CHERBOURG
Equeurdreville-Hainneville
Octeville
Tonneville
Flottemanville-Hague
Ste Croix-Hague
Branville-Hague
Anse de Vauville
Vauville
Biville
Calvaire des Dunes
Héauville
Siouville-Hague
Flamanville
Cap de Flamanville
E.D.F. Centrale nucléaire
Les Pieux
Tréauville
Benoîtville
Virandeville
Teurthéville-Hague
Sideville
Martinvast
Hardinvast
Tollevast
St Martin-le-Gréard
Brix
Couville
Sotteville
Bricquebosq
Breuville
Sottevast
Rauville-la-Bigot
Grosville
St Martin-le-Hébert
Rocheville
Négreville
Anse de Sciotot
Le Rozel
Pointe du Rozel
Surtainville
Pierreville
St Germain-le-Gaillard
Quettetot
Bricquebec
Le Vrétot
Les Perques
Sortosville-en-Beaumont
Le Valdécie
Senoville
Beaubigny
Les Moitiers-d'Allonne
St Pierre-d'Arthéglise
St Jacques-de-Néhou
St Sauveur
Roches du Rit
Carteret
Cap de Carteret
Barneville-Carteret
Barneville-Plage
St Georges-de-la-Rivière
St Jean-de-la-Rivière
Le Mesnil
Fierville-les-Mines
Besneville
Taillepied
Portbail
Jersey
Service saisonnier
Guernsey-Jersey
Service saisonnier
Lindbergh-Plage
Denneville-Plage
Denneville
Canville-la-Rocque
St Nicolas-de-Pierrepont
Neufmesnil
Baudreville
Bolleville
St Symphorien-le-Valois
St Rémy-des-Landes
Glatigny
Montgardon
Surville
Bretteville
Southampton
Portsmouth
Rosslare
26
A
B
C
1
2
3
4

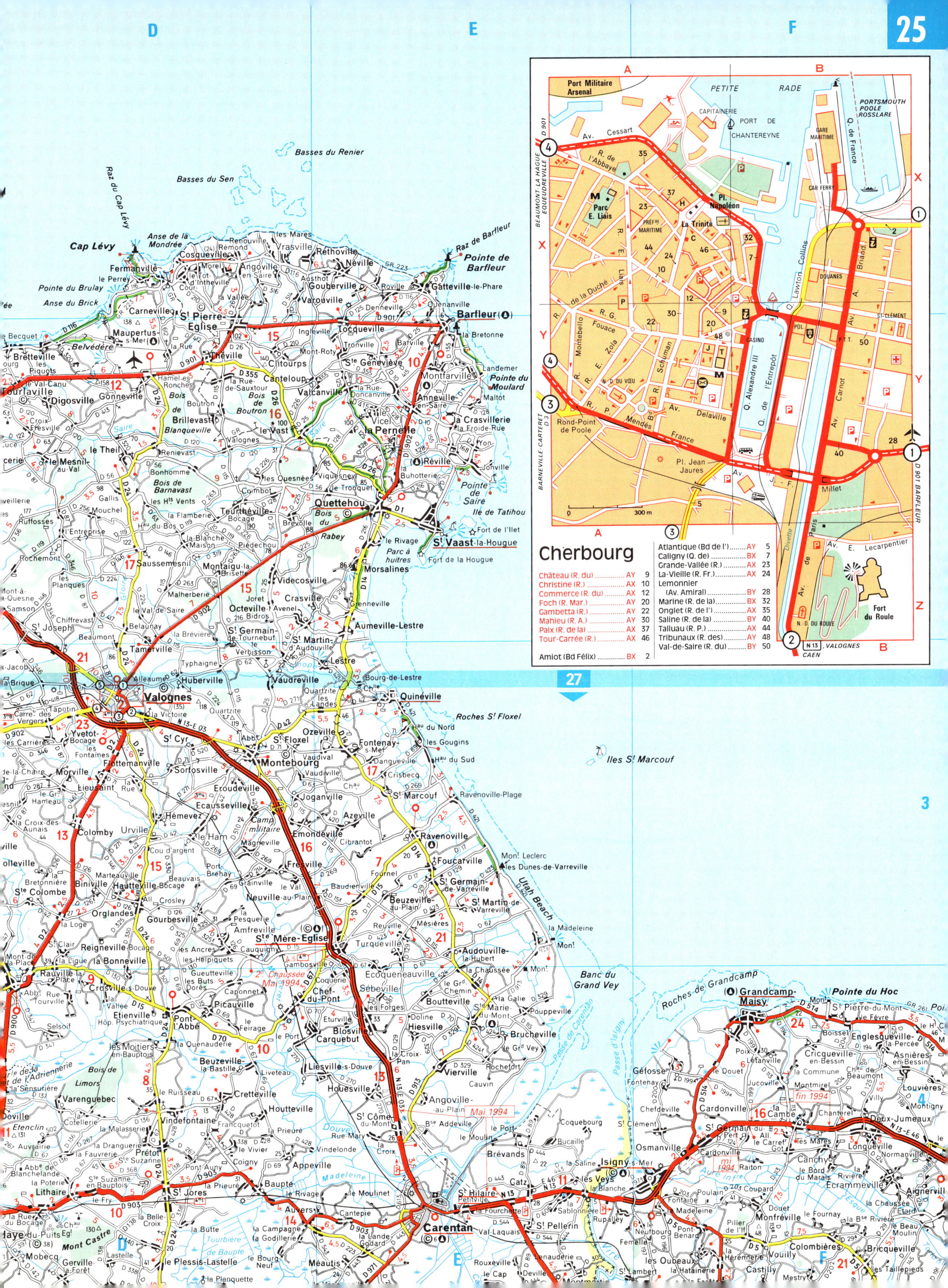

D
E
F
Cherbourg
Château (R. du) AY 9
Christine (R.) AX 10
Commerce (R. du) AX 12
Foch (R. Mar.) AY 20
Gambetta (R.) AY 22
Mahieu (R. A.) AY 30
Paix (R. de la) AX 37
Tour-Carrée (R.) AX 46
Amiot (Bd Félix) BX 2
Atlantique (Bd de l') AY 5
Caligny (Q. de) BX 7
Grande-Vallée (R.) AX 23
La-Vieille (R. Fr.) AX 24
Lemonnier (Av. Amiral) BY 28
Marine (R. de la) BX 32
Onglet (R. de l') AX 35
Saline (R. de la) BY 40
Tallauau (R. P.) AX 44
Tribunaux (R. des) AY 48
Val-de-Saire (R. du) BY 50
Port Militaire Arsenal
PETITE RADE
PORT DE CHANTEREYNE
PORTSMOUTH POOLE ROSSLARE
GARE MARITIME
CAR FERRY
Parc E. Liais
La Trinité
Pl. Napoléon
Rond-Point de Poole
Pl. Jean Jaures
Fort du Roule
VALOGNES
CAEN
BARFLEUR
Basses du Renier
Basses du Sen
Raz du Cap Lévy
Cap Lévy
Anse de la Mondrée
Fermanville
Pointe du Brulay
Anse du Brick
Raz de Barfleur
Pointe de Barfleur
Gatteville-le-Phare
Barfleur
St Pierre-Eglise
Tourlaville
Digosville
Maupertus-s-Mer
Bretteville
Théville
Canteloup
Valcanville
Montfarville
Anneville-en-Saire
la Pernelle
Réville
Pointe de Saire
Ile de Tatihou
Quettehou
St Vaast-la-Hougue
Fort de la Hougue
Morsalines
Le Vast
Saussemesnil
Tamerville
Valognes
Quinéville
Roches St Floxel
Iles St Marcouf
Montebourg
St Floxel
Ravenoville
Ste Mère-Eglise
Utah Beach
Banc du Grand Vey
Carentan
St Hilaire-Petitville
Isigny-s-Mer
Grandcamp-Maisy
Pointe du Hoc
Roches de Grandcamp
St Côme-du-Mont
Brévands
Picauville
Pont-l'Abbé
Chef-du-Pont
St Jores
Lithaire
Baupte
Méautis
Montmartin-en-Graignes
Osmanville
Cardonville
Longueville
Colombières
Mai 1994
fin 1994
27
3

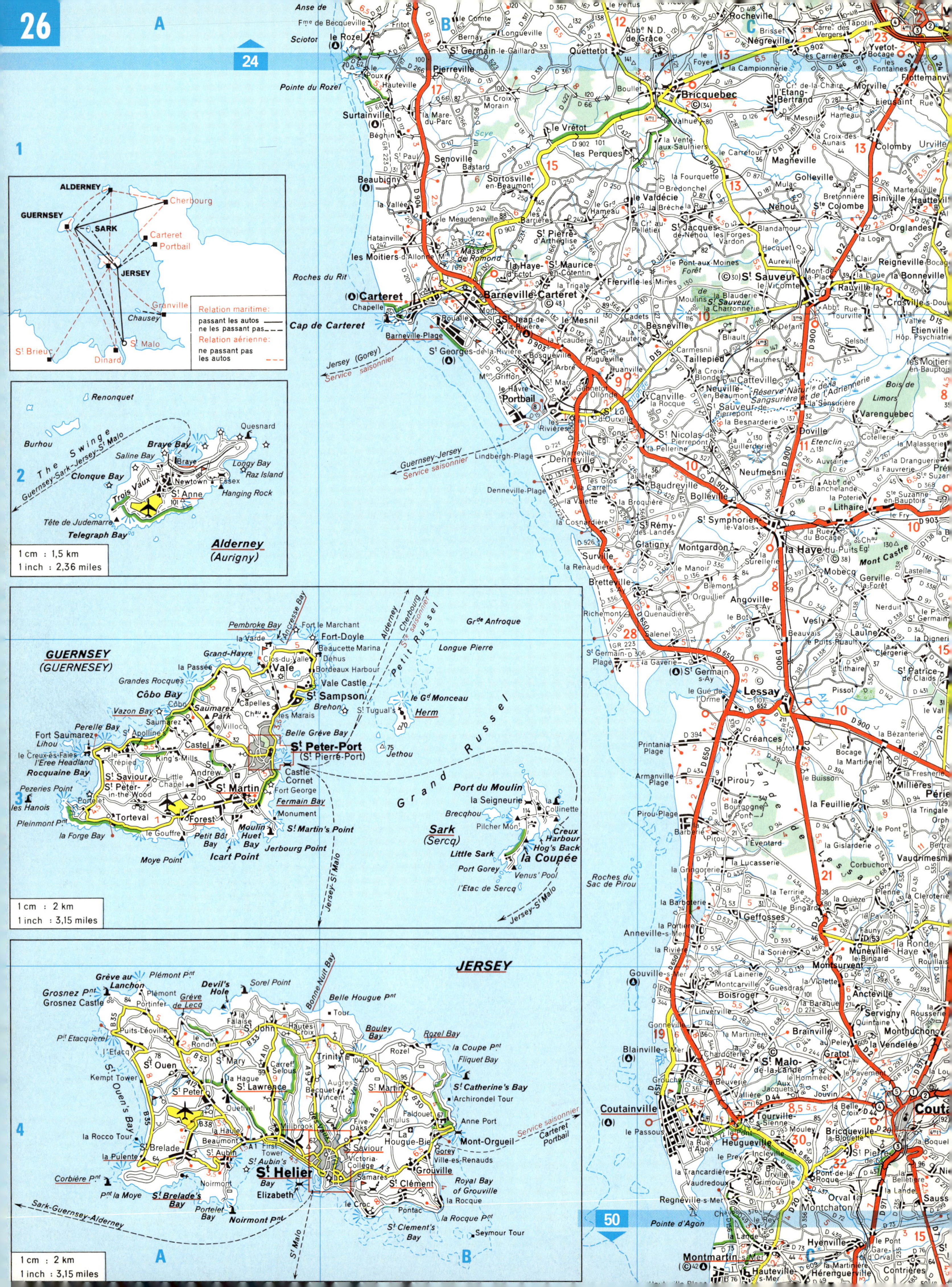

24
50
A
B
C
ALDERNEY
GUERNSEY
SARK
JERSEY
Cherbourg
Carteret
Portbail
Granville
Chausey
St Malo
St Brieuc
Dinard
Relation maritime:
passant les autos
ne les passant pas
Relation aérienne:
ne passant pas les autos
Renonquet
Burhou
The Swinge
Guernsey-Sark-Jersey-St Malo
Braye Bay
Saline Bay
Braye
Quesnard
Longy Bay
Raz Island
Clonque Bay
Newtown
Essex
Trois Vaux
St Anne
Hanging Rock
Tête de Judemarre
Telegraph Bay
Alderney
(Aurigny)
1 cm : 1,5 km
1 inch : 2,36 miles
GUERNSEY
(GUERNESEY)
Pembroke Bay
Ancresse Bay
Fort le Marchant
Fort-Doyle
la Varde
Beaucette Marina
Grand-Havre
Clos-du-Valle
Déhus
Vale
Bordeaux Harbour
la Passée
Grandes Rocques
Vale Castle
Côbo Bay
St Sampson
Brehon
Vazon Bay
Saumarez Park
les Marais
Perelle Bay
Fort Saumarez
Lihou
le Creux-ès-Faies
l'Eree Headland
Rocquaine Bay
Castel
King's-Mills
St Peter-Port
(St Pierre-Port)
St Saviour
St Peter-in-the-Wood
Andrew
Castle Cornet
Pezeries Point
les Hanois
Pleinmont Pnt
Torteval
Zoo
St Martin
Fort George
Fermain Bay
Forest
Monument
la Forge Bay
le Gouffre
Petit Bôt Bay
Moulin Huet Bay
St Martin's Point
Icart Point
Jerbourg Point
Moye Point
1 cm : 2 km
1 inch : 3,15 miles
Alderney
Cherbourg
Petit Russel
Grand Russel
Grde Anfroque
Longue Pierre
le Gd Monceau
Herm
St Tugual's
Jethou
Port du Moulin
la Seigneurie
Brecqhou
Pilcher Mon
Sark
(Sercq)
Creux Harbour
Hog's Back
Little Sark
la Coupée
Port Gorey
Venus' Pool
l'Etac de Sercq
Jersey-St Malo
JERSEY
Grève au Lanchon
Plémont Pnt
Devil's Hole
Sorel Point
Bonne Nuit Bay
Grosnez Pnt
Grosnez Castle
Belle Hougue Pnt
Bouley Bay
Rozel Bay
Pt Etacquerel
St Ouen
St Mary
Trinity
Rozel
la Coupe Pnt
Fliquet Bay
Kempt Tower
St Lawrence
St Martin
St Catherine's Bay
Archirondel Tour
St Ouen's Bay
St Peter
Faldouet
Anne Port
Mont-Orgueil
la Rocco Tour
St Brelade
St Aubin
First Tower
St Saviour
Gorey
Ville-es-Renauds
la Pulente
Victoria-College
Grouville
Corbière Pnt
St Aubin's Bay
St Helier
Samarès
St Clément
Royal Bay of Grouville
Pnt la Moye
St Brelade's Bay
Elizabeth
la Rocque
Portelet Bay
Noirmont Pnt
Pontac
la Rocque Pnt
St Clement's Bay
Seymour Tour
Sark-Guernsey-Alderney
St Malo
Service saisonnier
Carteret
Portbail
1 cm : 2 km
1 inch : 3,15 miles
Anse de Sciotot
le Rozel
Pointe du Rozel
Surtainville
Beaubigny
les Moitiers-d'Allonne
Roches du Rit
Carteret
Cap de Carteret
Barneville-Plage
Jersey (Gorey)
Service saisonnier
Guernsey-Jersey
Service saisonnier
Lindbergh-Plage
Denneville-Plage
Denneville
Portbail
Barneville-Carteret
St Jean-de-la-Rivière
St Georges-de-la-Rivière
Pierreville
St Germain-le-Gaillard
Le Vrétot
Les Perques
Sortosville-en-Beaumont
St Pierre-d'Arthéglise
la Haye-d'Ectot
St Maurice-en-Cotentin
Bricquebec
Négreville
Rocheville
Colomby
Golleville
Néhou
Ste Colombe
St Jacques-de-Néhou
St Sauveur-le-Vicomte
Fierville-les-Mines
Besneville
Taillepied
Canville-la-Rocque
St Sauveur-de-Pierrepont
St Nicolas-de-Pierrepont
Doville
Varenguebec
Neufmesnil
Baudreville
Bolleville
St Symphorien-le-Valois
la Haye-du-Puits
Mont Castre
Glatigny
Montgardon
Surville
Bretteville-s-Ay
Angoville-s-Ay
Vesly
Laulne
St Germain-sur-Ay
St Germain-sur-Ay-Plage
Lessay
Créances
Pirou
Pirou-Plage
Lande de Lessay
Geffosses
Anneville-s-Mer
Gouville-s-Mer
Boisroger
Muneville-le-Bingard
Montsurvent
Ancteville
Blainville-s-Mer
St Malo-de-la-Lande
Brainville
Gratot
Coutainville
Agon
Tourville-s-Sienne
Heugueville
Bricqueville-la-Blouette
Regnéville-s-Mer
Orval
Montchaton
Hyenville
Montmartin-s-Mer
Hauteville-s-Mer
Pointe d'Agon
Coutances
Réserve Naturelle de la Sangsurière et de l'Adriennerie
Périers
Vaudrimesnil
Millières
la Feuillie
Lithaire

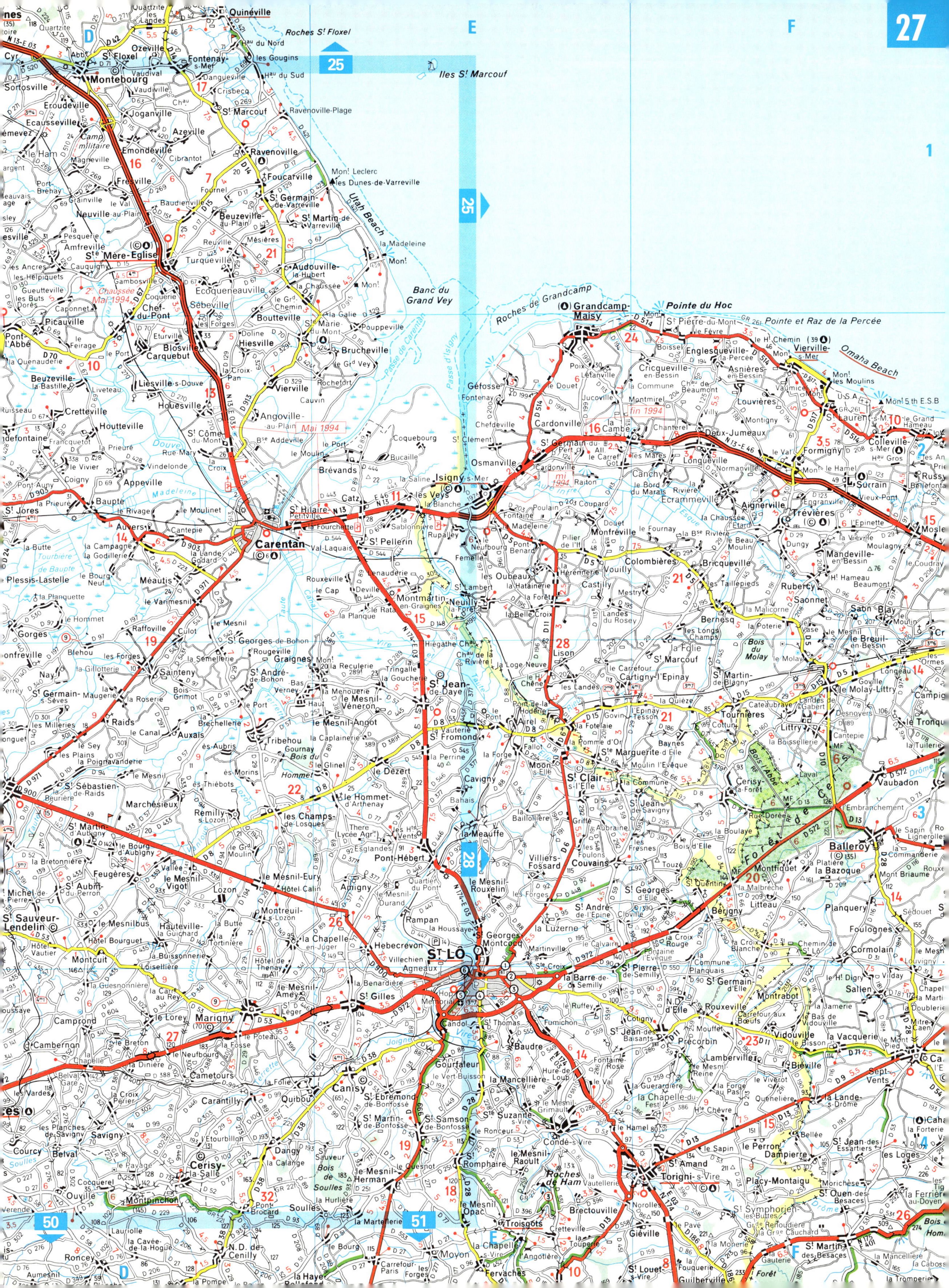
D
E
F
1
2
3
4
25
28
50
51
Quinéville
Roches St Floxel
Iles St Marcouf
Montebourg
Ravenoville
Utah Beach
Ste Mère-Eglise
Banc du Grand Vey
Roches de Grandcamp
Grandcamp-Maisy
Pointe du Hoc
Pointe et Raz de la Percée
Omaha Beach
Vierville-s-Mer
Carentan
Isigny-s-Mer
St Lô
Trévières
Balleroy
Forêt de Cerisy
Cerisy-la-Salle
Marigny
Torigni-s-Vire
Canisy
St Jean-de-Daye
Pont-Hébert
Tessy-s-Vire
Périers
St Sauveur-Lendelin

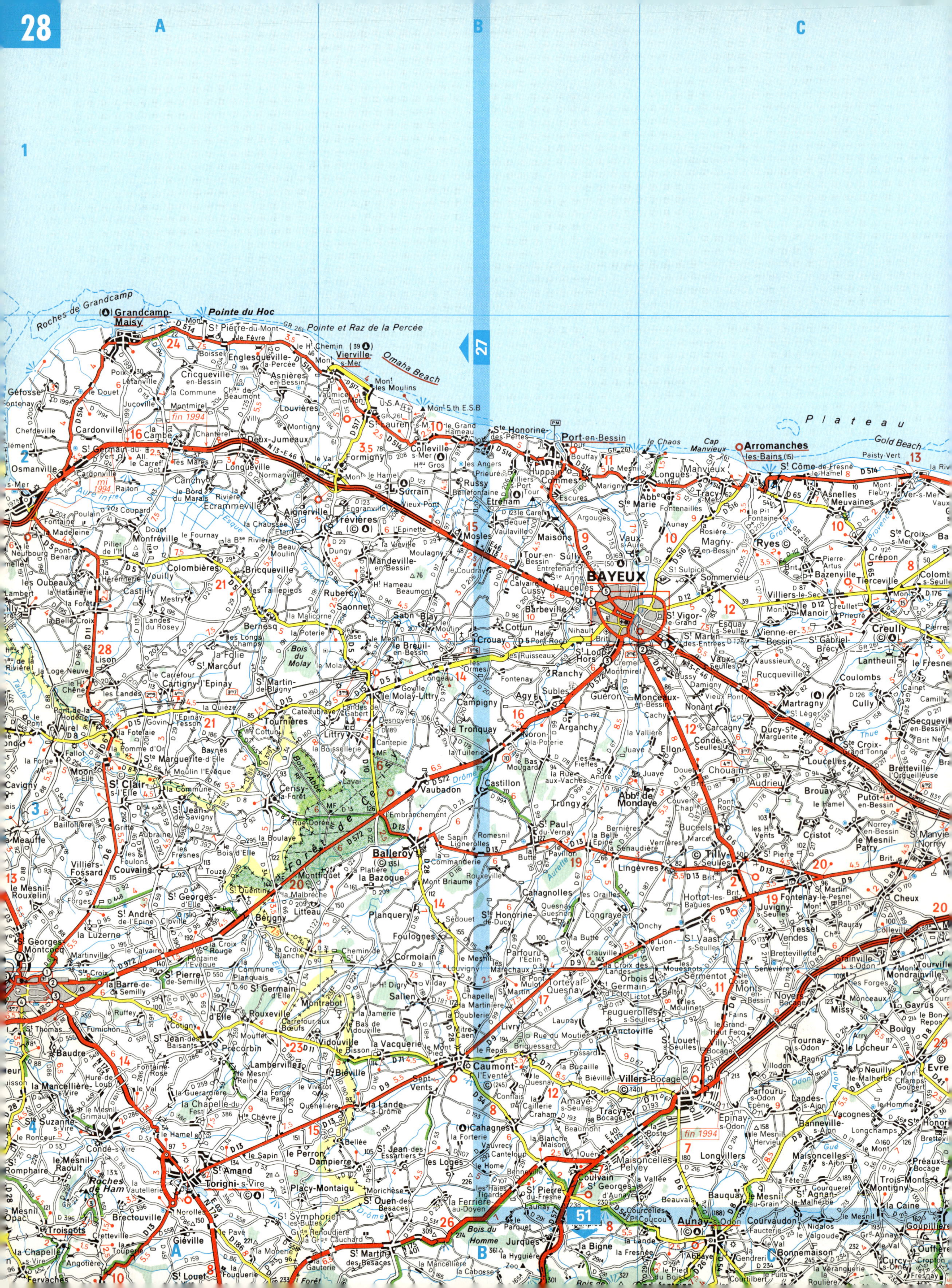

A
B
C
1
2
3
27
51
Roches de Grandcamp
Grandcamp-Maisy
Pointe du Hoc
Pointe et Raz de la Percée
Omaha Beach
Vierville-s-Mer
Plateau
Gold Beach
Port-en-Bessin
Arromanches les-Bains
Longues
Manvieux
Ryes
Crépon
Creully
Tracy
Isigny
Osmanville
Cardonville
Formigny
Colleville-s-Mer
St Laurent-s-M.
Trévières
Mosles
Sully
BAYEUX
St Vigor-le-Grand
Vaucelles
Tour-en-Bessin
Cerisy-la-Forêt
Forêt de Cerisy
Balleroy
Le Molay-Littry
Littry
Castillon
Tilly-s-Seulles
Lingèvres
Juvigny-s-Seulles
Villers-Bocage
Caumont-l'Éventé
Torigni-s-Vire
St Lô
St Clair-s-l'Elle
Couvains
Bérigny
St Jean-des-Baisants
Aunay-s-Odon
Cheux
Fontenay-le-Pesnel
Bretteville-l'Orgueilleuse
Audrieu
Tourville
Evrecy
Noyers-Bocage
Tournay-s-Odon
Missy
Landes-s-Ajon
Longvillers
Jurques
la Bigne
Brectouville
Giéville
Troisgots
Condé-s-Vire
Ste Suzanne-s-Vire
Baudre
St Amand
Placy-Montaigu
Dampierre
St Martin-des-Besaces
fin 1994

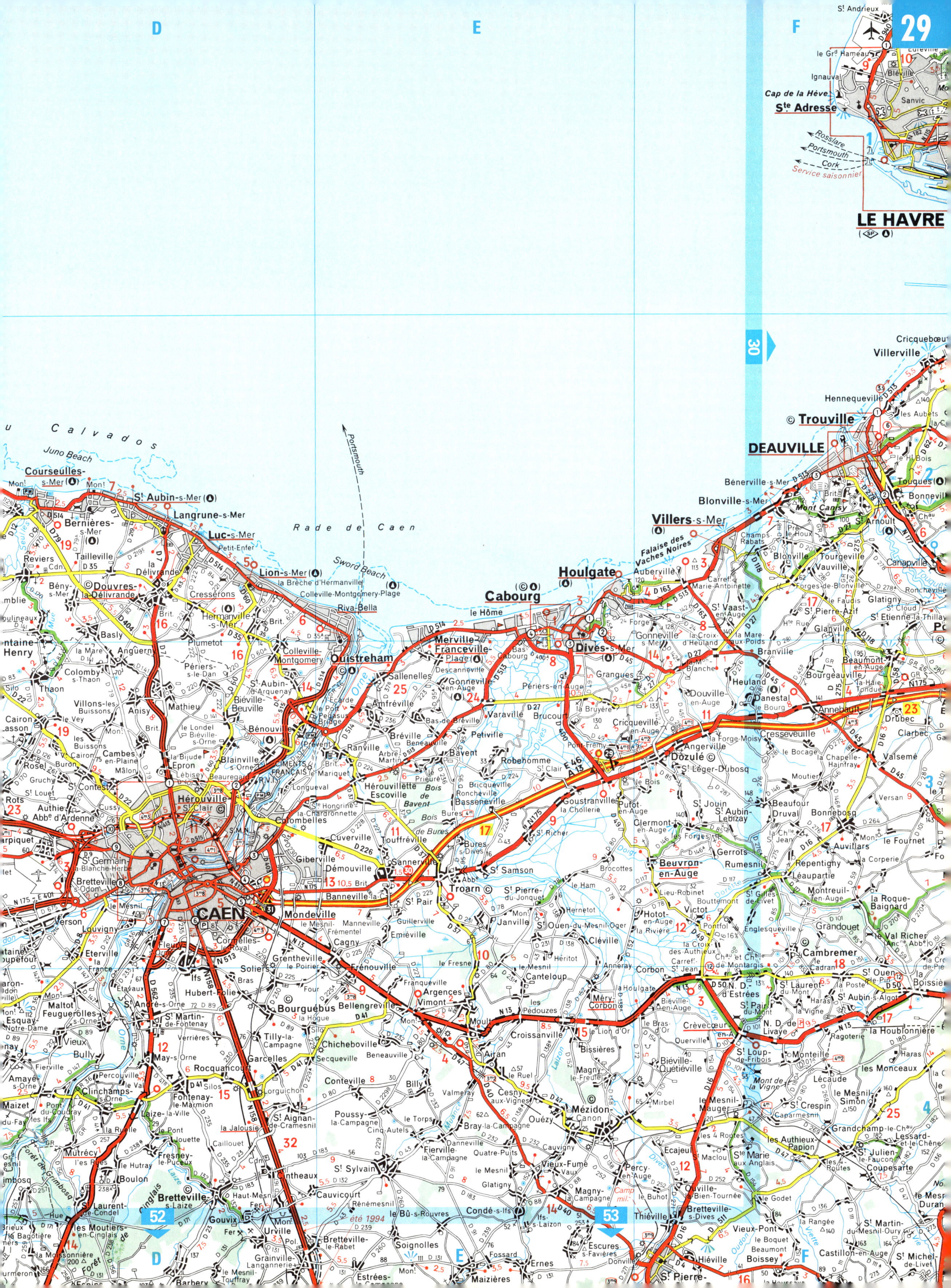
D
E
F
LE HAVRE
Cap de la Hève
Ste Adresse
Sanvic
Bléville
Rosslare
Portsmouth
Cork
Service saisonnier
Calvados
Juno Beach
Rade de Caen
Sword Beach
Portsmouth
Courseulles-s-Mer
St Aubin-s-Mer
Langrune-s-Mer
Luc-s-Mer
Lion-s-Mer
Bernières-s-Mer
Colleville-Montgomery-Plage
Riva-Bella
Ouistreham
Hermanville-s-Mer
Douvres-la-Délivrande
Cabourg
Houlgate
Dives-s-Mer
Merville-Franceville-Plage
Villers-s-Mer
Falaise des Vaches Noires
Trouville
DEAUVILLE
Villerville
Blonville-s-Mer
Bénerville-s-Mer
Tourgeville
Touques
Pont-l'Évêque
Hérouville-St Clair
CAEN
Mondeville
Colombelles
Troarn
Dozulé
Annebault
Beuvron-en-Auge
Cambremer
Mézidon-Canon
Bourguébus
Bretteville-s-Laize
Ranville
Bénouville
Blainville-s-Orne
St Samson
Argences
Moult
Cagny
Crèvecœur-en-Auge
Bonnebosq
Danestal
Heuland
Branville
Gonneville-en-Auge
Amfréville
Sallenelles
Cresseveuille
St Pierre-s-Dives
Vieux-Pont
Thiéville
Bretteville-s-Dives
Condé-s-Ifs
St Sylvain
Cauvicourt
Gouvix
Urville
52
53
30

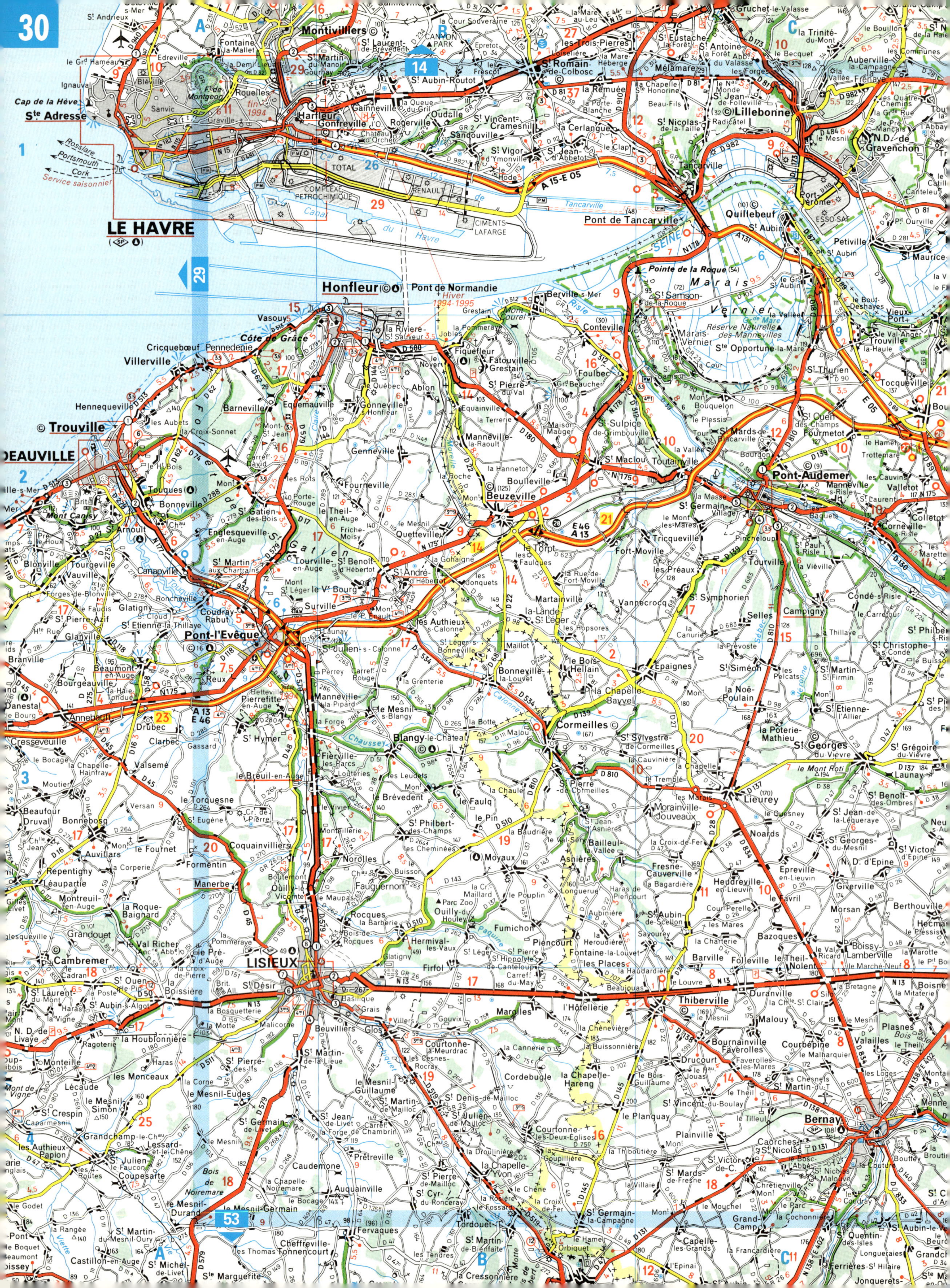
Montivilliers
St Romain-de-Colbosc
Lillebonne
Cap de la Hève
Ste Adresse
Harfleur
Gonfreville
LE HAVRE
Rosslare
Portsmouth
Cork
Service saisonnier
Pont de Tancarville
Tancarville
Quillebeuf
Honfleur
Pont de Normandie
Hiver 1994-1995
Marais Vernier
Pointe de la Roque
Trouville
DEAUVILLE
Villerville
Côte de Grâce
Beuzeville
Pont-Audemer
Conteville
Foulbec
Toutainville
Pont-l'Évêque
Cormeilles
Blangy-le-Château
Lieurey
St Georges du Vièvre
LISIEUX
Thiberville
Bernay
Cambremer
Orbec
Courtonne-les-Deux-Églises
Fervaques
St Germain-de-Livet
Livarot
Dozulé
Danestal
Beaumont-en-Auge
Épaignes
Campigny
St Symphorien
Fort-Moville
Brionne
Broglie
Tordouet
Cheffreville-Tonnencourt
Ste Marguerite
St Michel-de-Livet

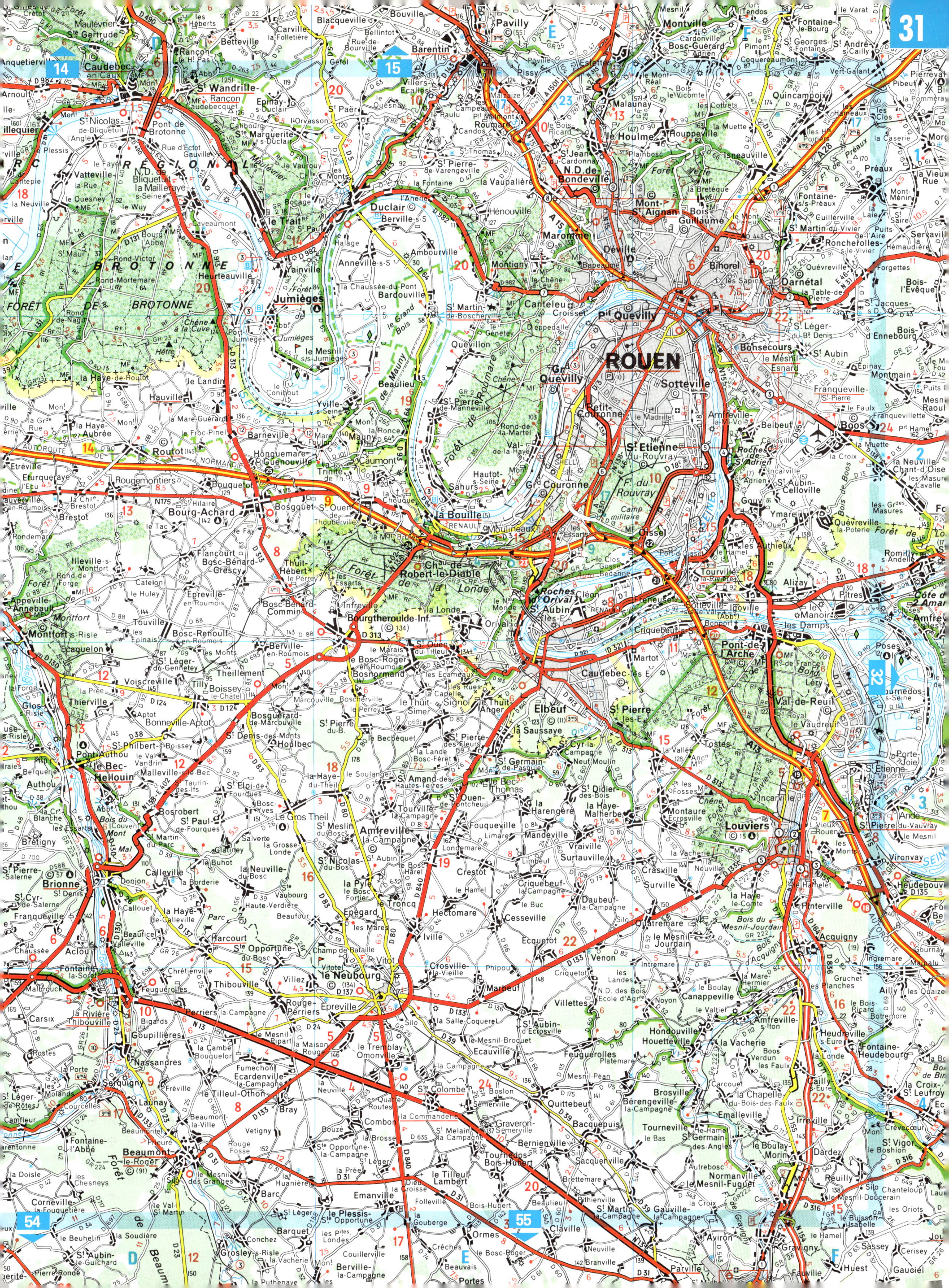
14
15
32
54
55
ROUEN
Sotteville
Grd Quevilly
Pt Quevilly
Petit-Couronne
Grd Couronne
St Etienne-du-Rouvray
Oissel
Elbeuf
Caudebec-lès-E.
St Pierre-lès-E.
Louviers
Val-de-Reuil
Pont-de-l'Arche
Darnétal
Bihorel
Mont-St Aignan
Maromme
Déville
N.D.-de Bondeville
Le Houlme
Barentin
Pavilly
Duclair
Canteleu
Jumièges
Le Trait
St Wandrille-Rançon
Caudebec-en-Caux
Routot
Bourg-Achard
Bourgtheroulde-Inf.
Montfort-s-Risle
Pont-Authou
Le Bec-Hellouin
Brionne
Le Neubourg
Harcourt
Beaumont-le-Roger
Amfreville-la-Campagne
Boos
Pîtres
Acquigny
Forêt de Brotonne
Forêt de Roumare
Forêt de la Londe
Forêt du Rouvray
AUTOROUTE DE NORMANDIE
La Bouille
Ch. de Robert-le-Diable
Orival
Tourville-la-Rivière
Igoville
Alizay
Poses
Bosc-Roger-en-Roumois
Thuit-Signol
Thuit-Anger
Crestot
Iville
Vitot
Epreville
Ecauville
Le Tremblay-Omonville
Ste Colombe
Quittebeuf
Graveron-Sémerville
Tournedos-Bois-Hubert
Emanville
Barc
Bray
Nassandres
Serquigny
Launay
Goupillières
Thibouville
Ecquetot
Venon
Vraiville
Surtauville
Surville
Crasville
Montaure
La Haye-Malherbe
St Didier-des-Bois
La Saussaye
Mandeville
Houetteville
Canappeville
La Vacherie
Irreville
Gravigny
Heudreville
Fontaine-Heudebourg
Cailly-s-Eure
St Vigor
Menilles
Croix-St Leufroy
Quincampoix
Isneauville
Préaux
Martainville
Franqueville-St Pierre
Belbeuf
Ymare
Quévreville-la-Poterie
Romilly-s-Andelle
Amfreville-sous-les-Monts
Heudebouville
Vironvay
St Pierre-du-Vauvray
Andé
Porte-Joie
Tosny
St Etienne-du-Vauvray
Gaillon
Aubevoye

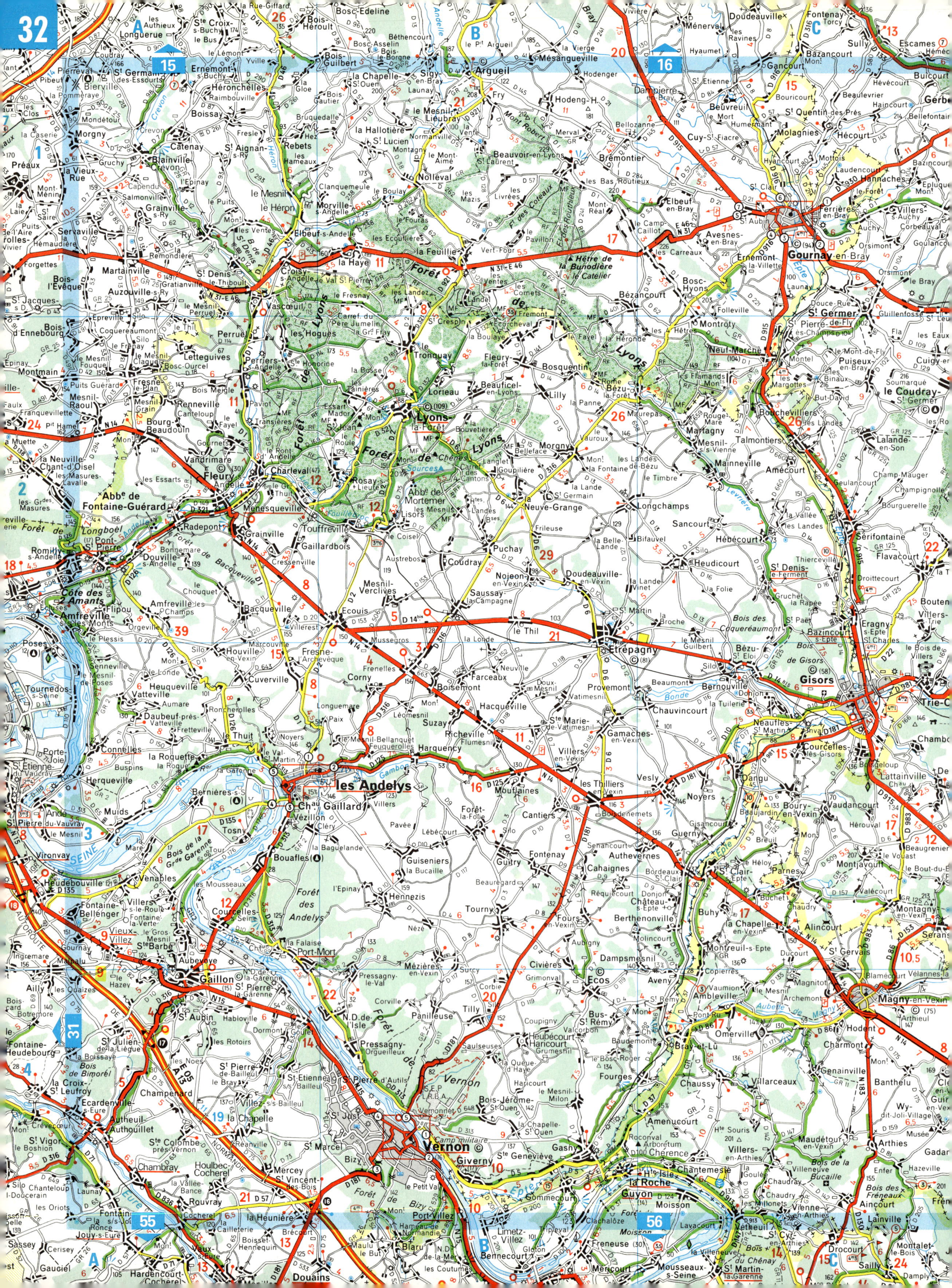
Les Andelys
Vernon
Gisors
Lyons-la-Forêt
Gournay-en-Bray
Étrépagny
Magny-en-Vexin
Gaillon
Écouis
Argueil
Fleury-s-Andelle
Charleval
Menesqueville
Radepont
Abbe de Fontaine-Guérard
Forêt de Lyons
Forêt de Bacqueville
Forêt des Andelys
Forêt de Vernon
Seine
Epte
Andelle
Lévrière
Bonde
Aubette
Giverny
La Roche-Guyon
Écos
Neuf-Marché
St Germer
le Coudray
Sérifontaine
Flavacourt
Bézu-St-Éloi
Dangu
Noyers
Vesly
Hacqueville
Heuqueville
Bouafles
Tosny
Courcelles-s-Seine
Port-Mort
Pressagny-l'Orgueilleux
St Pierre-d'Autils
St Marcel
Bizy
Vernonnet
Gasny
Fourges
Bray-et-Lû
Chaussy
Villers-en-Arthies
Amblainville
Montjavoult
Chaumont
Trie-C
Lainville
Drocourt
Port-Villez
Bennecourt
Freneuse
Moisson
Mousseaux-s-Seine
St Martin-la-Garenne
Douains
Rouvray
Chambray
Ecardenville-s-Eure
Autheuil-Authouillet
St Aubin
Aubevoye
Ch^au Gaillard
Heudebouville
Vironvay
Amfreville
Côte des 2 Amants
Romilly-s-Andelle
Pont-St-Pierre
Douville-s-Andelle
Grainville
Bacqueville
Mesnil-Verclives
Puchay
Coudray
Morgny
Bosquentin
Lilly
Beauficel-en-Lyons
Fleury-la-Forêt
Lorleau
Rosay-s-Lieure
Lisors
Touffreville
Vascœuil
Perriers-s-Andelle
Perruel
Morville-s-Andelle
Elbeuf-s-Andelle
Croisy-s-Andelle
la Feuillie
la Haye
Nolléval
Sigy-en-Bray
Mésangueville
Bézancourt
Bosc-Hyons
Cuy-St-Fiacre
Elbeuf-en-Bray
Avesnes-en-Bray
Ferrières-en-Bray
Martagny
Mainneville
Sancourt
Hébécourt
Longchamps
Doudeauville-en-Vexin
Gamaches-en-Vexin
Villers-en-Vexin
Richeville
Suzay
Harquency
Guiseniers
Cantiers
Guitry
Fontenay
Tourny
Mézières-en-Vexin
Tilly
Panilleuse
Bus-St-Rémy
Hennezis
Boisemont
Corny
Fresne-l'Archevêque
Cuverville
Houville-en-Vexin
Mussegros
le Thil
Saussay-la-Campagne
Farceaux
Provemont
Chauvincourt
Bernouville
Baudemont
Berthenonville
Aveny
Montreuil-s-Epte
Hodent
Omerville
Genainville
Maudétour-en-Vexin
Arthies
Wy-dit-Joli-Village
Villarceaux
Amenucourt
Chérence
Vétheuil
St Clair-s-Epte
Buhy
la Chapelle-en-Vexin
Parnes
Boury-en-Vexin
Courcelles-lès-Gisors
Vaudancourt
Lattainville
Alincourt
St Gervais
Montagny-en-Vexin
N 14
N 15
N 31
A 13
D 181
D 316

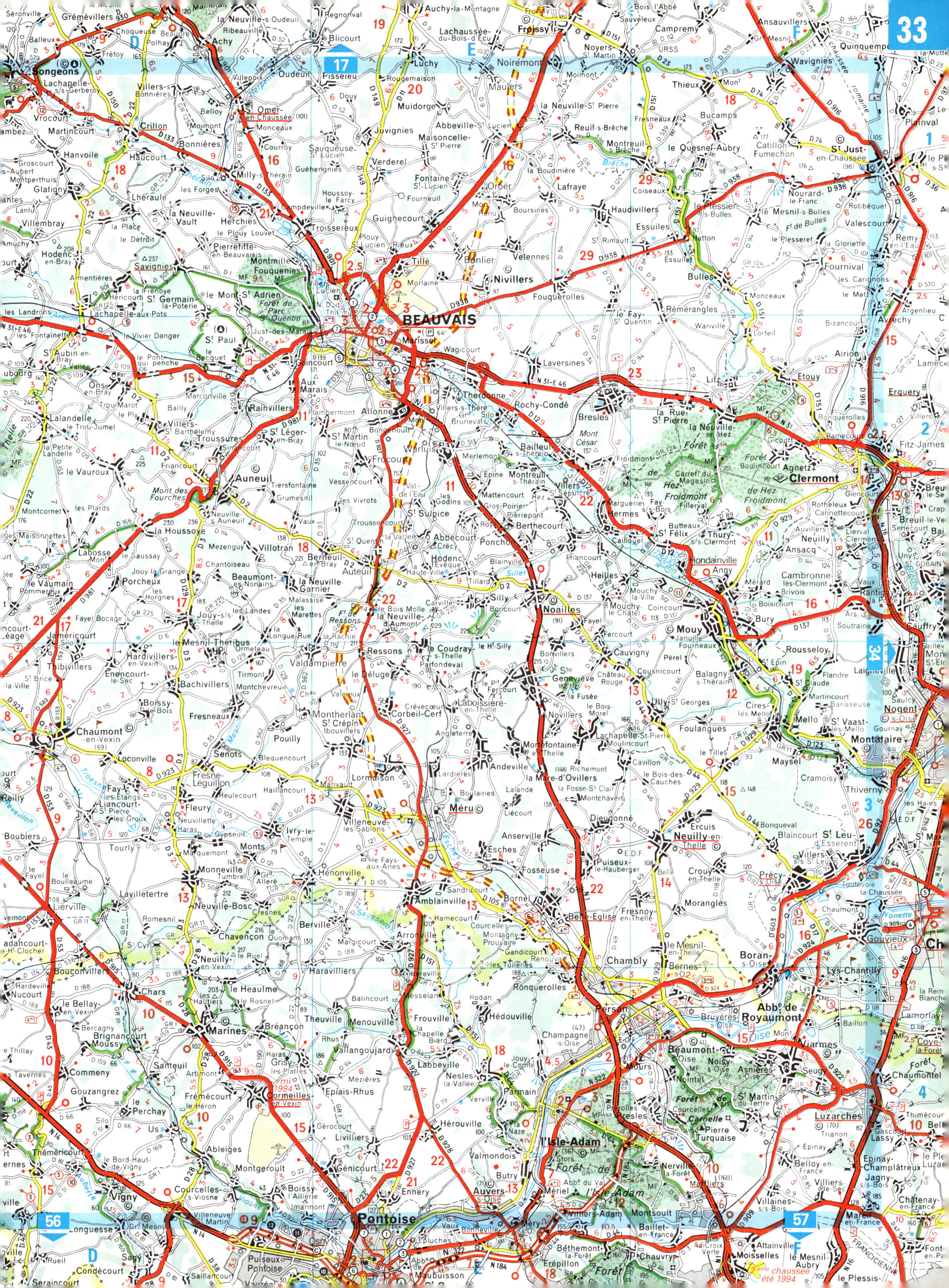
Songeons
Gerberoy
Crillon
Hanvillers
Milly-s-Thérain
Troissereux
Savignies
Beauvais
Tillé
Nivillers
Fouquerolles
Bresles
Laversines
Rochy-Condé
Therdonne
Allonne
Goincourt
Rainvillers
Auneuil
La Houssoye
Berneuil-en-Bray
Auteuil
Noailles
Mouy
Hondainville
Clermont
Agnetz
Fitz-James
Breuil-le-Vert
St Just-en-Chaussée
Bulles
Litz
Etouy
Airion
Avrechy
Froissy
Noirémont
Crèvecœur
Montataire
Nogent
Creil
Cramoisy
Thiverny
St Leu-d'Esserent
Précy-s-Oise
Boran-s-Oise
Lamorlaye
Chantilly
Gouvieux
Viarmes
Luzarches
Asnières-s-Oise
Noisy-s-Oise
Beaumont-s-Oise
Persan
Chambly
Bernes-s-Oise
Belle-Eglise
Méru
Neuilly-en-Thelle
Ercuis
Crouy-en-Thelle
Morangles
Fresnoy-en-Thelle
Hénonville
Ivry-le-Temple
Monts
Fleury
Fresne-Léguillon
Chaumont-en-Vexin
Lierville
Boissy-le-Bois
Fresneaux-Montchevreuil
Valdampierre
Ressons
Corbeil-Cerf
Andeville
Lormaison
Villeneuve-les-Sablons
Amblainville
Marines
Chars
Bréançon
Cormeilles-en-Vexin
Théméricourt
Vigny
Courcelles-s-Viosne
Génicourt
Ennery
Pontoise
Auvers-s-Oise
Méry-s-Oise
Valmondois
Butry
L'Isle-Adam
Forêt de l'Isle-Adam
Nerville-la-Forêt
Maffliers
Montsoult
Baillet-en-France
Villiers-Adam
Méru
Parmain
Jouy-le-Comte
Champagne-s-Oise
Mours
Bruyères-s-Oise
Abbe de Royaumont
Seugy
Belloy-en-France
Villiers-le-Sec
Epinay-Champlâtreux
Moisselles
Attainville
Le Mesnil-Aubry
Osny
Puiseux-Pontoise
Forêt de Hez-Froidmont
Forêt du Parc St Quentin
BEAUVAIS
N 31-E 46
D 938
D 916
D 927
D 923
D 929
17
56
57
34
D
E
F

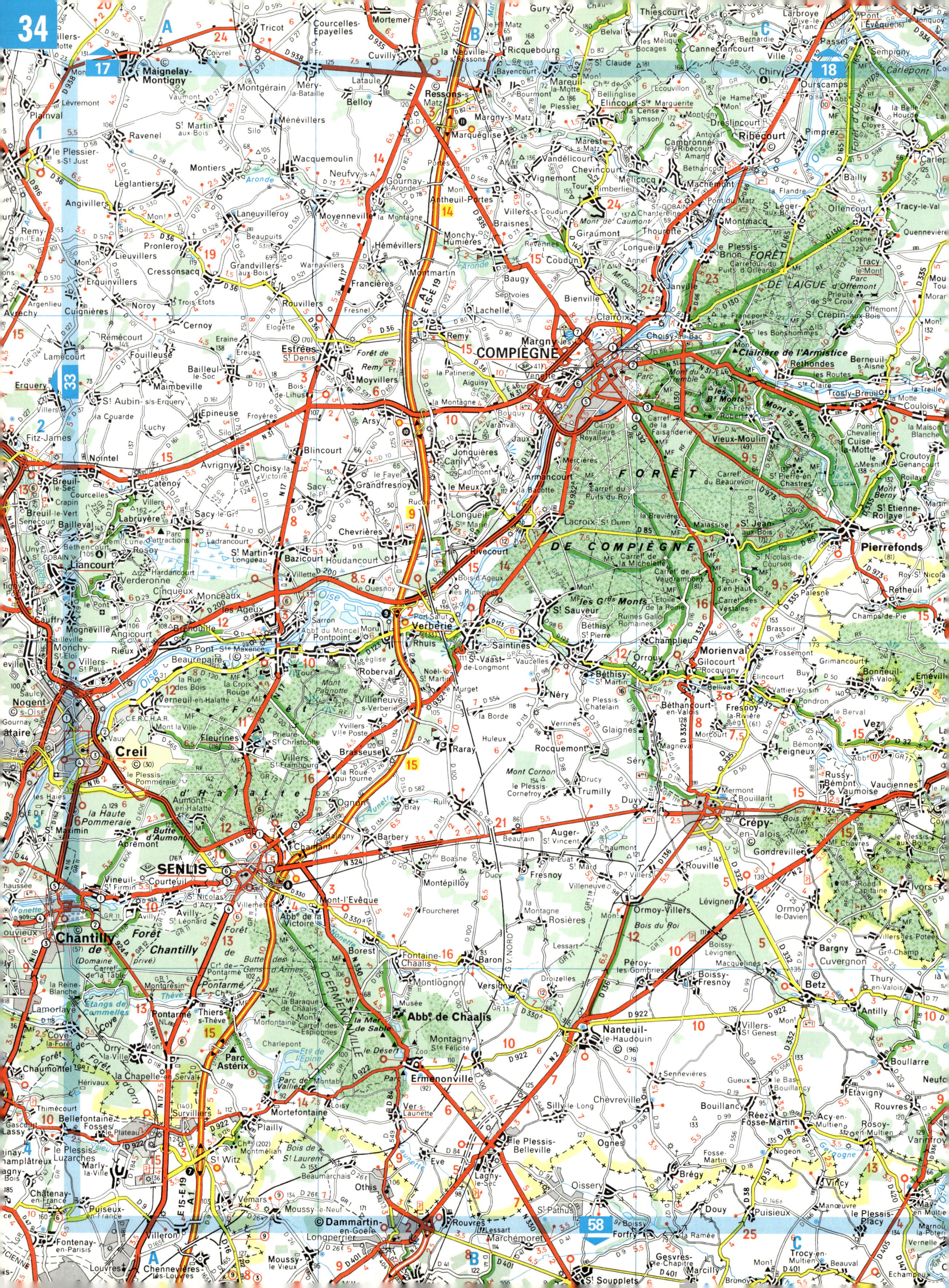

A
B
C
17
18
33
58
Maignelay-Montigny
Tricot
Courcelles-Epayelles
Mortemer
Cuvilly
Ressons-s-Matz
Ricquebourg
Gury
Thiescourt
Lassigny
Larbroye
Pont-l'Évêque
Ribécourt
Montgérain
Méry-la-Bataille
Belloy
Lataule
Marqueglise
Margny-s-Matz
Plainval
Ravenel
Le Plessier-s-St Just
St Martin aux Bois
Ménévilles
Wacquemoulin
Neufvy-s-A.
Gournay-s-Aronde
Antheuil-Portes
Vandélicourt
Vignemont
Chevincourt
Melicocq
Machemont
Bailly
Tracy-le-Val
Leglantiers
Montiers
Angivillers
Laneuvilleroy
Moyenneville
Villers-s-Coudun
Braisnes
Giraumont
Thourotte
Montmacq
Ollencourt
Remy
Lieuvilliers
Pronleroy
Cressonsacq
Grandvillers-aux-Bois
Monchy-Humières
Coudun
Francières
Hémévillers
Montmartin
Baugy
Bienville
Janville
Erquinvillers
Noroy
Rouvillers
Lachelle
Clairoix
Forêt de Laigue
Cernoy
Estrées-St Denis
Remy
Margny-lès-C.
Compiègne
Choisy-au-Bac
Clairière de l'Armistice
Rethondes
Berneuil-s-Aisne
Trosly-Breuil
Couloisy
Fouilleuse
Bailleul-le-Soc
Moyvillers
Venette
Erquery
Maimbeville
St Aubin-s/s-Erquery
Epineuse
Arsy
Jaux
Vieux-Moulin
Fitz-James
Nointel
Avrigny
Choisy-la-Victoire
Blincourt
Jonquières
Canly
Armancourt
Pont-Chevalier
Cuise-la-Motte
Breuil-le-Sec
Catenoy
Sacy-le-Gd
Grandfresnoy
Le Meux
Forêt de Compiègne
St Jean-aux-Bois
Croutoy
Labruyère
Sacy-le-Pt
Chevrières
Longueil-Ste Marie
Lacroix-St Ouen
Pierrefonds
St Étienne-Roilaye
Liancourt
Rosoy
St Martin-Longueau
Bazicourt
Houdancourt
Rivecourt
Verderonne
Cinqueux
Les Ageux
Verberie
St Sauveur
Béthisy-St Pierre
Retheuil
Mogneville
Monceaux
Pont-Ste Maxence
Rhuis
Saintines
Champlieu
Morienval
Nogent
Villers-St Paul
Beaurepaire
Roberval
Néry
Béthisy-St Martin
Gilocourt
Fresnoy-la-Rivière
Bonneuil-en-Valois
Villeneuve-s-Verberie
Verneuil-en-Halatte
Fleurines
Béthancourt-en-Valois
Vez
Creil
Brasseuse
Raray
Rocquemont
Glaignes
Séry
Feigneux
Vaucienne
Aumont-en-Halatte
Ognon
Trumilly
Duvy
Crépy-en-Valois
Gondreville
St Maximin
Apremont
Barbery
Auger-St Vincent
Rouville
Senlis
Montépilloy
Fresnoy
Ormoy-Villers
Lévignen
Vineuil-St Firmin
Courteuil
Avilly-St Léonard
Chantilly
Forêt de Chantilly
Fontaine-Chaalis
Baron
Péroy-les-Gombries
Boissy-Fresnoy
Bargny
Betz
Ermenonville
Nanteuil-le-Haudouin
Abbaye de Chaalis
Parc Astérix
Lamorlaye
Coye
Orry-la-Ville
Mortefontaine
Plailly
Ver-s-Launette
Silly-le-Long
Bouillancy
Réez-Fosse-Martin
Antilly
Boullarre
Étavigny
Rouvres
Le Plessis-Belleville
Ognes
Acy-en-Multien
Rosoy-en-Multien
Bellefontaine
Fosses
Le Plessis-Luzarches
Luzarches
Marly-la-Ville
Survilliers
St Witz
Othis
Eve
Lagny-le-Sec
Oissery
Brégy
Douy
Puisieux
Varinfroy
Vincy
Chatenay-en-France
Puiseux-en-France
Vémars
Moussy-le-Neuf
Dammartin-en-Goële
Rouvres
Lessart
Marchémoret
St Pathus
Forfry
Gesvres-le-Chapitre
Marcilly
Trocy-en-Multien
Le Plessis-Placy
Fontenay-en-Parisis
Louvres
Chennevières-lès-Louvres
Villeron
Moussy-le-Vieux
Longperrier
St Soupplets

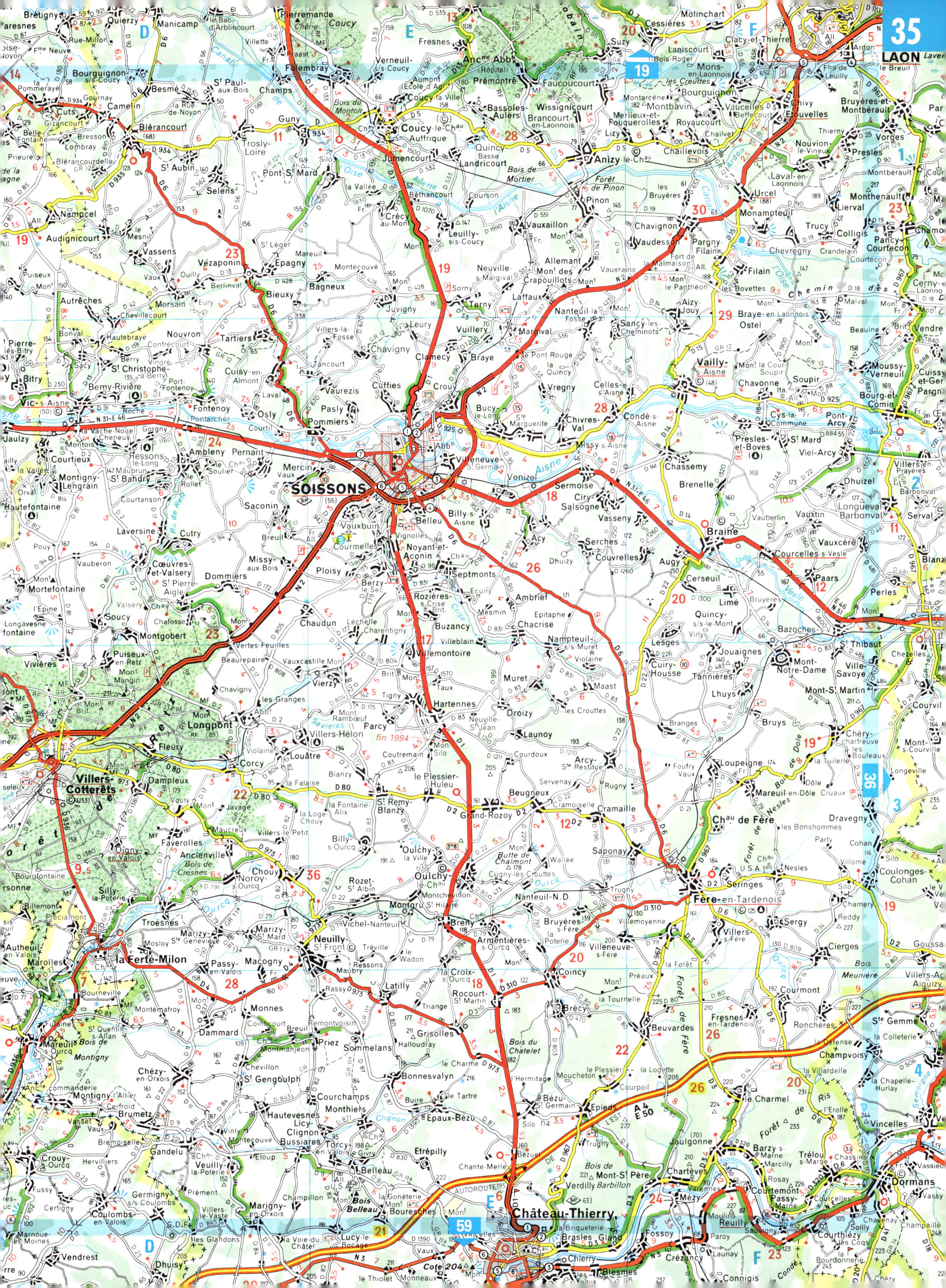
LAON
SOISSONS
Château-Thierry
Villers-Cotterêts
la Ferté-Milon
Fère-en-Tardenois
Coucy-le-Chau
Anizy-le-Chau
Vailly-s-Aisne
Braine
Neuilly-St Front
Oulchy-le-Château
Dormans
Vic-s-Aisne
Folembray
Prémontré
Urcel
Bourg-et-Comin
Fismes
Longpont
Blérancourt
Crécy-au-Mont
Bucy-le-Long
Missy-s-Aisne
Chassemy
Acy
Belleu
Vauxbuin
Septmonts
Hartennes
Villemontoire
Buzancy
Grand-Rozoy
Beugneux
Cramaille
Saponay
Nanteuil-N.D.
Armentières-s-Ourcq
Bruyères-s-Fère
Coincy
Brécy
Beuvardes
Épieds
Bézu-St Germain
Jaulgonne
Mézy
Chartèves
Essômes
Bouresches
Lucy-le-Bocage
Belleau
Marigny-en-Orxois
Gandelu
Crouy-s-Ourcq
Montigny-l'Allier
Mareuil-s-Ourcq
Marolles
Troësnes
Silly-la-Poterie
Faverolles
Dampleux
Corcy
Fleury
Louâtre
Villers-Hélon
Vierzy
Chaudun
Ploisy
Missy-aux-Bois
Cœuvres-et-Valsery
Montgobert
Puiseux-en-Retz
Vivières
Taillefontaine
Pierrefonds
Ambleny
Pernant
Fontenoy
Osly
Pommiers
Cuffies
Crouy
Clamecy
Braye
Vregny
Chivres-Val
Condé-s-Aisne
Celles-s-Aisne
Presles-et-Boves
Vasseny
Cerseuil
Limé
Bazoches-s-Vesle
Mont-Notre-Dame
Mont-St Martin
Chéry-Chartreuve
Loupeigne
Mareuil-en-Dôle
Dravegny
Cohan
Coulonges-Cohan
Seringes
Villers-s-Fère
Sergy
Cierges
Ronchères
Le Charmel
Vincelles
Ste Gemme
Champvoisy
Chavignon
Pinon
Forêt de Pinon
Vauxaillon
Laffaux
Margival
Terny
Vuillery
Leuilly-s-Coucy
Juvigny
Bagneux
Épagny
Vézaponin
Nouvron
Tartiers
Cuisy-en-Almont
Vaurezis
Pasly
Nampcel
Audignicourt
Vassens
Autrêches
Moulin-sous-Touvent
Bieuxy
Chavigny
Trosly-Loire
Pont-St Mard
Selens
St Aubin
Camelin
Besmé
Guny
Champs
Quierzy
Manicamp
Bichancourt
Barisis
Verneuil-s-s-Coucy
Fresnes
Bassoles-Aulers
Wissignicourt
Brancourt-en-Laonnois
Faucoucourt
Montbavin
Royaucourt
Chaillevois
Mons-en-Laonnois
Bourguignon
Vaucelles
Chivy
Étouvelles
Bruyères-et-Montbérault
Vorges
Presles
Nouvion-le-Vineux
Laval-en-Laonnois
Monampteuil
Lierval
Colligis
Pancy-Courtecon
Chevregny
Filain
Pargny-Filain
Vaudesson
Allemant
Nanteuil-la-Fosse
Sancy-les-Cheminots
Aizy-Jouy
Ostel
Braye-en-Laonnois
Soupir
Chavonne
Moussy-Verneuil
Cys-la-Commune
Pont-Arcy
St Mard
Viel-Arcy
Dhuizel
Longueval-Barbonval
Serval
Vauxcéré
Courcelles-s-Vesle
Paars
Perles
Blanzy
St Thibault
Ville-Savoye
Jouaignes
Tannières
Lhuys
Bruys
Quincy-s-s-le-Mont
Lesges
Cuiry-Housse
Droizy
Launoy
Maast
Muret
Nampteuil-s-Muret
Chacrise
Ambrief
Courcelles
Serches
Sermoise
Ciry-Salsogne
Venizel
Villeneuve-St Germain
Noyant-et-Aconin
Berzy-le-Sec
Rozières-s-Crise
Courmelles
Saconin
Cutry
Laversine
Dommiers
Chafosse
Vauxcastille
Parcy
Tigny
Blanzy
St Rémy-Blanzy
Billy-s-Ourcq
Chouy
Noroy-s-Ourcq
Ancienville
Rozet-St Albin
Montgru-St Hilaire
Breny
Latilly
Rocourt-St Martin
Grisolles
Sommelans
Bonnesvalyn
Courchamps
Monthiers
Hautevesnes
Lucy-le-Bocage
Torcy-en-Valois
Épaux-Bézu
Étrépilly
Priez
Monnes
Dammard
Passy-en-Valois
Macogny
Chézy-en-Orxois
St Gengoulph
Brumetz
Veuilly-la-Poterie
Coulombs-en-Valois
Germigny-s-Coulombs
Vendrest
Dhuisy
Fossoy
Crézancy
Reuilly-Sauvigny
Barzy-s-Marne
Passy-s-Marne
Trélou-s-Marne
Courthiézy
Soilly
Chavenay
Verdilly
Mont-St Père
Brasles
Gland
Chierry
Blesmes
Villeneuve-s-Fère
Fresnes-en-Tardenois
Forêt de Fère
Forêt de Nesles
Forêt de Ris
Bois de Cresnes
Bois du Châtelet
Butte de Chalmont
Forêt de Retz
Bois de Mortier
Bois Belleau
Bois Meunière
AUTOROUTE
A 4
E 50
Côte 204
Aisne
Ourcq
Vesle
Oise
Ailette
Crise
Savières
Clignon
N 2
N 31-E 46
N 3
D 1
D 6
fin 1994
19
59
21
36

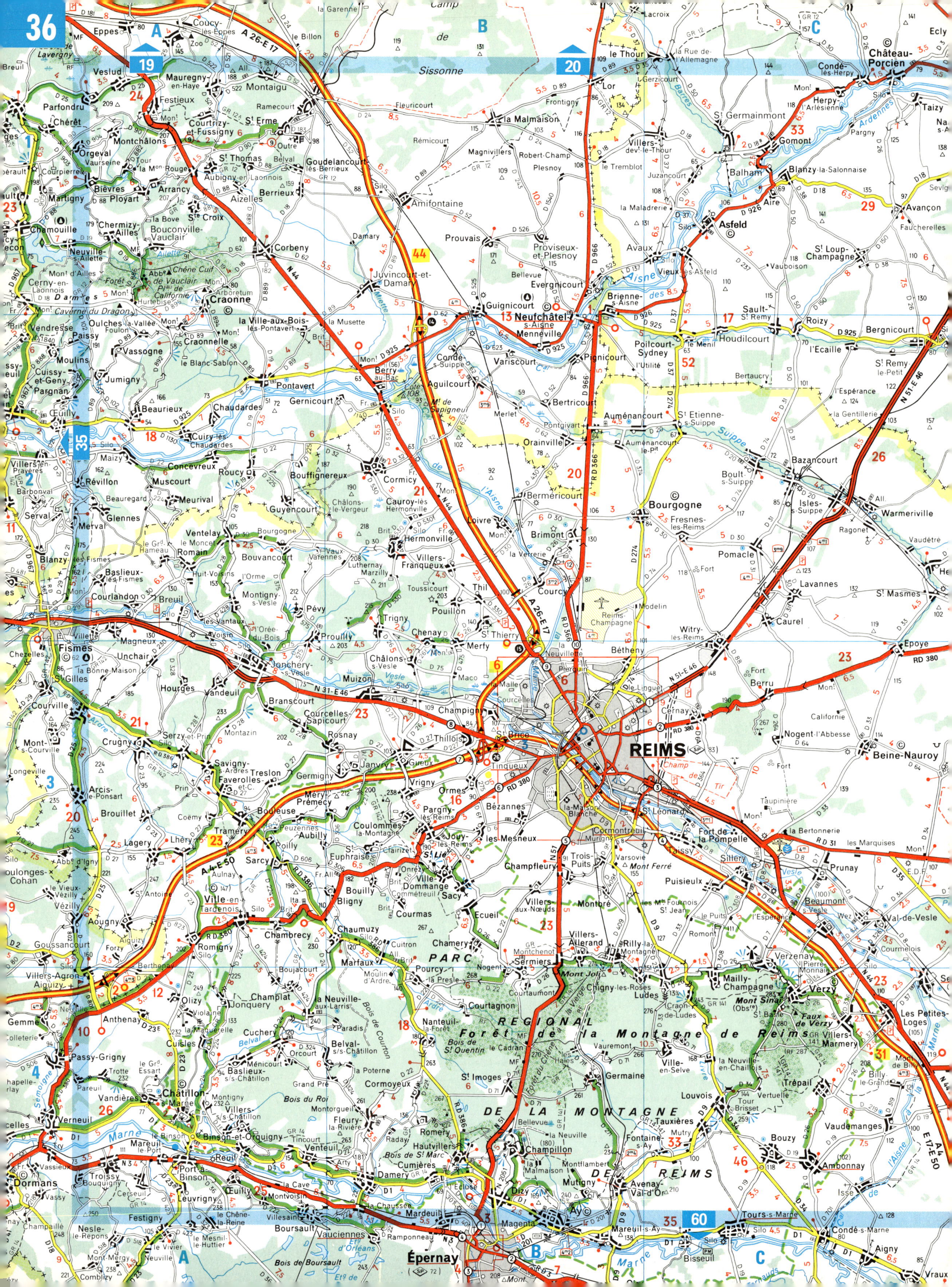
REIMS
Épernay
Château-Porcien
Neufchâtel-s-Aisne
Asfeld
Craonne
Fismes
Bourgogne
Champ de Sissonne
Forêt de la Montagne de Reims
Parc Régional de la Montagne de Reims
Verzy
Ay
Dormans
Châtillon-s-Marne
Ville-en-Tardenois
Jonchery-s-Vesle
Beine-Nauroy
Sillery
Bouzy
Corbeny
Pontavert
Guignicourt
Bazancourt
Isles-s-Suippe
Warmeriville
Witry-lès-Reims
Cormontreuil
Tinqueux
Gueux
Courcy
Bétheny
Gomont
Juvincourt-et-Damary
Amifontaine
Sissonne
Vesle
Aisne
Suippe
Marne
A 26-E 17
A 4-E 50
N 44
N 31-E 46
N 51-E 46
Montagne de Reims

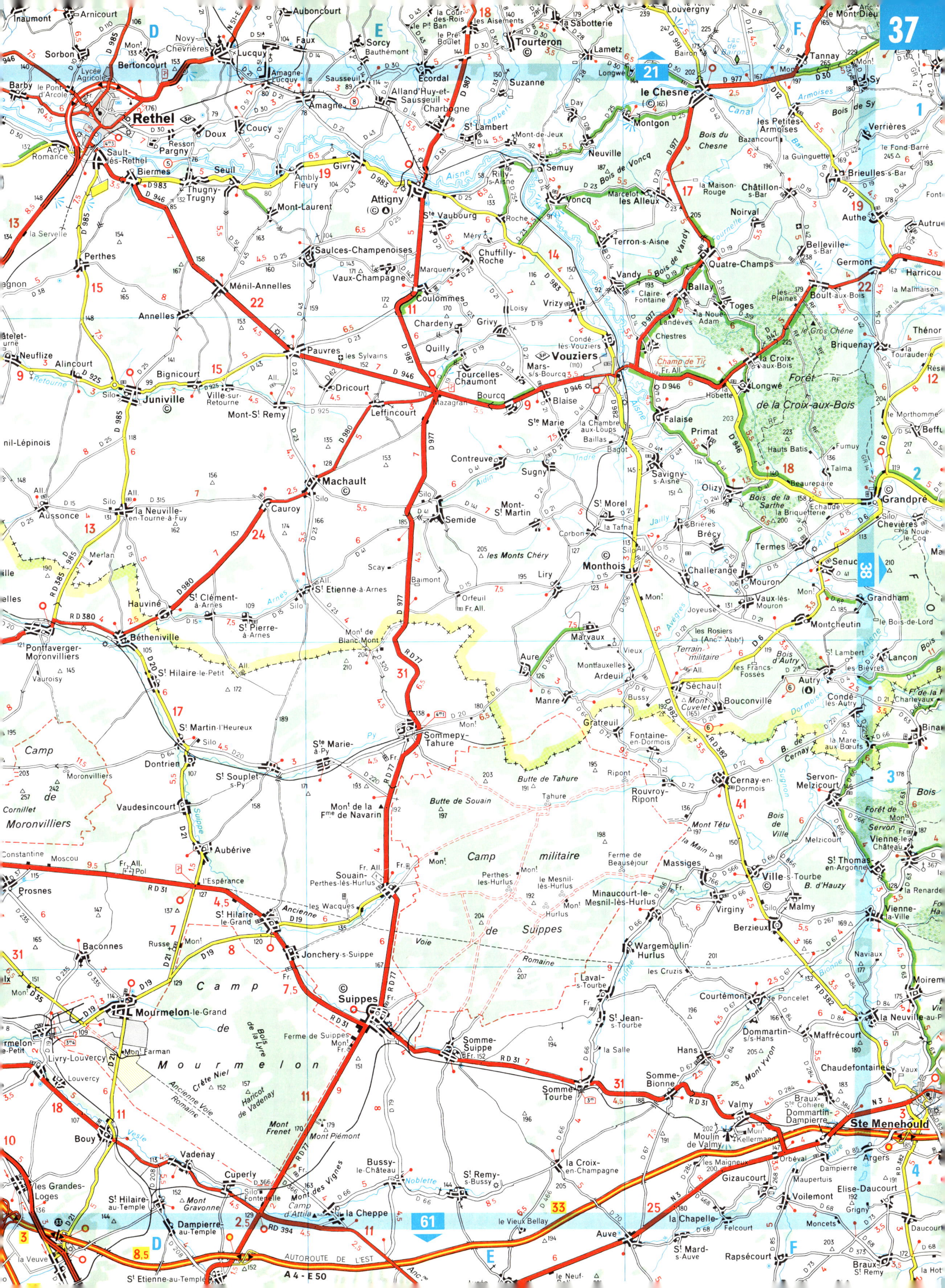
Arnicourt
Inaumont
Sorbon
Novy-Chevrières
Lucquy
Aubóncourt
Faux
Sorcy Bauthémont
les Aisements
Tourteron
la Sabotterie
Louvergny
le Mont-Dieu
Tannay
Bertoncourt
Barby
Rethel
Doux
Coucy
Amagne
Ecordal
Alland'Huy-et-Sausseuil
Charbogne
Suzanne
Lametz
le Chesne
Montgon
Sy
St Lambert
Sault-lès-Rethel
Biermes
Seuil
Thugny-Trugny
Ambly Fleury
Givry
Attigny
Semuy
Neuville
Voncq
Marcelot les Alleux
Châtillon-s-Bar
Brieulles-s-Bar
Mont-Laurent
Ste Vaubourg
Rilly-s-Aisne
Roche
Terron-s-Aisne
Noirval
Authe
Perthes
Saulces-Champenoises
Vaux-Champagne
Chuffilly-Roche
Vandy
Quatre-Champs
Belleville-s-Bar
Germont
Harricourt
Ménil-Annelles
Coulommes
Vrizy
Ballay
Toges
Boult-aux-Bois
Annelles
Chardeny
Grivy
Loisy
Neuflize
Alincourt
Juniville
Bignicourt
Pauvres
Quilly
Vouziers
Chestres
Briquenay
Ville-sur-Retourne
Mont-St Remy
Dricourt
Tourcelles-Chaumont
Leffincourt
Bourcq
Blaise
Ste Marie
Falaise
Longwé
Forêt de la Croix-aux-Bois
Machault
Contreuve
Sugny
Savigny-s-Aisne
Olizy
Grandpré
Aussonce
la Neuville-en-Tourne-à-Fuy
Cauroy
Semide
Mont-St Martin
St Morel
Brécy
Termes
Monthois
Challerange
Mouron
Hauviné
St Clément-à-Arnes
St Etienne-à-Arnes
St Pierre-à-Arnes
Liry
Orfeuil
Marvaux
Montcheutin
Bétheniville
Pontfaverger-Moronvilliers
St Hilaire-le-Petit
Aure
Manre
Séchault
Bouconville
Autry
Lançon
St Martin-l'Heureux
Dontrien
Ste Marie-à-Py
Sommepy-Tahure
Gratreuil
Fontaine-en-Dormois
Cernay-en-Dormois
Binarville
Camp de Moronvilliers
St Souplet-s-Py
Vaudesincourt
Aubérive
Butte de Souain
Rouvroy-Ripont
Servon-Melzicourt
Camp militaire de Suippes
Prosnes
Souain-Perthes-lès-Hurlus
Massiges
Ville-s-Tourbe
Vienne-le-Château
St Hilaire-le-Grand
Minaucourt-le-Mesnil-lès-Hurlus
Virginy
Berzieux
Vienne-la-Ville
Baconnes
Jonchery-s-Suippe
Wargemoulin-Hurlus
Suippes
Courtémont
la Neuville-au-Pont
Mourmelon-le-Grand
Camp de Mourmelon
St Jean-s-Tourbe
Somme-Suippe
Dommartin-s/s-Hans
Maffrécourt
Livry-Louvercy
Hans
Chaudefontaine
Somme-Tourbe
Somme-Bionne
Valmy
Bouy
Ste Menehould
Vadenay
Cuperly
Bussy-le-Château
St Remy-s-Bussy
la Croix-en-Champagne
Moulin de Valmy
Gizaucourt
Argers
Elise-Daucourt
Voilemont
St Hilaire-au-Temple
Dampierre-au-Temple
la Cheppe
Auve
la Chapelle-Felcourt
St Mard-s-Auve
Rapsécourt
Braux-St Remy
la Veuve
St Etienne-au-Temple
AUTOROUTE DE L'EST
A 4 - E 50
21
61
38

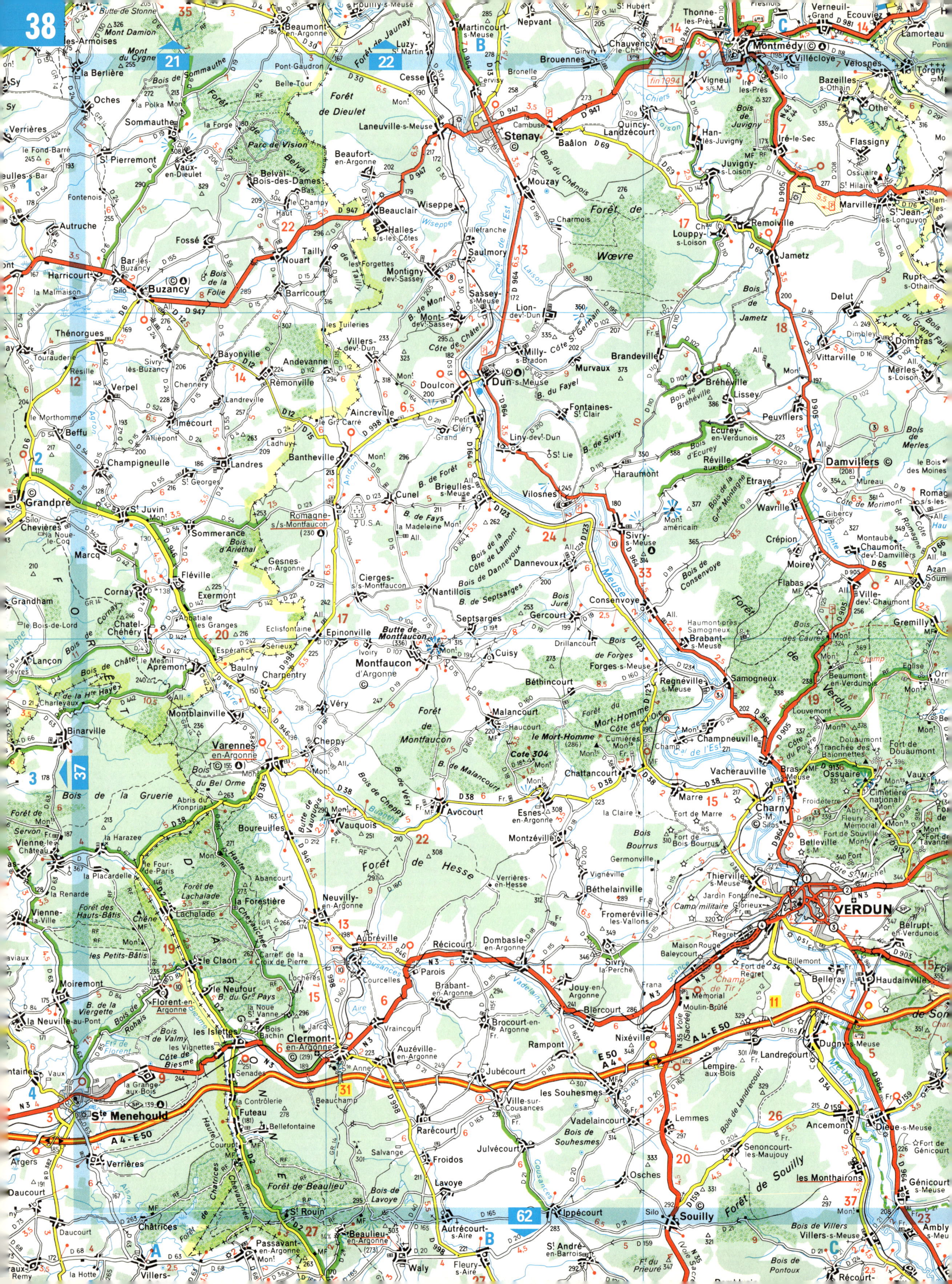
Butte de Stonne
les Armoises
Mont Damion
Beaumont-en-Argonne
Pouilly-s-Meuse
Martincourt-s-Meuse
Nepvant
St. Hubert
Thonne-les-Prés
Montmédy
Verneuil-Grand
Écouviez
Lamorteau
Forêt de Jaulnay
Luzy-St Martin
Brouennes
Chauvency-le-Château
Villécloye
Velosnes
Torgny
La Berlière
Bois de Sommauthe
Pont-Gaudron
Cesse
Vigneul s/M.
Bazeilles-s-Othain
Oches
Belle-Tour
Forêt de Dieulet
Quincy-Landzécourt
Han-lès-Juvigny
Othe
Sommauthe
la Polka
Laneuville-s-Meuse
Stenay
Baâlon
Iré-le-Sec
Flassigny
Verrières
la Forge
Parc de Vision
Bois de Juvigny
St Pierremont
Vaux-en-Dieulet
Belval-Bois-des-Dames
Beaufort-en-Argonne
Mouzay
Bois du Chênois
Juvigny-s-Loison
Marville
St Jean-lès-Longuyon
Autruche
Fossé
Beauclair
Wiseppe
Halles-s-les-Côtes
Charmois
Forêt de Wœvre
Loupy-s-Loison
Remoiville
Villefranche
Saulmory
Nouart
Tailly
Harricourt
Bar-lès-Buzancy
Buzancy
Barricourt
Montigny-dev.-Sassey
Sassey-s-Meuse
Jametz
Rupt-s-Othain
Delut
la Malmaison
les Tuileries
Mont-dev.-Sassey
Lion-dev.-Dun
Milly-s-Bradon
Brandeville
Bois de Jametz
Vittarville
Dombras
Thénorgues
Villers-dev.-Dun
Murvaux
Bréhéville
Merles-s-Loison
la Tourauderie
Sivry-lès-Buzancy
Bayonville
Andevanne
Rémonville
Doulcon
Dun-s-Meuse
Lissey
Verpel
Chennery
Landreville
Aincreville
Fontaines-St Clair
Peuvillers
Bois de Merles
le Morthomme
Imécourt
le Gd Carré
Cléry-Grand
Liny-dev.-Dun
Écurey-en-Verdunois
Beffu
Alliepont
Ladhuy
St Lié
Damvillers
Champigneulle
Landres
Bantheville
Cunel
Brieulles-s-Meuse
Haraumont
Réville-aux-Bois
Étraye
Grandpré
St Georges
St Juvin
Romagne-s/s-Montfaucon
U.S.A.
Vilosnes
Wavrille
Chevières
Sommerance
la Madeleine
Mont américain
Gibercy
Chaumont-dev.-Damvillers
la Noue-le-Coq
Bois d'Ariéthal
Bois de la Côte de Lemont
Sivry-s-Meuse
Crépion
Marcq
Gesnes-en-Argonne
Dannevoux
Moirey
Fléville
Cierges-s-Montfaucon
Nantillois
Ville-dev.-Chaumont
Cornay
Exermont
Bois de Consenvoye
Flabas
Grandham
Châtel-Chéhéry
Abbatiale les Granges
Septsarges
Gercourt
Consenvoye
Forêt des Caures
le Bois-de-Lord
Eclisfontaine
Épinonville
Butte de Montfaucon
Haumont-près-Samogneux
Gremilly
Lançon
Apremont
l'Espérance
Baulny
Charpentry
Ivoiry
Montfaucon d'Argonne
Cuisy
Drillancourt
Forges-s-Meuse
Brabant-s-Meuse
Samogneux
Beaumont-en-Verdunois
Charleyaux
Béthincourt
Regnéville-s-Meuse
Forêt de Verdun
Montblainville
Véry
Forêt de Montfaucon
Malancourt
Haucourt
le Mort-Homme
Cumières
Louvemont
Champneuville
Binarville
Varennes-en-Argonne
Cheppy
Côte 304
Côte du Poivre
Douaumont
Fort de Douaumont
Bois du Bel Orme
B. de Malancourt
Chattancourt
Vacherauville
Bras-s-Meuse
Ossuaire
Bois de la Gruerie
Abris du Kronprinz
Bois de Cheppy
Avocourt
Marre
Charny-s-M.
Vaux
Vienne-le-Château
la Harazee
Boureuilles
Vauquois
Esnes-en-Argonne
la Claire
Fort de Marre
Froideterre
Fleury-devant-Douaumont
Belleville
Fort de Souville
le Four-de-Paris
la Placardelle
Montzéville
Bois Bourrus
Fort de Bois Bourrus
Thierville-s-Meuse
Forêt de Hesse
Verrières-en-Hesse
Germonville
Vignéville
la Renarde
Forêt de Lachalade
Abancourt
la Forestière
Béthelainville
Camp militaire
Jardin Fontaine
Glorieux
Verdun
Belrupt-en-Verdunois
Vienne-la-Ville
Forêt des Hauts-Bâtis
Lachalade
Neuvilly-en-Argonne
Fromeréville-les-Vallons
Regret
les Petits-Bâtis
le Claon
Aubréville
Récicourt
Dombasle-en-Argonne
Sivry-la-Perche
Maison Rouge
Baleycourt
Billemont
Moiremont
le Neufour
Carref. de la Croix de Pierre
Courcelles
Parois
Brabant-en-Argonne
Jouy-en-Argonne
Fort de Regret
Belleray
Haudainville
Florent-en-Argonne
la Noue
St Vanne
Blercourt
Moulin-Brûlé
la Neuville-au-Pont
B. de la Viergette
Bois de Rohais
Bois de Valmy
les Vignettes
Côte de Biesme
les Islettes
Bois-Bachin
le Jarcq
Clermont-en-Argonne
Vraincourt
Brocourt-en-Argonne
Nixéville
Dugny-s-Meuse
Landrecourt
Rampont
Auzéville-en-Argonne
Lempire-aux-Bois
Vaux
Senades
Anne
Jubécourt
les Souhesmes
la Grange-aux-Bois
Ste Menehould
la Contrôlerie
Futeau
Bellefontaine
Beauchamp
Ville-sur-Cousances
Lemmes
Bois de Landrecourt
Ancemont
Dieue-s-Meuse
Fort de Génicourt
Argers
Verrières
Rarécourt
Vadelaincourt
Bois de Souhesmes
Senoncourt-les-Maujouy
Salvange
Froidos
Julvécourt
Oches
Forêt de Souilly
les Monthairons
Génicourt-s-Meuse
Daucourt
Forêt de Beaulieu
Bois de Lavoye
Lavoye
Bois de Chatrices
Chatrices
St Rouin
Beaulieu-en-Argonne
Autrécourt-s-Aire
Ippécourt
Souilly
Bois de Villers
Villers-s-Meuse
Ambly-s-Meuse
Passavant-en-Argonne
St André-en-Barrois
Fleury-s-Aire
Waly
Bois de Pontoux
Récourt
la Hotte
Villers-
Remy
Forêt d'Argonne
Voie Sacrée

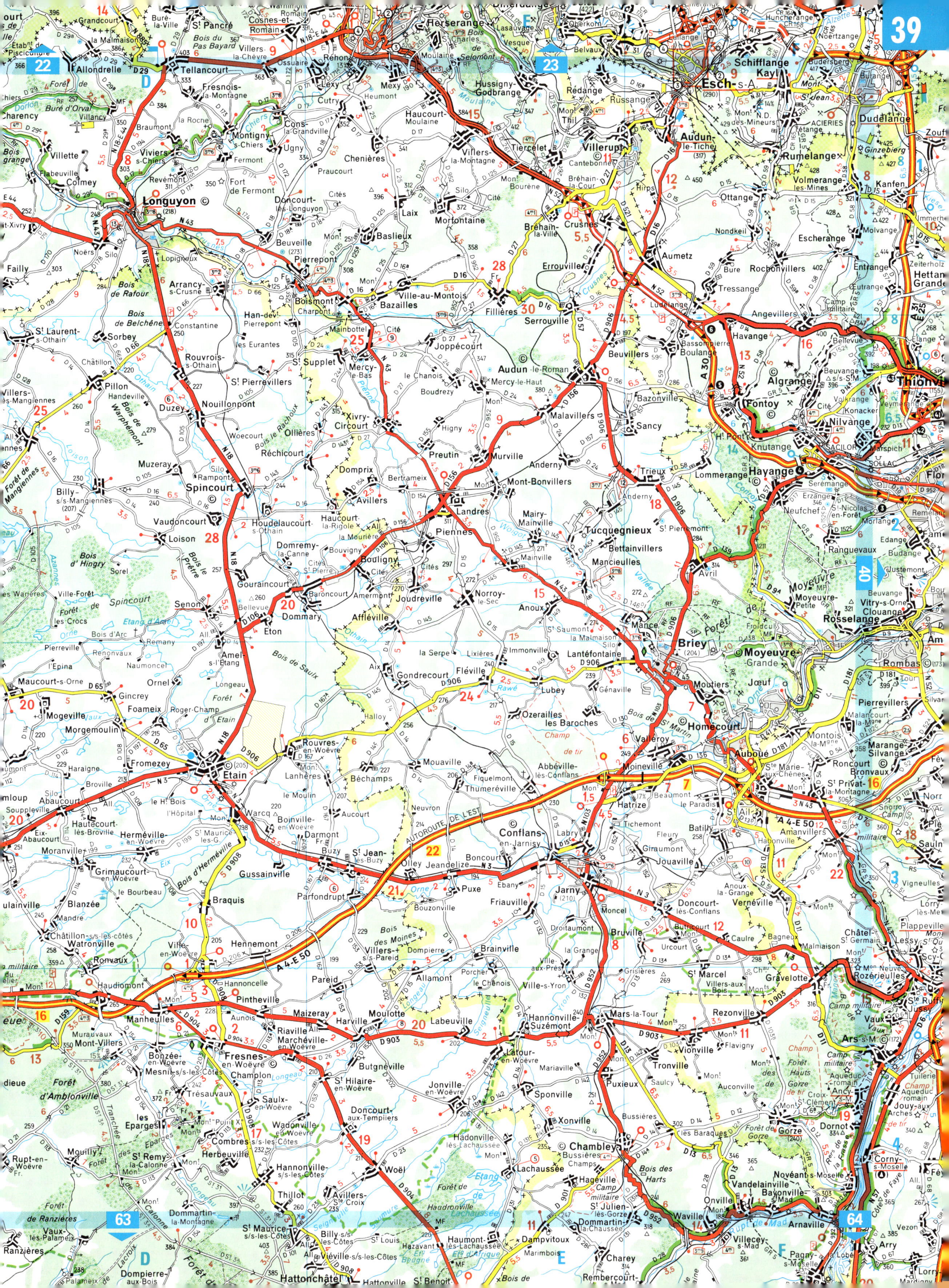
Longuyon
Tellancourt
Allondrelle
Cosnes-et-Romain
Herserange
Rehon
Lexy
Mexy
Haucourt-Moulaine
Hussigny-Godbrange
Villerupt
Redange
Russange
Esch-s-A.
Schifflange
Kayl
Dudelange
Rumelange
Volmerange-les-Mines
Kanfen
Audun-le-Tiche
Ottange
Tiercelet
Thil
Crusnes
Errouville
Aumetz
Escherange
Rochonvillers
Angevillers
Havange
Algrange
Fontoy
Nilvange
Hayange
Thionville
Knutange
Serémange
Fresnois-la-Montagne
Montigny-s-Chiers
Viviers-s-Chiers
Villette
Colmey
Cons-la-Grandville
Ugny
Fermont
Chenières
Laix
Doncourt-lès-Longuyon
Morfontaine
Baslieux
Bréhain-la-Ville
Beuveille
Pierrepont
Arrancy-s-Crusne
Boismont
Ville-au-Montois
Bazailles
Fillières
Serrouville
Beuvillers
Boulange
Sorbey
Pillon
Rouvrois-s-Othain
St Pierrevillers
Nouillonpont
Duzey
St Supplet
Mercy-le-Bas
Joppécourt
Audun-le-Roman
Malavillers
Sancy
Xivry-Circourt
Ollières
Réchicourt
Spincourt
Preutin
Murville
Anderny
Trieux
Lommerange
Muzeray
Billy-s/s-Mangiennes
Vaudoncourt
Loison
Domprix
Avillers
Landres
Mont-Bonvillers
Tucquegnieux
Bettainvillers
Mancieulles
Houdelaucourt
Domremy-la-Canne
Boligny
Piennes
Mairy-Mainville
Gouraincourt
Dommary
Baroncourt
Joudreville
Norroy-le-Sec
Anoux
Avril
Briey
Mance
Senon
Eton
Amel
Affléville
Fléville
Lantéfontaine
Moutiers
Jœuf
Moyeuvre-Grande
Rosselange
Rombas
Gondrecourt
Lubey
Homécourt
Auboué
Maucourt-s-Orne
Gincrey
Foameix
Mogeville
Morgemoulin
Ozerailles
Valleroy
Moineville
Hatrize
Étain
Fromezey
Rouvres-en-Woëvre
Lanhères
Béchamps
Mouaville
Thumeréville
Abbéville-lès-Conflans
Conflans-en-Jarnisy
Labry
Jarny
Warcq
Boinville-en-Woëvre
Buzy
St Jean-lès-Buzy
Olley
Jeandelize
Boncourt
Hermévile-en-Woëvre
Moranville
Grimaucourt-en-Woëvre
Gussainville
Braquis
Parfondrupt
Puxe
Friauville
Bruville
Doncourt-lès-Conflans
Jouaville
Batilly
Vernéville
Blanzée
Châtillon-s/s-les-côtes
Watronville
Ronvaux
Hennemont
Pintheville
Villers-s/s-Pareid
Dompierre
Allamont
Brainville
Ville-s-Yron
Mars-la-Tour
Gravelotte
Rozérieulles
Rezonville
Haudiomont
Manheulles
Maizeray
Harville
Moulotte
Labeuville
Hannonville-Suzémont
Vionville
Flavigny
Fresnes-en-Woëvre
Riaville
Marchéville-en-Woëvre
Butgnéville
St Hilaire-en-Woëvre
Latour-en-Woëvre
Tronville
Bonzée-en-Woëvre
Mont-Villers
Saulx-en-Woëvre
Doncourt-aux-Templiers
Jonville-en-Woëvre
Sponville
Xonville
Puxieux
Chambley
Bussières
Gorze
Ars-s-M.
Vaux
Les Éparges
Combres-s-les-Côtes
Herbeuville
Wadonville-en-Woëvre
Woël
Hannonville-s/s-les-Côtes
Hadonville-lès-Lachaussée
Lachaussée
Hagéville
Novéant-s-Moselle
Vandelainville
Bayonville
Onville
Waville
Arnaville
Rupt-en-Woëvre
Mouilly
St Remy-la-Calonne
Thillot
Avillers-Ste Croix
St Maurice-s/s-les-Côtes
Billy-s/s-les-Côtes
Dommartin-la-Montagne
Vaux-lès-Palameix
Haumont-lès-Lachaussée
Dampvitoux
St Julien-lès-Gorze
Dommartin-la-Chaussée
Charey
Villecey-s-Mad
Pagny-s-Moselle
Vieville-s/s-les-Côtes
Hattonchâtel
Dompierre-aux-Bois
Rembercourt
Corny-s-Moselle
Dornot
Ancy
Arry
AUTOROUTE DE L'EST
A4-E50
N 3
N 43
N 18
D 906
D 903

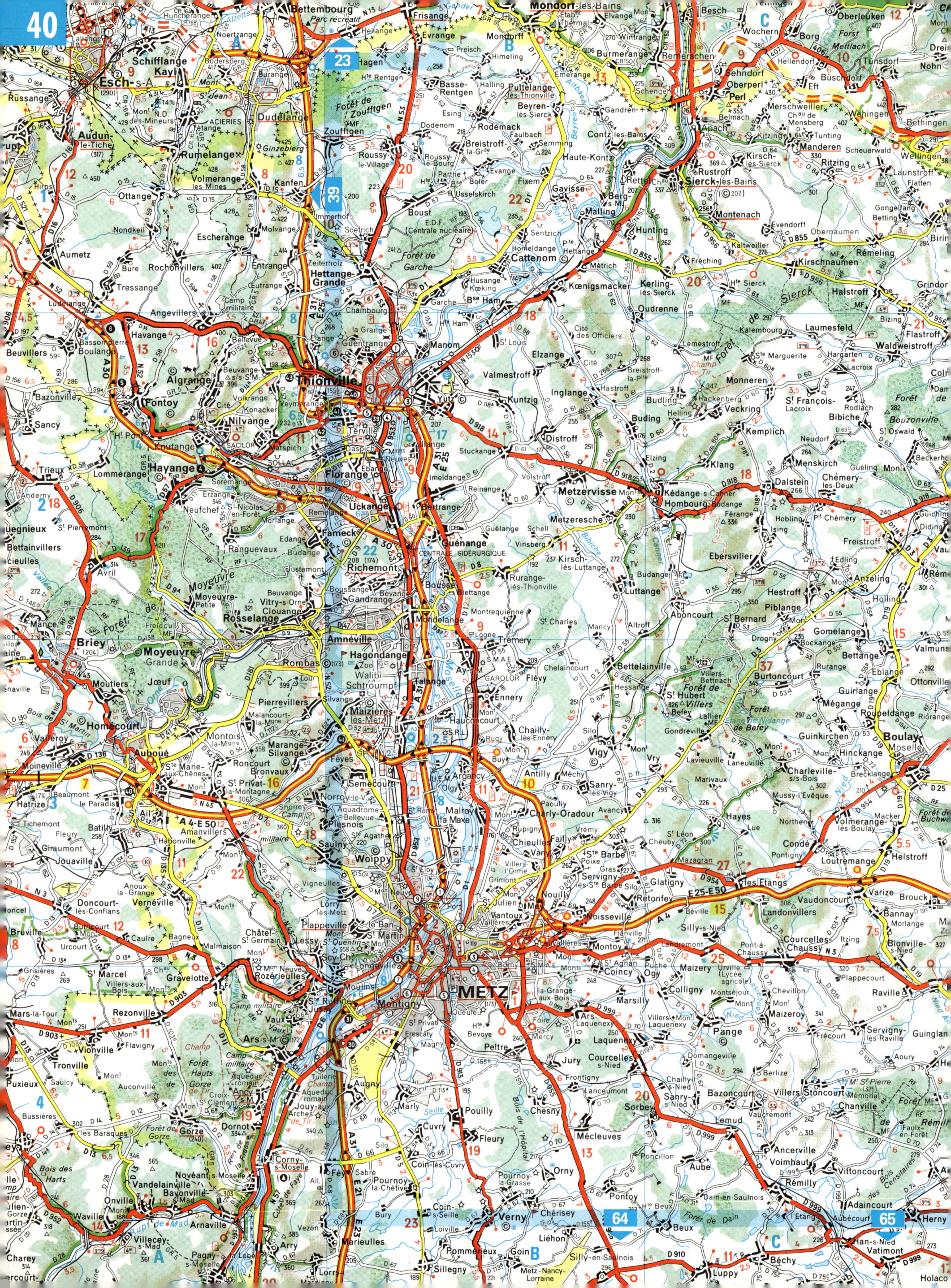
23
39
64
65
Bettembourg
Esch-s-A
Schifflange
Kayl
Dudelange
Mondorf-les-Bains
Frisange
Evrange
Hagen
Rumelange
Audun-le-Tiche
Ottange
Kanfen
Zoufftgen
Roussy-le-Village
Rodemack
Puttelange-lès-Thionville
Basse-Rentgen
Cattenom
Sierck-les-Bains
Perl
Schengen
Contz-les-Bains
Malling
Hettange-Grande
Aumetz
Tressange
Algrange
Thionville
Yutz
Kuntzig
Inglange
Elzange
Koenigsmacker
Kerling-lès-Sierck
Fontoy
Nilvange
Hayange
Florange
Uckange
Bertrange
Guénange
Metzervisse
Kédange-s-Canner
Hombourg-Budange
Dalstein
Distroff
Kemplich
Bibiche
Veckring
Lommerange
Trieux
Neufchef
Fameck
Richemont
Bousse
Luttange
Ebersviller
Piblange
Hestroff
Avril
Moyeuvre-Petite
Rosselange
Amnéville
Hagondange
Rombas
Talange
Ennery
Flévy
Briey
Moyeuvre-Grande
Joeuf
Homécourt
Auboué
Maizières-lès-Metz
Hauconcourt
Argancy
Vigy
Bettelainville
Burtoncourt
Boulay-Moselle
Charly-Oradour
Malroy
Semécourt
Norroy-le-V.
Plesnois
Saulny
Woippy
Sanry-lès-Vigy
Hayes
Condé-Northen
Jouaville
Doncourt-lès-Conflans
Vernéville
Amanvilliers
Batilly
St Privat-la-Montagne
Roncourt
Marange-Silvange
Pierrevillers
Montois-la-Montagne
Valleroy
Moineville
Hatrize
Châtel-St Germain
Lessy
Plappeville
Lorry-lès-Metz
Vantoux
Nouilly
Noisseville
Les Étangs
Vaudoncourt
Landonvillers
Varize
Bannay
Courcelles-Chaussy
Retonfey
Glatigny
Servigny
Montoy
METZ
Montigny
Longeville
Moulins
Scy-Chazelles
Rozérieulles
Gravelotte
St Marcel
Rezonville
Mars-la-Tour
Vionville
Tronville
Ars
Vaux
Jussy
Ancy
Dornot
Gorze
Novéant-s-Moselle
Vandelainville
Bayonville
Onville
Waville
Arnaville
Pagny-s-Moselle
Villecey-s-Mad
Marly
Augny
Cuvry
Coin-lès-Cuvry
Pouilly
Fleury
Peltre
Jury
Mécleuves
Chesny
Laquenexy
Courcelles-s-Nied
Ogy
Coincy
Colligny
Maizeroy
Pange
Sorbey
Sanry-s-Nied
Bazoncourt
Villers-Stoncourt
Chanville
Rémilly
Aube
Ancerville
Orny
Pontoy
Verny
Goin
Pommérieux
Sillegny
Liéhon
Silly-en-Saulnois
Béchy
Luppy
Beux
Herny
Vatimont
Fey
Marieulles
Arry
Lorry

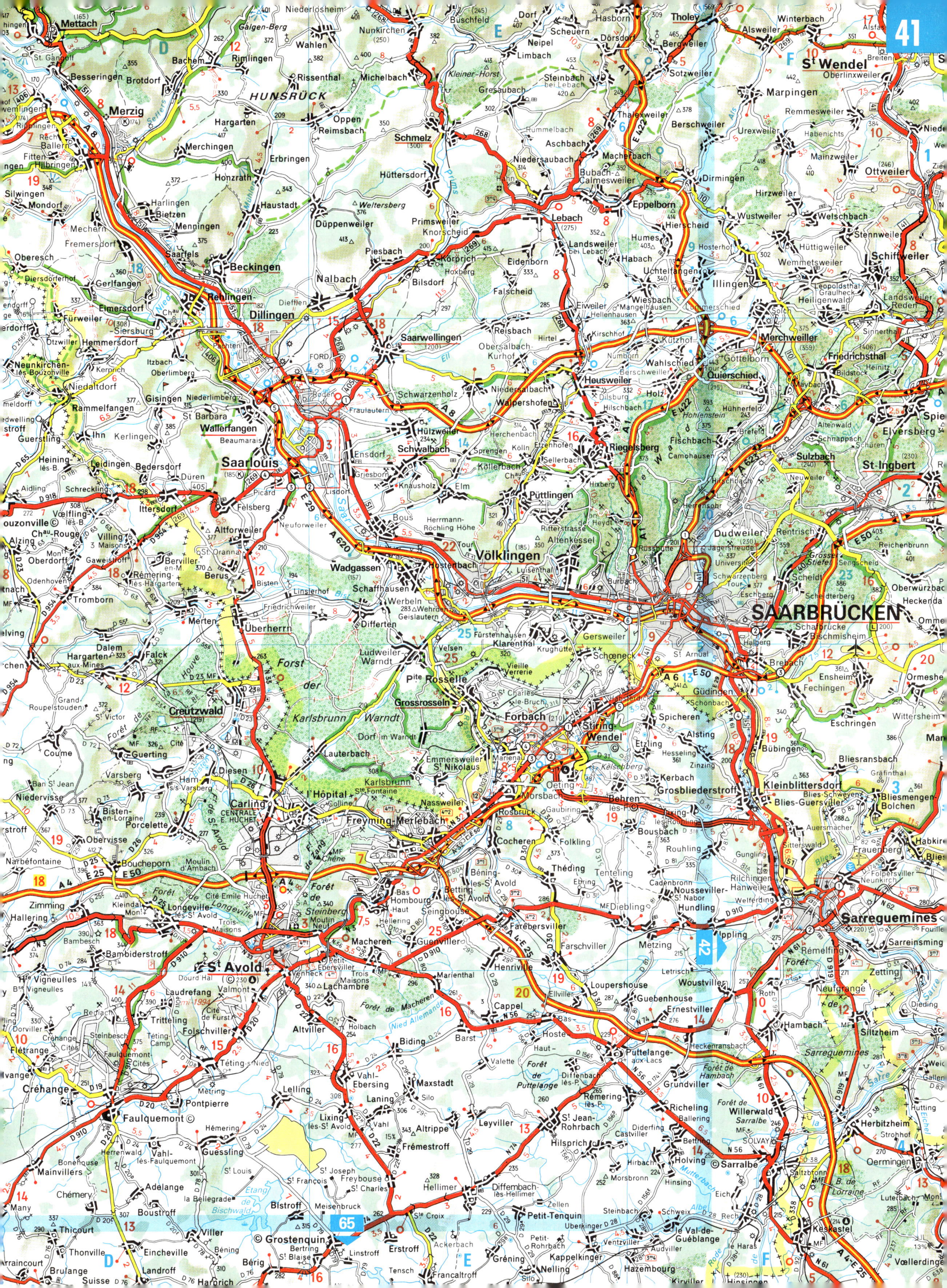
Mettach
Merzig
HUNSRÜCK
Schmelz
Lebach
Tholey
St Wendel
Marpingen
Ottweiler
Beckingen
Dillingen
Saarwellingen
Saarlouis
Wallerfangen
Schwalbach
Heusweiler
Merchweiler
Quierschied
Illingen
Friedrichsthal
Riegelsberg
Püttlingen
Völklingen
Sulzbach
St-Ingbert
Dudweiler
SAARBRÜCKEN
Wadgassen
Überherrn
Forbach
Stiring Wendel
Grossrosseln
Creutzwald
Carling
L'Hôpital
Freyming-Merlebach
Kleinblittersdorf
Grosbliederstroff
Sarreguemines
St Avold
Faulquemont
Puttelange-aux-Lacs
Sarralbe
Grostenquin
Forst der Warndt
Forêt de Puttelange
Bouzonville
Boulay
Hombourg
Farébersviller
Woustviller
Rémering-lès-Puttelange
Hambach
Sarreinsming
Bliesransbach
Bübingen
Eschringen
Fechingen
Ensheim

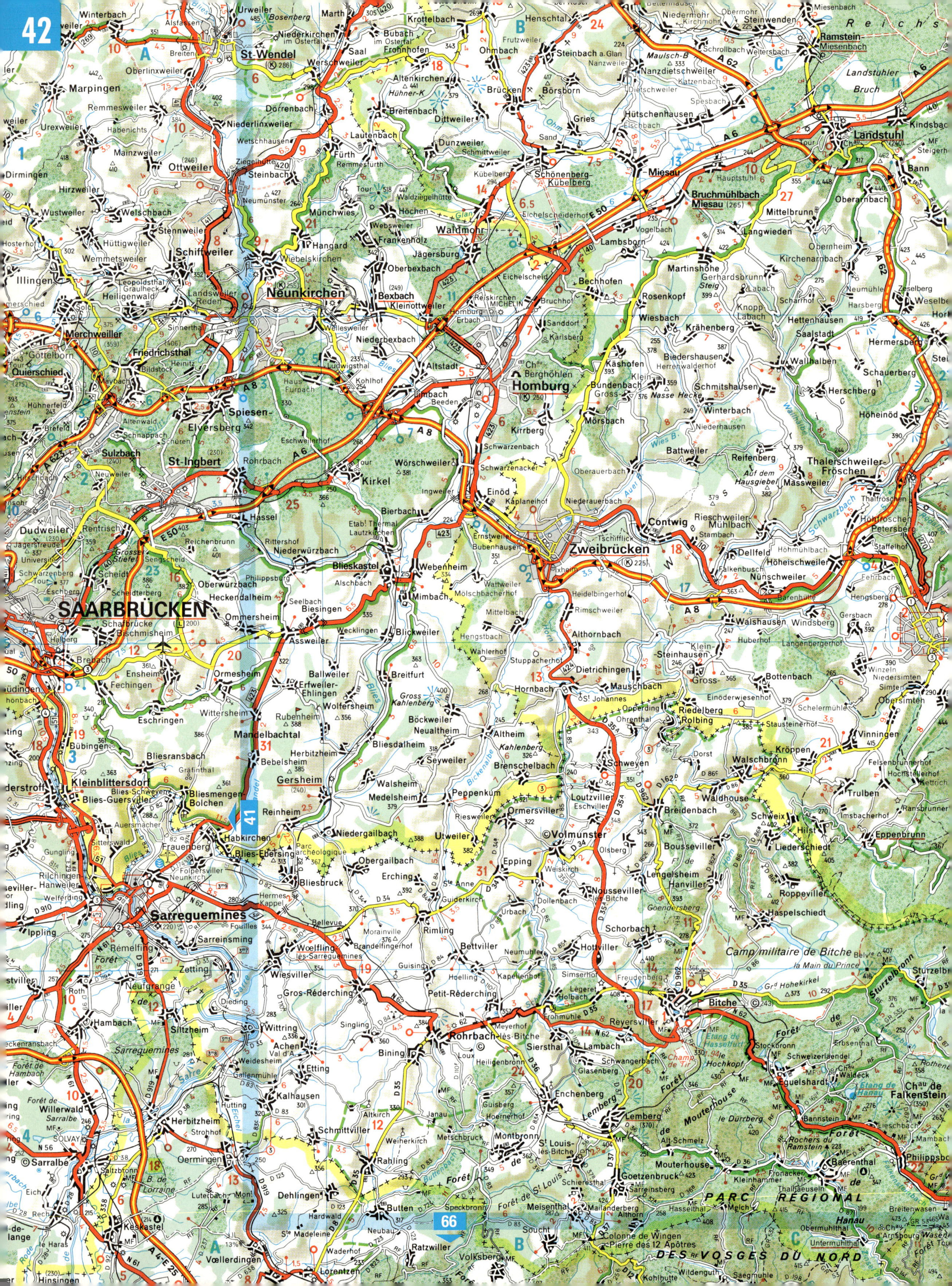
Winterbach
Urweiler
Bosenberg
Marth
Niederkirchen im Ostertal
Bubach
Saal
Krottelbach
Henschtal
Steinwenden
Miesenbach
Ramstein-Miesenbach
St Wendel
Werschweiler
Frohnhofen
Ohmbach
Steinbach a. Glan
Nanzdiefschweiler
Oberlinxweiler
Marpingen
Altenkirchen
Brücken
Börsborn
Landstuhl
Dörrenbach
Dittweiler
Remmesweiler
Urexweiler
Niederlinxweiler
Breitenbach
Gries
Hütschenhausen
Kindsbach
Habenichts
Mainzweiler
Lautenbach
Dunzweiler
Ottweiler
Fürth
Schönenberg-Kübelberg
Miesau
Bruchmühlbach Miesau
Dirmingen
Steinbach
Bann
Hirzweiler
Wustweiler
Welschbach
Münchwies
Höchen
Mittelbrunn
Oberarnbach
Stennweiler
Hangard
Frankenholz
Waldmohr
Langwieden
Hüttigweiler
Schiffweiler
Jägersburg
Lambsborn
Wemmetsweiler
Wiebelskirchen
Oberbexbach
Illingen
Heiligenwald
Neunkirchen
Bexbach
Bechhofen
Martinshöhe
Kirchenarnbach
Landsweiler Reden
Rosenkopf
Merchweiler
Wiesbach
Krähenberg
Hettenhausen
Hermersberg
Göttelborn
Friedrichsthal
Niederbexbach
Saalstadt
Quierschied
Homburg
Käshofen
Biedershausen
Schauerberg
Altstadt
Bildstock
Spiesen-Elversberg
Limbach
Schmitshausen
Herschberg
Beeden
Höheinöd
Kirrberg
Mörsbach
Winterbach
Sulzbach
St-Ingbert
Rohrbach
Wörschweiler
Battweiler
Reifenberg
Thalerschweiler-Fröschen
Kirkel
Schwarzenacker
Einöd
Massweiler
Hassel
Bierbach
Contwig
Riescchweiler-Mühlbach
Dudweiler
Rentrisch
Reichenbrunn
Rittershof
Niederwürzbach
Zweibrücken
Dellfeld
Höheischweiler
Petersberg
Blieskastel
Webenheim
Nünschweiler
Oberwürzbach
Heckendalheim
Mimbach
Scheidt
SAARBRÜCKEN
Biesingen
Ommersheim
Wecklingen
Blickweiler
Althornbach
Walshausen
Windsberg
Assweiler
Steinhausen
Brebach
Ensheim
Fechingen
Ormesheim
Ballweiler
Breitfurt
Dietrichingen
Mauschbach
Bottenbach
Erfweiler-Ehlingen
Wolfersheim
Hornbach
Obersimten
Eschringen
Wittersheim
Rubenheim
Riedelberg
Rolbing
Vinningen
Bübingen
Mandelbachtal
Böckweiler
Altheim
Bliesdalheim
Herbitzheim
Bliesransbach
Bebelsheim
Seyweiler
Brenschelbach
Schweyen
Walschbronn
Kröppen
Kleinblittersdorf
Gersheim
Walsheim
Peppenkum
Loutzviller
Trulben
Bliesmengen Bolchen
Medelsheim
Breidenbach
Waldhouse
Reinheim
Ormersviller
Volmunster
Eppenbrunn
Niedergailbach
Utweiler
Hilst
Habkirchen
Bliesbruck
Obergailbach
Epping
Bousseviller
Liederschiedt
Erching
Lengelsheim
Hanviller
Roppeviller
Sarreguemines
Rimling
Nousseviller
Haspelschiedt
Schorbach
Camp militaire de Bitche
Bettviller
Hottviller
Woelfling
Wiesviller
Gros-Réderching
Petit-Réderching
Bitche
Rohrbach-lès-Bitche
Siersthal
Lambach
Reyersviller
Stürzelbronn
Wittring
Achen
Bining
Hambach
Siltzheim
Kalhausen
Enchenberg
Lemberg
Herbitzheim
Schmittviller
Rahling
Montbronn
Mouterhouse
Philippsbourg
Sarralbe
Oermingen
Goetzenbruck
Baerenthal
Keskastel
Butten
Meisenthal
Dehlingen
Ratzwiller
Volksberg
Soucht
PARC RÉGIONAL
DES VOSGES DU NORD
Falkenstein
Vœllerdingen
Hinsingen
Lorentzen
Wildenguth
Saegmuhle
A 6
A 8
E 50
A 62
41
66

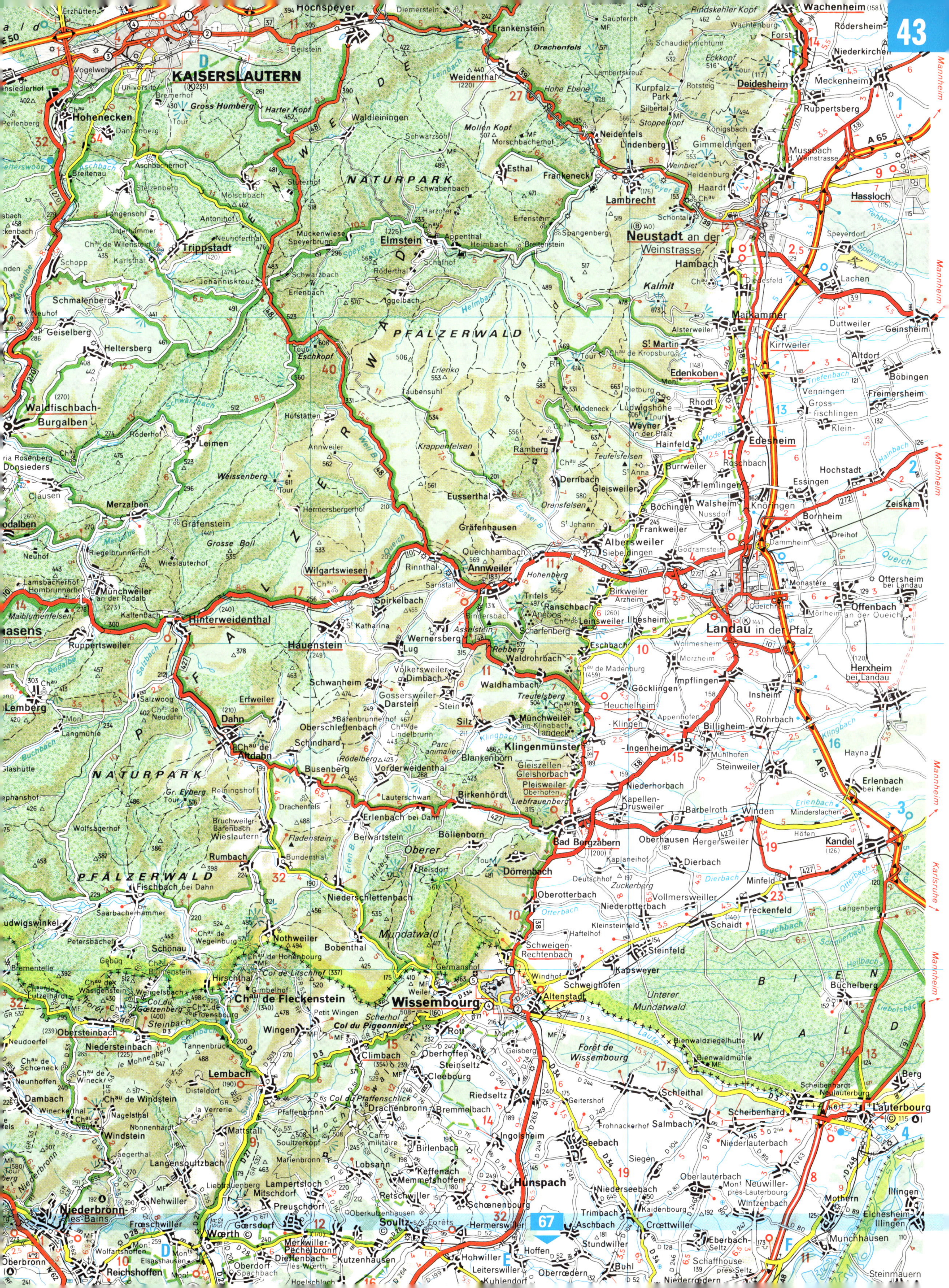
KAISERSLAUTERN
Hohenecken
Trippstadt
Schmalenberg
Heltersberg
Waldfischbach-Burgalben
Leimen
Merzalben
Münchweiler an der Rodalb
Hinterweidenthal
Lemberg
Dahn
Erfweiler
Busenberg
Rumbach
Fischbach bei Dahn
Nothweiler
Schönau
Hochspeyer
Frankenstein
Weidenthal
Elmstein
Esthal
Frankeneck
Neidenfels
Lambrecht
NATURPARK
PFÄLZERWALD
Neustadt an der Weinstrasse
Hambach
Kalmit
Deidesheim
Wachenheim
Rödersheim
Niederkirchen
Meckenheim
Ruppertsberg
Mussbach
Hassloch
Lachen
Maikammer
St. Martin
Edenkoben
Kirrweiler
Duttweiler
Geinsheim
Altdorf
Bobingen
Freimersheim
Venningen
Gross-fischlingen
Edesheim
Rhodt
Weyher in der Pfalz
Hainfeld
Ramberg
Eusserthal
Gräfenhausen
Annweiler
Wilgartswiesen
Spirkelbach
Hauenstein
Schwanheim
Albersweiler
Siebeldingen
Frankweiler
Böchingen
Walsheim
Knöringen
Flemlingen
Burrweiler
Gleisweiler
Essingen
Hochstadt
Zeiskam
Bornheim
Landau in der Pfalz
Ottersheim bei Landau
Offenbach an der Queich
Herxheim bei Landau
Birkweiler
Ilbesheim
Leinsweiler
Eschbach
Göcklingen
Impflingen
Insheim
Rohrbach
Heuchelheim
Klingen
Billigheim-Ingenheim
Steinweiler
Klingenmünster
Silz
Münchweiler am Klingbach
Waldhambach
Waldrohrbach
Gleiszellen-Gleishorbach
Pleisweiler-Oberhofen
Birkenhördt
Bad Bergzabern
Barbelroth
Winden
Hergersweiler
Dierbach
Kandel
Minfeld
Freckenfeld
Vollmersweiler
Niederotterbach
Oberotterbach
Schweigen-Rechtenbach
Dörrenbach
Böllenborn
Erlenbach bei Kandel
Hayna
Steinfeld
Kapsweyer
Schaidt
Büchelberg
BIENWALD
Wissembourg
Altenstadt
Schweighofen
Ch.au de Fleckenstein
Lembach
Obersteinbach
Niedersteinbach
Climbach
Cleebourg
Riedseltz
Schleithal
Scheibenhard
Lauterbourg
Berg
Neulauterburg
Salmbach
Seebach
Hunspach
Niederbronn-les-Bains
Woerth
Froeschwiller
Soultz-sous-Forêts
Hoffen
Aschbach
Stundwiller
Trimbach
Niederlauterbach
Oberlauterbach
Wintzenbach
Mothern
Munchhausen
Reichshoffen
Mannheim
Karlsruhe

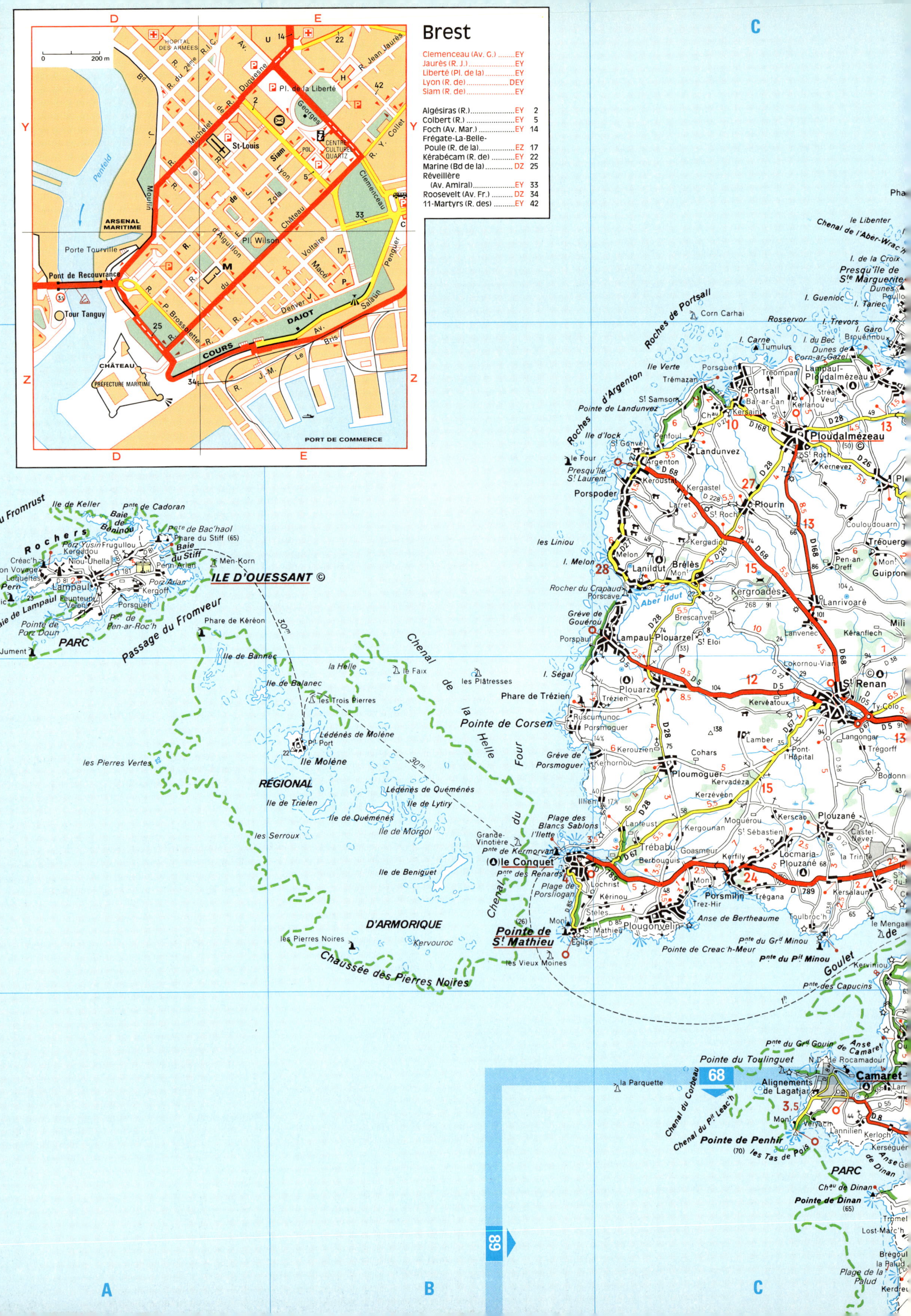

Brest
Clemenceau (Av. G.) EY
Jaurès (R. J.) EY
Liberté (Pl. de la) EY
Lyon (R. de) DEY
Siam (R. de) EY
Algésiras (R.) EY 2
Colbert (R.) EY 5
Foch (Av. Mar.) EY 14
Frégate-La-Belle-Poule (R. de la) EZ 17
Kérabécam (R. de) EY 22
Marine (Bd de la) DZ 25
Réveillère (Av. Amiral) EY 33
Roosevelt (Av. Fr.) DZ 34
11-Martyrs (R. des) EY 42
HOPITAL DES ARMÉES
Pl. de la Liberté
St-Louis
CENTRE CULTUREL QUARTZ
ARSENAL MARITIME
Penfeld
Porte Tourville
Pont de Recouvrance
Tour Tanguy
CHÂTEAU
PRÉFECTURE MARITIME
COURS DAJOT
Pl. Wilson
PORT DE COMMERCE
ILE D'OUESSANT
Passage du Fromrust
Passage du Fromveur
Ile de Keller
Lampaul
Baie de Lampaul
Phare de la Jument
Phare de Kéréon
Ile de Bannec
Ile de Balanec
Les Trois Pierres
Ledénès de Molène
Ile Molène
les Pierres Vertes
RÉGIONAL
Ile de Trielen
Ledénès de Quéménès
Ile de Quéménès
Ile de Lytiry
Ile de Morgol
les Serroux
Ile de Beniguet
D'ARMORIQUE
les Pierres Noires
Kervourouc
Chaussée des Pierres Noires
PARC
Chenal de la Helle
Chenal du Four
Pointe de Corsen
Phare de Trézien
les Plâtresses
le Faix
Roches de Portsall
Roches d'Argenton
Portsall
Ploudalmézeau
Landunvez
Argenton
Porspoder
Plourin
Lanildut
Brélès
Kergroadès
Lanrivoaré
Lampaul-Plouarzel
Plouarzel
St Renan
Ploumoguer
Trébabu
Le Conquet
Pointe de St Mathieu
Plougonvelin
Locmaria-Plouzané
Plouzané
Porsmilin
Anse de Bertheaume
Goulet
Pointe du Toulinguet
Camaret
Alignements de Lagatjar
Pointe de Penhir
les Tas de Pois
Pointe de Dinan
Presqu'île de Ste Marguerite
la Parquette
68
A
B
C

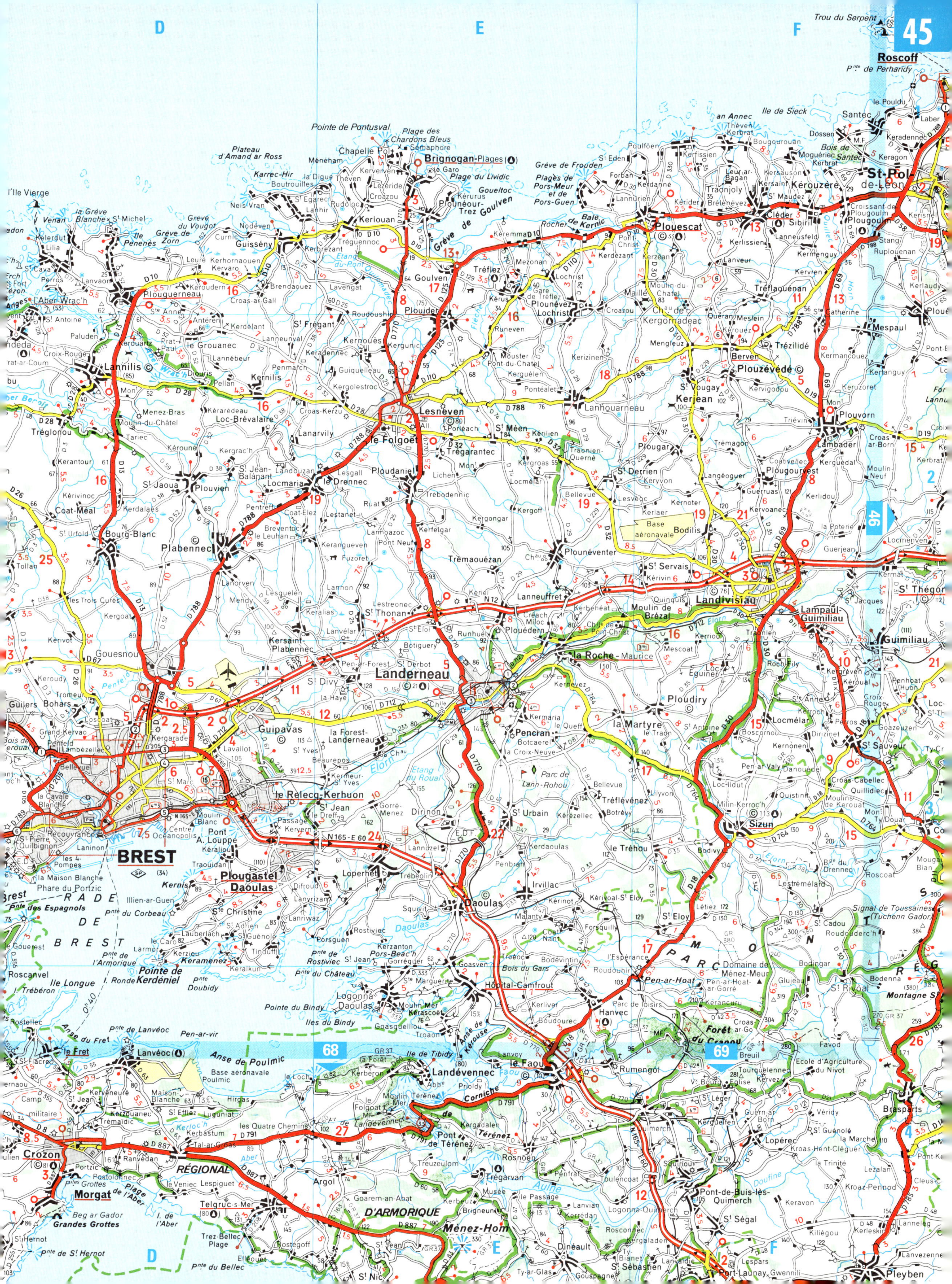

D
E
F
Trou du Serpent
Roscoff
Pte de Perharidy
Ile de Sieck
Santec
St-Pol-de-Léon
Pointe de Pontusval
Plage des Chardons Bleus
Brignogan-Plages
Plateau d'Amand ar Ross
Karrec-Hir
L'Ile Vierge
Grève de Frouden
Plages de Pors-Meur et de Pors-Guen
Baie de Kernic
Plouescat
Cléder
Sibiril
Kérouzéré
Plougoulm
Lilia
Kerlouan
Guissény
Plounéour-Trez
Grève de Goulven
Goulven
Tréflez
Plouider
Plounévez-Lochrist
Plouguerneau
L'Aber-Wrac'h
Lannilis
Kernilis
Lesneven
Le Folgoët
St Méen
Lanhouarneau
Plouzévédé
Berven
Mespaul
Plouvorn
St Vougay
Kerjean
Plougar
Lambader
Tréglonou
Loc-Brévalaire
Plouvien
St Jaoua
Locmaria
Le Drennec
Ploudaniel
Trégarantec
St Derrien
Bodilis
Plougourvest
Guerlesquin
Coat-Méal
Bourg-Blanc
Plabennec
Kersaint-Plabennec
St Thonan
Plounéventer
Landivisiau
Lampaul-Guimiliau
Guimiliau
St Thégonnec
Lanneuffret
Ploudern
La Roche-Maurice
Moulin de Brézal
St Servais
Gouesnou
Guilers
Bohars
St Divy
Landerneau
La Forest-Landerneau
Guipavas
Pencran
Ploudiry
Loc-Eguiner
La Martyre
Locmélar
Sizun
St Sauveur
Le Relecq-Kerhuon
St Marc
BREST
Rade de Brest
Plougastel-Daoulas
Dirinon
St Urbain
Tréflévénez
Le Tréhou
Irvillac
Daoulas
Loperhet
Logonna-Daoulas
Hôpital-Camfrout
Hanvec
St Eloy
Pen-ar-Hoat
Parc Régional d'Armorique
Forêt du Cranou
Domaine de Ménez-Meur
Pte des Espagnols
Pte du Corbeau
Roscanvel
Ile Longue
Pointe de Kerdéniel
Lanvéoc
Le Fret
Anse de Poulmic
Base aéronavale
Landévennec
Le Faou
Rumengol
Brasparts
Crozon
Morgat
Telgruc-s-Mer
Argol
Ménez-Hom
Dinéault
St Ségal
Pont-de-Buis-lès-Quimerch
Port-Launay
Pleyben
St Nic
Pte de Dinan
68
69
46

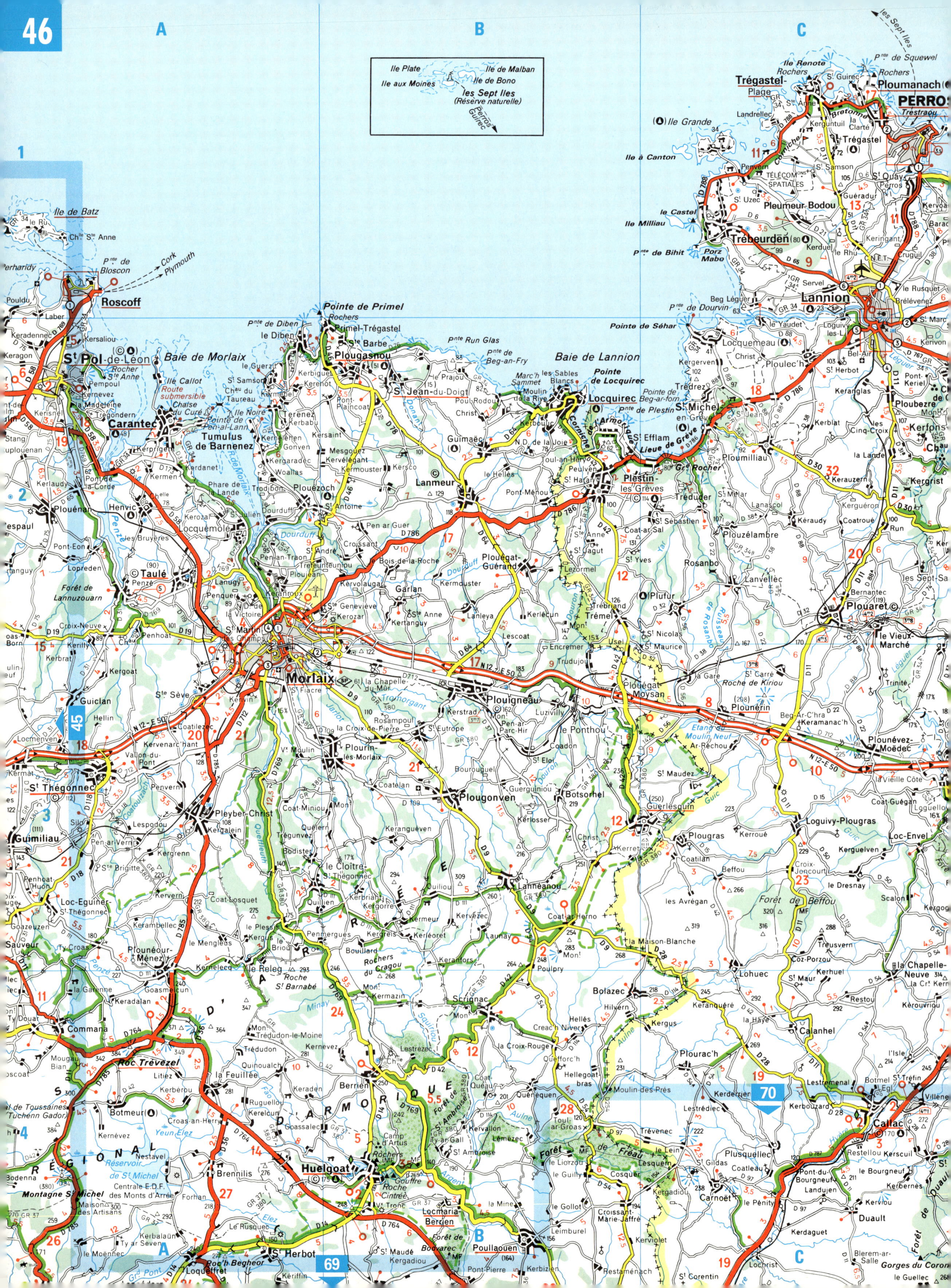
A
B
C
Ile Plate
Ile de Malban
Ile aux Moines
Ile de Bono
les Sept Iles
(Réserve naturelle)
Trégastel-Plage
Ploumanach
PERROS
Ile Grande
Ile à Canton
Ile de Batz
Roscoff
Pointe de Primel
Baie de Morlaix
Baie de Lannion
Plougasnou
St Jean-du-Doigt
Locquirec
Trébeurden
Pleumeur-Bodou
Lannion
Trégastel
Ploubezre
St Pol-de-Léon
Carantec
Tumulus de Barnenez
Plouézoch
Lanmeur
Plestin-les-Grèves
St Michel-en-Grève
Lieue de Grève
Taulé
Morlaix
Plouigneau
Plouégat-Guérand
Plouaret
Le Vieux-Marché
Plounérin
Plouégat-Moysan
Plounévez-Moëdec
St Thégonnec
Guimiliau
Guiclan
Pleyber-Christ
Plourin-lès-Morlaix
Plougonven
Botsorhel
Guerlesquin
Loguivy-Plougras
Plougras
Lanvellec
Plufur
Tréduder
Le Cloître-St-Thégonnec
Lannéanou
Forêt de Beffou
Plounéour-Ménez
Commana
Roc Trévezel
Scrignac
Bolazec
Berrien
Callac
Huelgoat
Poullaouen
Locmaria-Berrien
Carnoët
Duault
Botmeur
Brennilis
Loqueffret
St Herbot
Monts d'Arrée
Montagne St Michel
45
70
69
1
2
3
4

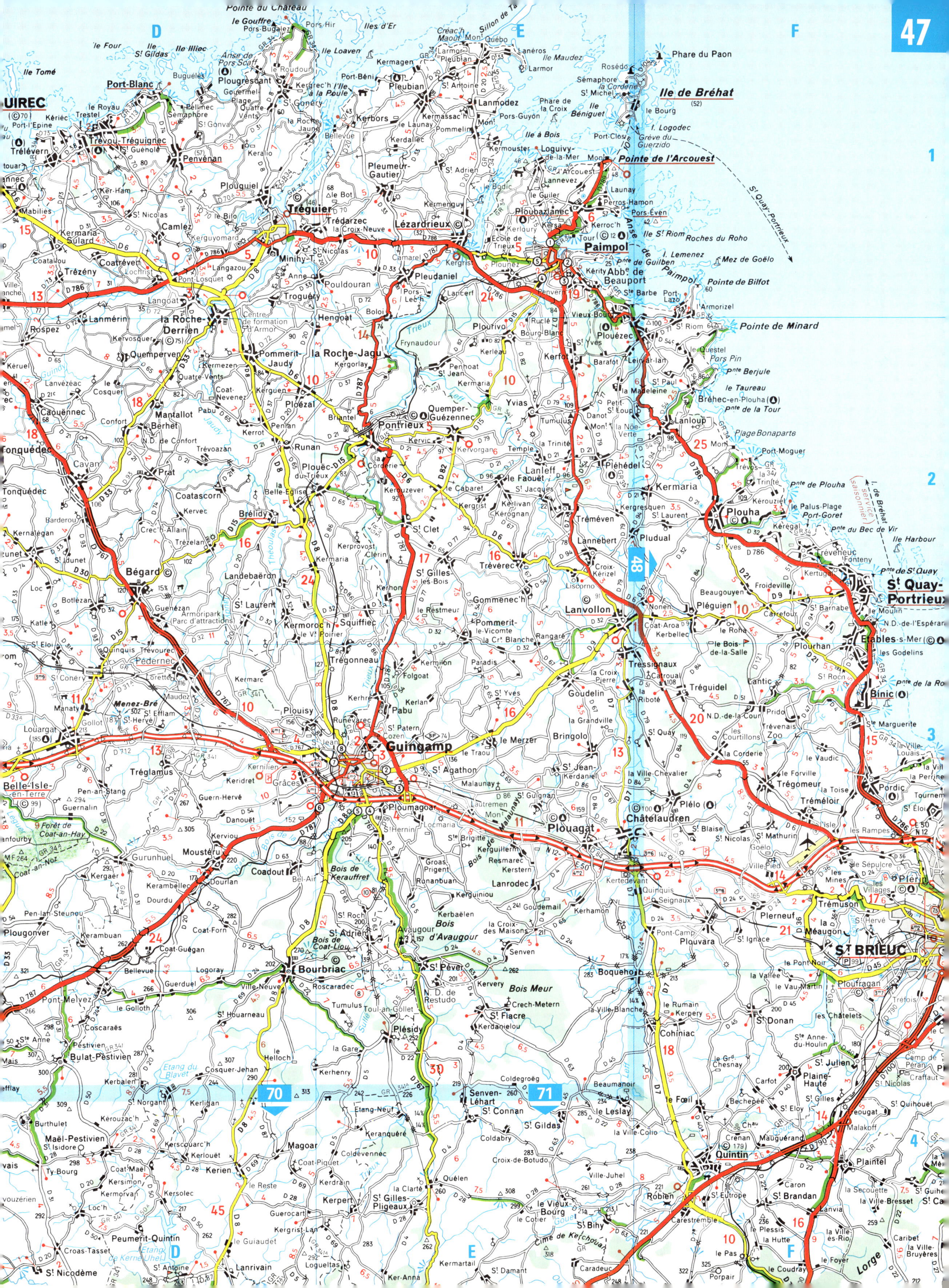
D
E
F
1
2
3
4
Pointe du Château
le Gouffre
Pors-Bugalez
Iles d'Er
Ile Loaven
Ile Tomé
le Four
St Gildas
Ile Illiec
Port-Blanc
UIREC
Trévou-Tréguignec
Trélévern
Penvénan
Plougrescant
Buguélès
Kermagen
Pleubian
Lanmodez
Kerbors
Larmor
Loguivy-de-la-Mer
Phare du Paon
Ile de Bréhat
Pointe de l'Arcouest
Paimpol
Pleumeur-Gautier
Lézardrieux
Tréguier
Camlez
Plouguiel
Minihy-Tréguier
Langoat
Trédarzec
Pouldouran
Troguéry
Pleudaniel
Ploubazlanec
Kermaria-Sulard
Coatréven
Trézény
Hengoat
la Roche-Derrien
Pommerit-Jaudy
La Roche-Jagu
Lanmérin
Rospez
Quemperven
Caouënnec
Mantallot
Berhet
Tonquédec
Cavan
Prat
Coatascorn
Brélidy
Pontrieux
Quemper-Guézennec
Plouëc-du-Trieux
Runan
Plouézec
Kerfot
Yvias
Lanloup
Plouha
Kermaria
Pléhédel
Lanleff
le Faouët
St Clet
Bégard
Landebaëron
St Laurent
Squiffiec
Kermoroc'h
Trégonneau
Trévérec
Gommenec'h
Pommerit-le-Vicomte
Lanvollon
Tréméven
Pludual
Pléguien
St Quay-Portrieux
Etables-s-Mer
Binic
Tressignaux
Tréguidel
Goudelin
Bringolo
Pabu
Guingamp
Plouisy
Pédernec
Louargat
Menez-Bré
Belle-Isle-en-Terre
Tréglamus
Grâces
Ploumagoar
Plouagat
Châtelaudren
Plélo
Trégomeur
Tréméloir
Pordic
Moustéru
Coadout
Gurunhuel
Bourbriac
St Adrien
Avaugour
Bois d'Avaugour
St Pever
Lanrodec
Boqueho
Plouvara
Tréfuson
Pléring
St BRIEUC
Ploufragan
Plougonver
Pont-Melvez
Bulat-Pestivien
Maël-Pestivien
Plésidy
Senven-Léhart
St Connan
St Gildas
Quintin
Le Foeil
Cohiniac
St Donan
Plaine-Haute
St Brandan
Magoar
Kerpert
St Gilles-Pligeaux
Le Vieux-Bourg
St Bihy
Le Leslay
Peumerit-Quintin
St Nicodème
Lanrivain
Kerien
Canihuel
Lorge
70
71
48

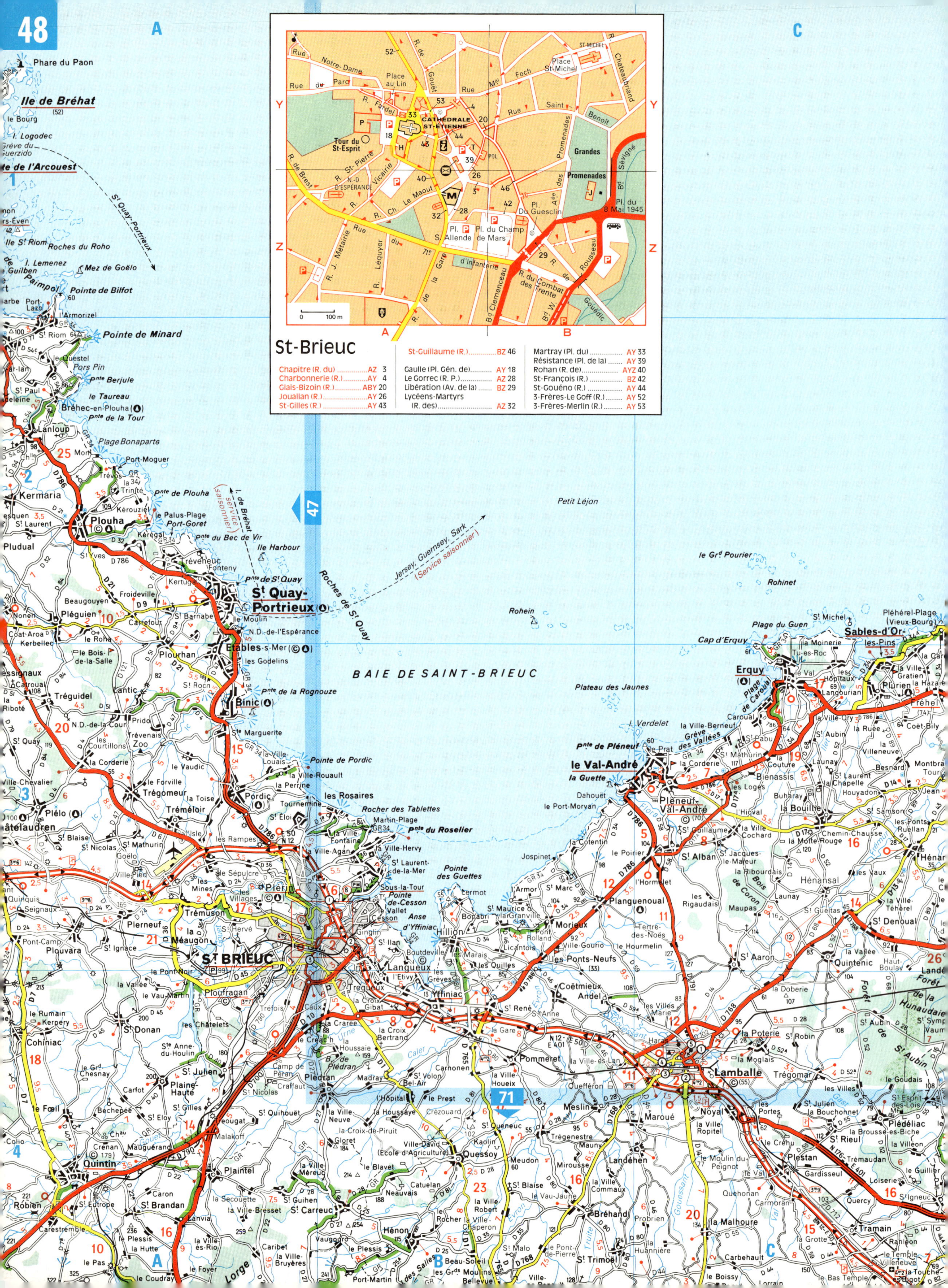
St-Brieuc
Chapitre (R. du) AZ 3
Charbonnerie (R.) AY 4
Glais-Bizoin (R.) ABY 20
Jouallan (R.) AY 26
St-Gilles (R.) AY 43
St-Guillaume (R.) BZ 46
Gaulle (Pl. Gén. de) AY 18
Le Gorrec (R. P.) AZ 28
Libération (Av. de la) BZ 29
Lycéens-Martyrs (R. des) AZ 32
Martray (Pl. du) AY 33
Résistance (Pl. de la) AY 39
Rohan (R. de) AYZ 40
St-François (R.) BZ 42
St-Gouéno (R.) AY 44
3-Frères-Le Goff (R.) AY 52
3-Frères-Merlin (R.) AY 53
CATHÉDRALE ST-ÉTIENNE
Tour du St-Esprit
Grandes Promenades
Pl. du Champ de Mars
Pl. Du Guesclin
Phare du Paon
Ile de Bréhat
Pointe de l'Arcouest
Paimpol
Pointe de Bilfot
Pointe de Minard
Lanloup
Plouha
Kermaria
St-Quay-Portrieux
Etables-s-Mer
Binic
Roches de St-Quay
Jersey, Guernsey, Sark (Service saisonnier)
BAIE DE SAINT-BRIEUC
Petit Léjon
Rohinet
Rohein
Plateau des Jaunes
Pointe de Pordic
Pordic
Les Rosaires
Pointe du Roselier
Pointe des Guettes
Pointe de Cesson
Plérin
St-Brieuc
Langueux
Yffiniac
Hillion
Ploufragan
Trégueux
Plédran
Quintin
Erquy
Sables-d'Or-les-Pins
Cap d'Erquy
le Val-André
Pléneuf-Val-André
Lamballe
Planguenoual
St-Alban
Hénansal
Plestan
Noyal
Pommeret
Quessoy
Moncontour
Plaintel
Tréguidel
Plélo
Châtelaudren
Trémuson
Plerneuf
Pointe de Pléneuf
le Gd Pourier
Plage du Guen
Fréhel
Plurien
Hénon
Trégomar
Landéhen
Maroué

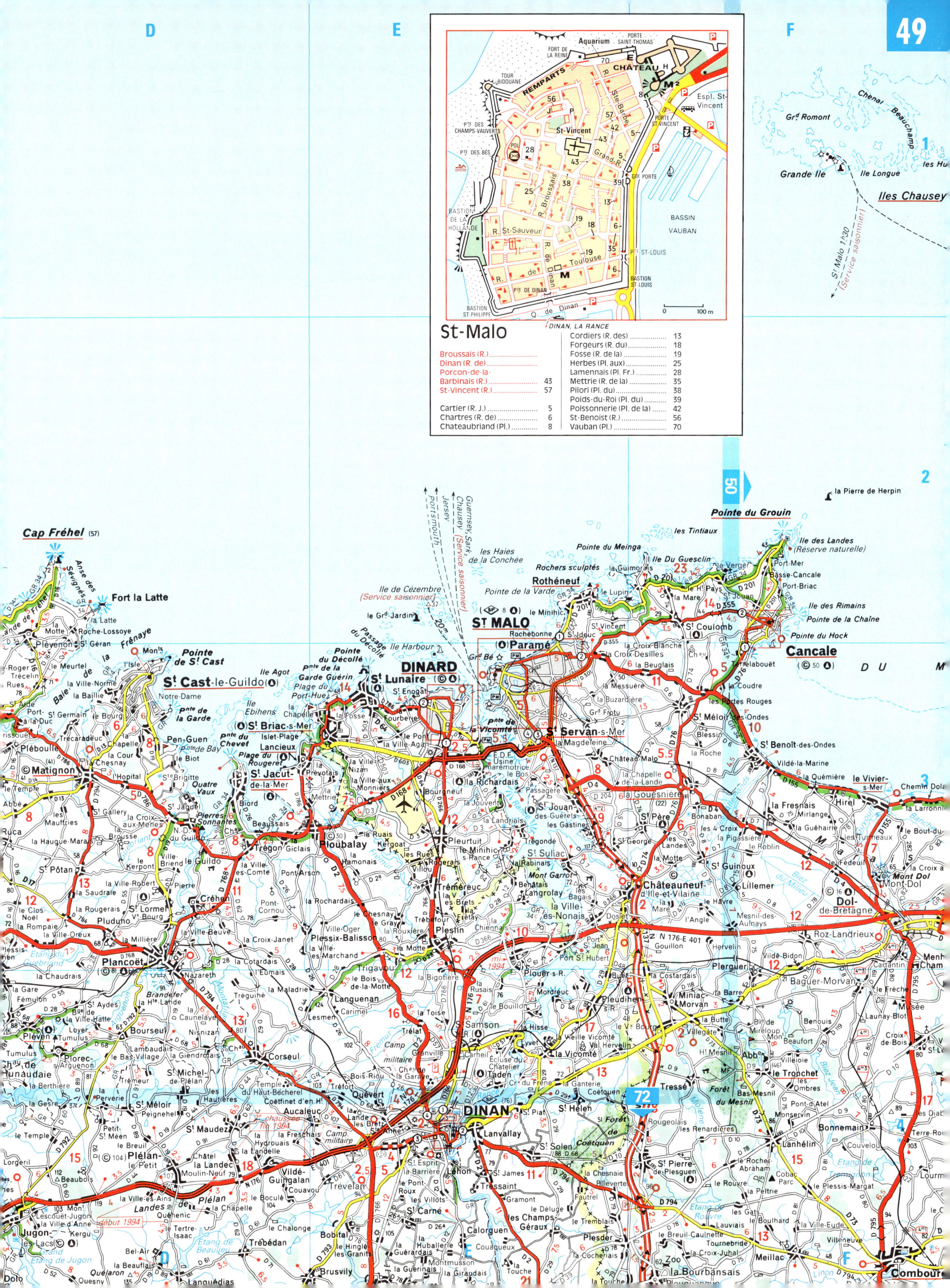
St-Malo
Aquarium
PORTE SAINT-THOMAS
FORT DE LA REINE
CHATEAU
REMPARTS
TOUR BIDOUANE
St-Vincent
Grand-R.
R. St-Sauveur
R. Broussais
BASSIN VAUBAN
BASTION DE LA HOLLANDE
BASTION ST-PHILIPPE
BASTION ST-LOUIS
PTE ST-LOUIS
PTE DE DINAN
Q. de Dinan
DINAN, LA RANCE
Broussais (R.)
Dinan (R. de)
Porcon-de-la-Barbinais (R.) 43
St-Vincent (R.) 57
Cartier (R. J.) 5
Chartres (R. de) 6
Chateaubriand (Pl.) 8
Cordiers (R. des) 13
Forgeurs (R. du) 18
Fosse (R. de la) 19
Herbes (Pl. aux) 25
Lamennais (Pl. Fr.) 28
Mettrie (R. de la) 35
Pilori (Pl. du) 38
Poids-du-Roi (Pl. du) 39
Poissonnerie (Pl. de la) 42
St-Benoist (R.) 56
Vauban (Pl.) 70
Iles Chausey
Grande Ile
St Malo 1h30 (Service saisonnier)
Cap Fréhel
Fort la Latte
St Cast-le-Guildo
DINARD
ST MALO
Paramé
St Lunaire
St Briac-s-Mer
Rothéneuf
Pointe du Grouin
Cancale
St Servan-s-Mer
Matignon
Ploubalay
Pleurtuit
Châteauneuf-d'Ille-et-Vilaine
Dol-de-Bretagne
Plancoët
Pleslin
Plouër-s-R.
Miniac-Morvan
Pleudihen-s-R.
DINAN
Lanvallay
Jugon-les-Lacs
Combourg
Guernsey, Sark, Chausey (Service saisonnier)
Jersey
Portsmouth

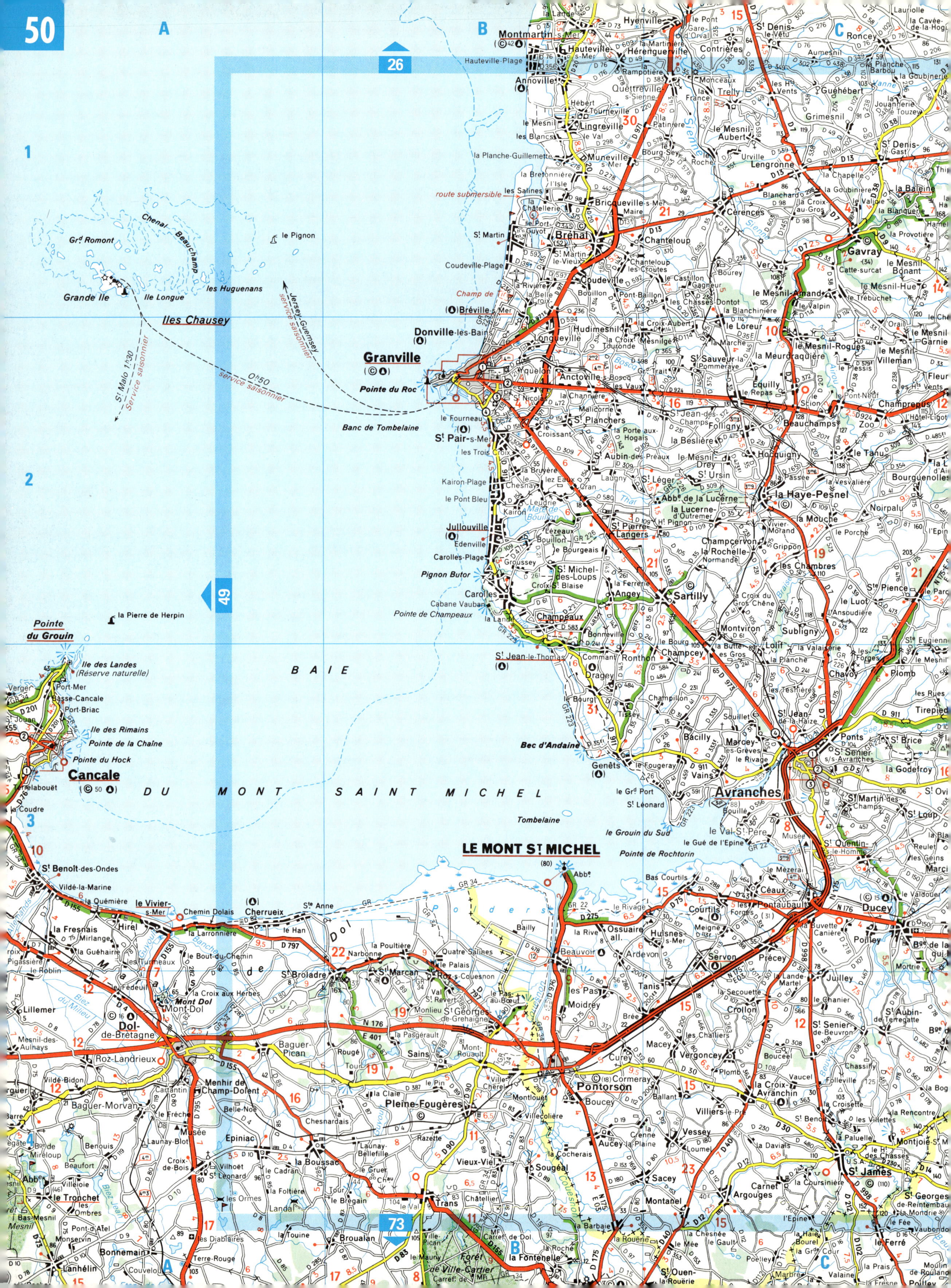
A
B
C
26
49
73
1
2
3
4
Hyenville
Montmartin-s-Mer
Hauteville-Plage
Hauteville-s-Mer
Hérenguerville
Annoville
Contrières
Quettreville-s-Sienne
St Denis-le-Vêtu
Roncey
Guéhébert
Trelly
Hébert
Tourneville
Lingreville
le Mesnil-Aubert
Grimesnil
les Blancs
la Planche-Guillemette
Muneville-s-Mer
Bourg-Sey
Urville
Lengronne
St Denis-le-Gast
la Bretonnière
l'Isle
les Salines
route submersible
la Châtellerie
Bricqueville-s-Mer
Maire
Blanchard
la Croix-au-Gros
la Goubinière
la Baleine
la Blanquerie
Cérences
St Martin
Bréhal
Chanteloup
le Port
Guyot
Gavray
Catte-surcat
le Mesnil-Bonant
St Martin-le-Vieux
Coudeville-Plage
Coudeville
le Castillon
Bourey
Ver
le Mesnil-Amand
le Mesnil-Hue
le Trébuchet
Champ de Tir
Bréville-s-Mer
la Rivière
Bouillon
Pont-Baillon
les Chasses-Dontot
la Blanchinière
le Valpin
Grand Ile
Gr.d Romont
Chenal
Beauchamp
le Pignon
Ile Longue
les Huguenans
Iles Chausey
Jersey-Guernesey service saisonnier
St Malo 1h30 Service saisonnier
0h50 service saisonnier
Donville-les-Bains
Longueville
Hudimesnil
la Croix-Aubert
le Loreur
la Marche
le Mesnil-Rogues
le Mesnil-Villeman
la Meurdraquière
Granville
Pointe du Roc
Yquelon
Anctoville-s-Boscq
les Vaux
St Sauveur-la-Pommeraye
Equilly
le Repas
le Fourneau
Banc de Tombelaine
St Pair-s-Mer
les Trois Croix
Malicorne
St Planchers
la Porte aux Hogais
St Jean-des-Champs
Folligny
la Beslière
Hocquigny
Beauchamps
Champrepus
Zoo
le Tanu
Kairon-Plage
le Pont Bleu
Kairon
St Aubin-des-Préaux
le Mesnil-Drey
St Ursin
St Léger
Abbé de la Lucerne
la Lucerne-d'Outremer
la Haye-Pesnel
la Mouche
Noirpalu
Bourguenolles
Jullouville
Edenville
Carolles-Plage
Pignon Butor
St Pierre-Langers
Champcervon
la Rochelle-Normande
Grippon
les Chambres
Ste Pience
St Michel-des-Loups
Croix St Blaise
Angey
Sartilly
Carolles
Cabane Vauban
Pointe de Champeaux
Champeaux
Bonneville
Montviron
Subligny
la Croix du Gros Chêne
le Luot
l'Ansoudière
Pointe du Grouin
la Pierre de Herpin
Ile des Landes (Réserve naturelle)
BAIE
DU MONT SAINT MICHEL
St Jean-le-Thomas
Dragey
Ronthon
Champcey
Lolif
la Butte des Gros
la Planche
Chavoy
Plomb
Port-Mer
Basse-Cancale
Port-Briac
Ile des Rimains
Pointe de la Chaîne
Pointe du Hock
Cancale
le Bourg
Tissey
Champillon
Bacilly
Marcey-les-Grèves
St Jean-de-la-Haize
Ponts
St Brice
St Senier s/s-Avranches
la Godefroy
Bec d'Andaine
Genêts
le Fougeray
Vains
Avranches
le Grd Port
St Léonard
Tombelaine
le Grouin du Sud
Pointe de Rochtorin
le Val-St Père
St Martin-des-Champs
St Loup
St Quentin-s-le-Homme
LE MONT ST MICHEL
la Coudre
St Benoît-des-Ondes
Vildé-la-Marine
la Quémière
le Vivier-s-Mer
Chemin Dolais
Cherrueix
Ste Anne
Céaux
Courtils
Pontaubault
Ducey
Poilley
la Fresnais
Hirel
Mirlange
la Guéhairie
la Larronnière
le Han
Dol
la Poultière
Quatre Salines
le Bout-du-Chemin
Narbonne
les Palais
le Palais
Bailly
la Rive
Beauvoir
Ossuaire
Huisnes-s-Mer
Ardevon
Servon
Précey
Juilley
le Roblin
St Broladre
St Marcan
Roz-s-Couesnon
Lillemer
la Croix aux Herbes
Mont Dol
Dol-de-Bretagne
St Georges-de-Gréhaigne
les Pas
Moidrey
Tanis
la Lande Martel
Crollon
le Ghanier
St Aubin-de-Terregatte
Mesnil-des-Aulnays
Roz-Landrieux
Baguer-Pican
Sains
la Pasgeault
Mont-Rouault
Curey
Macey
les Challiers
St Senier-de-Beuvron
Vergoncey
Pontorson
Cormeray
Boucey
Ballant
Vildé-Bidon
Baguer-Morvan
Menhir de Champ-Dolent
Pleine-Fougères
la Claie
Montlouet
Villecolière
la Croix-Avranchin
Chesnardais
Epiniac
la Boussac
Razette
Vieux-Viel
Sougéal
Aucey-la-Plaine
Vessey
Villiers
la Palluelle
Montjoie-St Martin
St James
Carnet
Argouges
Sacey
Montanel
St Georges-de-Reintembault
le Tronchet
Bonnemain
Lanhélin
les Ormes
Landal
Broualan
Trans
Châtellier
Forêt de Ville-Cartier
la Fontenelle
la Barbaie
la Rouërie
la Chesnée
le Mée
l'Épine
le Ferré
Poilley
St Ouen-la-Rouërie
Marcé
Valaine

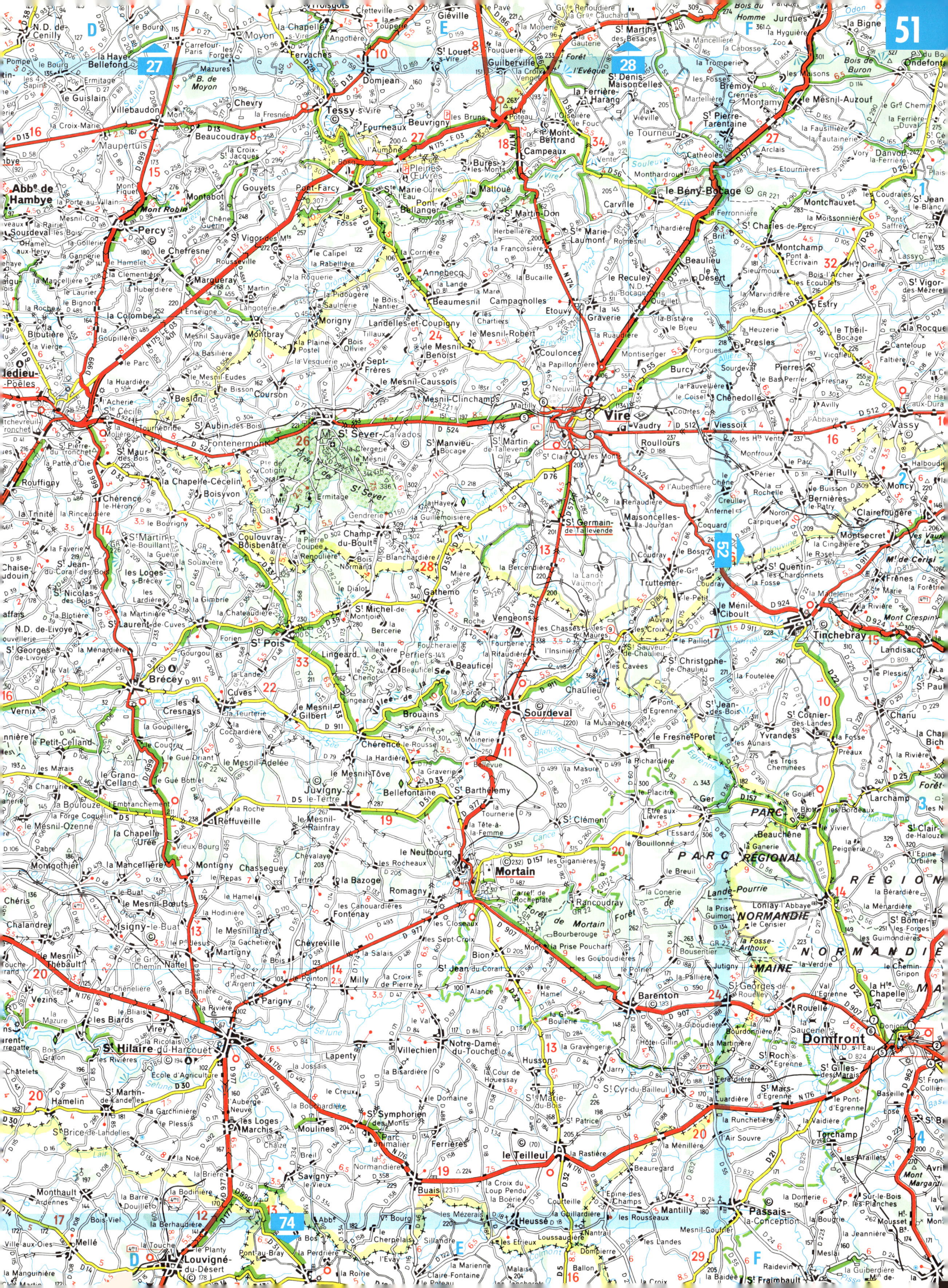

D
E
F
27
28
52
74
Tessy-s-Vire
Guilberville
St Martin des Besaces
Percy
Le Bény-Bocage
Pont-Farcy
Villebaudon
Beaucoudray
Gouvets
Montabot
St Denis-Maisoncelles
St Pierre-Tarentaine
Jurques
Ondefontaine
Montchauvet
St Charles-de-Percy
Beaulieu
Le Désert
Estry
Presles
Burcy
Chênedollé
Vire
Vaudry
Roullours
Viessoix
Vassy
St Sever-Calvados
Fontenermont
St Aubin-des-Bois
Beslon
St Manvieu-Bocage
St Martin-de-Tallevende
St Germain-de-Tallevende
Landelles-et-Coupigny
Mesnil-Clinchamps
Coulonces
La Graverie
Campeaux
Mont-Bertrand
Beaumesnil
Campagnolles
Morigny
Montbray
Margueray
Le Chefresne
Rouffigny
La Chapelle-Cécelin
Boisyvon
Coulouvray-Boisbenâtre
St Pois
Gathemo
Vengeons
St Michel-de-Montjoie
Perriers-en-Beauficel
Beauficel
Sourdeval
Chaulieu
Truttemer-le-Gd
Tinchebray
Montsecret
Clairefougère
Moncy
Rully
Brécey
Cuves
Les Cresnays
Le Mesnil-Gilbert
Chérencé-le-Roussel
Brouains
Le Mesnil-Tôve
Juvigny-le-Tertre
Reffuveille
Bellefontaine
St Barthélemy
Mortain
St Clément
Le Neufbourg
Romagny
Fontenay
Forêt de Mortain
Parc Régional Normandie Maine
Lonlay-l'Abbaye
Domfront
Barenton
St Georges-de-Rouelle
Rouellé
Le Teilleul
St Hilaire-du-Harcouët
Isigny-le-Buat
Chèvreville
Parigny
Milly
St Jean-du-Corail
Notre-Dame-du-Touchet
Villechien
Husson
St Cyr-du-Bailleul
St Symphorien-des-Monts
Moulines
Ferrières
Buais
Savigny-le-Vieux
Louvigné-du-Désert
Heussé
Passais-la-Conception
Mantilly
St Mars-d'Egrenne
St Gilles-des-Marais
Torchamp
Vezins
Les Biards
Virey
Hamelin
Monthault
Mellé
Villedieu-les-Poêles
Abbe de Hambye
Gavray

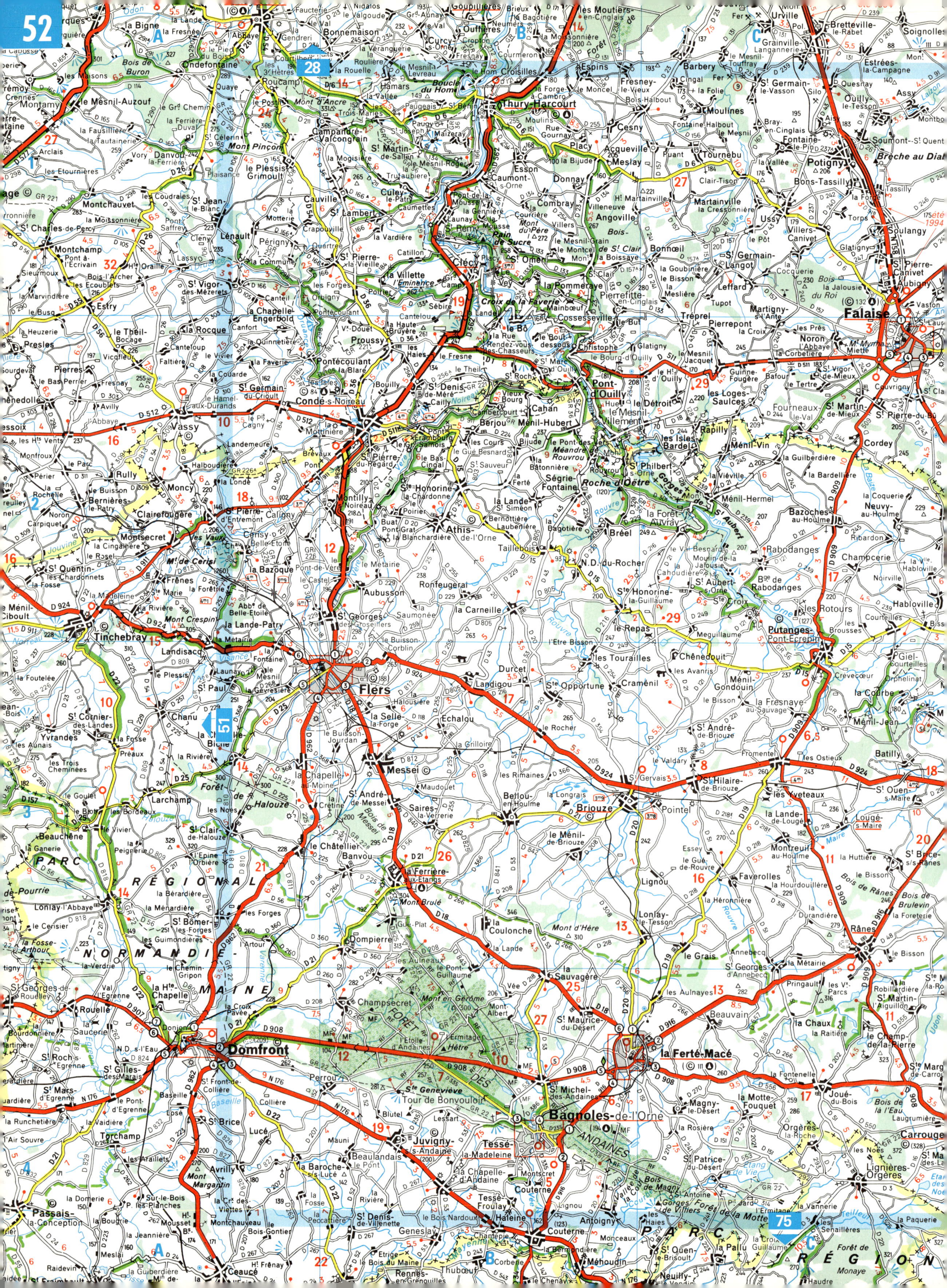

Thury-Harcourt
Falaise
Condé-s-Noireau
Vassy
Tinchebray
Flers
Messei
Briouze
Putanges-Pont-Ecrepin
Domfront
la Ferté-Macé
Bagnoles-de-l'Orne
Juvigny-s-Andaine
Passais-la-Conception
Couterne
Rânes
Clécy
Pont-d'Ouilly
Athis-de-l'Orne
Potigny
Ceaucé
Roche d'Oëtre
Mont Pinçon
Forêt de Halouze
Forêt des Andaines
PARC RÉGIONAL NORMANDIE-MAINE
28
51
75

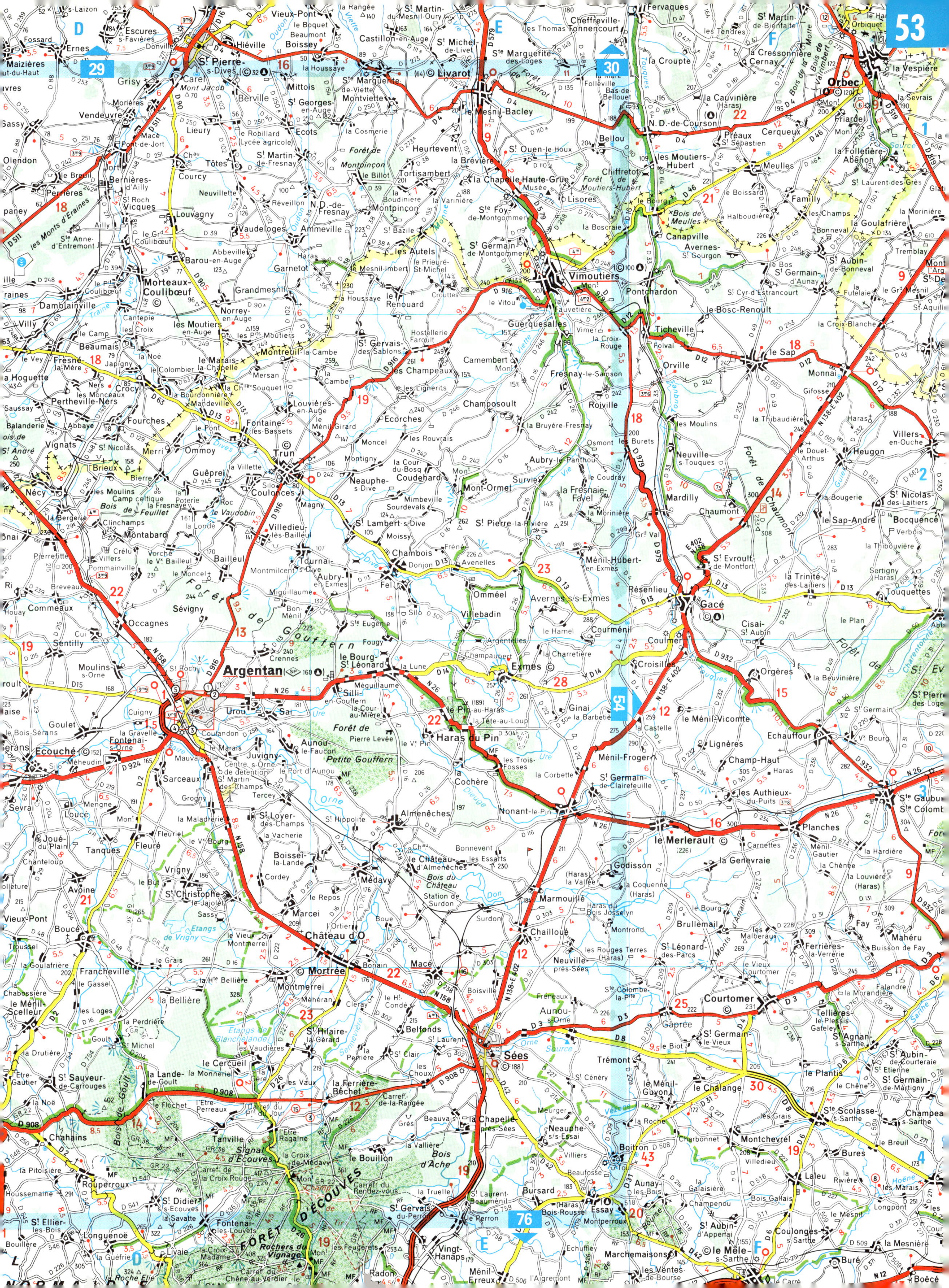
D
E
F
29
30
54
76
St Pierre-s-Dives
Livarot
Orbec
la Vespière
Vimoutiers
le Sap
Ticheville
Trun
Chambois
Exmes
Gacé
Argentan
Écouché
Haras du Pin
Nonant-le-Pin
le Merlerault
Mortrée
Sées
Courtomer
Essay
le Mêle-s-Sarthe
Forêt de Gouffern
Forêt d'Écouves
Forêt de Chaumont
Mont-Ormel
Camembert
Croisilles
Orgères
Échauffour
Montabard
Occagnes
Morteaux-Coulibœuf
Château d'O
Almenêches
Médavy
Marmouillé
Chailloué
Macé
Tanville
Fontenai-les-Louvets
Bursard
Aunay-les-Bois
Marchemaisons
Laleu
Montchevrel
St Aubin-d'Appenai
Cerqueux
Family
Heugon
Monnai
Vieux-Pont
Mittois
Boissey
Écots
Louvagny
Montpinçon
St Germain-de-Montgommery
Guerquesalles
Fresnay-le-Samson
Champosoult
Coudehard
Neauphe-s-Dive
Villedieu-lès-Bailleul
Bailleul
Sévigny
Fel
Ommoy
Ginai
St Evroult-de-Montfort
Resenlieu
Mardilly
Chaumont
Champ-Haut
Planches
Godisson
Brullemail
Neuville-près-Sées
Gâprée
Trémont
le Chalange
Boitron
la Chapelle-près-Sées
Vingt-Hanaps
Radon
Larré
Boëcé
Buré
Longuenoë
Rouperroux
Chahains
Goulet
Sarceaux
Fleuré
Tanques
Vrigny
Boucé
Francheville
Marcei
Mortrée
Montmerrei
Belfonds
la Ferrière-Béchet
le Cercueil
Courménil
Silly-en-Gouffern
le Bourg-St Léonard
Urou
Sai
Aunou-le-Faucon
Juvigny
Tournai-s-Dive
Aubry-en-Exmes
Villebadin
Ommeel
Avernes-s-Exmes
Coulonces
Magny
Louvières-en-Auge
Pontchardon
Canapville
Lisores
Bellou
la Brévière
Heurtevent
Tortisambert
St Ouen-le-Houx
Chiffretot
Orville
Roiville
Survie
Aubry-le-Panthou
Neuville-s-Touques
le Mesnil-Bacley
Montviette
Berville
Courcy
Tôtes
Vicques
Vendeuvre
Grisy
Hiéville
Sentilly
Commeaux
Fontaine-les-Bassets
Guêprei
Merri
Nécy
Vignats
Fourches
Crocy
Beaumais
Damblainville
Norrey-en-Auge
Grandmesnil
Garnetot
Vaudeloges
Ammeville
les Autels
Renouard
Fervaques
Cheffreville-Tonnencourt
St Martin-de-Bienfaite
la Cressonnière
Cernay
Friardel
la Folletière-Abenon
Meulles
Préaux
la Goulafrière
Bonneval
Tremblay
la Trinité-des-Laitiers
Touquettes
Lignères
Ménil-Froger
St Germain-de-Clairefeuille
les Authieux-du-Puits
la Genevraie
Fay
Mahéru
Ferrières-la-Verrerie
Tellières-le-Plessis
St Agnan-s-Sarthe
Ste Scolasse-s-Sarthe
Bures
St Léonard-des-Parcs
Ste Colombe-la-Pite
Neauphe-s/s-Essai
Aunou-s-Orne
St Germain-le-Vieux
le Ménil-Guyon
Coulonges-s-Sarthe
Mesnière
les Ventes-de-Bourse
St Gervais-du-Perron
le Bouillon
Bois d'Ache
Signal d'Écouves
la Lande-de-Goult
St Sauveur-de-Carrouges
St Ellier-les-Bois
St Didier-s-Écouves
la Bellière
St Christophe-le-Jajolet
Boissei-la-Lande
St Loyer-des-Champs
St Hilaire-la-Gérard
Avoine
Joué-du-Plain
Vieux-Pont
Ménil-Hubert-en-Exmes
Ménil-Vicomte
Villers-en-Ouche
Bocquence
la Croupte
la Cauvinière
N.D.-de-Courson
les Moutiers-Hubert
St Cyr-d'Estrancourt
le Bosc-Renoult
Cisai-St Aubin
la Lune

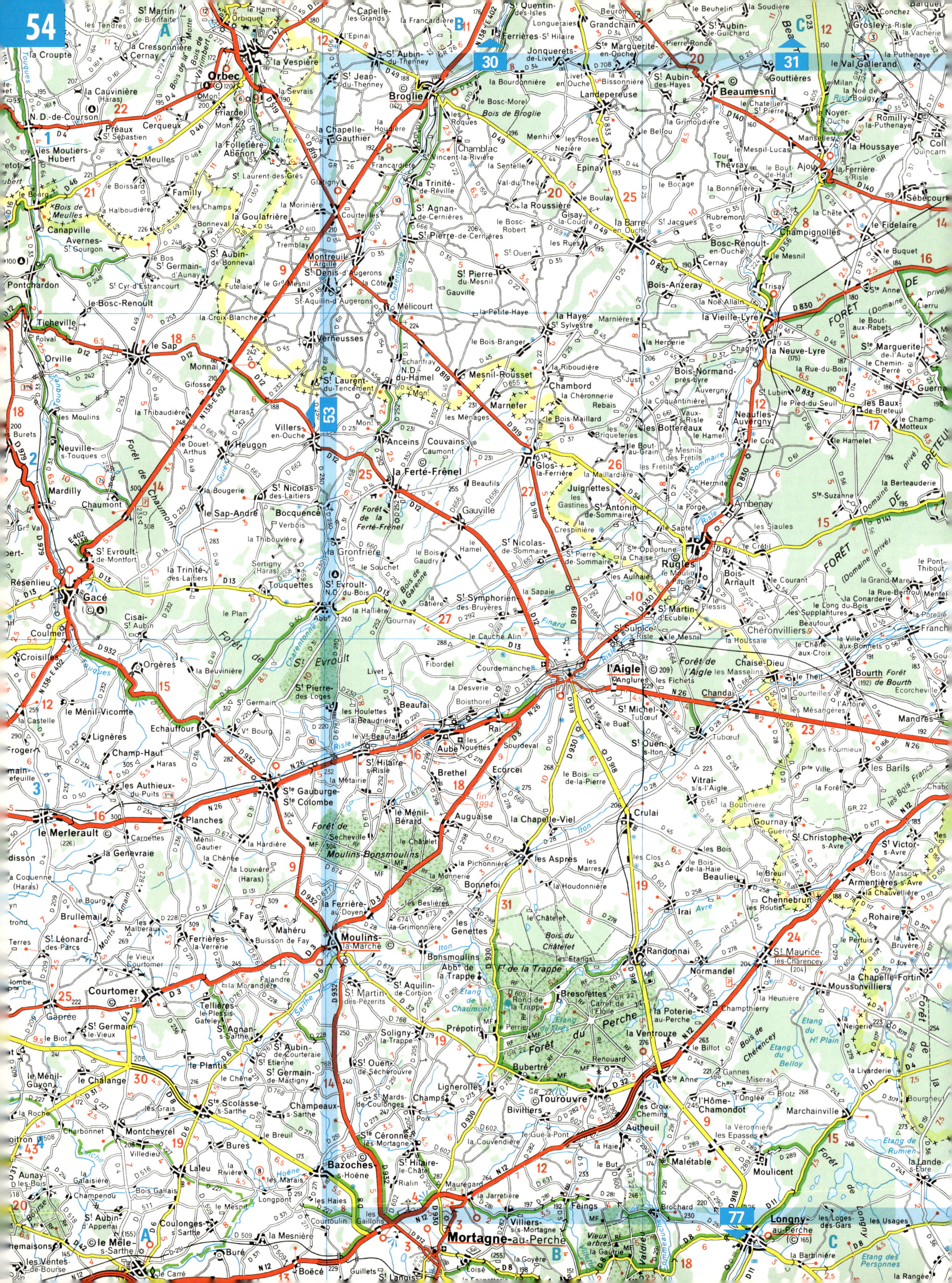
Orbec
Broglie
Beaumesnil
Gacé
l'Aigle
Rugles
Moulins-la-Marche
Mortagne-au-Perche
Longny-au-Perche
le Merlerault
Courtomer
Bazoches-s-Hoëne
le Mêle-s-Sarthe
Tourouvre
Montreuil-l'Argillé
la Ferté-Frênel
la Barre-en-Ouche
Ajou
Champignolles
la Neuve-Lyre
la Vieille-Lyre
Chandai
Crulai
Randonnai
St. Evroult-N.-D.-du-Bois
Echauffour
Ste. Gauburge-Ste. Colombe
Forêt de St. Evroult
Forêt de la Trappe
Forêt du Perche
Forêt de Chaumont
30
31
53
77
N 26
N 12
N 138
D 930
D 918

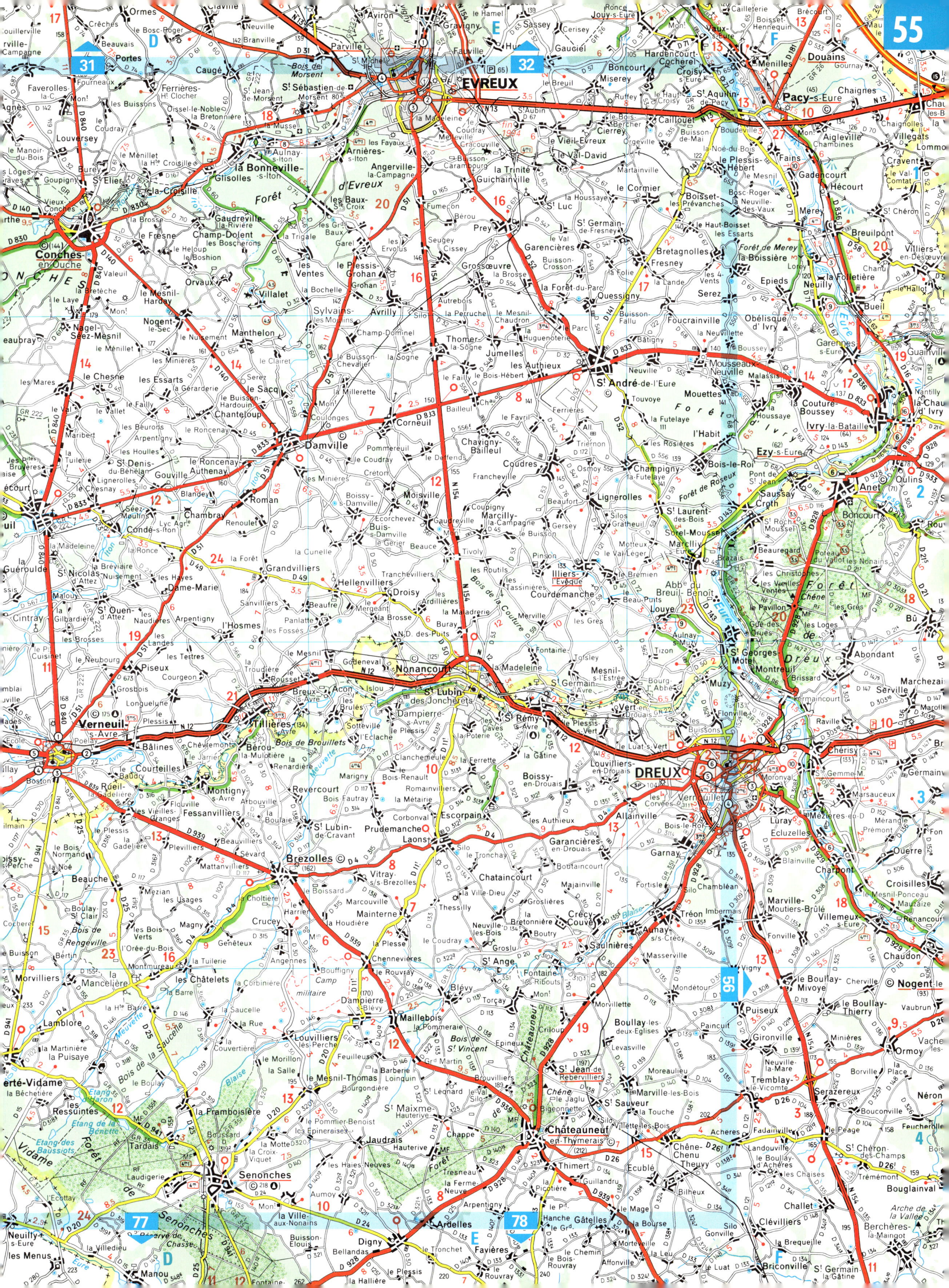

EVREUX
DREUX
Conches en Ouche
Verneuil-s-Avre
Damville
Nonancourt
St Lubin des Joncherets
Tillières
St André-de-l'Eure
Pacy-s-Eure
Ivry-la-Bataille
Anet
Ezy-s-Eure
Brezolles
Senonches
Châteauneuf en-Thymerais
la Bonneville-s-Iton
Forêt d'Evreux
Forêt de Dreux
Forêt de Senonches
Nogent-le
Vernouillet
Marville-Moutiers-Brûlé
Saulnières
Laons
Rueil-la-Gadelière
Manou
Digny
Ardelles
Fontaine
31
32
77
78
56
D
E
F

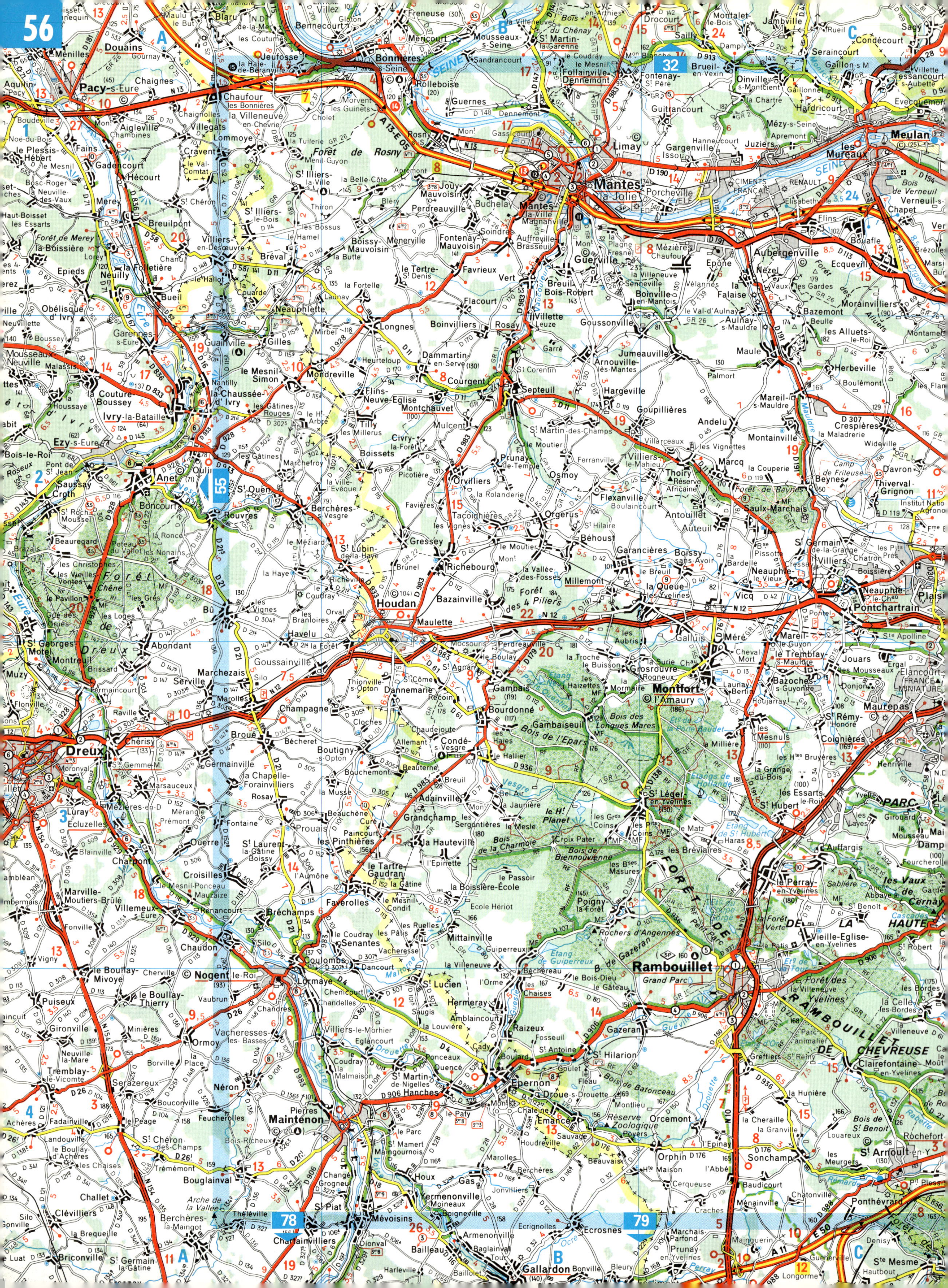
Pacy-s-Eure
Douains
Bonnières
Mantes
Limay
Meulan
les Mureaux
Aubergenville
Houdan
Anet
Ivry-la-Bataille
Dreux
Montfort-l'Amaury
Rambouillet
Maintenon
Nogent-le-Roi
Épernon
Pontchartrain
Septeuil
Rosny
Gallardon
Forêt de Rosny
Forêt de Rambouillet
Thoiry
Maurepas
Coignières
St-Arnoult-en-Yvelines
Ablis
Seine
Eure
32
55
78
79

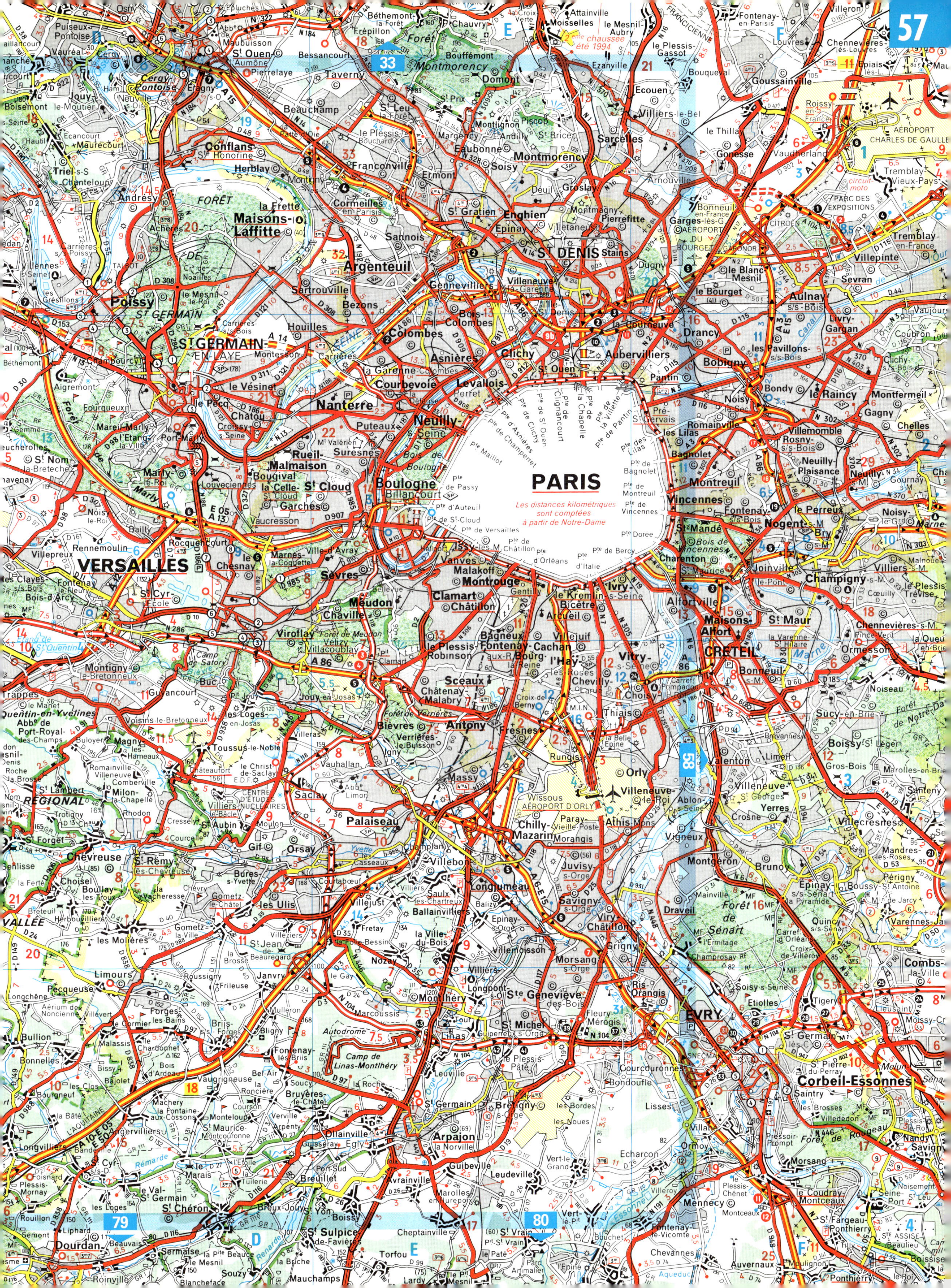
PARIS
Les distances kilométriques sont comptées à partir de Notre-Dame
VERSAILLES
ST DENIS
St GERMAIN-EN-LAYE
Argenteuil
Nanterre
Boulogne Billancourt
Neuilly
Courbevoie
Colombes
Asnières
Clichy
Levallois-Perret
Aubervilliers
Bobigny
Montreuil
Vincennes
Nogent
Champigny
Créteil
Maisons-Alfort
Vitry
Ivry
Montrouge
Malakoff
Vanves
Clamart
Meudon
Sèvres
St Cloud
Rueil-Malmaison
Maisons-Laffitte
Poissy
Conflans
Cergy-Pontoise
Montmorency
Sarcelles
Enghien
Aulnay
Sevran
Le Raincy
Orly
Rungis
Antony
Sceaux
Palaiseau
Massy
Longjumeau
Juvisy
Savigny
Evry
Corbeil-Essonnes
Arpajon
Montlhéry
Dourdan
Ste Geneviève-des-Bois
Chevreuse
Les Ulis
Orsay
Saclay
St Maur
Villeneuve-St-Georges
Forêt de Sénart
AÉROPORT CHARLES DE GAULLE
AÉROPORT DU BOURGET
AÉROPORT D'ORLY
33
58
79
80

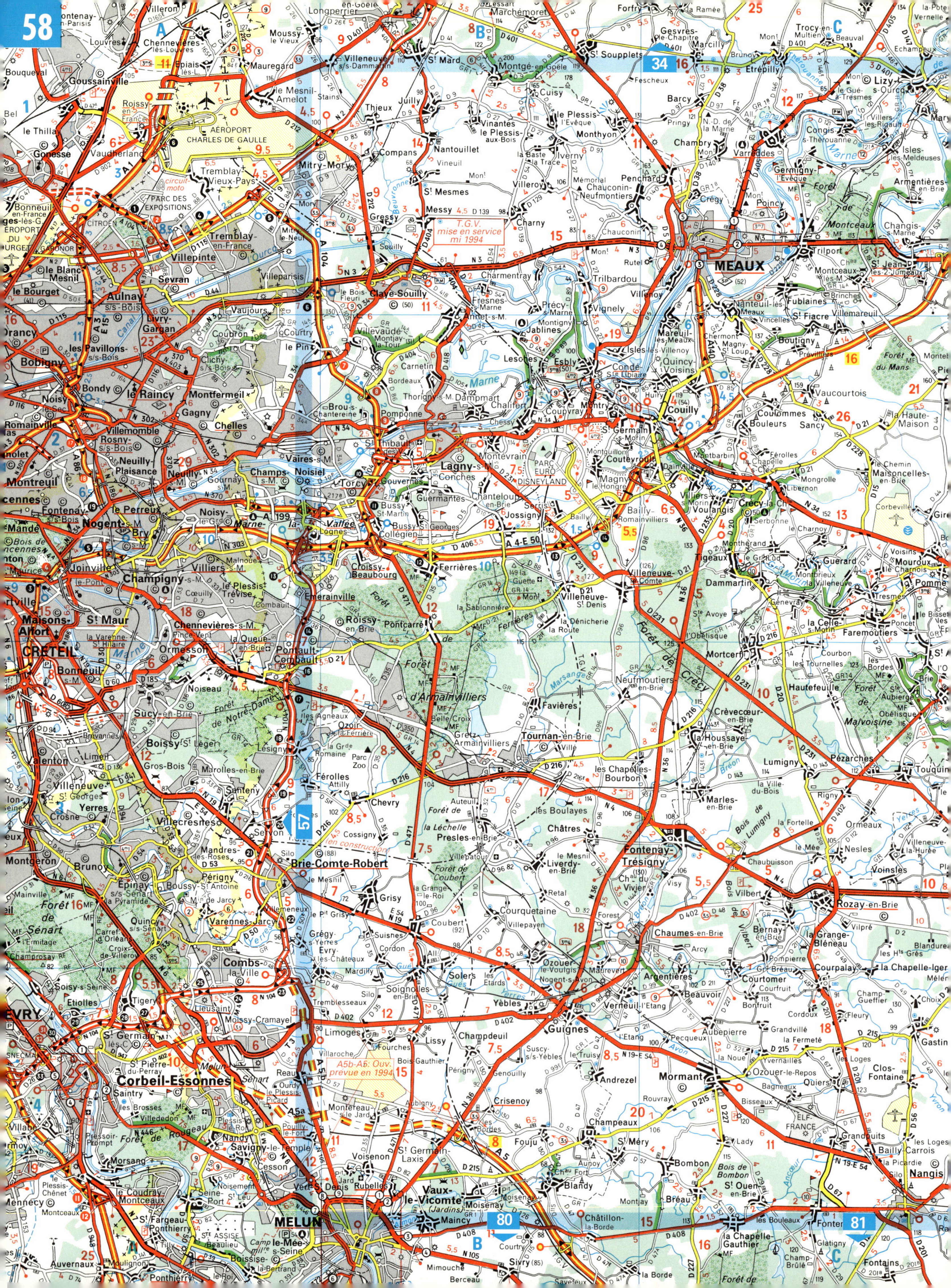
AÉROPORT CHARLES DE GAULLE
Roissy-en-France
Goussainville
Gonesse
Mitry-Mory
Tremblay-Vieux-Pays
Tremblay-en-France
Villepinte
Sevran
Aulnay-s/s-Bois
Livry-Gargan
Le Blanc-Mesnil
Le Bourget
Bobigny
Le Raincy
Montfermeil
Gagny
Chelles
Noisy-le-Grand
Villemomble
Rosny-s/s-Bois
Neuilly-Plaisance
Neuilly-s-Marne
Montreuil
Fontenay-s/s-Bois
Nogent-s-Marne
Bry
Le Perreux
Champigny-s-M.
Joinville-le-Pont
Villiers-s-M.
Le Plessis-Trévise
Chennevières-s-M.
Ormesson
St Maur
Maisons-Alfort
CRETEIL
Bonneuil-s-M.
Sucy-en-Brie
Boissy-St Léger
Valenton
Villeneuve-St Georges
Yerres
Brunoy
Montgeron
Villecresnes
Mandres-les-Roses
Périgny
Epinay-s-Sénart
Boussy-St Antoine
Quincy-s-Sénart
Forêt de Sénart
Combs-la-Ville
Lieusaint
Moissy-Cramayel
Tigery
Etiolles
EVRY
Corbeil-Essonnes
Savigny-le-Temple
Cesson
Vert-St Denis
Le Mée-s-Seine
MELUN
Dammarie
Brie-Comte-Robert
Grisy
Coubert
Evry-les-Châteaux
Soignolles
Solers
Yèbles
Guignes
Ozouer-le-Voulgis
Chaumes-en-Brie
Verneuil-l'Etang
Mormant
Champeaux
St Méry
Blandy
Vaux-le-Vicomte
Maincy
Chevry
Férolles-Attilly
Ozoir-la-Ferrière
Forêt d'Armainvilliers
Gretz-Armainvilliers
Tournan-en-Brie
Favières
Pontcarré
Roissy-en-Brie
Emerainville
Pontault-Combault
Croissy-Beaubourg
Ferrières
Lognes
Torcy
Noisiel
Champs-s-M.
Vaires-s-M.
Pomponne
Lagny-s-M.
Bussy-St Georges
Collégien
Jossigny
Serris
Chessy
PARC EURO DISNEYLAND
Magny-le-Hongre
Bailly-Romainvilliers
Montévrain
Chanteloup-en-Brie
Conches
Guermantes
St Thibault
Thorigny-s-M.
Dampmart
Carnetin
Claye-Souilly
Fresnes
Annet-s-M.
Esbly
Coupvray
St Germain
Couilly
Quincy-Voisins
Trilport
MEAUX
Chauconin-Neufmontiers
Villenoy
Penchard
Crégy
Poincy
Germigny-l'Evêque
Varreddes
Chambry
Barcy
Etrépilly
St Soupplets
Montgé-en-Goële
Dammartin
Juilly
Nantouillet
Thieux
Compans
Messy
St Mesmes
Villeroy
Charny
Charmentray
Trilbardou
Vignely
Fublaines
Montceaux-lès-M.
Nanteuil-lès-Meaux
Boutigny
St Fiacre
Villemareuil
Coulommes
Sancy
Vaucourtois
Bouleurs
Crécy-la-Chapelle
Voulangis
Villiers-s-M.
Couilly
Dammartin-s-Tigeaux
Tigeaux
Guérard
Mortcerf
Villeneuve-le-Comte
Villeneuve-St Denis
Forêt de Crécy
Neufmoutiers-en-Brie
La Houssaye-en-Brie
Crèvecœur-en-Brie
Marles-en-Brie
Fontenay-Trésigny
Lumigny
Hautefeuille
Faremoutiers
Pézarches
Touquin
Rozay-en-Brie
Voinsles
Nesles
La Celle-s-Morin
Pommeuse
Courpalay
La Chapelle-Iger
Bernay
Courtomer
Beauvoir
Aubepierre
Ozouer-le-Repos
Quiers
Clos-Fontaine
Nangis
Grandpuits
Bailly-Carrois
Fontenailles
La Chapelle-Gauthier
Bombon
Bréau
St Ouen-en-Brie
Châtillon-la-Borde
Andrezel
Crisenoy
Fouju
Moisenay
Sivry
T.G.V. mise en service mi 1994
A5b-A5: Ouv. prévue en 1994

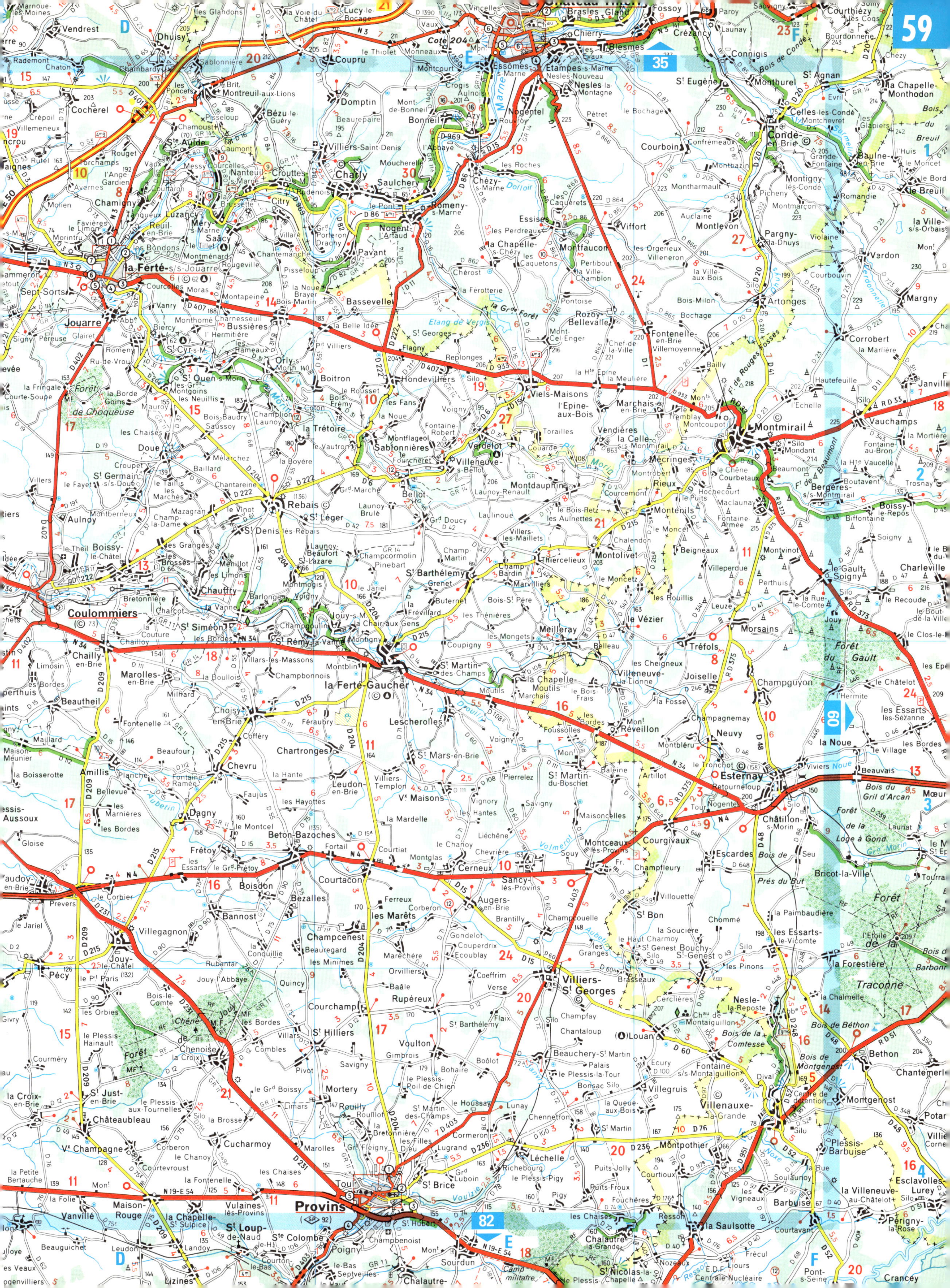
Vendrest
Dhuisy
Coupru
Château-Thierry
Brasles
Chierry
Blesmes
Fossoy
Crézancy
Connigis
St Eugène
Monthurel
St Agnan
La Chapelle-Monthodon
Celles-lès-Condé
Condé-en-Brie
Montigny-lès-Condé
Baulne-en-Brie
Le Breuil
Essômes-s-Marne
Étampes-s-Marne
Nesles-la-Montagne
Nogentel
Courboin
Montlevon
Pargny-la-Dhuys
Artonges
Margny
Montreuil-aux-Lions
Bézu-le-Guéry
Domptin
Bonneil
Villiers-Saint-Denis
Charly
Saulchery
Chézy-s-Marne
Romeny-s-Marne
Nogent-l'Artaud
Viffort
Montfaucon
Cocherel
Chamigny
Luzancy
Méry-s-Marne
Saâcy
Citry
Pavant
La Ferté-s/s-Jouarre
Sept Sorts
Jouarre
Bassevelle
Bussières
La Chapelle-s-Chézy
Rozoy-Bellevalle
Fontenelle-en-Brie
Corrobert
Orly-s-Morin
Boitron
Hondevilliers
Viels-Maisons
Marchais-en-Brie
Montmirail
Vauchamps
Janvilliers
St Cyr-s-M
St Ouen-s-Morin
Forêt de Choqueuse
Sablonnières
Verdelot
Villeneuve-s-Bellot
Bellot
Montdauphin
Mécringes
Rieux
Bergères-s/s-Montmirail
Boissy-le-Repos
Doue
St Germain-s/s-Doue
Rebais
St Léger
Aulnoy
Boissy-le-Châtel
St Denis-lès-Rebais
St Barthélemy
Montolivet
Montenils
Charleville
Le Gault-Soigny
Coulommiers
Chauffry
St Siméon
St Rémy-la-Vanne
La Ferté-Gaucher
Meilleray
Le Vézier
Tréfols
Morsains
Forêt du Gault
Chailly-en-Brie
Marolles-en-Brie
Beautheil
Choisy-en-Brie
Lescherolles
La Chapelle-Moutils
Joiselle
Champguyon
Réveillon
Neuvy
Les Essarts-lès-Sézanne
Amillis
Chevru
Chartronges
Leudon-en-Brie
St Mars-en-Brie
St Martin-du-Boschet
Esternay
Châtillon-s-Morin
Dagny
Beton-Bazoches
Frétoy
Boisdon
Courtacon
Cerneux
Sancy-lès-Provins
Montceaux-lès-Provins
Courgivaux
Escardes
Bricot-la-Ville
Forêt de la Traconne
Villegagnon
Bannost
Bezalles
Champcenest
Augers-en-Brie
St Bon
Les Essarts-le-Vicomte
Pécy
Jouy-le-Châtel
Villiers-St Georges
Nesle-la-Reposte
St Hilliers
Rupéreux
Louan
Bethon
Chantemerle
Voulton
Mortery
Villegruis
Fontaine-Montaiguillon
Villenauxe-la-Grande
Montgenost
St Just-en-Brie
Châteaubleau
Cucharmoy
Léchelle
Montpothier
Plessis-Barbuise
Esclavolles-Lurey
Vanvillé
Maison-Rouge
Provins
St Brice
La Saulsotte
Barbuise
La Villeneuve-au-Châtelot
St Loup-de-Naud
Ste Colombe
Poigny
Sourdun
Chalautre-la-Grande
Nogent-s-Seine
Crancey
Pont-s-Seine
N3
N34
N4
N19-E 54
35
82

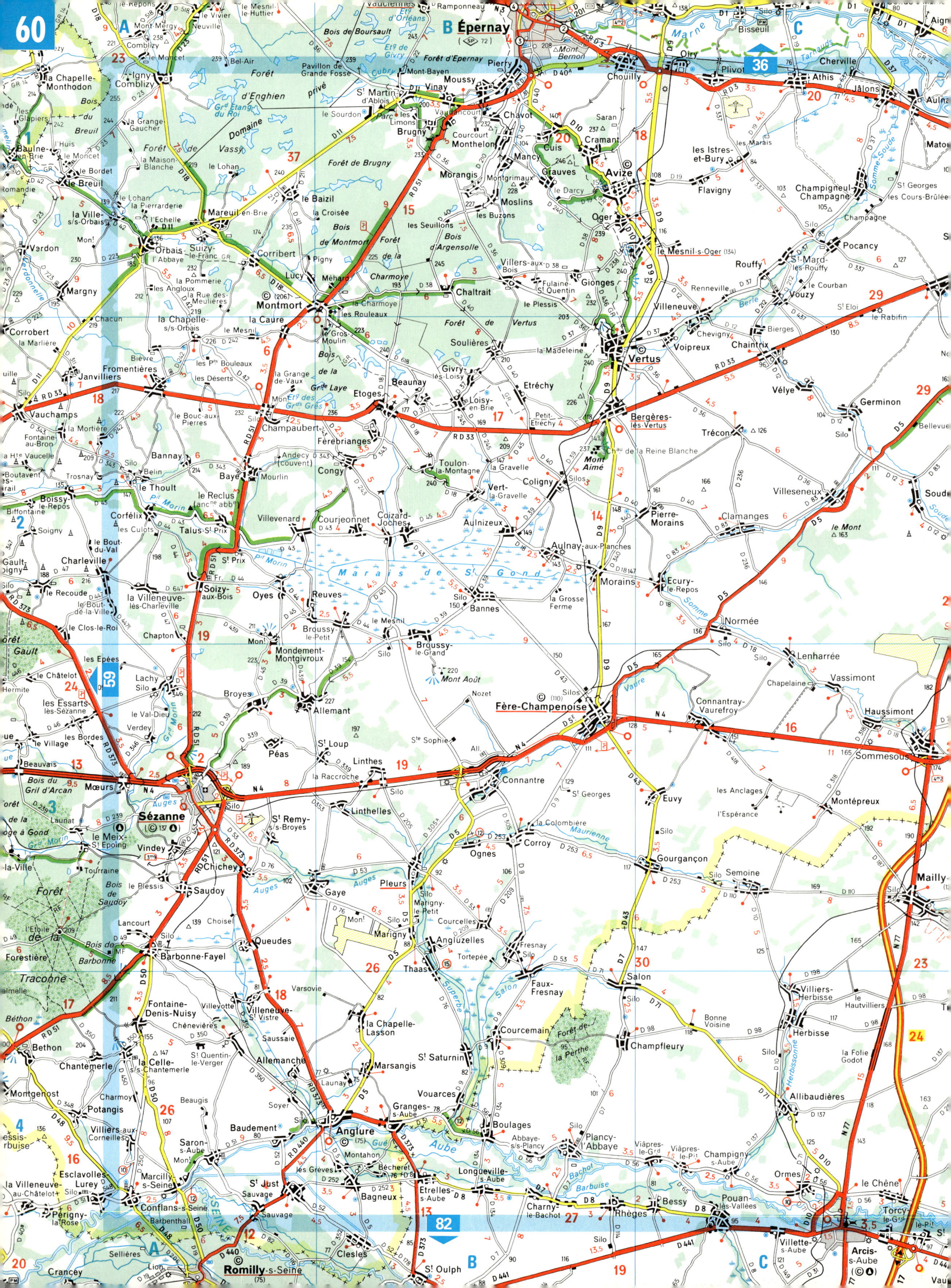
Épernay
Pierry
Moussy
Vinay
Chouilly
Oiry
Plivot
Athis
Jâlons
Cramant
Avize
Oger
Le Mesnil-s-Oger
Flavigny
Mareuil-en-Brie
Orbais-l'Abbaye
Montmort
Chaltrait
Vertus
Bergères-lès-Vertus
Champaubert
Fromentières
Vauchamps
Baye
Congy
Étoges
Soulières
Givry-lès-Loisy
Loisy-en-Brie
Étréchy
Voipreux
Chaintrix
Vélye
Germinon
Trécon
Coligny
Aulnizeux
Aulnay-aux-Planches
Morains
Écury-le-Repos
Clamanges
Villeseneux
Normée
Lenharrée
Vassimont
Haussimont
Sommesous
Marais de St Gond
Bannes
Broussy-le-Grand
Broussy-le-Petit
Reuves
Oyes
Soizy-aux-Bois
Talus-St Prix
Mondement-Montgivroux
Allemant
Fère-Champenoise
Connantre
Euvy
Gourgançon
Corroy
Ognes
Pleurs
Linthes
Linthelles
St Loup
Péas
Broyes
Sézanne
St Remy-s/s-Broyes
Chichey
Saudoy
Gaye
Queudes
Barbonne-Fayel
Forêt de la Traconne
Fontaine-Denis-Nuisy
Villeneuve-St Vistre
Allemanche
Marsangis
La Chapelle-Lasson
St Saturnin
Vouarces
Anglure
Granges-s-Aube
Boulages
Plancy-l'Abbaye
Salon
Champfleury
Faux-Fresnay
Courcemain
Angluzelles
Thaas
Marigny
Semoine
Mailly
Herbisse
Villiers-Herbisse
Allibaudières
Ormes
Arcis-s-Aube
Torcy
Champigny-s-Aube
Viâpres-le-Petit
Pouan-les-Vallées
Bessy
Rhèges
Charny-le-Bachot
Longueville-s-Aube
Étrelles-s-Aube
Bagneux
Clesles
St Oulph
St Just Sauvage
Romilly-s-Seine
Conflans-s-Seine
Marcilly-s-Seine
Esclavolles-Lurey
Potangis
Villiers-aux-Corneilles
Chantemerle
Bethon
Montgenost
La Celle-s/s-Chantemerle
Saron-s-Aube
Baudement
Villette-s-Aube
Aube
Seine
Marne
A
B
C
36
59
82

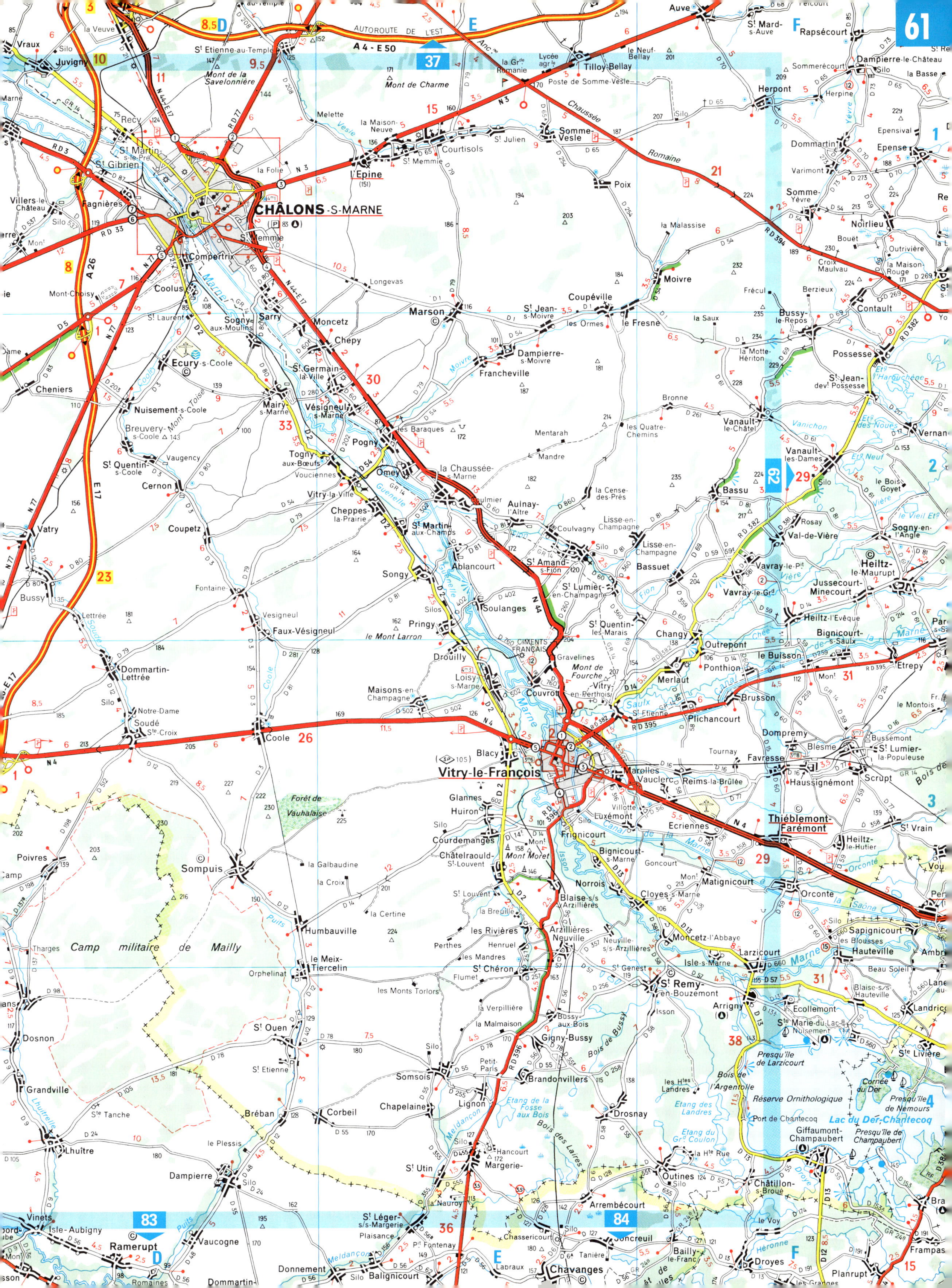

AUTOROUTE DE L'EST
A 4 - E 50
37
Vraux
Juvigny
St Etienne-au-Temple
Mont de la Savelonnière
Mont de Charme
la Gde Romanie
Lycée agrle
Tilloy-Bellay
Poste de Somme-Vesle
Auve
St Mard-s-Auve
Rapsécourt
Dampierre-le-Château
Sommerécourt
Herpont
Herpine
la Basse
Chaussée Romaine
Recy
Melette
la Maison-Neuve
Courtisols
St Julien
Somme-Vesle
Poix
Dommartin
Epense
Epensival
St Martin-s-le-Pré
St Gibrien
la Folie
l'Epine
St Memmie
Varimont
Somme-Yèvre
Noirlieu
Villers-le-Château
Fagnières
CHÂLONS-S-MARNE
St Memmie
Compertrix
la Malassise
Bouët
Outrivière
Croix Maulvau
la Maison-Rouge
Mont-Choisy
Coolus
Longevas
Moivre
Berzieux
Frécul
Contault
Marson
St Jean-s-Moivre
Coupéville
les Ormes
le Fresne
la Saux
Bussy-le-Repos
St Laurent
Sogny-aux-Moulins
Sarry
Moncetz
Chepy
Dampierre-s-Moivre
Francheville
la Motte-Hériton
Possesse
Ecury-s-Coole
St Germain-la-Ville
Cheniers
Mairy-s-Marne
Vésigneul-s-Marne
Bronne
St Jean-devt Possesse
Nuisement-s-Coole
Breuvery-s-Coole
Mont Toisé
les Baraques
Pogny
les Quatre-Chemins
Vanault-le-Châtel
Vanichon
Mentarah
Mandre
Vernan
St Quentin-s-Coole
Vaugency
Togny-aux-Bœufs
Vouciennes
Omey
la Chaussée-s-Marne
Vanault-les-Dames
Cernon
Vitry-la-Ville
Aulnay-l'Aître
la Cense-des-Prés
Bassu
Le Bois Goyet
Cheppes-la-Prairie
Coulvagny
Lisse-en-Champagne
Rosay
Val-de-Vière
Sogny-en-l'Angle
Vatry
Coupetz
St Martin-aux-Champs
Ablancourt
St Amand-s-Fion
Bassuet
Vavray-le-Pt
Heiltz-le-Maurupt
Songy
Jussecourt-Minecourt
Bussy
Fontaine
Soulanges
St Lumier-en-Champagne
Vavray-le-Grd
Lettrée
Vesigneul
Faux-Vésigneul
Pringy
Silos
le Mont Larron
St Quentin-les-Marais
Changy
Heiltz-l'Evêque
Bignicourt-s-Saulx
CIMENTS FRANÇAIS
Gravelines
Mont de Fourche
Outrepont
le Buisson
Dommartin-Lettrée
Drouilly
Loisy-s-Marne
Ponthion
Etrepy
Merlaut
Vitry-en-Perthois
Maisons-en-Champagne
Couvrot
Brusson
Notre-Dame
Soudé
Ste-Croix
Coole
St Etienne
Plichancourt
le Montois
Dompremy
Bussemont
N 4
Blacy
Vitry-le-François
Tournay
Favresse
Blesme
St Lumier-la-Populeuse
Marolles
Vauclerc
Reims-la-Brûlée
Haussignémont
Scrupt
Forêt de Vauhalaise
Glannes
Huiron
Villotte
Luxémont
Ecriennes
Thiéblemont-Farémont
St Vrain
Heiltz-le-Hutier
Courdemanges
Frignicourt
Poivres
Sompuis
Mont Moret
Châtelraould-St-Louvent
Bignicourt-s-Marne
Goncourt
Matignicourt
la Galbaudine
la Croix
Norrois
Orconte
St Louvent
Cloyes-s-Marne
la Certine
la Breuille
Blaise-s/s-Arzillières
Humbauville
les Rivières
Arzillières-Neuville
Neuville-s/s-Arzillières
Moncetz-l'Abbaye
Sapignicourt
les Blousses
Tharges
Camp militaire de Mailly
Henruel
Perthes
les Mandres
Larzicourt
Hauteville
Isle-s-Marne
le Meix-Tiercelin
Orphelinat
St Chéron
Flumet
St Genest
St Remy-en-Bouzemont
Beau Soleil
les Monts Torlors
Blaise-s/s-Hauteville
Arrigny
Ecollement
Landricourt
la Verpillière
Bussy-aux-Bois
Isson
Ste Marie-du-Lac-Nuisement
Dosnon
St Ouen
la Malmaison
Gigny-Bussy
Bois de Bussy
Presqu'île de Larzicourt
Ste Livière
Petit-Paris
Somsois
Brandonvillers
Bois de l'Argentolle
Cornée du Der
Grandville
St Etienne
les Htes Landres
Réserve Ornithologique
Presqu'île de Nemours
Chapelaine
Lignon
Etang de la Fosse aux Bois
Etang des Landres
St Tanche
Bréban
Corbeil
Drosnay
Port de Chantecoq
Lac du Der-Chantecoq
Bois des Laires
Etang du Grd Coulon
Giffaumont-Champaubert
Presqu'île de Champaubert
Lhuître
le Plessis
Hancourt
Margerie-
la Hte Rue
Dampierre
St Utin
Outines
Châtillon-s-Broue
Nauroy
Arrembécourt
Vinets
Isle-Aubigny
St Léger-s/s-Margerie
Plaisance
le Voy
Ramerupt
Vaucogne
Chasséricourt
Joncreuil
Pt Fontenay
Bailly-le-Franc
Frampas
Donnement
Balignicourt
Labraux
Chavanges
Tanière
Droyes
Planrupt
Héronne
Romaines
Dommartin-

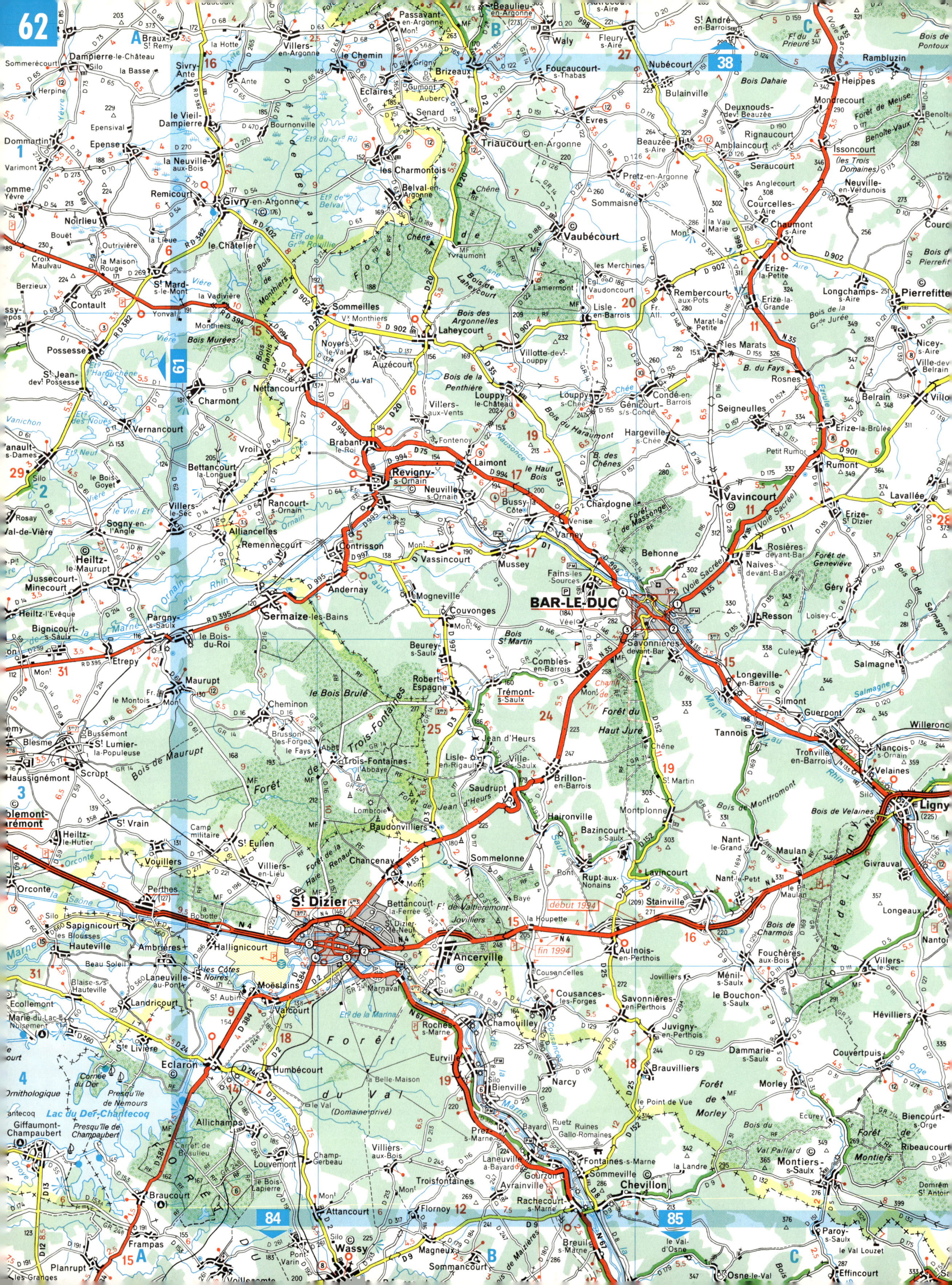

Braux
Dampierre-le-Château
Sommerécourt
Sivry-Ante
Villers-en-Argonne
le Chemin
Passavant-en-Argonne
Beaulieu-en-Argonne
Waly
Fleury-s-Aire
Nubécourt
St André-en-Barrois
Rambluzin
38
Bulainville
Foucaucourt-s-Thabas
Brizeaux
Eclaires
Senard
Triaucourt-en-Argonne
Evres
Beauzée-s-Aire
Deuxnouds-dvt-Beauzée
Rignaucourt
Amblaincourt
Heippes
Mondrecourt
Forêt de Meuse
Isoncourt
Seraucourt
Neuville-en-Verdunois
Dommartin
Epense
le Vieil-Dampierre
la Neuville-aux-Bois
les Charmontois
Belval-en-Argonne
Pretz-en-Argonne
Sommaisne
les Anglecourt
Courcelles-s-Aire
Chaumont-s-Aire
Remicourt
Givry-en-Argonne
Noirlieu
le Châtelier
Vaubécourt
Erize-la-Petite
Erize-la-Grande
Pierrefitte
St Mard-s-le-Mont
Contault
Sommeilles
Laheycourt
Lisle-en-Barrois
Rembercourt-aux-Pots
Marat-la-Petite
les Marats
Longchamps-s-Aire
Possesse
St Jean-devt Possesse
61
Charmont
Nettancourt
Noyers
Auzécourt
Villotte-devt-Louppy
Louppy-s-Chée
Génicourt-s/s-Condé
Condé-en-Barrois
Seigneulles
Rosnes
Belrain
Erize-la-Brûlée
Vernancourt
Vroil
Brabant-le-Roi
Revigny-s-Ornain
Laimont
Louppy-le-Château
Villers-aux-Vents
Hargeville-s-Chée
Rumont
Bettancourt-la-Longue
Neuville-s-Ornain
Bussy-la-Côte
Chardogne
Vavincourt
Erize-St Dizier
Lavallée
Villers-le-Sec
Rancourt-s-Ornain
Alliancelles
Remennecourt
Contrisson
Vassincourt
Mussey
Varney
Behonne
Rosières-devant-Bar
Naives-devant-Bar
Heiltz-le-Maurupt
Sogny-en-l'Angle
Jussecourt-Minecourt
Andernay
Mogneville
Fains-les-Sources
BAR-LE-DUC
Véel
Géry
Resson
Heiltz-l'Evêque
Pargny-s-Saulx
Sermaize-les-Bains
Couvonges
Savonnières-devant-Bar
Bignicourt-s-Saulx
le Bois-du-Roi
Etrepy
Beurey-s-Saulx
Combles-en-Barrois
Longeville-en-Barrois
Culey
Salmagne
Maurupt
Robert-Espagne
Trémont-s-Saulx
Silmont
Cheminon
Guerpont
Tannois
Bussemont
St Lumier-la-Populeuse
Blesme
Brusson
les Forges
le Fays
Jean d'Heurs
Lisle-en-Rigault
Ville-s-Saulx
Forêt du Haut Juré
Nançois-s-Ornain
Tronville-en-Barrois
Velaines
Haussignémont
Scrupt
Bois de Maurupt
Forêt de Trois-Fontaines
Trois-Fontaines-l'Abbaye
Brillon-en-Barrois
Ligny
Saudrupt
Haironville
Bazincourt-s-Saulx
Montplonne
Nant-le-Grand
Heiltz-le-Hutier
St Vrain
Camp militaire
St Eulien
Baudonvilliers
Sommelonne
Maulan
Givrauval
Vouillers
Villiers-en-Lieu
Chancenay
Rupt-aux-Nonains
Lavincourt
Nant-le-Petit
Orconte
Perthes
St Dizier
Bettancourt-la-Ferrée
St Dizier-les-Neuf
Stainville
Longeaux
Sapignicourt
Hauteville
Ambrières
Hallignicourt
Ancerville
la Houpette
Aulnois-en-Perthois
Fouchères-aux-Bois
Villers-le-Sec
Beau Soleil
Laneuville-au-Pont
les Côtes Noires
Moëslains
Cousancelles
Cousances-les-Forges
Jovilliers
Ménil-s-Saulx
le Bouchon-s-Saulx
Ecollemont
Landricourt
St Aubin
Valcourt
Chamouilley
Roches-s-Marne
Savonnières-en-Perthois
Juvigny-en-Perthois
Hévilliers
Ste Livière
Eclaron
Humbécourt
Forêt du Val
Eurville
Narcy
Brauvilliers
Dammarie-s-Saulx
Couvertpuis
Lac du Der-Chantecoq
Bienville
Forêt de Morley
Morley
Giffaumont-Champaubert
Allichamps
Bayard
Ruetz
Prez-s-Marne
Biencourt-s-Orge
Louvemont
Villiers-aux-Bois
Fontaines-s-Marne
Montiers-s-Saulx
Ribeaucourt
Chevillon
Sommeville
Troisfontaines
Laneuville-à-Bayard
Avrainville
Gourzon
Braucourt
Attancourt
Flornoy
Rachecourt-s-Marne
84
85
Frampas
Wassy
Magneux
Sommancourt
Breuil-s-Marne
le Val-d'Osne
Paroy-s-Saulx
Effincourt
Planrupt
Osne-le-Val

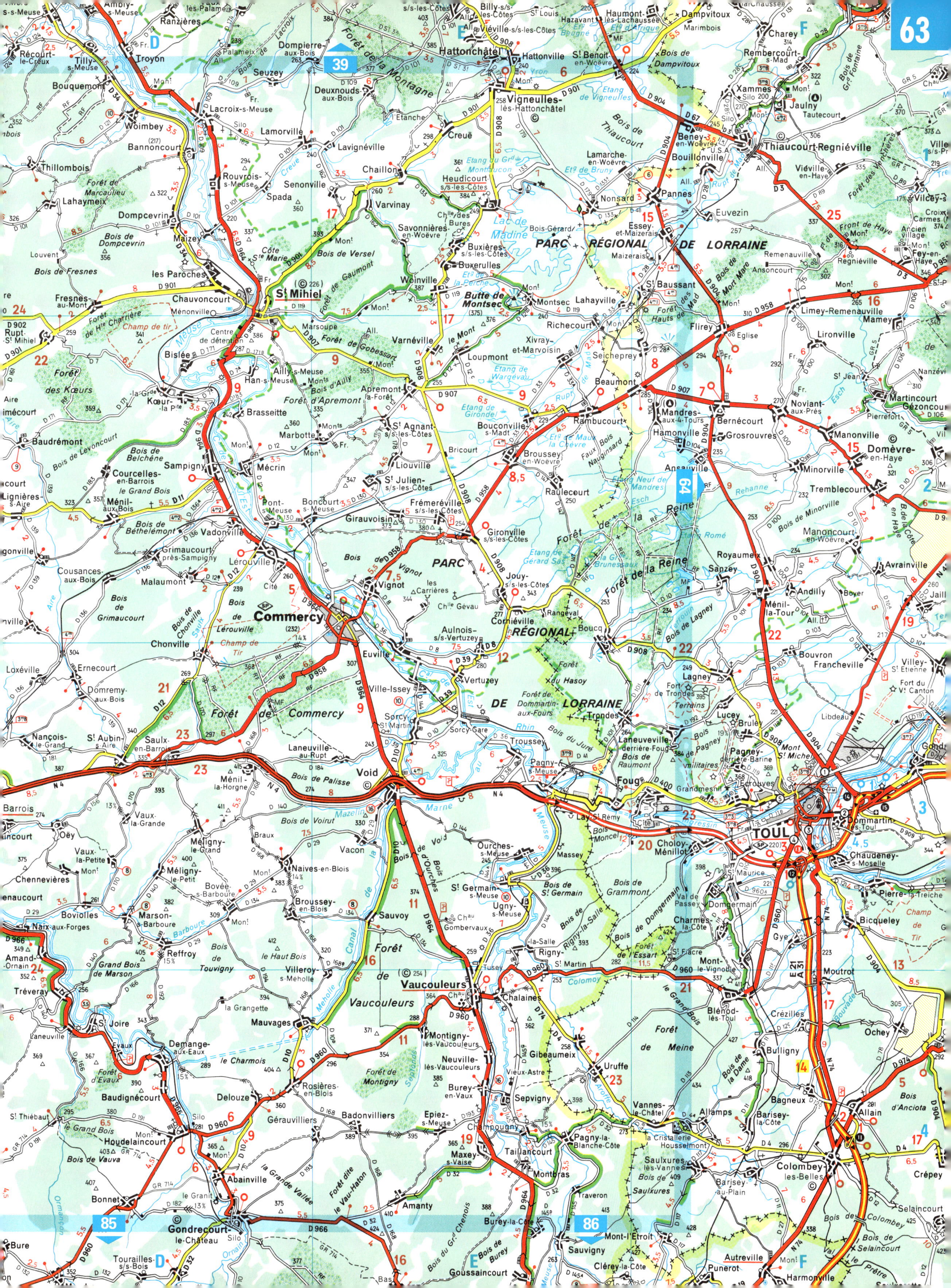
Ranzières
Récourt-le-Creux
Tilly-s-Meuse
Troyon
Seuzey
Dompierre-aux-Bois
Hattonchâtel
Vigneulles-lès-Hattonchâtel
Hattonville
St Benoît-en-Woëvre
Haumont-lès-Lachaussée
Dampvitoux
Charey
Rembercourt-s-Mad
Xammes
Jaulny
Thiaucourt-Regniéville
Bouquemont
Woimbey
Bannoncourt
Lacroix-s-Meuse
Deuxnouds-aux-Bois
Lamorville
Lavignéville
Creuë
Chaillon
Heudicourt-s-les-Côtes
Thillombois
Lahaymeix
Rouvrois-s-Meuse
Senonville
Spada
Varvinay
Dompcevrin
Maizey
Savonnières-en-Woëvre
Buxières-s-les-Côtes
Buxerulles
Woinville
Lac de Madine
PARC RÉGIONAL DE LORRAINE
Nonsard
Pannes
Essey-et-Maizerais
Euvezin
Beney-en-Woëvre
Bouillonville
Lamarche-en-Woëvre
Viéville-en-Haye
Louvent
Bois de Fresnes
les Paroches
Chauvoncourt
St Mihiel
Fresnes-au-Mont
Rupt-St Mihiel
Bislée
Han-s-Meuse
Ailly-s-Meuse
Varnéville
Loupmont
Butte de Montsec
Montsec
Lahayville
Richecourt
Xivray-et-Marvoisin
Seicheprey
St Baussant
Flirey
Limey-Remenauville
Mamey
Lironville
Forêt des Kœurs
Kœur-la-Pte
Brasseitte
Marbotte
Apremont-la-Forêt
St Agnant-s-les-Côtes
Beaumont
Mandres-aux-4-Tours
Bernécourt
Grosrouvres
Noviant-aux-Prés
Manonville
Domèvre-en-Haye
Martincourt
Gézoncourt
Baudrémont
Sampigny
Mécrin
Liouville
Bouconville-s-Madt
Rambucourt
Broussey-en-Woëvre
Hamonville
Ansauville
Minorville
Tremblecourt
Courcelles-en-Barrois
Ménil-aux-Bois
St Julien-s-s-les-Côtes
Pont-s-Meuse
Boncourt-s-Meuse
Fréméréville-s-les-Côtes
Raulecourt
Girauvoisin
Gironville-s-s-les-Côtes
Forêt de la Reine
Vadonville
Grimaucourt-près-Sampigny
Lérouville
Cousances-aux-Bois
Malaumont
Vignot
Jouy-s-les-Côtes
Royaumeix
Sanzey
Manoncourt-en-Woëvre
Avrainville
Andilly
Ménil-la-Tour
Commercy
Chonville
Euville
Aulnois-s-Vertuzey
Corniéville
Rangéval
Boucq
Bouvron
Francheville
Villey-St Étienne
Loxéville
Ernecourt
Domremy-aux-Bois
Vertuzey
Ville-Issey
Forêt de Commercy
Lagney
Lucey
Bruley
Nançois-le-Grand
St Aubin-s-Aire
Saulx-en-Barrois
Sorcy-St Martin
Sorcy Gare
Trondes
Troussey
Laneuveville-derrière-Foug
Pagney-derrière-Barine
Écrouves
Laneuville-au-Rupt
Ménil-la-Horgne
Void
Pagny-s-Meuse
Foug
Barrois
Vaux-la-Grande
Oëy
Vaux-la-Petite
Méligny-le-Grand
Méligny-le-Petit
Naives-en-Blois
Vacon
Ourches-s-Meuse
Massey
Lay-St Remy
Choloy-Ménillot
TOUL
Dommartin-lès-Toul
Chaudeney-s-Moselle
Chennevières
Bovée-s-Barboure
Broussey-en-Blois
Sauvoy
St Germain-s-Meuse
Ugny-s-Meuse
Domgermain
Pierre-la-Treiche
Boviolles
Naix-aux-Forges
Marson-s-Barboure
Reffroy
Villeroy-s-Méholle
Gombervaux
Rigny-la-Salle
Rigny-St Martin
Charmes-la-Côte
Mont-le-Vignoble
Bicqueley
Amand-Ornain
Tréveray
Forêt de Vaucouleurs
Vaucouleurs
Chalaines
Blénod-lès-Toul
Gye
Moutrot
Crézilles
St Joire
Mauvages
Montigny-lès-Vaucouleurs
Forêt de Meine
Ochey
Bulligny
Demange-aux-Eaux
Neuville-lès-Vaucouleurs
Gibeaumeix
Uruffe
Baudignécourt
Rosières-en-Blois
Burey-en-Vaux
Sepvigny
Vannes-le-Châtel
Allamps
Bagneux
Barisey-la-Côte
Allain
St Thiébaut
Houdelaincourt
Delouze
Géraulvilliers
Badonvilliers
Epiez-s-Meuse
Champougny
Pagny-la-Blanche-Côte
Maxey-s-Vaise
Taillancourt
Saulxures-lès-Vannes
Barisey-au-Plain
Colombey-les-Belles
Crépey
Bonnet
Abainville
Montbras
Amanty
Gondrecourt-le-Château
Burey-la-Côte
Mont-l'Étroit
Selaincourt
Sauvigny
Autreville
Bure
Tourailles-s-Bois
Goussaincourt
Clérey-la-Côte
Punerot
Harmonville

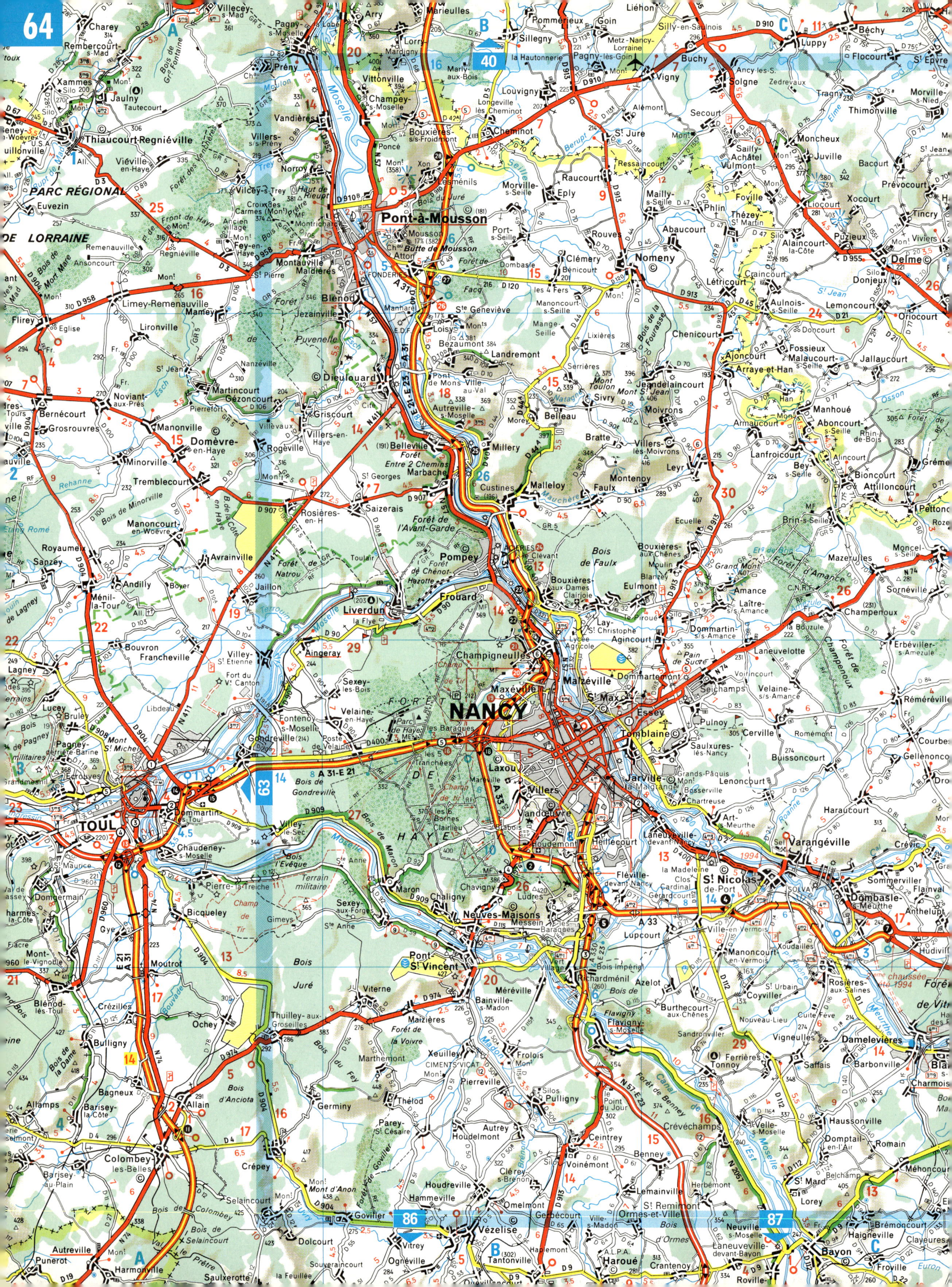

A
B
C
40
63
86
87
PARC RÉGIONAL
DE LORRAINE
Charey
Rembercourt-s-Mad
Xammes
Jaulny
Thiaucourt-Regniéville
Viéville-en-Haye
Euvezin
Remenauville
Regniéville
Limey-Remenauville
Mamey
Flirey
Lironville
Noviant-aux-Prés
Bernécourt
Grosrouvres
Manonville
Domèvre-en-Haye
Minorville
Tremblecourt
Manoncourt-en-Woëvre
Royaumeix
Sanzey
Andilly
Ménil-la-Tour
Bouvron
Francheville
Lagney
Lucey
Bruley
Pagney-derrière-Barine
Écrouves
TOUL
Dommartin-lès-Toul
Chaudeney-s-Moselle
Pierre-la-Treiche
Bicqueley
Domgermain
Gye
Moutrot
Crézilles
Blénod-lès-Toul
Bulligny
Ochey
Bagneux
Allain
Allamps
Barisey-la-Côte
Colombey-les-Belles
Barisey-au-Plain
Crépey
Selaincourt
Autreville
Harmonville
Punerot
Saulxerotte
Dolcourt
Villecey-s-Mad
Pagny-s-Moselle
Arry
Prény
Vandières
Villers-s-Prény
Norroy
Vilcey-s-Trey
Fey-en-Haye
Montauville
Maidières
Blénod
Jezainville
Dieulouard
Martincourt
Gézoncourt
Griscourt
Villers-en-Haye
Rogéville
Rosières-en-H
Avrainville
Jaillon
Villey-St Etienne
Aingeray
Liverdun
Saizerais
Pont-à-Mousson
Vittonville
Champey-s-Moselle
Bouxières-s/s-Froidmont
Ponce
Mousson
Atton
Loisy
Ste Geneviève
Bezaumont
Landremont
Autreville-s-Moselle
Belleville
Marbache
Millery
Custines
Malleloy
Pompey
Frouard
Champigneulles
Maxéville
NANCY
Laxou
Villers
Vandœuvre
Malzéville
St Max
Essey
Tomblaine
Jarville-la-Malgrange
Laneuveville-devant-Nancy
Fléville-devant-Nancy
Houdemont
Ludres
Heillecourt
Chavigny
Neuves-Maisons
Messein
Chaligny
Maron
Sexey-aux-Forges
Sexey-les-Bois
Velaine-en-Haye
Fontenoy-s-Moselle
Gondreville
Villey-le-Sec
Pont St Vincent
Viterne
Thuilley-aux-Groseilles
Maizières
Xeuilley
Bainville-s-Madon
Méréville
Pierreville
Frolois
Pulligny
Marthemont
Parey-St Césaire
Autrey
Houdelmont
Germiny
Clérey-s-Brénon
Houdreville
Hammeville
Omelmont
Vézelise
Vitrey
Ognéville
Tantonville
Goviller
Gerbécourt
Haroué
Crantenoy
Ormes-et-Ville
Ceintrey
Voinémont
Pont-St-Vincent
Richardménil
Flavigny-s-Moselle
Azelot
Burthecourt-aux-Chênes
Benney
Lemainville
Crévéchamps
Neuville-s-Moselle
Laneuveville-devant-Bayon
Bayon
Roville-
Lupcourt
Ville-en-Vermois
Manoncourt-en-Vermois
Coyviller
Tonnoy
Ferrières
Vigneulles
Saffais
Rosières-aux-Salines
Damelevières
Barbonville
Charmois
Haussonville
Domptail-en-l'Air
Romain
St Mard
Lorey
Haigneville
Brémoncourt
Froville
St Nicolas-de-Port
Varangéville
Dombasle-s-Meurthe
Sommerviller
Flainval
Anthelupt
Crévic
Art-s-Meurthe
Saulxures-lès-Nancy
Pulnoy
Seichamps
Cerville
Buissoncourt
Lenoncourt
Haraucourt
Dommartemont
Agincourt
Lay-St Christophe
Bouxières-aux-Dames
Eulmont
Dommartin-s-Amance
Laître-s-Amance
Amance
Laneuvelotte
Velaine-s-Amance
Champenoux
Mazerulles
Moncel-s-Seille
Sornéville
Erbéviller-s-Amezule
Réméréville
Courbesseaux
Gellenoncourt
Bouxières-aux-Chênes
Leyr
Faulx
Montenoy
Bratte
Villers-lès-Moivrons
Moivrons
Jeandelaincourt
Sivry
Belleau
Morey
Ecuelle
Brin-s-Seille
Bey-s-Seille
Lanfroicourt
Armaucourt
Abaucourt
Nomeny
Rouves
Clémery
Bénicourt
Port-s-Seille
Morville-s-Seille
Eply
Raucourt
Mailly-s-Seille
Phlin
Thézey-St Martin
Létricourt
Chenicourt
Aulnois-s-Seille
Ajoncourt
Arraye-et-Han
Fossieux
Malaucourt-s-Seille
Jallaucourt
Lemoncourt
Oriocourt
Delme
Donjeux
Puzieux
Alaincourt-la-Côte
Tincry
Xocourt
Prévocourt
Liocourt
Fonville
Vulmont
Sailly-Achâtel
Secourt
Moncheux
Juville
Bacourt
Thimonville
Morville-s-Nied
Tragny
Solgne
Buchy
Vigny
Luppy
Béchy
Flocourt
St Epvre
Silly-en-Saulnois
Liéhon
Goin
Pagny-lès-Goin
Pommérieux
Sillegny
Marieulles
Louvigny
Longeville-lès-Cheminot
Cheminot
Alémont
St Jure
Ressaincourt
Marly-aux-Bois
Lorry-Mardigny
Abonсourt-s-Seille
Manhoué
Aboncourt
Bioncourt
Attilloncourt
Grémecey
Pettoncourt
Chambrey
Fresnes-en-Saulnois
Malleloy
Lixières
Serrières
Mont Toulon
Sivry
Facq
Bois de Faulx
Forêt de Haye
Bois l'Évêque
Forêt de l'Avant-Garde
Forêt de Puvenelle
Forêt de Champenoux
Forêt d'Amance
Bois Juré
Bois de Gondreville
Forêt de Benney
Canal de l'Est
Moselle
Meurthe
Madon
Seille

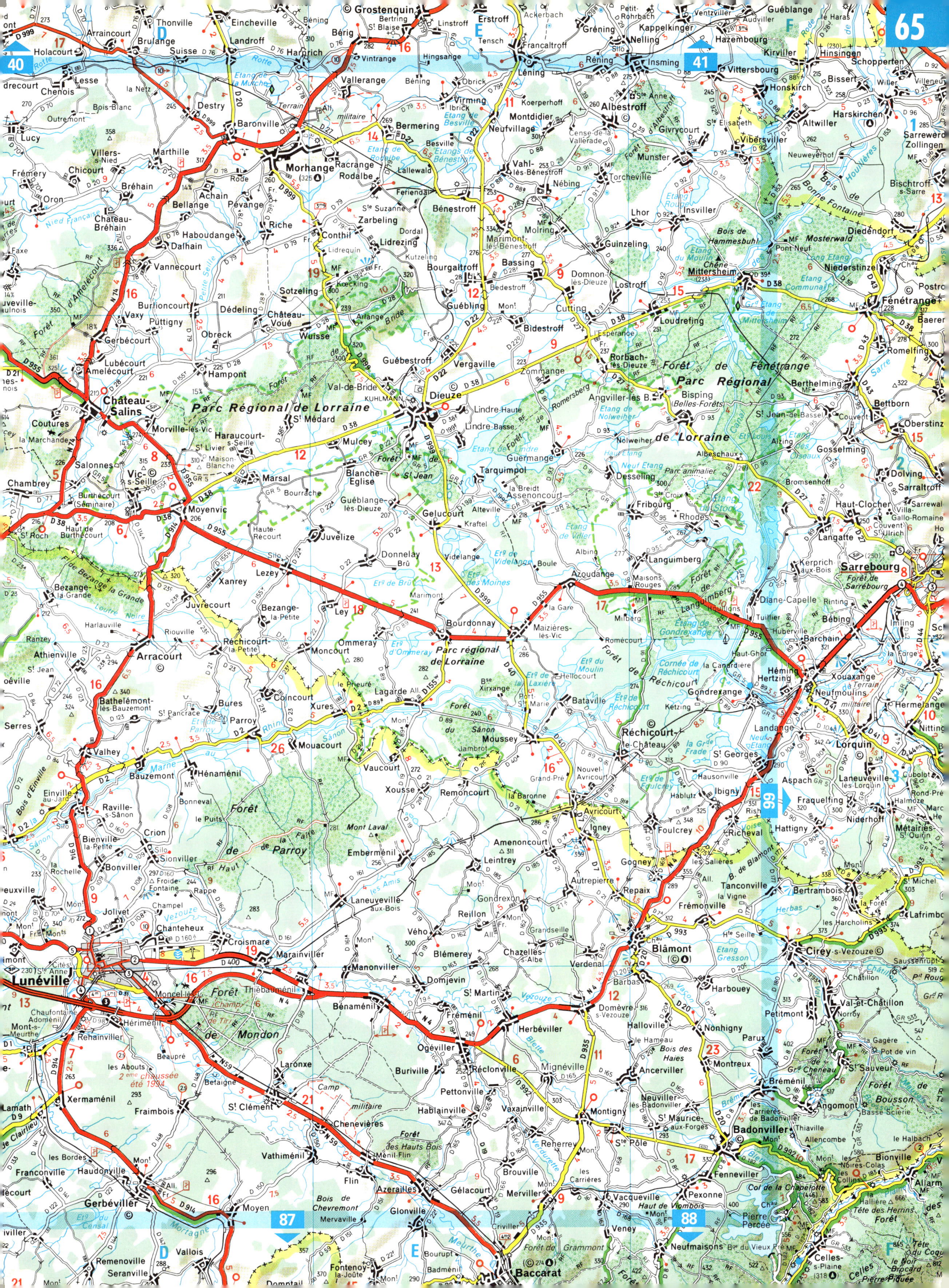
Grostenquin
Morhange
Château-Salins
Vic-s-Seille
Dieuze
Parc Régional de Lorraine
Forêt de Fénétrange
Parc Régional de Lorraine
Mittersheim
Fénétrange
Sarrebourg
Lunéville
Blâmont
Baccarat
Badonviller
Cirey-s-Vezouze
Réchicourt-le-Château
Albestroff
Sarre-Union
Lorquin
Forêt de Parroy
Forêt de Mondon
Parc régional de Lorraine
40
41
87
88
99
D
E
F

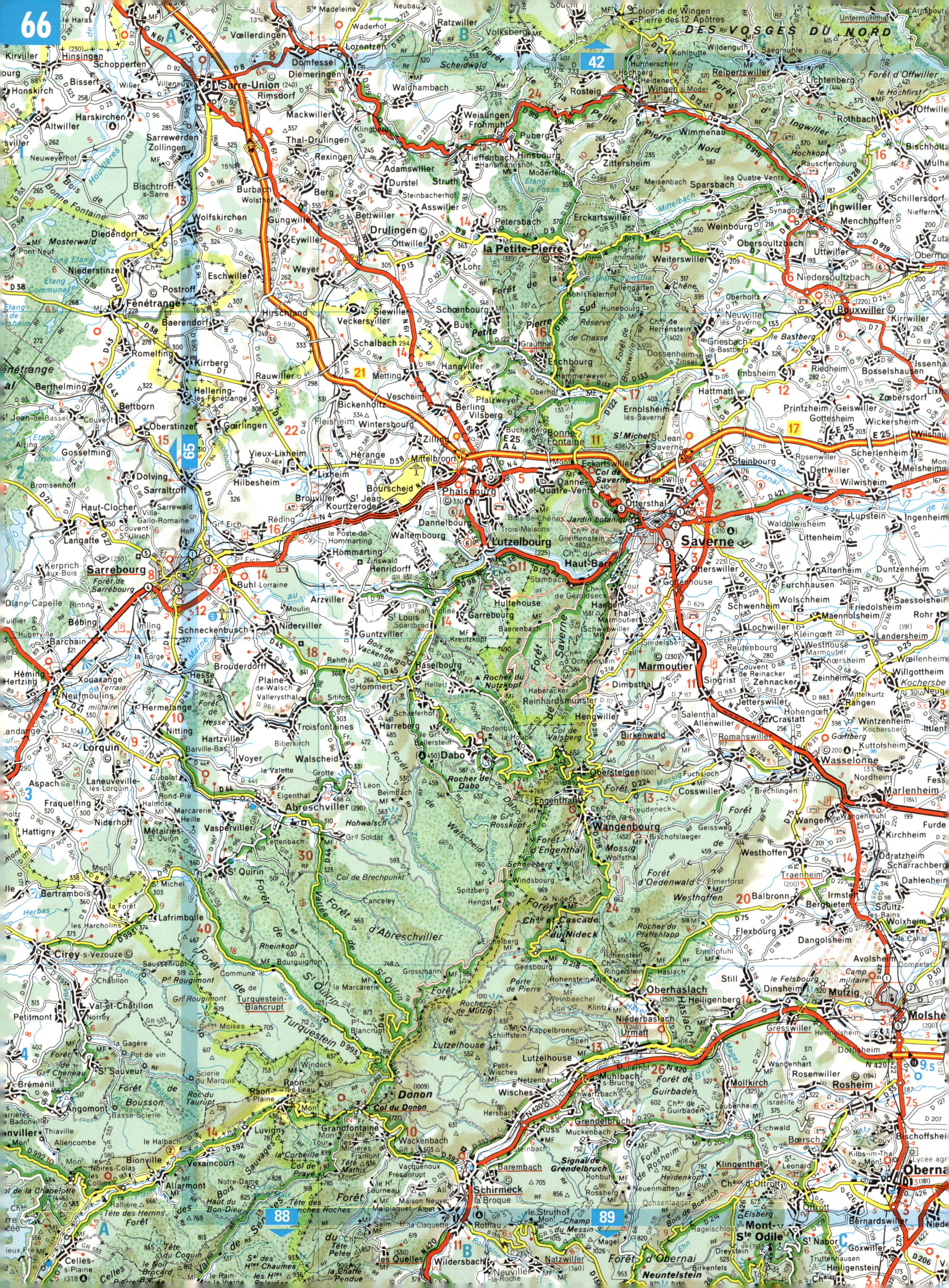
42
DES VOSGES DU NORD
Sarre-Union
Drulingen
la Petite-Pierre
Ingwiller
Bouxwiller
Fénétrange
Phalsbourg
Lutzelbourg
Saverne
Sarrebourg
Marmoutier
Dabo
Abreschviller
Wasselonne
Marlenheim
Wangenbourg
Oberhaslach
Mutzig
Molsheim
Rosheim
Obernai
Schirmeck
Donon
Col du Donon
Cirey-s-Vezouze
Lorquin
Mont-Ste Odile
Haut-Barr
Forêt d'Abreschviller
Turquestein-Blancrupt
65
88
89

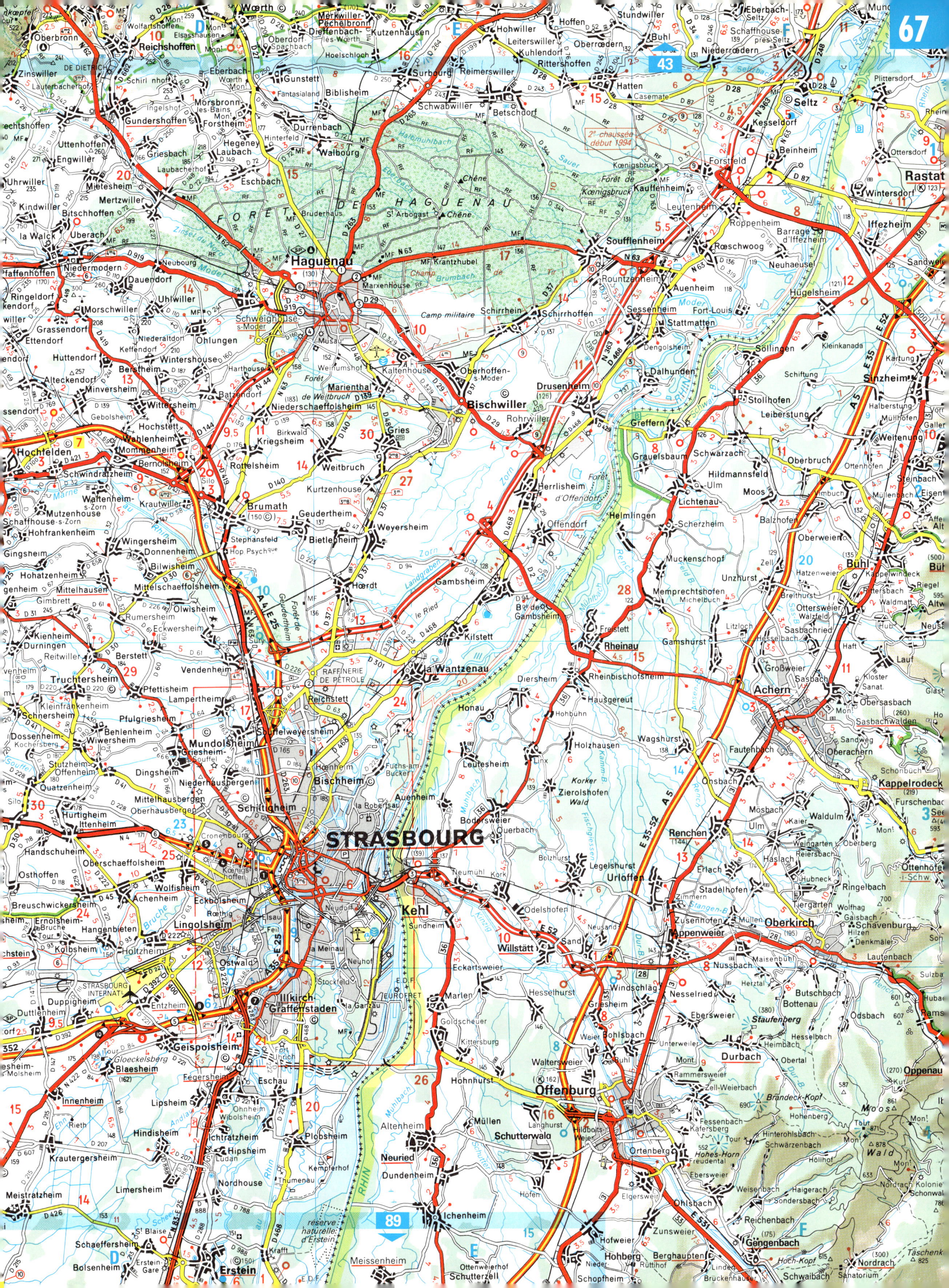

STRASBOURG
Haguenau
FORÊT DE HAGUENAU
Bischwiller
Brumath
Hochfelden
Reichshoffen
Woerth
Soufflenheim
Seltz
Rastatt
Iffezheim
Sinzheim
Bühl
Achern
Kappelrodeck
Renchen
Oberkirch
Appenweier
Offenburg
Kehl
Willstätt
Schutterwald
Neuried
Gengenbach
Durbach
Oppenau
Rheinau
Lichtenau
Drusenheim
Gambsheim
La Wantzenau
Reichstett
Bischheim
Schiltigheim
Mundolsheim
Hoenheim
Illkirch-Graffenstaden
Lingolsheim
Geispolsheim
Blaesheim
Entzheim
Eschau
Plobsheim
Erstein
Hipsheim
Fegersheim
Ostwald
Holtzheim
Wolfisheim
Oberhausbergen
Mittelhausbergen
Niederhausbergen
Vendenheim
Hoerdt
Weyersheim
Kilstett
Herrlisheim
Offendorf
Gries
Kurtzenhouse
Weitbruch
Kriegsheim
Rottelsheim
Bernolsheim
Mommenheim
Wahlenheim
Schweighouse-s-Moder
Marienthal
Kaltenhouse
Oberhoffen-s-Moder
Schirrhein
Schirrhoffen
Sessenheim
Dalhunden
Stattmatten
Auenheim
Roeschwoog
Roppenheim
Forstfeld
Kauffenheim
Beinheim
Kesseldorf
Hatten
Betschdorf
Surbourg
Walbourg
Morsbronn-les-Bains
Gundershoffen
Mietesheim
Uberach
Niedermodern
Dauendorf
Uhlwiller
Ohlungen
Wintershouse
Batzendorf
Berstheim
Wittersheim
Hochstett
Schwindratzheim
Waltenheim-s-Zorn
Mutzenhouse
Wingersheim
Donnenheim
Bilwisheim
Mittelschaeffolsheim
Olwisheim
Eckwersheim
Berstett
Truchtersheim
Pfettisheim
Lampertheim
Pfulgriesheim
Dingsheim
Griesheim
Souffelweyersheim
Oberschaeffolsheim
Achenheim
Breuschwickersheim
Hangenbieten
Kolbsheim
Duppigheim
Duttlenheim
Innenheim
Krautergersheim
Hindisheim
Limersheim
Lipsheim
Nordhouse
Meistratzheim
Schaeffersheim
Bolsenheim
Ichenheim
Meissenheim
Dundenheim
Altenheim
Müllen
Hohnhurst
Goldscheuer
Marlen
Eckartsweier
Sand
Legelshurst
Urloffen
Zusenhofen
Nussbach
Windschläg
Bohlsbach
Griesheim
Waltersweier
Weier
Ortenberg
Ohlsbach
Zunsweier
Hofweier
Hohberg
Berghaupten
Ebersweier
Butschbach
Bottenau
Odsbach
Stadelhofen
Erlach
Haslach
Ulm
Mosbach
Waldulm
Onsbach
Fautenbach
Sasbach
Großweier
Gamshurst
Freistett
Memprechtshofen
Muckenschopf
Helmlingen
Scherzheim
Moos
Balzhofen
Oberweier
Unzhurst
Zell
Leiberstung
Stollhofen
Söllingen
Hügelsheim
Greffern
Schwarzach
Hildmannsfeld
Oberbruch
Weitenung
Steinbach
Vimbuch
Neuhausen
Wintersdorf
Plittersdorf
Ottersdorf
Sandweier
Rheinbischofsheim
Diersheim
Hausgereut
Holzhausen
Wagshurst
Honau
Leutesheim
Bodersweier
Querbach
Neumühl
Kork
Odelshofen
Hesselhurst
Elgersweier
Staufenberg
Reichenbach
43
89
E 52
A 5
A 4
A 35

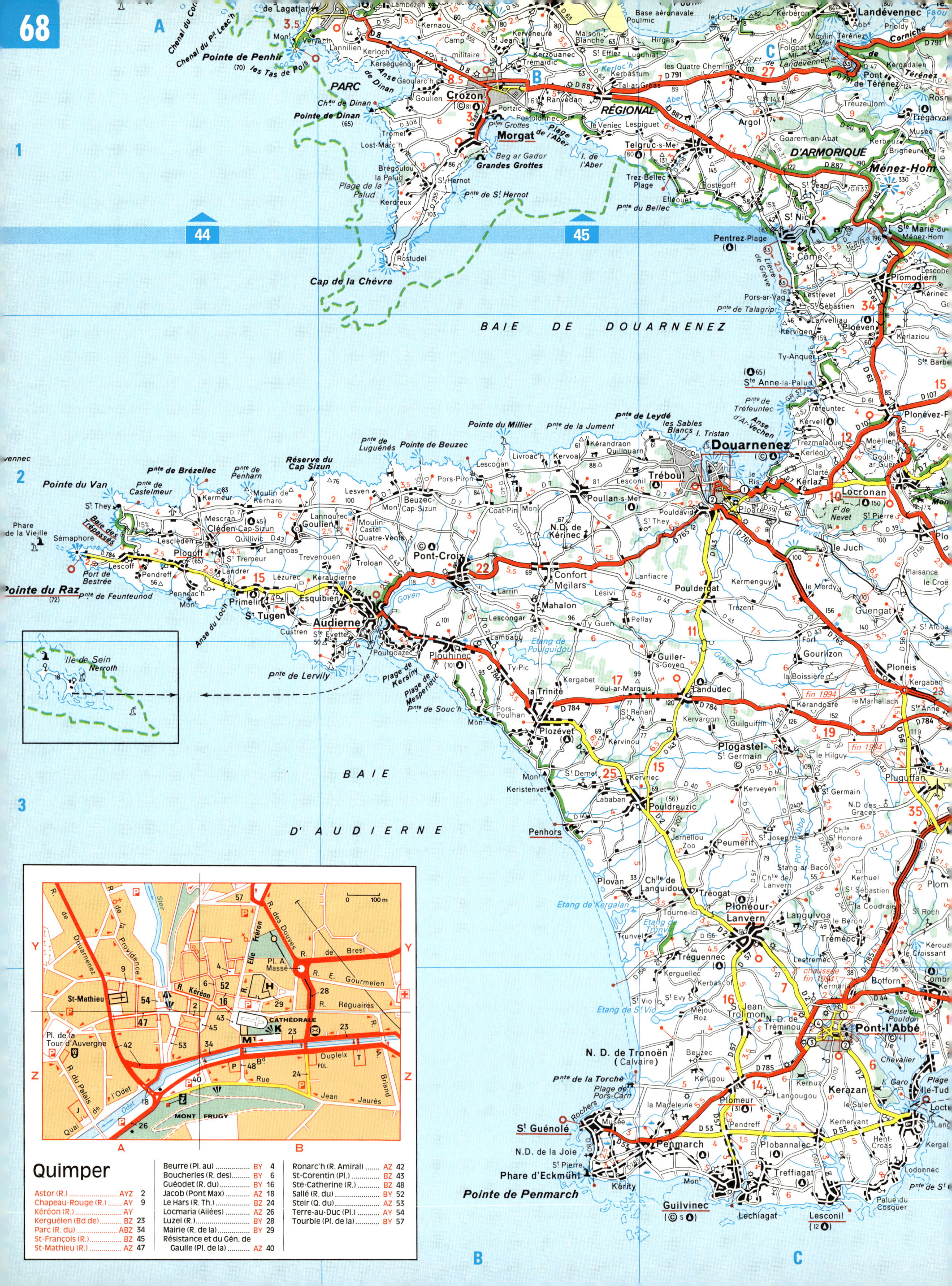

Quimper

Astor (R.) AYZ 2	Beurre (Pl. au) BY 4	Ronarc'h (R. Amiral) AZ 42
Chapeau-Rouge (R.) AY 9	Boucheries (R. des) BY 6	St-Corentin (Pl.) BZ 43
Kéréon (R.) AY	Guéodet (R. du) BY 16	Ste-Catherine (R.) BZ 48
Kerguélen (Bd de) BZ 23	Jacob (Pont Max) AZ 18	Sallé (R. du) BY 52
Parc (R. du) ABZ 34	Le Hars (R. Th.) BZ 24	Steir (Q. du) AZ 53
St-François (R.) BZ 45	Locmaria (Allées) AZ 26	Terre-au-Duc (Pl.) AY 54
St-Mathieu (R.) AZ 47	Luzel (R.) BY 28	Tourbie (Pl. de la) BY 57
	Mairie (R. de la) BY 29	
	Résistance et du Gén. de Gaulle (Pl. de la) AZ 40	

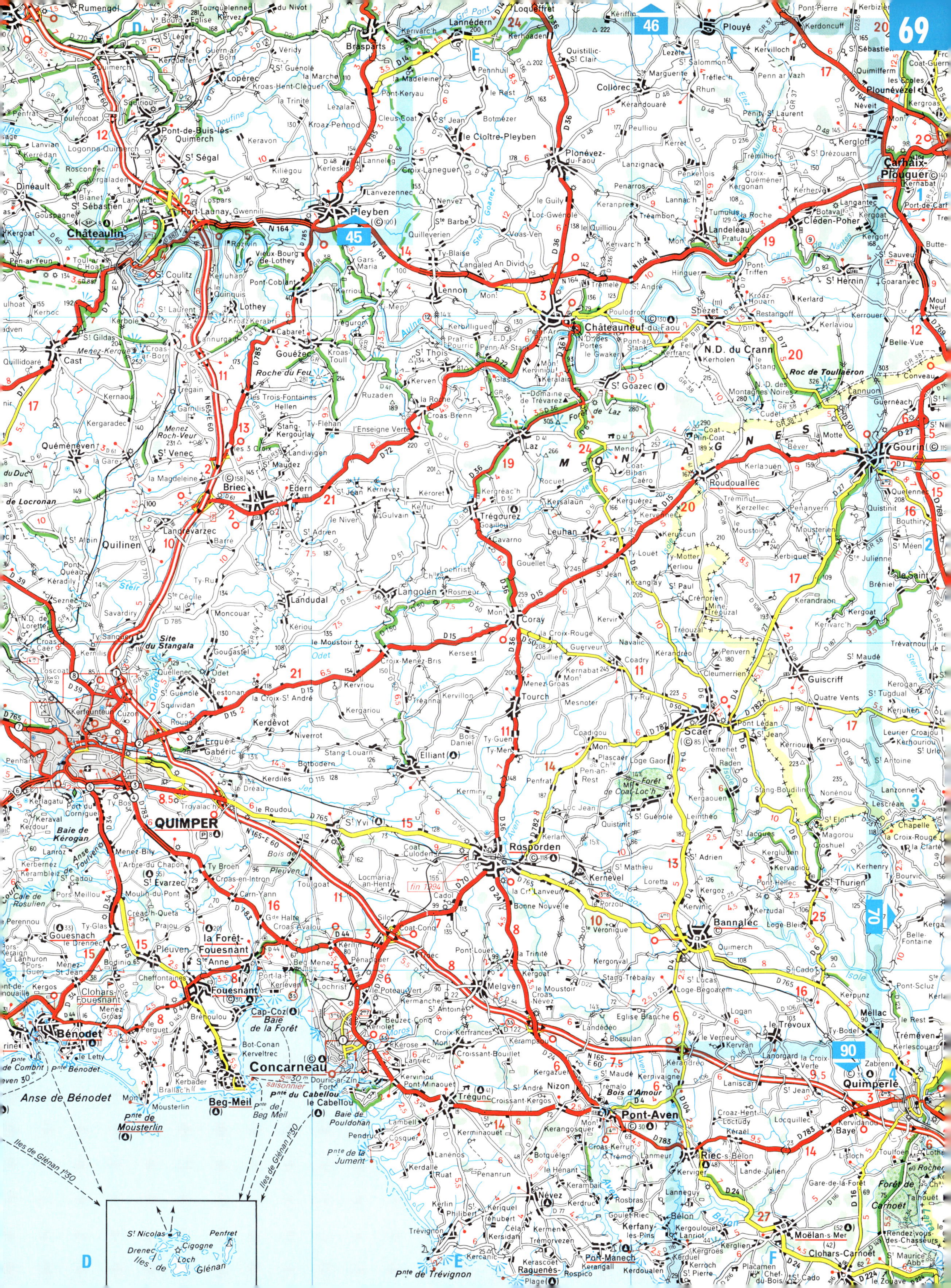
Rumengol
Brasparts
Lannédern
Loqueffret
Plouyé
46
Kerbizien
Châteaulin
Port-Launay
Pont-de-Buis-lès-Quimerch
St Ségal
Pleyben
45
Lopérec
Le Cloître-Pleyben
Plonévez-du-Faou
Collorec
Landeleau
Cléden-Poher
Carhaix-Plouguer
Dinéault
St Sébastien
St Coulitz
Lothey
Lennon
Châteauneuf-du-Faou
Spézet
N.D. du Crann
Roc de Toullaëron
Cast
St Gildas
Gouézec
Quéménéven
Briec
Edern
Laz
St Goazec
Gourin
Roudouallec
Landrévarzec
Quilinen
Trégourez
Leuhan
Langolen
Landudal
Coray
Site du Stangala
Quimper
Kerfeunteun
Ergué-Gabéric
Elliant
Tourch
Scaër
Guiscriff
Rosporden
Kernével
Bannalec
St Thurien
Pluguffan
Pleuven
St Evarzec
Gouesnach
Clohars-Fouesnant
La Forêt-Fouesnant
Fouesnant
Bénodet
Concarneau
Beg-Meil
Melgven
Tregunc
Pont-Aven
Riec-s-Bélon
Nizon
Névez
Port-Manech
Raguenès-Plage
Moëlan-s-Mer
Clohars-Carnoët
Quimperlé
Mellac
Le Trévoux
Baye
Forêt de Carnoët
Anse de Bénodet
Pte de Mousterlin
Baie de la Forêt
Pte de Trévignon
Iles de Glénan
St Nicolas
Penfret
Drenec
Cigogne
Loch
Glénan
90
70

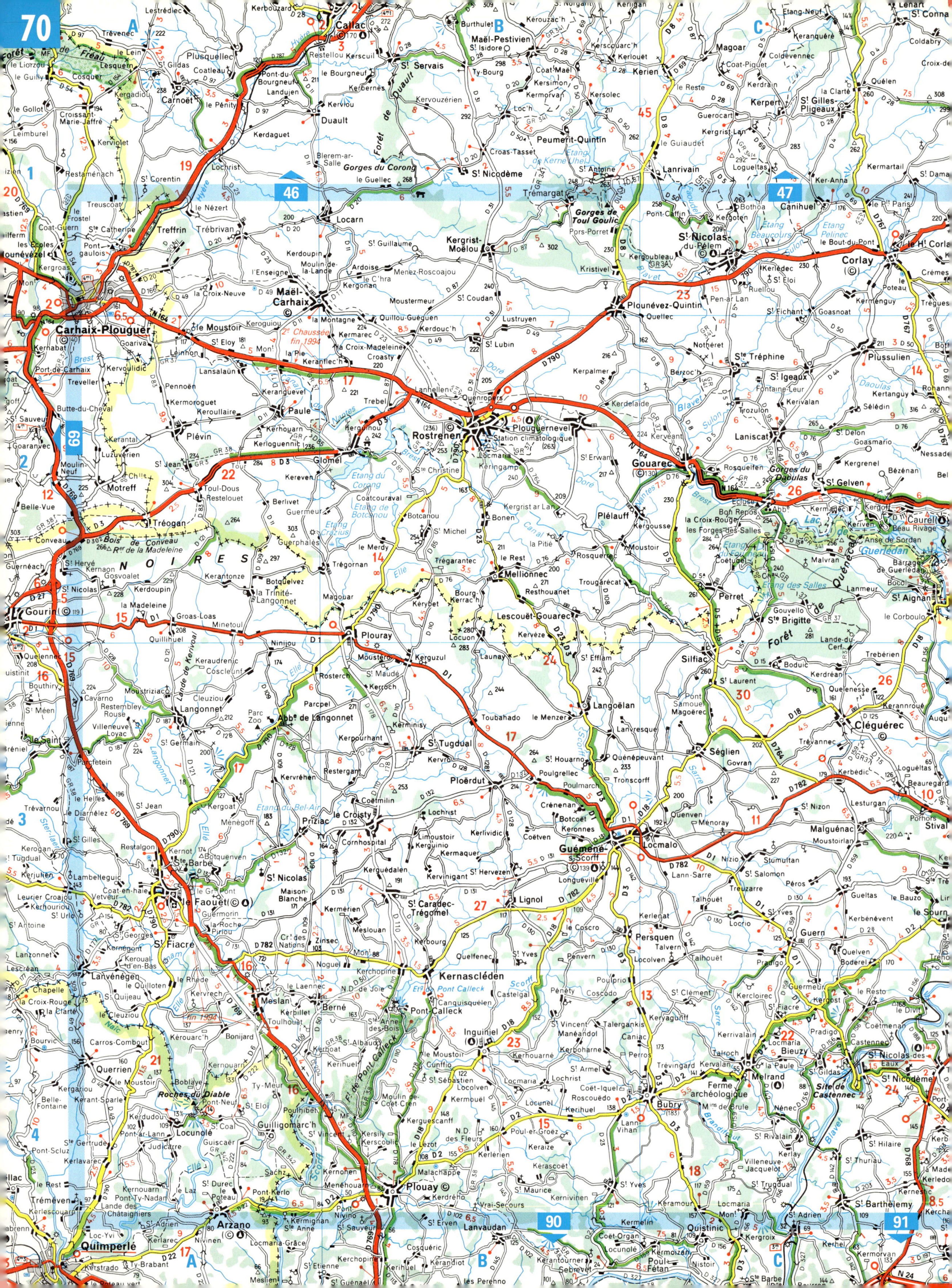
Callac
Maël-Pestivien
Plusquellec
St Servais
Duault
Forêt de Duault
Carnoët
Peumerit-Quintin
Kerien
Magoar
St Gilles-Pligeaux
Gorges du Corong
St Nicodème
Trémargat
Gorges de Toul Goulic
Lanrivain
Canihuel
St Nicolas-du-Pélem
Corlay
Le Haut Corlay
Locarn
Trébrivan
Treffrin
Kergrist-Moëlou
Maël-Carhaix
Carhaix-Plouguer
Le Moustoir
Plounévez-Quintin
Ste Tréphine
Plussulien
St Igeaux
Paule
Plévin
Glomel
Rostrenen
Plouguernevel
Gouarec
Laniscat
Gorges du Daoulas
St Gelven
Caurel
Lac de Guerlédan
Motreff
Tréogan
Bois de Conveau
NOIRES
Plélauff
Mellionnec
Perret
Forêt de Quénécan
Ste Brigitte
Gourin
Plouray
Lescouët-Gouarec
Silfiac
Cléguérec
Langonnet
Abbaye de Langonnet
Langoëlan
Séglien
St Tugdual
Ploërdut
Guémené-s-Scorff
Locmalo
Malguénac
Priziac
Le Croisty
Ste Barbe
Le Faouët
Lignol
St Caradec-Trégomel
Persquen
Guern
St Fiacre
Kernascléden
Lanvénégen
Meslan
Berné
Pont-Calleck
Inguiniel
Bieuzy
Roches du Diable
Querrien
Locunolé
Guilligomarc'h
Bubry
Melrand
Site de Castennec
St Nicolas-des-Eaux
St Nicodème
Ploucay
Quistinic
Arzano
Quimperlé
Lanvaudan
St Barthélemy
46
47
69
90
91
A
B
C

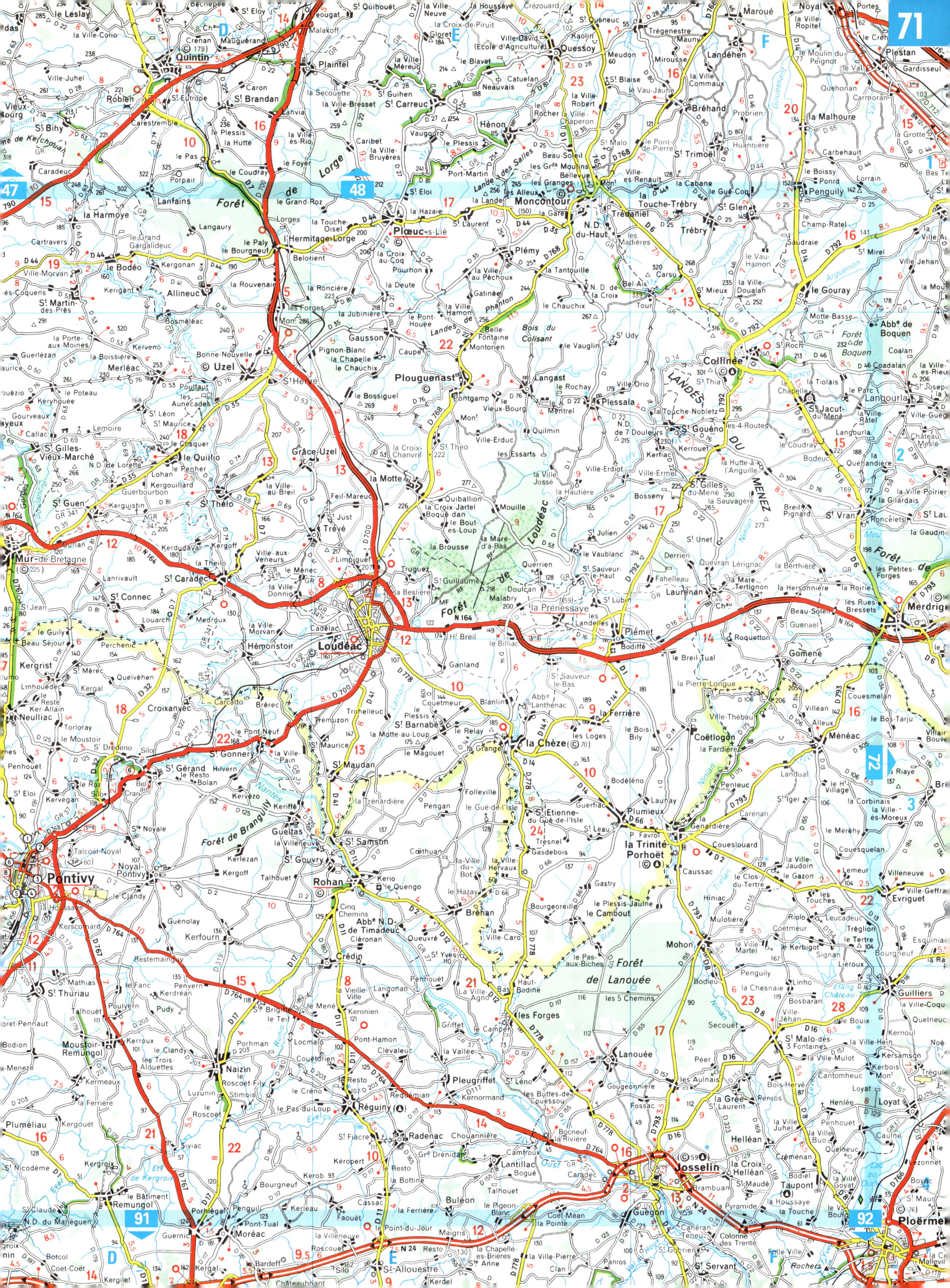

Quintin
Plaintel
Quessoy
Moncontour
Ploeuc-s-Lié
Plémy
Hénon
Bréhand
Trébry
Penguily
Collinée
Langourla
Plouguenast
Uzel
Merléac
St Hervé
Le Quillio
St Gilles-Vieux-Marché
Mur-de-Bretagne
St Caradec
St Connec
Grâce-Uzel
La Motte
Trévé
Loudéac
Plessala
Langast
Plémet
La Prénessaye
Forêt de Loudéac
Forêt de Lorge
Landes du Menez
Gomené
Merdrignac
Ménéac
Coëtlogon
La Chèze
La Ferrière
Plumieux
La Trinité-Porhoët
Mohon
Guilliers
St Gonnery
St Gérand
Gueltas
Noyal-Pontivy
Pontivy
Rohan
St Samson
Bréhan
Crédin
Naizin
Réguiny
Radenac
Pleugriffet
Lanouée
Forêt de Lanouée
Les Forges
Josselin
Guégon
Forêt de Branguily
Moréac
Remungol
Pluméliau
Kergrist
Neulliac
Cléguérec
Helléan
Taupont
Ploërmel
Loyat
St Servant
Guéhenno
St Allouestre

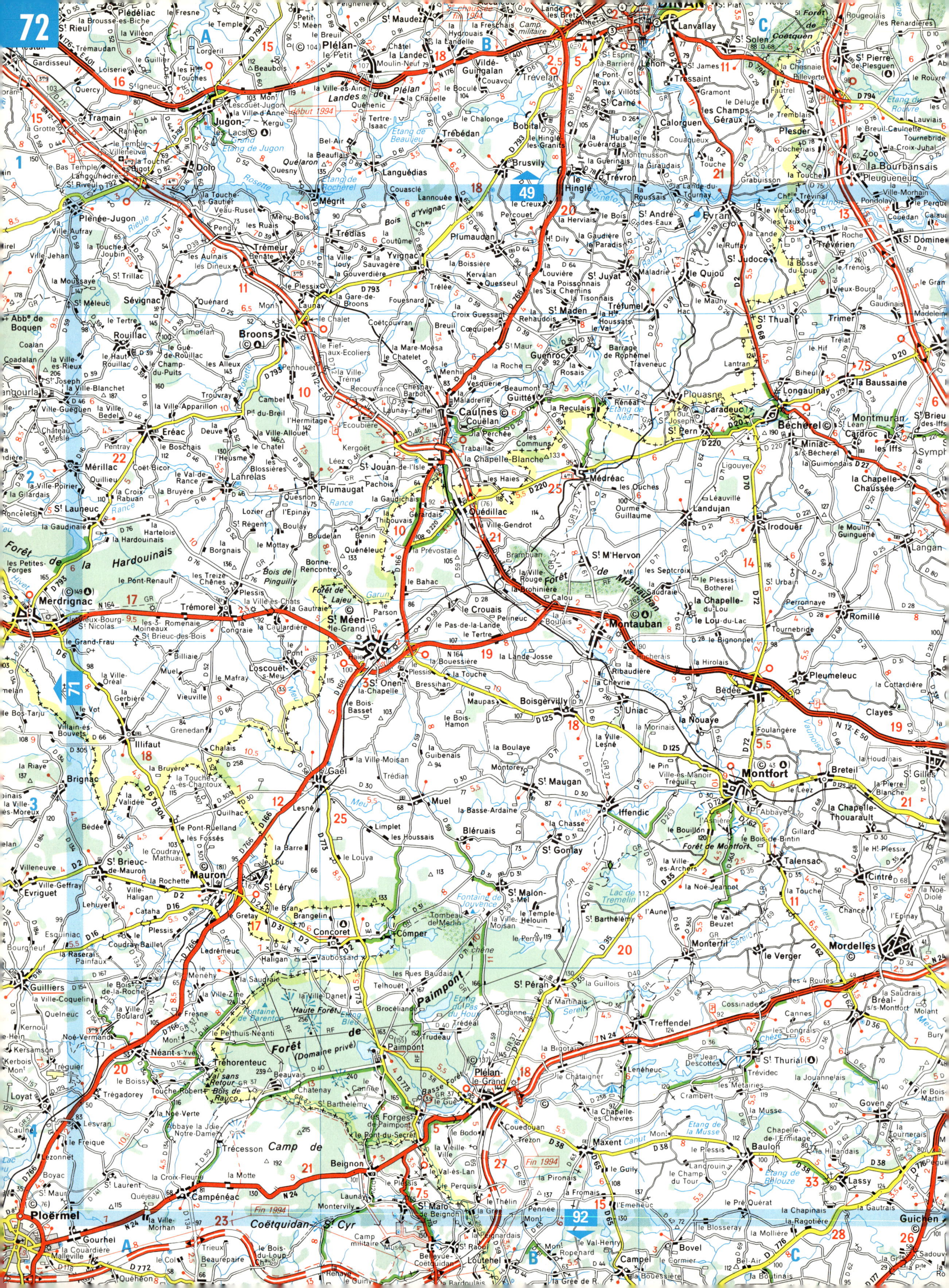

DINAN
Lanvallay
Forêt de Coëtquen
Plélan-le-Petit
St Maudez
Jugon-les-Lacs
Etang de Jugon
Dolo
Plénée-Jugon
Mégrit
Languédias
Trédias
Yvignac
Trémeur
Brusvily
Trévron
le Hinglé
Evran
St Judoce
Pleugueneuc
la Bourbansais
Trévérien
Broons
Sévignac
Rouillac
Eréac
Lanrelas
St Thual
Plouasne
Guitté
Guenroc
Caulnes
Bécherel
Longaulnay
Miniac-s/s-Bécherel
la Baussaine
Montmuran
Irodouër
Médréac
Quédillac
St Jouan-de-l'Isle
Plumaugat
Mérillac
St Launeuc
Forêt de la Hardouinais
Merdrignac
Trémorel
St Méen-le-Grand
Forêt de Montauban
Montauban
Landujan
Romillé
Pleumeleuc
Bédée
Breteil
Montfort
Clayes
Boisgervilly
St Uniac
La Nouaye
St Onen-la-Chapelle
Loscouët-s-Meu
Illifaut
Gaël
Muel
St Maugan
Iffendic
Talensac
Forêt de Montfort
Cintré
Mordelles
Bréal-s/s-Montfort
Mauron
St Léry
Concoret
St Malon-s-Mel
St Péran
Paimpont
Forêt de Paimpont
Haute Forêt
Forêt (Domaine privé)
Tréhorenteuc
Néant-s-Yvel
Plélan-le-Grand
Treffendel
St Thurial
Maxent
Baulon
Lassy
Guichen
Camp de Coëtquidan-St Cyr
Beignon
Campénéac
Ploërmel
Gourhel
Bovel
Guilliers
Brignac
Evriguet
49
71
92

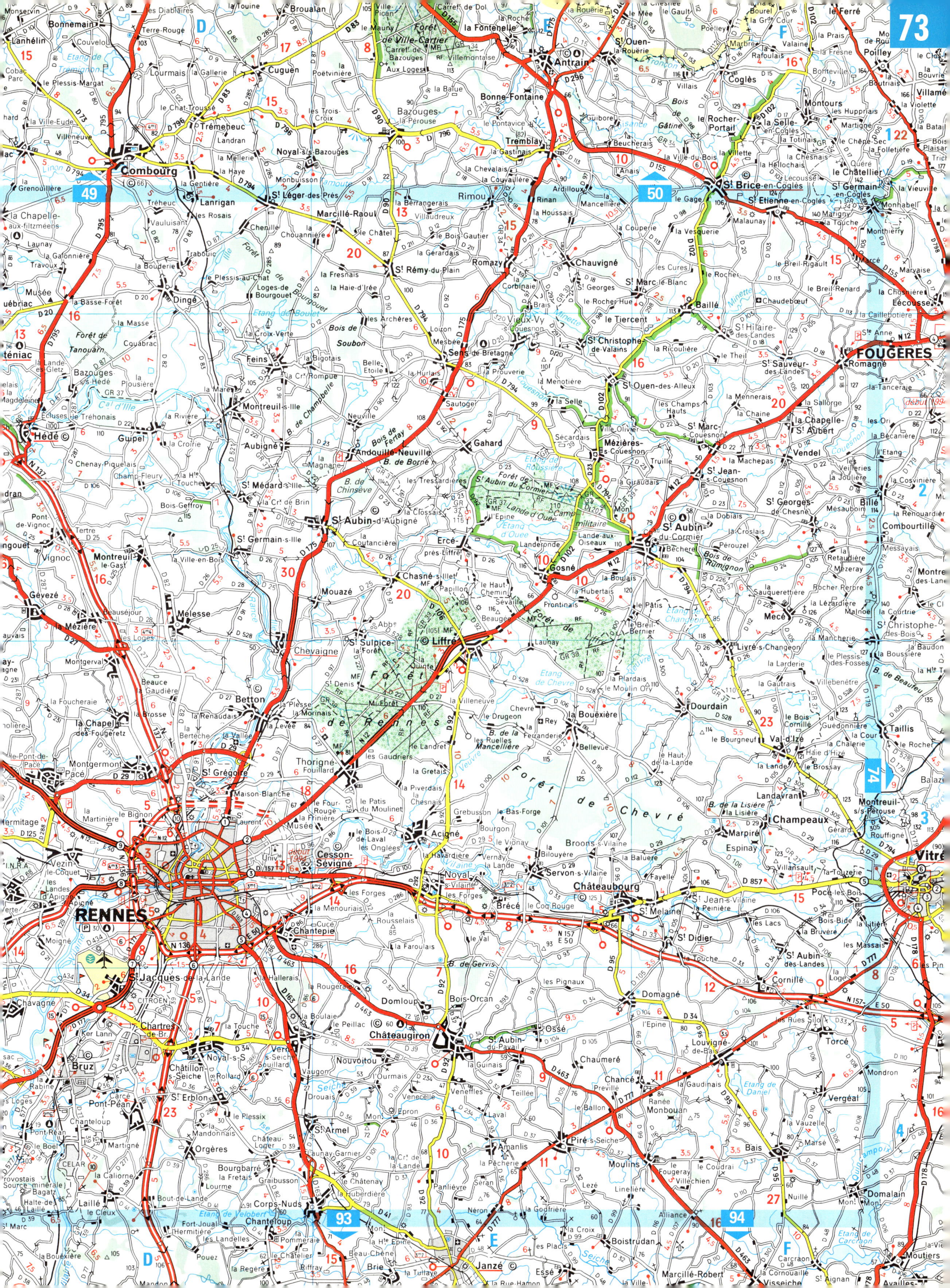
Combourg
Antrain
Tremblay
St Brice-en-Coglès
St Étienne-en-Coglès
Coglès
Poilley
Villamée
Louvigné
St Léger-des-Prés
Marcillé-Raoul
St Rémy-du-Plain
Romazy
Chauvigné
St Marc-le-Blanc
Baillé
Le Tiercent
St Christophe-de-Valains
Sens-de-Bretagne
Vieux-Vy-s-Couesnon
Dingé
Feins
Hédé
Guipel
Montreuil-s-Ille
Aubigné
St Médard-s-Ille
St Aubin-d'Aubigné
St Germain-s-Ille
Andouillé-Neuville
Gahard
Mézières-s-Couesnon
St Ouen-des-Alleux
St Marc-s-Couesnon
St Jean-s-Couesnon
St Aubin-du-Cormier
Gosné
Ercé-près-Liffré
Chasné-s-Illet
Mouazé
Liffré
St Sulpice-la-Forêt
Forêt de Rennes
Forêt de Chevré
La Bouëxière
Dourdain
Livré-s-Changeon
Mecé
Val-d'Izé
Vitré
FOUGÈRES
Romagné
Vendel
Billé
Combourtillé
Montreuil-le-Gast
Vignoc
Gévezé
La Mézière
Melesse
Chevaigne
Betton
Thorigné-Fouillard
St Grégoire
Montgermont
Pacé
RENNES
Cesson-Sévigné
Acigné
Noyal-s-Vilaine
Brécé
Servon-s-Vilaine
Châteaubourg
St Melaine
St Didier
Champeaux
Landavran
Marpiré
Montreuil-s-Pérouse
Chantepie
St Jacques-de-la-Lande
Chartres-de-Bretagne
Bruz
Noyal-s-Seiche
Châtillon-s-Seiche
St Erblon
Pont-Péan
Orgères
Vern-s-Seiche
Domloup
Châteaugiron
Ossé
St Aubin-du-Pavail
Domagné
Louvigné-de-Bais
Cornillé
Torcé
Vergéal
Bais
Piré-s-Seiche
Moulins
Chaumeré
Amanlis
Nouvoitou
St Armel
Corps-Nuds
Chanteloup
Bourgbarré
Laillé
Janzé
Brie
Essé
Boistrudan
Marcillé-Robert
Domalain
Moutiers
Visseiche
Retiers
Rimou
Bazouges-la-Pérouse
Cuguen
Noyal-s/s-Bazouges
Trémeheuc
Lourmais
Bonnemain
Lanhélin
Broualan
Bonne-Fontaine
49
50
93
94
D
E
F

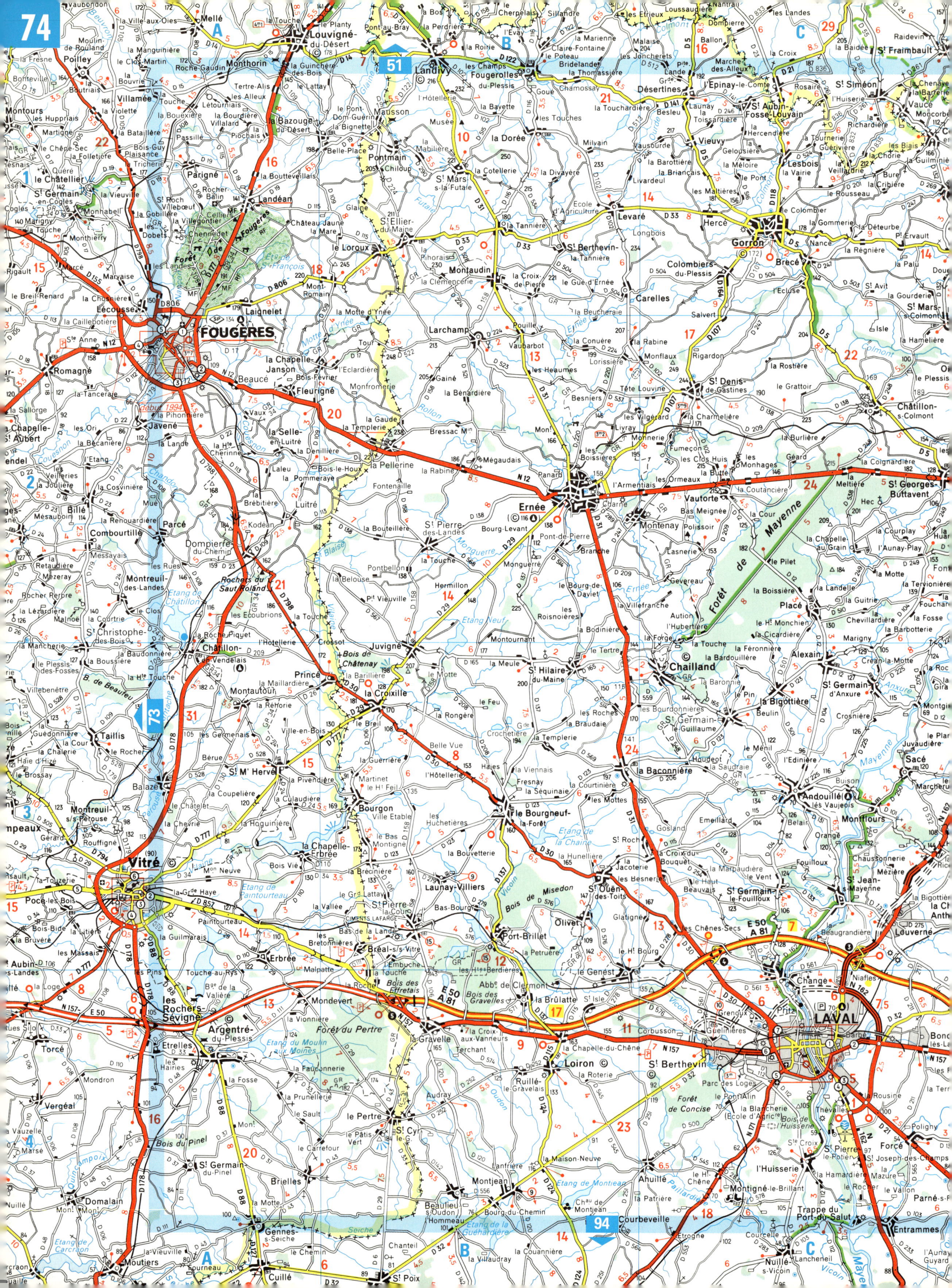

FOUGÈRES
Vitré
LAVAL
Ernée
Landivy
Louvigné-du-Désert
Gorron
Chailland
Andouillé
Montflours
Loiron
St Berthevin
Argentré-du-Plessis
Étrelles
les Rochers-Sévigné
Port-Brillet
Juvigné
la Croixille
Princé
Châtillon-en-Vendelais
Balazé
Taillis
Montreuil-s/s-Pérouse
Pontmain
Larchamp
St Denis-de-Gastines
Châtillon-s-Colmont
St Georges-Buttavent
Vautorte
Montenay
Colombiers-du-Plessis
Carelles
Levaré
Désertines
Fougerolles-du-Plessis
St Mars-s-la-Futaie
la Dorée
Montaudin
St Ellier-du-Maine
Landéan
Parigné
la Bazouge-du-Désert
Lécousse
Romagné
Javené
Billé
Parcé
Dompierre-du-Chemin
Luitré
Fleurigné
Laignelet
la Chapelle-Janson
Beaucé
la Selle-en-Luitré
Combourtillé
Montreuil-des-Landes
St Christophe-des-Bois
Montautour
St Mt Hervé
Bourgon
la Chapelle-Erbrée
Erbrée
Bréal-s/s-Vitré
Mondevert
la Gravelle
le Genest
Olivet
St Ouën-des-Toits
le Bourgneuf-la-Forêt
St Pierre-des-Landes
St Hilaire-du-Maine
la Baconnière
Alexain
Placé
la Bigottière
St Germain-le-Fouilloux
St Jean-s-Mayenne
Louverné
Changé
Bonchamp
Forcé
Entrammes
l'Huisserie
Montigné-le-Brillant
Ahuillé
Courbeveille
Nuillé-s-Vicoin
Montjean
Beaulieu-s-Oudon
le Pertre
Brielles
St Germain-du-Pinel
Gennes-s-Seiche
Cuillé
Moutiers
Domalain
Torcé
Vergéal
Forêt de Fougères
Forêt de Mayenne
Forêt du Pertre
Forêt de Concise
Bois de Misedon
Rochers du Saut Roland
Étang de Paintourteau
A 81
E 50
N 12
N 157
D 178
D 31
D 30
D 29
D 777
51
73
94
A
B
C

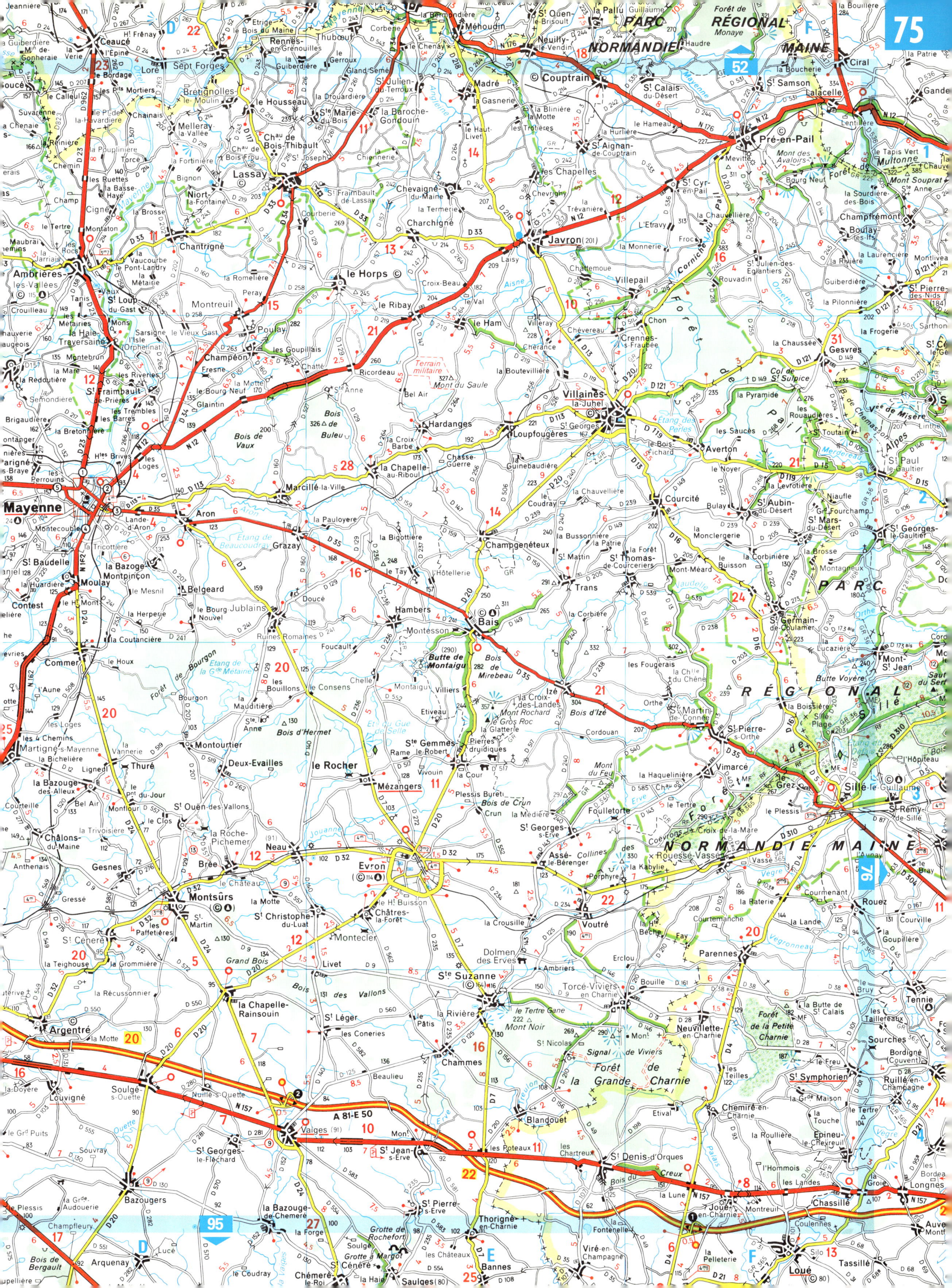
PARC NATUREL RÉGIONAL NORMANDIE MAINE
Forêt de Monaye
Couptrain
Pré-en-Pail
Mont des Avaloirs
Forêt de Multonne
St Calais-du-Désert
St Samson
Lalacelle
Ciral
Madré
Méhoudin
Neuilly-le-Vendin
Ceaucé
Sept Forges
Lassay
Chevaigné-du-Maine
Charchigné
Javron
St Aignan-de-Couptrain
les Chapelles
Villepail
St Cyr-en-Pail
Boulay-les-Ifs
Champfrémont
Gesvres
St Pierre-des-Nids
Ambrières-les-Vallées
Chantrigné
le Horps
le Ribay
le Ham
Montreuil
Poulay
Champéon
St Loup-du-Gast
la Haie-Traversaine
St Fraimbault-de-Prières
Mayenne
Aron
Grazay
Marcillé-la-Ville
Hardanges
Loupfougères
Villaines-la-Juhel
Averton
Courcité
la Chapelle-au-Riboul
Champgenéteux
Bais
Hambers
St Germain-de-Coulamer
St Aubin-du-Désert
St Mars-du-Désert
Moulay
Belgeard
Jublains
Commer
Martigné-sur-Mayenne
Montourtier
Deux-Evailles
le Rocher
Mézangers
Izé
St Pierre-sur-Orthe
Vimarcé
Sillé-le-Guillaume
Forêt de Sillé
la Bazouge-des-Alleux
St Ouën-des-Vallons
Châlons-du-Maine
Gesnes
Brée
Neau
Evron
Montsûrs
Voutré
Rouessé-Vassé
Assé-le-Bérenger
St Georges-sur-Erve
Parennes
Rouez
St Cénéré
St Christophe-du-Luat
Châtres-la-Forêt
Ste Suzanne
Dolmen des Erves
Torcé-Viviers-en-Charnie
Neuvillette-en-Charnie
la Chapelle-Rainsouin
Argentré
St Léger
Chammes
Forêt de la Grande Charnie
St Symphorien
Ruillé-en-Champagne
Louvigné
Soulgé-sur-Ouette
Vaiges
St Jean-sur-Erve
Blandouet
Chemiré-en-Charnie
St Denis-d'Orques
Bazougers
St Georges-le-Fléchard
la Bazouge-de-Chemeré
Thorigné-en-Charnie
Joué-en-Charnie
Chassillé
Longnes
Arquenay
Saulges
Bannes
Viré-en-Champagne
Loué
Tassillé
A 81-E 50
N 12
N 157
N 162

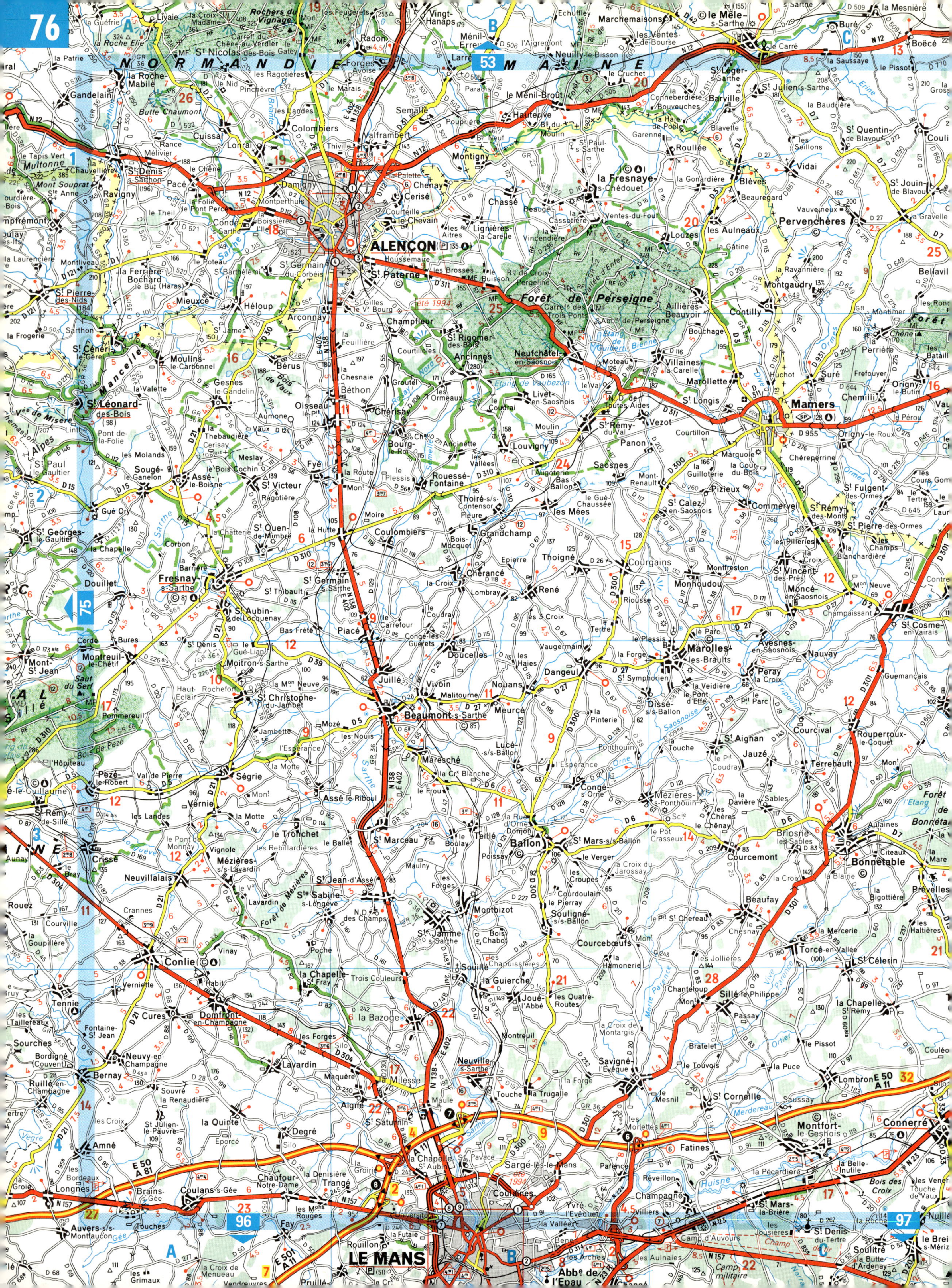
NORMANDIE
MAINE
53
75
96
97
ALENÇON
LE MANS
Mamers
Fresnay-s-Sarthe
Beaumont-s-Sarthe
Ballon
Bonnétable
Conlie
Marolles-les-Braults
St Paterne
Forêt de Perseigne
Forêt de Sillé
Sillé-le-Guillaume
Sées
St Léonard-des-Bois
Alpes Mancelles
Montfort-le-Gesnois
Connerré
Savigné-l'Évêque
Sargé-lès-le-Mans
Coulans-s-Gée
Ste Sabine-s-Longève
Domfront-en-Champagne
Neuvy-en-Champagne
La Fresnaye-s-Chédouet
Neufchâtel-en-Saosnois
Pervenchères
Bellême
Le Mêle-s-Sarthe
Rouperroux-le-Coquet
Torcé-en-Vallée
Lombron
Yvré-l'Évêque
Champagné
La Chapelle-St Aubin
La Milesse
Lavardin
St Jean-d'Assé
St Marceau
Joué-l'Abbé
Souligné-s-Ballon
Courcebœufs
Dangeul
Mézières-s-Ponthouin
St Cosme-en-Vairais
Courgains
Moncé-en-Saosnois
St Rémy-des-Monts
St Rémy-du-Val
Fyé
Oisseau-le-Petit
Rouessé-Fontaine
Moitron-s-Sarthe
St Christophe-du-Jambet
Ségrie
Vernie
Crissé
Douillet
Assé-le-Boisne
St Germain-s-Sarthe
Juillé
Piacé
Vivoin
Cherancé
René
Damigny
Arçonnay
Champfleur
Béthon
Chérisay
Bourg-le-Roi
Ancinnes
Louvigny
Les Mées
Thoigné
Rouillon
Trangé
Aigné
Neuville-s-Sarthe

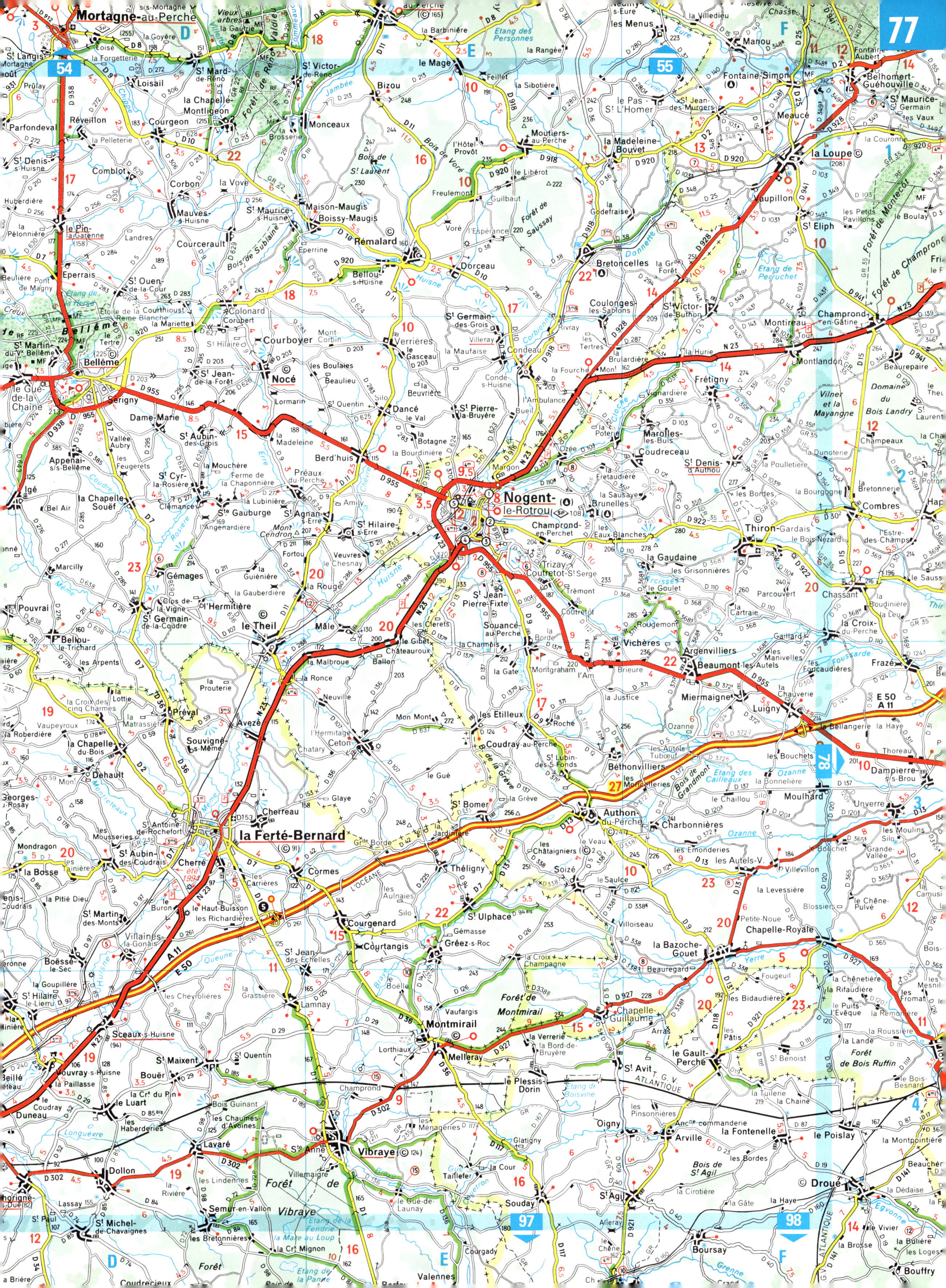

Mortagne-au-Perche
St Langis
Loisail
St Mard-de-Réno
St Victor-de-Réno
le Mage
Bizou
Feillet
Manou
Fontaine-Simon
Belhomert-Guéhouville
Réveillon
Courgeon
la Chapelle-Montligeon
Monceaux
Moutiers-au-Perche
la Madeleine-Bouvet
Meaucé
la Loupe
Parfondeval
Comblot
Corbon
Mauves-s-Huisne
Maison-Maugis
Boissy-Maugis
Rémalard
Vaupillon
St Eliph
le Pin-la-Garenne
Courcerault
Dorceau
Bretoncelles
Forêt de Saussay
Forêt de Montécot
Eperrais
St Ouen-de-la-Cour
Bellou-s-Huisne
Colonard-Corubert
Courboyer
Coulonges-les-Sablons
St Victor-de-Buthon
Champrond-en-Gâtine
Montireau
Bellême
St Martin-du-V. Bellême
Noce
Verrières
St Germain-des-Grois
Condeau
Montlandon
Frétigny
Serigny
Dame-Marie
St Jean-de-la-Forêt
Dancé
St Pierre-la-Bruyère
Vilner et la Mayanne
Appenai-s/s-Bellême
St Aubin-des-Grois
Berd'huis
Margon
Marolles-les-Buis
Coudreceau
St Denis-d'Authou
Champeaux
Igé
la Chapelle-Souëf
St Cyr-la-Rosière
Préaux-du-Perche
Nogent-le-Rotrou
Brunelles
Thiron-Gardais
Combres
Ste Gauburge
St Agnan-s-Erre
St Hilaire-s-Erre
Champrond-en-Perchet
la Gaudaine
Marcilly
Gémages
Trizay-Coutretot-St Serge
Chassant
Pouvrai
St Germain-de-la-Coudre
l'Hermitière
le Theil
Mâle
St Jean-Pierre-Fixte
Souancé-au-Perche
Vichères
Argenvilliers
la Croix-du-Perche
Frazé
Bellou-le-Trichard
Ballon
Beaumont-les-Autels
Préval
Avezé
Souvigné-s-Même
Ceton
Coudray-au-Perche
les Etilleux
Miermaigne
Luigny
la Chapelle-du-Bois
Dehault
St Lubin-des-5-Fonds
Béthonvilliers
Dampierre-s/s-Brou
Moulhard
Unverre
la Ferté-Bernard
Cherreau
St Bomer
Authon-du-Perche
Charbonnières
les Autels-V.
Cormes
St Aubin-des-Coudrais
Théligny
Soizé
St Martin-des-Monts
St Ulphace
Gréez-s-Roc
Courgenard
Courtangis
Chapelle-Royale
la Bazoche-Gouet
Boëssé-le-Sec
St Jean-des-Echelles
Lamnay
Forêt de Montmirail
Chapelle-Guillaume
Arrou
Montmirail
Melleray
Sceaux-s-Huisne
Vouvray-s-Huisne
St Maixent
Bouër
le Luart
le Plessis-Dorin
St Avit
le Gault-Perche
Forêt de Bois Ruffin
Duneau
Lavaré
Vibraye
Oigny
Arville
la Fontenelle
le Poislay
Dollon
Forêt de Vibraye
Semur-en-Vallon
Souday
St Agil
Droué
St Michel-de-Chavaignes
Boursay
E 50
A 11
N 23
D 955
54
55
78
97
98

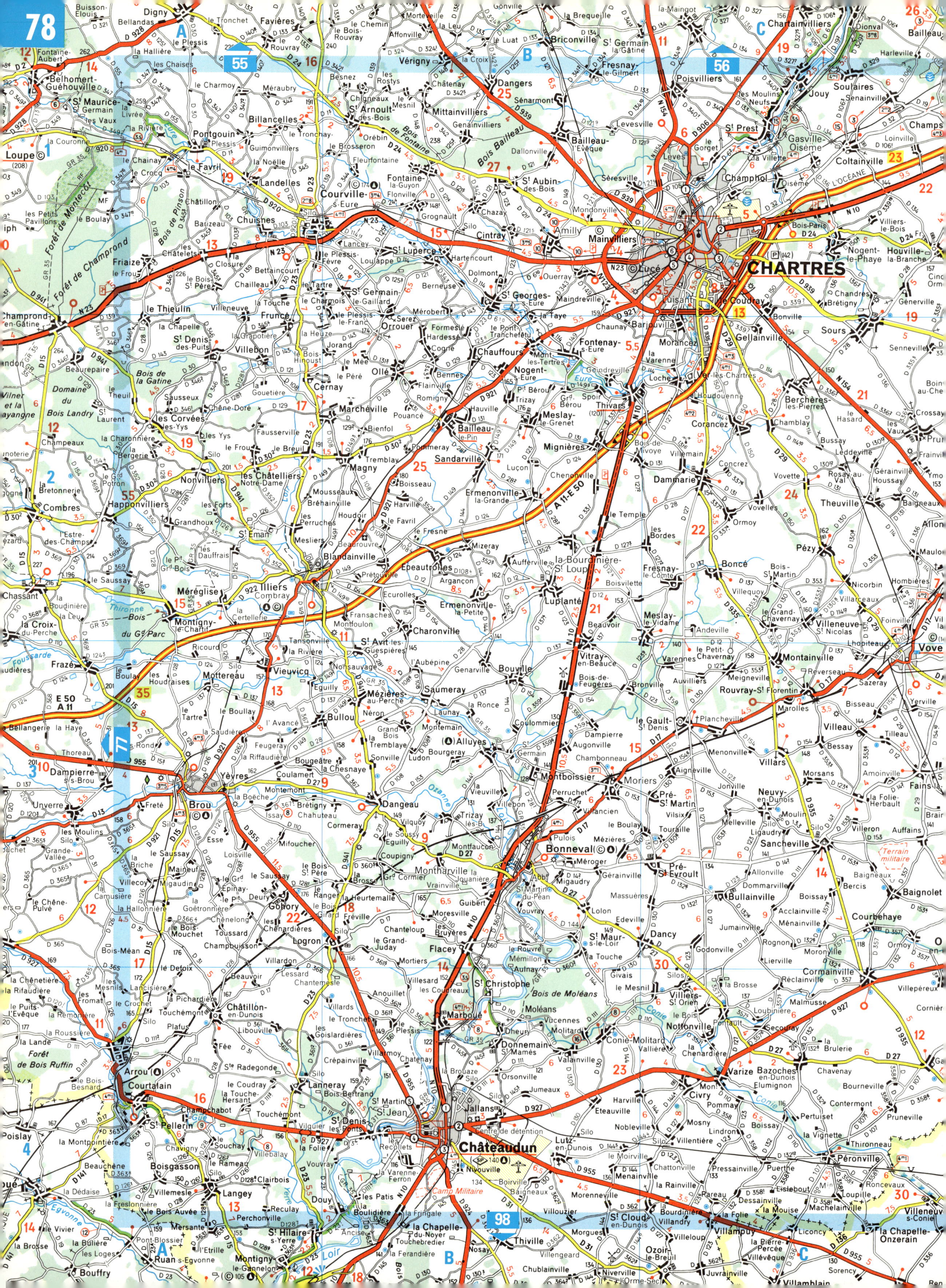
CHARTRES
Châteaudun
Bonneval
Illiers Combray
Brou
Courville-s-Eure
Lucé
Mainvilliers
Luisant
Le Coudray
Champhol
Lèves
Loupe
Pontgouin
Landelles
Chuisnes
Fontaine-la-Guyon
St Aubin-des-Bois
Bailleau-l'Évêque
Dangers
Fresnay-le-Gilmert
Briconville
Poisvilliers
St Prest
Jouy
Soulaires
Gasville-Oisème
Coltainville
Champseru
Nogent-le-Phaye
Houville-la-Branche
Sours
Bonville
Gellainville
Berchères-les-Pierres
Morancez
Thivars
Mignières
Dammarie
Corancez
Theuville
Pézy
Ver-lès-Chartres
Fontenay-s-Eure
Chauffours
Nogent-s-Eure
Bailleau-le-Pin
Sandarville
Ermenonville-la-Grande
Ermenonville-la-Petite
Épeautrolles
Magny
Marchéville
Cernay
Ollé
Orrouer
St Georges-s-Eure
Cintray
Amilly
St Luperce
St Arnoult-des-Bois
Mittainvilliers
Vérigny
Billancelles
St Germain-le-Gaillard
Fruncé
Villebon
St Denis-des-Puits
Les Corvées-les-Yys
Nonvilliers
Les Châtelliers-Notre-Dame
Happonvilliers
St Éman
Blandainville
Méréglise
Montigny-le-Chartif
Vieuvicq
Mottereau
Bullou
Mézières-au-Perche
Saumeray
Alluyes
Montboissier
Dangeau
Yèvres
Dampierre-s-Brou
Unverre
Frazé
Luplanté
Vitray-en-Beauce
Meslay-le-Vidame
Montainville
Villeneuve-St Nicolas
Voves
Rouvray-St Florentin
Villars
Le Gault-St Denis
Moriers
Pré-St Martin
Neuvy-en-Dunois
Sancheville
Pré-St Évroult
Bullainville
Baignolet
Courbehaye
Dancy
St Maur-s-le-Loir
Flacey
St Christophe
Marboué
Logron
Gohory
Châtillon-en-Dunois
Arrou
Courtalain
St Pellerin
Langey
Lanneray
St Denis-les-Ponts
Jallans
Villiers-St Orien
Nottonville
Conie-Molitard
Varize
Civry
Bazoches-en-Dunois
Péronville
Lutz-en-Dunois
St Cloud-en-Dunois
Villampuy
Ozoir-le-Breuil
Thiville
Cloyes-s-le-Loir
St Hilaire-s-Yerre
Montigny-le-Gannelon
Ruan-s-Egvonne
Forêt de Montécot
Forêt de Champrond
Bois de Pinson
Bois de Fontaine
Bois Bailleau
Bois de la Gâtine
Bois du Gd Parc
Bois de Moléans
Forêt de Bois Ruffin
Camp Militaire
Terrain militaire
A 11-E 50
N 10
N 23
N 154
D 955
D 927
55
56
77
98

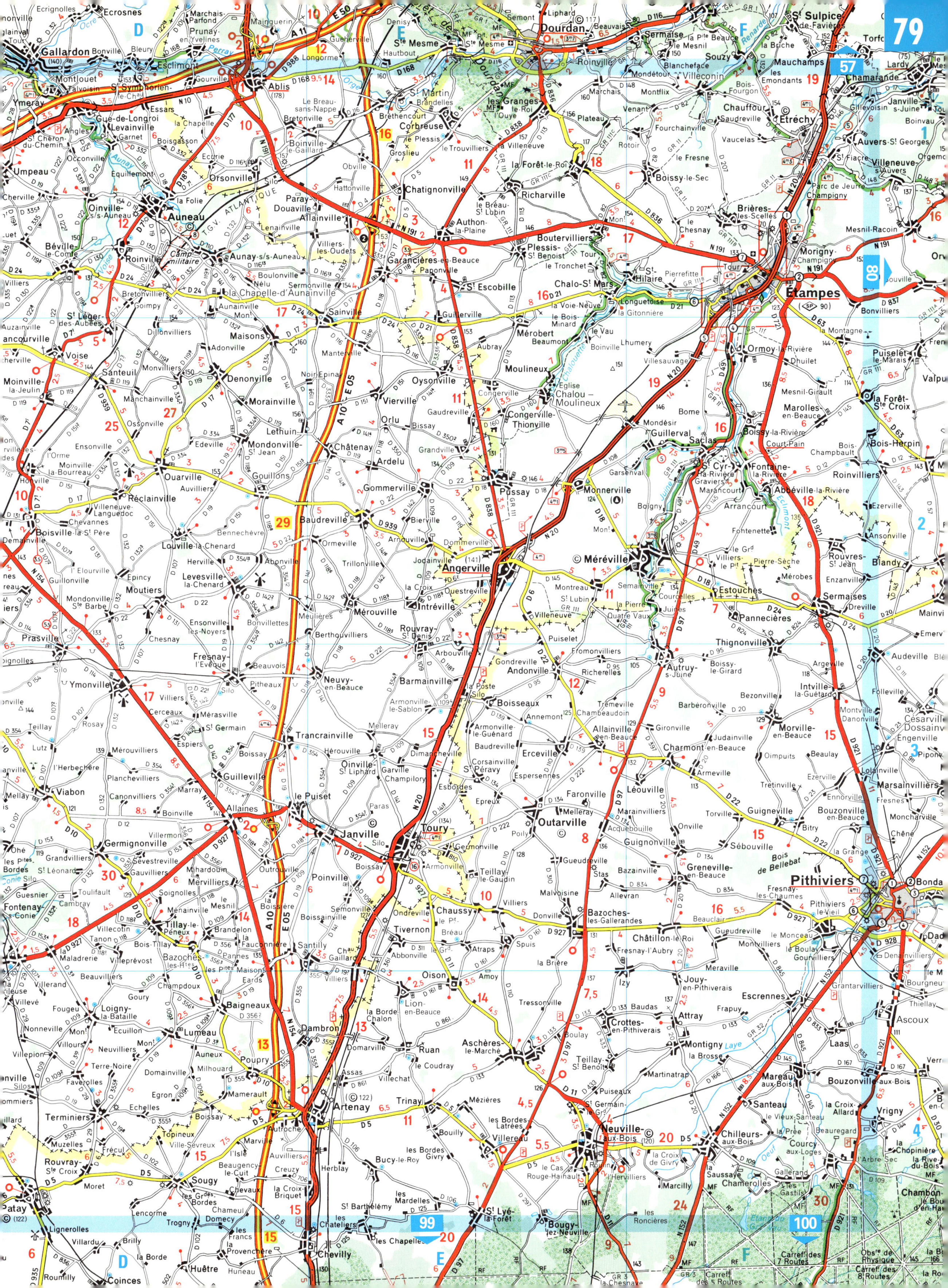
Gallardon
Ablis
Dourdan
St Sulpice-de-Favières
Mauchamps
Chamarande
Étréchy
Auneau
Aunay-s/s-Auneau
Chatignonville
Authon-la-Plaine
Richarville
Boissy-le-Sec
Garancières-en-Beauce
St Escobille
Boutervilliers
Plessis-St Benoist
Chalo-St Mars
St-Hilaire
Étampes
Morigny-Champigny
Sainville
Mérobert
Moulineux
Chalou-Moulineux
Oysonville
Vierville
Congerville-Thionville
Ormoy-la-Rivière
Denonville
Morainville
Mondonville-St Jean
Châtenay
Ardelu
Pussay
Monnerville
Guillerval
Saclas
Boissy-la-Rivière
Marolles-en-Beauce
Ouarville
Réclainville
Gommerville
Abbéville-la-Rivière
Baudreville
Angerville
Méréville
Estouches
Sermaises
Louville-la-Chenard
Levesville-la-Chenard
Moutiers
Mérouville
Intréville
Rouvray-St Denis
Prasville
Ymonville
Neuvy-en-Beauce
Barmainville
Andonville
Autruy-s-Juine
Thignonville
Boisseaux
Trancrainville
Allainville-en-Beauce
Charmont-en-Beauce
Guilleville
Allaines
Viabon
Janville
Toury
Outarville
Léouville
Germignonville
Poinville
Chaussy
Bazoches-les-Gallerandes
Pithiviers
Tillay-le-Péneux
Loigny-la-Bataille
Baigneaux
Lumeau
Dambron
Ruan
Aschères-le-Marché
Patay
Artenay
Trinay
Neuville-aux-Bois
Chilleurs-aux-Bois
Santeau
Sougy
Chevilly
St Lyé-la-Forêt
Bougy-lez-Neuville
Huêtre
Coinces

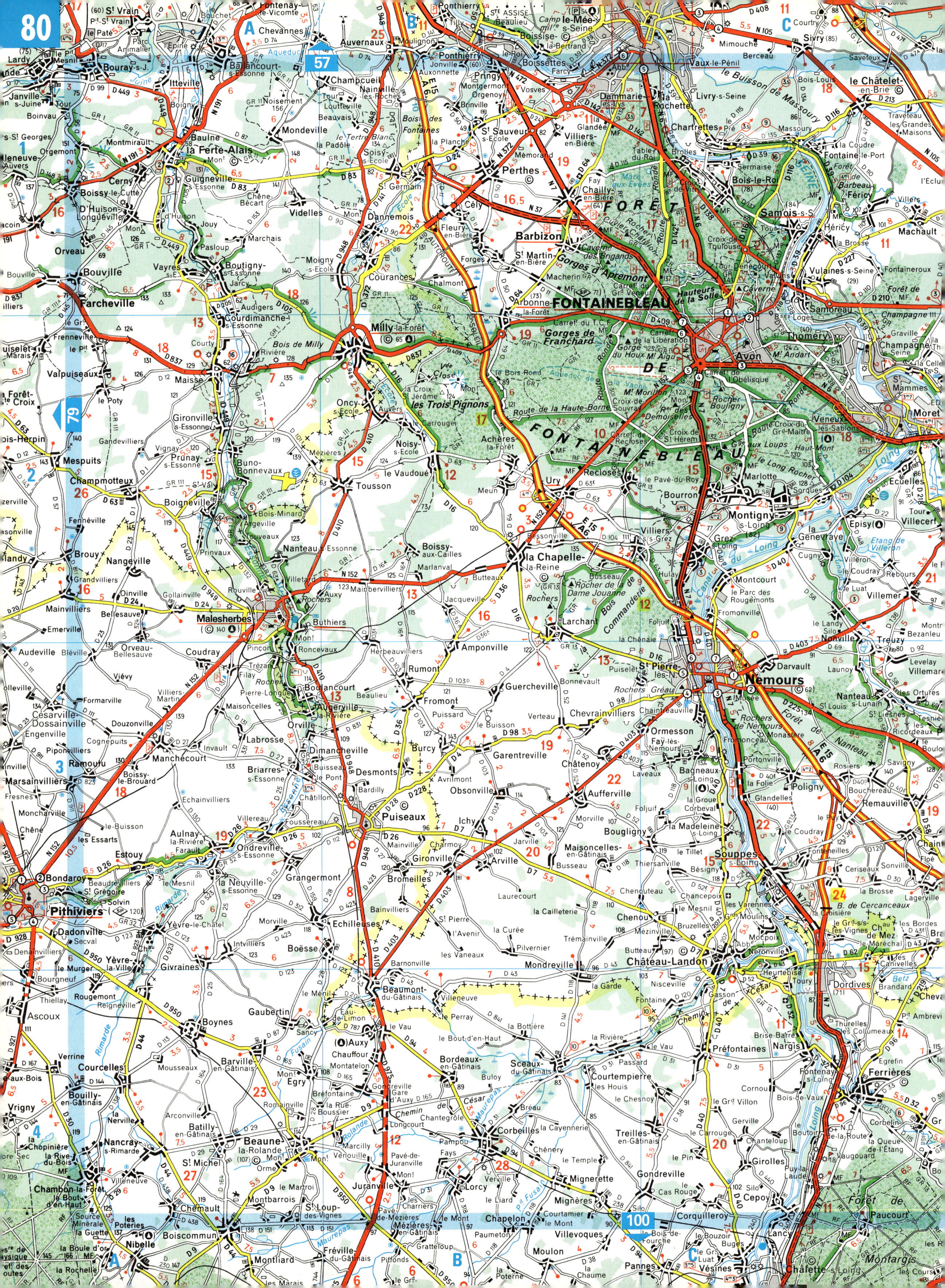
57
79
100
A
B
C
FONTAINEBLEAU
FORÊT DE FONTAINEBLEAU
Barbizon
Milly-la-Forêt
Les Trois Pignons
Gorges de Franchard
Gorges d'Apremont
Avon
Nemours
Malesherbes
Pithiviers
Puiseaux
Château-Landon
Souppes
Montigny-s-Loing
Moret
Samois-s-S.
Thomery
la Chapelle-la-Reine
la Ferté-Alais
Ballancourt-s-Essonne
Farcheville
Boutigny-s-Essonne
Chailly-en-Bière
Perthes
Dannemois
Courances
Larchant
Bourron
Égreville
Beaune-la-Rolande
Boiscommun
Ferrières
Beaumont-du-Gâtinais
Corbeilles
Lorris
Nargis
Dordives
Préfontaines
Chalette-s-Loing
Montargis
Forêt de Paucourt
Bois-le-Roi
Fontaine-le-Port
le Châtelet-en-Brie
Dammarie
Vaux-le-Pénil
Ponthierry
Auvernaux
Mondeville
Videlles
Orveau
Bouville
Maisse
Gironville-s-Essonne
Buno-Bonnevaux
Tousson
Nanteau-s-Essonne
Boigneville
Champmotteux
Mespuits
Audeville
Ramoulu
Estouy
Bondaroy
Dadonville
Yèvre-la-Ville
Givraines
Boynes
Barville-en-Gâtinais
Ascoux
Courcelles
Nancray-s-Rimarde
Chambon-la-Forêt
Nibelle
Montliard
Échilleuses
Boësse
Bromeilles
Aufferville
Arville
Ury
Achères-la-Forêt
Amponville
Guercheville
Garentreville
Chaintreauville
Darvault
Grez
Épisy
Villecerf
Ecuelles
Treuzy
Nanteau-s-Lunain
Poligny
Remauville
Bougligny
Château-Landon
Mondreville
Sceaux-du-Gâtinais
Gondreville
Mignerette
Juranville
Pannes
Vésines
Villevoques
Moulon
Corquilleroy
Girolles
Cepoy
Fontenay-s-Loing
Rimarde
Fusain
Loing
Essonne
École

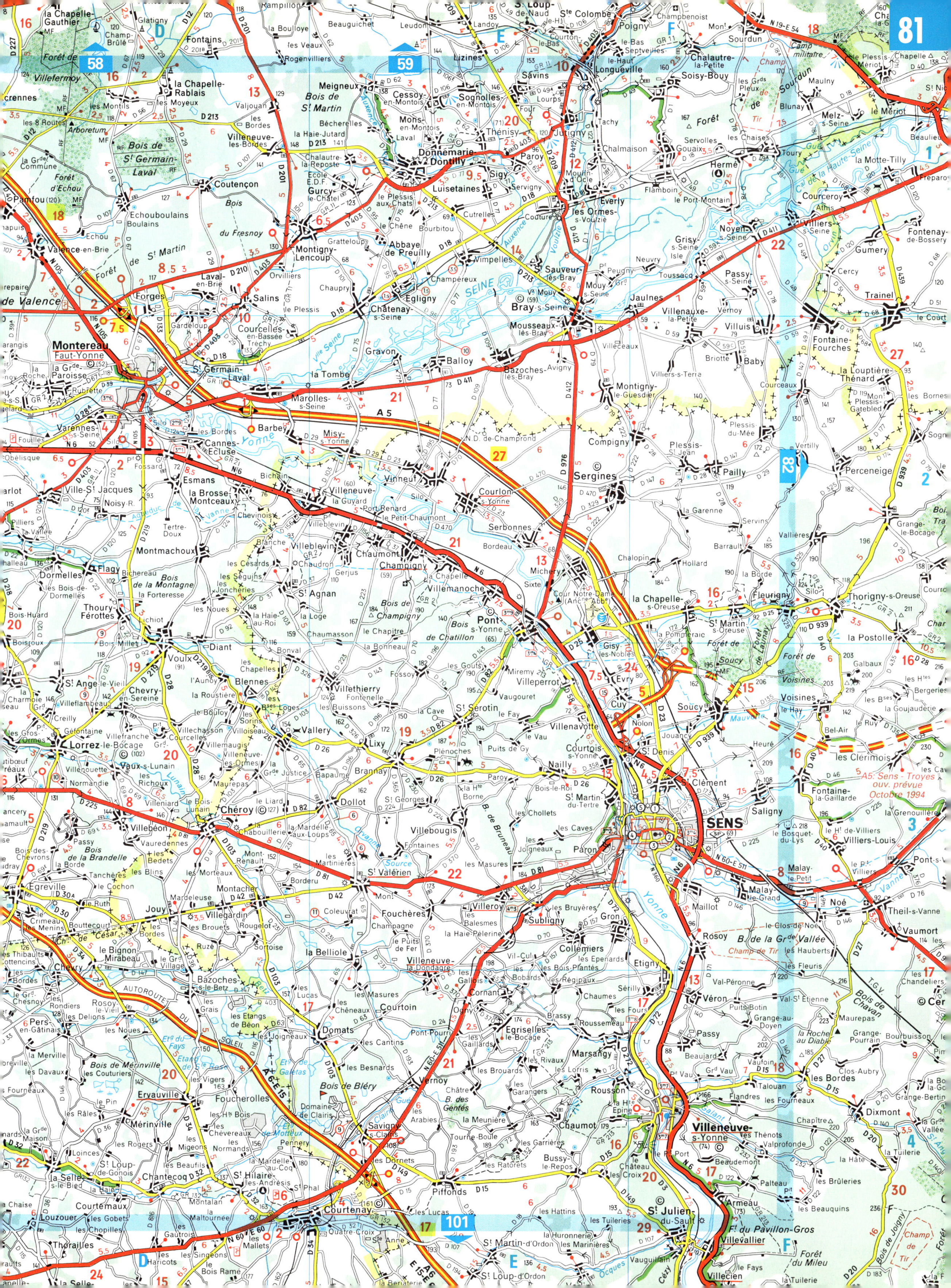
58
59
82
101
D
E
F
Montereau Faut-Yonne
Bray-s-Seine
Donnemarie-Dontilly
Sergines
Pont-s-Yonne
SENS
Villeneuve-s-Yonne
Courtenay
Chéroy
Lorrez-le-Bocage
St Valérien
Thorigny-s-Oreuse
St Julien-du-Sault
Villevallier
Villecien
A5
N6
N60-E511
N19-E54
Seine
Yonne
Forêt de Sourdun
Bois de St Germain-Laval
Forêt de Valence
Forêt d'Othe
Bois de Chaumont
Bois de Champigny
Forêt de Soucy
A5: Sens - Troyes ouv. prévue Octobre 1994
Fontainebleau-Fourches
Villemanoche
St Clément
Saligny
Malay-le-Grand
Noé
Theil-s-Vanne
Véron
Passy
Dixmont
Armeau
St Loup-d'Ordon
St Martin-d'Ordon

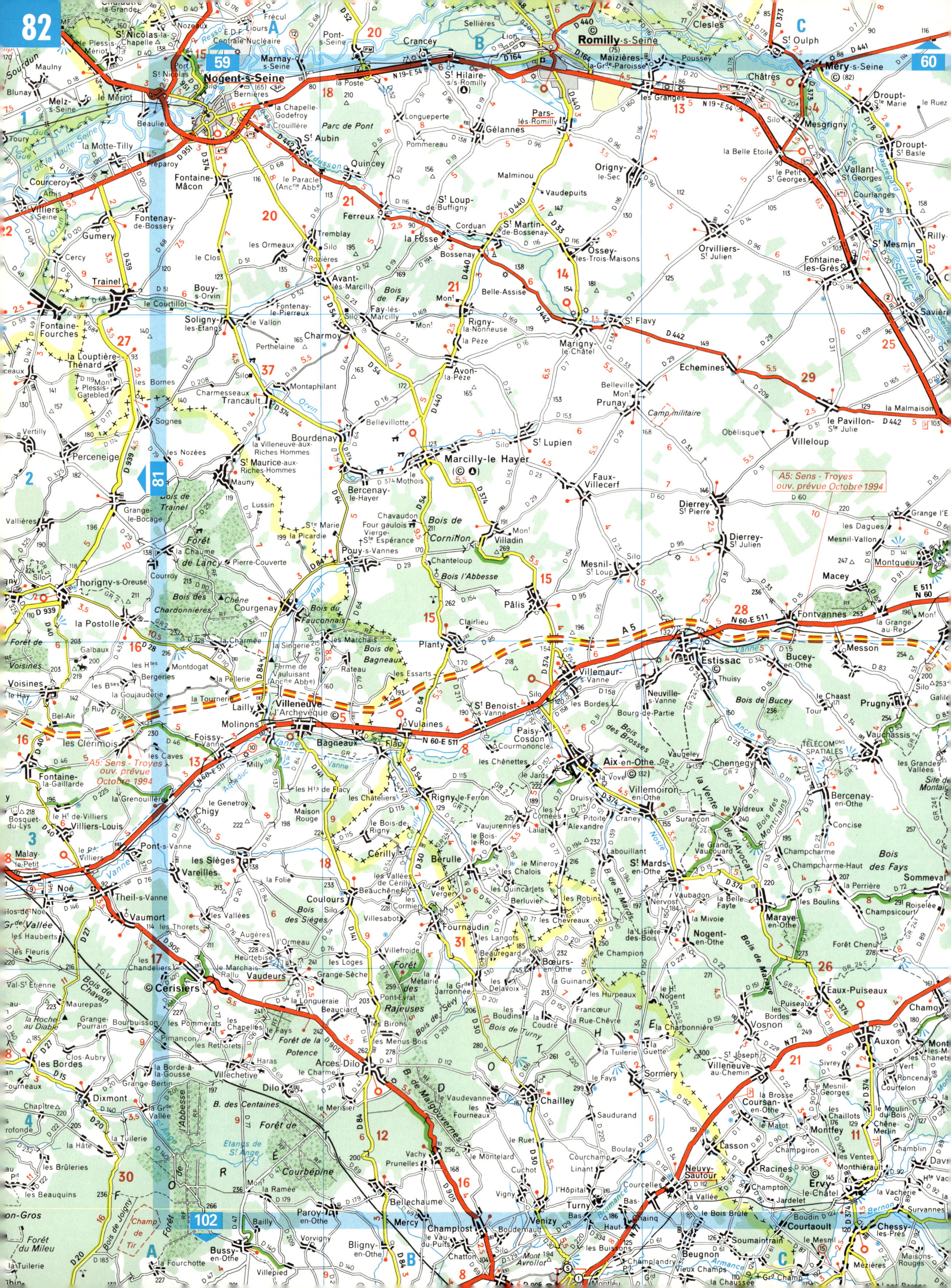
Nogent-s-Seine
Romilly-s-Seine
Méry-s-Seine
Marcilly-le Hayer
Estissac
Aix-en-Othe
Villeneuve-l'Archevêque
Cerisiers
Vaudeurs
Chailley
Neuvy-Sautour
Ervy-le-Châtel
Courtaoult
Fontvannes
Villemaur-s-Vanne
Thorigny-s-Oreuse
Trainel
Pont-s-Vanne
Villeneuve-au-Chemin
Auxon
Eaux-Puiseaux
Sommeval
Prugny
Marigny-le-Châtel
Échemines
Dierrey-St Pierre
Villeloup
A5: Sens - Troyes ouv. prévue Octobre 1994
Parc de Pont
Bois de Cornillon
Bois de Bagneaux
Forêt de Courbépine
Forêt des Rajeuses
B. de Margouvernes
Bois des Fays
Camp militaire
59
60
81
102

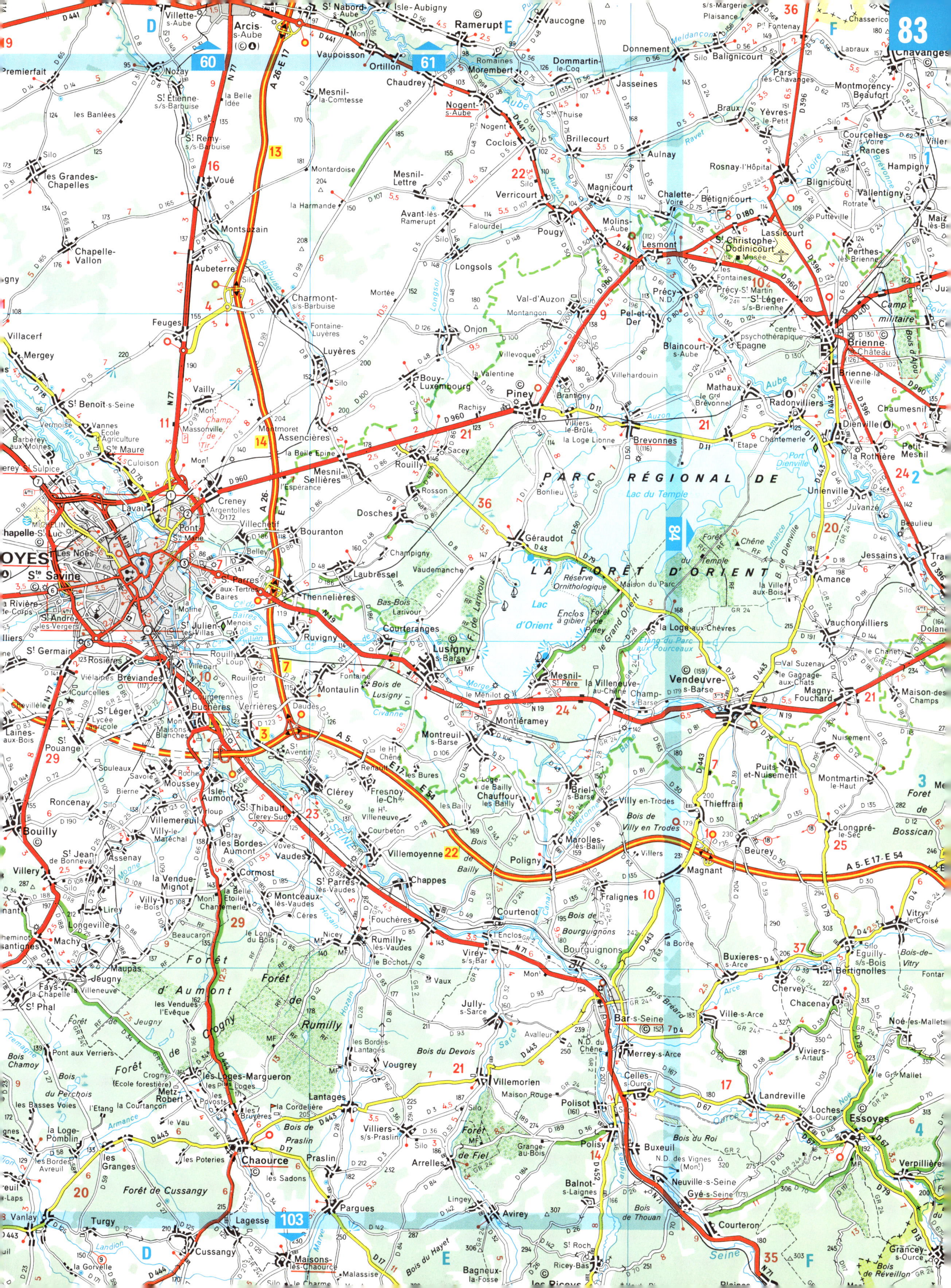
Arcis-s-Aube
Ramerupt
Vaucogne
Villette-s-Aube
Nozay
St Etienne-s/s-Barbuise
St Remy-s/s-Barbuise
Voué
les Grandes-Chapelles
Chapelle-Vallon
Montsuzain
Aubeterre
Charmont-s/s-Barbuise
Fontaine-Luyères
Luyères
Feuges
Vailly
Mergey
St Benoît-s-Seine
Barberey-aux-Moines
Ste Maure
Culoison
Lavau
Pont-Ste Marie
Creney
Villechetif
Belley
Bouranton
St Parres-aux-Tertres
Thennelières
Ruvigny
Troyes
Ste Savine
les Noës
la Rivière-de-Corps
St André-les-Vergers
St Germain
Rosières
Bréviandes
St Julien-les-Villas
Rouilly-St Loup
Buchères
Verrières
Daudes
Montaulin
St Léger
St Pouange
Souleaux
Moussey
Isle-Aumont
St Thibault
Clérey
Roncenay
Bouilly
Villemereuil
Villy-le-Maréchal
St Jean-de-Bonneval
Assenay
Bray
les Bordes-Aumont
Cormost
la Vendue-Mignot
Villy-le-Bois
Montceaux-lès-Vaudes
St Parres-lès-Vaudes
Lirey
Longeville
Machy
Maupas
Jeugny
Fays-la-Chapelle
St Phal
Forêt d'Aumont
Forêt de Rumilly
Forêt de Crogny
les Loges-Margueron
Metz-Robert
Crogny
Lantages
Chaource
Praslin
les Granges
Forêt de Cussangy
Pargues
Lagesse
Turgy
Cussangy
Vanlay
Maisons-lès-Chaource
Courteranges
Lusigny-s-Barse
Mesnil-St Père
Montiéramey
Montreuil-s-Barse
Fresnoy-le-Château
Villemoyenne
Chappes
Fouchères
Rumilly-lès-Vaudes
Virey-s/s-Bar
Courtenot
Bourguignons
Jully-s-Sarce
Vougrey
Villemorien
Villiers-s/s-Praslin
Bois de Praslin
Arrelles
Forêt de Fiel
Avirey
Bagneux-la-Fosse
Ricey-Bas
Polisy
Balnot-s-Laignes
Bar-s-Seine
Merrey-s-Arce
Celles-s-Ource
Buxeuil
Neuville-s-Seine
Gyé-s-Seine
Courteron
Landreville
Loches-s-Ource
Essoyes
Verpillière
Grancey-s-Ource
Viviers-s-Artaut
Chacenay
Ville-s-Arce
Bertignolles
Buxières-s-Arce
Chervey
Eguilly-s/s-Bois
Vitry-le-Croisé
Noé-les-Mallets
Magnant
Beurey
Longpré-le-Sec
Bossican
Montmartin-le-Haut
Puits-et-Nuisement
Thieffrain
Villy-en-Trodes
Bois de Villy en Trodes
Marolles-lès-Bailly
Briel-s-Barse
Chauffour-lès-Bailly
Poligny
Fralignes
Vendeuvre-s-Barse
Champ-s-Barse
la Villeneuve-au-Chêne
la Loge-aux-Chèvres
Magny-Fouchard
Val Suzenay
Vauchonvilliers
Amance
Jessains
Juvanzé
Unienville
Dienville
la Rothière
Petit-Mesnil
Chaumesnil
Brienne-le-Château
Brienne-la-Vieille
Radonvilliers
Mathaux
Epagne
Blaincourt-s-Aube
Précy-St Martin
St Léger-s-Brienne
Pel-et-Der
Lesmont
St Christophe-Dodinicourt
Lassicourt
Perthes-lès-Brienne
Rosnay-l'Hôpital
Blignicourt
Vallentigny
Hampigny
Courcelles-s-Voire
Rances
Montmorency-Beaufort
Chavanges
Yèvres-le-Petit
Pars-lès-Chavanges
Balignicourt
Donnement
Jasseines
Aulnay
Brillecourt
Dommartin-le-Coq
Morembert
Romaines
Nogent-s-Aube
Chaudrey
Ortillon
Vaupoisson
Mesnil-la-Comtesse
Montardoise
Mesnil-Lettre
Avant-lès-Ramerupt
Verricourt
Magnicourt
Chalette-s-Voire
Bétignicourt
Molins-s-Aube
Pougy
Longsols
Val-d'Auzon
Onjon
Mortée
Villevoque
Bouy-Luxembourg
Piney
Brantigny
Villehardouin
Brevonnes
Villiers-le-Brûlé
Rouilly-Sacey
Rosson
Dosches
Mesnil-Sellières
Assencières
Laubressel
Champigny
Géraudot
Parc Régional de la Forêt d'Orient
Lac du Temple
Lac d'Orient
Réserve Ornithologique
Maison du Parc
Port Dienville
Chantemerle
Etape
Camp militaire
Bois d'Ajou
A 26-E 17
A 5-E 17-E 54
N 77
N 19
N 71
D 960
D 443
Seine
Aube
Barse
Hozain
Sarce
Ource
Laignes
60
61
84
103
82
D
E
F

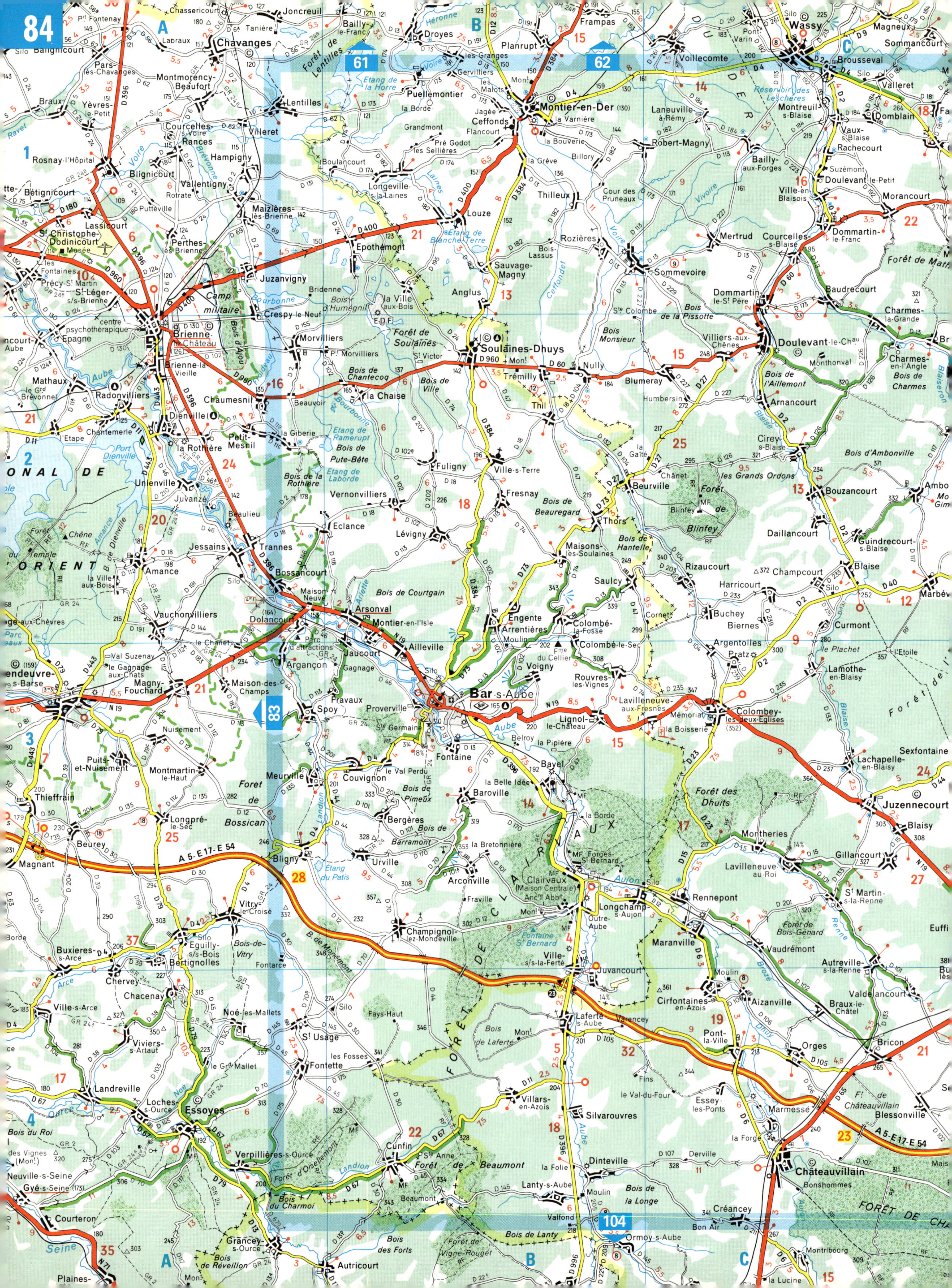
Chavanges
Joncreuil
Droyes
Planrupt
Frampas
Wassy
Brousseval
Montier-en-Der
Puellemontier
Lentilles
Forêt de Lentilles
Rosnay-l'Hôpital
Blignicourt
Hampigny
Villeret
Vallentigny
Maizières-lès-Brienne
Louze
Longeville-s-la-Laines
Epothémont
Juzanvigny
Lassicourt
St Christophe-Dodinicourt
Précy-St Martin
St-Léger-s/s-Brienne
Brienne-le-Château
Brienne-la-Vieille
Radonvilliers
Dienville
Soulaines-Dhuys
Sommevoire
Doulevant-le-Chau
Robert-Magny
Thilleux
Anglus
Morvilliers
La Chaise
Chaumesnil
Fuligny
Ville-s-Terre
Fresnay
Beurville
Blumeray
Bouzancourt
Forêt de Blinfey
Unienville
Jessains
Trannes
Amance
Vauchonvilliers
Bossancourt
Dolancourt
Arsonval
Montier-en-l'Isle
Ailleville
Jaucourt
Arrentières
Engente
Maisons-lès-Soulaines
Saulcy
Colombé-la-Fosse
Colombé-le-Sec
Voigny
Bar-s-Aube
Proverville
Fontaine
Bayel
Lignol-le-Château
Colombey-les-Deux-Églises
Juzennecourt
Vendeuvre-s-Barse
Magny-Fouchard
Maison-des-Champs
Spoy
Meurville
Couvignon
Baroville
Thieffrain
Longpré-le-Sec
Beurey
Magnant
Bligny
Urville
Arconville
Clairvaux
Longchamp-s-Aujon
Rennepont
Maranville
Champignol-lez-Mondeville
Juvancourt
Ville-s/s-la-Ferté
Buxieres-s-Arce
Eguilly-s-Bois
Bertignolles
Chervey
Chacenay
Noé-les-Mallets
St Usage
Fontette
Ville-s-Arce
Viviers-s-Artaut
Landreville
Loches-s-Ource
Essoyes
Verpillières-s-Ource
Cunfin
Forêt de Beaumont
Villars-en-Azois
Silvarouvres
Dinteville
Lanty-s-Aube
Cirfontaines-en-Azois
Aizanville
Orges
Bricon
Blessonville
Châteauvillain
Créancey
Courteron
Gyé-s-Seine
Grancey-s-Ource
Autricourt
Ormoy-s-Aube
Plaines-
A 5-E 17-E 54
Forêt de Clairvaux
Forêt d'Orient
Forêt du Der
A
B
C
61
62
83
104

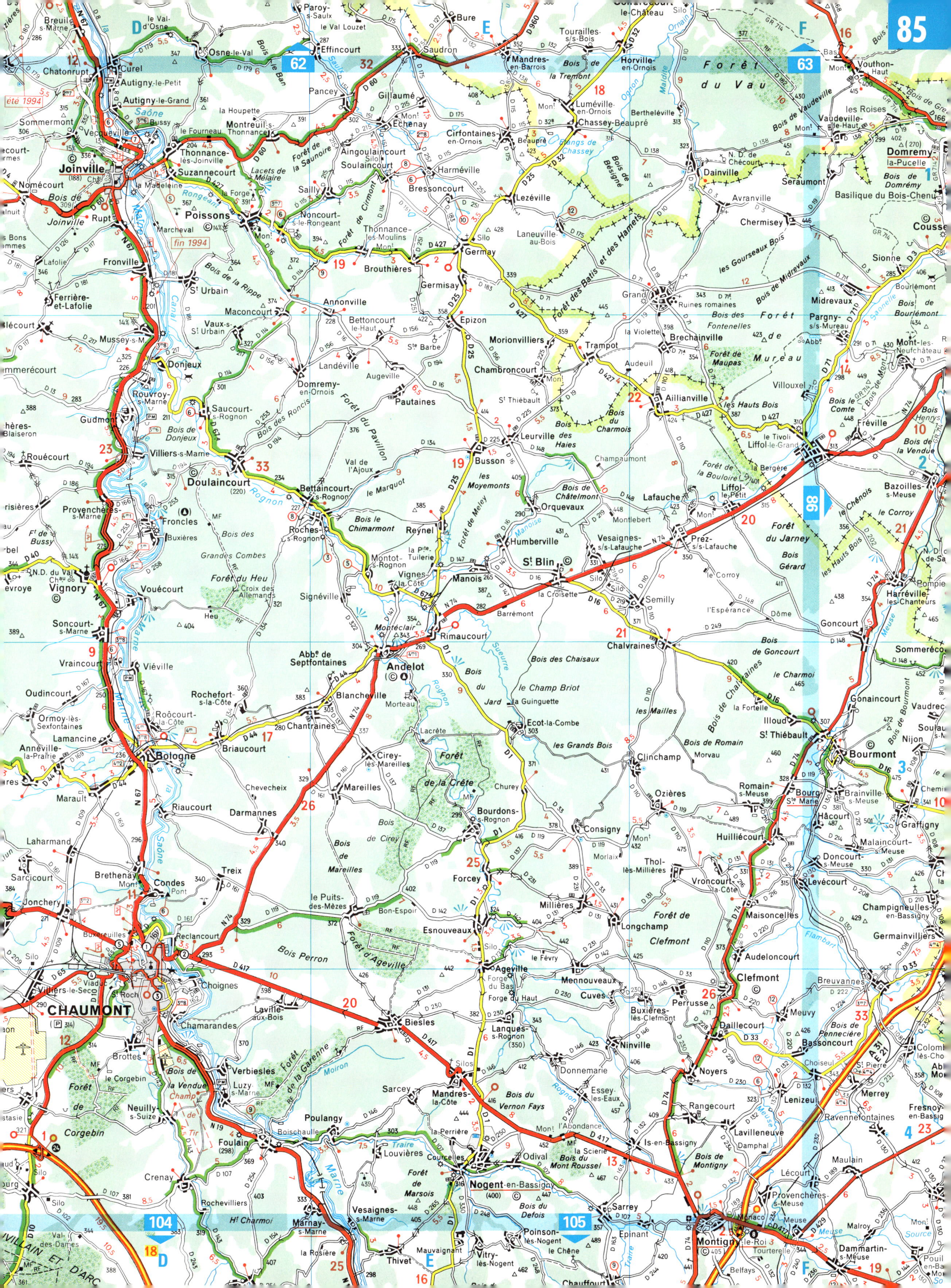
D
E
F
62
63
98
104
105
Joinville
Poissons
Thonnance-lès-Joinville
Suzannecourt
Curel
Chatonrupt
Autigny-le-Petit
Autigny-le-Grand
Osne-le-Val
Effincourt
Saudron
Bure
Mandres-en-Barrois
Tourailles-s-Bois
Horville-en-Ornois
Forêt du Vau
Vouthon-Haut
Vaudeville-le-Haut
Domremy la-Pucelle
Basilique du Bois-Chenu
Gillaumé
Echenay
Cirfontaines-en-Ornois
Luméville-en-Ornois
Chassey-Beaupré
Aingoulaincourt
Soulaincourt
Harméville
Bressoncourt
Lezéville
Dainville
Seraumont
Avranville
Chermisey
Noncourt-s-le-Rongeant
Thonnance-les-Moulins
Germay
Brouthières
Germisay
Laneuville-au-Bois
St Urbain
Annonville
Maconcourt
Epizon
Morionvilliers
Trampot
Grand
Brechainville
Midrevaux
Pargny-s-Mureau
Donjeux
Domremy-en-Ornois
Landéville
Augeville
Pautaines
Chambroncourt
Aillianville
Liffol-le-Grand
Fréville
Rouvroy-s-Marne
Saucourt-s-Rognon
Gudmont
Villiers-s-Marne
Doulaincourt
Busson
Leurville
Lafauche
Liffol-le-Petit
Bettaincourt-s-Rognon
Froncles
Roches-s-Rognon
Reynel
Orquevaux
Humberville
St Blin
Prez-s-s-Lafauche
Bazoilles-s-Meuse
Vignory
Vouécourt
Montot-s-Rognon
Manois
Signéville
Semilly
Harréville-les-Chanteurs
Soncourt-s-Marne
Rimaucourt
Andelot
Chalvraines
Goncourt
Viéville
Vraincourt
Rochefort-s-la-Côte
Blancheville
Ecot-la-Combe
Bourmont
Oudincourt
Chantraines
Briaucourt
Bologne
Cirey-lès-Mareilles
Forêt de la Crête
Clinchamp
Illoud
St Thiébault
Mareilles
Ozières
Bourg-Ste Marie
Brainville-s-Meuse
Hâcourt
Riaucourt
Darmannes
Bourdons-s-Rognon
Consigny
Huilliécourt
Graffigny
Treix
Condes
Forcey
Millières
Vroncourt-la-Côte
Levécourt
Jonchery
Reclancourt
Esnouveaux
Longchamp
Forêt de Clefmont
Maisoncelles
Champigneulles-en-Bassigny
Chaumont
Choignes
Laville-aux-Bois
Ageville
Mennouveaux
Cuves
Clefmont
Audeloncourt
Chamarandes
Biesles
Perrusse
Meuvy
Bassoncourt
Breuvannes
Brottes
Verbiesles
Forêt de Corgebin
Luzy-s-Marne
Neuilly-s-Suize
Sarcey
Mandres-la-Côte
Noyers
Rangecourt
Lenizeul
Merrey
Poulangy
Foulain
Louvières
Forêt de Marsois
Nogent-en-Bassigny
Odival
Is-en-Bassigny
Lavilleneuve
Ravennefontaines
Crenay
Rochevilliers
Marnay-s-Marne
Vesaignes-s-Marne
Poinson-lès-Nogent
Sarrey
Epinant
Montigny-le-Roi
Provenchères-s-Meuse
Dammartin-s-Meuse
Thivet
Vitry-lès-Nogent
Le Chêne
Chauffourt
Mauvaignant
La Rosière
Forêt de la Garenne

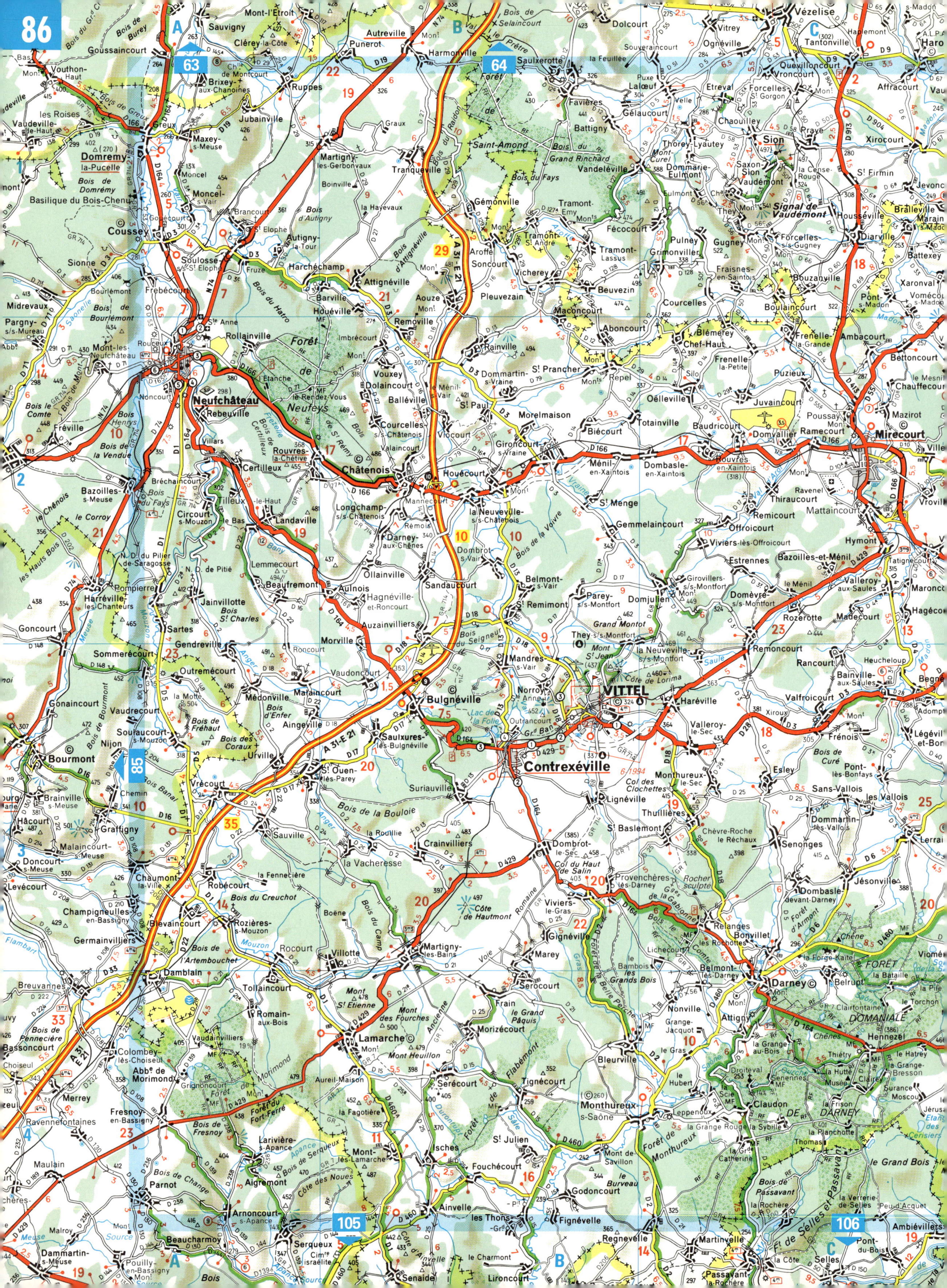
A
B
C
63
64
85
105
106
Neufchâteau
Vittel
Contrexéville
Mirecourt
Vézelise
Domremy-la-Pucelle
Bourmont
Lamarche
Darney
Châtenois
Bulgnéville
Monthureux-s-Saône
Coussey
Sauvigny
Mont-l'Étroit
Autreville
Harmonville
Saulxerotte
Tantonville
Haroué
Goussaincourt
Vouthon-Haut
Brixey-aux-Chanoines
Ruppes
Punerot
Favières
Gélaucourt
Battigny
Vandeléville
Sion
Xirocourt
Maxey-s-Meuse
Jubainville
Martigny-les-Gerbonvaux
Tranqueville
Saint-Amond
Thorey-Lyautey
Dommarie-Eulmont
Signal de Vaudémont
Houséville
Diarville
Gémonville
Tramont-Émy
Fécocourt
Gugney
Forcelles-s-Gugney
Bralleville
Autigny-la-Tour
Harchéchamp
Attignéville
Aouze
Soncourt
Vicherey
Pleuvezain
Beuvezin
Maconcourt
Aboncourt
Courcelles
Bouzanville
Boulaincourt
Pont-s-Madon
Ambacourt
Frebécourt
Rollainville
Barville
Houéville
Removille
Rainville
Dommartin-s-Vraine
St Prancher
Chef-Haut
Frenelle-la-Grande
Battexey
Xaronval
Vomécourt-s-Madon
Midrevaux
Mont-lès-Neufchâteau
Forêt de Neuveys
Vouxey
Dolaincourt
Balléville
Morelmaison
Repel
Oëlleville
Puzieux
Juvaincourt
Bettoncourt
Chauffecourt
Rebeuville
Courcelles-s-Châtenois
Viocourt
St Paul
Gironcourt-s-Vraine
Biécourt
Totainville
Baudricourt
Domvallier
Ramecourt
Poussay
Fréville
Certilleux
Rouvres-la-Chétive
Houécourt
Ménil-en-Xaintois
Dombasle-en-Xaintois
Rouvres-en-Xaintois
Mattaincourt
Bazoilles-s-Meuse
Landaville
Longchamp-s/s-Châtenois
La Neuveville-s/s-Châtenois
St Menge
Gemmelaincourt
Remicourt
Thiraucourt
Offroicourt
Hymont
Circourt-s-Mouzon
Darney-aux-Chênes
Dombrot-s-Vair
Belmont-s-Vair
Viviers-lès-Offroicourt
Estrennes
Bazoilles-et-Ménil
Pompierre
Harréville-les-Chanteurs
Jainvillotte
Lemmecourt
Beaufremont
Aulnois
Ollainville
Hagnéville-et-Roncourt
Sandaucourt
St Remimont
Parey-s/s-Montfort
Domjulien
Girovillers-s/s-Montfort
Domèvre-s/s-Montfort
Valleroy-aux-Saules
Madecourt
Rozerotte
Gendreville
Auzainvilliers
Morville
Mandres-s-Vair
They-s/s-Montfort
Remoncourt
Rancourt
Sommerécourt
Outremécourt
Vaudoncourt
Norroy
La Neuveville-s/s-Montfort
Bainville-aux-Saules
Valfroicourt
Gonaincourt
Vaudrecourt
Médonville
Aingeville
Saulxures-lès-Bulgnéville
Haréville
Valleroy-le-Sec
Frénois
Nijon
Soulaucourt-s-Mouzon
Urville
St Ouen-lès-Parey
Suriauville
Lignéville
Monthureux-le-Sec
Thuillières
Esley
Pont-lès-Bonfays
Sans-Vallois
Les Vallois
Brainville-s-Meuse
Chemin
Vrécourt
Sauville
Crainvilliers
St Baslemont
Dombrot-le-Sec
Chèvre-Roche
Senonges
Dommartin-lès-Vallois
Graffigny
Hâcourt
Malaincourt-s-Meuse
Doncourt-s-Meuse
Levécourt
Chaumont-la-Ville
Robécourt
La Vacheresse
Vittel
Provenchères-lès-Darney
Dombasle-devant-Darney
Jésonville
Champigneulles-en-Bassigny
Blevaincourt
Rozières-s-Mouzon
Boëne
Viviers-le-Gras
Gignéville
Relanges
Bonvillet
Germainvilliers
Damblain
Rocourt
Villotte
Martigny-les-Bains
Marey
Serocourt
Belmont-lès-Darney
Belrupt
Breuvannes
Tollaincourt
Romain-aux-Bois
Morizécourt
Nonville
Grange-Jacquet
Hennezel
Colombey-lès-Choiseul
Abbé de Morimond
Sérécourt
Tignécourt
Bleurville
Attigny
Merrey
Fresnoy-en-Bassigny
Ravennefontaines
Isches
St Julien
Claudon
Larivière-s-Apance
Aigremont
Fouchécourt
Godoncourt
Parnot
Maulain
Arnoncourt-s-Apance
Ainvelle
Les Thons
Fignéville
Regnévelle
Martinvelle
Ambiévillers
Pont-du-Bois
Selles
Passavant-la-Rochère
Beaucharmoy
Serqueux
Malroy
Dammartin-s-Meuse
Pouilly-en-Bassigny
Senaide
Le Charmont
Lironcourt
Forêt Domaniale de Darney
Forêt de Monthureux
Col du Haut de Salin
Côte de Hautmont
Grand Montot
Mont St Jean
Lac de la Folie

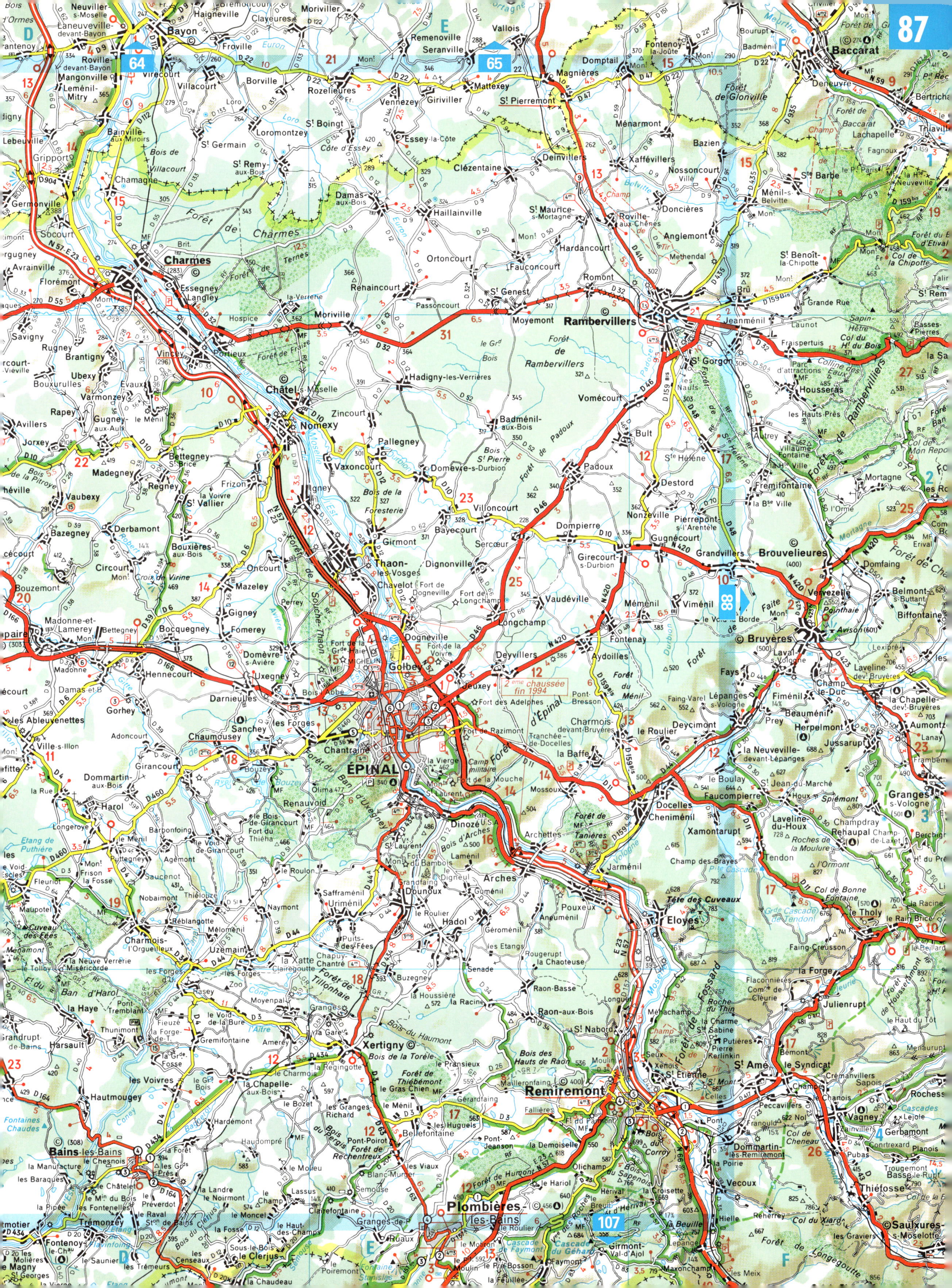

64
65
88
107
Bayon
Charmes
Rambervillers
Baccarat
Magnières
Châtel-s-Moselle
Nomexy
Thaon-les-Vosges
ÉPINAL
Golbey
Brouvelieures
Bruyères
Docelles
Eloyes
Arches
Xertigny
Remiremont
Plombières-les-Bains
Bains-les-Bains
Saulxures-s-Moselotte
Vagney
St Amé
Le Syndicat
Granges-s-Vologne
Forêt de Charmes
Forêt de Rambervillers
Forêt d'Épinal
Forêt de Fossard
Forêt de Glonville
Tête des Cuveaux
2ème chaussée fin 1994

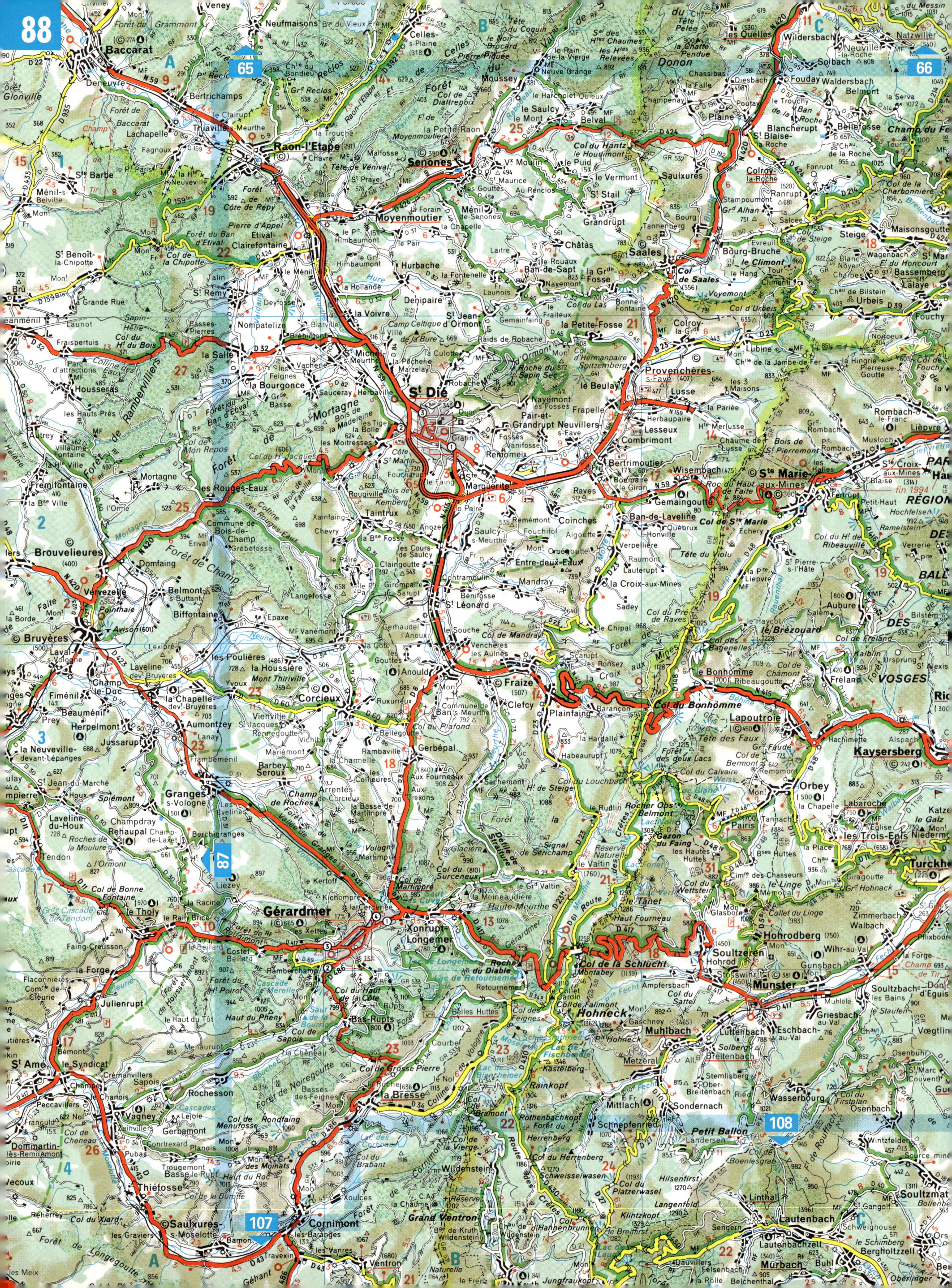
65
66
87
107
108
Baccarat
Raon-l'Etape
Senones
Moyenmoutier
Saales
St Dié
Provenchères-s-Fave
Ste Marie-aux-Mines
Brouvelieures
Bruyères
Corcieux
Fraize
Plainfaing
Col du Bonhomme
Lapoutroie
Kaysersberg
Orbey
Gérardmer
Xonrupt-Longemer
Col de la Schlucht
Hohneck
Munster
Granges-s-Vologne
Le Tholy
La Bresse
Cornimont
Saulxures-s-Moselotte
Thiéfosse
Vagney
St Amé
Le Syndicat
Remiremont
Lautenbach
Murbach
Soultzmatt
Petit Ballon
Grand Ventron
Donon
Col de Saales
Col du Hantz
Forêt de Champ
Forêt de Mortagne
Anould
Gerbépal
Bas-Rupts
Muhlbach
Soultzeren
Hohrodberg
Col de la Croix-aux-Mines
Ban-de-Laveline
Wisembach
Lusse
Fouday
Steige
Bourg-Bruche
Urbeis
Rambervillers
Housseras
Les Rouges-Eaux
Taintrux
St Léonard
Laveline-devt-Bruyères
Champ-le-Duc
Aumontzey
Jussarupt
Champdray
Rehaupal
Tendon
Julienrupt
Rochesson
Gerbamont
Wildenstein
Kruth
Mittlach
Sondernach
Metzeral
Wasserbourg
Gunsbach
Wihr-au-Val
Les Trois-Epis
Fréland
Aubure
Ribeauvillé
Lièpvre
Rombach-le-Franc
VOSGES

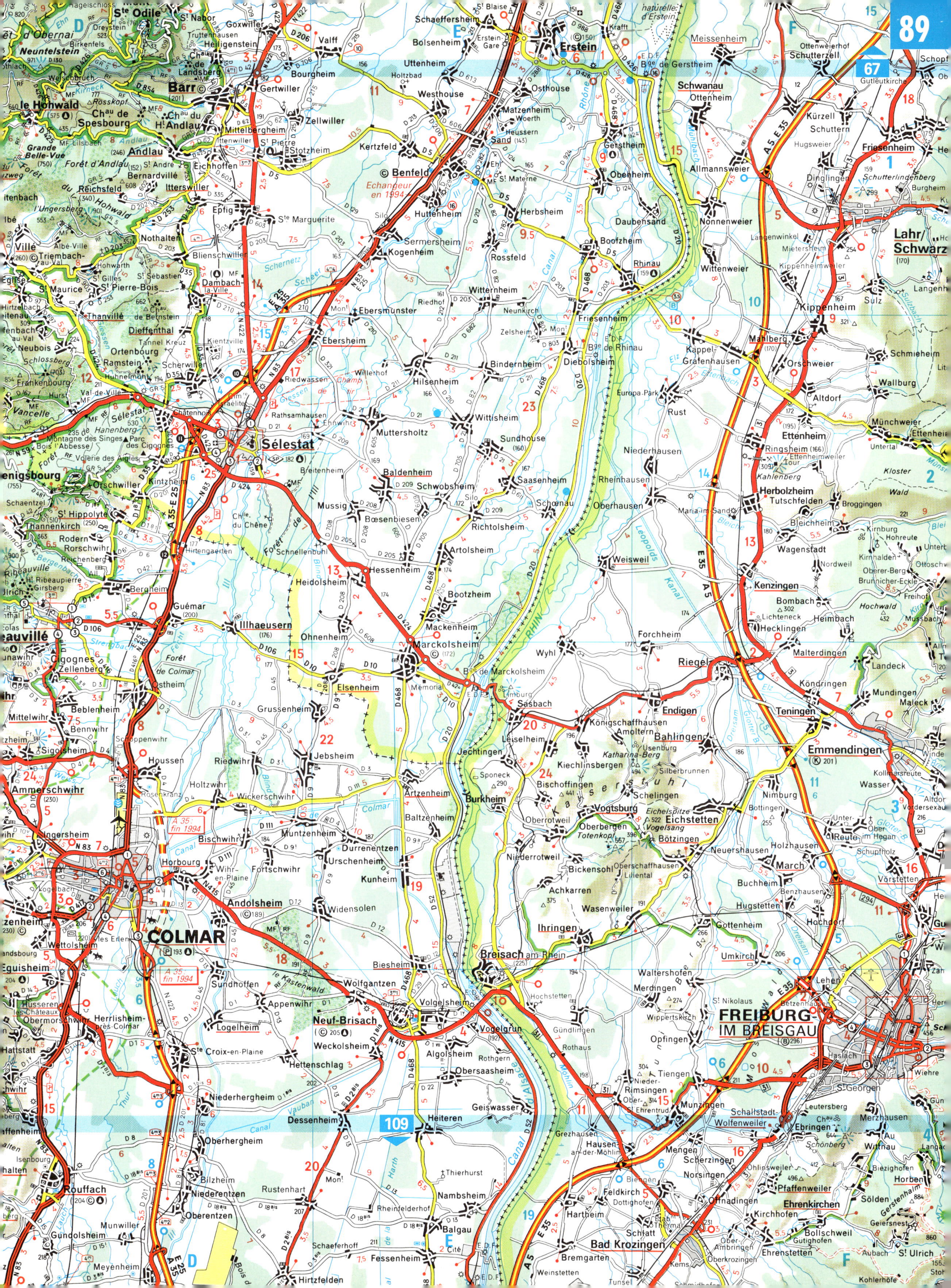
Ste Odile
St Nabor
Goxwiller
Heiligenstein
Valff
Schaeffersheim
Bolsenheim
Erstein
Krafft
Meissenheim
Schutterzell
Barr
Bourgheim
Gertwiller
Uttenheim
Westhouse
Osthouse
Schwanau
Ottenheim
Le Hohwald
Chau de Spesbourg
Andlau
Mittelbergheim
Zellwiller
St Pierre
Stotzheim
Kertzfeld
Matzenheim
Sand
Gerstheim
Kürzell
Schuttern
Friesenheim
Benfeld
Echangeur en 1994
St Materne
Obenheim
Allmannsweier
Eichhoffen
Itterswiller
Epfig
Ste Marguerite
Huttenheim
Herbsheim
Daubensand
Nonnenweier
Lahr/Schwarzw.
Nothalten
Sermersheim
Kogenheim
Rossfeld
Bootzheim
Rhinau
Villé
Triembach
Blienschwiller
Dambach-la-Ville
Witternheim
Wittenweier
Kippenheim
Sulz
Thanvillé
Dieffenthal
Ebersmunster
Friesenheim
Mahlberg
Orschweier
Schmieheim
Ortenbourg
Scherwiller
Ebersheim
Bindernheim
Diebolsheim
Kappel-Grafenhausen
Wallburg
Châtenois
Hilsenheim
Europa-Park
Rust
Altdorf
Sélestat
Muttersholtz
Wittisheim
Münchweier
Ettenheim
Sundhouse
Ringsheim
Niederhausen
Kahlenberg
Herbolzheim
Tutschfelden
Broggingen
Orschwiller
Kintzheim
Baldenheim
Schwobsheim
Saasenheim
Schoenau
Rheinhausen
Oberhausen
Bleichheim
St Hippolyte
Thannenkirch
Rodern
Rorschwihr
Mussig
Boesenbiesen
Richtolsheim
Artolsheim
Weisweil
Wagenstadt
Ribeauvillé
Bergheim
Heidolsheim
Hessenheim
Bootzheim
Kenzingen
Bombach
Guémar
Illhaeusern
Ohnenheim
Mackenheim
Marckolsheim
Forchheim
Hecklingen
Heimbach
Malterdingen
Riegel
Zellenberg
Beblenheim
Elsenheim
Wyhl
Endingen
Köndringen
Landeck
Mittelwihr
Bennwihr
Grussenheim
Jechtingen
Sasbach
Königschaffhausen
Amoltern
Bahlingen
Teningen
Mundingen
Sigolsheim
Houssen
Riedwihr
Jebsheim
Leiselheim
Kiechlinsbergen
Emmendingen
Ammerschwihr
Holtzwihr
Wickerschwihr
Artzenheim
Burkheim
Bischoffingen
Schelingen
Nimburg
Baltzenheim
Oberrotweil
Vogtsburg
Eichstetten
Bötzingen
Bischwihr
Muntzenheim
Durrenentzen
Niederrotweil
Neuershausen
Holzhausen
Ingersheim
Horbourg
Urschenheim
Kunheim
Bickensohl
March
Vörstetten
Fortschwihr
Andolsheim
Widensolen
Achkarren
Wasenweiler
Buchheim
Hugstetten
Hochdorf
COLMAR
Wettolsheim
Ihringen
Gottenheim
Umkirch
Eguisheim
Sundhoffen
Biesheim
Breisach am Rhein
Waltershofen
Lehen
Wolfgantzen
Appenwihr
Volgelsheim
Merdingen
Hochstetten
Logelheim
Neuf-Brisach
Vogelgrun
Gündlingen
St Nikolaus
FREIBURG IM BREISGAU
Herrlisheim-près-Colmar
Weckolsheim
Algolsheim
Opfingen
Wippertskirch
Ste Croix-en-Plaine
Hettenschlag
Obersaasheim
Rothaus
Tiengen
Niederhergheim
Geiswasser
Munzingen
Schallstadt-Wolfenweiler
Ebringen
Merzhausen
Dessenheim
Heiteren
Grezhausen
Hausen an der Möhlin
Oberhergheim
Mengen
Scherzingen
Norsingen
Wittnau
Pfaffenweiler
Bilzheim
Rustenhart
Niederentzen
Oberentzen
Thierhurst
Nambsheim
Feldkirch
Hartheim
Ehrenkirchen
Rouffach
Balgau
Kirchhofen
Bollschweil
Sölden
Gundolsheim
Schaeferhoff
Schlatt
Bad Krozingen
Ehrenstetten
St Ulrich
Meyenheim
Hirtzfelden
Fessenheim
Bremgarten
Weinstetten
Kems
Tunsel
Rhin
Canal d'Alsace
Rhein
Kaiserstuhl
Leopolds Kanal

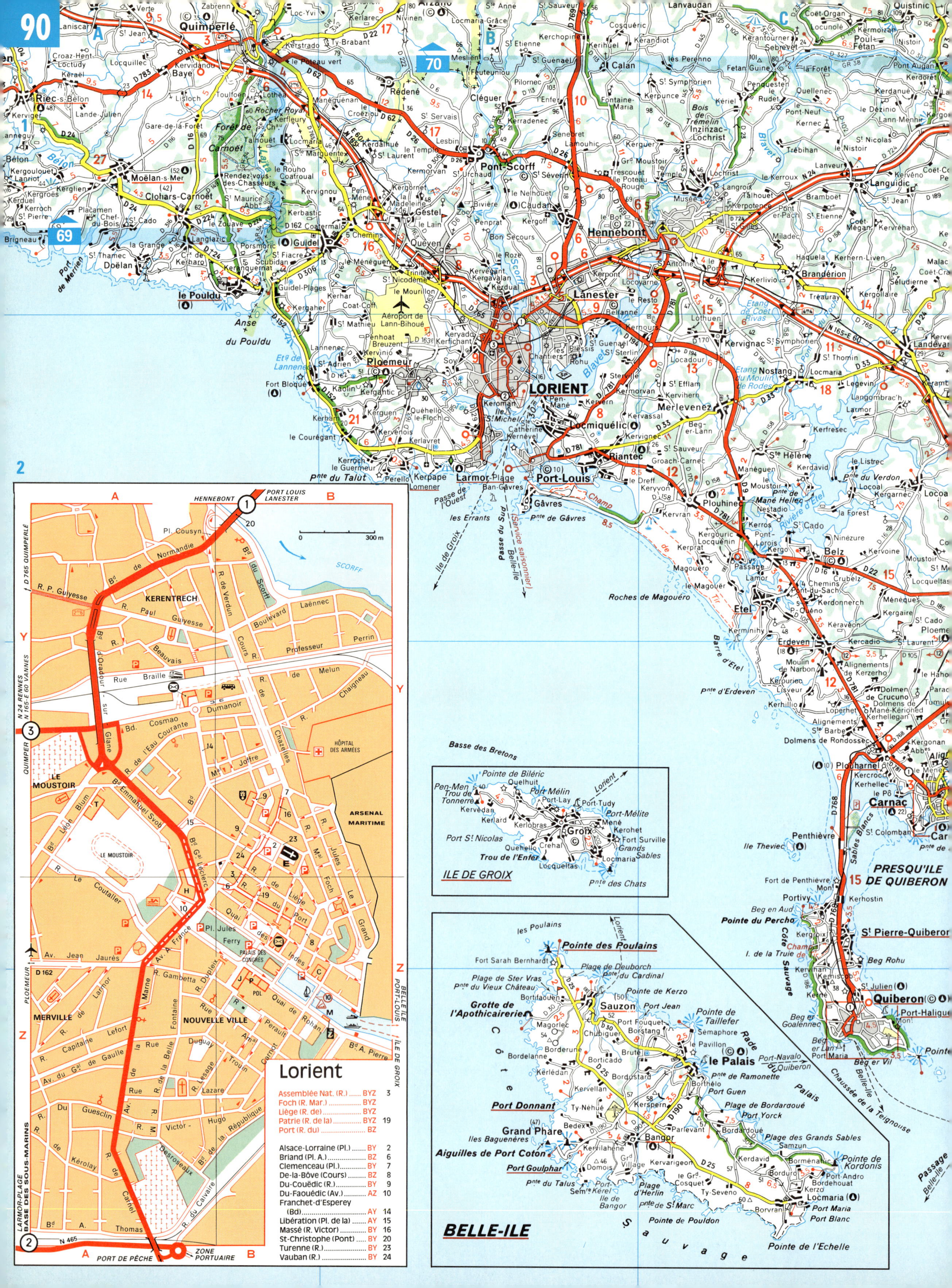

Quimperlé
Riec-s-Bélon
Moëlan-s-Mer
Clohars-Carnoët
Forêt de Carnoët
Doëlan
le Pouldu
Anse du Pouldu
Guidel
Guidel-Plages
Pont-Scorff
Cléguer
Calan
Caudan
Quéven
Hennebont
Lanester
Languidic
Brandérion
Aéroport de Lann-Bihoué
Ploemeur
LORIENT
Larmor-Plage
Port-Louis
Locmiquélic
Riantec
Gâvres
Merlevenez
Kervignac
Nostang
Landévant
Plouhinec
Belz
Etel
Erdeven
Plouharnel
Carnac
PRESQU'ILE DE QUIBERON
St Pierre-Quiberon
Quiberon
Port-Haliguen
Côte Sauvage
Roches de Magouëro
Barre d'Etel
Pnte du Talut
Passe de l'Ouest
Passe du Sud
Ile de Groix
Basse des Bretons
Pointe de Biléric
Port Tudy
Port-Mélite
Groix
Locmaria
Pnte des Chats
ILE DE GROIX
Pointe des Poulains
Sauzon
le Palais
Port Donnant
Grand Phare
Aiguilles de Port Coton
Port Goulphar
Bangor
Locmaria
Pointe de l'Echelle
BELLE-ILE
Lorient
Assemblée Nat. (R.) BYZ 3
Foch (R. Mar.) BYZ
Liège (R. de) BYZ
Patrie (R. de la) BYZ 19
Port (R. du) BZ
Alsace-Lorraine (Pl.) BY 2
Briand (Pl. A.) BZ 6
Clemenceau (Pl.) BY 7
De-la-Bôve (Cours) BZ 8
Du-Couëdic (R.) BY 9
Du-Faouëdic (Av.) AZ 10
Franchet-d'Esperey (Bd) AY 14
Libération (Pl. de la) AY 15
Massé (R. Victor) BY 16
St-Christophe (Pont) BY 20
Turenne (R.) BY 23
Vauban (R.) BY 24
KERENTRECH
LE MOUSTOIR
MERVILLE
NOUVELLE VILLE
ARSENAL MARITIME
HÔPITAL DES ARMÉES
PORT DE PÊCHE
ZONE PORTUAIRE

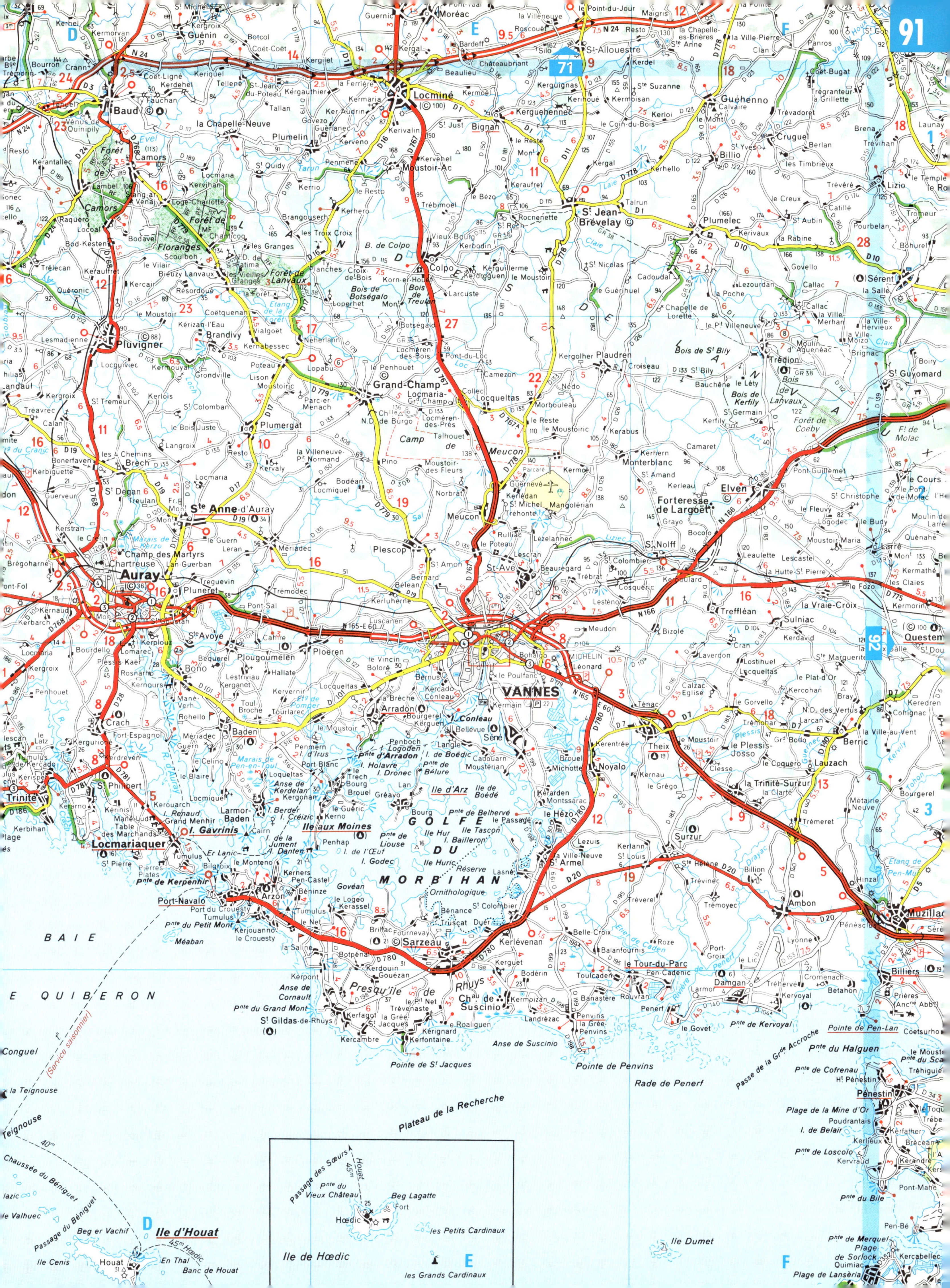

Locminé
Baud
Camors
Pluvigner
Grand-Champ
Plumergat
Ste Anne-d'Auray
Auray
Plescop
St Avé
Vannes
Elven
Questembert
Theix
Sarzeau
Arradon
Baden
Locmariaquer
Port-Navalo
Arzon
Muzillac
Pénestin
St Jean-Brévelay
Plumelec
Bignan
Colpo
Monterblanc
Forteresse de Largoët
Sulniac
Berric
Ambon
Damgan
le Tour-du-Parc
St Gildas-de-Rhuys
Presqu'île de Rhuys
Ch. de Suscinio
Golfe du Morbihan
Ile aux Moines
I. Gavrinis
Ile d'Arz
Baie de Quiberon
Ile d'Houat
Ile de Hœdic
Plateau de la Recherche
Pointe de St Jacques
Pointe de Penvins
Rade de Penerf
Ile Dumet
Chaussée du Béniguet
Teignouse
Passage de la Teignouse
Passage du Béniguet
Passage des Sœurs
Passe de la Gde Accroche
Les Petits Cardinaux
les Grands Cardinaux
Forêt de Camors
Forêt de Lanvaux
Landes de Lanvaux
N 24
N 165-E 60
N 166
D 767
D 779
D 780
Camp de Meucon

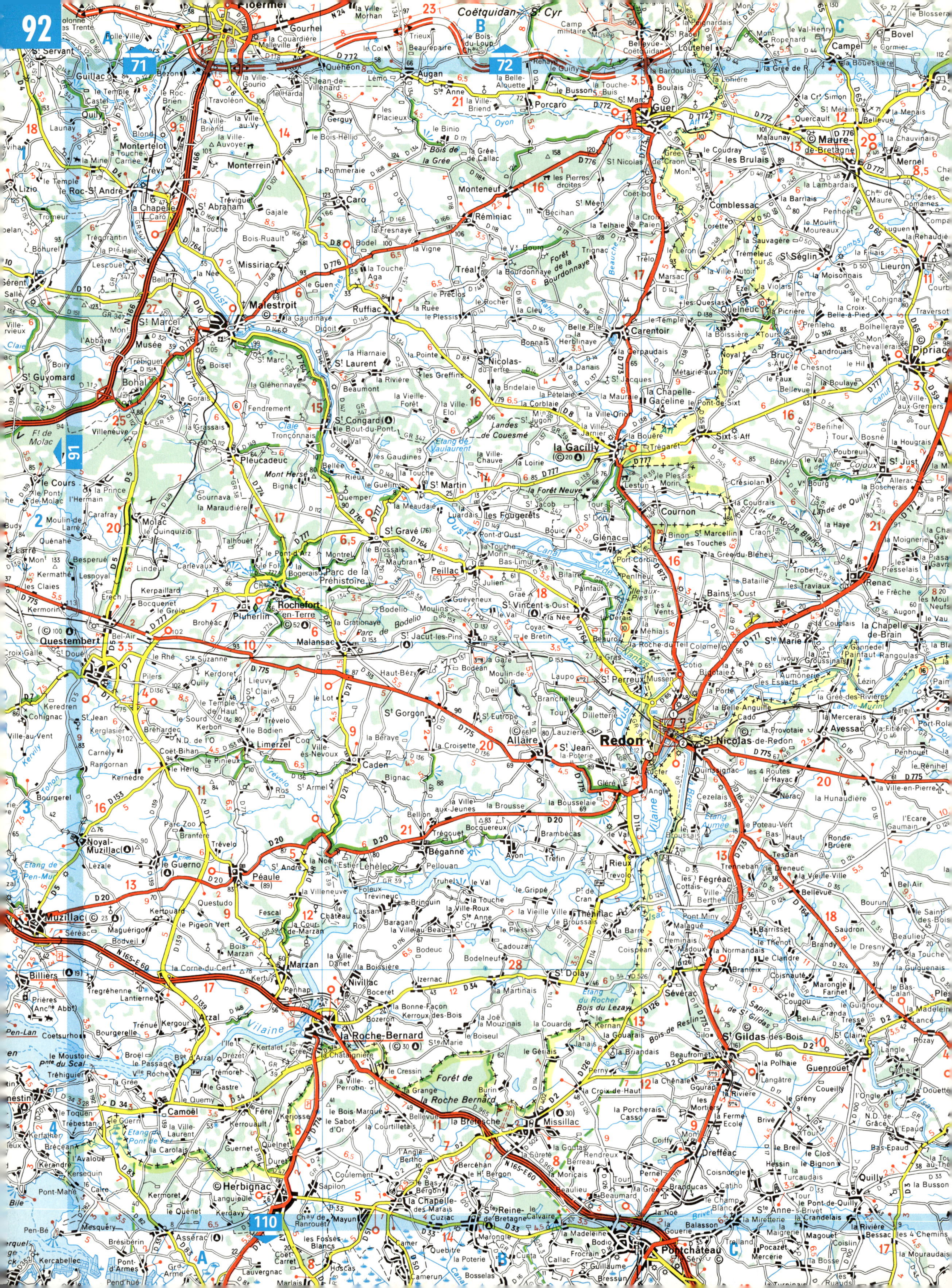
Ploërmel
Coëtquidan-St Cyr
Guer
Maure-de-Bretagne
Malestroit
Carentoir
Pipriac
St Marcel
Réminiac
Ruffiac
Monteneuf
St Laurent
la Gacilly
Pleucadeuc
Questembert
Rochefort-en-Terre
Malansac
Molac
St Gravé
Peillac
Glénac
Redon
St Nicolas-de-Redon
Allaire
St Jean-la-Poterie
Bains-s-Oust
Renac
la Chapelle-de-Brain
Ste Marie
St Vincent-s-Oust
St Jacut-les-Pins
St Perreux
Avessac
Limerzel
Caden
St Gorgon
Béganne
Rieux
Théhillac
Péaule
Noyal-Muzillac
le Guerno
Muzillac
Billiers
Arzal
Marzan
Nivillac
la Roche-Bernard
Sévérac
St Gildas-des-Bois
Guenrouet
Missillac
Camoël
Herbignac
la Chapelle-des-Marais
Ste Reine-de-Bretagne
Pontchâteau
Drefféac
Quilly
Assérac
Forêt de la Bourdonnaye
Forêt de la Roche Bernard
Landes de Couesmé
Parc de la Préhistoire
Vilaine
Oust
N 166
N 165-E 60
D 775
D 776
D 772
D 773
D 774
71
72
91
110
A
B
C

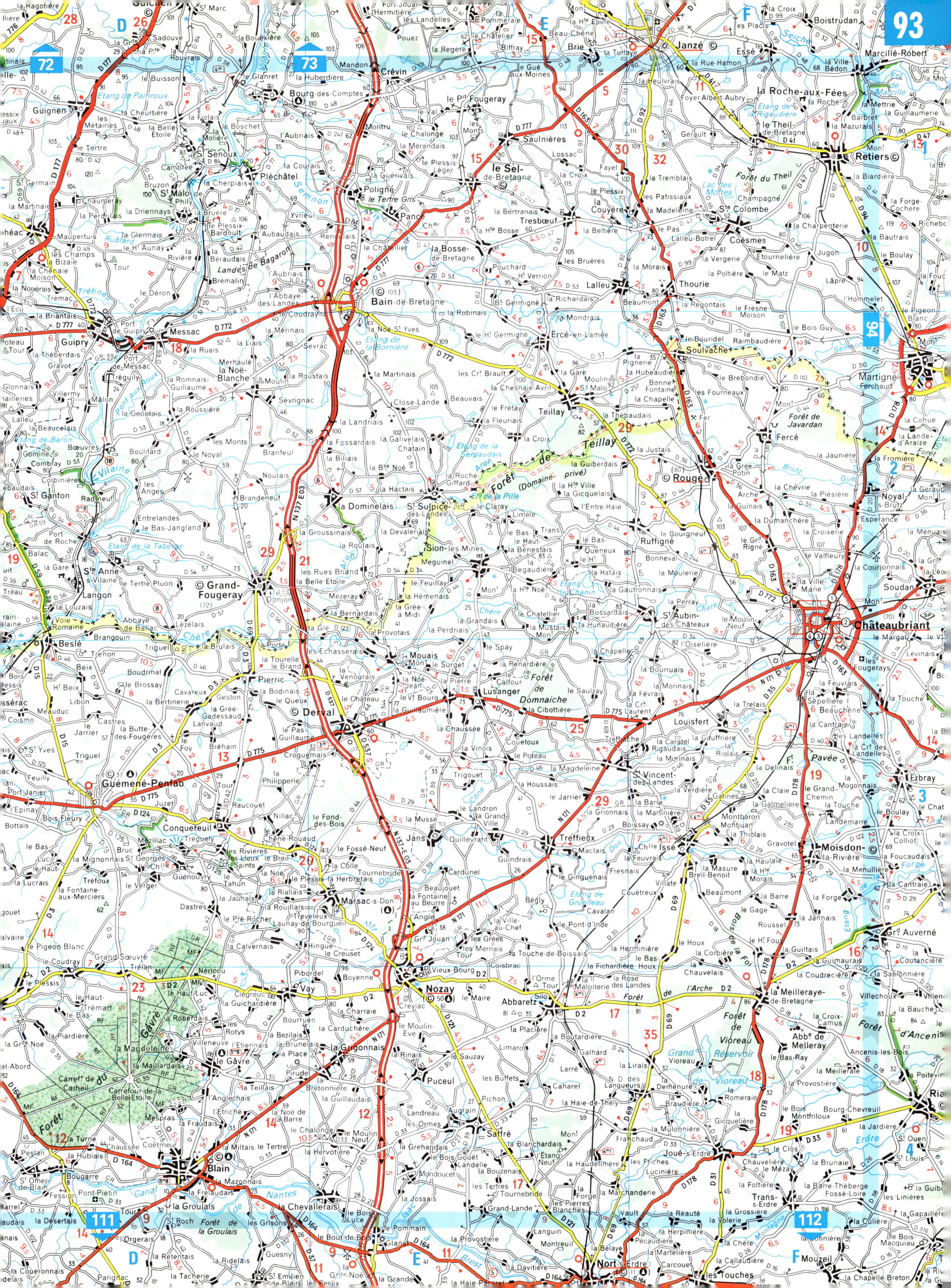
72
73
94
111
112
D
E
F
Crévin
Janzé
Brie
Esse
Boistrudan
Marcillé-Robert
Bourg-des-Comptes
Guignen
Saulnières
le Sel-de-Bretagne
la Roche-aux-Fées
Retiers
le Theil-de-Bretagne
St Senoux
Pléchâtel
St Malo-de-Phily
Poligné
Pancé
Tresbœuf
la Couyère
Ste Colombe
Coësmes
la Bosse-de-Bretagne
Lalleu
Thourie
Messac
Guipry
Bain-de-Bretagne
Ercé-en-Lamée
Teillay
Soulvache
Martigné-Ferchaud
Forêt de Teillay
Forêt de Javardan
Fercé
Rougé
Noyal-s-Brutz
la Dominelais
St Sulpice-des-Landes
Sion-les-Mines
Ruffigné
St Ganton
Langon
Ste Anne-s-Vilaine
Grand-Fougeray
St Aubin-des-Châteaux
Châteaubriant
Soudan
Beslé
Pierric
Derval
Lusanger
Forêt de Domnaiche
Louisfert
St Vincent-des-Landes
Erbray
Guémené-Penfao
Conquereuil
Jans
Treffieux
Issé
Moisdon-la-Rivière
Marsac-s-Don
Nozay
Abbaretz
la Meilleraye-de-Bretagne
Grand Auverné
Vay
le Gâvre
Forêt du Gâvre
Grigonnais
Puceul
Saffré
Joué-s-Erdre
Riaillé
Blain
la Chevallerais
Nort-s-Erdre
Trans-s-Erdre
les Touches
Mouzeil
la Groulais
Forêt de la Groulais
Canal de Nantes à Brest
Étang de Vioreau
Grand Réservoir de Vioreau
Forêt de Vioreau
Forêt d'Ancenis
N 137 E 03
N 171
D 163
D 178
D 775
D 772
D 164

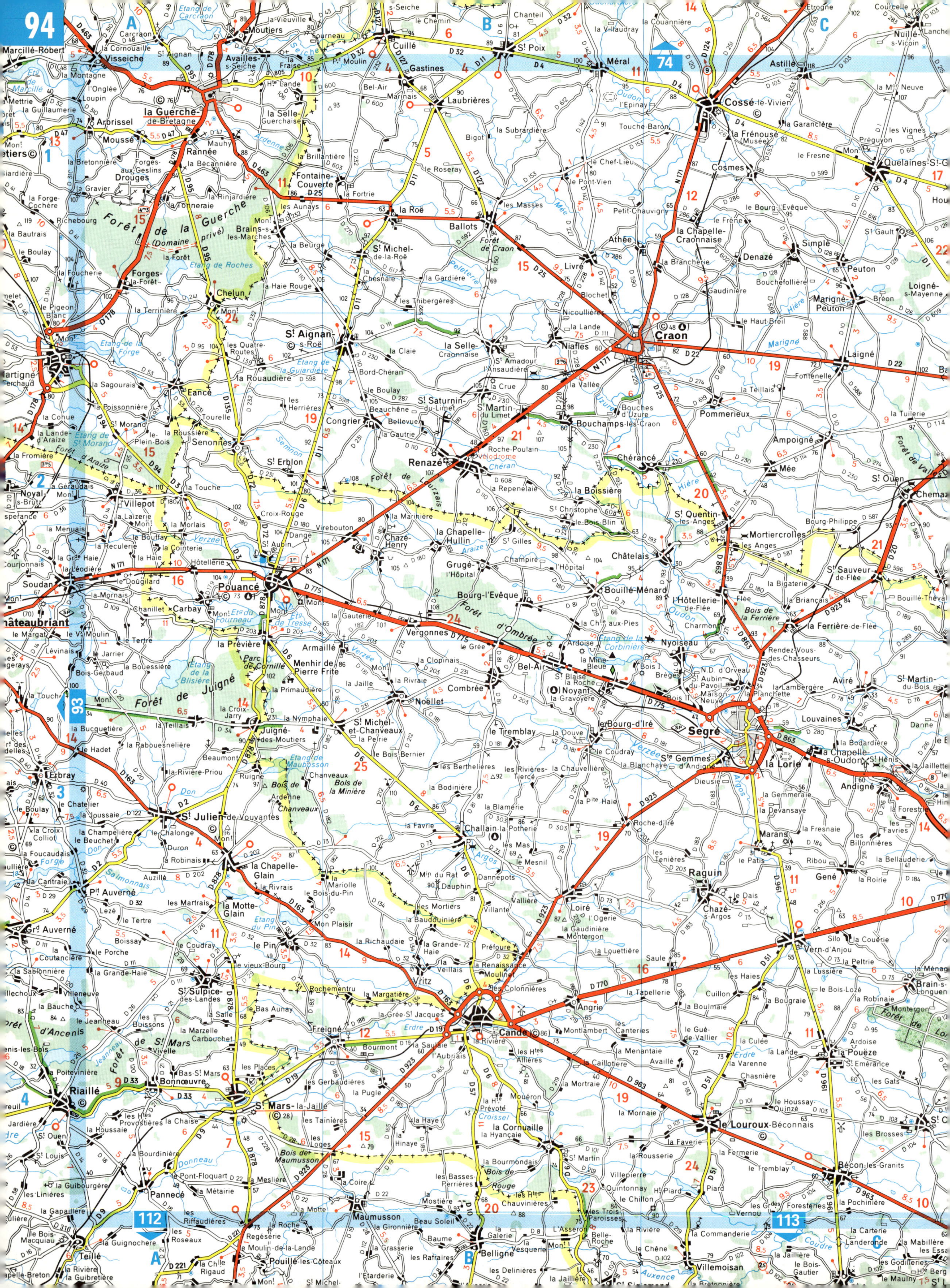

Vitré
Visseiche
Moutiers
Availles-s-Seiche
Cuillé
Gastines
St Poix
Méral
Cossé-le-Vivien
Astillé
la Guerche-de-Bretagne
Rannée
Drouges
Forêt de la Guerche
Fontaine-Couverte
la Roë
Ballots
Laubrières
Cosmes
la Chapelle-Craonnaise
Simplé
Peuton
Forges-la-Forêt
Chelun
Livré
Athée
Denazé
Marigné-Peuton
Loigné-s-Mayenne
Martigné-Ferchaud
St Aignan-s-Roë
la Selle-Craonnaise
Niafles
Craon
Laigné
Eancé
Congrier
St Saturnin-du-Limet
St Martin-du-Limet
Bouchamps-lès-Craon
Pommerieux
Senonnes
St Erblon
Renazé
Chérancé
Ampoigné
Mée
Villepot
la Boissière
St Quentin-les-Anges
Mortiercrolles
Chemazé
Noyal-s-Bruz
Chazé-Henry
la Chapelle-Hullin
Grugé-l'Hôpital
Châtelais
St Sauveur-de-Flée
Soudan
Pouancé
Carbay
Bourg-l'Évêque
Bouillé-Ménard
l'Hôtellerie-de-Flée
Châteaubriant
la Prévière
Armaillé
Vergonnes
Forêt d'Ombrée
Nyoiseau
la Ferrière-de-Flée
Forêt de Juigné
Bel-Air
Noyant-la-Gravoyère
Combrée
Noëllet
St Martin-du-Bois
Segré
la Lorie
Juigné-des-Moutiers
St Michel-et-Chanveaux
le Tremblay
le Bourg-d'Iré
St Gemmes-d'Andigné
Louvaines
la Chapelle-s-Oudon
Andigné
Erbray
St Julien-de-Vouvantes
Challain-la-Potherie
Marans
la Chapelle-Glain
Loiré
Raguin
Chazé-s-Argos
Gené
P.t Auverné
Gd Auverné
la Motte-Glain
le Pin
Vritz
Vern-d'Anjou
St Sulpice-des-Landes
Angrie
Brain-s-Longuenée
Freigné
Candé
la Pouëze
Riaillé
Bonnœuvre
St Mars-la-Jaille
le Louroux-Béconnais
Pannecé
Maumusson
Bécon-les-Granits
Teillé
Pouillé-les-Côteaux
Belligné
Villemoisan

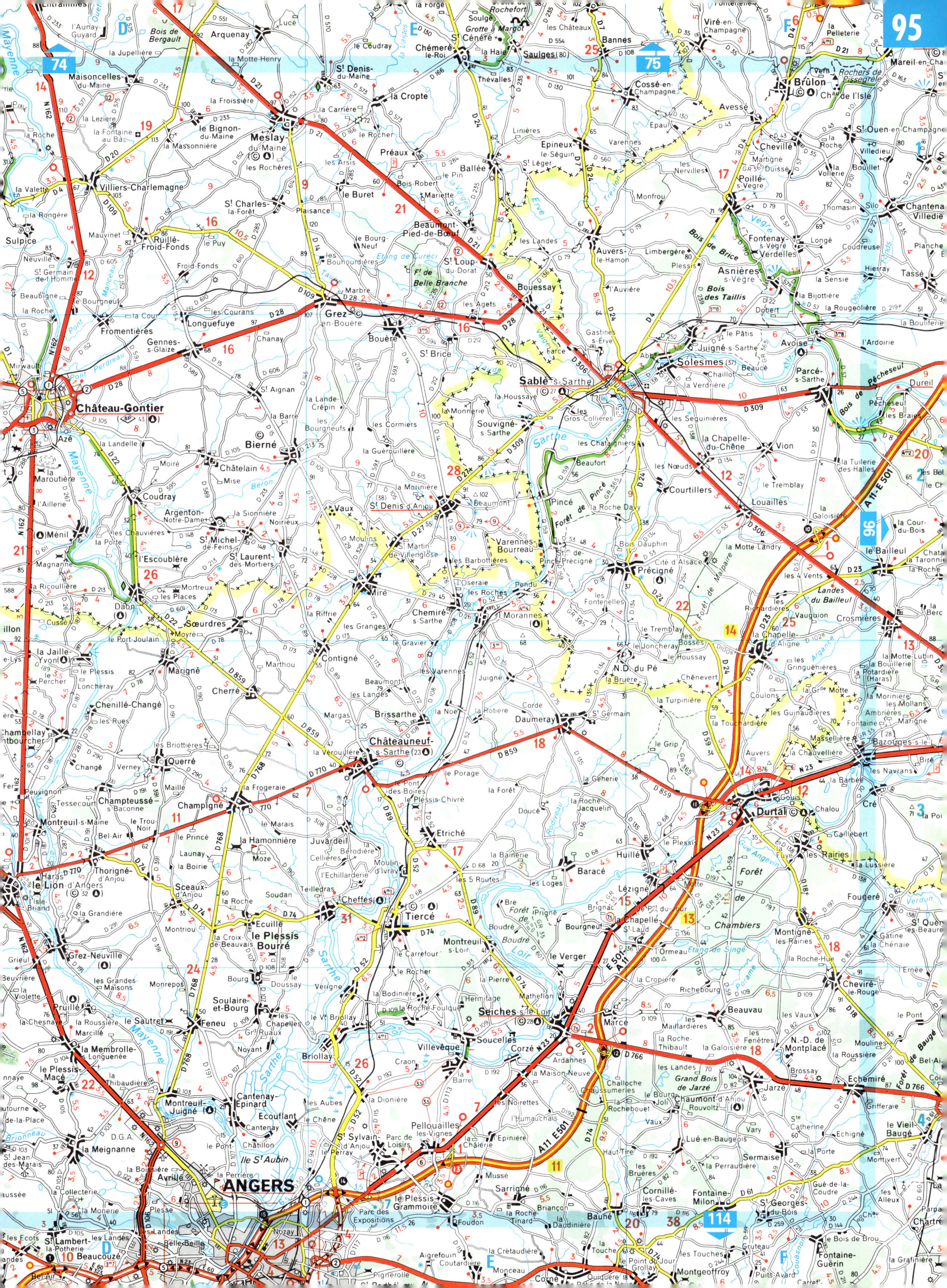
74
75
96
114
Château-Gontier
Sablé-s-Sarthe
Châteauneuf-s-Sarthe
Durtal
ANGERS
Meslay-du-Maine
Grez-en-Bouère
Solesmes
Brûlon
Bouessay
Beaumont-Pied-de-Bœuf
Villiers-Charlemagne
Ruillé-Froid-Fonds
Longuefuye
Bierné
Coudray
Daon
Miré
Morannes
Précigné
Tiercé
Seiches-s-le-Loir
Le Lion-d'Angers
Grez-Neuville
Feneu
Briollay
Jarzé
Baugé
Durtal
Forêt de Chambiers
Forêt de Pincé
Bois de Pécheseul
Sarthe
Mayenne
Loir
A 11-E 501
N 162
N 23
D 859
D 309

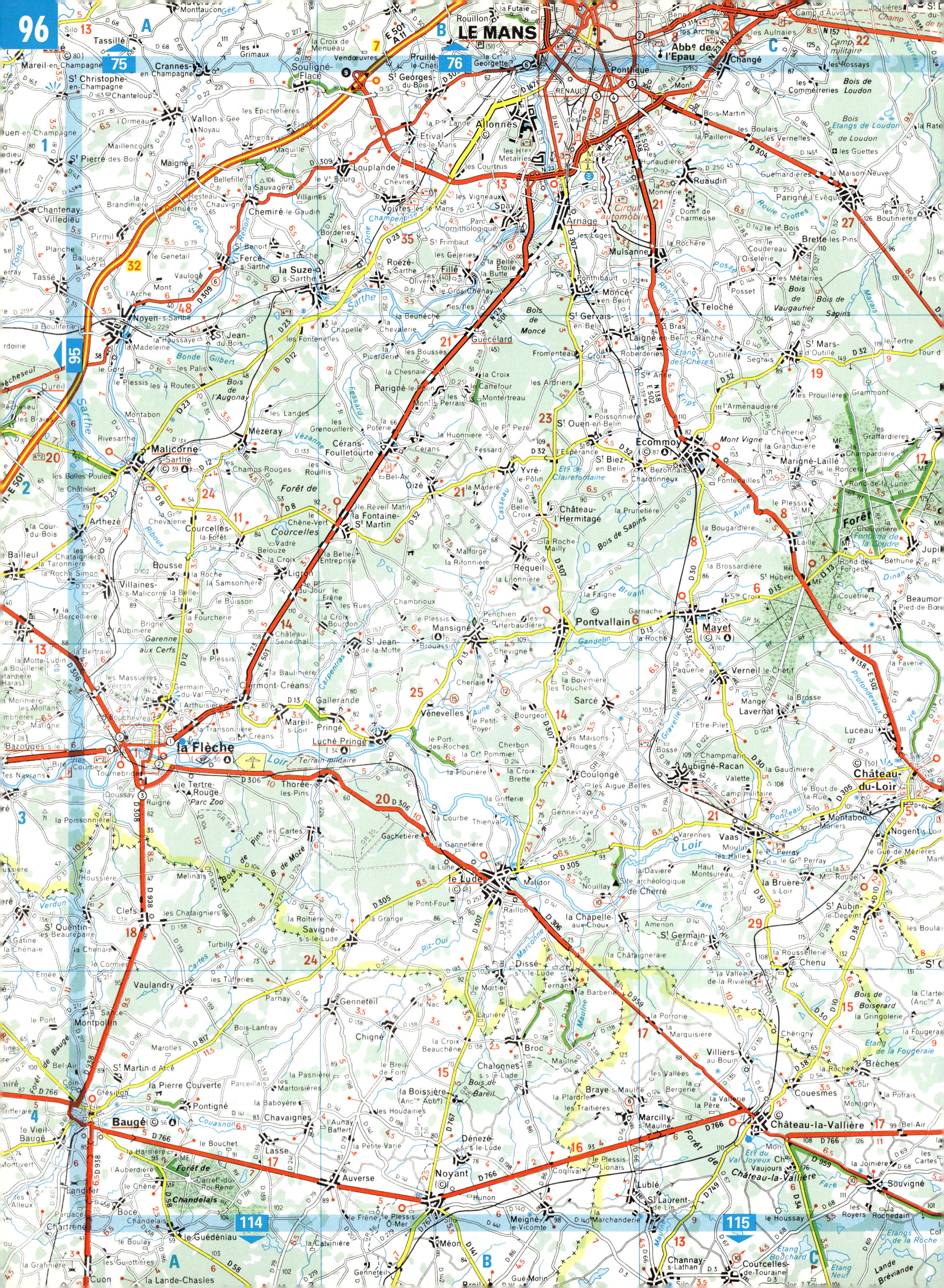

LE MANS
Abbé de l'Epau
Changé
Allonnes
Arnage
Mulsanne
Ruaudin
Parigné-l'Évêque
Brette-les-Pins
Circuit automobile
Spay
Voivres-lès-le-Mans
Étival-lès-le-Mans
Louplande
Souligné-Flacé
St Georges-du-Bois
Pruillé-le-Chétif
Cranne-en-Champagne
Tassillé
Vallon-s-Gée
Chemiré-le-Gaudin
Fercé-s-Sarthe
la Suze-s-Sarthe
Roëzé-s-Sarthe
Fillé
Guécélard
Noyen-s-Sarthe
Malicorne-s-Sarthe
Mézeray
Cérans-Foulletourte
Parigné-le-Pôlin
Yvré-le-Pôlin
Château-l'Hermitage
la Fontaine-St Martin
Oizé
St Ouen-en-Belin
Moncé-en-Belin
Laigné-en-Belin
St Gervais-en-Belin
Teloché
Écommoy
St Biez-en-Belin
Marigné-Laillé
St Mars-d'Outillé
Bois de Moncé
Forêt de Courcelles
Courcelles-la-Forêt
Ligron
Requeil
Pontvallain
Mayet
Mansigné
St Jean-de-la-Motte
Clermont-Créans
la Flèche
Bazouges-s-le-Loir
Mareil-s-Loir
Luché-Pringé
Vénevelles
Sarcé
Aubigné-Racan
Vaas
Verneil-le-Chétif
Château-du-Loir
Montabon
Nogent-s-Loir
Le Lude
Thorée-les-Pins
Clefs
Savigné-s-le-Lude
Dissé-s-le-Lude
Chenu
Marcilly
Bauge
Château-la-Vallière
Noyant
Broc
Chigné
Genneteil
Chavaignes
Vaulandry
Montpollin
Lasse
Auverse
Meigné-le-Vicomte
Méon
Channay-s-Lathan
Courcelles-de-Touraine
Souvigné
Forêt de Chandelais
Forêt de Château-la-Vallière
le Guédeniau
Loir
Sarthe

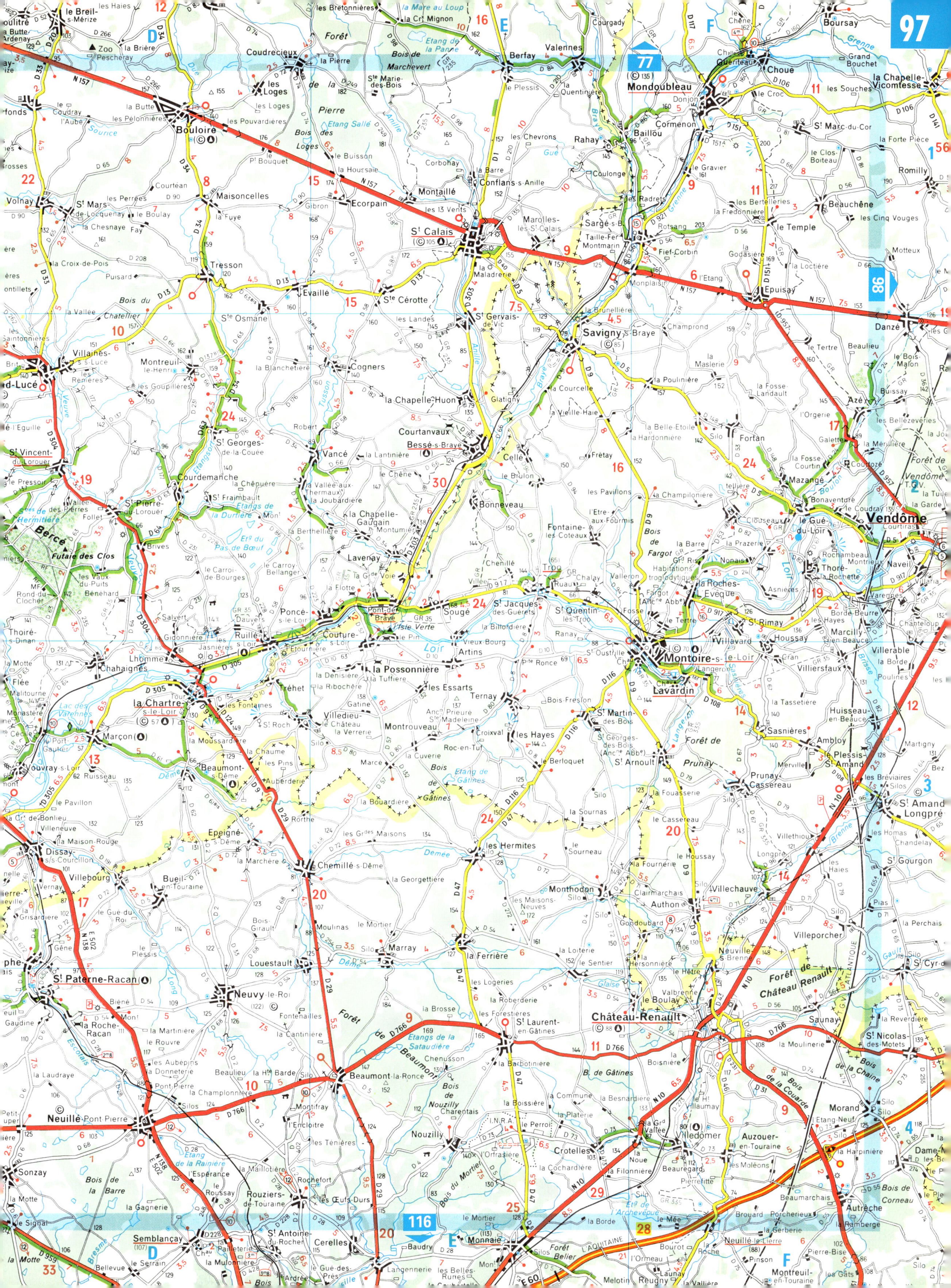
le Breil-s-Mérize
Coudrecieux
Forêt de la Pierre
Berfay
Valennes
Mondoubleau
Choue
Boursay
la Chapelle-Vicomtesse
77
Bouloire
Maisoncelles
St Mars-de-Locquenay
Volnay
Tresson
Evaillé
Ecorpain
Montaillé
Conflans-s-Anille
St Calais
Marolles-les-St Calais
Sargé-s-Braye
Cormenon
Baillou
St Marc-du-Cor
Romilly
le Temple
Epuisay
Beauchêne
Danzé
98
Ste Osmane
Ste Cérotte
St Gervais-de-Vic
Savigny-s-Braye
Villaines-s-s-Lucé
Montreuil-le-Henri
Cogners
la Chapelle-Huon
St Georges-de-la-Couée
Vancé
Courtanvaux
Bessé-s-Braye
Azé
Fortan
Mazangé
St Vincent-du-Lorouer
Courdemanche
St Pierre-du-Lorouer
Berce
Futaie des Clos
la Chapelle-Gaugain
Lavenay
Bonneveau
Vendôme
Naveil
Thoré-la-Rochette
Ponce-s-le-Loir
Ruillé-s-Loir
Couture-s-Loir
Pont-de-Braye
Sougé
St Jacques-des-Guérets
St Quentin-les-Troo
Troo
Montoire-s-le-Loir
Lavardin
Les Roches-l'Evêque
St Rimay
Villavard
Houssay
Marcilly-en-Beauce
Villerable
la Possonnière
Artins
Lhomme
Chahaignes
la Chartre-s-le-Loir
Marçon
Trehet
Villedieu-le-Château
Les Essarts
Ternay
Montrouveau
les Hayes
St Martin-des-Bois
St Arnoult
Forêt de Prunay
Prunay-Cassereau
Sasnières
Ambloy
le Plessis-St Amand
St Amand Longpré
Huisseau-en-Beauce
Vouvray-s-Loir
Beaumont-s-Dême
Dissay-s/s-Courcillon
Villebourg
Bueil-en-Touraine
Epeigné-s-Dême
Chemillé-s-Dême
Les Hermites
Monthodon
Authon
Villechauve
St Gourgon
St Paterne-Racan
Neuvy-le-Roi
Louestault
Marray
la Ferrière
Forêt de Château Renault
Château-Renault
Villeporcher
St Cyr-du-Gault
Saunay
St Nicolas-des-Motets
la Roche-Racan
St Laurent-en-Gâtines
Beaumont-la-Ronce
Forêt de Beaumont
Neuillé-Pont-Pierre
Nouzilly
Crotelles
Villedomer
Auzouer-en-Touraine
Morand
Autrèche
Dame-Marie-les-Bois
Sonzay
Rouziers-de-Touraine
Semblançay
St Antoine-du-Rocher
Cerelles
Monnaie
Forêt Belier
116
Neuillé-le-Lierre
Montreuil-en-Touraine
Reugny
L'AQUITAINE
E 60

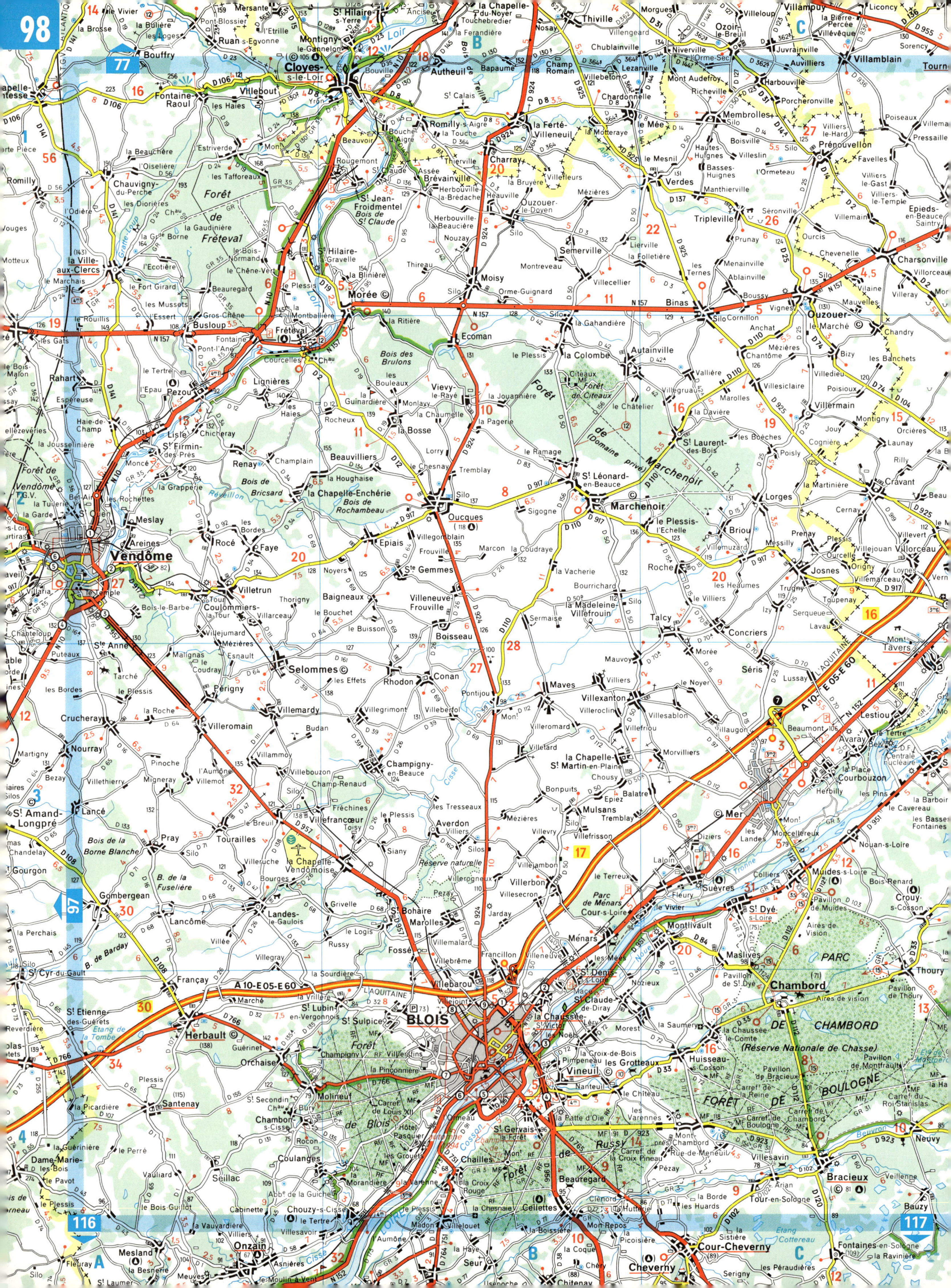
77
97
116
117
Cloyes-s-le-Loir
Montigny-le-Gannelon
St Hilaire-s-Yerre
la Chapelle-du-Noyer
Thiville
Morgues
Ozoir-le-Breuil
Villampuy
Liconcy
Bouffry
Fontaine-Raoul
Villebout
Autheuil
Bapaume
Champ Romain
Villamblain
Chardonnelle
Membrolles
Romilly-s-Aigre
la Ferté-Villeneuil
Charray
le Mée
Verdes
Prénouvellon
Chauvigny-du-Perche
Forêt de Fréteval
St Jean-Froidmentel
Brévainville
Ouzouer-le-Doyen
Semerville
Tripleville
Séronville
Charsonville
la Ville-aux-Clercs
St Hilaire-la-Gravelle
Moisy
Morée
Busloup
Fréteval
Binas
Ouzouer-le-Marché
Ecoman
la Colombe
Autainville
Lignières
Pezou
Vievy-le-Rayé
Forêt de Citeaux
Lisle
St Firmin-des-Prés
Renay
Beauvilliers
la Bosse
St Laurent-des-Bois
Forêt de Marchenoir
St Léonard-en-Beauce
Marchenoir
Lorges
Cravant
la Chapelle-Enchérie
Oucques
Vendôme
Areines
Meslay
Rocé
Faye
Epiais
Ste Gemmes
Roches
Briou
Josnes
Villetrun
Coulommiers-la-Tour
Baigneaux
Villeneuve-Frouville
la Madeleine-Villefrouin
Talcy
Concriers
Boisseau
Ste Anne
Selommes
Rhodon
Conan
Maves
Villexanton
Séris
Mont-près-Tavers
Villemardy
Villeromain
Crucheray
Nourray
Champigny-en-Beauce
la Chapelle-St Martin-en-Plaine
Beaumont
Mer
Courbouzon
St Amand-Longpré
Lancé
Villefrancœur
Averdon
Mulsans
Suèvres
Muides-s-Loire
Pray
Tourailles
la Chapelle-Vendômoise
Villerbon
Gombergean
Landes-le-Gaulois
St Bohaire
Marolles
Ménars
Montlivault
St Dyé-s-Loire
Crouy-s-Cosson
Chambord
Parc de Chambord
St Cyr-du-Gault
Françay
Villebarou
St Denis-s-Loire
Herbault
St Lubin-en-Vergonnois
St Sulpice
BLOIS
la Chaussée-St Victor
St Claude-de-Diray
Huisseau-s-Cosson
Orchaise
Vineuil
Forêt de Boulogne
Molineuf
Forêt de Blois
Santenay
St Gervais-la-Forêt
Chambon-s-Cisse
Coulanges
Seillac
Chailles
Forêt de Russy
Bracieux
Villesavin
Neuvy
Cellettes
Chouzy-s-Cisse
Onzain
Mesland
Candé-s-Beuvron
Cour-Cheverny
Cheverny
Fontaines-en-Sologne
Tour-en-Sologne
A 10-E 05-E 60
L'AQUITAINE
N 157
N 10
N 152

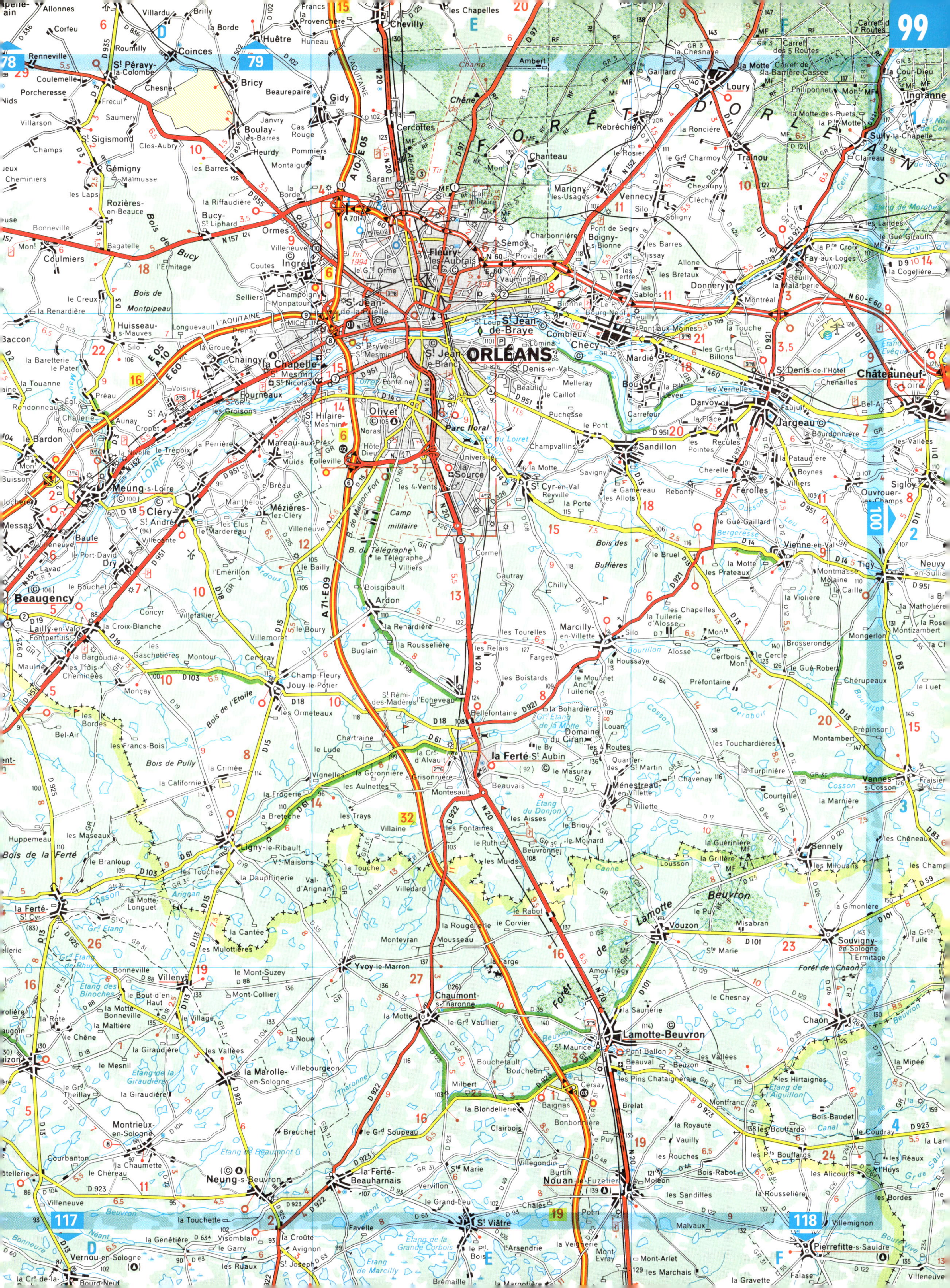

78
79
100
117
118
ORLÉANS
St Jean-de-Braye
St Jean-le-Blanc
St Jean-de-la-Ruelle
Fleury-les-Aubrais
Saran
Olivet
St Pryvé-St Mesmin
St Hilaire-St Mesmin
la Chapelle-St Mesmin
Ingré
Ormes
Chécy
Combleux
Mardié
St Denis-en-Val
Semoy
Boigny-s-Bionne
Marigny-les-Usages
Chanteau
Cercottes
Gidy
Bricy
Coinces
St Péravy-la-Colombe
Huêtre
Chevilly
Loury
Rebréchien
Trainou
Vennecy
Fay-aux-Loges
Donnery
Sully-la-Chapelle
Ingrannes
Châteauneuf-s-Loire
St Denis-de-l'Hôtel
Jargeau
Darvoy
Sandillon
Férolles
Tigy
Vienne-en-Val
Ouvrouer-les-Champs
Sigloy
Neuvy-en-Sullias
St Cyr-en-Val
la Source
Parc floral
Marcilly-en-Villette
la Ferté-St Aubin
Ménestreau-en-Villette
Vannes-s-Cosson
Sennely
Vouzon
Lamotte-Beuvron
Souvigny-en-Sologne
Chaon
Nouan-le-Fuzelier
St Viâtre
la Ferté-Beauharnais
Neung-s-Beuvron
Chaumont-s-Tharonne
Yvoy-le-Marron
Ligny-le-Ribault
Jouy-le-Potier
Ardon
Mareau-aux-Prés
Meung-s-Loire
Cléry-St André
Mézières-lez-Cléry
Beaugency
Lailly-en-Val
Villeny
la Marolle-en-Sologne
Montrieux-en-Sologne
la Ferté-St Cyr
Vernou-en-Sologne
Pierrefitte-s-Sauldre
Chaingy
Huisseau-s-Mauves
Coulmiers
St Sigismond
Gémigny
Rozières-en-Beauce
Bucy-St Liphard
Boulay-les-Barres
FORÊT D'ORLÉANS
Forêt de Lamotte-Beuvron
LOIRE
Cosson
Beuvron
Bois des Buffières
Bois de Pully
Bois de l'Etoile
Camp militaire
Montpipeau

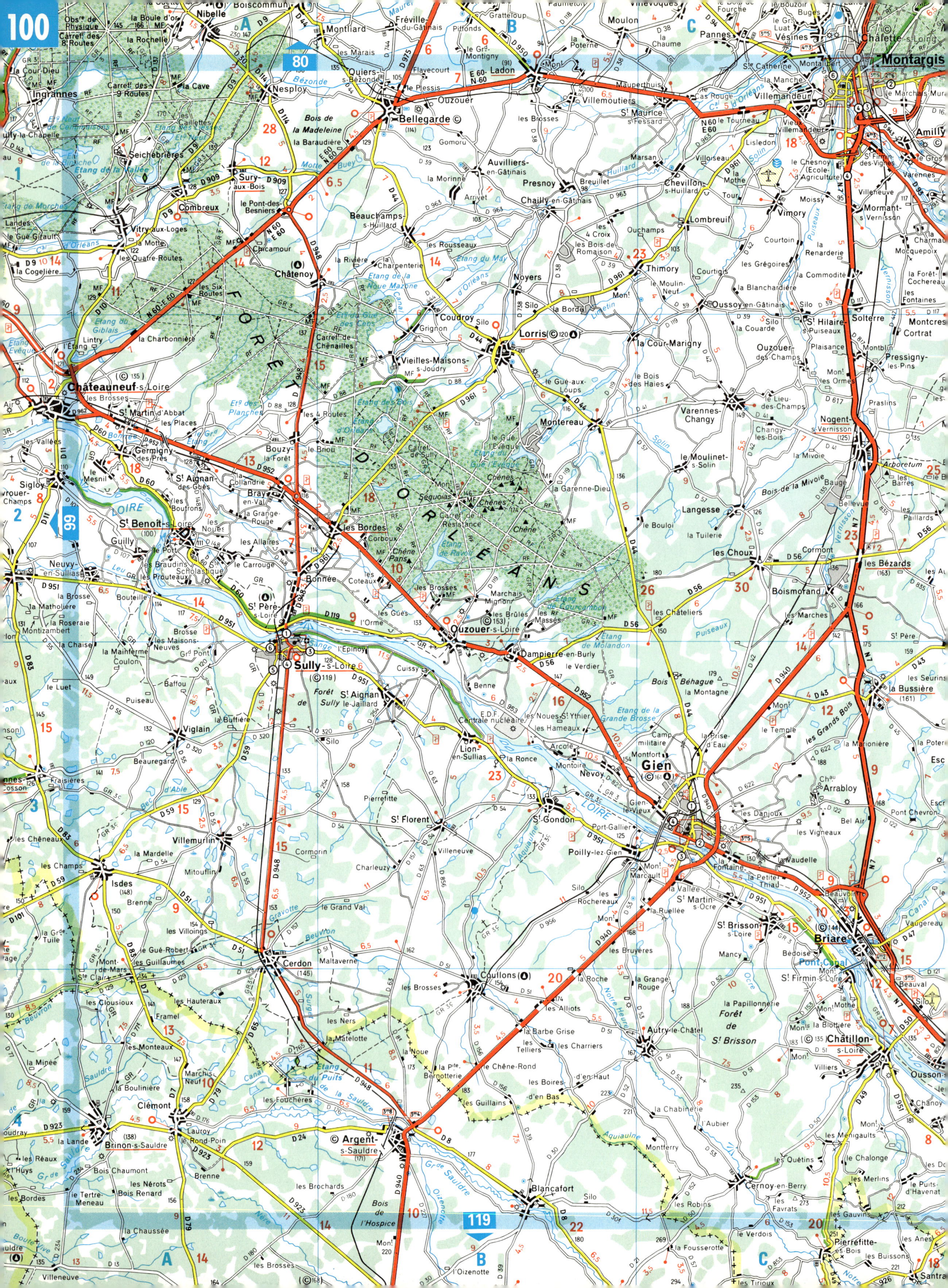
80
99
119
A
B
C
1
2
3
4
Nibelle
Boiscommun
Montliard
Fréville-du-Gâtinais
Ladon
Moulon
Pannes
Vésines
Châlette-s-Loing
Montargis
Ingrannes
Nesploy
Quiers-s-Bézonde
Bellegarde
Ouzouer
Villemoutiers
St Maurice s-Fessard
Villemandeur
Amilly
Seichebrières
Bois de la Madeleine
la Baraudière
Sury-aux-Bois
Combreux
Vitry-aux-Loges
Auvilliers-en-Gâtinais
Presnoy
Chailly-en-Gâtinais
Chevillon-s-Huillard
Lombreuil
Vimory
Mormant-s-Vernisson
Beauchamps-s-Huillard
la Cogelière
Châtenoy
Noyers
Thimory
les Quatre-Routes
Lintry
Coudroy
Lorris
Oussoy-en-Gâtinais
St Hilaire-s-Puiseaux
Solterre
la Charbonnière
la Cour-Marigny
Ouzouer-des-Champs
Pressigny-les-Pins
Châteauneuf-s-Loire
St Martin d'Abbat
Vieilles-Maisons-s-Joudry
Varennes-Changy
Nogent-s-Vernisson
Germigny-des-Prés
Montereau
le Moulinet-s-Solin
Sigloy
St Aignan-des-Gués
Bouzy-la-Forêt
Bray-en-Val
Langesse
St Benoît-s-Loire
les Bordes
la Tuilerie
les Choux
les Bézards
Neuvy-en-Sullias
Bonnée
Boismorand
St Père-s-Loire
Ouzouer-s-Loire
Dampierre-en-Burly
Sully-s-Loire
St Aignan-le-Jaillard
la Bussière
Viglain
Lion-en-Sullias
Gien
Nevoy
Arrabloy
St Florent
St Gondon
Poilly-lez-Gien
Villemurlin
Isdes
Cerdon
Coullons
St Martin-s-Ocre
St Brisson-s-Loire
Briare
Autry-le-Châtel
Châtillon-s-Loire
Clémont
Brinon-s-Sauldre
Argent-s-Sauldre
Blancafort
Cernoy-en-Berry
Pierrefitte-ès-Bois
FORÊT D'ORLÉANS
Forêt de Sully
Forêt de St Brisson
LOIRE
Canal d'Orléans
Canal de Briare
Sauldre
Étang du Puits
Centrale nucléaire
D 948
D 940
D 952
D 951
D 961
D 44
N 60
E 60
N 7

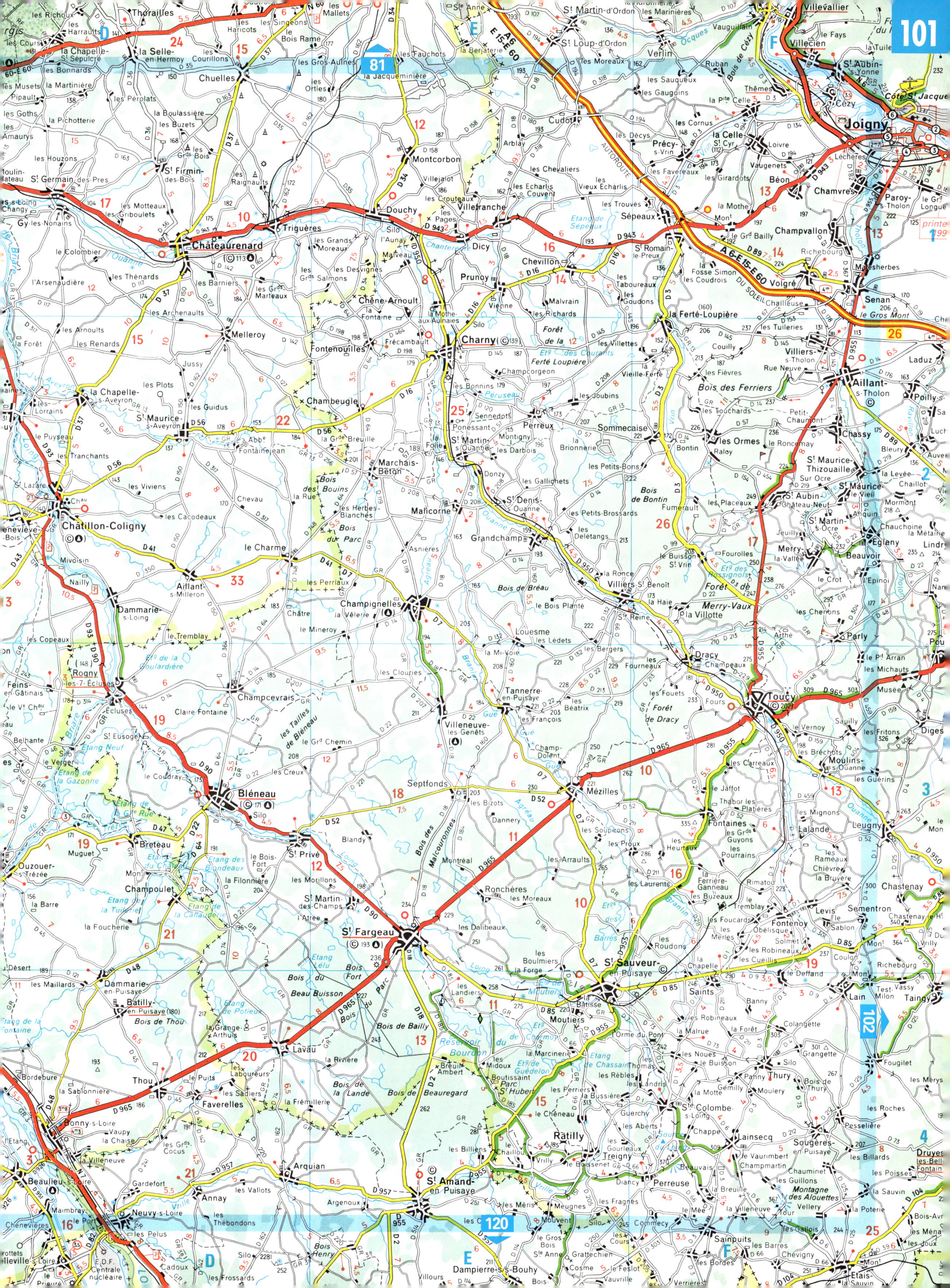
Joigny
Châteaurenard
Charny
Châtillon-Coligny
Bléneau
St Fargeau
Toucy
St Sauveur-en-Puisaye
Aillant-s-Tholon
Villeneuve-les-Genêts
Champignelles
Mézilles
St Amand-en-Puisaye
Bonny-s-Loire
Neuvy-s-Loire
Briare
Ouzouer-s-Trézée
Dammarie-en-Puisaye
Lavau
Ratilly
Treigny
Thury
Sainpuits
Moutiers
Fontaines
Leugny
Ouanne
Chastenay
Lainsecq
Sougères-en-Puisaye
Étais-la-Sauvin
Druyes-les-Belles-Fontaines
Villiers-St Benoit
St Martin-s-Ouanne
Sommecaise
Perreux
Douchy
Triguères
Chuelles
La Selle-en-Hermoy
St Germain-des-Prés
Montcorbon
Villefranche
Sépeaux
St Romain-le-Preux
La Ferté-Loupière
Senan
Volgré
Champvallon
Chamvres
Béon
Cudot
Précy-s-Vrin
Villecien
Villevallier
Cézy
St Aubin-s-Yonne
Malicorne
Grandchamp
Marchais-Béton
Chambeugle
Fontenouilles
Prunoy
Chevillon
Dicy
Melleroy
La Chapelle-s-Aveyron
St Maurice-s-Aveyron
Aillant-s-Milleron
Dammarie-s-Loing
Rogny-les-7-Écluses
Champcevrais
Septfonds
St Privé
Champoulet
Breteau
Batilly-en-Puisaye
Faverelles
Arquian
Annay
Dracy
Tannerre-en-Puisaye
Parly
Égleny
Diges
Pourrain
Lalande
Levis
Sementron
Moulins-s-Ouanne
Merry-la-Vallée
Chassy
Charbuy
Autoroute du Soleil
A 6 - E 15 - E 60
D 965
D 955
D 950
D 943
D 90
Forêt de la Ferté Loupière
Forêt de Dracy
Bois de Bailly
Bois des Ferriers
Bois de Bontin
Étang de la Gazonne
Étang du Bourdon
81
120
102
26
25
24
33
22
20
19
18
17
16
15
14
13
12
11
10

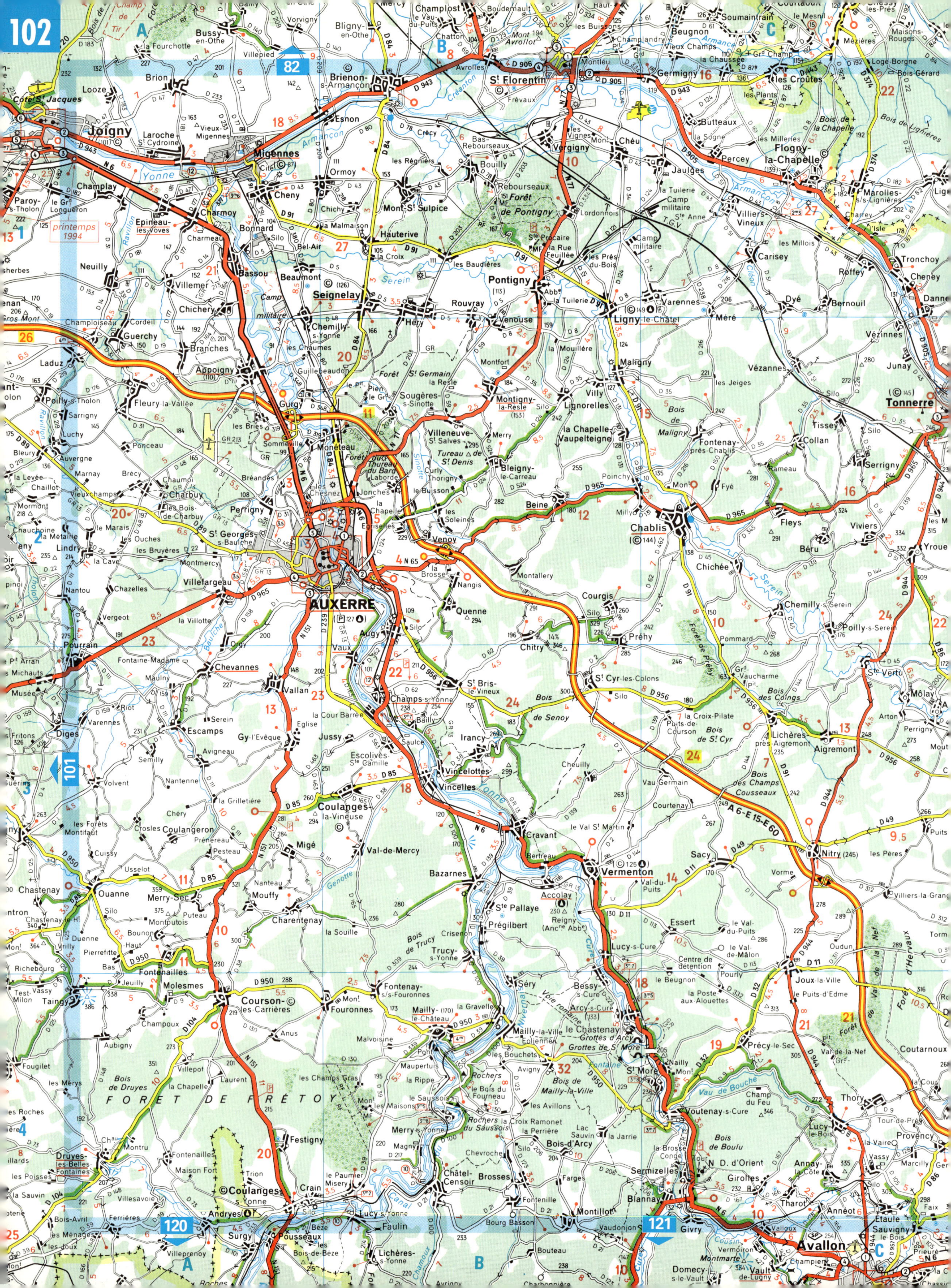
Joigny
Migennes
St Florentin
Brienon-s-Armançon
Seignelay
Pontigny
Ligny-le-Châtel
Flogny-la-Chapelle
Tonnerre
Chablis
AUXERRE
Vermenton
Coulanges-la-Vineuse
Courson-les-Carrières
Mailly-le-Château
Vézelay
Avallon
Noyers
Toucy
Cravant
Vincelottes
Irancy
Chitry
Appoigny
Monéteau
Charmoy
Cheny
Hauterive
Héry
Venoy
Chevannes
Vallan
Escamps
Saint-Bris-le-Vineux
Champs-s-Yonne
Nitry
Lichères-près-Aigremont
Arcy-s-Cure
St Moré
Voutenay-s-Cure
Sermizelles
Châtel-Censoir
Coulanges-s-Yonne
Druyes-les-Belles-Fontaines
Ouanne
Varennes
Vergigny
Germigny
Villeneuve-St Salves
Beine
Maligny
Courgis
Préhy
Chemilly-s-Serein
Poilly-s-Serein
Fontenay-près-Chablis
Bois d'Arcy
Blannay
Givry
FORET DE FRETOY
printemps 1994
A6-E15-E60
N6
N65
N151
D965
D905
D943
82
101
120
121
A
B
C

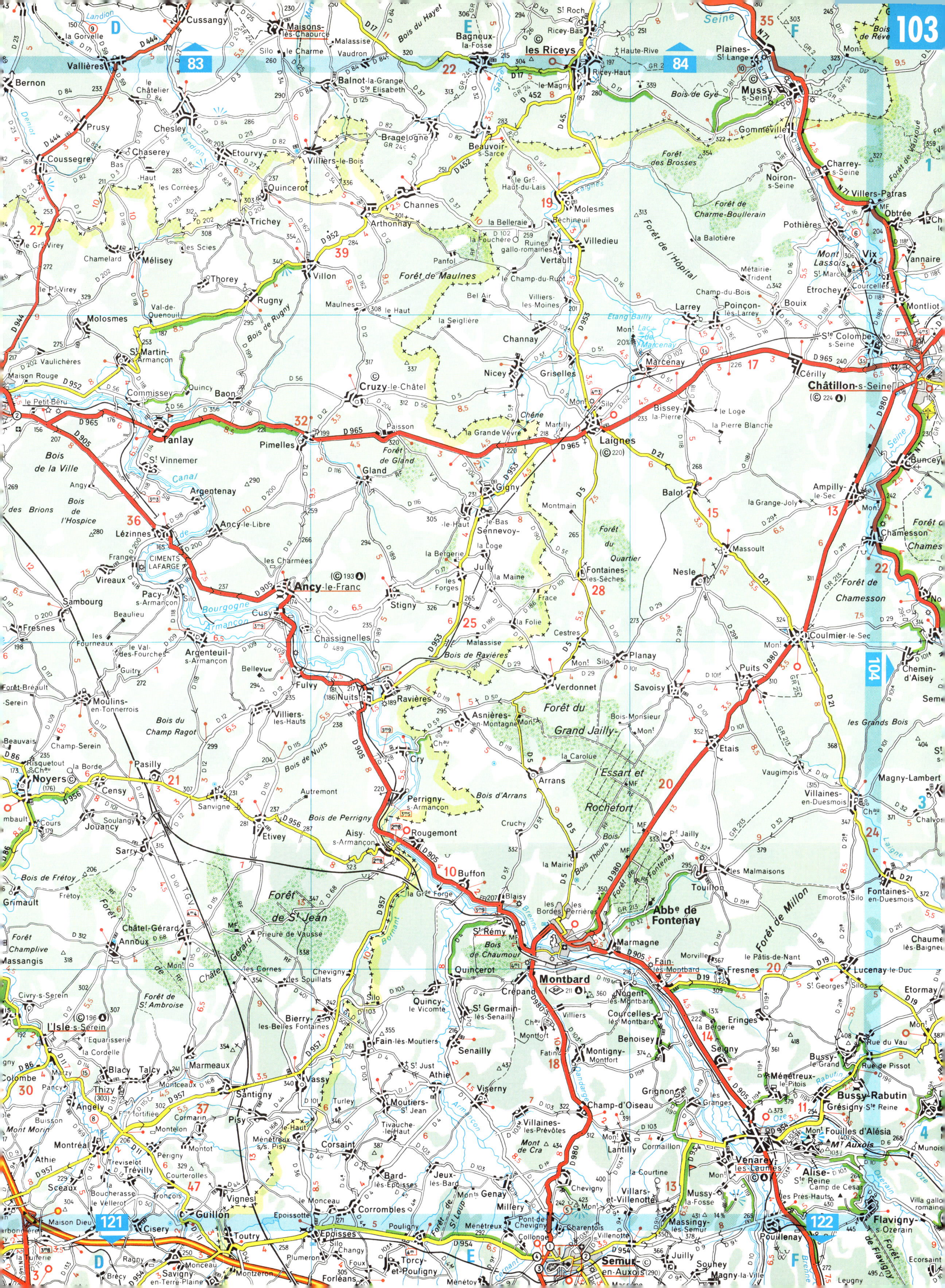
Cussangy
Maisons-lès-Chaource
Bagneux-la-Fosse
les Riceys
Ricey-Bas
Ricey-Haut
Plaines-St Lange
Mussy-s-Seine
Vallières
Bernon
Balnot-la-Grange
Chesley
Prusy
Coussegrey
Chaserey
Etourvy
Villiers-le-Bois
Bragelogne
Beauvoir-s-Sarce
Gommeville
Forêt des Brosses
Charrey-s-Seine
Noiron-s-Seine
Villers-Patras
Obtrée
Quincerot
Channes
Arthonnay
Molesmes
Trichey
Mélisey
Villon
Villedieu
Vertault
Forêt de Maulnes
Forêt de Charme-Boullerain
Pothières
Mont Lassois
Vix
Vannaire
Thorey
Rugny
Molosmes
Val-de-Mercy
St Martin-s-Armançon
Channay
Nicey
Griselles
Larrey
Poinçon-lès-Larrey
Etrochey
Montliot
Ste Colombe-s-Seine
Marcenay
Cérilly
Châtillon-s-Seine
Commissey
Baon
Cruzy-le-Châtel
Tanlay
Pimelles
Gland
Laignes
Bissey-la-Pierre
Buncey
Argentenay
Ancy-le-Libre
Gigny
Balot
Ampilly-le-Sec
Lézinnes
Vireaux
Pacy-s-Armançon
Ancy-le-Franc
Stigny
Jully
Sennevoy-le-Bas
Fontaines-les-Sèches
Nesle
Massoult
Chamesson
Sambourg
Fresnes
Argenteuil-s-Armançon
Chassignelles
Cusy
Planay
Coulmier-le-Sec
Chemin-d'Aisey
Fulvy
Nuits
Ravières
Asnières-en-Montagne
Verdonnet
Savoisy
Puits
Moulins-en-Tonnerrois
Villiers-les-Hauts
Forêt du Grand Jailly
Etais
Noyers
Censy
Pasilly
Cry
Perrigny-s-Armançon
Arrans
Rochefort
Vaugimois
Villaines-en-Duesmois
Magny-Lambert
Jouancy
Sarry
Etivey
Aisy-s-Armançon
Rougemont
Buffon
Touillon
Fontaines-en-Duesmois
Forêt de St Jean
Châtel-Gérard
Annoux
Montbard
Abbe de Fontenay
Marmagne
Fresnes
Lucenay-le-Duc
Quincy-le-Vicomte
St Germain-lès-Senailly
Nogent-lès-Montbard
Courcelles-lès-Montbard
L'Isle-s-Serein
Bierry-les-Belles Fontaines
Senailly
Benoisey
Seigny
Bussy-Rabutin
Marmeaux
Santigny
Vassy
Moutiers-St Jean
Viserny
Champ-d'Oiseau
Grésigny-Ste Reine
Angely
Pisy
Venarey-les-Laumes
Alise-Ste Reine
Montréal
Trévilly
Corsaint
Lantilly
Villars-et-Villenotte
Flavigny-s-Ozerain
Guillon
Vignes
Epoisses
Corrombles
Millery
Massingy-lès-Semur
Pouillenay
Cisery
Toutry
Semur-en-Auxois
Torcy-et-Pouligny
Souhey
Savigny-en-Terre-Plaine

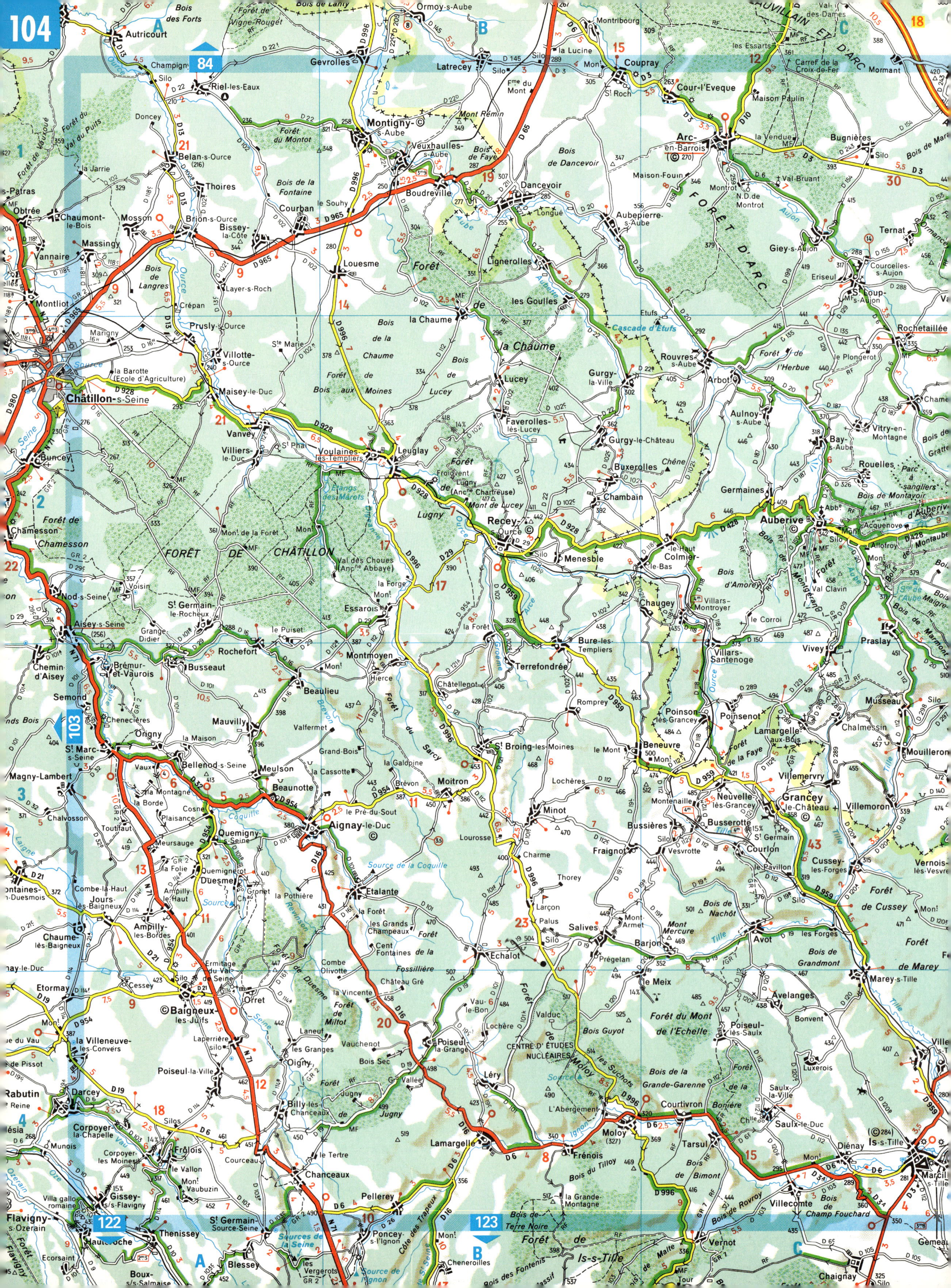
Autricourt
Gevrolles
Latrecey
Coupray
Cour-l'Eveque
Riel-les-Eaux
Montigny-s-Aube
Veuxhaulles-s-Aube
Arc-en-Barrois
Bugnières
Belan-s-Ource
Thoires
Boudreville
Dancevoir
Aubepierre-s-Aube
Obtrée
Chaumont-le-Bois
Mosson
Brion-s-Ource
Bissey-la-Côte
Courban
Giey-s-Aujon
Ternat
Vannaire
Massingy
Louesme
Lignerolles
Forêt de la Chaume
FORÊT D'ARC
Montliot
Les Goulles
la Chaume
St Loup-s-Aujon
Rochetaillée
Prusly-s-Ource
Marigny
Rouvres-s-Aube
Arbot
Villotte-s-Ource
Châtillon-s-Seine
Maisey-le-Duc
Lucey
Gurgy-la-Ville
Faverolles-lès-Lucey
Aulnoy-s-Aube
Vanvey
Villiers-le-Duc
Buncey
Voulaines-les-Templiers
Leuglay
Gurgy-le-Château
Buxerolles
Bay-s-Aube
Vitry-en-Montagne
Rouelles
Chambain
Germaines
Chamesson
Recey-s-Ource
Auberive
FORÊT DE CHÂTILLON
Menesble
Colmier-le-Haut
Colmier-le-Bas
Nod-s-Seine
Chaugey
Essarois
St Germain-le-Rocheux
Aisey-s-Seine
Praslay
Rochefort
Montmoyen
Bure-les-Templiers
Vivey
Busseaut
Terrefondrée
Villars-Santenoge
Beaulieu
Mauvilly
Poinson-lès-Grancey
Poinsenot
Musseau
Orgny
St Broing-les-Moines
Beneuvre
Lamargelle-aux-Bois
Chalmessin
St Marc-s-Seine
Bellenod-s-Seine
Villemervry
Mouilleron
Magny-Lambert
Meulson
Moitron
Grancey-le-Château
Beaunotte
Minot
Neuvelle-lès-Grancey
Villemoron
Aignay-le-Duc
Bussières
Busserotte
Quemigny-s-Seine
Fraignot
Courlon
Cussey-les-Forges
Duesme
Etalante
Forêt de Cussey
Ampilly-les-Bordes
Jours-lès-Baigneux
Salives
Avot
Echalot
Barjon
Etormay
Baigneux-les-Juifs
Marey-s-Tille
Oigny
Poiseul-la-Grange
Avelanges
La Villeneuve-les-Convers
Poiseul-la-Ville
Léry
Poiseul-lès-Saulx
Courtivron
Saulx-la-Ville
Saulx-le-Duc
Darcey
Billy-lès-Chanceaux
Moloy
Tarsul
Corpoyer-la-Chapelle
Frôlois
Lamargelle
Frénois
Dienay
Is-s-Tille
Marcilly-s-Tille
Chanceaux
Pellerey
Villecomte
Flavigny-s-Ozerain
Gissey-s/s-Flavigny
Hauteroche
Thenissey
St Germain-Source-Seine
Poncey-s-l'Ignon
Vernot
Gemeaux
Boux-s/s-Salmaise
Blessey
Chaignay
CENTRE D'ÉTUDES NUCLÉAIRES
Source de la Coquille
Sources de la Seine
Forêt de Is-s-Tille

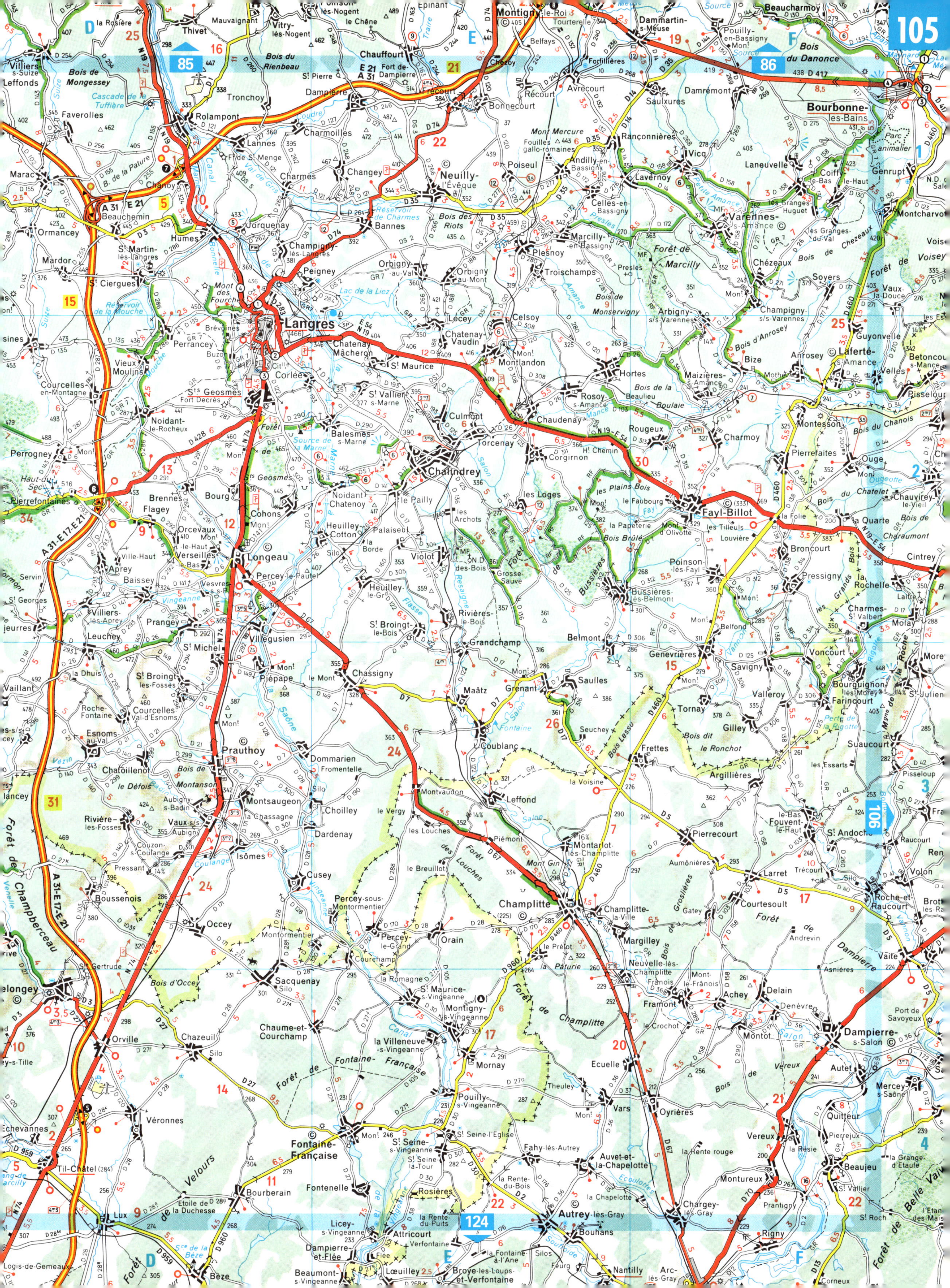
85
86
106
124
Langres
Bourbonne-les-Bains
Fayl-Billot
Champlitte
Chalindrey
Prauthoy
Longeau
Fontaine-Française
Dampierre-s-Salon
Autrey-lès-Gray
Til-Châtel
Montigny-le-Roi
Neuilly-l'Évêque
Varennes-s-Amance
Laferté-s-Amance
Chauffourt
Rolampont
Humes
Bannes
Saulxures
Avrecourt
Dammartin-s-Meuse
Beaucharmoy
Vicq
Laneuvelle
Coiffy-le-Bas
Genrupt
Champigny-lès-Langres
Peigney
Orbigny-au-Val
Lecey
Celsoy
Chatenay-Vaudin
Chatenay-Mâcheron
St Maurice
Culmont
Torcenay
Corgirnon
Chaudenay
Rosoy-s-Amance
Hortes
Maizières-s-Amance
Bize
Anrosey
Charmoy
Rougeux
Pierrefaites
Montesson
Broncourt
Pressigny
Genevrières
Belmont
Saulles
Savigny
Voncourt
Valleroy
Tornay
Gilley
Frettes
Argillières
Pierrecourt
Larret
Courtesoult
Achey
Delain
Denèvre
Vereux
Beaujeu
Montureux
Rigny
Bouhans
Nantilly
Chargey-lès-Gray
Vars
Oyrières
Ecuelle
Margilley
Leffond
Coublanc
Maâtz
Grenant
Chassigny
Piépape
Villegusien
Percey-le-Pautel
Heuilley-le-Grand
Violot
Rivières-le-Bois
Grandchamp
Montsaugeon
Isômes
Cusey
Dommarien
Choilley
Dardenay
Occey
Sacquenay
Chaume-et-Courchamp
Chazeuil
Orville
Véronnes
Percey-le-Grand
Orain
Montigny-s-Vingeanne
St Maurice-s-Vingeanne
Mornay
Pouilly-s-Vingeanne
St Seine-s-Vingeanne
Fahy-lès-Autrey
Bourberain
Fontenelle
Licey-s-Vingeanne
Attricourt
Dampierre-et-Flée
Lux
Beze
Véronnes
Perrogney
Noidant-le-Rocheux
Brennes
Flagey
Orcevaux
Verseilles-le-Bas
Aprey
Baissey
Villiers-lès-Aprey
Prangey
Leuchey
St Michel
St Broingt-les-Fosses
Esnoms-au-Val
Chalcillenot
Aubigny
Vaux-s-Aubigny
Rivière-les-Fosses
Boussenois
Cohons
Bourg
Balesmes-s-Marne
St Vallier-s-Marne
St Geosmes
Corlée
Saints-Geosmes
Vieux Moulins
Perrancey
Brévoines
St Ciergues
St Martin-lès-Langres
Mardor
Ormancey
Beauchemin
Faverolles
Villiers-s-Suize
Leffonds
Thivet
Vitry-lès-Nogent
Dampierre
Charmoilles
Lannes
Changey
Charmes
Jorquenay
Forêt de Champlitte
Forêt de Fontaine-Française
Forêt de Velours
Forêt de Champerceau
Forêt de Marcilly
Bois de Mongessey
Réservoir de Charmes
Réservoir de la Mouche
Lac de la Liez
Forêt de Voisey
Bois du Danonce
Saône
Marne
Vingeanne
Salon
A 31
E 21
A 31-E 17-E 21
N 19
E 54
D 460
D 67
D 417

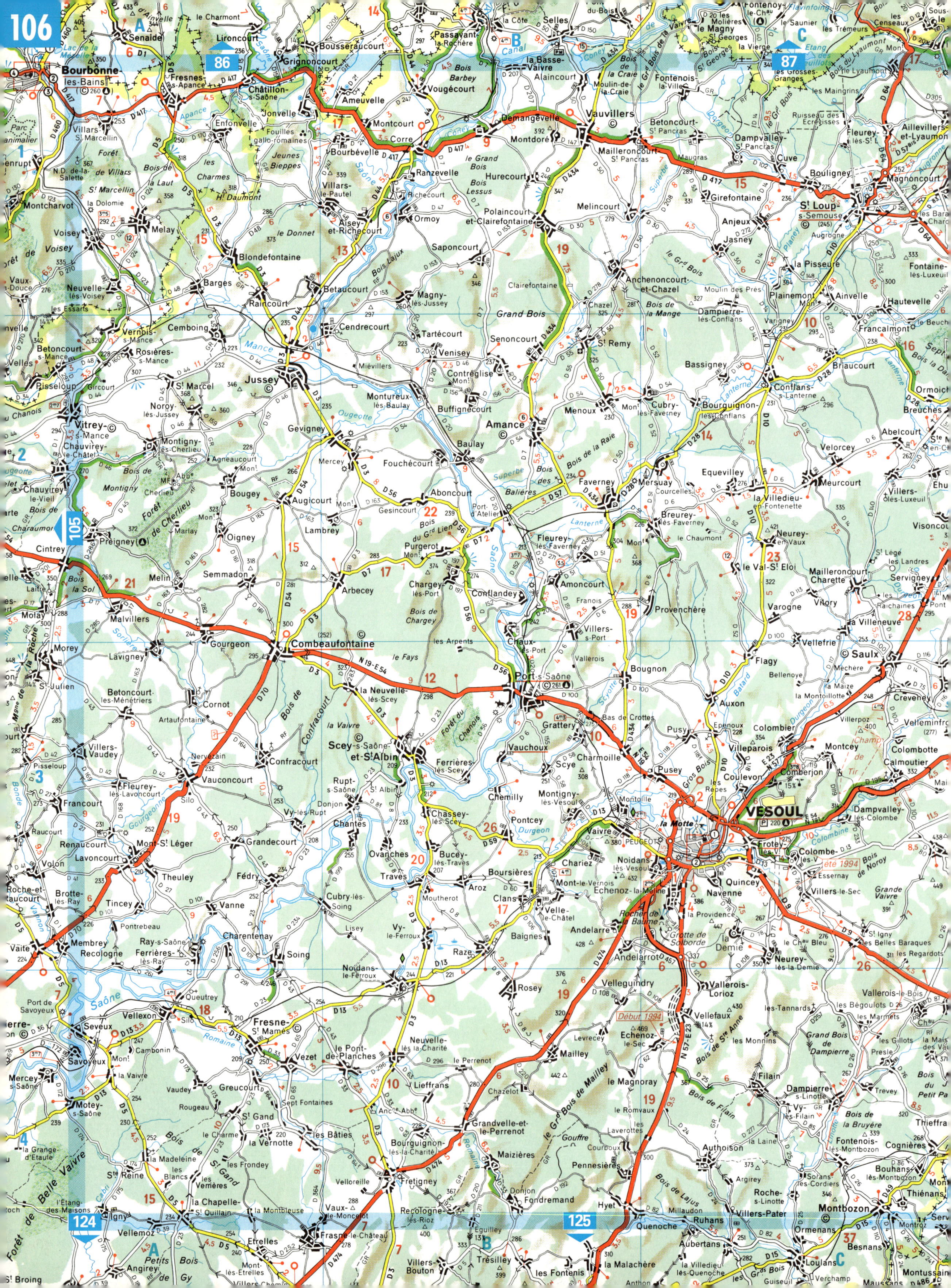
86
87
105
124
125
Bourbonne-les-Bains
Fresnes-s-Apance
Châtillon-s-Saône
Jonvelle
Grignoncourt
Bousseraucourt
Ameuvelle
Passavant-la-Rochère
Selles
Vougécourt
la Basse-Vaivre
Alaincourt
Fontenois-la-Ville
Vauvillers
Demangevelle
Montdoré
Mailleroncourt-St Pancras
Betoncourt-St Pancras
Dampvalley-St Pancras
Cuve
Girefontaine
St Loup-s-Semouse
Magnoncourt
Aillevillers-et-Lyaumont
Bourbévelle
Corre
Ranzevelle
Hurecourt
Polaincourt-et-Clairefontaine
Melincourt
Anjeux
Jasney
Montcharvot
Melay
Villars-le-Pautel
Aisey-et-Richecourt
Ormoy
Blondefontaine
Saponcourt
Anchenoncourt-et-Chazel
la Pisseure
Plainemont
Ainvelle
Hautevelle
Fontaine-lès-Luxeuil
Barges
Betaucourt
Raincourt
Cendrecourt
Magny-lès-Jussey
Tartécourt
Senoncourt
St Remy
Dampierre-lès-Conflans
Francalmont
Vernois-s-Mance
Cemboing
Rosières-s-Mance
Betoncourt-s-Mance
Jussey
Venisey
Contréglise
Bassigney
Briaucourt
Conflans-s-Lanterne
Pisseloup
Gircourt
St Marcel
Noroy-lès-Jussey
Mièvillers
Montureux-lès-Baulay
Buffignécourt
Menoux
Cubry-lès-Faverney
Bourguignon-lès-Conflans
Breuches
Vitrey-s-Mance
Chauvirey-le-Châtel
Montigny-lès-Cherlieu
Gevigney
Amance
Baulay
Abelcourt
Velorcey
Chauvirey-le-Vieil
Agneaucourt
Mercey
Fouchécourt
Faverney
Mersuay
Equevilley
Meurcourt
Bougey
Augicourt
Aboncourt
Port-d'Atelier
la Villedieu-en-Fontenette
Villers-lès-Luxeuil
Preigney
Oigney
Lambrey
Purgerot
Fleurey-lès-Faverney
Breurey-lès-Faverney
Neurey-en-Vaux
Cintrey
Semmadon
Chargey-lès-Port
Amoncourt
le Val-St Eloi
Mailleroncourt-Charette
Servigney
Melin
Arbecey
Conflandey
Provenchère
Varogne
Vilory
Molay
Malvillers
Villers-s-Port
la Villeneuve
Gourgeon
Combeaufontaine
Chaux-lès-Port
Vellefrie
Saulx
Morey
Lavigney
Flagy
St Julien
Betoncourt-les-Ménétriers
la Neuvelle-lès-Scey
Port-s-Saône
Bougnon
Cornot
Grattery
Auxon
Pusy
Colombier
Villers-Vaudey
Confracourt
Scey-s-Saône-et-St Albin
Ferrières-lès-Scey
Vauchoux
Scye
Charmoille
Villeparois
Montcey
Colombotte
Pusey
Comberjon
Calmoutier
Coulevon
Fleurey-lès-Lavoncourt
Vauconcourt
Rupt-s-Saône
Chemilly
Montigny-lès-Vesoul
VESOUL
Dampvalley-lès-Colombe
Francourt
Vy-lès-Rupt
Chassey-lès-Scey
Pontcey
la Motte
Frotey-lès-V.
Colombe-lès-V.
Raucourt
Renaucourt
Mont-St Léger
Grandecourt
Chantes
Bucey-lès-Traves
Vaivre
Noidans-lès-Vesoul
Essernay
Lavoncourt
Ovanches
Traves
Boursières
Chariez
Quincey
Villers-le-Sec
Volon
Theuley
Fédry
Aroz
Mont-le-Vernois
Navenne
Cubry-lès-Soing
Clans
Echenoz-la-Méline
Brotte-lès-Ray
Tincey
Vanne
Velle-le-Châtel
la Providence
Vy-le-Ferroux
Andelarre
Baignes
Membrey
Recologne
Ray-s-Saône
Ferrières-lès-Ray
Charentenay
Soing
Raze
Andelarrot
Demie
Neurey-lès-la-Demie
Vaite
Noidans-le-Ferroux
Rosey
Velleguindry
Vallerois-Lorioz
Vallerois-le-Bois
Queutrey
Seveux
Vellexon
Fresne-St Mamès
Vellefaux
les Tannards
Savoyeux
Le Pont-de-Planches
Neuvelle-lès-la-Charité
Echenoz-le-Sec
Mailley
Vezet
Mercey-s-Saône
Motey-s-Saône
Greucourt
Lieffrans
le Magnoray
Filain
Dampierre-s-Linotte
Vy-lès-Filain
la Vernotte
St Gand
les Bâties
Grandvelle-et-le-Perrenot
Bourguignon-lès-la-Charité
Maizières
Authoison
Fontenois-lès-Montbozon
Cognières
St Reine
Fretigney
Pennesières
Sorans-lès-Cordiers
Bouhans-lès-Montbozon
Thiénans
Vellemoz
la Chapelle-St Quillain
Vaux-le-Moncelot
Recologne-lès-Rioz
Fondremand
Hyet
Roche-s-Linotte
Villers-Pater
Montbozon
Ormenans
Angirey
Etrelles
Frasne-le-Château
Trésilley
Villers-Bouton
Quenoche
Ruhans
Aubertans
la Malachère
les Fontenis
Loulans
Besnans
Forêt de Belle Vaivre
Forêt de Cherlieu
Bois de la Raie
Grand Bois
Saône
Lanterne
Superbe
Durgeon
VESOUL
PEUGEOT
Début 1994
été 1994

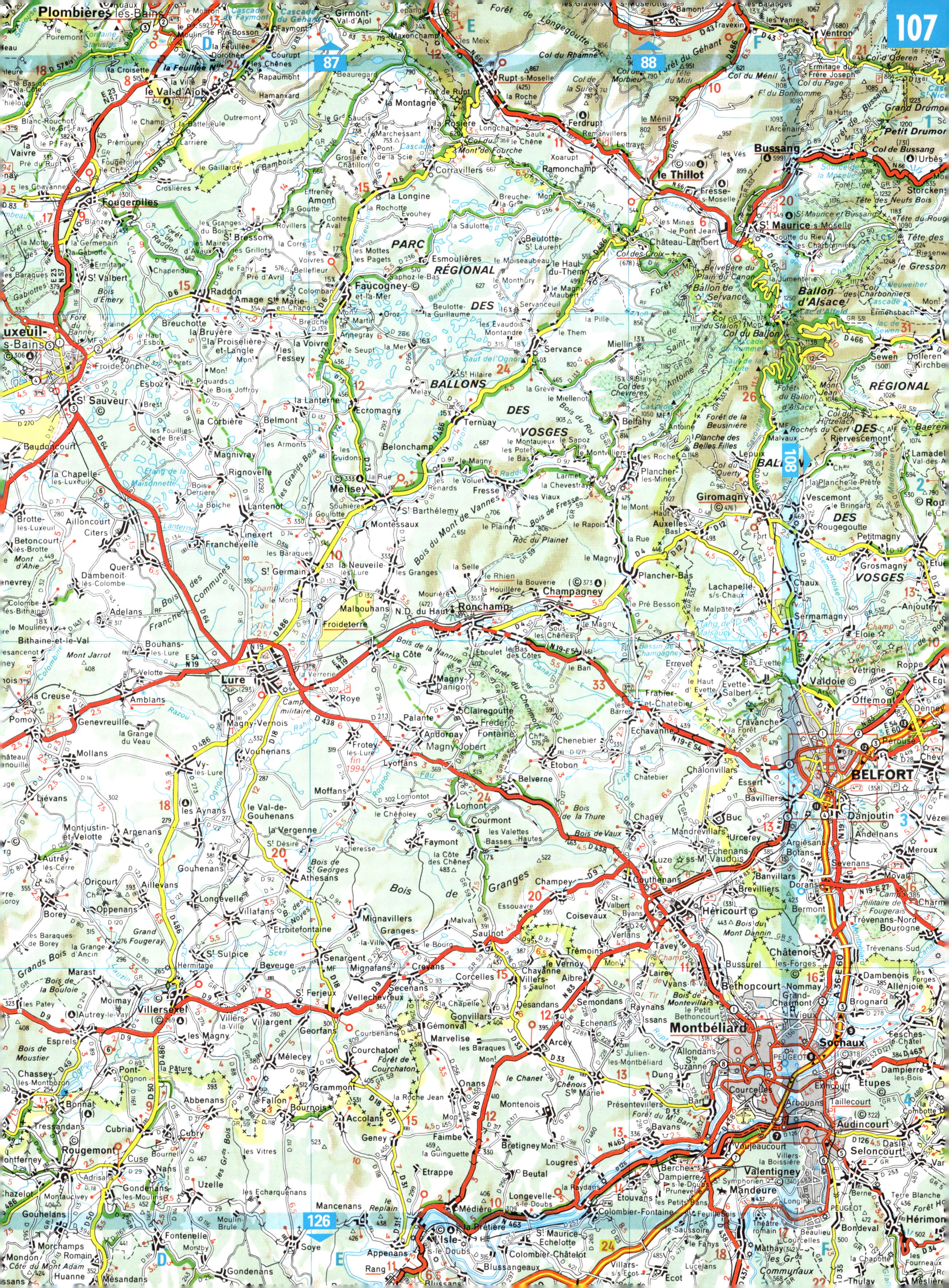
Plombières-les-Bains
le Val-d'Ajol
Fougerolles
Luxeuil-les-Bains
St Sauveur
St Valbert
Raddon
Faucogney-et-la-Mer
Rupt-s-Moselle
Ramonchamp
le Thillot
Bussang
St Maurice-s-Moselle
Ballon d'Alsace
Col du Ballon
PARC RÉGIONAL DES BALLONS DES VOSGES
Mélisey
Ronchamp
Champagney
Giromagny
Lure
Froideterre
Belfort
Valdoie
Offemont
Danjoutin
Héricourt
Montbéliard
Sochaux
Audincourt
Valentigney
Mandeure
Villersexel
Rougemont
l'Isle-s-le-Doubs
Étupes
Seloncourt
Hérimoncourt
Beaucourt
Delle
Grandvillars
Lyoffans
Magny-Jobert
Frahier-et-Chatebier
Plancher-les-Mines
Plancher-Bas
Auxelles-Bas
Rougegoutte
Sermamagny
Essert
Bavilliers
Châtenois-les-Forges
Bethoncourt
Grand-Charmont
Vieux-Charmont
Exincourt
Bart
Bavans
Dampierre-les-Bois
Lamadeleine-Val-des-Anges
Col de Bussang
Grand Drumont
Ventron
Le Ménil
Ferdrupt
Servance
Miellin
Belfahy
Ternuay
Belonchamp
Écromagny
Lantenot
Magnivray
Rignovelle
Linexert
Franchevelle
St Germain
la Neuvelle-lès-Lure
Malbouhans
Roye
Vouhenans
Palante
Andornay
Frédéric-Fontaine
Clairegoutte
Chenebier
Étobon
Belverne
Lomont
Courmont
Faymont
Couthenans
Luze
Chagey
Échenans
Coisevaux
Trémoins
Chavanne
Villers-s-Saulnot
Saulnot
Corcelles
Crevans
Mignavillers
Gonvillars
Marvelise
Désandans
Arcey
Semondans
Raynans
Issans
Allondans
Présentevillers
Sainte-Marie
Onans
Montenois
Bretigney
Faimbe
Étrappe
Médière
Longevelle-s-Doubs
Colombier-Fontaine
Blussangeaux
Appenans
Soye
Gondenans
Mésandans
Huanne
Fontenelle-Montby
Cubry
Abbenans
Bournois
Fallon
Accolans
Geney
Grammont
Mélecey
Georfans
Villargent
Villers-la-Ville
St Ferjeux
Senargent
Mignafans
Vellechevreux
Secenans
Beveuge
St Sulpice
Étroitefontaine
Villafans
Longevelle
Gouhenans
Athesans
Les Aynans
Le Val-de-Gouhenans
La Vergenne
Moffans
Vy-lès-Lure
Mollans
Genevreuille
Amblans
Velotte
Adelans
Quers
Citers
Ailloncourt
Baudoncourt
Brotte-lès-Luxeuil
Betoncourt-lès-Brotte
Colombe-lès-Bithaine
Bithaine-et-le-Val
La Creuse
Pomoy
Lièvans
Arpenans
Oricourt
Aillevans
Oppenans
Borey
Marast
Esprels
Pont-s-l'Ognon
Bonnal
Tressandans
Cuse
Nans
Uzelle
Gouhelans
Romain
Morchamps
BALLONS
DES VOSGES
RÉGIONAL
Col des Croix
Château-Lambert
Haut-du-Them
Esmoulières
Corravillers
la Rosière
Fresse
la Lanterne
Bruchotte
la Bruyère
la Proiselière-et-Langle
la Voivre
les Fessey
Esboz
Amage
Ste Marie-en-Chanois
Belmont
St Barthélemy
Montessaux
la Côte
Magny-Danigon
Saint-Antoine
Lepuix
Vescemont
Chaux
Lachapelle-s/s-Chaux
Eloie
Évette-Salbert
Cravanche
Chalonvillars
Echavanne
Errevet
Argiésans
Botans
Dorans
Brevilliers
Urcerey
Buc
Mandrevillars
Bermont
Trévenans
Sevenans
Andelnans
Meroux
Moval
Vézelois
Brognard
Allenjoie
Dambenois
Fesches-le-Châtel
Taillecourt
Arbouans
Courcelles
Voujeaucourt
Bondeval
Dasle
Bourogne
Pérouse
Denney
Roppe
Vétrigne
Anjoutey
Grosmagny
Petitmagny
Riervescemont
Sewen
Dolleren
Kirchbe
Rimbach
Storckensohn
Urbès
Col d'Oderen
Vagney
Rochesson
Gérardmer
Sapois
Cornimont
D 486
N 19
E 54
N 57
A 36
E 60
N 463
N 83
D 438
87
88
108
126
D
E
F

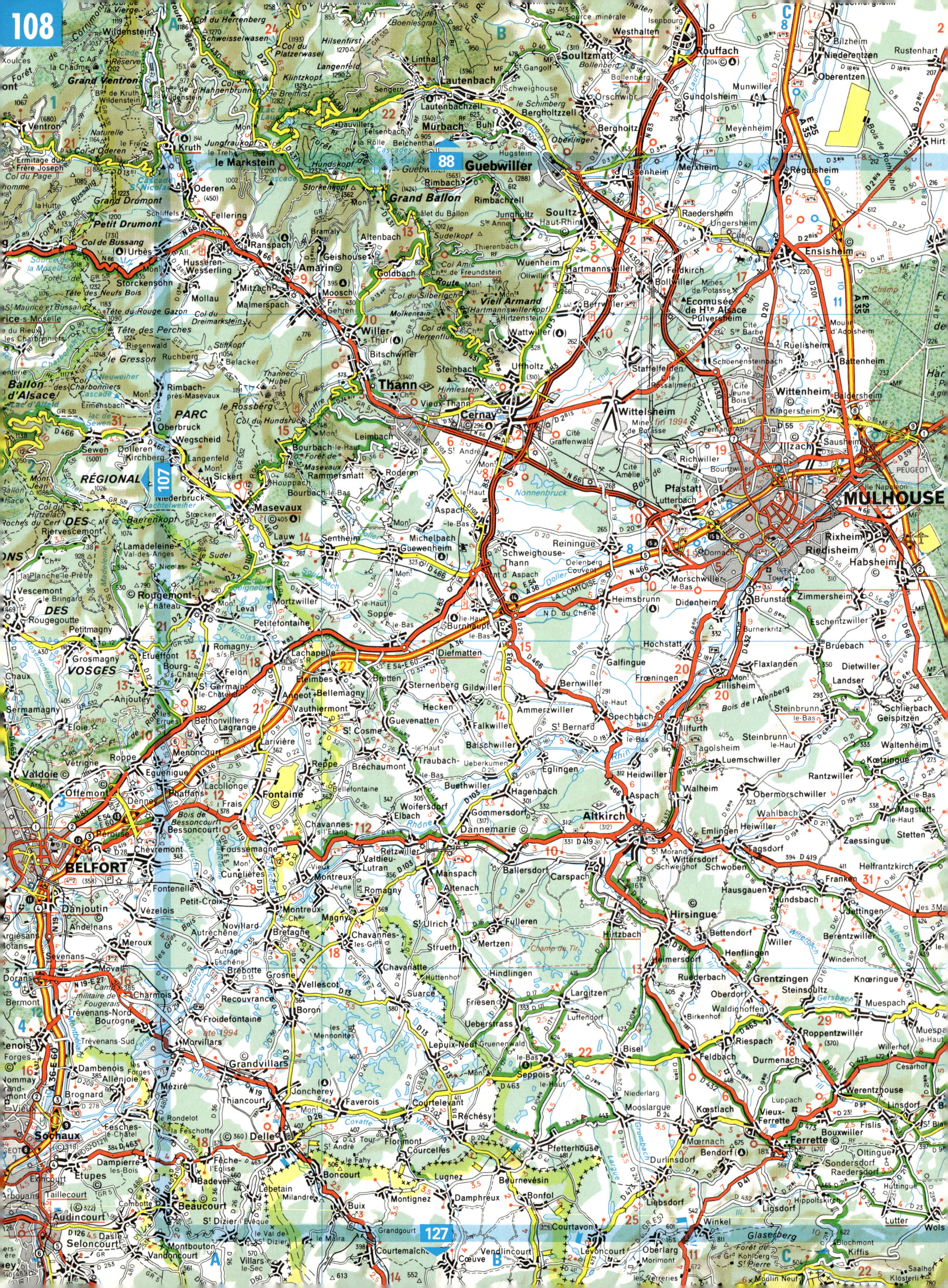

MULHOUSE
BELFORT
Guebwiller
88
Thann
Cernay
Altkirch
Ferrette
Delle
Sochaux
Audincourt
Valdoie
Rouffach
Soultzmatt
Lautenbach
Murbach
Buhl
Soultz-Haut-Rhin
Ensisheim
Wittenheim
Illzach
Riedisheim
Rixheim
Habsheim
Pfastatt
Lutterbach
Wittelsheim
Masevaux
Sewen
Kruth
Oderen
Fellering
St Amarin
Moosch
Willer-s-Thur
Bitschwiller
Rougemont-le-Château
Giromagny
Étueffont
Lachapelle
Dannemarie
Hirsingue
Seppois
Grandvillars
Beaucourt
Montbouton
Grand Ballon
Grand Ventron
Ballon d'Alsace
le Markstein
PARC
RÉGIONAL
DES
VOSGES
Vieil Armand
Ecomusée de Hte Alsace
Fontaine
Dambenois
Brognard
Étupes
Danjoutin
Andelnans
Sevenans
Bermont
Trévenans
Morvillars
Méziré
Joncherey
Faverois
Courtelevant
Réchésy
Pfetterhouse
Lepuix-Neuf
Bisel
Feldbach
Riespach
Durmenach
Werentzhouse
Oltingue
Wittersdorf
Tagsdorf
Walheim
Illfurth
Spechbach
Zillisheim
Brunstatt
Didenheim
Morschwiller-le-Bas
Heimsbrunn
Burnhaupt
Aspach
Michelbach
Sentheim
Bourbach-le-Bas
Leimbach
Steinbach
Uffholtz
Wattwiller
Berrwiller
Hartmannswiller
Wuenheim
Bollwiller
Feldkirch
Raedersheim
Issenheim
Merxheim
Regisheim
Gundolsheim
Westhalten
Wildenstein
Urbès
Husseren-Wesserling
Mollau
Storckensohn
Rimbach-près-Masevaux
Oberbruck
Kirchberg
Niederbruck
Lauw
Soppe-le-Bas
Diefmatten
Bretten
Sternenberg
Gildwiller
Hecken
Falkwiller
Balschwiller
Eglingen
Hagenbach
Ballersdorf
Carspach
Manspach
Retzwiller
Chavannes-les-Grands
Suarce
Montreux-Château
Bretagne
Vellescot
Boron
Grosne
Recouvrance
Froidefontaine
Charmois
Bourogne
Chèvremont
Pérouse
Offemont
Éloie
Vétrigne
Roppe
Eguenigue
Menoncourt
Lacollonge
Phaffans
Frais
Fousssemagne
Cunelières
Bessoncourt
Vauthiermont
Angeot
Bellemagny
Larivière
Reppe
Bréchaumont
Guevenatten
Traubach-le-Haut
Buethwiller
Wolfersdorf
Gommersdorf
Elbach
Ammerzwiller
Bernwiller
Galfingue
Froeningen
Hochstatt
Flaxlanden
Zimmersheim
Eschentzwiller
Bruebach
Steinbrunn-le-Bas
Landser
Dietwiller
Schlierbach
Geispitzen
Waltenheim
Koetzingue
Rantzwiller
Magstatt-le-Bas
Stetten
Zaessingue
Helfrantzkirch
Franken
Heiwiller
Emlingen
Obermorschwiller
Tagolsheim
Luemschwiller
Heidwiller
Hundsbach
Jettingen
Berentzwiller
Willer
Henflingen
Grentzingen
Steinsoultz
Knoeringue
Muespach
Roppentzwiller
Waldighoffen
Oberdorf
Ruederbach
Hausgauen
Schwoben
Bettendorf
Heimersdorf
Hindlingen
Largitzen
Friesen
Ueberstrass
Strueth
Fulleren
Mertzen
St Ulrich
Altenach
Romagny
Magny
Montreux-Jeune
Valdieu-Lutran
Petit-Croix
Fontenelle
Vézelois
Meroux
Novillard
Autrechêne
Brebotte
Chavanatte
Moval
Trévenans-Sud
Allenjoie
Fesches-le-Châtel
Dampierre-les-Bois
Badevel
Fêche-l'Église
Thiancourt
Florimont
Courcelles
Boncourt
Lugnez
Beurnevésin
Bonfol
Damphreux
Montignez
Buix
Courtemaîche
Vendlincourt
Coeuve
Courtavon
Levoncourt
Oberlarg
Winkel
Liebsdorf
Ligsdorf
Durlinsdorf
Moernach
Koestlach
Mooslargue
Niederlarg
Bendorf
Vieux-Ferrette
Bouxwiller
Fislis
Linsdorf
Sondersdorf
Raedersdorf
Lutter
Kiffis
127

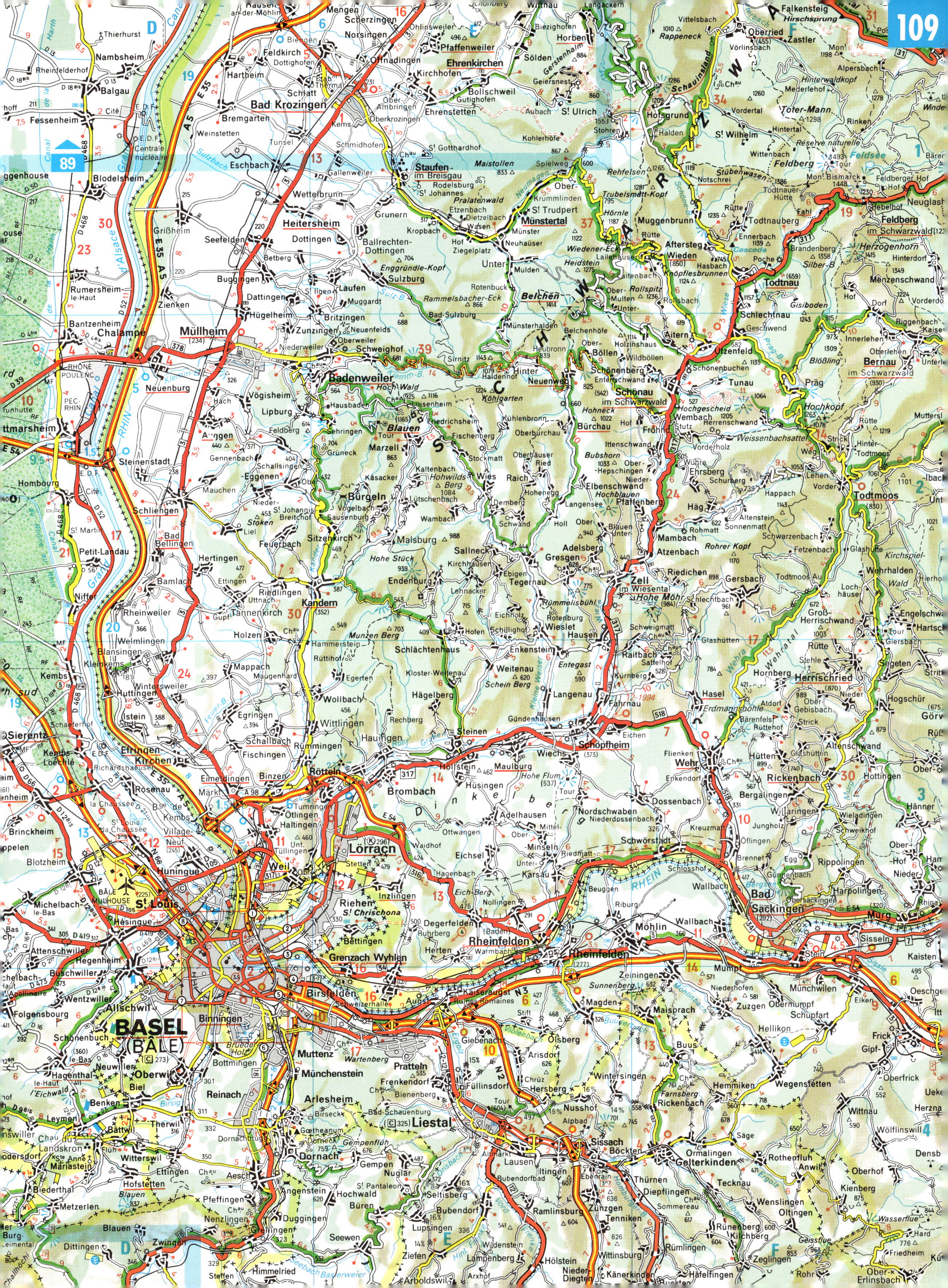
89
Bad Krozingen
Staufen im Breisgau
Münstertal
Feldberg
Todtnau
Müllheim
Chalampé
Neuenburg
Badenweiler
Schweighof
Belchen
Schönau im Schwarzwald
Bürchau
Kandern
Zell im Wiesental
Schopfheim
Wehr
Rickenbach
Todtmoos
Bernau im Schwarzwald
Lörrach
Weil
Huningue
St. Louis
Riehen
Grenzach Wyhlen
Rheinfelden
Bad Säckingen
Möhlin
Birsfelden
BASEL (BÂLE)
Binningen
Muttenz
Pratteln
Münchenstein
Arlesheim
Reinach
Liestal
Sissach
Gelterkinden
Dornach
Laufen
Ottmarsheim
Fessenheim
Blodelsheim
Kembs
Sierentz
Efringen Kirchen
Steinen
Maulburg
Todtnauberg
Hinterzarten
Dinkelberg
RHEIN
SCHWARZWALD

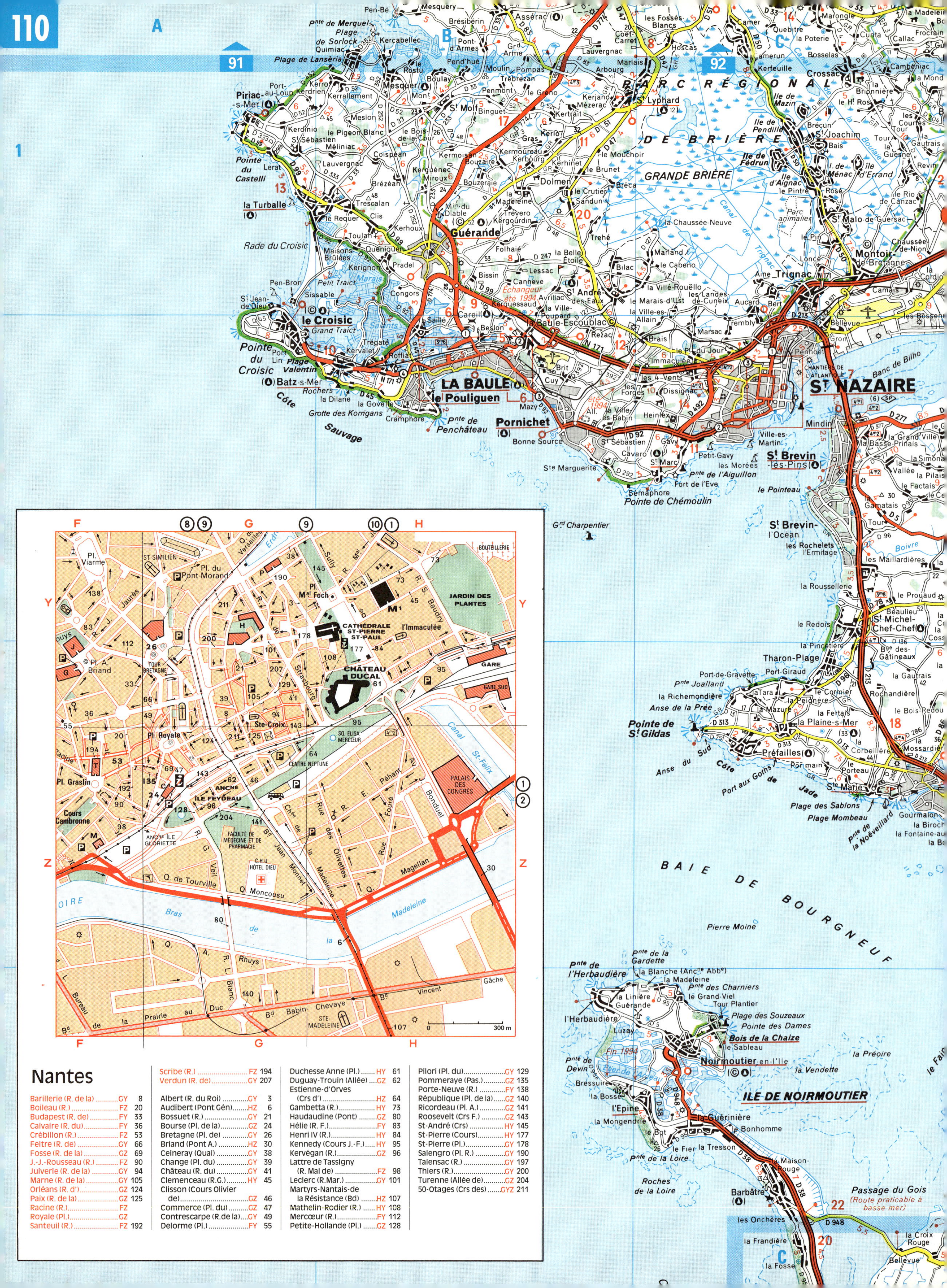

Nantes

Barillerie (R. de la)	GY	8
Boileau (R.)	FZ	20
Budapest (R. de)	FY	33
Calvaire (R. du)	FY	36
Crébillon (R.)	FZ	53
Feltre (R. de)	GY	66
Fosse (R. de la)	GZ	69
J.-J.-Rousseau (R.)	FZ	90
Juiverie (R. de la)	GY	94
Marne (R. de la)	GY	105
Orléans (R. d')	GZ	124
Paix (R. de la)	GZ	125
Racine (R.)	FZ	
Royale (Pl.)	GZ	
Santeuil (R.)	FZ	192
Scribe (R.)	FZ	194
Verdun (R. de)	GY	207
Albert (R. du Roi)	GY	3
Audibert (Pont Gén)	HZ	6
Bossuet (R.)	GY	21
Bourse (Pl. de la)	GZ	24
Bretagne (Pl. de)	GY	26
Briand (Pont A.)	HZ	30
Ceineray (Quai)	GY	38
Change (Pl. du)	GY	39
Château (R. du)	GY	41
Clemenceau (R.G.)	HY	45
Clisson (Cours Olivier de)	GZ	46
Commerce (Pl. du)	GZ	47
Contrescarpe (R.de la)	GY	49
Delorme (Pl.)	FY	55
Duchesse Anne (Pl.)	HY	61
Duguay-Trouin (Allée)	GZ	62
Estienne-d'Orves (Crs d')	HZ	64
Gambetta (R.)	HY	73
Haudaudine (Pont)	GZ	80
Hélie (R. F.)	FY	83
Henri IV (R.)	HY	84
Kennedy (Cours J.-F.)	HY	95
Kervégan (R.)	GZ	96
Lattre de Tassigny (R. Mal de)	FZ	98
Leclerc (R.Mar.)	GY	101
Martyrs-Nantais-de la Résistance (Bd)	HZ	107
Mathelin-Rodier (R.)	HY	108
Mercœur (R.)	FY	112
Petite-Hollande (Pl.)	GZ	128
Pilori (Pl. du)	GY	129
Pommeraye (Pas.)	GZ	135
Porte-Neuve (R.)	FY	138
République (Pl. de la)	GZ	140
Ricordeau (Pl. A.)	GZ	141
Roosevelt (Crs F.)	GZ	143
St-André (Crs)	HY	145
St-Pierre (Cours)	HY	177
St-Pierre (Pl.)	GY	178
Salengro (Pl. R.)	GY	190
Talensac (R.)	GY	197
Thiers (R.)	GY	200
Turenne (Allée de)	GZ	204
50-Otages (Crs des)	GYZ	211

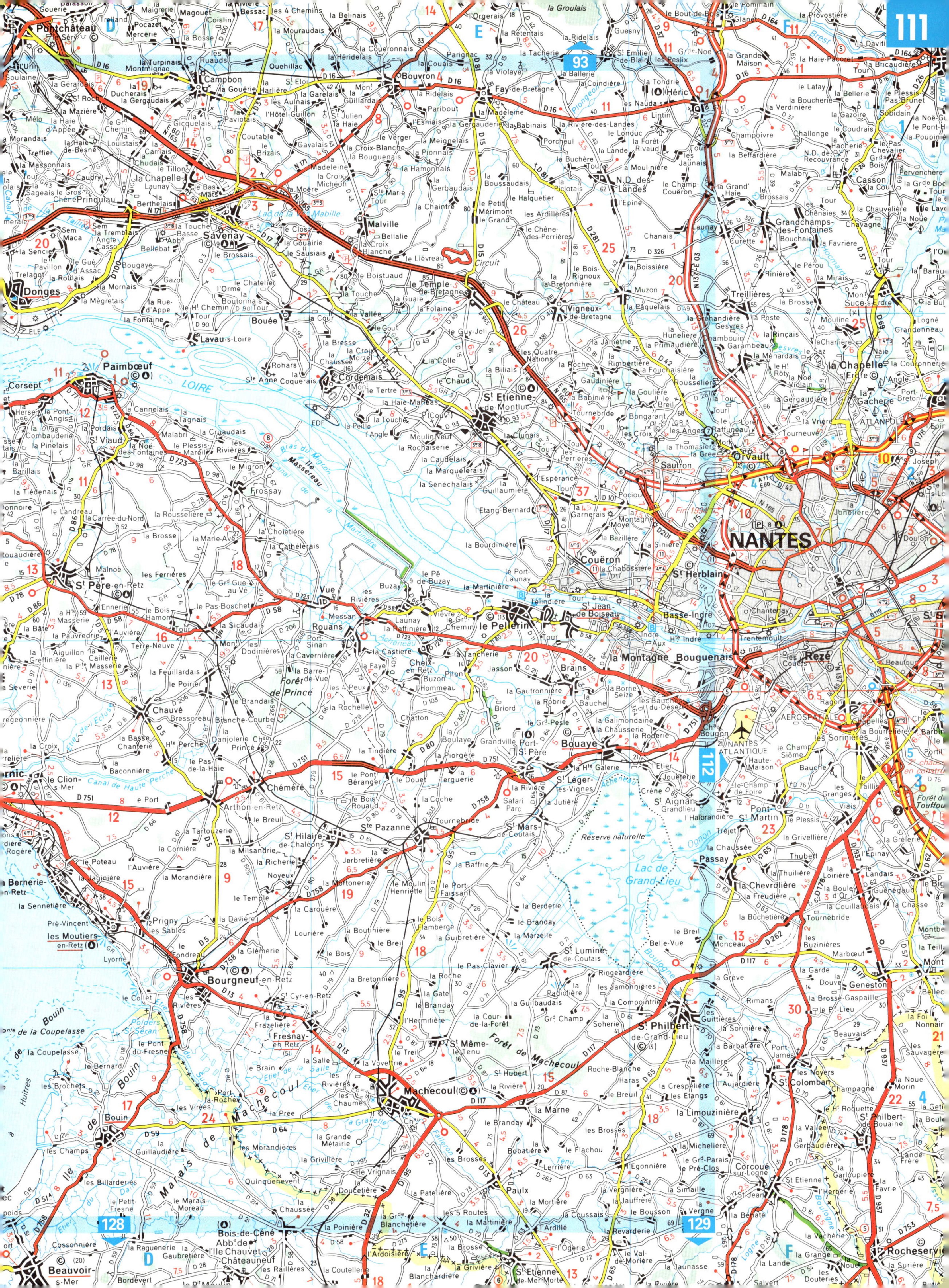
D
E
F
93
Pontchâteau
Campbon
Bouvron
Fay-de-Bretagne
Héric
Savenay
Malville
Donges
Paimbœuf
Corsept
St Viaud
Cordemais
Bouée
Lavau-s-Loire
Le Temple-de-Bretagne
Vigneux-de-Bretagne
St Etienne-de-Montluc
Sautron
Orvault
NANTES
Couëron
St Herblain
Le Pellerin
Basse-Indre
Indre
Rezé
Bouguenais
La Montagne
Brains
Frossay
St Père-en-Retz
Chauvé
Vue
Rouans
Cheix-en-Retz
Port-St Père
Bouaye
St Léger-les-Vignes
St Aignan-Grandlieu
Pont-St Martin
Chéméré
Arthon-en-Retz
St Hilaire-de-Chaléons
Ste Pazanne
St Mars-de-Coutais
Lac de Grand-Lieu
Réserve naturelle
St Lumine-de-Coutais
St Philbert-de-Grand-Lieu
Bourgneuf-en-Retz
Les Moutiers-en-Retz
Fresnay-en-Retz
St Cyr-en-Retz
Machecoul
St Même-le-Tenu
Forêt de Machecoul
Marais de Machecoul
Bouin
Paulx
St Etienne-de-Mer-Morte
Bois-de-Céné
Châteauneuf
Beauvoir-s-Mer
Corcoué-sur-Logne
St Colomban
St Philbert-de-Bouaine
Geneston
Rocheservière
Treillières
Grandchamps-des-Fontaines
Sucé-s-Erdre
La Chapelle-s-Erdre
Casson
NANTES ATLANTIQUE
AEROSPATIALE
Les Sorinières
Vertou
LOIRE
Forêt de Prince
Circuit
Canal de Haute Perche
Passay
La Chevrolière
La Limouzinière
La Marne
St Jean-de-Boiseau
Le Pont-du-Fresne
128
129
112

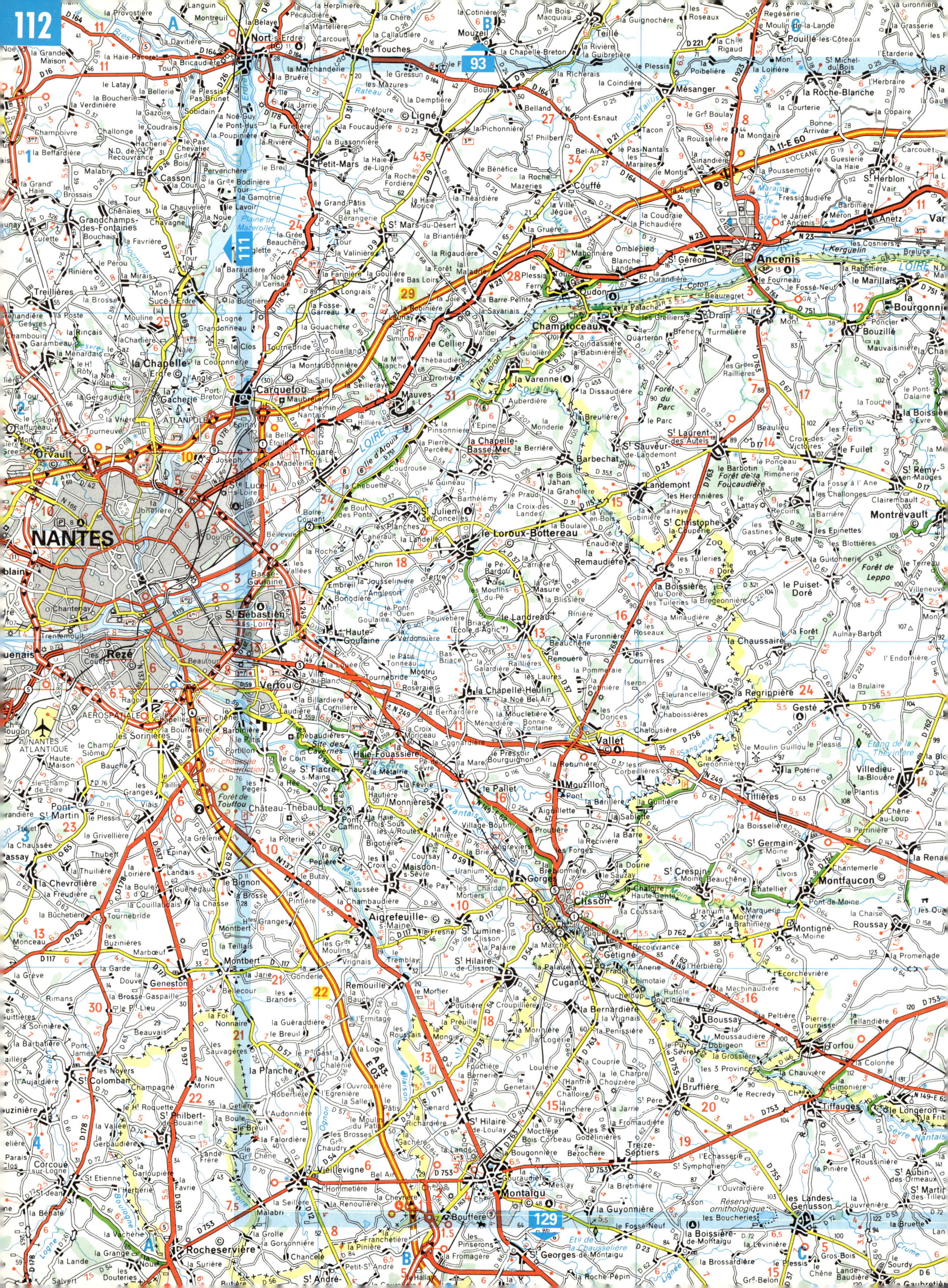
93
111
129
NANTES
Nort-s-Erdre
Mouzeil
Teillé
Pouillé-les-Côteaux
Mésanger
Ligné
Petit-Mars
Couffé
Ancenis
Carquefou
Grandchamps-des-Fontaines
Treillières
la Chapelle-s-Erdre
Sucé-s-Erdre
St Mars-du-Désert
Oudon
Champtoceaux
Liré
Mauves-s-Loire
Thouaré
Orvault
Rezé
Vertou
Basse-Goulaine
Haute-Goulaine
St Sébastien-s-Loire
le Loroux-Bottereau
St Julien-de-Concelles
la Chapelle-Basse-Mer
Barbechat
Landemont
St Laurent-des-Autels
Montrevault
Vallet
le Pallet
Mouzillon
Tillières
Gesté
Villedieu-la-Blouère
la Regrippière
Clisson
Gétigné
Cugand
Gorges
Aigrefeuille-s-Maine
Montbert
Geneston
la Haie-Fouassière
Château-Thébaud
le Bignon
Montaigu
Tiffauges
Torfou
Boussay
Montfaucon
Roussay
St Colomban
Vieillevigne
Rocheservière
les Sorinières
St Philbert-de-Bouaine
la Chevrolière
Corcoué-s-Logne
Bouffère
les Landes-Genusson
St Georges-de-Montaigu
Bruffière
la Boissière-de-Montaigu
Remouillé
St Hilaire-de-Clisson
Maisdon-s-Sèvre
St Fiacre-s-Maine
la Chapelle-Heulin
Monnières
St Crespin-s-Moine
St Germain-s-Moine
Montigné-s-Moine
Trentemoult
Chantenay
Bouguenais
Pont-St Martin
Vigneux-de-Bretagne
LOIRE
Erdre
Sèvre Nantaise
A 11-E 60
N 23
N 249
N 137
D 178
D 753
D 763
D 137
Forêt de Leppo
Forêt du Parc
Forêt de la Foucaudière
NANTES-ATLANTIQUE
AEROSPATIALE
A
B
C
1
4
7

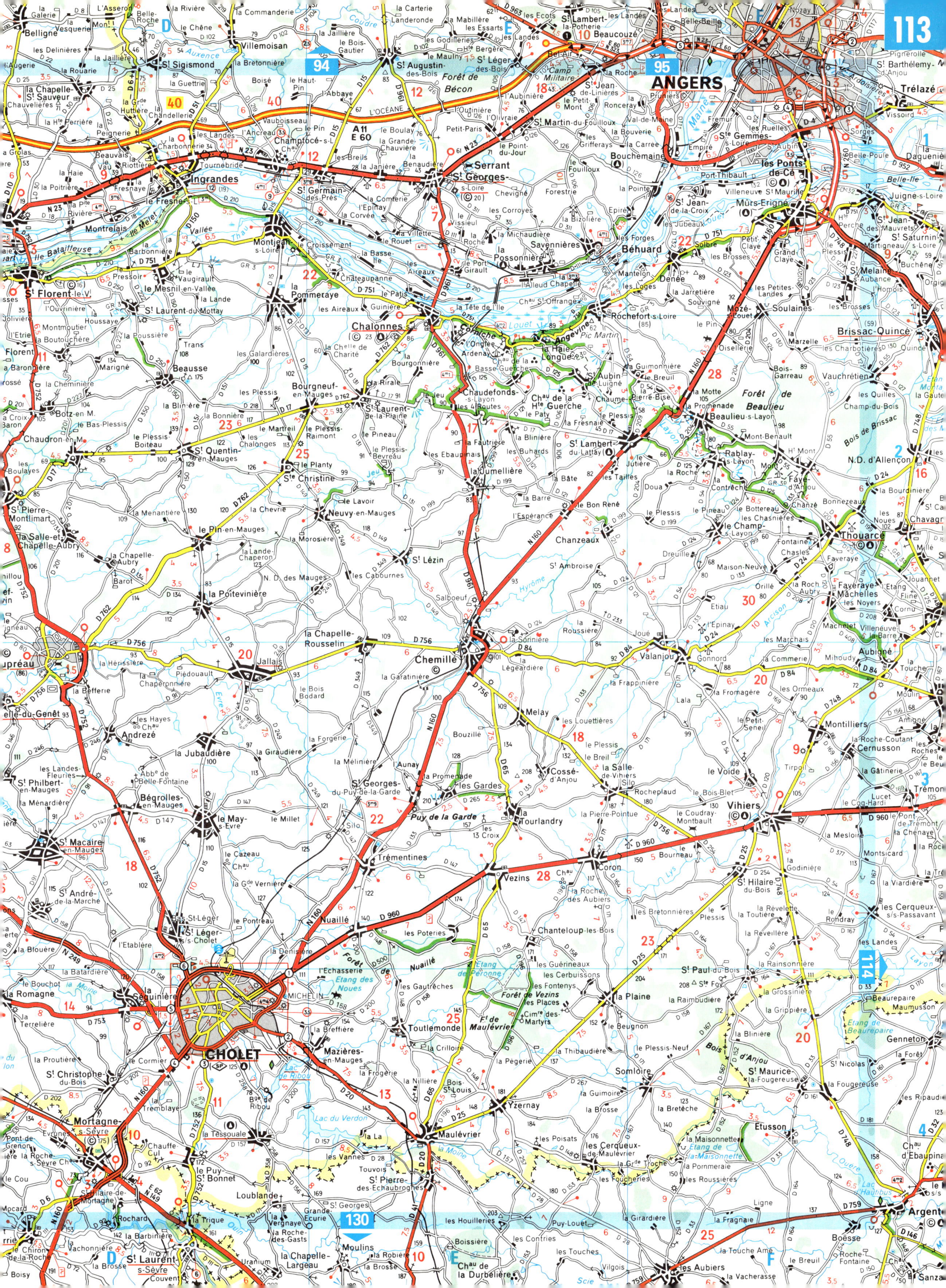
94
95
114
130
ANGERS
Trélazé
Beaucouzé
St Lambert-la-Potherie
Les Ponts-de-Cé
Mûrs-Erigné
St Barthélemy-d'Anjou
Juigné-s-Loire
St Jean-de-la-Croix
St Georges-s-Loire
Serrant
St Martin-du-Fouilloux
Bouchemaine
Savennières
Béhuard
Denée
Rochefort-s-Loire
Chalonnes-s-Loire
Ingrandes
Champtocé-s-Loire
St Germain-des-Prés
Montjean-s-Loire
St Florent-le-V.
St Laurent-du-Mottay
la Pommeraye
Chaudefonds-s-Layon
St Aubin-de-Luigné
St Lambert-du-Lattay
Beaulieu-s-Layon
Rablay-s-Layon
Faye-d'Anjou
Brissac-Quincé
Thouarcé
N.D. d'Allençon
Forêt de Beaulieu
Bourgneuf-en-Mauges
St Laurent-de-la-Plaine
St Quentin-en-Mauges
Ste Christine
Beausse
Botz-en-M.
Chaudron-en-M.
St Pierre-Montlimart
la Salle-et-Chapelle-Aubry
Neuvy-en-Mauges
le Pin-en-Mauges
la Jumellière
Chanzeaux
St Lézin
la Poitevinière
la Chapelle-Rousselin
Chemillé
Jallais
Valanjou
Aubigné
Montilliers
Melay
la Salle-de-Vihiers
Cossé-d'Anjou
Vihiers
Andrezé
la Jubaudière
St Georges-du-Puy-de-la-Garde
Puy de la Garde
la Tourlandry
Trémentines
Vezins
Coron
St Hilaire-du-Bois
Bégrolles-en-Mauges
le May-s-Evre
St Macaire-en-Mauges
St André-de-la-Marche
St Léger-s-Cholet
Nuaillé
CHOLET
la Séguinière
la Romagne
Mazières-en-Mauges
Toutlemonde
Forêt de Vezins
Ft de Maulévrier
la Plaine
Somloire
St Paul-du-Bois
Yzernay
Maulévrier
St Christophe-du-Bois
Mortagne-s-Sèvre
la Tessoualle
le Puy-St Bonnet
St Pierre-des-Echaubrognes
Etusson
St Maurice-la-Fougereuse
Argenton
Moulins
la Chapelle-Largeau
St Laurent-s-Sèvre
les Aubiers
Etang de Beaurepaire
Lac du Verdon
Lac de Ribou
Bois d'Anjou
Layon
Loire
Evre
Moine
Sèvre

95
96
113
131

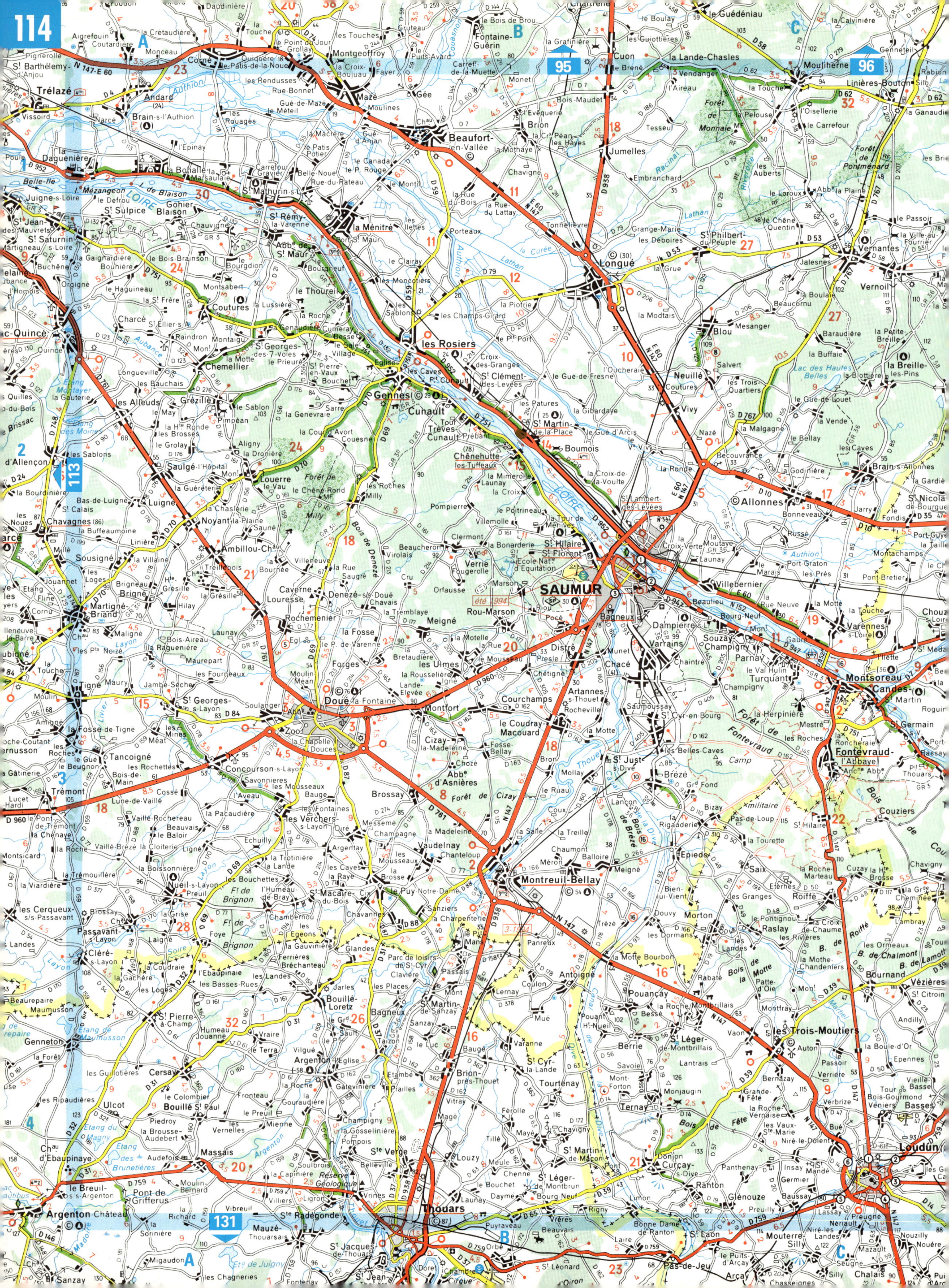
SAUMUR
Trélazé
Beaufort-en-Vallée
Mazé
Longué
Les Rosiers
Gennes
Doué-la-Fontaine
Montreuil-Bellay
Thouars
Loudun
Montsoreau
Fontevraud-l'Abbaye
Allonnes
Vernantes
Mouliherne
Vihiers
Martigné-Briand
Argenton-Château
Les Trois-Moutiers
St-Mathurin-s-Loire
la Ménitré
Brissac
Jumelles
Blou
Neuillé
Vivy
Bagneux
Distré
Chacé
Brézé
Epieds
Doué
Concourson-s-Layon
Les Verchers-s-Layon
Le Puy-Notre-Dame
Brossay
Vaudelnay
Cizay-la-Madeleine
Forêt de Cizay
Forêt de Fontevraud
Forêt de Milly
Forêt de Pontménard
Forêt de Monnaie
Passavant-s-Layon
Nueil-s-Layon
Cléré-s-Layon
Massais
Bouillé-Loretz
Argenton-l'Église
Cersay
Bouillé-St-Paul
Ulcot
St-Jacques-de-Thouars
St-Jean-de-Thouars
Ste-Radegonde
Mauzé-Thouarsais
Ternay
St-Léger-de-Montbrillais
Ranton
Curçay-s-Dive
Glénouze
Mouterre-Silly
Pas-de-Jeu
St-Laon
Oiron
Loire
Thouet
Dive
Layon
Authion
Lathan
Aubance
été 1994

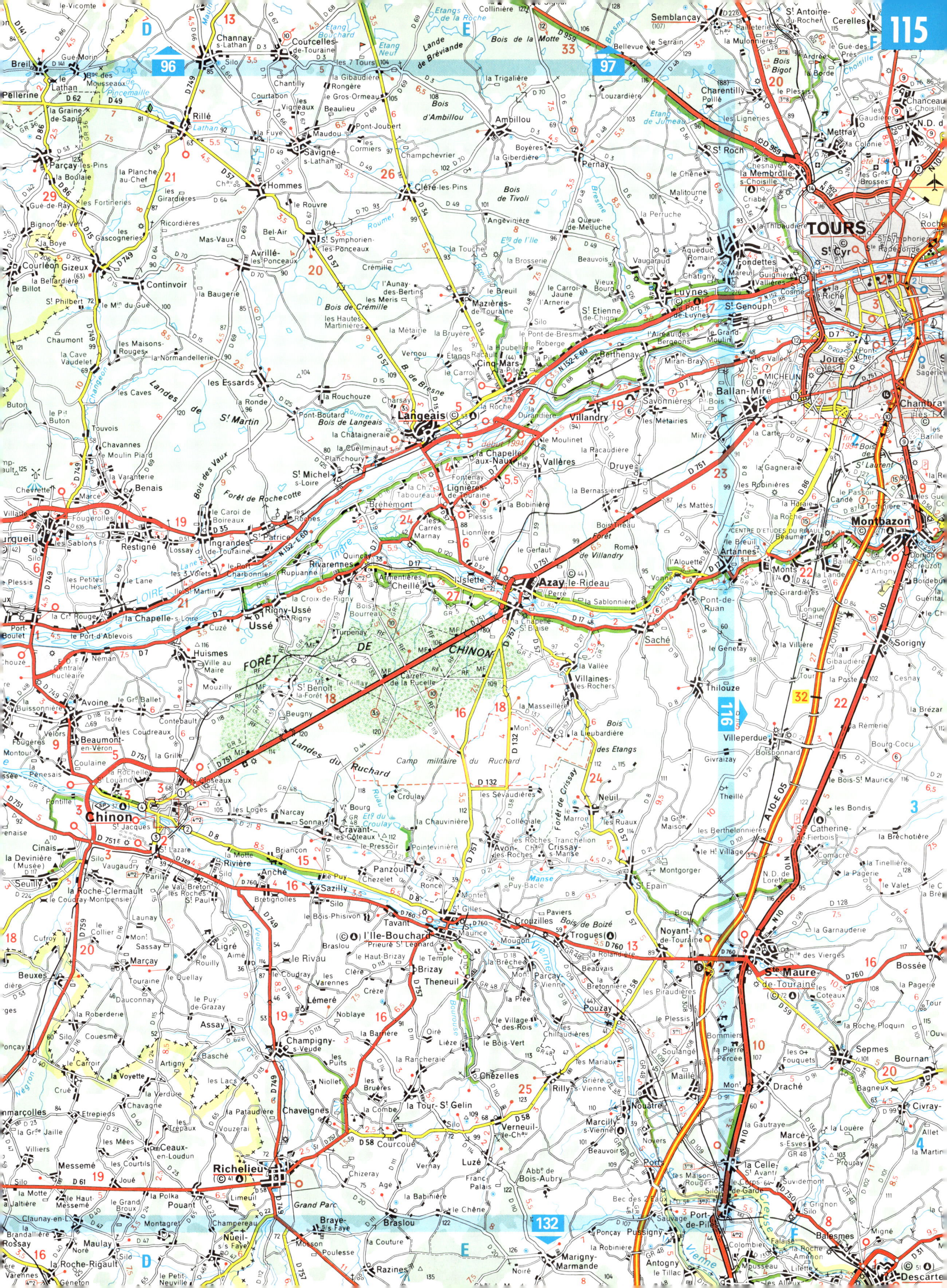

D
E
F
96
97
116
132
TOURS
St Cyr
Joué
Chambray
Montbazon
Ballan-Miré
Fondettes
Luynes
St Genouph
Savonnières
Villandry
Langeais
Cinq-Mars
Azay-le-Rideau
Saché
Vallères
Druye
Artannes
Monts
Sorigny
Thilouze
Villeperdue
Ste Catherine-de-Fierbois
Ste Maure-de-Touraine
Noyant-de-Touraine
Sepmes
Draché
La Celle-St Avant
Port-de-Piles
Descartes
Chinon
Avoine
Beaumont-en-Véron
Ussé
Rigny-Ussé
Huismes
Bréhémont
Rivarennes
Bourgueil
Restigné
Ingrandes-de-Touraine
Benais
Gizeux
Continvoir
Hommes
Savigné-s-Lathan
Rillé
Channay-s-Lathan
Courcelles-de-Touraine
Ambillou
Pernay
Semblançay
Charentilly
Mettray
St Roch
Cléré-les-Pins
Avrillé-les-Ponceaux
Mazières-de-Touraine
Forêt de Chinon
Landes du Ruchard
Camp militaire du Ruchard
Villaines-les-Rochers
Cravant-les-Côteaux
Panzoult
Crouzilles
L'Ile-Bouchard
Tavant
Sazilly
Anché
Rivière
Ligré
Marçay
Seuilly
Lémeré
Champigny-s-Veude
Richelieu
Chaveignes
Braslou
Braye-s-Faye
Luzé
Verneuil-le-Château
La Tour-St Gelin
Nouâtre
Marcilly-s-Vienne
Pouzay
Trogues
Parçay-s-Vienne
Neuil
Crissay-s-Manse
St Epain
Marigny-Marmande
Antogny
Pussigny
Ports
Maillé
Rilly-s-Vienne
Chezelles
Theneuil
Brizay
Forêt de Crissay
Bois de Langeais
Forêt de Villandry
LOIRE
Indre
Vienne
Manse
Veude
A 10-E 05
N 10
N 152-E 60
D 751
D 760
D 757
D 749

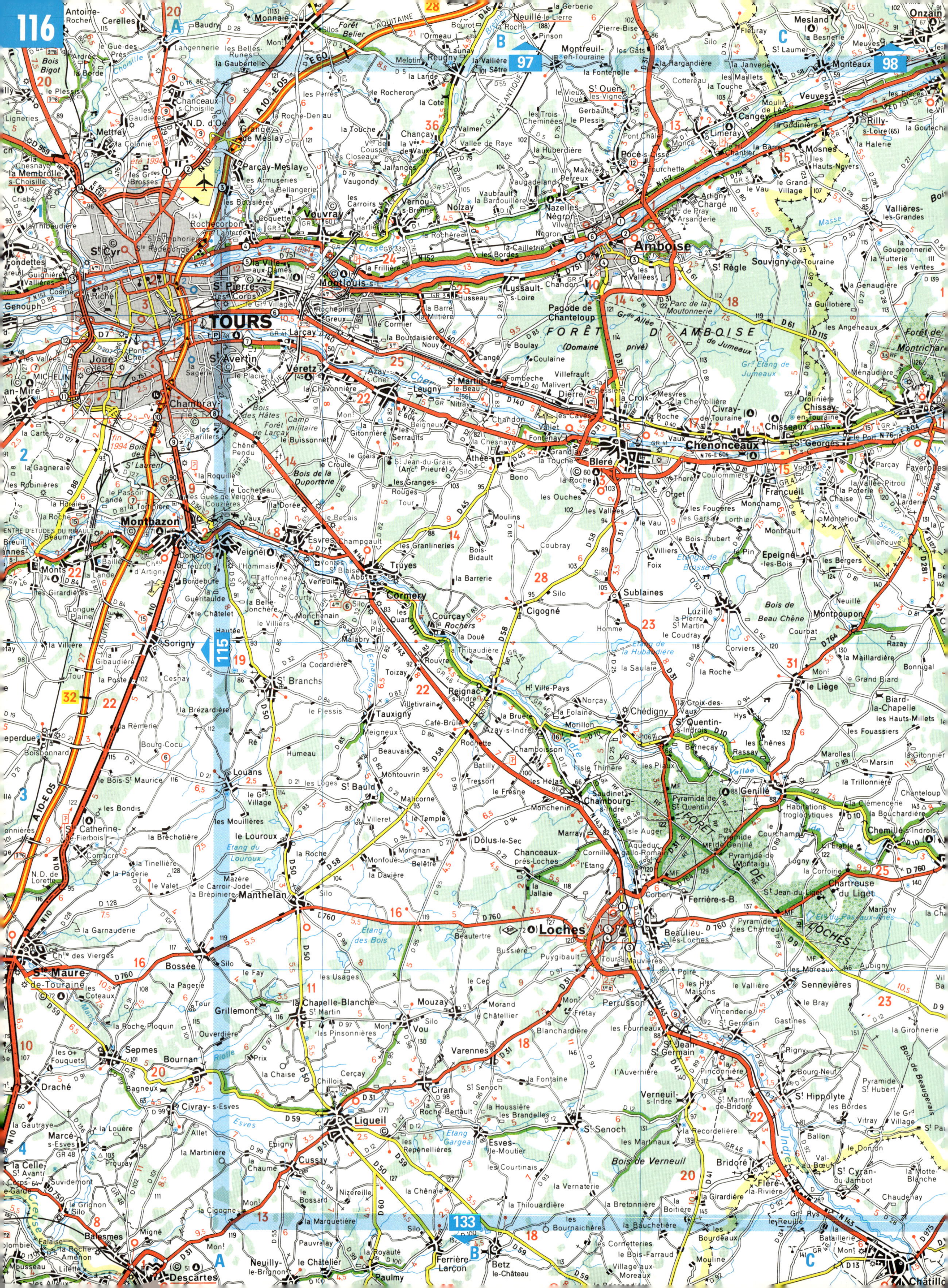
Tours
Amboise
Chenonceaux
Bléré
Loches
Montbazon
Chambray
St Avertin
St Pierre
St Cyr
Joué
Vouvray
Montlouis-s-Loire
Véretz
Larçay
Esvres
Truyes
Cormery
Reignac-s-Indre
Tauxigny
Sorigny
St Branchs
Louans
Manthelan
Ste Maure-de-Touraine
Sepmes
Bossée
La Chapelle-Blanche
Ligueil
Descartes
Cussay
Civray-s-Esves
Ferrière-Larçon
Betz-le-Château
Beaulieu-lès-Loches
Perrusson
St Jean-St Germain
Verneuil-s-Indre
Bridoré
Fléré-la-Rivière
Châtillon
St Hippolyte
Sennevières
Genillé
Chédigny
Le Liège
Montpoupon
Epeigné-les-Bois
Francueil
Chissay-en-Touraine
Civray-de-Touraine
St Règle
Souvigny-de-Touraine
Nazelles-Négron
Pocé-s-Cisse
Limeray
Cangey
Mosnes
Montreuil-en-Touraine
Reugny
Monnaie
Parçay-Meslay
Rochecorbon
Chançay
Vernou-s-Brenne
Noizay
Lussault-s-Loire
Athée
Dierre
St Martin-le-Beau
Azay-s-Cher
Leugny
Sublaines
Cigogné
Courçay
Chambourg-s-Indre
Azay-s-Indre
Dolus-le-Sec
Chanceaux-près-Loches
Vou
Mouzay
Varennes
Ciran
St Senoch
Esves-le-Moutier
Forêt d'Amboise
Forêt de Loches
Chartreuse du Liget
Pagode de Chanteloup
Marcé-s-Esves
Draché
Balesmes
Mettray
Fondettes
Veigné
Monts
Ste Catherine-de-Fierbois
Le Louroux
Bournan
Grillemont
Bois de Verneuil
A10-E05
N10
N76
N143
D31
D50
97
98
115
133
A
B
C

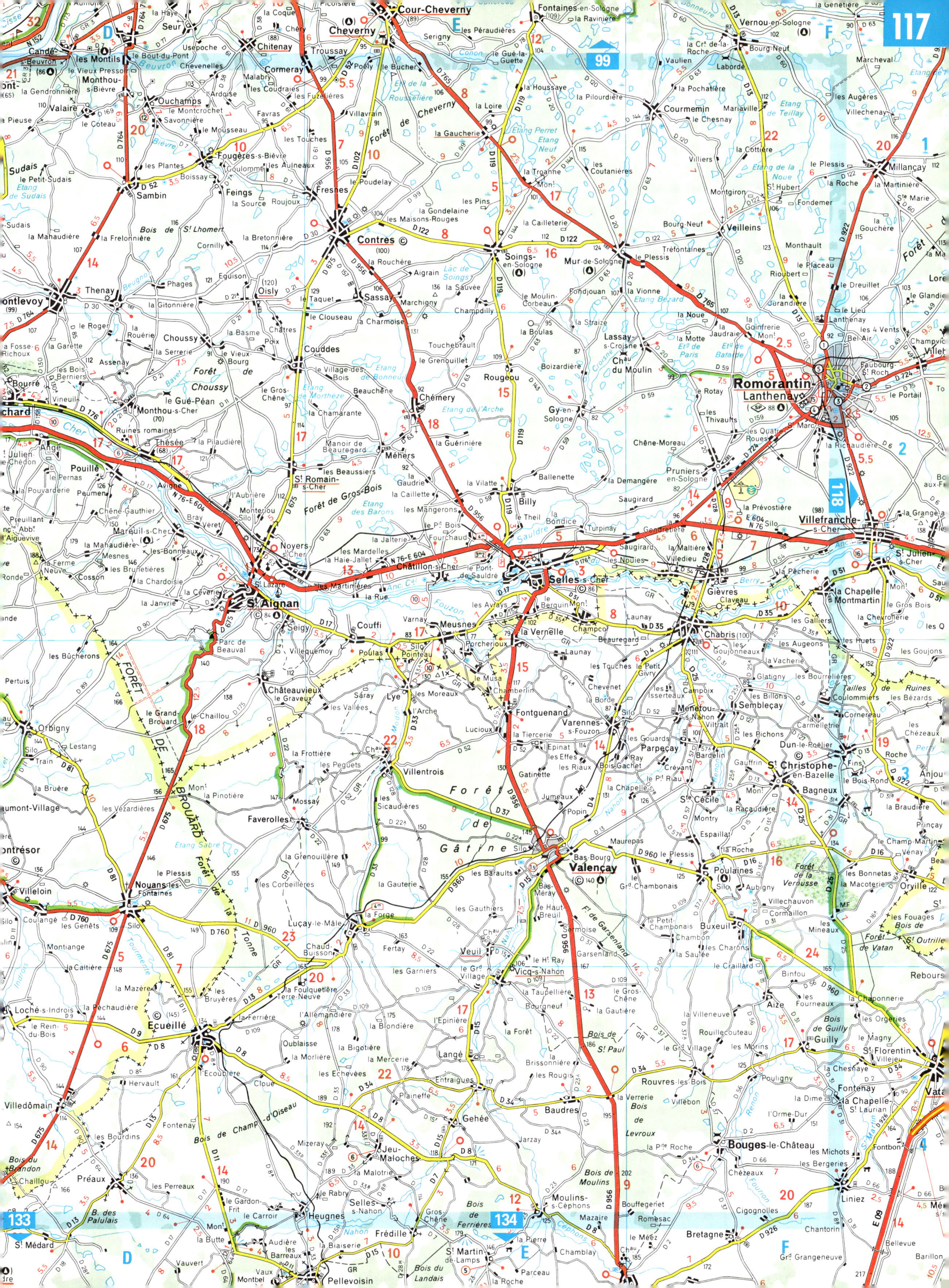

Cour-Cheverny
Cheverny
Fontaines-en-Sologne
Vernou-en-Sologne
Candé-s-Beuvron
les Montils
Seur
Chitenay
Cormeray
Ouchamps
Fougères-s-Bièvre
Sambin
Feings
Fresnes
Contres
Courmenin
Millançay
Veilleins
Soings-en-Sologne
Mur-de-Sologne
Forêt de Cheverny
Montrichard
Thenay
Pontlevoy
Oisly
Sassay
Couddes
Choussy
Forêt de Choussy
Monthou-s-Cher
Thésée
Chémery
Rougeou
Gy-en-Sologne
Lassay-s-Croisne
Romorantin-Lanthenay
Pouillé
St Romain-s-Cher
Forêt de Gros-Bois
Méhers
Billy
Pruniers-en-Sologne
Villefranche-s-Cher
Noyers-s-Cher
St Aignan
Châtillon-s-Cher
Selles-s-Cher
Gièvres
St Julien-s-Cher
Seigy
Couffi
Meusnes
la Vernelle
Chabris
la Chapelle-Montmartin
Orbigny
Châteauvieux
Lye
Fontguenand
Varennes-s-Fouzon
Menetou-s-Nahon
Sembleçay
Dun-le-Poëlier
Villentrois
Forêt de Gâtine
Parpeçay
St Christophe-en-Bazelle
Bagneux
Faverolles
Mossay
Valençay
Poulaines
Forêt de Brouard
Nouans-les-Fontaines
Villeloin
Luçay-le-Mâle
Veuil
Vicq-s-Nahon
Buxeuil
Orville
Forêt de Vatan
Loché-s-Indrois
Ecueillé
Langé
Aize
Guilly
St Florentin
Villedômain
Préaux
Gehée
Jeu-Maloches
Baudres
Rouvres-les-Bois
Bois de Levroux
Bouges-le-Château
Heugnes
Selles-s-Nahon
Frédille
Moulins-s-Céphons
Bretagne
Liniez
Pellevoisin
St Martin-de-Lamps
Vatan
99
118
133
134

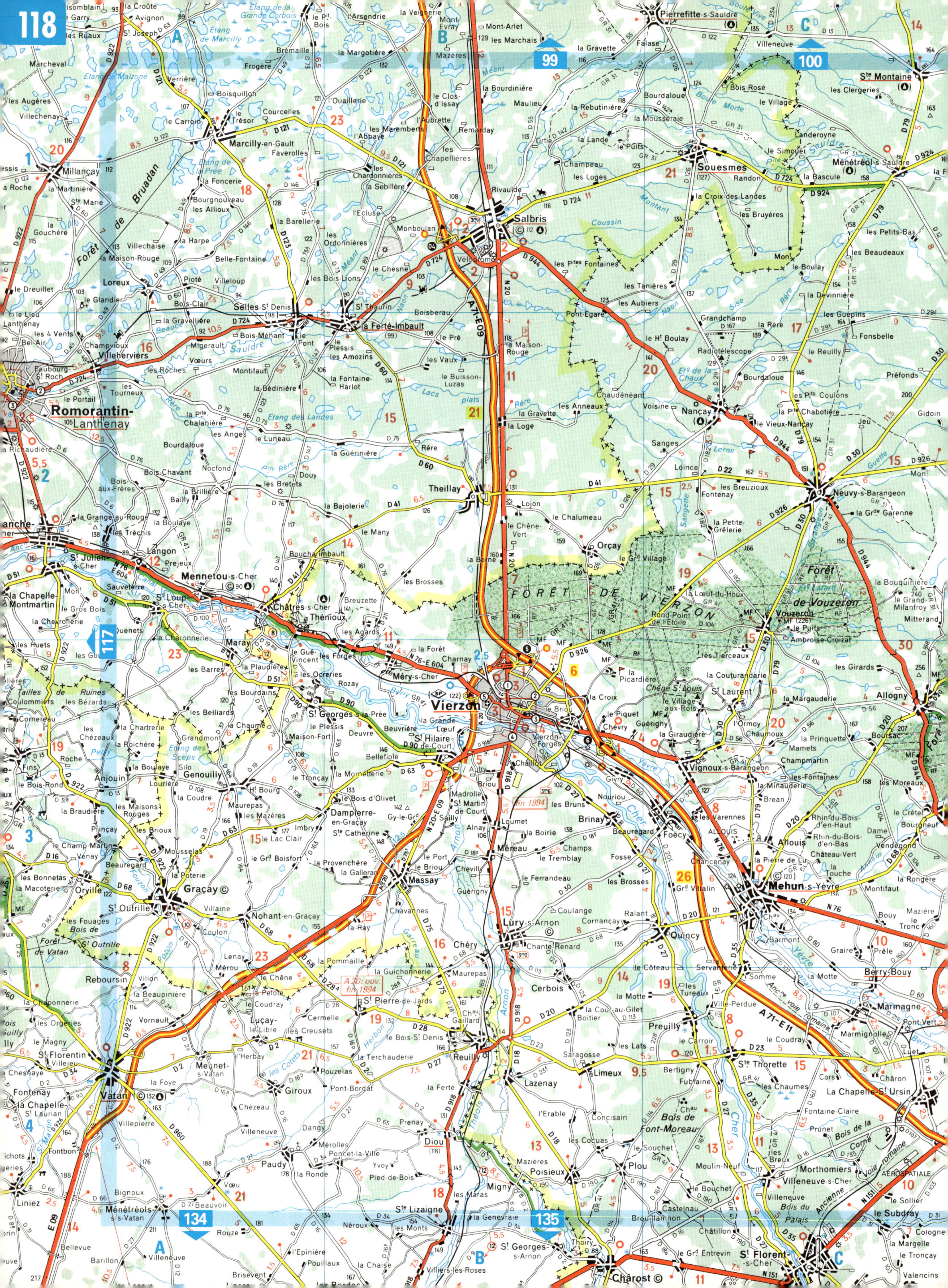
99
100
117
134
135
Pierrefitte-s-Sauldre
Souesmes
Ménétréol-s-Sauldre
Salbris
Marcilly-en-Gault
Millançay
Romorantin-Lanthenay
Selles-St Denis
La Ferté-Imbault
St Thaurin
Villeherviers
Nançay
Neuvy-s-Barangeon
Theillay
Orçay
Forêt de Vierzon
Forêt de Vouzeron
Vouzeron
Mennetou-s-Cher
Châtres-s-Cher
Langon
Maray
Méry-s-Cher
Vierzon
Vierzon-Forges
St Georges-s-la-Prée
Allogny
Vignoux-s-Barangeon
Foëcy
Mehun-s-Yèvre
Allouis
Genouilly
Graçay
St Outrille
Massay
Dampierre-en-Graçay
Nohant-en-Graçay
Lury-s-Arnon
Quincy
Preuilly
Cerbois
Lucay-le-Libre
Reuilly
Lazenay
Limeux
Ste Thorette
Marmagne
La Chapelle-St Ursin
Vatan
Giroux
Diou
Poisieux
Plou
Mignry
Ste Lizaigne
Charost
St Florent-s-Cher
Villeneuve-s-Cher
Ménétréols-s-Vatan
Paudy
Forêt de Bruadan
A 71 - E 11
A 20 - E 09
A 71 - E 09
A 20: ouv. fin 1994
fin 1994

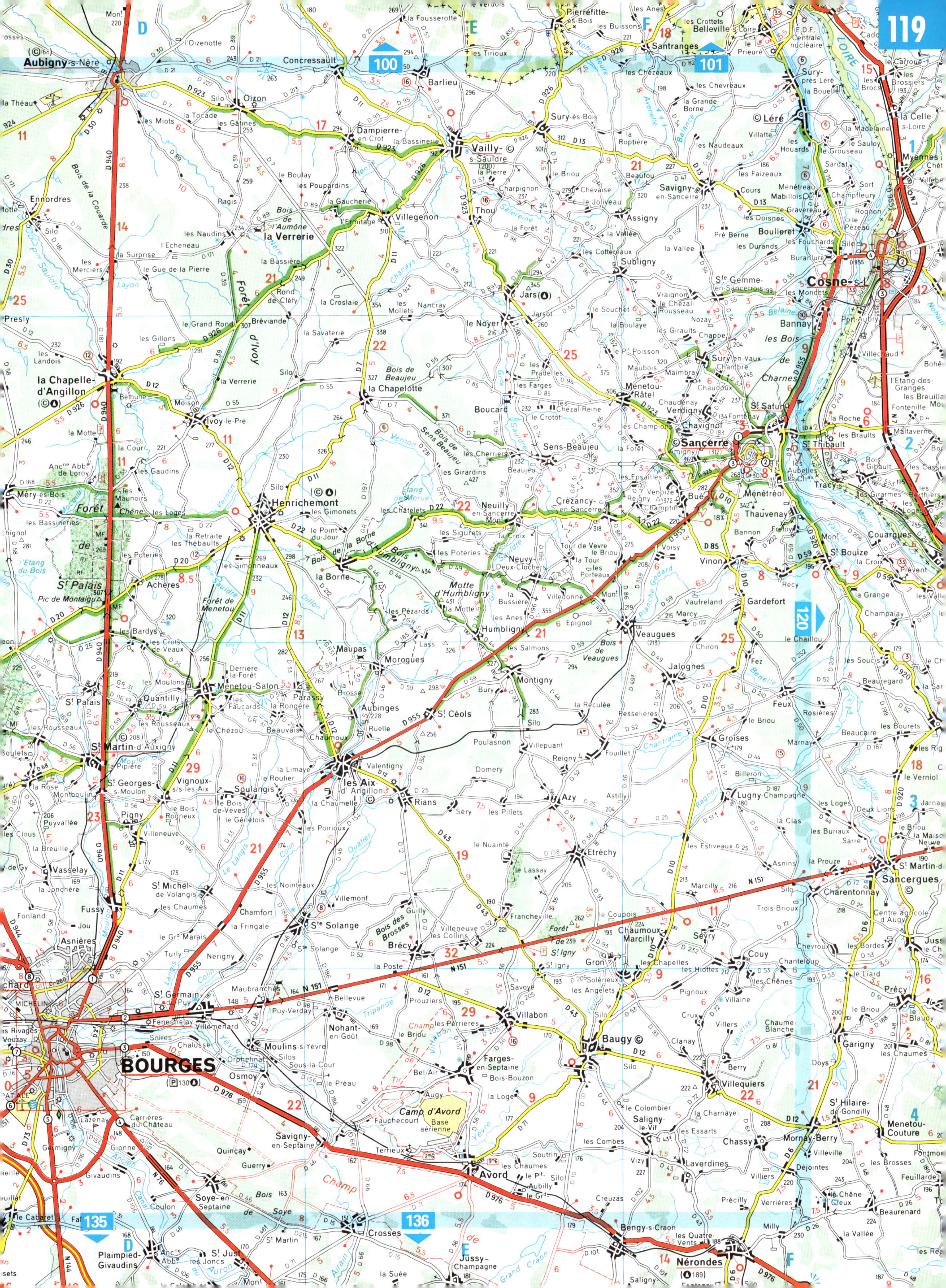

100
101
120
135
136
Aubigny-s-Nère
Concressault
Barlieu
Pierrefitte-ès-Bois
Santranges
Belleville-s-Loire
Sury-près-Léré
Léré
Cosne-s-L.
Oizon
Dampierre-en-Crot
Vailly-s-Sauldre
Sury-ès-Bois
Savigny-en-Sancerre
Ennordres
Villegenon
Thou
Assigny
Sublligny
la Verrerie
Forêt d'Ivoy
Jars
le Noyer
Bannay
la Chapelle-d'Angillon
Ivoy-le-Pré
la Chapelotte
Boucard
Menetou-Râtel
Sury-en-Vaux
St Satur
Sancerre
St Thibault
Tracy-s-L.
Henrichemont
Neuilly-en-Sancerre
Crézancy-en-Sancerre
Bué
Ménétréol
Thauvenay
Méry-ès-Bois
Forêt de St Palais
St Palais
Achères
Forêt de Menetou
Humbligny
Morogues
Veaugues
Vinon
Gardefort
St Bouize
Couargues
Menetou-Salon
Quantilly
Parassy
Aubinges
St Céols
Montigny
Jalognes
Feux
St Martin-d'Auxigny
St Georges-s-Moulon
Vignoux-s/s-les-Aix
Soulangis
les Aix-d'Angillon
Rians
Azy
Groises
Lugny-Champagne
Etréchy
Sancergues
Vasselay
Fussy
St Michel-de-Volangis
Ste Solange
Brécy
Chaumoux-Marcilly
Couy
Asnières
St Germain-du-Puy
Moulins-s-Yèvre
Villabon
Baugy
Précy
Garigny
BOURGES
Osmoy
Farges-en-Septaine
Camp d'Avord
Saligny-le-Vif
Villequiers
Savigny-en-Septaine
Avord
Chassy
Mornay-Berry
Menetou-Couture
Soye-en-Septaine
Crosses
Bengy-s-Craon
Nérondes
Plaimpied-Givaudins
Jussy-Champagne
LOIRE

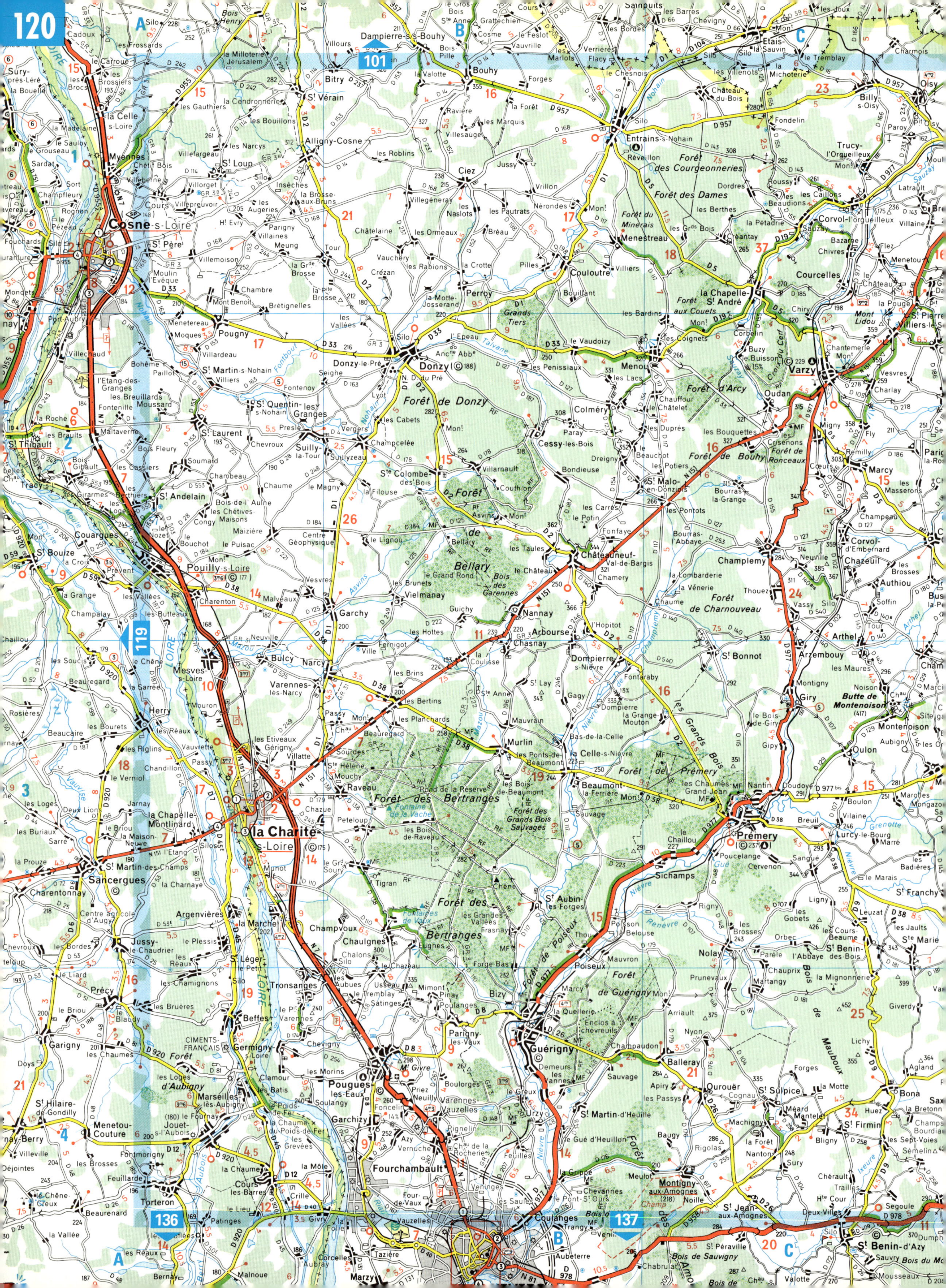
101
119
136
137
Cosne-s-Loire
Donzy
Varzy
Prémery
la Charité-s-Loire
Pouilly-s-Loire
Sancergues
Guérigny
Pougues-les-Eaux
Fourchambault
Châteauneuf-Val-de-Bargis
Entrains-s-Nohain
Dampierre-s-s-Bouhy
Bouhy
St Vérain
Alligny-Cosne
Ciez
Menestreau
Couloutre
Clamecy
Cessy-les-Bois
Nannay
Arbourse
Murlin
Champlemy
Arzembouy
Giry
Beaumont-la-Ferrière
Sichamps
Nolay
St Bonnot
Courcelles
Corvol-l'Orgueilleux
Oudan
Menou
Colméry
Garchy
Narcy
Bulcy
Varennes-les-Narcy
Raveau
Chaulgnes
Tronsanges
Germigny-s-Loire
Marseilles-lès-Aubigny
Jussy-le-Chaudrier
Argenvières
Herry
Mesves-s-Loire
Couargues
St Bouize
Tracy
St Thibault
St Andelain
Suilly-la-Tour
St Quentin-s-Nohain
St Martin-s-Nohain
Pougny
St Père
Myennes
Urzy
St Martin-d'Heuille
Poiseux
Parigny-les-Vaux
Montigny-aux-Amognes
St Jean-aux-Amognes
St Benin-d'Azy
Coulanges
Forêt des Bertranges
Forêt de Donzy
Forêt de Bellary
Forêt de Charnouveau
Forêt de Guérigny
Forêt des Dames
Forêt des Courgeonneries
Bois de Mauboux
Butte de Montenoison
Loire
Nièvre
Nohain

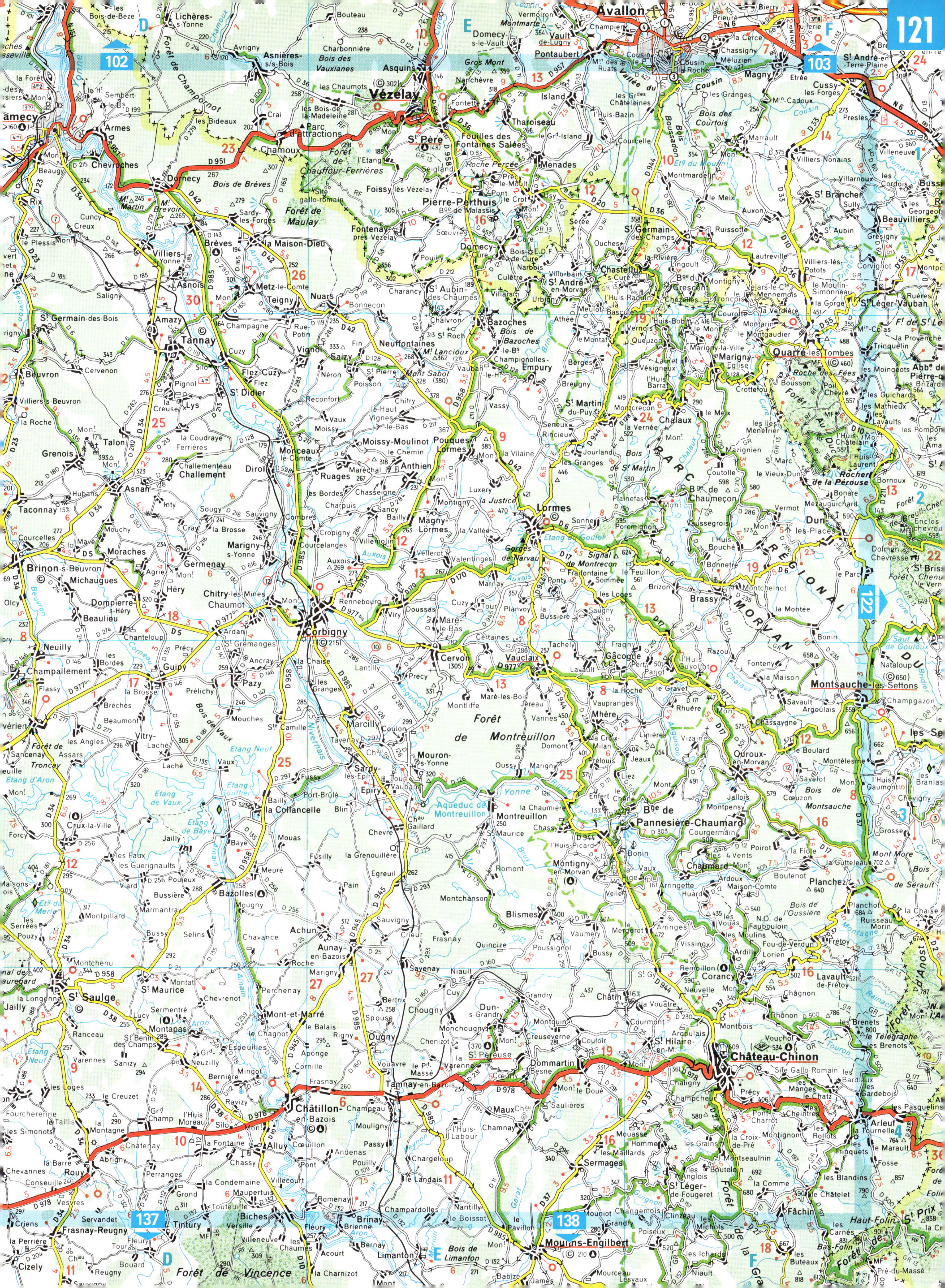
Avallon
Vézelay
Asquins
St Père
Pierre-Perthuis
Clamecy
Chevroches
Tannay
Corbigny
Lormes
Quarré-les-Tombes
St Saulge
Châtillon-en-Bazois
Château-Chinon
Moulins-Engilbert
Montsauche-les-Settons
Forêt de Montreuillon
Parc Régional du Morvan
Brinon-s-Beuvron
Ouroux-en-Morvan
Bge de Pannesière-Chaumard
Forêt de Vincence
102
103
122
137
138

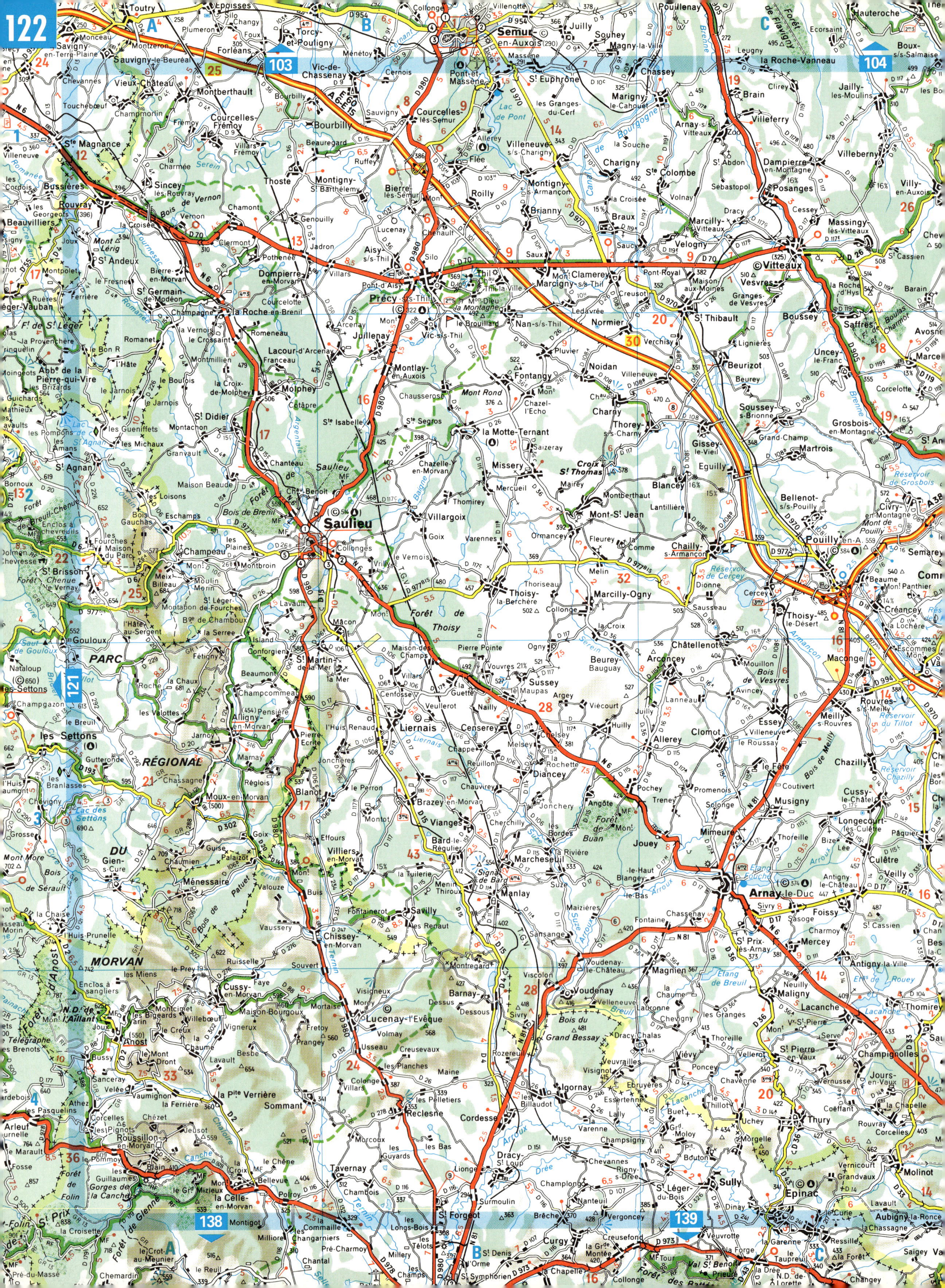
Semur-en-Auxois
Vitteaux
Précy-s-Thil
Saulieu
Liernais
Arnay-le-Duc
Pouilly-en-A.
Epinac
Sully
Les Settons
Montsauche
Anost
Lucenay-l'Évêque
Thoisy-la-Berchère
Marcilly-Ogny
Mont-St Jean
Chailly-s-Armançon
Vic-de-Chassenay
Bourbilly
Ste Magnance
Rouvray
Sincey-les-Rouvray
Dompierre-en-Morvan
La Roche-en-Brenil
St Didier
Molphey
Montlay-en-Auxois
La Motte-Ternant
Villargoix
Champeau
St Martin-de-la-Mer
Moux-en-Morvan
Gien-s-Cure
Ménessaire
Chissey-en-Morvan
Savilly
Manlay
Marcheseuil
Voudenay
Igornay
Reclesne
Cordesse
Tavernay
St Forgeot
Roussillon-en-Morvan
La Celle-en-Morvan
Magnien
Maligny
Lacanche
Thury
Antigny-la-Ville
Foissy
Mimeure
Musigny
Allerey
Clomot
Diancey
Censerey
Thoisy-le-Désert
Châtellenot
Créancey
Meilly-s-Rouvres
Rouvres-s-Meilly
Cussy-le-Châtel
Vieux-Château
Montberthault
Courcelles-Frémoy
Toutry
Époisses
Torcy-et-Pouligny
Pont-et-Massène
St Euphrône
Flée
Villeneuve-s-Charigny
Montigny-s-Armançon
Brianny
Marigny-le-Cahouet
Arnay-s-Vitteaux
Dampierre-en-Montagne
Posanges
Velogny
St Thibault
Normier
Beurizot
Soussey-s-Brionne
Grosbois-en-Montagne
Martrois
Gissey-le-Vieil
Eguilly
Blancey
Bellenot-s-s-Pouilly
Cercey
Sussey
Beurey-Bauguay
Arconcey
Essey
Chazilly
Longecourt-les-Culêtre
Culêtre
Veilly
Mercey
Champignolles
Forêt de Thoisy
PARC
RÉGIONAL
DU
MORVAN
Forêt de Saulieu
Réservoir de Cercey
Réservoir de Grosbois
Réservoir du Tillot
Réservoir de Chazilly
Lac des Settons
Canal de Bourgogne
Armançon
Serein
Arroux
Terrain
103
104
121
138
139

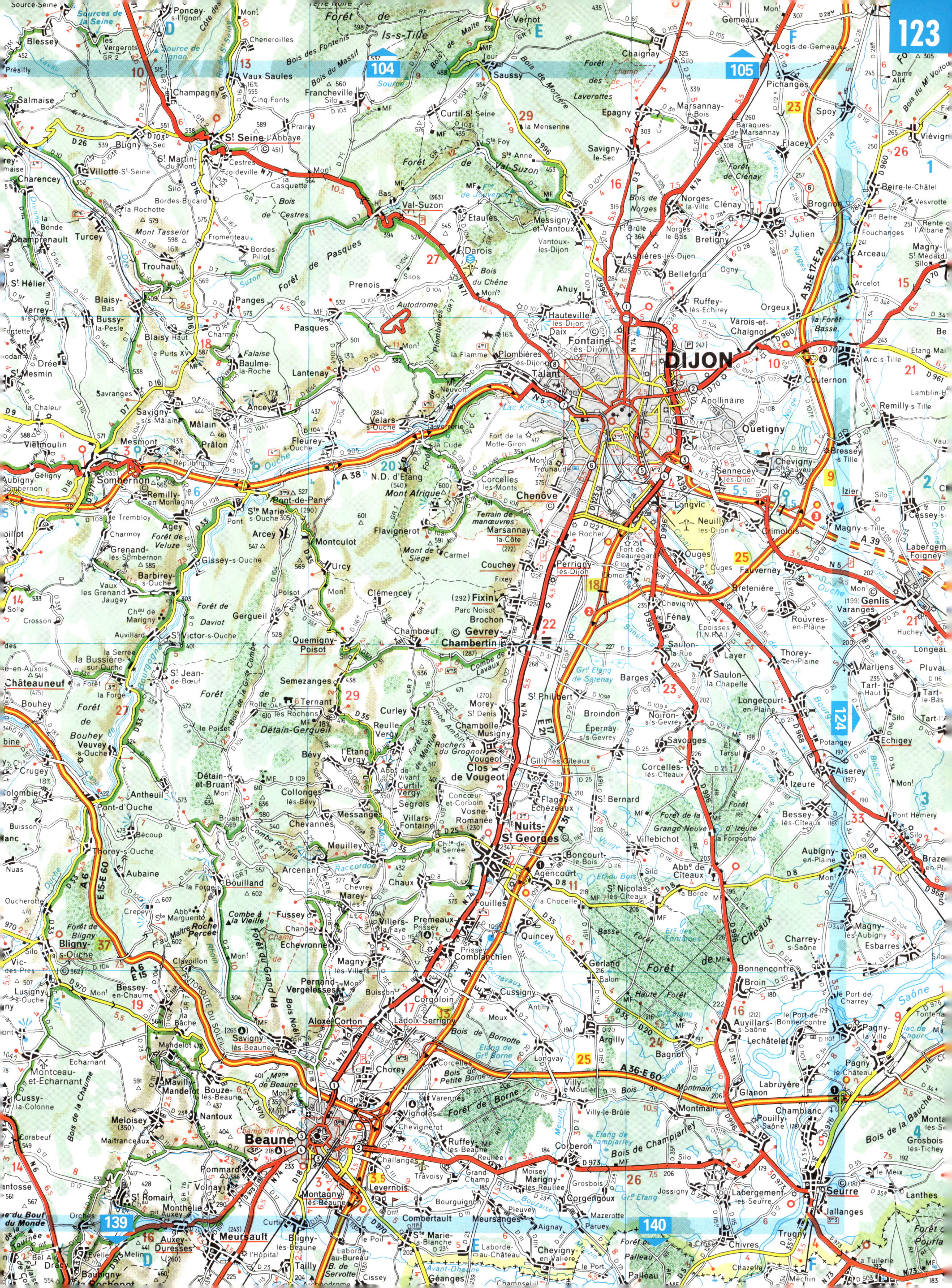
104
105
124
139
140
DIJON
Talant
Fontaine-lès-Dijon
Chenôve
Quetigny
St Apollinaire
Chevigny-St Sauveur
Sennecey-lès-Dijon
Longvic
Neuilly-lès-Dijon
Marsannay-la-Côte
Perrigny-lès-Dijon
Couchey
Fixin
Brochon
Gevrey-Chambertin
Morey-St Denis
Chambolle-Musigny
Vougeot
Clos de Vougeot
Vosne-Romanée
Nuits-St Georges
Comblanchien
Corgoloin
Ladoix-Serrigny
Aloxe-Corton
Savigny-lès-Beaune
Chorey
Beaune
Pommard
Volnay
Meursault
Chagny
Seurre
Genlis
Fauverney
Plombières-lès-Dijon
Velars-s-Ouche
Sombernon
Pont-de-Pany
Bligny-s-Ouche
St Seine-l'Abbaye
Val-Suzon
Messigny-et-Vantoux
Ahuy
Hauteville-lès-Dijon
Daix
Norges-la-Ville
Saulon-la-Rue
Izeure
Aiserey
Brazey-en-Plaine
Esbarres
Pagny-la-Ville
Glanon
Corberon
Gerland
Cîteaux
Forêt de Cîteaux
Forêt de Borne
Bois de Champjarley
Forêt d'Is-s-Tille
Forêt de Val-Suzon
Forêt de Pasques
Mont Afrique
A 31
A 38
A 39
A 36-E 60
A 6
N 5
N 74
D 996
Saône
Ouche

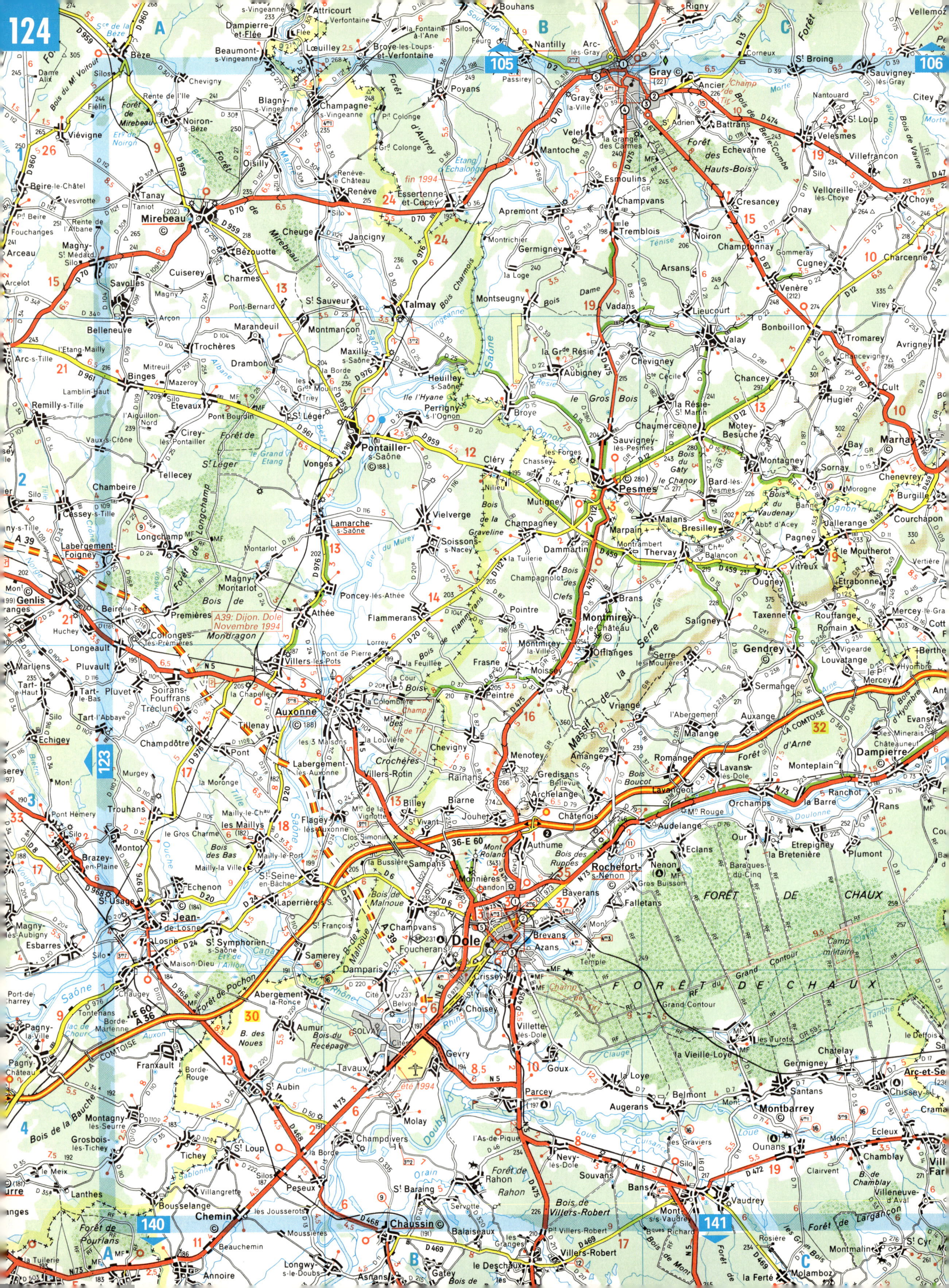

105
106
123
140
141
A
B
C
Gray
Bèze
Mirebeau
Pesmes
Pontailler-s-Saône
Auxonne
Genlis
Dole
Rochefort-s-Nenon
Chaussin
Chemin
Montbarrey
Gendrey
Marnay
Dampierre
St Jean-de-Losne
Seurre
Villers-les-Pots
Talmay
Champlitte
Essertenne-et-Cecey
Champvans
Valay
Montmirey-le-Château
Orchamps
Authume
Tavaux
Molay
Peseux
Villers-Robert
Mont-s-s-Vaudrey
Arc-et-Senans
Forêt de Chaux
FORÊT DE CHAUX
Forêt de la Serre
Massif de la Serre
Forêt de Longchamp
Bois de Mondragon
Forêt de Pochon
Forêt de Mirebeau
Forêt des Hauts-Bois
Forêt de Larrgançon
Saône
Doubs
Ognon
Vingeanne
Loue
LA COMTOISE
A36-E 60
A39
A39: Dijon. Dole Novembre 1994
fin 1994
été 1994

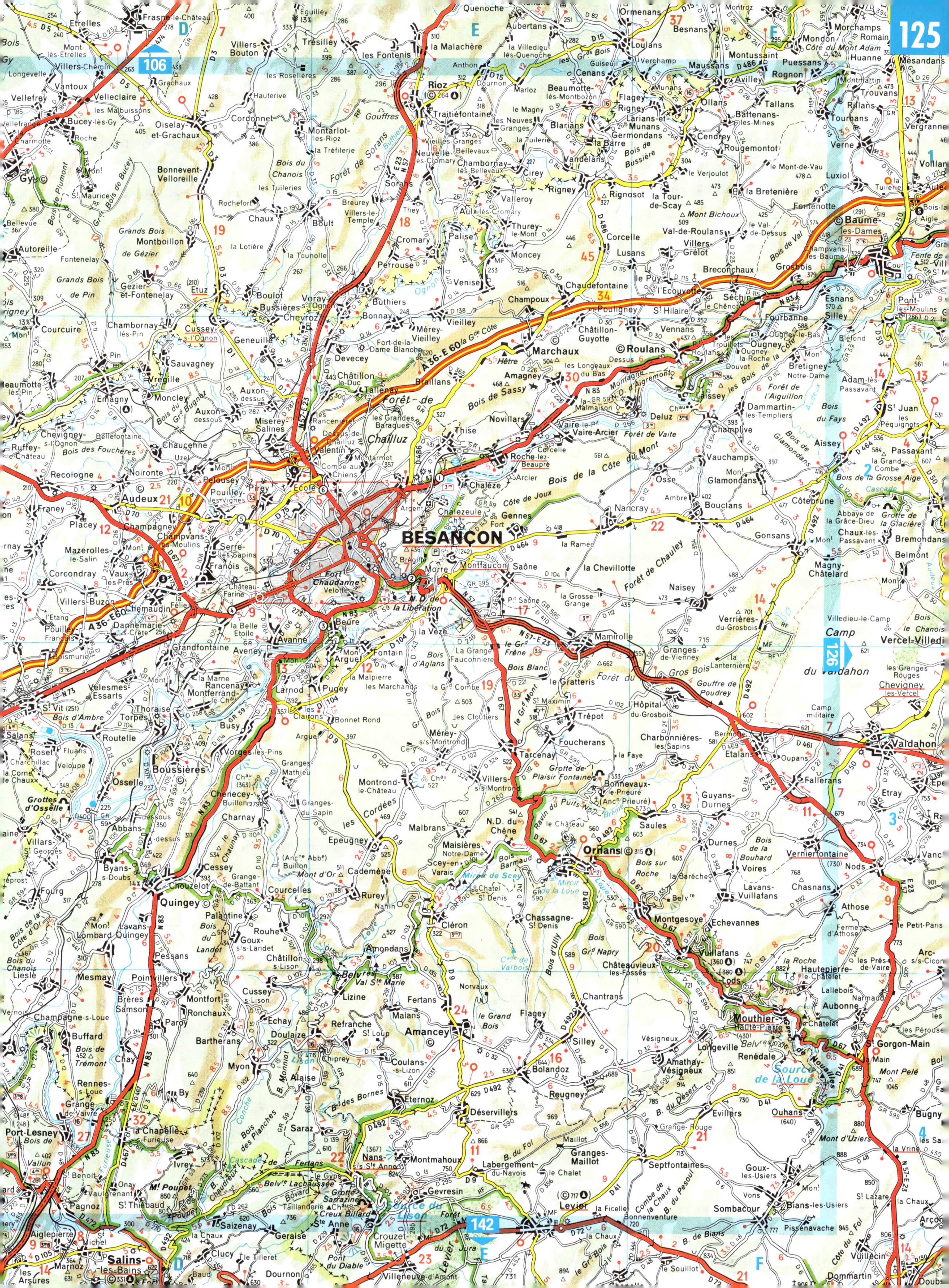
106
126
142
D
E
F
BESANÇON
Baume-les-Dames
Ornans
Quingey
Valdahon
Amancey
Levier
Salins-les-Bains
Rioz
Roulans
Marchaux
Audeux
Boussières
Mouthier-Haute-Pierre
Vuillafans
Montgesoye
Nods
Camp du Valdahon
Forêt de Chailluz
Forêt de Sorans
Source de la Loue
Source du Lison
Grottes d'Osselle
Gy
Étrelles
Villers-Chemin
Oiselay-et-Grachaux
Bonnevent-Velloreille
Geneuille
Devecey
Châtillon-le-Duc
Miserey-Salines
École-Valentin
Pouilley-les-Vignes
Champagney
Serre-les-Sapins
Franois
Thise
Chalezeule
Montfaucon
Saône
Morre
La Vèze
Beure
Avanne
Busy
Larnod
Pugey
Arguel
Mérey-s/s-Montrond
Tarcenay
Trépot
Foucherans
Étalans
Saules
Chantrans
Silley
Bolandoz
Reugney
Nans-s/s-Ste-Anne
Montmahoux
Déservillers
Éternoz
Cléron
Lizine
Chassagne-St-Denis
Échevannes
Longeville
Renédale
Ouhans
Septfontaines
Sombacour
Bians-les-Usiers
Goux-les-Usiers
St-Gorgon-Main
Aubonne
Hautepierre-le-Châtelet
Athose
Vernierfontaine
Chasnans
Nods
Fallerans
Étray
Vercel-Villedieu
Gonsans
Naisey
Nancray
Bouclans
Vauchamps
Deluz
Laissey
Novillars
Roche-lez-Beaupré
Vaire-Arcier
Amagney
Champoux
Chaudefontaine
Vennans
Corcelle
Moncey
Cromary
Perrouse
Sorans
Buthiers
Boult
Chaux
Étuz
Cussey-s-l'Ognon
Auxon-dessus
Auxon-dessous
Moncley
Émagny
Recologne
Noironte
Corcondray
Mazerolles-le-Salin
Villers-Buzon
Pouilley-Français
Dannemarie-s-Crète
Grandfontaine
Montferrand-le-Château
Torpes
Routelle
St-Vit
Osselle
Byans-s-Doubs
Abbans-dessus
Villars-St-Georges
Pessans
Mesmay
Champagne-s-Loue
Buffard
Port-Lesney
Pagnoz
Aiglepierre
Marnoz
Les Arsures
Ivrey
Saizenay
Géraise
Clucy
Dournon
Crouzet-Migette
Villeneuve-d'Amont
Chilly-s-Salins
Mt Poupet
St-Thiébaud
Chay
Rennes-s-Loue
By
Myon
Alaise
Saraz
Refranche
Malans
Fertans
Echay
Doulaize
Montfort
Ronchaux
Bartherans
Palantine
Cessey
Chouzelot
Charnay
Chenecey-Buillon
Rurey
Cademène
Épeugney
Malbrans
Scey-en-Varais
Maisières-Notre-Dame
Montrond-le-Château
Villers-s-Montrond
Lavans-Quingey
Larnod
Quenoche
Aubertans
Loulans
Besnans
Ormenans
Montussaint
Avilley
Rougemontot
Vandelans
Cirey
Rigney
Tallans
Cendrey
Huanne
Rognon
Mésandans
Romain
Morchamps
Luxiol
Verne
Fontenotte
Esnans
Silley
Adam-lès-Passavant
St-Juan
Passavant
Aïssey
Côtebrune
Chaux-lès-Passavant
Belmont
Bremondans
Magny-Châtelard
Verrières-du-Grosbois
Mamirolle
Le Gratteris
Gennes
La Chevillotte
Le Grand Bois
Flagey
Levier
Labergement-du-Navois
Granges-Maillot
Evillers
Chantrans
Amathay-Vésigneux

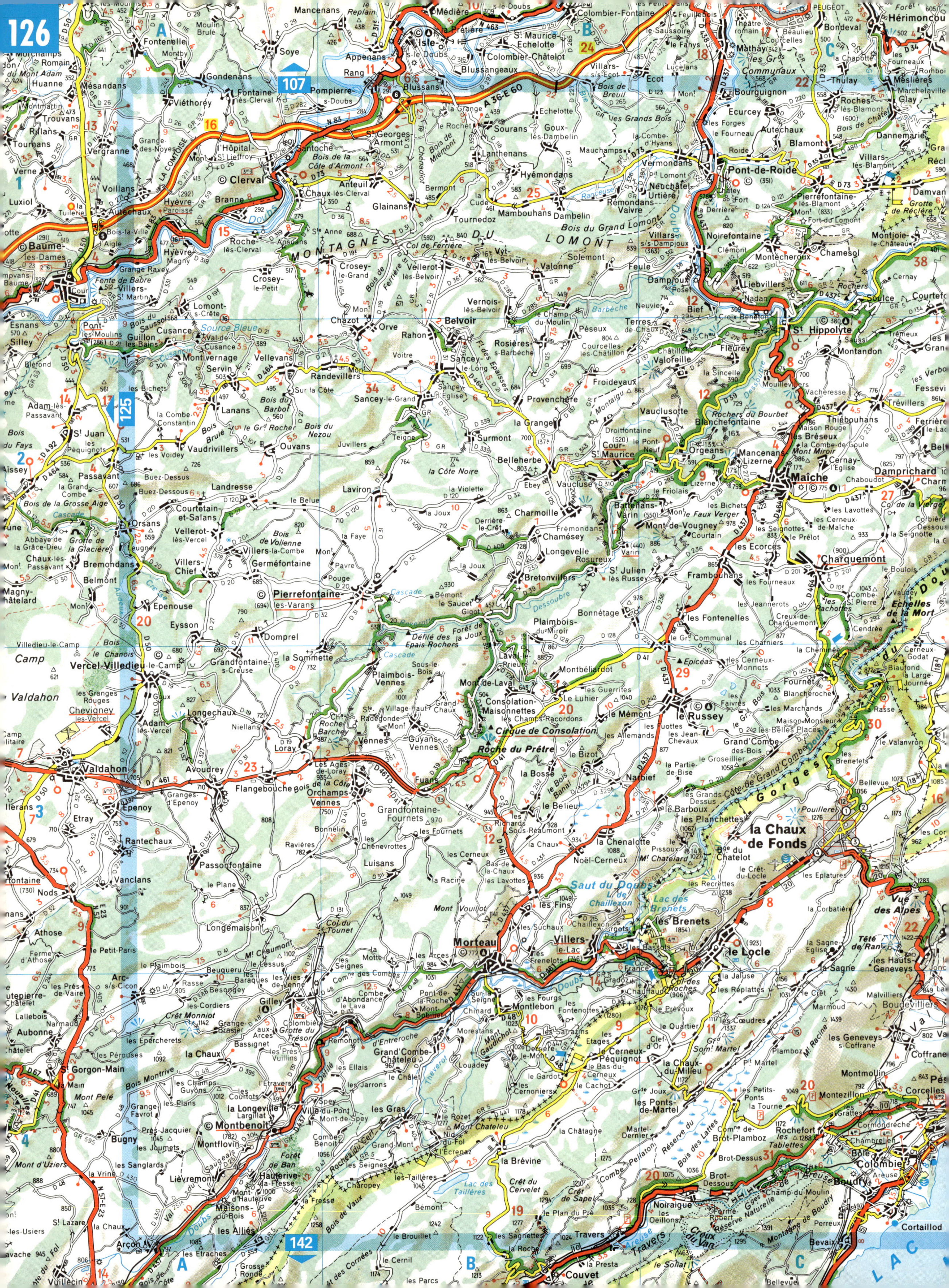

A
B
C
107
125
142
Mancenans
Médière
Colombier-Fontaine
Hérimoncourt
Fontenelle
L'Isle-sur-le-Doubs
Blussans
Appenans
Rang
Soye
Gondenans
Mésandans
Viéthorey
Fontaine-lès-Clerval
Pompierre-s-Doubs
St Maurice-Echelotte
Colombier-Châtelot
Blussangeaux
Bourguignon
Mathay
Ecurcey
Thulay
Roches-lès-Blamont
Glay
Dannemarie
Blamont
Villars-lès-Blamont
Damvant
Pont-de-Roide
Vermondans
Neuchâtel-Urtière
Pierrefontaine-lès-Blamont
Verne
Luxiol
Vergranne
Voillans
Autechaux
Clerval
Santoche
Chaux-lès-Clerval
Anteuil
Glainans
Bermont
Hyémondans
Mamboubans
Dambelin
Tournedoz
Branne
Hyèvre-Paroisse
Baume-les-Dames
Roche-lès-Clerval
MONTAGNES DU LOMONT
Bois du Grand Lomont
Villars-sous-Dampjoux
Noirefontaine
Montjoie-le-Château
Chamesol
Cernay
Soulce
Courtefontaine
Montécheroux
Liebvillers
St Hippolyte
Montandon
Valonne
Solemont
Feule
Dampjoux
Vyt-lès-Belvoir
Crosey-le-Grand
Crosey-le-Petit
Vellerot-lès-Belvoir
Villers-St Martin
Grange Ravey
Lomont-s-Crête
Vernois-lès-Belvoir
Belvoir
Chazot
Orve
Rahon
Rosières-s-Barbèche
Péseux
Courcelles-lès-Châtillon
Terres-de-Chaux
Valoreille
Fleurey
Pont-les-Moulins
Cusance
Guillon-les-Bains
Source Bleue
Esnans
Silley
Montivernage
Servin
Vellevans
Randevillers
Sancey-le-Long
Sancey-le-Grand
Sancey-l'Eglise
Provenchère
Froidevaux
Vauclusotte
Blanchefontaine
Vacheresse
Trévillers
Thiébouhans
Ferrières-le-Lac
Adam-lès-Passavant
Lanans
St Juan
Vaudrivillers
Ouvans
Juvillers
Teigne
Surmont
La Grange
Belleherbe
Cour-St Maurice
Droitfontaine
Le Pont-Neuf
Orgeans
Mancenans-Lizerne
Maîche
Cernay-l'Eglise
Damprichard
Charmauvillers
Passavant
Landresse
Laviron
Vaucluse
Charmoille
Frémondans
Chamésey
Longevelle
Rosureux
Battenans-Varin
Mont-de-Vougney
Les Ecorces
Charquemont
Frambouhans
Courtetain-et-Salans
Vellerot-lès-Vercel
Villers-la-Combe
Germéfontaine
Villers-Chief
Orsans
Bremondans
Belmont
Pierrefontaine-les-Varans
Bretonvillers
St Julien-lès-Russey
Plaimbois-du-Miroir
Bonnétage
Les Fontenelles
Echelles de la Mort
Epenouse
Eysson
Domprel
La Sommette
Vercel-Villedieu-le-Camp
Grandfontaine-s-Creuse
Plaimbois-Vennes
Mont-de-Laval
Consolation-Maisonnettes
Montbéliardot
Le Luhier
Le Mémont
Le Russey
Valdahon
Chevigney-lès-Vercel
Adam-lès-Vercel
Longechaux
Loray
Vennes
Guyans-Vennes
Cirque de Consolation
Roche du Prêtre
Grand'Combe-des-Bois
Etray
Epenoy
Avoudrey
Flangebouche
Orchamps-Vennes
Fuans
La Bosse
Le Bizot
Narbief
Le Bélieu
Rantechaux
Vanclans
Passonfontaine
Grandfontaine-Fournets
Luisans
Noël-Cerneux
La Chenalotte
la Chaux de Fonds
Gorges
Nods
Athose
Longemaison
Morteau
Les Fins
Villers-le-Lac
Saut du Doubs
Les Brenets
le Locle
Vue des Alpes
Gilley
Montlebon
Grand'Combe-Châteleu
La Sagne
Les Hauts-Geneveys
Arc-s-Cicon
Aubonne
St Gorgon-Main
La Chaux
La Longeville
Montbenoît
Bugny
Montflovin
Hauterive-la-Fresse
Lièvremont
Maisons-du-Bois
Les Alliés
Arçon
Les Gras
La Brévine
Le Cerneux-Péquignot
Le Locle
La Chaux-du-Milieu
Les Ponts-de-Martel
Brot-Plamboz
Rochefort
Colombier
Boudry
Noiraigue
Travers
Couvet
Bevaix
Cortaillod
Creux du Van
LAC

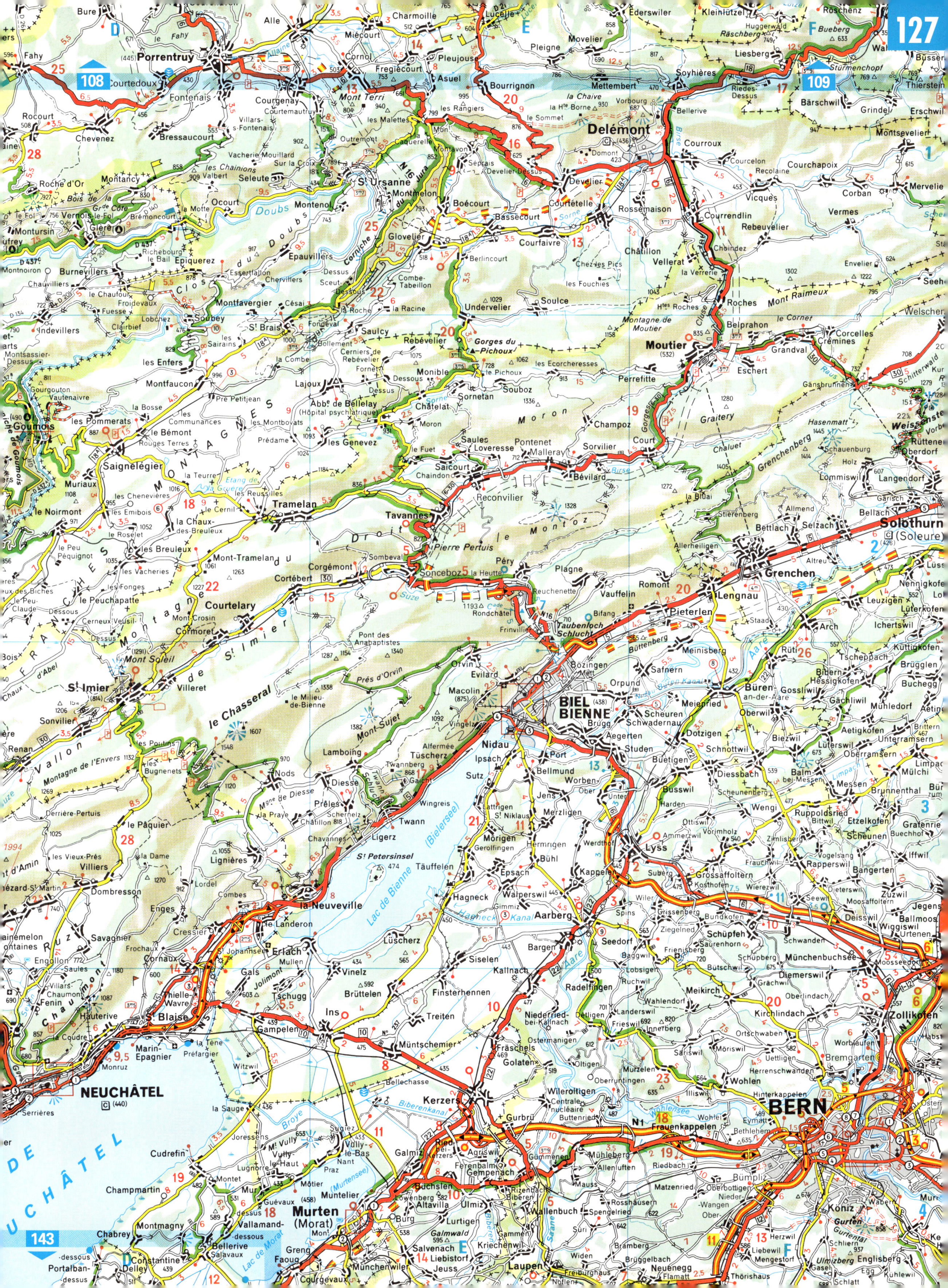
108
109
143
Porrentruy
Courtedoux
Fontenais
Courgenay
Alle
Miécourt
Charmoille
Pleujouse
Asuel
Lucelle
Bourrignon
Pleigne
Movelier
Ederswiler
Kleinlützel
Röschenz
Liesberg
Soyhières
Mettembert
Bärschwil
Grindel
Erschwil
Mont Terri
les Rangiers
Delémont
Courroux
Courcelon
Courchapoix
Vicques
Corban
Mervelier
Vermes
Develier
Courtételle
Rossemaison
Courrendlin
Rebeuvelier
Châtillon
Vellerat
Boécourt
Bassecourt
Courfaivre
Glovelier
St. Ursanne
Montmelon
Seleute
Ocourt
Montancy
Roche d'Or
Vernois-le-Fol
Montursin
Bressaucourt
Chevenez
Rocourt
Fahy
Bure
Doubs
Clos du Doubs
Epauvillers
Epiquerez
Soubey
Montfavergier
Saulcy
Rebévelier
Undervelier
Soulce
Gorges du Pichoux
les Enfers
Montfaucon
Lajoux
Souboz
Sornetan
Monible
Châtelat
Perrefitte
Moutier
Roches
Belprahon
Grandval
Eschert
Crémines
Corcelles
Mont Raimeux
Champoz
Court
Sorvilier
Bévilard
Malleray
Pontenet
Saules
Loveresse
Saicourt
Reconvilier
Tavannes
Tramelan
Saignelégier
les Genevez
les Pommerats
Goumois
Muriaux
le Noirmont
les Breuleux
la Chaux-des-Breuleux
Mont-Tramelan
Montagnes
Franches Montagnes
Pierre Pertuis
le Montoz
Sonceboz
Péry
Plagne
Vauffelin
Romont
Pieterlen
Lengnau
Grenchen
Bettlach
Selzach
Solothurn (Soleure)
Langendorf
Oberdorf
Weissenstein
Grenchenberg
Graitery
Corgémont
Cortébert
Courtelary
Cormoret
Villeret
St. Imier
Sonvilier
Renan
Mont Soleil
Chasseral
le Chasseral
Taubenloch Schlucht
Frinvillier
Orvin
Evilard
Macolin
Biel Bienne
Nidau
Brügg
Aegerten
Studen
Orpund
Safnern
Meinisberg
Büren an-der-Aare
Arch
Leuzigen
Ipsach
Sutz
Port
Bellmund
Jens
Merzligen
Worben
Lyss
Twann
Ligerz
Tüscherz
Lamboing
Diesse
Prêles
Nods
Lignières
Mont-Sujet
St. Petersinsel
Lac de Bienne (Bielersee)
Täuffelen
Hagneck
Walperswil
Aarberg
Bargen
Kallnach
Seedorf
Radelfingen
la Neuveville
le Landeron
Erlach
Ins
Gampelen
Vinelz
Brüttenen
Lüscherz
Siselen
Finsterhennen
Treiten
Müntschemier
Kerzers
Fräschels
Gurbrü
Frauenkappelen
Wohlen
Bern
Bremgarten
Zollikofen
Münchenbuchsee
Kirchlindach
Meikirch
Schüpfen
Grossaffoltern
Rapperswil
Jegenstorf
Wohlensee
Bümpliz
Köniz
Wabern
Muri
Neuenegg
Laupen
Gümmenen
Mühleberg
Murten (Morat)
Muntelier
Galmiz
Sugiez
Vully-le-Bas
Mt. Vully
Broye
Cudrefin
Champmartin
Montmagny
Chabrey
Salavaux
Bellerive
Vallamand
Faoug
Greng
Münchenwiler
Gurmels
Courgevaux
Constantine
Portalban
St. Blaise
Marin-Epagnier
Neuchâtel
Hauterive
Serrières
Chaumont
Enges
Cressier
Cornaux
Savagnier
Dombresson
Villiers
le Pâquier
Lac de Neuchâtel
Doubs

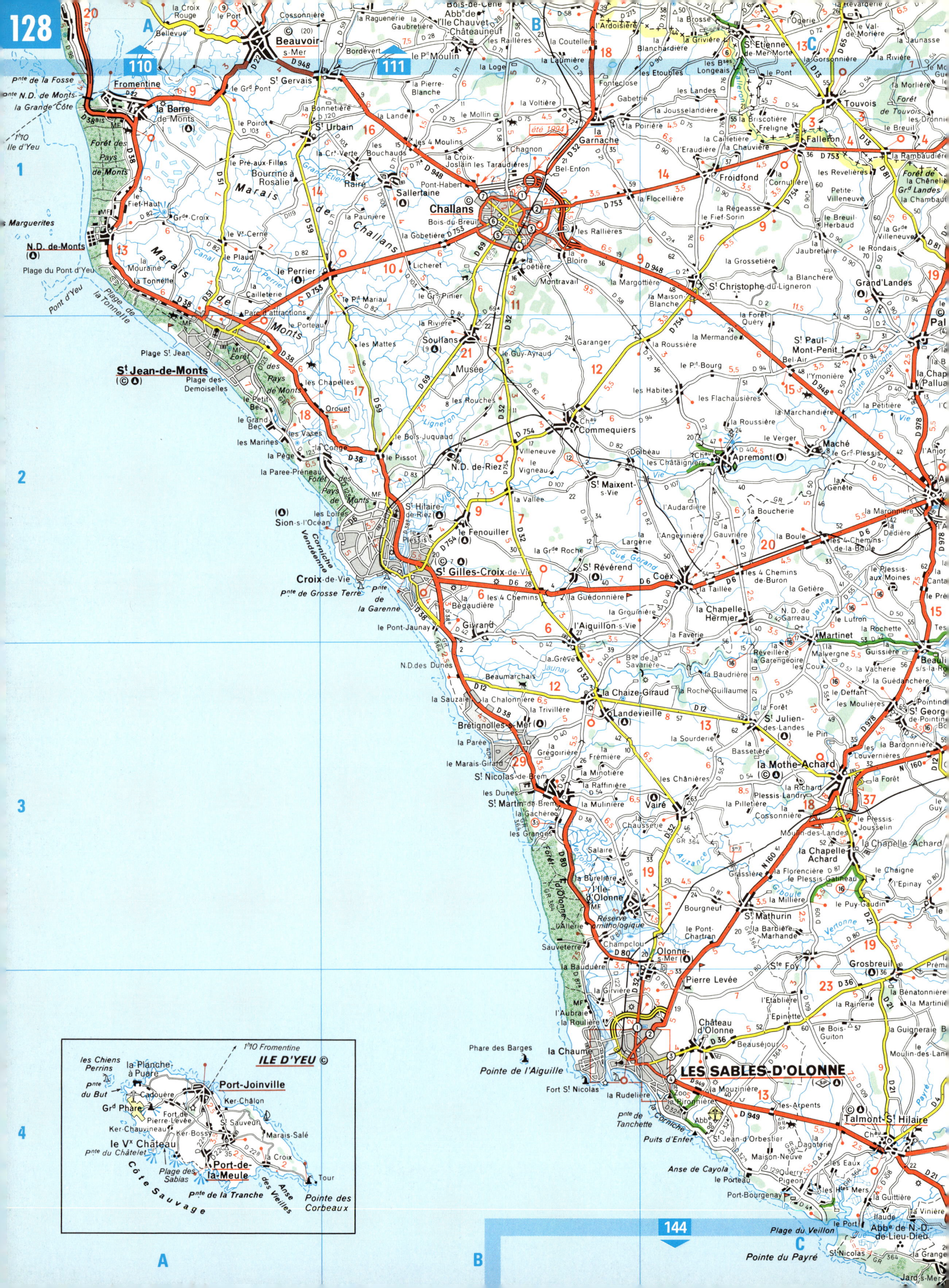
110
111
144
A
B
C
1
2
3
4
Beauvoir-s-Mer
St Gervais
Bois-de-Céné
Abbe de l'Ile Chauvet
Châteauneuf
Bordevert
le Pt Moulin
Fromentine
Pte de la Fosse
Pte N.D. de Monts
la Grande Côte
la Barre-de-Monts
St Urbain
Forêt des Pays de Monts
Marais
de
Challans
Challans
Bois-du-Breuil
Sallertaine
Pont-Habert
la Garnache
Froidfond
Falleron
Touvois
St Etienne-de-Mer-Morte
les Bses Longeais
Petite-Villeneuve
Forêt de la Chênelle
Grd Landes
la Chambaudière
Grand'Landes
St Christophe-du-Ligneron
St Paul-Mont-Penit
Marguerites
N.D.-de-Monts
Plage du Pont d'Yeu
Pont d'Yeu
Plage de la Tonnelle
la Tonnelle
le Perrier
Soullans
Musée
Plage St Jean
St Jean-de-Monts
Plage des Demoiselles
Orouet
Commequiers
Apremont
Maché
les Chapelles
le Petit-Bec
le Grand-Bec
les Marines
la Pège
la Parée-Préneau
la Conge
le Pissot
N.D.-de-Riez
St Maixent-s-Vie
Sion-s-l'Océan
Corniche Vendéenne
St Hilaire-de-Riez
le Fenouiller
Croix-de-Vie
Pte de Grosse Terre
Pte de la Garenne
St Gilles-Croix-de-Vie
St Révérend
Coëx
la Chapelle-Hermier
Martinet
le Pont-Jaunay
Givrand
l'Aiguillon-s-Vie
N.D.des Dunes
Beaumarchais
la Sauzaie
la Chaize-Giraud
Landevieille
St Julien-des-Landes
Brétignolles-s-Mer
la Mothe-Achard
le Marais-Girard
St Nicolas-de-Brem
les Dunes
St Martin-de-Brem
Vairé
la Chapelle-Achard
Forêt d'Olonne
l'Ile-d'Olonne
Réserve ornithologique
St Mathurin
Sauveterre
Olonne-s-Mer
Pierre Levée
Ste Foy
Grosbreuil
Château d'Olonne
Phare des Barges
Pointe de l'Aiguille
la Chaume
Fort St Nicolas
LES SABLES-D'OLONNE
Pte de Tanchette
la Corniche
Puits d'Enfer
Anse de Cayola
Talmont-St Hilaire
Port-Bourgenay
Plage du Veillon
Pointe du Payré
Abbe de N.-D.-de-Lieu-Dieu
ILE D'YEU
1h10 Fromentine
Port-Joinville
les Chiens Perrins
la Planche-à-Puare
Pte du But
Grd Phare
Ker-Châlon
St Sauveur
Marais-Salé
Ker-Chauvineau
le Vx Château
Pte du Châtelet
Plage des Sabias
Port-de-la-Meule
Côte Sauvage
Pte de la Tranche
Anse des Vieilles
Pointe des Corbeaux
Tour
D 948
D 753
D 38
D 32
D 754
D 6
D 12
D 949
N 160
D 21

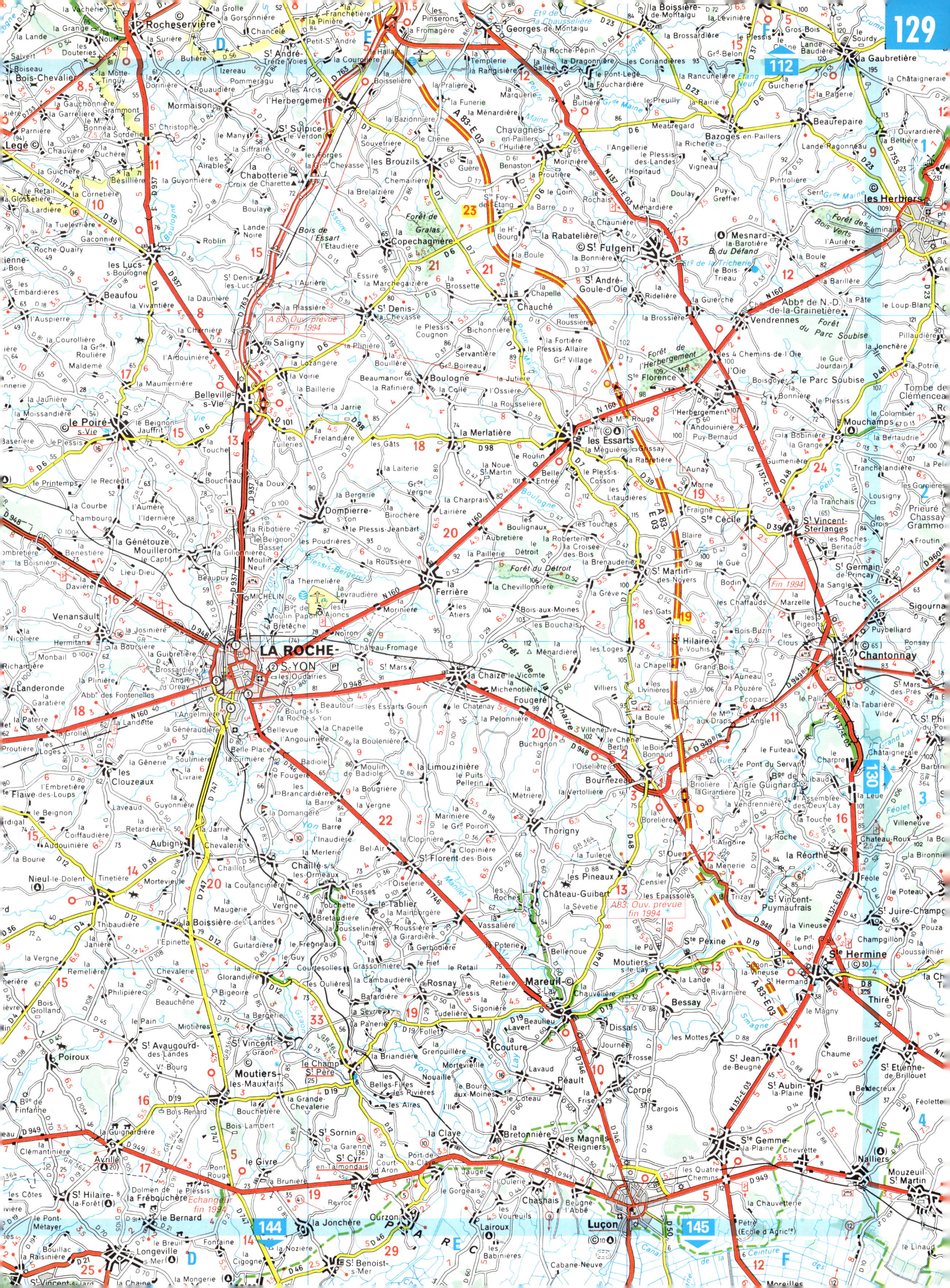
Rocheservière
Légé
St André-Treize-Voies
L'Herbergement
St Georges-de-Montaigu
Chavagnes-en-Paillers
Bazoges-en-Paillers
Beaurepaire
la Gaubretière
les Herbiers
les Brouzils
St Sulpice-le Verdon
la Chabotterie
les Lucs-s-Boulogne
St Fulgent
St André-Goule-d'Oie
Vendrennes
Chauché
St Denis-la-Chevasse
Saligny
Belleville-s-Vie
le Poiré-s-Vie
Boulogne
les Essarts
Ste Florence
Mouchamps
Dompierre-s-Yon
la Merlatière
Ste Cécile
St Vincent-Sterlanges
St Martin-des-Noyers
la Ferrière
LA ROCHE-S-YON
Venansault
la Chaize-le-Vicomte
Chantonnay
St Hilaire-le-Vouhis
Fougeré
Aubigny
les Clouzeaux
Nesmy
Bournezeau
Thorigny
Chaillé-s-les-Ormeaux
St Florent-des-Bois
le Tablier
Château-Guibert
les Pineaux
Ste Hermine
Mareuil-s-Lay
Bessay
Rosnay
Moutiers-les-Mauxfaits
Poiroux
St Avaugourd-des-Landes
la Boissière-des-Landes
Nieul-le-Dolent
Corpe
St Jean-de-Beugné
St Aubin-la-Plaine
Ste Gemme-la-Plaine
Nalliers
Luçon
les Magnils-Reigniers
St Cyr-en-Talmondais
Avrillé
St Hilaire-la-Forêt
le Bernard
Longeville-s-Mer
la Jonchère
Curzon
St Benoist-s-Mer
Forêt du Parc Soubise
Forêt de Gralas
Forêt du Détroit
A 83 Ouv. prévue fin 1994
112
130
144
145

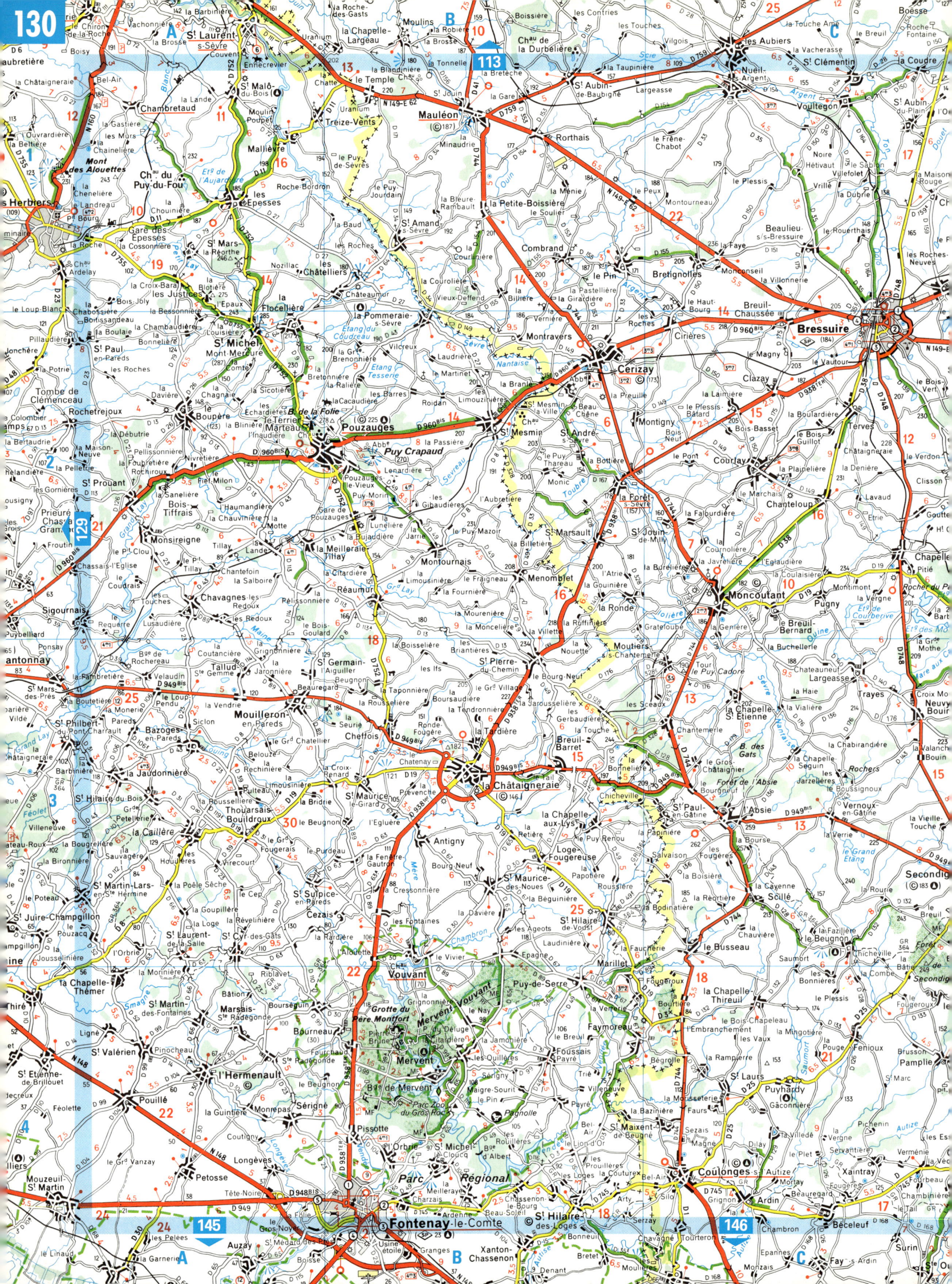

St Laurent-s-Sèvre
Mauléon
les Aubiers
Nueil-s-Argent
St Clémentin
Chambretaud
Treize-Vents
St Malô-du-Bois
Mallièvre
Les Herbiers
Mont des Alouettes
Chau du Puy-du-Fou
les Epesses
St Amand-s-Sèvre
la Petite-Boissière
Combrand
le Pin
Bretignolles
Bressuire
Beaulieu-s/s-Bressuire
Voultegon
St Aubin-de-Baubigné
Rorthais
St Mars-la-Réorthe
les Châtelliers
la Pommeraie-s-Sèvre
Montravers
Cerizay
Cirières
Clazay
St Michel-Mont-Mercure
Flocellière
St Paul-en-Pareds
Tombe de Clémenceau
Rochetrejoux
Boupère
Pouzauges
Puy Crapaud
St Mesmin
St André-s-Sèvre
Montigny
Courlay
Chanteloup
la Forêt-s-Sèvre
St Prouant
Monsireigne
la Meilleraie-Tillay
Réaumur
Montournais
Menomblet
St Jouin-de-Milly
Moncoutant
Pugny
Sigournais
Chavagnes-les-Redoux
Moutiers-s-Chantemerle
St Pierre-du-Chemin
St Germain-l'Aiguiller
Mouilleron-en-Pareds
Cheffois
la Tardière
Breuil-Barret
la Chapelle-St Etienne
Trayes
la Châtaigneraie
St Maurice-le-Girard
Thouarsais-Bouildroux
la Jaudonnière
St Hilaire-du-Bois
la Caillère
St Paul-en-Gâtine
l'Absie
Vernoux-en-Gâtine
Loge-Fougereuse
Antigny
Scillé
St Sulpice-en-Pareds
Cezais
St Martin-Lars-en-Ste Hermine
St Juire-Champgillon
St Laurent-de-la-Salle
St Cyr-des-Gâts
St Hilaire-de-Voust
le Busseau
Vouvant
Puy-de-Serre
Marillet
la Chapelle-Thémer
St Martin-des-Fontaines
Marsais-Ste Radegonde
Bourneau
Grotte du Père Montfort
Mervent
Forêt de Mervent Vouvant
Faymoreau
la Chapelle-Thireuil
St Valérien
l'Hermenault
Pouillé
Sérigné
Foussais-Payré
St Laurs
Puyhardy
Pissotte
l'Orbrie
St Michel-le-Cloucq
Parc Régional
St Maixent-de-Beugné
Coulonges-s-l'Autize
Ardin
Xaintray
Mouzeuil-St Martin
Petosse
Longèves
Fontenay-le-Comte
St Hilaire-des-Loges
Béceleuf
Auzay
Xanton-Chassenon
Fay-s-Ardin
Surin

113
129
145
146

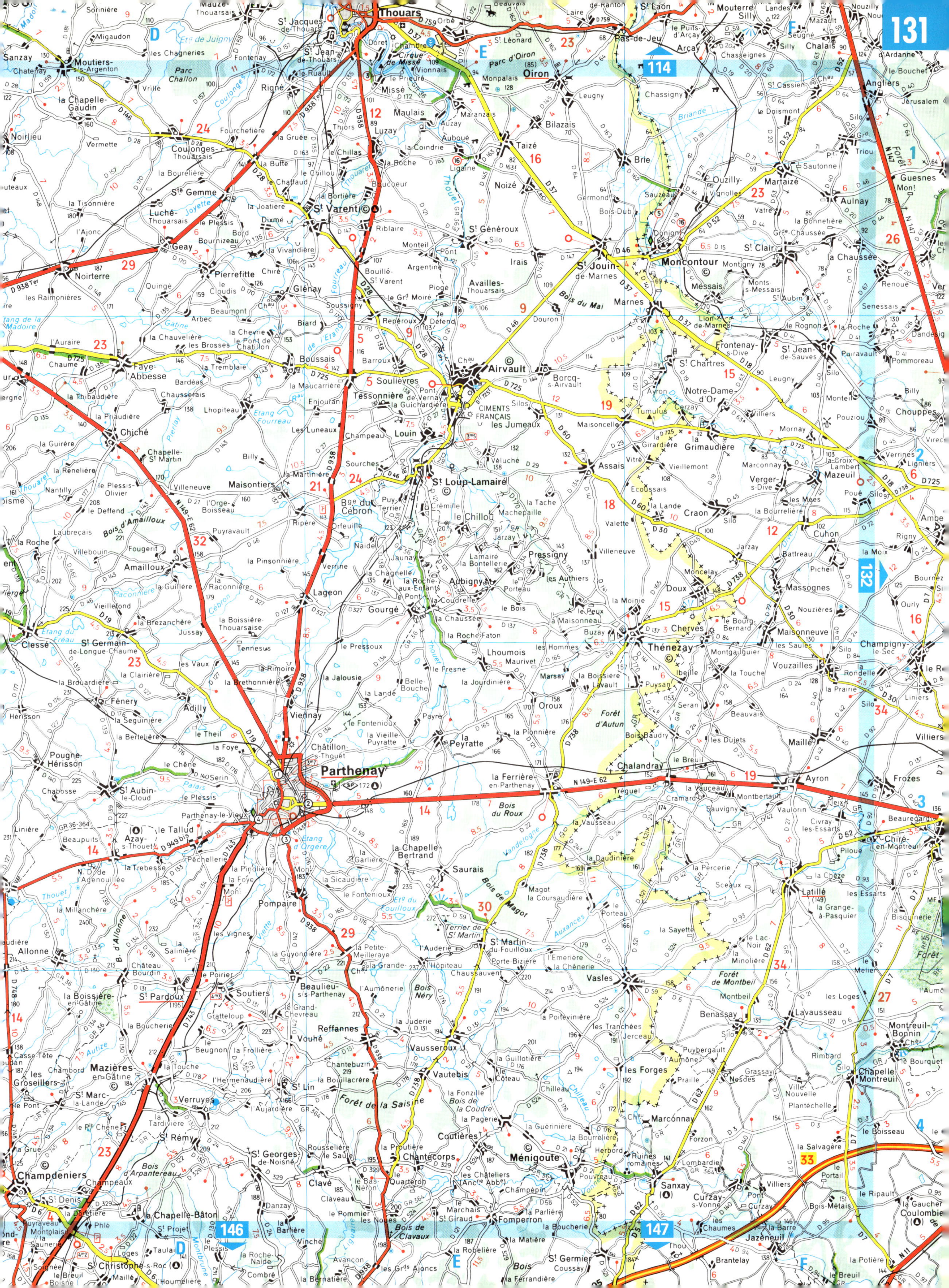
114
132
146
147
Thouars
St Jacques-de-Thouars
St Jean-de-Thouars
Oiron
Moncontour
St Jouin-de-Marnes
Airvault
St Loup-Lamairé
St Varent
Faye-l'Abbesse
Chiché
Thénezay
Parthenay
Châtillon-s-Thouet
Pompaire
Vasles
Mazières-en-Gâtine
Champdeniers
Ménigoute
Sanxay
La Chapelle-Bertrand
Latillé
Mirebeau
Moutiers-s-Argenton
Coulonges-Thouarsais
Geay
Noirterre
Glénay
Boussais
Lageon
Gourgé
Viennay
Secondigny
Beaulieu-s-Parthenay
Reffannes
Vouhé
Vausseroux
Vautebis
Saurais
St Martin-du-Fouilloux
Chalandray
Ayron
Frozes
Vouzailles
Cherves
Maillé
Massognes
Craon
Assais
Mazeuil
Chouppes
Messais
Marnes
Frontenay-s-Dive
St Jean-de-Sauves
Martaizé
Aulnay
Guesnes
Angliers
Chalais
Cuhon
Champigny-le-Sec
Chiré-en-Montreuil
Montreuil-Bonnin
Chapelle-Montreuil
Benassay
Lavausseau
Marçonnay
Curzay-s-Vonne
Jazeneuil
Coutières
Chantecorps
Clavé
St Georges-de-Noisné
Verruyes
St Lin
St Pardoux
Allonne
Azay-s-Thouet
St Aubin-le-Cloud
Pougne-Hérisson
Fénery
Clessé
Amailloux
Adilly
La Peyratte
Oroux
Aubigny
Pressigny
Irais
Availles-Thouarsais
Forêt d'Autun
Forêt de Montbeil
Bois de Magot
Forêt de la Saisine
Bois d'Arpantereau
Bois d'Amailloux
CIMENTS FRANÇAIS
Etang de l'Orgère
Thouet
Thouaret
Cébron
Viette
Vonne
Auxances
Palais
Autize
N 149-E 62
D 938
D 938 Ter
D 725
D 743
D 46
D 37
D 759
D 60
D 738
D 62
D 6
D 19

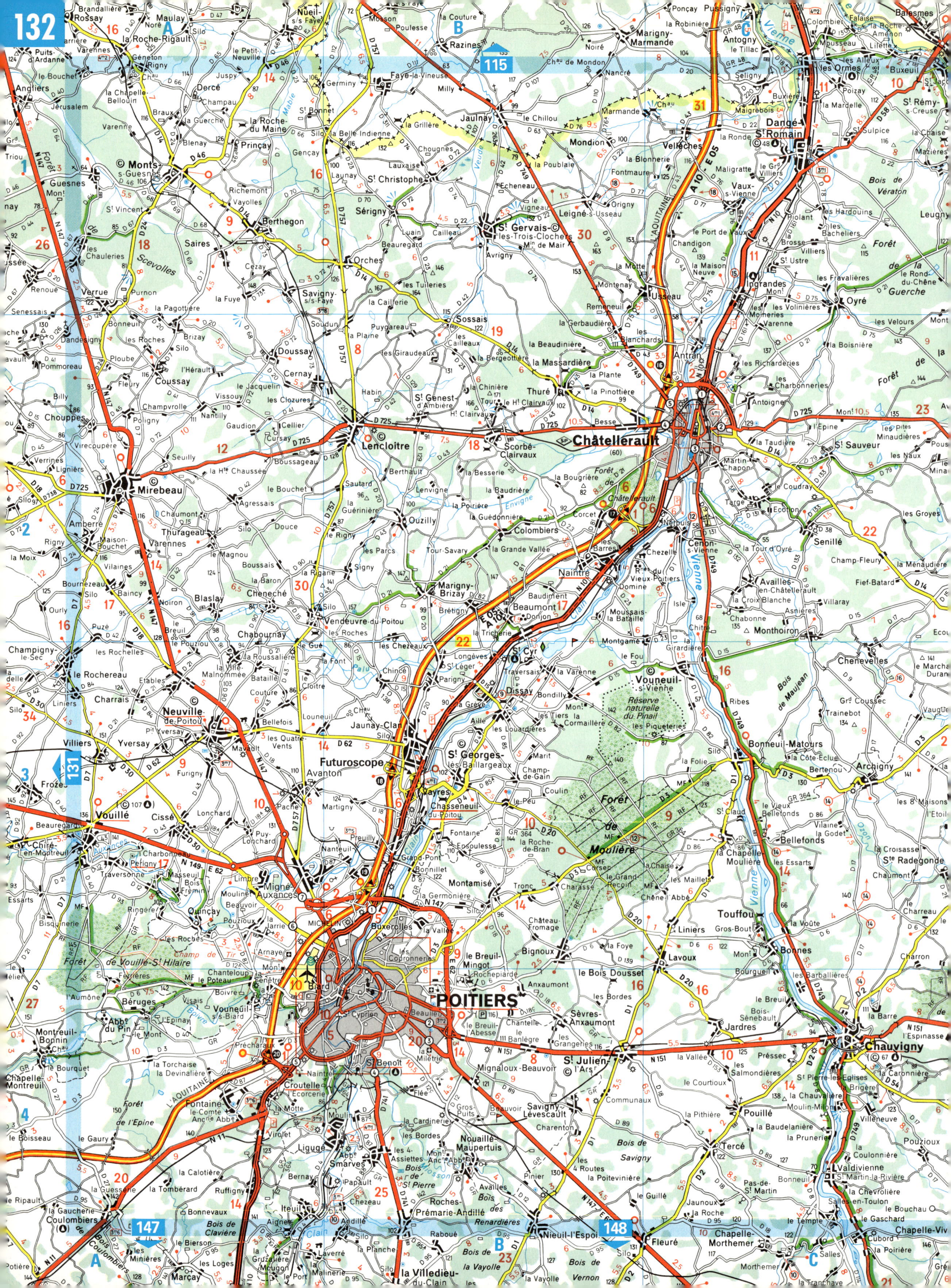
115
Rossay
Maulay
la Roche-Rigault
Nueil-s/s Faye
Mouson
Poulesse
la Couture
Razines
Ponçay
Pussigny
Marigny-Marmande
Antogny
Balesmes
Angliers
Derçé
la Roche-du Maine
Princay
Faye-la-Vineuse
Jaulnay
Dangé-St Romain
Monts-s-Guesnes
Guesnes
St Christophe
Sérigny
Mondion
Vellèches
Berthegon
Saires
Orches
St Gervais-les-Trois-Clochers
Leigné-s-Usseau
Vaux-s-Vienne
Savigny-s/s-Faye
Usseau
Ingrandes
Oyré
Sossais
Verrue
Doussay
Coussay
Antran
Thuré
Lencloître
Châtellerault
Scorbé-Clairvaux
St Sauveur
Chouppes
Mirebeau
Ouzilly
Colombiers
Naintré
Cenon-s-Vienne
Senillé
Thurageau
Marigny-Brizay
Beaumont
Vendeuvre-du-Poitou
Chabournay
Availles-en-Châtellerault
Monthoiron
St Cyr
Dissay
Vouneuil-s-Vienne
Réserve naturelle du Pinail
Neuville-de-Poitou
Jaunay-Clan
Futuroscope
St Georges-lès-Baillargeaux
Bonneuil-Matours
Archigny
Villiers
Yversay
Avanton
Chasseneuil-du-Poitou
Forêt de Moulière
Vouillé
Migné-Auxances
Buxerolles
Bellefonds
La Chapelle-Moulière
Touffou
Lavoux
Bonnes
Béruges
Vouneuil-s-Biard
Forêt de Vouillé-St-Hilaire
POITIERS
St Julien-l'Ars
Chauvigny
Montreuil-Bonnin
Croutelle
Fontaine-le-Comte
Mignaloux-Beauvoir
Savigny-Lévescault
Pouillé
Nouaillé-Maupertuis
Ligugé
Smarves
Tercé
Valdivienne
Roches-Prémarie-Andillé
Coulombiers
Iteuil
Nieuil-l'Espoir
Fleuré
Chapelle-Morthemer
la Villedieu-du-Clain
Marçay
147
148
131

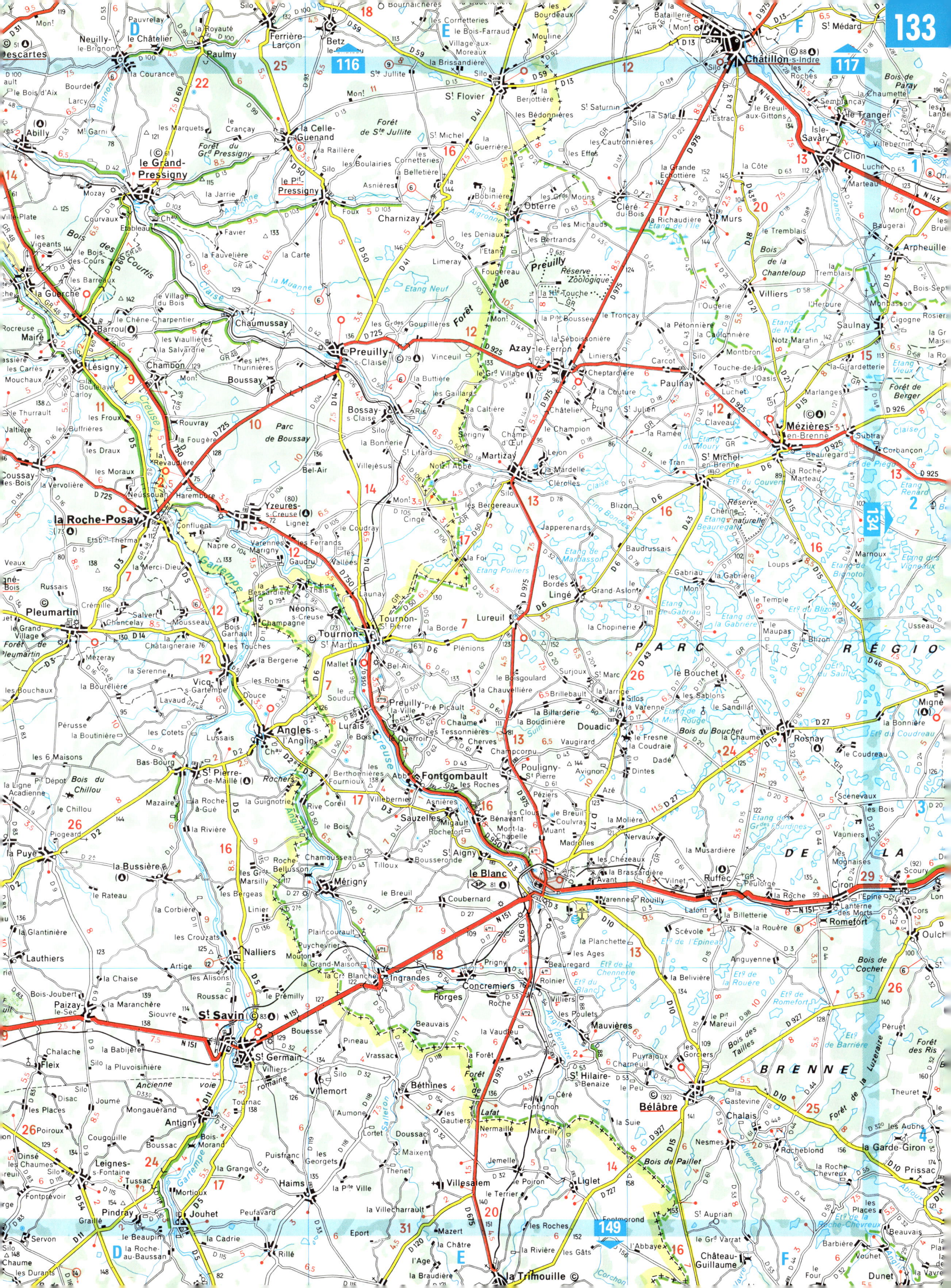
Descartes
Neuilly-le-Brignon
le Châtelier
Paulmy
Ferrière-Larçon
Betz-le-Château
116
117
Châtillon-s-Indre
St Médard
Abilly
le Grand-Pressigny
la Celle-Guenand
Forêt de Ste Jullite
St Flovier
le Pt Pressigny
Charnizay
Obterre
Clère-du-Bois
Murs
Isle-Savary
Clion
Arpheuille
la Guerche
Barrou
Chaumussay
Preuilly-s-Claise
Azay-le-Ferron
Réserve Zoologique
Villiers
Saulnay
Lésigny
Chambon
Boussay
Parc de Boussay
Bossay-s-Claise
Martizay
Paulnay
Mézières-en-Brenne
St Michel-en-Brenne
la Roche-Posay
Yzeures-s-Creuse
Pleumartin
Tournon-St Pierre
Tournon-St Martin
Lureuil
Lingé
PARC
RÉGIO
Vicq-s-Gartempe
Angles-s-l'Anglin
Preuilly-la-Ville
Douadic
Rosnay
St Pierre-de-Maillé
Fontgombault
Pouligny-St Pierre
la Puye
la Bussière
Mérigny
le Blanc
Ruffec
Ciron
DE
LA
Nalliers
Ingrandes
Concremiers
St Savin
St Germain
Mauvières
BRENNE
Bélâbre
Béthines
Villemort
Antigny
Leignes-s-Fontaine
Haims
Villesalem
Liglet
la Garde-Giron
Prissac
Pindray
Jouhet
la Trimouille
Château-Guillaume
134
149
D
E
F

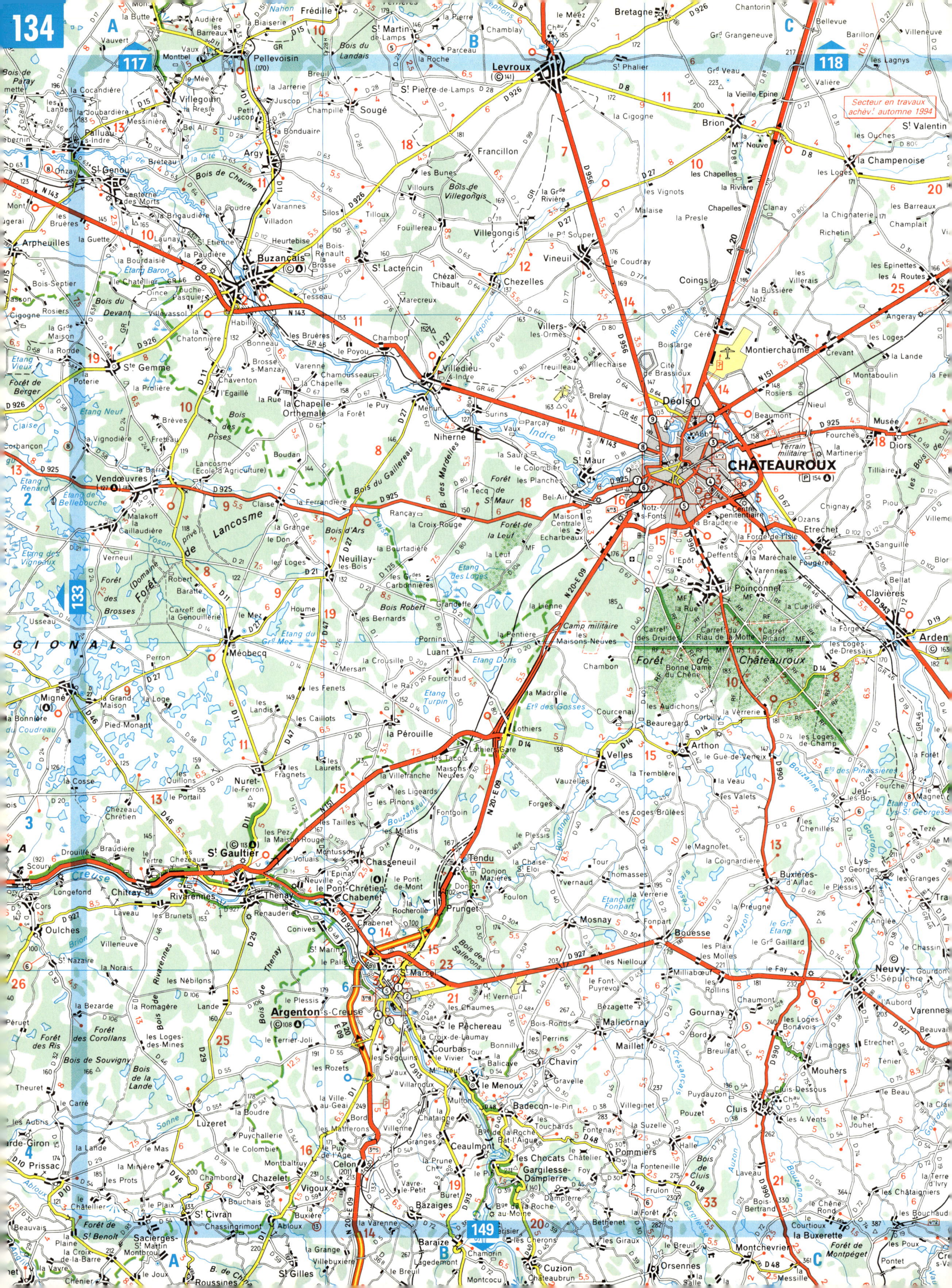
117
118
133
149
A
B
C
Secteur en travaux achev. automne 1994
Levroux
Pellevoisin
Buzançais
Châteauroux
Déols
Villedieu-s-Indre
Vendœuvres
Méobecq
St Gaultier
Argenton-s-Creuse
Le Pont-Chrétien-Chabenet
Thenay
Ciron
Chitray
Rivarennes
Oulches
Migné
Mézières
St Genou
Palluau-s-Indre
Arpheuilles
Ste Gemme
Neuillay-les-Bois
Niherne
Chezelles
Vineuil
Villegongis
Sougé
Brion
La Champenoise
Montierchaume
Diors
Ardentes
Clavières
Etrechet
Le Poinçonnet
Luant
La Pérouille
Velles
Arthon
Tendu
Chasseneuil
Prunget
Mosnay
Bouesse
Neuvy-St-Sépulchre
Malicornay
Cluis
Gargilesse-Dampierre
Cuzion
Orsennes
Chazelet
St Civran
Sacierges-St Martin
Luzeret
Prissac
Celon
Ceaulmont
Le Pêchereau
Le Menoux
Badecon-le-Pin
Pommiers
Baraize
Bazaiges
Vigoux
Forêt de Châteauroux
Forêt de Lancosme
Bois de Chaume
Bois de Villegongis
Indre
Creuse
Bouzanne
Ringoire
Forêt de la Luef
Camp militaire les Maisons-Neuves
Etang de Bellebouche
Musée
Terrain militaire
N 143
N 151
N 20 - E 09
A 20
D 925
D 926
D 927
D 990
D 943
D 956
D 14
D 27
D 8

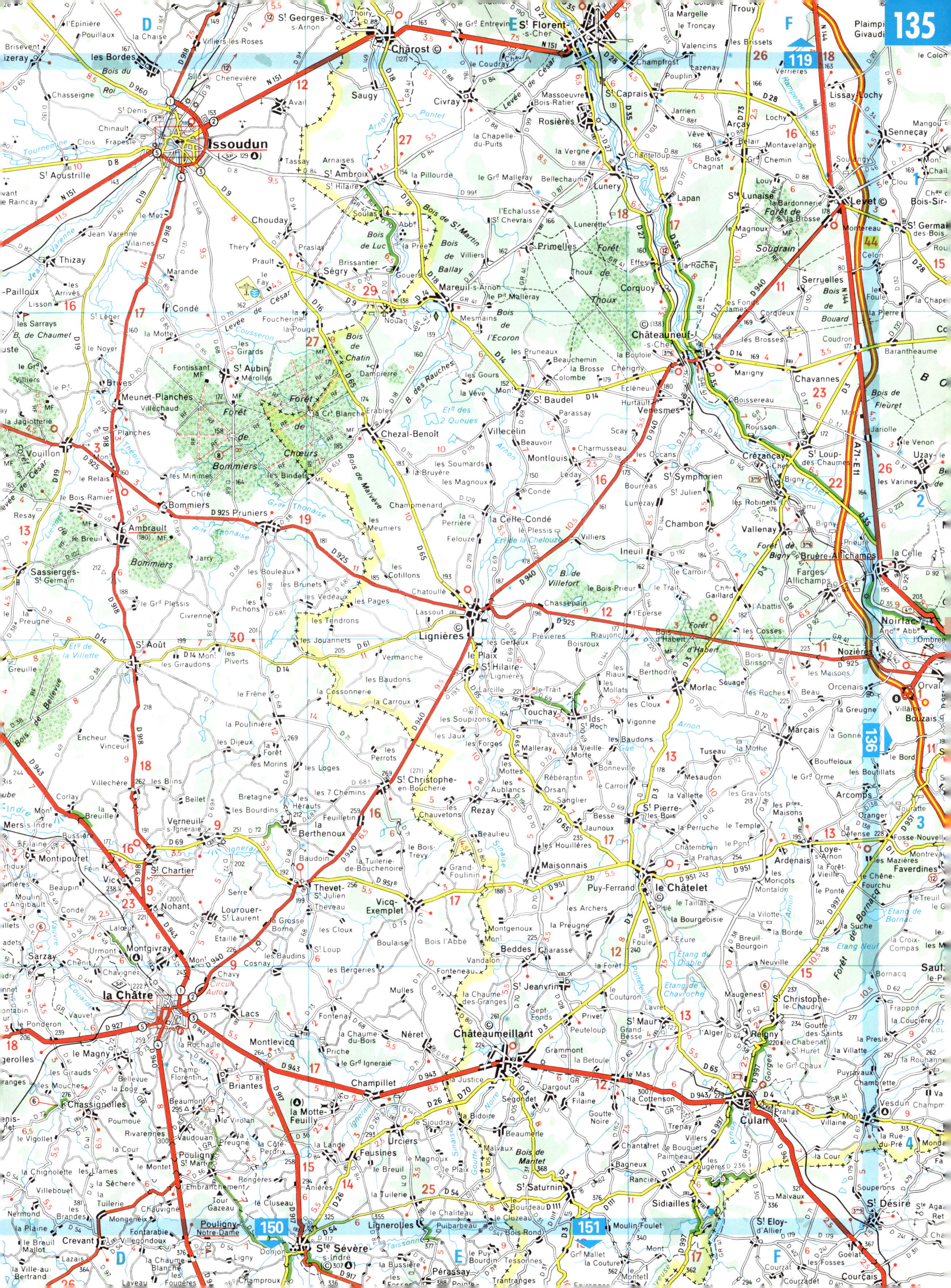
Issoudun
Charost
St Florent-s-Cher
St Georges-s-Arnon
St Aoustrille
Chouday
Ségry
Mareuil-s-Arnon
Lunery
Levet
Châteauneuf-s-Cher
Chezal-Benoît
Forêt de Chœurs
Forêt de Bommiers
Bommiers
Ambrault
Pruniers
St Baudel
Venesmes
Villecelin
Montlouis
Lignières
St Août
Vallenay
Bruère-Allichamps
Noirlac
Nozières
Orval
Morlac
Touchay
St Christophe-en-Boucherie
Thevet-St Julien
Vicq-Exemplet
le Châtelet
Puy-Ferrand
Maisonnais
Rezay
Beddes
St Jeanvrin
Châteaumeillant
Néret
Champillet
Montlevicq
Lacs
la Châtre
St Chartier
Nohant
Montgivray
Briantes
Culan
St Christophe-le-Chaudry
Reigny
Vesdun
Urciers
Feusines
St Saturnin
Sidiailles
St Désiré
Ste Sévère-s-Indre
Pouligny-Notre-Dame
Crevant
Lignerolles
Pérassay
Chassignolles
Sarzay
Verneuil-s-Igneraie
Saugy
Civray
Primelles
Corquoy
Thoux
Lapan
Arçay
Sagonne
Uzay-le-Venon
Faverdines
Ardenais
St Pierre-les-Bois
Ineuil
Crézançay-s-Cher
Chavannes
St Loup-des-Chaumes
la Celle
Farges-Allichamps
Marçais
Orcenais
119
136
150
151

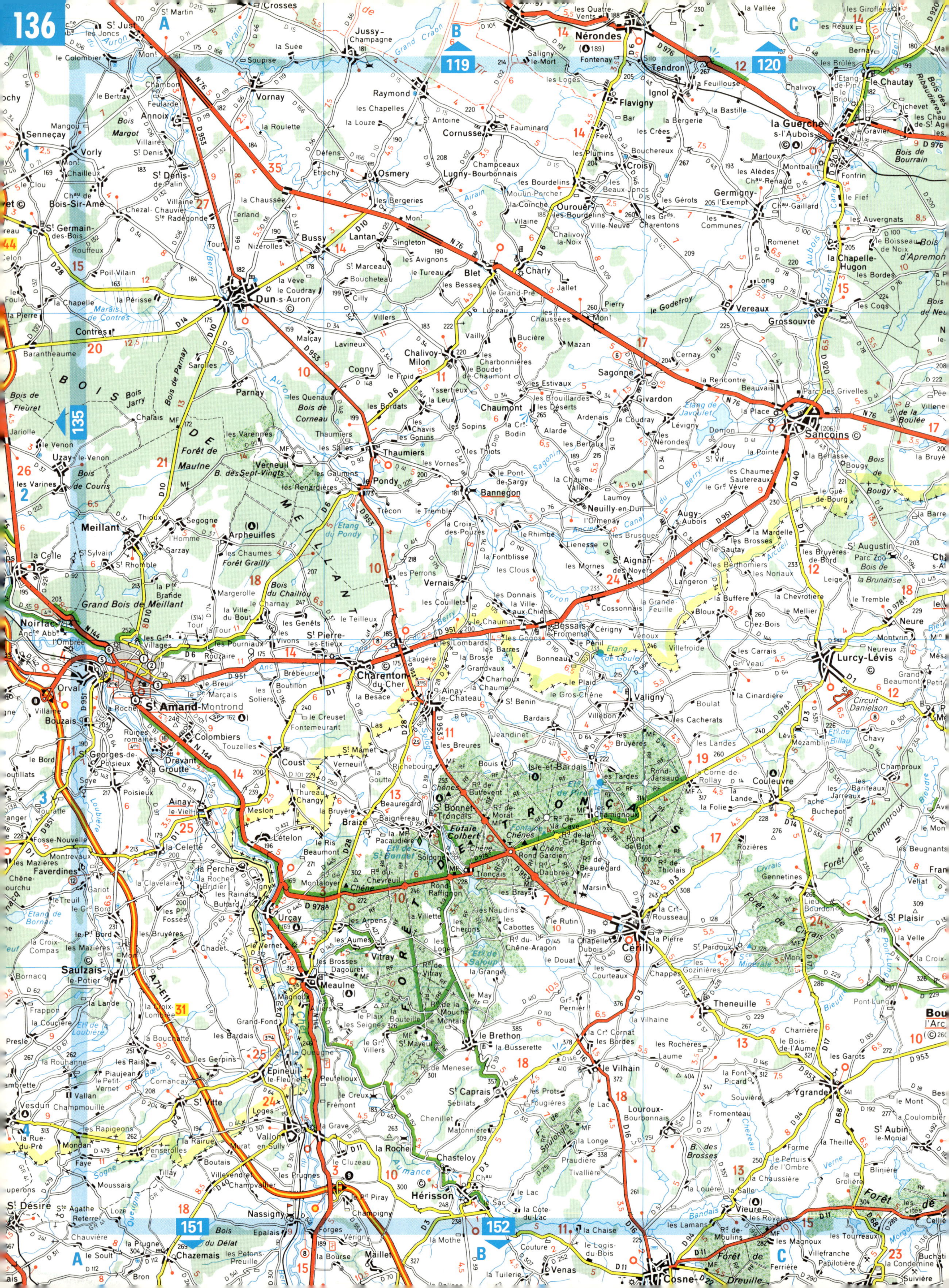
119
120
135
151
152
Nérondes
Tendron
Flavigny
la Guerche s-l'Aubois
Jussy-Champagne
Raymond
Cornusse
Vornay
Osmery
Lugny-Bourbonnais
Croisy
Germigny-l'Exempt
Bussy
Lantan
Blet
Charly
Dun-s-Auron
Vereaux
Grossouvre
Chalivoy-Milon
Sagonne
Givardon
Sancoins
Parnay
Thaumiers
Chaumont
Bannegon
Forêt de Meillant
Meillant
Arpheuilles
Augy-s-Aubois
Neuilly-en-Dun
St Aignan-des-Noyers
Vernais
Bessais-le-Fromental
Lurcy-Lévis
Noirlac
St Amand-Montrond
Orval
Charenton-du-Cher
Ainay-le-Château
Valigny
Coust
Couleuvre
Isle-et-Bardais
Forêt de Tronçais
Cérilly
Urçay
Vitray
Meaulne
Saulzais-le-Potier
Theneuille
Epineuil-le-Fleuriel
Le Brethon
Le Vilhain
Ygrande
Hérisson
Vallon-en-Sully
Cosne-d'Allier
Chazemais
Forêt de Civrais

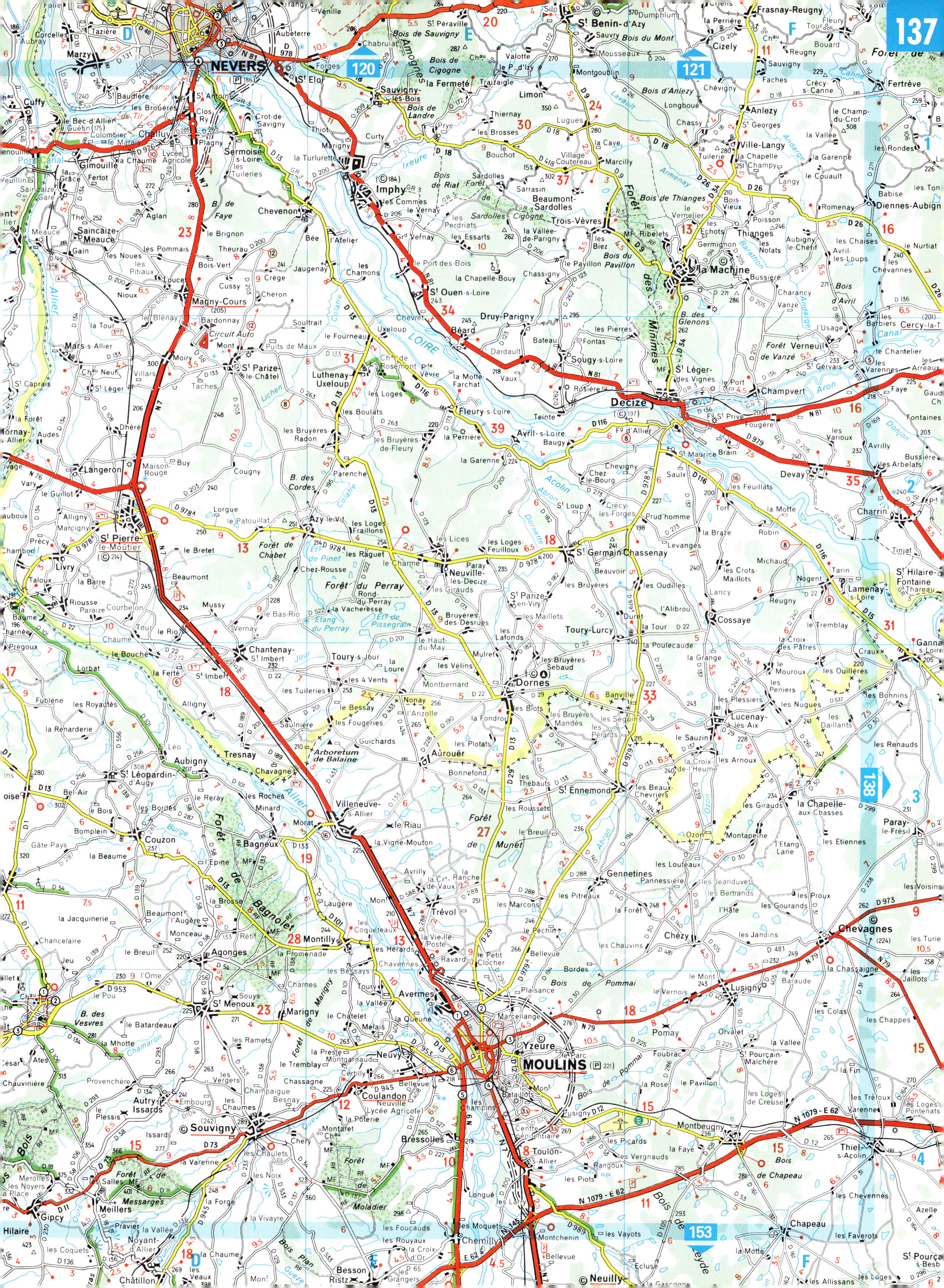
NEVERS
MOULINS
Decize
120
121
138
153
St Pierre-le-Moûtier
Magny-Cours
Imphy
La Machine
Dornes
Chevagnes
Lucenay-les-Aix
Souvigny
Yzeure
Avermes
St Ennemond
Chantenay-St Imbert
Fleury-s-Loire
St Germain-Chassenay
Cossaye
Thiel-s-Acolin
Chapeau
Trévol
Villeneuve-s-Allier
Couzon
Agonges
Bagneux
Montilly
Coulandon
Bressolles
Toulon-s-Allier
Neuvy
Chemilly
Gennetines
St Léger-des-Vignes
Champvert
Devay
Charrin
Lamenay-s-Loire
Cercy-la-Tour
Diennes-Aubigny
Thianges
Trois-Vèvres
Beaumont-Sardolles
St Benin-d'Azy
St Eloi
Sauvigny-les-Bois
Chevenon
Luthenay-Uxeloup
Béard
Druy-Parigny
Sougy-s-Loire
Avril-s-Loire
Saincaize-Meauce
Challuy
Sermoise-s-Loire
St Parize-le-Châtel
Langeron
Livry
Azy-le-Vif
Neuville-lès-Decize
Toury-Lurcy
Toury-s-Jour
Tresnay
Chevenon
Forêt du Perray
Forêt de Munet
Forêt de Bagnolet
Forêt des Minimes
LOIRE
Allier
Acolin
N 7
N 79
N 81
D 978
D 973
N 1079 - E 62

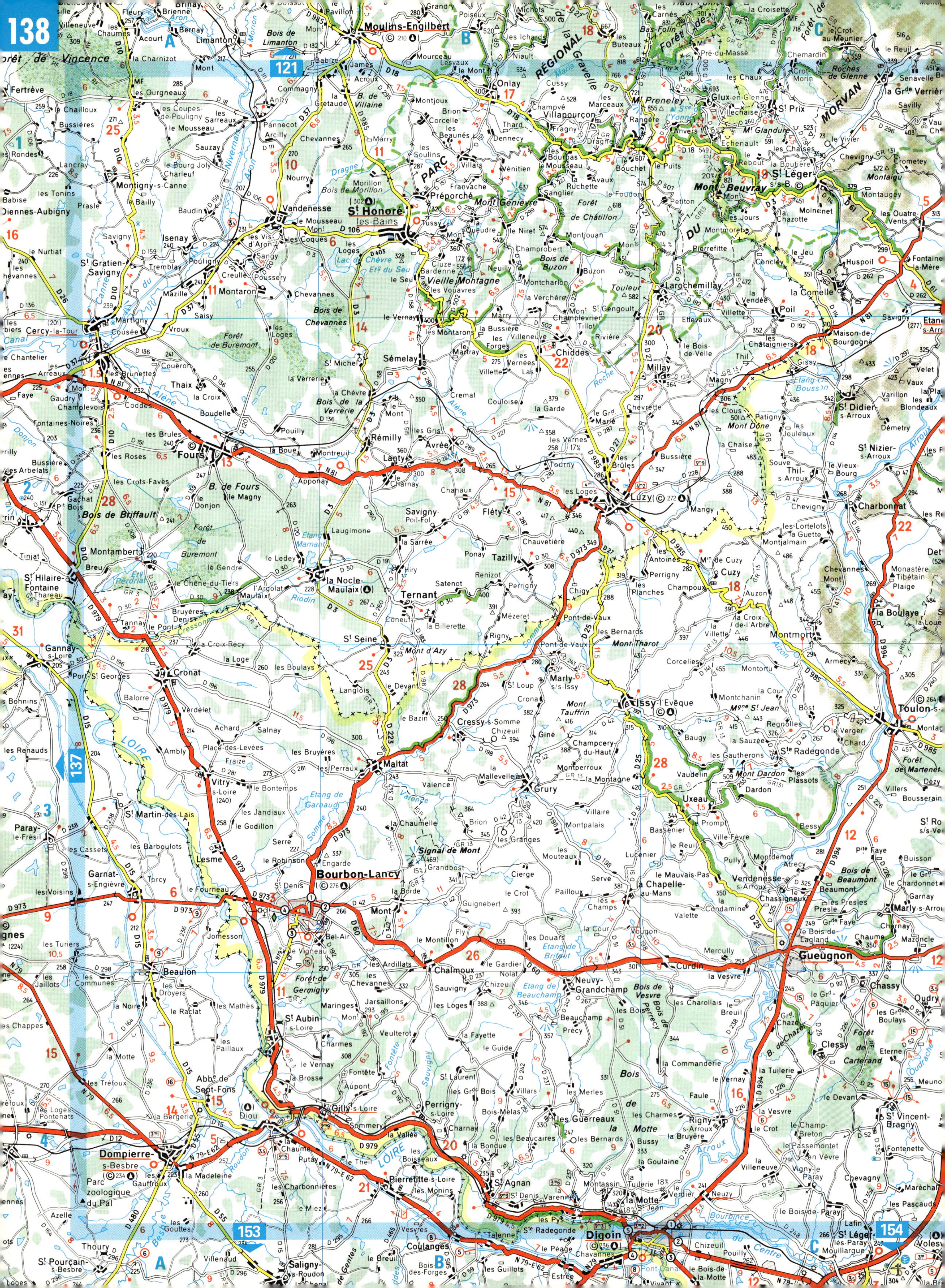
121
137
153
154
Moulins-Engilbert
Forêt de Vincence
PARC NATUREL RÉGIONAL DU MORVAN
Onlay
Glux-en-Glenne
Mt Preneley
Mt Beuvray
St Léger
St Prix
Vandenesse
St Honoré-les-Bains
Préporché
Forêt de Châtillon
Montigny-s-Canne
Isenay
Montaron
St Gratien-Savigny
Cercy-la-Tour
Larochemillay
Sémelay
Chiddes
Millay
Poil
Maison-de-Bourgogne
Fours
Rémilly
Avrée
Lanty
Luzy
St Didier-s-Arroux
St Nizier-s-Arroux
Charbonnat
Bois de Briffault
Montambert
St Hilaire-Fontaine
la Nocle-Maulaix
Ternant
Tazilly
Fléty
Savigny-Poil-Fol
Cuzy
Montmort
la Boulaye
Cronat
Gannay-s-Loire
St Seine
Marly-s-Issy
Issy-l'Evêque
Cressy-s-Somme
Grury
Toulon-s-Arroux
Maltat
Vitry-s-Loire
St Martin-des-Lais
Paray-le-Frésil
Garnat-s-Engièvre
Lesme
Bourbon-Lancy
Signal de Mont
Uxeau
Ste Radegonde
Vendenesse-s-Arroux
Beaulon
Chalmoux
Neuvy-Grandchamp
Gueugnon
Chassy
Forêt de Germigny
St Aubin-s-Loire
Clessy
Forêt de Cartérand
Rigny-s-Arroux
St Vincent-Bragny
Dompierre-s-Besbre
Diou
Gilly-s-Loire
Perrigny-s-Loire
Pierrefitte-s-Loire
St Agnan
Digoin
Coulanges
Saligny-s-Roudon
St Pourçain-s-Besbre
Thoury
LOIRE
Canal du Centre

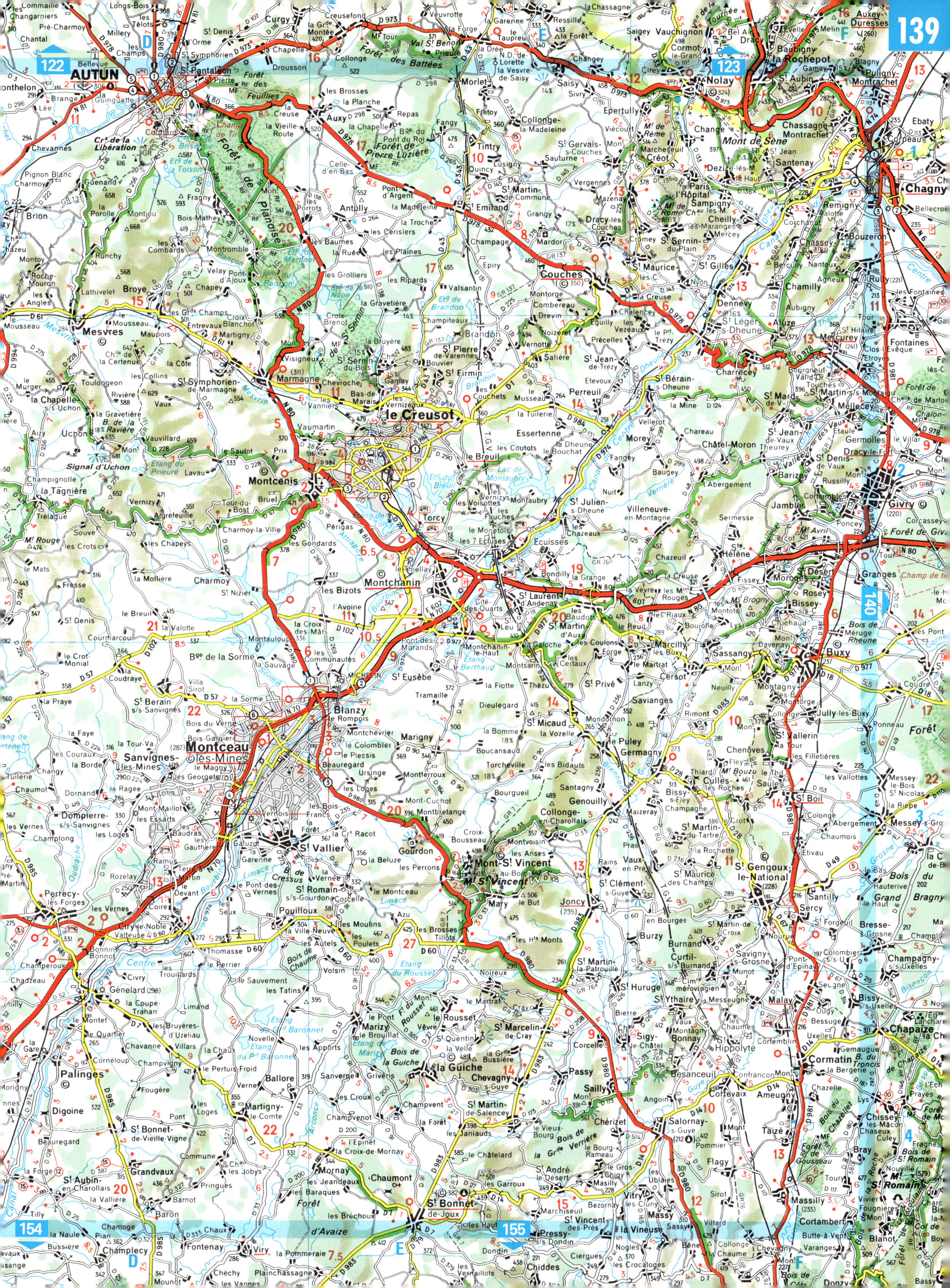

122
123
140
154
155
AUTUN
Nolay
la Rochepot
Chagny
Couches
le Creusot
Montcenis
Torcy
Montchanin
Blanzy
Montceau-les-Mines
Sanvignes-les-Mines
St Vallier
Givry
Buxy
St Gengoux-le-National
Cormatin
Chapaize
Joncy
Palinges
Digoine
Génelard
la Guiche
Marizy
St Bonnet-de-Joux
Mesvres
Broye
Uchon
St Symphorien-de-Marmagne
Marmagne
Épinac
Couches
St Léger-s-Dheune
Santenay
Mercurey
Rully
Charolles
Perrecy-les-Forges
Ciry-le-Noble
Pouilloux
Gourdon
Mont-St Vincent
Genouilly
Germagny
Montagny-lès-Buxy
Sercy
Malay
Taizé
Massilly
Salornay-s-Guye
Sigy-le-Châtel
St Hippolyte
Bonnay
Burzy
Chevagny
Passy
Sailly
St André-le-Désert
Pressy-s-Dondin
St Vincent-des-Prés
Chaumont
Martigny-le-Comte
Grandvaux
St Aubin-en-Charollais
Baron
Champlecy
Viry
Forêt de Planoise
Forêt des Battées
Forêt de Pierre Luzière
Forêt d'Avaize

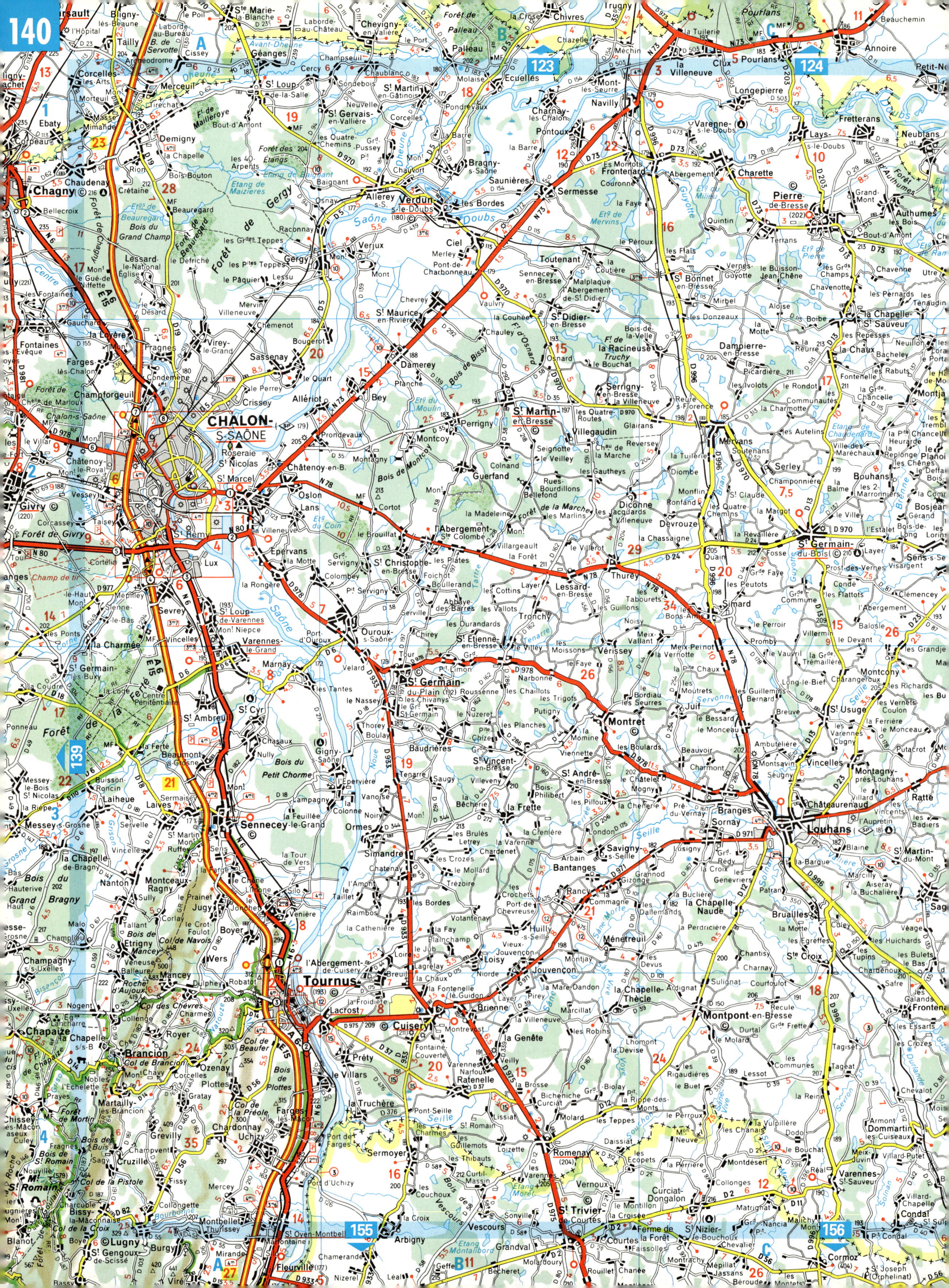
123
124
139
155
156
CHALON-S-SAÔNE
Tournus
Louhans
Chagny
Givry
Verdun-s-le-Doubs
Sennecey-le-Grand
Cuisery
Montret
Pierre-de-Bresse
St Germain-du-Bois
Montpont-en-Bresse
St Trivier-de-Courtes
Romenay
Lugny
Saône
Doubs
Seille
Forêt de Gergy
Bois de Montcoy
Forêt de la Marche
Forêt de Givry
Brancion
Chapaize
Ratenelle
Branges
Cormoz
Fleurville
Pontoux
Navilly
Lays
Chaumergy
Mervans
Simard
Sens-s-Seille
Bouhans
Ratte
Varennes-St-Sauveur
Condal
Dommartin-les-Cuiseaux
St Usuge
Vincelles
Juif
St Ambreuil
Laives
Beaumont
Gigny-s-Saône
Baudrières
Ormes
Simandre
Ouroux-s-Saône
Varennes-le-Grand
Epervans
Lux
St Rémy
St Marcel
Châtenoy-le-Royal
Champforgeuil
Crissey
Sassenay
Allériot
Bey
Damerey
St Martin-en-Bresse
Perrigny
Guerfand
Devrouze
Thurey
Lessard-en-Bresse
Tronchy
St Etienne-en-Bresse
St Germain-du-Plain
St Vincent-en-Bresse
St André-en-Bresse
La Frette
Savigny-s-Seille
Bantanges
Rancy
La Chapelle-Naude
Ménetreuil
Loisy
Jouvençon
Brienne
La Genête
Huilly
La Chapelle-Thècle
Sornay
Bruailles
Ste Croix
Frontenaud
Fretterans
Charette
Sermesse
Toutenant
Ciel
St Maurice-en-Rivière
Gergy
Verjux
Allerey
Demigny
Merceuil
Corcelles
Ebaty
Mervans
Frontenard
Longepierre
Pourlans
Annoire
Beauchemin
A6
E15
N6
N73
N78
N80
D975
D978
D996
D971
D933

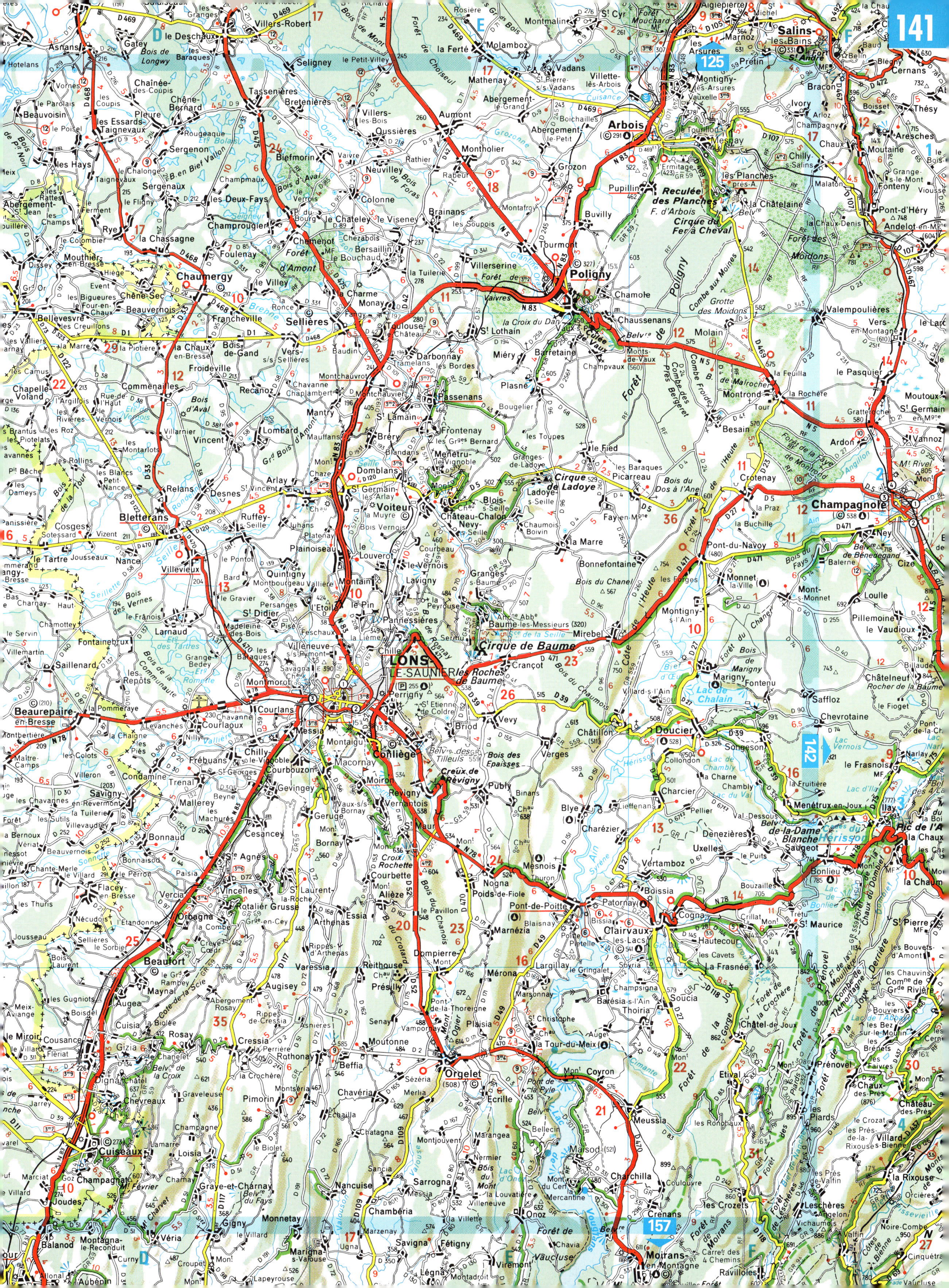

Salins-les-Bains
Arbois
Poligny
Champagnole
Bletterans
Sellières
Chaumergy
Voiteur
Château-Chalon
LONS-LE-SAUNIER
Conliège
Beaurepaire-en-Bresse
Courlans
Messia
Baume-les-Messieurs
Cirque de Baume
Cirque de Ladoye
Reculée des Planches
Doucier
Lac de Chalain
Châtillon
Clairvaux-les-Lacs
Pont-de-Poitte
Orgelet
Beaufort
Cuiseaux
Moirans-en-Montagne
Saint-Amour
Crotenay
Mont-sur-Monnet
Bonlieu
Pic de l'Aigle
Menétrux-en-Joux
Vevy
Revigny
Montmorot
Perrigny
Poids-de-Fiole
Mesnois
Patornay
Marigny
Saffloz
Chevrotaine
Ilay
Nozeroy
Mirebel
Montain
L'Etoile
Plainoiseau
Ruffey-s-Seille
Relans
Larnaud
Villevieux
Arlay
Frontenay
Domblans
Passenans
Miéry
Plasne
Chamole
Besain
Montrond
Valempoulières
Pont-d'Héry
Andelot-en-Montagne
Mesnay
Pupillin
Montigny-les-Arsures
Vadans
Mathenay
Montholier
Aumont
Colonne
Villers-Robert
Le Deschaux
Seligney
Tassenières
Champrougier
Le Villey
Commenailles
Froideville
Vincent
Cosges
Nance
Chilly-le-Vignoble
Courbouzon
Gevingey
Macornay
Moiron
Vernantois
Publy
Verges
Blye
Charézier
Cogna
Saugeot
Vertamboz
Uxelles
Soucia
Hautecour
La Frasnée
Châtel-de-Joux
Etival
Meussia
Coyron
La Tour-du-Meix
Marnézia
Dompierre-sur-Mont
Présilly
Cressia
Rothonay
Beffia
Augea
Rosay
Maynal
Orbagna
Flacey-en-Bresse
Cousance
Gizia
Nanc-lès-St-Amour
Gigny
Monnetay
Marigna-s-Valouse
Chambéria
Sarrogna
Onoz
Charchilla
Crenans
Savigna
Véria
Balanod
Ecrille
Lac de Vouglans
Forêt de Vaucluse
Forêt de Chaux
Forêt du Risoux
Côte de l'Heute
Forêt de la Joux
Forêt de Moirans

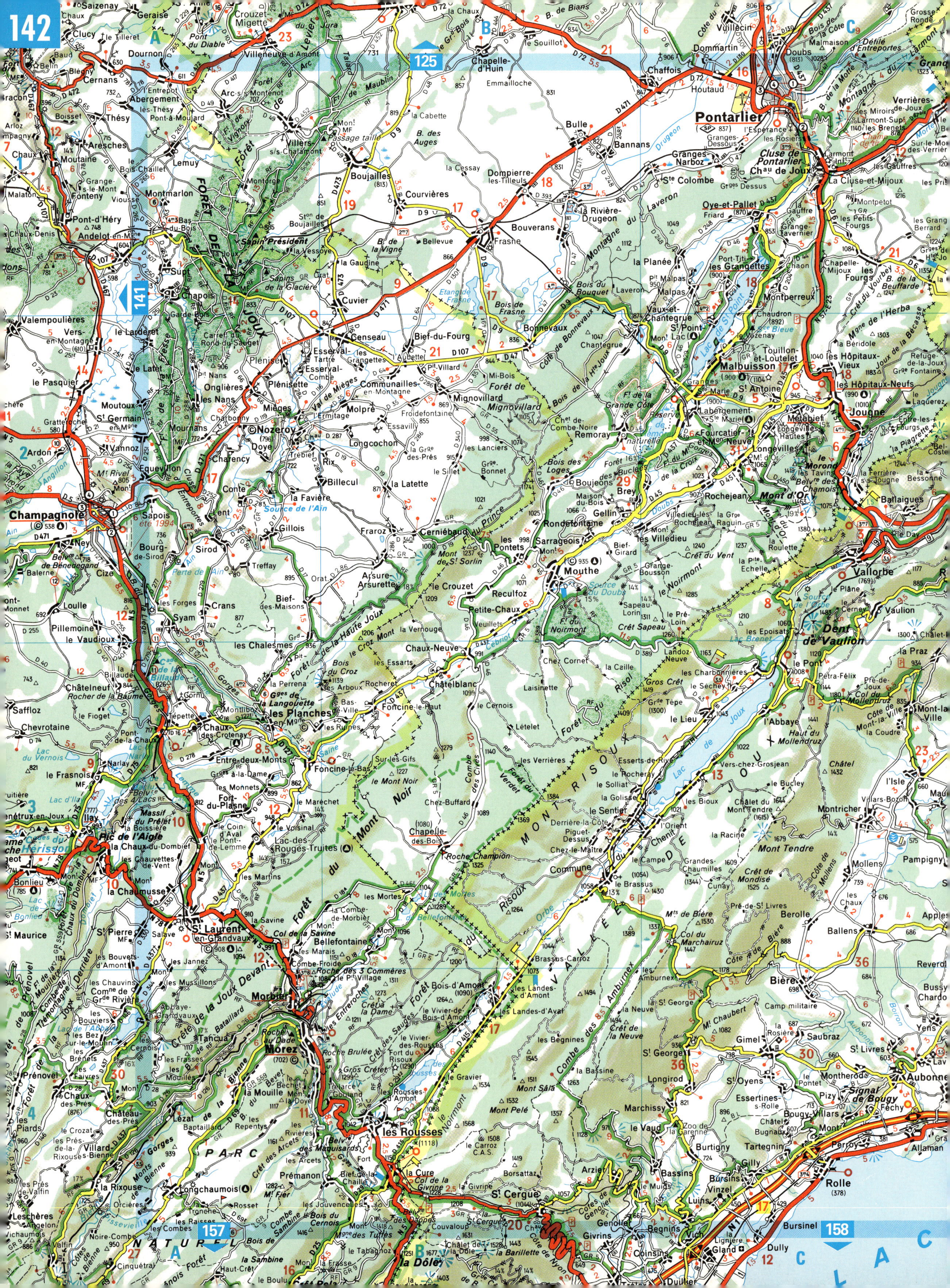
Pontarlier
Cluse de Pontarlier
Chau de Joux
Champagnole
Nozeroy
Mouthe
Vallorbe
Dent de Vaulion
Malbuisson
Mont d'Or
Jougne
Les Planches
Saint-Laurent-en-Grandvaux
Morbier
Morez
Les Rousses
La Cure
St Cergue
La Dôle
Bière
Aubonne
Rolle
Gland
Nyon
Le Sentier
Le Brassus
Lac de Joux
Mont Tendre
Risoux
Forêt du Risoux
Mont Noir
Pic de l'Aigle
Forêt de la Joux
Frasne
Boujailles
Bouverans
Levier
Andelot-en-Montagne
Supt
Chapois
Censeau
Mignovillard
Foncine-le-Haut
Foncine-le-Bas
Chaux-des-Crotenay
Bellefontaine
Les Hôpitaux-Neufs
Les Hôpitaux-Vieux
Longevilles
Remoray
Labergement-Ste-Marie
Vaux-et-Chantegrue
Oye-et-Pallet
Les Grangettes
Montperreux
Le Lieu
L'Abbaye
Le Pont
Vaulion
Lac Brenet
Signal de Bougy
Marchairuz
Col du Marchairuz
Longirod
Prémanon
Longchaumois
Lac des Rousses
Source de l'Ain
Source du Doubs
Doubs
Ain
Orbe
Jura
PARC NATUREL
LAC
125
141
157
158

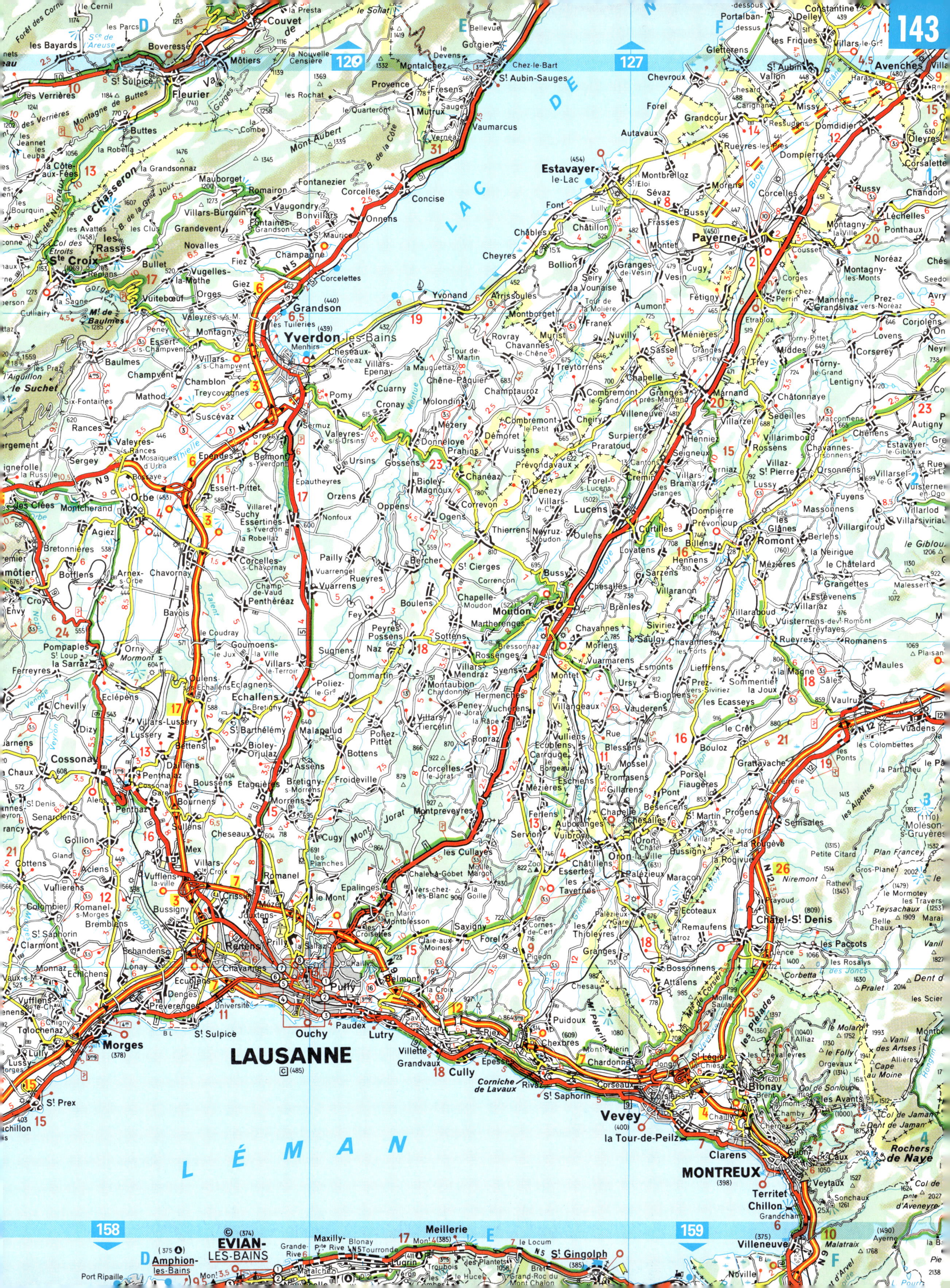

120
127
158
159
LAC DE N
LAUSANNE
LÉMAN
Yverdon-les-Bains
Grandson
Estavayer-le-Lac
Payerne
Avenches
Moudon
Lucens
Romont
Orbe
Cossonay
Échallens
Morges
Ouchy
Pully
Lutry
Cully
Vevey
La Tour-de-Peilz
Clarens
MONTREUX
Territet
Chillon
Villeneuve
Châtel-St Denis
Oron-la-Ville
St Prex
Renens
Prilly
Chavannes
Ste Croix
Fleurier
Môtiers
Couvet
Concise
Yvonand
Cheyres
Vallorbe
EVIAN-LES-BAINS
Amphion-les-Bains
Meillerie
St Gingolph
Port Ripaille
Rochers de Naye
Les Pléiades
Blonay
Chexbres
Corniche de Lavaux
St Saphorin
Puidoux
Savigny
Forel
Mézières
Servion
Palézieux
Attalens
Semsales
Bulle
Vaulruz
Sâles
Corseaux
Chardonne

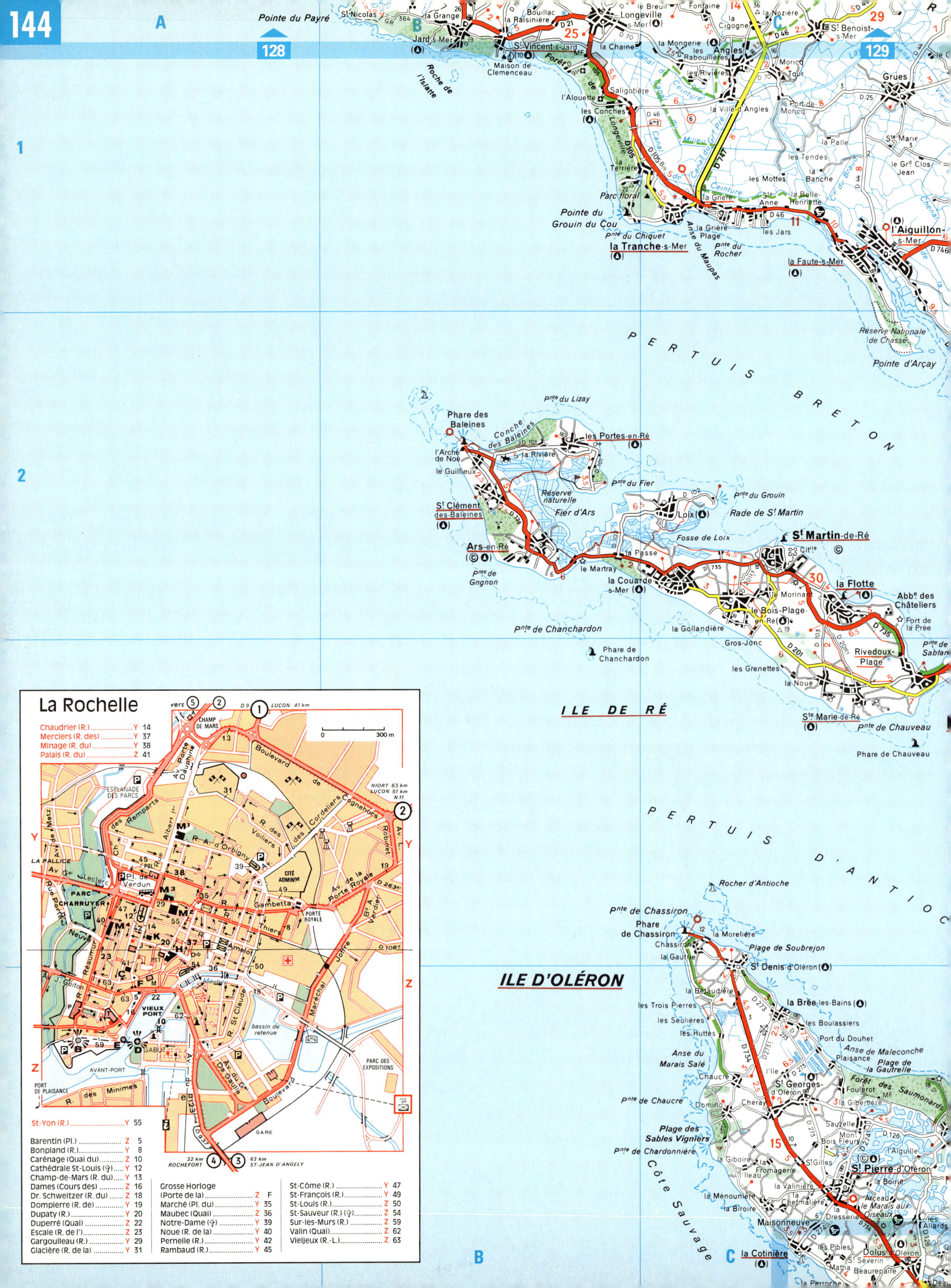
A
B
C
1
2
Y
Z
128
129
Pointe du Payré
St Nicolas
la Grange
Jard-s-Mer
Roche de l'Islatte
Bouillac
la Raisinière
St Vincent-s-Jard
Maison de Clemenceau
Longeville-s-Mer
la Chaîne
Forêt de Longeville
Saligotière
l'Alouette
les Conches
Dunes
Terrière
Parc floral
Pointe du Grouin du Cou
Pte du Chiquet
la Tranche-s-Mer
Anse du Maupas
Pte du Rocher
la Grière
la Grière Plage
le Breuil
Fontaine
la Cigogne
la Nozière
la Mongerie
les Rabouillères
les Rivières
Angles
la Ville d'Angles
Canal de Ceinture
Canal du Clain
Morica
Tour
le Port-de-Moricq
St Benoist-s-Mer
Grues
la Palle
les Tendes
St Marie
le Grd Clos Jean
les Mottes
Banche
Ste Anne
la Belle-Henriette
les Jars
la Faute-s-Mer
l'Aiguillon-s-Mer
Réserve Nationale de Chasse
Pointe d'Arçay
PERTUIS BRETON
Pte du Lizay
Phare des Baleines
Conche des Baleines
les Portes-en-Ré
la Rivière
l'Arche de Noé
le Guillieux
Réserve naturelle
Fier d'Ars
Pte du Fier
St Clément des-Baleines
Ars-en-Ré
Pte de Gngnon
le Martray
Loix
Pte du Grouin
Rade de St Martin
Fosse de Loix
la Passe
St Martin-de-Ré
Citlle
la Couarde-s-Mer
le Morinant
la Flotte
Abbe des Châteliers
Fort de la Prée
le Bois-Plage-en-Ré
Pte de Chanchardon
Phare de Chanchardon
la Gollandière
Gros-Jonc
Rivedoux-Plage
Pte de Sablan
les Grenettes
la Noue
Ste Marie-de-Ré
Pte de Chauveau
Phare de Chauveau
ILE DE RÉ
PERTUIS D'ANTIOC
Rocher d'Antioche
Pte de Chassiron
Phare de Chassiron
Chassiron
la Gautrie
la Morelière
Plage de Soubrejon
St Denis-d'Oléron
ILE D'OLÉRON
la Bétaudrère
les Trois Pierres
les Seulières
les Huttes
Anse du Marais Salé
la Brée-les-Bains
les Boulassiers
Port du Douhet
Anse de Maleconche
Plaisance
Plage de la Gautrelle
Forêt des Saumonards
Chaucre
l'Ile
St Georges-d'Oléron
Foulerot
Pte de Chaucre
Domino
Chéray
la Gibertière
Sauzelle
Plage des Sables Vigniers
Pte de Chardonnière
Bois Fleury
l'Aiguille
la Giboire
Fromagerie
St Gilles
St Pierre-d'Oléron
la Boine
l'Ileau
la Valinière
Côte Sauvage
la Ménounière
Chefmalière
Arceau
le Marais aux Oiseaux
la Biroire
Dresserie
Maisonneuve
les Allards
la Cotinière
les Pibles
Dolus-d'Oléron
Matha
St Séverin
Beaurepaire
la Perroche
La Rochelle
Chaudrier (R.) Y 14
Merciers (R. des) Y 37
Minage (R. du) Y 38
Palais (R. du) Z 41
St-Yon (R.) Y 55
Barentin (Pl.) Z 5
Bonpland (R.) Y 8
Carénage (Quai du) Z 10
Cathédrale St-Louis Y 12
Champ-de-Mars (R. du) Y 13
Dames (Cours des) Z 16
Dr. Schweitzer (R. du) Z 18
Dompierre (R. de) Y 19
Dupaty (R.) Y 20
Duperré (Quai) Z 22
Escale (R. de l') Z 23
Gargoulleau (R.) Y 29
Glacière (R. de la) Y 31
Grosse Horloge (Porte de la) Z F
Marché (Pl. du) Y 35
Maubec (Quai) Z 36
Notre-Dame Y 39
Noue (R. de la) Y 40
Pernelle (R.) Y 42
Rambaud (R.) Y 45
St-Côme (R.) Y 47
St-François (R.) Y 49
St-Louis (R.) Z 50
St-Sauveur (R.) Z 54
Sur-les-Murs (R.) Z 59
Valin (Quai) Z 62
Vieljeux (R.-L.) Z 63
LUÇON 41 km
NIORT 63 km
LUÇON 51 km
ROCHEFORT 32 km
ST-JEAN D'ANGELY 63 km
CHAMP DE MARS
ESPLANADE DES PARCS
LA PALLICE
PARC CHARRUYER
CITÉ ADMINVE
PORTE ROYALE
VIEUX PORT
AVANT-PORT
PORT DE PLAISANCE
GABUT
PARC DES EXPOSITIONS
GARE
bassin de retenue
Boulevard de Cognehors
Av. de la Porte Royale
Av. Guiton
Av. de Metz
Rue des Minimes
Gambetta
Thiers
Amelot
Maréchal Joffre
Av. du Gl De Gaulle
R. St Claude

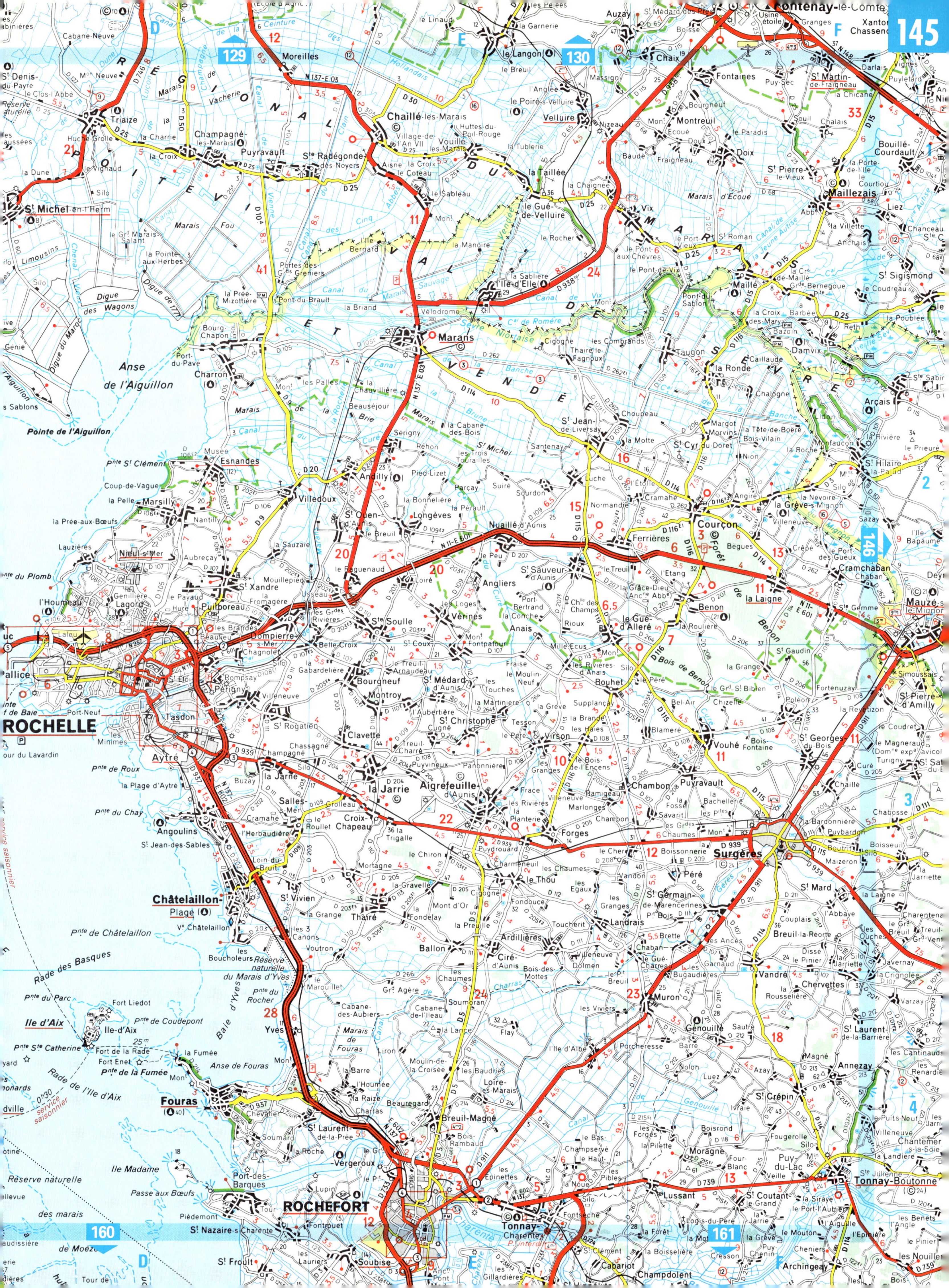
129
130
146
160
161
Fontenay-le-Comte
Moreilles
Chaillé-les-Marais
Le Langon
Velluire
Chaix
Fontaines
St Martin-de-Fraigneau
Triaize
Champagné-les-Marais
Puyravault
Ste Radégonde-des-Noyers
St Michel-en-l'Herm
Maillezais
Vix
Doix
Montreuil
Marans
Maillé
Damvix
Taugon
La Ronde
Arçais
Anse de l'Aiguillon
Pointe de l'Aiguillon
Charron
Esnandes
Marsilly
Andilly
Villedoux
St Jean-de-Liversay
Courçon
Nuaillé-d'Aunis
Ferrières
Benon
St Hilaire-la-Palud
Mauzé-le-Mignon
Nieul-sur-Mer
L'Houmeau
Lagord
Puilboreau
Dompierre-s-Mer
St Xandre
Ste Soulle
Angliers
Le Gué-d'Alleré
St Sauveur-d'Aunis
LA ROCHELLE
Aytré
Périgny
Bourgneuf
St Médard-d'Aunis
Vouhé
St Georges-du-Bois
La Jarrie
Aigrefeuille-d'Aunis
Surgères
Forges
Puyravault
Angoulins
Châtelaillon-Plage
Salles-s-Mer
Croix-Chapeau
Thairé
Ballon
Ardillières
Ciré-d'Aunis
Landrais
St Germain-de-Marencennes
Vandré
Chervettes
Muron
Genouillé
St Crépin
Rade des Basques
Ile d'Aix
Fouras
Yves
Breuil-Magné
Loire-les-Marais
St Laurent-de-la-Prée
Vergeroux
Port-des-Barques
ROCHEFORT
Tonnay-Charente
Tonnay-Boutonne
Lussant
St Coutant-le-Grand
Puy-du-Lac
Moragne
Soubise
St Nazaire-s-Charente
Cabariot
Champdolent
Archingeay
Ile Madame
Rade de l'Ile d'Aix
Réserve naturelle du Marais d'Yves
Charente
Sèvre Niortaise
PARC NATUREL RÉGIONAL DU MARAIS POITEVIN VAL DE SÈVRE ET VENDÉE

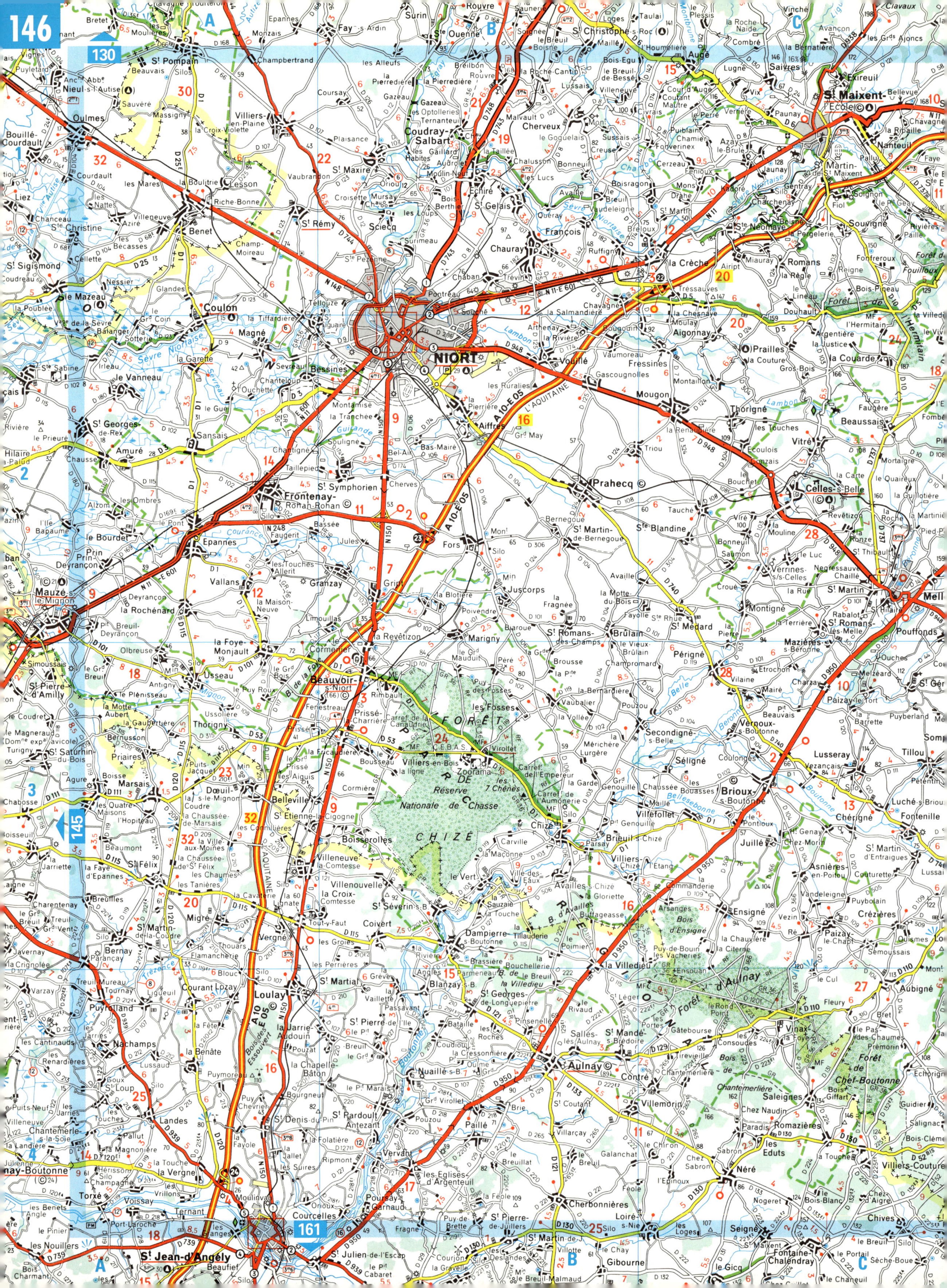

130
145
161
A
B
C
St Pompain
Nieul-s-l'Autise
Oulmes
Bouillé-Courdault
Coudray-Salbart
Cherveux
St Maixent-l'École
Nanteuil
St Martin-de-St Maixent
Benet
Villiers-en-Plaine
St Maxire
Sciecq
St Gelais
Échiré
François
Chauray
La Crèche
St Rémy
Coulon
Magné
Le Mazeau
Le Vanneau
Sansais
NIORT
Bessines
Aiffres
Vouillé
Aigonnay
Prailles
La Couarde
Mougon
Thorigné
Celles-s-Belle
St Symphorien
Frontenay-Rohan-Rohan
Prahecq
Épannes
Fors
Granzay
Vallans
Mauzé-le-Mignon
Prin-Deyrançon
Amuré
St Georges-de-Rex
Beauvoir-s-Niort
Marigny
Brûlain
Melle
St Romans-lès-Melle
Mazières-s-Béronne
Forêt de Chizé
Réserve Nationale de Chasse
Chizé
Brioux-s-Boutonne
Villiers-en-Bois
Belleville
Boisserolles
Secondigné-s-Belle
Séligné
Lusseray
Villefollet
Paizay-le-Tort
Dœuil-s-le-Mignon
St Félix
Marsais
Migré
Villeneuve-la-Comtesse
La Croix-Comtesse
St Séverin-s-B
Dampierre-s-Boutonne
Vergné
Loulay
Aulnay
Forêt d'Aulnay
Vinax
Néré
Romazières
Saleignes
Chef-Boutonne
Villiers-Couture
Nachamps
Puyrolland
St Loup
Landes
Torxé
St Jean-d'Angély
Essouvert
Varaize
St Pierre-de-l'Isle
St Pardoult
Vervant
Paillé
Cherbonnières
Les Églises-d'Argenteuil
Courcelles
St Julien-de-l'Escap
Gibourne
Seigné
Fontaine-Chalendray
Chives
Fontenille
Chérigné
Juillé
Ensigné
Crézières
Paizay-le-Chapt
Aubigné
A10-E05
L'AQUITAINE
N11-E601
N150
N148
N248
D950
D939
D739
Sèvre Niortaise
Mignon
Boutonne

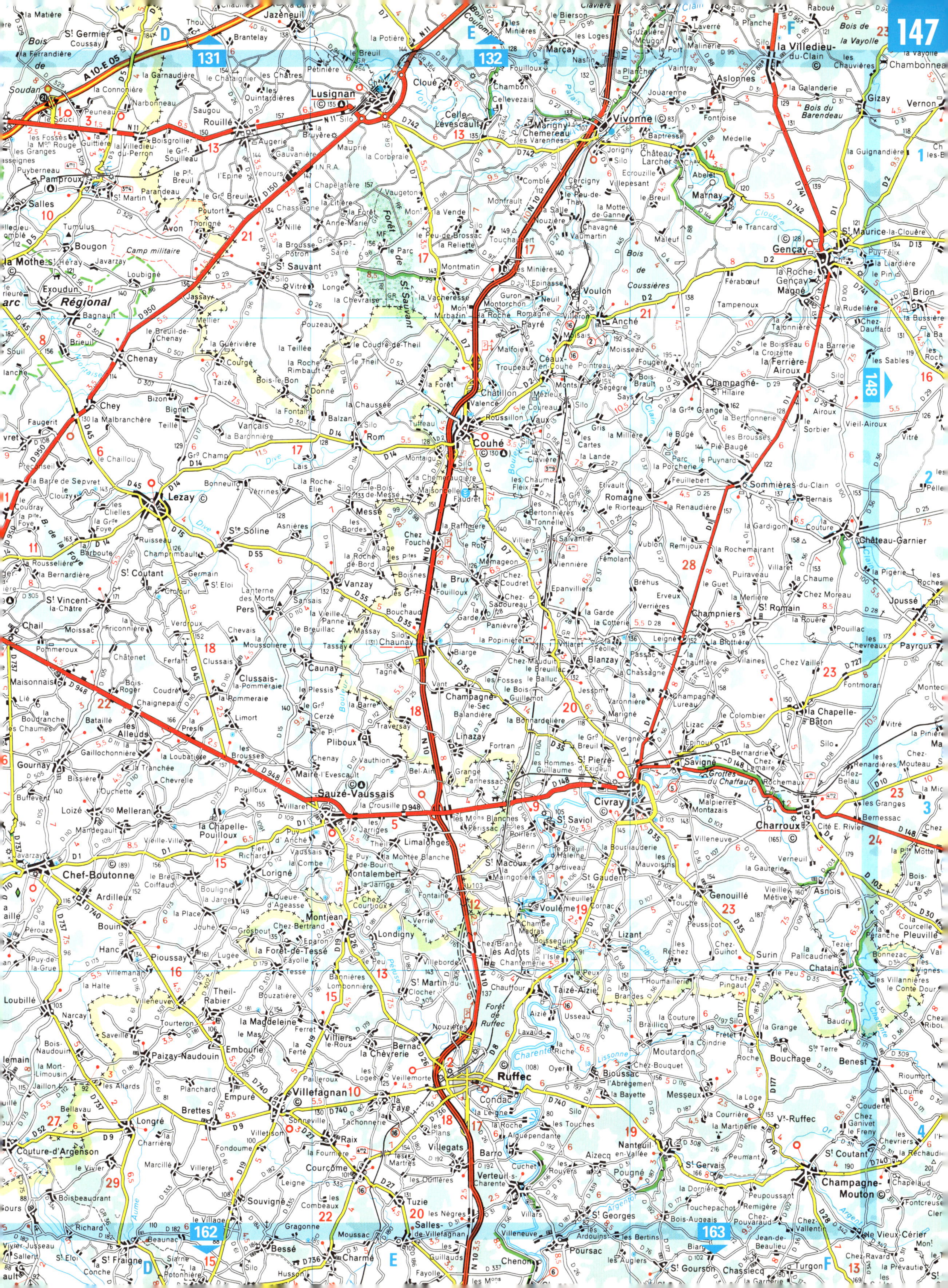
131
132
148
162
163
Lusignan
Vivonne
Jazeneuil
Rouillé
St Sauvant
Couhé
Lezay
Chenay
Chey
Messé
Vanzay
Pers
Chaunay
Clussais-la-Pommeraie
Sauzé-Vaussais
Civray
Savigné
Charroux
Chef-Boutonne
Montalembert
Limalonges
Ruffec
Villefagnan
Verteuil-Charente
Nanteuil-en-Vallée
Champagne-Mouton
Genouillé
Champniers
Blanzay
Champagné-St Hilaire
Sommières-du-Clain
Château-Garnier
Gençay
St Maurice-la-Clouère
La Villedieu-du-Clain
Aslonnes
Marçay
Vaux
Payré
Anché
Voulon
Romagne
Linazay
St Pierre-d'Exideuil
St Saviol
Pleuville
Payroux
Joussé
St Romain
La Chapelle-Bâton
Brux
Chez Fouché
Ste Soline
St Coutant
St Vincent-la-Châtre
Melleran
Loubillé
Ardilleux
Paizay-Naudouin
Embourie
Londigny
Lorigné
Montjean
La Forêt-de-Tessé
Longré
Couture-d'Argenson
Souvigné
Courcôme
Raix
Tuzie
Salles-de-Villefagnan
Villegats
Condac
Bioussac
Taizé-Aizie
Lizant
Surin
Chatain
St Gervais
St Coutant
St Georges
Vieux-Cérier
Besse
Charmé
St Fraigne
Chenon
Poursac
St Gourson
Chassiecq
Turgon

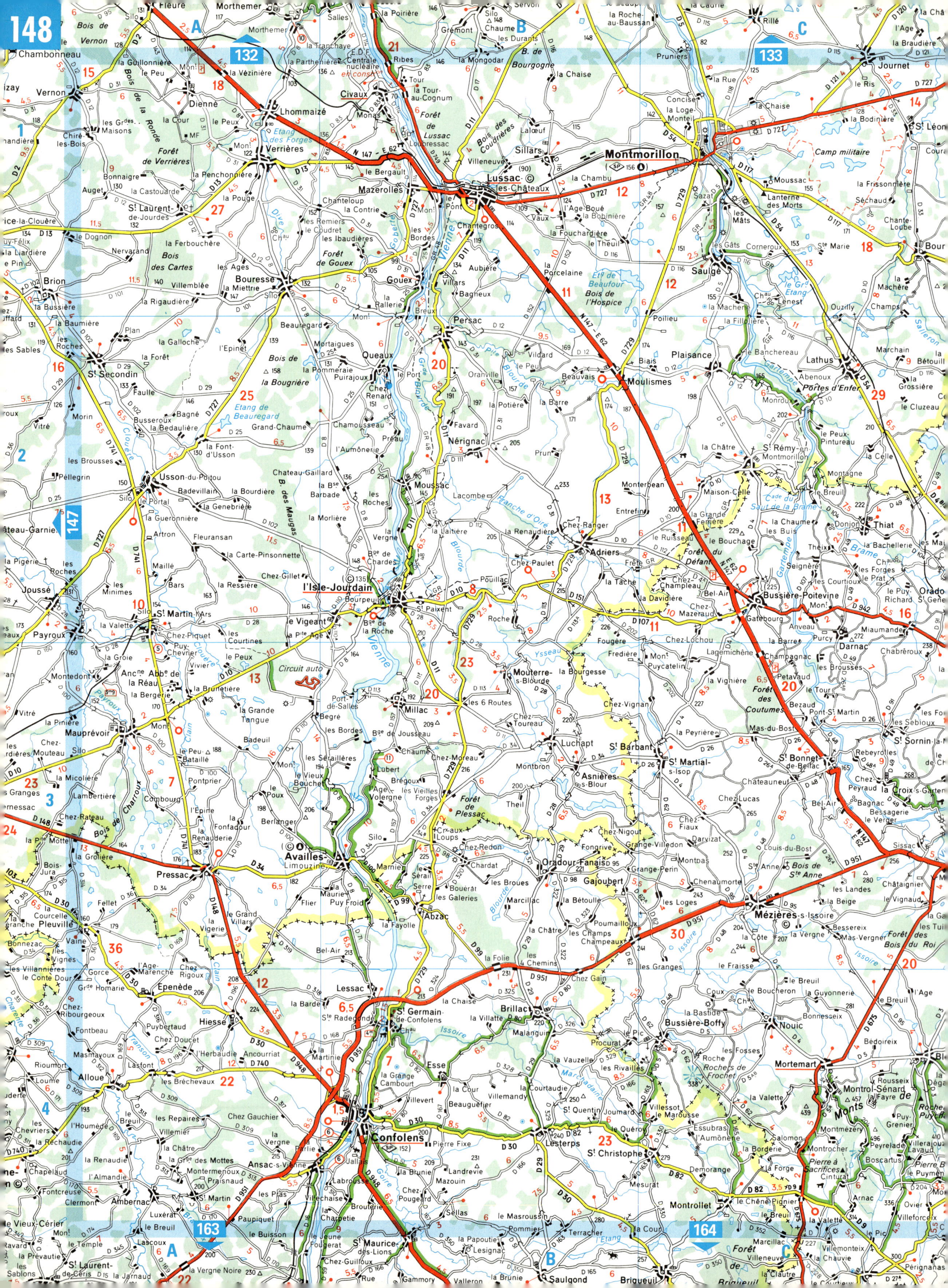
132
133
147
163
164
A
B
C
Chambonneau
Vernon
Lhommaizé
Dienné
Verrières
Civaux
Mazerolles
Lussac-les-Châteaux
Sillars
Montmorillon
Journet
St Laurent-de-Jourdes
Brion
Bouresse
Gouex
Persac
Queaux
Saulgé
Lathus
Moulismes
St Secondin
Usson-du-Poitou
Nérignac
Moussac
Adriers
Thiat
Plaisance
l'Isle-Jourdain
Bussière-Poitevine
Jousse
Payroux
St Martin-l'Ars
Millac
Mouterre-s-Blourde
Luchapt
St Barbant
St Martial-s-Isop
Mauprévoir
St Bonnet-de-Bellac
Asnières-s-Blour
Availles-Limouzine
Pressac
Oradour-Fanais
Gajoubert
Mézières-s-Issoire
Pleuville
Abzac
Epenède
Lessac
St Germain-de-Confolens
Brillac
Bussière-Boffy
Nouic
Mortemart
Alloue
Esse
Confolens
Lesterps
St Christophe
Montrol-Sénard
Ambernac
Montrollet
St Maurice-des-Lions
Saulgond
Brigueuil
St Laurent-de-Céris
Forêt de Verrières
Forêt de Lussac
Forêt de Gouex
Camp militaire
Forêt des Coutumes
Forêt de Plessac
Portes d'Enfer
Circuit auto
Vienne
Gartempe
Clain
Issoire

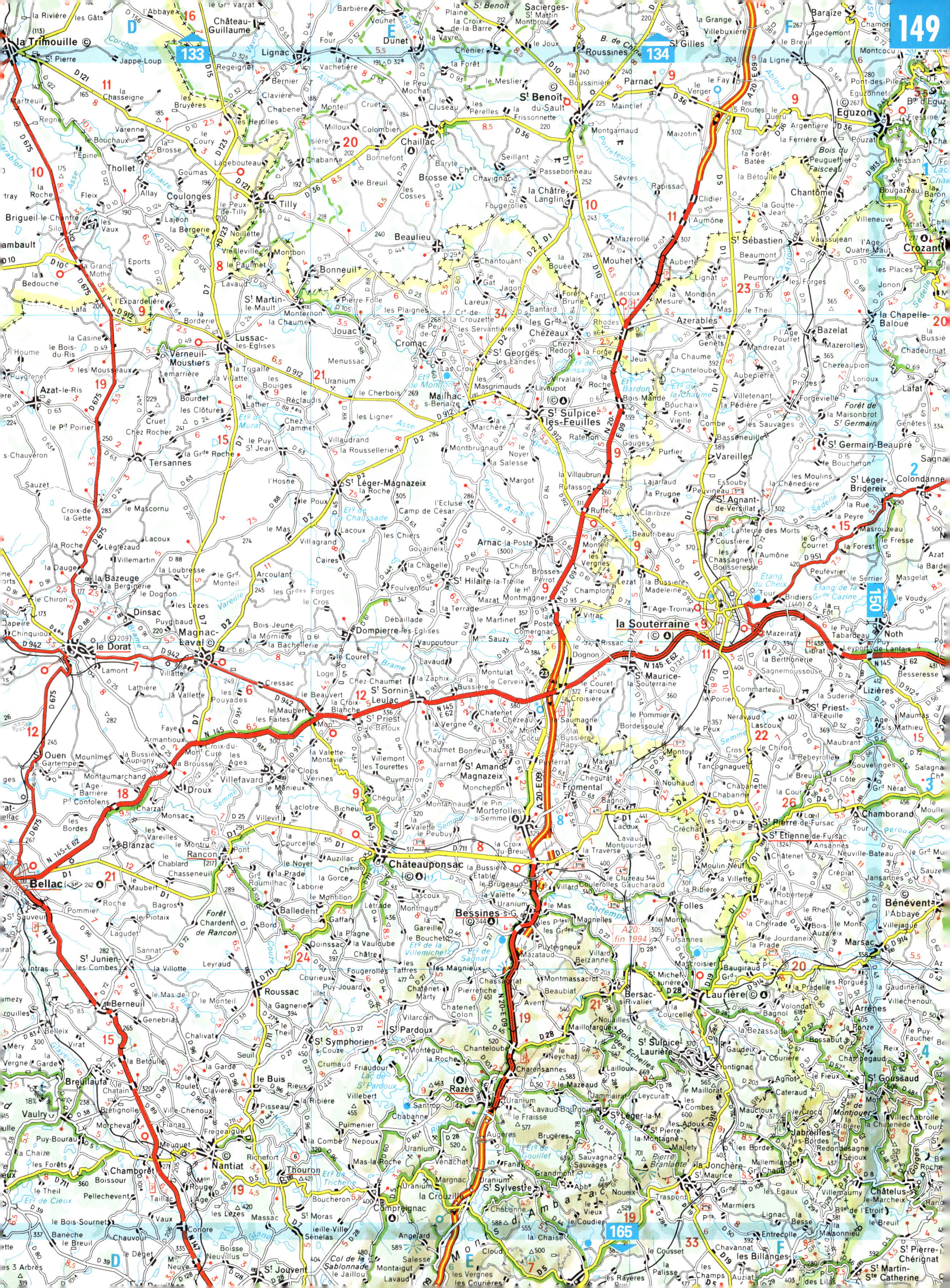

133
134
150
165
la Trimouille
Lignac
Château-Guillaume
Dunet
Roussines
St Gilles
Baraize
Eguzon
St Benoît-du-Sault
Chaillac
Parnac
Brosse
la Châtre-Langlin
Tilly
Coulonges
Thollet
Beaulieu
Bonneuil
Chantôme
Crozant
St Sébastien
Azerables
Lussac-les-Eglises
Verneuil-Moustiers
St Martin-le-Mault
Jouac
Cromac
Mailhac-s-Benaize
St Georges-les-Landes
St Sulpice-les-Feuilles
Azat-le-Ris
Tersannes
St Léger-Magnazeix
Vareilles
St Germain-Beaupré
St Léger-Bridereix
Colondannes
St Agnant-de-Versillat
Arnac-la-Poste
St Hilaire-la-Treille
la Souterraine
la Bazeuge
Dinsac
Magnac-Laval
le Dorat
Dompierre-les-Eglises
St Sornin-Leulac
St Maurice-la-Souterraine
St Priest-la-Feuille
Lizières
Noth
St Amand-Magnazeix
Fromental
Chamborand
St Pierre-de-Fursac
St Etienne-de-Fursac
Bénévent-l'Abbaye
Marsac
Bellac
Blanzac
Rancon
Châteauponsac
Bessines-s-G.
Folles
Laurière
Bersac-s-Rivalier
St Sulpice-Laurière
Berneuil
Breuilaufa
St Symphorien-s-Couze
St Pardoux
Razès
St Léger-la-M.
Jabreilles-les-Bordes
St Goussaud
Arrènes
Nantiat
Thouron
Compreignac
St Sylvestre
Ambazac
Châtelus-le-Marcheix
St Jouvent
Vaulry
Chamboret
Forêt de Rancon
A20: fin 1994
Forêt de la Maisonbrot
Etang de la Cazine
Lac de St Pardoux
Monts d'Ambazac

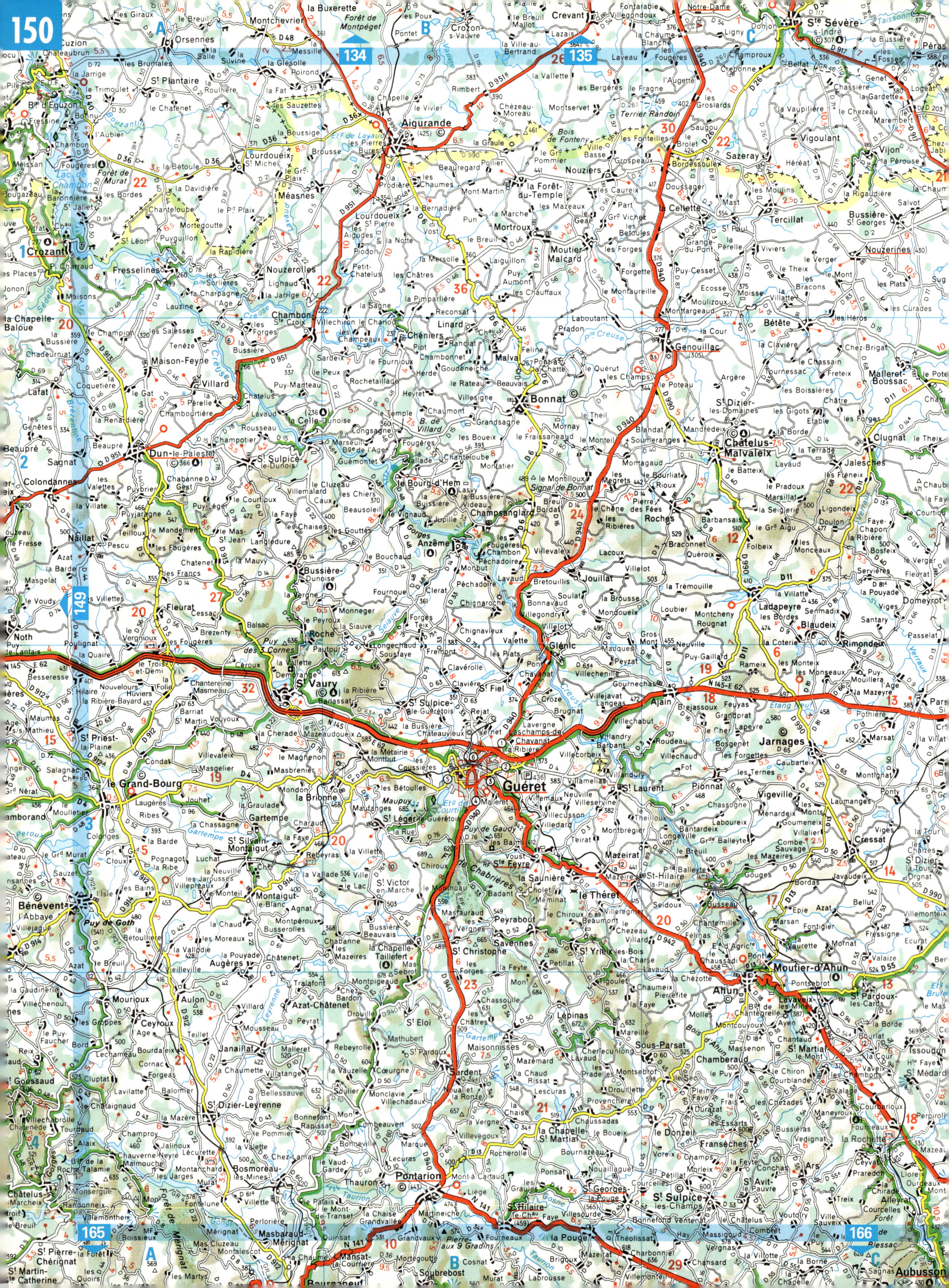
134
135
149
165
166
Aigurande
Crevant
Sᵗᵉ Sévère
Crozant
Dun-le-Palestel
Bonnat
Genouillac
Châtelus-Malvaleix
Clugnat
Jarnages
Ajain
Sᵗ Vaury
Guéret
Le Grand-Bourg
Bénévent-l'Abbaye
Ahun
Moutier-d'Ahun
Pontarion
Aubusson
Fresselines
Mortroux
Moutier-Malcard
Nouziers
Chéniers
Malval
La Forêt-du-Temple
Champsanglard
Anzême
Bussière-Dunoise
Glénic
Sᵗ Fiel
Sᵗ Sulpice-le-Guérétois
Sᵗ Laurent
Sᵗ Christophe
Sardent
Sᵗ Dizier-Leyrenne
Chamberaud
Sous-Parsat
Sᵗ Sulpice-les-Champs
Ladapeyre
Gouzon
Cressat
Chambon-Sᵗᵉ-Croix
Maison-Feyne
Fleurat
Naillat
Azat-Châtenet
Janaillat
Masbaraud-Mérignat
Bourganeuf
Sᵗ Priest-la-Plaine

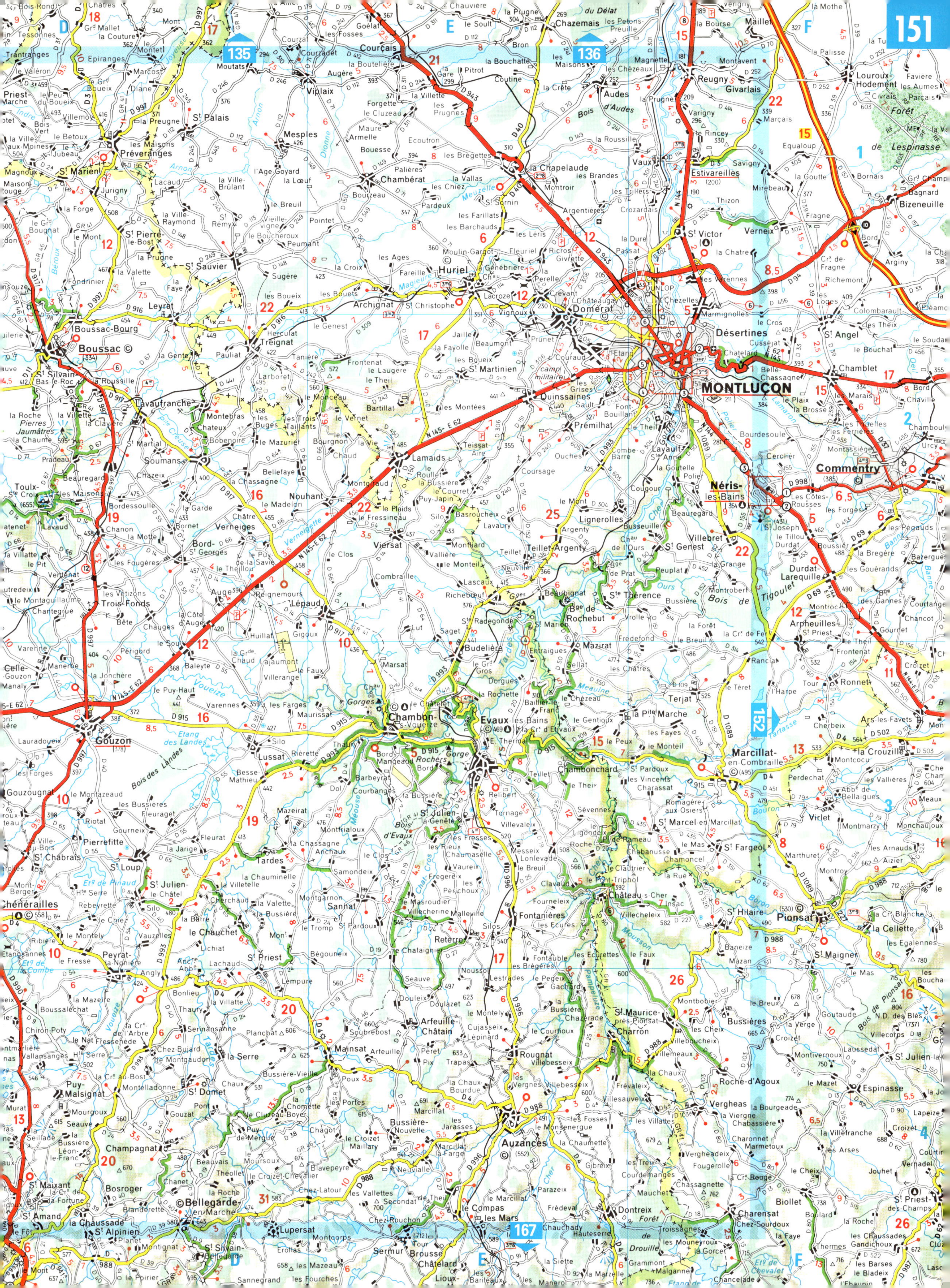
135
136
152
167
D
E
F
Montluçon
Commentry
Néris-les-Bains
Boussac
Gouzon
Chambon-s-Voueize
Evaux-les-Bains
Auzances
Bellegarde
Chénérailles
Marcillat-en-Combraille
Pionsat
Huriel
Domérat
Désertines
Chambérat
Courçais
Viplaix
Préveranges
Toulx-Ste-Croix
Lavaufranche
Lamaids
Quinssaines
Reugny
Estivareilles
Vaux
Lépaud
Budelière
Crozon
Peyrat-la-Nonière
Lussat
Mainsat
Rougnat
St-Maurice-près-Pionsat
Château-sur-Cher
Lupersat
Montaigut
Viersat
Treignat
Fôret de Lespinasse
Bois de Tigoulet
Gorges du Cher
N 145 - E 62
N 144
D 943
D 916
D 917
D 915
D 993
D 997
D 988
D 996
D 1089

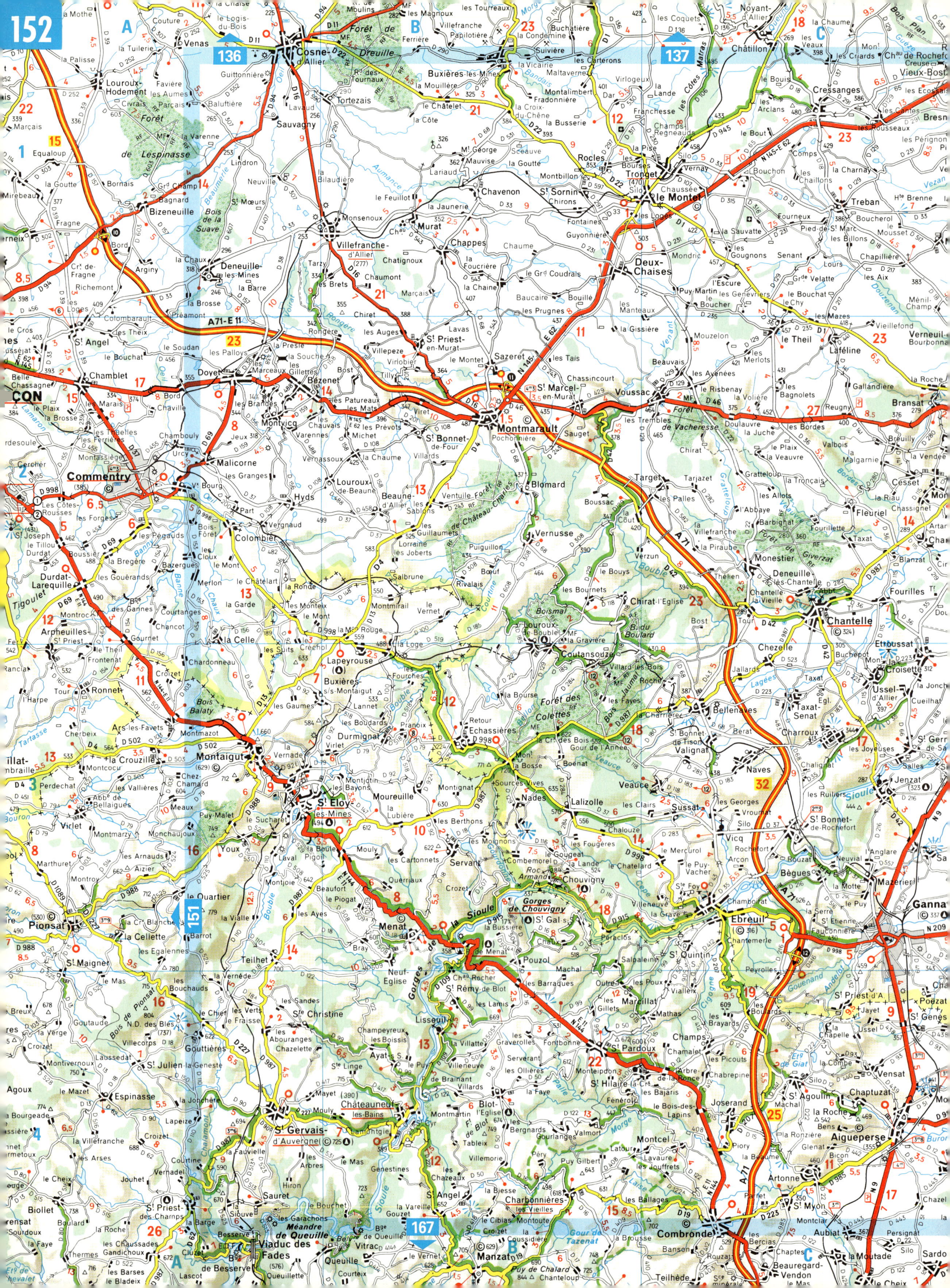
136
137
151
167
Cosne-d'Allier
Forêt de Dreuille
Buxières-les-Mines
Châtillon
Cressanges
Le Montet
Tronget
Forêt de Lespinasse
Bizeneuille
Villefranche-d'Allier
Murat
Chappes
Deux-Chaises
Montluçon
Commentry
Chamblet
Doyet
Bézenet
Montvicq
Malicorne
Montmarault
St Marcel-en-Murat
Voussac
Forêt de Vacheresse
Bransat
Target
Hyds
Colombier
Beaune-d'Allier
St Bonnet-de-Four
Blomard
Vernusse
Lapeyrouse
Buxières-s/s-Montaigut
Louroux-de-Bouble
Coutansouze
Forêt des Colettes
Chantelle
Taxat-Senat
Bellenaves
Charroux
Ussel-d'Allier
Durdat-Larequille
Arpheuilles-St Priest
Ronnet
Montaigut
St Eloy-les-Mines
Échassières
Durmignat
Moureuille
Lalizolle
Naves
Nades
Sussat
Jenzat
Vicq
Youx
Menat
Gorges de Chouvigny
Chouvigny
Ébreuil
Gannat
Pionsat
St Maignet
Neuf-Église
Gorges de la Sioule
St Quintin
Marcillat
St Priest-d'A.
Bois de Pionsat
St Julien
Lisseuil
St Pardoux
St Hilaire-la-Croix
Châteauneuf-les-Bains
St Gervais-d'Auvergne
Espinasse
Aigueperse
Chaptuzat
St Agoulin
Joserand
Charbonnières-les-Vieilles
Combronde
Manzat
St Angel
St Priest-des-Champs
Viaduc des Fades
Méandre de Queuille
Queuille
Besserve
Aubiat
Artonne
A71-E11

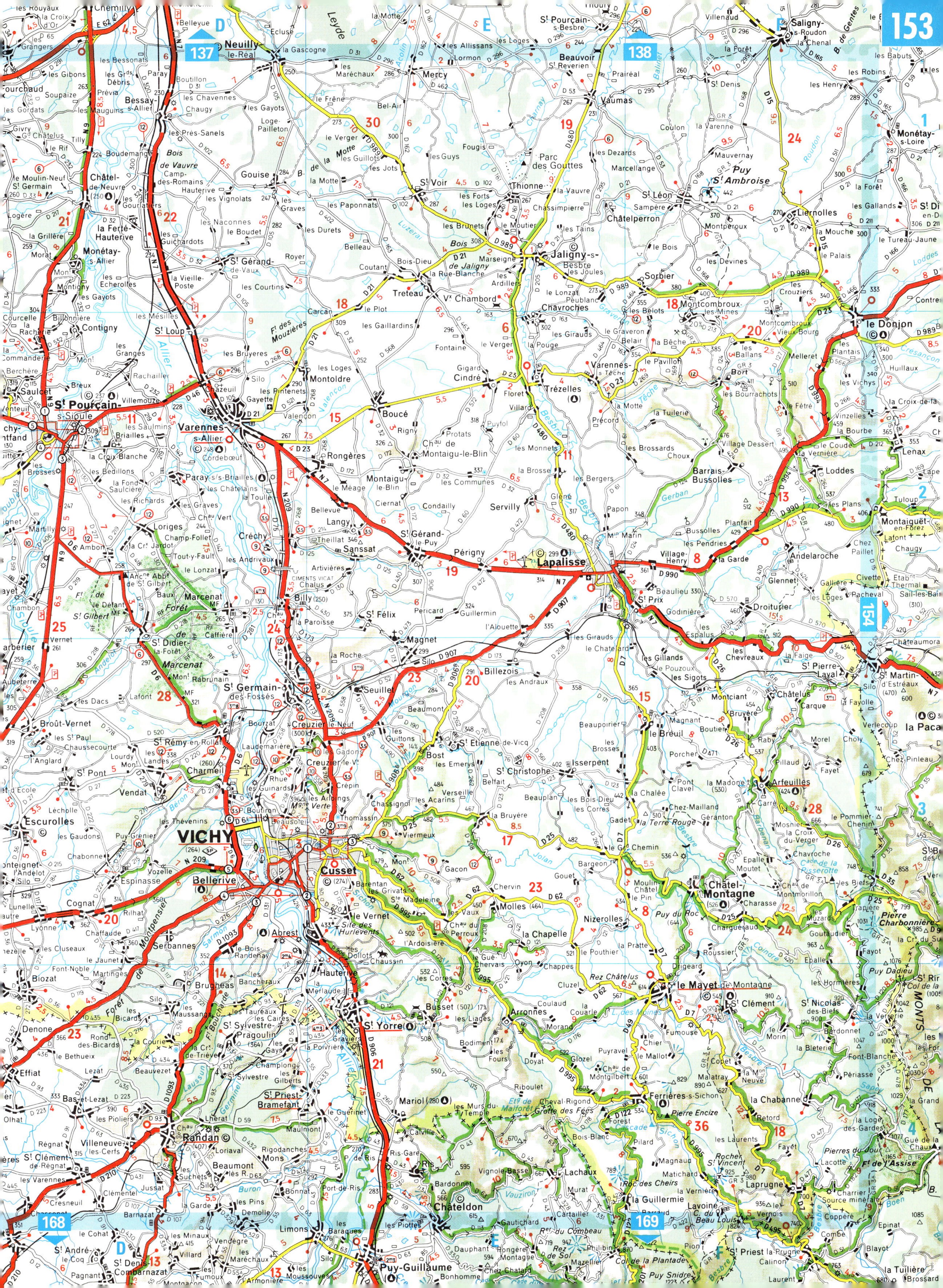
137
138
154
168
169
Neuilly-le-Réal
St Pourçain-s-Besbre
Saligny-s-Roudon
Beauvoir
Vaumas
Mercy
Thionne
Jaligny-s-Besbre
St Léon
Châtelperron
Puy St Ambroise
Liernolles
Le Donjon
Montcombroux-les-Mines
Sorbier
Chavroches
Trézelles
Varennes-s-Tèche
Bert
Loddes
Lenax
Montaiguët-en-Forez
Barrais-Bussolles
Lapalisse
St Prix
Droiturier
St Martin-d'Estréaux
Châtelus
Arfeuilles
Châtel-Montagne
Le Mayet-de-Montagne
St Clément
St Nicolas-des-Biefs
Ferrières-s-Sichon
Lavoine
St Priest-la-Prugne
La Guillermie
Chateldon
Puy-Guillaume
Ris
St Yorre
Busset
Arronnes
Mariol
Randan
St Sylvestre-Pragoulin
Hauterive
Abrest
Vichy
Cusset
Bellerive
Creuzier-le-Vieux
St Germain-des-Fossés
Billy
Magnet
St Félix
Périgny
St Gérand-le-Puy
Sansssat
Créchy
Varennes-s-Allier
St Pourçain-s-Sioule
Châtel-de-Neuvre
La Ferté-Hauterive
Monétay-s-Allier
Contigny
St Loup
St Gérand-de-Vaux
Montoldre
Boucé
Rongères
Servilly
Isserpent
St Christophe
St Etienne-de-Vicq
Molles
Nizerolles
La Chapelle
Escurolles
Brugheas
Serbannes
Effiat
Villeneuve-les-Cerfs
Limons
Charmeil
St Rémy-en-Rollat
Seuillet
Monétay-s-Loire
Montaigu-le-Blin
Vendat
Marcenat
St Didier-la-Forêt
Loriges
Paray-s-s-Briailles
Bessay-s-Allier
Cindré
Chavroches
Le Pin
Chaugy
Puy Dadieu
Pierre Charbonnière
Le Breuil
Montcombroux-Vieux-Bourg
Andelaroche
Pierres du Jour
Monts de la Madeleine
Lapalisse

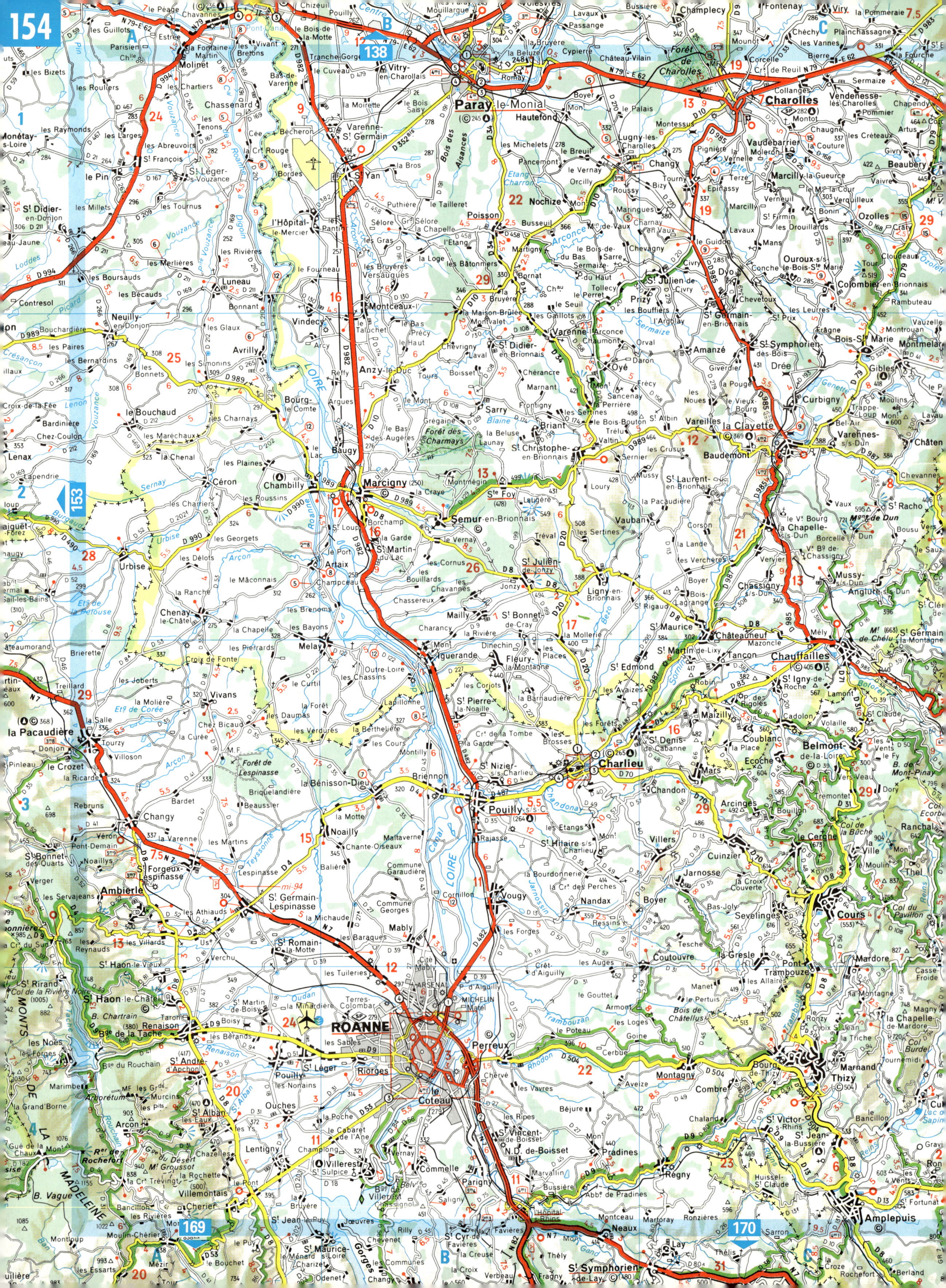
138
153
169
170
Paray-le-Monial
Charolles
Digoin
Marcigny
Semur-en-Brionnais
La Clayette
Chauffailles
Charlieu
Pouilly
La Pacaudière
Roanne
Le Coteau
Riorges
Perreux
Thizy
Cours
Amplepuis
Renaison
St Haon-le-Châtel
St Germain-Lespinasse
Ambierle
Belmont-de-la-Loire
Monts de la Madeleine
LOIRE
Forêt de Lespinasse
Forêt des Charmays
Forêt de Charolles

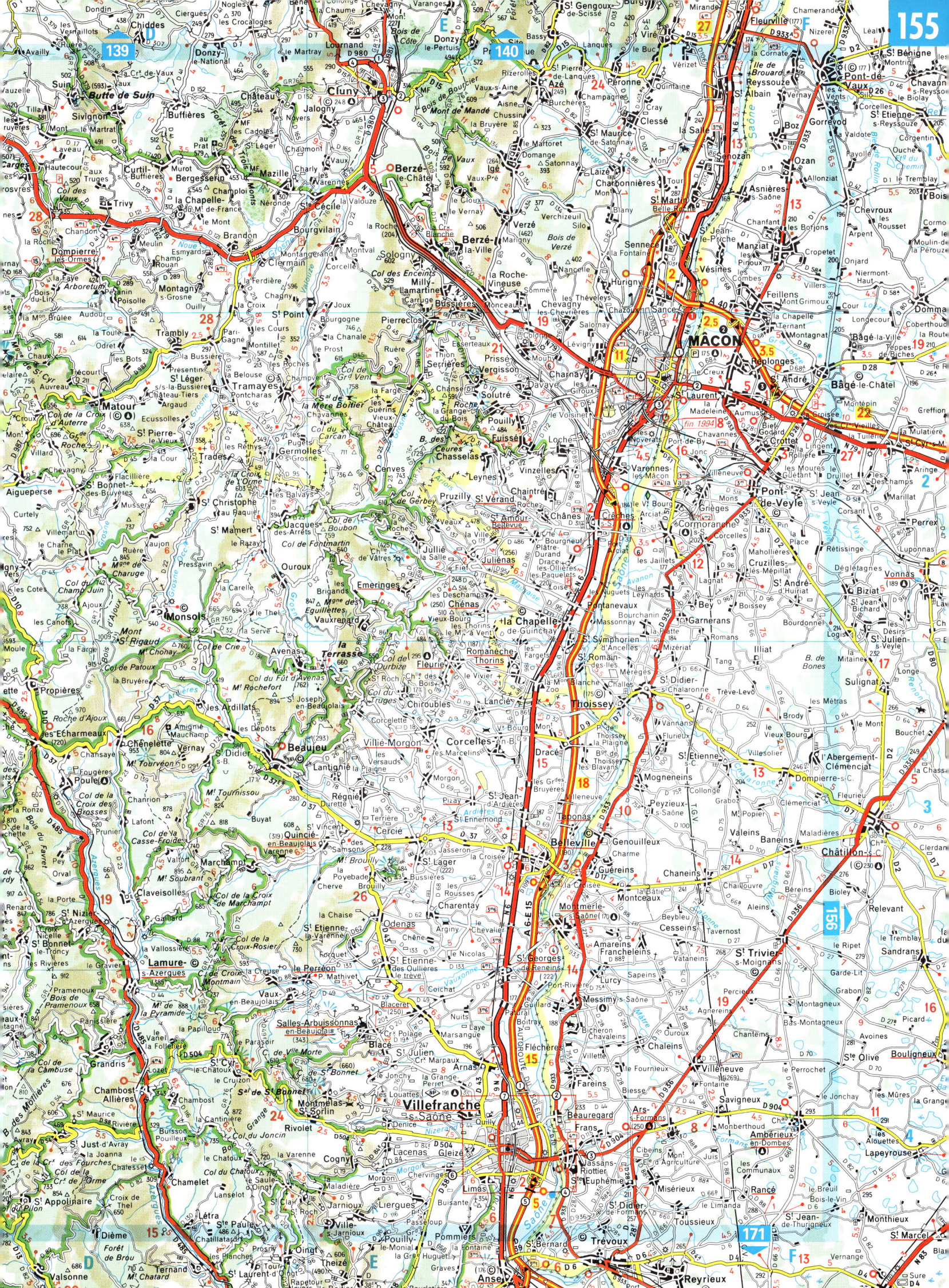

139
140
156
171
Cluny
Mâcon
Pont-de-Vaux
Bâgé-le-Châtel
Pont-de-Veyle
Matour
Tramayes
Berzé-la-Ville
Berzé-le-Châtel
Solutré
Pouilly
Fuissé
Vergisson
Romanèche-Thorins
Juliénas
Fleurie
Chiroubles
Villié-Morgon
Beaujeu
Belleville
Thoissey
Châtillon-s-C.
Villefranche-s-Saône
Trévoux
Lamure-s-Azergues
Monsols
Dompierre-les-Ormes
Ars-s-Formans
St Trivier-s-Moignans
Quincié-en-Beaujolais
Salles-Arbuissonnas-en-Beaujolais
Anse
Reyrieux

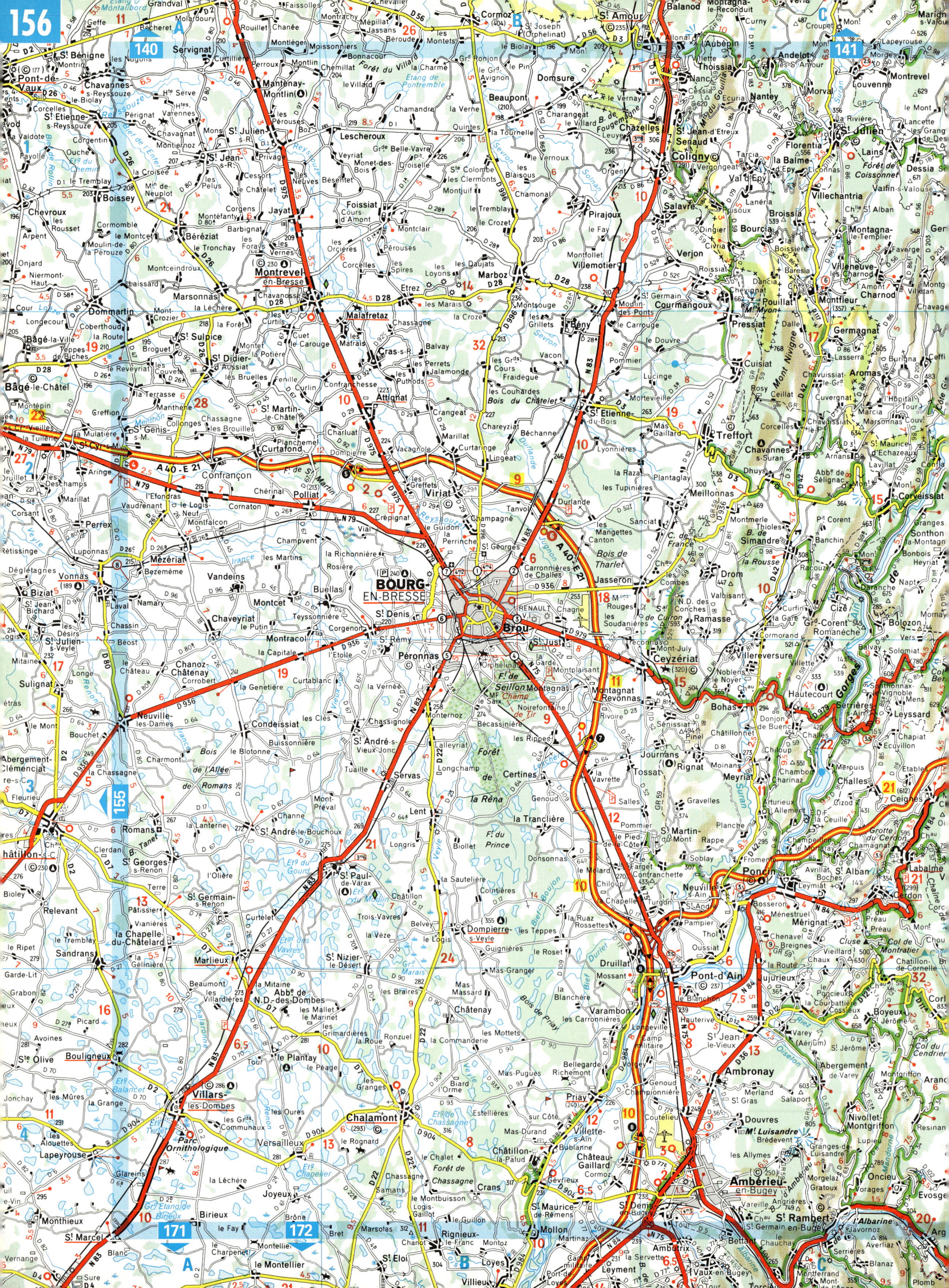

Pont-de-Vaux
Servignat
St Bénigne
Chavannes-s-Reyssouze
St Etienne-s-Reyssouze
Boissey
Béréziat
Montrevel-en-Bresse
Marsonnas
Dommartin
Bâgé-la-Ville
Bâgé-le-Châtel
St Sulpice
St Didier-d'Aussiat
Jayat
Foissiat
Lescheroux
Marboz
Beaupont
Domsure
Coligny
Salavre
Pirajoux
Verjon
Villemotier
Bény
Cormoz
St Amour
Courmangoux
Pressiat
Treffort
Meillonnas
Viriat
Attignat
Malafretaz
Curtafond
Confrançon
Polliat
Vandeins
Mézériat
Vonnas
Biziat
BOURG-EN-BRESSE
Brou
St Denis
Péronnas
Montracol
Montcet
Buellas
Chaveyriat
Chanoz-Châtenay
Neuville-les-Dames
Condeissiat
St André-s-Vieux-Jonc
Servas
Lent
Certines
Jasseron
Ceyzériat
Revonnas
Tossiat
Journans
Montagnat
Châtillon-s-Chalaronne
Romans
St Paul-de-Varax
St Germain-s-Renon
Marlieux
St Nizier-le-Désert
Dompierre-s-Veyle
Villars-les-Dombes
Parc Ornithologique
Chalamont
Versailleux
Joyeux
St Marcel
Rignieux-le-Franc
Pont-d'Ain
Priay
Villette-s-Ain
Châtillon-la-Palud
Ambérieu-en-Bugey
St Rambert-en-Bugey
Ambronay
Poncin
Cerdon
Neuville-s-Ain
Simandre
Hautecourt
Leyssard
Ceignes
Thoissia
Villechantria
Montfleur
Corveissiat
Cize
Bolozon
Druillat
Loyes
Leyment
Ambutrix
Vaux-en-Bugey
A 40 - E 21

140
141
155
171
172

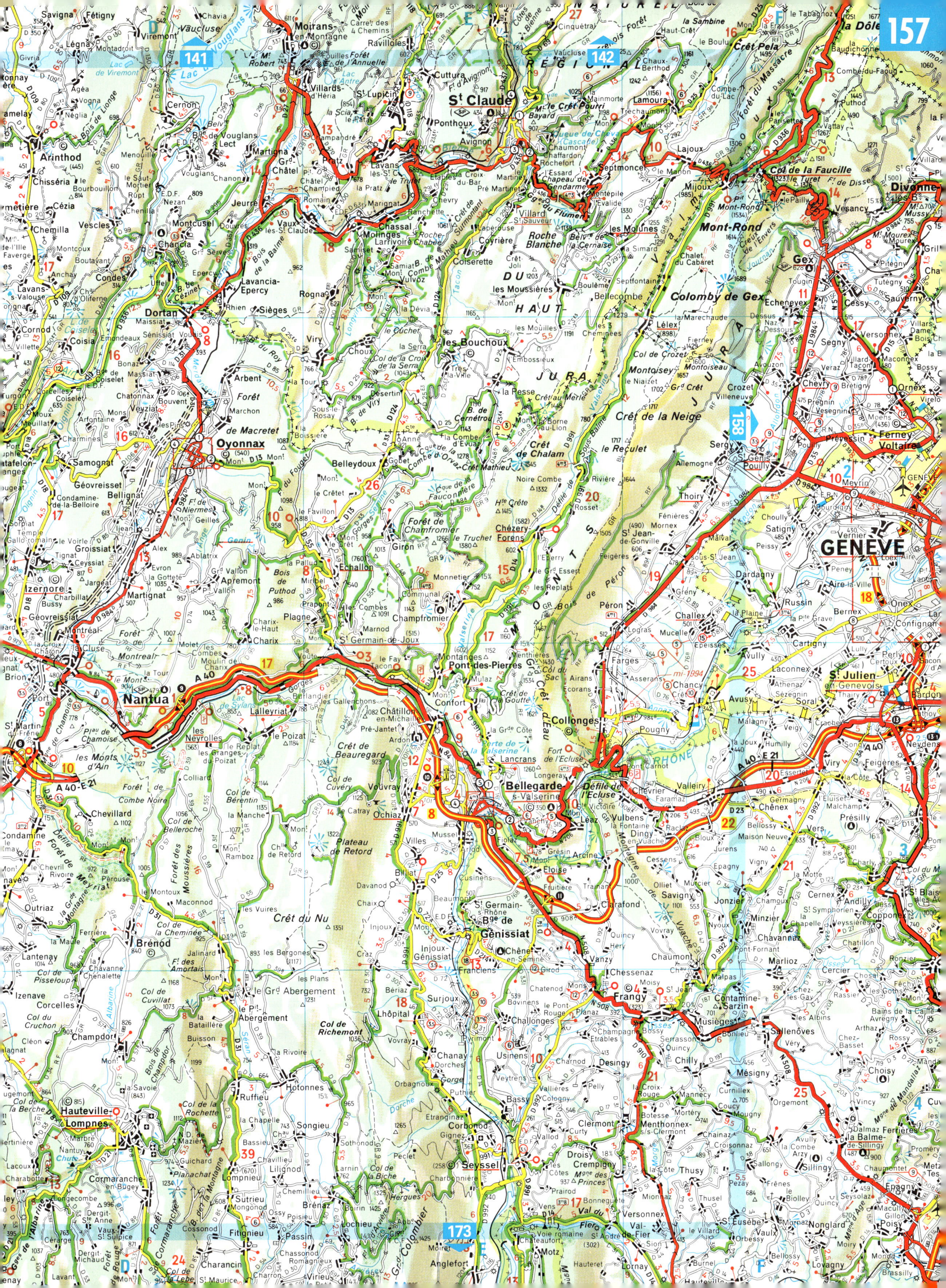
141
142
158
173
St Claude
Oyonnax
Nantua
Dortan
Bellegarde
GENÈVE
Gex
Divonne
Ferney Voltaire
St Julien
Collonges
Frangy
Seyssel
Hauteville-Lompnes
Brénod
Champfromier
Chézery-Forens
Lélex
Mijoux
Col de la Faucille
Crêt de la Neige
Colomby de Gex
Mont-Rond
Le Reculet
Crêt du Nu
Plateau de Retord
Crêt de Chalam
Les Bouchoux
Moirans-en-Montagne
Lac de Vouglans
Lac de Nantua
Génissiat
Chatillon-en-Michaille
Pont-des-Pierres
Izernore
Arinthod
Viry
Présilly
Musièges
Mésigny
Vesancy
Cessy
Meyrin
Thoiry
RHÔNE
JURA
A 40
A 40 - E 21

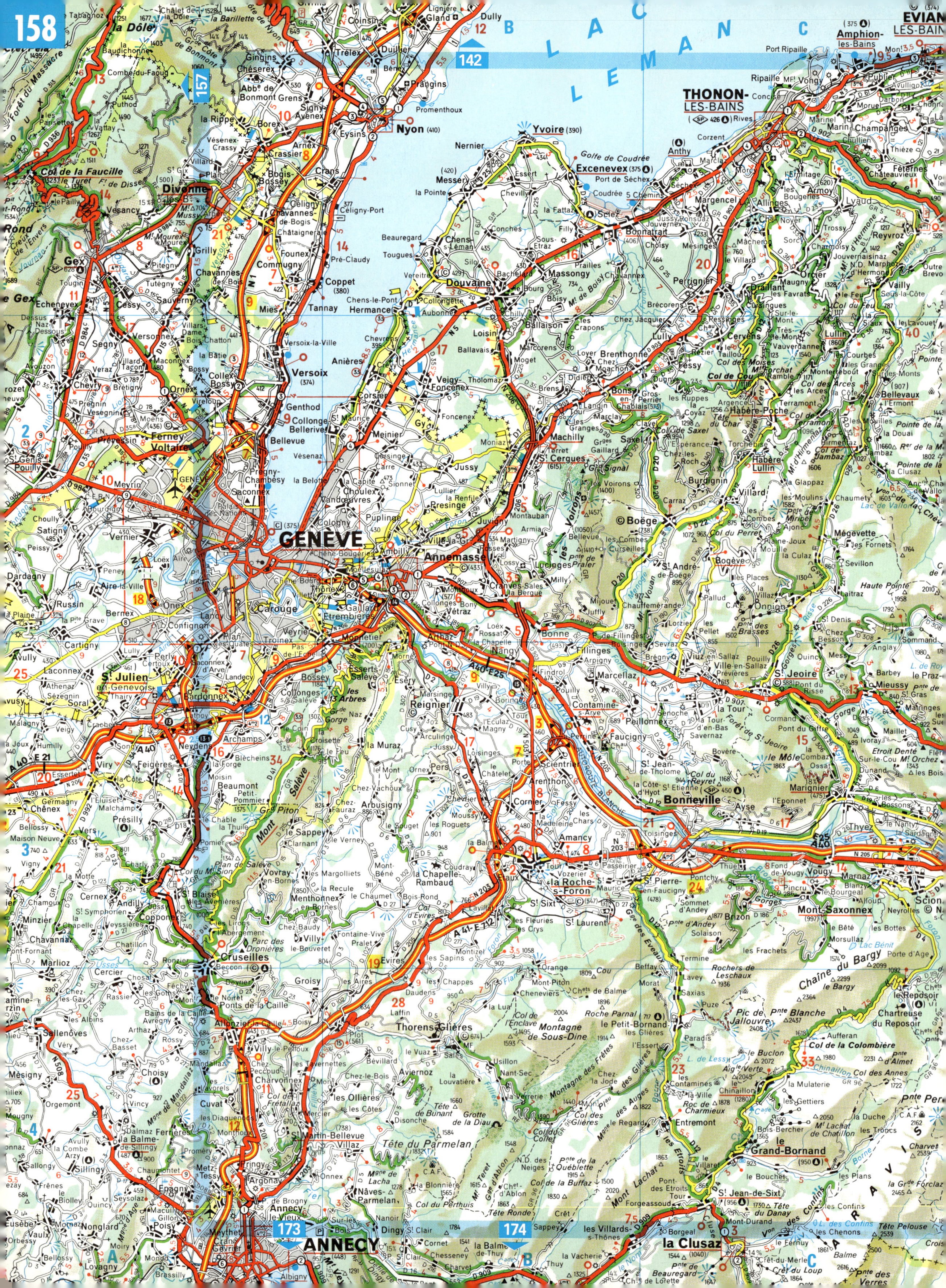
LAC LEMAN
142
157
173
174
GENÈVE
ANNECY
THONON-LES-BAINS
EVIAN-LES-BAINS
Nyon
Divonne-les-Bains
Gex
Ferney-Voltaire
Versoix
Coppet
Hermance
Yvoire
Douvaine
Annemasse
Carouge
St Julien-en-Genevois
Reignier
La Roche-s-Foron
Bonneville
Cruseilles
Thorens-Glières
Boëge
St Jeoire
Le Grand-Bornand
la Clusaz
Mont-Saxonnex
Col de la Faucille
la Dôle
Mont Salève
Chaîne du Bargy
Col de la Colombière
Habère-Poche
Habère-Lullin
Bellevaux
Taninges

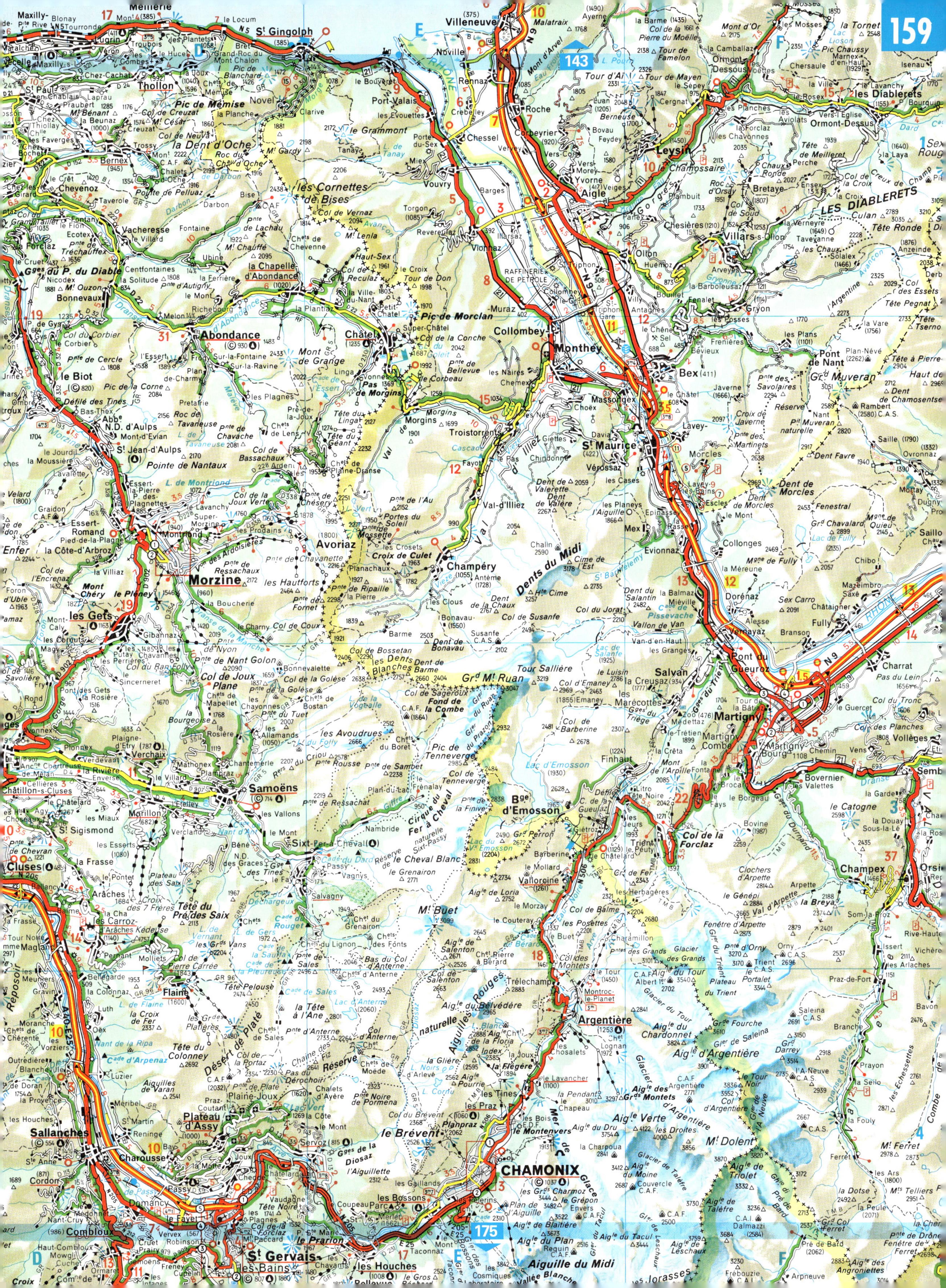
Villeneuve
St Gingolph
Thollon
Pic de Mémise
la Dent d'Oche
les Cornettes de Bises
Abondance
Châtel
Pas de Morgins
Monthey
Collombey
Bex
Aigle
Leysin
Villars-s-Ollon
LES DIABLERETS
les Diablerets
Grd Muveran
St Maurice
Morzine
Avoriaz
Champéry
Dents du Midi
les Gets
Samoëns
Cluses
Martigny
Salvan
Finhaut
Bge d'Emosson
Col de la Forclaz
Champex
Sallanches
Argentière
Aigle d'Argentière
Mt Dolent
CHAMONIX
le Brévent
St Gervais
les Houches
Aiguille du Midi
Combloux
Flaine
Sixt-Fer-à-Cheval
Vallorcine
Plateau d'Assy
Passy
Trient
Orsières
Sembrancher
143
175

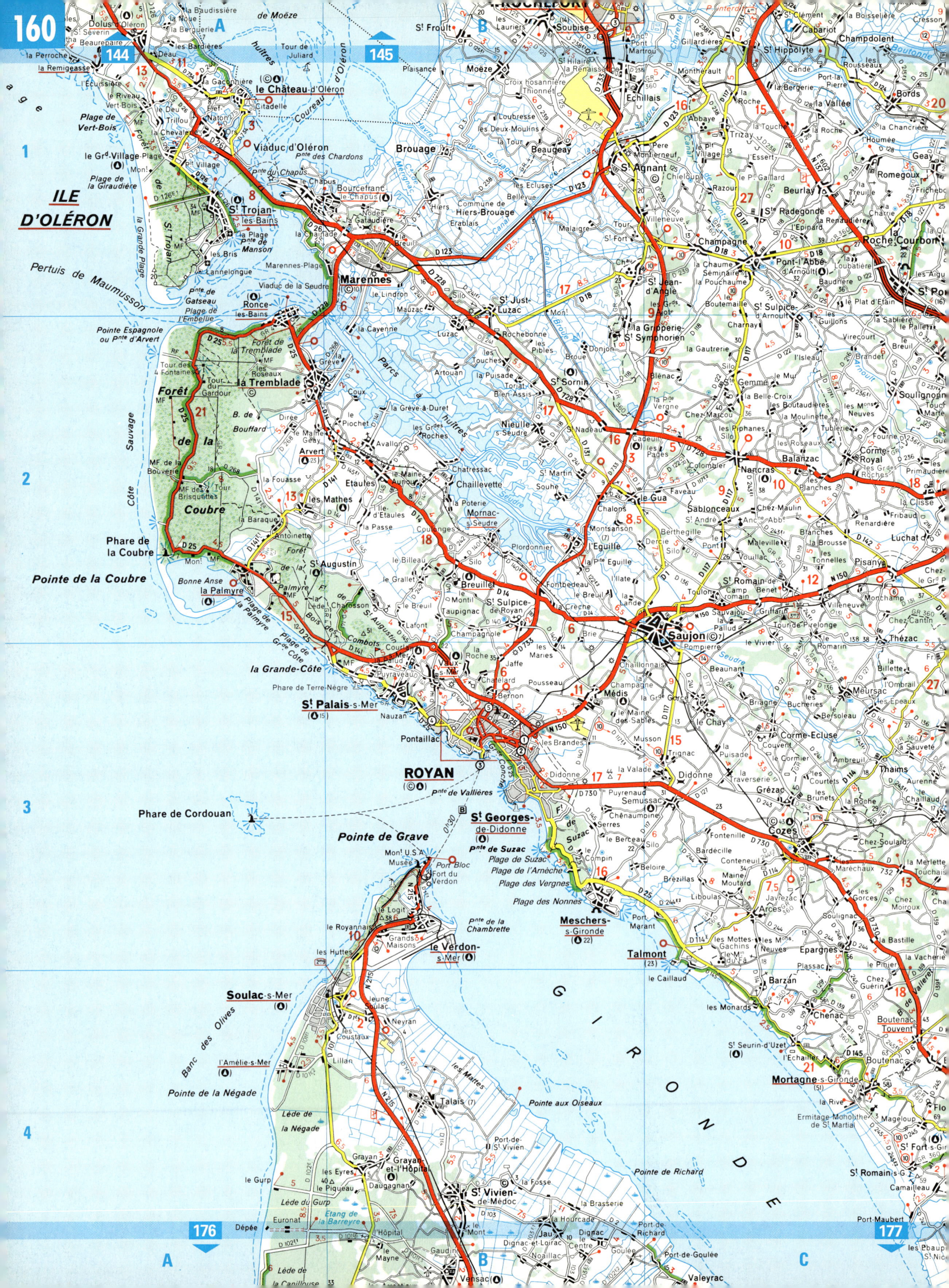
144
145
176
177
A
B
C
1
2
3
4
ILE D'OLÉRON
Dolus-d'Oléron
St Séverin
Beaurepaire
la Perroche
la Remigeasse
la Baudissière
la Noue
la Bergerie
la Bardières
de Moëze
Tour de Juliard
huîtres
Coureau d'Oléron
le Château-d'Oléron
Citadelle
la Gaconnière
Écuissière
le Riveau
Vert-Bois
Plage de Vert-Bois
le Deu
Trillou
la Chevalerie
Viaduc d'Oléron
Pte des Chardons
le Grd-Village-Plage
Plage de la Giraudière
Pte du Chapus
le Chapus
Bourcefranc-le-Chapus
St Trojan-les-Bains
Forêt de St Trojan
la Grande Plage
Pte de Manson
les Bris
Lannelongue
Pertuis de Maumusson
Marennes-Plage
Viaduc de la Seudre
Pte de Gatseau
Plage de l'Embellie
Ronce-les-Bains
Pointe Espagnole ou Pte d'Arvert
Forêt de la Tremblade
la Tremblade
Tour des 4 Fontaines
Tour du Gardour
Forêt de la Coubre
Côte Sauvage
B. de Bouffard
Dirée
Arvert
la Fouasse
les Mathes
Phare de la Coubre
Pointe de la Coubre
Bonne Anse
la Palmyre
Plage de la Palmyre
Grde Côte
la Grande-Côte
Phare de Terre-Nègre
St Palais-s-Mer
Nauzan
Pontaillac
ROYAN
Pte de Vallières
Phare de Cordouan
Pointe de Grave
Mont U.S.A.
Musée
Port Bloc
Fort du Verdon
le Logit
le Royannais
Grands Maisons
le Verdon-s-Mer
Pte de la Chambrette
les Huttes
Soulac-s-Mer
Jeune Soulac
Neyran
les Coustaux
Banc des Olives
l'Amélie-s-Mer
Lillan
Pointe de la Négade
Lède de la Négade
les Mattes
Talais
Pointe aux Oiseaux
Port-de-St Vivien
Grayan
Grayan-et-l'Hôpital
les Eyres
le Piqueau
Daugagnan
le Gurp
Lède du Gurp
Euronat
Étang de la Barreyre
Dépée
l'Hôpital
Mayne
Lède de la Canillouse
St Vivien-de-Médoc
la Fosse
la Brasserie
la Hourcade
Jau
Dignac
Dignac-et-Loirac
Centre
le Mont
Gaudin
Vensac
Noaillac
Goulée
Port de Richard
Port-de-Goulée
Valeyrac
Pointe de Richard
G I R O N D E
Port-Maubert
St Fort-s-Gironde
St Romain-s-G.
Camaileau
Mageloup
Ermitage-Mohobthe de St Martial
la Rive
Mortagne-s-Gironde
l'Echailler
St Seurin-d'Uzet
les Monards
le Caillaud
Talmont
Port Marant
Meschers-s-Gironde
Plage des Nonnes
Plage des Vergnes
Plage de l'Arnèche
Plage de Suzac
Pte de Suzac
St Georges-de-Didonne
Suzac
Semussac
Puyrenaud
Didonne
Trignac
Musson
la Valade
le Chay
Médis
Saujon
Sablonceaux
le Gua
l'Eguille
Chalons
Mornac-s-Seudre
Breuillet
St Sulpice-de-Royan
St Augustin
Vaux-s-Mer
Étaules
Chaillevette
Chatressac
Nieulle-s-Seudre
St Sornin
St Just-Luzac
Marennes
le Lindron
Hiers-Brouage
Brouage
Moëze
St Froult
Soubise
Rochefort
St Agnant
Champagne
Pont-l'Abbé-d'Arnoult
St Jean-d'Angle
St Symphorien
la Gripperie
Nancras
Balanzac
Corme-Royal
Pisany
Luchat
Thézac
Meursac
Corme-Écluse
Grézac
Cozes
Thaims
Arces
Épargnes
Barzan
Chenac
Boutenac-Touvent
Floirac
St Hippolyte
Cabariot
Champdolent
Bords
Trizay
Beurlay
Romegoux
Geay
St Radegonde
Roche Courbon
St Porchaire
St Sulpice-d'Arnoult
Soulignonne
Échillais
Montierneuf
la Vallée
Plassac
Sémussac
Mortagne

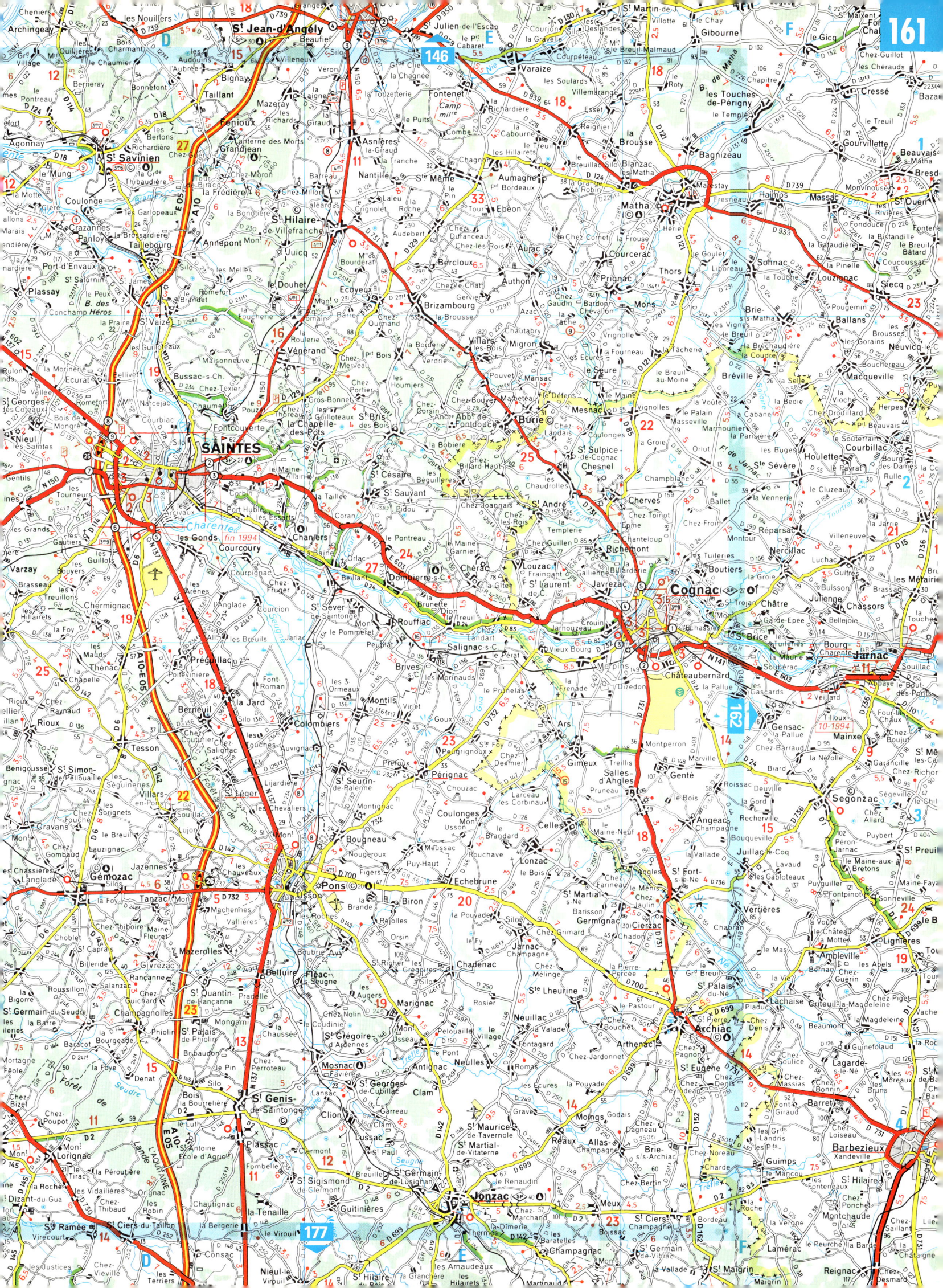
St Jean-d'Angély
St Julien-de-l'Escap
146
St Savinien
Matha
St Hilaire-de-Villefranche
Taillebourg
Brizambourg
Burie
SAINTES
Les Gonds
fin 1994
Chaniers
Cognac
Jarnac
Châteaubernard
162
Pérignac
Gémozac
Pons
Segonzac
10-1994
Archiac
St Genis-de-Saintonge
Barbezieux
Jonzac
177
St Ciers-du-Taillon
Mirambeau
Charente
Seugne
D
E
F

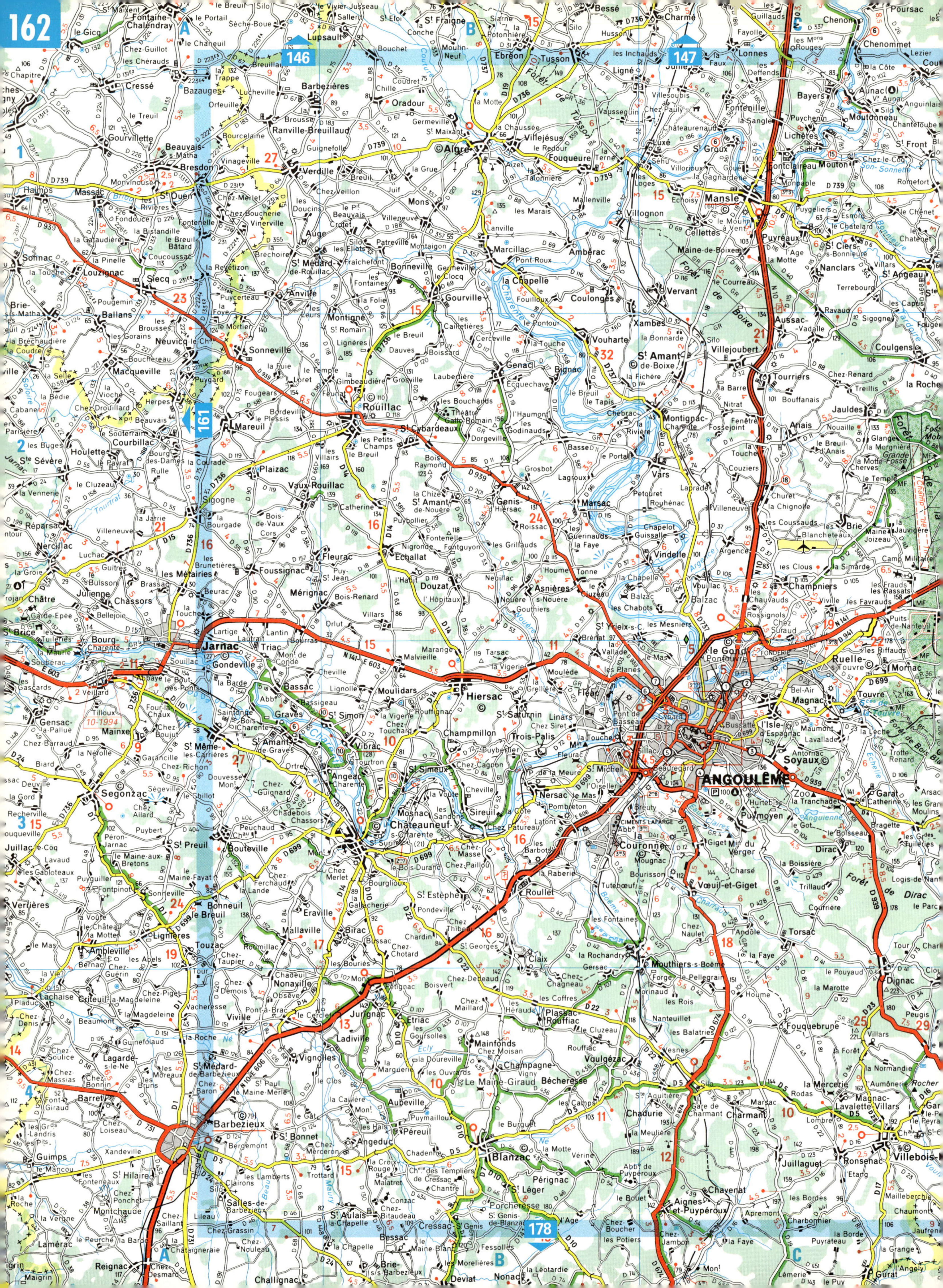

ANGOULÊME
Jarnac
Châteauneuf
Barbezieux
Mansle
Rouillac
Hiersac
Segonzac
Blanzac
Villebois-Lavalette
Montignac-Charente
Ruelle
Soyaux
Gond-Pontouvre
La Couronne
Aigre
Tusson
Ebréon
Lupsault
Verdille
Sonneville
Bassac
Vibrac
Sireuil
Nersac
Saint-Amant-de-Boixe
Villejoubert
Vars
Marsac
Fléac
Linars
Trois-Palis
Roullet
Mouthiers-s-Boëme
Dignac
Dirac
Puymoyen
Magnac
Touvre
Champniers
Brie
Vindelle
Genac
Marcillac
Gourville
Bonneville
Anville
Mérignac
Foussignac
Julienne
Chassors
Bourg-Charente
Gondeville
Triac
Graves
St Simon
Sigogne
Plaizac
Vaux-Rouillac
Douzat
Echallat
Asnières-s-Nouère
St Genis-d'Hiersac
St Saturnin
Mosnac
Angeac-Charente
Bouteville
Eraville
Birac
Jurignac
Ladiville
Mainfonds
Plassac-Rouffiac
Voulgézac
Chadurie
Charmant
Torsac
Fouquebrune
Voeuil-et-Giget
Sers
Aignes-et-Puypéroux
Pérignac
St Léger
Péreuil
Aubeville
Angeduc
Baignes
Salles-de-Barbezieux
Lignières-Sonneville
Ambleville
Criteuil-la-Magdeleine
Lagarde-s-le-Né
Reignac
Guimps
Lachaise
Barret
Saint-Preuil
Juillac-le-Coq
Verrières
Gensac-la-Pallue
Mainxe
Nercillac
Réparsac
Sonnac
Louzignac
Siecq
Bresdon
Massac
Beauvais-s-Matha
Gourvillette
Cressé
Bazauges
Fontaine-Chalendray
Oradour
Ranville-Breuillaud
Barbezières
Villejésus
Fouqueure
Ligné
Lonnes
Fontenille
Cellettes
Puyréaux
Coulgens
Jauldes
Anais
Nanclars
Aussac-Vadalle
Xambes
Coulonges
Vervant
Ambérac
Villognon
Fontclaireau
Mouton
Aunac
Bayers
Chenon
Chenommet
Courcôme
Charmé
Bessé
Sonneville
Fleurac
Jarnac
Hiersac
146
147
161
178
A
B
C
1
2
3
4

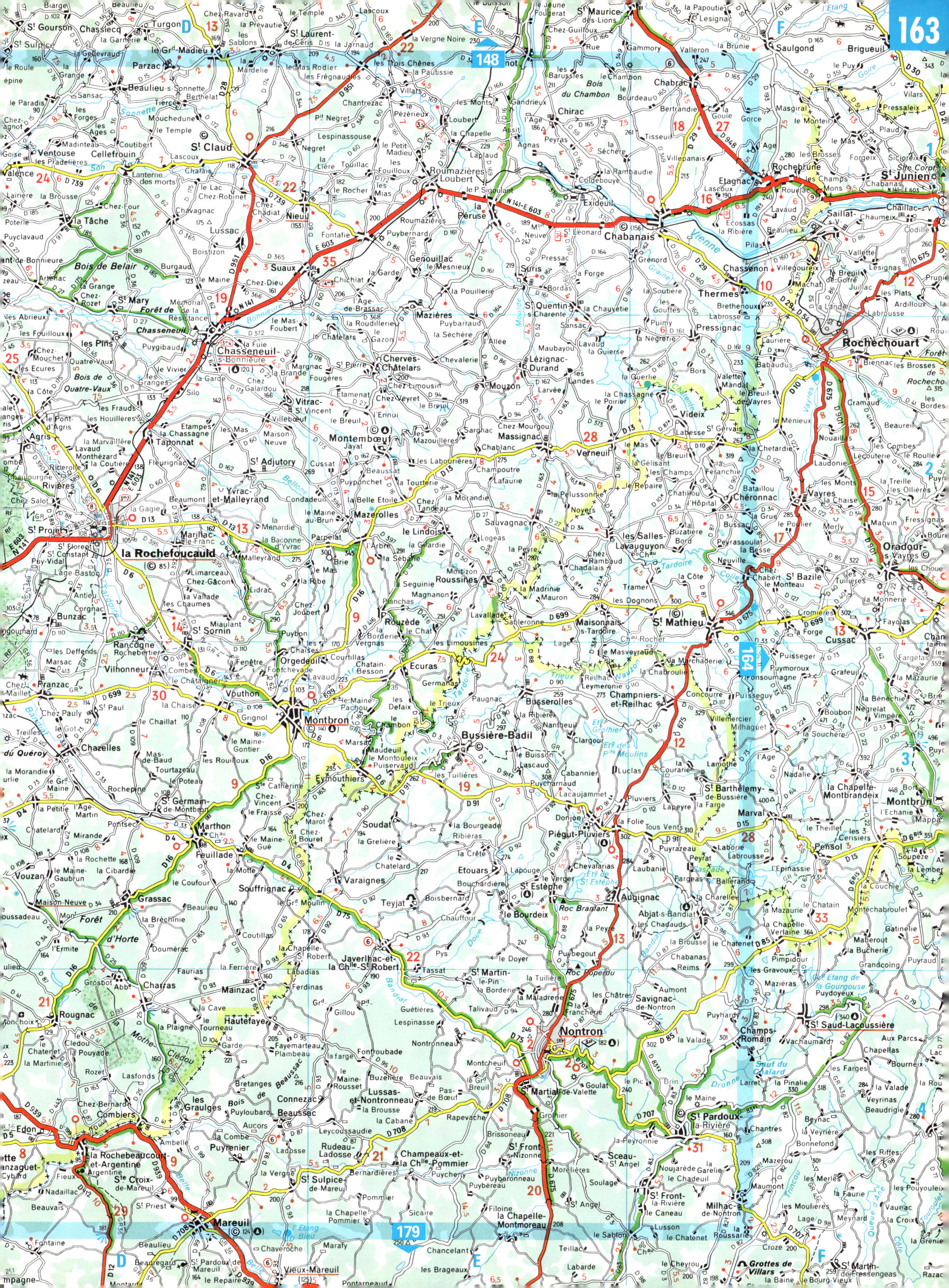

148
164
179
St Claud
Chasseneuil-s-Bonnieure
la Rochefoucauld
Roumazières-Loubert
Chabanais
Chabrac
Rochechouart
St Junien
Saillat-s-V.
Montembœuf
Massignac
Verneuil
Mazerolles
Montbron
Marthon
Feuillade
Vilhonneur
Bussière-Badil
Piégut-Pluviers
St Mathieu
Oradour-s-Vayres
Cussac
Nontron
Champs-Romain
St Saud-Lacoussière
St Pardoux-la-Rivière
Mareuil
la Rochebeaucourt-et-Argentine
Combiers
Grassac
Rougnac
Javerlhac-et-la Chle-St Robert
Varaignes
Teyjat
Augignac
Abjat-s-Bandiat
Marval
Pensol
Milhac-de-Nontron
St Martial-de-Valette
la Chapelle-Montmoreau
Champeaux-et-la Chle-Pommier
St Front-la-Rivière
Vayres
Videix
Chéronnac
les Salles-Lavauguyon
Busserolles
Champniers-et-Reilhac
Suaux
Nieuil
Lussac
Chirac
Etagnac
Saulgond
Brigueuil
Suris
Lézignac-Durand
Mouzon
Roussines
Ecuras
Vouthon
Agris
Rivières
Chazelles
Pranzac
Vouzan
Charras
Mainzac
Hautefaye
Souffrignac
Soudat
Etouars
le Bourdeix
St Estèphe
Sceau-St Angel
Connezac
Beaussac
Rudeau-Ladosse
St Sulpice-de-Mareuil
Forêt de Quatre-Vaux
Forêt d'Horte
Forêt de Rochechouart
Bois du Chambon
Bois de Belair
Vienne
Tardoire
Bandiat
Dronne

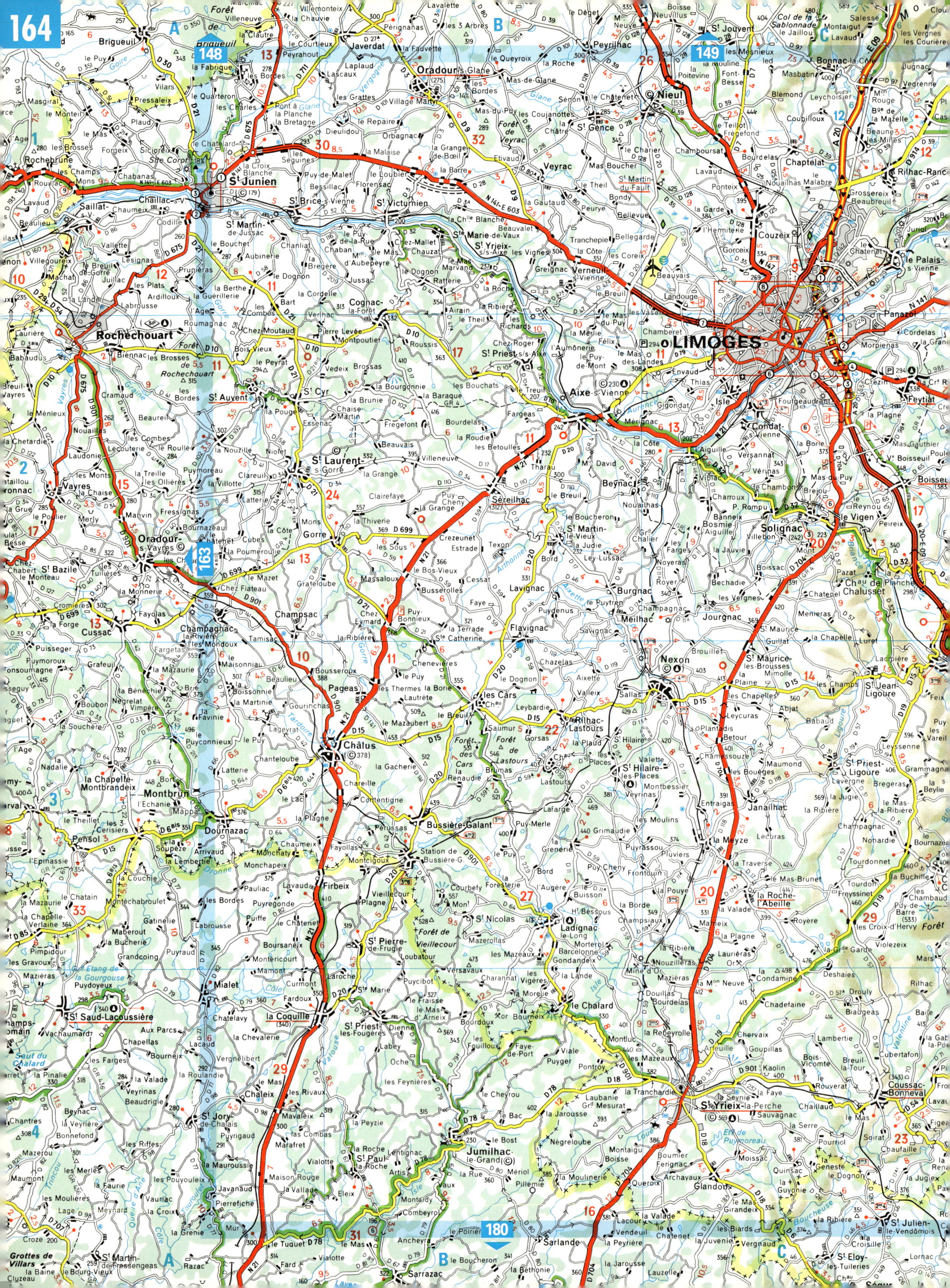

148
149
163
180
LIMOGES
St Junien
Rochechouart
Oradour-sur-Glane
Oradour-s-Vayres
St Victurnien
Nieul
Aixe-s-Vienne
Couzeix
Isle
Condat-s-Vienne
Feytiat
Panazol
Le Palais-s-Vienne
Solignac
Le Vigen
Nexon
St Laurent-s-Gorre
Sereilhac
Cognac-la-Forêt
Verneuil-s-Vienne
Veyrac
Javerdat
Peyrilhac
Chaptelat
Bonnac-la-Côte
Châlus
Pageas
Flavignac
les Cars
Rilhac-Lastours
Bussière-Galant
Ladignac-le-Long
Le Chalard
St Yrieix-la-Perche
Coussac-Bonneval
Jumilhac-le-Grand
La Coquille
Dournazac
Cussac
Champagnac-la-Rivière
St Saud-Lacoussière
St Mathieu
Chalus
Firbeix
Mialet
Montbrun
Champsac
Gorre
Burgnac
Meilhac
Jourgnac
St Maurice-les-Brousses
St Jean-Ligoure
St Priest-Ligoure
Janailhac
La Meyze
La Roche-l'Abeille
Glandon
St Julien-le-Vendômois
Sarlande
Sarrazac
Vayres
St Bazile
Maisonnais
Lavignac
St Hilaire-les-Places
Vieillecour
St Nicolas
St Pierre-de-Frugie
St Priest-les-Fougères
St Paul-la-Roche
Chaleix
St Jory-de-Chalais
Chalais
St Martin-de-Fressengeas
Beynac
Bosmie-l'Aiguille
Fayolles
St Cyr
St Auvent
Saillat-s-Vienne
Chaillac-s-Vienne
St Brice-s-Vienne
Ste Marie-de-Vaux
St Yrieix-s-Aixe
St Priest-s-Aixe
St Gence
St Martin-du-Fault
St Jouvent
Chamboret
Bussière-Boffy
Forêt de Vieillecour
Forêt des Cars
Forêt de Lastours
Forêt de Veyrac
Étang de la Gourgousse
Saut du Chalard
Vienne
Glane
Gorre
Tardoire
Dronne
Isle
Auvézère
Briance
Aixette

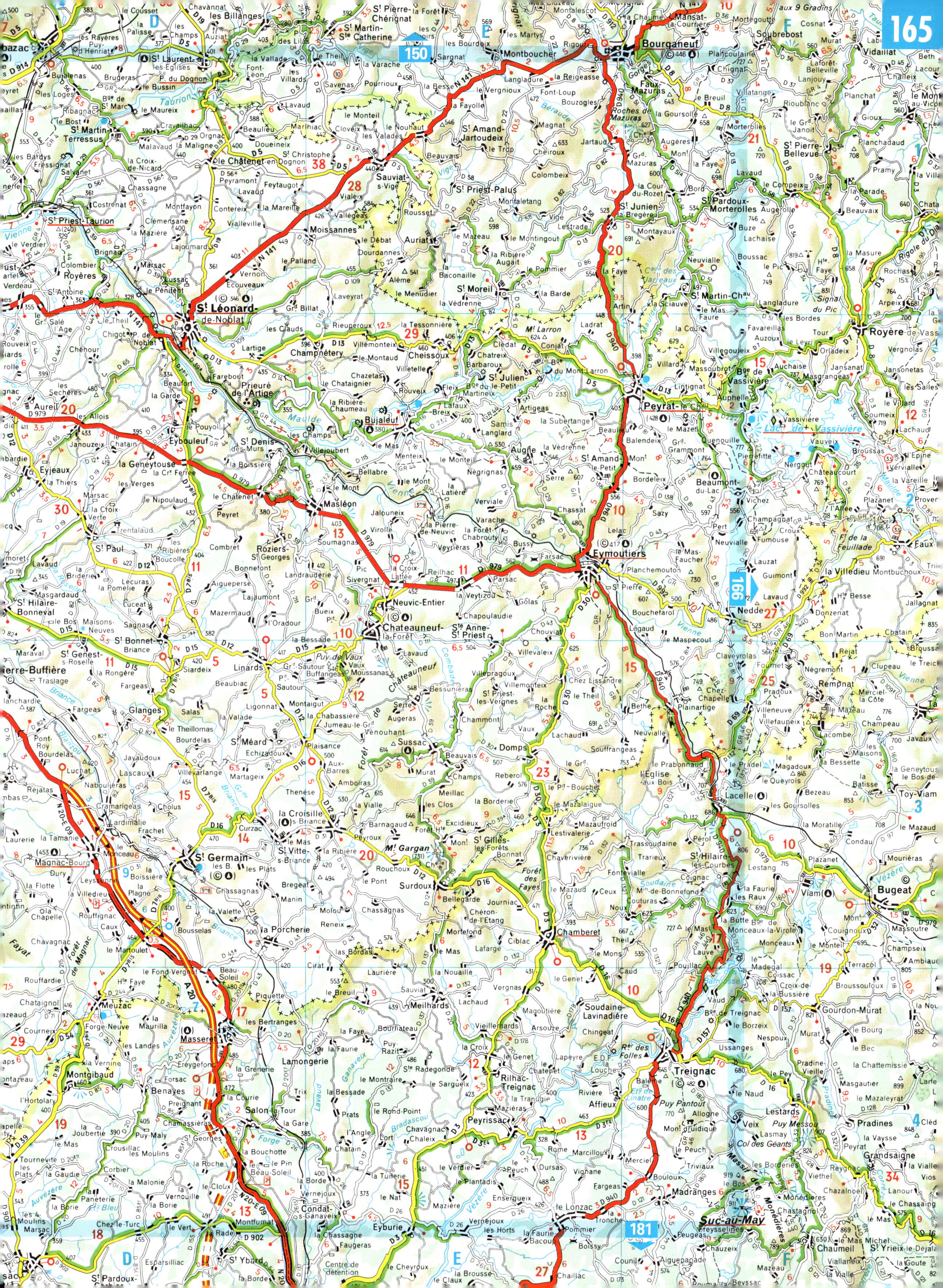

150
Bourganeuf
Montboucher
Sauviat-s-Vige
St Léonard-de-Noblat
St Priest-Taurion
Royères
St Laurent-les-Eglises
Les Billanges
St Martin-Terressus
Moissannes
Auriat
St Moreil
St Junien-la-Bregère
St Pardoux-Morterolles
Royère-de-Vassivière
Peyrat-le-Chau
Eybouleuf
St Denis-des-Murs
Masléon
Bujaleuf
Cheissoux
Champnétery
Eymoutiers
Lac de Vassivière
Beaumont-du-Lac
Nedde
166
Châteauneuf-la-Forêt
Neuvic-Entier
St Paul
Pierre-Buffière
Linards
Sussac
Domps
St Gilles-les-Forêts
Surdoux
St Germain-les-Belles
Magnac-Bourg
Masseret
Meuzac
Chamberet
Treignac
Bugeat
Viam
Lacelle
Toy-Viam
Tarnac
Meilhards
Benayes
Salon-la-Tour
Montgibaud
Lamongerie
Eyburie
Suc-au-May
181
Madranges
Chaumeil
Rilhac-Treignac
Soudaine-Lavinadière
Affieux
Condat-s-Ganaveix
St Ybard
Uzerche
Vidaillat
Soubrebost
St Pierre-Bellevue
Faux-Mazuras
Gentioux

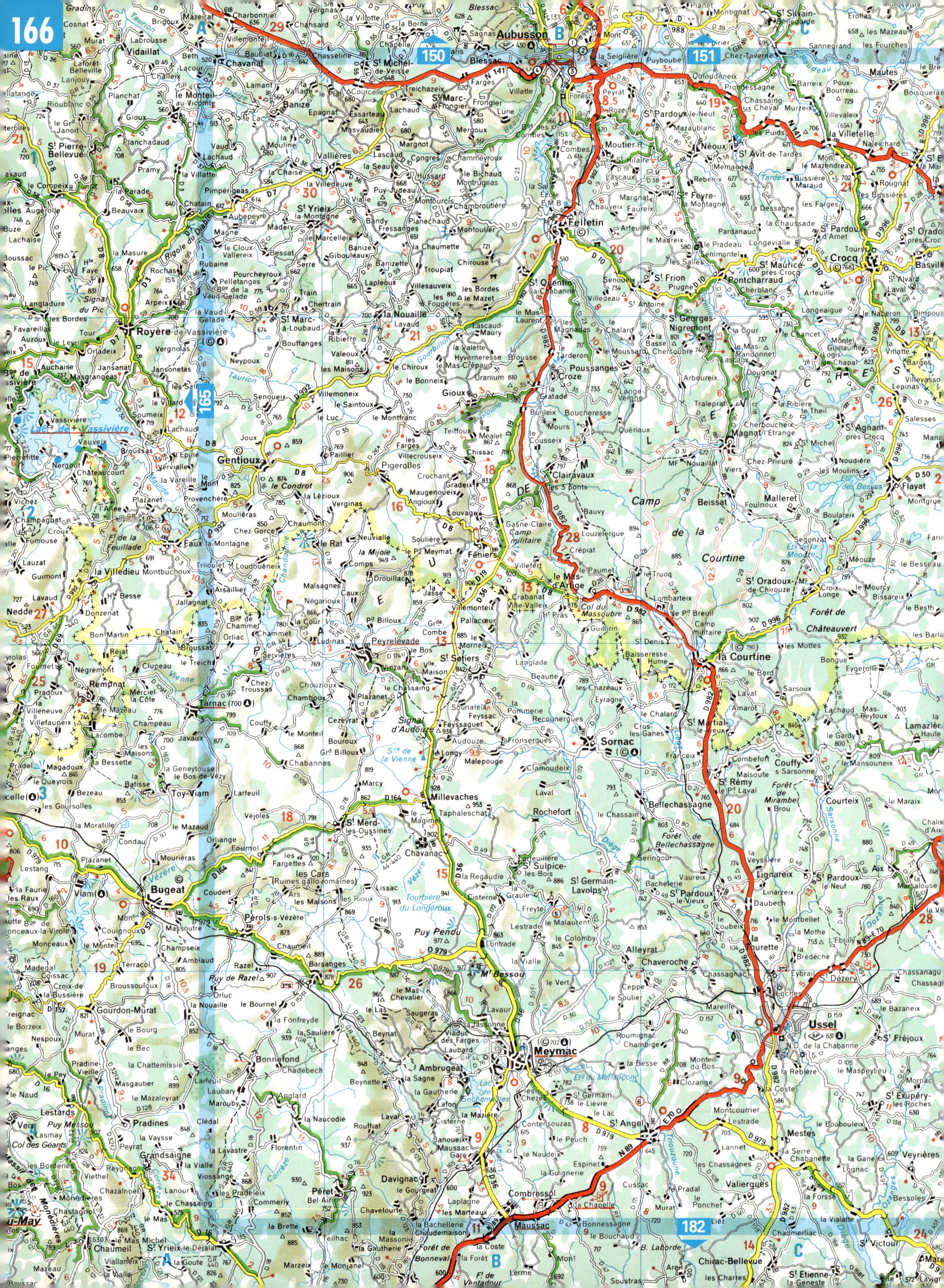
Aubusson
150
151
Felletin
Royère-de-Vassivière
Lac de Vassivière
165
Gentioux
Faux-la-Montagne
Peyrelevade
St Setiers
Sornac
Millevaches
Bugeat
Tarnac
Meymac
Ussel
St Angel
Maussac
182
Crocq
La Courtine
Camp de la Courtine
Plateau de Millevaches
Forêt de Châteauvert
Signal d'Audouze
Mt Bessou
Flayat
Magnat-l'Étrange
St Yrieix-la-Montagne
Vallières
Croze
Gioux
Pontcharraud
Chavanac
Pérols-s-Vézère
Davignac
Combressol
Ambrugeat
Lignareix
Eygurande
St Rémy
Bellechassagne
Alleyrat
Chaveroche
St Exupéry-les-Roches
Valiergues
Mestes
Chirac-Bellevue
St Victour
Gourdon-Murat
Grandsaigne
Pradines
Chaumeil
St Yrieix-le-Déjalat
Péret-Bel-Air
Rempnat
Nedde
St Pierre-Bellevue
Viam
Toy-Viam
Chamberet

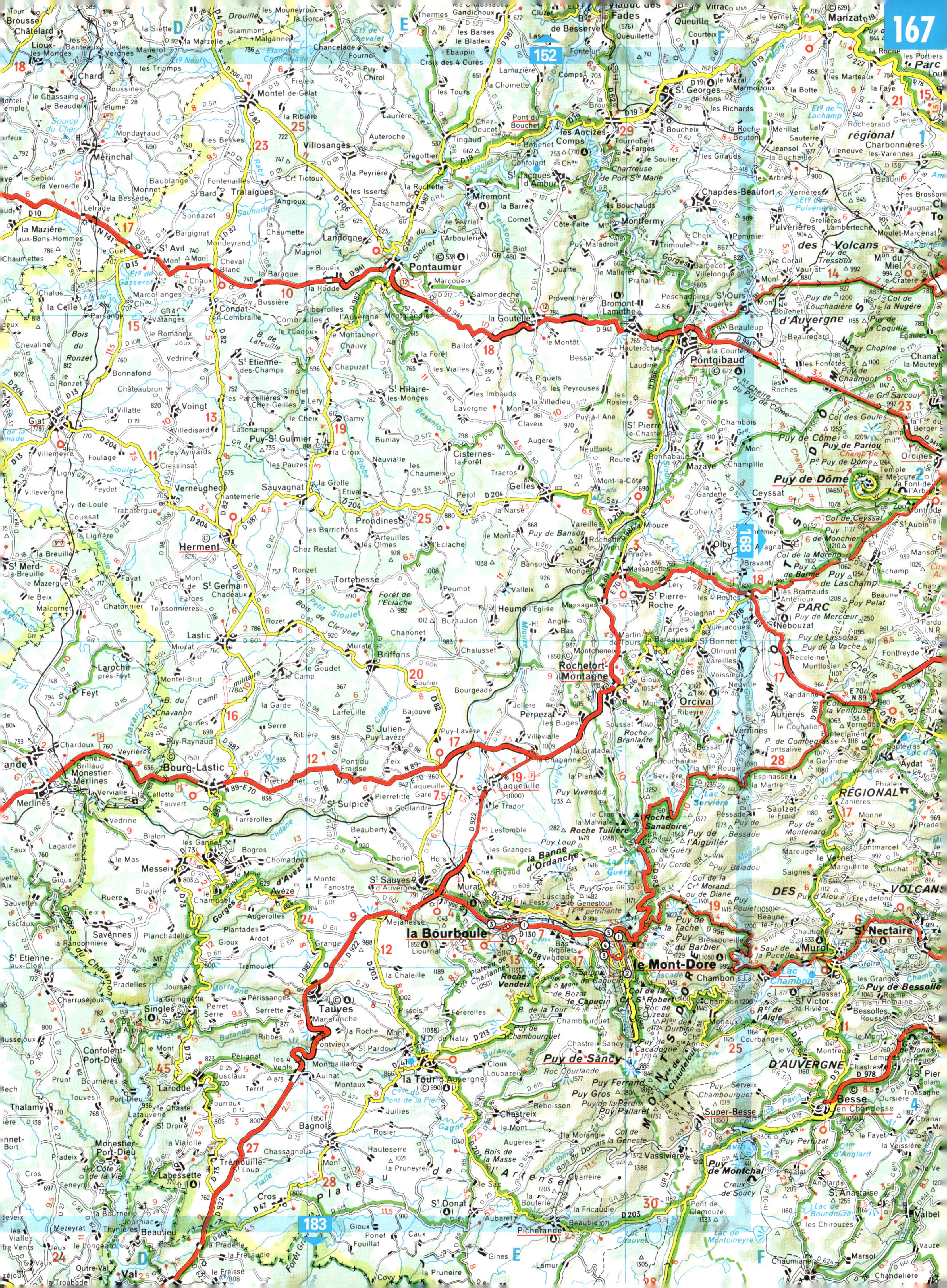
152
168
183
Pontaumur
Pontgibaud
Herment
Bourg-Lastic
Messeix
Rochefort-Montagne
Orcival
la Bourboule
le Mont-Dore
Tauves
la Tour-d'Auvergne
Besse-en-Chandesse
St Nectaire
Murol
Aydat
Puy de Dôme
Puy de Sancy
Puy de la Vache
Roche Tuilière
Roche Sanadoire
Lac de Guéry
Lac Chambon
Lac Pavin
Lac de Servière
Puy de Montchal
Super-Besse
Laqueuille
St Sauves-d'Auvergne
Montel-de-Gelat
Villosanges
Miremont
les Ancizes-Comps
St Georges-de-Mons
Manzat
Giat
Mérinchal
St Avit
Condat-en-Combraille
Briffons
Prondines
Gelles
Cisternes-la-Forêt
Puy-St Gulmier
Voingt
Verneugheol
Lastic
Feyt
Singles
Larodde
Labessette
Tremouille-St-Loup
Bagnols
Picherande
St Donat
Val
Beaulieu
Avèze
Savennes
Ceyssat
Nébouzat
Randanne
Aurières
Vernines
Saulzet-le-Froid
Chambon-sur-Lac
Vassivière
Chastreix
PARC
des Volcans
RÉGIONAL
D'AUVERGNE
DES VOLCANS
Plateau de l'Artense
Monts Dore
E
F
D

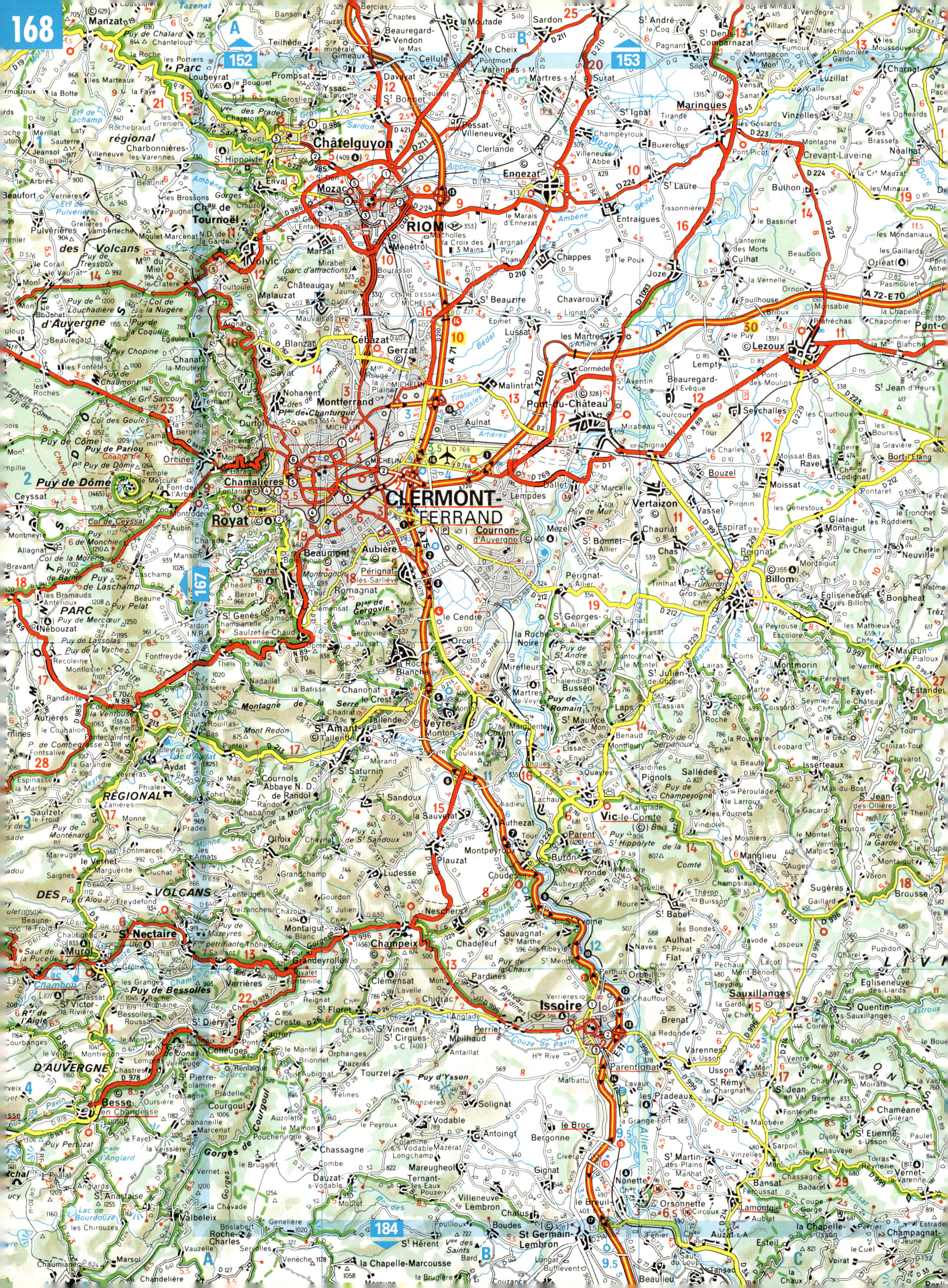
152
153
167
184
A
B
C
Manzat
Châtelguyon
Mozac
RIOM
Ennezat
Maringues
Volvic
Tournoël
Puy de Dôme
Chamalières
Royat
CLERMONT-FERRAND
Cournon-d'Auvergne
Aubière
Beaumont
Gerzat
Montferrand
Pont-du-Château
Lezoux
Vertaizon
Billom
Vic-le-Comte
Veyre-Monton
St Amant-Tallende
St Saturnin
St Sandoux
Champeix
St Nectaire
Murol
Besse-en-Chandesse
Issoire
Sauxillanges
St Germain-Lembron
Orcines
PARC
DES VOLCANS
D'AUVERGNE
RÉGIONAL
Lac Chambon
Puy de Sancy
Plateau de Gergovie
Puy de Pariou
Puy de Côme
Bort-l'Étang
Neschers
Plauzat
Coudes
Vodable
Solignat
Nonette
Orsonnette
Lamontgie
Auzat-s.-A.
Beaulieu
Vassel
Lempdes
Malintrat
Aulnat
Mirefleurs
Sugères
Manglieu
Usson
Egliseneuve-des-Liards
St Jean-en-Val
Chaméane
Mareugheol
Chassagne
St Anastaise
Marsol
Chandelière
Roche-Charles
Valbeleix

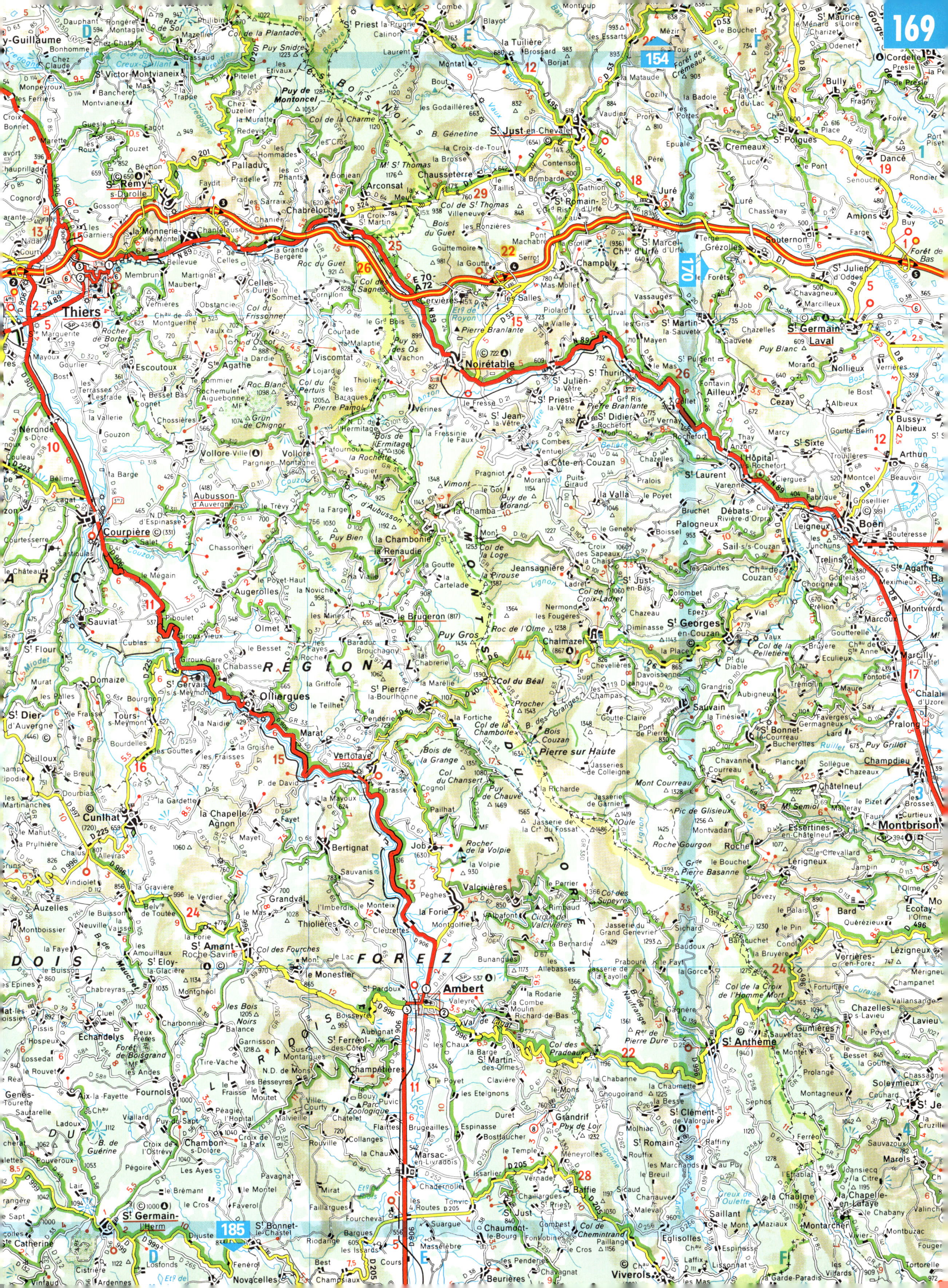
Thiers
Courpière
Noirétable
Boën
Montbrison
Ambert
Olliergues
Cunlhat
St Just-en-Chevalet
St Germain-Laval
St Anthème
Viverols
Chabreloche
St Rémy-s-Durolle
Vollore-Ville
Aubusson-d'Auvergne
Augerolles
Marat
Vertolaye
St Amant-Roche-Savine
Arlanc
Marsac-en-Livradois
Chalmazel
St Georges-en-Couzan
Sauvain
Pierre sur Haute
Col du Béal
Jeansagnière
Job
Valcivières
Bertignat
Grandval
Fournols
Echandelys
Champétières
St Germain-l'Herm
Usson-en-Forez
Saillant
Montarcher
Lérigneux
Essertines-en-Châtelneuf
Champdieu
Marcilly-le-Chatel
Sail-s-Couzan
Leigneux
Trelins
L'Hôpital-s-Rochefort
St Laurent
Cervières
Les Salles
Champoly
St Marcel-d'Urfé
St Romain-d'Urfé
Juré
Grézolles
Souternon
Cremeaux
St Polgues
Bully
Cordelle
Chausseterre
Arconsat
Palladuc
Celles-s-Durolle
Escoutoux
Viscomtat
La Monnerie-le-Montel
Puy de Montoncel
Bois Noirs
Col de la Charme
Col de Sagnes
Monts du Forez
Livradois
Forez
Régional
Col du Chansert
Col des Pradeaux
Col de la Croix de l'Homme Mort
Puy Gros
Col de la Loge
Col de Croix-Ladret
Roc de l'Olme
Pierre Branlante
Bois du Guet
Col de St Thomas
St Priest-la-Vêtre
St Julien-la-Vêtre
St Didier-s-Rochefort
St Jean-la-Vêtre
La Côte-en-Couzan
La Valla
Palogneux
Débats-Rivière-d'Orpra
Bussy-Albieux
Arthun
St Sixte
Cezay
Nollieux
Tours-s-Meymont
Sauviat
Domaize
St Flour
St Dier-d'Auvergne
Ceilloux
Auzelles
Condat-lès-Montboissier
St Eloy-la-Glacière
Chambon-s-Dolore
Baffie
Chaumont-le-Bourg
Novacelles
St Bonnet-le-Chastel
E 70-A72
N 89
D 906
154
170
185

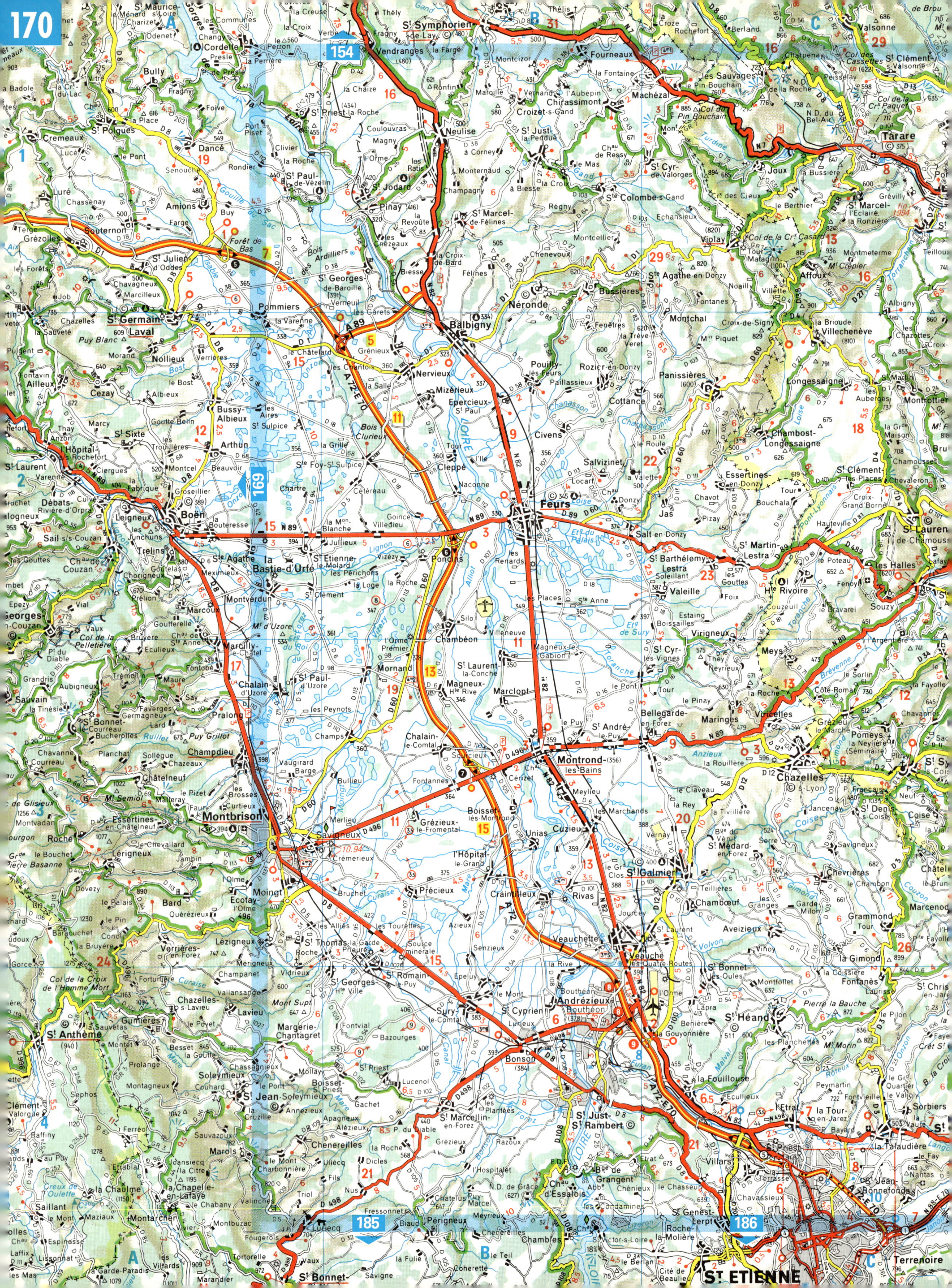
154
169
185
186
St Symphorien-de-Lay
Vendranges
Neulise
Fourneaux
Tarare
Balbigny
Néronde
Feurs
Boën
Montrond-les-Bains
Montbrison
St Galmier
Andrézieux-Bouthéon
Veauche
St Just-St Rambert
Bonson
Chazelles-s-Lyon
St Germain-Laval
Panissières
St ETIENNE
Terrenoire
St Héand
Sury-le-Comtal
St Marcellin-en-Forez
Chalain-d'Uzore
Champdieu
Pouilly-lès-Feurs
Violay
St Anthème
Villerest
Affoux
Valeille
Maringes
Viricelles
Bellegarde-en-Forez
St Bonnet-le-Château
Lavieu
Marols
St Jean-Soleymieux
Gumières
Luriecq
Périgneux
Chambles
la Fouillouse
Villars
St Priest-en-Jarez
St Romain-le-Puy
St Georges-Hte-Ville
Poncins
Mornand
Chambéon
Cleppé
Nervieux
Pommiers
St Julien-d'Oddes
Souternon
St Polgues
Dancé
Bully
Cordelle
St Marcel-de-Félines
Pinay
St Jodard
Bussières
Montchal
Cottance
Civens
Salvizinet
Jas
St Barthélemy-Lestra
St Cyr-les-Vignes
Magneux-Haute-Rive
Marclopt
Cuzieu
Unias
Craintilleux
Rivas
Chambœuf
Aveizieux
Fontanès
St Christo-en-Jarez
Marcenod
Chevrières
Grammond
Savigneux
Précieux
Boisset-lès-Montrond
Grézieux-le-Fromental
l'Hôpital-le-Grand
Marcilly-le-Châtel
Arthun
Bussy-Albieux
Cezay
Ailleux
Leigneux
Trelins
Marcoux
Montverdun
St Paul-d'Uzore
Pralong
Moingt
Ecotay-l'Olme
Bard
Lézigneux
Verrières-en-Forez
Margerie-Chantagret
Chenereilles
Valeille
Meys
Duerne
Grézieu-le-Marché
Pomeys
Coise
Maringes
Souzy
Longessaigne
Villechenève
Montrottier
Chambost-Longessaigne
Essertines-en-Donzy
Salt-en-Donzy
Rozier-en-Donzy
Ste Agathe-en-Donzy
Ste Colombe-s-Gand
St Cyr-de-Valorges
Machézal
Joux
Valsonne
St Clément-s-Valsonne
Chirassimont
Croizet-s-Gand
St Just-la-Pendue
Régny
Amions
Crémeaux
Nollieux
St Sixte
l'Hôpital-sous-Rochefort
St Laurent-Rochefort
Sail-s-Couzan
St Georges-en-Couzan
Sauvain
Chalmazel
Châtelneuf
Essertines-en-Châtelneuf
Roche
Lérigneux
St Bonnet-le-Courreau
la Chapelle-en-Lafaye
Montarcher
Saillant
Ste Agathe-la-Bouteresse
la Bastie-d'Urfé
St Etienne-le-Molard
St Laurent-la-Conche
Chalain-le-Comtal
St Cyprien
St André-le-Puy
Veauchette
St Thomas-la-Garde
Fontanès
la Tour-en-Jarez
Sorbiers
la Talaudière
St Jean-Bonnefonds
St Genest-Lerpt
Roche-la-Molière
Fraisses
Unieux
St Marcellin-en-Forez

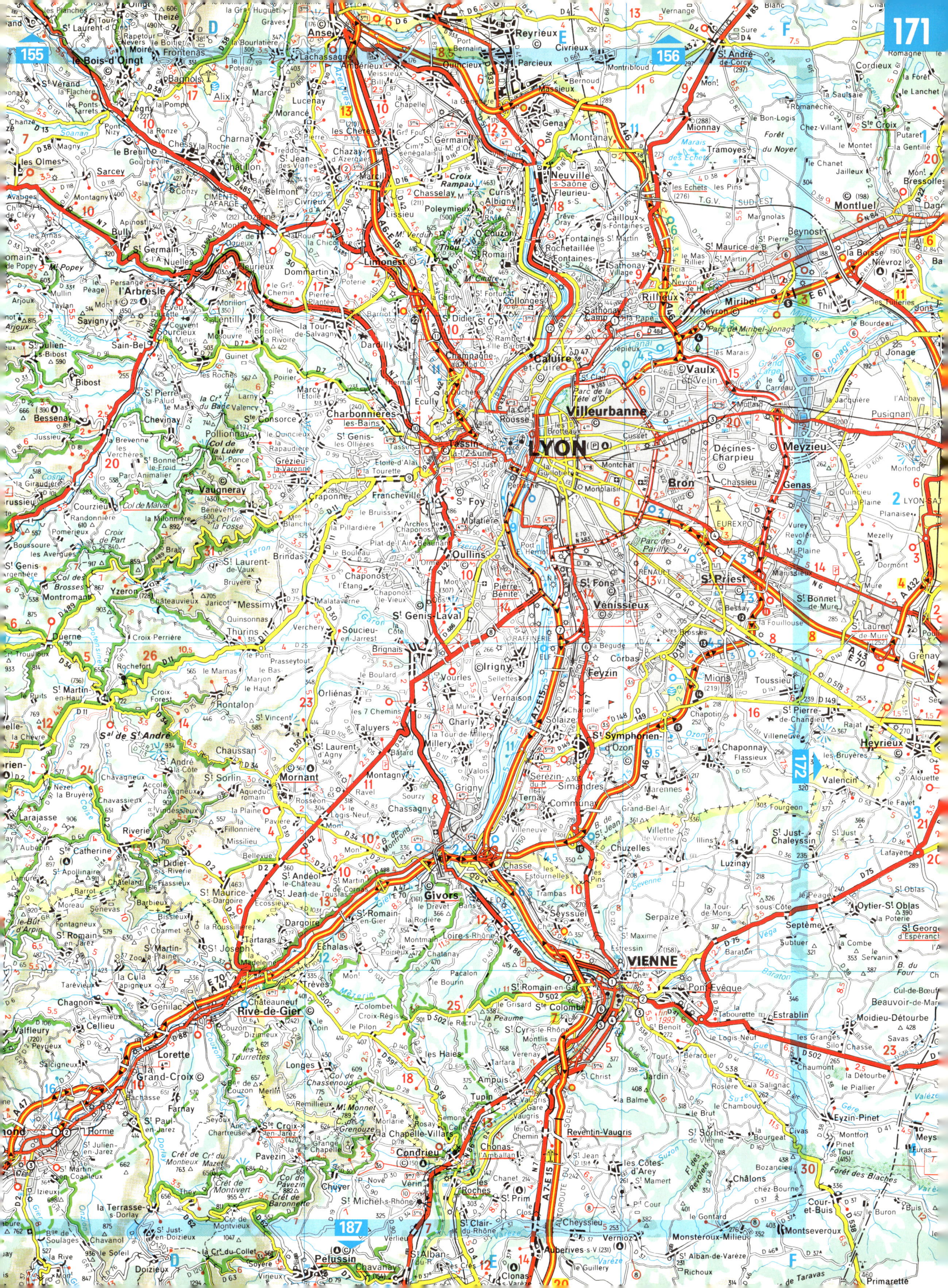
155
156
172
187
D
E
F
LYON
Villeurbanne
Vénissieux
Caluire-et-Cuire
Bron
Meyzieu
Décines-Charpieu
St Priest
St Fons
Oullins
Ste Foy
Tassin
Ecully
Limonest
Neuville-s-Saône
Rillieux
Miribel
Montluel
Givors
Vienne
Rive-de-Gier
Mornant
Brignais
Feyzin
Corbas
Mions
Chaponnay
Heyrieux
St Symphorien-d'Ozon
Pont-Evêque
Estrablin
Condrieu
Pélussin
Lorette
Grand-Croix
Vaugneray
Messimy
Craponne
Francheville
Charbonnières-les-Bains
Dardilly
Anse
Reyrieux
Trévoux
Villefranche
Genay
Montanay
L'Arbresle
Sain-Bel
Bessenay
Yzeron
Chaponost
Irigny
Vernaison
Millery
Grigny
Chasse
Seyssuel
Chuzelles
Serpaize
Luzinay
Septème
Toussieu
Genas
Chassieu
Jonage
Pusignan
Beynost
Nievroz
Thil
Vaulx-en-Velin
Villette-d'Anthon
St Laurent-de-Mure
St Bonnet-de-Mure
Grenay
Valencin
St Just-Chaleyssin
Oytier-St Oblas
Diemoz
St Georges-d'Espéranche
Moidieu-Détourbe
Eyzin-Pinet
Jardin
Reventin-Vaugris
Chonas-l'Amballan
St Clair-du-Rhône
Les Roches
Chavanay
St Alban
Ampuis
Tupin
Longes
Trèves
Dargoire
Echalas
St Romain-en-Gier
Chasselay
Lissieu
Marcy
Lozanne
Chessy
Châtillon
Bully
Sarcey
Legny
St Germain-sur-l'Arbresle
Savigny
Bibost
Chevinay
Pollionnay
Brindas
Soucieu-en-Jarrest
Orliénas
Taluyers
Montagny
Chassagny
St Andéol-le-Château
Riverie
Ste Catherine
St Didier-sous-Riverie
St Maurice-sur-Dargoire
St Joseph
Chagnon
Genilac
Farnay
St Paul-en-Jarez
La Terrasse-s-Dorlay
Doizieux
Ste Croix-en-Jarez
Pavezin
Chuyer
Véranne
St Michel-s-Rhône
Maclas
Lupé
Montagny
Communay
Ternay
Sérézin-du-Rhône
Simandres
Marennes
Villeneuve
Chaponnay
Solaize
Charly
Vourles
St Genis-Laval
Pierre-Bénite
La Mulatière
Collonges
St Didier
St Cyr
Champagne
Rochetaillée
Fontaines-s-Saône
Sathonay
Cailloux
Fleurieux
Massieux
Parcieux
Civrieux
Ambérieux
Quincieux
St Germain-au-Mont-d'Or
Curis
Poleymieux
Albigny
Couzon
Lucenay
Morancé
Lachassagne
Marcilly
Chazay
Les Chères
Belmont
Charnay
Alix
Bagnols
Le Bois-d'Oingt
Frontenas
Theizé
Mionnay
Tramoyes
Les Echets
St André-de-Corcy
Forêt du Noyer
Chez-Villard
Ste Croix
Cordieux
Bressolles
Dagneux
Balan
La Boisse
Sure

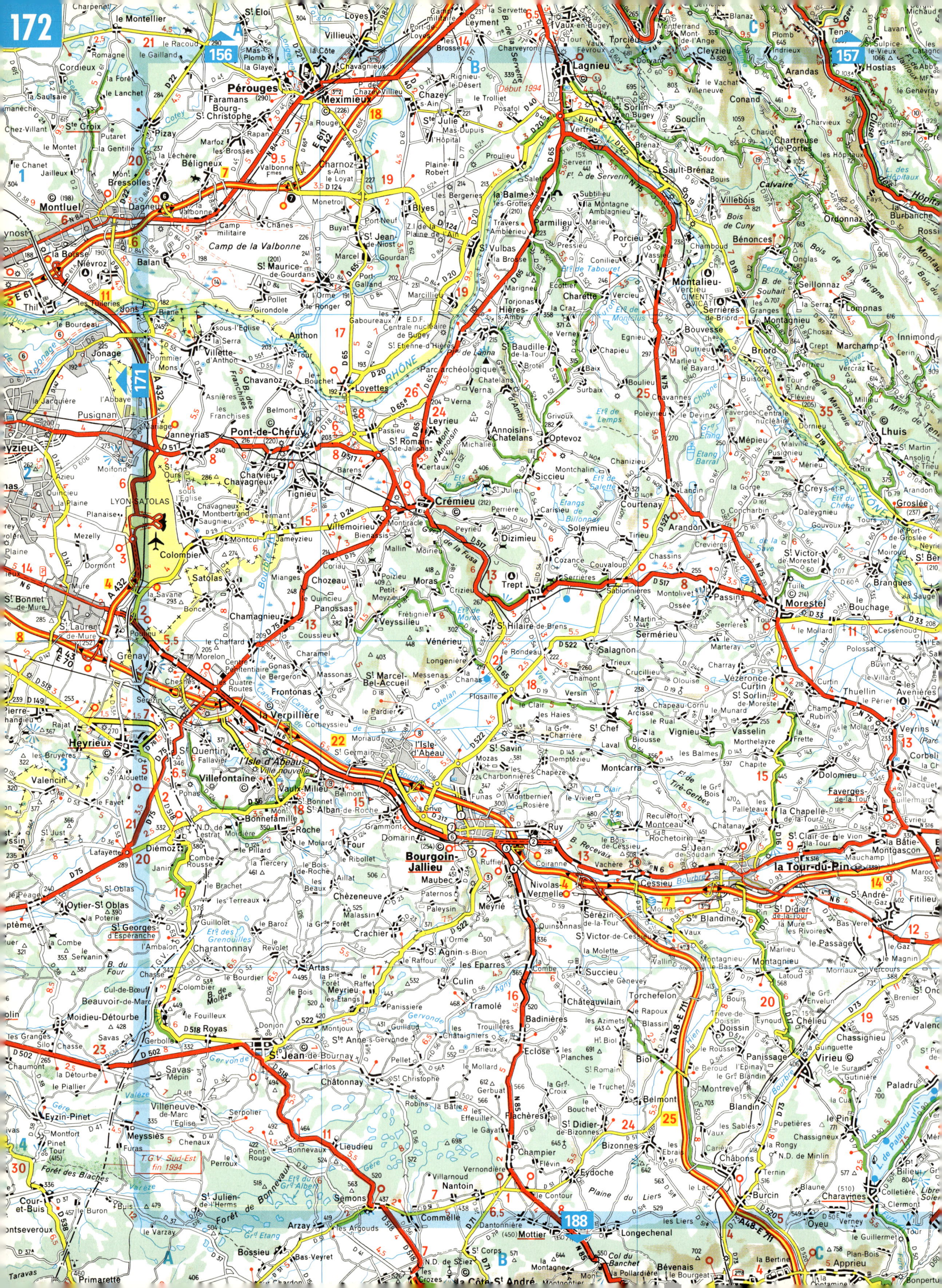
156
157
171
188
Pérouges
Meximieux
Lagnieu
Montluel
Dagneux
Camp de la Valbonne
St Maurice-de-Gourdans
Loyettes
Pont-de-Chéruy
Janneyrias
Jonage
Pusignan
Colombier
Satolas
LYON-SATOLAS
Heyrieux
Crémieu
Trept
Morestel
Lhuis
Montalieu-Vercieu
Serrières-de-Briord
Briord
Villebois
Bénonces
Sault-Brénaz
St Sorlin-en-Bugey
Souclin
Ordonnaz
Hostias
Arandas
Cleyzieu
Torcieu
Vaux-en-Bugey
Leyment
Chazey-sur-Ain
Charnoz-s-Ain
St Vulbas
Hières-s-Amby
Parmilieu
Porcieu
Courtenay
Arandon
Passins
Soleymieu
Dizimieu
Villemoirieu
Tignieu
Chavanoz
Anthon
Charvieu-Chavagneux
Chamagnieu
Frontonas
Villefontaine
l'Isle d'Abeau
Ville nouvelle
la Verpillière
Vaulx-Milieu
St Quentin-Fallavier
St Savin
Bourgoin-Jallieu
Ruy
la Tour-du-Pin
St Clair-de-la-Tour
Cessieu
Sérézin-de-la-Tour
St Victor-de-Cessieu
Châteauvilain
St Jean-de-Bournay
Diémoz
Oytier-St Oblas
St Georges-d'Espéranche
Charantonnay
Artas
Meyrieu-les-Étangs
Culin
Tramolé
Badinières
Éclose
Biol
Belmont
Bizonnes
Eydoche
Châbons
Virieu
Chélieu
Panissage
Blandin
Doissin
Montagnieu
Longechenal
Mottier
Commelle
Semons
Lieudieu
Châtonnay
Villeneuve-de-Marc
Eyzin-Pinet
Meyssiès
Savas-Mépin
Moidieu-Détourbe
Royas
Beauvoir-de-Marc
Valencin
St Just
Grenay
Mions
Corbas
St Bonnet-de-Mure
St Laurent-de-Mure
Génas
Azieu
Vénérieu
Veyssilieu
Chozeau
Panossas
St Marcel-Bel-Accueil
Salagnon
Vézeronce-Curtin
Vasselin
Faverges-de-la-Tour
Dolomieu
la Chapelle-de-la-Tour
la Bâtie-Montgascon
St Didier-de-la-Tour
St André-le-Gaz
Veyrins
Corbelin
Brangues
le Bouchage
St Victor-de-Morestel
Vignieu
Montcarra
Sermérieu
Creys-Mépieu
Rhône
Ain
Bourbre
Catelan
Étang de Lemps
Début 1994
T.G.V. Sud-Est fin 1994
Forêt de Bonnevaux
Forêt des Blaches
Plaine du Liers
Col du Banchet
Bévenais
la Côte-St André
St Siméon-de-Bressieux
Primarette
Bossieu
Arzay
St Julien-de-l'Herms
Cour-et-Buis
Plan-Bois
Apprieu
Oyeu
Charavines
Paladru
Bilieu
Burcin

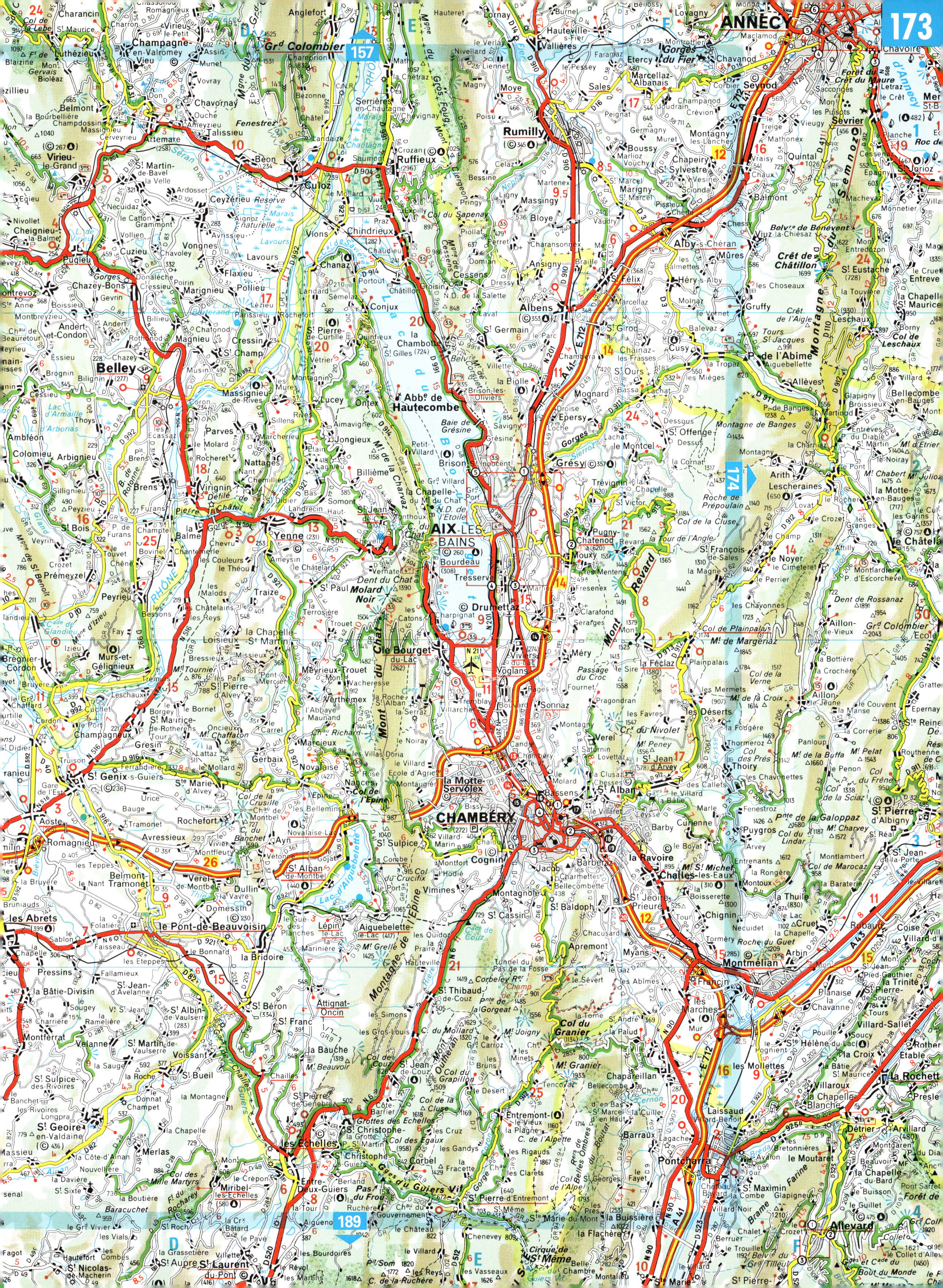

Annecy
Seynod
Rumilly
Ruffieux
Culoz
Belley
Champagne-en-Valromey
Virieu-le-Grand
Gorges du Fier
Alby-s-Chéran
Crêt de Châtillon
Abbe de Hautecombe
Aix-les-Bains
Grésy
Yenne
Le Bourget-du-Lac
Chambéry
La Motte-Servolex
Challes-les-Eaux
La Ravoire
Montmélian
St Genix-s-Guiers
Le Pont-de-Beauvoisin
Les Abrets
Les Échelles
St Laurent-du-Pont
Pontcharra
Allevard
Col du Granier
Mont Revard
Le Châtelard
La Rochette
Lac d'Aiguebelette
Dent du Chat
Mont du Chat
Col de l'Épine
Cirque de St Même
Grd Colombier

157
174
189

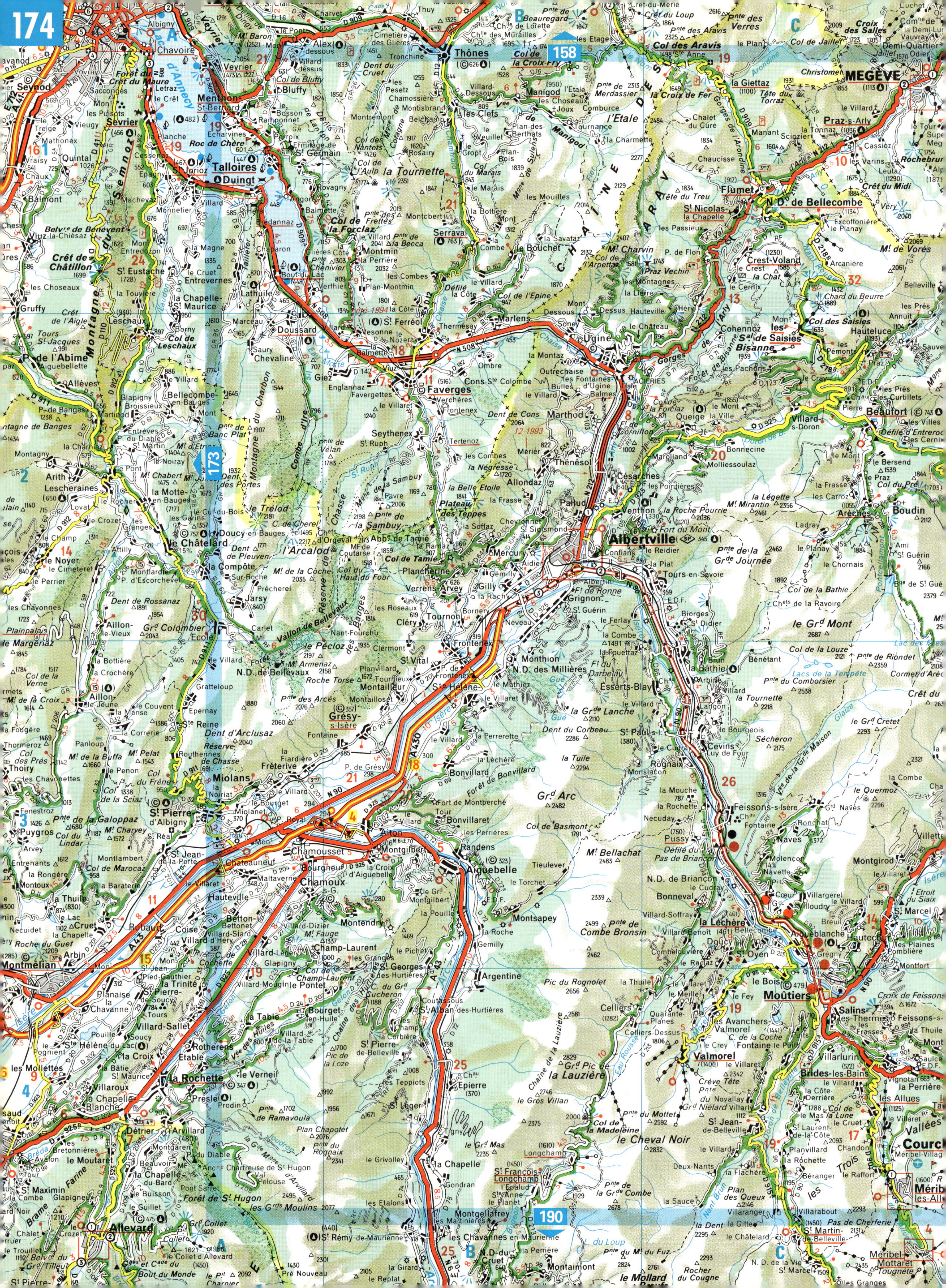
Thônes
Col des Aravis
Megève
Talloires
Duingt
Lac d'Annecy
Sevrier
Menthon-St-Bernard
Veyrier
Faverges
Doussard
Ugine
Flumet
N.D. de Bellecombe
Crest-Voland
Les Saisies
Beaufort
Albertville
Conflans
Tours-en-Savoie
Le Châtelard
Miolans
St-Pierre-d'Albigny
Montmélian
Chamoux
Aiton
Aiguebelle
Randens
La Rochette
Allevard
Moûtiers
Aigueblanche
Brides-les-Bains
Salins-les-Thermes
Valmorel
Col de la Madeleine
Le Cheval Noir
Montgellafrey
St-François-Longchamp
Méribel-les-Allues
Courchevel
Forêt de St-Hugon
Chaîne de Belledonne
Montagne du Semnoz
Col de Tamié
Col de la Forclaz
La Tournette
Grésy-s-Isère
Frontenex
Ste-Hélène
Cevins
Feissons-s-Isère
Bonvillard
Argentine
Epierre
St-Léger
Detrier
Chamousset
Châteauneuf
Hauteville
Arith
Lescheraines
Crêt de Châtillon
Seynod
158
173
190

159

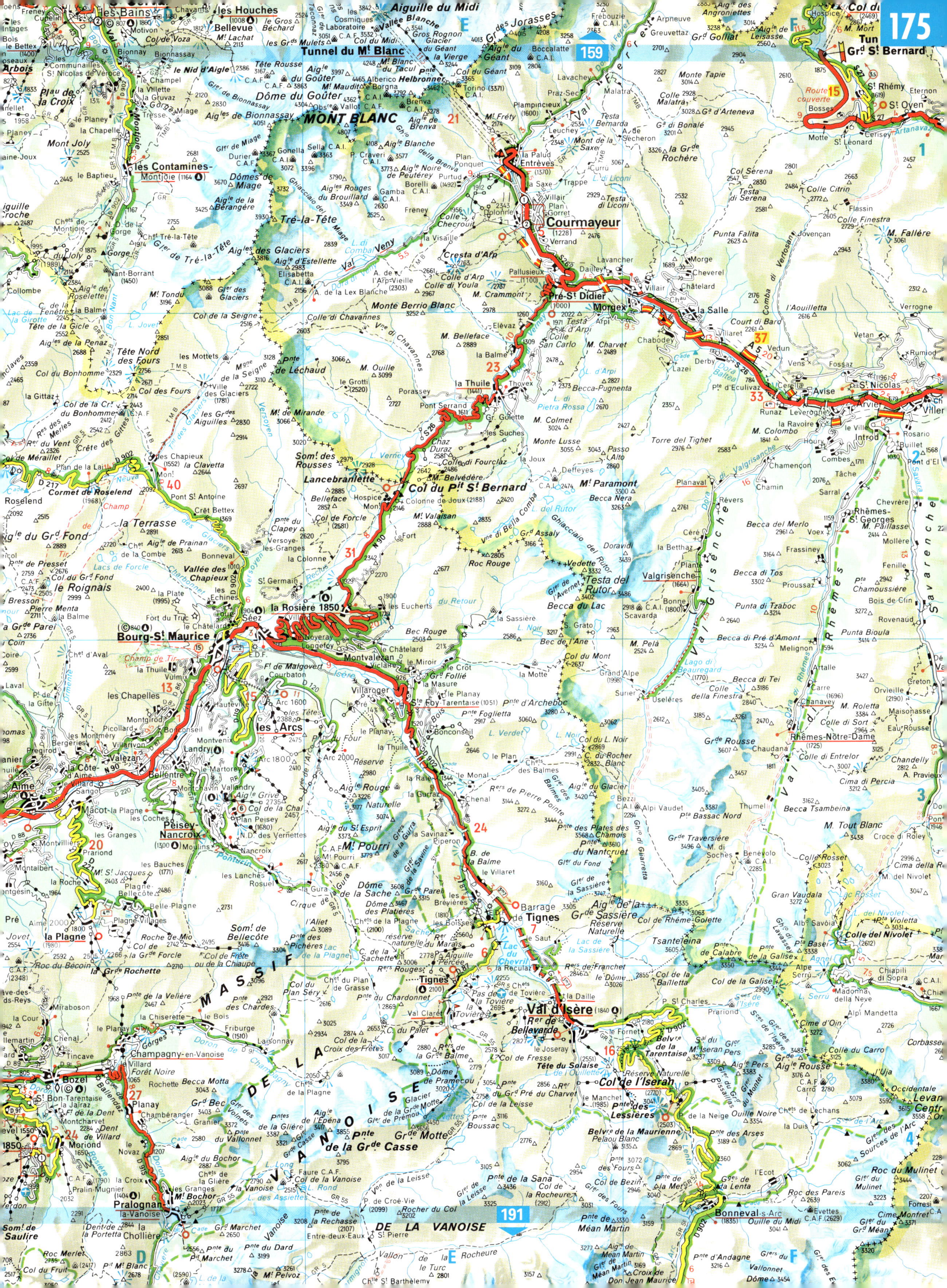

Aiguille du Midi
Tunnel du Mt Blanc
MONT BLANC
Dôme du Goûter
Courmayeur
Pré-St Didier
Morgex
la Thuile
Col du Pt St Bernard
la Rosière 1850
Bourg-St Maurice
les Arcs
Aime
la Plagne
Peisey-Nancroix
Tignes
Val d'Isère
Col de l'Iseran
Valgrisenche
Rhêmes-Notre-Dame
Aosta
Bozel
Pralognan la Vanoise
MASSIF DE LA VANOISE
Bonneval-s-Arc
les Contamines-Montjoie
Cormet de Roselend
Col du Bonhomme
Tré-la-Tête
Mt Pourri
Grde Sassière
Pte de la Grde Casse
Avise
Arvier
Introd
Col du Nivolet
Gd St Bernard

191

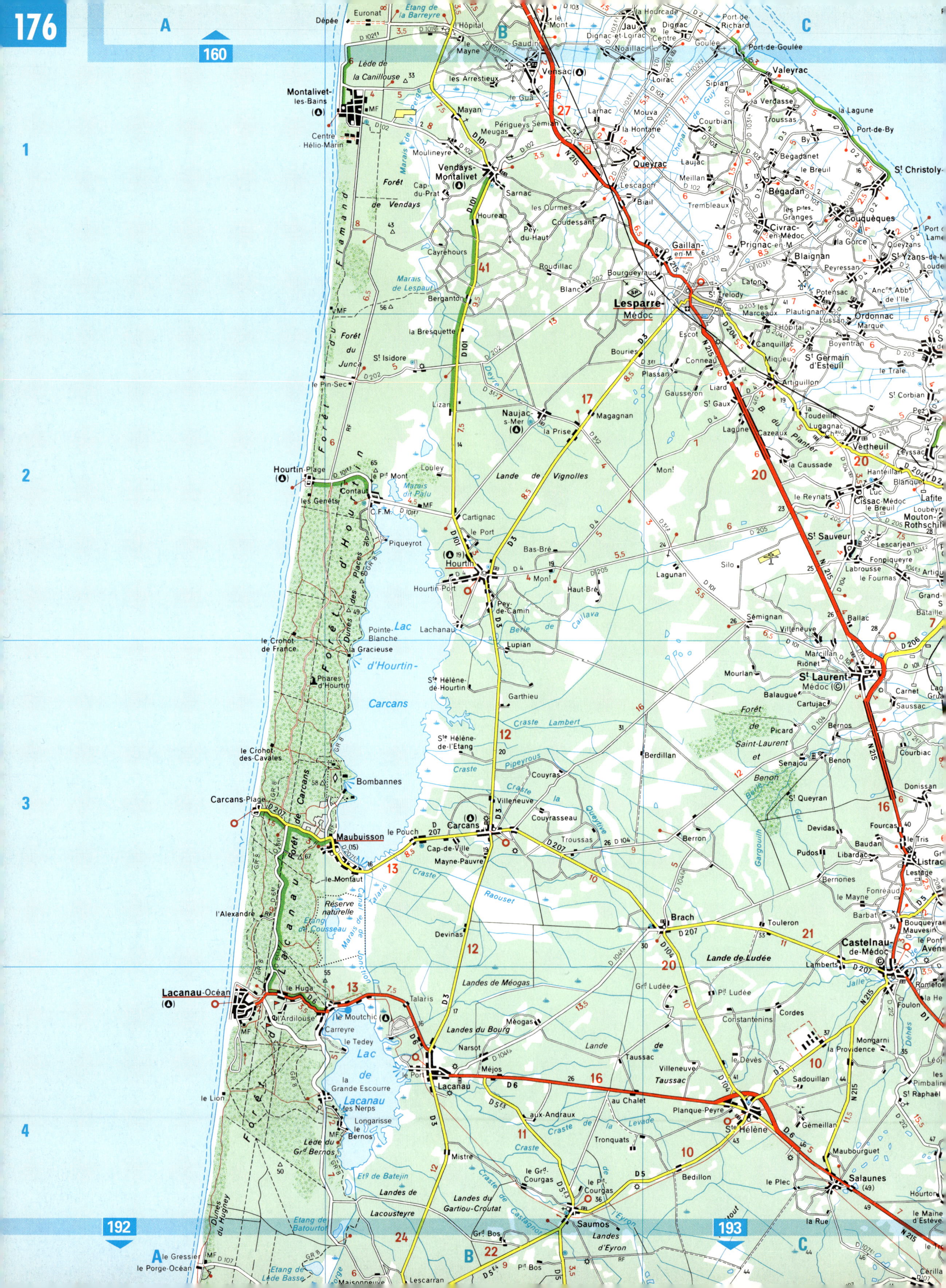
A
B
C
160
192
193
1
2
3
4
Montalivet-les-Bains
Centre Hélio-Marin
Vendays-Montalivet
Forêt de Vendays
Forêt du Flamand
Vensac
Valeyrac
Queyrac
Bégadan
Couquèques
St Christoly
Civrac-en-Médoc
Prignac-en-M.
Blaignan
Ordonnac
Gaillan-en-M.
Lesparre-Médoc
St Trelody
St Germain d'Esteuil
Forêt du Junca
St Isidore
le Pin-Sec
Naujac-s-Mer
Lande de Vignolles
Hourtin-Plage
Contaut
Hourtin
Hourtin-Port
Lac d'Hourtin-Carcans
Vertheuil
Cissac-Médoc
St Sauveur
St Laurent-Médoc
Forêt de Saint-Laurent et Benon
Pauillac
le Crohot de France
Phares d'Hourtin
le Crohot des Cavales
Bombannes
Carcans-Plage
Carcans
Maubuisson
Forêt de Carcans
Réserve naturelle
Etang de Cousseau
Forêt de Lacanau
Lacanau-Océan
Lacanau
Lac de Lacanau
Landes de Méogas
Landes du Bourg
Brach
Lande de Ludée
Castelnau-de-Médoc
Listrac
Ste Hélène
Salaunes
Saumos
Landes d'Eyron
Lacousteyre
le Porge-Océan
Dunes du Hugney
Etang de Batourtot
Etang de Lède Basse
Lescarran
Moulis
Avensan
N 215
D 101
D 3
D 6
D 207
D 104
D 5

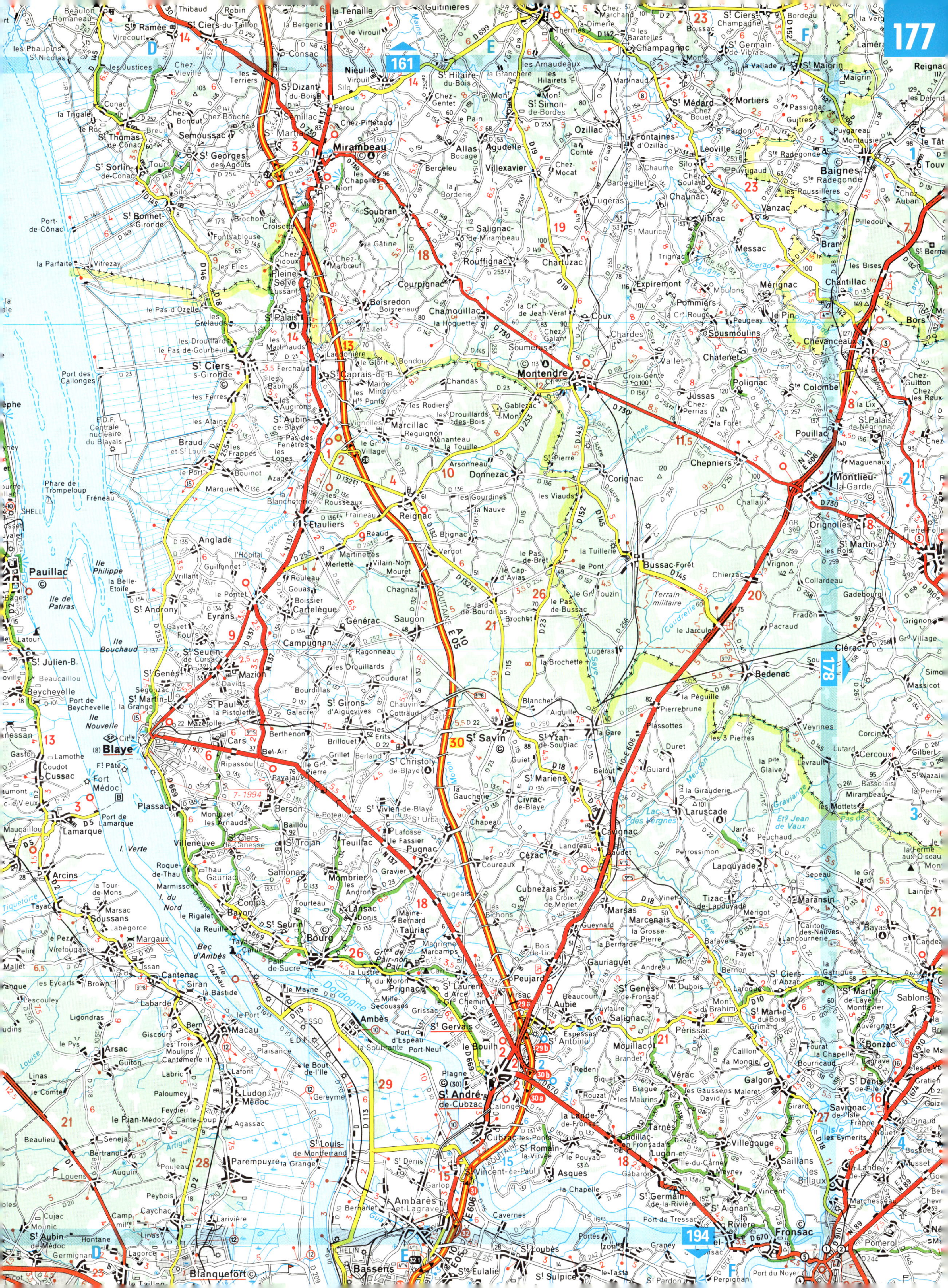
161
178
194
Mirambeau
Montendre
Baignes-Ste Radegonde
Montlieu-la-Garde
Blaye
Pauillac
St Ciers-s-Gironde
St André-de-Cubzac
Bourg
Fronsac
Blanquefort
Bassens
St Savin
Cavignac
Reignac
Étauliers
St Aubin-de-Médoc
Margaux
Lamarque
Soussans
Arsac
Macau
Ludon-Médoc
Parempuyre
Ambès
St Louis-de-Montferrand
Ambarès-et-Lagrave
St Loubès
St Sulpice
Izon
Vayres
Galgon
Guîtres
Coutras
Laruscade
Clérac
Bedenac
Bussac-Forêt
Chevanceaux
Pouillac
Chepniers
Corignac
Donnezac
Marcillac
St Palais
Pleine-Selve
Semoussac
St Thomas-de-Conac
St Sorlin-de-Conac
St Bonnet-sur-Gironde
St Georges-des-Agoûts
St Dizant-du-Bois
Nieul-le-Virouil
St Hilaire-du-Bois
Allas-Bocage
Agudelle
Ozillac
Fontaines-d'Ozillac
Léoville
Vanzac
Vibrac
Tugéras
Salignac-de-Mirambeau
Rouffignac
Courpignac
Boisredon
Chamouillac
Soubran
Coux
Chardes
Polignac
Jussas
Pommiers
Mérignac
Chantillac
Sousmoulins
Expirement
Chartuzac
Messac
Cercoux
Gauriaguet
Peujard
Virsac
Aubie
Salignac
Marsas
Marcenais
Tizac-de-Lapouyade
Lapouyade
Maransin
Pugnac
Tauriac
Teuillac
Mombrier
Lansac
Samonac
Comps
Bayon
Gauriac
St Seurin
Villeneuve
Plassac
Berson
Cars
St Genès
Mazion
St Martin
Campugnan
Cartelègue
Eyrans
Anglade
St Androny
Générac
Saugon
St Girons-d'Aiguevives
St Christoly-de-Blaye
St Vivien-de-Blaye
St Mariens
Cézac
Cubnezais
St Laurent-d'Arce
St Gervais
Prignac
Cubzac-les-Ponts
St Romain-la-Virvée
Asques
Lugon
Villegouge
Saillans
St Germain-de-la-Rivière
Cadillac
Tarnès
Vérac
Mouillac
Périssac
Bonzac
Savignac-de-l'Isle
Sablons
St Denis-de-Pile
Bayas
Ile Philippe
Ile de Patiras
Ile Bouchaud
Ile Nouvelle
I. Verte
I. du Nord
Bec d'Ambès
Dordogne
Gironde
Livenne
Saye
Lary
Isle
Terrain militaire
Blanchet
Pierrebrune
Plassottes
la Péguille
Cussac
Fort Médoc
Arcins
Labarde
Cantenac
Le Pian-Médoc
Le Taillan-Médoc
Lamothe
Beychevelle
St Julien-B.
Phare de Trompeloup
Port de Lamarque
Port de Beychevelle
Centrale nucléaire du Blayais
AQUITAINE
N 10
N 137
A 10
E 05
E 606

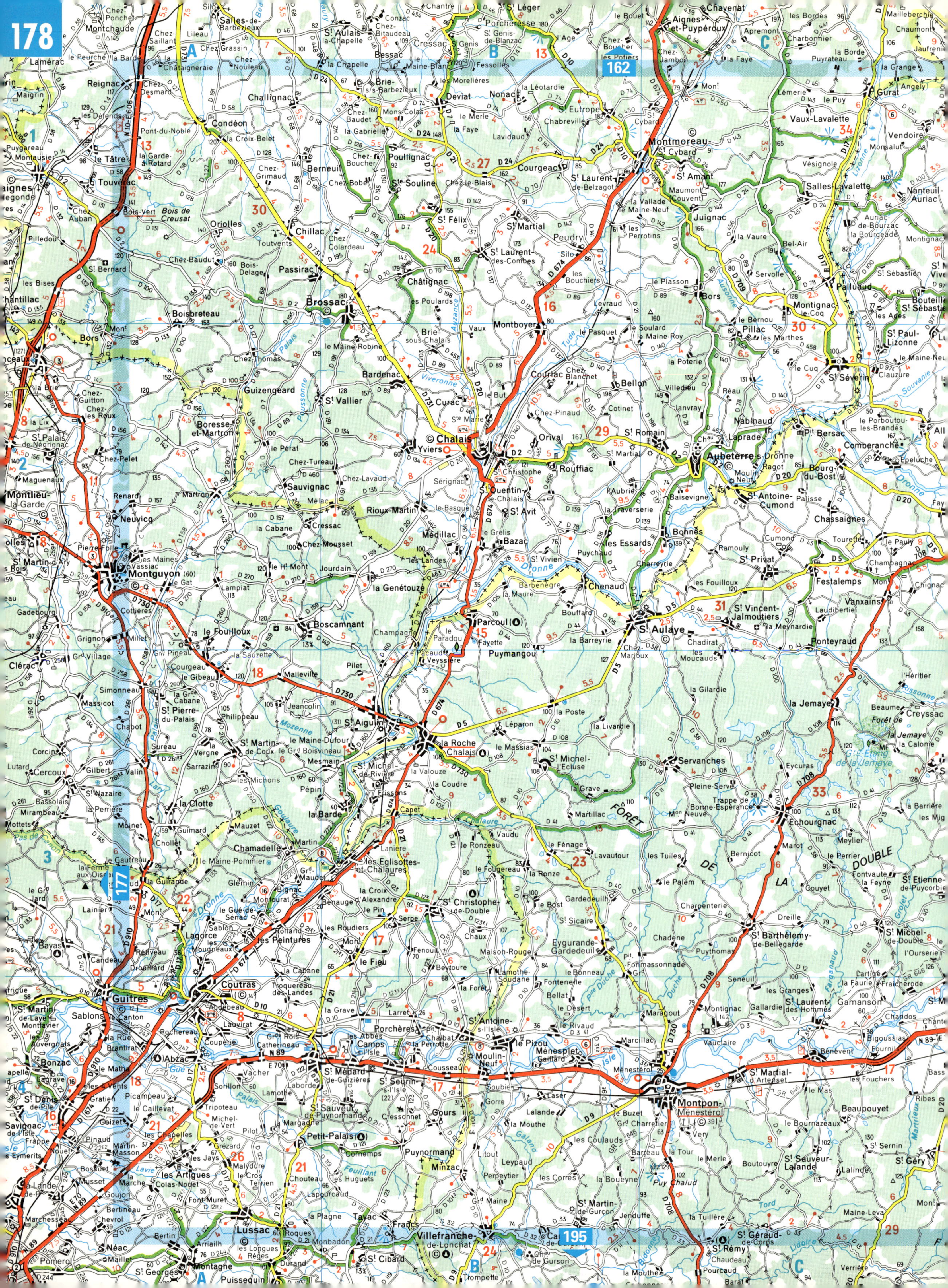
Montchaude
Reignac
Condéon
Challignac
Barbezieux
St Aulais-la-Chapelle
Bessac
Deviat
Nonac
Montmoreau-St Cybard
St Amant
Aignes-et-Puypéroux
Touvérac
Berneuil
Pouillignac
Ste Souline
Courgeac
St Laurent-de-Belzagot
Juignac
Salles-Lavalette
Chillac
Passirac
Brossac
Châtignac
St Félix
St Martial
St Laurent-des-Combes
Peudry
Bors
Montignac-le-Coq
Palluaud
Pillac
St Paul-Lizonne
St Séverin
Montboyer
Bardenac
Guizengeard
St Vallier
Chalais
Curac
Courlac
Bellon
Nabinaud
Aubeterre-s-Dronne
Bors
Boresse-et-Martron
Yviers
Orival
St Romain
Rouffiac
Laprade
St Christophe
St Quentin-de-Chalais
St Avit
Bonnes
St Antoine-Cumond
Bazac
Médillac
Rioux-Martin
Sauvignac
Cressac
Montlieu-la-Garde
Neuvicq
Montguyon
Boscamnant
La Genétouze
Parcoul
Chenaud
Puymangou
St Aulaye
St Privat
Festalemps
St Vincent-Jalmoutiers
Ponteyraud
Vanxains
Le Fouilloux
St Pierre-du-Palais
Malleville
St Aiguin
La Roche Chalais
St Michel-l'Écluse
Servanches
La Jemaye
Échourgnac
St Martin-de-Coux
St Michel-de-Rivière
Les Essards
Cercoux
Chamadelle
Les Eglisottes-et-Chalaures
FORÊT DE LA DOUBLE
St Christophe-de-Double
St Barthélemy-de-Bellegarde
St Michel-de-Double
Lagorce
Les Peintures
Eygurande-Gardedeuil
Guîtres
Coutras
St Antoine-s-l'Isle
Le Pizou
Ménesplet
Montpon-Ménestérol
St Laurent-des-Hommes
St Martial-d'Artenset
Bayas
Bonzac
Abzac
St Médard-de-Guizières
St Seurin-s-l'Isle
Les Peintures
Camps-s-l'Isle
Moulin-Neuf
Bénévent
St Denis-de-Pile
St Sauveur-de-Puynormand
Petit-Palais
Gours
Puynormand
Minzac
St Sauveur-Lalande
Savignac-de-l'Isle
Les Artigues
Lussac
Tayac
Francs
Villefranche-de-Lonchat
St Martin-de-Gurçon
St Géraud-de-Corps
St Rémy
Néac
Montagne
St Cibard
Puisseguin
St Georges
Pomerol

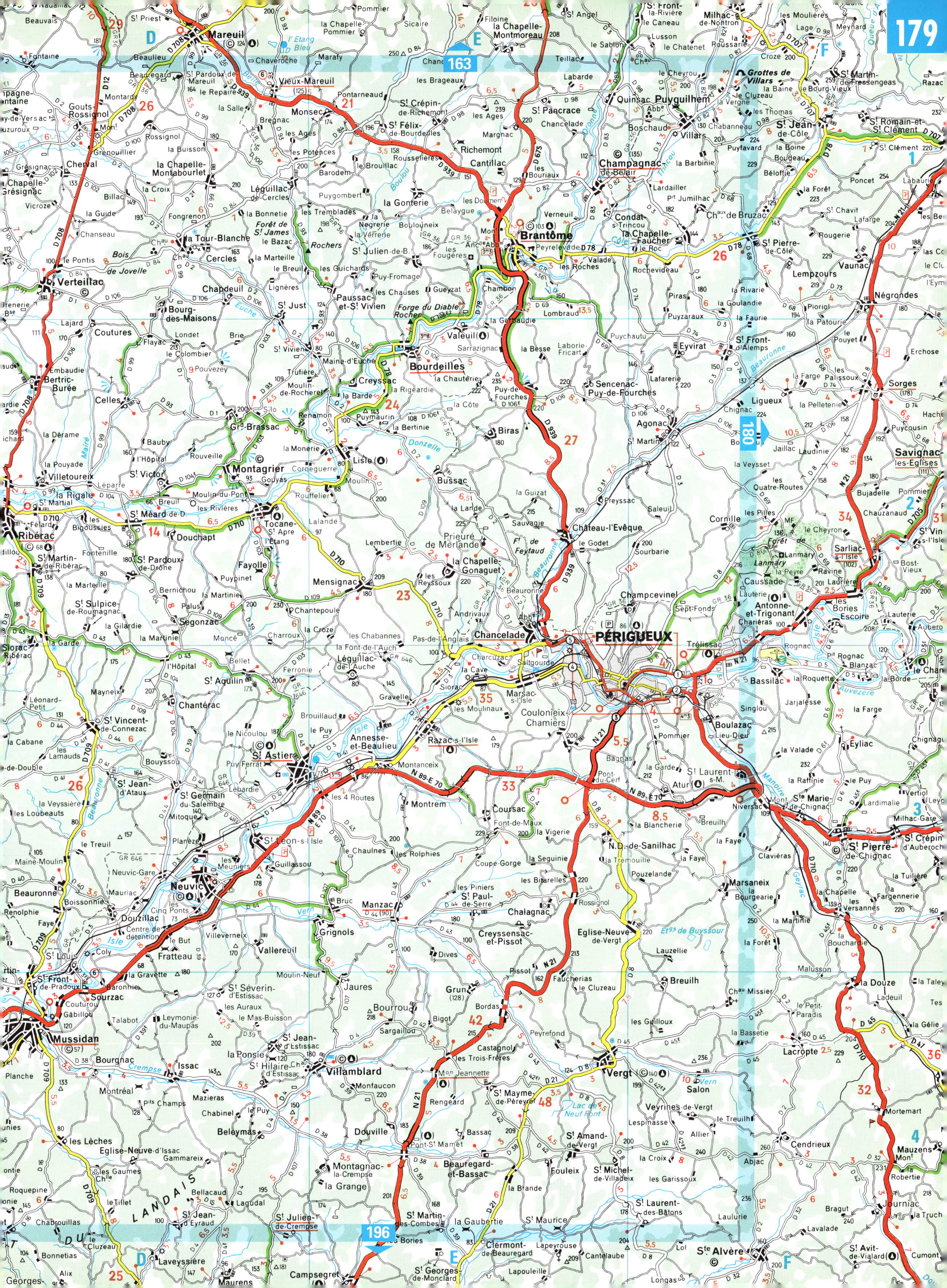
Mareuil
Vieux-Mareuil
Brantôme
Bourdeilles
Valeuil
Champagnac de-Belair
Puyguilhem
Villars
Grottes de Villars
St Jean-de-Côle
St Pierre-de-Côle
Négrondes
Sorges
Savignac-les-Eglises
Verteillac
Ribérac
Tocane-St Apre
Montagrier
Lisle
Bussac
Agonac
Château-l'Evêque
Chancelade
PÉRIGUEUX
Trélissac
Boulazac
Bassillac
Coulounieix-Chamiers
Razac-s-l'Isle
St Astier
Annesse-et-Beaulieu
Neuvic
Mussidan
Villamblard
Vergt
Manzac
Grignols
St Léon-s-l'Isle
Sarliac-s-l'Isle
Antonne-et-Trigonant
Champcevinel
St Pierre-de-Chignac
St Laurent-s-M.
Atur
Niversac
Douville
St Martin-des-Combes
Ste Alvère
Clermont-de-Beauregard
Beauregard-et-Bassac
Campsegret
Laveyssière
Montagnac-la-Crempse
Lacropte
Mauzens
Cendrieux
Salon
Veyrines-de-Vergt
Eglise-Neuve-de-Vergt
Creyssensac-et-Pissot
Chalagnac
Coursac
Sourzac
Douzillac
Issac
Beleymas
St Jean-d'Estissac
St Séverin-d'Estissac
Bourrou
Grun
Bordas
Forêt de Lanmary
Forêt de St James
Bois de Jovelle
Etg de Buyssou
Landais
Isle
Dronne
Beauronne
Vern
Crempse
Manoire
Auvezère
N 21
N 89-E 70
D 939
D 710
D 708
163
180
196

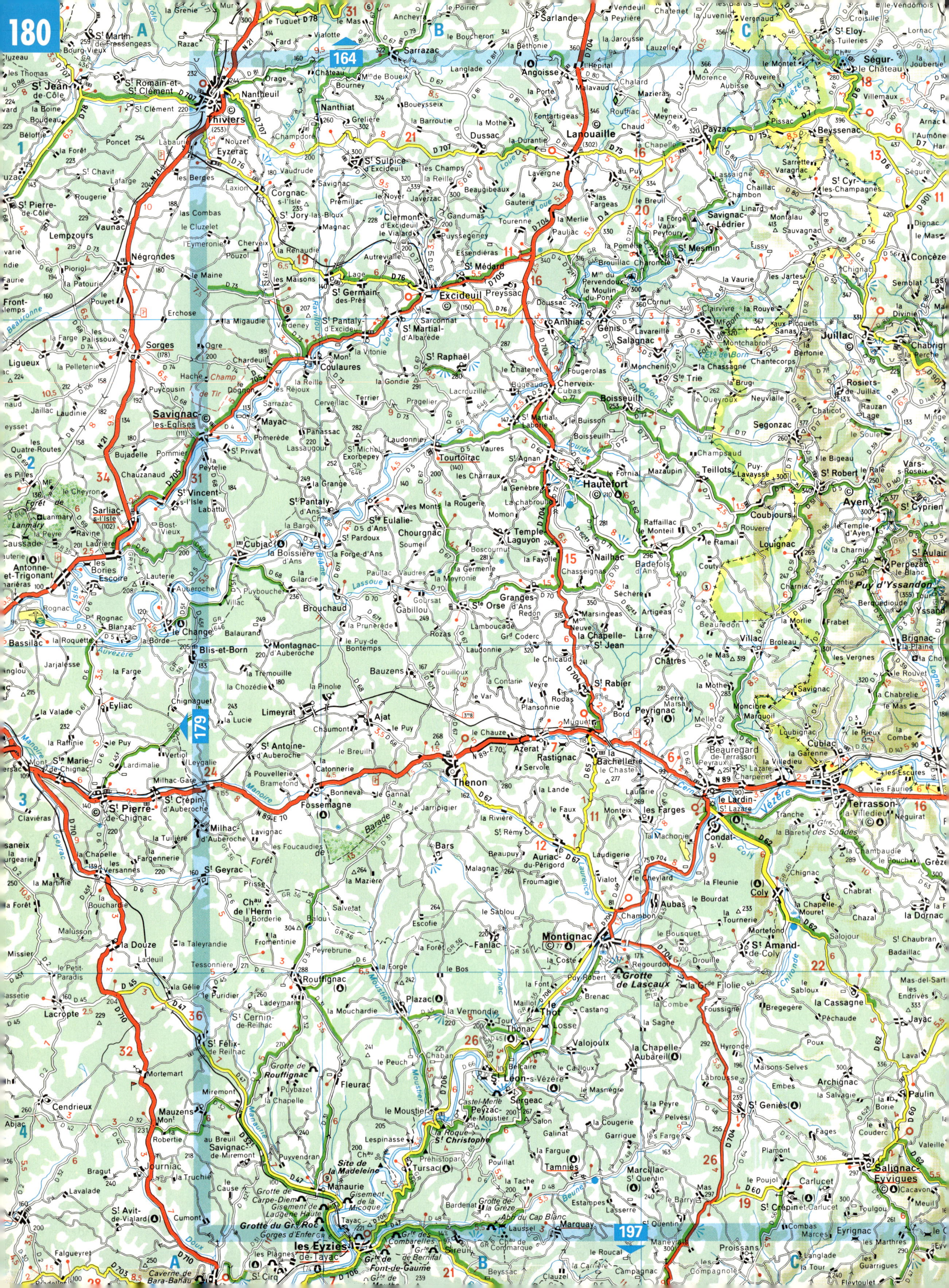
164
179
197
Thiviers
Nantheuil
Sarrazac
Angoisse
Lanouaille
Payzac
Ségur-le-Château
St Jean-de-Côle
Négrondes
Sorges
Savignac-les-Eglises
Excideuil
St Germain-des-Prés
Corgnac-s-l'Isle
St Jory-las-Bloux
Coulaures
Mayac
Tourtoirac
Hautefort
St Médard
Savignac-Lédrier
Juillac
Cherveix-Cubas
Boisseuilh
St Robert
Ayen
Cubjac
Sarliac-s-l'Isle
Antonne-et-Trigonant
Le Change
Blis-et-Born
Brouchaud
Temple-Laguyon
Nailhac
Badefols-d'Ans
Chatres
St Rabier
Peyrignac
Bauzens
Limeyrat
Ajat
Thenon
Azerat
Rastignac
la Bachellerie
Terrasson-la-Villedieu
le Lardin
Condat-s.-V.
Coly
Aubas
Montignac
Grotte de Lascaux
St Amand-de-Coly
Fossemagne
Milhac-d'Auberoche
St Pierre-de-Chignac
St Geyrac
Rouffignac
Grotte de Rouffignac
Plazac
Fanlac
Thonac
Valojoulx
St Léon-s-Vézère
Sergeac
Peyzac-le-Moustier
La Roque-St Christophe
Tursac
Les Eyzies-de-Tayac
Manaurie
Marquay
Tamniès
Marcillac-St Quentin
St Geniès
Salignac-Eyvigues
Archignac
Jayac
Paulin
la Douze
Lacropte
St Félix-de-Reilhac
Mauzens-et-Miremont
Journiac
St Avit-de-Vialard
Cendrieux
Bassillac
Eyliac
Brignac
Puy d'Yssandon
Yssandon
Perpezac-le-Blanc
St Cyprien
Concèze
Beyssenac
St Cyr-les-Champagnes
Villac
Coubjours
Teillots
Beauregard-de-Terrasson
Auriac-du-Périgord
Carlucet
Proissans
St Crépin-et-Carlucet

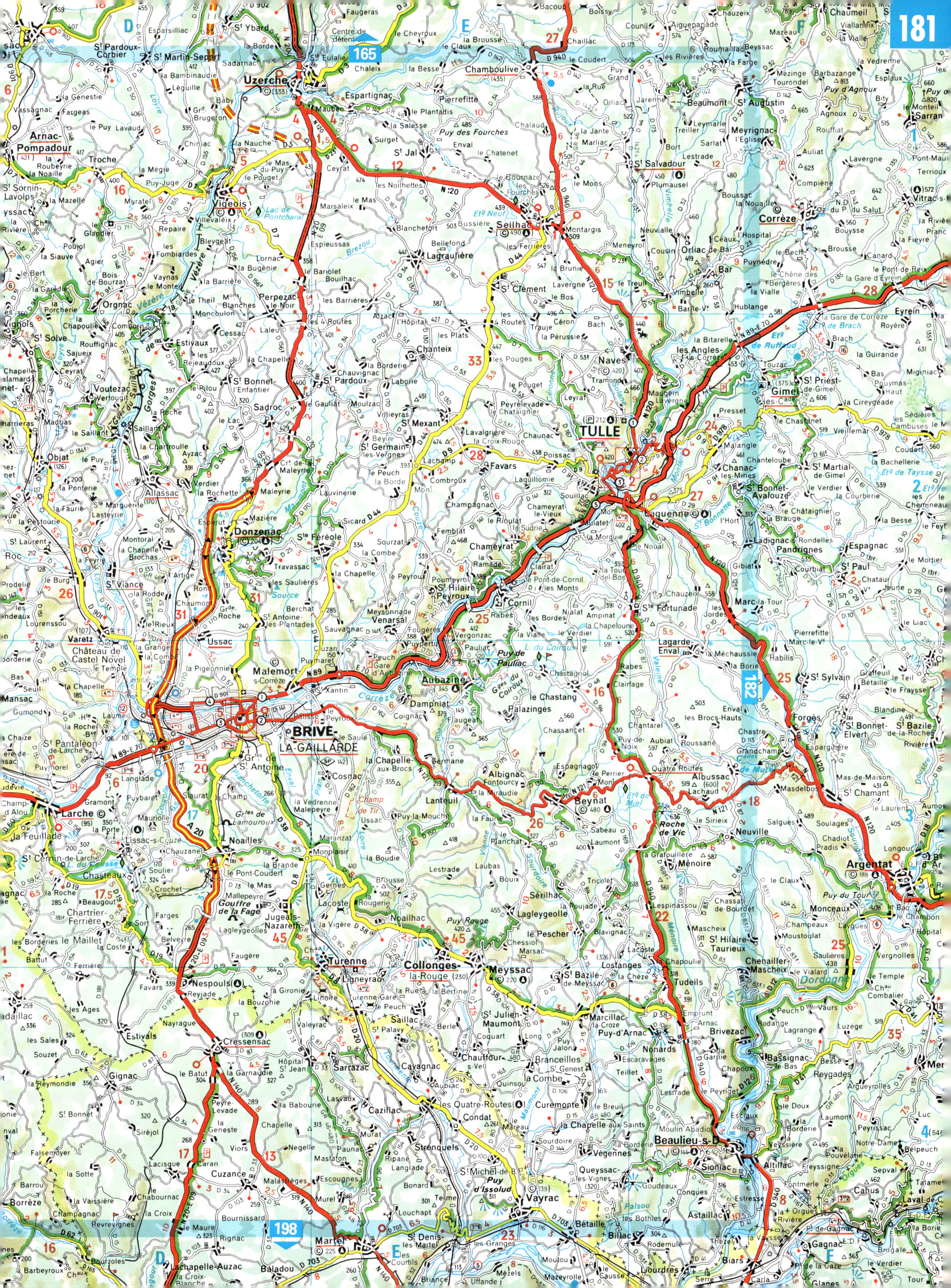

Uzerche
Arnac-Pompadour
Vigeois
Seilhac
Lagraulière
Corrèze
Tulle
Naves
Gimel
Laguenne
Donzenac
Allassac
Objat
Varetz
Ussac
Malemort-s-Corrèze
BRIVE-LA-GAILLARDE
Larche
Aubazine
Cornil
Beynat
Argentat
Noailles
Turenne
Collonges-la-Rouge
Meyssac
Beaulieu-s-D.
Vayrac
Martel
Cressensac
Nespouls
Chamboulive
Albussac
Forgès
Neuville
Monceaux
Sionlac
Lanteuil
Dampniat
Chameyrat
Sarrazac
Cuzance
Gignac
Estivals
Cavagnac
Curemonte
Saillac

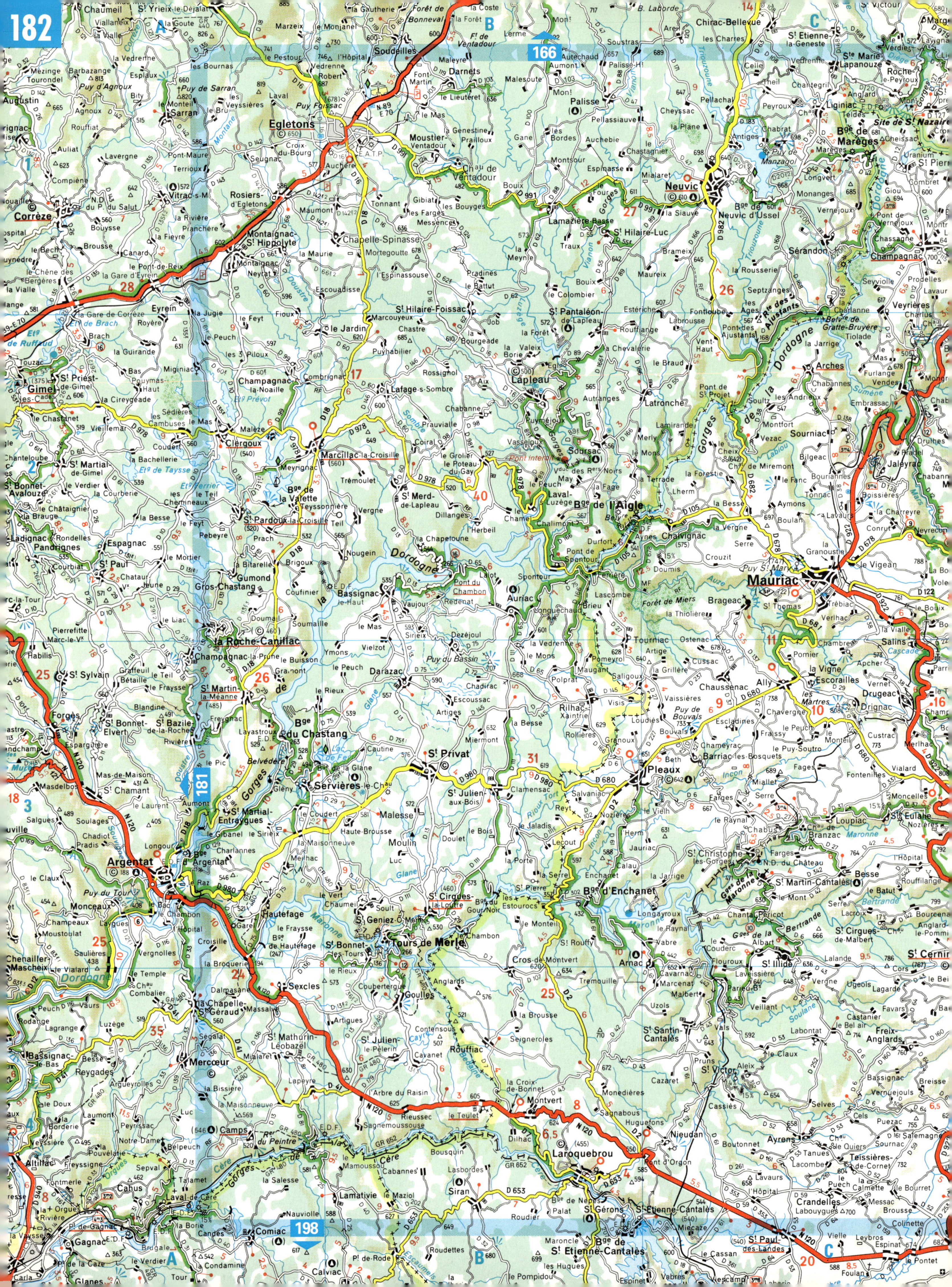
166
198
181
A
B
C
Egletons
Neuvic
Corrèze
Mauriac
Argentat
Lapleau
Marcillac-la-Croisille
Clergoux
St Privat
Pleaux
Servières-le-Château
Tours de Merle
Mercoeur
Laroquebrou
St Martin-Cantalès
Champagnac
Ussel
Soursac
Auriac
Darazac
Rilhac-Xaintrie
Goulles
Sexcles
Camps
St Geniez-Ô-Merle
Hautefage
Monceaux
Gimel
Sarran
Montaignac-St Hippolyte
Rosiers-d'Egletons
Moustier-Ventadour
Soudeilles
St Hilaire-Foissac
Lafage-s-Sombre
St Merd-de-Lapleau
Latronche
Sourniac
Chalvignac
Brageac
Ally
Barriac-les-Bosquets
Drugeac
Salins
Arnac
Cros-de-Montvert
Montvert
Siran
St Etienne-Cantalès
Nieudan
St Victor
Cassaniouze
Bassignac-le-Bas
Reygades
Glanes
Gagnac
Comiac
Calviac
Dordogne
Maronne
Gorges de la Dordogne
Gorges de la Maronne
Bge de l'Aigle
Bge du Chastang
Bge d'Enchanet
Bge de Marèges
Bge de la Valette
Bge de Hautefage
Bge de St Etienne-Cantalès
Puy du Bassin
Puy de Bouvais
N 89
N 120
D 680
D 678
D 922
D 980
D 982

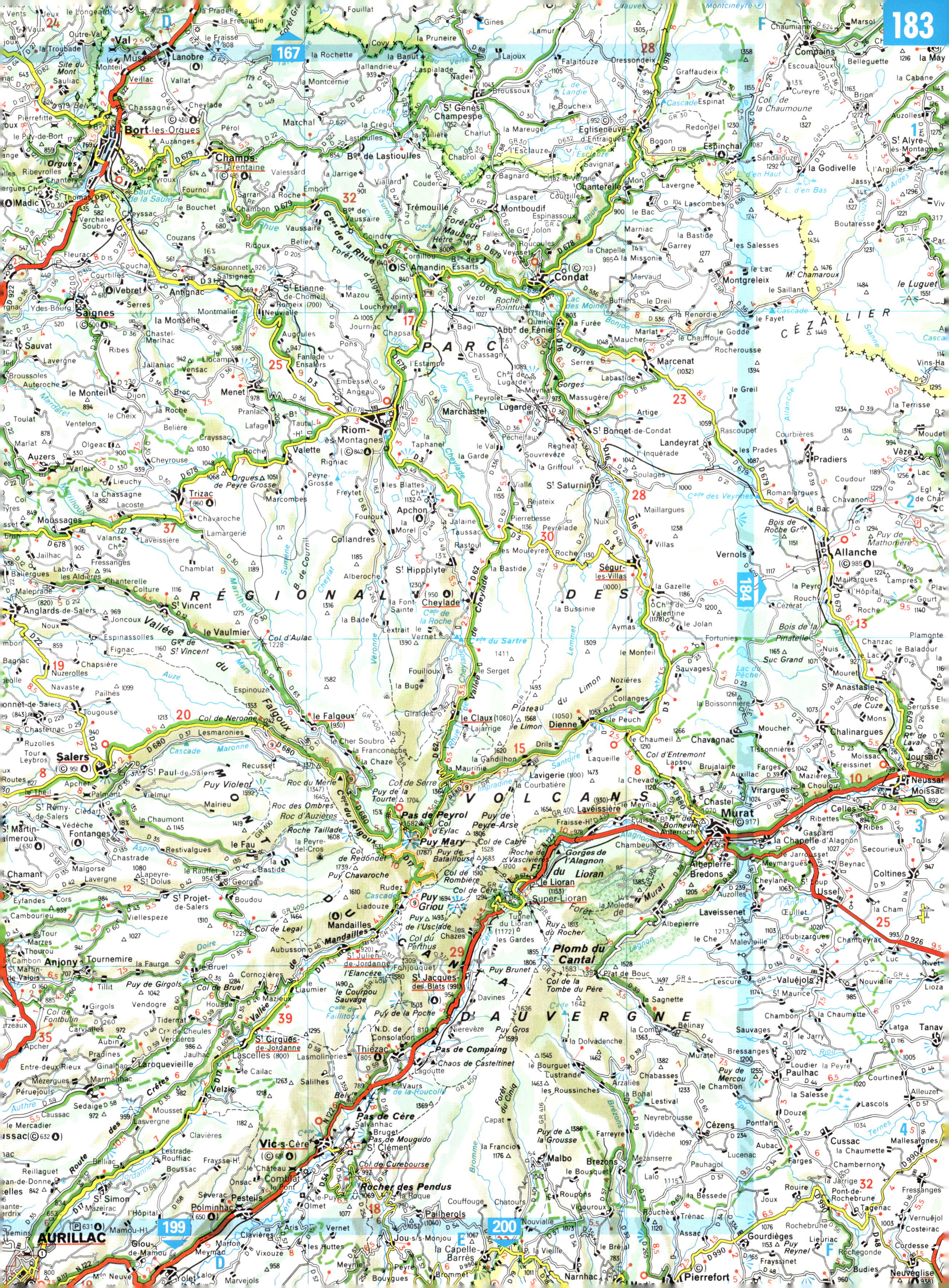
167
184
199
200
Bort-les-Orgues
Champs-s-Tarentaine
Saignes
Riom-ès-Montagnes
Condat
Marcenat
Allanche
Murat
Salers
Trizac
Cheylade
Dienne
Ségur-les-Villas
Puy Mary
Pas de Peyrol
Lioran
Super-Lioran
Plomb du Cantal
Vic-s-Cère
Thiézac
Aurillac
Pierrefort
Neussargues-Moissac
Compains
Egliseneuve-d'Entraigues
St Amandin
Apchon
St Hippolyte
Anglards-de-Salers
St Martin-Valmeroux
Mandailles
Murat
Paulhac
Cézens
Malbo
Brezons
Polminhac
Pailherols
CÉZALLIER
PARC
RÉGIONAL
DES
VOLCANS
D'AUVERGNE
MONTS DU CANTAL

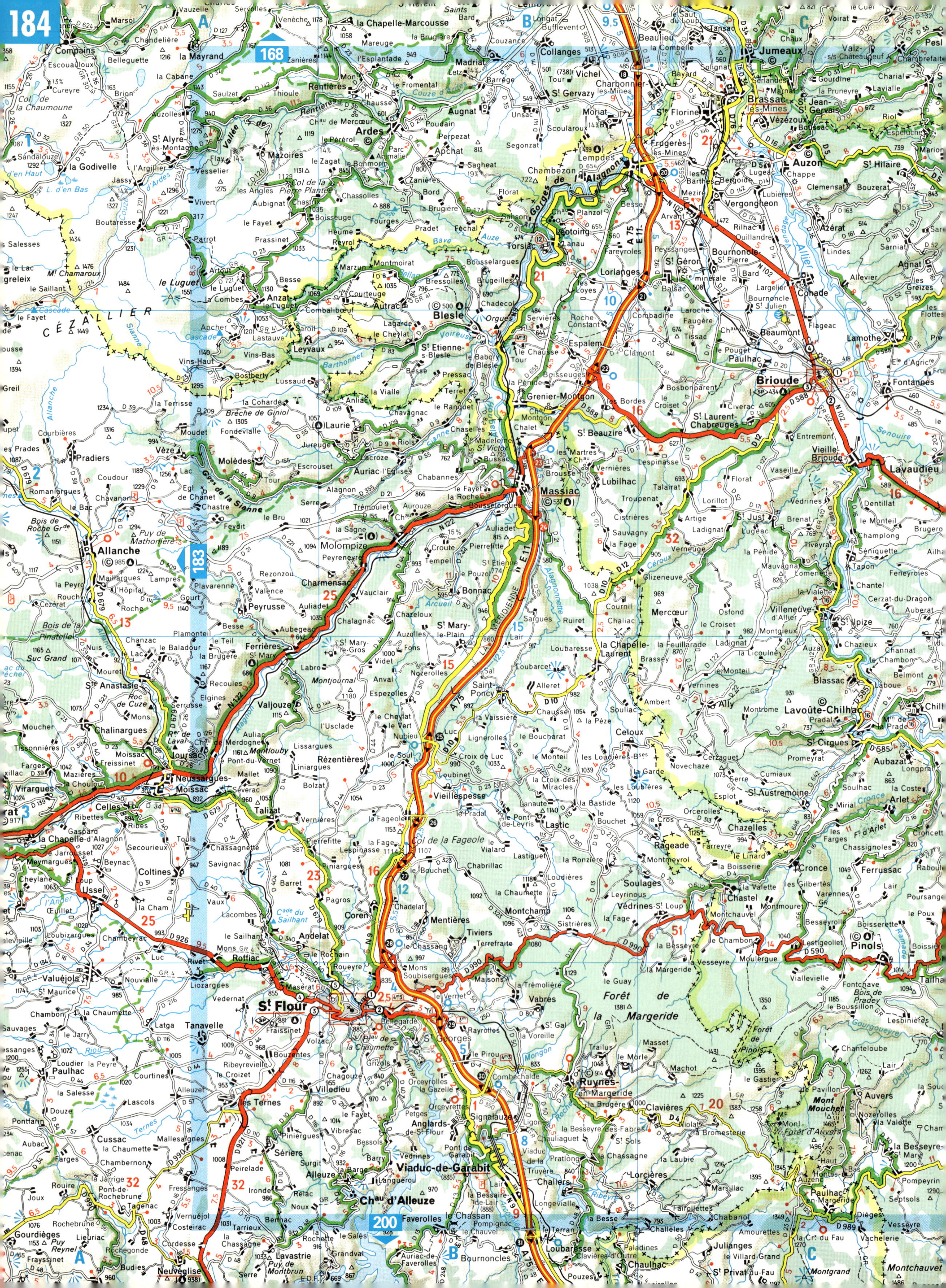
168
183
200
Compains
la Mayrand
Ardes
Rentières
Madriat
Collanges
Vichel
St Gervazy
Jumeaux
Brassac-les-Mines
Auzon
St Hilaire
Lempdes
Chambezon
Gorges de l'Alagnon
Torsiac
Leotoing
Lorlanges
St Géron
Bournoncle-St Pierre
Azérat
Agnat
Anzat-le-Luguet
Blesle
CÉZALLIER
Mt Chamaroux
Leyvaux
Grenier-Montgon
Espalem
Brioude
St Laurent-Chabreuges
Fontannes
Massiac
St Beauzire
Lubilhac
Vieille-Brioude
Lavaudieu
Allanche
Molompize
Charmensac
Bonnac
St Mary-le-Plain
Ferrières-St Mary
Valjouze
Peyrusse
La Chapelle-Laurent
Mercœur
Villeneuve-d'Allier
St Ilpize
Lavoûte-Chilhac
Blassac
Celoux
Ally
Neussargues-Moissac
Murat
Ussel
Coltines
Talizat
Rézentières
Vieillespesse
Col de la Fageole
Lastic
Rageade
Soulages
Chazelles
Cronce
Ferrussac
Pinols
St Flour
Tanavelle
Roffiac
Andelat
Coren
Mentières
Vabres
Forêt de la Margeride
Ruynes-en-Margeride
Clavières
Viaduc-de-Garabit
Chau d'Alleuze
Anglards-de-St Flour
Les Ternes
Faverolles
Loubaresse
Chaulhac
Lorcières
Neuvéglise
Paulhac
St Georges
Auvers
Mont Mouchet
Pont-de-Rochebrune
Lavastrie
Bournoncles
Gourdièges
A 75
E 11
N 102
N 122
D 909
D 588
D 990
D 926
D 989

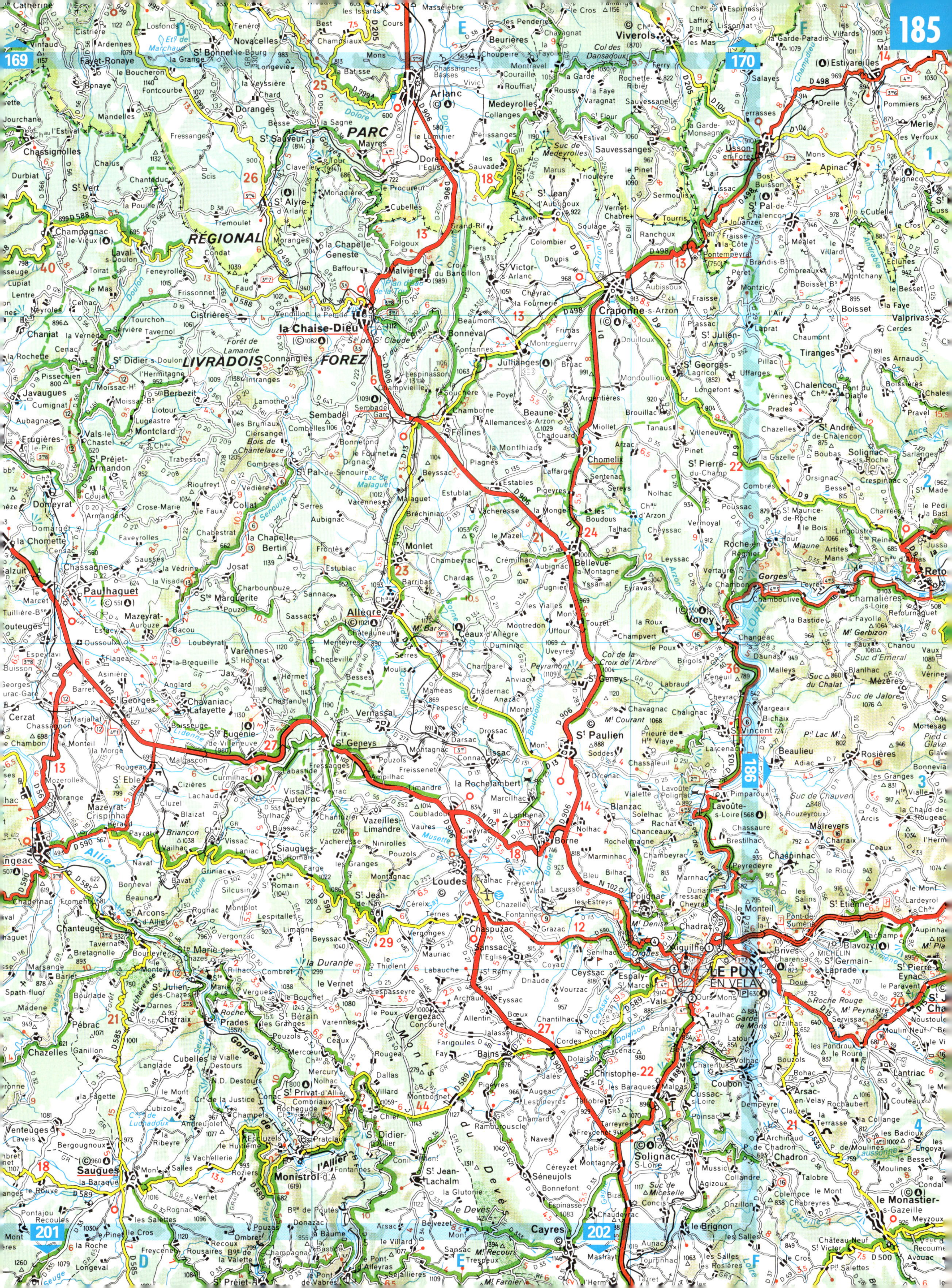
169
170
186
201
202
Arlanc
Viverols
Usson-en-Forez
Apinac
Estivareilles
PARC
RÉGIONAL
LIVRADOIS
FOREZ
la Chaise-Dieu
Craponne-s-Arzon
Paulhaguet
Allègre
Vorey
St Paulien
Retournac
Bellevue-la-Montagne
Fix-St Geneys
Loudes
Langeac
LE PUY EN VELAY
Saugues
Monistrol d'Allier
Cayres
Solignac-s-Loire
le Monastier-s-Gazeille
Yssingeaux
Lavoûte-s-Loire
Beaulieu
Rosières
Chaspinhac
St Julien-Chapteuil
Pradelles
Costaros
le Brignon
Mts du Devès
Gorges de la Loire
Allier
Loire

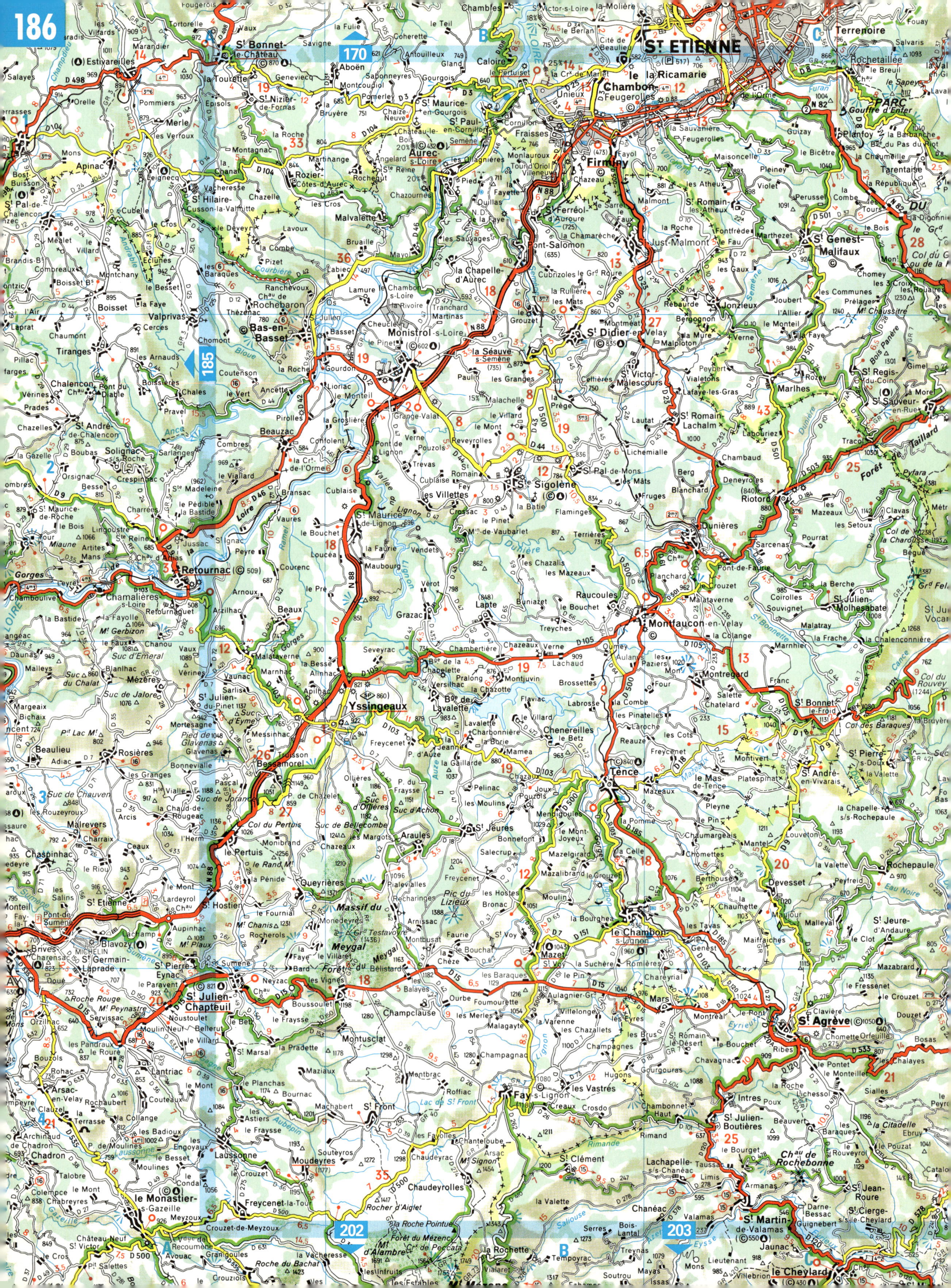
St ETIENNE
Firminy
Chambon-Feugerolles
le Ricamarie
Monistrol-s-Loire
Aurec-s-Loire
Bas-en-Basset
Retournac
Yssingeaux
Montfaucon-en-Velay
Tence
Dunières
Riotord
St Didier-en-Velay
St Genest-Malifaux
Marlhes
Ste Sigolène
le Chambon-s-Lignon
St Agrève
St Julien-Chapteuil
le Monastier-s-Gazeille
Fay-s-Lignon
St Martin-de-Valamas
le Cheylard
Massif du Meygal
Forêt du Meygal
PARC
170
185
202
203

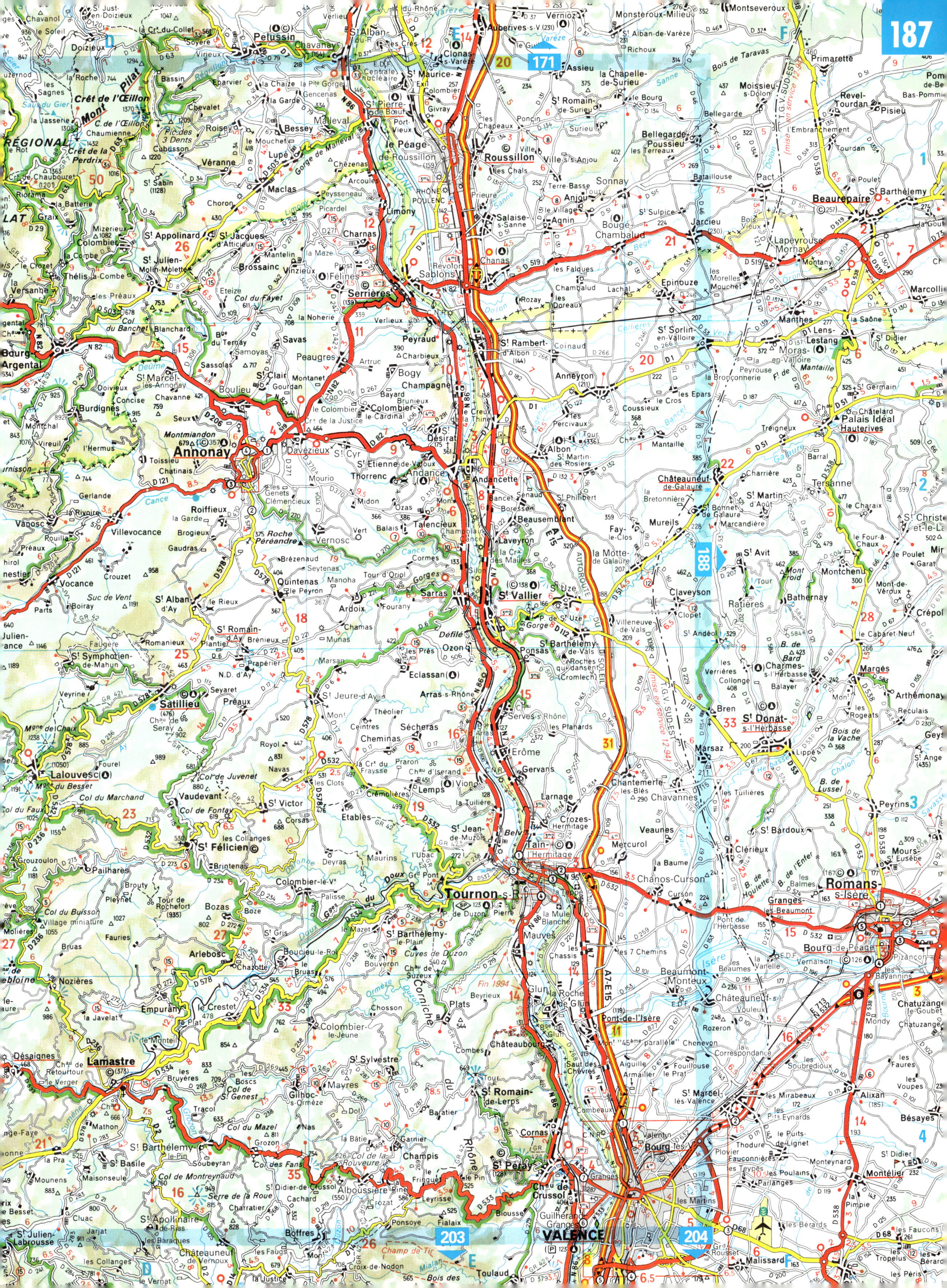
Pelussin
Auberives-s-Varèze
Roussillon
Le Péage-de-Roussillon
Beaurepaire
Serrières
Annonay
Davézieux
Andance
St Vallier
Tournon-s-R.
Tain-l'Hermitage
Romans-s-Isère
Bourg-de-Péage
Valence
Lamastre
Satillieu
Lalouvesc
St Félicien
Chanos-Curson
Châteauneuf-de-Galaure
Hauterives
St Donat-s-l'Herbasse
Bourg-lès-Valence
St Péray
Crussol
Alixan
Montélier
Mont Pilat
Crêt de l'Oeillon
Bourg-Argental
Sablons
Salaise-s-Sanne
Anneyron
Moras-en-Valloire
Épinouze
Lapeyrouse-Mornay
Albon
Laveyron
Sarras
Arras-s-Rhône
Érôme
Gervans
Mercurol
Granges-les-Beaumont
Châteauneuf-s-Isère
Pont-de-l'Isère
Châteaubourg
Cornas
Boffres
Vernoux
Quintenas
Ardoix
Vocance
Villevocance
Boulieu
Peaugres
St Rambert-d'Albon
Jarcieu
Manthes
Margès
Peyrins
Clérieux
Beaumont-Monteux
St Marcel-lès-Valence
Malissard
Chatuzange
Toulaud
Alboussière
Champis
Gilhoc-s-Ormèze
St Romain-de-Lerps
Mauves
Glun
Colombier-le-Jeune
St Barthélemy-le-Plain
Boucieu-le-Roi
Arlebosc
Vaudevant
Pailharès
Nozières
Désaignes
St Barthélemy-le-Pin
St Basile
Gorges du Doux
Col du Marchand
171
188
203
204
D
E
F

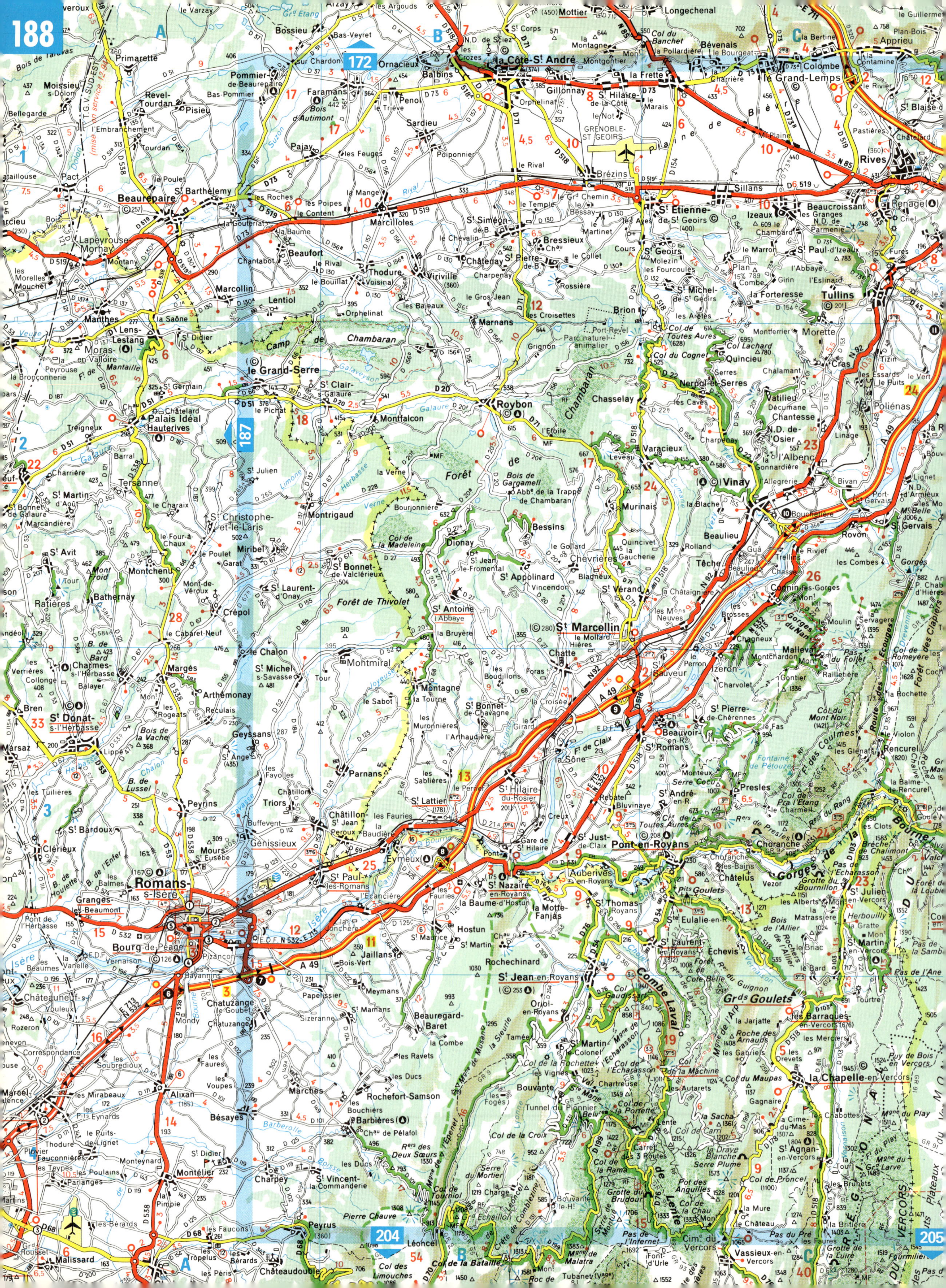

172
187
204
205
A
B
C
Bossieu
Bas-Veyret
Ornacieux
Balbins
la Côte-St André
Gillonnay
la Frette
Bévenais
le Grand-Lemps
Colombe
Apprieu
Rives
Primarette
Moissieu-s-Dolon
Revel-Tourdan
Pisieu
Pommier-de-Beaurepaire
Faramans
Bois d'Aumont
Penol
Sardieu
Pajay
Beaurepaire
St Barthélemy
Lapeyrouse-Mornay
Marcilloles
Brézins
Sillans
St Étienne-de-St Geoirs
Izeaux
Beaucroissant
Renage
GRENOBLE-ST GEOIRS
Plaine de Bièvre
Beaufort
Thodure
Viriville
St Siméon-de-B
Bressieux
Châtenay
St Pierre-de-B
St Geoirs
St Michel-de-St Geoirs
Tullins
St Paul-d'Izeaux
la Forteresse
Marcollin
Lentiol
Manthes
Moras-en-Valloire
Lens-Lestang
Marnans
les Croisettes
Brion
Parc naturel-animalier
Morette
Camp de Chambaran
le Grand-Serre
St Clair-s-Galaure
Montfalcon
Roybon
Chambaran
Col de Toutes Aures
Col du Cognet
Quincieu
Cras
Nerpol-et-Serres
Vatilieu
Chantesse
N.D. de-l'Osier
l'Albenc
Poliénas
Chasselay
Varacieux
Vinay
Hauterives
Palais Idéal
Tersanne
St Martin-d'Août
Forêt de Chambaran
Bois de Gargamell
Abbye de la Trappe de Chambaran
Murinais
Bessins
Dionay
St Appolinard
Chevrières
St Antoine l'Abbaye
Forêt de Thivolet
Montrigaud
Miribel
St Christophe-et-le-Laris
Ratières
Montchenu
Crépol
St Bonnet-de-Valclérieux
St Laurent-d'Onay
St Marcellin
Beaulieu
Têche
Cognin-les-Gorges
Chatte
St Sauveur
Izeron
Malleval
St Donat-s-l'Herbasse
Charmes-s-l'Herbasse
Margès
Arthémonay
Geyssans
Montmiral
Montagne
St Bonnet-de-Chavagne
St Vérand
Beauvoir-en-Royans
St Romans
St Pierre-de-Chérennes
Presles
Parnans
St Lattier
St Hilaire-du-Rosier
St Just-de-Claix
Pont-en-Royans
Choranche
Châtelus
Gorges de la Bourne
Peyrins
Triors
Génissieux
Mours-St Eusèbe
Châtillon-St Jean
Eymeux
St Nazaire-en-Royans
Auberives-en-Royans
Romans-s-Isère
Bourg-de-Péage
St Paul-lès-Romans
Granges-les-Beaumont
Clérieux
St Bardoux
Hostun
la Baume-d'Hostun
la Motte-Fanjas
St Thomas-en-Royans
Ste Eulalie-en-R.
St Laurent-en-Royans
Echevis
Jaillans
Rochechinard
St Jean-en-Royans
Oriol-en-Royans
Combe Laval
Grds Goulets
Châteauneuf-s-Isère
Chatuzange-le-Goubet
Meymans
Beauregard-Baret
St Martin-le-Colonel
Col de la Machine
la Chapelle-en-Vercors
les Barraques-en-Vercors
St Julien-en-Vercors
St Martin-en-Vercors
Alixan
Besayes
Marches
Rochefort-Samson
Barbières
St Vincent-la-Commanderie
Charpey
Montélier
Col de Tourniol
Col de la Bataille
St Agnan-en-Vercors
Vassieux-en-Vercors
Peyrus
Châteaudouble
Malissard
Col des Limouches
VERCORS

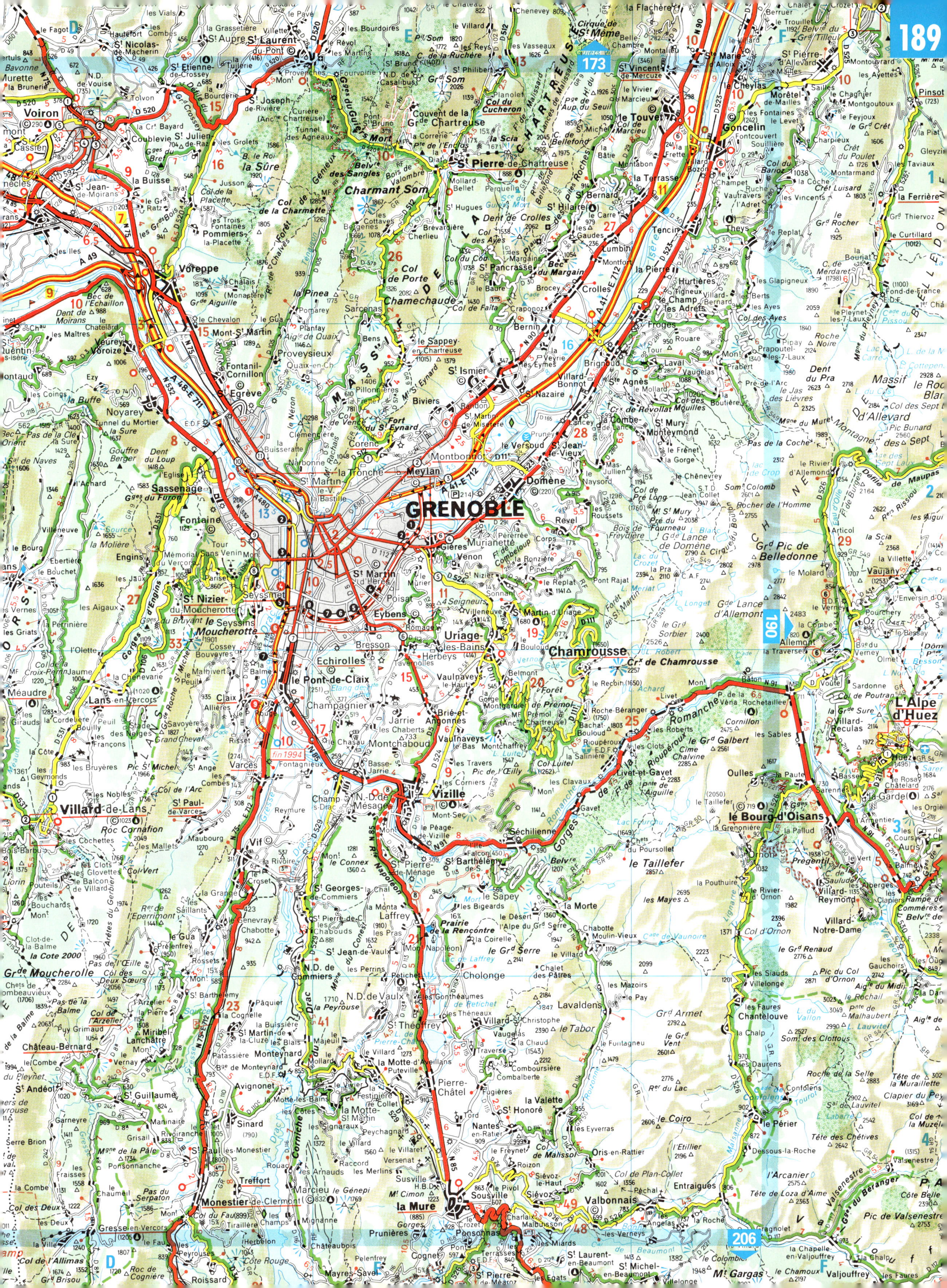
GRENOBLE
Voiron
Voreppe
Charmant Som
St Pierre-de-Chartreuse
Chamechaude
Meylan
Domène
St Égrève
Sassenage
Fontaine
Seyssinet
St Martin d'Hères
Eybens
Échirolles
le Pont-de-Claix
Vizille
Uriage-les-Bains
Chamrousse
Villard-de-Lans
Lans-en-Vercors
Vif
Monestier-de-Clermont
la Mure
le Bourg-d'Oisans
L'Alpe d'Huez
Allemont
Crolles
Goncelin
le Touvet
Valbonnais
Massif de la Chartreuse
Massif d'Allevard
Belledonne
la Grande Moucherolle
Taillefer
Laffrey
Séchilienne
173
190
206

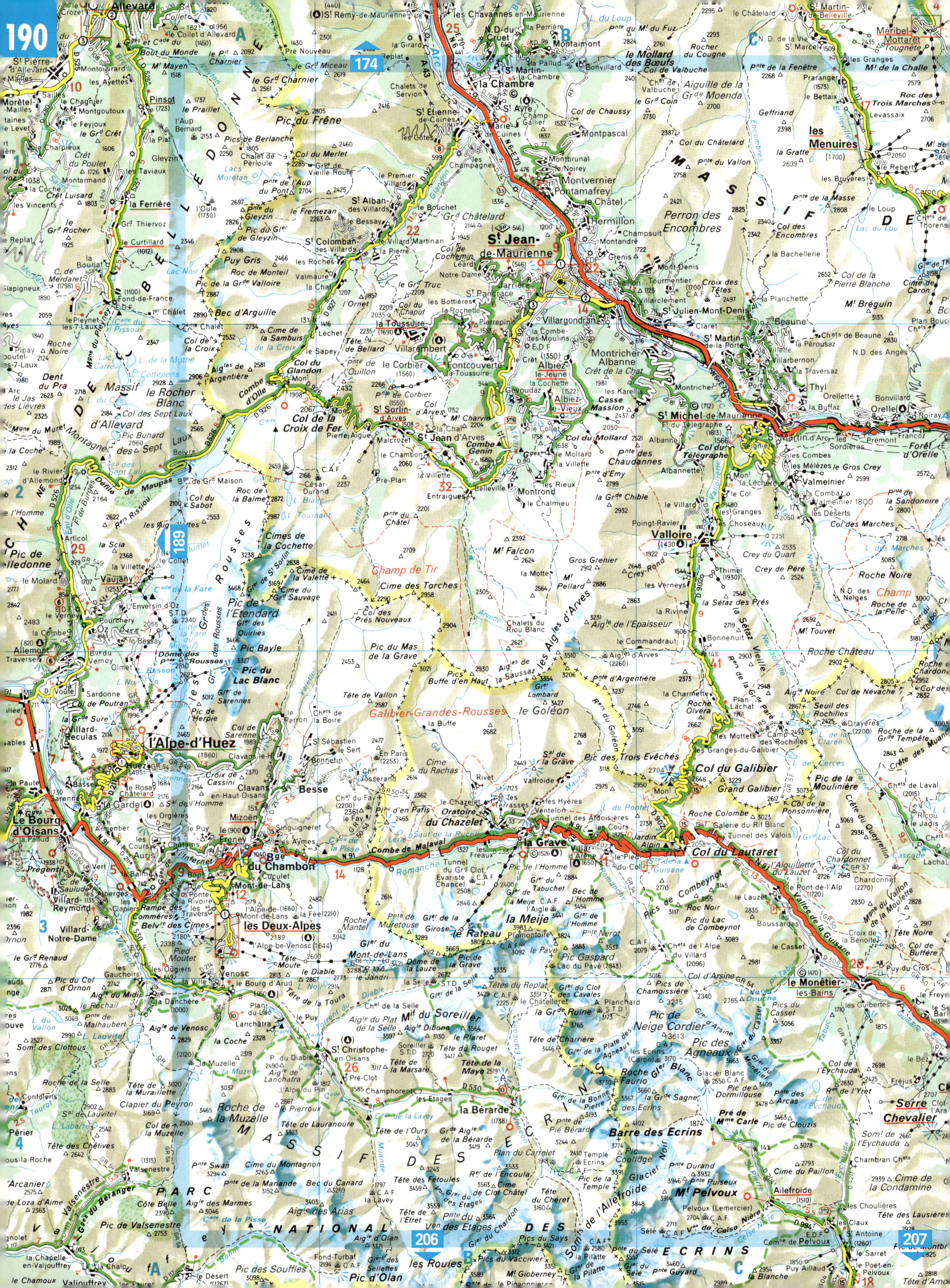

174
189
206
207
Allevard
St Pierre-d'Allevard
Pinsot
la Ferrière
BELLEDONNE
Pic du Frêne
Massif d'Allevard
le Rocher Blanc
Col du Glandon
Col de la Croix de Fer
St Jean-de-Maurienne
la Chambre
St Étienne-de-Cuines
Hermillon
St Julien-Mont-Denis
St Michel-de-Maurienne
Valloire
Valmeinier
les Menuires
MASSIF DE
Perron des Encombres
St Sorlin-d'Arves
St Jean d'Arves
Albiez-le-Vieux
Villargondran
Montricher-Albanne
Col du Télégraphe
Col du Galibier
Col du Lautaret
Grand Galibier
Pic des Trois Evêchés
Aigles d'Arves
Galibier-Grandes-Rousses
Champ de Tir
Cime des Torches
Pic de l'Etendard
Grandes Rousses
Pic du Lac Blanc
l'Alpe-d'Huez
Huez
Le Bourg-d'Oisans
Vaujany
Allemont
Besse
Clavans
Mizoën
le Freney
Bge du Chambon
Mont-de-Lans
les Deux-Alpes
Venosc
la Grave
Villar-d'Arêne
le Rateau
la Meije
Pic Gaspard
Le Monêtier-les-Bains
Serre Chevalier
Pic de Neige Cordier
Pic des Agneaux
Barre des Ecrins
Mt Pelvoux
Ailefroide
la Bérarde
St Christophe-en-Oisans
Roche de la Muzelle
MASSIF DES ECRINS
PARC NATIONAL DES ECRINS
Pic d'Olan
les Rouies
Pic des Souffles
Villard-Reymond
Villard-Notre-Dame
Pic du Col d'Ornon
Chevalier

175

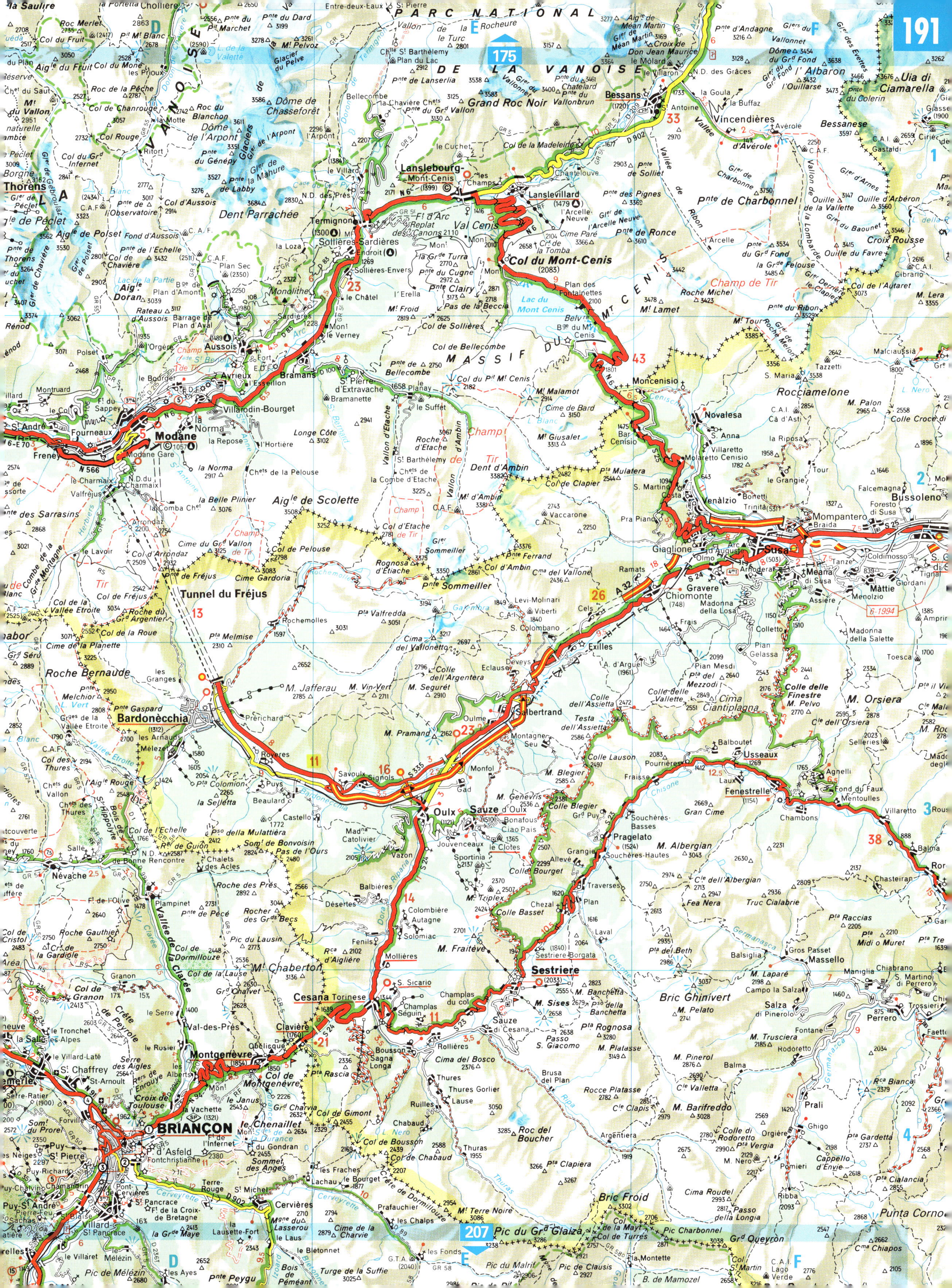
PARC NATIONAL DE LA VANOISE
Bessans
Vincendières
Bessanese
Uia di Ciamarella
Lanslebourg-Mont-Cenis
Lanslevillard
Termignon
Sollières-Sardières
Col du Mont-Cenis
Lac du Mont Cenis
Pte de Charbonnel
Dent Parrachée
Aussois
Bramans
Avrieux
Villarodin-Bourget
Modane
Fourneaux
MASSIF DU MT CENIS
Moncenisio
Novalesa
Rocciamelone
Susa
Bussoleno
Mompantero
Giaglione
Venalzio
Dent d'Ambin
Aigle de Scolette
Tunnel du Fréjus
Roche Bernaude
Bardonècchia
Salbertrand
Exilles
Chiomonte
Oulx
Sauze d'Oulx
Cesana Torinese
Sestriere
Pragelato
Fenestrelle
Usseaux
M. Orsiera
Colle delle Finestre
Perrero
Bric Ghinivert
Massello
Prali
Montgenèvre
Clavière
BRIANÇON
Mt Chaberton
Névache
Vallée de la Clarée
Puy-St-André
Villard-St-Pancrace
Cervières
Bric Froid
Punta Cornour
Pic du Grd Glaiza
Grd Queyron
Pic de Mélézin
Pic Peygu

207

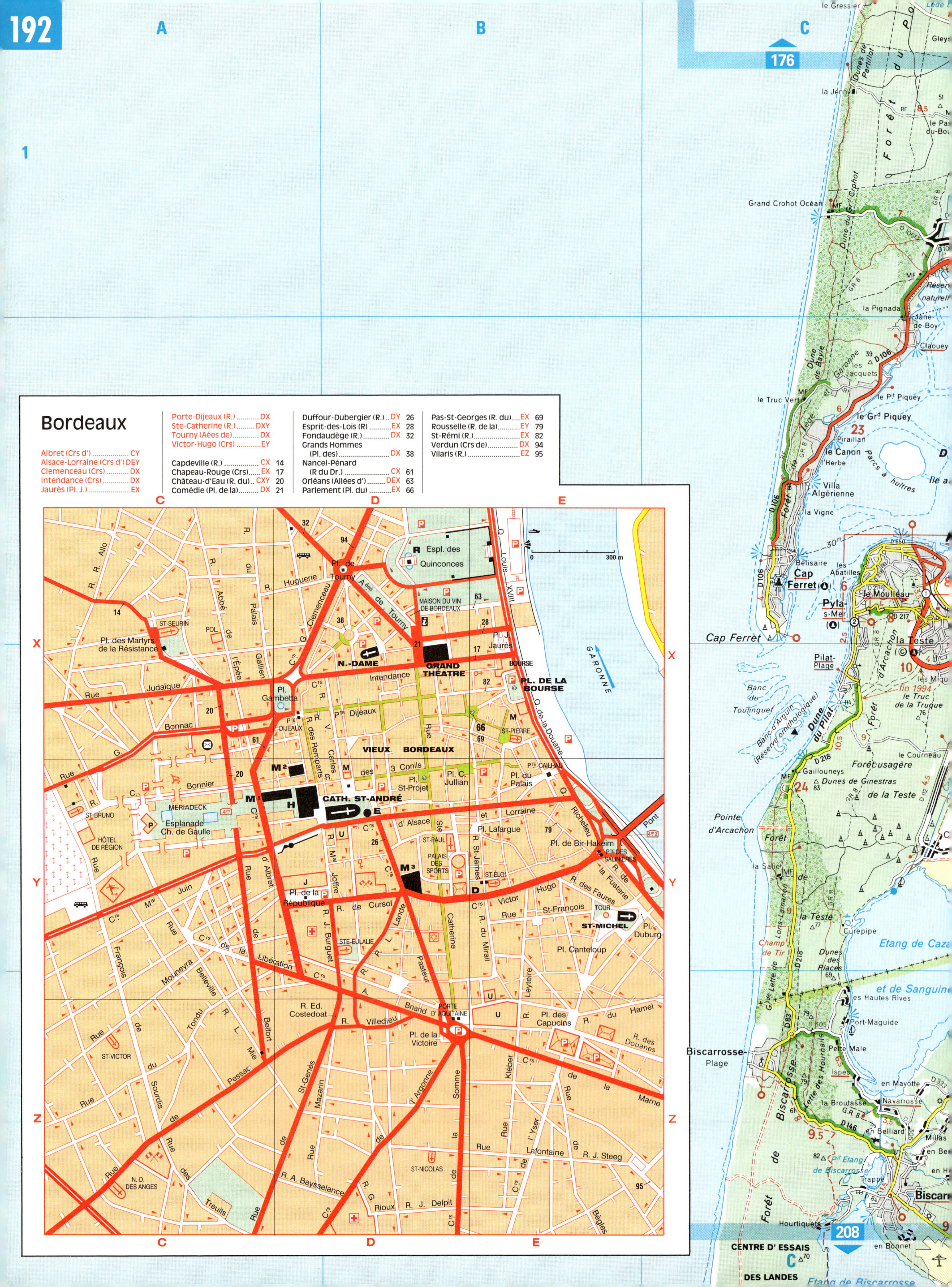
A
B
C
1
176
Bordeaux
Albret (Crs d') CY
Alsace-Lorraine (Crs d') DEY
Clemenceau (Crs) DX
Intendance (Crs) DX
Jaurès (Pl. J.) EX
Porte-Dijeaux (R.) DX
Ste-Catherine (R.) DXY
Tourny (Aées de) DX
Victor-Hugo (Crs) EY
Capdeville (R.) CX 14
Chapeau-Rouge (Crs) EX 17
Château-d'Eau (R. du) CXY 20
Comédie (Pl. de la) DX 21
Duffour-Dubergier (R.) DY 26
Esprit-des-Lois (R) EX 28
Fondaudège (R.) DX 32
Grands Hommes (Pl. des) DX 38
Nancel-Pénard (R du Dr.) CX 61
Orléans (Allées d') DEX 63
Parlement (Pl. du) EX 66
Pas-St-Georges (R. du) EX 69
Rousselle (R. de la) EY 79
St-Rémi (R.) EX 82
Verdun (Crs de) DX 94
Vilaris (R.) EZ 95
Espl. des Quinconces
GRAND THÉATRE
N.-DAME
PL. DE LA BOURSE
VIEUX BORDEAUX
CATH. ST-ANDRÉ
ST-MICHEL
Esplanade Ch. de Gaulle
Pl. de la République
Pl. de la Victoire
Pl. Gambetta
GARONNE
Cap Ferret
Pyla-s-Mer
la Teste
Arcachon
Dune du Pilat
Pilat-Plage
Biscarrosse-Plage
Etang de Cazaux
CENTRE D' ESSAIS DES LANDES
208

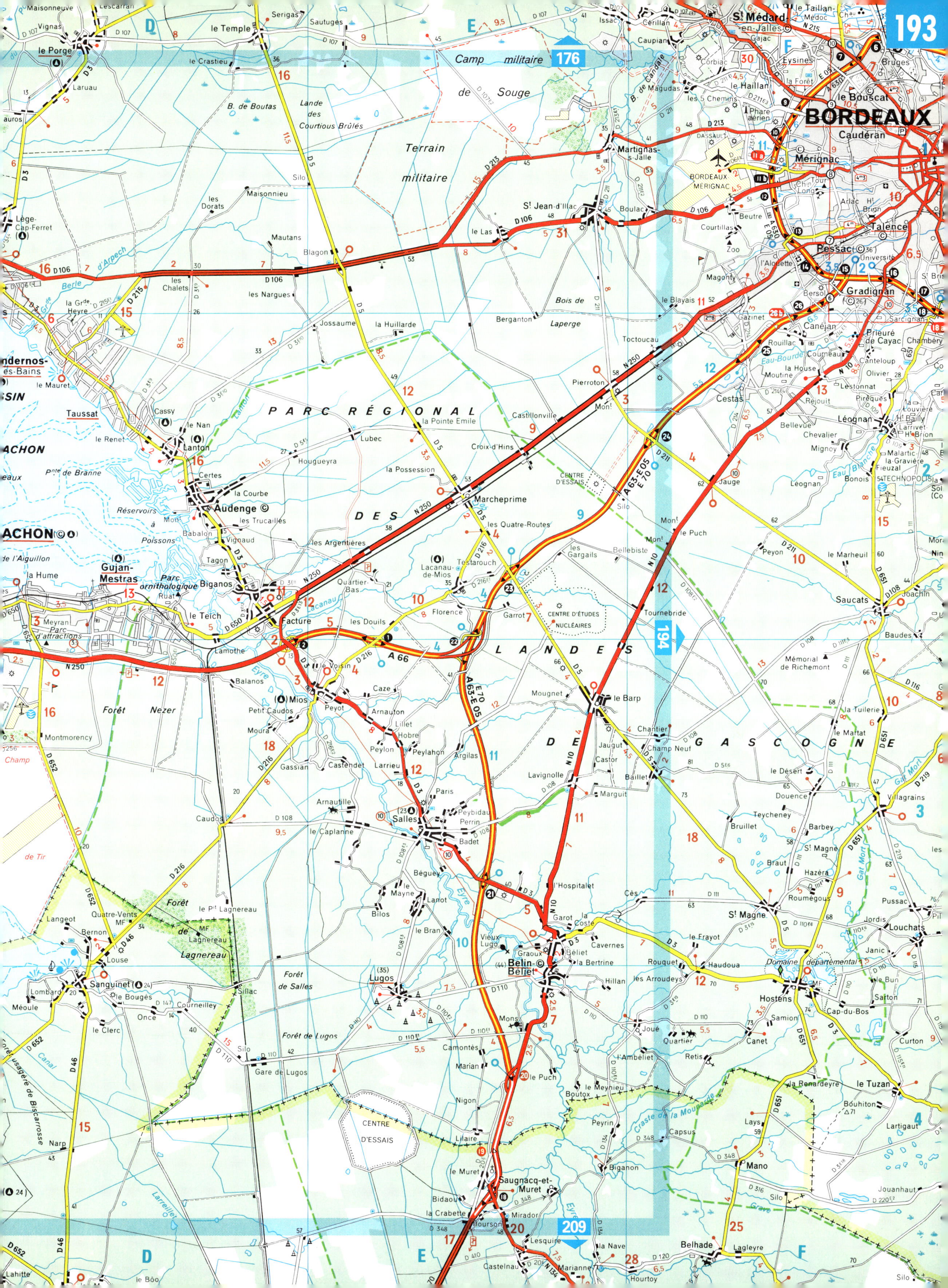
BORDEAUX
Caudéran
Mérignac
Pessac
Talence
Gradignan
St Médard-en-Jalles
le Bouscat
Eysines
le Haillan
Bruges
Camp militaire de Souge
Terrain militaire
Martignas-s-Jalle
St Jean-d'Illac
Cestas
Canéjan
Léognan
PARC RÉGIONAL DES LANDES DE GASCOGNE
Marcheprime
Audenge
Lanton
Biganos
Facture
le Teich
Gujan-Mestras
Mios
Salles
Belin-Beliet
le Barp
Saucats
St Magne
Hostens
Louchats
Lugos
Sanguinet
Saugnacq-et-Muret
Belhade
Forêt de Lagnereau
Forêt de Salles
Forêt de Lugos
CENTRE D'ÉTUDES NUCLÉAIRES
CENTRE D'ESSAIS
N 250
N 10
A 63-E 05
A 66
D 106
176
194
209
D
E
F

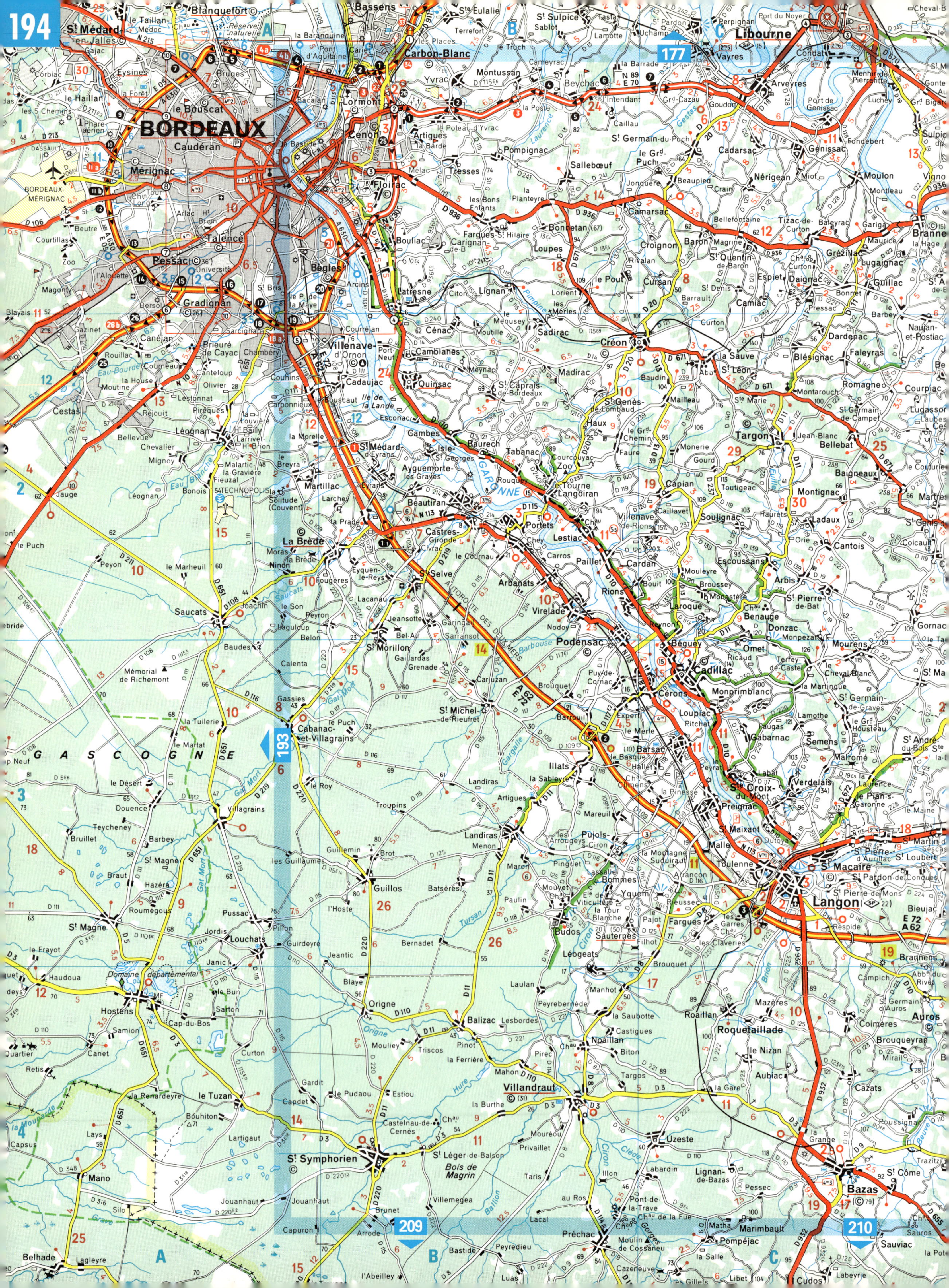

BORDEAUX
Libourne
Langon
Bazas
Cadillac
Créon
Podensac
Villandraut
St Symphorien
Hostens
Mérignac
Pessac
Talence
Bègles
Gradignan
Cenon
Lormont
Floirac
Bassens
Carbon-Blanc
Blanquefort
St Médard-en-Jalles
le Bouscat
Caudéran
Eysines
le Haillan
Villenave-d'Ornon
Cadaujac
Léognan
Cestas
Canéjan
La Brède
Saucats
St Selve
Castres-Gironde
Portets
Langoiran
Targon
Sauveterre
St Macaire
Barsac
Preignac
Sauternes
Budos
Noaillan
Uzeste
Roquetaillade
Mazères
St Croix-du-Mont
Verdelais
Loupiac
Rions
Béguey
Arbanats
Virelade
Illats
Landiras
Guillos
Balizac
Origne
Louchats
Saint-Magne
Préchac
Cabanac-et-Villagrains
St Morillon
Martillac
Ayguemorte-les-Graves
Beautiran
Isle-St Georges
Cambes
Quinsac
Camblanes
Latresne
Bouliac
Carignan-de-B.
Fargues-St Hilaire
Tresses
Artigues
Pompignac
Yvrac
Montussan
Beychac
Sallebœuf
Camarsac
Croignon
Cursan
Sadirac
Lignan
Loupes
Bonnetan
Haux
Tabanac
Baurech
Paillet
Lestiac
Cardan
Capian
Escoussans
Soulignac
Faleyras
Blésignac
Dardenac
Camiac
Espiet
Nérigean
Génissac
Arveyres
Vayres
Izon
St Sulpice
Tizac-de-Curton
Daignac
Grézillac
Lugaignac
Guillac
Branne
Montignac
Ladaux
Cantois
Omet
Donzac
Laroque
Mourens
St Germain-de-Grave
Semens
Gabarnac
St André-du-Bois
St Pierre-d'Aurillac
St Pardon-de-Conques
Bieujac
Brannens
Aubiac
Le Nizan
Cazats
Coimères
Auros
Brouqueyran
Marimbault
Pompéjac
Sauviac
Cudos
Lignan-de-Bazas
Pessac
Labardin
Bourideys
Captieux
GASCOGNE
GARONNE
AUTOROUTE DES DEUX MERS
BORDEAUX-MÉRIGNAC
TECHNOPOLIS
Domaine départemental
Mémorial de Richemont
Bois de Magrin
Ciron
Eau Blanche
Eau Bourde
Gat Mort
Saucats
Barbouse
Hure
Ballion
Gargalle
Tursan
Engranne
Gestas
Laurence
Pimpine
A 62
A 630
E 72
E 70
N 89
N 113
N 10
D 936
177
193
209
210
A
B
C
1
2
3
4

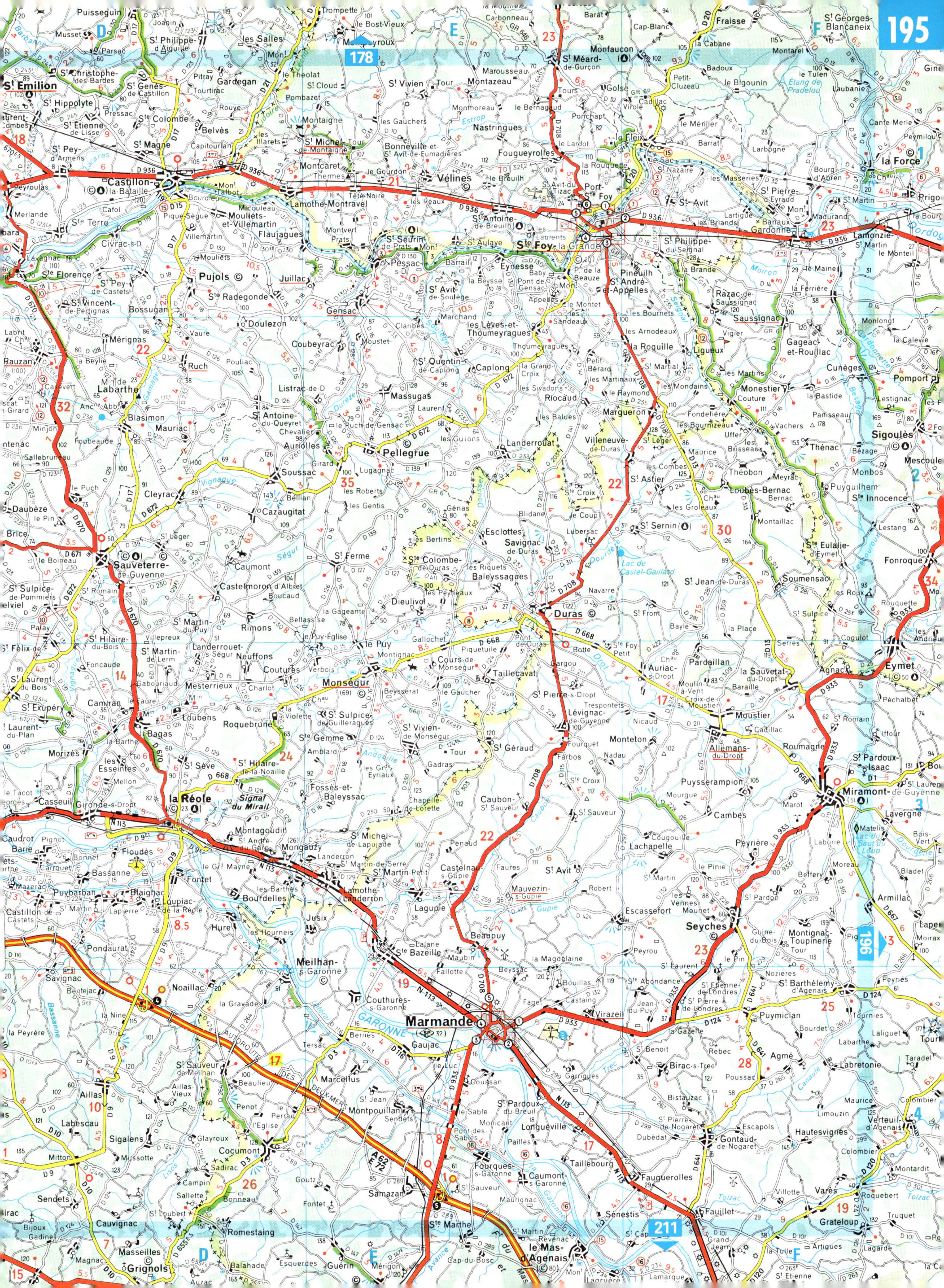
178
196
211
St Emilion
Castillon-la-Bataille
Ste Foy-la-Grande
Port-Ste Foy
Vélines
Lamothe-Montravel
Pujols
Sauveterre-de-Guyenne
Pellegrue
Duras
Monségur
la Réole
Eymet
Miramont-de-Guyenne
Marmande
Seyches
Meilhan-s-Garonne
Grignols
le Mas-d'Agenais
Sigoulès
la Force
Lac de Castel-Gaillard
Signal du Mirail
Garonne
Dordogne
Dropt
Autoroute des Deux-Mers

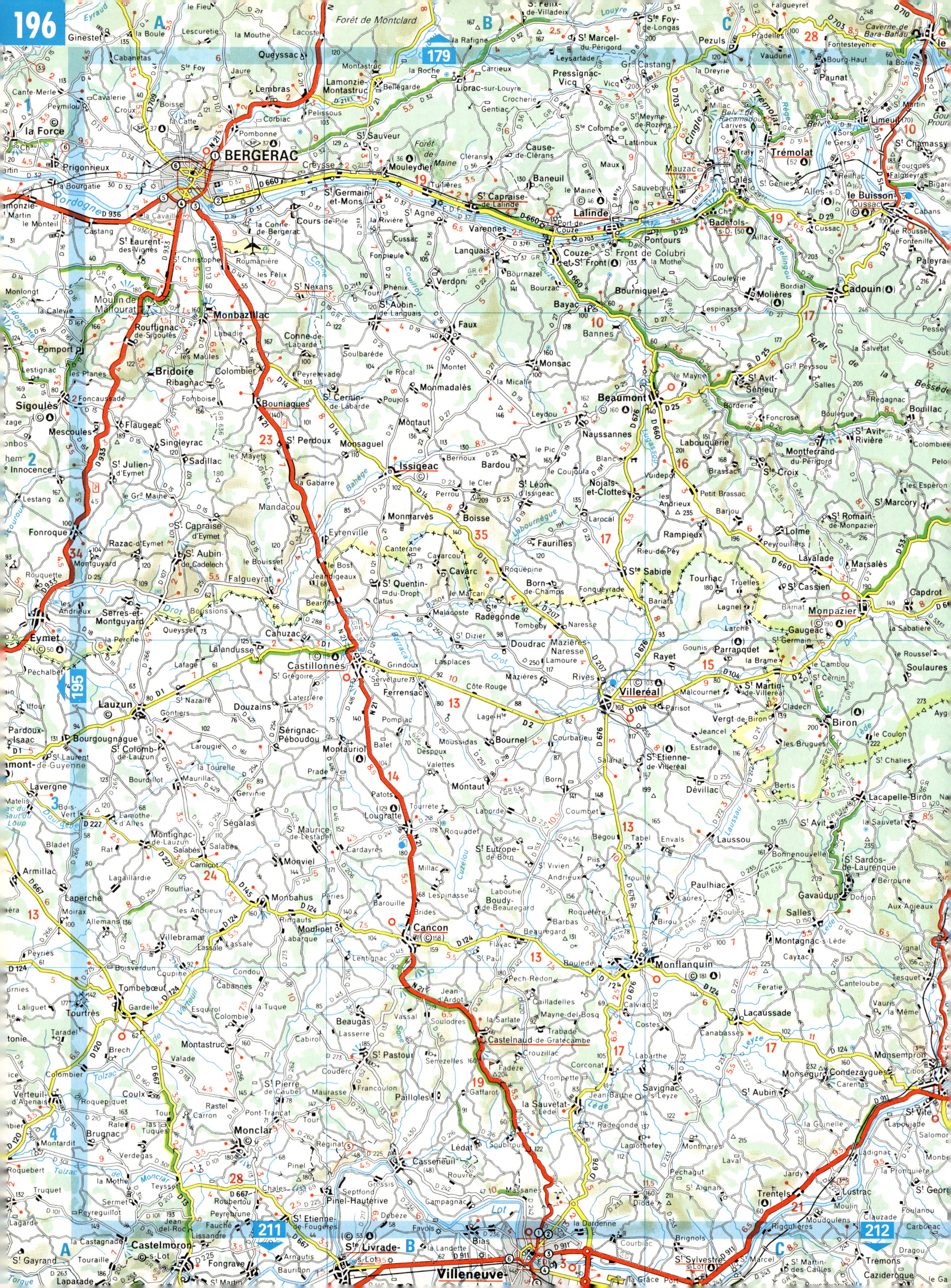

BERGERAC
Forêt de Montclard
Queyssac
Lembras
Pombonne
Creysse
Mouleydier
St Sauveur
Lamonzie-Montastruc
Liorac-sur-Louyre
Pressignac-Vicq
St Marcel-du-Périgord
Ste Foy-de-Longas
Pezuls
Trémolat
Limeuil
Le Buisson
Cussac
Calès
Mauzac
Badefols-s-D.
Lalinde
Baneuil
St Capraise-de-Lalinde
Couze-et-St Front
Pontours
Cadouin
Molières
Bourniquel
Bayac
Bannes
Monsac
Varennes
Lanquais
Verdon
St Agne
Cours-de-Pile
St Germain-et-Mons
la Force
Prigonrieux
Pordogne
St Laurent-des-Vignes
Monbazillac
Rouffignac-de-Sigoulès
Pomport
Bridoire
Ribagnac
Sigoulès
Mescoules
Flaugeac
Singleyrac
Colombier
Conne-de-Labarde
Bouniagues
St Cernin-de-Labarde
Faux
St Aubin-de-Lanquais
Monmadalès
Issigeac
Monsaguel
St Perdoux
Montaut
Beaumont
Naussannes
St Avit-Sénieur
Montferrand-du-Périgord
Labouquerie
Nojals-et-Clottes
St Léon-d'Issigeac
Bardou
Boisse
Monmarvès
Faurilles
Ste Sabine
Rampieux
Lolme
St Romain-de-Monpazier
St Marcory
Marsalès
Monpazier
Capdrot
St Cassien
Tourliac
Bouillac
St Avit-Rivière
Eymet
Serres-et-Montguyard
Razac-d'Eymet
St Aubin-de-Cadelech
Fonroque
Falgueyrat
Cavarc
St Quentin-du-Dropt
Ste Radegonde
Born-de-Champs
Cahuzac
Castillonnès
Lalandusse
Ferrensac
Doudrac
Rives
Villeréal
Rayet
Parranquet
Gaugeac
St Martin-de-Villeréal
Biron
Soulaures
Lauzun
Bourgougnague
St Colomb-de-Lauzun
Douzains
Sérignac-Péboudou
Montauriol
Bournel
Montaut
St Etienne-de-Villeréal
Dévillac
Lacapelle-Biron
Lougratte
Ségalas
St Maurice-de-Lestapel
Monviel
Montignac-de-Lauzun
St Eutrope-de-Born
Laussou
St Avit
St Sardos-de-Laurenque
Gavaudun
Armillac
Laperche
Monbahus
Moulinet
Cancon
Boudy-de-Beauregard
Monflanquin
Paulhiac
Salles
Montagnac-s-Lède
Villebramar
Tombebœuf
Tourtrès
Castelnaud-de-Gratecambe
Lacaussade
Monsempron
Montastruc
St Pastour
Condezaygues
Verteuil-d'Agenais
Coulx
St Pierre-de-Caubel
Pailloles
La Sauvetat-s-Lède
Savignac-s-Leyze
St Aubin
Monclar
Casseneuil
Brugnac
St Vite
Trentels
Lustrac
Castelmoron-s-Lot
Fongrave
Pinel-Hauterive
St Etienne-de-Fougères
Ste Livrade-s-Lot
Villeneuve-s-Lot
St Sylvestre-s-Lot
Tremons
Cazideroque
179
195
211
212

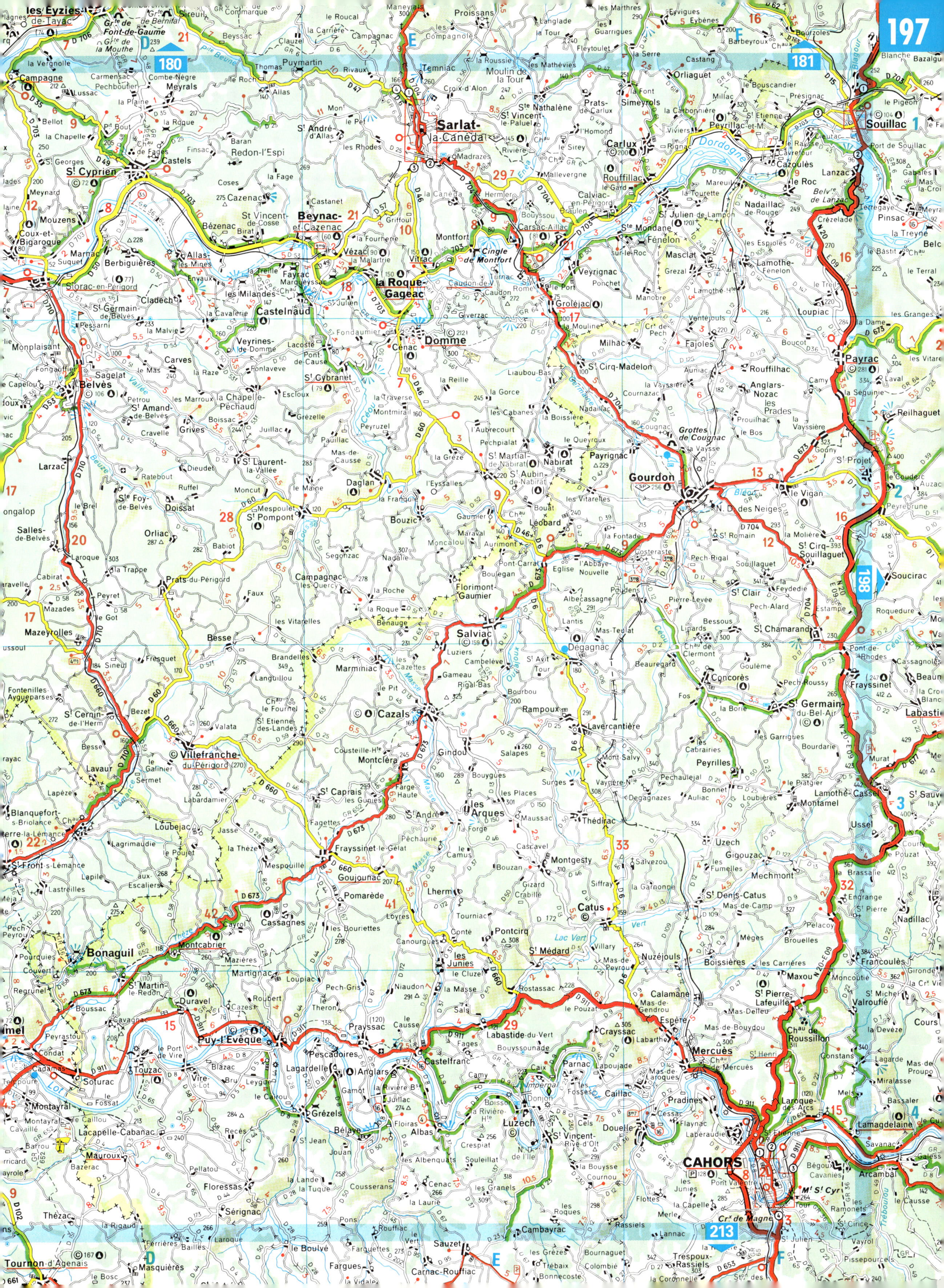
180
181
198
213
Sarlat-la-Canéda
Souillac
Payrac
Gourdon
Domme
La Roque-Gageac
Beynac-et-Cazenac
Castelnaud
Belvès
St Cyprien
Les Eyzies-de-Tayac
Campagne
Castels
Carlux
Rouffillac
Cazoulès
Lanzac
Vézac
Vitrac
Cingle de Montfort
Groléjac
Milhac
St Cirq-Madelon
Grottes de Cougnac
Nabirat
Payrignac
Daglan
Bouzic
Léobard
Salviac
Dégagnac
Cazals
Marminiac
Villefranche-du-Périgord
Frayssinet-le-Gélat
Goujounac
Cassagnes
Montcabrier
Duravel
Bonaguil
Puy-l'Evêque
Prayssac
Castelfranc
Luzech
Albas
Anglars
Grézels
Touzac
Soturac
Catus
Les Arques
Montgesty
Thédirac
Uzech
Nuzéjouls
Calamane
Mercuès
Espère
Crayssac
Labastide-du-Vert
CAHORS
St Germain-du-Bel-Air
Concorès
Peyrilles
Lamothe-Cassel
Montamel
Frayssinet
St Pierre-Lafeuille
Valroufié
Cras
Arcambal
Lamagdelaine
Laroque-des-Arcs
Pradines
Douelle
Caillac
Parnac
St Vincent-Rive-d'Olt
Cambayrac
Sauzet
Mauroux
Montayral
Tournon-d'Agenais
Masquières
Dordogne
Lot

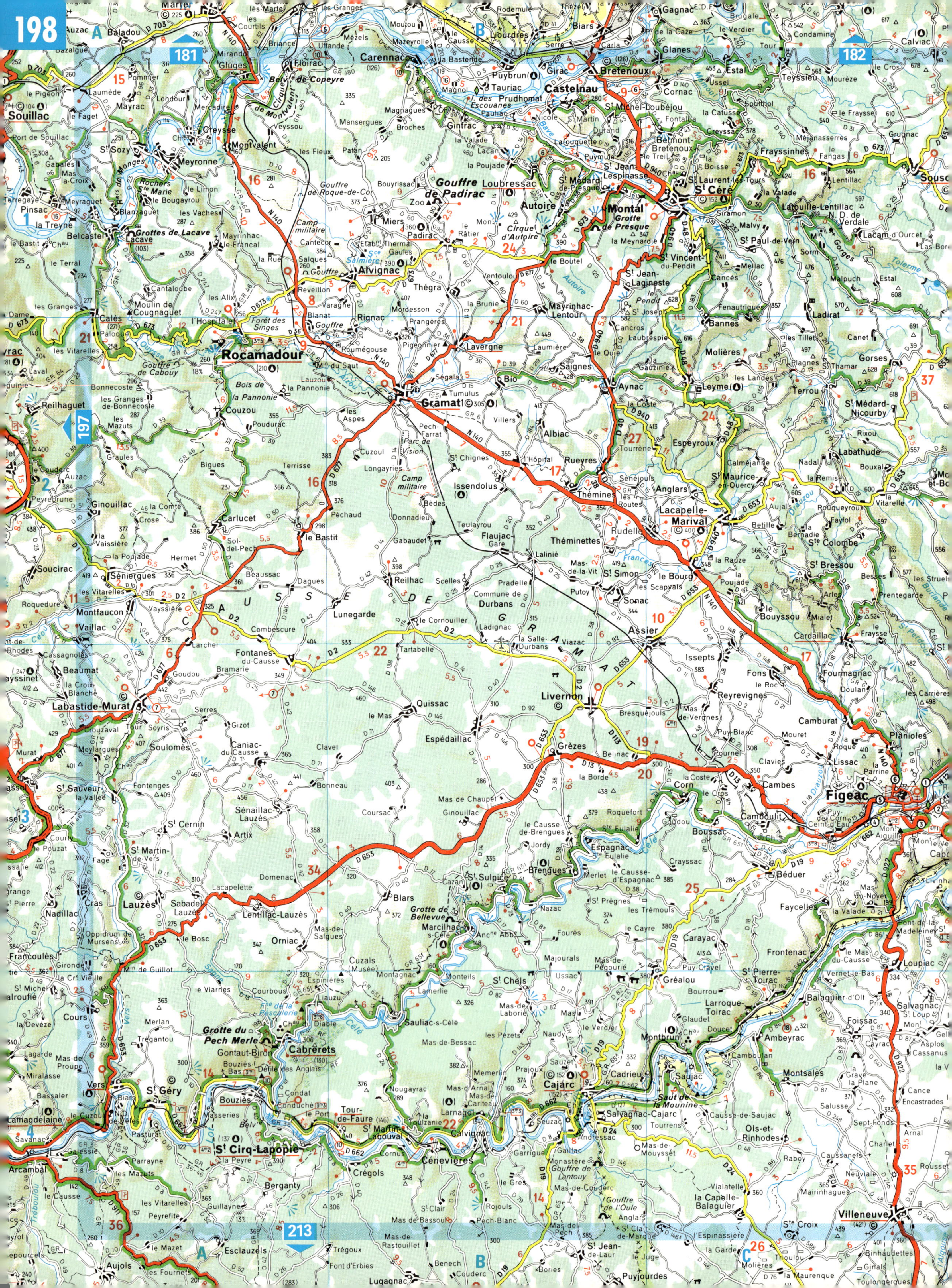
181
182
197
213
Souillac
Martel
Gluges
Floirac
Carennac
Bretenoux
Castelnau
Gagnac
Glanes
St Céré
Montvalent
Creysse
Meyronne
Lacave
Gouffre de Padirac
Padirac
Loubressac
Autoire
Montal
Alvignac
Miers
Rignac
Rocamadour
Calès
Gramat
Lavergne
Thégra
Bio
Aynac
Leyme
Latouille-Lentillac
Molières
Bannes
Labathude
Lacapelle-Marival
Anglars
Thémines
Rueyres
Albiac
Issendolus
Flaujac-Gare
Théminettes
Reilhac
Assier
Cardaillac
Fourmagnac
Livernon
Lunegarde
Durbans
Quissac
Espédaillac
Grèzes
Figeac
Camboulit
Béduer
Faycelles
Reyrevignes
Lissac
Planioles
Ginouillac
Carlucet
Le Bastit
Montfaucon
Séniergues
Vaillac
Labastide-Murat
Soulomès
Caniac-du-Causse
Sénaillac-Lauzès
St Cernin
Lauzès
Cras
Nadillac
St Sulpice
Brengues
Espagnac-Ste-Eulalie
Marcilhac-s-Célé
Blars
Orniac
Cabrerets
Grotte du Pech Merle
St Géry
Bouziès
St Cirq-Lapopie
Tour-de-Faure
St Martin-Labouval
Calvignac
Cénevières
Cajarc
Larnagol
Salvagnac-Cajarc
Gréalou
Carayac
Frontenac
St Pierre-Toirac
Montbrun
Saujac
Ambeyrac
Balaguier-d'Olt
Montsalès
Villeneuve
Crégols
Berganty
Esclauzels
Vers
Arcambal
Saulac-s-Célé
Cuzals (Musée)
Marminhac
Loupiac
Capdenac
Causse de Gramat
N 140
D 653
D 677
D 940
D 19
D 662
D 13

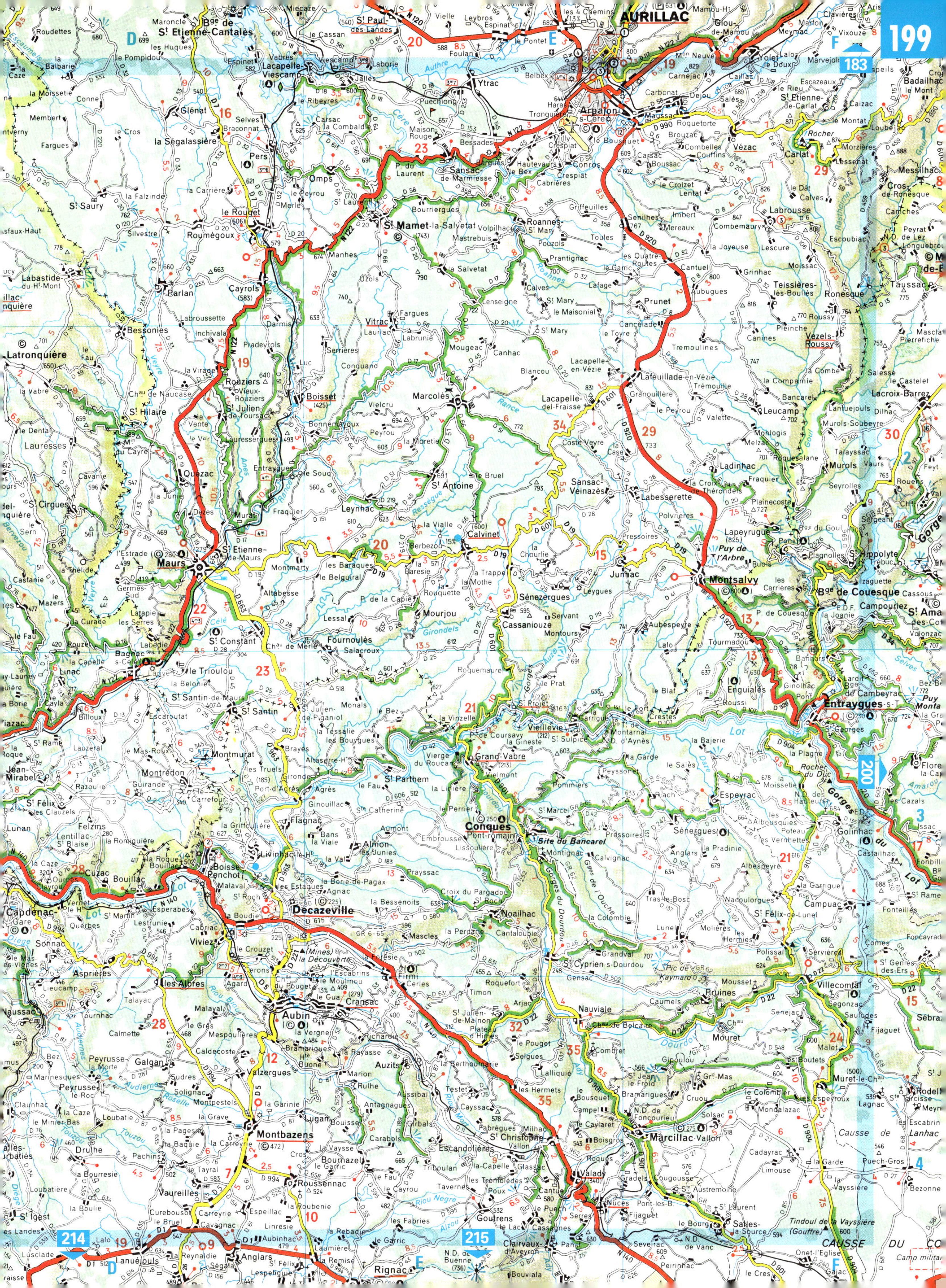
AURILLAC
Arpajon-s-Cère
St Etienne-Cantalès
Lacapelle-Viescamp
Ytrac
Sansac-de-Marmiesse
St Mamet-la-Salvetat
Roumégoux
Cayrols
Parlan
Latronquière
Bessonies
St Hilaire
Boisset
Marcolès
Vitrac
Montsalvy
Calvinet
Maurs
St Etienne-de-Maurs
St Constant
Junhac
Cassaniouze
Sénezergues
Entraygues-s-T.
Vieillevie
Grand-Vabre
Conques
Decazeville
Aubin
Cransac
Firmi
Capdenac
Montbazens
Marcillac-Vallon
Valady
Rignac
Anglars
Villecomtal
Mouret
Lot
Rance
Dourdou
Gorges du Lot
Causse de Lanhac
Barrage de Couesque
183
200
214
215
D
E
F

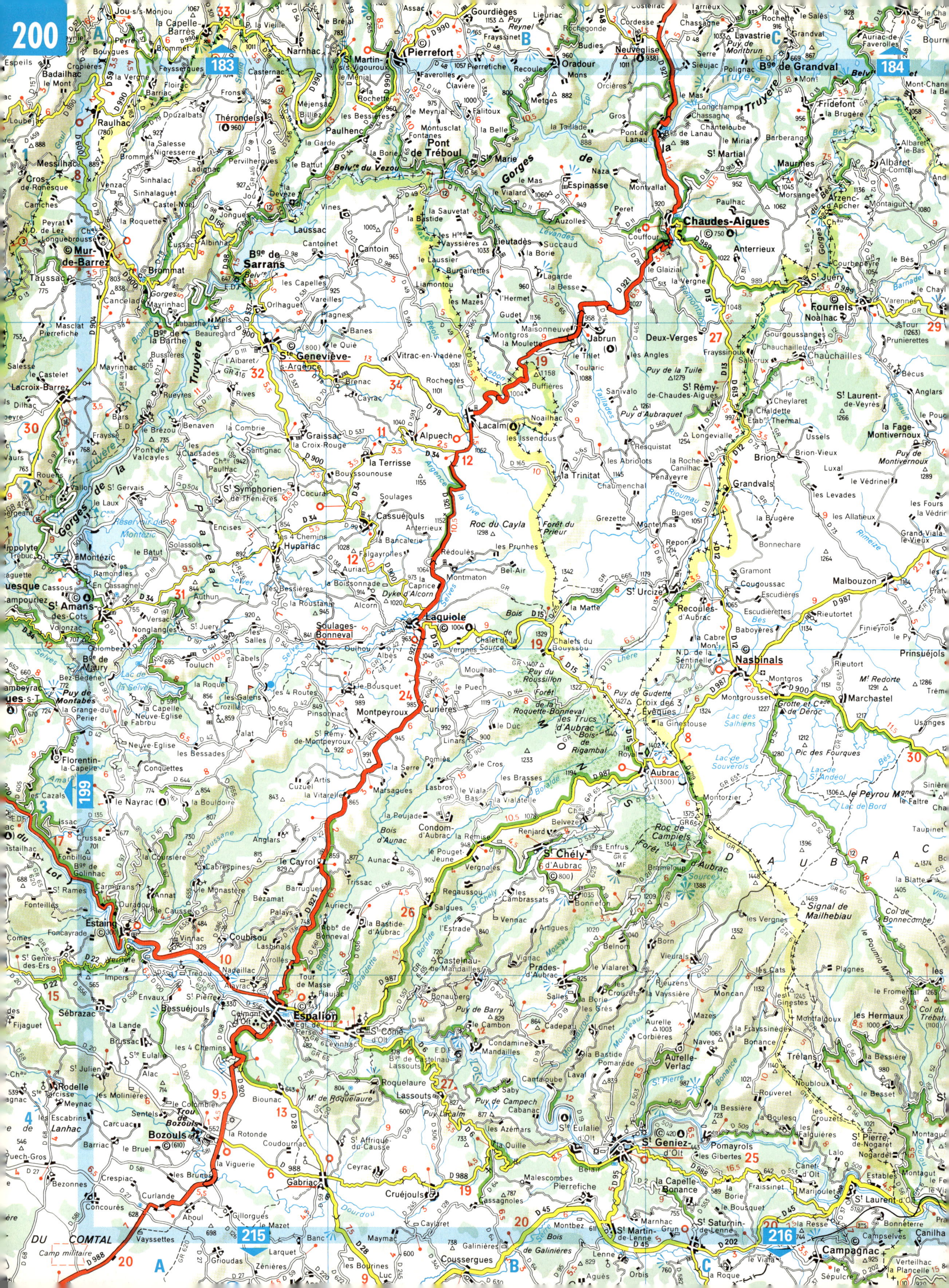
183
184
199
215
216
A
B
C
Pierrefort
Pont de Tréboul
Neuvéglise
Oradour
Chaudes-Aigues
Gorges de la Truyère
Bge de Grandval
Fridefont
Fournels
Noalhac
St Martial
Maurines
Albaret-le-Comtal
Mur-de-Barrez
Bge de Sarrans
Thérondels
Raulhac
Brommat
Ste Geneviève-s-Argence
Bge de la Barthe
Lacroix-Barrez
Cantoin
Vitrac-en-Viadène
Jabrun
Deux-Verges
St Rémy-de-Chaudes-Aigues
Lacalm
Alpuech
Graissac
St Symphorien-de-Thénières
Cassuéjouls
Huparlac
Roc du Cayla
Laguiole
Soulages-Bonneval
St Urcize
Nasbinals
Recoules-d'Aubrac
Grandvals
Malbouzon
Montézic
St Amans-des-Cots
Florentin-la-Capelle
Montpeyroux
Puy de Gudette
Aubrac
Les Truc d'Aubrac
Forêt de Rigambal
Bois de Rigambal
Lac de Souveyrols
Lac de Salhiens
Le Peyrou
St Chély-d'Aubrac
Roc de Campiels
Signal de Mailhebiau
Forêt d'Aubrac
Le Cayrol
Estaing
Coubisou
Espalion
St Côme-d'Olt
Bessuéjouls
Castelnau-de-Mandailles
Prades-d'Aubrac
Lot
Bozouls
Trou de Bozouls
Gabriac
Cruéjouls
St Geniez-d'Olt
Pomayrols
St Martin-de-Lenne
St Saturnin-de-Lenne
Campagnac
St Laurent-d'Olt
Pierrefiche
Sébrazac
Rodelle
Lassouts
Roquelaure
DU COMTAL
Camp militaire
A U B R A C
M O N T S

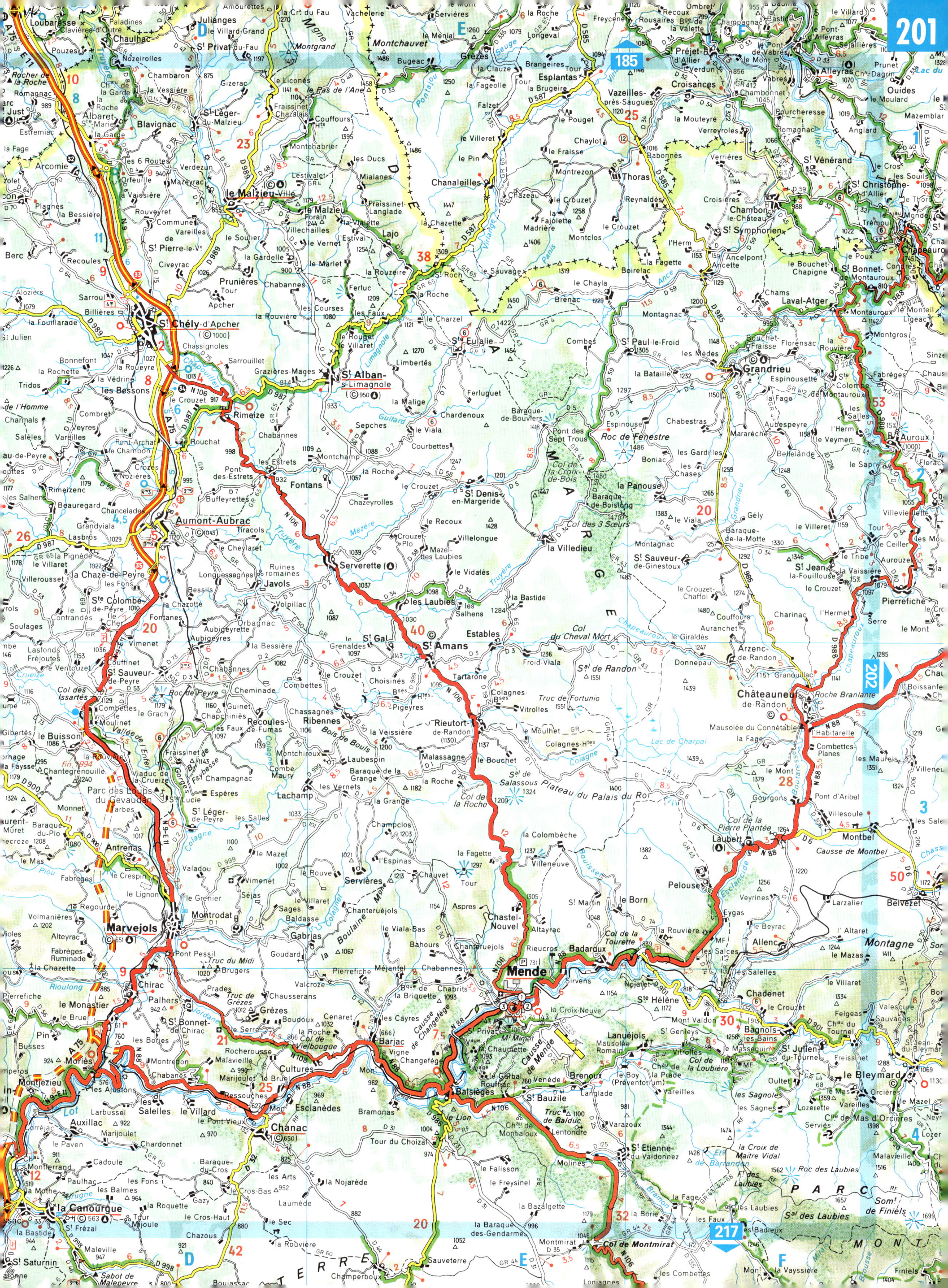
185
202
217
St Chély-d'Apcher
St Alban-s-Limagnole
le Malzieu-Ville
Aumont-Aubrac
Marvejols
Mende
Chanac
la Canourgue
Grandrieu
Châteauneuf-de-Randon
Langogne
Bagnols-les-Bains
le Bleymard
Serverette
St Amans
Rieutort-de-Randon
la Villedieu
Javols
Fontans
Rimeize
Chaulhac
Blavignac
Lajo
Ste Eulalie
Thoras
Croisances
Saugues
Alleyras
Chapeauroux
Auroux
Pierrefiche
St Symphorien
Laval-Atger
Montbel
Lanuéjols
Balsièges
Barjac
Badaroux
Chastel-Nouvel
Pelouse
Laubert
Allenc
Chadenet
St Bauzile
St Etienne-du-Valdonnez
Esclanèdes
Grèzes
Chirac
le Monastier
Palhers
Montrodat
Antrenas
Lachamp
Servières
Gabrias
Ribennes
Recoules-de-Fumas
St Sauveur-de-Peyre
Fontanes
le Buisson
Parc des Loups du Gevaudan
Col de Montmirat
Causse de Montbel
Montagne
Plateau du Palais du Roi
Roc de Fenestre
Col des 3 Sœurs
Col du Cheval Mort
Truc de Fortunio
Col de la Pierre Plantée
Col de la Loubière
Truc du Midi
Truc de Balduc
Causse de Changefège
Causse de Mende
Lot
Truyère
Colagne
Chapeauroux
Allier
M A R G E R I D E
P A R C
Sommet de Finiels
Roc des Laubies

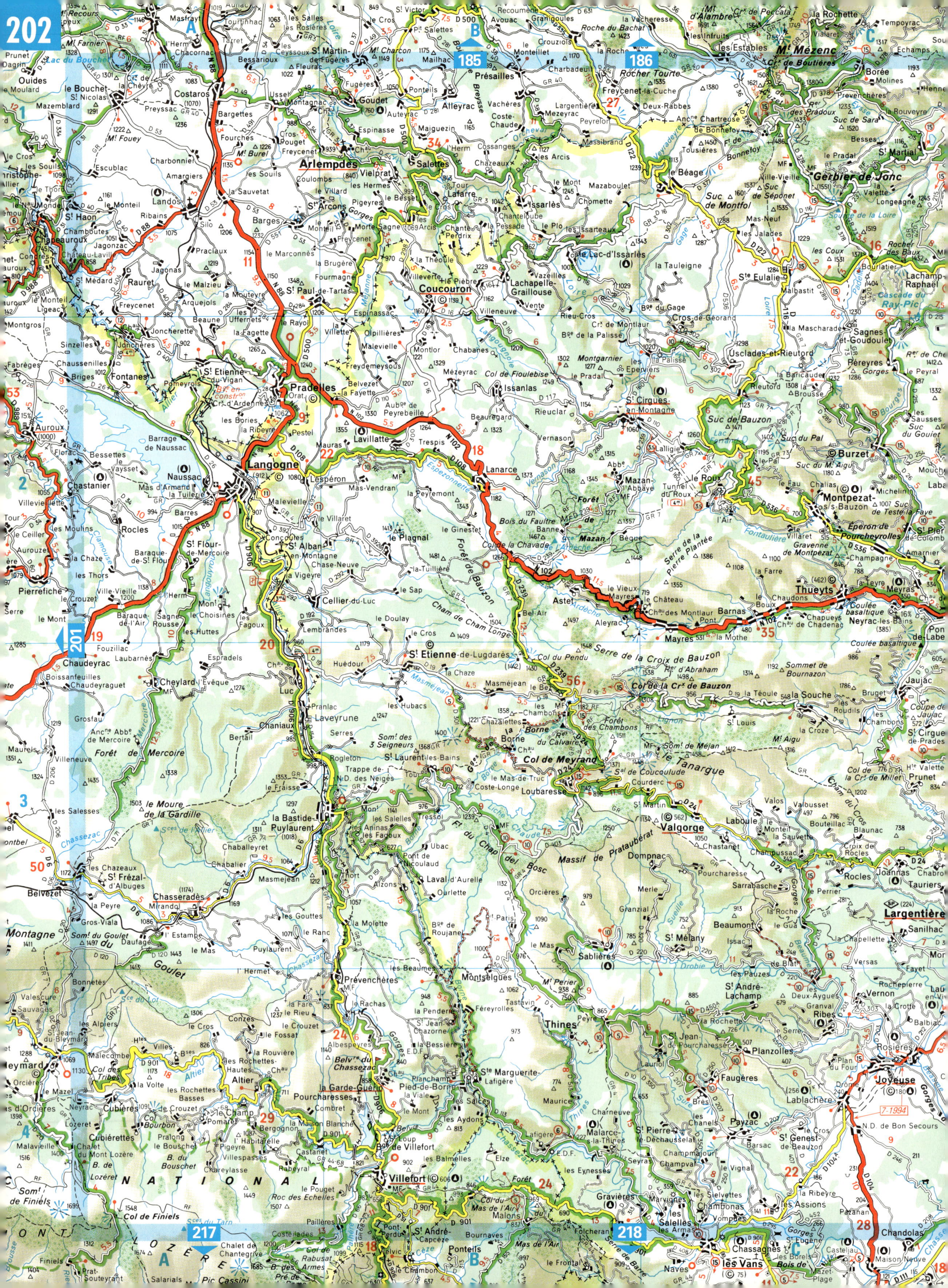
185
186
201
217
218
Mt Mézenc
Gerbier de Jonc
Présailles
Alleyrac
Arlempdes
Costaros
Landos
Chapeauroux
St Haon
Coucouron
Lachapelle-Graillouse
Lac d'Issarlès
le Béage
Ste Eulalie
Usclades-et-Rieutord
Sagnes-et-Goudoulet
Pradelles
St Etienne-du-Vigan
Langogne
Barrage de Naussac
Naussac
Lavillatte
Lanarce
St Cirgues-en-Montagne
Suc de Bauzon
Burzet
Montpezat-s-Bauzon
Thueyts
Mayres
Barnas
Forêt de Mazan
Mazan-l'Abbaye
le Plagnal
St Alban-en-Montagne
Cellier-du-Luc
St Etienne-de-Lugdarès
Col du Pendu
Serre de la Croix de Bauzon
Col de la Cr. de Bauzon
Col de Meyrand
le Tanargue
Valgorge
Laveyrune
Luc
Cheylard-l'Evêque
Chaudeyrac
Forêt de Mercoire
le Moure de la Gardille
la Bastide-Puylaurent
Chasseradès
St Laurent-les-Bains
Loubaresse
Massif de Prataubérat
Largentière
Sablières
Montselgues
Prévenchères
Thines
St André-Lachamp
Joyeuse
Rosières
Planzolles
Faugères
Payzac
Lablachère
Altier
Cubières
Cubiérettes
Pourcharesses
la Garde-Guérin
Pied-de-Borne
Villefort
Malons
St Pierre-le-Déchausselat
St Genest-de-Beauzon
Chambonas
les Vans
Chassagnes
Col de Finiels
Chandolas
Montagne du Goulet
NATIONAL
LOZÈRE
Pic Cassini

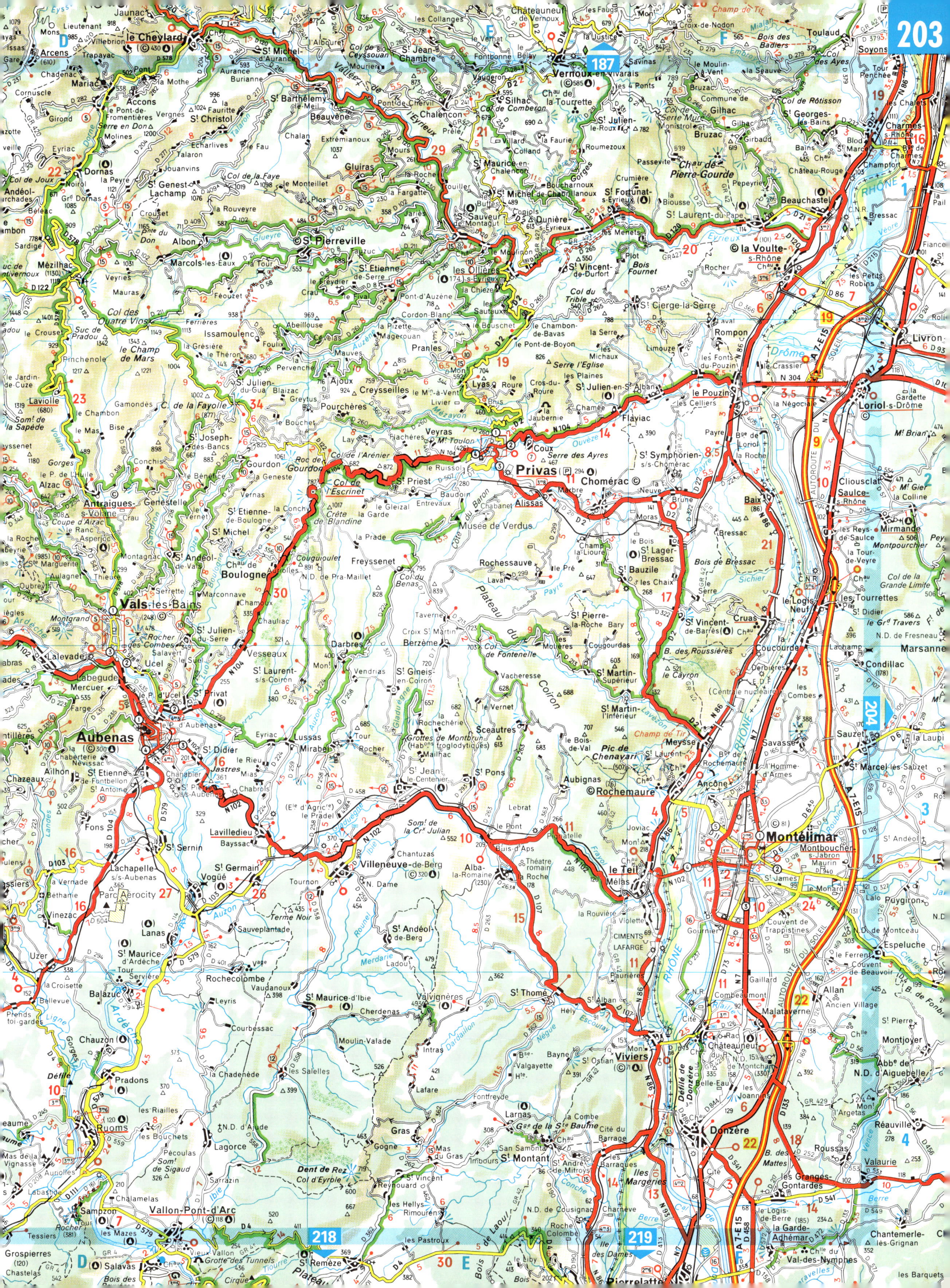
187
le Cheylard
St Michel-d'Aurance
St Barthélemy-le-Meil
Vernoux-en-Vivarais
Chalencon
Silhac
St Julien-le-Roux
Gilhac
Toulaud
Soyons
Charmes-s-Rhône
St Georges-les-Bains
Beauchastel
St Fortunat-s-Eyrieux
St Laurent-du-Pape
la Voulte-s-Rhône
St Pierreville
les Ollières
St Sauveur-de-Montagut
Dunière-s-Eyrieux
St Vincent-de-Durfort
Mézilhac
Marcols-les-Eaux
Albon
Dornas
St Genest-Lachamp
Antraigues-s-Volane
Genestelle
St Etienne-de-Boulogne
St Michel
Boulogne
Vals-les-Bains
St Julien-du-Serre
Aubenas
Ucel
Labegude
Mercuer
Darbres
Vesseaux
St Laurent-s-Coiron
St Privat
Lussas
Mirabel
Privas
Chomérac
Alissas
Flaviac
le Pouzin
Livron
Loriol-s-Drôme
Rompon
St Cierge-la-Serre
Baix
Cruas
Meysse
Rochemaure
Montélimar
le Teil
Viviers
Donzère
Pierrelatte
Villeneuve-de-Berg
Lavilledieu
Vogüé
Lanas
Balazuc
Ruoms
Vallon-Pont-d'Arc
St Remèze
Bourg-St Andéol
St Montant
Gras
Valvignères
St Thomé
Alba-la-Romaine
Aubignas
Sceautres
St Pons
Berzème
St Gineis-en-Coiron
Rochessauve
Plateau du Coiron
Freyssenet
St Priest
Coux
Veyras
Cros-du-Vent
St Julien-en-St Alban
St Symphorien-s-Chomérac
St Lager-Bressac
St Bauzile
St Vincent-de-Barrès
St Martin-le-Supérieur
Sauzet
St Marcel-lès-Sauzet
Savasse
Ancône
Condillac
Marsanne
Les Tourrettes
Saulce-s-Rhône
Mirmande
Cliousclat
Espeluche
Allan
Malataverne
Châteauneuf-du-Rhône
Roussas
Valaurie
Réauville
Montjoyer
Puygiron
la Garde-Adhémar
Les Granges-Gontardes
Chantemerle-lès-Grignan
St Sernin
St Germain
St Maurice-d'Ardèche
Pradons
Lagorce
St Maurice-d'Ibie
Rochecolombe
Vinezac
Lachapelle-s-Aubenas
Fons
St Didier
St Etienne-de-Fontbellon
Chazeaux
Vernoux
Gluiras
Pranles
Creysseilles
Ajoux
Pourchères
Gourdon
Issamoulenc
Gorges
Laviolle
Aizac
la Chapelle
Mars
Rhône
Drôme
Ardèche
Ouvèze
Payre
AUTOROUTE DU SOLEIL
204
218
219
Col de l'Escrinet
Musée de Verdus
Grottes de Montbrun
Pic de Chenavari
Dent de Rez
Col de la Fayolle
Plateau

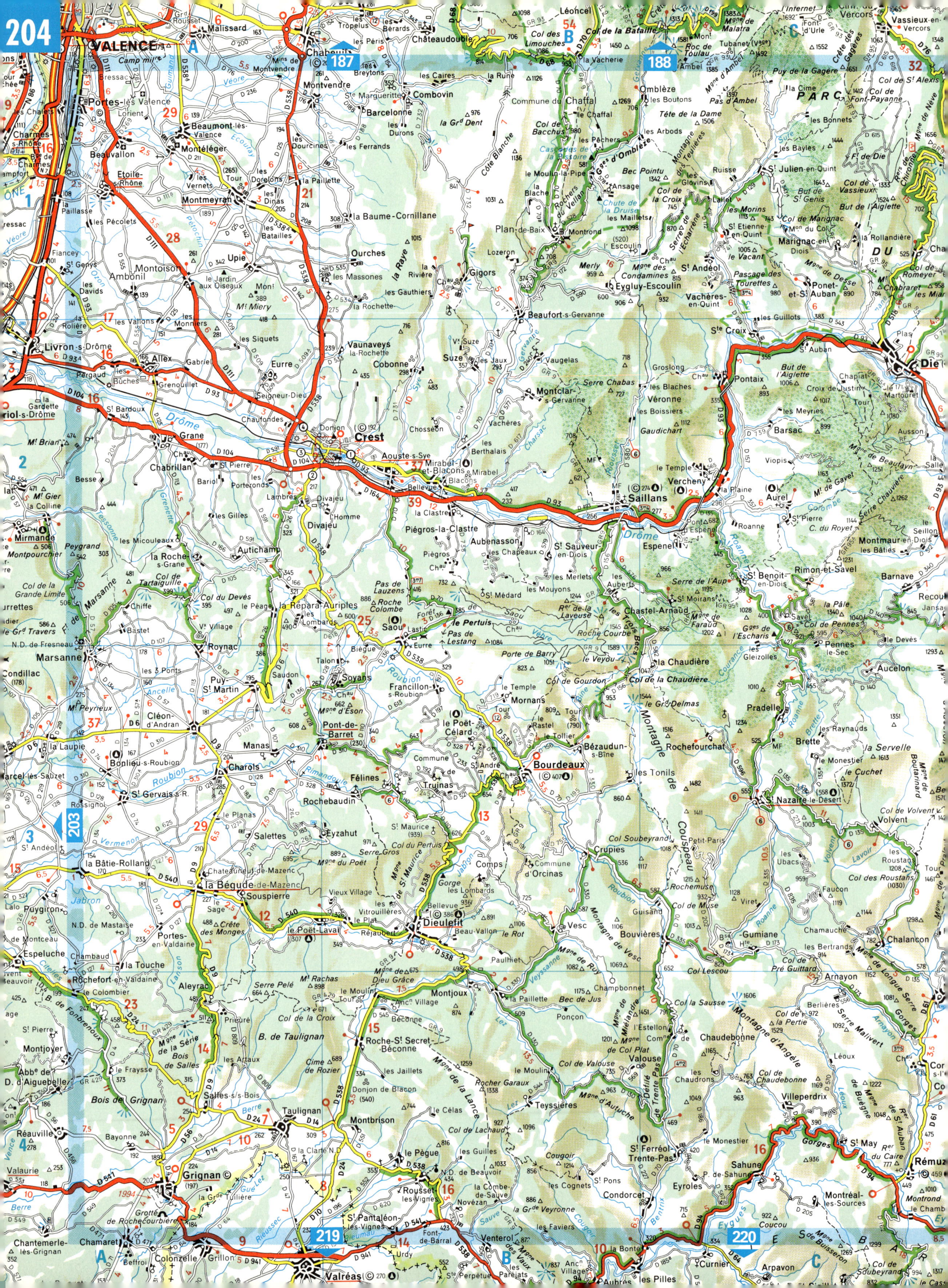

187
188
203
219
220
VALENCE
Chabeuil
Montvendre
Combovin
Barcelonne
Châteaudouble
Léoncel
Col de la Bataille
Vassieux-en-Vercors
Col de St Alexis
Portes-lès-Valence
Beaumont-lès-Valence
Montéléger
Beauvallon
Etoile-s-Rhône
Montmeyran
la Baume-Cornillane
Ourches
Omblèze
Plan-de-Baix
Gigors
Beaufort-s-Gervanne
Eygluy-Escoulin
St Andéol
Vachères-en-Quint
St Julien-en-Quint
Marignac-en-Diois
Ponet-et-St Auban
Upie
Montoison
Ambonil
Livron-s-Drôme
Allex
Eurre
Vaunaveys-la-Rochette
Cobonne
Suze
Montclar-s-Gervanne
Pontaix
Die
Grane
Chabrillan
Crest
Aouste-s-Sye
Mirabel-et-Blacons
Saillans
Vercheny
Aurel
Barsac
Piégros-la-Clastre
Aubenasson
St Sauveur-en-Diois
Espenel
Mirmande
Autichamp
Divajeu
la Répara-Auriples
Saou
Soyans
Francillon-s-Roubion
Chastel-Arnaud
St Benoit-en-Diois
Rimon-et-Savel
Barnave
Pennes-le-Sec
Aucelon
Marsanne
Roynac
Puy-St Martin
Cléon-d'Andran
Pont-de-Barret
Le Poët-Célard
Bourdeaux
Bézaudun-s-Bîne
Pradelle
Rochefourchat
Brette
La Laupie
Bonlieu-s-Roubion
Charols
Manas
Félines
Truinas
St Nazaire-le-Désert
Volvent
St Gervais-s-R.
Rochebaudin
Salettes
Eyzahut
Crupies
la Bâtie-Rolland
la Bégude-de-Mazenc
Souspierre
Dieulefit
Comps
Vesc
Bouvières
Gumiane
Chalancon
Puygiron
Espeluche
Portes-en-Valdaine
le Poët-Laval
Montjoux
Arnayon
Rochefort-en-Valdaine
Aleyrac
Roche-St Secret-Béconne
Chaudebonne
Montjoyer
Salles-s-s-Bois
Taulignan
Teyssières
Valouse
Villeperdrix
Réauville
Montbrison
le Pègue
St Ferréol-Trente-Pas
Sahune
St May
Rémuzat
Grignan
Rousset-les-Vignes
St Pantaléon-les-Vignes
Montréal-les-Sources
Chamaret
Colonzelle
Grillon
Valréas
Venterol
Curnier
Arpavon

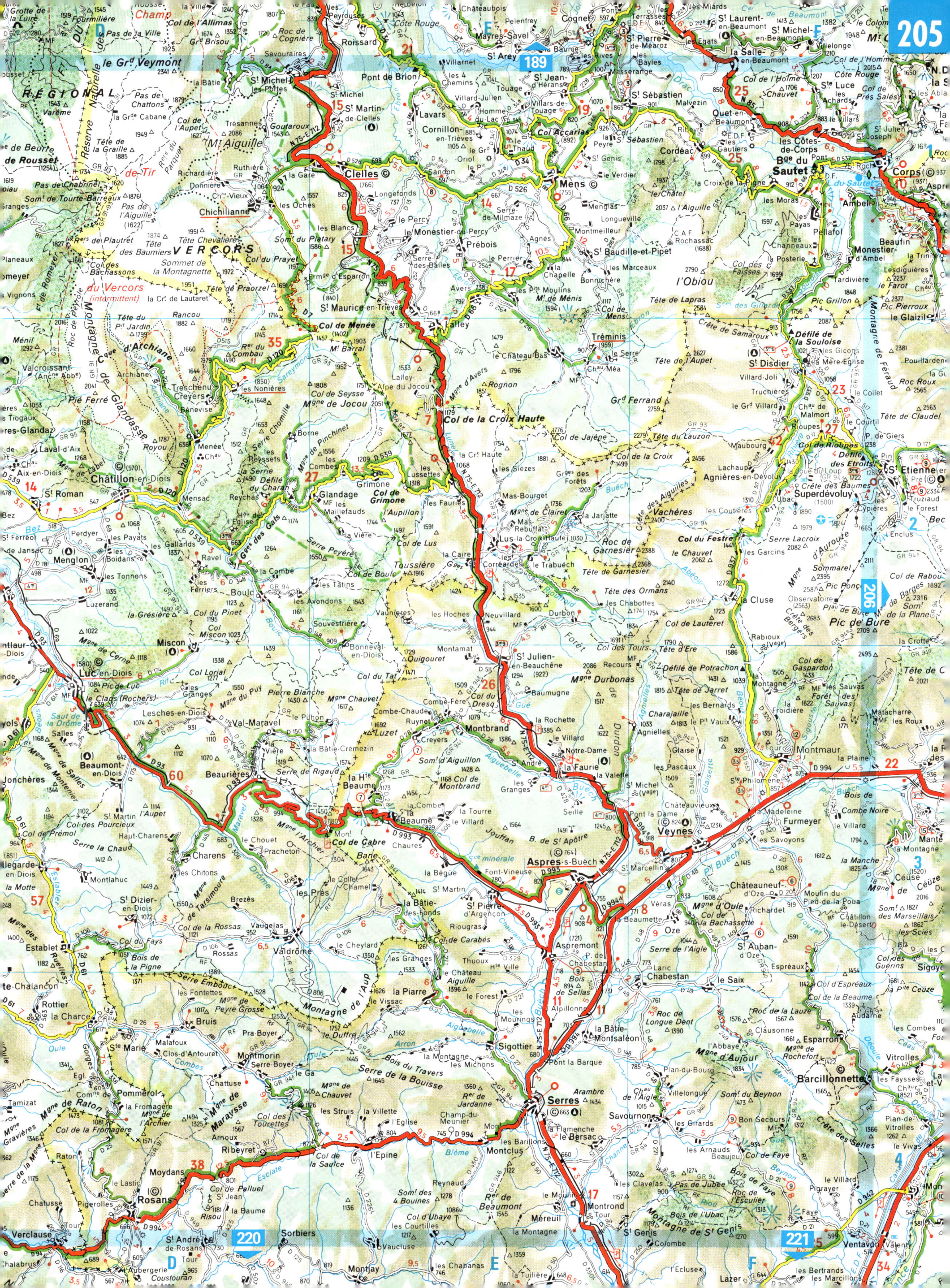
Clelles
Mens
Corps
Sautet
Lalley
Col de Menée
Col de la Croix Haute
Châtillon-en-Diois
Die
Luc-en-Diois
Beaurières
Col de Cabre
Aspres-s-Buëch
Veynes
Serres
Rosans
Montmaur
St Étienne
Superdévoluy
Barcillonnette
Chabestan
Aspremont
St Julien-en-Beauchêne
Tréminis
St Disdier
Vercors
Montagne de Glandasse
Pic de Bure
Mas-Bourget
Lus-la-Croix-Haute
Valdrôme
Sigottier
La Faurie
Col de Rioupes
Montagne de Céüse
Montclus
Mont Aiguille
L'Obiou
Le Grd Veymont
Mens
Pont de Brion
Montagne de Féraud
189
206
220
221

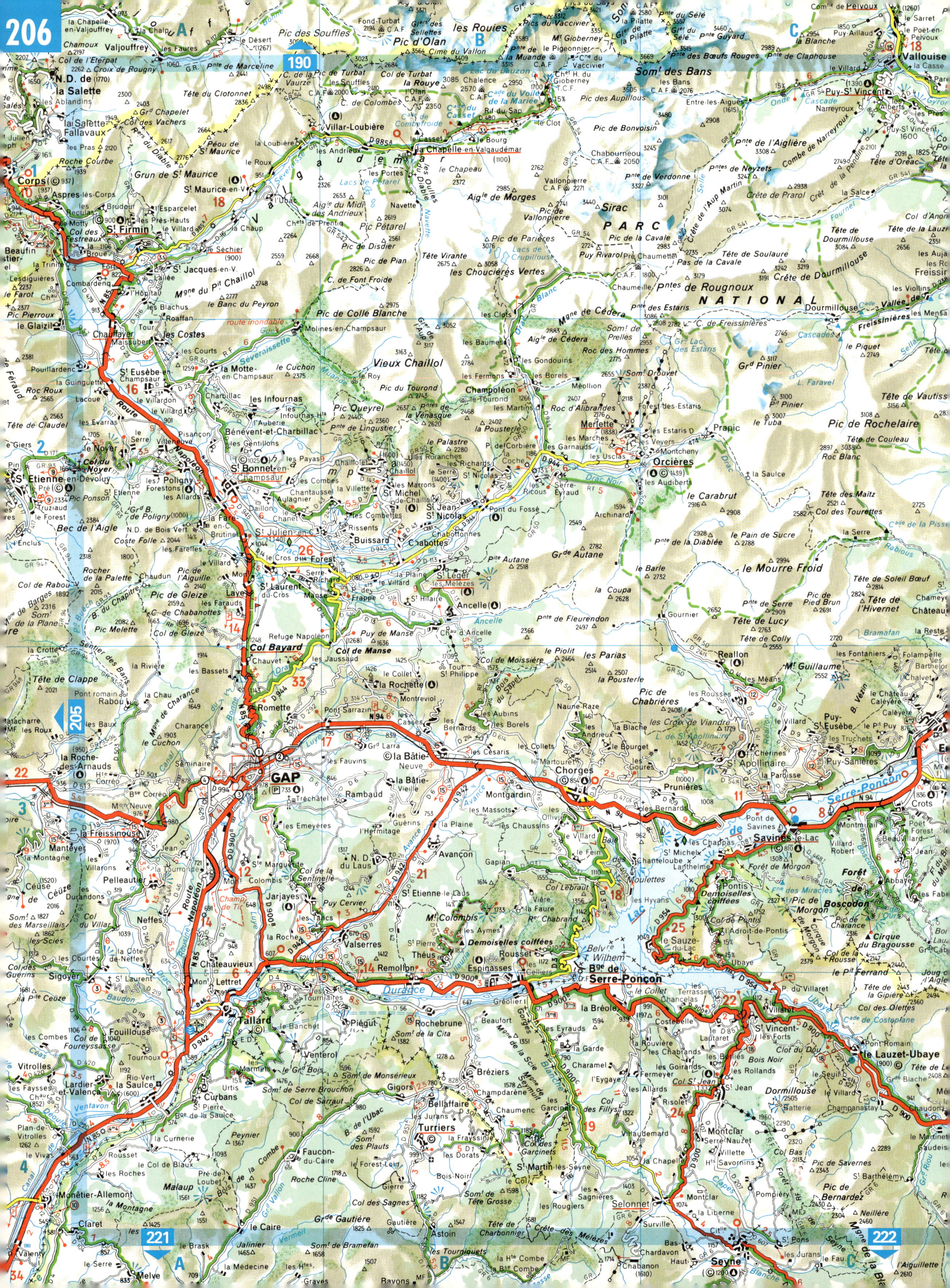

190
205
221
222
Valjouffrey
la Salette
Corps
St Firmin
St Maurice-en-V.
Villar-Loubière
la Chapelle-en-Valgaudémar
Pic d'Olan
les Rouies
Sommet des Bans
Vallouise
Puy-St Vincent
PARC
NATIONAL
Pic de Rougnoux
Pic Queyrel
Vieux Chaillol
Pic de Colle Blanche
Pic de Rochelaire
Orcières
Champoléon
Sirac
Ancelle
St Bonnet-en-Champsaur
St Étienne-en-Dévoluy
Col Bayard
Col de Manse
GAP
Chorges
la Bâtie-Neuve
Savines-le-Lac
Serre-Ponçon
Bge de Serre-Ponçon
Durance
Tallard
Remollon
Espinasses
Turriers
la Bréole
le Lauzet-Ubaye
Seyne
Monêtier-Allemont
Veynes
Laragne
Ubaye
Lac de Serre-Ponçon

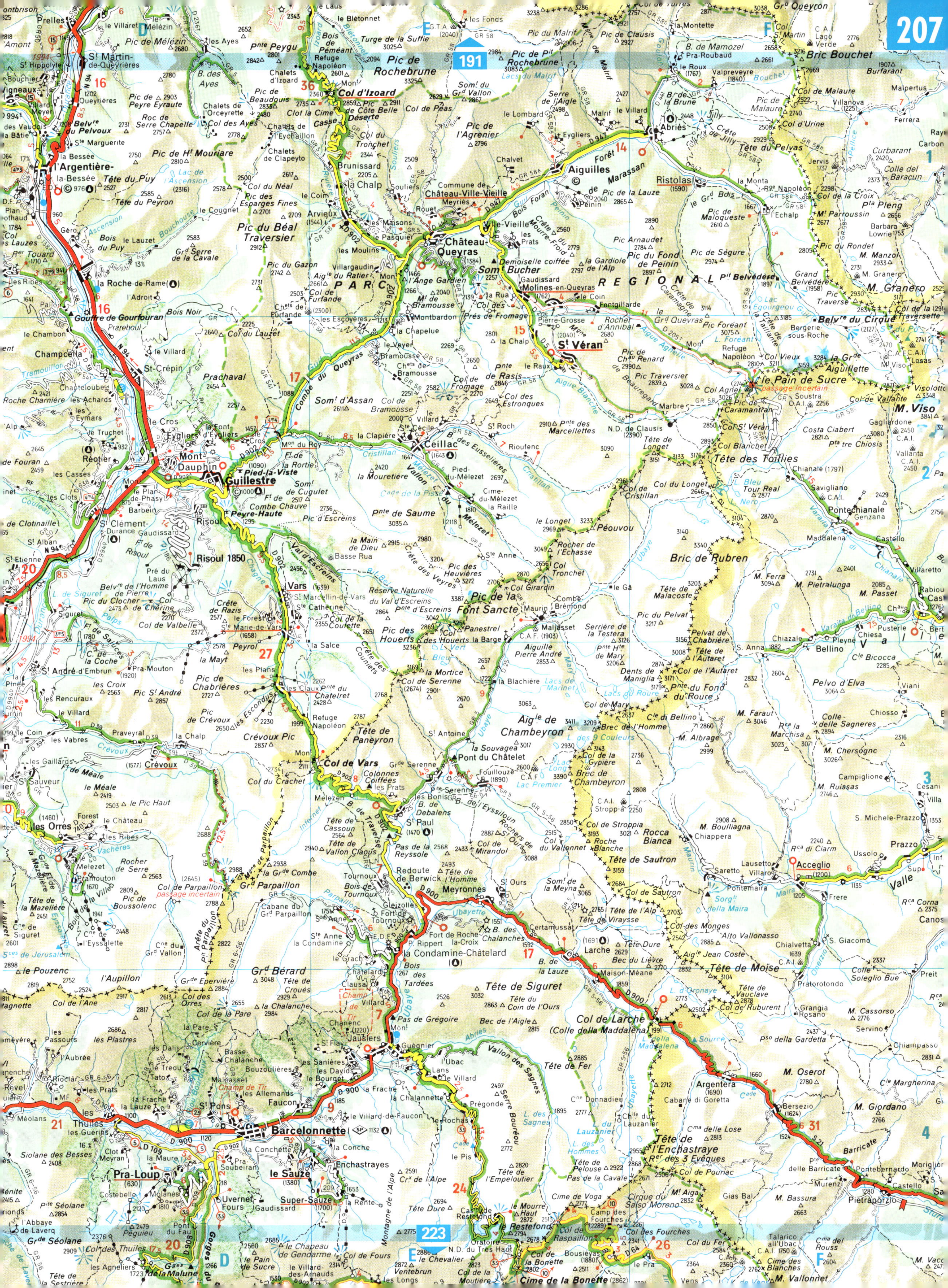

191
223
D
E
F
L'Argentière-la-Bessée
St Martin-de-Queyrières
Pic de Rochebrune
Col d'Izoard
Château-Ville-Vieille
Château-Queyras
Aiguilles
Abriès
Ristolas
Bric Bouchet
Pic du Béal Traversier
PARC
REGIONAL
Som Bucher
Molines-en-Queyras
St Véran
Col Agnel
le Pain de Sucre
passage incertain
M. Viso
Tête des Toillies
Ceillac
Guillestre
Mont-Dauphin
Risoul 1850
Vars
Col de Vars
Pic de la Font Sancte
Maljasset
Aig'le de Chambeyron
Brec de Chambeyron
Bric de Rubren
Rocca Bianca
Tête de Sautron
Acceglio
Crévoux
Embrun
les Orres
St Paul
Meyronnes
Larche
Col de Larche (Colle della Maddalena)
Tête de Moïse
la Condamine-Châtelard
Jausiers
Barcelonnette
Pra-Loup
le Sauze
Super-Sauze
Tête de l'Enchastraye
Argentera
Pietraporzio
Restefond
Cime de la Bonette
Col de Parpaillon
Grd Bérard
Tête de Siguret
Valle Maira
Sambuco
Bersezio

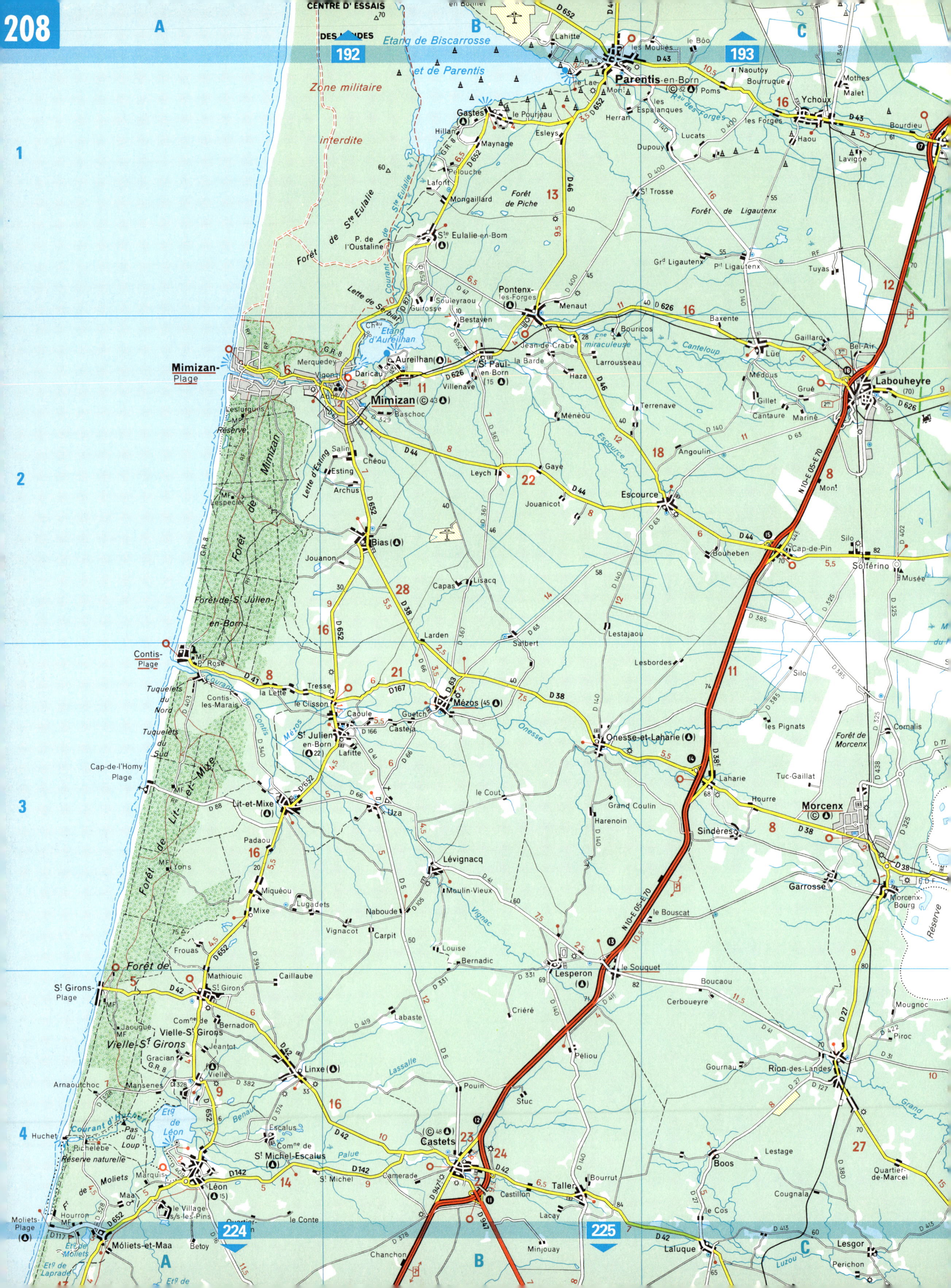
192
193
224
225
A
B
C
1
2
3
4
Etang de Biscarrosse
et de Parentis
Zone militaire
interdite
Parentis-en-Born
Ychoux
Labouheyre
Gastes
Ste Eulalie-en-Born
Forêt de Ste Eulalie
Forêt de Piche
Forêt de Ligautenx
Pontenx-les-Forges
Etang d'Aureilhan
Aureilhan
St Paul-en-Born
Mimizan-Plage
Mimizan
Forêt de Mimizan
Escource
Cap-de-Pin
Solférino
Bias
Forêt de St Julien-en-Born
Contis-Plage
Mézos
St Julien-en-Born
Onesse-et-Laharie
Forêt de Morcenx
Morcenx
Lit-et-Mixe
Forêt de Lit-et-Mixe
Uza
Lévignacq
Sindères
Garrosse
Morcenx-Bourg
Lesperon
le Souquet
St Girons-Plage
St Girons
Vielle-St Girons
Forêt de
Linxe
Rion-des-Landes
Castets
Etg de Léon
Léon
St Michel-Escalus
Taller
Boos
Moliets-Plage
Moliets-et-Maa
Laluque
Lesgor
Réserve naturelle
Courant d'Huchet
N10-E05-E70
D 652
D 626
D 44
D 38
D 42
D 142

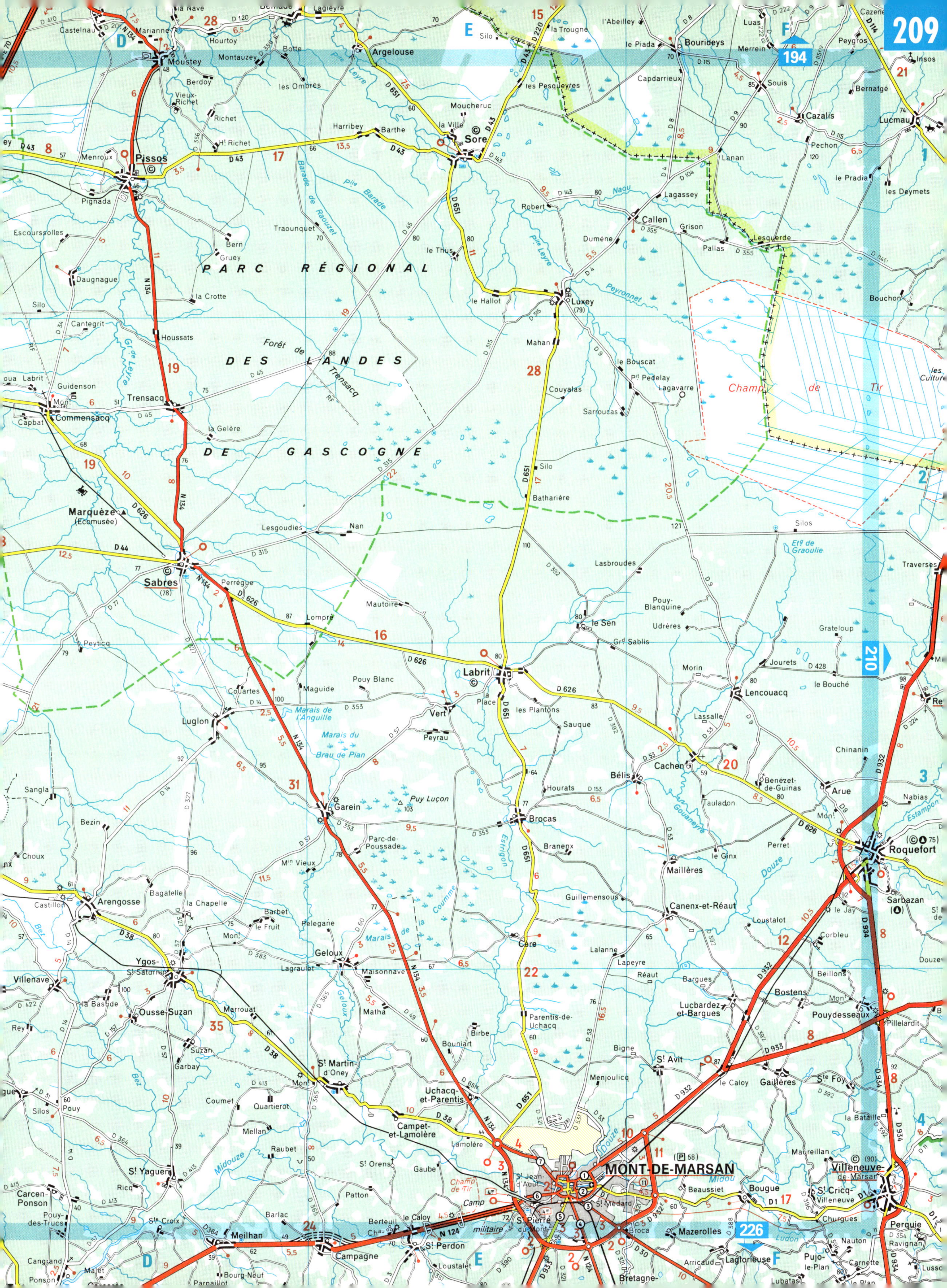

194
210
226
PARC RÉGIONAL
DES LANDES
DE GASCOGNE
Forêt de Transacq
Champ de Tir
MONT-DE-MARSAN
Moustey
Marianne
Castelnau
Hourtoy
Montauzey
Botte
Argelouse
les Ombres
Berdoy
Vieux-Richet
Richet
Ht Richet
Harribey
Barthe
Moucheruc
la Ville
Sore
Pissos
Menroux
Pignada
Escourssolles
Bern
Gruey
Traounquet
Daugnagne
la Crotte
Silo
Cantegrit
Houssats
Labrit
Guidenson
Trensacq
Commensacq
Capbat
la Gelère
Marquèze
(Ecomusée)
Sabres
Lesgoudies
Nan
Perrègue
Lompré
Mautoire
Peyticq
Courtes
Maguide
Pouy Blanc
Luglon
Marais de l'Anguille
Marais du Brau de Pian
Vert
Peyrau
Garein
Puy Luçon
Parc-de-Poussade
Mn Vieux
Bezin
Sangla
Choux
Arengosse
Castillon
Bagatelle
la Chapelle
Barbet
le Fruit
Pelegarie
Geloux
Lagraulet
Maisonnave
Matha
Ygos-St Saturnin
la Basode
Ousse-Suzan
Marrouat
Suzan
Garbay
Villenave
Rey
St Martin-d'Oney
Uchacq-et-Parentis
Campet-et-Lamolère
Lamolère
Coumet
Quartierot
Mellan
Raubet
St Orens
Gaube
St Yaguen
Ricq
Carcen-Ponson
Pouy-des-Trucs
Silos
Pouy
Patton
Barlac
Berteuil
le Caloy
Meilhan
Campagne
St Perdon
Loustalet
Cangrand
Ponson
Malet
Parpaillot
Bourg-Neuf
Bretagne
la Trouque
l'Abeilley
le Piada
Bourideys
Luas
Merrein
Peygros
Insos
Capdarrieux
Souis
Bernatgé
les Pesqueyres
Cazalis
Lucmau
Lanan
Pechon
le Pradia
les Deymets
Lagassey
Robert
Callen
Grison
Lesquerde
Pallas
Dumène
le Thus
le Hallot
Luxey
Bouchon
Mahan
le Bouscat
Pt Pedelay
Lagavarre
Couyalas
Sarroucas
Silo
Batharière
Silos
Étg de Graoulie
Lasbroudes
Pouy-Blanquine
Udrères
le Sen
Grd Sablis
Grateloup
Traverses
Labrit
Jourets
le Bouché
Morin
Lencouacq
la Place
les Plantons
Sauque
Lassalle
Bélis
Cachen
Chinanin
Benézet-de-Guinas
Tauladon
Arue
Nabias
Hourats
Brocas
Branenx
le Ginx
Perret
Roquefort
Sarbazan
Maillères
Guillemensous
Canenx-et-Réaut
Loustalot
le Jay
Corbieu
Cère
Lalanne
Lapeyre
Réaut
Bargues
Lucbardez-et-Bargues
Bostens
Beillons
Pouydesseaux
Pillelardit
Parentis-de-Uchacq
Bouniart
Birbe
Bigne
St Avit
Menjoulicq
le Caloy
Gaillères
Ste Foy
la Bataille
Maureilan
Villeneuve-de-Marsan
Beaussiet
Bougue
St Cricq-Villeneuve
Churgues
Perquie
Ravignan
Nauton
Carnette
Pujo-le-Plan
Laglorieuse
Mazerolles
St Médard
St Pierre-du-Mont
St Jean-d'Août
Camp militaire
Champ de Tir
Broca
Aricaud
Lubatas
Estrigon
Retjons
Ludon
Midou
Douze
Estampon
Bez
Midouze
Geloux
Gouaneyre
Peyronnet
Nagu
Pte Leyre
Pte Barade
Barade de Rauzet
Gd de Leyre
Marais de la Coumme

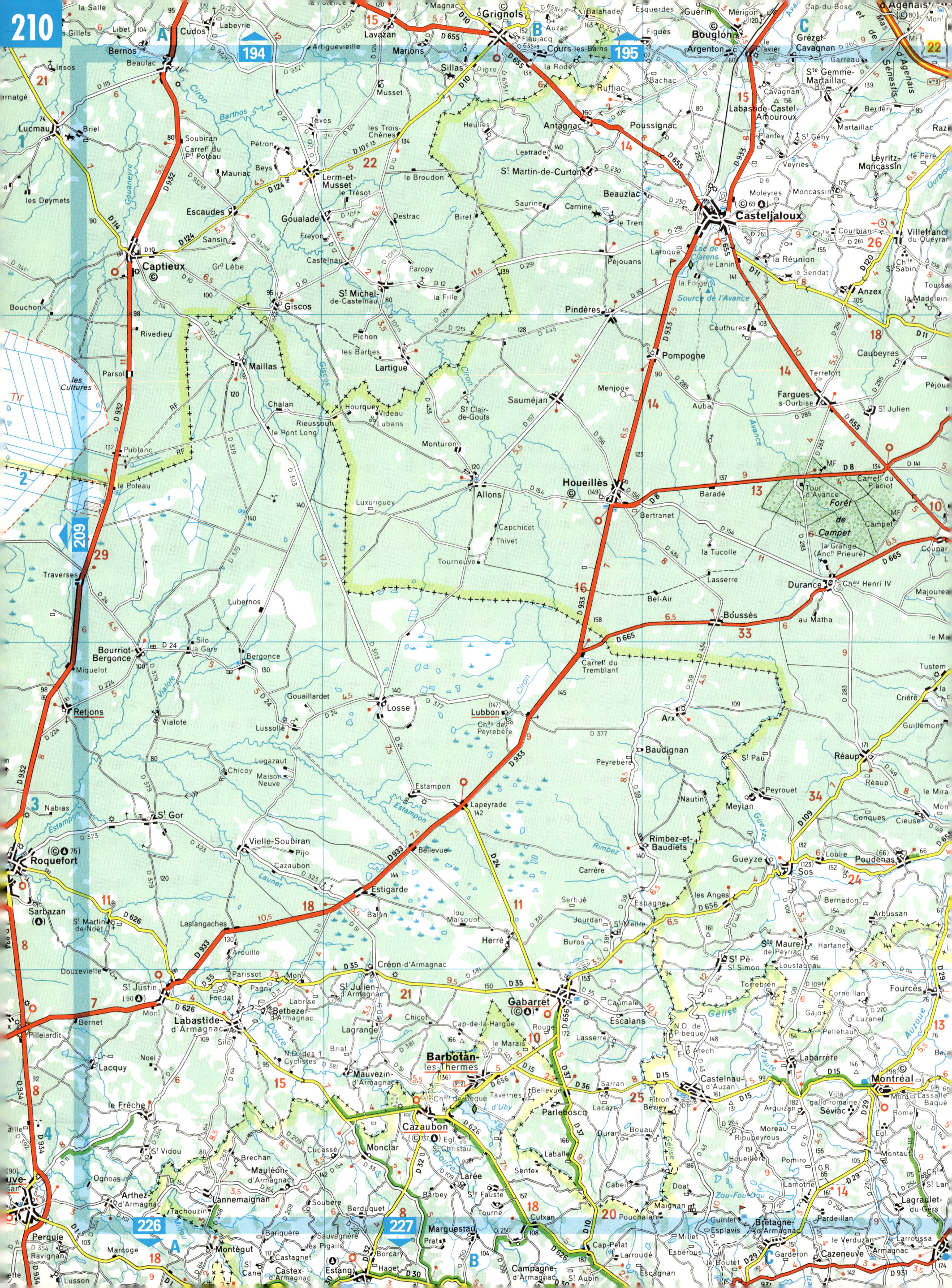
194
195
209
226
227
Cudos
Bernos
Beaulac
Lavazan
Marions
Grignols
Sillas
Musset
Cours-les-Bains
Antagnac
Poussignac
Bouglon
Argenton
Cavagnan
Labastide-Castel-Amouroux
Lucmau
Briel
Soubiran
Pétron
Beys
Lerm-et-Musset
les Trois-Chênes
le Broudon
St Martin-de-Curton
Beauziac
Casteljaloux
Les Deymets
Escaudes
Goualade
Destrac
Biret
Carnine
Captieux
Paropy
St Michel-de-Castelnau
la Fille
Pinderes
Pompogne
Anzex
Villefranche-du-Queyran
Giscos
Maillas
Lartigue
Pichon
Saumejan
Fargues-s-Ourbise
Hourquey
St Clair-de-Gouts
Allons
Houeillès
Baradé
Forêt de Campet
Luxuriguey
Capchicot
Thivet
Tourneuve
la Tucolle
Lasserre
Durance
Bel-Air
Boussès
Traverses
Lubernos
Bourriot-Bergonce
Bergonce
Carref du Tremblant
Retjons
Vialote
Lussolle
Losse
Lubbon
Arx
Gouaillardet
Baudignan
Réaup
Chicoy
Estampon
Lapeyrade
Nautin
Meylan
Peyrouet
St Gor
Roquefort
Vielle-Soubiran
Pijo
Cazaubon
Bellevue
Estigarde
Rimbez-et-Baudiets
Gueyze
Sos
Poudenas
Sarbazan
St Martin-de-Noët
Laslangaches
Balen
Herré
Serbué
Jourdan
Buros
St Pé-St Simon
Ste Maure-de-Peyriac
Créon-d'Armagnac
St Julien-d'Armagnac
Gabarret
Escalans
Fourcès
St Justin
Labastide-d'Armagnac
Betbezer-d'Armagnac
Lagrange
Barbotan-les-Thermes
Castelnau-d'Auzan
Labarrère
Montréal
Lacquy
Mauvezin-d'Armagnac
Parleboscq
Séviac
le Frêche
Cazaubon
Monclar
Larée
Mauléon-d'Armagnac
Lannemaignan
Arthez-d'Armagnac
Tachouzin
Marguestau
Cutxan
Pouchalan
Maignan
Bretagne-d'Armagnac
Lagraulet-du-Gers
Perquie
Montégut
Castex-d'Armagnac
Estang
Campagne-d'Armagnac
Cap-Pelat
Escagnan
Cazeneuve
A
B
C

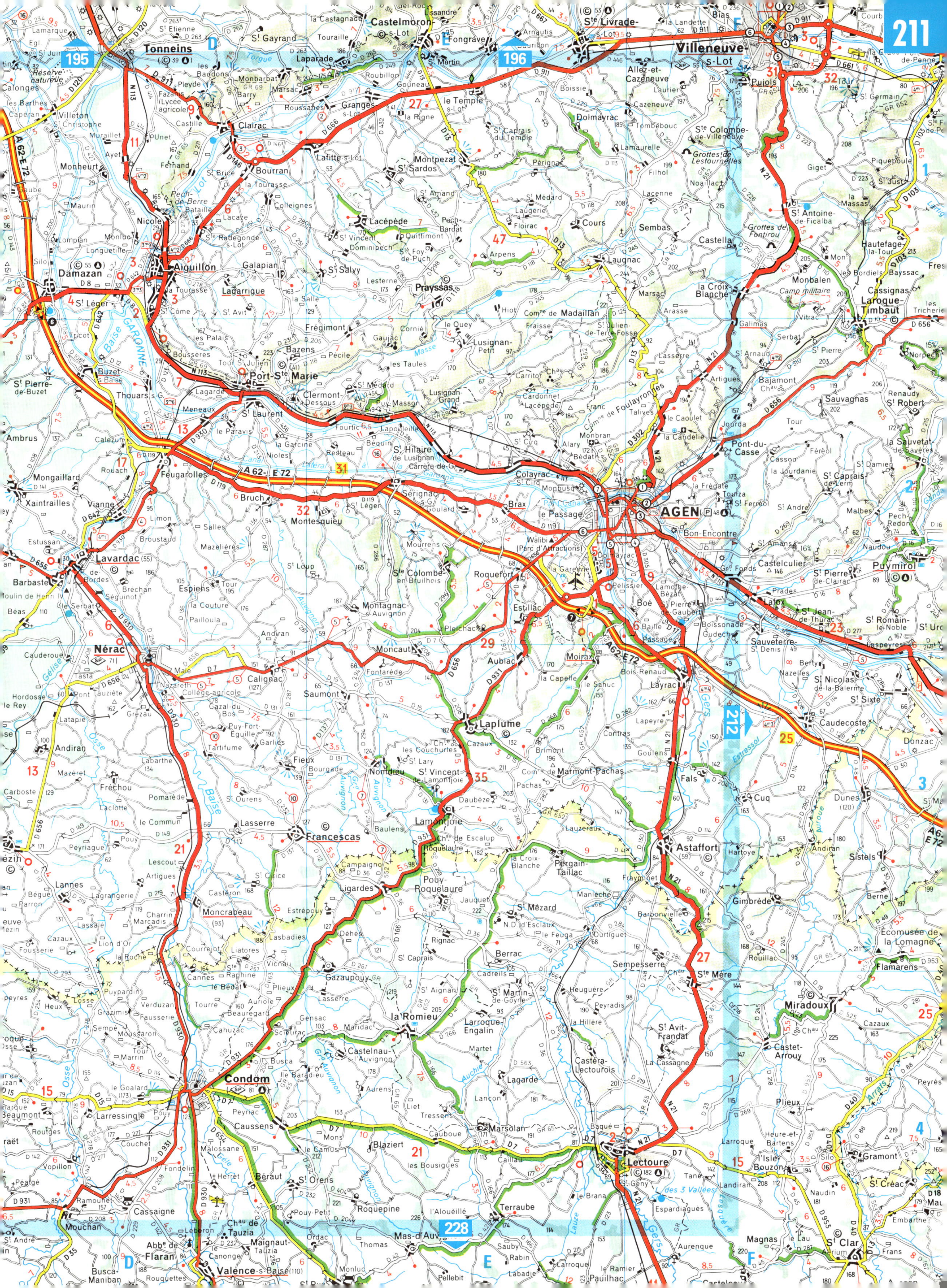
Tonneins
Castelmoron-s-Lot
Fongrave
Ste Livrade-s-Lot
Villeneuve-s-Lot
Bias
Pujols
Laparade
Granges-s-Lot
Clairac
Lafitte-s-Lot
Bourran
Montpezat
St Sardos
Dolmayrac
Ste Colombe-de-Villeneuve
Grottes de Lestournelles
Lacépède
Laugnac
Sembas
Castella
Grottes de Fontirou
St Antoine-de-Ficalba
Hautefage-la-Tour
Nicole
Damazan
Aiguillon
Galapian
Lagarrigue
St Salvy
Prayssas
Madaillan
Laroque-Timbaut
Port-Ste Marie
Clermont-Dessous
Frégimont
Bazens
Lusignan-Petit
Buzet-s-Baïse
Thouars-s-G.
St Pierre-de-Buzet
Feugarolles
Bruch
Montesquieu
Sérignac-s-G.
St Hilaire-de-Lusignan
Colayrac-St Cirq
Foulayronnes
Pont-du-Casse
AGEN
Bon-Encontre
Le Passage
Brax
Roquefort
Estillac
Moirax
Layrac
Boé
Castelculier
Puymirol
Lafox
St Jean-de-Thurac
Sauveterre-St Denis
St Nicolas-de-la-Balerme
St Sixte
Caudecoste
Lavardac
Barbaste
Xaintrailles
Vianne
Espiens
Nérac
Calignac
Moncaut
Aubiac
Laplume
Saumont
Nomdieu
St Vincent-de-Lamontjoie
Lamontjoie
Astaffort
Cuq
Dunes
Francescas
Moncrabeau
Fals
Pergain-Taillac
Gimbrède
Ligardes
Pouy-Roquelaure
St Mézard
Miradoux
Flamarens
Gazaupouy
La Romieu
Castelnau-s-l'Auvignon
St Martin-de-Goyne
Sempesserre
Ste Mère
Castet-Arrouy
Condom
Caussens
Blaziert
Marsolan
Lectoure
Castéra-Lectourois
Plieux
Gramont
St Orens
Béraut
Cassaigne
Mouchan
Roquepine
Terraube
Mas-d'Auvignon
Ch. de Tauzia
Valence-s-Baïse
Abbe de Flaran
St Clar
Magnas
A 62-E 72
N 113
N 21
D 656
D 930
195
196
212
228

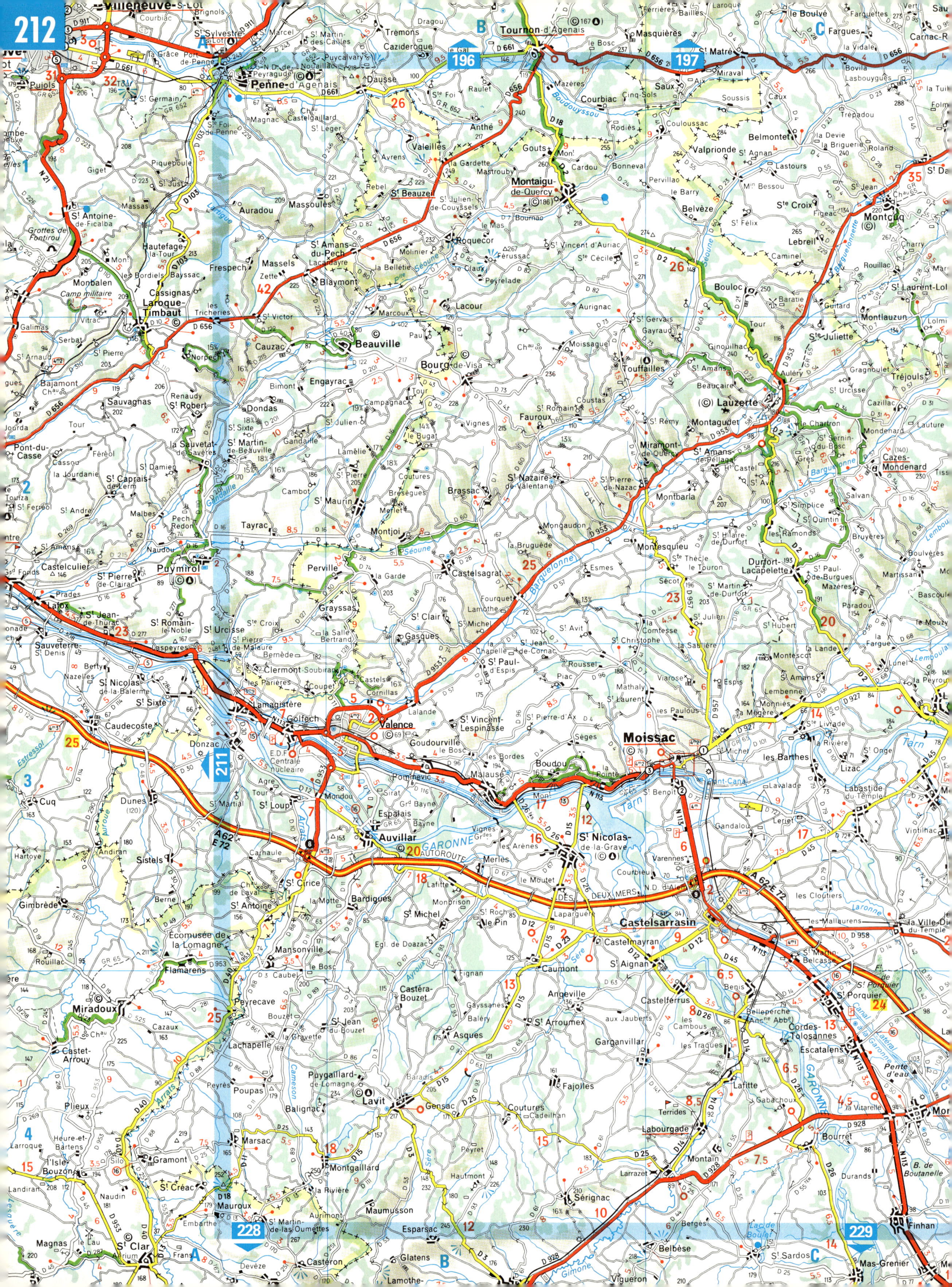
Villeneuve-s-Lot
Penne-d'Agenais
Tournon-d'Agenais
Montaigu-de-Quercy
Beauville
Bourg-de-Visa
Lauzerte
Laroque-Timbaut
Puymirol
Valence
Moissac
Auvillar
St Nicolas-de-la-Grave
Castelsarrasin
Miradoux
Lavit
St Clar
Montcuq
Tournon-d'Agenais
Touffailles
Montesquieu
Castelsagrat
Lamagistère
Golfech
Donzac
Caudecoste
Layrac
Sauveterre-St Denis
Dunes
Sistels
Flamarens
Mansonville
Asques
Garganvillar
Montech
Finhan
Mas-Grenier
Sérignac
Esparsac
Glatens
Castéron
Mauroux
Montgaillard
Marsac
Gramont
Cazes-Mondenard
Durfort-Lacapelette
Labastide-du-Temple
Lizac
Les Barthes
Boudou
Malause
Pommevic
Espalais
Cordes-Tolosannes
Escatalens
Castelferrus
Castelmayran
Caumont
Angeville
St Aignan
GARONNE
Tarn
Barguelonne
Séoune
196
197
211
228
229

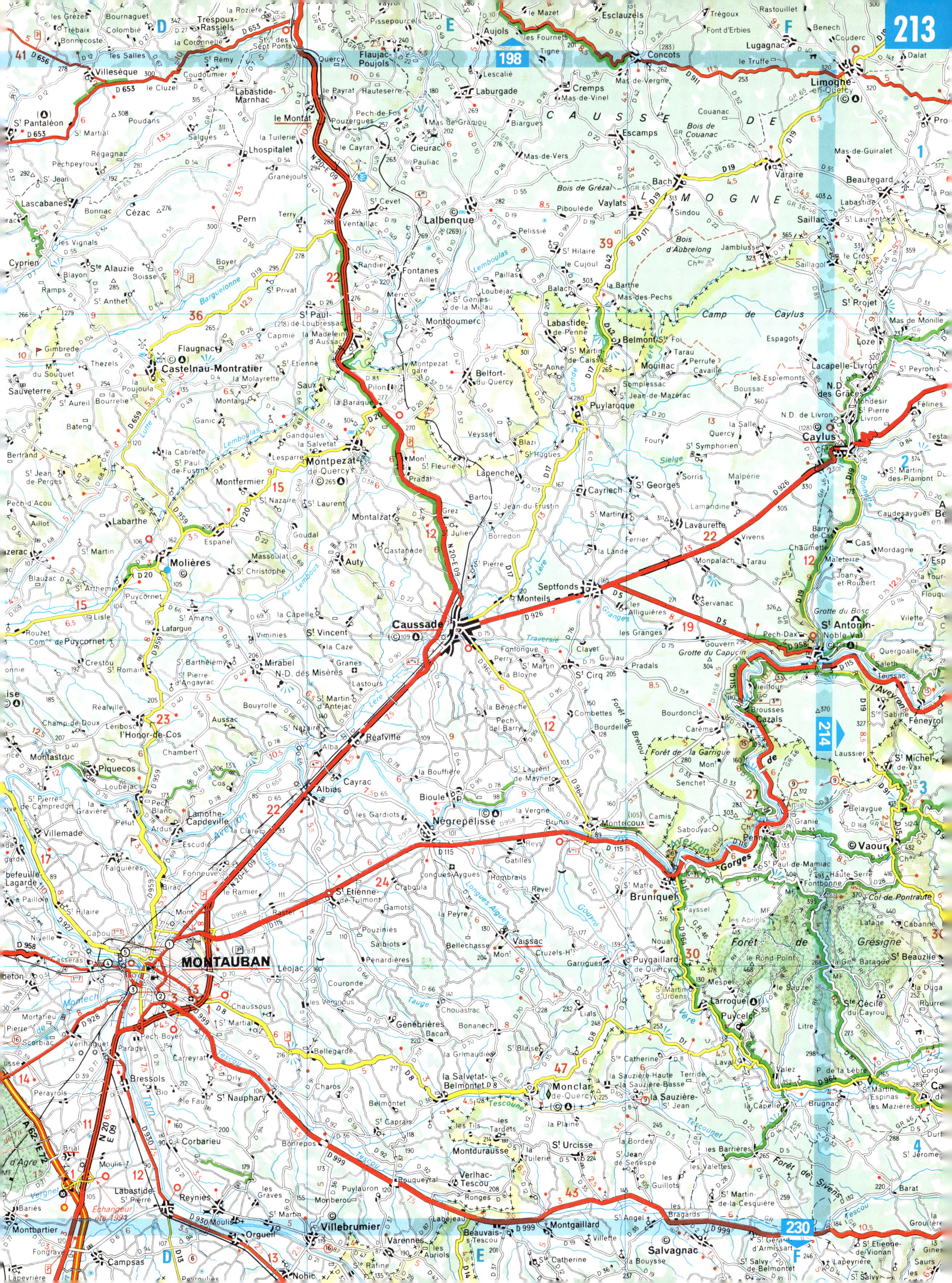
D
E
F
198
41
Villesèque
Labastide-Marnhac
le Montat
Lhospitalet
St Pantaléon
Lascabanes
Cézac
Pern
Laburgade
Cremps
Aujols
Flaujac-Poujols
Concots
Lugagnac
Limogne-en-Quercy
CAUSSE DE LIMOGNE
Escamps
Cieurac
Lalbenque
Vaylats
Bach
Varaire
Saillac
Beauregard
Cyprien
Ste Alauzie
36
22
St Paul-de-Loubressac
Flaugnac
Castelnau-Montratier
Fontanes
Montdoumerc
Labastide-de-Penne
Belmont-St-Foi
Mouillac
Camp de Caylus
Lacapelle-Livron
N.D. des Grâces
Caylus
Belfort-du-Quercy
Puylaroque
Montpezat-de-Quercy
Lapenche
Cayriech
St Georges
Lavaurette
Montalzat
Molières
Auty
Septfonds
Monteils
Caussade
St Antonin-Noble-Val
St Vincent
Mirabel
Réalville
Cayrac
Albias
l'Honor-de-Cos
Piquecos
Lamothe-Capdeville
Nègrepelisse
Montricoux
Bruniquel
Vaour
Gorges de l'Aveyron
St Etienne-de-Tulmont
Vaissac
Puygaillard-de-Quercy
Forêt de Grésigne
Larroque
Puycelci
MONTAUBAN
Léojac
Genebrières
Monclar-de-Quercy
la Salvetat-Belmontet
Bressols
St Nauphary
Corbarieu
Reynies
Villebrumier
Verlhac-Tescou
Montgaillard
Salvagnac
Orgueil
Campsas
Montbartier
Labastide-St Pierre
A 62-E 72
N 20-E 09
D 999
D 926
214
230

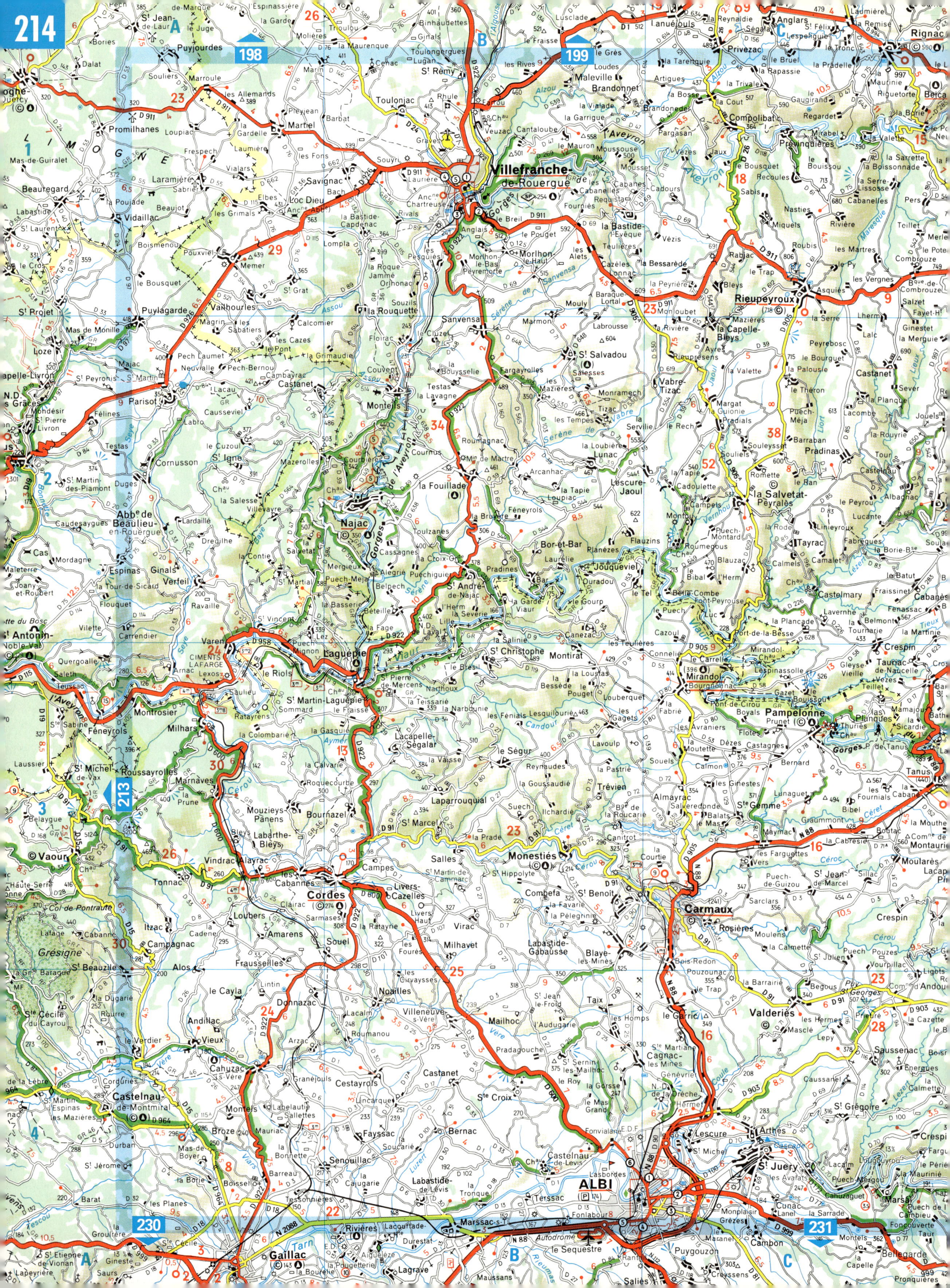
198
199
213
230
231
Villefranche-de-Rouergue
Najac
Laguépie
Cordes
Carmaux
Albi
Gaillac
Monestiés
Mirandol-Bourgnounac
Pampelonne
Rieupeyroux
La Salvetat-Peyralès
Caylus
St-Antonin-Noble-Val
Castelnau-de-Montmiral
Vaour
Valderiès
St-Juery
Lescure
Marssac
Rivières
Cahuzac
Varen
Limogne
Parisot
Montrosier
Milhars
Marnaves
Penne
Puycelsi
Lisle
Labastide-de-Lévis
Castelnau-de-Lévis
Tanus
Tauriac
Crespin
Taïx
Villeneuve-s-Vère
Noailles
Souel
Virac
Milhavet
Combefa
Trévien
Almayrac
Blaye-les-Mines
Sanvensa
Morlhon
Monteils
La Fouillade
Tayrac
Lunac
Montirat
Jouqueviel
St-André-de-Najac
St-Christophe
Laparrouquial
Salles
Livers-Cazelles
Campes
Cestayrols
Fayssac
Broze
Andillac
Vieux
Donnazac
Amarens
Frausseilles
Loubers
Itzac
Alos
Campagnac
Vindrac-Alayrac
Mouzieys-Panens
Labarthe-Bleys
Bournazel
Lacapelle-Ségalar
Le Ségur
Montauriol
Sauveterre
Beauregard
Vidaillac
Puylagarde
Puyjourdes
Martiel
Savignac
Toulonjac
Maleville
Compolibat
Prévinquières
Rignac
Anglars
Lescure-Jaoul
Vabre-Tizac
Bor-et-Bar
Pradinas
Castanet
Forêt de la Grésigne
A
B
C
1
2
3
4

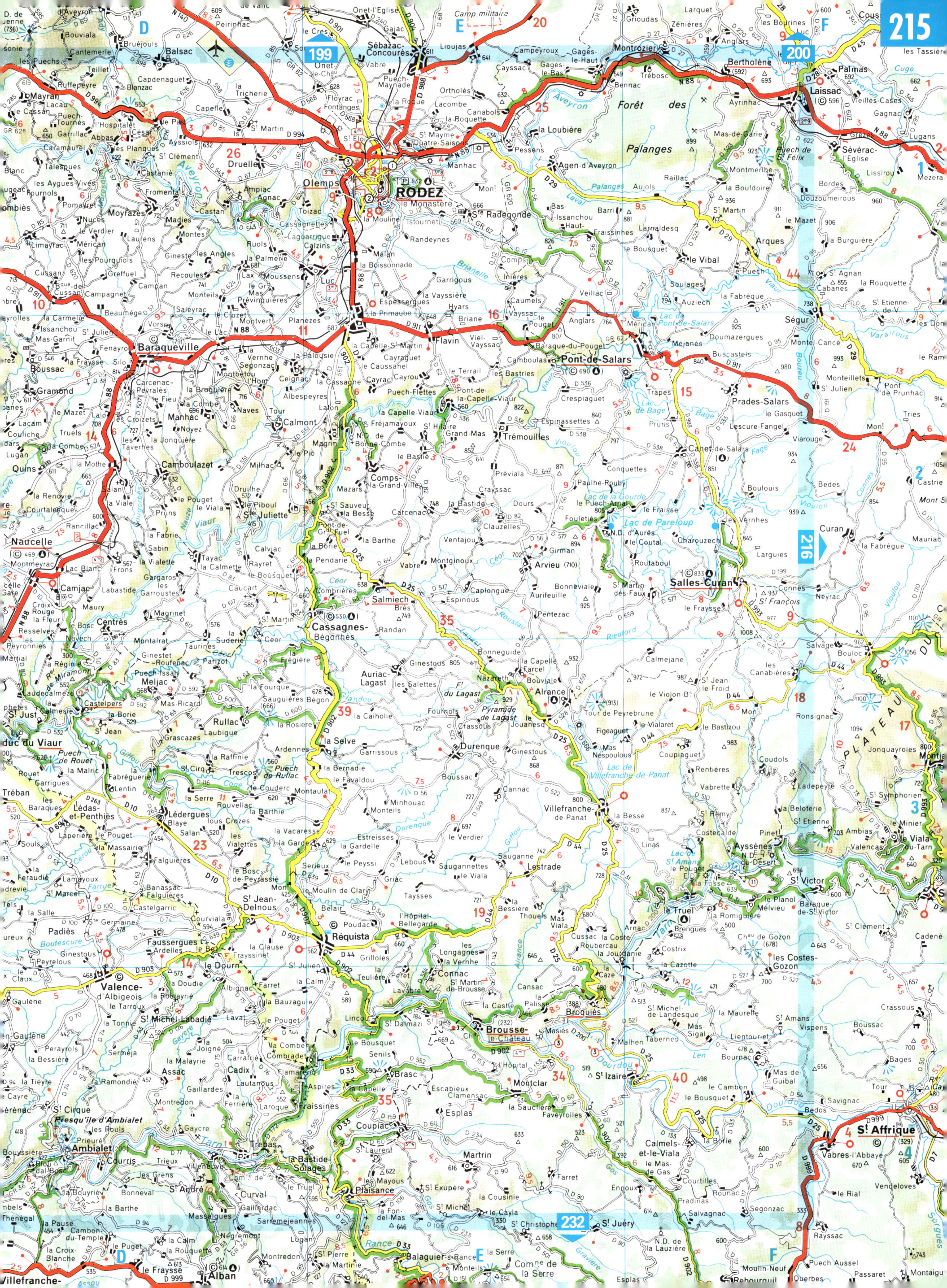

D
E
F
199
200
216
232
Camp militaire
RODEZ
Olemps
Onet-le-Château
Sébazac-Concourès
Balsac
Druelle
Luc
Flavin
Baraqueville
Naucelle
Pont-de-Salars
Salles-Curan
Ségur
Laissac
Sévérac-l'Église
Montrozier
Bertholène
Gages-le-Haut
Agen-d'Aveyron
Forêt des Palanges
Ste Radegonde
Trémouilles
Canet-de-Salars
Prades-Salars
Lac de Pareloup
Lac de Bage
Lac de la Gourde
Arvieu
Salmiech
Cassagnes-Bégonhes
Comps-la-Grand-Ville
Calmont
Camboulazet
Camjac
Centrès
Meljac
Rullac
St Just
Auriac-Lagast
Durenque
Alrance
Villefranche-de-Panat
Lac de Villefranche-de-Panat
Lestrade
Réquista
St Jean-Delnous
Lédergues
Valence-d'Albigeois
St Michel-Labadié
Ambialet
Trébas
Connac
Brousse-le-Château
Broquiès
Le Truel
Ayssènes
St Victor
Les Costes-Gozon
Montclar
Coupiac
Plaisance
Martrin
Balaguier-s-Rance
St Sernin
Calmels-et-le-Viala
St Affrique
Vabres-l'Abbaye
St Izaire
Alban
Villefranche-
Pyramide de Lagast
Tarn
Aveyron
Viaur
Céor
Dourdou
Rance
Plateau
N 88
D 911
D 902
D 25
D 999

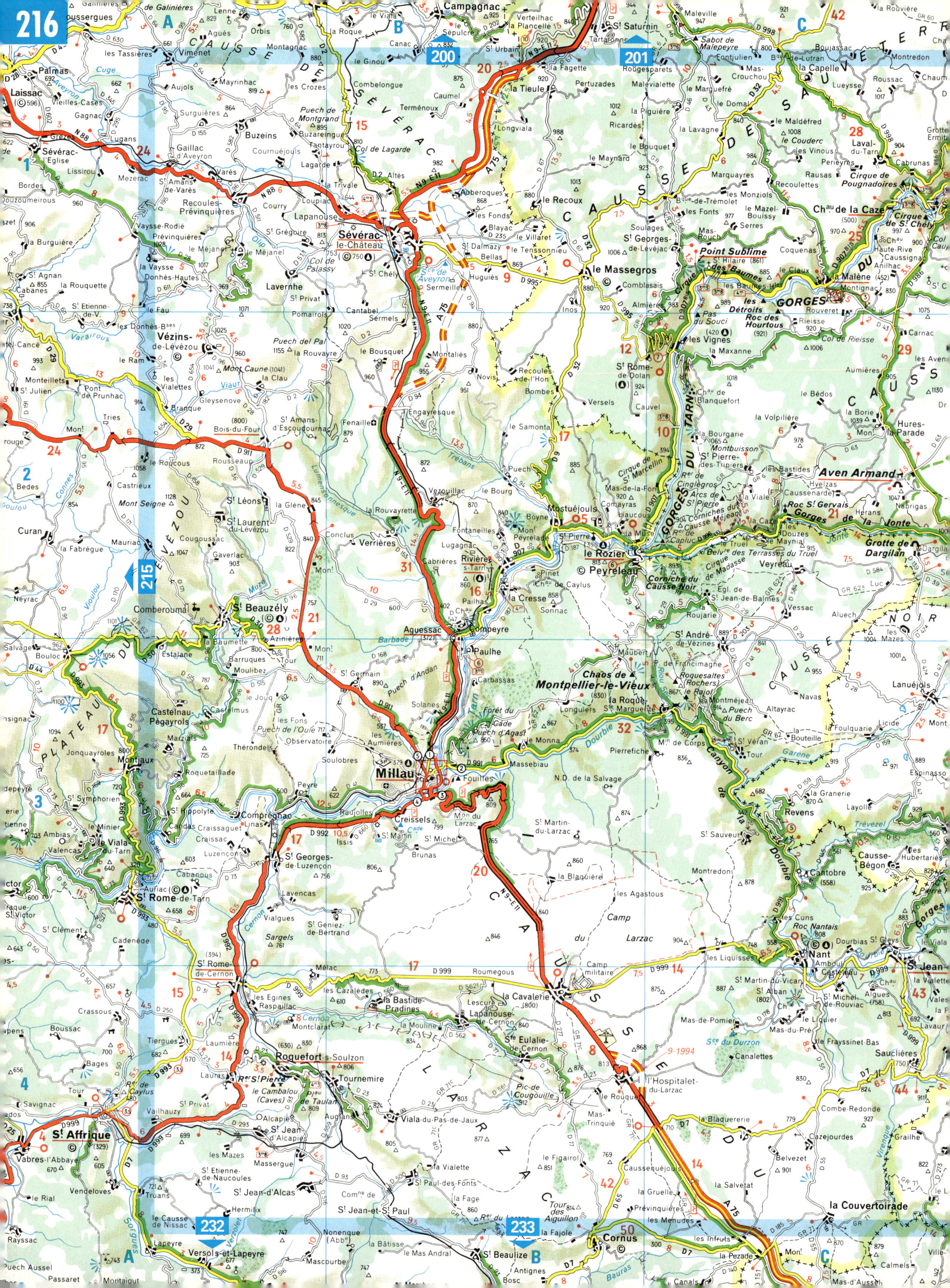
200
201
215
232
233
Campagnac
St Saturnin
Laissac
Sévérac-l'Eglise
Buzeins
Sévérac-le-Château
Causse de Sévérac
le Massegros
Causse de Sauveterre
Point Sublime
Gorges du Tarn
les Vignes
la Malène
St Chély
Vézins-de-Lévézou
Lévézou
St Rome-de-Dolan
Aven Armand
Gorges de la Jonte
Grotte de Dargilan
Mostuéjouls
le Rozier
Peyreleau
St Beauzély
Verrières
Rivière-s-Tarn
Aguessac
Compeyre
Paulhe
Chaos de Montpellier-le-Vieux
Causse Noir
Millau
Creissels
Castelnau-Pégayrols
Plateau du Lévézou
Comprégnac
St Georges-de-Luzençon
St Rome-de-Tarn
Causse du Larzac
la Cavalerie
Camp du Larzac
Nant
St Jean-du-Bruel
Roquefort-s-Soulzon
St Affrique
l'Hospitalet-du-Larzac
Cornus
la Couvertoirade
Canyon de la Dourbie
Dourbie
Tarn
Camp militaire
Versols-et-Lapeyre

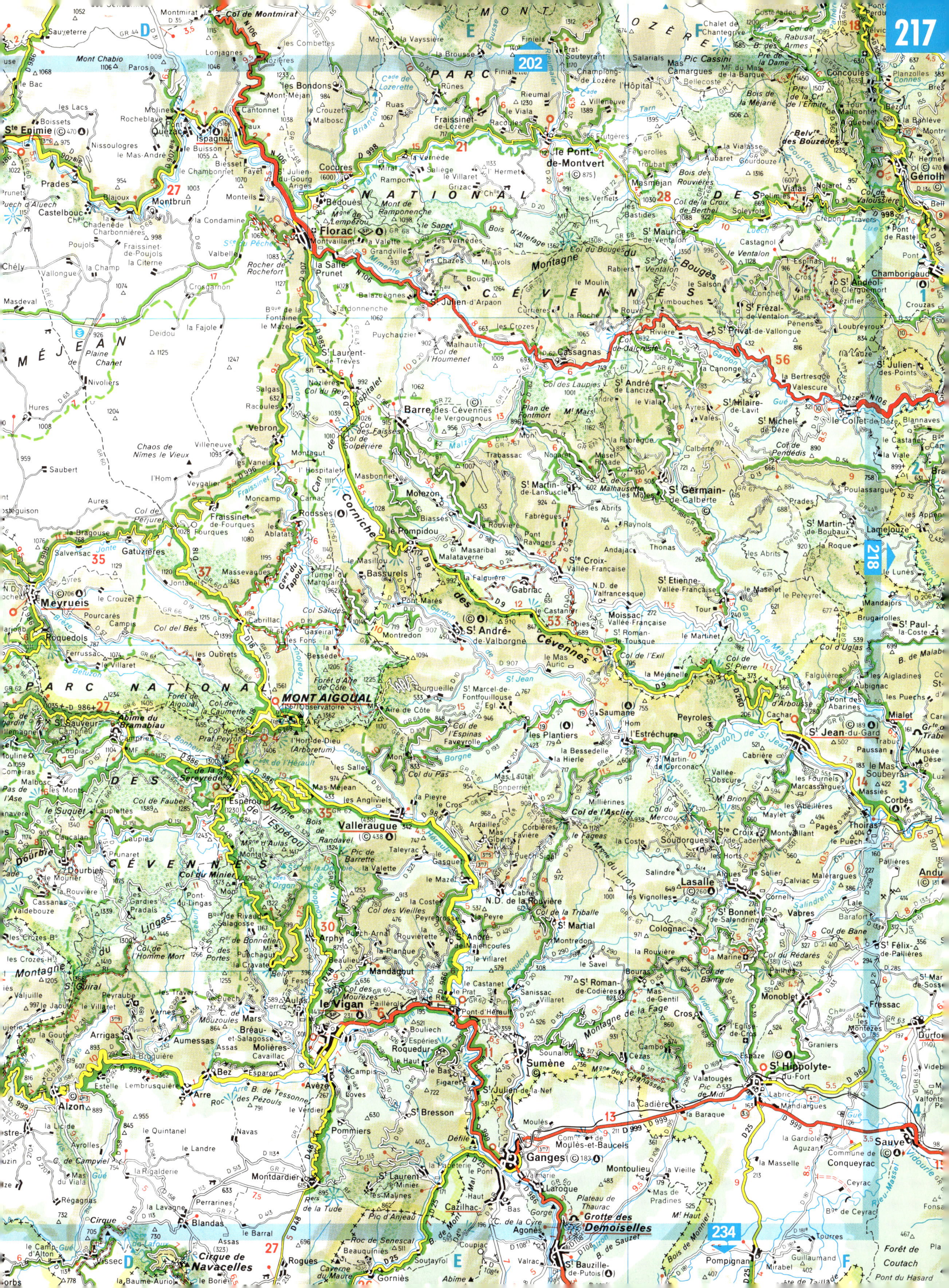
202
218
234
MONT LOZÈRE
PARC NATIONAL DES CÉVENNES
MÉJEAN
Montagne du Bougès
Corniche des Cévennes
MONT AIGOUAL
Col de Montmirat
Ste Enimie
Ispagnac
Quézac
Florac
Le Pont-de-Montvert
Génolhac
Chamborigaud
Vialas
St Julien-d'Arpaon
Cassagnas
St Privat-de-Vallongue
Le Collet-de-Dèze
Barre-des-Cévennes
St Germain-de-Calberte
St Étienne-Vallée-Française
Ste Croix-Vallée-Française
St André-de-Valborgne
Meyrueis
Abîme du Bramabiau
Col de la Serreyrède
L'Espérou
Valleraugue
St Jean-du-Gard
Lasalle
St Hippolyte-du-Fort
Le Vigan
Sumène
Ganges
Sauve
Alzon
Cirque de Navacelles
Grotte des Demoiselles
St Bauzille-de-Putois

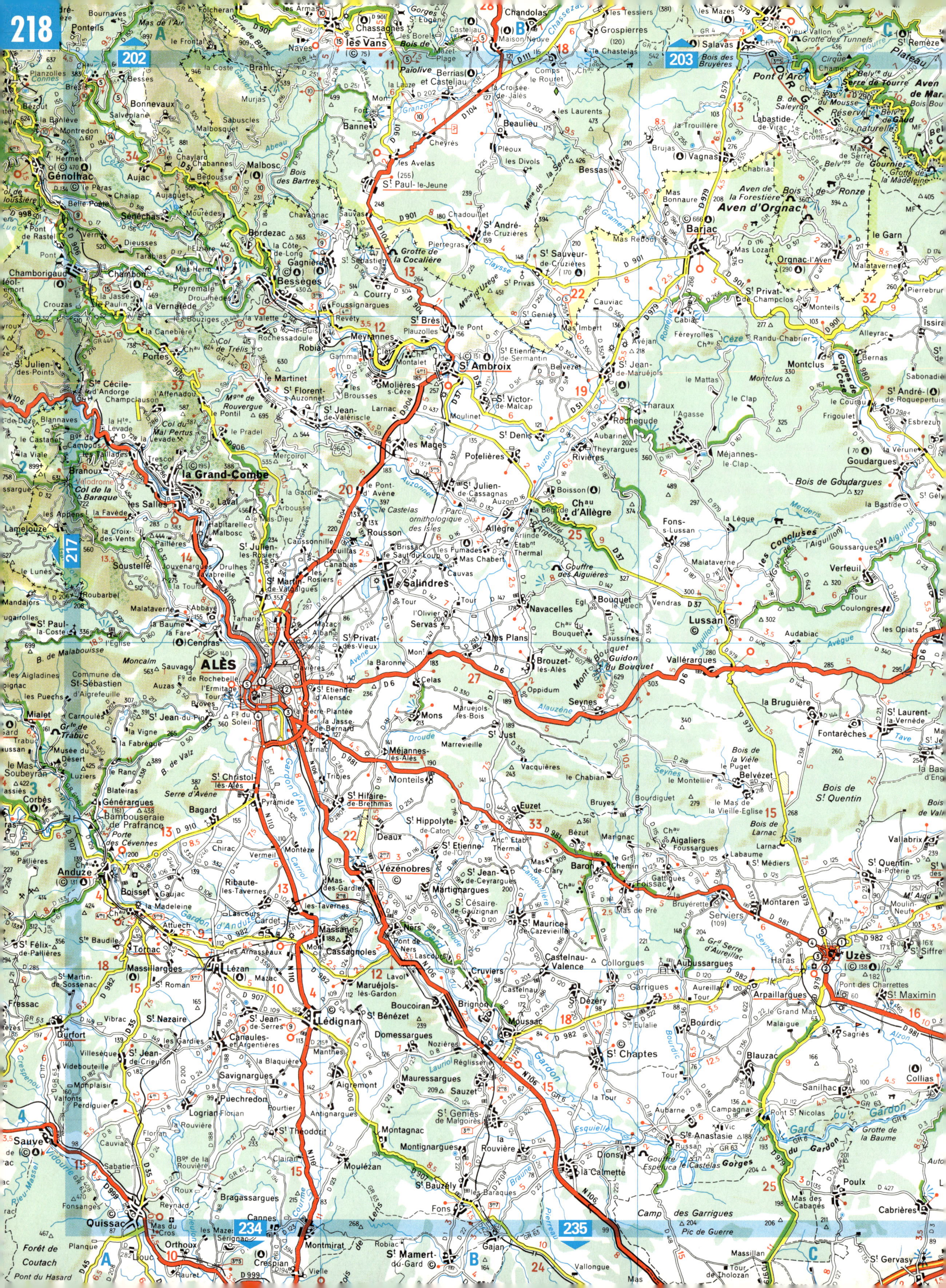
202
203
217
234
235
Alès
Uzès
la Grand-Combe
Bessèges
Génolhac
St Ambroix
Les Vans
Barjac
Salindres
Vézénobres
Lédignan
Anduze
Quissac
Sauve
Lussan
Allègre
St Chaptes
Cassagnoles
Massanes
Moussac
Brignon
Rousson
Chamborigaud
Portes
Robiac
Meyrannes
Molières-s-Cèze
St Florent-s-Auzonnet
St Julien-des-Points
Ste Cécile-d'Andorge
St Martin-de-Valgalgues
St Christol-lès-Alès
St Hilaire-de-Brethmas
Méjannes-lès-Alès
Mons
Monteils
Euzet
Baron
Aigaliers
Montaren
Serviers
Arpaillargues
St Quentin-la-Poterie
Vallabrix
Belvézet
Fontarèches
St Laurent-la-Vernède
Goudargues
Verfeuil
Vallérargues
Navacelles
Bouquet
Brouzet-lès-Alès
Seynes
Rochegude
Rivières
St Denis
Potelières
Les Mages
Saint-Paul-le-Jeune
Chandolas
Grospierres
Vagnas
Aven d'Orgnac
Orgnac-l'Aven
Pont d'Arc
Gorges de l'Ardèche
St Privat-de-Champclos
Montclus
Tharaux
Méjannes-le-Clap
Bois de Goudargues
Bois de St Quentin
Gorges du Gardon
Collias
Sanilhac
Blauzac
Bourdic
Dions
la Calmette
St Mamert-du-Gard
Gajan
Fons
St Bauzély
Montagnac
Montignargues
la Rouvière
Sauzet
St Géniès-de-Malgoirès
Domessargues
Maruéjols-lès-Gardon
Boucoiran
Durfort
St Nazaire
Tornac
Massillargues
Lézan
Canaules-et-Argentières
Savignargues
Aigremont
Puechredon
Logrian-Florian
Crespian
Montmirat
Cannes
Orthoux
Vic-le-Fesq
St Théodorit
Moulézan
Bragassargues
Cendras
Soustelle
Lamelouze
Le Collet-de-Dèze
Branoux
les Salles
Laval
Blannaves
Aujac
Sénéchas
Bonnevaux
Malbosc
Bordezac
Gagnières
Courry
Peyremale
Chambon
la Vernarède
Cauvas
Servas
Les Plans
Deaux
St Hippolyte-de-Caton
St Etienne-de-l'Olm
Martignargues
St Césaire-de-Gauzignan
St Maurice-de-Cazevieille
Castelnau-Valence
Cruviers
St Dézéry
Collorgues
Garrigues
Aubussargues
St Bénézet
Ners
Boisset
Ribaute-les-Tavernes
Bagard
Générargues
Mialet
St Jean-du-Pin
St Jean-du-Gard
St Félix-de-Pallières
Fressac
Vézénobres
Camp des Garrigues
Pic de Guerre
Vallongue
Gard
Gardon
Cèze
N 106
N 110
D 981
D 6
D 979
D 901

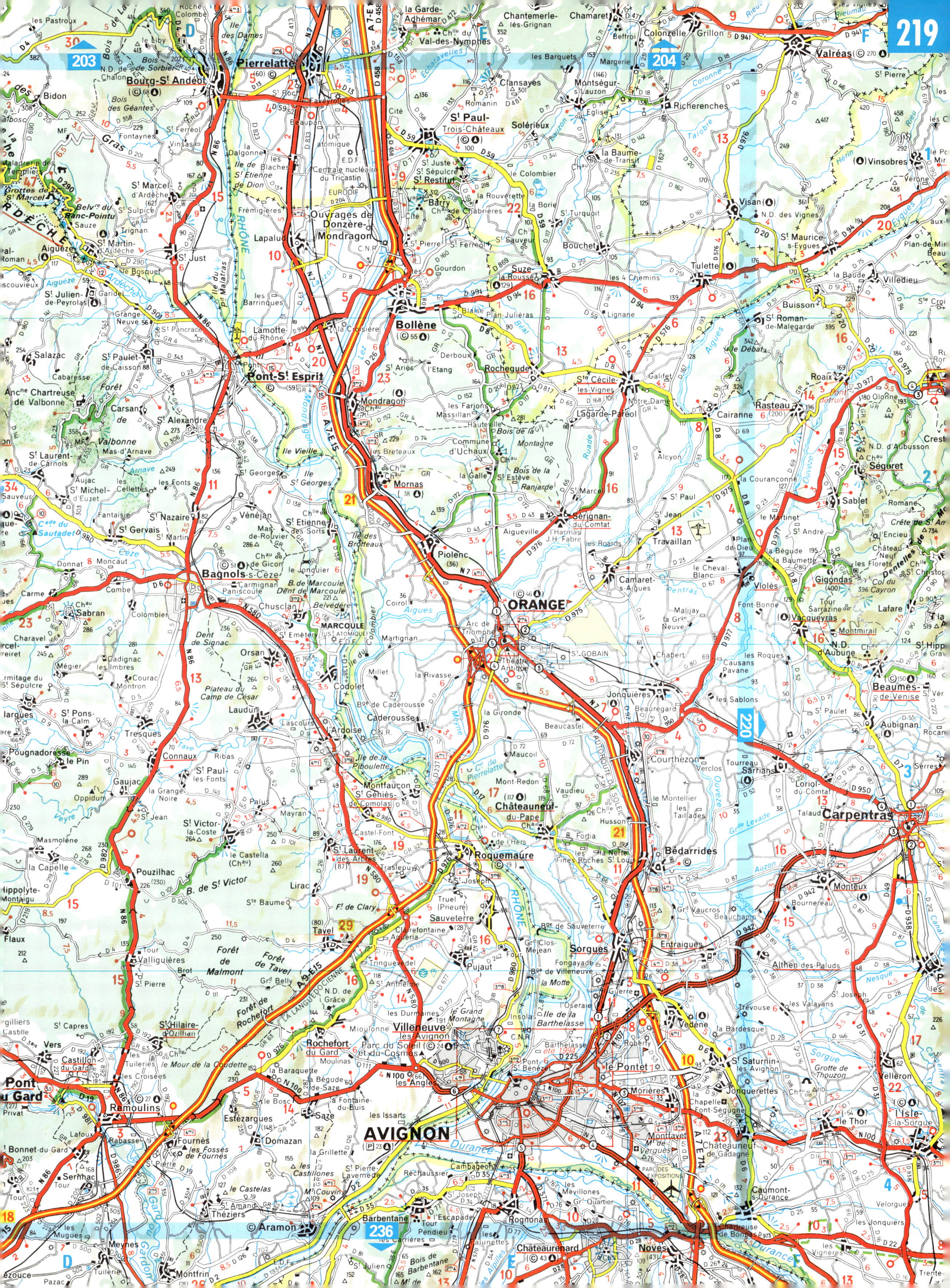
203
204
220
236
Bourg-St Andéol
Pierrelatte
la Garde-Adhémar
Chantemerle-lès-Grignan
Chamaret
Colonzelle
Grillon
Valréas
St Paul-Trois-Châteaux
Clansayes
Solérieux
Montségur-s-Lauzon
Richerenches
Visan
Vinsobres
Ouvrages de Donzère-Mondragon
Suze-la-Rousse
Bouchet
Tulette
St Maurice-s-Eygues
Villedieu
Bollène
Rochegude
Ste Cécile-les-Vignes
Cairanne
Rasteau
Roaix
Séguret
Sablet
Gigondas
Vacqueyras
Lamotte-du-Rhône
Pont-St Esprit
Mondragon
Mornas
Uchaux
Lagarde-Paréol
Sérignan-du-Comtat
Travaillan
Violès
Piolenc
ORANGE
Camaret-s-Aigues
Jonquières
Courthézon
Sarrians
Carpentras
Beaumes-de-Venise
Aubignan
Bagnols-s-Cèze
Orsan
Codolet
Caderousse
Laudun
Connaux
Châteauneuf-du-Pape
Bédarrides
Roquemaure
Sorgues
Entraigues
Monteux
Tavel
Sauveterre
Pujaut
Villeneuve-lès-Avignon
Le Pontet
Vedène
Pont du Gard
Remoulins
Rochefort-du-Gard
Les Angles
AVIGNON
Morières
Jonquerettes
Velleron
L'Isle-s-la-Sorgue
Le Thor
Châteauneuf-de-Gadagne
Caumont-s-Durance
Barbentane
Rognonas
Châteaurenard
Noves
Aramon
Théziers
Fournès
Montfrin
Meynes
RHÔNE
Durance

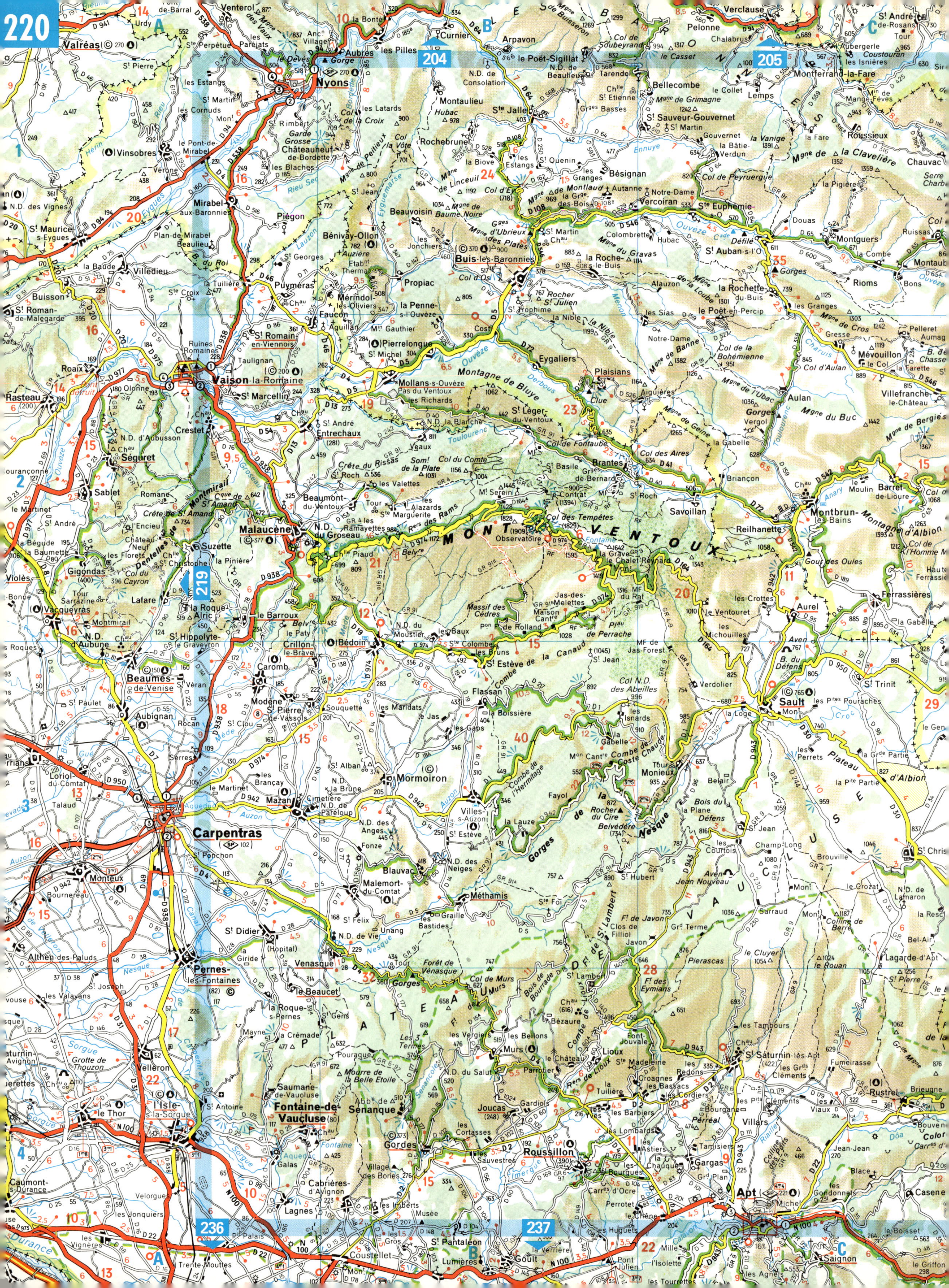

Valréas
Nyons
Vinsobres
Mirabel-aux-Baronnies
Buis-les-Baronnies
Vaison-la-Romaine
Séguret
Malaucène
MONT VENTOUX
Montbrun-les-Bains
Sault
Bédoin
Beaumes-de-Venise
Carpentras
Mormoiron
Méthamis
Pernes-les-Fontaines
Monteux
L'Isle-s-la-Sorgue
Fontaine-de-Vaucluse
Sénanque
Gordes
Roussillon
Apt
Rustrel
Gorges de la Nesque
Plateau d'Albion
Montagne de Lure
204
205
219
236
237
29

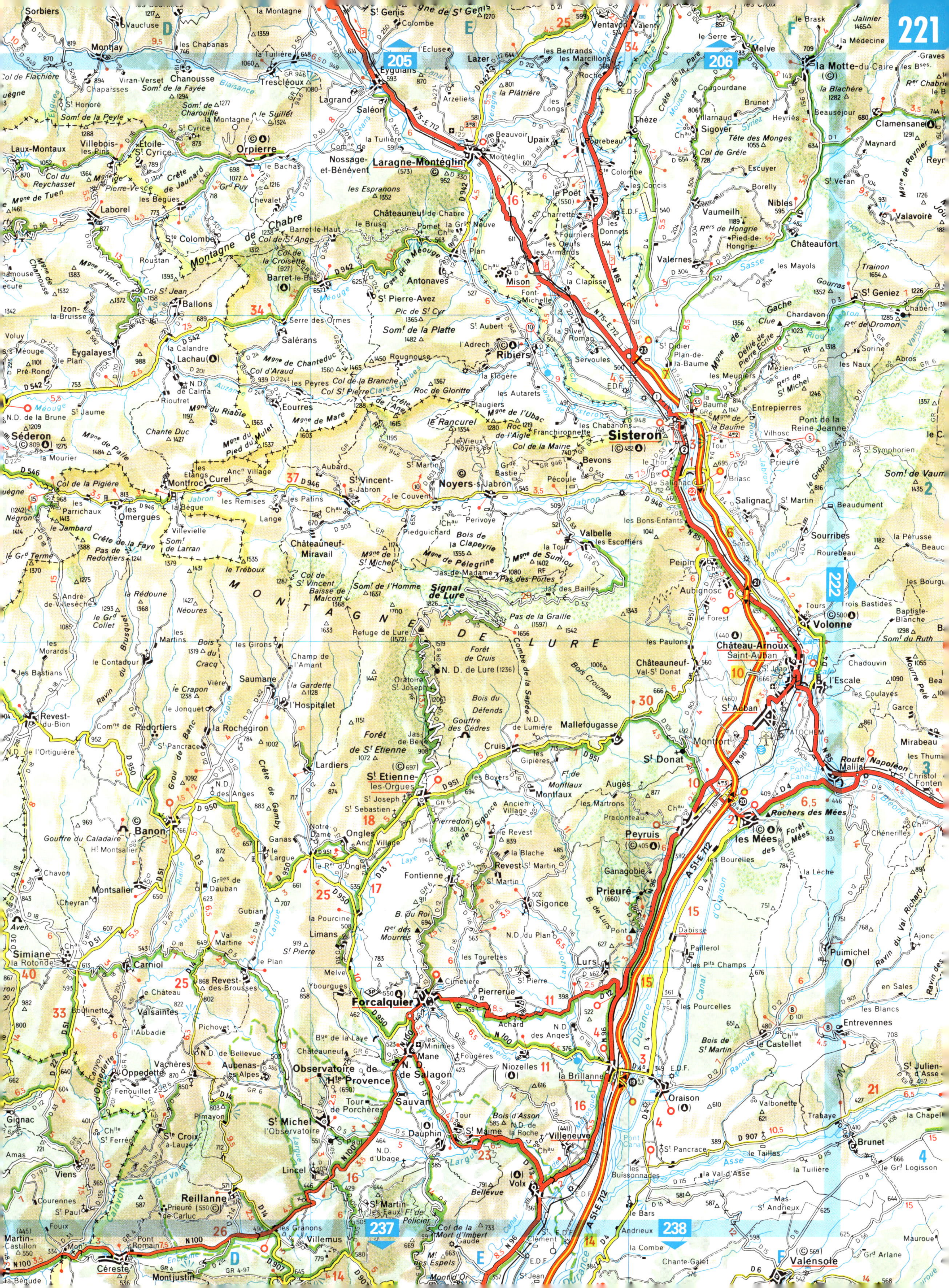
205
206
222
237
238
Sorbiers
Montjay
Eyguians
Lazer
Ventavon
Melve
la Motte-du-Caire
Clamensane
Chanousse
Trescléoux
Lagrand
Saléon
Orpierre
Laragne-Montéglin
Upaix
Thèze
Sigoyer
Laborel
Montagne de Chabre
Châteauneuf-de-Chabre
le Poët
Vaumeilh
Nibles
Châteaufort
Valavoire
Mison
Barret-le-Bas
Ballons
Izon-la-Bruisse
Antonaves
Ribiers
Eygalayes
Salérans
Lachau
Sisteron
Entrepierres
Séderon
Eourres
Noyers-s-Jabron
Bevons
Valbelle
Montfroc
Curel
St Vincent-s-Jabron
les Omergues
Châteauneuf-Miravail
Salignac
Sourribes
Signal de Lure
MONTAGNE DE LURE
Volonne
Château-Arnoux
Saint-Auban
l'Escale
St Auban
Malijai
Route Napoléon
Peipin
Aubignosc
Châteauneuf-Val-St Donat
Montfort
St Donat
Mallefougasse
Cruis
N. D. de Lure
St Etienne-les-Orgues
Revest-du-Bion
Banon
Lardiers
l'Hospitalet
Saumane
la Rochegiron
Ongles
Peyruis
les Mées
Rochers des Mées
Montlaux
Augès
Ganagobie
Prieuré
Sigonce
Revest-St Martin
Fontienne
Limans
Simiane
Carniol
Montsalier
Forcalquier
Pierrerue
Lurs
Puimichel
Entrevennes
le Castellet
Oraison
Mane
Observatoire de Hte Provence
N. D. de Salagon
Sauvan
Niozelles
la Brillanne
Villeneuve
Volx
Dauphin
St Maime
St Michel l'Observatoire
Oppedette
Vachères
Reillanne
Viens
Céreste
Villemus
Montjustin
Valensole
Brunet
St Julien-d'Asse
Durance
N 85
N 96
N 100
A 51-E 712
Canal de Manosque
Chante-Gailet

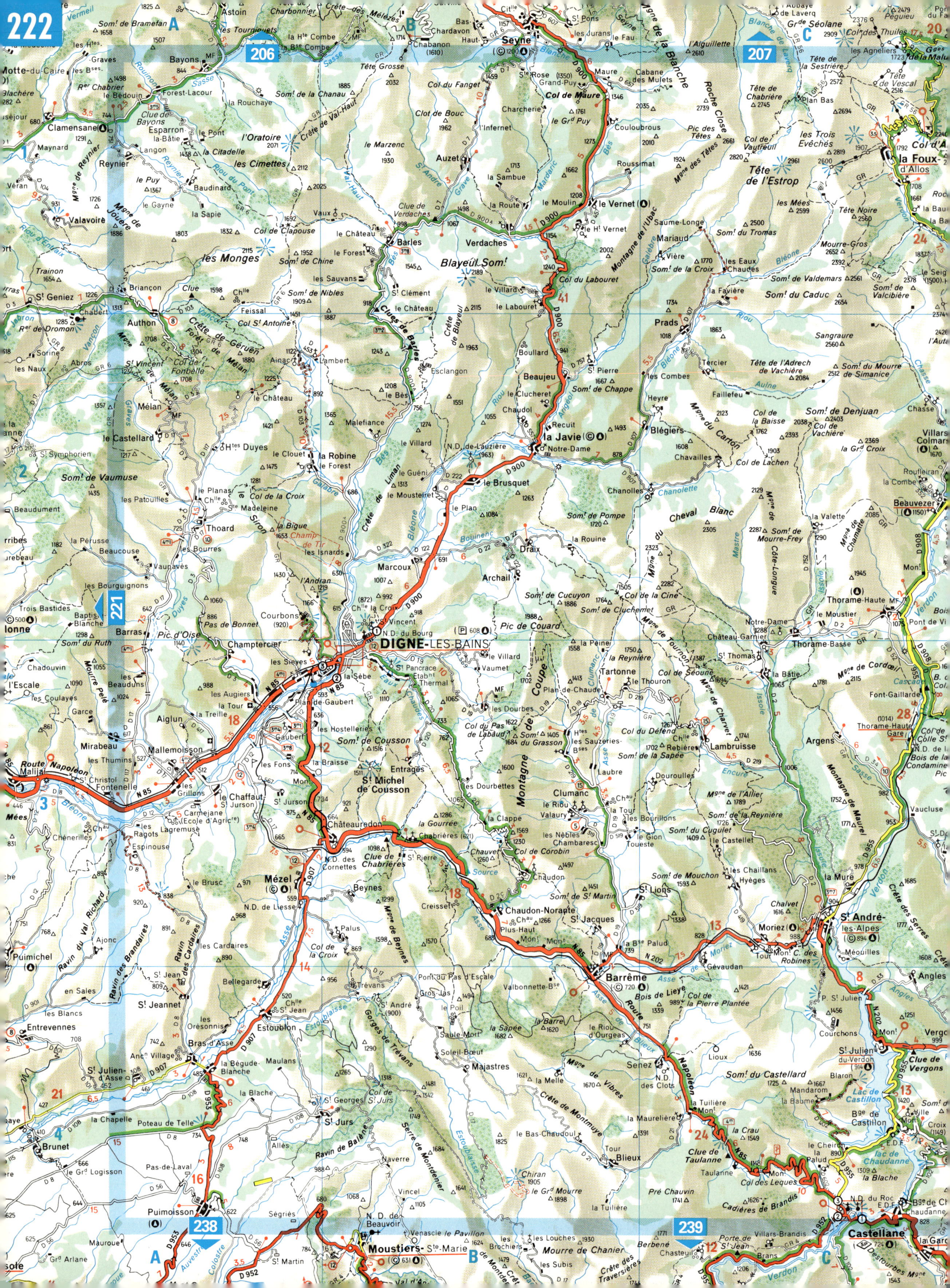

206
207
221
238
239
A
B
C
DIGNE-LES-BAINS
Seyne
Col de Maure
le Vernet
Barles
Verdaches
Blayeul Som.t
la Javie
Beaujeu
le Brusquet
Draix
Marcoux
Archail
Prads
Blégiers
Beauvezer
Thorame-Haute
Thorame-Basse
Colmars
la Foux d'Allos
Col d'Allos
Tête de l'Estrop
les Monges
Clamensane
Bayons
Reynier
Authon
St Geniez
Mélan
Thoard
Champtercier
Aiglun
Mallemoisson
Mirabeau
Malijai
Route Napoléon
Mées
Châteauredon
St Michel de Cousson
Som.t de Cousson
Entrages
Mézel
Beynes
Chaudon-Norante
Clue de Chabrières
Barrême
Clumanc
Lambruisse
Tartonne
Moriez
St André-les-Alpes
Col de Robines
St Julien-du-Verdon
Lac de Castillon
Clue de Vergons
Castellane
Col des Leques
Clue de Taulanne
Senez
St Jurs
Estoublon
Bras-d'Asse
St Julien-d'Asse
Puimoisson
Moustiers-Ste-Marie
Brunet
Puimichel
Gorges de Trévans
Montagne de Coupe
Crête de Montmuye
Som.t du Castellard
Chanolles
Allons
Angles
Vergons
Thoard
Aurent
Argens

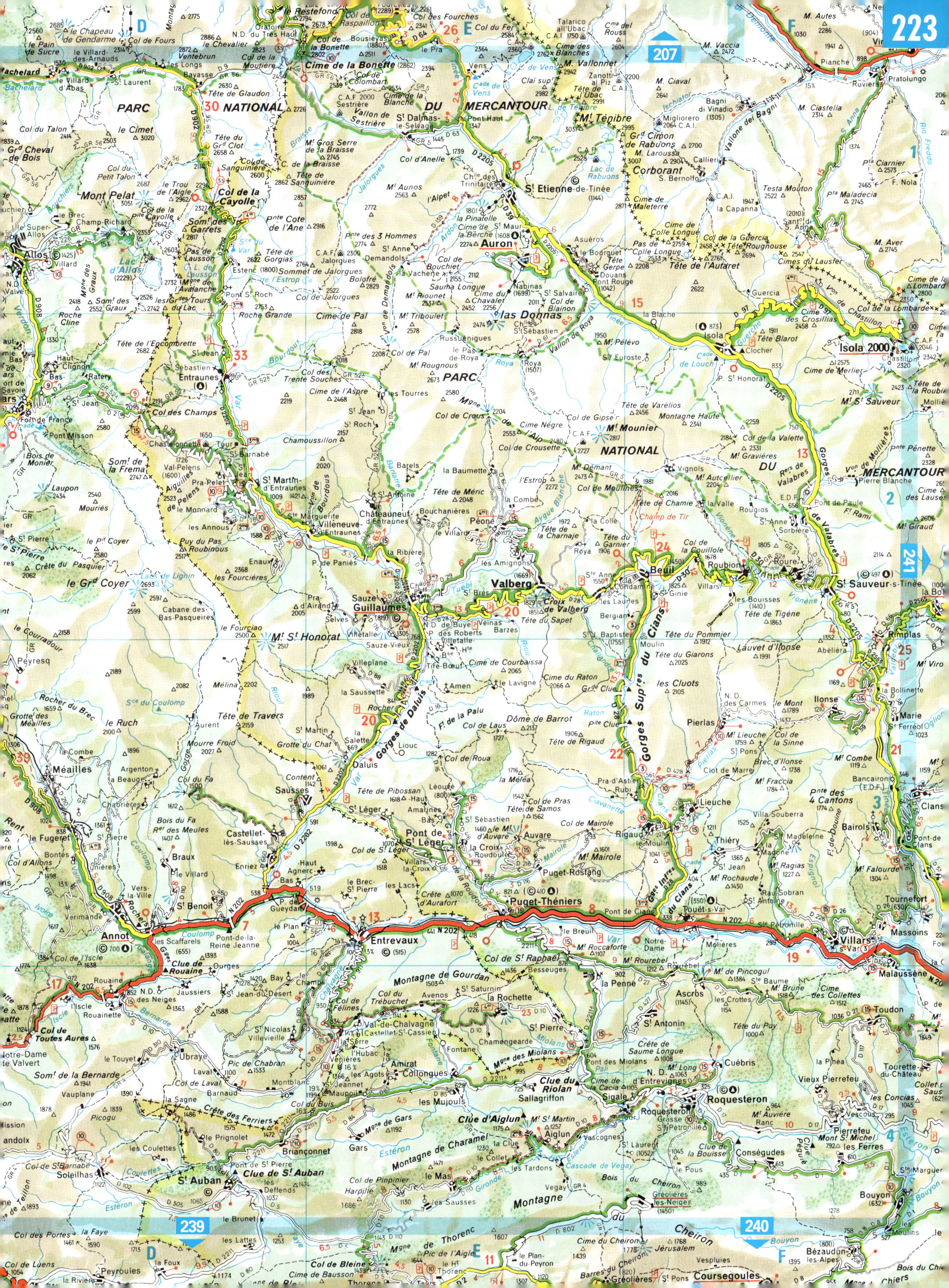
207
239
240
241
PARC
NATIONAL
DU
MERCANTOUR
Cime de la Bonette
Col de la Bonette
Restefond
Col des Fourches
Col de la Cayolle
Allos
Lac d'Allos
Mont Pelat
St Etienne-de-Tinée
Auron
las Donnas
Isola
Isola 2000
Col de la Lombarde
Entraunes
St Martin-d'Entraunes
Villeneuve-d'Entraunes
Châteauneuf-d'Entraunes
Guillaumes
Valberg
Beuil
Péone
St Sauveur-s-Tinée
Roubion
Gorges de Daluis
Gorges Supres du Cians
Gorges de Valabres
Daluis
Sausses
Castellet-lès-Sausses
Annot
Entrevaux
Puget-Théniers
Touët-s-Var
Villars-s-Var
Malaussène
Méailles
Col des Champs
Mt St Honorat
Dôme de Barrot
St Léger
Pont de St Léger
Auvare
Rigaud
Lieuche
Thiéry
Pierlas
Ilonse
Marie
Rimplas
Clans
Bairols
Massoins
Tournefort
Roquesteron
Sigale
Cuébris
Toudon
Ascros
La Penne
Collongues
Amirat
Briançonnet
St Auban
Clue de St Auban
Clue d'Aiglun
Aiglun
Clue du Riolan
Montagne de Charamel
Montagne de Gourdan
Col de St Raphaël
Montagne
Cheiron
Gréolières-les-Neiges
Coursegoules
Bézaudun-les-Alpes
Col de Bleine
Thorenc
Soleilhas
Peyroules
Col de Toutes Aures
Clue de Rouaine
Col du Fa
Tête de Travers
Grotte du Chat
Col de Crous
Cime Nègre
Col de Gipse
Mt Mounier
Mt Tenibre
Corborant
Tête de l'Autaret
Col de la Couillole
Col de Valberg
Croix de Valberg
Tête du Pommier
Lauvet d'Ilonse

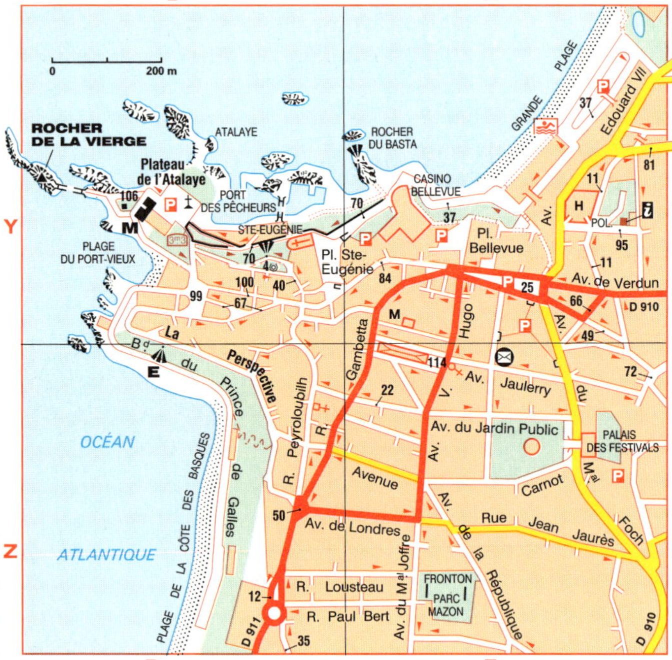

Biarritz

Clemenceau (Pl.)......EY 25	Atalaye (Pl.)......DY 4	Larre (R. Gaston)......DY 67
Edouard-VII (Av.)......EY	Barthou (Av. Louis)......EY 11	Leclerc (Bd Mar.)......DEY 70
Espagne (R. d')......DZ 35	Beaurivage (Av.)......DZ 12	Libération (Pl. de la)......EZ 72
Foch (Av. du Mar.)......EZ	Champ-Lacombe (R.)......EZ 22	Marne (Av. de la)......EY 81
Gambetta (R.)......DEZ	Gaulle (Bd du Gén. de)......EY 37	Osuna (Av. d')......EY 95
Mazagran (R.)......EY 84	Goélands (R. des)......DY 40	Port-Vieux (R. du)......DY 100
Port-Vieux (Pl. du)......DY 99	Helder (R. du)......EY 49	Rocher de la Vierge
Verdun (Av. de)......EY	Hélianthe (Carr. d')......DZ 50	(Espl. du)......DY 106
Victor-Hugo (Av.)......EYZ	Larralde (R.)......EY 66	Sobradiel (Pl.)......EZ 114

GOLFE DE GASCOGNE

Gouf de Capbreton

CÔTE BASQUE

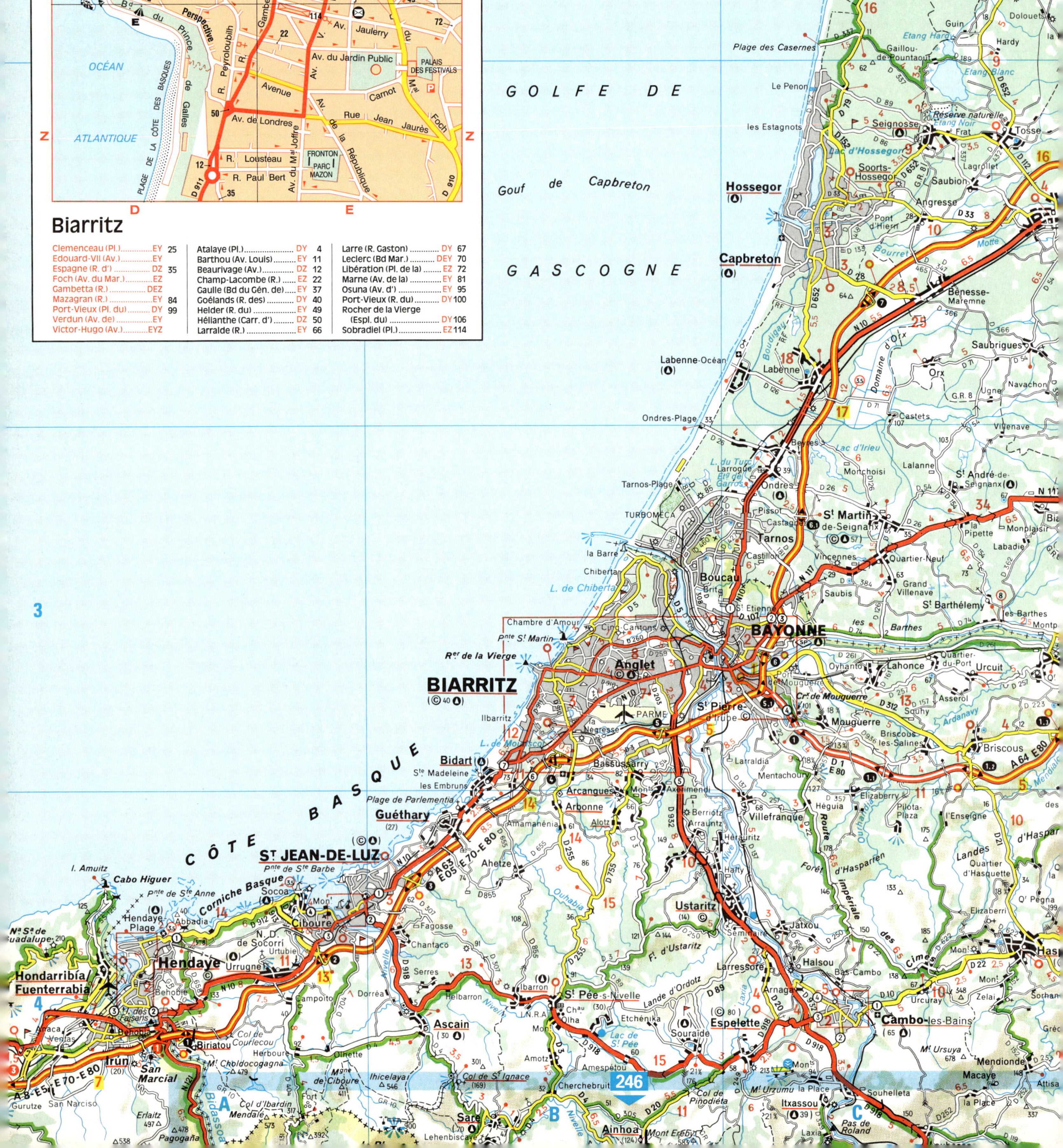

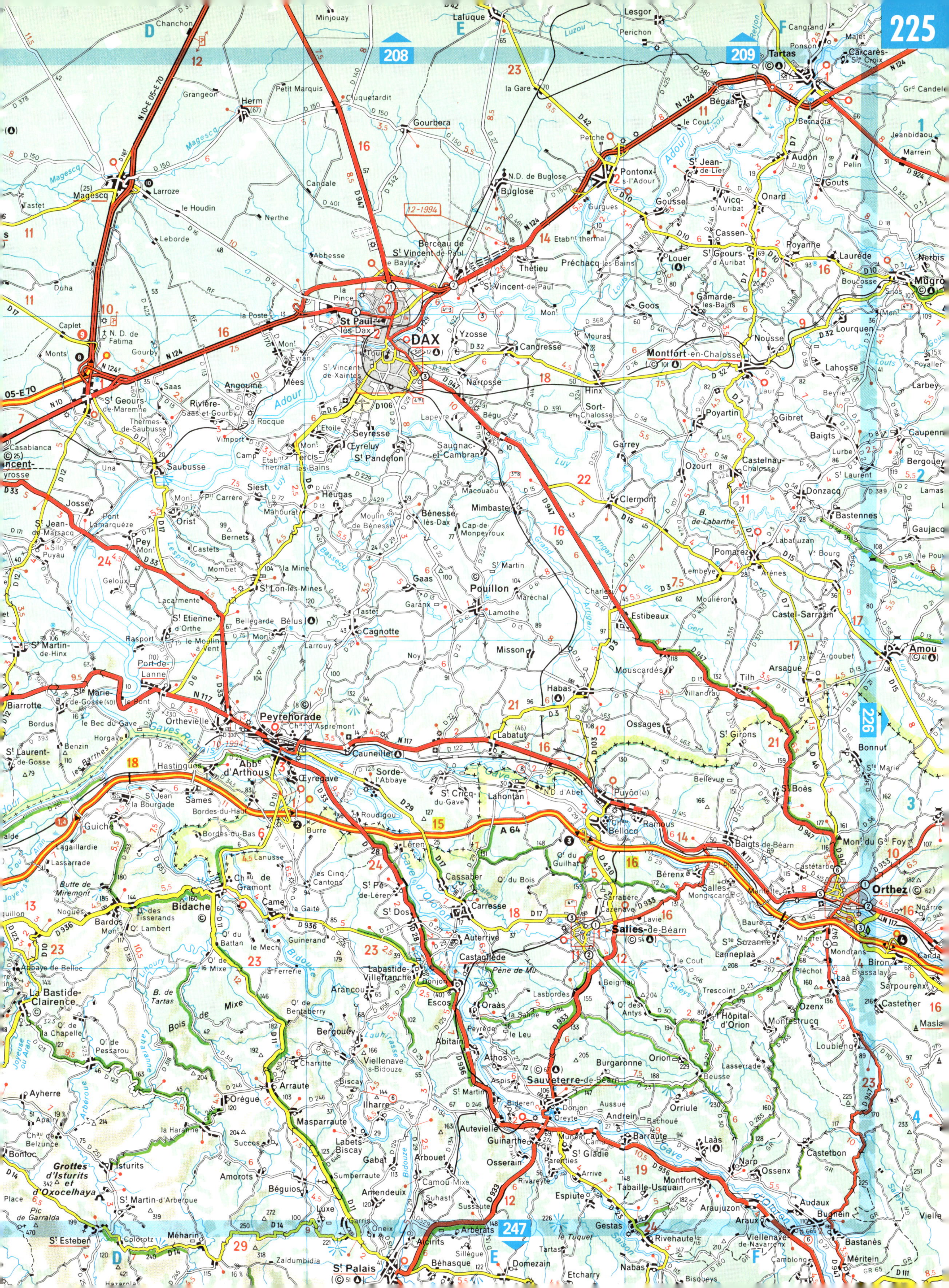
208
209
226
247
Tartas
Bégaar
Pontonx-s-l'Adour
Magescq
Herm
Gourbera
Buglose
St Vincent-de-Paul
Préchacq-les-Bains
Louer
St Geours-d'Auribat
Mugron
St Paul-lès-Dax
DAX
Yzosse
Narrosse
Candresse
Montfort-en-Chalosse
St Geours-de-Maremne
Saubusse
Seyresse
Œyreluy
St Pandelon
Saugnac-et-Cambran
Heugas
Bénesse-lès-Dax
Mimbaste
Clermont
Pomarez
Gaas
Pouillon
Cagnotte
Estibeaux
Habas
Amou
Peyrehorade
Orthevielle
Labatut
Ossages
St Girons
Bonnut
Hastingues
Abbe d'Arthous
Sorde-l'Abbaye
Cauneille
Puyôo
Bellocq
Orthez
Guiche
Bidache
Came
Carresse
Salies-de-Béarn
Castagnède
Auterrive
Escos
Abitain
La Bastide-Clairence
Bergouey
Viellenave-s-Bidouze
Sauveterre-de-Béarn
Orion
Orriule
Arraute
Orègue
Masparraute
Labets-Biscay
Ilharre
Autevielle
Osserain
Barraute
Laàs
Narp
Castetbon
Tabaille-Usquain
Montfort
Araujuzon
Araux
Audaux
Bugnein
Navarrenx
Méritein
Bastanès
Grottes d'Isturits et d'Oxocelhaya
Isturits
Bonloc
Ayherre
Amorots
Béguios
Luxe
Méharin
St Esteben
St Martin-d'Arberoue
St Palais
Aïcirits
Béhasque
Domezain
Etcharry
Nabas
Rivehaute
Gestas
Sussaute
Espiute
Arbouet
Gabat
Amendeuix
Oneix
Garris
A 64
N 117
N 124
D 947
D 933
D 936

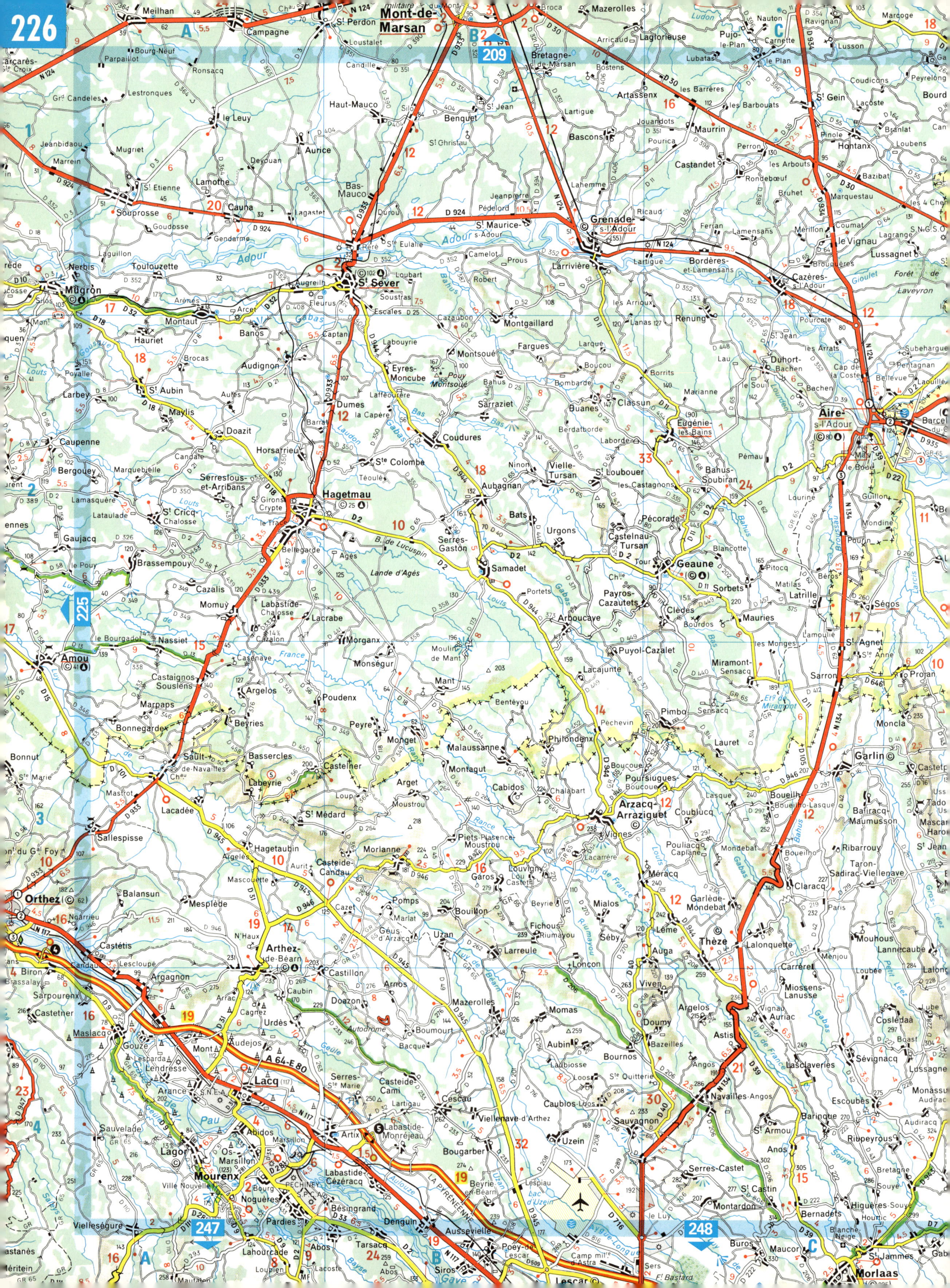
Mont-de-Marsan
209
Meilhan
Campagne
St Perdon
Mazerolles
Laglorieuse
Bretagne-de-Marsan
Artassenx
Haut-Mauco
Benquet
Bascons
Grenade-s-l'Adour
Larrivière
Cazères-s-l'Adour
Le Vignau
Aire-s/l'Adour
Mugron
St Sever
Montaut
Hauriet
Audignon
Eyres-Moncube
Coudures
Montgaillard
Fargues
Buanes
Classun
Eugénie-les-Bains
Bahus-Soubiran
Duhort-Bachen
Doazit
Horsarrieu
Hagetmau
Aubagnan
Vielle-Tursan
St Loubouer
Pécorade
Castelnau-Tursan
Geaune
Samadet
Serres-Gaston
Urgons
Latrille
Ségos
Amou
225
Nassiet
Castaignos-Souslens
Argelos
Poudenx
Morganx
Monségur
Mant
Pimbo
Philondenx
Sault-de-Navailles
Labeyrie
Castelner
Arzacq-Arraziguet
Garlin
Sallespisse
Orthez
Hagetaubin
Casteide-Candau
Morlanne
Mesplède
Arthez-de-Béarn
Castillon
Larreule
Uzan
Thèze
Argagnon
Maslacq
Lacq
Mourenx
Lagor
Artix
Navailles-Angos
Sauvagnon
Serres-Castet
Montardon
Denguin
Aussevielle
247
248
Lescar
Morlaas
Sévignacq
Lasclaveries
Lembeye
Conchez

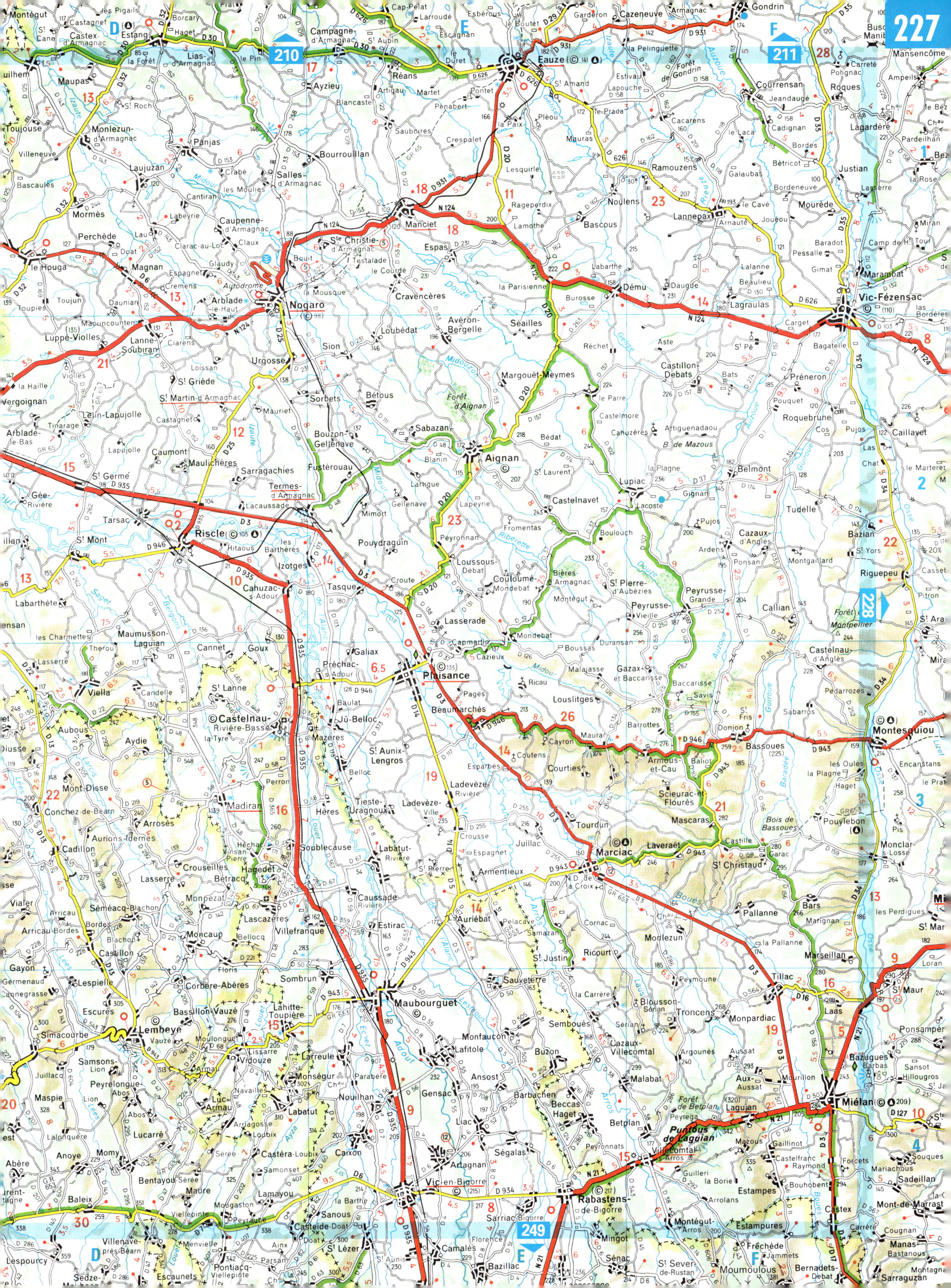
210
211
228
249
Eauze
Manciet
Nogaro
Vic-Fézensac
Aignan
Riscle
Plaisance
Marciac
Montesquiou
Castelnau-Rivière-Basse
Madiran
Maubourguet
Lembeye
Vic-en-Bigorre
Rabastens-de-Bigorre
Miélan
Tillac
Bassoues
Montréal
Cazeneuve
Gondrin
Campagne-d'Armagnac
Lias-d'Armagnac
Estang
Réans
Ayzieu
Bourrouillan
Salles-d'Armagnac
Panjas
Monlezun-d'Armagnac
Laujuzan
Le Houga
Magnan
Cravencères
Espas
Lannepax
Ramouzens
Noulens
Bascous
Courrensan
Roques
Lagardère
Justian
Mourède
Dému
Lagraulas
Séailles
Loubédat
Avéron-Bergelle
Sion
Urgosse
Lanne-Soubiran
Luppé-Violles
Margouët-Meymes
Réchet
Castillon-Debats
Préneron
Roquebrune
Caillavet
Sorbets
Bétous
Sabazan
Bouzon-Gellenave
Fustérouau
Termes-d'Armagnac
Sarragachies
Maulichères
Caumont
Tarsac
St Mont
Lupiac
Castelnavet
Belmont
Tudelle
Bazian
Riguepeu
Izotges
Cahuzac-s-Adour
Tasque
Croute
Pouydraguin
Couloumé-Mondebat
Bières-Armagnac
Peyrusse-Grande
Peyrusse-Vieille
Lasserade
Galiax
Préchac-s-Adour
Gazax-et-Baccarisse
Louslitges
Beaumarchés
Ju-Belloc
St Aunix-Lengros
Courties
Armous-et-Cau
Scieurac-et-Flourès
Mascaras
Ladevèze-Rivière
Ladevèze-Ville
Tourdun
Laveraët
St Christaud
Pallanne
Bars
Marseillan
Viella
Aydie
Aubous
Mont-Disse
Conchez-de-Béarn
Cadillon
Arrosès
Crouseilles
Hagedet
Soublecause
Labatut-Rivière
Armentieux
Auriébat
Estirac
Caussade-Rivière
Villefranque
Lascazères
Moncaup
Corbère-Abères
Sombrun
Lahitte-Toupière
Monfaucon
Lafitole
Sauveterre
St Justin
Ricourt
Monlezun
Blousson-Sérian
Troncens
Monpardiac
Sembouès
Buzon
Cazaux-Villecomtal
Malabat
Betplan
Villecomtal
Laguian
Beccas
Haget
Ansost
Gensac
Liac
Ségalas
Artagnan
Nouilhan
Caixon
Larreule
Labatut
Castéra-Loubix
Montégut-Arros
Estampes
Estampures
Fréchède
Castex
Sarriac-Bigorre
Camalès
Bazillac
Sénac
Mingot
Moumoulous
Bernadets-Debat
Sarraguzan
Mont-de-Marrast
Sadeillan
Bazugues
Pouylebon
Monclar-s-Losse
Samsons-Lion
Peyrelongue-Abos
Simacourbe
Escurès
Lespielle
Gayon
Maspie
Lucarré
Anoye
Momy
Bentayou-Sérée
Maure
Lamayou
Baleix
Villenave-près-Béarn
Lespourcy
Sedze-
Escaunets
Pontiacq-Viellepinte
Lézer
Sanous
Caixon

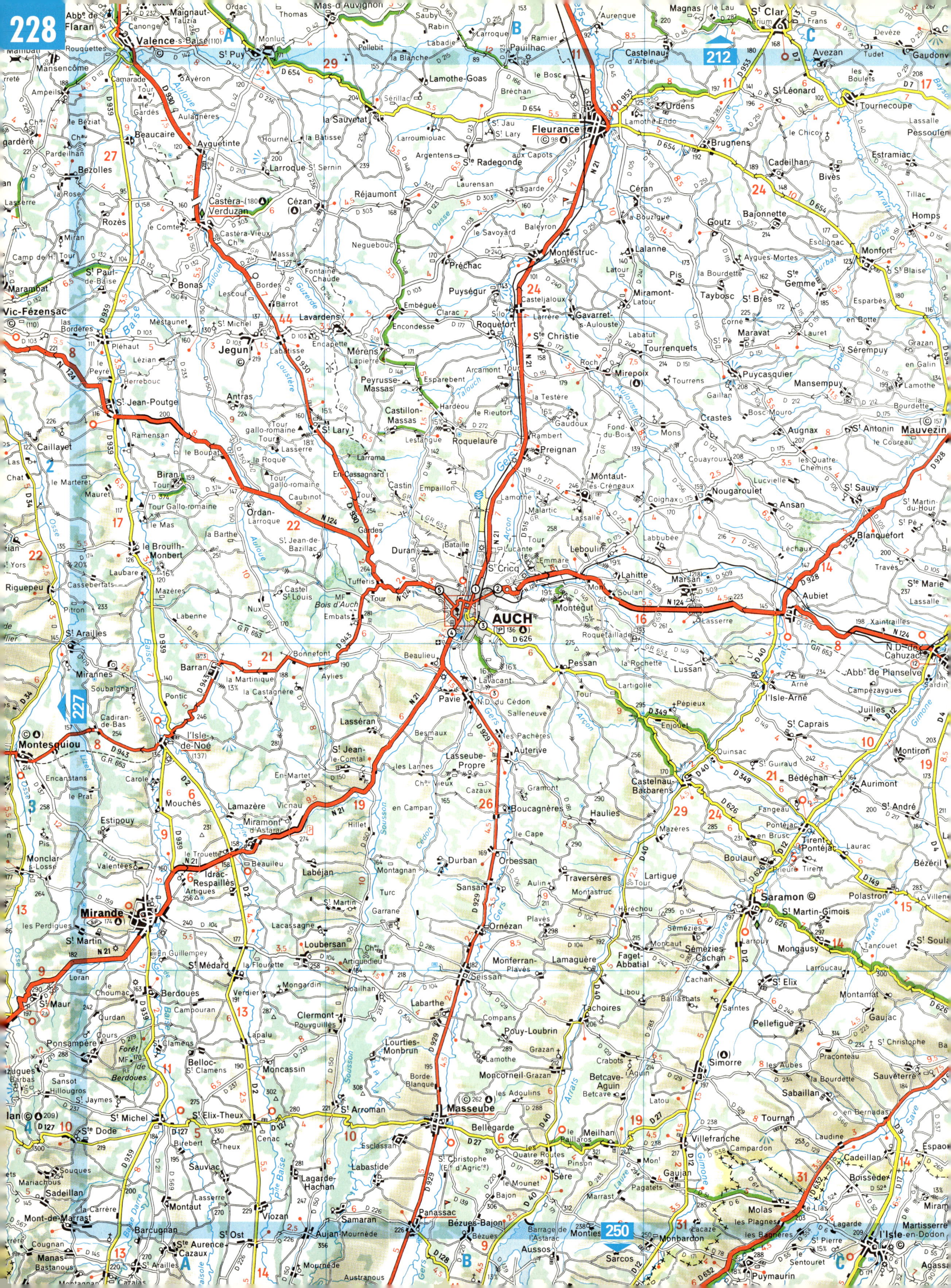
Valence-s-Baïse
St Puy
Fleurance
Lamothe-Goas
La Sauvetat
Ste Radegonde
St Clar
Castelnau-d'Arbieu
Brugnens
Avezan
Tournecoupe
Urdens
St Léonard
Cadeilhan
Bivès
Beaucaire
Ayguetinte
Castéra-Verduzan
Cézan
Réjaumont
Larroque
Céran
Goutz
Bajonnette
Monfort
Montestruc-s-Gers
Préchac
Puységur
Roquefort
Lalanne
Miramont-Latour
Tayrac
Ste Gemme
Bonas
Vic-Fézensac
Lavardens
Jegun
Mérens
Castillon-Massas
Ste Christie
Gavarret-s-Aulouste
Tourrenquets
Mirepoix
Puycasquier
Mansempuy
Sérempuy
St Jean-Poutge
Biran
Antras
St Lary
Roquelaure
Preignan
Crastes
Augnax
St Antonin
Mauvezin
Caillavet
Ordan-Larroque
Montaut-les-Créneaux
Nougaroulet
St Sauvy
Blanquefort
Le Brouilh-Monbert
Duran
Leboulin
Lahitte
Marsan
Aubiet
AUCH
Montégut
Castin
Pessan
Lussan
L'Isle-Arné
St Arailles
Barran
Pavie
Montesquiou
L'Isle-de-Noé
Lasséran
St Jean-le-Comtal
Auterive
St Caprais
Castelnau-Barbarens
Montiron
Bédéchan
Aurimont
Lamazère
Mouchès
Miramont-d'Astarac
Boucagnères
Haulies
Estipouy
Idrac-Respaillès
Labéjan
Durban
Orbessan
Traversères
Lartigue
Saramon
Tirent-Pontéjac
Mirande
Ornézan
Faget-Abbatial
St Martin-Gimois
Polastron
Loubersan
Seissan
Monferran-Plavès
Lamaguère
Sémézies-Cachan
Berdoues
Labarthe
Tachoires
Clermont-Pouyguillès
Moncassin
Pouy-Loubrin
Simorre
Saubaillan
Masseube
Bellegarde
Meilhan
Villefranche
Sère
Samaran
Panassac
Bézues-Bajon
Aussos
Monbardon
Sarcos
Molas
L'Isle-en-Dodon
Puymaurin
Aujan-Mournède
Barcugnan
St Ost
Sadeillan
Mont-de-Marrast
AUCH
N 21
N 124
D 929
D 626
212
227
250
A
B
C

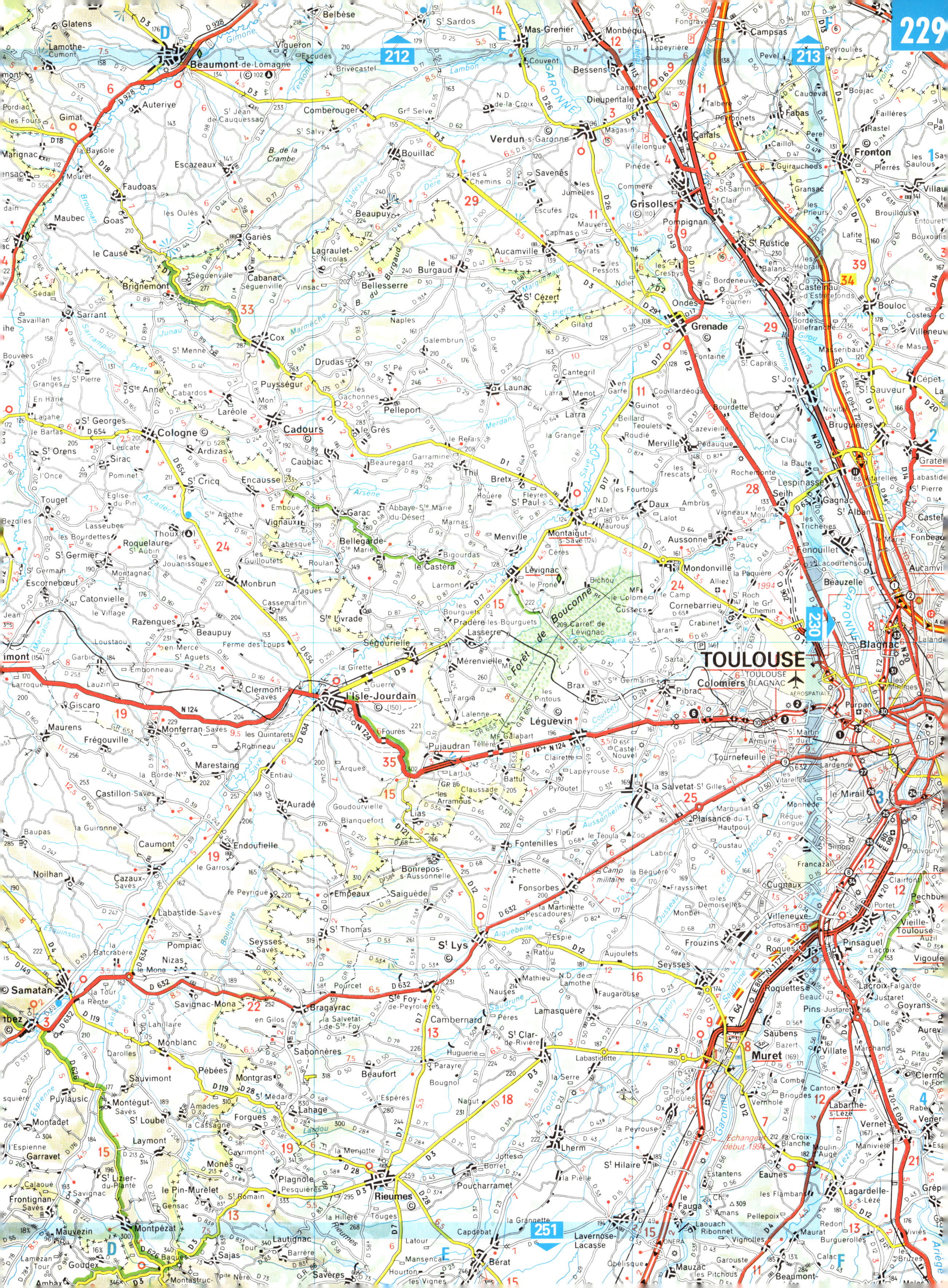
212
213
230
251
Beaumont-de-Lomagne
Belbèse
St Sardos
Mas-Grenier
Monbéqui
Campsas
Glatens
Lamothe-Cumont
Vigueron
Escudés
Brivecastel
Couvent
Bessens
Pevel
Peyroulès
Auterive
Gimat
St Jean de Cauquessac
Comberouger
Grd Selve
N.D. de-la-Croix
Dieupentale
Caudeval
Boujac
Faillères
Verdun-s-Garonne
Castels
Fabas
Fronton
Bouillac
Escazeaux
B. de la Crambe
Savenès
les Jumelles
Pinède
Grisolles
St Sarnin
Gransac
Faudoas
Beaupuy
Escutés
Pompignan
les Prieurs
Maubec
Goas
Garies
Lagraulet-St Nicolas
Aucamville
le Burgaud
Capmas
Mauvers
St Rustice
le Causé
Séguenville
Cabanac-Séguenville
Vinsac
Bellesserre
St Cézert
Bordeneuve
Castelnau d'Estrétefonds
Brignemont
Sarrant
Cox
Naples
Gilard
Ondes
Grenade
Bouloc
Savaillan
St Menne
Galembrun
Villeneuve
Fontaine
St Caprais
Drudas
St Pé
Cantegril
Menot
St Jory
St Sauveur
Cépet
St Georges
Puysségur
Cabardos
Laréole
Cadours
Pelleport
le Grès
Launac
Larra
Couilladéous
Guinot
Beillard
Bruguières
Cologne
Ardizas
Caubiac
Garramine
le Refais
Thil
la Grange
Merville
Lespinasse
St Orens
Sirac
Pominet
Encausse
Beauregard
Bretx
Seilh
Gagnac
St Alban
Touget
Thoux
Eglise-du-Pin
Emboué
Vignaux
Garac
Abbaye-Ste Marie du Désert
Marnac
Fleyres
St Paul-s-S.
Daux
Ambrus
Roquelaure-St Aubin
St Germier
Labesque
Bellegarde-Ste Marie
Menville
Montaigut-s-Save
Aussonne
Fenouillet
Montagnac
Escornebœuf
Monbrun
Roulan
le Castéra
Bigourdas
Larmont
Lévignac
Mondonville
Beauzelle
Catonvielle
Razengues
Beaupuy
Cassemartin
Ste Livrade
les Bourguets
Pradère-les-Bourguets
Forêt de Bouconne
Cornebarrieu
Blagnac
Ferme des Loups
Ségoufielle
Lasserre
Mérenvielle
TOULOUSE
Colomiers
Pibrac
Brax
Garbic
Embonneau
Clermont-Savès
l'Isle-Jourdain
Guerre
Fargria
Lalenne
Léguevin
Giscaro
Monferran-Savès
les Quintarets
Robineau
Fourès
Pujaudran
Tournefeuille
St Martin du Touch
Frégouville
Maurens
Marestaing
Entiau
Arques
Lartus
Clarette
Lapeyrouse
la Salvetat-St Gilles
Castillon-Savès
Auradé
Goudourvielle
Claussade
les Arramous
Pyrotet
Plaisance-du-T.
le Mirail
la Guironne
Blanquefort
Lias
Fontenilles
St Flour
Caumont
Endoufielle
le Garros
Bonrepos-s-Aussonnelle
Fonsorbes
Frayssinet
Cugnaux
Noilhan
Cazaux-Savès
le Peyrigué
Empeaux
Saiguède
la Martinette
Monbel
Villeneuve-Tolosane
Labastide-Savès
Seysses-Savès
St Thomas
St Lys
Frouzins
Pinsaguel
Pompiac
Nizas
Aujoulets
Seysses
Roques
Portet
Vigoulet
Samatan
le Mona
Savignac-Mona
Bragayrac
Ste Foy-de-Peyrolières
Cambernard
Lamasquère
Roquettes
Lahillaire
Monblanc
en Gilos
la Salvetat-de-Ste Foy
Sabonnères
St Clar-de-Rivière
Labastidette
Muret
Pins-Justaret
Saubens
Villate
Sauvimont
Pébées
Montgras
Beaufort
Bougnol
la Serre
Puylausic
Montégut-Savès
St Loube
Forgues
Lahage
Nagut
le Canton
Labarthe-s-Lèze
Montadet
Laymont
la Cassagne
la Menjotte
Jottes
Lherm
St Hilaire
la Peyrouse
Noueilles
Vernet
Garravet
Monès
Plagnole
Pesquiès
Rieumes
Poucharramet
Eaunes
Lagardelle-s-Lèze
St Lizier-du-Planté
Savignac
le Pin-Murelet
Gensac
St Romain
la Hillère
Touges
la Pielle
le Fauga
Estantens
Frontignan-Savès
Mauvezin
Montpézat
Lautignac
Barrère
Capdebat
la Grangette
Lavernose-Lacasse
Ribonnet
Vignolles
Pellepoix
Redon
Burguerolles
Sajas
Savères
Latour
Mansencal
Hourton
Bérat
Obélisque
Mauzac
Garouste
les Pitchous
Beaumont-
Goudex
Ambax
Montastruc-

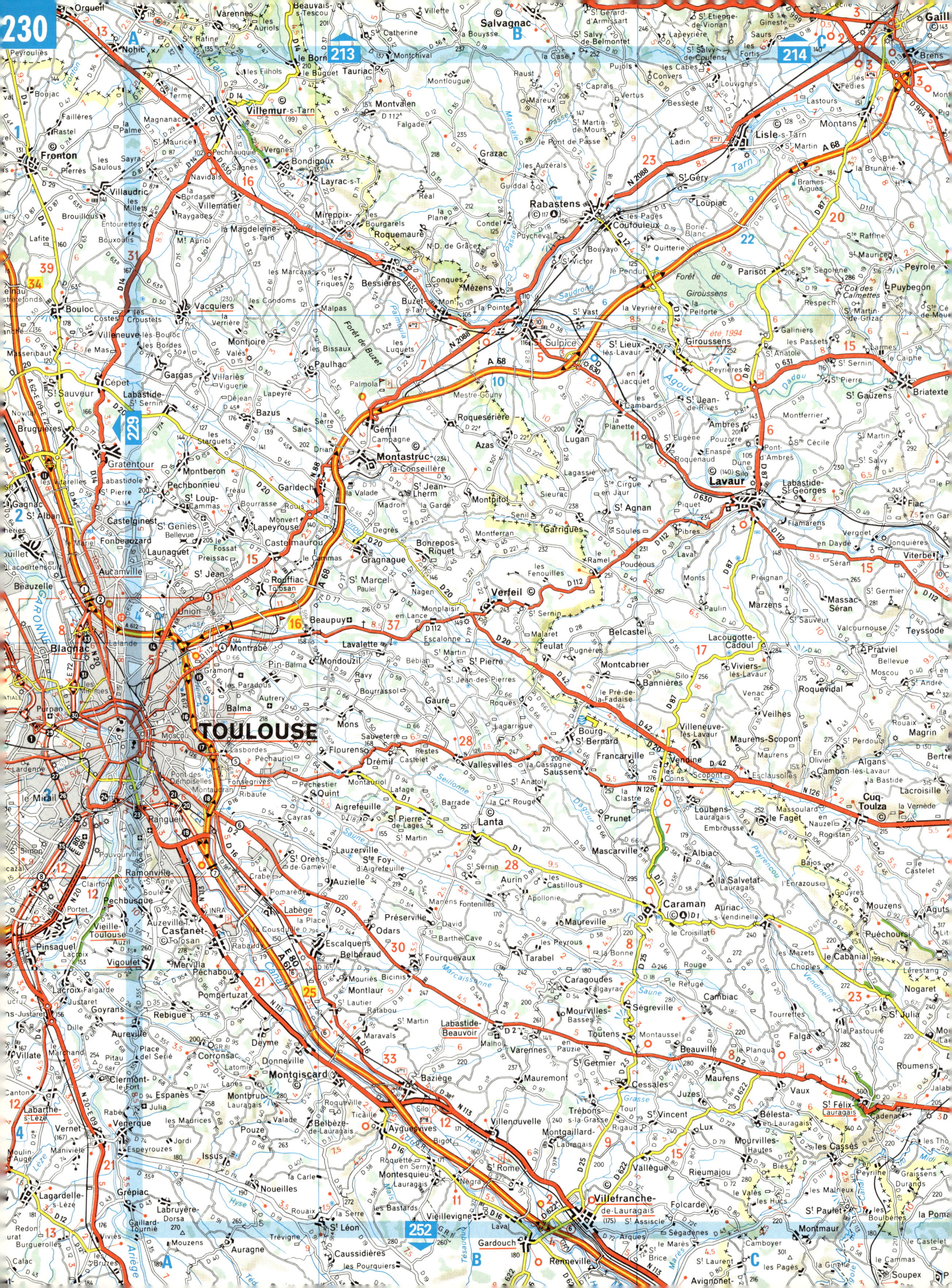

213
214
229
252
TOULOUSE
Blagnac
Colomiers
Balma
Montrabé
Villemur-s-Tarn
Fronton
Rabastens
Coufouleux
Lisle-s-Tarn
St Sulpice
Lavaur
Montastruc-la-Conseillère
Verfeil
Castelmaurou
Gragnague
Bessières
Buzet-s-Tarn
Mézens
Giroussens
Salvagnac
Montans
Graulhet
St Jean
L'Union
Ramonville-St-Agne
Castanet-Tolosan
Labège
Escalquens
Montgiscard
Baziège
Ayguesvives
Villenouvelle
Villefranche-de-Lauragais
Lanta
Caraman
Cuq-Toulza
Revel
St Félix-Lauragais
Nailloux
Auterive
Vigoulet
Pinsaguel
Portet
Cugnaux
Bruguières
Castelginest
Aucamville
Fenouillet
Launaguet
Fonbeauzard
Quint
Drémil
Flourens
Saussens
Vallesvilles
Francarville
Vendine
Bourg-St Bernard
Auzielle
Odars
Fourquevaux
Montlaur
Pompertuzat
Deyme
Donneville
Corronsac
Espanès
Noueilles
Belbèze-de-Lauragais
Montesquieu-Lauragais
St Léon
Caussidières
Gardouch
Renneville
Avignonet-Lauragais
Montmaur
Puéchoursi
Maurens
Beauville
Mourvilles-Basses
Toutens
Cessales
Juzes
Vaux
Bélesta-en-Lauragais
Les Cassés
Forêt de Giroussens
Forêt de Buzet
Tarn
Garonne
Canal du Midi
Agout
Saune
Hers
Ariège
Lèze
A 62
A 68
A 61
A 64
A 20
N 20
N 88
N 113
N 126
N 2088
D 630
D 112
D 20
D 16
D 87
D 42
D 622
D 1
D 2
D 24

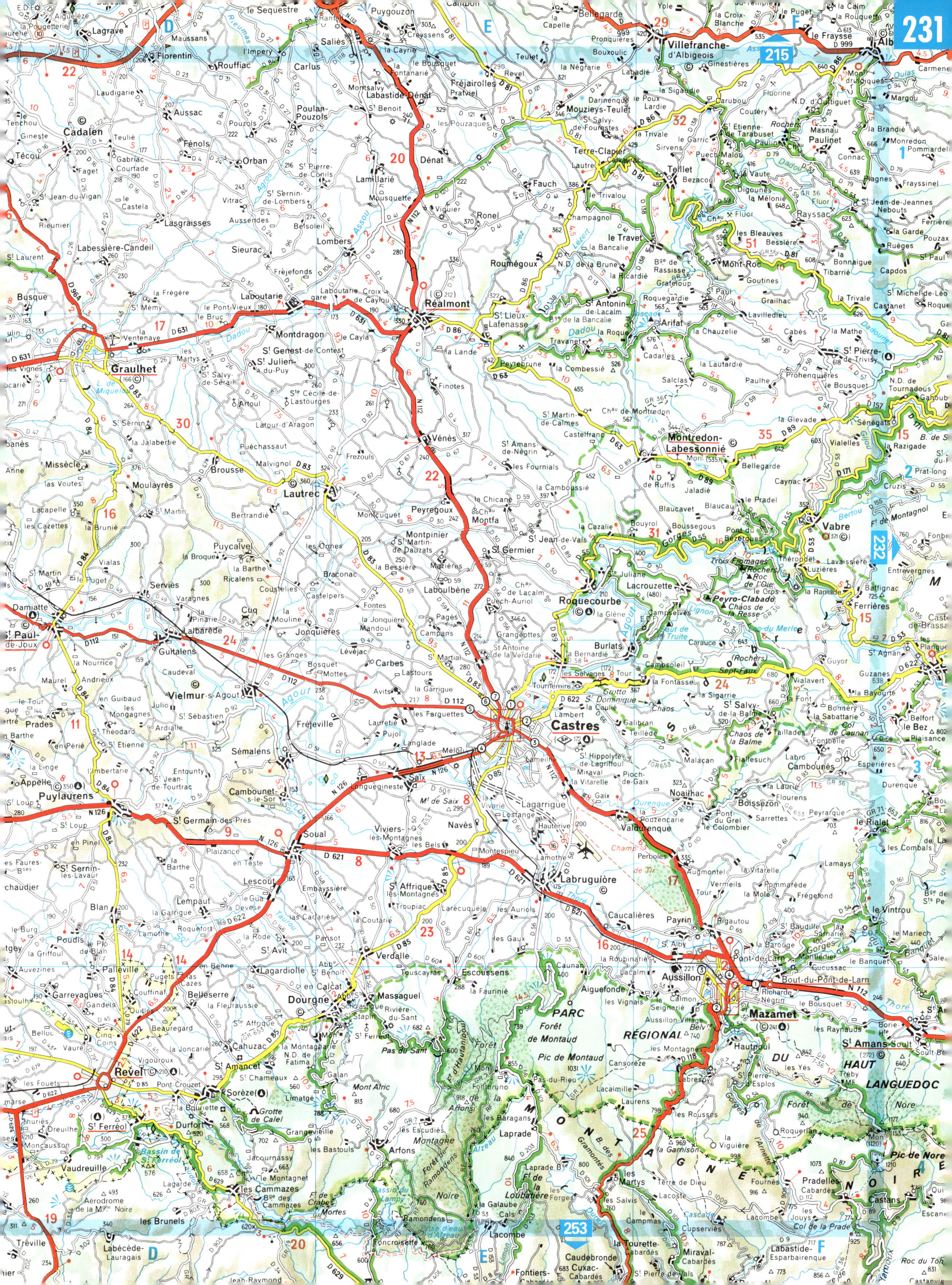

Villefranche-d'Albigeois
Albi
Graulhet
Réalmont
Lautrec
Montredon-Labessonnié
Vabre
Roquecourbe
Castres
Vielmur-s-Agout
Puylaurens
Labruguière
Mazamet
Aussillon
Revel
Sorèze
Dourgne
Soual
St Ferréol
St Amans-Soult
Lacrouzette
Burlats
Brassac
Cadalen
Lombers
Dénat
Labastide-Dénat
Florentin
Lagrave
Damiatte
St Paul-de-Jaoux
Guitalens
Sémalens
Saïx
Navès
Viviers-lès-Montagnes
Verdalle
Massaguel
Escoussens
Arfons
Les Cammazes
Vaudreuille
Durfort
Lacombe
PARC RÉGIONAL DU HAUT LANGUEDOC
MONTAGNE NOIRE
Forêt de Montaud
Pic de Montaud
Pic de Nore
Sidobre
215
232
253

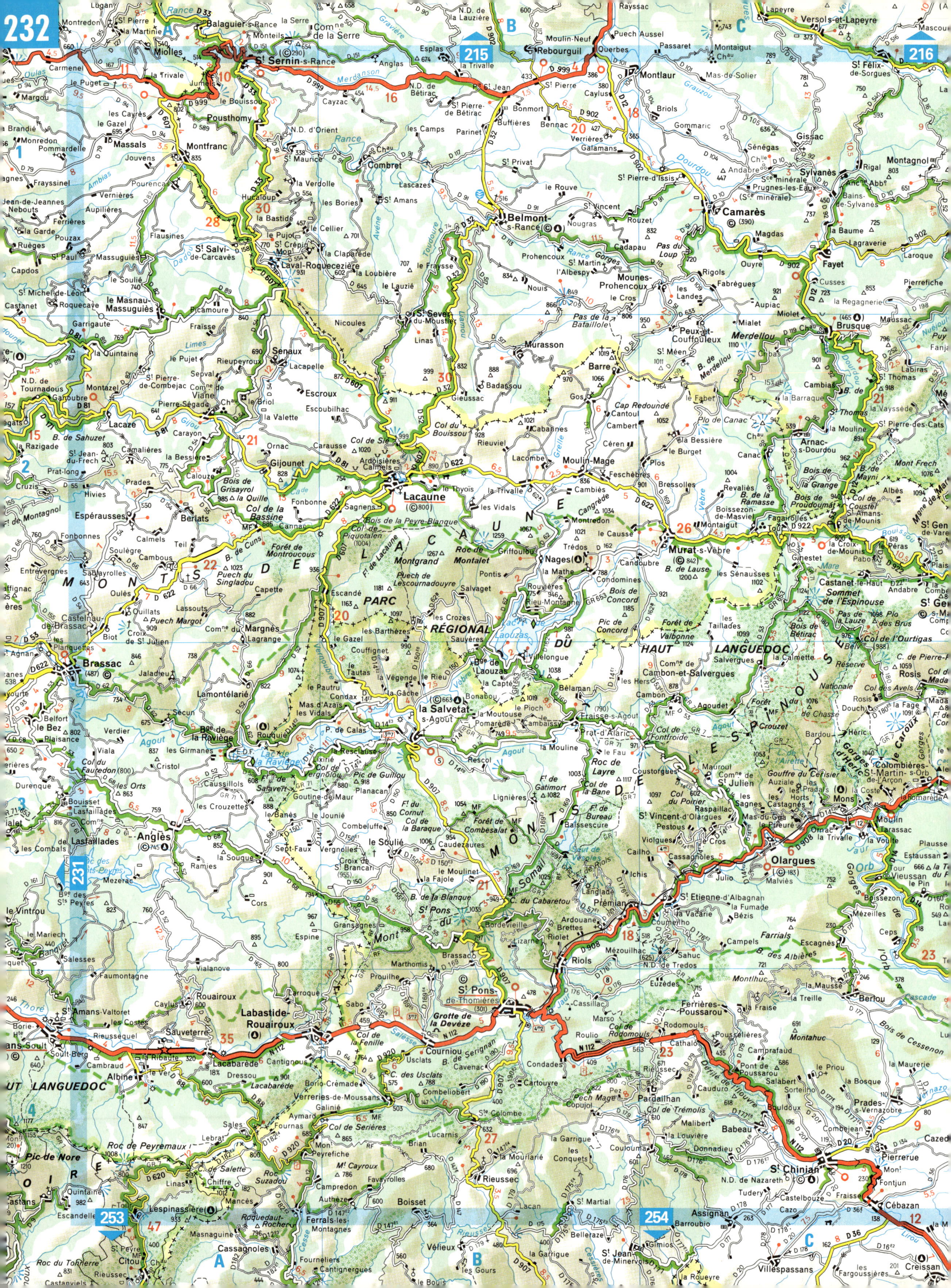

215
216
231
253
254
Miolles
St Sernin-s-Rance
Rebourguil
Montlaur
Versols-et-Lapeyre
St Félix-de-Sorgues
Pousthomy
Montfranc
Massals
Combret
Belmont-s-Rance
Camarès
Sylvanès
Montagnol
Fayet
Laval-Roquecezière
St Sever-du-Moustier
Murasson
Brusque
Barre
Lacaune
Moulin-Mage
Murat-s-Vèbre
Gijounet
Espérausses
Berlats
MONTS DE LACAUNE
PARC RÉGIONAL DU HAUT LANGUEDOC
Nages
Brassac
La Salvetat-s-Agout
Fraisse-s-Agout
Castanet-le-Haut
Rosis
Anglès
Olargues
Colombières-s-Orb
Mons
ESPINOUSE
MONTS
St Pons-de-Thomières
Riols
Prémian
St Étienne-d'Albagnan
Labastide-Rouairoux
Rouairoux
Courniou
St Amans-Soult
Albine
Sauveterre
Lacabarède
St Chinian
Cébazan
Creissan
Villespassans
Assignan
Cassagnoles
Lespinassière
Ferrals-les-Montagnes
Rieussec
Vélieux
Boisset
Pardailhan
Babeau
Berlou
Ferrières-Poussarou
UT LANGUEDOC
Pic de Nore

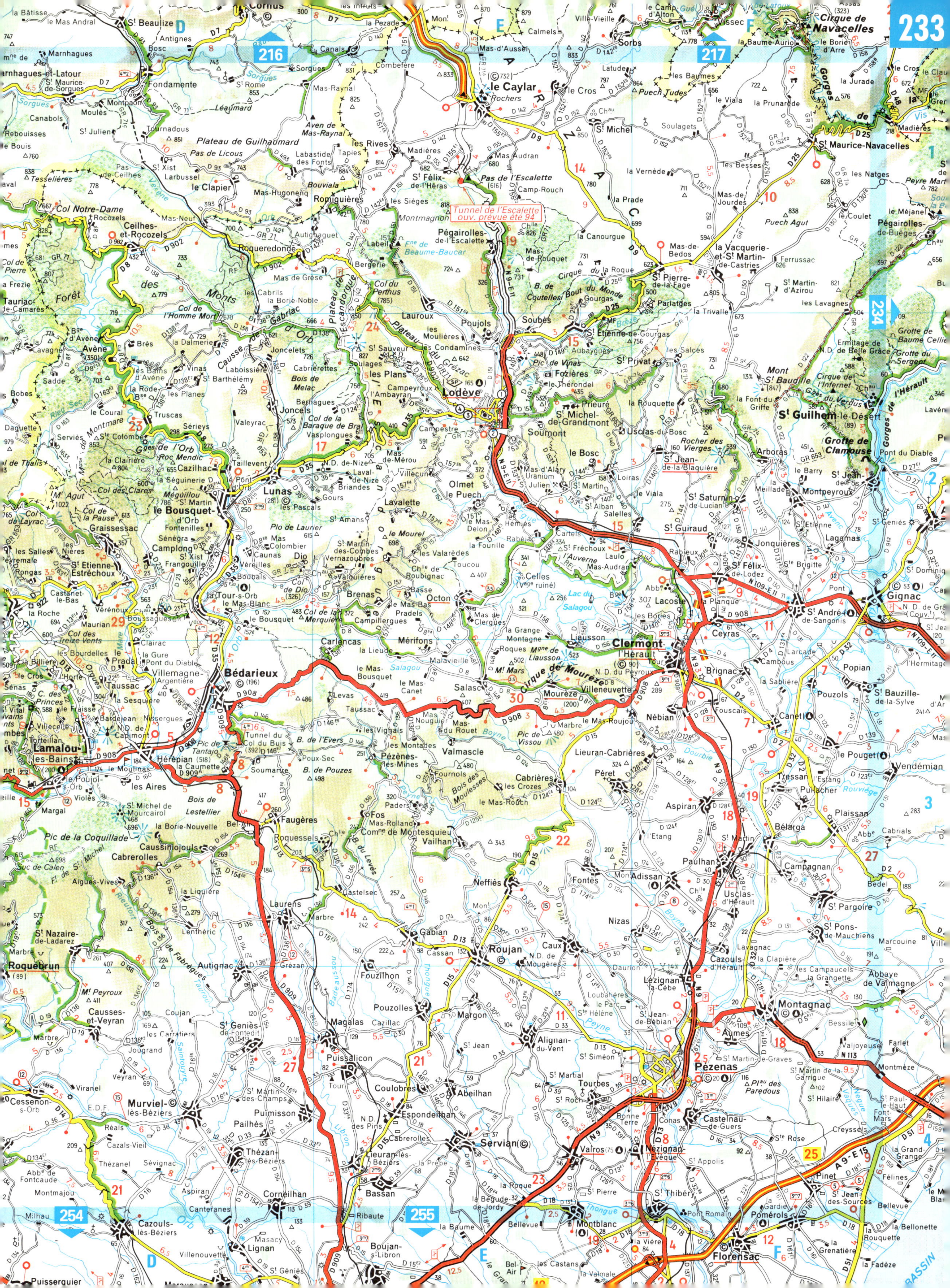
216
217
234
254
255
le Caylar
Cirque de Navacelles
St Maurice-Navacelles
Tunnel de l'Escalette
ouv. prévue été 94
Pas de l'Escalette
Lodève
Lunas
le Bousquet-d'Orb
Avène
St Guilhem-le-Désert
Gignac
Clermont-l'Hérault
Lac du Salagou
Cirque de Mourèze
Bédarieux
Lamalou-les-Bains
Hérépian
Faugères
Paulhan
Pézenas
Montagnac
Roujan
Servian
Murviel-lès-Béziers
Florensac
Roquebrun
Cazouls-lès-Béziers
Lignan
Valros
Nézignan-l'Évêque
Montblanc
Pinet
Pomérols
Aspiran
Canet
Vendémian
Plaissan
Bélarga
Adissan
Caux
Nizas
Alignan-du-Vent
Magalas
Puissalicon
Gabian
Neffiès
Fontès
Cazouls-d'Hérault
Usclas-d'Hérault
St Pons-de-Mauchiens
St Pargoire
Castelnau-de-Guers
Tourbes
St Thibéry
Bassan
Boujan-s-Libron
Puisserguier
St Jean-de-la-Blaquière
St Saturnin-de-Lucian
St Guiraud
Jonquières
St André-de-Sangonis
St Félix-de-Lodez
Ceyras
Brignac
Octon
Mourèze
Salasc
Péret
Cabrières
Vailhan
Laurens
Autignac
Causses-et-Veyran
Thézan-lès-Béziers
Corneilhan
Espondeilhan
Abeilhan
Coulobres
Margon
Pouzolles
Fos
Pézènes-les-Mines
Soumont
Soubès
Poujols
Fozières
Pégairolles-de-l'Escalette
St Pierre-de-la-Fage
St Privat
la Vacquerie-et-St Martin-de-Castries
Grotte de Clamouse
Pont du Diable
Montpeyroux
St Jean-de-Fos
Arboras

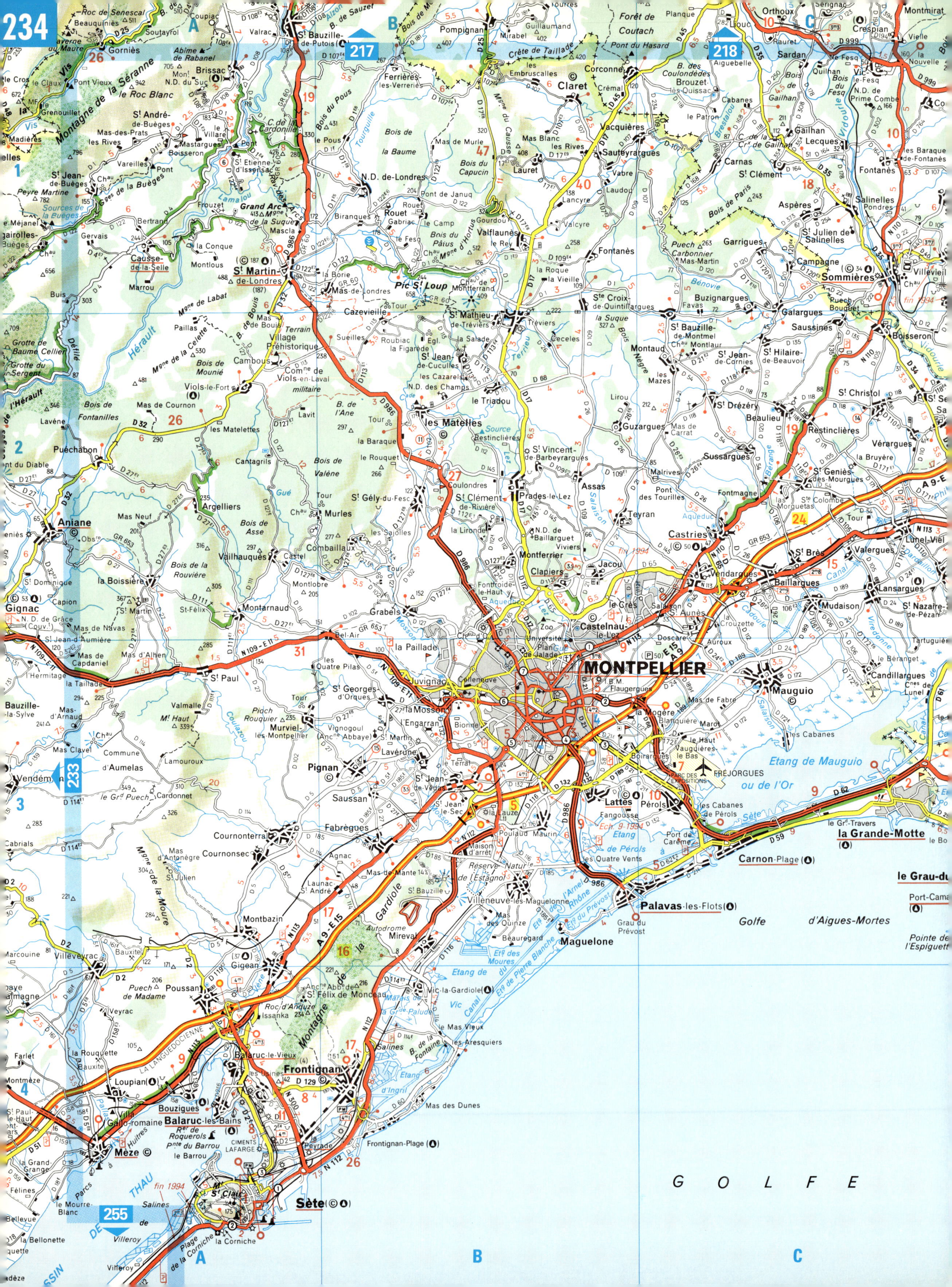
217
218
233
255
MONTPELLIER
Aniane
Gignac
St Martin-de-Londres
Pic St Loup
St Mathieu-de-Tréviers
Claret
Sommières
les Matelles
St Gély-du-Fesc
Castries
Lunel-Viel
Vendargues
Castelnau-le-Lez
Mauguio
Lattes
Pérols
Palavas-les-Flots
Carnon-Plage
la Grande-Motte
Maguelone
Villeneuve-lès-Maguelone
Frontignan
Frontignan-Plage
Sète
Balaruc-les-Bains
Balaruc-le-Vieux
Bouzigues
Mèze
Loupian
Gigean
Poussan
Montbazin
Pignan
Fabrègues
Cournonterral
Murviel-lès-Montpellier
Juvignac
St Georges-d'Orques
Grabels
Montarnaud
St Paul
Argelliers
Vailhauquès
Combaillaux
Puéchabon
Causse-de-la-Selle
Viols-le-Fort
Assas
Teyran
Prades-le-Lez
Montferrier
Clapiers
Jacou
le Crès
Baillargues
St Brès
Valergues
Lansargues
Mudaison
Candillargues
St Aunès
Fréjorgues
Montagne de la Séranne
Montagne de la Moure
Montagne de la Gardiole
Etang de Mauguio ou de l'Or
Etang de Thau
Golfe d'Aigues-Mortes
GOLFE
A
B
C

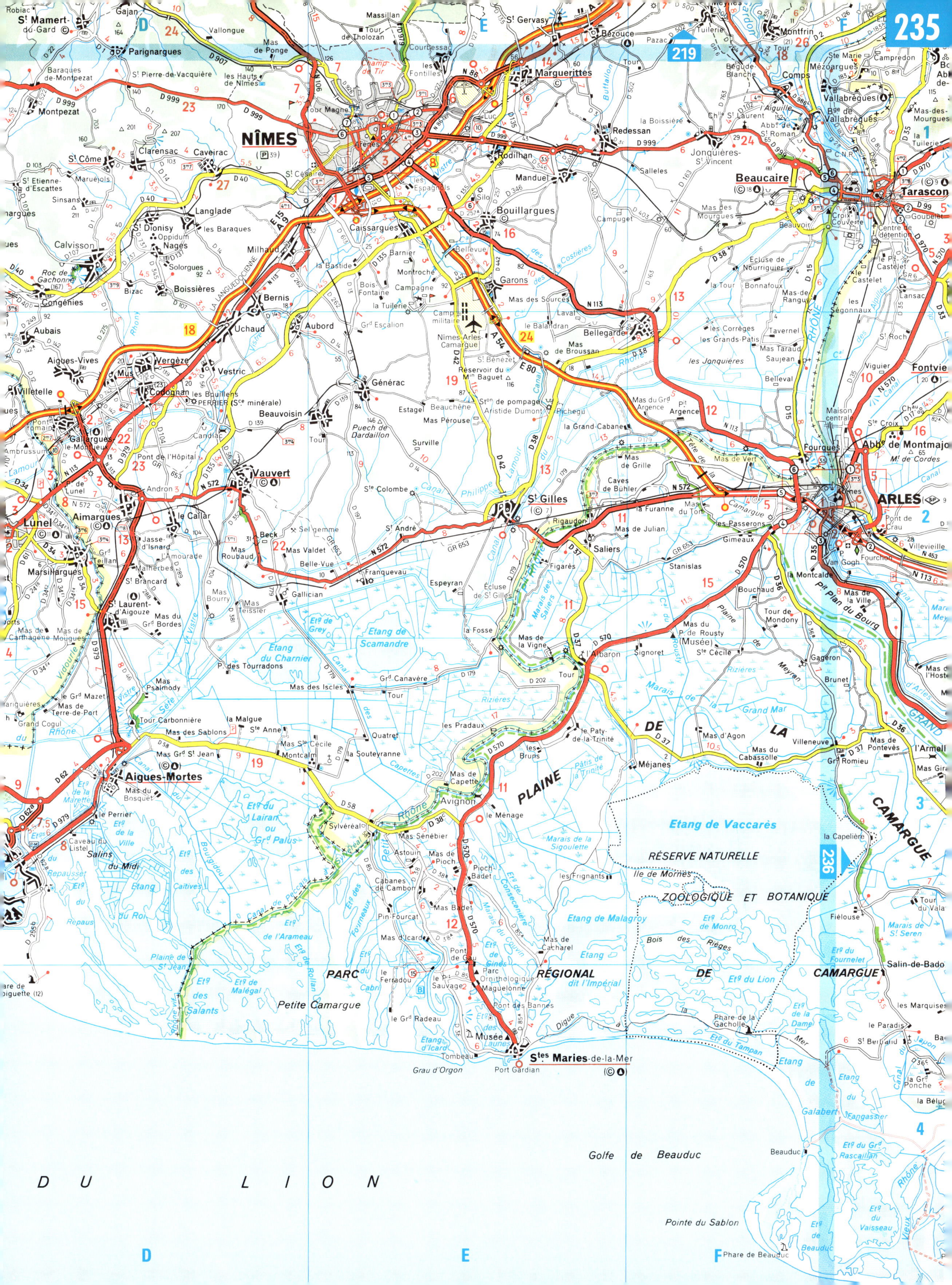
NÎMES
Beaucaire
Tarascon
ARLES
Lunel
Aigues-Mortes
Stes Maries-de-la-Mer
St Gilles
Vauvert
Marguerittes
Bouillargues
Caissargues
Garons
Bellegarde
Générac
Beauvoir
Aimargues
Codognan
Vergèze
Gallargues-le-Montueux
Uchaud
Bernis
Milhaud
Aubord
Beauvoisin
Vestric
Le Cailar
St Laurent-d'Aigouze
Fourques
Jonquières-St Vincent
Redessan
Rodilhan
Manduel
Clarensac
Caveirac
Langlade
St Dionisy
Congénies
Aubais
Aigues-Vives
Mus
Montpezat
Parignargues
St Mamert-du-Gard
Gajan
Massillan
St Gervasy
Bezouce
Montfrin
Comps
Vallabrègues
Mas-des-Mourgues
Fontvieille
Abbe de Montmajour
Raphèle
Salin-de-Badon
Fiélouse
Villeneuve
Méjanes
Albaron
Sylvéréal
Montcalm
Etang de Vaccarès
RÉSERVE NATURELLE
ZOOLOGIQUE ET BOTANIQUE
PARC RÉGIONAL DE CAMARGUE
PLAINE DE LA CAMARGUE
CAMARGUE
Petite Camargue
Etang de Scamandre
Etang du Charnier
Etang de Malagroy
Golfe de Beauduc
Pointe du Sablon
Phare de Beauduc
Beauduc
Grau d'Orgon
Port Gardian
Musée
Canal du Rhône à Sète
Costières
Rhône
Petit Rhône
Grand Rhône
Vidourle
Vistre
D U   L I O N
D
E
F
219
236

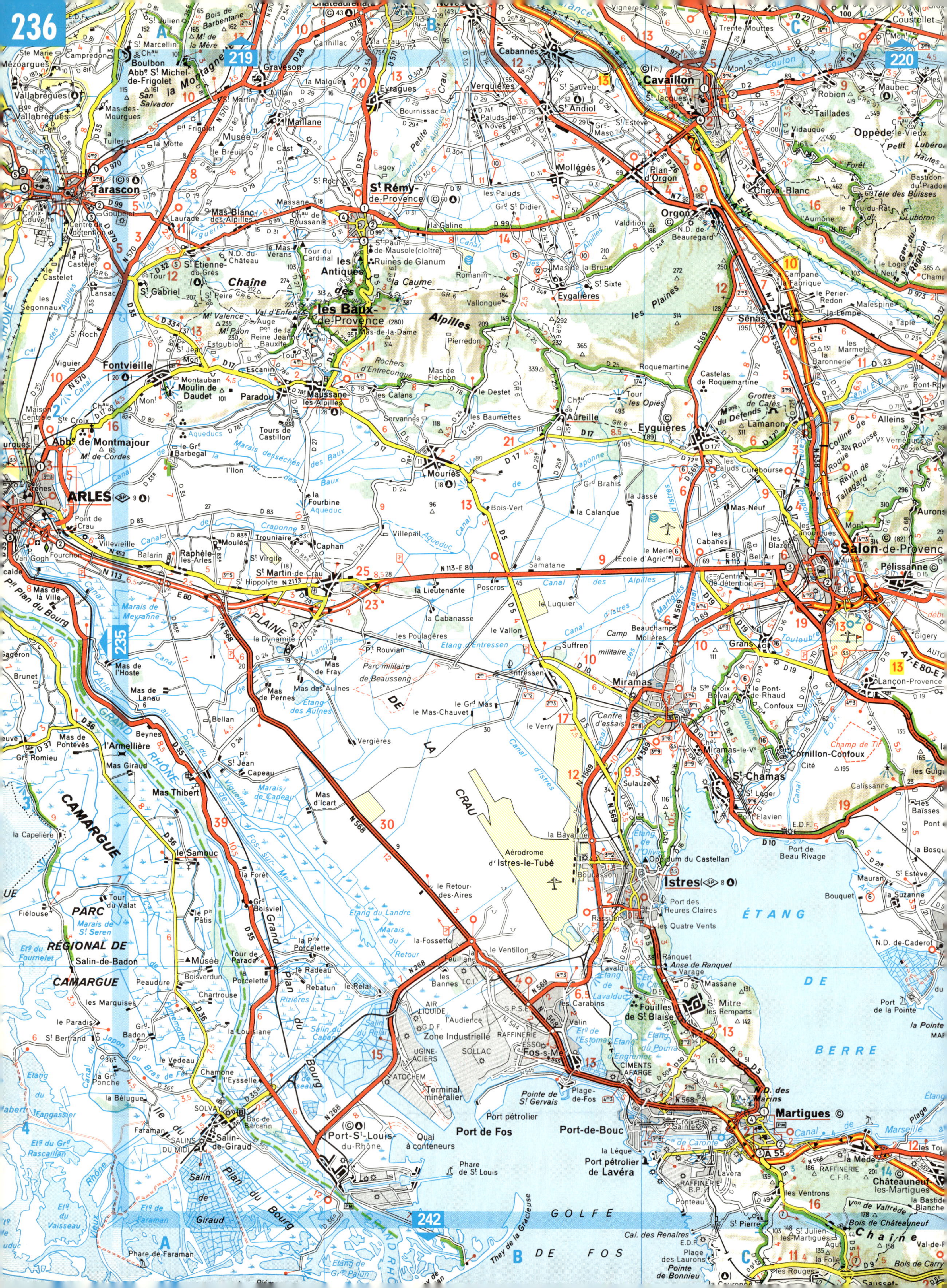
219
220
235
242
A
B
C
Graveson
Maillane
Eyragues
Cabannes
Verquières
St Andiol
Cavaillon
Robion
Taillades
Oppède-le-Vieux
Boulbon
Vallabrègues
Tarascon
St Rémy-de-Provence
Mollégès
Plan-d'Orgon
Orgon
Cheval-Blanc
St Étienne-du-Grès
Chaîne des Alpilles
Les Antiques
Ruines de Glanum
les Baux-de-Provence
Eygalières
Sénas
Fontvieille
Maussane-les-Alpilles
Paradou
Aureille
Eyguières
Lamanon
Alleins
Abbe de Montmajour
ARLES
Mouriès
Raphèle-les-Arles
St Martin-de-Crau
Salon-de-Provence
Pélissanne
Grans
Lançon-Provence
Miramas
Cornillon-Confoux
St Chamas
Istres
Aérodrome d'Istres-le-Tubé
CRAU
PLAINE DE LA CRAU
CAMARGUE
PARC RÉGIONAL DE CAMARGUE
Mas Thibert
le Sambuc
Salin-de-Badon
Salin-de-Giraud
Port-St-Louis-du-Rhône
Fos-s-Mer
Zone Industrielle
Port de Fos
Port-de-Bouc
Port pétrolier de Lavéra
Martigues
Châteauneuf-les-Martigues
ÉTANG DE BERRE
GOLFE DE FOS
GRAND RHÔNE
Phare de Faraman
Fouilles de St Blaise

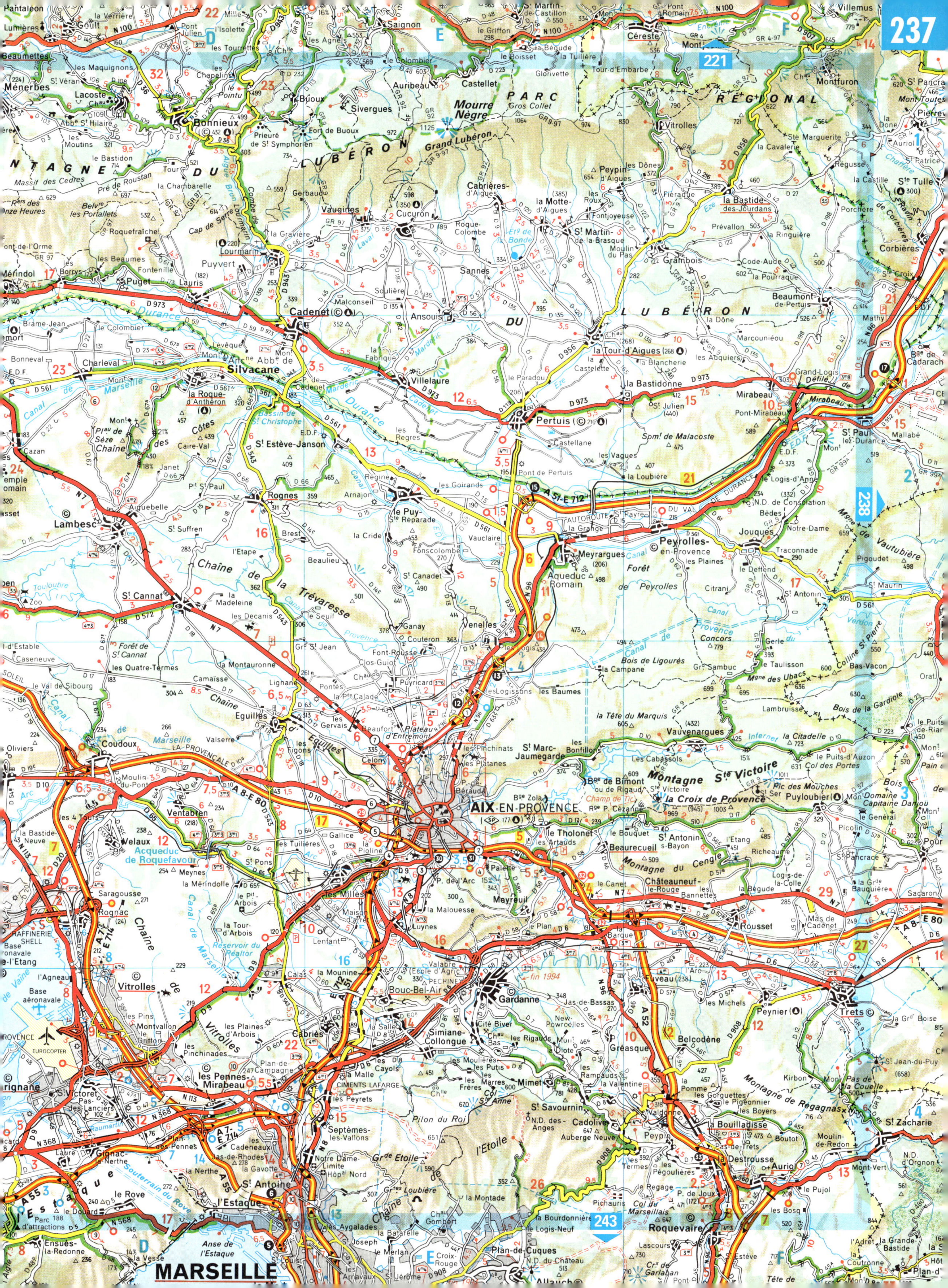
MARSEILLE
AIX-EN-PROVENCE
PARC RÉGIONAL DU LUBÉRON
Mourre Nègre
Grand Lubéron
Montagne Ste Victoire
Chaîne de la Trévaresse
Durance
Bonnieux
Lourmarin
Cadenet
Silvacane
Pertuis
La Tour-d'Aigues
Mirabeau
Peyrolles-en-Provence
Meyrargues
Venelles
Puyricard
Lambesc
Rognes
St Cannat
Eguilles
Coudoux
Velaux
Rognac
Vitrolles
Marignane
Les Pennes-Mirabeau
Septèmes-les-Vallons
Plan-de-Cuques
Allauch
Gardanne
Bouc-Bel-Air
Simiane-Collongue
Cabriès
Fuveau
Trets
Peynier
Rousset
Gréasque
Cadolive
Peypin
Auriol
Roquevaire
St Zacharie
Vauvenargues
Jouques
Meyreuil
Luynes
Les Milles
Gignac
L'Estaque
Septèmes-les-Vallons
Cucuron
Ansouis
Villelaure
Sannes
Vaugines
Puyvert
Lauris
Puget
Mérindol
La Roque-d'Anthéron
Charleval
St Estève-Janson
Le Puy-Ste Réparade
Ventabren
Château-Rouge
Beaurecueil
Châteauneuf-le-Rouge
Pourrières
Puyloubier
St Paul-lez-Durance
Vitrolles
Céreste
Montfuron
Ménerbes
Lacoste
Goult
Saignon
Auribeau
Sivergues
Buoux
Cabrières-d'Aigues
La Motte-d'Aigues
Peypin-d'Aigues
St Martin-de-la-Brasque
Grambois
La Bastide-des-Jourdans
Beaumont-de-Pertuis
Corbières
A 8-E 80
A 51-E 712
A 7-E 714
N 96
N 7
N 100
221
238
243
fin 1994

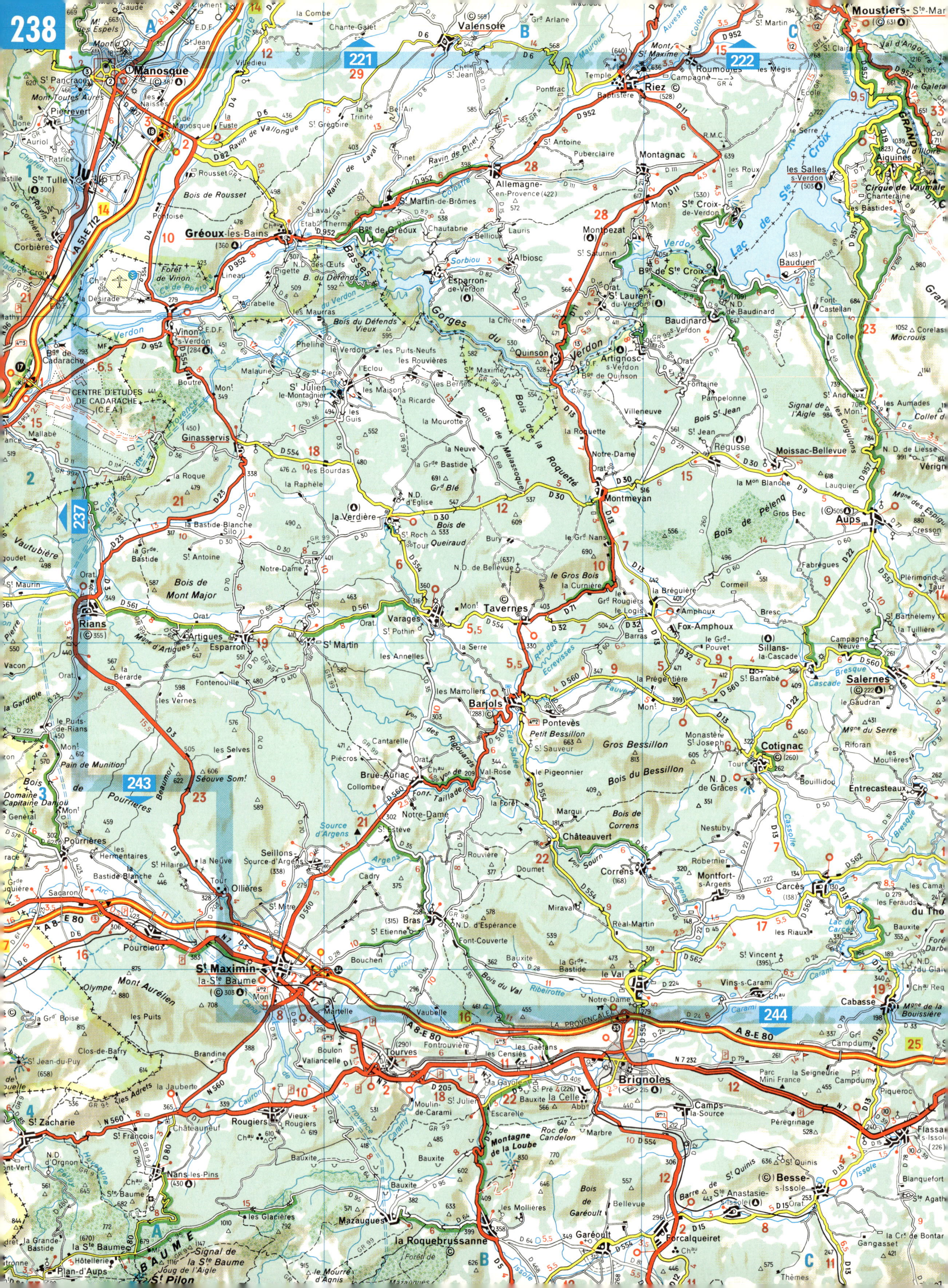
Manosque
Valensole
Riez
Moustiers-Ste-Marie
Gréoux-les-Bains
Allemagne-en-Provence
Montagnac
Ste Croix-de-Verdon
Lac de Ste Croix
Les Salles-s-Verdon
Aiguines
Vinon-s-Verdon
Esparron-de-Verdon
Quinson
Gorges du Verdon
Bauduen
Baudinard
St Julien le-Montagnier
Ginasservis
CENTRE D'ETUDES DE CADARACHE (C.E.A.)
Montmeyan
Moissac-Bellevue
Régusse
Aups
la Verdière
Varages
Tavernes
Rians
Artigues
Esparron
Fox-Amphoux
Sillans-la-Cascade
Salernes
Barjols
Pontevès
Cotignac
Entrecasteaux
Brue-Auriac
Pourrières
Seillons-Source-d'Argens
Ollières
Châteauvert
Correns
Montfort-s-Argens
Carcès
St Maximin-la-Ste Baume
Pourcieux
Tourves
Brignoles
Le Val
Vins-s-Caramy
Cabasse
Flassans
Rougiers
Nans-les-Pins
St Zacharie
Mazaugues
la Roquebrussanne
Garéoult
Forcalqueiret
Camps-la-Source
Besse-s-Issole
Plan-d'Aups
St Pilon
SAINTE BAUME
A8-E80
LA PROVENÇALE
221
222
237
243
244

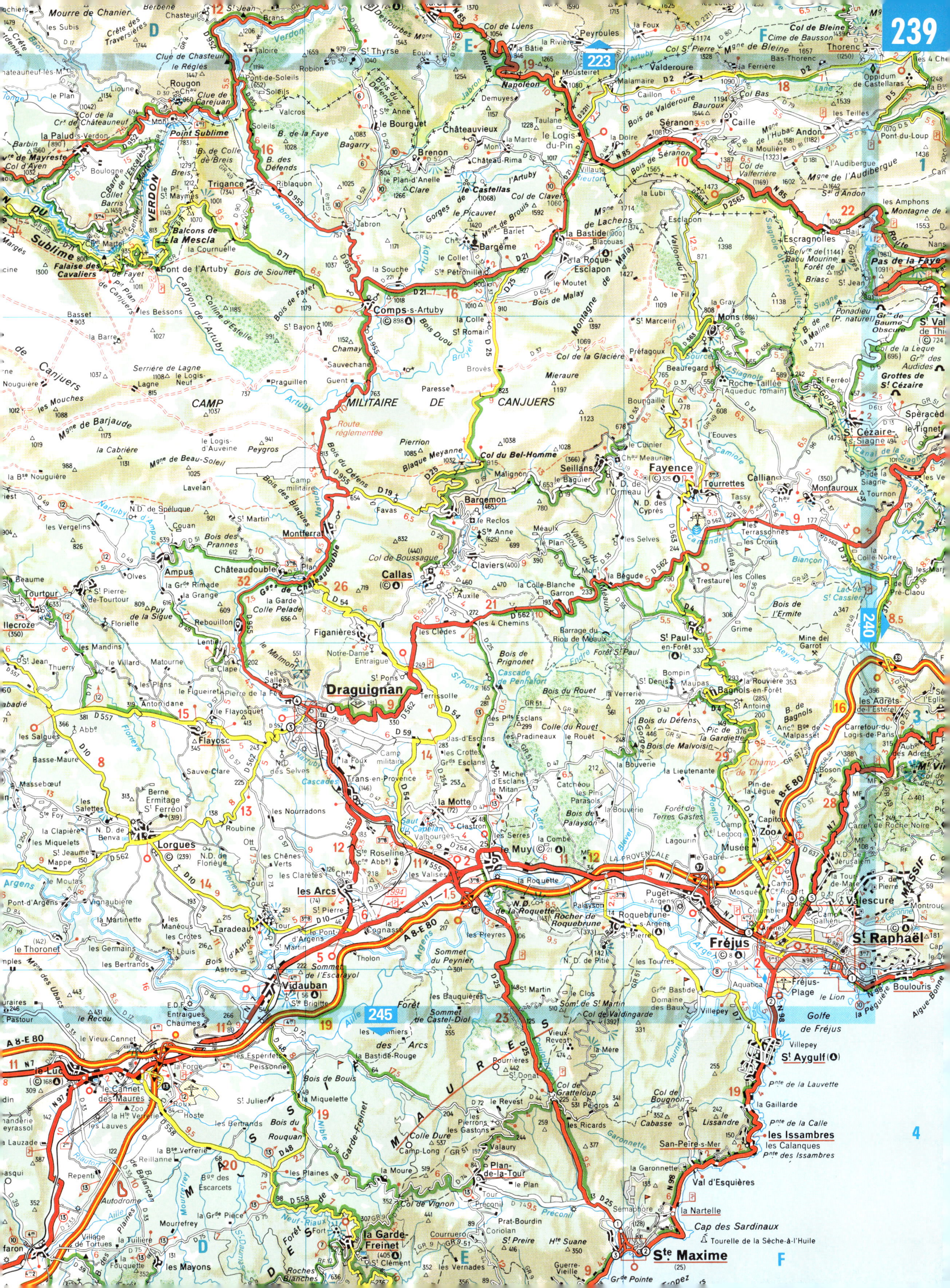
223
240
245
Point Sublime
Rougon
Trigance
Balcons de la Mescla
Falaise des Cavaliers
Comps-s-Artuby
Bargème
la Bastide
la Roque-Esclapon
Mons
Camp
Militaire
de
Canjuers
Col du Bel-Homme
Bargemon
Seillans
Fayence
Tourrettes
Callian
Montauroux
St Cézaire-s-Siagne
Ampus
Châteaudouble
Montferrat
Callas
Claviers
Figanières
Draguignan
Flayosc
Lorgues
Trans-en-Provence
la Motte
les Arcs
Taradeau
Vidauban
Le Muy
St Paul-en-Forêt
Bagnols-en-Forêt
Puget-s-Argens
Roquebrune-s-Argens
Fréjus
St Raphaël
Valescure
Boulouris
Golfe de Fréjus
St Aygulf
les Issambres
San-Peïre-s-Mer
Ste Maxime
Plan-de-la-Tour
la Garde-Freinet
Le Cannet-des-Maures
Le Luc
Les Mayons
M A U R E S

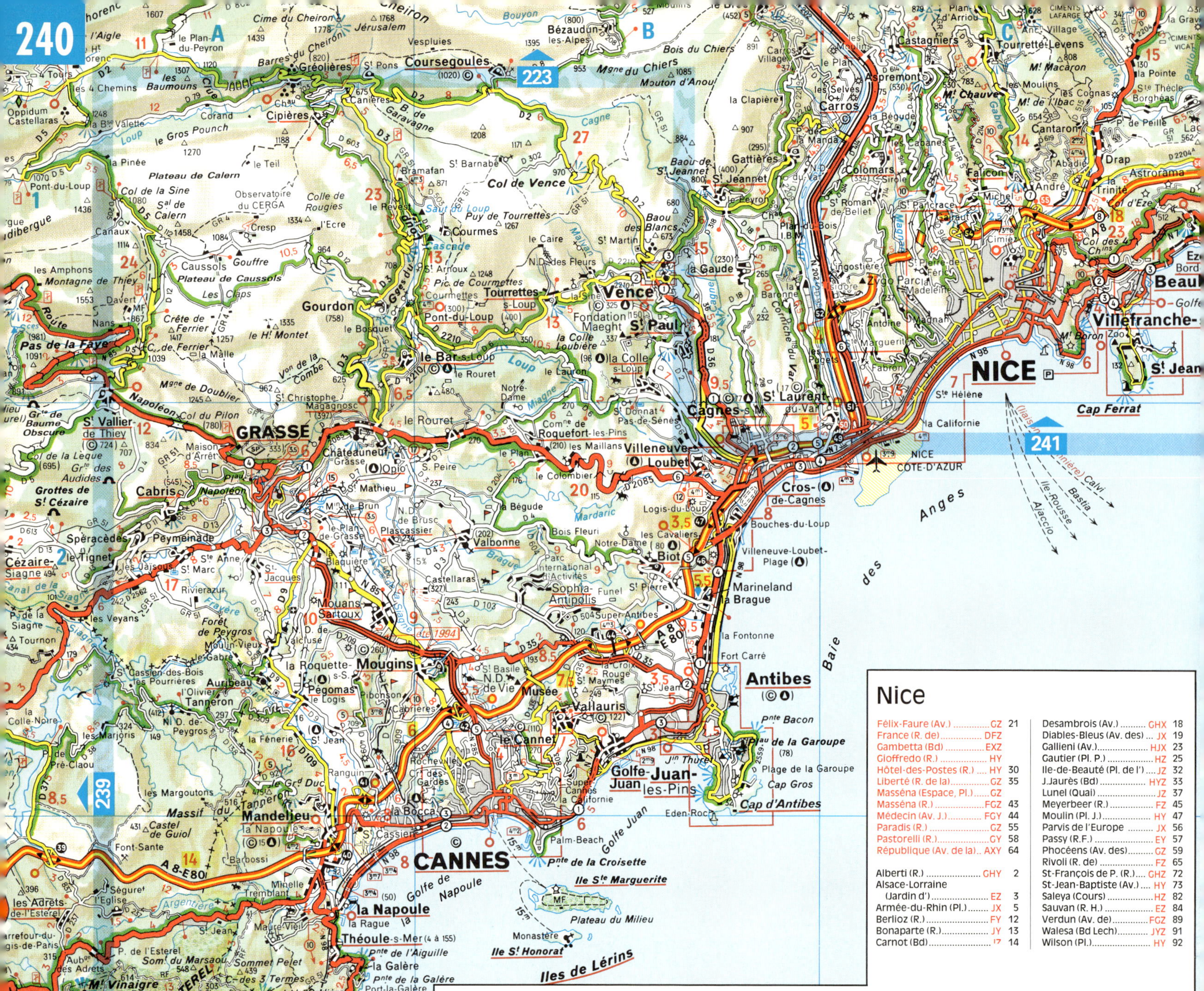

Nice

Félix-Faure (Av.)	GZ	21
France (R. de)	DFZ	
Gambetta (Bd)	EXZ	
Gioffredo (R.)	HY	
Hôtel-des-Postes (R.)	HY	30
Liberté (R. de la)	GZ	35
Masséna (Espace, Pl.)	GZ	
Masséna (R.)	FGZ	43
Médecin (Av. J.)	FGY	44
Paradis (R.)	GZ	55
Pastorelli (R.)	GY	58
République (Av. de la)	AXY	64
Alberti (R.)	GHY	2
Alsace-Lorraine (Jardin d')	EZ	3
Armée-du-Rhin (Pl.)	JX	5
Berlioz (R.)	FY	12
Bonaparte (R.)	JY	13
Carnot (Bd)	JZ	14
Desambrois (Av.)	GHX	18
Diables-Bleus (Av. des)	JX	19
Gallieni (Av.)	HJX	23
Gautier (Pl. P.)	HZ	25
Ile-de-Beauté (Pl. de l')	JZ	32
J.Jaurès (Bd)	HYZ	33
Lunel (Quai)	JZ	37
Meyerbeer (R.)	FZ	45
Moulin (Pl. J.)	HY	47
Parvis de l'Europe	JX	56
Passy (R.F.)	EY	57
Phocéens (Av. des)	GZ	59
Rivoli (R. de)	FZ	65
St-François de P. (R.)	GHZ	72
St-Jean-Baptiste (Av.)	HY	73
Saleya (Cours)	HZ	82
Sauvan (R. H.)	EZ	84
Verdun (Av. de)	FGZ	89
Walesa (Bd Lech)	JYZ	91
Wilson (Pl.)	HY	92

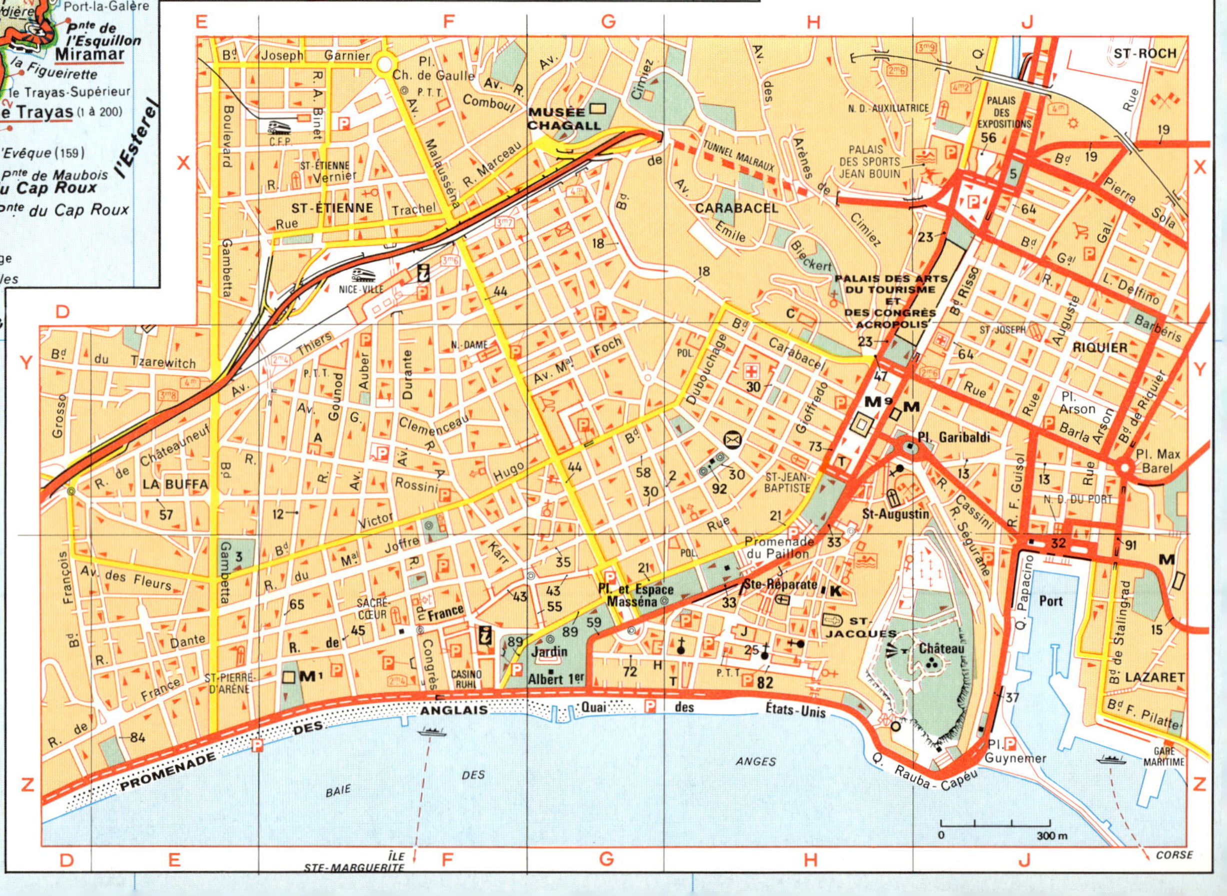

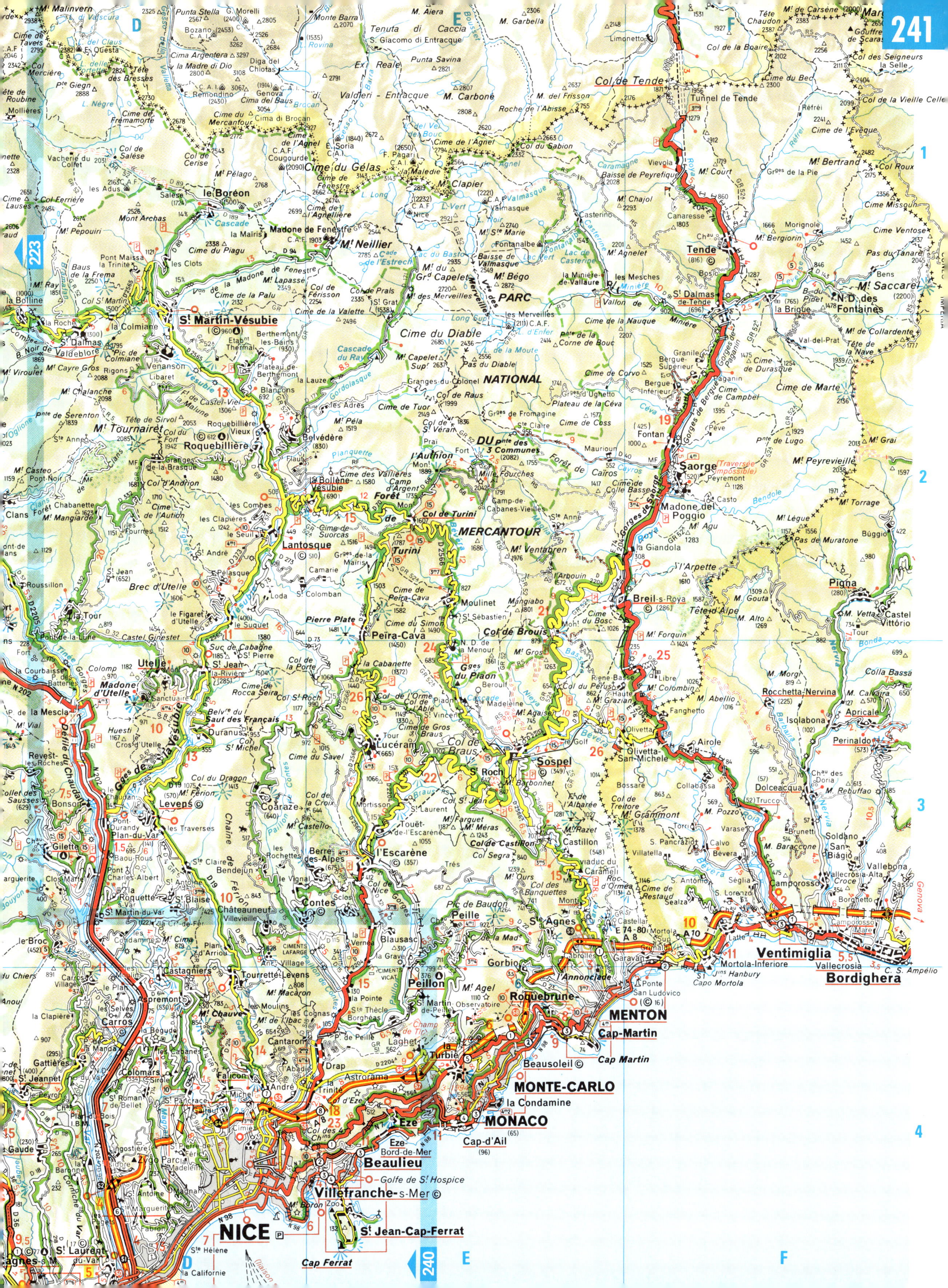

Col de Tende
Tunnel de Tende
Cime du Gélas
le Boréon
Madone de Fenestre
Mt Neillier
PARC
NATIONAL
DU
MERCANTOUR
Cime du Diable
Mt Bégo
St Martin-Vésubie
Tende
St Dalmas-de-Tende
la Brigue
N.D. des Fontaines
Mt Saccarel
Roquebillière
Belvédère
la Bollène-Vésubie
Col de Turini
Saorge
Gorges de Saorge
Fontan
Breil-s-Roya
Lantosque
Utelle
Madone d'Utelle
Peïra-Cava
Col de Braus
Sospel
Lucéram
l'Escarène
Levens
Coaraze
Contes
Berre-des-Alpes
Pigna
Rocchetta-Nervina
Dolceacqua
Apricale
Perinaldo
Airole
Olivetta-San-Michele
Camporosso
Ventimiglia
Bordighera
Vallecrosia
Mortola-Inferiore
Capo Mortola
Castillon
Ste Agnès
Gorbio
Peille
Peillon
la Turbie
Roquebrune
MENTON
Cap-Martin
Beausoleil
MONTE-CARLO
la Condamine
MONACO
Cap-d'Ail
Eze
Beaulieu
Villefranche-s-Mer
St Jean-Cap-Ferrat
Cap Ferrat
NICE
Carros
Gattières
St Jeannet
St Laurent-du-Var
Tourrette-Levens
Falicon
Aspremont
Colomars
Castagniers
St Martin-du-Var
Plan-du-Var
Gilette
Bonson
Châteauneuf-Villevieille
Golfe de St Hospice
223
240
D
E
F
1
2
3
4

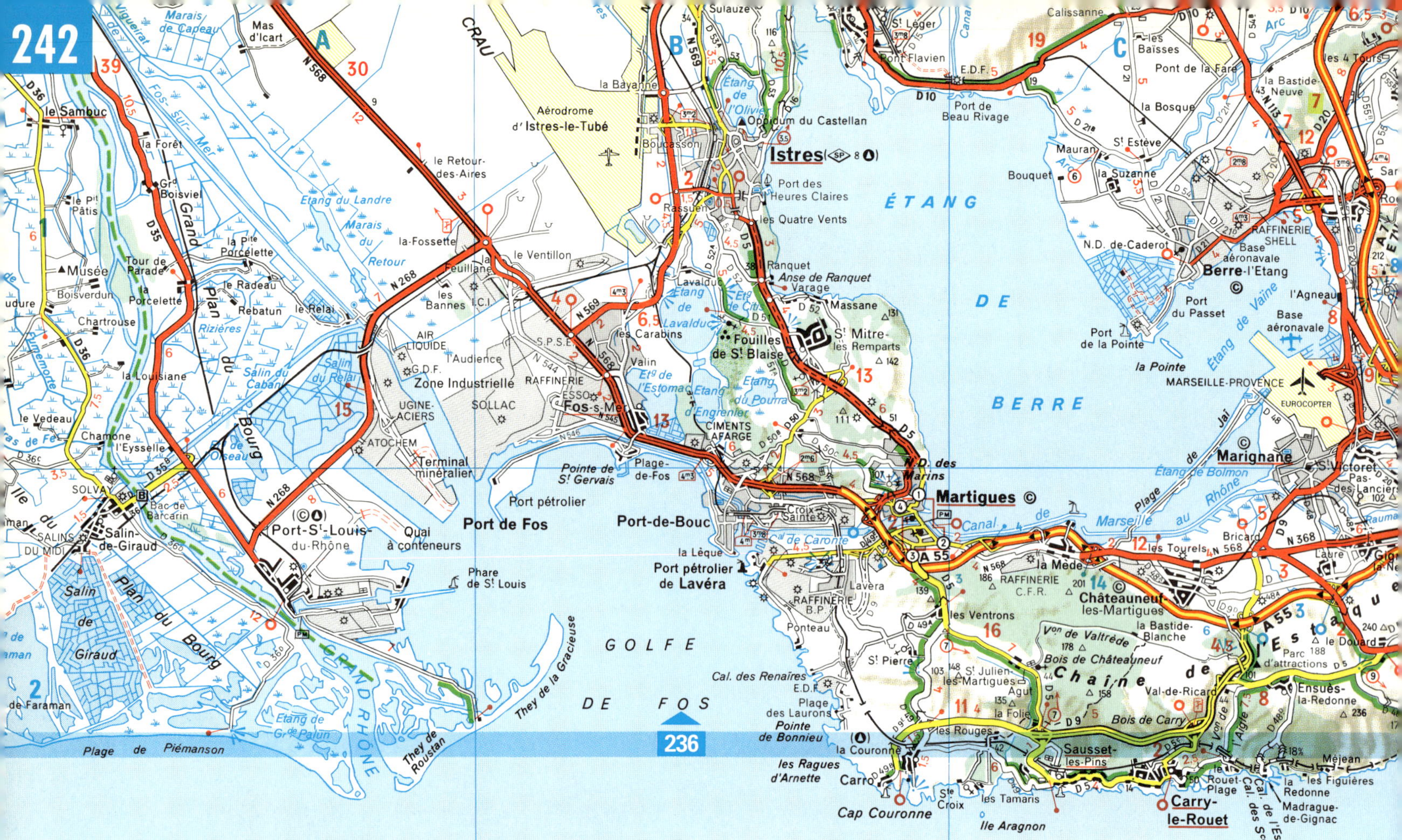

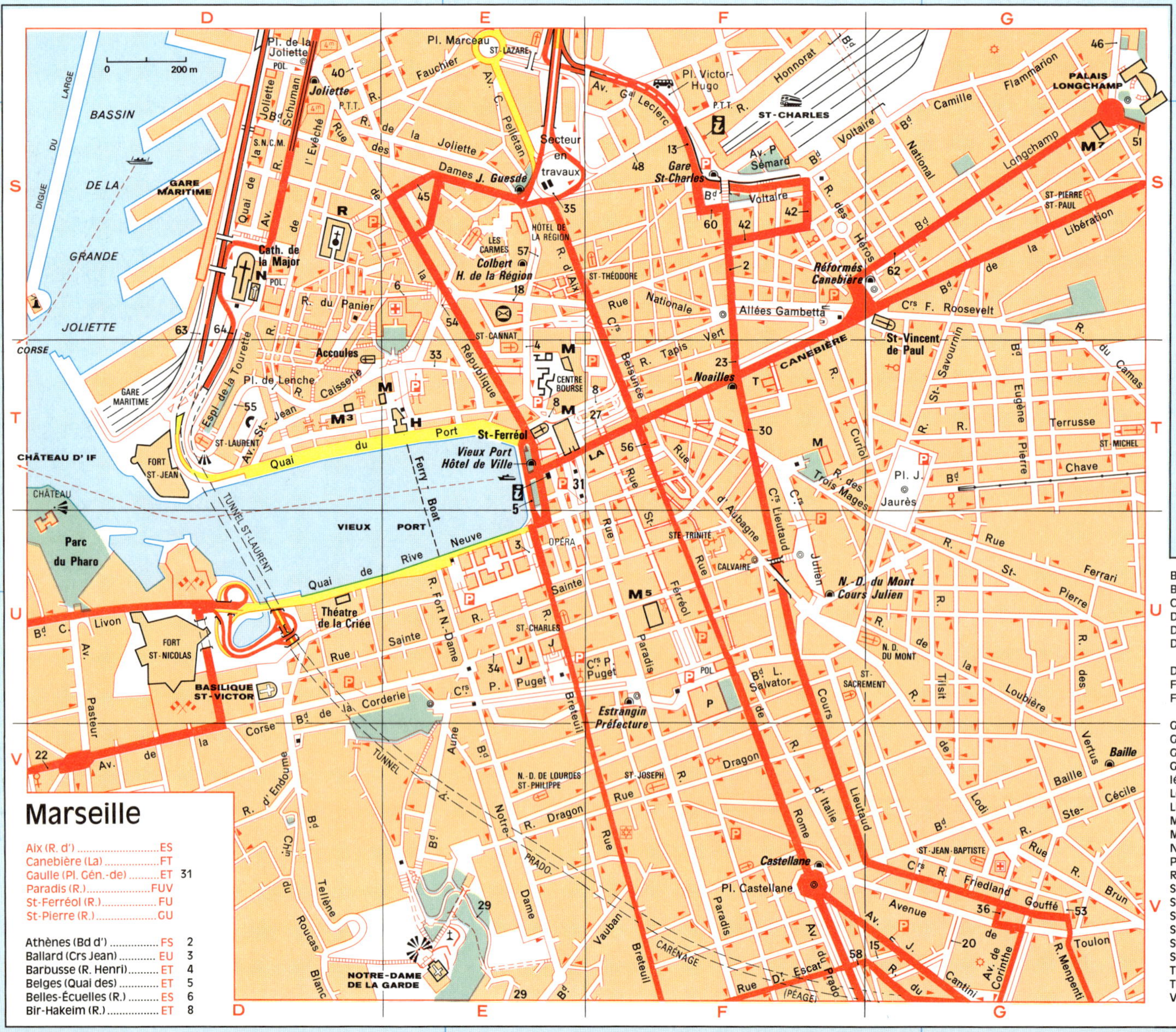

Marseille

Aix (R. d') .... ES
Canebière (La) .... FT
Gaulle (Pl. Gén.-de) .... ET 31
Paradis (R.) .... FUV
St-Ferréol (R.) .... FU
St-Pierre (R.) .... GU

Athènes (Bd d') .... FS 2
Ballard (Crs Jean) .... EU 3
Barbusse (R. Henri) .... ET 4
Belges (Quai des) .... ET 5
Belles-Écuelles (R.) .... ES 6
Bir-Hakeim (R.) .... ET 8
Bourdet (Bd Maurice) .... FS 13
Busquet (R.) .... GV 15
Colbert (R.) .... ES 18
Delphes (Av. de) .... GV 20
Delpuech (Bd) .... GV 21
Dessemond (R. Capitaine) .... DV 22
Dugommier (Bd) .... FT 23
Fabres (R. des) .... FT 27
Fort-du-Sanctuaire (R. du) .... EV 29
Garibaldi (Bd) .... FT 30
Grand'Rue .... ET 33
Grignan (R.) .... EU 34
Guesde (Pl. J) .... ES 35
Iéna (R. d') .... GV 36
Leblanc (R. V.) .... DS 40
Liberté (Bd de la) .... FS 42
Moisson (R. F.) .... ES 45
Montricher (Bd) .... GS 46
Nedelec (Bd Ch.) .... FS 48
Philipon (Bd) .... GS 51
Raynouard (Traverse) .... GV 53
Sadi-Carnot (Pl.) .... ES 54
St-Laurent (R.) .... DT 55
St-Louis (Crs) .... FT 56
Ste-Barbe (R.) .... ES 57
Ste-Philomène (R.) .... FV 58
Sembat (R. Marcel) .... FS 60
Thierry (Crs. J) .... GS 62
Tourette (Quai) .... DS 63
Vaudoyer (Av.) .... DS 64

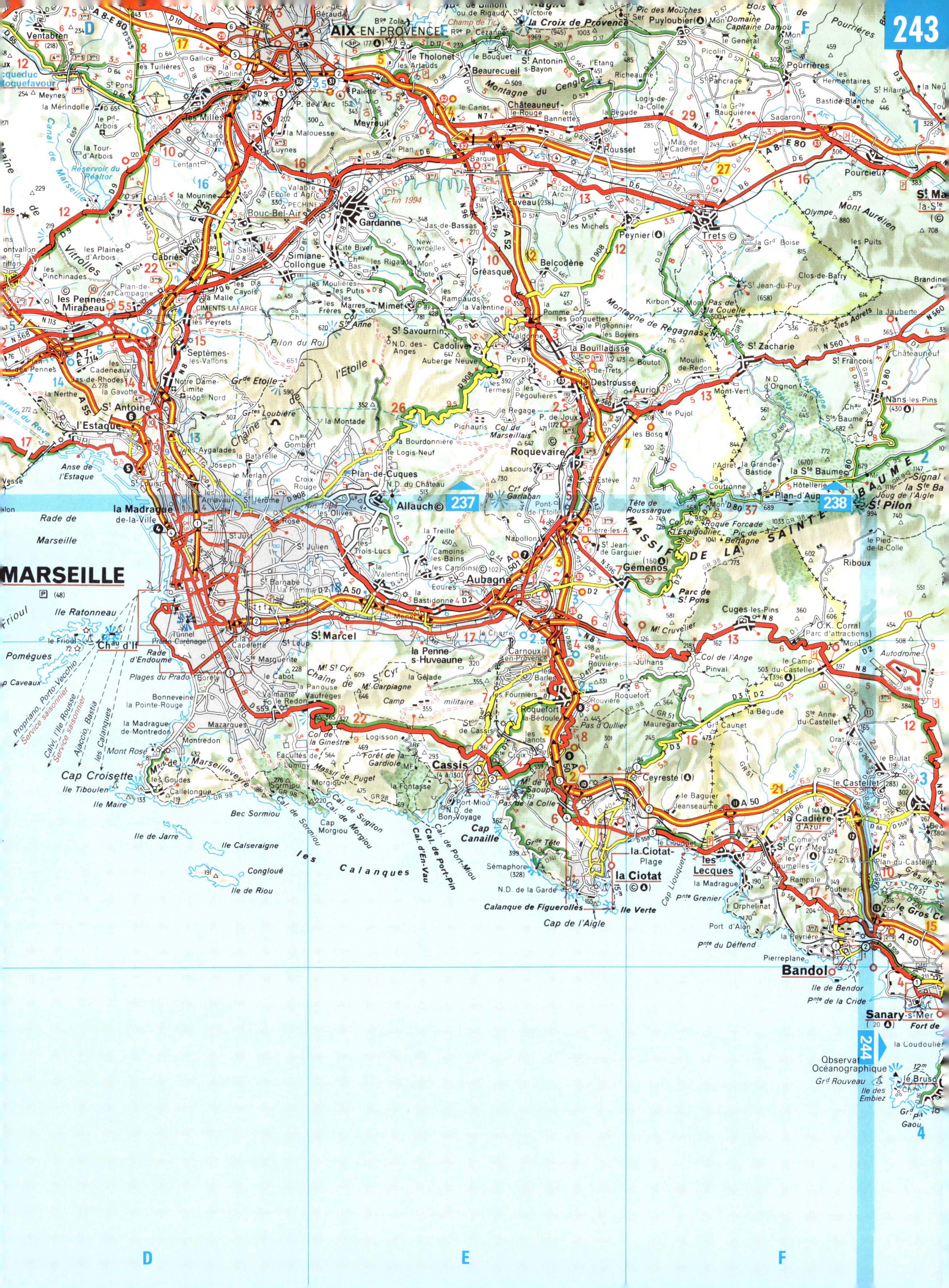
AIX-EN-PROVENCE
MARSEILLE
Gardanne
Aubagne
Cassis
la Ciotat
Bandol
Sanary-s-Mer
Roquevaire
Allauch
Trets
Gémenos
Vitrolles
les Pennes-Mirabeau
Septèmes-les-Vallons
Plan-de-Cuques
la Penne-s-Huveaune
St Marcel
la Madrague de-la-Ville
Rade de Marseille
Ile Ratonneau
Pomègues
Frioul
Cap Croisette
Ile Maïre
Ile de Jarre
Ile Calseraigne
Congloué
Ile de Riou
les Calanques
Cap Canaille
Cap de l'Aigle
Ile Verte
Calanque de Figuerolles
Bec Sormiou
Chaîne de l'Etoile
Chaîne de St Cyr
MASSIF DE LA SAINTE BAUME
Montagne de Regagnas
Montagne du Cengle
la Croix de Provence
Pic des Mouches
Mont Aurélien
Olympe
Pourrières
Pourcieux
Peynier
Fuveau
Belcodène
Gréasque
Mimet
Simiane-Collongue
Bouc-Bel-Air
Cabriès
les Milles
Luynes
Meyreuil
Châteauneuf-le-Rouge
Rousset
Puyloubier
la Bouilladisse
la Destrousse
Auriol
Peypin
Cadolive
St Savournin
St Zacharie
Nans-les-Pins
Plan-d'Aups
Cuges-les-Pins
Ceyreste
la Cadière d'Azur
le Castellet
St Cyr-s-Mer
les Lecques
Carnoux-en-Provence
Roquefort-la-Bédoule
l'Estaque
Anse de l'Estaque
Ventabren
Calanque de Port-Miou
Cal. de Port-Pin
Cal. d'En-Vau
Ile de Bendor
Pte de la Cride
Observat. Océanographique
Gd Rouveau
Ile des Embiez
237
238
244
D
E
F

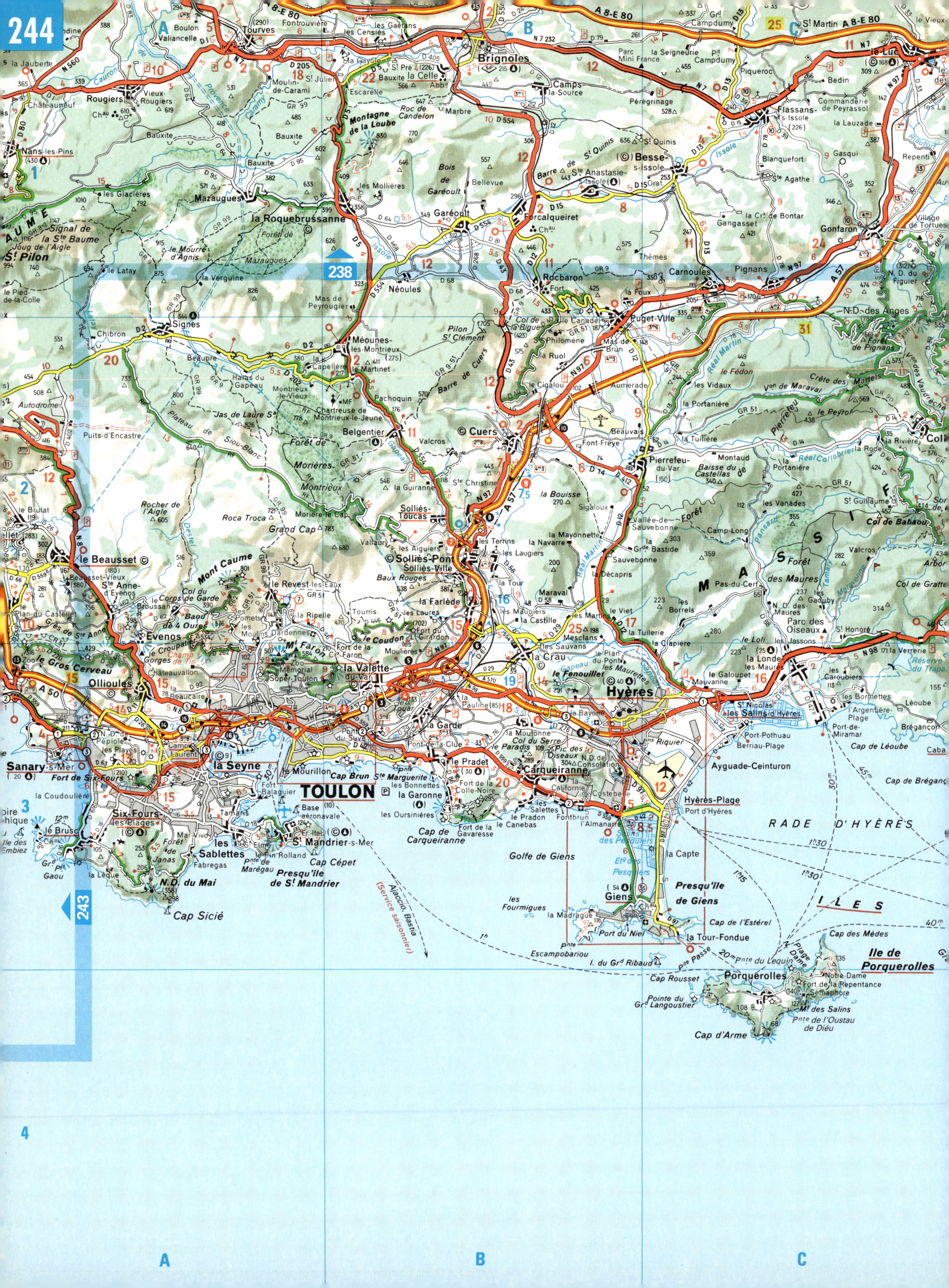

Brignoles
Tourves
Rougiers
Nans-les-Pins
Mazaugues
la Roquebrussanne
Montagne de la Loube
Camps-la-Source
Besse-s-Issole
Flassans-s-Issole
le Luc
Gonfaron
Garéoult
Forcalqueiret
Rocbaron
Carnoules
Pignans
Puget-Ville
Néoules
Signes
Méounes-lès-Montrieux
Belgentier
Cuers
Pierrefeu-du-Var
Collobrières
Forêt de Morières
Le Beausset
Mont Caume
Évenos
Ollioules
Solliès-Toucas
Solliès-Pont
la Farlède
la Crau
la Valette-du-Var
la Garde
le Pradet
Carqueiranne
Hyères
Hyères-Plage
la Londe-les-Maures
Bormes
Massif des Maures
Sanary-s-Mer
Six-Fours-les-Plages
la Seyne
TOULON
St Mandrier-s-Mer
Presqu'île de St Mandrier
Cap Sicié
Cap Cépet
Golfe de Giens
Presqu'île de Giens
Giens
la Tour-Fondue
RADE D'HYÈRES
ILES
Ile de Porquerolles
Porquerolles
Cap d'Arme
Cap Rousset
Ajaccio, Bastia (Service saisonnier)
A 8-E 80
A 50
A 57
N 97
N 98
238
243
25
31
4
A
B
C

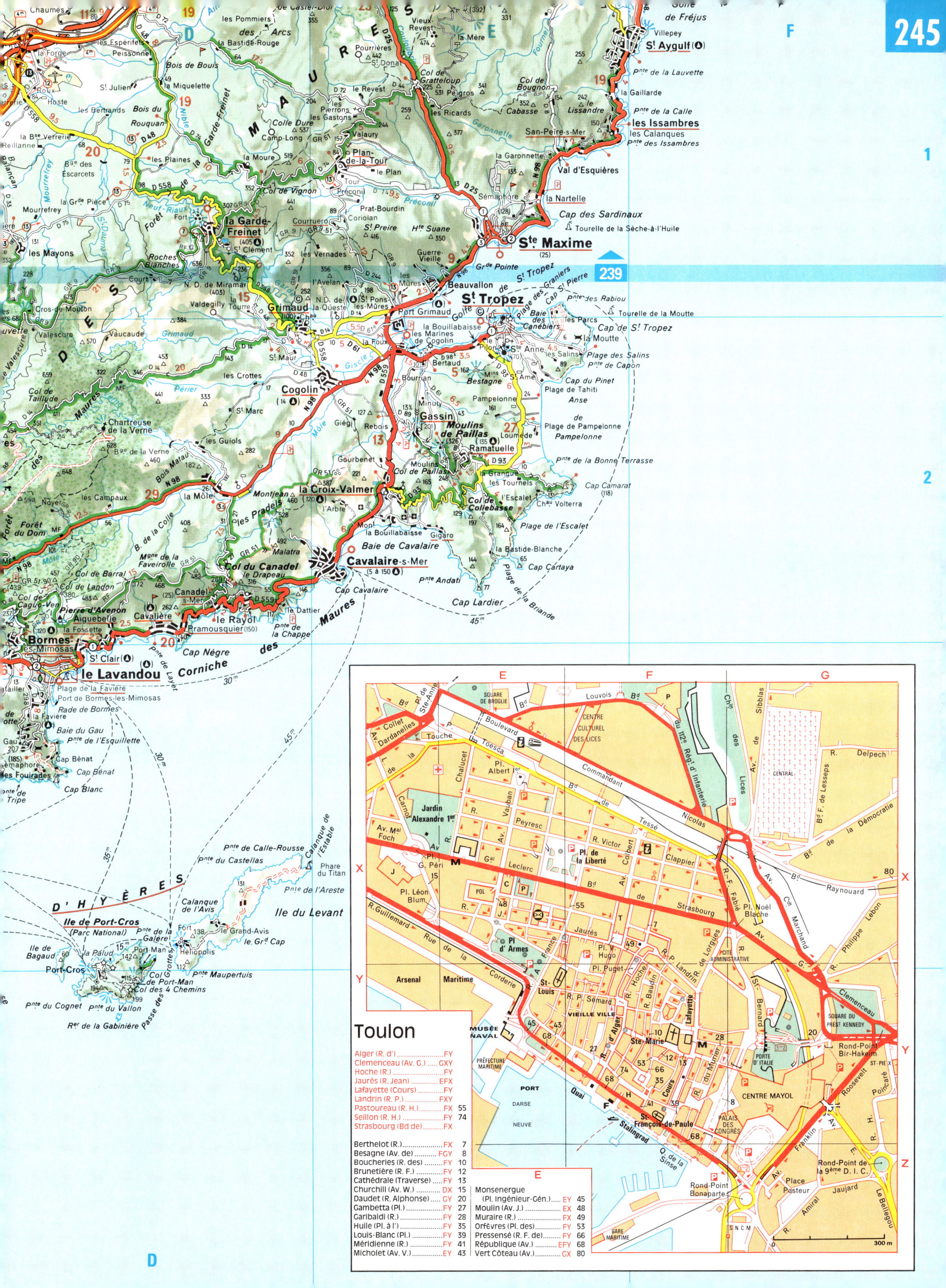

Golfe de Fréjus
Villepey
St Aygulf
Pte de la Lauvette
la Gaillarde
Pte de la Calle
les Issambres
les Calanques
Pte des Issambres
San-Peïre-s-Mer
Val d'Esquières
la Nartelle
Cap des Sardinaux
Tourelle de la Sèche-à-l'Huile
Ste Maxime
Sémaphore
Col de Gratteloup
Col de Bougnon
Vieux-Revest
les Pommiers
les Arcs
la Bastide-Rouge
Pourrières
Peissonnel
la Forge
Roux
Hoste
St Julien
les Bertrands
Bois de Bouis
la Miquelette
Bois du Rouquan
la Bte Verrerie
Reillanne
Bgs des Escarcets
les Plaines
Colle Dure
Camp-Long
la Moure
Plan-de-la-Tour
le Plan
Col de Vignon
Courruero
Coriolan
Prat-Bourdin
St Preire
Hte Suane
Guerre-Vieille
la Garde-Freinet
St Clément
Forêt de la Garde-Freinet
Mourrefrey
la Gde Pièce
les Mayons
Roches Blanches
les Vernades
N. D. de Miremar
Valdegilly
Grimaud
l'Avelan
Beauvallon
Grde Pointe
St Tropez
Golfe de St Tropez
Port Grimaud
la Bouillabaisse
les Marines de Cogolin
Baie des Canebiers
Cap de St Tropez
Pte des Rabiou
Tourelle de la Moutte
les Parcs
la Moutte
Ste Anne
les Salins
Plage des Salins
Pte de Capon
Bertaud
Bestagne
Cap du Pinet
Plage de Tahiti
Pampelonne
Anse de Pampelonne
Plage de Pampelonne
Gassin
Moulins de Paillas
Ramatuelle
Loumède
Pte de la Bonne Terrasse
la Grangue
les Tournels
Cap Camarat
l'Escalet
Chau Volterra
Col de Collebasse
Plage de l'Escalet
la Bastide-Blanche
Cap Cartaya
Plage de la Briande
Cap Lardier
Pte Andati
Cogolin
Vaucaude
Cros-de-Mouton
Valescure
les Crottes
St Maur
St Marc
Col de Taillude
Chartreuse de la Verne
les Guiols
Bde de la Verne
Gourbenet
Col de Paillas
Montjean
la Croix-Valmer
les Pradels
la Môle
les Campaux
Forêt du Dom
Noyers
Mgne de la Faveirolle
Col du Canadel
le Drapeau
Baie de Cavalaire
Cavalaire-s-Mer
Cap Cavalaire
Malatra
Col de Barral
Col de Landon
Col de Caguo-Ven
Pierre d'Avenon
Aiguebelle
Cavalière
Canadel-s-Mer
le Rayol
Pramousquier
la Dattier
Pte de la Chappe
Corniche des Maures
Cap Nègre
Pte de Layet
St Clair
le Lavandou
la Fossette
Bormes-les-Mimosas
Plage de la Favière
Port de Bormes-les-Mimosas
Rade de Bormes
la Favière
Baie du Gau
Pte de l'Esquillette
Cap Bénat
Cap Blanc
les Fourlades
Sémaphore
Pte de Tripe
239
Pte de Calle-Rousse
Pte du Castellas
Calanque de l'Estable
Phare du Titan
Pte de l'Areste
Ile du Levant
Calanque de l'Avis
ÎLES D'HYÈRES
Ile de Port-Cros
(Parc National)
Pte de la Galère
Fort
le Grand-Avis
le Grd Cap
Héliopolis
Ile de Bagaud
la Palud
Port-Man
Port-Cros
Col de Port-Man
Col des 4 Chemins
Pte Maupertuis
Pte du Cognet
Pte du Vallon
Rer de la Gabinière
Passe des Grottes
D
E
F
1
2
Toulon
Square de Broglie
Louvois
Centre Culturel des Lices
Boulevard
Commandant Nicolas
Bd de Tesse
Collet
Av. Dardanelles
Touche
Toesca
Chalucet
Pl. Albert Ier
Jardin Alexandre 1er
Carnot
Av. Mal Foch
Pl. G. Péri
Pl. Léon Blum
Peyresc
Vauban
Leclerc
Pl. de la Liberté
R. Victor
Colbert
Clappier
Bd de Strasbourg
Jaurès
Pl. d'Armes
R. Guillemard
Rue de la Corderie
Arsenal
Maritime
St-Louis
R. P. Sémard
Vieille Ville
Pl. V. Hugo
Pl. Puget
R. Hoche
R. Baudin
R. P. Landrin
R. de Lorgues
Cité Administrative
Lafayette
Ste-Marie
R. d'Alger
du Mûrier
Cours
St-Bernard
Porte d'Italie
Centre Mayol
Palais des Congrès
Musée Naval
Préfecture Maritime
Port
Darse
Neuve
Quai Stalingrad
St-François-de-Paule
Q. de la Sinse
Rond-Point Bonaparte
Gare Maritime
S.N.C.M.
Pl. Noël Blache
Bd F. de Lesseps
Bd de la Démocratie
R. Delpech
Central
Sibblas
Av. de
Ch. des Lices
Raynouard
Cdt Marchand
R.-F. Fabié
Philippe Lebon
Clemenceau
Square du Prest Kennedy
Rond-Point Bir-Hakeim
St-Pie X
Roosevelt
Poincaré
Rond-Point de la 9ème D.I.C.
Franklin
Place Pasteur
Jaujard
Amiral
Le Bellegou
300 m
Alger (R. d') .... FY
Clemenceau (Av. G.) ..... GXY
Hoche (R.) .... FY
Jaurès (R. Jean) .... EFX
Lafayette (Cours) .... FY
Landrin (R. P.) .... FXY
Pastoureau (R. H.) .... FX 55
Seillon (R. H.) .... FY 74
Strasbourg (Bd de) .... FX
Berthelot (R.) .... FX 7
Besagne (Av. de) .... FGY 8
Boucheries (R. des) .... FY 10
Brunetière (R. F.) .... FY 12
Cathédrale (Traverse) ..... FY 13
Churchill (Av. W.) .... DX 15
Daudet (R. Alphonse) ..... GY 20
Gambetta (Pl.) .... FY 27
Garibaldi (R.) .... FY 28
Huile (Pl. à l') .... FY 35
Louis-Blanc (Pl.) .... FY 39
Méridienne (R.) .... FY 41
Micholet (Av. V.) .... EY 43
Monsenergue (Pl. Ingénieur-Gén.) ..... EY 45
Moulin (Av. J.) .... EX 48
Muraire (R.) .... FX 49
Orfèvres (Pl. des) .... FY 53
Pressensé (R. F. de) .... FY 66
République (Av.) .... EFY 68
Vert Côteau (Av.) .... GX 80

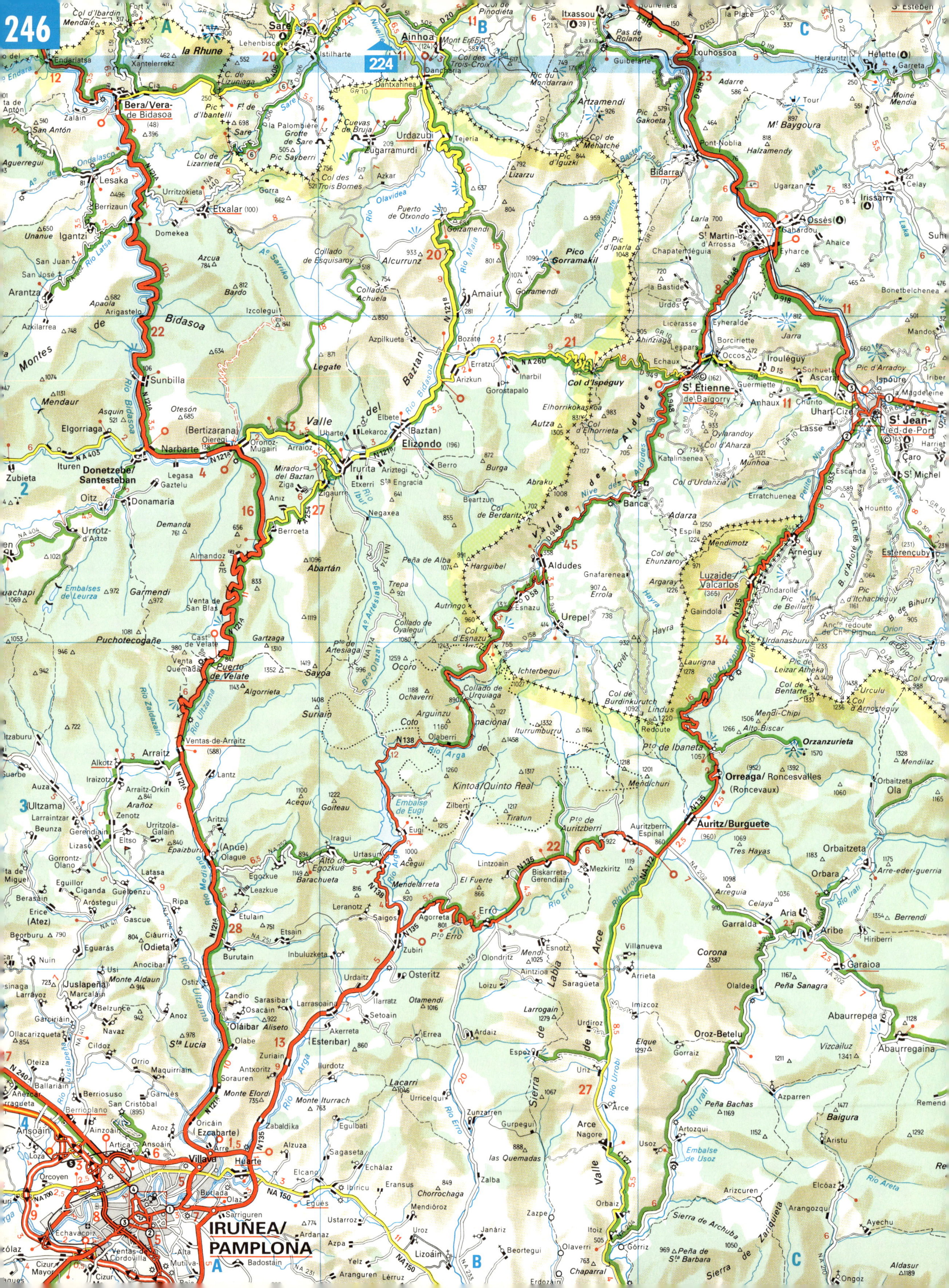
224
Sare
Ainhoa
Itxassou
Louhossoa
la Rhune
Dancharia
Bera/Vera-de Bidasoa
Lesaka
Etxalar
Urdazubi
Zugarramurdi
Col d'Ispéguy
Bidarray
Ossès
St Martin-d'Arrossa
Irissarry
Arantza
Igantzi
Sunbilla
Montes de Bidasoa
Pico Gorramakil
St Étienne-de Baigorry
St Jean-Pied-de-Port
Ispoure
Elizondo
Valle del Baztan
Irurita
Narbarte
Donetzebe/Santesteban
Oronoz-Mugairi
Arizkun
Erratzu
Aldudes
Urepel
Banca
Vallée des Aldudes
Luzaide/Valcarlos
Arnéguy
Puerto de Velate
Orreaga/Roncesvalles (Roncevaux)
Auritz/Burguete
Pto de Ibañeta
Orzanzurieta
Kintoa/Quinto Real
Embalse de Eugi
Eugi
Zubiri
Erro
Pto de Erro
Garralda
Aribe
Garaioa
Orbaizeta
Abaurrepea
Abaurregaina
Valle de Arce
Sierra de Labia
Embalse de Usoz
Ultzama
Olague
Lantz
Arraitz
Oláibar
Sorauren
Villava
Huarte
IRUÑEA/PAMPLONA
Burlada
Ansoáin
Egüés
Elcano
Lizoáin
Sierra de Archuba
Sierra de Zariquieta

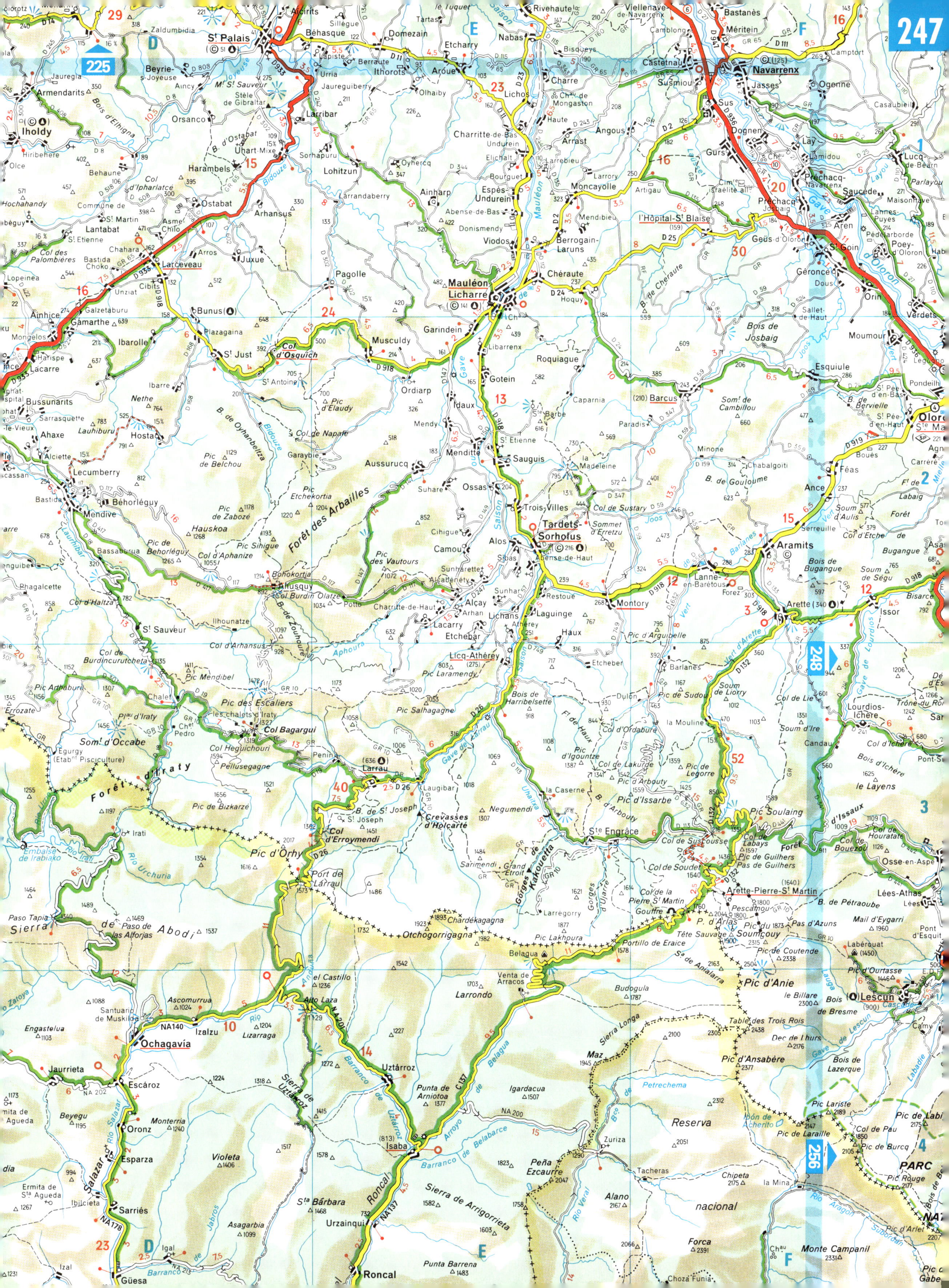
225
248
256
St Palais
Aïcirits
Béhasque
Domezain
Etcharry
Nabas
Rivehaute
Viellenave-de-Navarrenx
Bastanès
Méritein
Navarrenx
Castetnau
Susmiou
Jasses
Ogenne
Camptort
Beyrie-s-Joyeuse
Aïcirits
Uhart-Mixe
Larribar
Armendarits
Iholdy
Orsanco
Harambels
Ostabat
Arhansus
Lohitzun
Ainharp
Espès-Undurein
Moncayolle
Charre
Lichos
Arroue
Ithorots
Olhaïby
Charritte-de-Bas
Undurein
Angous
Arrast
Dognen
Gurs
Lay-Lamidou
Préchacq-Navarrenx
Préchacq-Josbaig
Lucq-de-Béarn
Parlayou
Saucède
Aren
Geüs-d'Oloron
St Goin
Géronce
Orin
Verdets
Moumour
Esquiule
Oloron-Ste-Marie
L'Hôpital-St Blaise
Berrogain-Laruns
Chéraute
Hoquy
Mauléon-Licharre
Viodos
Lantabat
Larceveau
Juxue
Pagolle
Bunus
Ibarrolle
Gamarthe
Ainhice
Lacarre
St Just
Col d'Osquich
Musculdy
Garindein
Libarrenx
Gotein
Roquiague
Barcus
Bois de Josbaig
Ordiarp
Idaux
Mendy
Menditte
Sauguis
St Etienne
Aussurucq
Ossas
Suhare
Trois-Villes
Tardets-Sorholus
Alos
Sibas
Abense-de-Haut
Montory
Lanne-en-Barétous
Aramits
Arette
Ance
Féas
Issor
Bussunarits
Ahaxe
Hosta
Lecumberry
Mendive
Béhorléguy
Forêt des Arbailles
Pic de Belchou
Pic de Zabozé
Hauskoa
Pic Sinigue
Ahusquy
Col Burdin Olatze
Camou
Cihigue
Pic des Vautours
Alçay
Lichans
Laguinge
Haux
Lacarry
Etchebar
Licq-Athérey
Pic Laramendy
St Sauveur
Col d'Arhansus
Pic Mendibel
Pic des Escaliers
Col Bagargui
Larrau
Pic Salhagagne
Bois de Harribelsette
Col d'Ordaburé
Pic d'Igountze
Col de Lakurde
Pic d'Arbouty
Pic d'Issarbe
Pic Soulaing
La Caserne
Ste Engrâce
Col de Suscousse
Col de Soudet
Arette-Pierre-St Martin
Col de la Pierre St Martin
Col de Labays
Pic de Guilhers
Pas de Guilhers
Forêt d'Issaux
Osse-en-Aspe
Lées-Athas
Lourdios-Ichère
Le Layens
Barlanès
Pic de Sudou
Soum de Liorry
La Mouline
Forêt d'Iraty
Som! d'Occabe
Pic d'Orhy
Col d'Erroymendi
Port de Larrau
Crevasses d'Holcarté
Gorges de Kakouetta
Gorges d'Ujarre
Chardékagagna
Otchogorrigagna
Pic Lakhoura
Portillo de Eraice
Belagua
Pic d'Anie
Pic d'Arlas
Soumcouy
Pic de Coutende
Lescun
Table des Trois Rois
Pic d'Ansabère
Pic Lariste
Pic de Laraille
Col de Pau
Pic de Burcq
Pic Rouge
Pic d'Arlet
PARC
Embalse de Irabia
Rio Irati
Rio Urchuria
Sierra de Abodi
Paso de las Alforjas
Paso Tapia
Ochagavia
Izalzu
Escároz
Jaurrieta
Oronz
Esparza
Sarriés
Güesa
Igal
Uztárroz
Isaba
Urzainqui
Roncal
Sierra de Uztárroz
Alto Laza
El Castillo
Larrondo
Venta de Arracos
Punta de Arniotoa
Igardacua
Peña Ezcaurre
Sierra de Arrigorrieta
Punta Barrena
Zuriza
Tacheras
Reserva nacional
Chipeta
La Mina
Alano
Forca
Monte Campanil
Choza Funia
Sierra Longa
Maz
Petrechema
Rio Aragón Subordán
Rio Salazar
Santuario de Muskilda
Ascomurrua
Lizarraga
Violeta
Asgarbia
Sta Bárbara
Monterria
Beyegu
Ermita de Sta Agueda
Ibilcieta
Izal
Navarrenx
NA 140
NA 137
NA 178
C 137
NA 200
NA 202
D 918
D 933
D 936
D 919
D 132
D 26
D 24
D 25
D 11
D 2

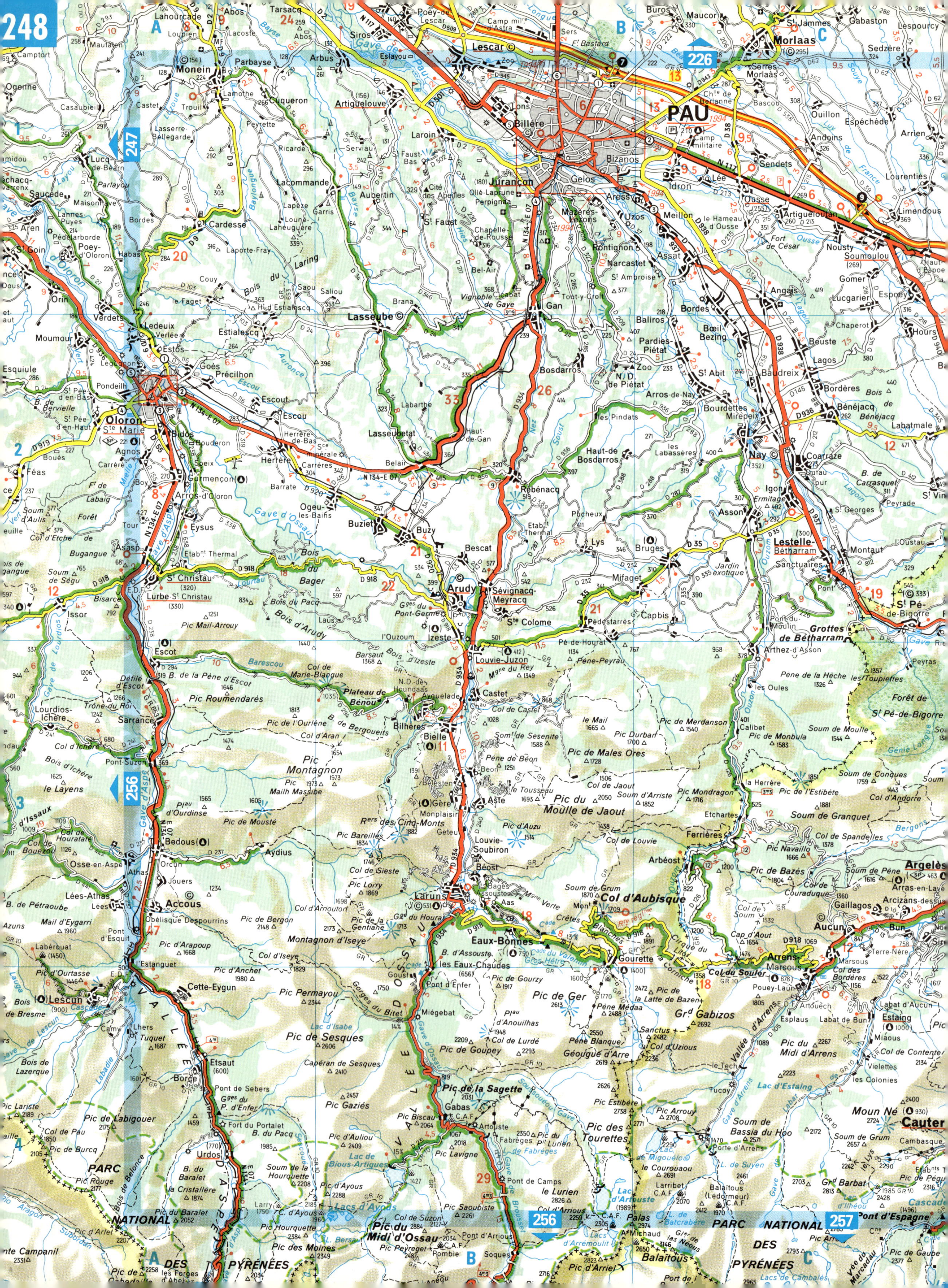
247
226
256
257
A
B
C
PAU
Lescar
Billère
Jurançon
Gelos
Bizanos
Morlaas
Serres-Morlaàs
Lons
Monein
Parbayse
Cuqueron
Lahourcade
Abos
Tarsacq
Arbus
Siros
Artiguelouve
Laroin
Aubertin
St Faust
Lacommande
Cardesse
Lucq-de-Béarn
Saucède
Aren
St Goin
Poey-d'Oloron
Orin
Verdets
Moumour
Esquiule
Ledeuix
Estos
Goès
Précilhon
Estialescq
Lasseube
Lasseubetat
Oloron Ste Marie
Bidos
Agnos
Féas
Gurmençon
Arros-d'Oloron
Eysus
Asasp
Lurbe St Christau
St Christau
Escout
Escou
Herrère
Ogeu-les-Bains
Buziet
Buzy
Arudy
Bescat
Sévignacq-Meyracq
Ste Colome
Izeste
Louvie-Juzon
Rébénacq
Gan
Haut-de-Gan
Belair
Mazères-Lezons
Uzos
Rontignon
Narcastet
Assat
Meillon
Idron
Aressy
Sendets
Ousse
Artigueloutan
Nousty
Soumoulou
Angaïs
Bordes
Boeil-Bezing
Baliros
Pardies-Piétat
Bosdarros
Arros-de-Nay
Bourdettes
Mirepeix
Nay
Coarraze
Bénéjacq
Bordères
Beuste
Lagos
Baudreix
Igon
Asson
Lestelle-Bétharram
Montaut
St Pé-de-Bigorre
Grottes de Bétharram
Arthez-d'Asson
Haut-de-Bosdarros
Lys
Bruges
Mifaget
Capbis
Pédestarrès
Castet
Bielle
Bilhères
Aste
Béon
Gère
Louvie-Soubiron
Béost
Laruns
Eaux-Bonnes
Gourette
Col d'Aubisque
Pic du Midi d'Ossau
Pic de Ger
Pic de la Sagette
Pic Gabizos
Pic de Sesques
Pic Permayou
Pic Montagnon
Pic Roumendarès
Plateau de Bénou
Col de Marie-Blanque
Escot
Sarrance
Bedous
Accous
Osse-en-Aspe
Lées-Athas
Lescun
Etsaut
Borce
Urdos
Cette-Eygun
Lourdios-Ichère
Issor
Arette
Aydius
Gabas
Artouste
Aucun
Arrens-Marsous
Arcizans-dessus
Argelès
Col du Soulor
Ferrières
Arbéost
Aas
Pic des Tourettes
Balaïtous
Pic Palas
Lac d'Artouste
Pic d'Arriel
Pont d'Espagne
Cauterets
PARC NATIONAL DES PYRÉNÉES
VALLÉE D'ASPE
VALLÉE D'OSSAU
Forêt de St Pé-de-Bigorre
Gave de Pau
Gave d'Oloron
Gave d'Ossau
Gave d'Aspe
Col du Pourtalet
Pic d'Anie
Pic des Moines
Sanctuaires
Col de Lurdé
Lac de Bious-Artigues
Pont de Camps
Miégebat
Sévignacq

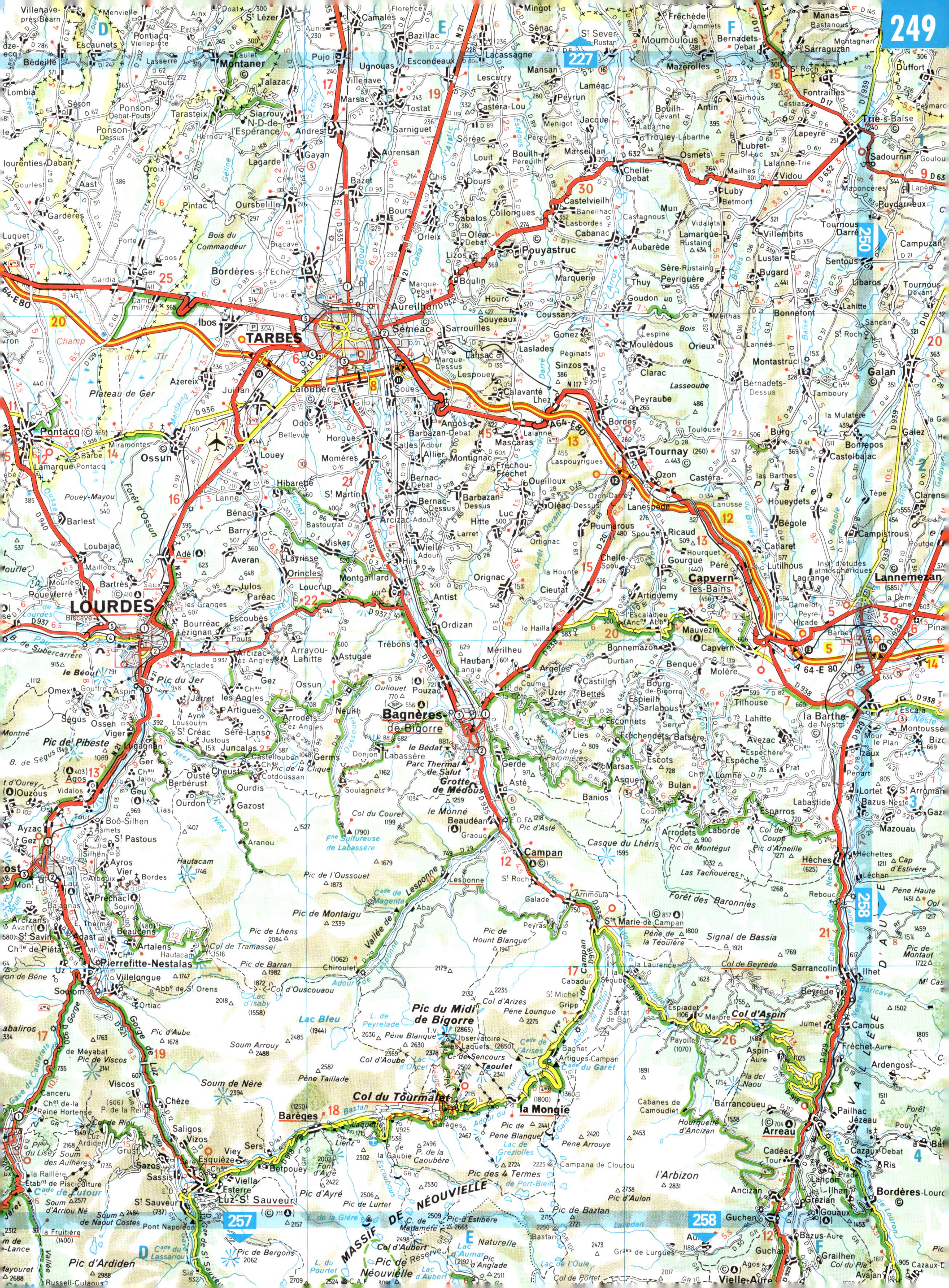

227
250
258
257
Tarbes
Lourdes
Bagnères de-Bigorre
Lannemezan
Capvern les-Bains
Tournay
Pouyastruc
Rabastens
Trie-s-Baïse
Montaner
Pontacq
Ossun
Argelès-Gazost
Pierrefitte-Nestalas
Luz-St-Sauveur
Barèges
Campan
La Mongie
Arreau
Vielle-Aure
Guchen
Galan
Castelnau
Séméac
Aureilhan
Juillan
Laloubère
Soues
Ibos
Azereix
Odos
Horgues
Momères
Bénac
Barry
Averan
Julos
Loucrup
Montgaillard
Ordizan
Trébons
Pouzac
Gerde
Asté
Beaudéan
Marsas
Asque
Bulan
Esparros
Labastide
Lortet
Mazouaux
Héches
Sarrancolin
Ilhet
Beyrède
Camous
Fréchet-Aure
Ardengost
Jézeau
Cadéac
Ancizan
Grézian
Bordères-Louron
Pic du Midi de Bigorre
Col du Tourmalet
Col d'Aspin
Lac Bleu
Pic de Montaigu
Pic de Lhens
Pic de Barran
Vallée de Lesponne
Forêt des Baronnies
Casque du Lhéris
Pic de Montégut
Signal de Bassia
Col de Beyrède
Massif de Néouvielle
Pic d'Ardiden
Soum de Nère
Pène Taillade
Pic de Viscos
Pic de Pibeste
Pic du Jer
Hautacam
Agos
Ouzous
Ayzac
Gez
Vier
Bordes
Préchac
Beaucens
Artalens
Villelongue
Soulom
Viscos
Saligos
Vizos
Esquièze
Sers
Viey
Betpouey
Sazos
Sassis
Esterre
Viella
Chèze
Lannemezan
Tilhouse
Lahitte
Avezac
Espèche
Lomné
Banios
Escots
Batsère
Fréchendets
Esconnets
Uzer
Bettes
Castillon
Mauvezin
Bonnemazon
Benqué
Molère
Laborde
Arrodets
Chelle-Spou
Artiguemy
Ricaud
Gourgue
Hourquet
Lagrange
Bégole
Houeydets
Clarens
Campistrous
Castelbajac
Bonrepos
Galez
Burg
Sentous
Libaros
Lustar
Bugard
Villembits
Tournous-Darré
Sadournin
Lapeyre
Vidou
Luby-Betmont
Osmets
Castelvieilh
Cabanac
Aubarède
Lamarque-Rustaing
Sère-Rustaing
Peyriguère
Thuy
Goudon
Mouledous
Orieux
Clarac
Lasseube
Peyraube
Sinzos
Calavanté
Laslades
Souyeaux
Sarrouilles
Hourc
Coussan
Gonez
Péginats
Lansac
Lespouey
Mascaras
Laspouyrigues
Oueilloux
Oléac-Dessus
Poumarous
Lanespède
Ozon
Castéra
Barbazan-Debat
Salles Adour
Allier
Montignac
Bernac-Debat
Bernac-Dessus
Barbazan-Dessus
Luc
Hitte
Arcizac-Adour
Vielle-Adour
Hiis
Antist
Orignac
Cieutat
Mérilheu
Hauban
Argelès
Esparros
Lançon
Ilhan
Gouaux
Bazus-Aure
Grailhen
Cazaux-Debat
Pailhac
Barrancoueu
Aspin-Aure
Payolle
Espiadet
Ste Marie-de-Campan
Artigues-Campan
Gripp
Le Monné
Col du Couret
Chiroulet
Lesponne
St Pastous
Boô-Silhen
Ossen
Ségus
Viger
Lugagnan
Ger
Berbérust
Ourdon
Ourdis
Gazost
Aranou
Ossun
Neuilh
Germs
Arrodets-ez-Angles
Les Angles
Artigues
Juncalas
St Créac
Jarret
Omex
Arcizac-ez-Angles
Arrayou-Lahitte
Astugue
Escoubès-Pouts
Bourréac
Lézignan
Paréac
Orincles
Layrisse
Visker
Hibarette
Louey
Lanne
Bastourrat
St Martin
Adé
Loubajac
Barlest
Bartrès
Poueyferré
Lamarque-Pontacq
Barbe
Plateau de Ger
Bordères-s-l'Echez
Oursbelille
Bazet
Andrest
Siarrouy
Talazac
Tarasteix
Pintac
Oroix
Aast
Gayan
Lagarde
Sarniguet
Vic-en-Bigorre
Tostat
Marsac
Villenave
Pujo
Ugnouas
Escondeaux
Lacassagne
Bazillac
Caixon
Camalès
St Lézer
Sénac
Mingot
Mansan
St Sever-Rustan
Moumoulous
Fréchède
Bernadets-Debat
Manas-Bastanous
Sarraguzan
Montagnan
Duffort
Fontrailles
Peyrun
Lameac
Lescurry
Castéra-Lou
Soréac
Louit
Dours
Chis
Aurensan
Bours
Orleix
Sabalos
Collongues
Oléac-Debat
Lizos
Boulin
Marquerie
Laméac
Jacque
Marseillan
Bouilh-Péreuilh
Chelle-Debat
Mun
Vidalats
Antin
Gimous
Lubret-St-Luc
Lalanne-Trie
Mailhes
Montastruc
Bernadets-Dessus
Bonnefont
Galan
Libaros
Tournous-Devant
Puydarrieux
Campuzan
Lapène
Sadournin

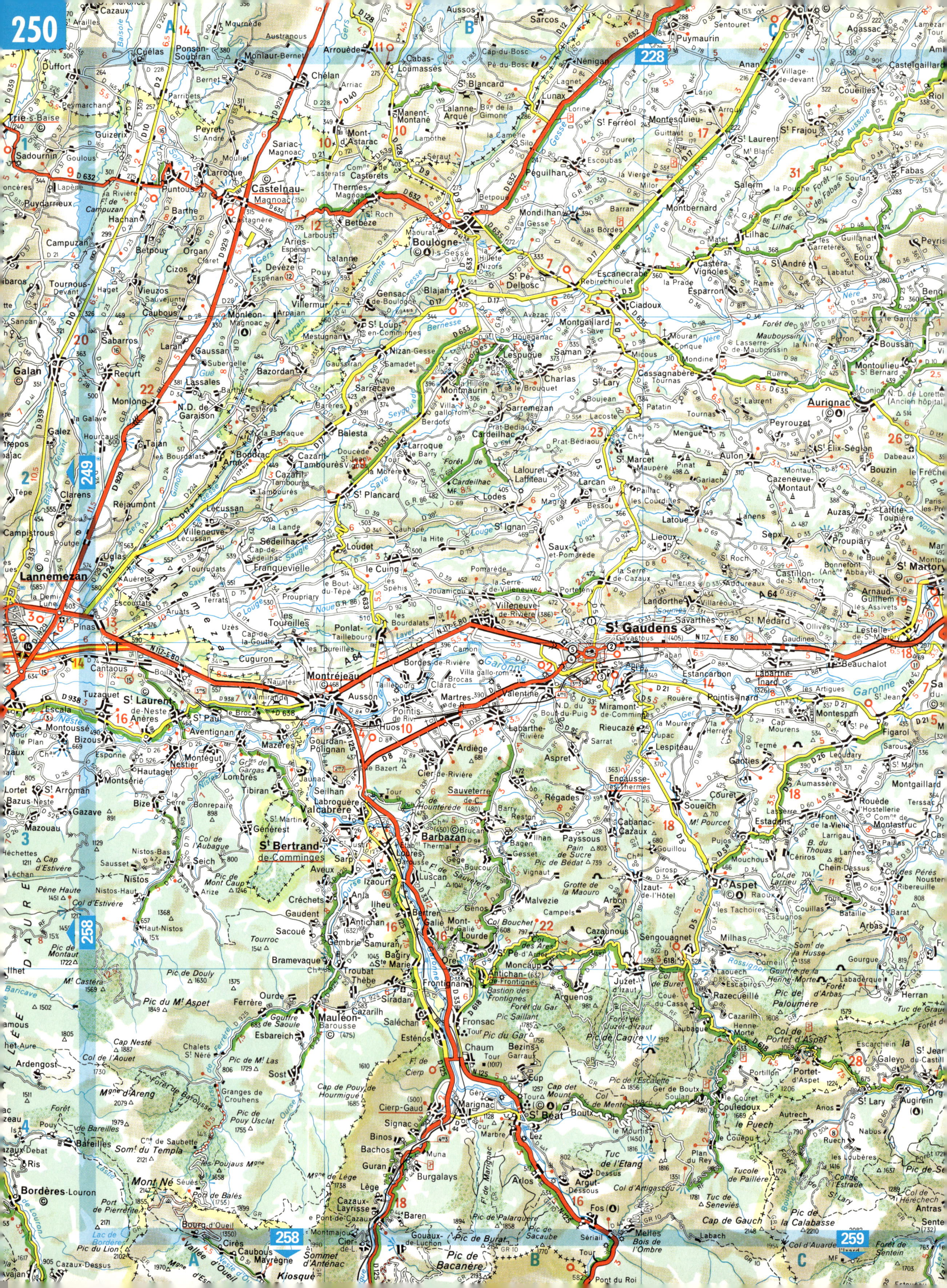
228
249
258
259
Castelnau-Magnoac
Boulogne
Trie-s-Baïse
Galan
Lannemezan
Montréjeau
St Gaudens
Aurignac
St Martory
St Laurent-de-Neste
Valcabrère
St Bertrand-de-Comminges
Barbazan
Aspet
Mauléon-Barousse
Cierp-Gaud
Marignac
St Béat
Bordères-Louron
Mont Né
Pic de Bacanère
Sommet d'Antenac
Pic de Cagire
Col de Portet-d'Aspet
Villeneuve-de-Rivière
Miramont-de-Comminges
Encausse-les-Thermes
Lilhac
Anan
Puymaurin
Sarcos
Péguilhan
Mondilhan
Ciadoux
Cassagnabère-Tournas
Saman
Lespugue
Montmaurin
Nizan-Gesse
Sarrecave
Blajan
Fronsac
Chaum
Bagiry
Antichan
Sengouagnet
Arbas
Herran
Estadens
Soueich
Labarthe-Inard
Beauchalot
Estancarbon
Landorthe
Larcan
Lodes
St Plancard
Cuguron
Pinas
Cantaous
Tuzaguet
Mazères
Gourdan-Polignan
Labroquère
Sarp
Bordes-de-Rivière
Valentine
Ardiège
Labarthe-Rivière
Pointis-Inard
Rieucazé
Cap de Pouy de Hourmigué
Pic du Gar
Col de Menté
Burgalays
Fos
Melles
Bourg d'Oueil
Mayrègne
Kiosqué
Pont du Roi

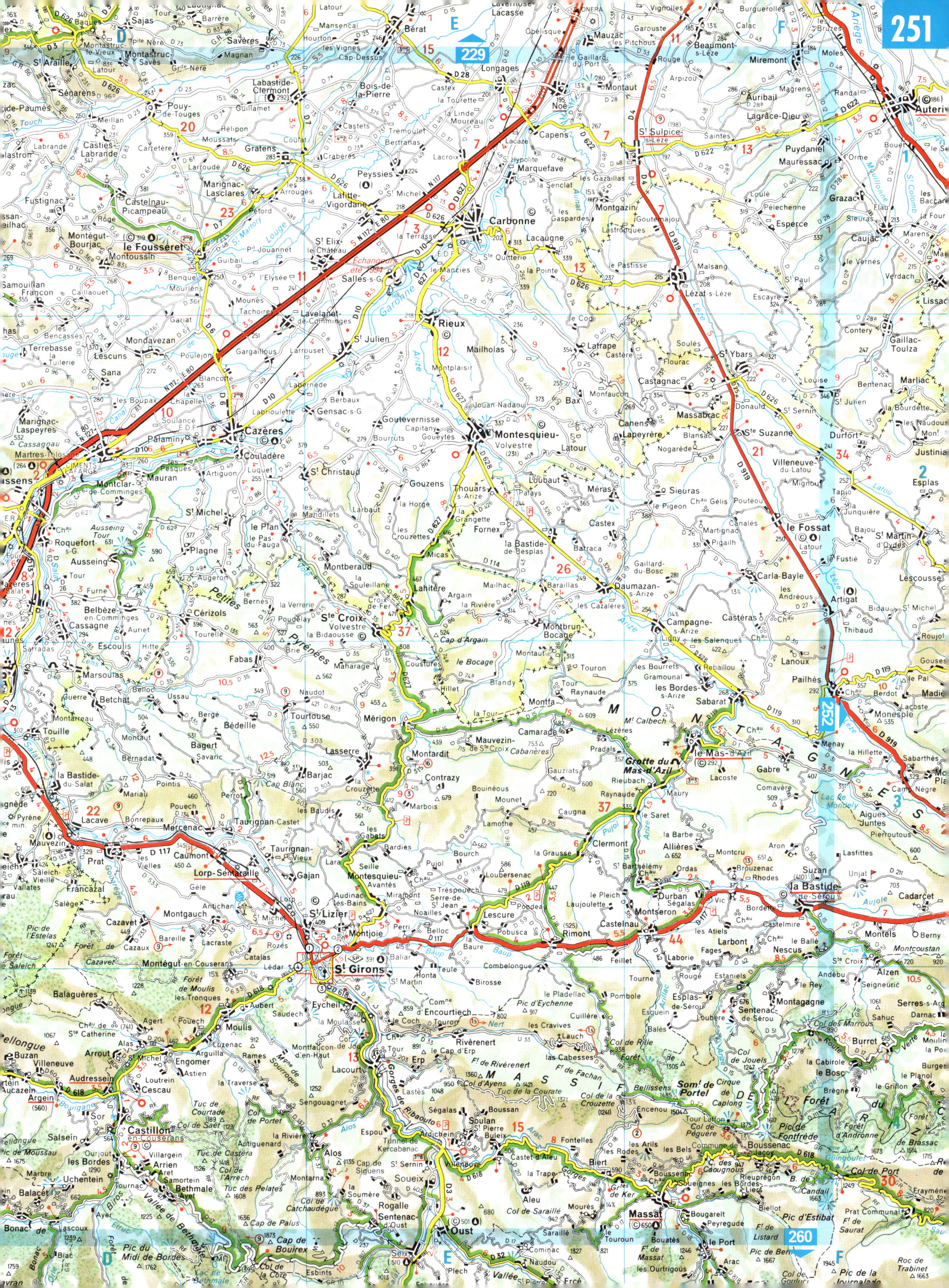
229
252
260
Carbonne
Rieux
Montesquieu-Volvestre
Cazères
le Fousseret
Lézat-s-Lèze
le Fossat
St Girons
St Lizier
le Mas-d'Azil
Grotte du Mas-d'Azil
la Bastide-de-Sérou
Massat
Castillon-en-Couserans
Oust
Noé
Longages
Bérat
Rimont
Sabarat
Daumazan-s-Arize
Ste Croix-Volvestre
Martres-Tolosane
Salies-du-Salat
Prat
Montjoie
Lorp-Sentaraille
Aulus
Seix
Massif
Montagnes
Pic de Fontfrède
Col de Port
Pic de l'Estelas
Pic du Midi de Bordes
Vallée de Bethmale
Garonne
Arize
Lèze
Volp
Salat
Arac
Ariège

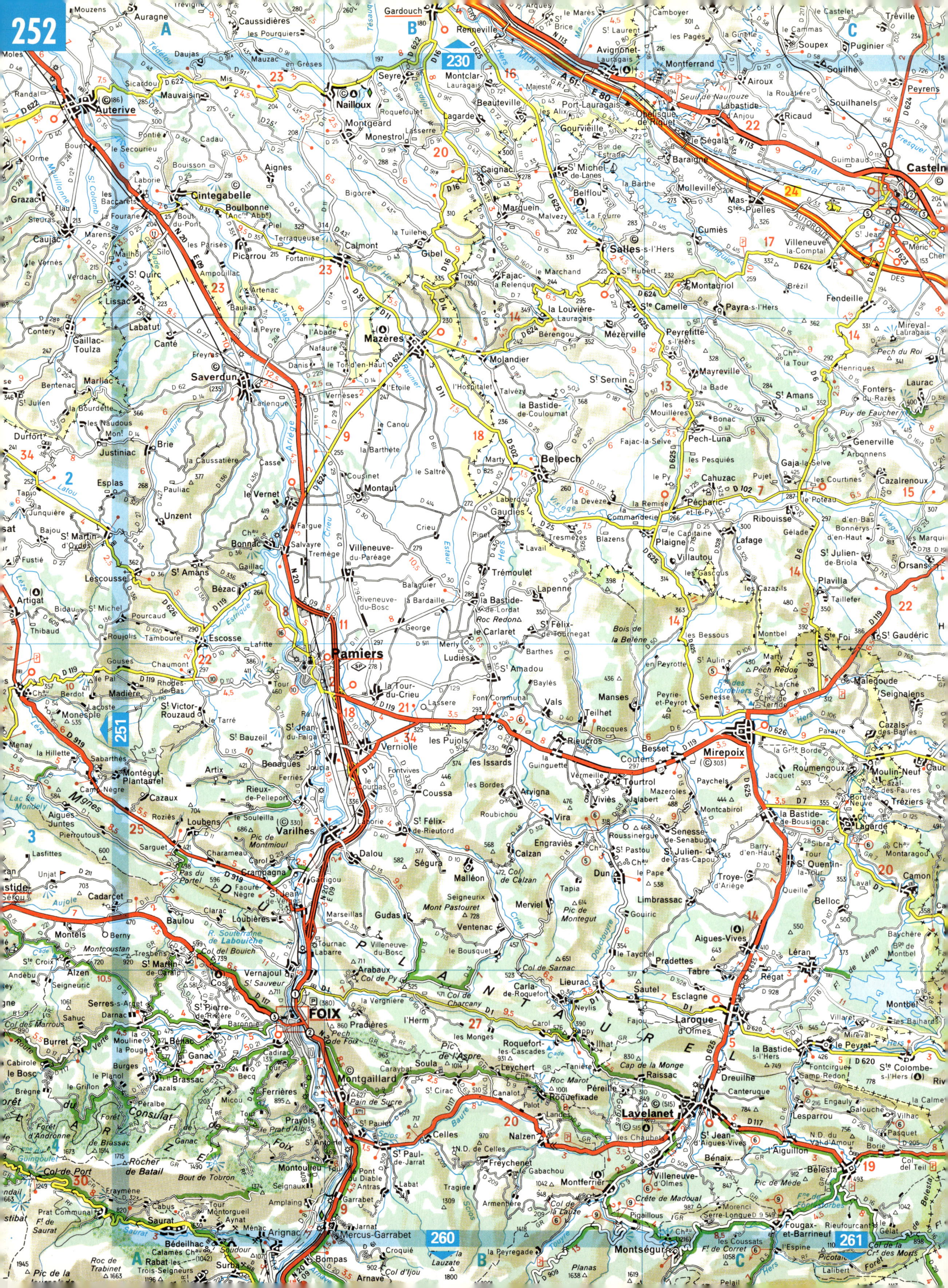
Auterive
Cintegabelle
Nailloux
Montgeard
Calmont
Mazères
Saverdun
Belpech
Pamiers
Mirepoix
Varilhes
Foix
Lavelanet
Montgaillard
Tarascon
Castelnaudary
Salles-s-l'Hers
Villefranche-de-Lauragais
Avignonet-Lauragais
Montferrand
Gardouch
Bélesta
Montségur
Laroque-d'Olmes
Aigues-Vives
Léran
Chalabre
Fougax-et-Barrineuf
Verniolle
Tour-du-Crieu
Lézat
Le Fossat
Gaudiès
Fanjeaux
Pech-Luna
Cahuzac
Pécharic-et-le-Py
Ribouisse
Plavilla
Camon
Lagarde
Dalou
Ségura
Crampagna
Loubens
Vernajoul
Pradières
Roquefixade
Villeneuve-d'Olmes
Montferrier
Mercus-Garrabet
Arignac
Saurat
Col de Port
Massif de l'Arize
Plantaurel
Canal du Midi
Ariège
Hers
Douctouyre
Touyre
Lac de Montbel
Col de Py
Col de Marrous
Col de Sarnac
Col del Bouich
Pic de Montcalmès
Pic de Montégut
Pic de Madoual
Crête de Madoual
Forêt de Bélesta
Autoroute A61
E 80
E 09
N 20
N 113
D 119
D 625
D 117
D 6
D 626
D 11
D 624
A
B
C
1
2
3
230
251
260
261

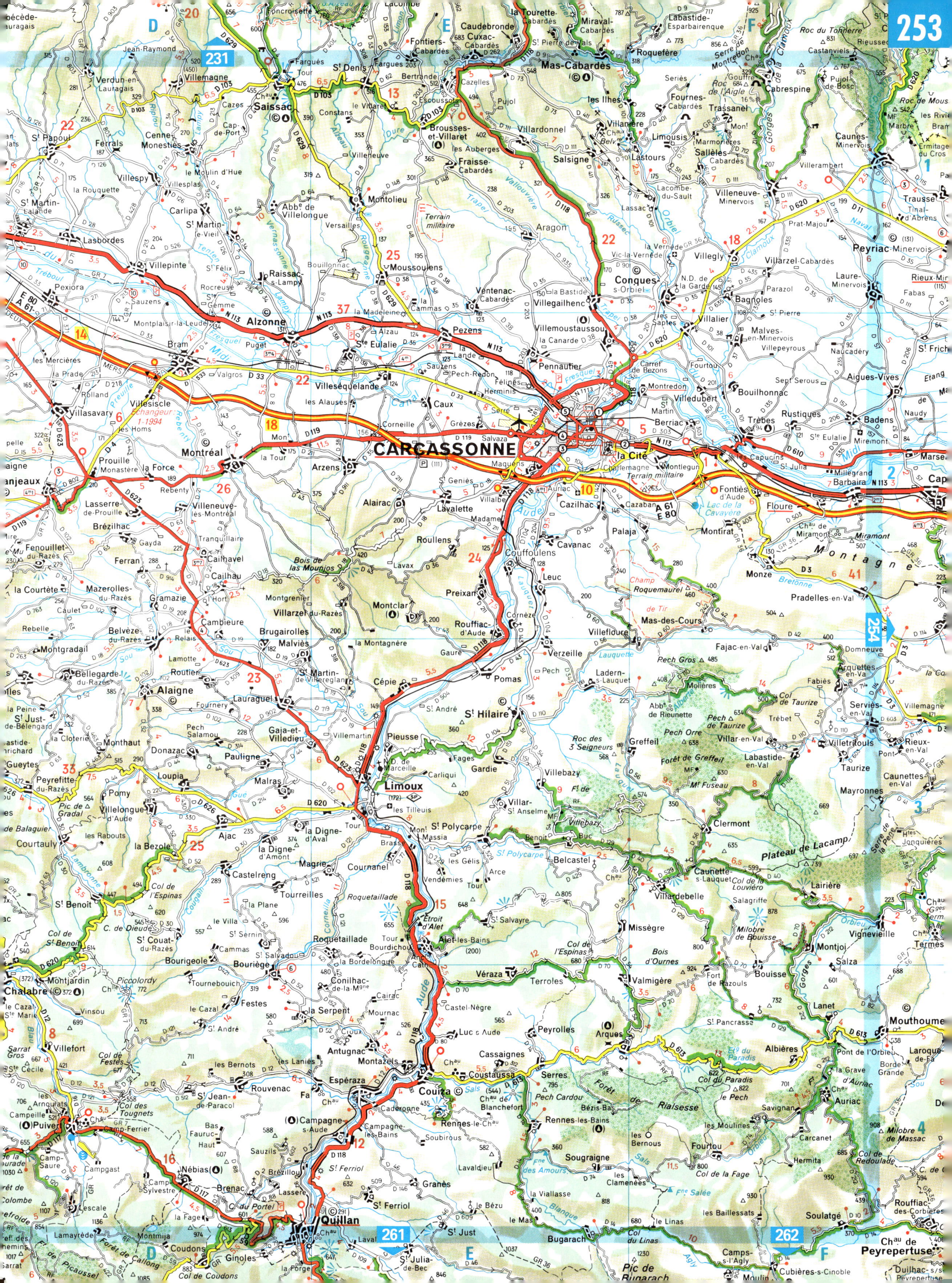
CARCASSONNE
la Cité
Limoux
Quillan
Couiza
Alzonne
Saissac
Montolieu
Conques-s-Orbiel
Trèbes
Montréal
Villasavary
Bram
Pezens
Pennautier
Villegailhenc
Villemoustaussou
Mas-Cabardès
Peyriac-Minervois
Rieux-Minervois
Capendu
Floure
Cazilhac
Palaja
Couffoulens
Preixan
Rouffiac-d'Aude
Verzeille
Pomas
Cépie
Pieusse
St Hilaire
Alaigne
Malviès
Brugairolles
Roullens
Alairac
Lavalette
Arzens
Alet-les-Bains
Espéraza
Campagne-s-Aude
Puivert
Chalabre
Rennes-les-Bains
Arques
Bugarach
St Polycarpe
Clermont
Plateau de Lacamp
Montagne d'Alaric
Forêt de Rialsesse
Terrain militaire
Ch^au de Peyrepertuse
Miramont
Lagrasse
Mouthoumet
Albières
Villardebelle
Missègre
Valmigère
Terroles
Peyrolles
Serres
Sougraigne
Fourtou
Greffeil
Ladern-s-Lauquet
Villefloure
Mas-des-Cours
Fajac-en-Val
Pradelles-en-Val
Monze
Montirat
Fontiès-d'Aude
Lac de la Cavayère
Berriac
Villedubert
Bouilhonnac
Badens
Rustiques
Aigues-Vives
Marseillette
Villalier
Bagnoles
Villegly
Villarzel-Cabardès
Laure-Minervois
Villeneuve-Minervois
Salsigne
Villardonnel
Aragon
Fraisse-Cabardès
Brousses-et-Villaret
Villespy
Villepinte
Lasbordes
St Papoul
Villemagne
Verdun-en-Lauragais
Caux
Grèzes
Villesèquelande
Ste Eulalie
Moussoulens
Ventenac-Cabardès
Roc des 3 Seigneurs
Fa
Rouvenac
Antugnac
Montazels
Nébias
Brenac
Ginoles
231
254
261
262
D
E
F

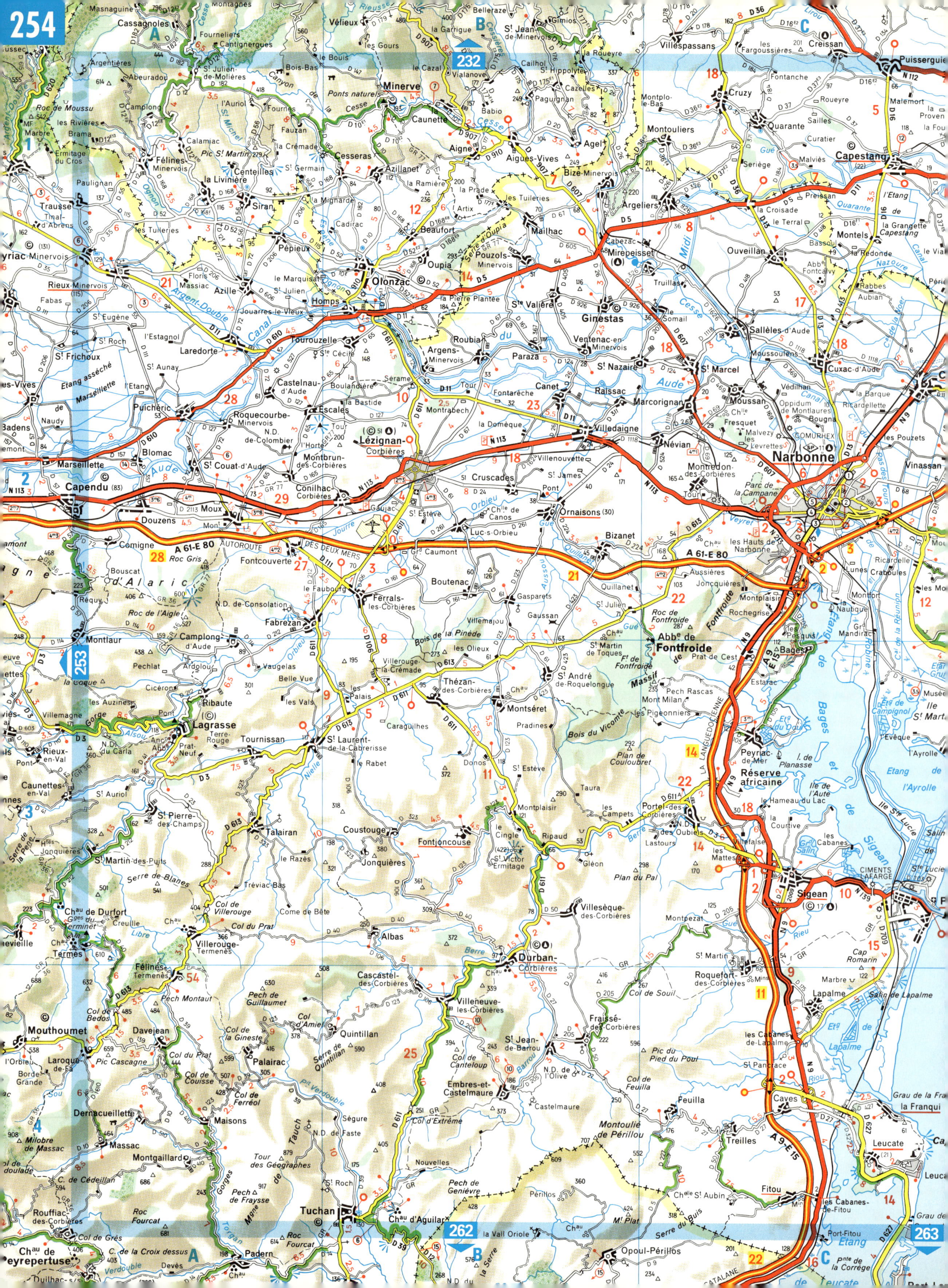
232
253
262
263
A
B
C
Cassagnoles
Vélieux
Villespassans
Creissan
Puisserguier
Minerve
Caunettes
Aigne
Aigues-Vives
Agel
Cruzy
Quarante
Capestang
Félines-Minervois
Cesseras
Azillanet
Bize-Minervois
Argeliers
Trausse
Siran
Beaufort
Mailhac
Pouzols-Minervois
Oupia
Pépieux
Olonzac
Mirepeisset
Ouveillan
Montels
Rieux-Minervois
Azille
Homps
Ginestas
Sallèles-d'Aude
Cuxac-d'Aude
Tourouzelle
Laredorte
Argens-Minervois
Paraza
Roubia
Ventenac-en-Minervois
St Nazaire
St Marcel
Puichéric
Castelnau-d'Aude
Escales
Canet
Raissac
Marcorignan
Moussan
Roquecourbe-Minervois
Lézignan-Corbières
Villedaigne
Névian
Narbonne
Vinassan
Marseillette
Capendu
Blomac
St Couat-d'Aude
Montbrun-des-Corbières
Conilhac-Corbières
Cruscades
Douzens
Moux
Ornaisons
Bizanet
Comigne
A 61-E 80
Fontcouverte
Boutenac
Ferrals-les-Corbières
Montlaur
Fabrezan
Abbe de Fontfroide
Bages
Camplong-d'Aude
Thézan-des-Corbières
St André de-Roquelongue
Lagrasse
Tournissan
Montséret
St Laurent-de-la-Cabrerisse
Peyriac-de-Mer
Réserve africaine
Portel-des-Corbières
Talairan
Coustouge
Fontjoncouse
Jonquières
Sigean
St Pierre-des-Champs
St Martin-des-Puits
Villerouge-Termenès
Albas
Durban-Corbières
Villesèque-des-Corbières
Roquefort-des-Corbières
Félines-Termenès
Cascastel-des-Corbières
Villeneuve-les-Corbières
Lapalme
Mouthoumet
Davejean
Quintillan
St Jean-de-Barrou
Fraissé-des-Corbières
Palairac
Embres-et-Castelmaure
Caves
Dernacueillette
Maisons
Massac
Montgaillard
Treilles
Leucate
Fitou
Tuchan
Rouffiac-des-Corbières
Padern
Opoul-Périllos
Etang de Bages et de Sigean
Etang de Lapalme

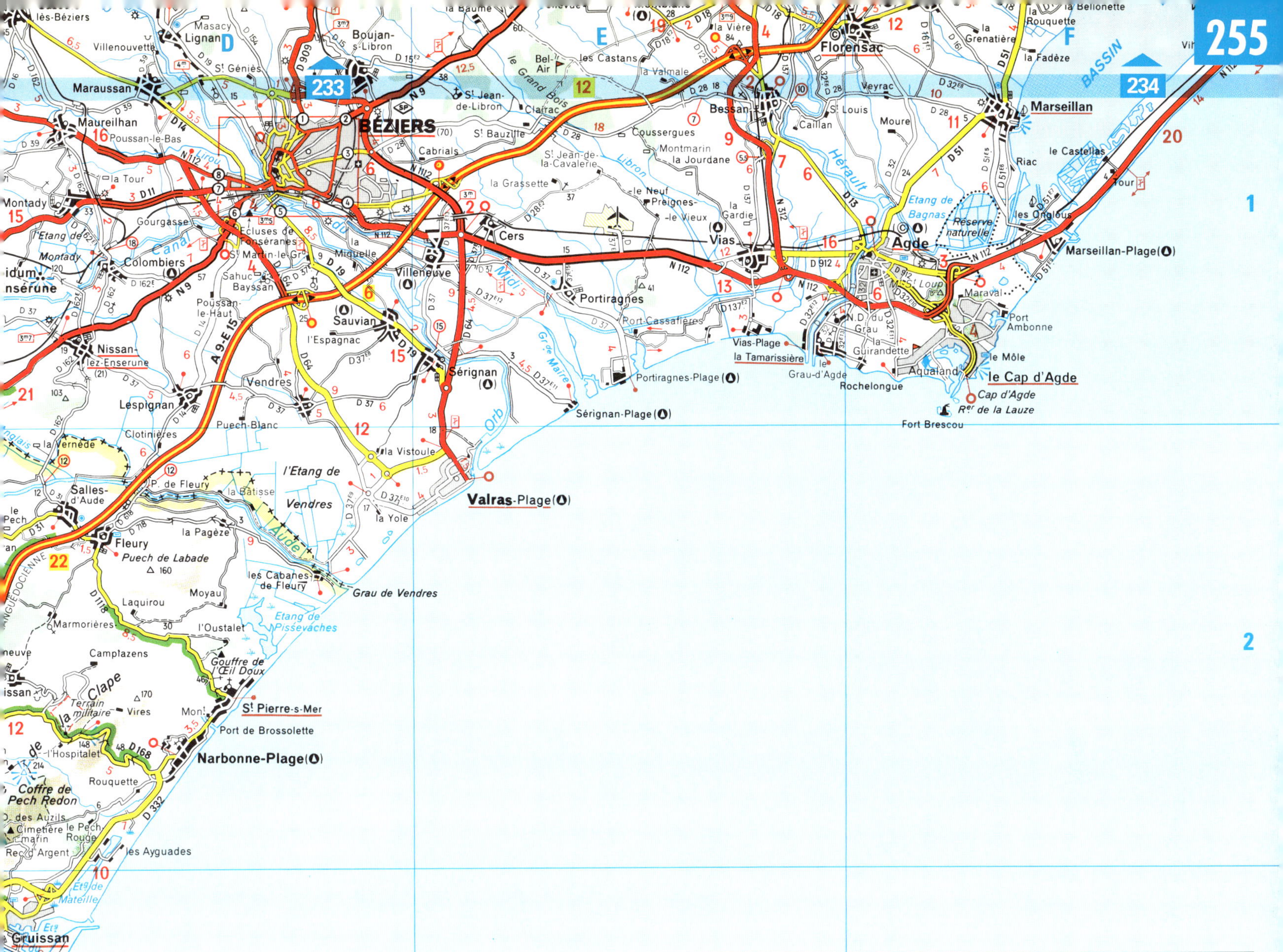

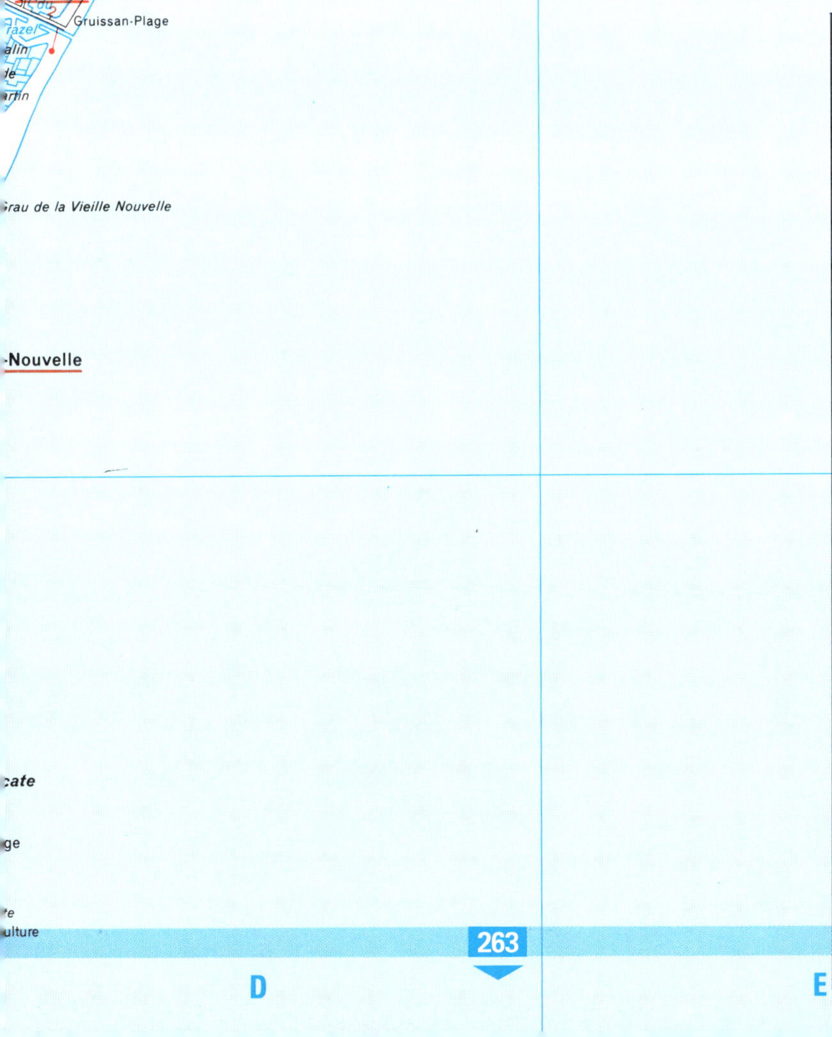

Béziers

Florens (R.)	BY	23
Péri (Pl. G.)	BYZ	49
République (R. de la)	BY	55
Riquet (R. P.)	BY	58
Abreuvoir (R. de l')	BZ	2
Albert Ier (Av.)	CY	3
Canterelle (R.)	BZ	6
Capus (R. du)	BZ	7
Citadelle (R. de la)	BZ	9
Drs-Bourguet (R. des)	BZ	13
Dr-Vernhes (R. du)	BZ	16
Estienne d'Orves (Av.)	BZ	22
Garibaldi (Pl.)	CZ	26
Joffre (Av. Mar.)	CZ	32
Massol (R.)	BZ	43
Moulins (Rampe des)	BY	44
Orb (R. de l')	BZ	47
Puits-des-Arènes (R.)	BZ	54
Révolution (Pl. de la)	BZ	57
St-Jacques (R.)	BZ	60
Strasbourg (Bd de)	CY	64
Tourventouse (Bd)	BZ	65
Victoire (Pl. de la)	BCY	68
Viennet (R.)	BZ	69
4-Septembre (R. du)	BY	72
11-Novembre (Pl. du)	CY	74

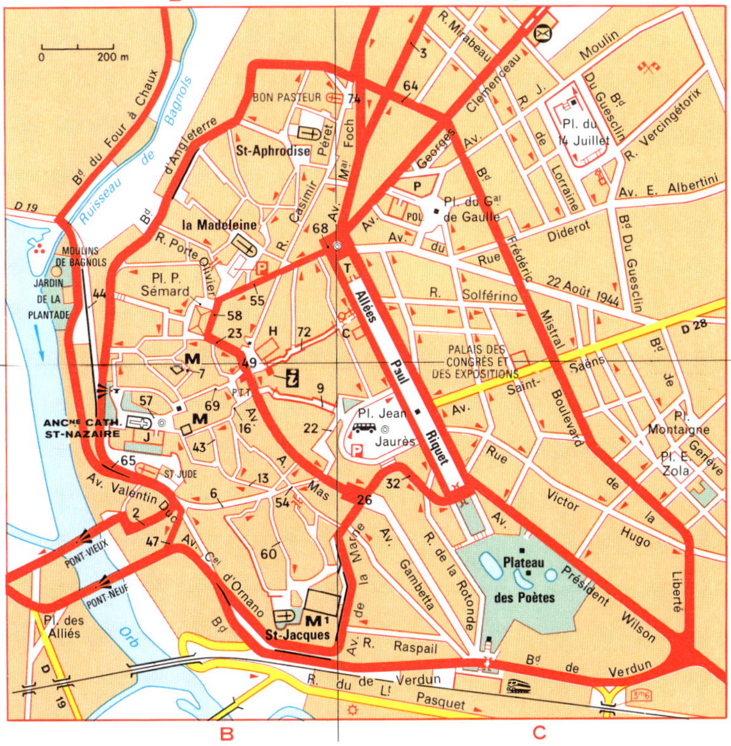

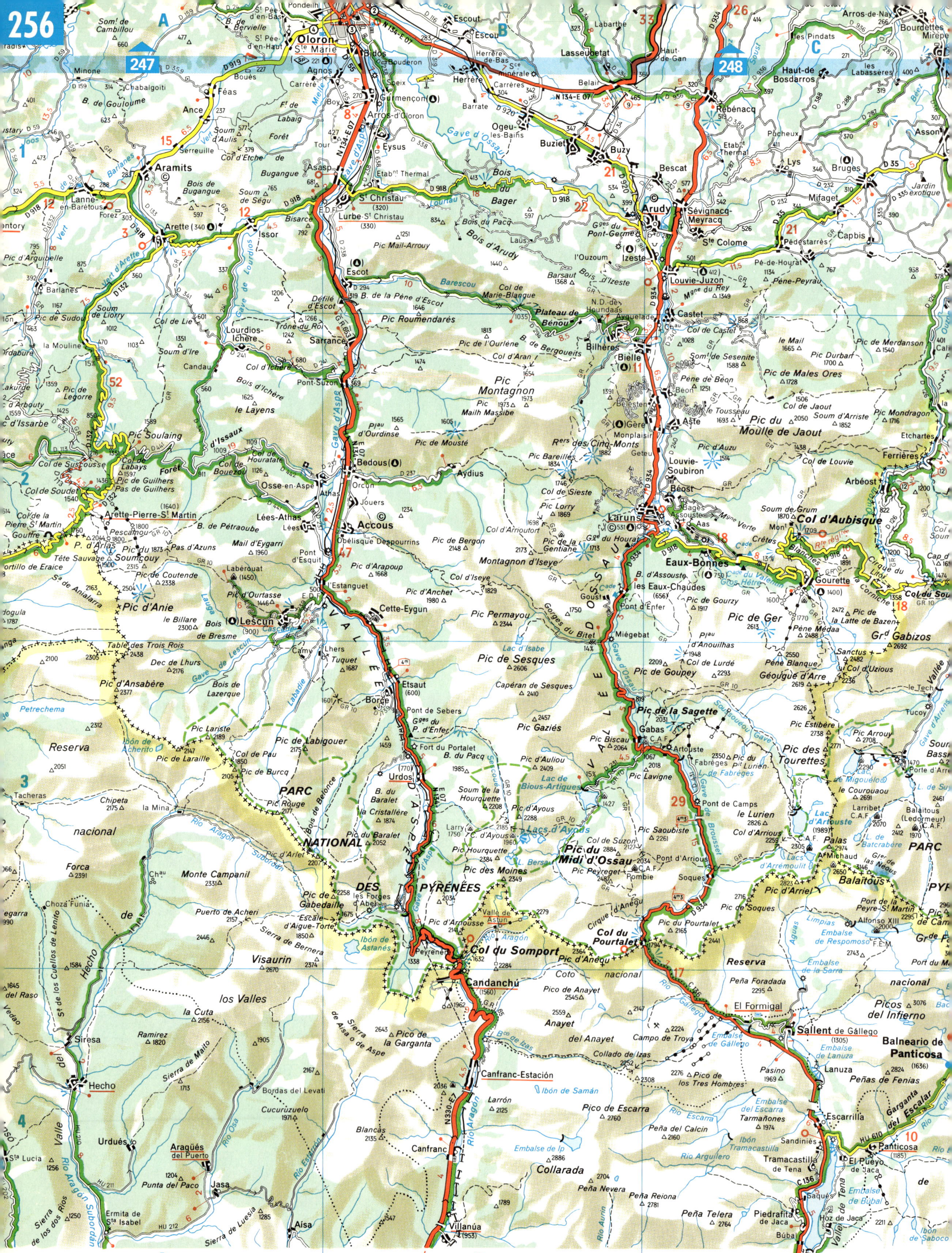
247
248
Oloron-Ste Marie
Bidos
Escout
Escou
Lasseubetat
Herrère
Agnos
Gurmençon
Arros-d'Oloron
Ogeu-les-Bains
Buziet
Buzy
Rébénacq
Haut-de Bosdarros
Bourdettes
Féas
Ance
Aramits
Lanne-en-Barétous
Arette
Issor
Asasp
Eysus
St Christau
Lurbe-St Christau
Bois du Bager
Arudy
Sévignacq-Meyracq
Ste Colome
Bruges
Mifaget
Capbis
Izeste
Louvie-Juzon
Castet
Escot
Pic Roumendarès
Col de Marie-Blanque
Plateau de Bénou
Bilhères
Bielle
Lourdios-Ichère
Sarrance
Pont-Suzon
Pic Montagnon
Bedous
Aydius
Pic du Moulle de Jaout
Pic Soulaing
Forêt d'Issaux
Osse-en-Aspe
Accous
Lées-Athas
Arette-Pierre-St Martin
Col de Soudet
Col d'Aubisque
Laruns
Eaux-Bonnes
Les Eaux-Chaudes
Gourette
Béost
Louvie-Soubiron
Aste
Pic de Ger
Pic d'Anie
Lescun
Cette-Eygun
Etsaut
Borce
Vallée d'Aspe
Vallée d'Ossau
Pic de Sesques
Pic de la Sagette
Gabas
Pic des Tourettes
Grd Gabizos
Balaïtous
Urdos
Parc National des Pyrénées
Pic du Midi d'Ossau
Lac de Bious-Artigues
Lacs d'Ayous
Pic d'Ariel
Col du Somport
Col du Pourtalet
Candanchú
Reserva nacional
Pic d'Ansabère
Table des Trois Rois
Reserva
nacional
Hecho
Siresa
Los Valles
Visaurín
Canfranc-Estación
Canfranc
Villanúa
Aísa
Jasa
Aragüés del Puerto
Urdués
Collarada
Peña Telera
Anayet
El Formigal
Sallent de Gállego
Balneario de Panticosa
Picos del Infierno
Lanuza
Escarrilla
Panticosa
El Pueyo de Jaca
Tramacastilla de Tena
Sandiniés
Piedrafita de Jaca
Búbal
Valle de Tena
Embalse de Lanuza
Embalse de Búbal
Río Aragón
Río Gállego
Huesca
N134-E07
N330-E7
D 918
D 934
C 136
PARC

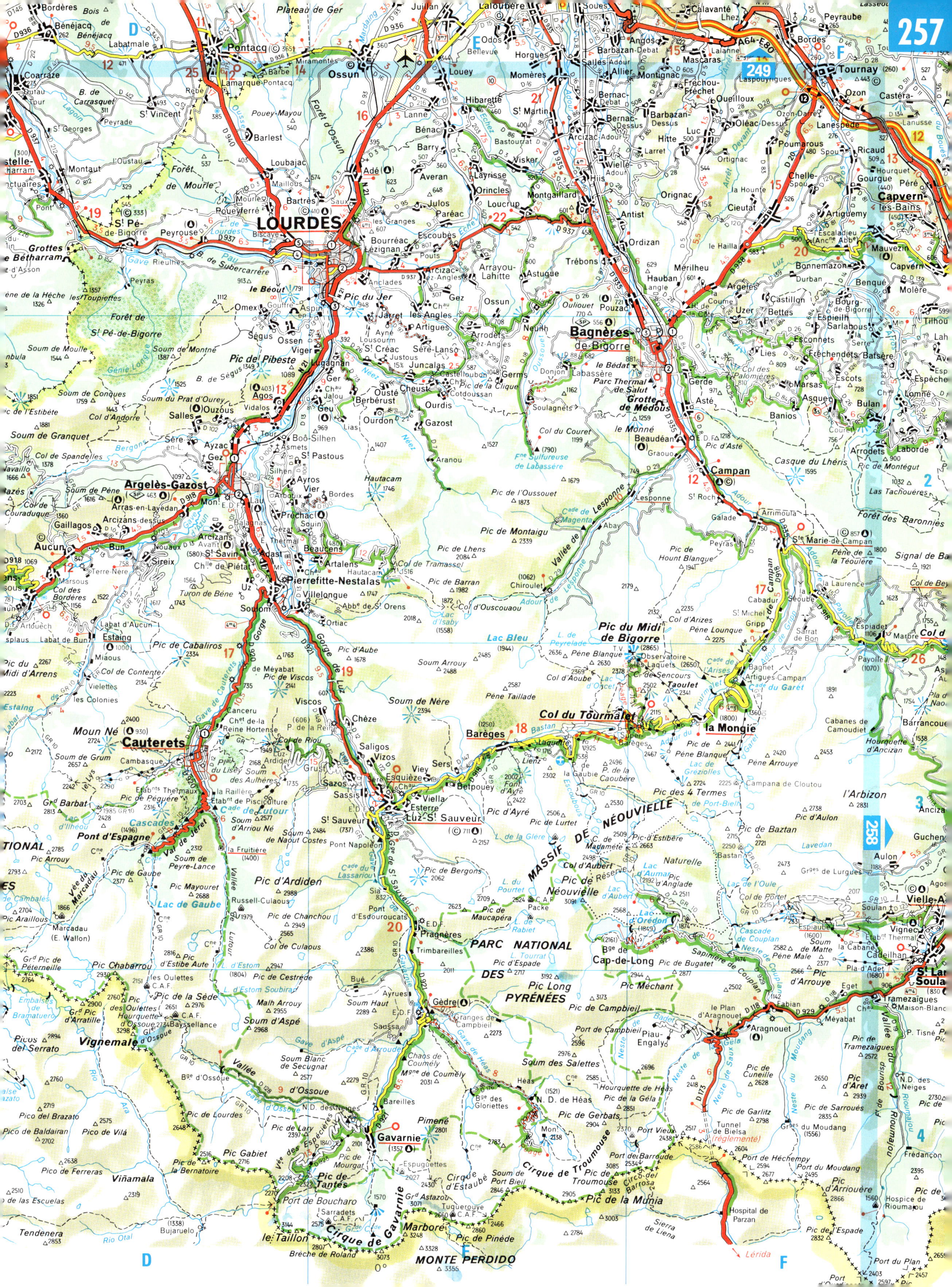
LOURDES
Pontacq
Ossun
Bagnères-de-Bigorre
Argelès-Gazost
Cauterets
Pierrefitte-Nestalas
Luz-St Sauveur
Barèges
Col du Tourmalet
La Mongie
Pic du Midi de Bigorre
Campan
Capvern
Tournay
Gavarnie
Cirque de Gavarnie
Vignemale
Pont d'Espagne
Lac de Gaube
MASSIF DE NÉOUVIELLE
PARC NATIONAL DES PYRÉNÉES
Pic Long
Cap-de-Long
Aragnouet
St Lary Soulan
Vielle-Aure
Pic du Jer
Pic de Pibeste
Hautacam
Lac Bleu
Pic de Cabaliros
Pic d'Ardiden
Gorge de Luz
Vallée de Lesponne
Grotte de Médous
St Pé-de-Bigorre
Forêt de St Pé-de-Bigorre
Vallée d'Ossoue
Pic de la Munia
Cirque de Troumouse
Marboré
MONTE PERDIDO
Brèche de Roland
le Taillon
Pic de Tentes
Port de Boucharo
Hospital de Parzan
Tunnel de Bielsa
Lérida
Gèdre
Héas
Pic de Campbieil
Pic de Bugatet
Cirque d'Estaubé
Vallée de Lutour
Pic d'Aret
Pic de Néouvielle
Lac d'Orédon
A64-E80
249
258
D
E
F

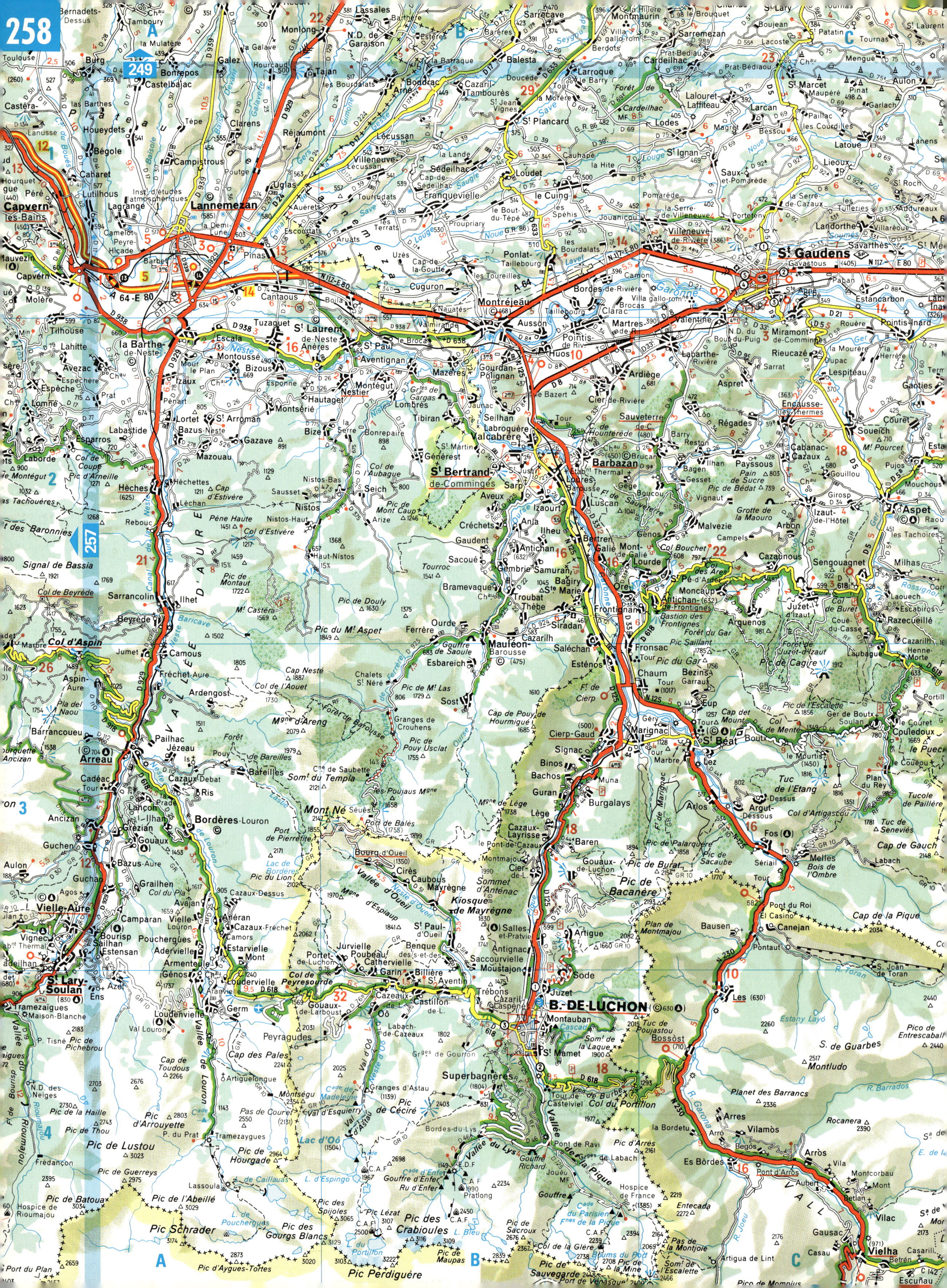

249
257
Lannemezan
Capvern
St Gaudens
Montréjeau
St Laurent de-Neste
La Barthe-de-Neste
St Bertrand-de-Comminges
Barbazan
Aspet
Arreau
Vielle-Aure
St Lary-Soulan
B.-DE-LUCHON
Bossòst
Vielha
Les
St Béat
Marignac
Mauléon-Barousse
Col d'Aspin
Col de Peyresourde
Col du Portillon
Col de Menté
Superbagnères
Bordères-Louron
Loudenvielle
Pic de Lustou
Pic Schrader
Pic Perdiguère
Pic des Crabioules
Pic de Sauvegarde
Pic du Gar
Pic de Cagire
Pic de Bacanère
Montlude
Val d'Aran
A
B
C

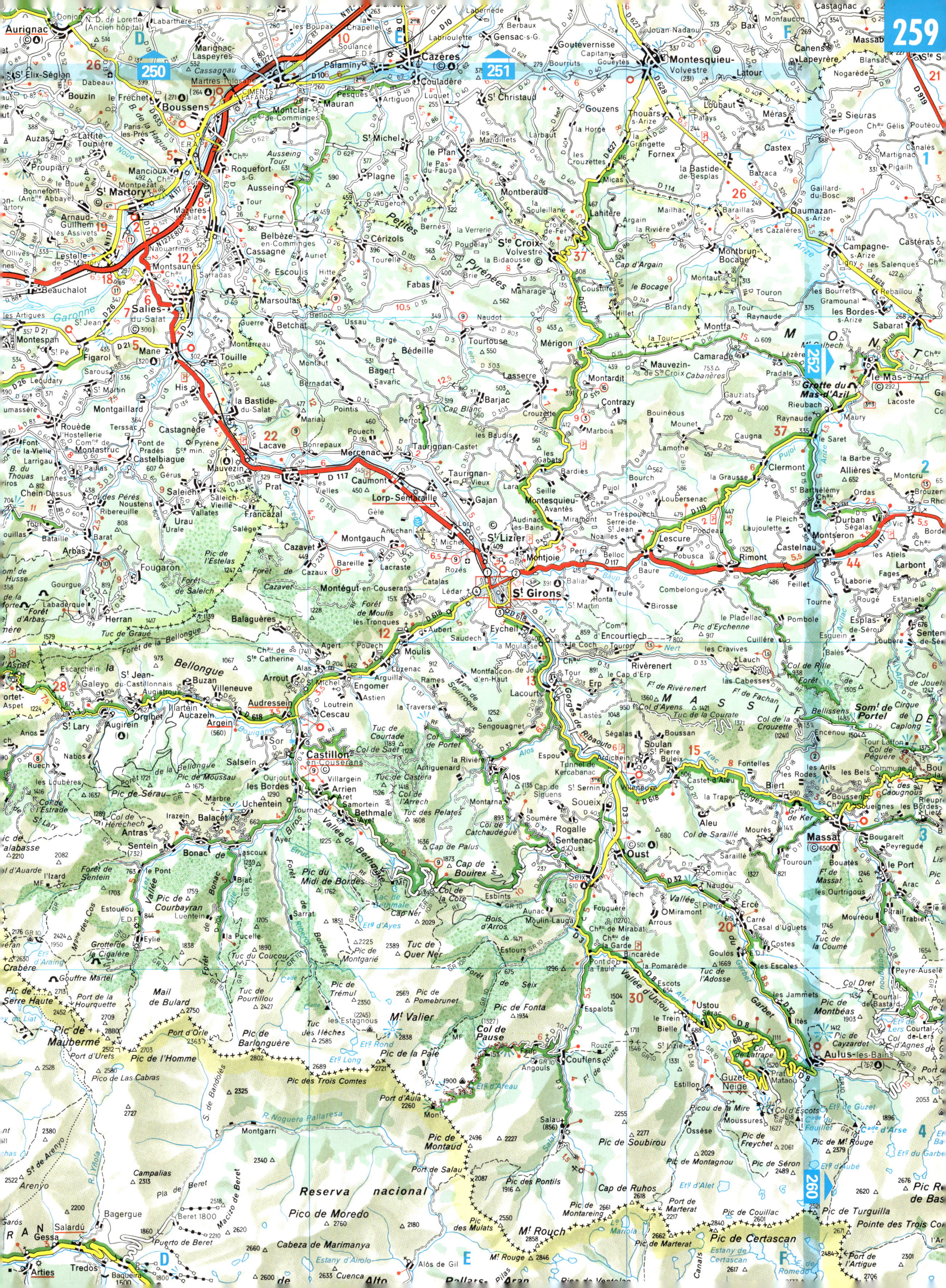
Aurignac
Cazères
Montesquieu-Volvestre
Latour
Massabrac
250
251
252
260
St Elix-Séglan
Boussens
Martres-Tolosane
Mauran
Montclar-de-Comminges
St Michel
le Plan
St Christaud
Gouzens
Thouars-s-Arize
la Bastide-de-Besplas
Sieuras
Castex
Daumazan-s-Arize
Campagne-s-Arize
Mancioux
St Martory
Arnaud-Guilhem
Roquefort-s-Garonne
Ausseing
Plagne
Montberaud
Lahitère
Montbrun-Bocage
Sabarat
Salies-du-Salat
Montsaunès
Belbèze-en-Comminges
Cassagne
Cérizols
Ste Croix-Volvestre
Pyrénées
Petites
Montespan
Figarol
Mane
Touille
Betchat
Bédeille
Tourtouse
Mérigon
Montfa
Mauvezin-de-Ste Croix
Camarade
Le Mas-d'Azil
Grotte du Mas-d'Azil
la Bastide-du-Salat
Barjac
Contrazy
Castagnède
Lacave
Mercenac
Taurignan-Castet
Clermont
Allières
Castelbiague
Saleich
Mauvezin
Prat
Caumont
Lorp-Sentaraille
Gajan
Montesquieu-Avantès
Lescure
Rimont
Castelnau-Durban
Montseron
Larbont
Francazal
Cazavet
Montgauch
St Lizier
Montjoie
Fougaron
Forêt de Saleich
St Girons
Montégut-en-Couserans
Balaguères
Moulis
Eycheil
Encourtiech
Rivèrenert
Massif de l'Arize
Bellongue
Arrout
Audressein
Augirein
Orgibet
Engomer
Castillon-en-Couserans
Sentein
Bonac
Bethmale
Biros
Vallée de Bethmale
Alos
Soueix
Oust
Seix
Massat
Aleu
Ercé
Pic de Sérau
Pic du Midi de Bordes
Cap de Bouirex
Tuc de Quer Ner
Pic de Fonta
Mt Valier
Col de Pause
Couflens
Ustou
Vallée d'Ustou
Aulus-les-Bains
Guzet-Neige
Pic de Mauberme
Pic de l'Homme
Pic des Trois Comtes
Pic de Montaud
Pic de Soubirou
Pic de Montbéas
Pic de Certascan
Mt Rouch
Reserva nacional
Pico de Moredo
Salardú
Arties
Tredos
Gessa
Bagergue
Campalias
Arenyo
Port de Salau
Salau
Pic de Turguilla
Pointe des Trois Comtes
Port de l'Artigue

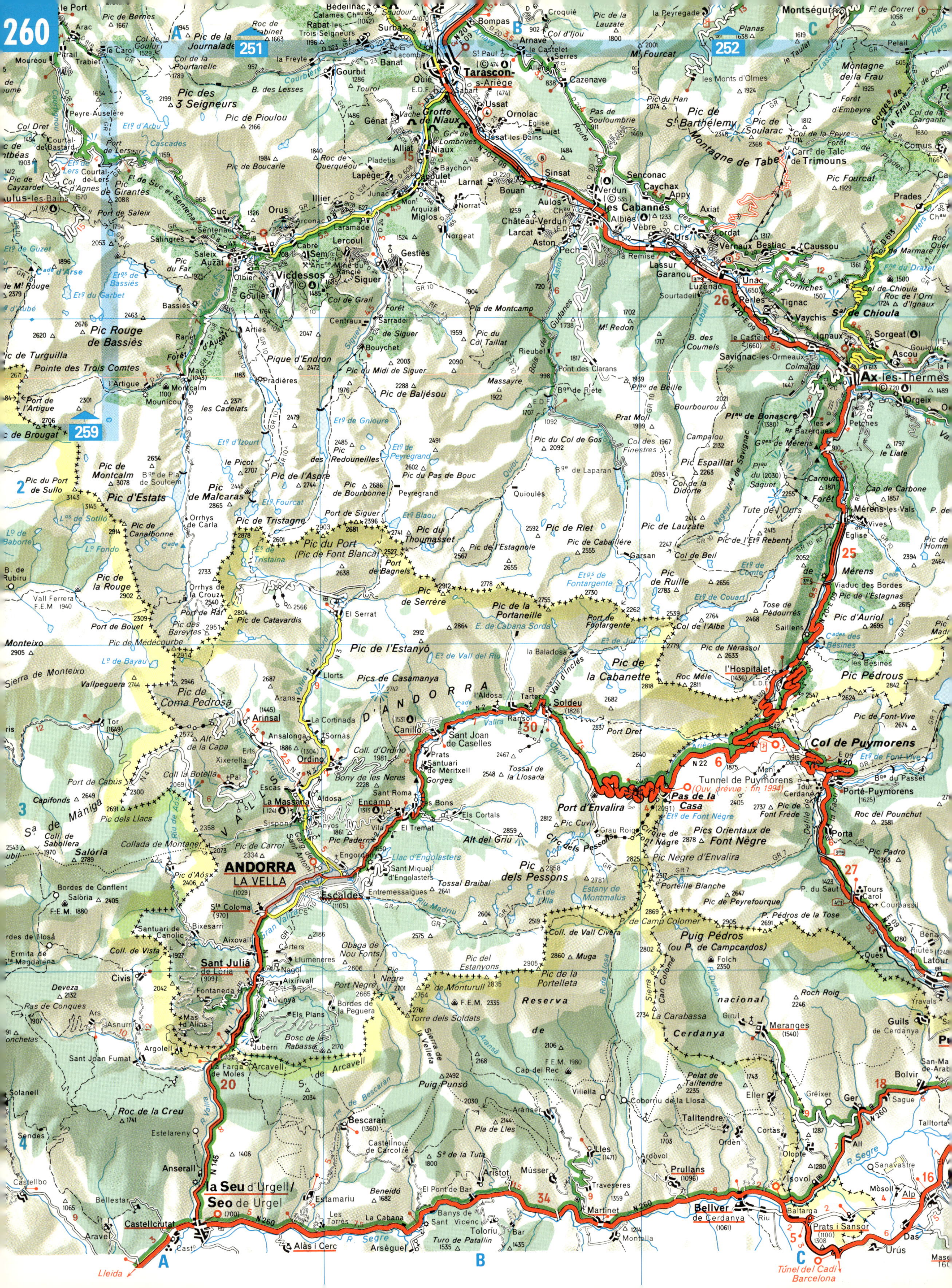
251
252
259
Tarascon-s-Ariège
Vicdessos
Auzat
Ax-les-Thermes
Les Cabannes
Montagne de Tabe
Pic des 3 Seigneurs
Pic Rouge de Bassiès
Pointe des Trois Comtes
Pic d'Estats
Pic de Montcalm
Pic de Malcaras
Pic du Port (Pic de Font Blanca)
Pic de Serrère
Pic de la Portaneille
Pic de l'Estanyó
Pics de Casamanya
D'ANDORRA
Pic de la Cabanette
Pic Pédrous
Col de Puymorens
Porté-Puymorens
Tunnel de Puymorens
Pas de la Casa
Port d'Envalira
Pics Orientaux de Font Nègre
Pic dels Pessons
Soldeu
Canillo
Encamp
Ordino
La Massana
Arinsal
Escaldes
ANDORRA LA VELLA
Sant Julià de Lòria
Puig Pedròs (ou P. de Campcardos)
Reserva nacional de Cerdanya
Roc de la Creu
la Seu d'Urgell
Seo de Urgel
Castellciutat
Bellver de Cerdanya
Túnel del Cadí
Barcelona
Lleida
Mérens-les-Vals
l'Hospitalet
Orlu
Porta
Latour
Puig Punsó
Saloria
Sa de Mànige
Montgaillard
Monteixo
Pic de Médecourbe
Pic de Coma Pedrosa
A
B
C

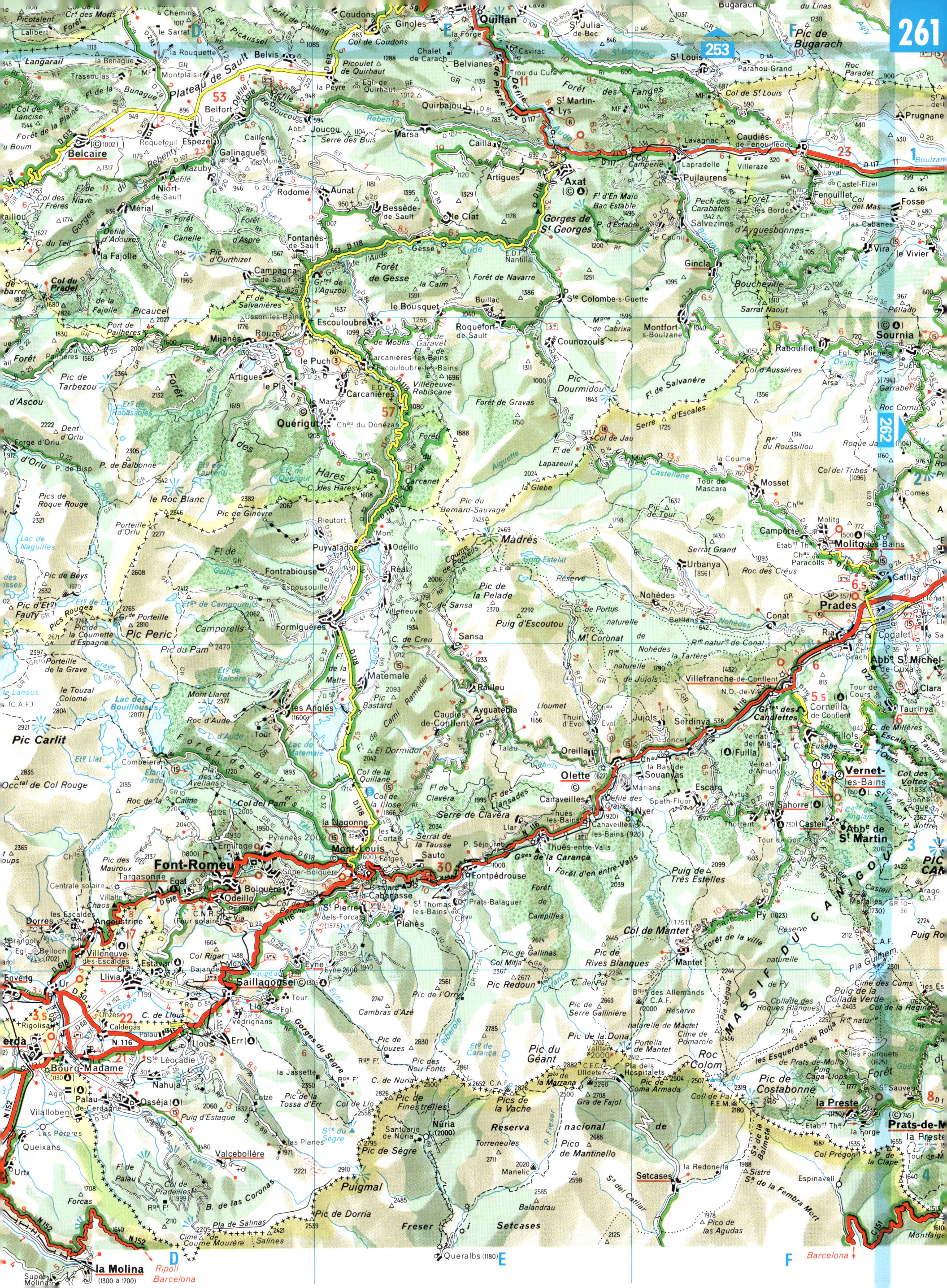
Quillan
Belcaire
Plateau de Sault
Belvis
Axat
Gorges de St Georges
Forêt de Gesse
Campagna-de-Sault
Escouloubre
Roquefort-de-Sault
Quérigut
Mijanès
Puyvalador
Formiguères
Matemale
Les Angles
Mont-Louis
Font-Romeu
Targasonne
Egat
Odeillo
Bolquère
La Cabanasse
Planès
Saillagouse
Llivia
Err
Bourg-Madame
Puigmal
Núria
Setcases
Olette
Fontpédrouse
Prades
Molitg-les-Bains
Vernet-les-Bains
Villefranche-de-Conflent
Sournia
Mosset
Madres
Pic Carlit
Pic Peric
Pic de Tarbezou
MASSIF DU CANIGOU
la Preste
Prats-de-Mollo
Pic de Costabonne
Roc Colom
Mantet
Col de Mantet
Caudiès-de-Fenouillèdes
Puilaurens
Gincla
Fenouillet
Forêt des Fanges
Lapradelle
St Paul de Fenouillet
Dorres
Angoustrine
Estavar
Nahuja
Osséja
Palau-de-Cerdagne
la Molina
Queralbs
Barcelona
Ripoll
Freser
Setcases
Pic de la Vache
Pic du Géant
Pic de Finestrelles
Col de Jau
Roc Blanc
Forêt des Hares
Abb. de St Martin
Abb. St Michel de Cuxa
253
262
D
E
F
1
2
3
4

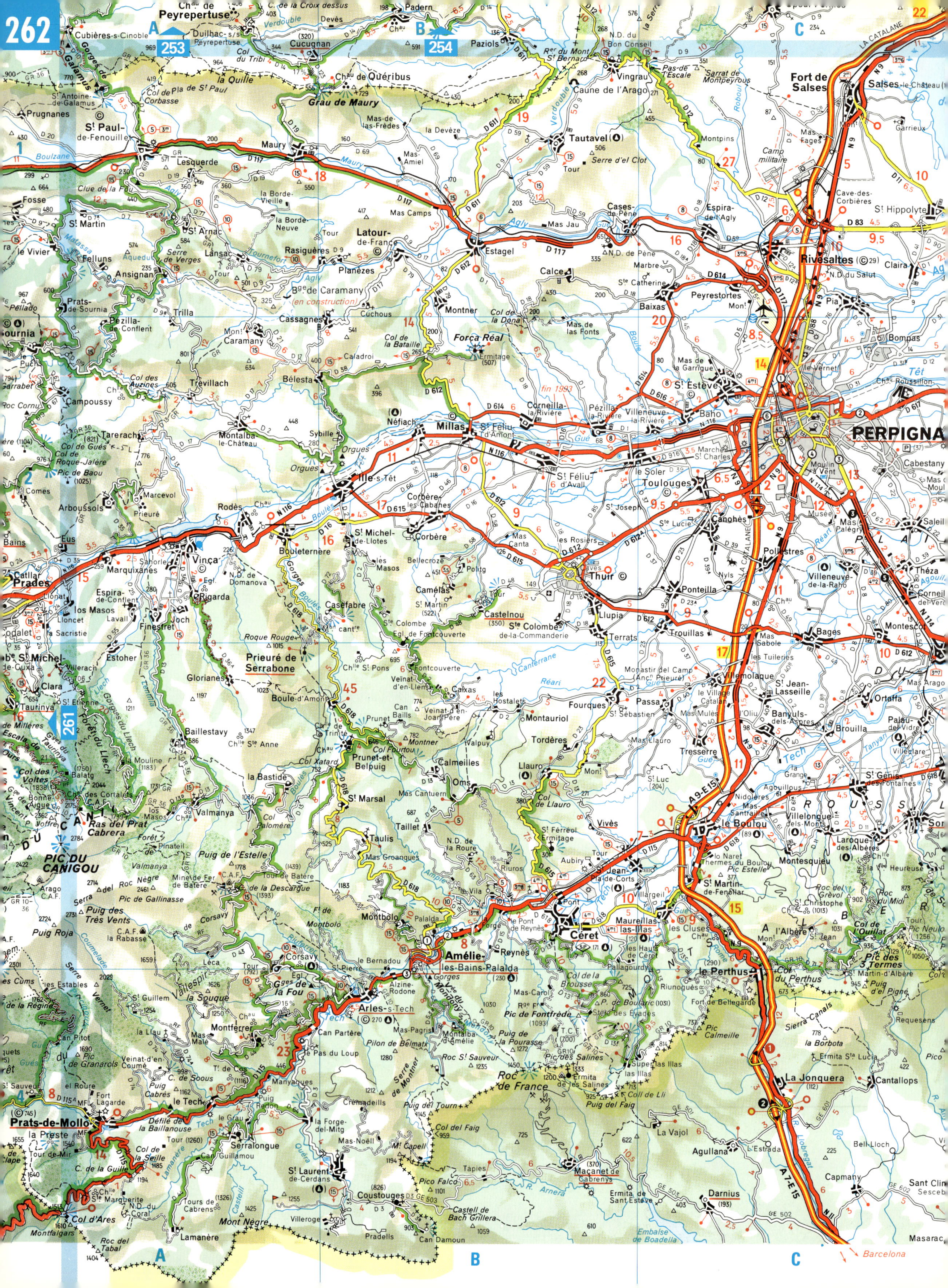
Peyrepertuse
Cucugnan
Paziols
Padern
Château de Quéribus
Grau de Maury
Vingrau
Tautavel
Fort de Salses
Salses
St Paul-de-Fenouillet
Maury
Lesquerde
Estagel
Cases-de-Pène
Rivesaltes
St Hippolyte
Latour-de-France
Rasiguères
Planèzes
Caramany
Calce
Baixas
Peyrestortes
Pia
Bompas
Cassagnes
Montner
Força Réal
St Estève
Bélesta
Néfiach
Millas
Corneilla-la-Rivière
Pézilla-la-Rivière
Villeneuve-la-Rivière
Baho
PERPIGNAN
Campoussy
Sournia
Trévillach
Montalba-le-Château
Ille-s-Têt
St Féliu-d'Amont
St Féliu-d'Avall
Le Soler
Toulouges
Canohès
Cabestany
Rodès
Vinça
Bouleternère
St Michel-de-Llotes
Corbère
Thuir
Pollestres
Villeneuve-de-la-Raho
Prades
Marquixanes
Casefabre
Castelnou
Ste Colombe
Llupia
Terrats
Trouillas
Bages
Montescot
Prieuré de Serrabone
Boule-d'Amont
Fourques
Passa
Villemolaque
Banyuls-dels-Aspres
Brouilla
Ortaffa
Palau-del-Vidre
Elne
Prunet-et-Belpuig
Calmeilles
Montauriol
Tordères
Llauro
Tresserre
St Génis-des-Fontaines
PIC DU CANIGOU
Valmanya
St Marsal
Taulis
Vivès
Le Boulou
Villelongue-dels-Monts
Laroque-des-Albères
Montesquieu
Sorède
St Martin-de-Fenollar
Maureillas-las-Illas
Céret
Reynès
Amélie-les-Bains-Palalda
Montbolo
Arles-s-Tech
Corsavy
Montferrer
le Perthus
Col du Perthus
Pic de Fontfrède
La Jonquera
Cantallops
Prats-de-Mollo
la Preste
Serralongue
St Laurent-de-Cerdans
Coustouges
Lamanère
Col d'Ares
Roc de France
Maçanet de Cabrenys
Darnius
Agullana
Capmany
Barcelona
A
B
C
253
254
261

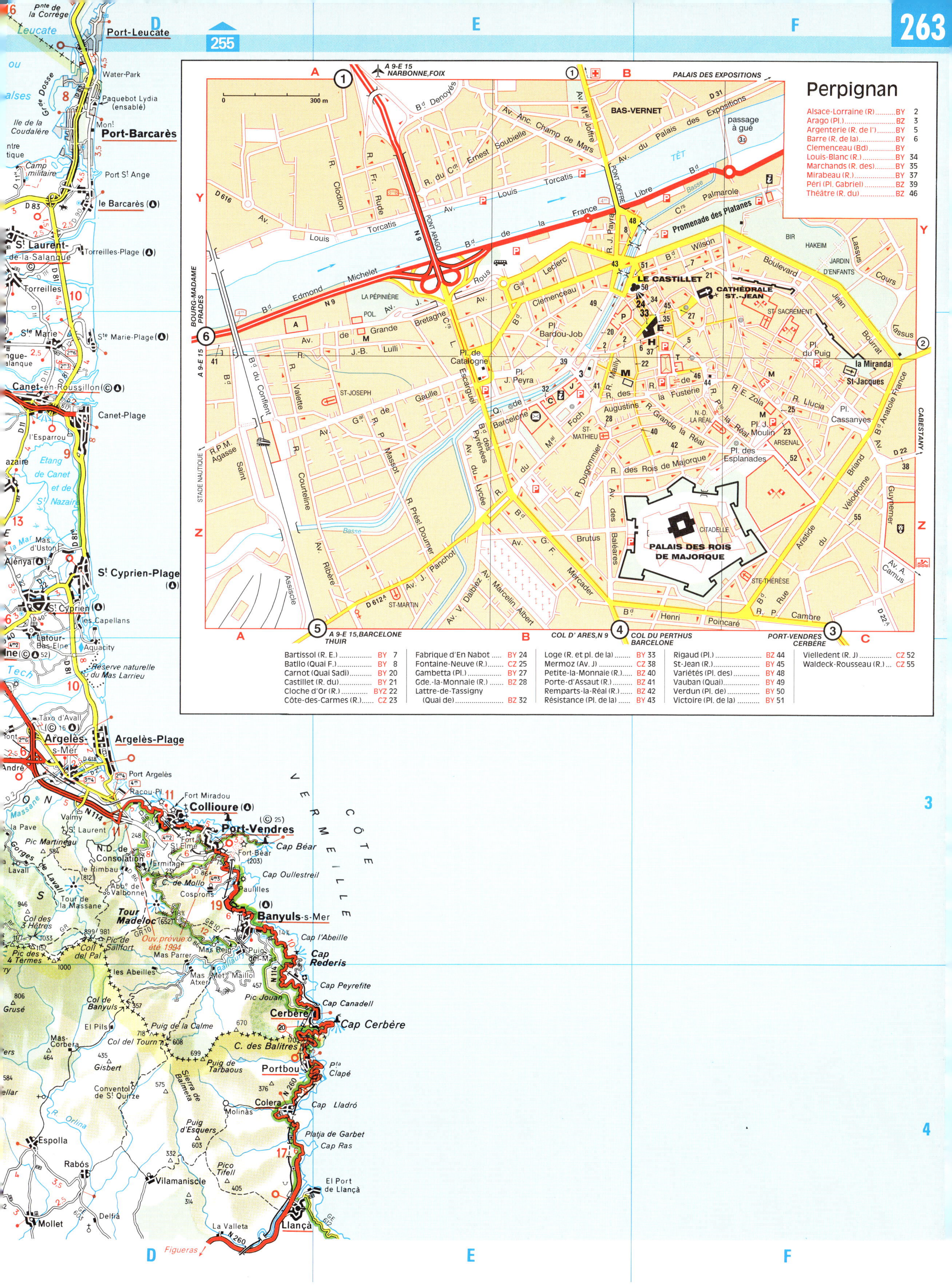

Perpignan

Alsace-Lorraine (R)	BY	2
Arago (Pl.)	BZ	3
Argenterie (R. de l')	BY	5
Barre (R. de la)	BY	6
Clemenceau (Bd)	BY	
Louis-Blanc (R.)	BY	34
Marchands (R. des)	BY	35
Mirabeau (R.)	BY	37
Péri (Pl. Gabriel)	BZ	39
Théâtre (R. du)	BZ	46

Bartissol (R. E.)	BY	7
Batllo (Quai F.)	BY	8
Carnot (Quai Sadi)	BY	20
Castillet (R. du)	BY	21
Cloche d'Or (R.)	BYZ	22
Côte-des-Carmes (R.)	CZ	23
Fabrique d'En Nabot	BY	24
Fontaine-Neuve (R.)	CZ	25
Gambetta (Pl.)	BY	27
Gde.-la-Monnaie (R.)	BZ	28
Lattre-de-Tassigny (Quai de)	BZ	32
Loge (R. et pl. de la)	BY	33
Mermoz (Av. J)	CZ	38
Petite-la-Monnaie (R.)	BZ	40
Porte-d'Assaut (R.)	BZ	41
Remparts-la-Réal (R.)	BZ	42
Résistance (Pl. de la)	BY	43
Rigaud (Pl.)	BZ	44
St-Jean (R.)	BY	45
Variétés (Pl. des)	BY	48
Vauban (Quai)	BY	49
Verdun (Pl. de)	BY	50
Victoire (Pl. de la)	BY	51
Vielledent (R. J)	CZ	52
Waldeck-Rousseau (R.)	CZ	55

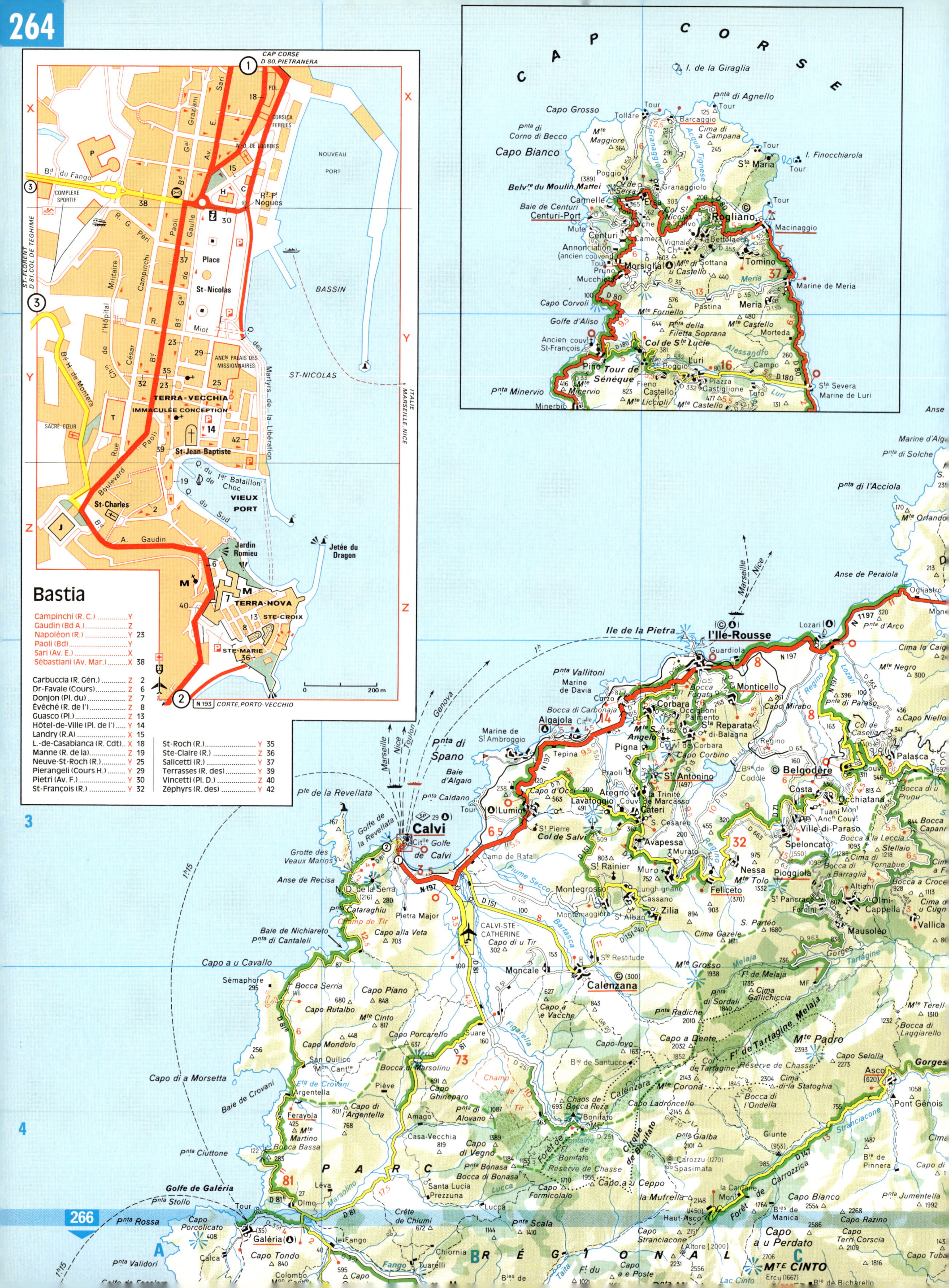
Bastia
Campinchi (R. C.) Y
Gaudin (Bd A.) Z
Napoléon (R.) Y 23
Paoli (Bd) Y
Sari (Av. E.) X
Sébastiani (Av. Mar.) X 38
Carbuccia (R. Gén.) Z 2
Dr-Favale (Cours) Z 6
Donjon (Pl. du) Z 7
Évêché (R. de l') Z 8
Guasco (Pl.) Z 13
Hôtel-de-Ville (Pl. de l') Y 14
Landry (R.A) X 15
L.-de-Casabianca (R. Cdt) X 18
Manne (R. de la) Z 19
Neuve-St-Roch (R.) Y 25
Pierangeli (Cours H.) Y 29
Pietri (Av. F.) Y 30
St-François (R.) Y 32
St-Roch (R.) Y 35
Ste-Claire (R.) Z 36
Salicetti (R.) Y 37
Terrasses (R. des) Y 39
Vincetti (Pl. D.) Z 40
Zéphyrs (R. des) Y 42
CAP CORSE D 80, PIETRANERA
CORTE, PORTO-VECCHIO
NOUVEAU PORT
BASSIN
ST-NICOLAS
VIEUX PORT
TERRA-VECCHIA
TERRA-NOVA
St-Jean-Baptiste
St-Charles
Jetée du Dragon
Jardin Romieu
ITALIE MARSEILLE, NICE
CAP CORSE
Capo Bianco
Capo Grosso
Rogliano
Macinaggio
Centuri-Port
Morsiglia
Pino
Luri
Ile de la Pietra
l'Ile-Rousse
Calvi
Golfe de Calvi
Algajola
Lumio
Belgodère
Calenzana
Feliceto
Zilia
Montegrosso
Galéria
Golfe de Galéria
Pte de la Revellata
Capo a u Cavallo
Baie de Crovani
Capo di a Morsetta
Mte Cinto
Mte Padro
Asco
Mte Grosso
PARC RÉGIONAL
Marseille
Nice
Toulon
Genova
266

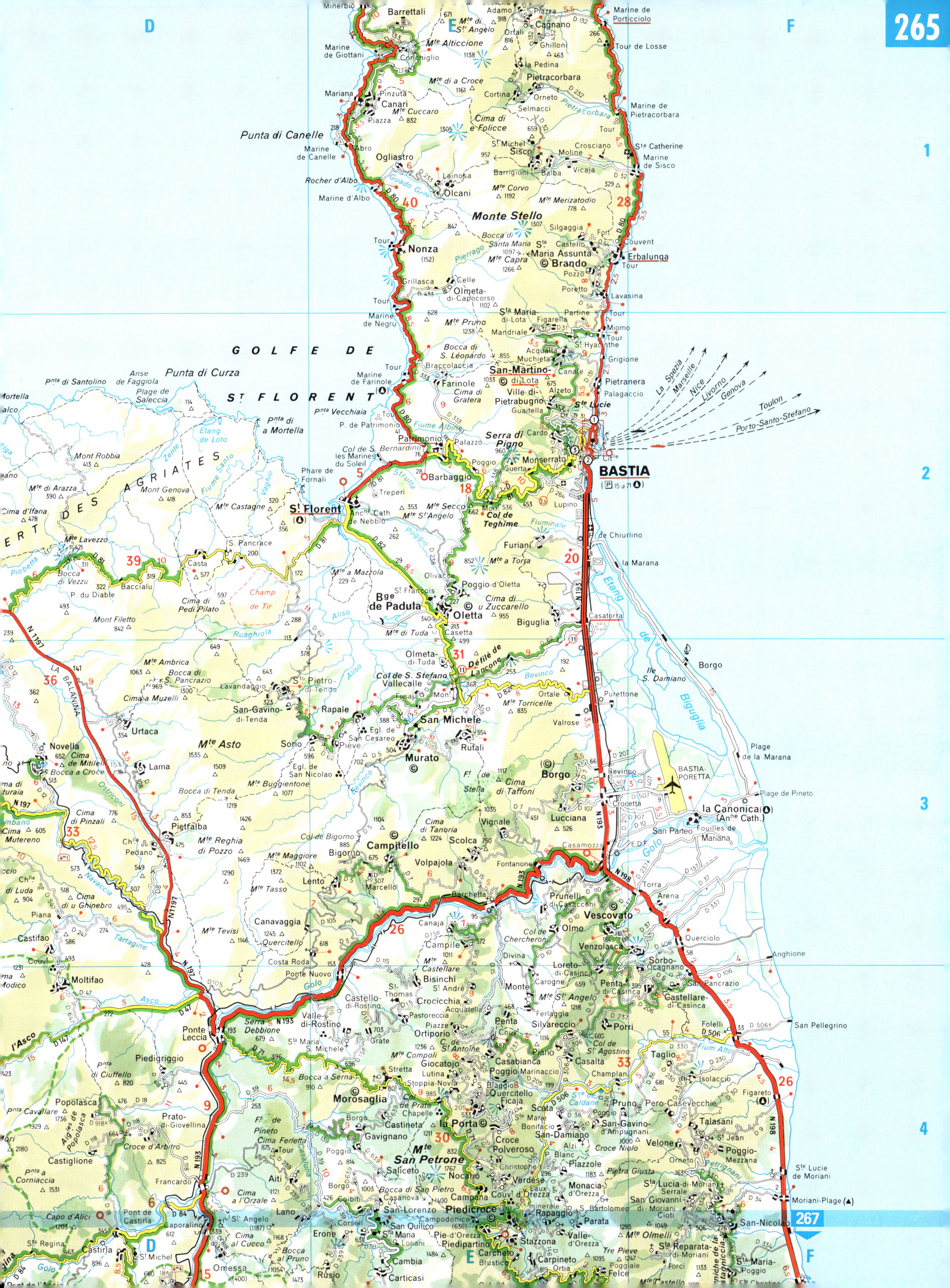
D
E
F
1
2
3
4
Barrettali
Marine de Giottani
Conchiglio
Mte Alticcione
Mte di S.t Angelo
Cagnano
Marine de Porticciolo
Tour de Losse
Pietracorbara
Marine de Pietracorbara
Mariana
Canari
Pinzuta
Mte Cuccaro
Piazza
Punta di Canelle
Marine de Canelle
Abro
Ogliastro
Rocher d'Albo
Marine d'Albo
Olcani
Sisco
St Catherine
Marine de Sisco
Mte Corvo
Monte Stello
Mte Merizatodio
Tour
Nonza
Grillasca
Olmeta-di-Capocorso
Brando
Erbalunga
Lavasina
Marine de Negru
Sta Maria-di-Lota
Mte Pruno
Mandriale
Partine
Miomo
GOLFE DE
ST FLORENT
Pnta di Santolino
Anse de Faggiola
Plage de Saleccia
Punta di Curza
Marine de Farinole
Farinole
Bocca di S. Léonardo
San-Martino-di-Lota
Ville-di-Pietrabugno
Pietranera
Grigione
Palagaccio
La Spezia
Marseille
Nice
Livorno
Genova
Toulon
Porto-Santo-Stefano
Pnta Vecchiaia
P. de Patrimonio
Patrimonio
Col de S. Bernardino
Serra di Pigno
Cardo
Monserrato
BASTIA
Mont Robbia
Etang de Loto
Pnta di a Mortella
Phare de Fornali
DES AGRIATES
Mte di Arazza
Mont Genova
Mte Castagne
St Florent
Barbaggio
Treperi
Mte Secco
Mte S.t Angelo
Col de Teghime
Lupino
de Chiurlino
Furiani
la Marana
Mte Lavezzo
Casta
Bocca di Vezzu
P. du Diable
Baccialu
Champ de Tir
Mte a Mazzola
Mte a Torra
Poggio-d'Oletta
Bge de Padula
Oletta
Cima di u Zuccarello
Biguglia
Casatorra
Etang de Biguglia
Mont Filetto
Ruaghiola
Mte di Tuda
Casetta
Borgo
Ile S. Damiano
LA BALANINA
Mte Ambrica
Bocca di S. Pancrazio
Cima a Muzelli
Lavandaggio
Pietro-di-Tenda
Olmeta-di-Tuda
Col de S. Stefano
Vallecalle
Défilé de Lancone
Bevinco
Ortale
Mte Torricelle
Purettone
San-Gavino-di-Tenda
Rapale
San Michele
Urtaca
Mte Asto
Sorio
San Cesareo
Murato
Rutali
Valrose
Plage de la Marana
Novella
Cima di Mitiletti
Bocca a Croce
Lama
Egl. de San Nicolao
Mte Buggientone
Borgo
Cima di Taffoni
BASTIA-PORETTA
Bocca di Tenda
Plage de Pineto
la Canonica
Lucciana
Cima di Pinzalu
Pietralba
Mte Reghia di Pozzo
Col de Bigorno
Bigorno
Campitello
Cima di Tanoria
Scolca
Vignale
San Parteo
Fouilles de Mariana
Pedano
Mte Maggiore
Volpajola
Casamozza
Golo
Cima di u Ghinebro
Mte Tasso
Lento
Marcello
Barchetta
Fontanone
Prunelli-di-Casacconi
Vescovato
Torra
Arena
Piana
Tartagine
Mte Tevisi
Canavaggia
Quercitello
Canaja
Campile
Olmo
Venzolasca
Querciolo
Castifao
Costa Roda
Col de Chercherono
Anghione
Moltifao
Ponte Nuovo
Mte Castellare
Bisinchi
Loreto-di-Casinca
Sorbo-Ocagnano
San Pancrazio
Asco
Castello-di-Rostino
Crocicchia
Monte
Carogne
Penta-di-Casinca
Castellare-di-Casinca
Serra Debbione
Valle-di-Rostino
Pastoreccia
Ortiporio
Mte S.t Angelo
Silvareccio
Porri
Folelli
San Pellegrino
Ponte Leccia
Sta Maria
Grate
Mte Compoli
Giocatojo
Penta
Piano
Col de St Agostino
Casalta
Taglio
Piedigriggio
Pnta di Ciuffello
Bocca a Serna
Stretta
Lutina
Stoppia-Nova
Casabianca
Poggio Marinaccio
Champlan
Isolaccio
Popolasca
Morosaglia
Quercitello
Ficaja
Scata
Pruno
Pero-Casevecchie
Figareto
Prato-di-Giovellina
Fte de Pineto
Cima Ferletta
Castineta
Gavignano
La Porta
Croce
Polveroso
San-Damiano
San-Gavino-d'Ampugnani
Talasani
Croce d'Arbitro
Mte San Petrone
Velone-Orneto
Poggio-Mezzana
Castiglione
Saliceto
Nocario
Verdèse
Piazzole
Pietra Giusta
Ste Lucie de Moriani
Pnta a Corniaccia
Francardo
Aiti
Cima a l'Orzale
Bocca di San Pietro
Casanova
Campana
Monacia-d'Orezza
Sta Lucia-di-Moriani
Moriani-Plage
Capo d'Alici
Pont de Castirla
Caporalino
St Angelo
Lano
San-Lorenzo
San Quilico
Campodonico
Piedicroce
Rapaggio
S. Bartolomeo
Parata
San Giovanni-di-Moriani
San-Nicolao
Sta Regina
Castirla
St Michel
Cima al Cucco
Erone
Bocca al Pruno
Sta Maria
Piedipartino
Stazzona
Valle-d'Orezza
Mte Olmelli
Sta Reparata-di-Moriani
Golo
Omessa
Rusio
Cambia
Carticasi
Carcheto
Carpineto
Tre Pieve
Felce
Sta Maria-Poggio
267
N 193
N 198
N 1197
D 80
D 81

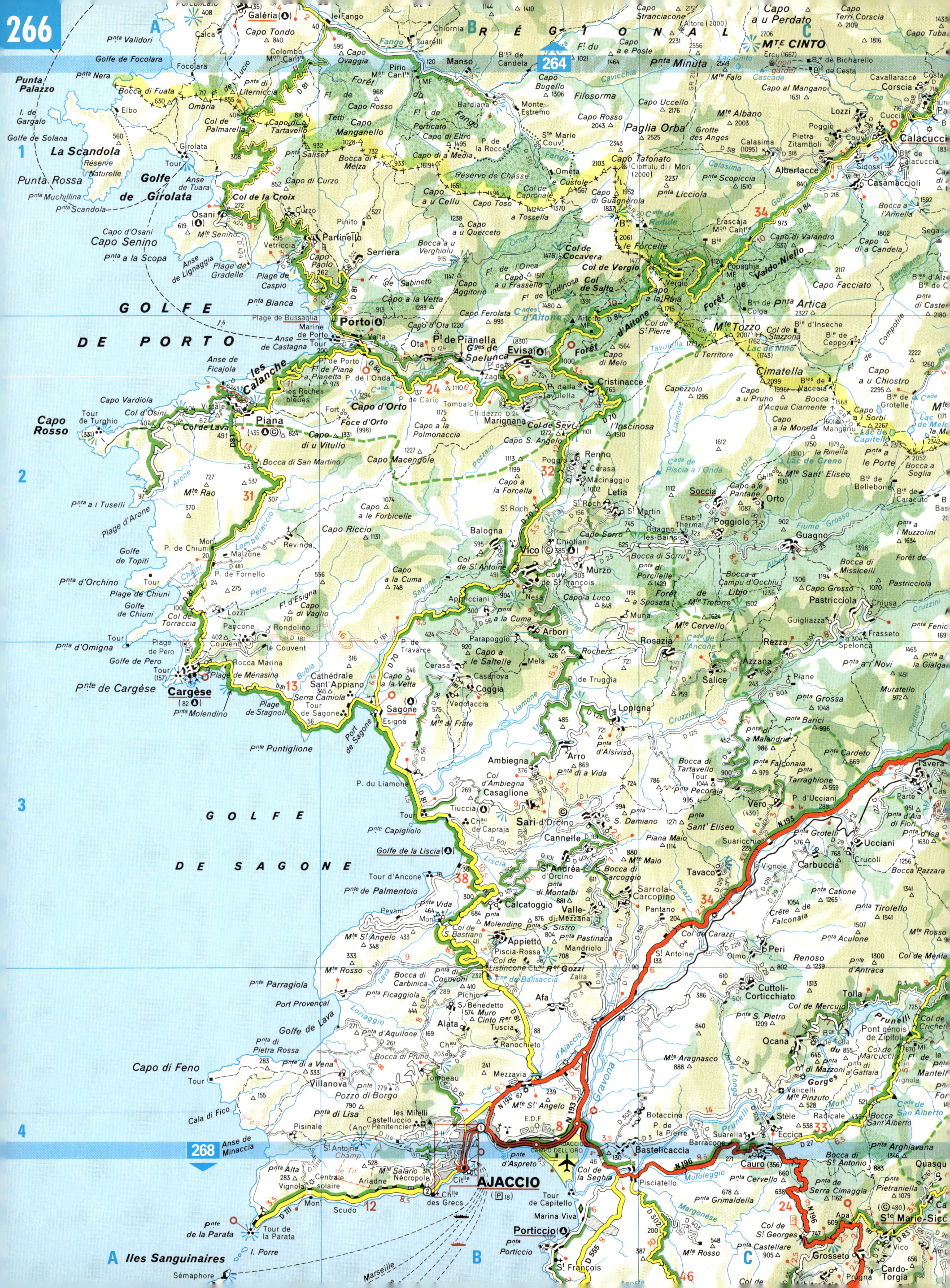
264
268
Golfe de Focolara
Punta Palazzo
La Scandola
Réserve Naturelle
Punta Rossa
Golfe de Girolata
Capo Senino
Golfe de Porto
Porto
Plage de Bussaglia
Col de la Croix
Partinello
Serriera
Osani
Galéria
Capo Tondo
Fango
Manso
Paglia Orba
Mte Cinto
Calacuccia
Albertacce
Casamaccioli
Col de Vergio
Forêt d'Aïtone
Evisa
Ota
Gges de Spelunca
Cristinacce
Marignana
Col de Sevi
Forêt de Valdo-Niello
Cimatella
Lac de Nino
Mte Tozzo
Les Calanche
Piana
Capo Rosso
Capo d'Orto
Col de Lava
Mte Rao
Capo Vardiola
Plage d'Arone
Vico
Renno
Letia
Soccia
Orto
Poggiolo
Guagno
Guagno-les-Bains
Murzo
Balogna
Arbori
Rosazia
Salice
Azzana
Rezza
Chigliani
Nesa
Coggia
Sagone
Cargèse
Golfe de Pero
Pte de Cargèse
Pte Molendino
Plage de Ménasina
Cathédrale Sant'Appiano
Golfe de Sagone
Golfe de la Liscia
Tiuccia
Casaglione
Ambiegna
Arro
Lopigna
Sari-d'Orcino
Cannelle
Calcatoggio
Sant'Andréa-d'Orcino
Valle-di-Mezzana
Appietto
Afa
Alata
Villanova
Capo di Feno
Pozzo di Borgo
Sarrola-Carcopino
Tavaco
Vero
Ucciani
Carbuccia
Peri
Tolla
Cuttoli-Corticchiato
Ocana
Bastelicaccia
Eccica
Cauro
Gravona
AJACCIO
Porticcio
Iles Sanguinaires
Sémaphore
Tour de la Parata
Pte de la Parata
Marseille
Ste Marie-Sicché
Grosseto
Cardo-Torgia
Tavera
Bocognano

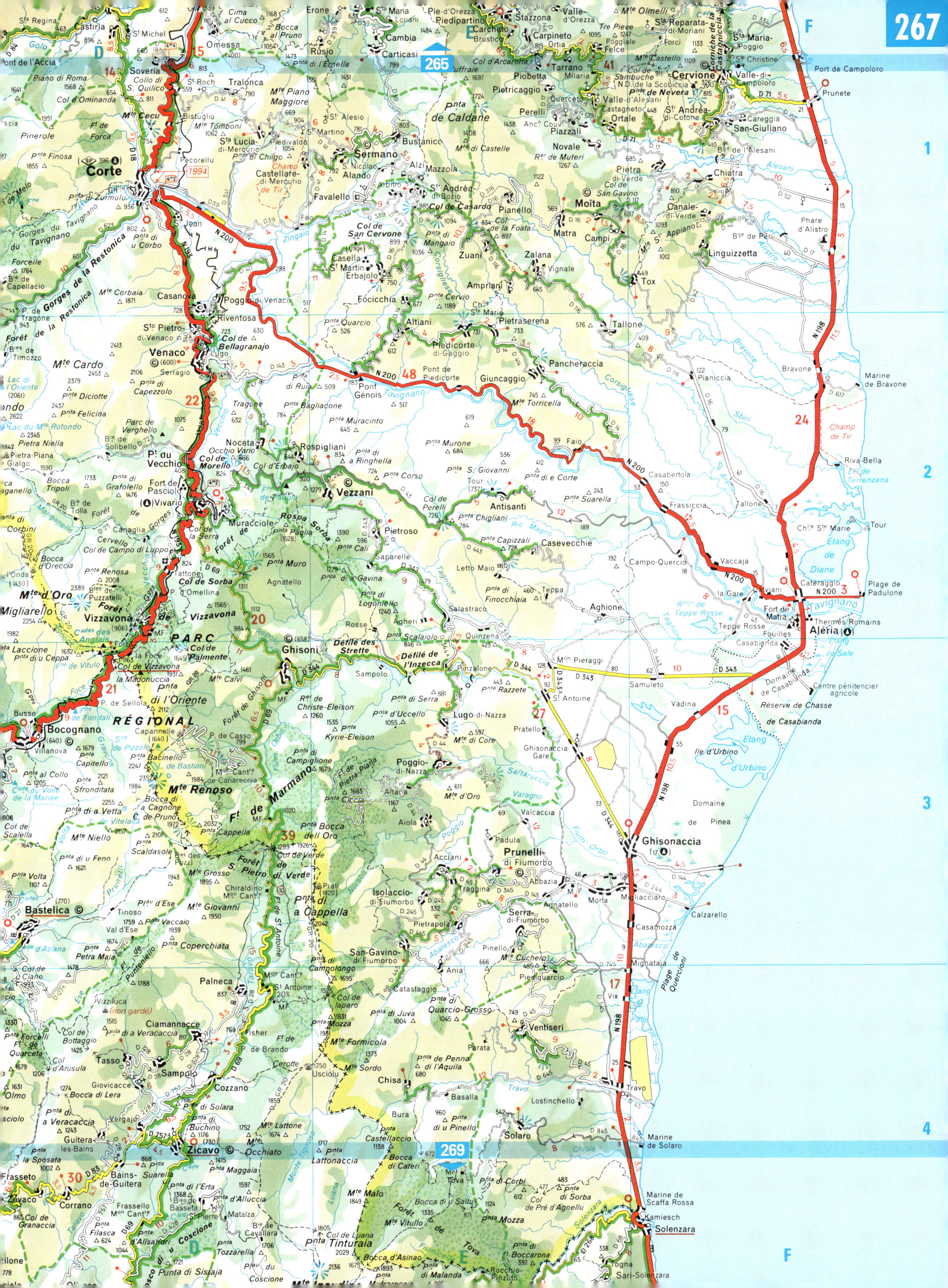
265
269
Corte
Soveria
Omessa
Castirla
Tralonca
Sermano
Bustanico
Alando
Favalello
Mazzola
Pianello
Moïta
Matra
Zalana
Zuani
Linguizzetta
Cervione
Valle-di-Campoloro
Port de Campoloro
Prunete
San-Giuliano
Chiatra
Canale-di-Verde
Tox
Tallone
Pancheraccia
Giuncaggio
Piedicorte-di-Gaggio
Pietraserena
Altiani
Erbajolo
Focicchia
Casanova
Riventosa
Poggio-di-Venaco
Venaco
Col de Bellagranajo
Lugo
Pont Génois
Tavignano
Rospigliani
Vezzani
Noceta
Vivario
Antisanti
Casevecchie
Pietroso
Aghione
Aléria
Fort de Matra
Cateraggio
Plage de Padulone
Marine de Bravone
Bravone
Riva-Bella
Casabianda
Réserve de Chasse de Casabianda
Centre pénitencier agricole
Etang d'Urbino
Etang de Diane
Vizzavona
Forêt de Vizzavona
Col de Vizzavona
Col de Sorba
Ghisoni
Défilé des Strette
Défilé de l'Inzecca
Lugo-di-Nazza
Poggio-di-Nazza
Ghisonaccia
Ghisonaccia-Gare
Prunelli-di-Fiumorbo
Isolaccio-di-Fiumorbo
San-Gavino-di-Fiumorbo
Serra-di-Fiumorbo
Migliacciaro
Casamozza
Calzarello
Mignataja
Plage de Quercioni
Ventiseri
Travo
Solaro
Marine de Solaro
Chisa
Marine de Scaffa Rossa
Solenzara
Sari-Solenzara
Bocognano
Bastelica
Mte Renoso
Mte d'Oro
Mte Cardo
Pta di l'Oriente
PARC RÉGIONAL
Forêt de Marmano
Col de Verde
Zicavo
Cozzano
Sampolo
Tasso
Ciamannacce
Palneca
Bains-de-Guitera
Zevaco
Corrano
Col de Bavella
Forêt de Tova
Pta Tinturaia
N 200
N 198
N 193
D 344
D 343

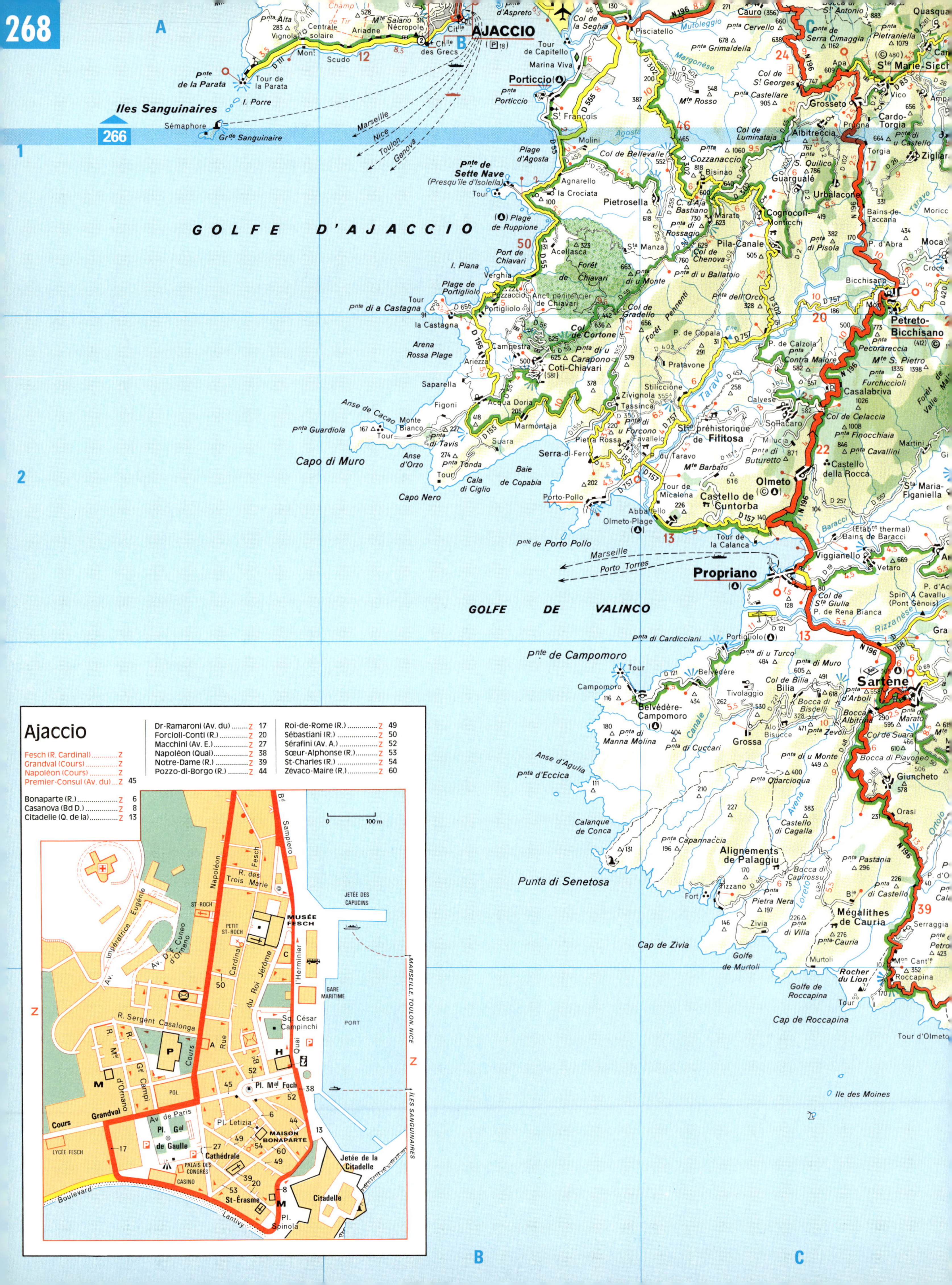
A
B
C
1
2
Z
AJACCIO
Porticcio
Iles Sanguinaires
Sémaphore
Gr^de Sanguinaire
266
I. Porre
P^nte de la Parata
Tour de la Parata
Cit^elle des Grecs
Scudo
Marseille
Nice
Toulon
Genova
GOLFE D'AJACCIO
P^nte de Sette Nave
(Presqu'île d'Isolella)
Plage d'Agosta
Agnarello
la Crociata
Pietrosella
Plage de Ruppione
Port de Chiavari
Forêt de Chiavari
Acelasca
I. Piana
Verghia
Plage de Portigliolo
Portigliolo
P^nte di a Castagna
la Castagna
Arena Rossa Plage
Campestra
Coti-Chiavari
Saparella
Figoni
Anse de Cacao
Monte Bianco
P^nta Guardiola
Capo di Muro
Anse d'Orzo
P^nta di Tavis
P^nta Tonda
Cala di Ciglio
Capo Nero
Acqua Doria
Marmontaja
Suara
Baie de Copabia
Serra-di-Ferro
Porto-Pollo
Pietra Rossa
P^nte de Porto Pollo
Olmeto-Plage
Abbartello
Tour de Micalona
Castello de Cuntorba
Olmeto
Filitosa
Sollacaro
Calvese
Tour de la Calanca
Propriano
Marseille
Porto Torres
GOLFE DE VALINCO
Portigliolo
P^nta di Cardiccia
P^nte de Campomoro
Campomoro
Belvédère-Campomoro
Belvédère
Tivolaggio
Bilia
Grossa
P^nta di Manna Molina
Anse d'Agulia
P^nta d'Eccica
Calanque de Conca
Punta di Senetosa
Alignements de Palaggiu
Castello di Cagalla
Tizzano
Pietra Nera
Zivia
Cap de Zivia
Golfe de Murtoli
Mégalithes de Cauria
Rocher du Lion
Golfe de Roccapina
Cap de Roccapina
Roccapina
Tour d'Olmeto
Ile des Moines
Sartène
Giuncheto
Orasi
Bocca di Piavone
Viggianello
Vetaro
Bains de Baracci
Castello della Rocca
Casalabriva
Petreto-Bicchisano
Bicchisano
Moca
Bains-de-Taccana
Urbalacone
Guargualé
Albitreccia
Grosseto
Ste Marie-Sicché
Cardo-Torgia
Pietrosella
Cozzanaccio
Bisinao
Cognocoli-Monticchi
Pila-Canale
Col de Chenova
Col de Gradello
Col de Cortone
Zivignola
Tassinca
Stiliccione
Pratavone
Forêt Pennenti
Col de Bellevalle
Molini
St François
Marina Viva
Tour de Capitello
Pisciatello
Cauro
Quasquara
Zigliara
Torgia
Vico
Ajaccio
Fesch (R. Cardinal) Z
Grandval (Cours) Z
Napoléon (Cours) Z
Premier-Consul (Av. du) Z 45
Bonaparte (R.) Z 6
Casanova (Bd D.) Z 8
Citadelle (Q. de la) Z 13
Dr-Ramaroni (Av. du) Z 17
Forcioli-Conti (R.) Z 20
Macchini (Av. E.) Z 27
Napoléon (Quai) Z 38
Notre-Dame (R.) Z 39
Pozzo-di-Borgo (R.) Z 44
Roi-de-Rome (R.) Z 49
Sébastiani (R.) Z 50
Sérafini (Av. A.) Z 52
Sœur-Alphonse (R.) Z 53
St-Charles (R.) Z 54
Zévaco-Maire (R.) Z 60
0 100 m
JETÉE DES CAPUCINS
MUSÉE FESCH
GARE MARITIME
PORT
MARSEILLE, TOULON, NICE
ILES SANGUINAIRES
Sq. César Campinchi
Pl. M^al Foch
Pl. Gal de Gaulle
Pl. Letizia
MAISON BONAPARTE
Cathédrale
PALAIS DES CONGRÈS
CASINO
St-Érasme
Pl. Spinola
Citadelle
Jetée de la Citadelle
LYCÉE FESCH
Cours Grandval
Boulevard Lantivy
R. Sergent Casalonga
Av. de Paris
Cours Napoléon
Rue Cardinal Fesch
Bd Sampiero
Quai l'Herminier
R. des Trois Marie
Av. Impératrice Eugénie
Av. D.-F. Cuneo d'Ornano
ST-ROCH
PETIT ST-ROCH
POL

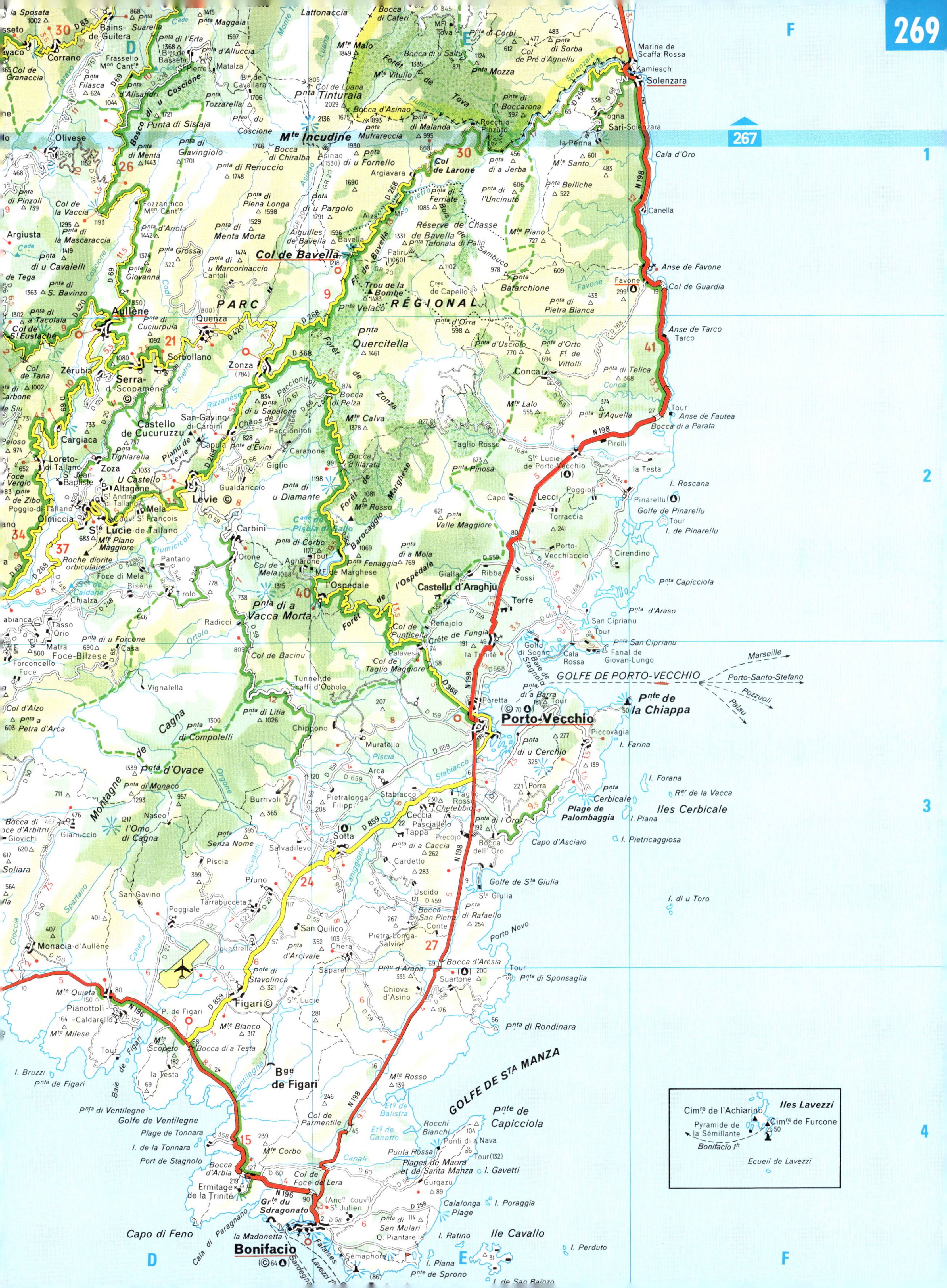

Solenzara
Mte Incudine
Col de Bavella
PARC
RÉGIONAL
Aullène
Quenza
Zonza
Serra-di-Scopamène
Levie
Ste Lucie-de-Tallano
Conca
Ste Lucie de Porto-Vecchio
Lecci
GOLFE DE PORTO-VECCHIO
Porto-Vecchio
Pnte de la Chiappa
Iles Cerbicale
Figari
Bge de Figari
GOLFE DE Sta MANZA
Pnte de Capicciola
Bonifacio
Capo di Feno
Ile Cavallo
Iles Lavezzi
Cimre de l'Achiarino
Cimre de Furcone
Pyramide de la Sémillante
Bonifacio 1h
Ecueil de Lavezzi
Marseille
Porto-Santo-Stefano
Pozzuoli
Palau
Forêt de l'Ospédale
Castellu d'Araghju
Col de Bacinu
Pnta di a Vacca Morta
Montagne de Cagna
Pnta d'Ovace
Monacia-d'Aullène
Sotta
Carbini
Cala d'Oro
Canella
Anse de Favone
Col de Guardia
Anse de Tarco
Anse de Fautea
Pinarellu
267

Index Register

Comment se servir de cet index

How to use this index

Zum Gebrauch des Registers

Toelichting bij het register

Beauvais 60 ....33 E1

département	page	carreau dans lequel la ville de Beauvais se trouve
	page	grid square on page within which Beauvais is located
	Seite	Planquadrat in dem Beauvais liegt
	kaartbladzijde	vak op de kaartbladzijde waarin Beauvais te vinden is

- Les sorties de ville indiquées par un numéro cerné de noir sont identiques sur les plans et les cartes au 1/200 000.
- The prominent black numbers in circles at the sides of the city maps correspond with the numbers given for main routes on the 1:200 000 maps.
- Die in schwarz gedruckten und durch Kreise hervorgehobenen Zahlen an den Seitenleisten der Übersichtspläne der wichtigsten Städte entsprechen in den Karten 1:200 000 der für Durchgangsstraßen verwendeten Numerierung.
- De overzichtskaartjes van de grote steden geven de verbindingen aan voor het doorgaande verkeer. De omcirkelde zwarte cijfers aan der rand van deze kaartjes verwijzen naar de cijfers van de uitvalswegen op de kaartbladzijden in deze atlas.

Départements

01	Ain	32	Gers	64	Pyrénées-Atlantiques
02	Aisne	33	Gironde	65	Hautes-Pyrénées
03	Allier	34	Hérault	66	Pyrénées-Orientales
04	Alpes-de-Haute-Provence	35	Ille-et-Vilaine	67	Bas-Rhin
05	Hautes-Alpes	36	Indre	68	Haut-Rhin
06	Alpes-Maritimes	37	Indre-et-Loire	69	Rhône
07	Ardèche	38	Isère	70	Haute-Saône
08	Ardennes	39	Jura	71	Saône-et-Loire
09	Ariège	40	Landes	72	Sarthe
10	Aube	41	Loir-et-Cher	73	Savoie
11	Aude	42	Loire	74	Haute-Savoie
12	Aveyron	43	Haute-Loire	75	Paris
13	Bouches-du-Rhône	44	Loire-Atlantique	76	Seine-Maritime
14	Calvados	45	Loiret	77	Seine-et-Marne
15	Cantal	46	Lot	78	Yvelines
16	Charente	47	Lot-et-Garonne	79	Deux-Sèvres
17	Charente-Maritime	48	Lozère	80	Somme
18	Cher	49	Maine-et-Loire	81	Tarn
19	Corrèze	50	Manche	82	Tarn-et-Garonne
2A	Corse-du-Sud	51	Marne	83	Var
2B	Haute-Corse	52	Haute-Marne	84	Vaucluse
21	Côte-d'Or	53	Mayenne	85	Vendée
22	Côtes-d'Armor	54	Meurthe-et-Moselle	86	Vienne
23	Creuse	55	Meuse	87	Haute-Vienne
24	Dordogne	56	Morbihan	88	Vosges
25	Doubs	57	Moselle	89	Yonne
26	Drôme	58	Nièvre	90	Territoire-de-Belfort
27	Eure	59	Nord	91	Essonne
28	Eure-et-Loir	60	Oise	92	Hauts-de-Seine
29	Finistère	61	Orne	93	Seine-St-Denis
30	Gard	62	Pas-de-Calais	94	Val-de-Marne
31	Haute-Garonne	63	Puy-de-Dôme	95	Val-d'Oise

A

Aa 62,59 … 3 E4
Aast 64 … 249 D1
Abainville 55 … 63 D4
Abancourt 59 … 10 C3
Abancourt 60 … 16 C3
Abaucourt 54 … 64 C1
Abaucourt-Hautecourt 55 … 39 D3
Abbans-Dessous 25 … 125 D3
Abbans-Dessus 25 … 125 D3
Abbaretz 44 … 93 E4
Abbécourt 02 … 19 D4
Abbecourt 60 … 33 E2
Abbenans 25 … 107 D4
Abbeville 80 … 8 B4
Abbéville-la-Rivière 91 … 79 F2
Abbéville-lès-Conflans 54 … 39 E3
Abbeville-St-Lucien 60 … 33 E1
Abbévillers 25 … 108 A4
Abeilhan 34 … 233 E4
L'Aber-Wrac'h 29 … 45 D1
Abère 64 … 227 D4
L'Abergement-Clémenciat 01 … 155 F3
L'Abergement-de-Cuisery 71 … 140 B3
L'Abergement-de-Varey 01 … 156 C4
Abergement-la-Ronce 39 … 124 A4
Abergement-le-Grand 39 … 141 E1
Abergement-le-Petit 39 … 141 E1
Abergement-lès-Thésy 39 … 142 A1
Abergement-St-Jean 39 … 141 D1
L'Abergement-Ste-Colombe 71 … 140 B2
Abidos 64 … 226 A4
Abilly 37 … 133 D1
Abîme (Pont Bde l') 73 … 173 F2
Abitain 64 … 225 E4
Abjat-sur-Bandiat 24 … 163 F3
Ablain-St-Nazaire 62 … 10 A2
Ablaincourt-Pressoir 80 … 18 B2
Ablainzevelle 62 … 10 A4
Ablancourt 51 … 61 E2
Ableiges 95 … 33 D4
Les Ableuvenettes 88 … 87 D3
Ablis 78 … 79 D1
Ablon-sur-Seine 94 … 57 F3
Aboën 42 … 186 B1
Aboncourt 54 … 86 B2
Aboncourt 57 … 40 C2
Aboncourt-Gesincourt 70 … 106 B2
Aboncourt-sur-Seille 57 … 64 C2
Abondance 74 … 159 D2
Abondant 28 … 56 A3
Abos 64 … 226 A4
Abreschviller 57 … 66 A3
Abrest 03 … 153 D3
Les Abrets 38 … 173 D3
Abriès 05 … 207 F1
Abscon 59 … 10 C1
L'Absie 79 … 130 C3
Abzac 16 … 148 B3
Abzac 33 … 178 A4
Accarias (Col) 38 … 205 E1
Accolans 25 … 107 E4
Accolay 89 … 102 B3
Accons 07 … 203 D1
Accous 64 … 248 A3
Achain 57 … 65 D1
Achen 57 … 42 A4
Achenheim 67 … 67 D3
Achères 18 … 119 D2
Achères 78 … 57 D1
Achères-la-Forêt 77 … 80 B2
Achery 02 … 19 E3
Acheux-en-Amiénois 80 … 9 F4
Acheux-en-Vimeu 80 … 16 B1
Acheville 62 … 10 B2
Achey 70 … 105 F4
Achicourt 62 … 10 A3
Achiet-le-Grand 62 … 10 A4
Achiet-le-Petit 62 … 10 A4
Achun 58 … 121 D3
Achy 60 … 33 D1
Acigné 35 … 73 E3
Aclou 27 … 31 D3
Acon 27 … 55 E3
Acq 62 … 9 F2
Acqualta 2B … 265 E2
Acqueville 14 … 52 B1
Acqueville 50 … 24 C2
Acquigny 27 … 31 F3
Acquin-Westbécourt 62 … 3 E3
Acy 02 … 35 E2
Acy-en-Multien 60 … 34 C4
Acy-Romance 08 … 37 D1
Adaincourt 57 … 40 C4
Adainville 78 … 56 B3
Adam-lès-Passavant 25 … 125 F2
Adam-lès-Vercel 25 … 26 A3
Adamswiller 67 … 66 B1
Adast 65 … 257 D2
Adé 65 … 249 D2
Adelange 57 … 41 D4
Adelans 70 … 107 D2
Adervielle 65 … 258 A3
Adilly 79 … 131 D3
Adinfer 62 … 10 A4
Adissan 34 … 233 F3
Les Adjots 16 … 147 E3
Adon 45 … 101 D3
Adour 32,40,65 … 225 D2
Les Adrets 38 … 189 F1
Les Adrets-de-l'Estérel 83 … 239 F3
Adriers 86 … 148 B2
Afa 2A … 266 B4
Affieux 19 … 165 E4
Affléville 54 … 39 E2
Affoux 69 … 170 C1
Affracourt 54 … 86 C1
Affringues 62 … 3 E4
Agassac 31 … 250 C1
Agay 83 … 240 A3
Agde 34 … 255 F1
Agel 34 … 254 B1
Agel (Mont) 06 … 241 E4
Agen 47 … 211 F2
Agen-d'Aveyron 12 … 215 E1
Agencourt 21 … 123 E3
Agenville 80 … 9 D4
Agenvillers 80 … 8 C4
Les Ageux 60 … 34 A2
Ageville 52 … 85 E3
Agey 21 … 123 D2
Aghione 2B … 267 E2
Agincourt 54 … 64 B3
Agly 11,66 … 262 B1
Agmé 47 … 195 F4
Agnac 47 … 195 F3
Agnat 43 … 184 C1
Agneaux 50 … 27 E4
Agnetz 60 … 33 F2
Agnez-lès-Duisans 62 … 9 F3
Agnicourt-et-Séchelles 02 … 20 A3
Agnières 62 … 9 F2
Agnières 80 … 16 C3
Agnières-en-Dévoluy 05 … 205 F2
Agnin 38 … 187 E1
Agnos 64 … 248 A2
Agny 62 … 10 A3
Agon-Coutainville 50 … 26 C4
Agonac 24 … 179 F2
Agonès 34 … 217 E4
Agonges 03 … 137 D3
Agonnay 17 … 161 D1
Agos-Vidalos 65 … 257 D2
Agout 34,81 … 230 C2
Agris 16 … 163 D2
Agudelle 17 … 177 E1
Aguessac 12 … 216 B2
Aguilcourt 02 … 36 B2
Aguts 81 … 230 C3
Agy 14 … 28 B3
Ahaxe-Alciette-Bascassan 64 … 247 D2
Ahetze 64 … 224 B4
Ahéville 88 … 87 D2
Ahuillé 53 … 74 C4
Ahun 23 … 150 C4
Ahuy 21 … 123 E1
Aibes 59 … 12 C3
Aibre 25 … 107 E4
Aïcirits 64 … 225 E4
Aiffres 79 … 146 B2
Aigaliers 30 … 218 C3
L'Aigle 61 … 54 B3
Aigle (Barrage de l') 19 … 182 B2
Aigle, (Pic de l') 39 … 142 A3
Aiglemont 08 … 21 E3
Aiglepierre 39 … 125 D4
Aigleville 27 … 55 F1
Aiglun 04 … 222 A3
Aiglun 06 … 223 E4
Aiglun (Clue d') 06 … 223 E4
Aignan 32 … 227 E2
Aignay-le-Duc 21 … 104 B3
Aigne 34 … 254 B1
Aignerville 14 … 28 A2
Aignes 31 … 252 A1
Aignes-et-Puypéroux 16 … 162 C4
Aigneville 80 … 16 B1
Aigny 51 … 36 C4
Aigonnay 79 … 146 C2
Aigoual (Mont) 30 … 217 E3
Aigre 16 … 162 B1
Aigrefeuille 31 … 230 B3
Aigrefeuille-d'Aunis 17 … 145 E3
Aigrefeuille-sur-Maine 44 … 112 B3
Aigremont 30 … 218 B4
Aigremont 52 … 86 A4
Aigremont 78 … 57 D2
Aigremont 89 … 102 C3
Aiguebelette (Lac d') 73 … 173 E3
Aiguebelette-le-Lac 73 … 173 E3
Aiguebelle 73 … 174 B3
Aigueblanche 73 … 174 C3
Aiguefonde 81 … 231 E4
Aigueperse 63 … 152 C4
Aigueperse 69 … 155 D2
Aigues 26,84 … 219 F2
Aigues-Juntes 09 … 251 F3
Aigues-Mortes 30 … 235 D3
Aigues-Vives 09 … 252 C3
Aigues-Vives 11 … 253 F2
Aigues-Vives 30 … 235 D2
Aigues-Vives 34 … 254 B1
Aiguèze 30 … 219 D1
Aiguilhe 43 … 185 F3
Aiguille (Plan de l') 74 … 159 E4
Aiguilles 05 … 207 E1
Aiguillon 47 … 211 D1
L'Aiguillon 09 … 252 C4
L'Aiguillon-sur-Mer 85 … 144 C1
L'Aiguillon-sur-Vie 85 … 128 B2
Aiguines 83 … 238 C1
Aigurande 36 … 150 B1
Ailhon 07 … 203 D3
Aillant-sur-Milleron 45 … 101 D2
Aillant-sur-Tholon 89 … 101 F2
Aillas 33 … 195 D4
Ailleux 42 … 169 F2
Aillevans 70 … 107 D3
Ailleville 10 … 84 B3
Aillevillers-et-Lyaumont 70 … 106 C1
Aillianville 52 … 85 F2
Aillières-Beauvoir 72 … 76 C1
Aillon-le-Jeune 73 … 173 F3
Aillon-le-Vieux 73 … 174 A3
Ailloncourt 70 … 107 D2
Ailly 27 … 31 F4
Ailly-le-Haut-Clocher 80 … 8 C4
Ailly-sur-Meuse 55 … 63 D2
Ailly-sur-Noye 80 … 17 F3
Ailly-sur-Somme 80 … 17 E2
Aimargues 30 … 235 D2
Aime 73 … 175 D3
Aimé (Mont) 51 … 60 B2
Ain 1,39 … 141 E3
Ainay-le-Château 03 … 136 B3
Ainay-le-Vieil 18 … 136 A3
Aincille 64 … 246 C2
Aincourt 95 … 32 C4
Aincreville 55 … 38 B2
Aingeray 54 … 64 A3
Aingeville 88 … 86 A3
Aingoulaincourt 52 … 85 E1
Ainharp 64 … 247 E1
Ainhice-Mongelos 64 … 247 D1
Ainhoa 64 … 246 B1
Ainvelle 70 … 106 C1
Ainvelle 88 … 86 B4
Airaines 80 … 17 D1
Airan 14 … 29 E4
Aire 08 … 36 C1
Aire 55 … 37 F2
Aire-sur-la-Lys 62 … 4 A4
Aire-sur-l'Adour 40 … 226 C2
Airel 50 … 27 E3
Les Aires 34 … 233 D3
Airion 60 … 33 F2
Airon-Notre-Dame 62 … 8 B2
Airon-St-Vaast 62 … 8 B2
Airoux 11 … 252 C1
Airvault 79 … 131 E2
Aiserey 21 … 123 F3
Aisey-et-Richecourt 70 … 106 B1
Aisey-sur-Seine 21 … 104 A2
Aisne 2,8,51,55,60 … 36 C1
Aisonville-et-Bernoville 02 … 19 E2
Aissey 25 … 125 F2
Aisy-sous-Thil 21 … 122 B1
Aisy-sur-Armançon 89 … 103 E3
Aiti 2B … 265 D4
Aiton 73 … 174 B3
Aitone (Forêt d') 2A … 266 B2
Aix 19 … 166 C3
Aix 59 … 11 D1
Les Aix-d'Angillon 18 … 119 E3
Aix-en-Diois 26 … 205 D2
Aix-en-Ergny 62 … 8 C1
Aix-en-Issart 62 … 8 C1
Aix-en-Othe 10 … 82 B3
Aix-en-Provence 13 … 237 E3
Aix-la-Fayette 63 … 169 D4
Aix-les-Bains 73 … 173 E2
Aix-Noulette 62 … 10 A2
Aixe-sur-Vienne 87 … 164 B2
Aizac 07 … 203 D2
Aizanville 52 … 84 C4
Aize 36 … 117 F4
Aizecourt-le-Bas 80 … 18 C1
Aizecourt-le-Haut 80 … 18 C1
Aizecq 16 … 147 E4
Aizelles 02 … 36 A1
Aizenay 85 … 128 C2
Aizier 27 … 30 C2
Aizy-Jouy 02 … 35 F1
Ajac 11 … 253 D3
Ajaccio 2A … 266 B4
Ajaccio, (Golfe d') 2A … 268 B1
Ajain 23 … 150 C3
Ajat 24 … 180 B3
Ajoncourt 57 … 64 C2
Ajou 27 … 54 C1
Ajoux 07 … 203 E2
Ajustants (Route des) 19 … 182 C1
Alagnon 15 … 184 A3
Alagnon (Gorges de l') 15,43,63 … 184 B1
Alaigne 11 … 253 D3
Alaincourt 02 … 19 D3
Alaincourt 70 … 106 B1
Alaincourt-la-Côte 57 … 64 C1
Alairac 11 … 253 E2
Alaise 25 … 125 E4
Alan 31 … 250 C2
Alando 2B … 267 E1
Alata 2A … 266 B4
Alba-la-Romaine 07 … 203 E3
Alban 81 … 215 D4
Albaret-le-Comtal 48 … 200 C1
Albaret-Ste-Marie 48 … 201 D1
Albarine (Cluse de l') 01 … 156 C4
Albarine (Gorges de l') 01 … 157 D4
L'Albaron 13 … 253 E3
Albas 11 … 254 B3
Albas 46 … 197 E4
Albé 67 … 89 D1
Albefeuille-Lagarde 82 … 213 D3
L'Albenc 38 … 188 C2
Albens 73 … 173 E2
Albepierre-Bredons 15 … 183 F3
L'Albère 66 … 262 C3
Albert 80 … 18 A1
Albertacce 2B … 266 C1
Albertville 73 … 174 B2
Albestroff 57 … 65 E1
Albi 81 … 214 B4
Albiac 31 … 230 C3
Albiac 46 … 198 B2
Albias 82 … 213 E3
Albières 11 … 253 F4
Albiès 09 … 260 B1
Albiez-le-Jeune 73 … 190 B2
Albiez-le-Vieux 73 … 190 B2
Albignac 19 … 181 E3
Albigny-sur-Saône 69 … 71 E1
Albine 81 … 232 A4
Albiosc 04 … 238 B1
Albitreccia 2A … 268 C1
Albon 07 … 203 D1
Albon 26 … 187 E2
Alboussière 07 … 187 E4
Les Albres 12 … 199 D4
Albussac 19 … 181 F3
Alby-sur-Chéran 74 … 173 F1
Alçay-Alçabéhéty-Sunharette 64 … 247 E2
Aldudes 64 … 246 B2
Aldudes (Vallée des) 64 … 246 B2
Alembon 62 … 3 D3
Alençon 61 … 76 B1
Alénya 66 … 263 D2
Aléria 2B … 267 F2
Alès 30 … 218 A3
Alet-les-Bains 11 … 253 E3
Alette 62 … 8 B1
Aleu 09 … 259 F3
Alex 74 … 174 A1
Alexain 53 … 74 C3
Aleyrac 26 … 204 A4
Alfeld (Lac d') 88 … 107 F2
Alfortville 94 … 57 F2
Algajola 2B … 264 B3
Algans 81 … 230 C3
Algolsheim 68 … 89 E4
Algrange 57 … 39 F2
Alièze 39 … 141 E3
Alignan-du-Vent 34 … 233 E4
Alincourt 08 … 37 D2
Alincthun 62 … 3 D3
Alise-Ste-Reine 21 … 103 F4
Alissas 07 … 203 E2
Alix 69 … 171 D1
Alixan 26 … 188 A4
Alizay 27 … 31 F2
Allain 54 … 64 A4
Allaines 80 … 18 B1
Allaines-Mervilliers 28 … 79 D3
Allainville 28 … 55 F3
Allainville 78 … 79 E4
Allainville-en-Beauce 45 … 79 E3
Allaire 56 … 92 B3
Allamont 54 … 39 E4
Allamps 54 … 63 F4
Allan 26 … 203 F4
Allanche 15 … 184 A2
Alland'Huy-et-Sausseuil 08 … 37 E1
Allarmont 88 … 66 A4
Allas-Bocage 17 … 177 E1
Allas-Champagne 17 … 161 E4
Allas-les-Mines 24 … 197 D1
Allassac 19 … 181 D2
Allauch 13 … 243 E2
Allègre 30 … 218 B2
Allègre 43 … 185 E2
Allègre (Château d') 30 … 218 B2
Alleins 13 … 236 C2
Allemagne-en-Provence 04 … 238 B1
Allemanche-Launay-et-Soyer 51 … 60 A4
Allemans 24 … 178 C2
Allemans-du-Dropt 47 … 195 F3
Allemant 02 … 35 E1
Allemant 51 … 60 A3
Allemont 38 … 189 F3
Allenay 80 … 8 A4
Allenc 48 … 201 F3
Allenjoie 25 … 108 A4
Allennes-les-Marais 59 … 10 B1
Allenwiller 67 … 66 C3
Allerey 21 … 122 C3
Allerey-sur-Saône 71 … 140 B1
Allériot 71 … 140 A2
Allery 80 … 16 C1
Alles-sur-Dordogne 24 … 196 C1
Les Alleuds 49 … 114 A2
Les Alleuds 79 … 147 D3
Les Alleux 08 … 37 F1
Alleuze 15 … 184 B4
Allevard 38 … 174 A4
Allèves 74 … 173 F2
Allex 26 … 204 A2
Alleyrac 43 … 202 B1
Alleyras 43 … 201 F1
Alleyrat 19 … 166 C3
Alleyrat 23 … 150 C4
Allez-et-Cazeneuve 47 … 211 F1
Alliancelles 51 … 62 A2
Alliat 09 … 260 B1
Allibaudières 10 … 60 C4
Allichamps 52 … 62 A4
Allier 65 … 249 E2
Allier 3,18,43,58,63 … 184 C1
Allières 09 … 259 F2
Les Alliés 25 … 126 A4
Alligny-Cosne 58 … 120 A1
Alligny-en-Morvan 58 … 122 A3
Allineuc 22 … 71 D1
Allinges 74 … 158 C1
Allogny 18 … 118 C3
Allogny (Forêt d') 18 … 118 C3
Allondans 25 … 107 F4
Allondaz 73 … 174 B2
Allondrelle-la-Malmaison 54 … 39 D1
Allonne 60 … 33 E2
Allonne 79 … 131 D3
Allonnes 28 … 78 C2
Allonnes 49 … 114 C2
Allonnes 72 … 96 B1
Allons 04 … 222 C3
Allons 47 … 210 B2
Allonville 80 … 17 F2
Allonzier-la-Caille 74 … 158 A4
Allos 04 … 223 D1
Allos (Col d') 04 … 222 C1
Allouagne 62 … 9 F1
Alloue 16 … 148 A4
Allouis 18 … 118 C3
Allouville-Bellefosse 76 … 14 C4
Les Allues 73 … 174 C4
Les Alluets-le-Roi 78 … 56 C2
Alluy 58 … 121 D4
Alluyes 28 … 78 B3
Ally 15 … 182 C3
Ally 43 … 184 C3
Almayrac 81 … 214 C3
Almenêches 61 … 53 E3
Almon-les-Junies 12 … 199 E3
Alo Bisucce 2A … 268 C3
Alos 09 … 259 E3
Alos 81 … 214 A3
Alos-Sibas-Abense 64 … 247 E2
Alouettes (Mont des) 85 … 130 A1
Aloxe-Corton 21 … 123 E4
L'Alpe-d'Huez 38 … 190 A3
Alpes Mancelles 72 … 75 F2
Alpilles (Chaîne des) 13 … 236 A1
Alpuech 12 … 200 B2
Alquines 62 … 3 D3
Alrance 12 … 215 E3
Alsting 57 … 41 F3
Altagène 2A … 269 D2
Alteckendorf 67 … 67 D2
Altenach 68 … 108 B3
Altenbach 68 … 108 B1
Altenheim 67 … 66 C2
Altenstadt 67 … 43 E4
Althen-des-Paluds 84 … 219 F3
Altiani 2B … 267 E2
Altier 48 … 202 A4
Altillac 19 … 181 F4
Altkirch 68 … 108 B3
Altorf 67 … 67 D4
Altrippe 57 … 41 E4
Altviller 57 … 41 E4
Altwiller 67 … 65 F1
Aluze 71 … 139 F2
Alvignac 46 … 198 B1
Alvimare 76 … 14 C4
Alzen 09 … 252 A4
Alzi 2B … 267 E1
Alzing 57 … 41 D2
Alzon 30 … 217 D4
Alzonne 11 … 253 D2
Amage 70 … 107 D1
Amagne 08 … 37 E1
Amagney 25 … 125 E2

mailloux 79 131 D2
mance 10 84 A2
mance 54 64 C2
mance 70 106 B2
mancey 25 125 E4
mancy 74 158 B3
mange 39 124 B3
manlis 35 73 E4
manty 55 63 E4
manvillers 57 40 A3
manzé 71 154 C2
mareins-Francheleins-Cesseins 01 155 E3
marens 81 214 A3
mathay-Vésigneux 25 125 F4
mayé-sur-Orne 14 29 D4
mayé-sur-Seulles 14 28 B4
mazy 58 121 D2
mbacourt 88 86 C2
mbarès-et-Lagrave 33 177 E4
mbax 31 250 C1
mbazac 87 165 D1
mbel 38 205 F1
mbenay 27 54 C2
mbérac 16 162 B1
mbérieu-en-Bugey 01 156 C4
mbérieux 69 171 E1
mbérieux-en-Dombes 01 155 F4
mbernac 16 148 A4
mberre 86 132 A2
mbert 63 169 E4
mbès 33 177 E4
mbeyrac 12 198 C4
mbialet 81 215 D4
mbiegna 2A 266 B3
mbierle 42 154 A3
mbiévillers 70 86 C4
mbillou 37 115 E1
mbillou-Château 49 114 A2
mbilly 74 158 B2
mblaincourt 55 62 C1
mblainville 60 33 E3
mblans-et-Velotte 70 107 D3
mbleny 02 35 D2
mbléon 01 173 D2
mbleteuse 62 2 C3
mbleville 16 162 A3
mbleville 95 32 C4
mblie 14 29 D2
mblimont 08 22 A4
mbloy 41 97 F3
mbly-Fleury 08 37 D1
mbly-sur-Meuse 55 38 C4
mboise 37 116 B1
mbon 56 91 F3
mbonil 26 204 A1
mbonnay 51 36 C4
mbonville 52 84 C2
mbourville 76 31 E1
mbrault 36 135 D2
mbres 81 230 C2
mbricourt 62 9 D2
mbrief 02 35 E2
mbrières 51 62 A3
mbrières-les-Vallées 53 75 D1
mbrines 62 9 E3
mbronay 01 156 C4
mbrugeat 19 166 B4
mbrumesnil 76 15 E2
mbrus 47 211 D2
mbutrix 01 156 C4
mby (Gorges d') 38 172 B2
mécourt 27 32 C2
mel-sur-l'Étang 55 39 D3
mélécourt 57 65 D2
mélie-les-Bains-Palalda 66 262 B3
mendeuix-Oneix 64 225 E4
menoncourt 54 65 E3
menucourt 95 32 C4
mes 62 9 E1
mettes 62 9 E1
meugny 71 139 F4
meuvelle 88 106 B1
mfreville 14 29 E3
mfreville 50 25 D3
mfreville-la-Campagne 27 31 E3
mfreville-la-Mi-Voie 76 31 F2
mfreville-les-Champs 27 32 A2
mfreville-les-Champs 76 15 D3
mfreville-sous-les-Monts 27 32 A2
mfreville-sur-Iton 27 31 F4
mfroipret 59 11 F3
Amiens 80 17 E2
Amifontaine 02 36 B1
Amigny 50 27 E3
Amigny-Rouy 02 19 D4
Amillis 77 59 D3
Amilly 28 78 B1
Amilly 45 100 C1
Amions 42 170 A1
Amirat 06 223 E4
Ammerschwihr 68 89 D3
Ammerzwiller 68 108 B2
Ammeville 14 53 E1
Amné 72 76 A4
Amnéville 57 40 B3
Amoncourt 70 106 B2
Amondans 25 125 E3
Amont-et-Effreney 70 107 E1
Amorots-Succos 64 225 D4
Amou 40 226 A3
Ampilly-le-Sec 21 103 F2
Ampilly-les-Bordes 21 104 A3
Amplepuis 69 154 C4
Amplier 62 9 E4
Ampoigné 53 94 C2
Amponville 77 80 B3
Ampriani 2B 267 E1
Ampuis 69 171 E4
Ampus 83 239 D2
Amuré 79 146 A2
Amy 60 18 B4
Anais 16 162 C2
Anais 17 145 E2
Anan 31 250 C1
Ance 43 186 A2
Ance 64 247 F2
Anceaumeville 76 15 E4
Anceins 61 54 B2
Ancelle 05 206 B2
Ancemont 55 38 C4
Ancenis 44 112 C1
Ancerville 55 62 B3
Ancerville 57 40 C4
Ancerviller 54 65 F4
Ancey 21 123 D2
Anchamps 08 21 E2
Anché 37 115 D3
Anché 86 147 E2
Anchenoncourt-et-Chazel 70 106 C1
Anchin (Anc. abbaye d') 59 10 C2
Ancienville 02 35 D3
Ancier 70 124 C1
Ancinnes 72 76 B2
Ancizan 65 249 F4
Les Ancizes-Comps 63 167 E1
Ancône 26 203 E3
Ancourt 76 15 F2
Ancourteville-sur-Héricourt 76 14 C3
Ancretiéville-St-Victor 76 15 E4
Ancretteville-sur-Mer 76 14 C3
Anctoville 50 26 C4
Anctoville 14 28 B4
Anctoville-sur-Boscq 50 50 B2
Ancy 69 171 D1
Ancy-le-Franc 89 103 D2
Ancy-le-Libre 89 103 E2
Ancy-sur-Moselle 57 40 A4
Andaines (Forêt des) 61 52 B4
Andainville 80 16 C2
Andance 07 187 E2
Andancette 26 187 E2
Andard 49 114 A1
Andé 27 31 F3
Andechy 80 18 B3
Andel 22 48 B4
Andelain 02 19 D4
Andelaroche 03 153 F2
Andelarre 70 106 B3
Andelarrot 70 106 B3
Andelat 15 184 A3
Andelle 27,76 16 A4
Andelnans 90 108 A3
Andelot 52 85 E3
Andelot-en-Montagne 39 142 A1
Andelot-lès-St-Amour 39 156 C1
Andelu 78 56 C2
Les Andelys 27 32 B3
Andernay 55 62 B2
Andernos-les-Bains 33 193 D2
Anderny 54 39 E2
Andert-et-Condon 01 173 D2
Andevanne 08 38 A2
Andeville 60 33 E3
Andigné 49 94 C3
Andillac 81 214 A4
Andilly 17 145 E2
Andilly 54 63 F2
Andilly 74 158 A3
Andilly 95 57 E1
Andilly-en-Bassigny 52 105 E1
Andiran 47 211 D3
Andlau 67 89 D1
Andoins 64 248 C1
Andolsheim 68 89 D3
Andon 06 239 F1
Andonville 45 79 E3
Andornay 70 107 E3
Andorra la Vella 260 A3
Andouillé 53 74 C3
Andouillé-Neuville 35 73 E2
Andouque 81 214 C4
Andrein 64 225 E4
Andres 62 3 D2
Andrest 65 249 E1
Andrésy 78 57 D1
Andrezé 49 113 D3
Andrezel 77 58 B4
Andrézieux-Bouthéon 42 170 B4
Andryes 89 102 A4
Anduze 30 218 A3
Anéran-Camors 65 258 A3
Anères 65 250 A3
Anet 28 56 A2
Anetz 44 112 C1
Angais 64 248 C1
Angé 41 117 D2
Angeac-Champagne 16 161 F3
Angeac-Charente 16 162 B3
Angecourt 08 22 A4
Angeduc 16 162 B4
Angely 89 103 D4
Angeot 90 108 A2
Angers 49 95 D4
Angerville 14 29 F3
Angerville 91 79 E2
Angerville-Bailleul 76 14 B4
Angerville-la-Campagne 27 55 E1
Angerville-la-Martel 76 14 C3
Angerville-l'Orcher 76 14 B4
Angervilliers 91 57 D4
Angeville 82 212 B4
Angevillers 57 39 F2
Angey 50 50 B2
Angicourt 60 34 A2
Angiens 76 15 D2
Angirey 70 124 C1
Angivillers 60 34 A1
Anglade 33 177 D2
Anglais (Cascades des) 2B 267 D2
Anglards-de-St-Flour 15 184 B4
Anglards-de-Salers 15 183 D2
Anglars 46 198 C2
Anglars-Juillac 46 197 E4
Anglars-Nozac 46 197 F2
Anglars-St-Félix 12 199 D4
Anglefort 01 157 E4
Anglemont 88 87 F1
Les Angles 04 222 C3
Les Angles 30 219 E4
Les Angles 65 257 E2
Les Angles 66 261 D3
Anglès 81 232 A3
Angles 85 144 C1
Les Angles-sur-Corrèze 19 181 F2
Angles-sur-l'Anglin 86 133 D3
Anglesqueville-la-Bras-Long 76 15 D3
Anglesqueville-l'Esneval 76 14 A4
Anglet 64 224 B3
Angliers 17 145 E2
Anglure 51 60 B4
Anglure-sous-Dun 71 154 C2
Anglus 52 84 B1
Angluzelles-et-Courcelles 51 60 B3
Angoisse 24 180 B1
Angomont 54 65 F4
Angos 65 249 E2
Angoulême 16 162 C3
Angoulins 17 145 D3
Angoumé 40 225 D2
Angous 64 247 E1
Angoustrine 66 261 D3
Angoville 14 52 B1
Angoville-au-Plain 50 27 D2
Angoville-en-Saire 50 25 D1
Angoville-sur-Ay 50 26 C2
Angres 62 10 A2
Angresse 40 224 C2
Angrie 49 94 B4
Anguerny 14 29 D3
Anguilcourt-le-Sart 02 19 E3
Angviller-lès-Bisping 57 65 F2
Angy 60 33 F2
Anhaux 64 246 C2
Anhiers 59 10 C2
Aniane 34 234 A2
Aniche 59 10 C2
Anisy 14 29 D3
Anizy-le-Château 02 35 E1
Anjeux 70 106 C1
Anjony 15 183 D3
Anjou 38 187 E1
Anjouin 36 118 A3
Anjoutey 90 108 A2
Anla 65 250 B3
Anlezy 58 137 F1
Anlhiac 24 180 B1
Annay 58 101 D4
Annay 62 10 B2
Annay-la-Côte 89 102 C4
Annay-sur-Serein 89 102 C3
Annebault 14 29 F3
Annebecq 14 51 E1
Annecy 74 173 F4
Annecy (Lac d') 74 174 A1
Annecy-le-Vieux 74 158 A4
Annelles 08 37 D2
Annemasse 74 158 B2
Annéot 89 102 C4
Annepont 17 161 D1
Annequin 62 10 A1
Annesse-et-Beaulieu 24 179 E3
Annet-sur-Marne 77 58 B1
Anneux 59 10 C4
Anneville-Ambourville 76 31 E1
Anneville-en-Saire 50 25 E2
Annéville-la-Prairie 52 85 D3
Anneville-sur-Mer 50 26 C3
Anneville-sur-Scie 76 15 F2
Anneyron 26 187 E2
Annezay 17 145 F4
Annezin 62 9 F1
Annœullin 59 10 B1
Annoire 39 140 C1
Annois 02 19 D3
Annoisin-Chatelans 38 172 B2
Annoix 18 136 A1
Annonay 07 187 D2
Annonville 52 85 E1
Annot 04 223 D3
Annouville-Vilmesnil 76 14 B3
Annoux 89 103 D3
Annoville 50 50 B1
Anor 59 20 B1
Anos 64 226 C4
Anost 71 122 A4
Anould 88 88 B3
Anoux 54 39 E2
Anoye 64 227 D4
Anquetierville 76 31 D1
Anrosey 52 105 F2
Ansac-sur-Vienne 16 148 A4
Ansacq 60 33 F2
Ansan 32 228 C2
Ansauville 54 63 F2
Ansauvillers 60 17 F4
Anse 69 171 E1
Anserville 60 33 E3
Ansignan 66 262 A1
Ansigny 73 173 E1
Ansost 65 227 E4
Ansouis 84 237 E1
Anstaing 59 5 E4
Antagnac 47 210 B1
Anterrieux 15 200 C1
Anteuil 25 126 B1
Antezant-la-Chapelle 17 146 B4
Anthé 47 212 B1
Anthelupt 54 64 C3
Anthenay 51 36 A4
Antheny 08 20 C2
Antheuil 21 123 D3
Antheuil-Portes 60 34 B1
Anthien 58 121 E2
Anthon 38 172 A2
Anthy-sur-Léman 74 158 C1
Antibes 06 240 B2
Antibes (Cap d') 06 240 B2
Antichan 65 250 B3
Antichan-de-Frontignes 31 250 B4
Antifer (Cap d') 76 14 A3
Antignac 15 183 D1
Antignac 17 161 E4
Antignac 31 258 B3
Antigny 85 130 B3
Antigny 86 133 D4
Antigny-la-Ville 21 122 C4
Antilly 57 40 B3
Antilly 60 34 C4
Antin 65 249 F1
Les Antiques 13 236 B1
Antisanti 2B 267 E2
Antist 65 249 E2
Antogny-le-Tillac 37 132 C1
Antoigné 49 114 B4
Antoigny 61 52 B4
Antoingt 63 168 B4
Antonaves 05 221 E1
Antonne-et-Trigonant 24 179 F2
Antony 92 57 E3
Antorpe 25 124 C3
Antraigues-sur-Volane 07 203 D2
Antrain 35 73 E1
Antran 86 132 C2
Antras 09 259 D3
Antras 32 228 A2
Antrenas 48 201 D3
Antugnac 11 253 E4
Antully 71 139 E1
Anvéville 76 15 D3
Anville 16 162 A1
Anvin 62 9 D2
Any-Martin-Rieux 02 20 C2
Anzat-le-Luguet 63 184 A1
Anzeling 57 40 C2
Anzême 23 150 B2
Anzex 47 210 C1
Anzin 59 11 D2
Anzin-St-Aubin 62 10 A3
Anzy-le-Duc 71 154 B2
Aoste 38 173 D3
Aougny 51 36 A3
Aouste 08 20 C3
Aouste-sur-Sye 26 204 B2
Aouze 88 86 B1
Apach 57 40 C1
Apchat 63 184 B1
Apchon 15 183 E2
Apinac 42 185 F1
Apothicairerie (Grotte de l') 56 90 B4
Appelle 81 231 D3
Appenai-sous-Bellême 61 77 D2
Appenans 25 126 B1
Appenwihr 68 89 D4
Appeville 50 26 C2
Appeville-Annebault 27 31 D2
Appietto 2A 266 B3
Appilly 60 18 C4
Appoigny 89 102 A2
Apprieu 38 188 C1
Appy 09 260 C1
Apremont 01 157 D2
Apremont 08 38 A3
Apremont 60 34 A3
Apremont 70 124 B1
Apremont 73 173 E3
Apremont 85 128 C2
Apremont-la-Forêt 55 63 E2
Apremont-sur-Allier 18 137 D1
Aprey 52 105 D2
Apt 84 220 C4
Arabaux 09 252 B4
Arâches 74 159 D3
Aragnouet 65 257 F4
Aragon 11 253 E1
Aramits 64 247 F2
Aramon 30 219 D4
Aranc 01 156 C4
Arance 64 226 A4
Arancou 64 225 E4
Arandas 01 172 C1
Arandon 38 172 C2
Araujuzon 64 225 F4
Araules 43 186 B3
Araux 64 225 F4
Aravis (Chaîne des) 73,74 158 C4
Aravis (Col des) 74 174 C1
Arbailles (Forêt des) 64 247 E2
Arbanats 33 194 B2
Arbas 31 259 D2
Arbecey 70 106 B2
Arbellara 2A 269 D2
Arbent 01 157 D2
Arbéost 65 256 C2
Arbérats-Sillègue 64 225 E4
Arbignieu 01 173 D2
Arbigny 01 140 B4
Arbigny-sous-Varennes 52 105 E1
Arbin 73 173 F3
Arbis 33 194 C2
Arblade-le-Bas 32 227 D2
Arblade-le-Haut 32 227 D1
Arbois 39 141 E1
Arbois (Mont d') 74 175 D1
Arbon 31 258 C2
Arbonne 64 224 B4
Arbonne-la-Forêt 77 80 B1
Arboras 34 233 F2
Arbori 2A 266 B2
Arbot 52 104 C2
Arbouans 25 107 F4
Arboucave 40 226 B2
Arbouet-Sussaute 64 225 E4
Arbourse 58 120 B2
Arboussols 66 262 A2
Arbre (Puy de l') 15 199 F2
L'Arbresle 69 171 D1
Arbrissel 35 94 A1
Arbus 64 248 A1
Arbusigny 74 158 B3
Arc 73 190 B1
Arc-en-Barrois 52 104 C1
Arc-et-Senans 25 124 C4
Arc-lès-Gray 70 124 B1
Arc-sous-Cicon 25 126 A3
Arc-sous-Montenot 25 142 A1
Arc-sur-Tille 21 123 F2
Arcachon 33 193 D2
Arcachon (Bassin d') 33 193 D2
Arcais 79 145 F2
Arcambal 46 198 A4
Arcangues 64 224 B3
Arcay 18 135 F1
Arcay 86 131 F1
Arceau 21 123 F1
Arcenant 21 123 D3
Arcens 07 203 D1
Arces 17 160 C3
Arces 89 82 B4
Arcey 21 123 D2
Arcey 25 107 E4

A
B
C
X
Y
Z
0
300 m
CATHÉDRALE
LE VIEIL AIX
Thermes Sextius
Pl. Bellegarde
Bd F. et E. Zola
Bd A. Briand
Ste-Marie-Madeleine
ÉCOLE NAT^LE SUP. DES ARTS ET MÉTIERS
R. Portalis
Pl. des Tanneurs
ST-JEAN BAPTISTE
Bd de la République
Pl. Miollis
PALAIS DES CONGRÈS
COURS MIRABEAU
LE QUARTIER MAZARIN
St-J. de Malte
R. Cardinale
Pl. Gal de Gaulle
CASINO
Espace Méjanes
Av. de l'Europe
HÔP. PSYCHIATRIQUE
Bd du Roi René
CITÉ UNIVERSITAIRE
Crs Gambetta

Aix-en-Provence

Agard (Passage) CY 2
Bagniers (R. des) BY 4
Clemenceau (R.) BY 18
Cordeliers (R. des) BY 20
Espariat (R.) BY 26
Fabrot (R.) BY 28
Méjanes (R.) BY 51
Mirabeau (Cours) BY
Paul-Bert (R.) BX 66
Thiers (R.) CY 80
Bon-Pasteur (R.) BX 9
Boulégon (R.) BX 12
Brossolette (Av.) AZ 13
Cardeurs (Pl. des) BY 16
De-la-Roque (R. J.) BX 25
Hôtel-de-Ville (Pl.) BY 37
Italie (R. d') CY 42
Lattre-de-T. (Av.) AY 46
Matheron (R.) BY 49
Minimes (Crs des) AY 52
Montigny (R. de) BY 55
Napoléon Bonaparte (Av.) AY 57
Nazareth (R.) BY 58
Opéra (R. de l') CY 62
Pasteur (Av.) BX 64
Prêcheurs (Pl. des) CY 70
Richelme (Pl.) BY 72
Saporta (R. G.-de) BX 75
Verdun (Pl. de) CY 85
4-Septembre (R.) BZ 87

Archail 04 222 B2
Archamps 74 158 A3
Archelange 39 124 B3
Arches 15 182 C2
Arches 88 87 E3
Archettes 88 87 E3
Archiac 17 161 F4
Archiane (Cirque d') 26 205 D2
Archignac 24 180 C4
Archignat 03 151 E1
Archigny 86 132 C3
Archingeay 17 161 D1
Archon 02 20 B3
Arcine 74 157 E3
Arcinges 42 154 C3
Arcins 33 177 D3
Arcis-le-Ponsart 51 36 A3
Arcis-sur-Aube 10 60 C4
Arcizac-Adour 65 249 E2
Arcizac-ez-Angles 65 249 D3
Arcizans-Avant 65 257 D2
Arcizans-Dessus 65 257 D2
Arcomie 48 201 D1
Arcomps 18 135 F3
Arçon 25 126 A4
Arcon 42 154 A4
Arconcey 21 122 C3
Arconnay 72 76 A2
Arconsat 63 169 E1
Arconville 10 84 B3
L'Arcouest (Pointe de) 22 47 E1
Les Arcs 73 175 D3
Les Arcs 83 239 E3
Arcueil 94 57 E2
Arcy-Ste-Restitue 02 35 E3
Arcy-sur-Cure 89 102 B4
Ardèche 7 203 E4
Ardelles 28 55 E4
Ardelu 28 79 E2
Ardenais 18 135 F3
Ardenay-sur-Mérize 72 96 C1
Ardengost 65 249 F4
Ardenne (Abbaye d') 14 29 D3
Ardentes 36 134 C2
Ardes 63 184 B1
Ardeuil-et-Montfauxelles 08 37 E3
Ardevon 50 50 C3
Ardiège 31 250 B3
Les Ardillats 69 155 D3
Ardilleux 79 147 D3
Ardillières 17 145 E3
Ardin 79 130 C4
Ardizas 32 229 D2
Ardoix 07 187 D2
Ardon 39 141 F2
Ardon 45 99 E2
Ardouval 76 15 F3
Ardres 62 3 D2
Aregno 2B 264 B3
Areines 41 98 A2
Aren 64 247 F1
Arengosse 40 209 D3
Arenthon 74 158 B3
Arès 33 193 D1
Ares (Col d') 66 262 A4
Ares (Col des) 31 250 B3
Aresches 39 142 A1
Aressy 64 248 C1
Arette 64 247 F2
Arette-Pierre-St-Martin 64 247 F3
Arfeuille-Châtain 23 151 E4
Arfeuilles 03 153 F3
Arfons 81 231 E4
Argagnon 64 226 A3
Arganchy 14 28 B3
Argançon 10 84 A3
Argancy 57 40 B3
Argein 09 259 D3
Argelès 65 257 F1
Argelès-Gazost 65 257 D2
Argelès-sur-Mer 66 263 D3
Argeliers 11 254 B1
Argelliers 34 234 A2
Argelos 40 226 A3
Argelos 64 226 C4
Argelouse 40 209 E1
Argences 14 29 E4
Argens 04 222 C3
Argens 83 239 D3
Argens-Minervois 11 254 B2
Argens (Source d') 83 238 B3
Argent-sur-Sauldre 18 100 B4
Argentan 61 53 D3
Argentat 19 182 A3
Argentenay 89 103 D2
Argenteuil 95 57 E1
Argenteuil-sur-Armançon 89 103 E3
Argentière 74 159 E4
L'Argentière-la-Bessée 05 207 D1
Argentières 77 58 C4
Argentine 73 174 B4
Argentolles 52 84 C3
Argenton 47 210 C1
Argenton-Château 79 114 A4
Argenton-l'Église 79 114 A4
Argenton-Notre-Dame 53 95 D2
Argenton-sur-Creuse 36 134 A4
Argentré 53 75 D4
Argentré-du-Plessis 35 74 A4
Argenvières 18 120 A3
Argenvilliers 28 77 F3
Argers 51 37 F4
Arget 64 226 B3
Argiésans 90 107 F3
Argillières 70 105 F3
Argilliers 30 219 D4
Argilly 21 123 E4
Argis 01 156 C4
Argiusta-Moriccio 2A 269 D1
Argœuves 80 17 E2
Argol 29 68 C1
Argonay 74 158 A4
Argonne (Forêt d') 08,51,55 38 A4
Argouges 50 50 C4
Argoules 80 8 B2
Argueil 76 32 B1
Arguel 25 125 E3
Arguel 80 16 C2
Arguenos 31 258 C2
Argut-Dessous 31 258 C3
Argut-Dessus 31 258 C3
Argy 36 134 A1
Arhansus 64 247 D1
Ariège 9,31 252 A2
Aries-Espénan 65 250 A1
Arifat 81 231 F2
Arignac 09 252 A4
Arinthod 39 157 D1
Arith 73 173 F2
Arjuzanx 40 208 C3
Arlanc 63 185 E1
Arlay 39 141 D2
Arlebosc 07 187 D3
Arlempdes 43 202 B1
Arles 13 235 F2
Arles-sur-Tech 66 262 B4
Arlet 43 184 C3
Arleuf 58 121 F4
Arleux 59 10 C3
Arleux-en-Gohelle 62 10 B2
Arlos 31 250 B4
Armaillé 49 94 A3
Armainvilliers (Forêt d') 77 58 B3
Armançon 21,89 102 C1
Armancourt 60 34 B2
Armancourt 80 18 B4
Armaucourt 54 64 C2
Armbouts-Cappel 59 3 F2
Armeau 89 81 F4
Armendarits 64 247 D1
Armenonville-les-Gâtineaux 28 56 B4
Armenteule 65 258 A3
Armentières 59 5 D4
Armentières-en-Brie 77 58 C1
Armentières-sur-Avre 27 54 C3
Armentières-sur-Ourcq 02 35 E3
Armentieux 32 227 E3
Armes 58 121 D1
Armillac 47 195 F3
Armissan 11 255 D2
Armix 01 172 C1
Armorique (Parc Régional d') 29 46 B4
Armous-et-Cau 32 227 F3
Armoy 74 158 C1
Arnac 15 182 B2
Arnac-la-Poste 87 149 E2
Arnac-Pompadour 19 181 D1
Arnac-sur-Dourdou 12 232 C2
Arnage 72 96 B1
Arnancourt 52 84 C2
Arnas 69 155 E4

A
B
C
Y
Z
Boulevard
Daviers
Pl. de la Paix
Pl. du Dr Bichon
Clemenceau
Rue de la Meignanne
Pl. du Tertre-St-Laurent
MUSÉE J. LURÇAT
TOUR
PONT DE LA HAUTE-CHAÎNE
Voie des Berges
Félix Faure
secteur en travaux
Maine
Bessardière
Lionnaise
Descazeaux
ÉCOLE DES ARTS ET MÉTIERS
Pl. de la Laiterie
la Trinité
R. Saint-Nicolas
LA DOUTRE
Pl. Monprofit
Beaurepaire
Arago
Monge
Quai
Gambetta
Bazin
Pl. Molière
Thiers
Pl. St-Serge
Ayrault
ST-SERGE
Jardin des Plantes
CENTRE DE CONGRÈS
Carnot
Boisnet
Square Botanique
Pl. Louis Imbach
Pl. Mendès France
Q. des Carmes
PONT DE VERDUN
Espl. du Port Ligny
Dumesnil
Bd Foulques Nerra
Secteur en travaux
PONT DE LA BASSE CHAÎNE
Quai Ligny
CATHÉDRALE
CHÂTEAU
MAINE
N. DAME
Mail
Bessonneau
Pl. du Gal Leclerc
JARDIN DU MAIL
d'Alsace
Toussaint
Tour St-Aubin
R. St-Julien
Foch
du 8 Mai 1945
R. du Quinconce
Desjardins
Bd du Gal de Gaulle
Place de l'Académie
Blancheraie
ST-LAUD
Hoche
Bd du Roi René
Hanneloup
Boulevard
Pl. du Lycée
ST-JOSEPH
Célestin Port
Bressigny
Rue de la Av. Faidherbe
Rd-Pt de la Baumette
Pl. P. Sémard
ST-LAUD
Pl. Marengo
PARC DU HARAS
R. d'Anjou
R. du Haras
Paul Bert
Rue
Pl. A. Leroy
0
300 m

Angers

Alsace (R. d') .... CZ
Beaurepaire (R.) .... AY
Bressigny (R.) .... CZ
Chaperonnière (Rue) .... BYZ 15
Foch (Bd Mar.) .... BCZ
Laiterie (Pl.) .... AY
Lenepveu (R.) .... CY 40
Lices (R. des) .... BZ
Lionnaise (R.) .... AY
Plantagenet (R.) .... BY 56
Ralliement (Pl.du) .... BY 66
Roe (R. de la) .... BY 69
St-Aubin (R.) .... BZ 73
St-Julien (R.) .... BCZ
Voltaire (R.) .... BZ 93

Bichat (R.) .... AY 7
Bon-Pasteur (Bd du) .... AY 9
Bout-du-Monde (Prom. du) .... AY 12
Commerce (R. du) .... CY 19
David-d'Angers (Rue) .... CY 21
Denis-Papin (R.) .... BZ 22
Espine (R. de l') .... BY 27
Freppel (Pl.) .... BY 30
Gare (R. de la) .... BZ 32
La Rochefoucauld-Liancourt (Pl.) .... ABY 38
Lise (R. P.) .... CY 43
Marceau (R.) .... AZ 45
Mirault (Bd) .... BY 49
Oisellerie (R.) .... BY 53
Pasteur (Av.) .... CY 54
Pilori (Pl.du) .... CY 55
Pocquet-de-Livonnières (R.) .... CY 57

Poëliers (R. des) .... CY 58
Poissonnerie (Pl.) .... BY 59
Prés-Kennedy (Place du) .... AZ 62
Résistance-et-de la-Déport. (Bd) .... CY 68
Ronceray (Bd du) .... AY 70
St-Aignan (R.) .... AY 72
St-Étienne (R.) .... CY 75
St-Laud (R.) .... BY 77
St-Lazare (R.) .... AY 79
St-Martin (R.) .... BZ 80
St-Maurice (Montée) .... BY 82
St-Maurille (R.) .... CY 85
St-Michel (Bd) .... CY 83
Ste-Croix (Pl.) .... BZ 86
Talot (R.) .... BZ 89
Tonneliers (Rue des) .... AY 90

Arnaud-Guilhem 31 .... 250 C2
Arnave 09 .... 260 B1
Arnaville 54 .... 40 A4
Arnay-le-Duc 21 .... 122 C3
Arnay-sous-Vitteaux 21 .... 122 C1
Arnayon 26 .... 204 C4
Arné 65 .... 250 A2
Arnéguy 64 .... 246 C2
Arnèke 59 .... 4 A3
Arnicourt 08 .... 20 C4
Arnières-sur-Iton 27 .... 55 E1
Arnon 18,36 .... 118 B4
Arnoncourt-sur-Apance 52 .... 86 A4
Arnos 64 .... 226 B4
Arnouville-lès-Gonesse 95 .... 57 E1
Arnouville-lès-Mantes 78 .... 56 B2
Aroffe 88 .... 86 B1
Aromas 39 .... 156 C2
Aron 53 .... 75 D2
Aroue 64 .... 247 E1
Aroz 70 .... 106 B3
Arpaillargues-et-Aureillac 30 .... 218 C4
Arpajon 91 .... 57 E4
Arpajon-sur-Cère 15 .... 199 E1
Arpavon 26 .... 220 B1
Arpenans 70 .... 107 D3
Arpheuilles 18 .... 136 A2
Arpheuilles 36 .... 134 A1
Arpheuilles-St-Priest 03 .... 151 F2
Arphy 30 .... 217 E3
Arquenay 53 .... 95 D1
Arques 11 .... 253 E4
Arques 12 .... 215 F1
Arques 62 .... 3 F3
Les Arques 46 .... 197 E3
Arques-la-Bataille 76 .... 15 F2
Arquettes-en-Val 11 .... 253 F3
Arquèves 80 .... 17 F1
Arquian 58 .... 101 D4
Arrabloy 45 .... 100 C3
Arracourt 54 .... 65 D3
Arradon 56 .... 91 E3
Arraincourt 57 .... 65 D1
Arrancourt 91 .... 79 F2
Arrancy 02 .... 36 A1
Arrancy-sur-Crusne 55 .... 39 D1
Arrans 21 .... 103 E3
Arras 62 .... 10 A3
Arras-en-Lavedan 65 .... 257 D2
Arras-sur-Rhône 07 .... 187 E3
Arrast-Larrebieu 64 .... 247 E1
Arraute-Charritte 64 .... 225 D4
Arraye-et-Han 54 .... 64 C2
Arrayou-Lahitte 65 .... 249 D3
Arre 30 .... 217 D4
Arreau 65 .... 249 F4
Arrée (Monts d') 29 .... 46 A3
Arrelles 10 .... 83 E4
Arrembécourt 10 .... 61 E4
Arrènes 23 .... 149 F4
Arrens-Marsous 65 .... 257 D2
Arrentès-de-Corcieux 88 .... 88 B3
Arrentières 10 .... 84 B2
Arrest 80 .... 8 A4
Arreux 08 .... 21 E2
Arriance 57 .... 40 C4
Arricau-Bordes 64 .... 227 D3
Arrien 64 .... 248 C1
Arrien-en-Bethmale 09 .... 259 E3
Arrigas 30 .... 217 D4
Arrigny 51 .... 61 F4
Arro 2A 266 B3
Arrodets 65 .... 249 F3
Arrodets-ez-Angles 65 .... 257 E2
Arromanches-les-Bains 14 .... 28 C2
Arronnes 03 .... 153 E4
Arronville 95 .... 33 E3
Arros-de-Nay 64 .... 248 C2
Arros-d'Oloron 64 .... 248 A2
Arrosès 64 .... 227 D3
Arrou 28 .... 78 A4
Arrouède 32 .... 250 B1
Arrout 09 .... 259 D3
Arroux 71 .... 138 C2
Arry 57 .... 40 A4
Arry 80 .... 8 B3
Ars 16 .... 161 E3
Ars 23 .... 150 C4
Ars-en-Ré 17 .... 144 B2
Ars-Laquenexy 57 .... 40 B4
Ars-les-Favets 63 .... 152 A3
Ars-sur-Formans 01 .... 155 F4
Ars-sur-Moselle 57 .... 40 A4
Arsac 33 .... 177 D4
Arsac-en-Velay 43 .... 185 F4
Arsague 40 .... 225 F3
Arsans 70 .... 124 C1
Arsonval 10 .... 84 B2
Arsure-Arsurette 39 .... 142 B2
Les Arsures 39 .... 141 F1
Arsy 60 .... 34 B2
Art-sur-Meurthe 54 .... 64 C3
Artagnan 65 .... 227 E4
Artaise-le-Vivier 08 .... 21 F4
Artaix 71 .... 154 B2
Artalens-Souin 65 .... 257 E2
Artannes-sur-Indre 37 .... 115 F2
Artannes-sur-Thouet 49 .... 114 B3
Artas 38 .... 172 A4
Artassenx 40 .... 226 B1
Artemare 01 .... 173 D1
Artemps 02 .... 19 D3
Artenay 45 .... 79 E4
Arthaz-Pont-Notre-Dame 74 .... 158 B2
Arthel 58 .... 120 C3
Arthémonay 26 .... 188 A3
Arthenac 17 .... 161 F4
Arthenas 39 .... 141 E3
Arthès 81 .... 214 C4
Arthez-d'Armagnac 40 .... 210 A4
Arthez-d'Asson 64 .... 248 C3
Arthez-de-Béarn 64 .... 226 A3
Arthezé 72 .... 96 A2
Arthies 95 .... 32 C4
Arthon 36 .... 134 C3
Arthon-en-Retz 44 .... 111 D3
Arthonnay 89 .... 103 E1
Arthous (Abbaye d') 40 .... 225 D3
Arthun 42 .... 170 A2
Artigat 09 .... 251 F2
Artignosc-sur-Verdon 83 .... 238 B2
Artigue 31 .... 258 B3
Artiguedieu 32 .... 228 B3
Artigueloutan 64 .... 248 C1
Artiguelouve 64 .... 248 B1
Artiguemy 65 .... 249 F3
Artigues 09 .... 261 D2
Artigues 11 .... 261 E1
Artigues 65 .... 257 E2
Artigues 83 .... 238 A2
Les Artigues-de-Lussac 33 .... 178 A4
Artigues-près-Bordeaux 33 .... 194 B1
Artins 41 .... 97 E3
Artix 09 .... 252 A3
Artix 64 .... 226 B4
Artolsheim 67 .... 89 E2
Artonges 02 .... 59 F1
Artonne 63 .... 152 C4
Artres 59 .... 11 E3
Artzenheim 68 .... 89 E3
Arudy 64 .... 248 B2
Arue 40 .... 209 F3
Arve 74 .... 159 D4
Arvert 17 .... 160 A2
Arveyres 33 .... 194 C1
Arvieu 12 .... 215 E2
Arvieux 05 .... 207 E1
Arvigna 09 .... 252 B3
Arvillard 73 .... 174 A4
Arville 41 .... 77 F4
Arville 77 .... 80 B3
Arvillers 80 .... 18 A3
Arx 40 .... 210 C3
Arzacq-Arraziguet 64 .... 226 B3
Arzal 56 .... 92 A4
Arzano 29 .... 70 A4
Arzay 38 .... 172 A4
Arzembouy 58 .... 120 C3
Arzenc-d'Apcher 48 .... 200 C1
Arzenc-de-Randon 48 .... 201 F3
Arzens 11 .... 253 E2
Arzillières-Neuville 51 .... 61 E3
Arzon 56 .... 91 D3
Arzviller 57 .... 66 B2
Asasp 64 .... 248 A2
Ascain 64 .... 224 B4
Ascarat 64 .... 246 C2
Aschbach 67 .... 43 E4
Aschères-le-Marché 45 .... 79 E4
Asclier (Col de l') 30 .... 217 E3
Asco 2B 264 C4
Asco (Gorges de l') 2B 264 C4
Ascou 09 .... 260 C2
Ascoux 45 .... 80 A4
Ascros 06 .... 223 F4
Asfeld 08 .... 36 C1
Aslonnes 86 .... 147 F1
Asnan 58 .... 121 D2
Asnans 39 .... 141 D1
Asnelles 14 .... 28 C2
Asnières 27 .... 30 B3
Asnières-en-Bessin 14 .... 27 F2
Asnières-en-Montagne 21 .... 103 E3
Asnières-en-Poitou 79 .... 146 C3
Asnières-la-Giraud 17 .... 161 E1
Asnières-lès-Dijon 21 .... 123 F1
Asnières-sous-Bois 89 .... 121 D1
Asnières-sur-Blour 86 .... 148 B3
Asnières-sur-Nouère 16 .... 162 B2
Asnières-sur-Oise 95 .... 33 F4
Asnières-sur-Saône 01 .... 155 F1
Asnières-sur-Seine 92 .... 57 E2
Asnières-sur-Vègre 72 .... 95 F1
Asnois 58 .... 121 D1
Asnois 86 .... 147 F3
Aspach 57 .... 65 F3
Aspach 68 .... 108 C3
Aspach-le-Bas 68 .... 108 B2
Aspach-le-Haut 68 .... 108 B2
Aspères 30 .... 234 C1
Asperjoc 07 .... 203 D2
Aspet 31 .... 258 C2
Aspin-Aure 65 .... 249 F4
Aspin (Col d') 65 .... 249 F4
Aspin-en-Lavedan 65 .... 249 D3
Aspiran 34 .... 233 F3
Aspremont 05 .... 205 E3
Aspremont 06 .... 241 D4
Les Aspres 61 .... 54 B3
Aspres-lès-Corps 05 .... 206 B1
Aspres-sur-Buëch 05 .... 205 E3
Aspret-Sarrat 31 .... 258 C2
Asprières 12 .... 199 D3
Asque 65 .... 257 F2
Asques 33 .... 177 E4
Asques 82 .... 212 B4
Asquins 89 .... 121 E1
Assac 81 .... 215 D4
Assainvillers 80 .... 18 A4
Assais 79 .... 131 E2
Assas 34 .... 234 B2
Assat 64 .... 248 C1
Assay 37 .... 115 D4
Assé-le-Bérenger 53 .... 75 E3
Assé-le-Boisne 72 .... 76 A2
Assé-le-Riboul 72 .... 76 A3
Assenay 10 .... 83 D3
Assencières 10 .... 83 E2
Assenoncourt 57 .... 65 E2
Assérac 44 .... 92 A4
Assevent 59 .... 12 B3
Assevillers 80 .... 18 B2
Assier 46 .... 198 B2
Assieu 38 .... 187 E1
Assignan 34 .... 232 C4
Assigny 18 .... 119 F1
Assigny 76 .... 15 F1
Les Assions 07 .... 202 C4
Assis-sur-Serre 02 .... 19 E3
Asson 64 .... 248 C2
Asswiller 67 .... 66 B1
Assy 14 .... 52 C1
Assy (Plateau d') 74 .... 159 D4
Astaffort 47 .... 211 F3
Astaillac 19 .... 181 F4
Asté 65 .... 257 F2
Aste-Béon 64 .... 256 C2
Astet 07 .... 202 B2
Astillé 53 .... 94 C1
Astis 64 .... 226 C4
Astoin 04 .... 206 B4
Aston 09 .... 260 B1
Astugue 65 .... 249 E3
Athée 21 .... 124 B2
Athée 53 .... 94 B1
Athée-sur-Cher 37 .... 116 B2
Athesans-Étroitefontaine 70 .... 107 D3
Athie 21 .... 103 E4
Athie 89 .... 103 D4
Athienville 54 .... 65 D3
Athies 62 .... 10 A3
Athies 80 .... 18 C2
Athies-sous-Laon 02 .... 19 F4
Athis 51 .... 60 C1
Athis-de-l'Orne 61 .... 52 B2
Athis-Mons 91 .... 57 E3
Athos-Aspis 64 .... 225 E4
Athose 25 .... 125 F3
Attainville 95 .... 33 F4
Attancourt 52 .... 62 B4
Les Attaques 62 .... 3 D2
Attenschwiller 68 .... 109 D3
Attiches 59 .... 10 B1
Attichy 60 .... 34 C2
Attignat 01 .... 156 B2
Attignat-Oncin 73 .... 173 E4
Attignéville 88 .... 86 B1
Attigny 08 .... 37 E1
Attigny 88 .... 86 C4
Attilloncourt 57 .... 64 C2
Attilly 02 .... 19 D2
Attin 62 .... 8 B1
Atton 54 .... 64 B1
Attray 45 .... 79 F4
Attricourt 70 .... 105 E4
Atur 24 .... 179 F3
Aubagnan 40 .... 226 B2
Aubagne 13 .... 243 E2
Aubaine 21 .... 123 D3
Aubais 30 .... 235 D2
Aubarède 65 .... 249 F1
Aubas 24 .... 180 C3
Aubazat 43 .... 184 C3
Aubazine 19 .... 181 E3
Aube 57 .... 40 C4
Aube 61 .... 54 B3
Aube 10,52 .... 104 B1
Aubéguimont 76 .... 16 B3
Aubenas 07 .... 203 D3
Aubenas-les-Alpes 04 .... 221 D4
Aubenasson 26 .... 204 B2
Aubencheul-au-Bac 59 .... 10 C3
Aubencheul-aux-Bois 02 .... 19 D1
Aubenton 02 .... 20 C2
Aubepierre-Ozouer-le-Repos 77 .... 58 C4
Aubepierre-sur-Aube 52 .... 104 B1
L'Aubépin 39 .... 156 C1
L'Aubépin 69 .... 170 B1
Auberchicourt 59 .... 10 C3
Aubercourt 80 .... 18 A2
Aubergenville 78 .... 56 C1
Aubérive 51 .... 37 D3
Auberive 52 .... 104 C2
Auberives-en-Royans 38 .... 188 B3
Auberives-sur-Varèze 38 .... 171 E4
Aubermesnil-aux-Érables 76 .... 16 B2
Aubermesnil-Beaumais 76 .... 15 E2
Aubers 59 .... 4 C4
Aubertans 70 .... 106 C4
Aubertin 64 .... 248 B1
Auberville 14 .... 29 F2
Auberville-la-Campagne 76 .... 30 C1
Auberville-la-Manuel 76 .... 14 C2
Auberville-la-Renault 76 .... 14 B3
Aubervilliers 93 .... 57 E2
Aubeterre 10 .... 83 D1
Aubeterre-sur-Dronne 16 .... 178 C2
Aubeville 16 .... 162 B4
Aubevoye 27 .... 32 A3
Aubiac 33 .... 194 C4
Aubiac 47 .... 211 E3
Aubiat 63 .... 152 C4
Aubie-et-Espessas 33 .... 177 E4
Aubière 63 .... 168 B2
Les Aubiers 79 .... 130 C1
Aubiet 32 .... 228 C2
Aubignan 84 .... 220 A3
Aubignas 07 .... 203 E3
Aubigné 35 .... 73 D2
Aubigné 49 .... 113 F3
Aubigné 79 .... 146 C4
Aubigné-Racan 72 .... 96 C3
Aubigney 70 .... 124 B2
Aubignosc 04 .... 221 F2
Aubigny 03 .... 137 D3
Aubigny 14 .... 52 C1
Aubigny 79 .... 131 E2
Aubigny 80 .... 17 F2
Aubigny 85 .... 129 D3
Aubigny-au-Bac 59 .... 10 C3
Aubigny-aux-Kaisnes 02 .... 18 C3
Aubigny-en-Artois 62 .... 9 F2
Aubigny-en-Laonnois 02 .... 36 A1
Aubigny-en-Plaine 21 .... 123 F3
Aubigny-la-Ronce 21 .... 122 C4
Aubigny-les-Pothées 08 .... 21 D3
Aubigny-lès-Sombernon 21 .... 123 D2
Aubigny-sur-Nère 18 .... 119 D1
Aubilly 51 .... 36 A3
Aubin 12 .... 199 D4
Aubin 64 .... 226 B4
Aubin-St-Vaast 62 .... 8 C2
Aubinges 18 .... 119 E3
Aubisque (Col d') 64 .... 256 C2
Auboncourt-Vauzelles 08 .... 21 D4
Aubonne 25 .... 125 F4
Aubord 30 .... 235 E2
Auboué 54 .... 39 F3
Aubous 64 .... 227 D3
Aubrac 12 .... 200 C3
Aubrac (Forêt d') 12 .... 200 B3
Aubres 26 .... 220 B1
Aubréville 55 .... 38 B3
Aubrives 08 .... 13 F4
Aubrometz 62 .... 9 D3
Aubry-du-Hainaut 59 .... 11 D2
Aubry-en-Exmes 61 .... 53 E2
Aubry-le-Panthou 61 .... 53 E2
Aubure 68 .... 88 C2
Aubussargues 30 .... 218 C3
Aubusson 23 .... 166 B1
Aubusson 61 .... 52 B2
Aubusson-d'Auvergne 63 .... 169 D2
Aubvillers 80 .... 17 F3
Auby 59 .... 10 B2
Aucaleuc 22 .... 49 D4
Aucamville 31 .... 230 A2
Aucamville 82 .... 229 E1
Aucazein 09 .... 259 D3
Aucelon 26 .... 204 C3
Aucey-la-Plaine 50 .... 50 B4
Auch 32 .... 228 B2
Auchel 62 .... 9 F1
Auchonvillers 80 .... 9 F4
Auchy-au-Bois 62 .... 9 E1
Auchy-la-Montagne 60 .... 17 E4
Auchy-lès-Hesdin 62 .... 9 D2
Auchy-les-Mines 62 .... 10 A1
Auchy-lez-Orchies 59 .... 10 C1
Aucun 65 .... 257 D2
Audaux 64 .... 225 F4
Aude 11,66 .... 253 E4
Audéjos 64 .... 226 A4
Audelange 39 .... 124 C3
Audeloncourt 52 .... 85 F3
Audembert 62 .... 2 C2
Audenge 33 .... 193 D2
Auderville 50 .... 24 B1
Audes 03 .... 151 E1
Audeux 25 .... 125 D2
Audeville 45 .... 79 F3
Audierne 29 .... 68 B2
Audignicourt 02 .... 35 D1
Audignies 59 .... 11 F3
Audignon 40 .... 226 A2
Audigny 02 .... 19 F2
Audincourt 25 .... 107 F4
Audincthun 62 .... 9 D1
Audinghen 62 .... 2 C2
Audon 40 .... 225 F1
Audouville-la-Hubert 50 .... 25 E3
Audrehem 62 .... 3 D3
Audressein 09 .... 259 D3
Audresselles 62 .... 2 C3
Audrieu 14 .... 28 C3
Audrix 24 .... 196 C1
Audruicq 62 .... 3 E2
Audun-le-Roman 54 .... 39 E2
Audun-le-Tiche 57 .... 39 F1
Auenheim 67 .... 67 F1
Auffargis 78 .... 56 C3
Auffay 76 .... 15 E3
Aufferville 77 .... 80 B3
Auffreville-Brasseuil 78 .... 56 B1
Auflance 08 .... 22 B4
Auga 64 .... 226 C3
Augan 56 .... 92 B1
Auge 08 .... 20 C2
Auge 16 .... 162 A1
Auge 23 .... 151 D2
Augé 79 .... 146 C1
Augea 39 .... 141 D4
Auger-St-Vincent 60 .... 34 B3
Augerans 39 .... 124 B4
Augères 23 .... 150 A3
Augerolles 63 .... 169 D2
Augers-en-Brie 77 .... 59 E3
Augerville-la-Rivière 45 .... 80 B3

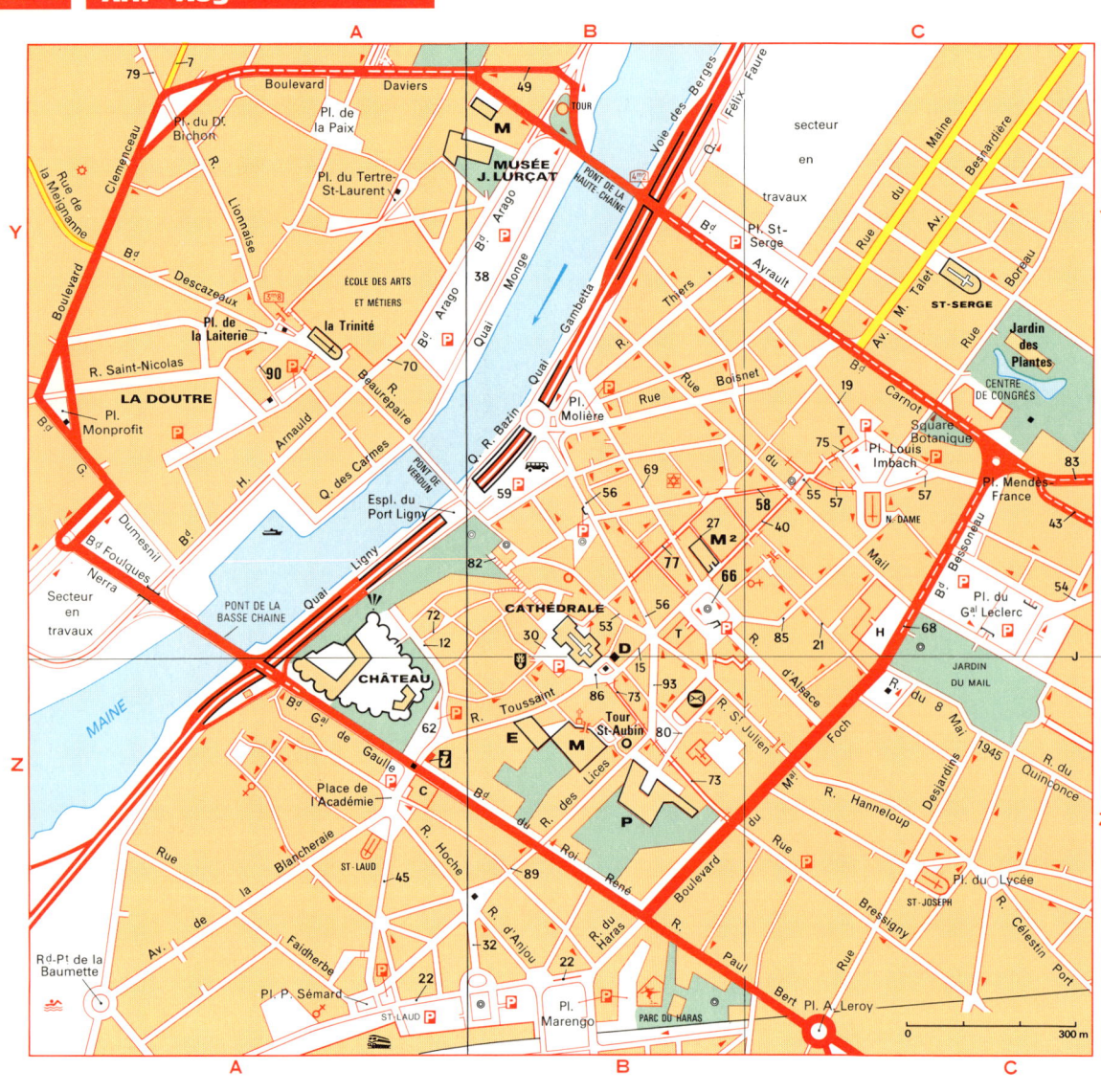

Aug – Aur

Name	Page	Grid
Augicourt 70	106	A2
Augignac 24	163	F3
Augirein 09	259	D3
Augisey 39	141	D4
Augnat 63	184	B1
Augnax 32	228	C2
Augne 87	165	E2
Auguy 57	40	F4
Auguaise 61	54	B3
Augy 02	35	F2
Augy 89	102	B2
Augy-sur-Aubois 18	136	C2
Aujols 46	213	E1
Aujac 17	161	E1
Aujac 30	218	A1
Aujan-Mournède 32	228	B4
Aujargues 30	235	D1
Aujeurres 52	105	D2
Aujols 46	213	E1
Aulan 26	220	C4
Aulas 30	217	D4
Aulhat-St-Privat 63	168	C3
Aullène 2A	269	D1
Aulnat 63	168	B2
Aulnay 10	83	F1
Aulnay 17	146	B4
Aulnay 86	131	F1
Aulnay-aux-Planches 51	60	B2
Aulnay-la-Rivière 45	80	A3
Aulnay-l'Aître 51	61	E2
Aulnay-sous-Bois 93	57	F1
Aulnay-sur-Iton 27	55	D1
Aulnay-sur-Marne 51	60	C1
Aulnay-sur-Mauldre 78	56	C2
Aulne 22,29	69	E2
Les Aulneaux 72	76	C1
Aulnizeux 51	60	B2
Aulnois 88	86	B2
Aulnois-en-Perthois 55	62	B3
Aulnois-sous-Laon 02	19	F4
Aulnois-sous-Vertuzey 55	63	E2
Aulnois-sur-Seille 57	64	C1
Aulnoy 77	59	D2
Aulnoy-lez-Valenciennes 59	11	E3
Aulnoy-sur-Aube 52	104	C2
Auménancourt 51	36	B2
Auménières 59	12	B3
Aumagne 17	161	E1
Aumale 76	16	C3
Aumâtre 80	16	C2
Aumelas 34	234	A3
Aumerval 62	9	E1
Aumes 34	233	F4
Aumessas 30	217	D4
Aumetz 57	39	F1
Aumeville-Lestre 50	25	E2
Aumont 39	141	E1
Aumont 80	17	D2
Aumont-Aubrac 48	201	D2
Aumont-en-Halatte 60	34	A3
Aumontzey 88	88	A3
Aumur 39	124	A4
Aunac 16	162	C1
Aunat 11	261	E4
Aunay-en-Bazois 58	121	E3
Aunay-les-Bois 61	53	F4
Aunay-sous-Auneau 28	79	D1
Aunay-sous-Crécy 28	55	F3
Aunay-sur-Odon 14	28	C4
Auneau 28	79	D1
Auneuil 60	33	D2
Aunou-le-Faucon 61	53	E3
Aunou-sur-Orne 61	53	E4
Auppegard 76	15	E2
Auquainville 14	30	A4
Auquemesnil 76	16	A2
Auradé 33	229	D3
Auradou 47	212	A1
Auragne 31	230	A4
Auray 56	91	D2
Aure 08	37	E3
Aurec-sur-Loire 43	186	B1
Aureil 87	165	E3
Aureilhan 40	208	B2
Aureilhan 65	249	E1
Aureille 13	236	B2
Aurel 26	204	C2
Aurel 84	220	C2
Aurelle-Verlac 12	200	C4
Aurensan 32	227	C2
Aurensan 65	249	E1
Aureville 31	230	A4
Auriac 11	253	E1
Auriac 19	182	B2
Auriac 64	226	C4
Auriac-du-Périgord 24	180	B3
Auriac-Lagast 12	215	B3
Auriac-l'Église 15	184	B2
Auriac-sur-Dropt 47	195	E2
Auriac-sur-Vendinelle 31	230	C3
Auriat 23	165	E1
Auribail 31	251	F1
Auribeau 84	237	E1
Auribeau-sur-Siagne 06	240	A4
Aurice 40	226	A1
Auriébat 65	227	F3
Aurignac 31	250	B4
Aurillac 15	183	D4
Aurimont 32	228	B3
Aurin 31	230	B3
Auriol 13	243	F2
Auriolles 07	203	D4
Auriolles 33	195	D2
Aurions-Idernes 64	227	D3
Auris 38	190	A3
Auron 06	223	E1
Auron 3,18	136	A2
Aurons 13	236	B2

Annecy

Name	Grid	#
Lac (R. du)	BY	31
Pâquier (R. du)	BY	44
République (R.)	AY	56
Royale (R.)	AY	58
Ste-Claire (Fg et R.)	AY	64
Chambéry (Av. de)	AY	8
Chappuis (Q. E.)	BY	9
Filaterie (R.)	BY	16
Grenette (R.)	BY	23
H.-de-Ville (Pl.)	BY	27
J.-J.-Rousseau (R.)	AY	30
Libération (Pl.)	BY	36
Perrière (R.)	BY	45
Poste (R. de la)	AY	50
St-François (Pl.)	BY	60
St-François-de-Sales (R.)	AY	61
Tour-de-la-Reine (Chemin de la)	BY	70

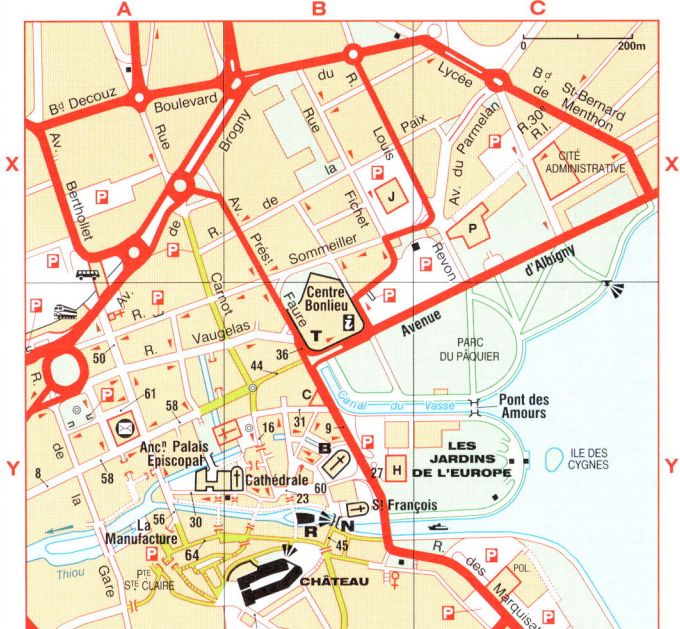

Avignon

Name	Grid	#
Fourbisseurs (R. des)	EY	34
Jaurès (Cours J.)	EZ	
Marchands (R. des)	EY	49
République (R. de la)	EZ	
St-Agricol (R.)	EY	94
Vernet (R. J.)	EZ	
Vieux-Sextier (R. du)	EFY	122
Annanelle (R. d')	DZ	2
Arroussaire (Av. de l')	FZ	3
Aubanel (R. Théodore)	EZ	5
Balance (R. de la)	EY	7
Bancasse (R.)	EY	9
Bertrand (R.)	FY	10
Bon-Martinet (R.)	FZ	13
Campane (R.)	FY	14
Collège-d'Annecy (R. du)	EZ	18
Collège-du-Roure (R. du)	EY	19
Corps-Saints (Pl. des)	EZ	20
David (R. F.)	EY	22
Dorée (R.)	EY	23
Eisenhower (Av.)	DZ	24
Folco-de-Baroncelli (R.)	EY	28
Four (R. du)	FY	33
Four-de-la-Terre (R. du)	FZ	35
Galante (R.)	EY	37
Grande-Fusterie (R. de la)	EY	39
Grottes (R. des)	EY	41
Italiens (Av. des)	GY	44
Jérusalem (Pl.)	EY	45
Ledru-Rollin (R.)	EY	47
Manivet (R. P.)	EFZ	48
Masse (R. de la)	FZ	52
Molière (R.)	EY	54
Monclar (Av.)	EZ	55
Muguet (R.)	GY	62
Ortolans (R. des)	EZ	63
Palais (Pl. du)	EY	64
Palapharnerie (R.)	FY	66
Petite Calade (R. de la)	EY	67
Petite-Fusterie (R. de la)	EY	68
Petite-Saunerie (R. de la)	FY	70
Pétramale (R.)	EZ	72
Peyrollerie (R.)	EY	73
Pont (R. du)	EY	74
Prés.-Kennedy (Cours)	EZ	76
Prévôt (R.)	EZ	77
Rascas (R. de)	GY	79
Rempart-de-l'Oulle (R.)	DY	82
Rempart-du-Rhône (R. du)	EY	83
Rempart-St-Michel (R. du)	FZ	84
Rempart-St-Roch (R. du)	DEZ	86
Rhône (Pte du)	EY	88
Rouge (R.)	EY	90
St-Christophe (R.)	FZ	97
St-Dominique (Bd)	DZ	98
St-Étienne (R.)	EY	99
St-Jean-le-Vieux (Pl.)	FY	101
St-Jean-le-Vieux (R.)	FY	102
St-Joseph (R.)	FY	104
St-Michel (R.)	EZ	105
St-Pierre (Pl.)	EY	106
St-Ruf (Av.)	FZ	108
Ste-Catherine (R.)	FY	109
Sources (Av. des)	FZ	114
Vernet (R. Horace)	EZ	119
Viala (R. Jean)	EY	120
Vice-Légat (R.)	EY	120
Vilar (R. Jean)	EY	123
3-Faucons (R. des)	EZ	126
3-Pilats (R. des)	FY	127

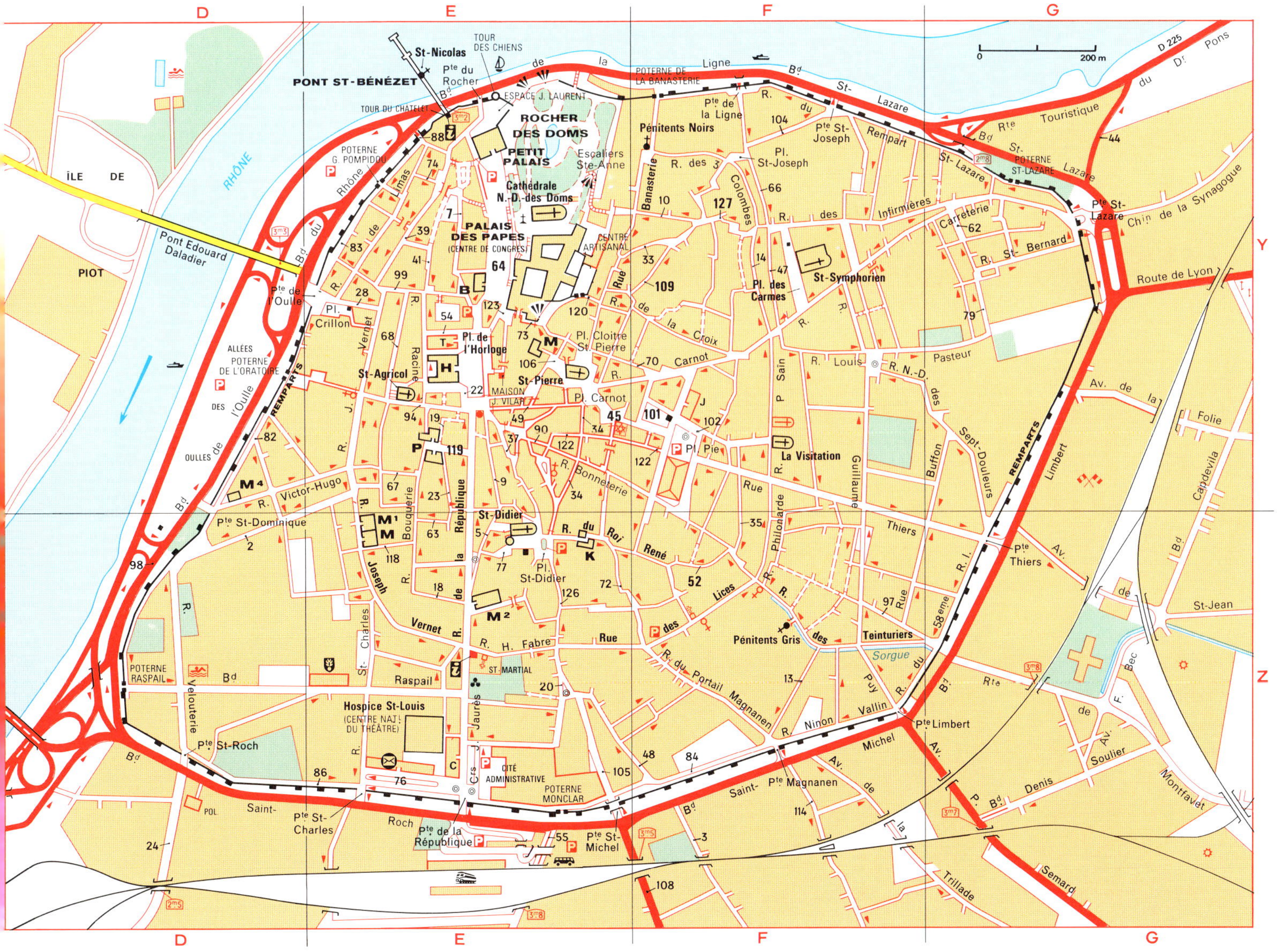

Auros 33 194 C4
Aurouër 03 137 E3
Auroux 48 202 A2
Aussac 81 231 D1
Aussac-Vadalle 16 162 C2
Ausseing 31 251 D2
Aussevielle 64 226 B4
Aussillon 81 231 F4
Aussois 73 191 D2
Ausson 31 250 B3
Aussonce 08 37 D2
Aussonne 31 229 F2
Aussos 32 228 B4
Aussurucq 64 247 E2
Autainville 41 98 C2
Autechaux 25 126 A1
Autechaux-Roide 25 126 C1
Les Autels 02 20 C3
Les Autels-St-Bazile 14 53 E1
Les Autels-Villevillon 28 77 F3
Auterive 31 252 A1
Auterive 32 228 B3
Auterive 82 229 D1
Auterrive 64 225 E3
Autet 70 105 F4
Auteuil 60 33 E2
Auteuil 78 56 C2
Autevielle-St-Martin-Bideren 64 225 E4
Authe 08 37 F1
Autheuil 28 98 B1
Autheuil 61 54 C4
Autheuil-Authouillet 27 32 A4
Autheuil-en-Valois 60 34 C3
Autheux 80 9 D4
Authevernes 27 32 B3
Authezat 63 168 B3
Authie 14 29 D3
Authie 80 9 E4
Authie 62,80 9 D3
Authieule 80 9 E4
Les Authieux 27 55 E2
Les Authieux-du-Puits 61 53 F3
Les Authieux-Papion 14 29 F4
Authieux-Ratiéville 76 15 F4
Les Authieux-sur-Calonne 14 30 B2
Les Authieux-sur-le-Port-St-Ouen 76 31 F2
Authiou 58 120 C2
Authoison 70 106 C4
Authon 04 222 A1
Authon 41 97 F3
Authon-du-Perche 28 77 E3
Authon-Ébéon 17 161 E1
Authon-la-Plaine 91 79 E1
Authou 27 31 D3
Authuille 80 18 A1
Authume 39 124 B3
Authumes 71 140 C1
Autichamp 26 204 A2
Autignac 34 233 D3
Autigny 76 15 D3
Autigny-la-Tour 88 86 A1
Autigny-le-Grand 52 85 D1
Autigny-le-Petit 52 85 D1
Autingues 62 3 D3
L'Aution 06 241 E2
Autoire 46 198 B1
Autoreille 70 125 D1
Autouillet 78 56 C2
Autrac 43 184 B1
Autrans 38 189 D2
Autrèche 37 97 F4
Autrechêne 90 108 A3
Autrêches 60 35 D1
Autrecourt-et-Pourron 08 22 A4
Autrécourt-sur-Aire 55 38 B4
Autremencourt 02 20 A3
Autrepierre 54 65 E3
Autreppes 02 20 A2
Autretot 76 15 D4
Autreville 02 19 D4
Autreville 88 86 B1
Autréville-St-Lambert 55 22 A4
Autreville-sur-la-Renne 52 84 C3
Autreville-sur-Moselle 54 64 B2
Autrey 54 64 B4
Autrey 88 87 F2
Autrey-le-Vay 70 107 D4
Autrey-lès-Cerre 70 107 D3
Autrey-lès-Gray 70 105 E4
Autricourt 21 104 A1
Autruche 08 38 A1
Autruy-sur-Juine 45 79 F3
Autry 08 37 F3
Autry-Issards 03 137 D4
Autry-le-Châtel 45 100 C4
Autun 71 139 D1
Auty 82 213 E2
Auvare 06 223 E3
Auve 51 37 E4
Auvernaux 91 80 B1
Auvers 43 184 C4
Auvers 50 27 D2
Auvers-le-Hamon 72 95 E1
Auvers-St-Georges 91 79 F1
Auvers-sous-Montfaucon 72 76 A4
Auvers-sur-Oise 95 33 E4
Auverse 49 96 B4
Auvet-et-la-Chapelotte 70 105 E4
Auvézère 19,24 180 C1
Auvillar 82 212 B3
Auvillars 14 29 F3
Auvillars-sur-Saône 21 123 F4
Auvillers-les-Forges 08 21 D2
Auvilliers 76 16 B3
Auvilliers-en-Gâtinais 45 100 B1
Aux-Aussat 32 227 F4
Aux Marais 60 33 D2
Auxais 50 27 D3
Auxange 39 124 C3
Auxant 21 122 C3
Auxelles-Bas 90 107 F2
Auxelles-Haut 90 107 F2
Auxerre 89 102 B2
Auxey-Duresses 21 123 D4
Auxi-le-Château 62 9 D3
Auxillac 48 201 D4
Auxon 10 82 C4
Auxon 70 106 C3
Auxon-Dessous 25 125 D2
Auxon-Dessus 25 125 D2
Auxonne 21 124 A3
Auxy 45 80 B4
Auxy 71 139 E1
Auzainvilliers 88 86 B2
Auzances 23 151 E4
Auzas 31 250 C2
Auzat 09 260 A1
Auzat-sur-Allier 63 168 C4
Auzay 85 130 A4
Auzebosc 76 15 D4
Auzécourt 55 62 B2
Auzelles 63 169 D3
Auzers 15 183 D2
Auzet 04 222 B1
Auzéville-en-Argonne 55 38 B4
Auzeville-Tolosane 31 230 A3
Auzielle 31 230 B3
Auzits 12 199 E4
Auzon 43 184 C1
Auzouer-en-Touraine 37 97 F4
Auzouville-Auberbosc 76 14 C4
Auzouville-l'Esneval 76 15 D4
Auzouville-sur-Ry 76 32 A1
Auzouville-sur-Saâne 76 15 E3
Availles-en-Châtellerault 86 132 C2
Availles-Limouzine 86 148 A3
Availles-sur-Chizé 79 146 B3
Availles-sur-Seiche 35 94 A1
Availles-Thouarsais 79 131 E1
Avajan 65 258 A3
Avallon 89 102 C4
Avaloirs (Mont des) 53 75 F1
Les Avanchers-Valmorel 73 174 C4
Avançon 05 206 B3
Avançon 08 36 C1
Avanne 25 125 D2
Avant-lès-Marcilly 10 82 B1
Avant-lès-Ramerupt 10 83 E1
Avanton 86 132 B3
Avapessa 2B 264 C3
Avaray 41 98 C3
Avaugour 22 47 E3
Avaux 08 36 B1
Aveize 69 170 C2
Aveizieux 42 170 C3
Avelanges 21 104 C4
Avelesges 80 17 D2
Avelin 59 10 B1
Aveluy 80 18 A1
Aven Armand 48 216 C2
Avenas 69 155 D3
Avenay 14 29 D4
Avenay-Val-d'Or 51 36 B4
Avène 34 233 D2
Aveney 25 125 D3
Avenheim 67 67 D3
Les Avenières 38 172 C3
Avensac 32 229 D1
Avensan 33 176 C3
Aventignan 65 250 A3
Averan 65 249 D2
Averdoingt 62 9 E2
Averdon 41 98 B3
Avermes 03 137 E4
Avernes 95 32 C4
Avernes-St-Gourgon 61 53 F1
Avernes-sous-Exmes 61 53 E2
Avéron-Bergelle 32 227 E2
Averton 53 75 F2
Avesnelles 59 12 B4
Avesnes 62 8 C1
Avesnes-Chaussoy 80 16 C2
Avesnes-en-Bray 76 32 C1
Avesnes-en-Saosnois 72 76 C3
Avesnes-en-Val 76 16 A2
Avesnes-le-Comte 62 9 F3
Avesnes-le-Sec 59 11 D3
Avesnes-les-Aubert 59 11 D3
Avesnes-lès-Bapaume 62 10 A4
Avesnes-sur-Helpe 59 12 B4
Avessac 44 92 C3
Avessé 72 95 F1
Aveux 65 250 A3
Aveyron 12,82 213 F4
Aveyron (Gorges de l') 81,82 213 F3
Avezac-Prat 65 249 F3
Avezan 32 228 C1
Avèze 30 217 E4
Avèze 63 167 D3
Avezé 72 77 D3
Avèze (Gorges d') 63 167 D3
Aviernoz 74 158 B4
Avignon 84 219 E4
Avignon-lès-St-Claude 39 157 E1
Avignonet 38 189 D4
Avignonet-Lauragais 31 252 B1
Avillers 54 39 E2
Avillers 88 87 D2
Avillers-Ste-Croix 55 39 E4
Avilley 25 125 F1
Avilly-St-Léonard 60 34 A3
Avion 62 10 A2
Avioth 55 22 C4
Aviré 49 94 C3
Avirey-Lingey 10 83 E4
Aviron 27 31 E4
Avize 51 60 B1
Avocourt 55 38 B3
Avoine 37 115 D3
Avoine 61 53 D3
Avoise 72 95 F2
Avolsheim 67 66 C3
Avon 77 80 C2
Avon 79 147 D1
Avon-la-Pèze 10 82 B2
Avon-les-Roches 37 115 E3
Avondance 62 9 D1
Avord 18 119 E4
Avoriaz 74 159 E2
Avosnes 21 122 C2
Avot 21 104 C3
Avoudrey 25 126 A3
Avrainville 52 62 B4
Avrainville 54 64 A2
Avrainville 88 87 D1
Avrainville 91 57 E4
Avranches 50 50 C3
Avranville 88 85 F1
Avre 80 17 F3
Avrechy 60 33 F2
Avrecourt 52 105 E1
Avrée 58 138 B2
Avremesnil 76 15 E2
Avressieux 73 173 D3
Avreuil 10 83 D4
Avricourt 54 65 E3
Avricourt 57 65 E3
Avricourt 60 18 B4
Avrieux 73 191 D2
Avrigney 70 124 C2
Avrigny 60 34 A2
Avril 54 39 F2
Avril-sur-Loire 58 137 E2
Avrillé 49 95 D4
Avrillé 85 129 D4
Avrillé-les-Ponceaux 37 115 D1
Avrilly 03 154 A2
Avrilly 27 55 E2
Avrilly 61 52 A4
Avroult 62 3 E4
Avy 17 161 E3
Awoingt 59 11 D4
Ax-les-Thermes 09 260 C2
Axat 11 261 E1
Axiat 09 260 C1
Ay 51 36 B4
Ay-sur-Moselle 57 40 B3
Ayat-sur-Sioule 63 152 B4
Aydat 63 168 A3
Aydat (Lac d') 63 168 A3
Aydie 64 227 D3
Aydius 64 248 A3
Aydoilles 88 87 E3
Ayen 19 180 C2
Ayencourt 80 18 A4
Ayette 62 10 A4
Ayguatébia-Talau 66 261 E3
Ayguemorte-les-Graves 33 194 B2
Ayguesvives 31 230 B4
Ayguetinte 32 228 A1
Ayherre 64 225 D4
Ayn 73 173 D3
Aynac 46 198 B2
Les Aynans 70 107 D3
Ayrens 15 182 C4
Ayron 86 131 F3
Ayros-Arbouix 65 257 D2
Ayse 74 158 C3
Ayssènes 12 215 F3
Aytré 17 145 D3
Les Ayvelles 08 21 E3
Ayzac-Ost 65 257 D2
Ayzieu 32 227 E1
Azannes-et-Soumazannes 55 38 C2
Azas 31 230 B2
Azat-Châtenet 23 150 A4
Azat-le-Riz 87 149 D2
Azay-le-Brûlé 79 146 C1
Azay-le-Ferron 36 133 E2
Azay-le-Rideau 37 115 E2
Azay-sur-Cher 37 116 B2
Azay-sur-Indre 37 116 B3
Azay-sur-Thouet 79 131 D3
Azé 41 97 F2
Azé 53 95 D2
Azé 71 155 E1
Azelot 54 64 C4
Azerables 23 149 F2
Azerailles 54 65 E4
Azerat 24 180 B3
Azérat 43 184 C1
Azereix 65 249 D2
Azet 65 258 A4
Azeville 50 25 E3
Azillanet 34 254 B1
Azille 11 254 A1
Azilone-Ampaza 2A 269 D1
Azincourt 62 9 D2
Azolette 69 155 D3
Azoudange 57 65 E2
Azur 40 224 C1
Azy 18 119 E3
Azy-le-Vif 58 137 E2
Azy-sur-Marne 02 59 E1
Azzana 2A 266 C3

B

Baâlon 55 38 B1
Baâlons 08 21 E4
Babeau-Bouldoux 34 232 C4
Babœuf 60 18 C4
Baby 77 81 F2
Baccarat 54 87 F1
Baccon 45 99 D2
Bach 46 213 F1
Bachant 59 12 B3
Bachas 31 251 D2
Bachelard (Gorges du) 04 223 D1
La Bachellerie 24 180 B3
Bachivillers 60 33 D3
Bachos 31 250 B4
Bachy 59 10 C1
Bacilly 50 50 C3
Le Bacon 48 201 D1
Baconnes 51 37 D3
La Baconnière 53 74 C3
Bacouël 60 17 F4
Bacouel-sur-Selle 80 17 E2
Bacourt 57 64 C1
Bacquepuis 27 31 E4
Bacqueville 27 32 A2
Bacqueville-en-Caux 76 15 E3
Badailhac 15 200 A1
Badaroux 48 201 E3
Badecon-le-Pin 36 134 B4
Badefols-d'Ans 24 180 B2
Badefols-sur-Dordogne 24 196 C1
Baden 56 91 D3
Badens 11 253 F2
Badevel 25 108 A4
Badinières 38 172 B4
Badménil-aux-Bois 88 87 E2
Badonviller 54 65 F4
Badonvilliers 55 63 E4
Baerendorf 67 66 A2
Baerenthal 57 42 C4
La Baffe 88 87 E3
Baffie 63 169 E4
Bagard 30 218 A3
Bagas 33 195 D3
Bagat-en-Quercy 46 212 C1
Bagatelle (Parc d'attractions de) 62 8 A2
Bâgé-la-Ville 01 155 F2
Bâgé-le-Châtel 01 155 F2
Bagert 09 259 E2
Bages 11 254 C3
Bages 66 262 C2
Bagiry 31 258 B2
Bagnac-sur-Célé 46 199 D3
Bagneaux 89 82 B3
Bagneaux-sur-Loing 77 80 C3
Bagnères-de-Bigorre 65 257 E2
Bagnères-de-Luchon 31 258 B4
Bagneux 02 35 D1
Bagneux 03 137 D3
Bagneux 36 117 F3
Bagneux 49 114 B2
Bagneux 51 60 B4
Bagneux 54 63 F4
Bagneux 79 114 B4
Bagneux 92 57 E3
Bagneux-la-Fosse 10 103 E1
Bagnizeau 17 161 F1
Bagnoles 11 253 F1
Bagnoles-de-l'Orne 61 52 B4
Bagnolet 93 57 F2
Bagnols 63 167 E4
Bagnols 69 171 D1
Bagnols-en-Forêt 83 239 F3
Bagnols-les-Bains 48 201 F4
Bagnols-sur-Cèze 30 219 D2
Bagnot 21 123 F4
Baguer-Morvan 35 50 A4
Baguer-Pican 35 50 A4
Baho 66 262 C2
Bahus-Soubiran 40 226 C2
Baigneaux 28 79 D4
Baigneaux 33 194 C2
Baigneaux 41 98 B2
Baignes 70 106 B3
Baignes-Ste-Radegonde 16 177 F1
Baigneux-les-Juifs 21 104 A4
Baignolet 28 78 C3
Baigts 40 225 F2
Baigts-de-Béarn 64 225 F3
Baillargues 34 234 C2
Baillé 35 73 F1
Bailleau-Armenonville 28 56 B4
Bailleau-le-Pin 28 78 B2
Bailleau-l'Évêque 28 78 B1
Baillestavy 66 262 A3
Baillet-en-France 95 33 E4
Bailleul 59 4 C3
Bailleul 61 53 D2
Bailleul 76 14 B3
Bailleul 80 16 C1
Le Bailleul 72 95 F2
Bailleul-aux-Cornailles 62 9 E2
Bailleul-la-Vallée 27 30 B3
Bailleul-le-Soc 60 34 A2
Bailleul-lès-Pernes 62 9 E1
Bailleul-Neuville 76 16 A3
Bailleul-Sir-Berthoult 62 10 A2
Bailleul-sur-Thérain 60 33 E2
Bailleulmont 62 9 F3
Bailleulval 62 9 F3
Bailleval 60 33 F2
Baillolet 76 16 A3
Baillou 41 97 F1
Bailly 60 34 C1
Bailly 78 57 D2
Bailly-aux-Forges 52 84 C1
Bailly-Carrois 77 58 C4
Bailly-en-Rivière 76 16 A2
Bailly-le-Franc 10 84 B1
Bailly-Romainvilliers 77 58 B2
Bain-de-Bretagne 35 93 E1
Baincthun 62 2 C3
Bainghen 62 3 D3
Bains 43 185 E4
Bains de Guitara 2A 267 D4
Bains-les-Bains 88 87 D4
Bains-sur-Oust 35 92 C2
Bainville-aux-Miroirs 54 87 D1
Bainville-aux-Saules 88 86 C3
Bainville-sur-Madon 54 64 B4
Bairols 06 223 F3
Bairon (Lac de) 08 37 F1
Bais 35 73 F4
Bais 53 75 E2
Baise 32,47,65 211 D3
Baisieux 59 5 E4
Baissey 52 105 D2
Baives 59 12 C4
Baix 07 203 F2
Baixas 66 262 C1
Baizieux 80 17 F1
Le Baizil 51 60 A1
Bajamont 47 211 F2
Bajonnette 32 228 C1
Bajus 62 9 E2
Balacet 09 259 D3
Baladou 46 198 A1
Balagny-sur-Thérain 60 33 F3
Balaguères 09 259 D2
Balaguier d'Olt 12 198 C4
Balaguier-sur-Rance 12 215 E4
Balaine (Arboretum) 03 137 E3
Balaiseaux 39 124 B4
Balaives-et-Butz 08 21 E3
Balan 01 172 A1
Balan 08 21 F3
Balanod 39 141 D4
Balansun 64 226 A3
Balanzac 17 160 C2
Balaruc-le-Vieux 34 234 A4
Balaruc-les-Bains 34 234 A4
Balâtre 80 18 B3
Balazé 35 74 A3
Balazuc 07 203 D4
Balbigny 42 170 B2
Balbins 38 188 B1
Balbronn 67 66 C3
Baldenheim 67 89 E2
Baldersheim 68 108 C1
La Baleine 50 50 C1
Baleix 64 227 D4
Balesmes-sur-Marne 52 105 E2
Baleyssagues 47 195 E2
Balgau 68 109 D1
Balham 08 36 C1
Balignac 82 212 A4
Balignicourt 10 83 F1
Bâlines 27 55 D3
Balinghem 62 3 D2
Baliracq-Maumusson 64 226 C3
Baliros 64 248 C2
Balizac 33 194 B4
Ballainvilliers 91 57 E3
Ballaison 74 158 B2
Ballan-Miré 37 115 F2
Ballancourt-sur-Essonne 91 80 A1
Ballans 17 162 A1
Ballay 08 37 F1
Balledent 87 149 D3
Ballée 53 95 E1
Balleray 58 120 C4
Balleroy 14 28 C3
Ballersdorf 68 108 B3
Balléville 88 86 B2
Ballon 17 145 E3
Ballon 72 76 B3
Ballon d'Alsace 88 107 F1
Ballon de Servance 88 107 F1
Ballons 26 221 D1
Ballore 71 139 D4
Ballots 53 94 B1
Balloy 77 81 E2
Balma 31 230 A3
La Balme 73 173 D2
La Balme-de-Sillingy 74 158 A4
La Balme-de-Thuy 74 158 B4
La Balme-d'Épy 39 156 C1
La Balme-les-Grottes 38 172 B1
Balmont 74 173 F1
Balnot-la-Grange 10 103 E1
Balnot-sur-Laignes 10 83 E4
Balogna 2A 266 B2
Balot 21 103 F2
Balsac 12 215 D1
Balschwiller 68 108 B3
Balsièges 48 201 E4
Baltzenheim 68 89 E3
Balzac 16 162 C2
Bambecque 59 4 B2
Bambiderstroff 57 41 D3
Ban-de-Laveline 88 88 C2
Ban-de-Sapt 88 88 B1
Le Ban-St-Martin 57 40 B3
Ban-sur-Meurthe 88 88 B3
Banassac 48 201 D4
Banat 09 260 B1
Banca 64 246 B2
Bancigny 02 20 B3
Bancourt 62 10 B4
Bandol 83 243 F3
Baneins 01 155 F3
Baneuil 24 196 B1
Bangor 56 90 C4
Banios 65 257 F2
Banize 23 166 A1
Bannalec 29 69 F3
Bannans 25 142 B1
Bannay 18 119 F2
Bannay 51 60 A2
Bannay 57 40 C3
Banne 07 218 B1
Bannegon 18 136 B2
Bannes 46 198 C2
Bannes 51 60 B2
Bannes 52 105 E1
Bannes 53 95 E1
Banneville-la-Campagne 14 29 E3
Banneville-sur-Ajon 14 28 C4
Bannières 81 230 C3
Bannoncourt 55 63 D1
Bannost 77 59 D3
Banogne-Recouvrance 08 20 B4
Banon 04 221 D3
Banos 40 226 A2
Bans 39 124 C4
Bansat 63 168 C4
Bantanges 71 140 B3
Banteux 59 19 D1
Banthelu 95 32 C4
Bantheville 55 38 A2
Bantigny 59 10 C3
Bantouzelle 59 19 D1
Bantzenheim 68 109 D2
Banvillars 90 107 F3
Banville 14 28 C2
Banvou 61 52 B3
Banyuls-dels-Aspres 66 262 C3
Banyuls-sur-Mer 66 263 D3
Baon 89 103 D2
Baons-le-Comte 76 15 D4
Bapaume 62 10 A4
Bar 19 181 F1
Bar-le-Duc 55 62 B2
Bar-lès-Buzancy 08 38 A1
Bar-sur-Aube 10 84 B3
Le Bar-sur-Loup 06 240 B1
Bar-sur-Seine 10 83 E4
Baracé 49 95 E3
Baraigne 11 252 C1
Baraize 36 134 B4
Baralle 62 10 B3
Baraqueville 12 215 D2
Barastre 62 10 B4
Baratier 05 206 C3
Barbachen 65 227 E4
Barbaggio 2B 265 E2
Barbaira 11 253 F2
Barbaise 08 21 E3
Barbas 54 65 F4
Barbaste 47 211 D2
Barbâtre 85 110 C4
Barbazan 31 250 B3
Barbazan-Debat 65 249 E2
Barbazan-Dessus 65 249 E2
Barbechat 44 112 B2
La Barben 13 237 D2
Barbentane 13 219 E4
Barberaz 73 173 E3
Barberey-St-Sulpice 10 83 D2
Barberier 03 153 D3
Barbery 14 51 C1
Barbery 60 34 B3
Barbeville 14 28 B2
Barbey 77 81 D2
Barbey-Seroux 88 88 A3
Barbezières 16 162 B1
Barbezieux 16 162 A4
Barbières 26 188 B4
Barbirey-sur-Ouche 21 123 D2
Barbizon 77 80 B1
Barbonne-Fayel 51 60 A3
Barbonville 54 64 C4
Barbotan-les-Thermes 32 210 B4
Le Barboux 25 126 C3
Barbuise 10 59 F4
Barby 08 37 D1
Barby 73 173 F3
Barc 27 31 D4
Le Barcarès 66 263 D1
Barcelonne 26 204 B1
Barcelonne-du-Gers 32 226 C2
Barcelonnette 04 207 D4
Barchain 57 65 F2
Barcillonnette 05 205 F4
Barcugnan 32 228 A4
Barcus 64 247 F2
Barcy 77 58 C1
Bard 42 170 A3
Bard-le-Régulier 21 122 B3
Bard-lès-Époisses 21 103 E4
Bard-lès-Pesmes 70 124 C2
La Barde 17 178 A3
Bardenac 16 178 B2
Bardiana 2B 266 B1
Bardigues 82 212 B3
Le Bardon 45 99 D2
Bardos 64 225 D3
Bardou 24 196 B2
Bardouville 76 31 E1
Barèges 65 257 E3
Bareilles 65 250 A4
Barembach 67 66 B4
Baren 31 258 B3
Barentin 76 31 E1
Barenton 50 51 F4
Barenton-Bugny 02 19 F4
Barenton-Cel 02 19 F4
Barenton-sur-Serre 02 19 F4
Barésia-sur-l'Ain 39 141 E4
Barfleur 50 25 E1
Bargème 83 239 E1
Bargemon 83 239 E2
Barges 21 123 F3
Barges 43 202 A1
Barges 70 106 A1
Bargny 60 34 C3
Barie 33 195 D3
Les Barils 27 54 C3
Barinque 64 226 C4
Barisey-au-Plain 54 63 F4
Barisey-la-Côte 54 63 F4
Barisis 02 19 D4
Barizey 71 139 F2
Barjac 09 259 E2
Barjac 30 218 C1
Barjac 48 201 D3
Barjols 83 238 B3
Barjon 21 104 C3
Barjouville 28 78 C2
Barles 04 222 B1
Barles (Clues de) 04 222 B2
Barlest 65 249 D2
Barleux 80 18 B2
Barlieu 18 119 E1
Barlin 62 9 F2
Barly 62 9 F3
Barly 80 9 E4
Barmainville 28 79 E3
Barnas 07 202 C2
Barnave 26 204 C2
Barnay 71 122 B4
Barnenez (Cairn de) 29 46 A2
Barneville 14 30 A2
Barneville-Carteret 50 24 C4
Barneville-sur-Seine 27 31 D2
Barocaggio-Marghèse (Forêt de) 2A 269 E2
La Baroche-Gondouin 53 75 E1
La Baroche-sous-Lucé 61 52 A4
Les Baroches 54 39 E3
Baromesnil 76 16 A1
Baron 30 218 B3
Baron 33 194 C1
Baron 60 34 B3
Baron 71 139 D4
Baron-sur-Odon 14 29 D4
Baronville 57 65 D1
Barou-en-Auge 14 53 D1
Baroville 10 84 B3
Le Barp 33 193 E3
Barquet 27 31 D4
Barr 67 89 D1
Barrais-Bussolles 03 153 F2
Barran 32 228 A3
Barrancoueu 65 249 F4
Les Barraques 05 206 A2
Les Barraques 05 206 A2
Barras 04 222 A2
Barraute-Camu 64 225 F4
Barraux 38 173 F4
Barre 81 232 B2
La Barre 39 124 C3
La Barre 70 125 E1
La Barre-de-Monts 85 128 A
La Barre-de-Semilly 50 27
Barre-des-Cévennes 48 217
La Barre-en-Ouche 27 54
Barrême 04 222
Les Barres (Arboretum) 45 100
Barret 16 162 A
Barret-de-Lioure 26 220 C
Barret-le-Bas 05 221
Barretaine 39 141 E
Barrettali 2B 264 E
Barriac-les-Bosquets 15 182 C
Barricourt 08 38 A
Barro 16 147 E
Barrou 37 133 D
Le Barroux 84 220 A
Barry 65 249 D
Barry (Château de) 84 219 E
Barry-d'Islemade 82 213 D
Bars 24 180 E
Bars 32 227 F
Barsac 26 204 C
Barsac 33 194 C
Barst 57 41 E
Bart 25 107 F
Bartenheim 68 109 D
Barthe 65 250 A
La Barthe-de-Neste 65 249 F
Bartherans 25 125 D
Les Barthes 82 212 C
Bartrès 65 249 D
Barville 27 30 C
Barville 61 76 C
Barville 88 86 B
Barville-en-Gâtinais 45 80 A
Barzan 17 160 C
Barzun 64 248 C
Barzy-en-Thiérache 02 19 F
Barzy-sur-Marne 02 35 F
Bas de Chareil 03 152 C
Bas-en-Basset 43 186 A
Bas-et-Lezat 63 153 D
Bas-Lieu 59 12 B
Bas-Mauco 40 226 B
Bascons 40 226 B
Bascous 32 227 E
Baslieux 54 39 E
Baslieux-lès-Fismes 51 36 A
Baslieux-sous-Châtillon 51 36 A
Basly 14 29 D
Basque (Côte) 64 192 A
Bassac 16 162 A
Bassan 34 233 E
Bassanne 33 195 D
Basse-Goulaine 44 112 A
Basse-Ham 57 40 B
Basse-Rentgen 57 40 B
Basse-sur-le-Rupt 88 88 A
La Basse-Vaivre 70 106 B
La Bassée 59 10 A
Bassemberg 67 88 C
Basseneville 14 29 E
Bassens 33 194 B
Bassens 73 173 E
Bassercles 40 226 A
Basses 86 114 C
Basseux 62 9 F
Bassevelle 77 59 E
Bassignac 15 182 C
Bassignac-le-Bas 19 181 F
Bassignac-le-Haut 19 182 B
Bassigney 70 106 C
Bassillac 24 179 F
Bassillon-Vauzé 64 227 D
Bassing 57 65 E
Bassoles-Aulers 02 35 E
Bassoncourt 52 85 F
Bassou 89 102 A
Bassoues 32 227 F
Bassu 51 61 F
Bassuet 51 61 F
Bassurels 48 217 E
Bassussarry 64 224 B
Bassy 74 157 E
Bastanès 64 225 F
Bastelica 2A 267 D
Bastelicaccia 2A 266 C
Bastennes 40 225 F
Bastia 2B 265 E
La Bastide 66 262 A
La Bastide 83 239 E
La Bastide-Clairence 64 225 D
La Bastide-de-Besplas 09 251 E
La Bastide-de-Bousignac 09 252 C
La Bastide-de-Lordat 09 252 B
La Bastide-de-Sérou 09 251 F
La Bastide-d'Engras 30 218 C
La Bastide-des-Jourdans 84 237 F
La Bastide-du-Salat 09 259 D
La Bastide-l'Évêque 12 214 B
La Bastide-Pradines 12 216 B
La Bastide-Puylaurent 48 202 A
La Bastide-Solages 12 215 D
La Bastide-sur-l'Hers 09 252 C
La Bastidonne 84 237 F
La Bastie-d'Urfé 42 170 A
Le Bastit 46 198 A
Basville 23 166 C
La Bataille 79 147 D
Bataille (Col de la) 26 204 C
Bathelémont-lès-Bauzemont 54 65 D
Bathernay 26 187 F
La Bâthie 73 174 C
La Bâtie-des-Fonds 26 205 E
La Bâtie-Divisin 38 173 D
La Bâtie-Montgascon 38 172 C
La Bâtie-Montsaléon 05 205 E4
La Bâtie-Neuve 05 206 B
La Bâtie-Rolland 26 204 A
La Bâtie-Vieille 05 206 B
Les Bâties 70 106 B
Batilly 54 40 A
Batilly 61 52 C
Batilly-en-Gâtinais 45 80 A
Batilly-en-Puisaye 45 101 D
La Batisse 63 168 A
Bats 40 226 B2

sère 65 249 F3
tenans-les-Mines 25 125 F1
tenans-Varin 25 126 C2
tenheim 68 108 C1
texey 88 86 C1
tigny 54 86 B1
trans 70 124 C1
z (Île de) 29 45 F1
z-sur-Mer 44 110 A2
zendorf 67 67 D2
ubigny 21 139 F1
Bauche 73 173 E4
ud 56 91 D1
udement 51 60 A4
udemont 71 154 C2
udignan 40 210 C3
udignécourt 55 63 D4
udinard-sur-Verdon 83 238 C2
udoncourt 70 107 D2
udonvilliers 55 62 B3
udre 50 27 E4
udrecourt 52 84 C1
udrecourt 57 65 D1
udreix 64 248 C2
udrémont 55 63 D2
udres 36 117 E4
udreville 28 79 E2
udreville 50 26 C2
udricourt 88 86 C2
udrières 71 140 B3
uduen 83 238 C1
ugé 49 96 A4
ugy 18 119 E4
ugy 60 34 B1
ugy 71 154 B2
ulay 70 106 B2
ule 45 99 D2
Baule 44 110 B2
Baule-Escoublac 44 110 B2
ulme-la-Roche 21 123 D2
ulne 91 80 A1
ulne-en-Brie 02 59 F1
ulny 55 38 A3
ulon 35 72 C4
ulou 09 252 A3
Baume 48 201 D3
Baume 74 159 D2
ume (Cirque de) 39 141 E3
Baume-Cornillane 26 204 B1
Baume-de-Transit 26 219 E1
Baume-d'Hostun 26 188 B3
ume-les-Dames 25 125 F1
ume-les-Messieurs 39 141 E2
uné 49 95 E4
upte 50 27 D2
uquay 14 28 C4
urech 33 194 B2
Baussaine 35 72 C2
uvin 59 10 B1
s Baux-de-Breteuil 27 54 C2
s Baux-de-Provence 13 236 B2
s Baux-Ste-Croix 27 55 E1
uzemont 54 65 D3
uzy 41 98 C4
vans 25 107 F4
vay 59 11 F3
velincourt 80 17 F1
vella (Col de) 2A 269 E1
vent 14 29 E3
verans 39 124 B3
villiers 90 107 F3
vinchove 59 4 A3
vincourt 62 9 F3
x 31 251 E2
y 08 20 C3
y 70 124 C2
y-sur-Aube 52 104 C2
yac 24 196 B1
yard (Château) 38 173 F4
yard (Col) 05 206 A2
yas 33 177 F3
aye 29 69 F4
aye 51 60 A2
ayecourt 88 87 E2
ayel 10 84 B3
ayencourt 80 9 F4
ayenghem-lès-Éperlecques 62 3 E3
ayenghem-lès-Seninghem 62 3 E4
ayers 16 162 C1
ayet 03 153 D2
ayeux 14 28 B2
ayon 54 87 D1
ayon-sur-Gironde 33 177 D3
ayonne 64 224 C3
ayons 04 222 A1
ayonville 08 38 A2
ayonville-sur-Mad 54 40 A4
ayonvillers 80 18 A2
azac 16 178 B2
azaiges 36 134 B4
azailles 54 39 E1
azainville 78 56 B2
azancourt 51 36 C2
azancourt 60 32 C1
azarnes 89 102 B3
azas 33 194 C4
azauges 17 162 A1
azegney 88 87 D2
azeilles 08 22 A3
azeilles-sur-Othain 55 38 C1
azelat 23 149 F2
azemont 78 56 C2
azens 47 211 D2
azentin 80 18 B1
azenville 14 28 C2
azet 65 249 E1
a Bazeuge 87 149 D2
azian 32 227 F2
azicourt 60 34 A2
aziège 31 230 B4
azien 88 87 F1
azillac 65 249 E1
azincourt-sur-Epte 27 32 C2
azincourt-sur-Saulx 55 62 B3
azinghen 62 2 C3
azinval 76 16 B1
a Bazoche-Gouet 28 77 F3
azoches 58 121 E2
Bazoches-au-Houlme 61 52 C2
Bazoches-en-Dunois 28 78 C4
Bazoches-lès-Bray 77 81 E2
Bazoches-les-Gallerandes 45 79 E3
Bazoches-lès-Hautes 28 79 D3
Bazoches-sur-Guyonne 78 56 C3
Bazoches-sur-Hoëne 61 54 B4
Bazoches-sur-le Betz 45 81 D4
Bazoches-sur-Vesles 02 35 A2
La Bazoge 50 51 E3
La Bazoge 72 76 B4
La Bazoge-Montpinçon 53 75 D2
Bazoges-en-Paillers 85 129 F1
Bazoges-en-Pareds 85 130 A3
Bazoilles-et-Ménil 88 86 C2
Bazoilles-sur-Meuse 88 86 A2
Bazolles 58 121 D3
Bazoncourt 57 40 C4
La Bazoque 14 28 B3
La Bazoque 61 52 A2
Bazoques 27 30 C3
Bazordan 65 250 A2
La Bazouge-de-Chemeré 53 75 D4
La Bazouge-des-Alleux 53 75 D3
La Bazouge-du-Désert 35 74 A1
Bazougers 53 75 D4
Bazouges 53 94 C2
Bazouges-la-Pérouse 35 73 E1
Bazouges-sous-Hédé 35 73 D2
Bazouges-sur-le-Loir 72 95 F3
Bazuel 59 11 E4
Bazugues 32 227 F4
Bazus 31 230 A2
Bazus-Aure 65 258 A3
Bazus-Neste 65 249 F3
Le Béage 07 202 C1
Béal (Col du) 42,63 169 E3
Béalcourt 80 9 D3
Béalencourt 62 9 D2
Béard 58 137 E2
Beaubec-la-Rosière 76 16 B4
Beaubery 71 154 C1
Beaubigny 50 24 B3
Beaubray 27 55 D2
Beaucaire 30 235 F1
Beaucaire 32 228 A1
Beaucamps-le-Jeune 80 16 C3
Beaucamps-le-Vieux 80 16 C2
Beaucamps-Ligny 59 4 C4
Beaucé 35 74 A2
Beaucens 65 257 E2
Le Beaucet 84 224 A4
Beauchalot 31 250 C3
Beauchamp 95 57 D1
Beauchamps 50 50 C2
Beauchamps 80 16 B1
Beauchamps-sur-Huillard 45 100 B1
Beaucharmoy 52 86 A4
Beauchastel 07 203 F1
Beauche 28 55 D3
Beauchemin 52 105 D1
Beauchêne 41 97 F1
Beauchêne 61 51 F3
Beauchery-St-Martin 77 59 E4
Beauclair 55 38 B1
Beaucoudray 50 51 D1
Beaucourt 90 108 A4
Beaucourt-en-Santerre 80 18 A3
Beaucourt-sur-l'Ancre 80 10 A4
Beaucourt-sur-l'Hallue 80 17 F1
Beaucouzé 49 95 D4
Beaucroissant 38 188 C1
Beaudéan 65 257 F2
Beaudéduit 60 17 D4
Beaudignies 59 11 E3
Beaudricourt 62 9 E3
Beaufai 61 54 B3
Beaufay 72 76 C3
Beauficel 50 51 E3
Beauficel-en-Lyons 27 32 B2
Beaufin 38 205 F1
Beaufort 31 229 E4
Beaufort 34 254 B2
Beaufort 38 188 A1
Beaufort 39 141 D3
Beaufort 59 12 B3
Beaufort 73 174 C2
Beaufort-Blavincourt 62 9 F3
Beaufort-en-Argonne 55 38 B1
Beaufort-en-Santerre 80 18 A3
Beaufort-en-Vallée 49 114 B1
Beaufort-sur-Gervanne 26 204 B1
Beaufou 85 129 D1
Beaufour-Druval 14 29 F3
Beaufremont 88 86 A2
Beaugas 47 196 B4
Beaugeay 17 160 B1
Beaugency 45 99 D2
Beaugies-sous-Bois 60 18 C4
Beaujeu 04 222 B2
Beaujeu 69 155 D3
Beaujeu-St-Vallier-Pierrejux 70 105 F4
Beaulandais 61 52 B4
Beaulencourt 62 10 B4
Beaulieu 07 218 B1
Beaulieu 08 20 C2
Beaulieu 14 51 F1
Beaulieu 15 167 D4
Beaulieu 21 104 A3
Beaulieu 34 234 C2
Beaulieu 36 149 E1
Beaulieu 38 188 C2
Beaulieu 43 185 F3
Beaulieu 58 121 D2
Beaulieu 61 54 C3
Beaulieu 63 184 C1
Beaulieu-en-Argonne 55 38 B4
Beaulieu-en-Rouergue (Ancienne Abbaye d') 46 214 A2
Beaulieu-les-Fontaines 60 18 B4
Beaulieu-lès-Loches 37 116 C3
Beaulieu-sous-Bressuire 79 130 C1
Beaulieu-sous-la-Roche 85 128 C3
Beaulieu-sous-Parthenay 79 131 E4
Beaulieu-sur-Dordogne 19 181 F4
Beaulieu-sur-Layon 49 113 F2
Beaulieu-sur-Loire 45 101 D4
Beaulieu-sur-Mer 06 241 E4
Beaulieu-sur-Oudon 53 74 B4
Beaulieu-sur-Sonnette 16 163 D1
Beaulon 03 138 A3
Beaumarchés 32 227 E3
Beaumais 14 53 D2
Beaumat 46 198 A3
Beaumé 02 20 B2
La Beaume 05 205 E3
Beaume (Gorges de la) 07 202 C4
Beauménil 88 87 F3
Beaumerie-St-Martin 62 8 B2
Beaumes-de-Venise 84 220 A3
Beaumesnil 14 51 E1
Beaumesnil 27 54 C1
Beaumettes 84 237 D1
Beaumetz 80 9 D4
Beaumetz-lès-Aire 62 9 D1
Beaumetz-lès-Cambrai 62 10 B4
Beaumetz-lès-Loges 62 10 A3
Beaumont 07 202 C3
Beaumont 19 181 F1
Beaumont 24 196 B2
Beaumont 32 211 D4
Beaumont 43 184 C2
Beaumont 54 63 E2
Beaumont 63 168 B2
Beaumont 74 158 A3
Beaumont 86 132 B2
Beaumont 89 102 A1
Beaumont-de-Lomagne 82 229 D1
Beaumont-de-Pertuis 84 237 F1
Beaumont-du-Gâtinais 77 80 B4
Beaumont-du-Lac 87 165 F2
Beaumont-du-Ventoux 84 220 A2
Beaumont-en-Argonne 08 22 A4
Beaumont-en-Auge 14 30 A3
Beaumont-en-Beine 02 18 C3
Beaumont-en-Cambrésis 59 11 D4
Beaumont-en-Diois 26 205 D3
Beaumont-en-Véron 37 115 D3
Beaumont-Hague 50 24 B1
Beaumont-Hamel 80 9 F4
Beaumont-la-Ferrière 58 120 B3
Beaumont-la-Ronce 37 97 E4
Beaumont-le-Hareng 76 15 F4
Beaumont-le-Roger 27 31 D4
Beaumont-les-Autels 28 77 F3
Beaumont-les-Nonains 60 33 D2
Beaumont-lès-Randan 63 153 E4
Beaumont-lès-Valence 26 204 A1
Beaumont-Monteux 26 187 F4
Beaumont-Pied-de-Bœuf 53 95 E1
Beaumont-Pied-de-Bœuf 72 96 C2
Beaumont-Sardolles 58 137 E1
Beaumont-sur-Dême 72 97 D3
Beaumont-sur-Grosne 71 140 A3
Beaumont-sur-Lèze 31 251 F1
Beaumont-sur-Oise 95 33 E4
Beaumont-sur-Sarthe 72 76 B3
Beaumont-sur-Vesle 51 36 C3
Beaumont-sur-Vingeanne 21 124 A1
Beaumont-Village 37 116 C3
Beaumontel 27 31 D4
Beaumotte-lès-Montbozon 70 125 E1
Beaumotte-lès-Pin 70 125 D2
Beaunay 51 60 B2
Beaune 21 123 D4
Beaune 73 190 C2
Beaune-d'Allier 03 152 B2
Beaune-la-Rolande 45 80 A4
Beaune-sur-Arzon 43 185 E2
Beaunotte 21 104 A3
Beaupont 01 156 B1
Beauport (Abbaye de) 22 47 E1
Beaupouyet 24 178 C4
Beaupréau 49 113 D3
Beaupuy 31 230 B2
Beaupuy 32 229 D2
Beaupuy 47 195 E3
Beaupuy 82 229 E1
Beauquesne 80 9 E4
Beaurain 59 11 E4
Beaurains 62 10 A3
Beaurains-lès-Noyon 60 18 C4
Beaurainville 62 8 C2
Beaurecueil 13 243 E1
Beauregard 01 155 E4
Beauregard 41 98 B4
Beauregard 46 213 F1
Beauregard-Baret 26 188 B4
Beauregard-de-Terrasson 24 180 C3
Beauregard-et-Bassac 24 179 E4
Beauregard-l'Évêque 63 168 C2
Beauregard-Vendon 63 152 C4
Beaurepaire 38 188 A1
Beaurepaire 60 34 A3
Beaurepaire 76 14 A3
Beaurepaire 85 129 F1
Beaurepaire-en-Bresse 71 141 D3
Beaurepaire-sur-Sambre 59 20 A1
Beaurevoir 02 19 D1
Beaurières 26 205 D3
Beaurieux 02 36 A2
Beaurieux 59 12 C4
Beauronne 24 179 D3
Beausemblant 26 187 E2
Beausoleil 06 241 E4
Beaussac 24 163 D4
Beaussais 79 146 C2
Beaussault 76 16 B3
Beausse 49 113 D2
Le Beausset 83 244 A2
Beauteville 31 252 B1
Beautheil 77 59 D3
Beautiran 33 194 B2
Beautor 02 19 D4
Beautot 76 15 E4
Beauvain 61 52 C4
Beauvais 60 33 E1
Beauvais-sur-Matha 17 162 A1
Beauvais-sur-Tescou 81 213 E4
Beauval 80 9 E4
Beauval-en-Caux 76 15 E3
Beauvallon 26 204 A1
Beauvau 49 95 F4
Beauvène 07 203 E1
Beauvernois 71 141 D1
Beauvezer 04 222 C2
Beauville 31 230 C4
Beauville 47 212 B2
Beauvilliers 28 78 C2
Beauvilliers 41 98 B2
Beauvilliers 89 121 F1
Beauvoir 03 153 E1
Beauvoir 50 50 B3
Beauvoir 60 17 E4
Beauvoir 77 58 C4
Beauvoir 89 101 F2
Beauvoir-de-Marc 38 172 A4
Beauvoir-en-Lyons 76 32 B1
Beauvoir-en-Royans 38 188 C3
Beauvoir-sur-Mer 85 128 A1
Beauvoir-sur-Niort 79 146 B3
Beauvoir-sur-Sarce 10 103 E1
Beauvoir-Wavans 62 9 D3
Beauvois 62 9 D2
Beauvois-en-Cambrésis 59 11 D4
Beauvois-en-Vermandois 02 18 C2
Beauvoisin 26 220 B1
Beauvoisin 30 235 D2
Beauvoisin 39 141 D1
Beaux 43 186 A2
Beauzac 43 186 A2
Beauzée-sur-Aire 55 62 C1
Beauzelle 31 229 F2
Beauziac 47 210 B1
Bébing 57 65 F2
Beblenheim 68 89 D3
Le Bec d'Allier 18 137 D1
Bec-de-Mortagne 76 14 B3
Le Bec-Hellouin 27 31 D3
Le Bec-Thomas 27 31 E3
Beccas 32 227 E4
Béceleuf 79 130 C4
Béchamps 54 39 E3
Bécherel 35 72 C2
Bécheresse 16 162 B4
Béchy 57 64 C1
Bécon-les-Granits 49 94 C4
Bécordel-Bécourt 80 18 A1
Bécourt 62 3 D4
Becquigny 02 19 E1
Becquigny 80 18 A3
Bédarieux 34 233 D3
Bédarrides 84 219 F3
Beddes 18 135 E3
Bédéchan 32 228 C3
Bédée 35 72 C3
Bédeilhac-et-Aynat 09 252 A4
Bédeille 09 259 E2
Bédeille 64 249 D1
Bedenac 17 177 F3
Bédoin 84 220 B2
Bédouès 48 217 E1
Bedous 64 248 A3
Béduer 46 198 C3
Beffes 18 120 A4
Beffia 39 141 E4
Beffu-et-le-Morthomme 08 38 A2
Beg-Meil 29 69 D4
Bégaar 40 225 F1
Bégadan 33 176 C1
Béganne 56 92 B3
Bégard 22 47 D2
Bègles 33 194 B1
Begnécourt 88 86 C3
Bégole 65 249 F2
Bégrolles-en-Mauges 49 113 D3
La Bégude-de-Mazenc 26 204 A3
Bègues 03 152 C3
Béguey 33 194 C3
Béguios 64 225 D4
Béhagnies 62 10 A4
Béhasque-Lapiste 64 247 D1
Behen 80 16 C1
Béhencourt 80 17 F1
Béhéricourt 60 18 C4
Behlenheim 67 67 D3
Behonne 55 62 C2
Béhorléguy 64 247 D2
Béhoust 78 56 B2
Behren-lès-Forbach 57 41 F3
Béhuard 49 113 F1
Beignon 56 72 B4
Beillé 72 77 D4
Beine 89 102 B2
Beine-Nauroy 51 36 C3
Beinheim 67 67 F1
Beire-le-Châtel 21 123 F1
Beire-le-Fort 21 124 A2
Beissat 23 166 C2
Bel-Homme (Col du) 83 239 E2
Bélâbre 36 133 F4
Belan-sur-Ource 21 104 A1
Bélarga 34 233 F3
Bélaye 46 197 E4
Belberaud 31 230 B3
Belbèse 82 212 C4
Belbeuf 76 31 F2
Belbèze-de-Lauragais 31 230 B4
Belbèze-en-Comminges 31 251 D2
Belcaire 11 261 D1
Belcastel 12 214 C1
Belcastel 81 230 B2
Belcastel-et-Buc 11 253 E3
Belcodène 13 243 E1
Bélesta 09 252 C2
Bélesta 66 262 A2
Bélesta-en-Lauragais 31 230 C4
Beleymas 24 179 D4
Belfahy 70 107 F2
Belfays 25 126 C2
Belflou 11 252 B1
Belfonds 61 53 E4
Belfort 90 107 F3
Belfort-du-Quercy 46 213 E2
Belfort-sur-Rebenty 11 261 D1
Belgeard 53 75 D2
Belgentier 83 244 B2
Belgodère 2B 264 C3
Belhade 40 193 F4
Belhomert-Guéhouville 28 77 F1
Le Bélieu 25 126 B3
Belin-Béliet 33 193 E3
Bélis 40 209 F3
Bellac 87 149 D3
Bellaffaire 04 206 B4
Bellagranajo (Col de) 2B 267 D2
Bellaing 59 11 D2
Bellancourt 80 8 C4
Bellange 57 65 D1
Bellavilliers 61 76 C1
Le Bellay-en-Vexin 95 33 D4
Belle-Église 60 33 E3
Belle-et-Houllefort 62 2 C3
Belle-Île 56 90 B4
Belle-Isle-en-Terre 22 47 D3
Belleau 02 35 E4
Belleau 54 64 B2
Bellebat 33 194 C2
Bellebrune 62 2 C3
Bellechassagne 19 166 C3
Bellechaume 89 82 B4
Bellecombe 39 157 E2
Bellecombe 73 174 A2
Bellecombe-en-Bauges 73 174 A2
Bellecombe-Tarendol 26 220 C1
Bellefond 21 123 F1
Bellefond 33 195 C2
Bellefonds 86 132 C3
Bellefontaine 39 142 B3
Bellefontaine 50 51 E3
Bellefontaine 88 87 E4
Bellefontaine 95 34 A4
Bellefosse 67 88 C1
Bellegarde 30 235 E2
Bellegarde 32 228 B4
Bellegarde 45 100 B1
Bellegarde 81 214 C4
Bellegarde-du-Razès 11 253 D3
Bellegarde-en-Diois 26 204 C3
Bellegarde-en-Forez 42 170 C3
Bellegarde-en-Marche 23 151 D4
Bellegarde-Poussieu 38 187 F1
Bellegarde-Ste-Marie 31 229 E2
Bellegarde-sur-Valserine 01 157 E3
Belleherbe 25 126 B2
Bellemagny 68 108 B2
Bellême 61 77 D2
Bellenaves 03 152 C3
Bellencombre 76 15 F3
Belleneuve 21 124 A2
Bellenglise 02 19 D2
Bellengreville 14 29 E4
Bellengreville 76 15 F2
Bellenod-sur-Seine 21 104 A3
Bellenot-sous-Pouilly 21 122 C2
Bellentre 73 175 D3
Belleray 55 38 C4
Bellerive-sur-Allier 03 153 D3
Belleroche 42 155 D3
Bellesserre 81 231 D4
Bellesserre 31 229 E1
Belleu 02 35 E2
Belleuse 80 17 D3
Bellevarde (Rocher de) 73 175 E4
Bellevaux 74 158 C2
Bellevesvre 71 141 D2
Belleville 54 64 B2
Belleville 69 155 E3
Belleville 79 146 A3
Belleville-en-Caux 76 15 E3
Belleville-sur-Bar 08 37 F1
Belleville-sur-Loire 18 119 F1
Belleville-sur-Mer 76 15 F1
Belleville-sur-Meuse 55 38 C3
Belleville-sur-Vie 85 129 D2
Bellevue 74 175 D1
Bellevue (Grotte de) 46 198 B3
Bellevue-la-Montagne 43 185 E2
Belley 01 173 D2
Belleydoux 01 157 E2
Bellicourt 02 19 D1
La Bellière 61 53 D4
La Bellière 76 16 B4
Bellignat 01 157 D2
Belligné 44 94 B4
Bellignies 59 11 F2
La Belliole 89 81 E3
Belloc 09 252 C3
Belloc-St-Clamens 32 228 A4
Bellocq 64 225 E3
Bellon 16 178 B2
Bellonne 62 10 B3
Bellot 77 59 E2
Bellou 14 53 E1
Bellou-en-Houlme 61 52 B3
Bellou-le-Trichard 61 77 D2
Bellou-sur-Huisne 61 77 E1
Belloy 60 34 B1
Belloy-en-France 95 33 F4
Belloy-en-Santerre 80 18 B2
Belloy-St-Léonard 80 16 C2
Belloy-sur-Somme 80 17 E1
Belluire 17 161 D4
Belmesnil 76 15 E3
Belmont 01 173 D1
Belmont 25 126 A2
Belmont 32 227 F2
Belmont 38 172 C4
Belmont 39 124 C4
Belmont 52 105 E3
Belmont 67 88 C1
Belmont 69 171 D1
Belmont 70 107 D2
Belmont-Bretenoux 46 198 C1
Belmont-de-la-Loire 42 154 C3
Belmont-lès-Darney 88 86 C3
Belmont-Ste-Foi 46 213 F2
Belmont-sur-Buttant 88 88 A2
Belmont-sur-Rance 12 232 B1
Belmont-sur-Vair 88 86 B2
Belmont-Tramonet 73 173 D3
Belmontet 46 212 C1
Belonchamp 70 107 E2
Belpech 11 252 B2
Belrain 55 62 C2
Belrupt 88 86 C4
Belrupt-en-Verdunois 55 38 C3
Bélus 40 225 D2
Belval 08 21 E3
Belval 50 27 D4
Belval 88 88 B1
Belval-Bois-des-Dames 08 38 A1
Belval-en-Argonne 51 62 B1
Belval (Parc de Vision) 08 38 A1
Belval-sous-Châtillon 51 36 B4
Belvédère 06 241 E2
Belvédère-Campomoro 2A 268 C3
Belvédère du Cirque 05 207 F2
Belverne 70 107 E3
Belvès 24 197 D2
Belvès-de-Castillon 33 195 D1
Belvèze 82 212 C1
Belvèze-du-Razès 11 253 D2
Belvézet 30 218 C3
Belvezet 48 202 A3
Belvianes-et-Cavirac 11 261 E1
Belvis 11 261 D1
Belvoir 25 126 B1
Belz 56 90 C2
Bémécourt 27 55 D2
Bénac 09 252 A4
Bénac 65 249 D2
Benagues 09 252 A3
Benais 37 115 D2
Bénaix 09 252 C4
Bénaménil 54 65 E4
Bénarville 76 14 C3
Benassay 86 131 F4
Bénat (Cap) 83 245 D3
La Benâte 17 146 A4
Benay 02 19 D3
Benayes 19 165 D4
Bendejun 06 241 D3
Bendorf 68 108 C4
Bénéjacq 64 248 C2
Benerville-sur-Mer 14 29 F2
Bénesse-lès-Dax 40 225 E2
Bénesse-Maremne 40 224 C2
Benest 16 147 F4
Bénestroff 57 65 E1
Bénesville 76 15 D3
Benet 85 146 A1
Beneuvre 21 104 C3
Bénévent-et-Charbillac 05 206 A2
Bénévent-l'Abbaye 23 150 A3
Beney-en-Woëvre 55 63 F1
Benfeld 67 89 E1
Bengy-sur-Craon 18 119 F4
Bénifontaine 62 10 A1
Béning-lès-St-Avold 57 41 E3
La Bénisson-Dieu 42 154 B3
Bénivay-Ollon 26 220 B1
Bennecourt 78 32 B4
Bennetot 76 14 C4
Benney 54 64 C4
Bennwihr 68 89 D3
Bénodet 29 69 D4
Benoisey 21 103 F4
Benoîtville 50 24 B2
Benon 17 145 F2
Bénonces 01 172 C1
Bénouville 14 29 D3
Bénouville 76 14 A3
Benque 31 250 C1
Benqué 65 249 F3
Benque-Dessous-et-Dessus 31 258 B3
Benquet 40 226 B1
Bentayou-Sérée 64 227 D4
Bény 01 156 B2
Le Bény-Bocage 14 51 F1
Bény-sur-Mer 14 29 D2
Béon 01 173 D1
Béon 89 101 F1
Béost 64 256 C2
La Bérarde 38 190 B4
Bérat 31 251 E1
Béraut 32 211 D4
Berbérust-Lias 65 257 E2
Berbezit 43 185 D2
Berbiguières 24 197 D1
Berc 48 201 D1
Bercé (Forêt de) 72 96 C2
Bercenay-en-Othe 10 82 C3
Bercenay-le-Hayer 10 82 B2
Berche 25 107 F4
Berchères-la-Maingot 28 56 A4
Berchères-les-Pierres 28 78 C2
Berchères-sur-Vesgre 28 56 A2
Berck-Plage 62 8 A2
Bercloux 17 161 E1
Berd'Huis 61 77 E2
Berdoues 32 228 A4
Bérelles 59 12 C3
Bérengeville-la-Campagne 27 31 F4
Berentzwiller 68 108 C3
Bérenx 64 225 F3
Béréziat 01 156 A1
Berfay 72 97 E1
Berg 67 66 B1
Berg-sur-Moselle 57 40 B1
Berganty 46 198 A4
Bergbieten 67 66 C3
Bergerac 24 196 A1
Bergères 10 84 B3
Bergères-lès-Vertus 51 60 B2
Bergères-sous-Montmirail 51 59 F2
Bergesserin 71 155 D1
Bergheim 68 89 D2
Bergholtz 68 108 B1
Bergholtzzell 68 108 B1
Bergicourt 80 17 D3
Bergnicourt 08 36 C1
Bergonne 63 168 B4
Bergouey 40 226 A2
Bergouey 64 225 E4
Bergueneuse 62 9 E2
Bergues 59 4 A2
Bergues-sur-Sambre 02 19 F1
Berguette 62 4 B4
Berhet 22 47 D2
Bérig-Vintrange 57 65 E1
Bérigny 50 28 A3
Berjou 61 52 B2
Berlaimont 59 11 F3
Berlancourt 02 20 A3
Berlancourt 60 18 C4
Berlats 81 232 A2
Berlencourt-le-Cauroy 62 9 E3
Berles-au-Bois 62 9 F3
Berles-Monchel 62 9 F2
La Berlière 08 38 A1
Berling 57 66 B2
Berlise 02 20 B4
Berlou 34 232 C4
Bermerain 59 11 E3
Berméricourt 51 36 B2
Bermeries 59 11 F3
Bermering 57 65 E1
Bermesnil 80 16 C2
Bermicourt 62 9 D2
Bermont 90 107 F3
Bermonville 76 14 C4
Bernac 16 147 E4
Bernac 81 214 B4
Bernac-Debat 65 249 E2
Bernac-Dessus 65 249 E2
Bernadets 64 226 C4
Bernadets-Debat 65 249 F1
Bernadets-Dessus 65 249 F2
Le Bernard 85 129 D4
La Bernardière 85 112 B4
Bernardswiller 67 66 C4
Bernardvillé 67 89 D1
Bernâtre 80 9 D4
Bernaville 80 9 D4
Bernay 27 30 C4
Bernay 72 76 A4
Bernay-en-Brie 77 58 C3
Bernay-en-Ponthieu 80 8 B3
Bernay-St-Martin 17 146 A3
Berné 56 70 B4
Bernécourt 54 63 F2
Bernède 32 226 C2
La Bernerie-en-Retz 44 111 D3
Bernes 80 18 C2
Bernes-sur-Oise 95 33 F4
Bernesq 14 28 A2
Berneuil 16 178 A1
Berneuil 17 161 D3
Berneuil 80 9 D4
Berneuil 87 149 D4
Berneuil-en-Bray 60 33 D2
Berneuil-sur-Aisne 60 34 C2
Berneval-le-Grand 76 15 F1
Berneville 62 9 F3
Bernex 74 159 D1
Bernienville 27 31 E4
Bernières 76 14 C4
Bernières-d'Ailly 14 53 D1
Bernières-le-Patry 14 51 F2
Bernières-sur-Mer 14 29 D2
Bernières-sur-Seine 27 32 A3
Bernieulles 62 8 B1
Bernin 38 189 E2
Bernis 30 235 D1
Bernolsheim 67 67 D2
Bernon 10 103 D1
Bernos-Beaulac 33 210 A1
Bernot 02 19 E2
Bernouil 89 102 C1
Bernouville 27 32 C3
Bernwiller 68 108 B2
Berny-en-Santerre 80 18 B2
Berny-Rivière 02 35 D2
Bérou-la-Mulotière 28 55 D3
Berrac 32 211 E3
Berre-des-Alpes 06 241 E3
Berre (Étang de) 13 242 C1
Berre-l'Étang 13 242 C1
Berriac 11 253 F2
Berrias-et-Casteljau 07 218 B1
Berric 56 91 F3
Berrien 29 46 B4
Berrieux 02 36 A1
Berrogain-Laruns 64 247 E1
Berru 51 36 C3
Berrwiller 68 108 B1
Berry-au-Bac 02 36 A2
Berry-Bouy 18 118 C4
Le Bersac 05 205 E4
Bersac-sur-Rivalier 87 149 F4
Bersaillin 39 141 E1
Bersée 59 10 C1
Bersillies 59 12 B3
Berson 33 177 D3
Berstett 67 67 D3
Berstheim 67 67 D2
Bert 03 153 F2
Bertangles 80 17 E1
Bertaucourt-Epourdon 02 19 E4
Berteaucourt-les-Dames 80 17 E1
Berteaucourt-lès-Thennes 80 17 F2
Bertheauville 76 14 C3
Berthecourt 60 33 E2
Berthegon 86 132 A1
Berthelange 25 124 C3
Berthelming 57 65 F2
Berthen 59 4 C3
Berthenay 37 115 E2
Berthenicourt 02 19 E3
Berthenonville 27 32 B3
La Berthenoux 36 135 E3
Berthez 33 194 C4
Bertholène 12 215 F1
Berthouville 27 30 C3
Bertignat 63 169 E3
Bertignolles 10 84 A3
Bertincourt 62 10 B4
Bertoncourt 08 37 D1
Bertrambois 54 65 F3

A
B
Y
Z
Jardin Botanique
FORT GRIFFON
PORTE CHARMONT
R. Pstt Battant
Battant
Av. Foch
Av. d'Helvétie
CASINO
TOUR DE LA PELOTE
Av. de Strasbourg
Ch. Siffret
Ste-Madeleine
Q. de Strasbourg
MUSÉE DES BEAUX ARTS
Cusenier
Pont de la République
PROMENADE MICAUD
LA MOUILLERE
Arènes Romaines
Grande Rue
P.T.T.
ST-PIERRE
R. du lycée
Proudhon
Bersot
Rue des Granges
Pont Bréglle
ST-FRANÇOIS-XAVIER
CITÉ ADMINISTRATIVE
Pl. J. Cornet
ST-MAURICE
R. de Dôle
Hôpital St-Jacques
Pont Canot
Av. du 8 mai 1945
PALAIS GRANVELLE
Porte Noire
Pl. Gigoux
Gaulard
Promenade Chamars
CITÉ ADMINISTRATIVE
R. de la Préfecture
Ronchaux
Cath. St-Jean
Porte Rivotte
HORLOGE ASTRONOMIQUE
Plançon
R. G.
Pont de Gaulle
DOUBS
R. Chiffet
Nodier
tunnel en construction
TOUR DU ROI
Faubourg de Tarragnoz
CITADELLE
TOUR DE LA REINE
Chemin de Ronde
0
400 m

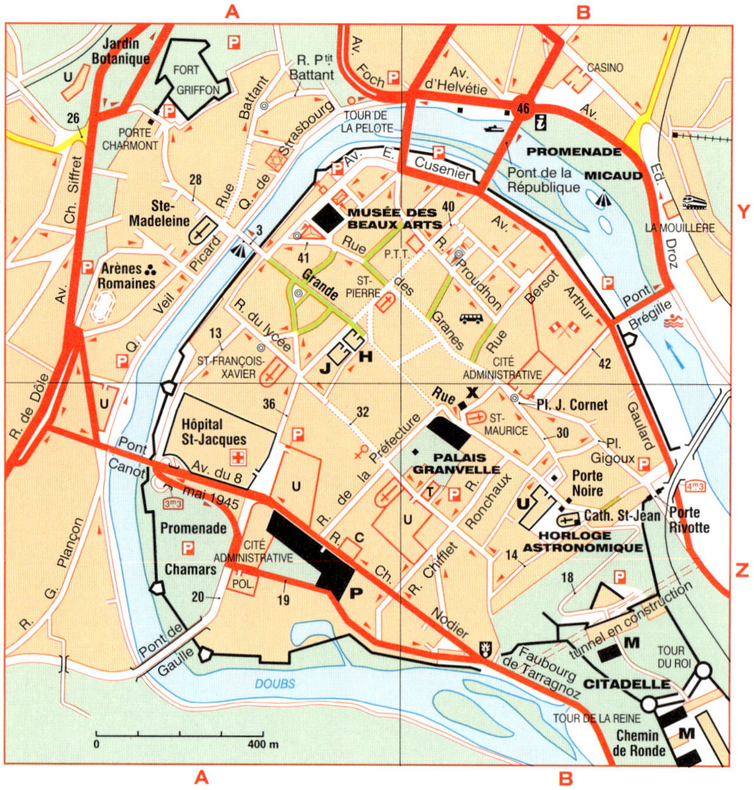

Besançon

Granges (R. des) ABY
République (R. de la) BY 40

Battant (R.) AY
Bersot (R.) BY
Grande-Rue AY-BZ

Battant (Pont) AY 3
Chantrand (R. G.) AY 13
Chapitre (R. du) BZ 14

Fusillés-de-la-Résistance (R. des) BZ 18
Gare-d'eau (Av. de la) AZ 19
Gaulle (Bd Ch. de) AZ 20
Leclerc (Pl. du Mar.) AY 26
Madeleine (R. de la) AY 28
Martelots (R. des) BZ 30

Mégevand (R.) AZ 32
Orme-de-Chamars (R. de l') AZ 36
Révolution (Pl. de la) AY 41
Sarrail (R. du Gén.) BY 42
1re-Armée-Française (Pl.) BY 46

Bertrancourt 80 9 F4
Bertrange 57 40 B2
Bertre 81 230 C3
Bertren 65 250 B3
Bertreville 76 14 C3
Bertreville-St-Ouen 76 15 E3
Bertric-Burée 24 179 D2
Bertrichamps 54 88 A1
Bertricourt 02 36 B2
Bertrimont 76 15 E4
Bertrimoutier 88 88 B2
Bertry 59 11 D4
Béru 89 102 C2
Béruges 86 132 A4
Bérulle 10 82 B3
Bérus 72 76 A2
Berven 29 45 F2
Berville 14 53 D1
Berville 76 15 D3
Berville 95 33 D3
Berville-en-Roumois 27 31 D3
Berville-la-Campagne 27 55 D1
Berville-sur-Mer 27 30 B1
Berville-sur-Seine 76 31 E1
Berviller-en-Moselle 57 41 D2
Berzé-la-Ville 71 155 E1
Berzé-le-Châtel 71 155 E1
Berzème 07 203 E3
Berzieux 51 37 F3
Berzy-le-Sec 02 35 E2
Bès 04 222 B1
La Besace 08 21 F4
Besain 39 141 F2
Besançon 25 125 E2
Bésayes 26 188 A4
Besbre 03 152 E2
Bescat 64 248 B2
Bésignan 26 220 B1
Bésingrand 64 226 B4
La Beslière 50 50 C2
Beslon 50 51 D2
Besmé 02 35 D1
Besmont 02 20 B2
Besnans 70 125 F1
Besné 44 110 C1
Besneville 50 24 C4
Besny-et-Loizy 02 19 F4
Bessac 16 162 B4
Bessais-le-Fromental 18 136 B2
Bessamorel 43 186 A3
Bessan 34 255 E1
Bessancourt 95 57 D1
Bessans 73 191 E1
Bessas 07 218 B1
Le Bessat 42 187 D1
Bessay 85 129 F4
Bessay-sur-Allier 03 153 D1
Besse 15 182 C3
Bessé 16 147 D4
Besse 24 197 D2
Besse 38 190 A3
Besse-en-Chandesse 63 168 A4
Bessé-sur-Braye 72 97 E2
Besse-sur-Issole 83 238 C4
Besséde-de-Sault 11 261 E1
Bessèges 30 218 A1
Bessenay 69 171 D2
Bessens 82 229 E1
Besset 09 252 C3
Bessey 42 187 D1
Bessey-en-Chaume 21 123 D4
Bessey-la-Cour 21 123 F3
Bessey-lès-Cîteaux 21 123 F3
La Besseyre-St-Mary 43 184 C4
Bessières 31 230 B1
Bessines 79 146 B2
Bessines-sur-Gartempe 87 149 E3
Bessins 38 188 B2
Besson 03 153 D1
Bessoncourt 90 108 A3
Bessonies 46 199 D1
Les Bessons 48 201 E2
Bessuéjouls 12 200 A4
Bessy 10 60 C4
Bessy-sur-Cure 89 102 B4
Bestiac 09 260 C1
Bétaille 46 181 E4
Betaucourt 70 106 B1
Betbèze 65 250 B1
Betbezer 40 210 A4
Betcave-Aguin 32 228 B4
Betchat 09 259 D2
Bétête 23 150 C2
Béthancourt-en-Valois 60 34 C3
Béthancourt-en-Vaux 02 19 D4
Bétharram (Grottes de) 64 257 D1
Béthelainville 55 38 B3
Béthemont-la-Forêt 95 33 E4
Béthencourt 59 11 D4
Béthencourt-sur-Mer 80 8 A4
Béthencourt-sur-
Somme 80 18 C3
Bétheniville 51 37 D2
Bétheny 51 36 B3
Béthincourt 55 38 B3
Béthines 86 133 E4
Béthisy-St-Martin 60 34 B3
Béthisy-St-Pierre 60 34 B2
Bethmale 09 259 D3
Bethmale (Vallée de) 09 259 E3
Bethon 51 59 F4
Béthon 72 76 B2
Bethoncourt 25 107 F4
Béthonsart 62 9 F2
Béthonvilliers 28 77 E3
Bethonvilliers 90 108 A2
Béthune 62 9 F1
Béthune 76 16 A3
Bétignicourt 10 83 F1
Beton-Bazoches 77 59 D3
Betoncourt-lès-Brotte 70 107 D2
Betoncourt-les-Ménétriers
70 106 A3
Betoncourt-St-Pancras 70 106 C1
Betoncourt-sur-Mance 70 106 A2
Bétous 32 227 E2
Betplan 32 227 E4
Betpouey 65 257 E3
Betpouy 65 250 A1
Bétracq 64 227 D3
Betschdorf 67 67 E1
Bettaincourt-sur-Rognon
52 85 E2
Bettainvillers 54 39 F2
Bettancourt-la-Ferrée 52 62 B3
Bettancourt-la-Longue 51 62 A2
Bettange 57 40 C3
Bettant 01 156 C4
Bettborn 57 66 A2
Bettegney-St-Brice 88 87 D2
Bettelainville 57 40 B3
Bettembos 80 16 C3
Bettencourt-Rivière 80 17 D1
Bettencourt-St-Ouen 80 17 D1
Bettendorf 68 108 C3
Bettes 65 249 E3
Betteville 76 31 D1
Bettignies 59 12 B2
Betting-lès-St-Avold 57 41 E3
Bettlach 68 108 C4
Betton 35 73 D3
Betton-Bettonet 73 174 A3
Bettoncourt 88 86 C2
Bettoncourt-le-Haut 52 85 E2
Bettrechies 59 11 F3
Bettviller 57 42 B3
Bettwiller 67 66 B1
Betz 60 34 C4
Betz-le-Château 37 116 B4
Beugin 62 9 F2
Beugnâtre 62 10 B4
Beugneux 02 35 E3
Beugnies 59 12 B4
Beugnon 89 82 C4
Le Beugnon 79 130 C3
Beugny 62 10 B4
Beuil 06 223 F2
Le Beulay 88 88 B2
Beulotte-St-Laurent 70 107 E1
Beure 25 125 F2
Beurey 10 83 F3
Beurey-Bauguay 21 122 B3
Beurey-sur-Saulx 55 62 B3
Beurières 63 185 E1
Beurizot 21 122 C2
Beurlay 17 160 C1
Beurville 52 84 C2
Beussent 62 8 B1
Beuste 64 248 C2
Beutal 25 107 E4
Beutin 62 8 B1
Beuvardes 02 35 F4
Beuveille 54 39 D1
Beuvezin 54 86 B1
Beuvillers 14 30 B4
Beuvillers 54 39 F2
Beuvrages 59 11 E2
Beuvraignes 80 18 B4
Beuvray (Mont) 71 138 C1
Beuvrequen 62 2 C3
Beuvreuil 76 32 C1
Beuvrigny 50 51 E1
Beuvron 58 121 D2
Beuvron 41,45 98 C4
Beuvron-en-Auge 14 29 F3
Beuvry 62 10 A1
Beuvry-la-Forêt 59 10 C2
Beux 57 40 C4
Beuxes 86 115 D4
Beuzec-Cap-Sizun 29 68 B2
Beuzeville 27 30 B2
Beuzeville-au-Plain 50 25 E3
Beuzeville-la-Bastille 50 25 D4
Beuzeville-la-Grenier 76 14 B4
Beuzeville-la-Guérard 76 14 C3
Beuzevillette 76 14 C4
Bévenais 38 188 C1
Bévéra 06 241 E2
Beveuge 70 107 D4
Béville-le-Comte 28 79 D1
Bévillers 59 11 D4
Bevons 04 221 E2
Bévy 21 123 E3
Bey 01 155 F2
Bey 71 140 B2
Bey-sur-Seille 54 64 C2
Beychac-et-Caillau 33 194 B1
Beylongue 40 208 C4
Beynac 87 164 B2
Beynac-et-Cazenac 24 197 D1
Beynat 19 181 E3
Beynes 04 222 B3
Beynes 78 56 C2
Beynost 01 171 F1
Beyrède-Jumet 65 249 F4
Beyren-lès-Sierck 57 40 B1
Beyrie-en-Béarn 64 226 B4
Beyrie-sur-Joyeuse 64 247 D1
Beyries 40 226 A3
Beyssac 19 180 C1
Beyssenac 19 180 C1
Le Bez 81 231 F3
Bez-et-Esparon 30 217 D4
Bézac 09 252 A4
Bezalles 77 59 D3
Bézancourt 76 32 B1
Bezange-la-Grande 54 65 D2
Bezange-la-Petite 57 65 D2
Bezannes 51 36 B3
Bézaudun-les-Alpes 06 223 F4
Bézaudun-sur-Bîne 26 204 B3
Bezaumont 54 64 B2
Bèze 21 124 A1
Bézenac 24 197 D1
Bézenet 03 152 B3
Bézéril 32 228 C3
Béziers 34 255 D1
Bezinghem 62 3 D4
Bezins-Garraux 31 250 B4
La Bezole 11 253 D3
Bezolles 32 228 A1
Bezons 95 57 E1
Bezouce 30 235 E1
Bézouotte 21 124 A1
Bézu-la-Forêt 27 32 B2
Bézu-le-Guéry 02 59 D1
Bézu-St-Éloi 27 32 C3
Bézu-St-Germain 02 35 E4
Bézues-Bajon 32 228 B4
Biache-St-Vaast 62 10 B3
Biaches 80 18 B2
Bians-les-Usiers 25 125 F4
Biard 86 132 A4
Les Biards 50 51 D4
Biarne 39 124 B3
Biarre 80 18 B3
Biarritz 64 224 B3
Biarrotte 40 225 D3
Biars-sur-Cère 46 181 F4
Bias 40 208 B2
Bias 47 196 B4
Biaudos 40 224 C3
Bibiche 57 40 C2
Biblisheim 67 67 E1
Bibost 69 171 D2
Bichancourt 02 19 D4
Biches 58 121 D4
Bickenholtz 57 66 B2
Bicqueley 54 64 A3
Bidache 64 225 D3
Bidarray 64 246 C1
Bidart 64 224 B3
Bidestroff 57 65 E2
Biding 57 41 E4
Bidon 07 219 D1
Bidos 64 248 A2
Biécourt 88 86 B2
Biederthal 68 109 D4
Bief 25 126 C1
Bief-des-Maisons 39 142 A2
Bief-du-Fourg 39 142 B2
Biefmorin 39 141 D1
Biefvillers-lès-Bapaume 62 10 A4
Bielle 64 256 B2
Bielsa (Tunnel de) 65 257 F4
Bienassis 38 172 B2
Biencourt 80 16 C1
Biencourt-sur-Orge 55 62 C4
Bienne 39 142 A4
Bienville 52 62 B4
Bienville 60 34 B1
Bienville-la-Petite 54 65 D3
Bienvillers-au-Bois 62 9 F4
Biermes 08 37 D1
Biermont 60 18 B4
Bierné 53 95 D2
Bierne 59 4 A2
Biernes 52 84 C2
Bierre-lès-Semur 21 122 B1
Bierry-les-Belles-Fontaines
89 103 D4
Biert 09 259 F3
Bierville 76 32 A1
Biesheim 68 89 E3
Biesles 52 85 E4
Bietlenheim 67 67 E2
Bieujac 33 194 C3
Bieuxy 02 35 D1
Bieuzy 56 70 C4
Biéville 50 28 B4
Biéville-Beuville 14 29 D3
Biéville-Quétiéville 14 29 F4
Bièvre 78,91 57 D3
Bièvres 02 36 A1
Bièvres 08 22 B4
Bièvres 91 57 E3
Biffontaine 88 88 A2
Biganos 33 193 D2
Bignac 16 162 B2
Bignan 56 91 E1
Bignay 17 161 D1
La Bigne 14 28 B4
Bignicourt 08 37 D2
Bignicourt-sur-Marne 51 61 E3
Bignicourt-sur-Saulx 51 61 F2
Le Bignon 44 112 A3
Le Bignon-du-Maine 53 95 D1
Le Bignon-Mirabeau 45 81 D3
Bignoux 86 132 B3
Bigorno 2B 265 E3
La Bigottière 53 74 C3
Biguglia 2B 265 E2
Bihorel 76 31 F1
Bihucourt 62 10 A4
Bilazais 79 131 E1
Bile (Pointe du) 56 91 F4
Bilhères 64 256 B2
Bilia 2A 268 C3
Bilieu 38 172 C4
Billac 19 181 E4
Billancelles 28 78 A1
Billancourt 80 18 B3
Les Billanges 87 149 F4
Billaude (Cascade de
la) 39 142 A3
Les Billaux 33 177 F4
Billé 35 73 F2
Billecul 39 142 B2
Billère 64 248 B1
Billey 21 124 B3
Billezois 03 153 E3
Billiat 01 157 E3
Billième 73 173 E2
Billière 31 258 B4
Billiers 56 91 F4
Billio 56 91 F1
Billom 63 168 C2
Billy 03 153 D2
Billy 14 29 E4
Billy 41 117 E2
Billy-Berclau 62 10 A1
Billy-Chevannes 58 120 C4
Billy-le-Grand 51 36 C4
Billy-lès-Chanceaux 21 104 A4
Billy-Montigny 62 10 B2
Billy-sous-les-Côtes 55 39 E4
Billy-sous-Mangiennes 55 39 D2
Billy-sur-Aisne 02 35 E2
Billy-sur-Oisy 58 120 C1
Billy-sur-Ourcq 02 35 E3
Bilwisheim 67 67 D2
Bilzheim 68 89 D4
Bimont 62 8 C1
Binarville 51 38 A3
Binas 41 98 C1
Bindernheim 67 89 E2
Binges 21 124 A2
Binic 22 48 A3
Bining 57 42 B4
Biniville 50 25 D3
Binos 31 250 B4
Binson-et-Orquigny 51 36 A4
Bio 46 198 B2
Biol 38 172 C4
La Biolle 73 173 E2
Biollet 63 151 F4
Bion 50 51 E3
Bioncourt 57 64 C2
Bionville 54 66 A4
Bionville-sur-Nied 57 40 C3
Biot 06 240 B2
Le Biot 74 159 D2
Bioule 82 213 E3
Bioussac 16 147 E4
Biozat 03 153 D4
Birac 16 162 B3
Birac 33 195 D4
Birac-sur-Trec 47 195 F4
Biran 32 228 A2
Biras 24 179 E2
Biriatou 64 244 A4
Birieux 01 156 B4
Birkenwald 67 66 C3
Birlenbach 67 43 E4
Biron 17 161 E3
Biron 24 196 C3
Biron 64 225 F3
Bisanne (Signal de) 73 174 C2
Biscarrosse 40 192 C4
Bischheim 67 67 E3
Bischholtz 67 66 C1
Bischoffsheim 67 66 C4
Bischtroff-sur-Sarre 67 66 A1
Bischwihr 68 89 D3
Bischwiller 67 67 E2
Bisel 68 108 B3
Bisinchi 2B 265 E4
Bislée 55 63 D2
Bisping 57 65 F2
Bissert 67 65 F1
Bisseuil 51 36 C4
Bissey-la-Côte 21 104 A1
Bissey-la-Pierre 21 103 F2
Bissey-sous-Cruchaud 71 139 F2
Bissezeele 59 4 A2
Bissières 14 29 E4
Bissy-la-Mâconnaise 71 140 A4
Bissy-sous-Uxelles 71 139 F4
Bissy-sur-Fley 71 139 F3
Bisten-en-Lorraine 57 41 D3
Bistroff 57 41 D4
Bitche 57 42 C4
Bithaine-et-le-Val 70 107 D3
Bitry 58 120 B1
Bitry 60 35 D2
Bitschhoffen 67 67 D1
Bitschwiller-lès-Thann 68 108 B1
Bivès 32 228 C1
Biviers 38 189 E2
Biville 50 24 B2
Biville-la-Baignarde 76 15 E3
Biville-la-Rivière 76 15 E3
Biville-sur-Mer 76 15 F1
Bivilliers 61 54 B4
Bizanet 11 254 B2
Bizanos 64 248 B1
Bize 52 105 F2
Bize 65 250 A3
Bize-Minervois 11 254 B1
Bizeneuille 03 152 A1
Biziat 01 155 F2
Bizonnes 38 172 B4
Le Bizot 25 126 B3
Les Bizots 71 139 E2
Bizou 61 77 E1
Bizous 65 250 A3
Blacé 69 155 E4
Blacourt 60 32 C1
Blacqueville 76 15 D4
Blacy 51 61 E3
Blacy 89 103 D4
Blaesheim 67 67 D4
Blagnac 31 230 A3
Blagny 08 22 B4
Blagny-sur-Vingeanne 21 124 A1
Blaignac 33 195 D3
Blaignan 33 176 C1
Blain 44 93 D4
Blaincourt 60 33 F3
Blaincourt-sur-Aube 10 83 F2
Blainville-Crevon 76 32 A1
Blainville-sur-l'Eau 54 64 C4
Blainville-sur-Mer 50 26 C4
Blainville-sur-Orne 14 29 D3
Blairville 62 10 A3
Blaise 08 37 E2
Blaise 52 84 C2
Blaise 51,52 84 C2
Blaise-sous-Arzillières 51 61 E3
Blaiserives (Doulevant-
le-Château) 52 84 C2
Blaison 49 114 A1
Blaisy 52 84 C3
Blaisy-Bas 21 123 D1
Blaisy-Haut 21 123 D2
Blajan 31 250 B1
Blamont 25 126 C1
Blâmont 54 65 F3
Blan 81 231 D3
Le Blanc 36 133 E3
Le Blanc-Mesnil 93 57 F1
Blanc (Pic du Lac) 38 190 A3
Blancafort 18 100 B4
Blancey 21 122 C2
Blancfossé 60 17 E4
Blanche-Église 57 65 E2
Blanchefontaine 25 126 C2
Blanchefosse-et-Bay 08 20 C3
Blancherupt 67 88 C1
Blancheville 52 85 E3
Blandainville 28 78 B2
Blandas 30 217 D4
Blandin 38 172 C4
Blandouet 53 75 E4
Blandy 77 58 B4
Blandy 91 79 F2
Blangermont 62 9 D2
Blangerval-Blangermont 62 9 D3
Blangy-le-Château 14 30 B3
Blangy-sous-Poix 80 17 D3
Blangy-sur-Bresle 76 16
Blangy-sur-Ternoise 62 9
Blangy-Tronville 80 17
Blannay 89 102
Blanot 21 122
Blanot 71 139
Blanquefort 32 228
Blanquefort 33 194
Blanquefort-sur-Briolance
47 197
Blanzac 16 162
Blanzac 43 185
Blanzac 87 149
Blanzac-lès-Matha 17 161
Blanzaguet-St-Cybard 16 163
Blanzat 63 168
Blanzay 86 147
Blanzay-sur-Boutonne 17 146
Blanzée 55 39
Blanzy 71 139
Blanzy-la-Salonnaise 08 36
Blanzy-lès-Fismes 02 36
Blargies 60 16
Blarians 25 125
Blaringhem 59 4
Blars 46 198
Blaru 78 32
Blasimon 33 195
Blaslay 86 132
Blassac 43 184
Blaudeix 23 150
Blausasc 06 241
Blauvac 84 220
Blauzac 30 218
Blavet 56 71
Blavignac 48 201
Blavozy 43 186
Blay 14 28
Blaye 33 177
Blaye-les-Mines 81 214
Blaymont 47 212
Blaziert 32 211
Blécourt 52 85
Blécourt 59 10
Blégiers 04 222
Bleigny-le-Carreau 89 102
Bleine (Col de) 06 239
Blémerey 54 65
Blémerey 88 86
Blendecques 62 3
Bléneau 89 101
Blennes 77 81
Blénod-lès-Pont-à-Mousson
54 64
Blénod-lès-Toul 54 63
Bléone 04 222
Bléquin 62 3
Blérancourt 02 35
Blercourt 55 38
Bléré 37 116
Bléruais 35 72
Blésignac 33 194
Blesle 43 184
Blesme 51 61
Blesmes 02 59
Blessac 23 166
Blessey 21 123
Blessonville 52 84
Blessy 62 3
Blet 18 136
Bletterans 39 141
Bleurville 88 86
Bleury 28 79
Blevaincourt 88 86
Blèves 72 76
Blévy 28 55
Le Bleymard 48 201
Blicourt 60 17
Blienschwiller 67 89
Blies-Ébersing 57 42
Blies-Guersviller 57 41
Bliesbruck 57 42
Blieux 04 222
Blignicourt 10 84
Bligny 10 84
Bligny 51 36
Bligny-en-Othe 89 82
Bligny-le-Sec 21 123
Bligny-lès-Beaune 21 123
Bligny-sur-Ouche 21 123
Blincourt-lès-Précy 60 34
Blingel 62 9
Blis-et-Born 24 180
Blismes 58 121
Blodelsheim 68 109
Blois 41 98
Blois-sur-Seille 39 141
Blomac 11 254
Blomard 03 152
Blombay 08 21
Blond 87 148
Blond (Monts de) 87 148
Blondefontaine 70 106
Blonville-sur-Mer 14 29
Blosseville 76 15
Blosville 50 25
Blot-l'Église 63 152
Blotzheim 68 109
Blou 49 114
Blousson-Sérian 32 227
La Bloutière 50 51
Bloye 74 173
Bluffy 74 174
Blumeray 52 84
Blussangeaux 25 126
Blussans 25 126
Blye 39 141
Blyes 01 172
Le Bô 14 52
Bobigny 93 57
Bobital 22 72
Le Bocasse 76 15
Bocca Bassa 2B 264
Bocé 49 96
Bocognano 2A 267
Bocquegney 88 87
Bocquencé 61 54
Le Bodéo 22 70
Bodilis 29 45
Boé 47 211

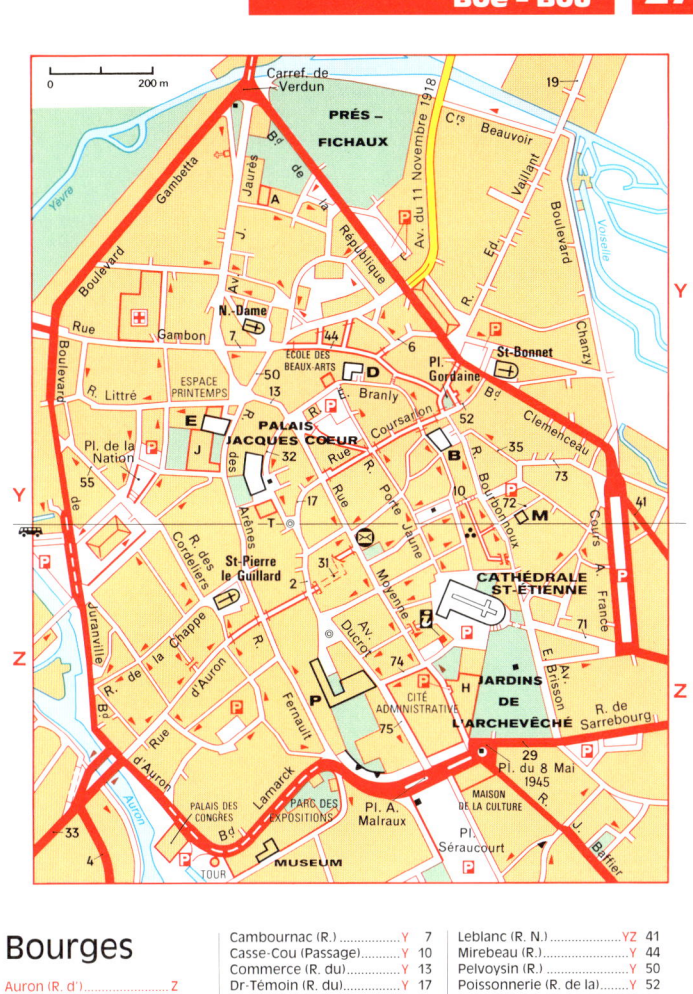

Bourges

Auron (R. d') .... Z
Jaurès (Av. Jean) .... Y
Moyenne (R.) .... YZ

Armuriers (R. des) .... Z 2
Barbès (R.) .... Z 4
Calvin (R.) .... Y 6
Cambournac (R.) .... Y 7
Casse-Cou (Passage) .... Y 10
Commerce (R. du) .... Y 13
Dr-Témoin (R.) .... Y 17
Dormoy (Av. Marx) .... Y 19
Hémerettes (R. des) .... Z 29
Jacobins (Cour des) .... Z 31
Jacques-Coeur (R.) .... Z 32
J.-J.-Rousseau (R.) .... Y 33
Joyeuse (R.) .... Y 35
Leblanc (R. N.) .... YZ 41
Mirebeau (R.) .... Y 44
Pelvoysin (R.) .... Y 50
Poissonnerie (R. de la) ..... Y 52
Prinal (R. du) .... Y 55
Strasbourg (R. de) .... Z 71
Thaumassière (R. de la) ..... Y 72
Tory (R. Geoffroy) .... Y 73
Victor-Hugo (R.) .... Z 74
95e-de-Ligne (R. du) .... Z 75

Bourg-St-Christophe 01 172 A1
Le Bourg-St-Léonard 61 53 E2
Bourg-St-Maurice 73 175 D2
Bourg-Ste-Marie 52 85 F3
Bourg-sous-Châtelet 90 108 A2
Bourgaltroff 57 65 E1
Bourganeuf 23 165 F1
Bourgbarré 35 73 D4
Bourgeauville 14 29 F3
Bourges 18 119 D4
Le Bourget 93 57 F1
Le Bourget-du-Lac 73 173 E3
Bourget-en-Huile 73 174 A4
Bourget (Lac du) 73 173 E2
Bourgheim 67 89 E1
Bourghelles 59 10 C1
Bourgnac 24 179 D4
Bourgneuf 17 145 E3
Bourgneuf 73 174 A3
Bourgneuf-en-Mauges 49 113 D2
Bourgneuf-en-Retz 44 111 D4
Le Bourgneuf-la-Forêt 53 74 B3
Bourgogne 51 36 C2
Bourgoin-Jallieu 38 172 B3
Bourgon 53 74 B3
La Bourgonce 88 88 A2
La Bourgonnière 49 112 C1
Bourgougnague 47 196 A3
Bourgtheroulde-Infreville 27 31 E2
Bourguébus 14 29 D4
Bourgueil 37 115 D2
Bourguenolles 50 50 C2
Le Bourguet 83 239 E1
Bourguignon 25 126 C1
Bourguignon-lès-Conflans 70 106 C2
Bourguignon-lès-la-Charité 70 106 B4
Bourguignon-lès-Morey 70 105 F3
Bourguignon-sous-Coucy 02 35 D1
Bourguignon-sous-Montbavin 02 35 F1
Bourguignons 10 83 E3
Bourgvilain 71 155 E1
Bourideys 33 209 F1
Bouriège 11 253 D3
Bourigeole 11 253 D3
Bourisp 65 258 A3
Bourlens 47 197 D4
Bourlon 62 10 C4
Bourmont 52 85 F3
Bournainville-Faverolles 27 30 C4
Bournan 37 116 A4
Bournand 86 114 C4
Bournazel 12 199 E4
Bournazel 81 214 A3
Bourne (Gorges de la) 26,38 188 C3
Bourneau 85 130 A4
Bournel 47 196 B3
Bourneville 27 30 C2
Bournezeau 85 129 E3
Bourniquel 24 196 B1
Bournois 25 107 D4
Bournoncle-St-Pierre 43 184 C1
Bournoncles 15 184 B4
Bournonville 62 3 D3
Bournos 64 226 B4
Bourogne 90 108 A3
Bourran 47 211 D1
Bourré 41 116 C2
Bourréac 65 249 D2
Bourret 82 212 C4
Bourriot-Bergonce 40 210 A3
Bourron-Marlotte 77 80 C2
Bourrou 24 179 E4
Bourrouillan 32 227 E1
Bours 62 9 E2
Bours 65 249 E1
Boursault 51 36 A4
Boursay 41 77 F4
Bourscheid 57 66 B2
Bourseul 22 49 D4
Bourseville 80 8 A4
Boursières 70 106 B3
Boursies 59 10 B4
Boursin 62 3 D3
Boursonne 60 34 C3
Bourth 27 54 C3
Bourthes 62 3 D4
Bourville 76 15 D3
Boury-en-Vexin 60 32 C3
Bousbach 57 41 F3
Bousbecque 59 5 D3
Le Bouscat 33 194 A1
Le Bouschet-de-Pranles 07 203 E2
Bousies 59 11 E4
Bousignies 59 11 D2
Bousignies-sur-Roc 59 12 C3
Le Bousquet 11 261 E1
Le Bousquet-d'Orb 34 233 D2
Boussac 12 215 D2
Boussac 23 151 D2
Boussac 46 198 C3
La Boussac 35 50 B4
Boussac-Bourg 23 151 D2
Boussais 79 131 E2
Boussan 31 250 C2
Boussay 37 133 D2
Boussay 44 112 C4
Bousse 57 40 B2
Bousse 72 96 A2
Bousselange 21 124 A4
Boussenac 09 251 F4
Boussenois 21 105 D3
Boussens 31 251 D2
Bousseraucourt 70 106 B1
Boussès 47 210 C2
Bousseviller 57 42 C3
Boussey 21 122 C2
Boussicourt 80 18 A3
Boussières 25 125 D3
Boussières-en-Cambrésis 59 11 D4
Boussières-sur-Sambre 59 11 F3
Boussois 59 12 B3
Boussy 74 173 F1
Boussy-St-Antoine 91 58 A3
Boust 57 40 B1
Boustroff 57 41 D4
Bout-du-Pont-de-Larn 81 231 F4
Boutancourt 08 21 E3
Boutavent 60 16 C4
La Bouteille 02 20 B2
Bouteilles-St-Sébastien 24 178 C1
Boutenac 11 254 B2
Boutenac-Touvent 17 160 C4
Boutencourt 60 32 C2
Boutervilliers 91 79 E1
Bouteville 16 162 A3
Boutiers-St-Trojan 16 161 F2
Boutigny 77 58 C2
Boutigny-sur-Essonne 91 80 A1
Boutigny-sur-Opton 28 56 B3
Boutonne 17,79 160 C1
Bouttencourt 80 16 B2
Boutteville 50 25 E4
Boutx 31 258 C3
Bouvaincourt-sur-Bresle 80 16 B1
Bouvancourt 51 36 A2
Bouvante 26 188 B4
Bouvante-le-Haut 26 188 B4
Bouvelinghem 62 3 D3
Bouvellemont 08 21 E4
Bouverans 25 142 B1
Bouvesse-Quirieu 38 172 C2
Bouvières 26 204 B3
Bouvignies 59 10 C2
Bouville 28 78 B3
Bouville 76 15 D4
Bouville 91 80 A1
Bouvincourt-en-Vermandois 80 18 C2
Bouvines 59 10 C1
Bouvresse 60 16 C4
Bouvron 44 111 E1
Bouvron 54 63 F3
Boux-sous-Salmaise 21 122 C1
Bouxières-aux-Bois 88 87 D2
Bouxières-aux-Chênes 54 64 C2
Bouxières-aux-Dames 54 64 B2
Bouxières-sous-Froidmont 54 64 B1
Bouxurulles 88 87 D2
Bouxwiller 67 66 C1
Bouxwiller 68 108 C4
Bouy 51 37 D4
Bouy-Luxembourg 10 83 E2
Bouy-sur-Orvin 10 82 A1
Bouyon 06 223 F4
Le Bouyssou 46 198 C2
Bouzais 18 136 A3
Bouzancourt 52 84 C2
Bouzanville 54 86 C1
Bouze-lès-Beaune 21 123 D4
Bouzèdes (Belvédère des) 48 217 F1
Bouzel 63 168 C2
Bouzemont 88 87 D2
Bouzeron 71 139 F1
Bouzic 24 197 E2
Bouziès 46 198 A4
Bouzigues 34 234 A4
Bouzillé 49 112 C2
Bouzin 31 250 C2
Bouzincourt 80 18 A1
Bouzon-Gellenave 32 227 E2
Bouzonville 57 41 D2
Bouzonville-aux-Bois 45 79 F4
Bouzonville-en-Beauce 45 79 F3
Bouzy 51 36 C4
Bouzy-la-Forêt 45 100 A2
Bovée-sur-Barboure 55 63 D3
Bovel 35 92 C1
Bovelles 80 17 E2
Boves 80 17 F2
Boviolles 55 63 D3
Boyaval 62 9 E1
Boyelles 62 10 A3
Boyer 42 154 C3
Boyer 71 140 A3
Boyeux-St-Jérôme 01 156 C4
Boynes 45 80 A4
Boz 01 155 F1
Bozel 73 175 D4
Bozouls 12 200 A4
Brabant-en-Argonne 55 38 B4
Brabant-le-Roi 55 62 B2
Brabant-sur-Meuse 55 38 C3
Brach 33 176 C3
Brachay 52 84 C2
Braches 80 17 F3
Brachy 76 15 E2
Bracieux 41 98 C4
Bracon 39 141 F1
Bracquemont 76 15 F1
Bracquetuit 76 15 F4
Bradiancourt 76 16 A4
Braffais 50 51 D2
Bragassargues 30 218 A4
Bragayrac 31 229 E4
Brageac 15 182 C2
Bragelogne 10 103 E1
Bragny-sur-Saône 71 140 B1
Brahic 07 218 A1
Braillans 25 125 E2
Brailly-Cornehotte 80 8 C3
Brain 21 122 C1
Brain-sur-Allonnes 49 114 C2
Brain-sur-l'Authion 49 114 A1
Brain-sur-Longuenée 49 94 C4
Brain-sur-Vilaine 35 93 D2
Brainans 39 141 E1
Braine 02 35 F2
Brains 44 111 E3
Brains-sur-Gée 72 76 A4
Brains-sur-les-Marches 53 94 A1
Brainville 50 26 C4
Brainville 54 39 E3
Brainville-sur-Meuse 52 85 F3
Braisnes 60 34 B1
Braize 03 136 B3
Bralleville 54 86 C1
Bram 11 253 D2
Bramabiau (Abîme du) 30 217 D3
Bramans 73 191 D2
Brametot 76 15 D3
Bramevaque 65 250 A3
Bran 17 177 F1
Branceilles 19 181 E4
Branches 89 102 A2
Brancion 71 140 A4
Brancourt-en-Laonnois 02 35 E1
Brancourt-le-Grand 02 19 E1
Brandérion 56 90 C1
Brandeville 55 38 B2
Brandivy 56 91 D2
Brando 2B 265 E1
Brandon 71 155 D1
Brandonnet 12 214 B1
Brandonvillers 51 61 E4
Branféré (Parc Zoologique de) 56 92 A3
Branges 71 140 C3
Brangues 38 172 C2
Brannay 89 81 E3
Branne 25 126 A1
Branne 33 194 C1
Brannens 33 194 C3
Branoux-les-Taillades 30 218 A2
Brans 39 124 B2
Bransat 03 152 C2
Branscourt 51 36 A3
Bransles 77 80 C3
Brantes 84 220 B2
Brantigny 88 87 D2
Brantôme 24 179 E1
Branville 14 29 F3
Branville-Hague 50 24 C2
Braquis 55 39 D3
Bras 83 238 B3
Bras-d'Asse 04 222 A4
Bras-sur-Meuse 55 38 C3
Brasc 12 215 E4
Brasles 02 35 E4
Braslou 37 115 E4
Brasparts 29 69 E1
Brassac 09 252 A4
Brassac 81 232 A3
Brassac 82 212 B2
Brassac-les-Mines 63 184 C1
Brasseitte 55 63 D2
Brassempouy 40 226 A2
Brasseuse 60 34 B3
Brassy 58 121 F2
Brassy 80 17 D3
Bratte 54 64 B2
Braucourt 52 62 A4
Braud-et-St-Louis 33 177 D2
Braus (Col de) 06 241 E3
Brauvilliers 55 62 C4
Braux 04 223 D3
Braux 10 83 F1
Braux 21 122 B1
Braux-le-Châtel 52 84 C4
Braux-St-Remy 51 62 A1
Braux-Ste-Cohière 51 37 F4
Brax 31 229 E3
Brax 47 211 E2
Bray 27 31 D4
Bray 71 139 F4
Bray-Dunes 59 4 B1
Bray-en-Val 45 100 A2
Bray-et-Lû 95 32 C4
Bray-la-Campagne 14 29 E4
Bray-lès-Mareuil 80 16 C1
Bray-St-Christophe 02 18 C3
Bray-sur-Seine 77 81 E1
Bray-sur-Somme 80 18 B2
Braye 02 35 E2
Braye-en-Laonnois 02 35 F1
Braye-en-Thiérache 02 20 B3
Braye-sous-Faye 37 115 E4
Braye-sur-Maulne 37 96 B4
Brazey-en-Morvan 21 122 B3
Brazey-en-Plaine 21 124 A3
Bréal-sous-Montfort 35 72 C4
Bréal-sous-Vitré 35 74 B3
Bréançon 95 33 D4
Bréau 77 58 C4
Bréau-et-Salagosse 30 217 D4
Bréauté 76 14 B4
Bréban 51 61 D4
Brebières 62 10 B2
Brebotte 90 108 A3
Brécé 35 73 E3
Brecé 53 74 C1
Brécey 50 51 D3
Brech 56 91 D2
Brechainville 88 85 F2
Bréchamps 28 56 A3
Bréchaumont 68 108 B3
Brèche au Diable 14 52 C1
La Brèche-d'Hermanville 14 29 D2
Brèches 37 96 C4
Breconchaux 25 125 F1
Brectouville 50 27 E4
Brécy 02 35 E4
Brécy 14 28 C3
Brécy 18 119 E3
Brécy-Brières 08 37 F2
La Brède 33 194 A2
Brée 53 75 D3
La Brée-les-Bains 17 144 C4
Bréel 61 52 B2
Brégnier-Cordon 01 173 D3
Brégy 60 34 C4
Bréhain 57 65 D1
Bréhain-la-Ville 54 39 E1
Bréhal 50 50 B1
Bréhan 56 71 E3
Bréhand 22 71 E1
Bréhémont 37 115 E2
Bréhéville 55 38 C2
Breidenbach 57 42 C3
Breil 49 115 D1
Le Breil-sur-Mérize 72 76 C4
Breil-sur-Roya 06 241 F2
La Breille-les-Pins 49 114 C2
Breilly 80 17 E2
Breistroff-la-Grande 57 40 B1
Breitenau 67 89 D2
Breitenbach 67 89 D1
Breitenbach-Haut-Rhin 68 88 C4
Brélès 29 44 C2
Brélidy 22 47 D2
Brémenil 54 65 F4
Brêmes 62 3 D2
Bremmelbach 67 43 E4
Brémoncourt 54 64 C4
Bremondans 25 126 A2
Brémontier-Merval 76 32 B1
Brémoy 14 51 F1
Brémur-et-Vaurois 21 104 A3
Bren 26 187 F3
Brenac 11 253 D4
Brenas 34 233 E2
Brenat 63 168 C4
Brénaz 01 157 E4
Brenelle 02 35 F2
Brengues 46 198 B3
Brennes 52 105 D2
Brennilis 29 46 A4
Brénod 01 157 D3
Brenon 83 239 E1
Brenouille 60 34 A2
Brenoux 48 201 E4
Brens 01 173 D2
Brens 81 230 C1
Brenthonne 74 158 B2
Breny 02 35 E3
La Bréole 04 206 B4
Brères 25 125 D4
Bréry 39 141 E2
Bresdon 17 162 A1
Les Bréseux 25 126 C2
Bresilley 70 124 C2
Bresle 80 18 A1
Bresle 76,80 16 A1
Bresles 60 33 E2
Bresnay 03 152 C1
Bresolettes 61 54 B4
La Bresse 88 88 A4
Bresse-sur-Grosne 71 139 F3
Bressey-sur-Tille 21 123 F2
Bressieux 38 188 B1
Bressolles 01 172 A1
Bressolles 03 137 E4
Bressols 82 213 D4
Bresson 38 189 E3
Bressoncourt 52 85 E1
Bressuire 79 130 C2
Brest 29 45 D3
Brestot 27 31 D2
Bretagne 36 117 F4
Bretagne 90 108 A3
Bretagne-d'Armagnac 32 210 C4
Bretagne-de-Marsan 40 226 B1
Bretagnolles 27 55 F1
Breteau 45 101 D3
Breteil 35 72 C3
Bretenière 21 123 F2
La Bretenière 25 125 F1
La Bretenière 39 124 C3
Bretenières 39 141 D1
Bretenoux 46 198 B1
Breteuil 27 55 D2
Breteuil 60 17 E4
Breteuil 78 57 D3
Brethel 61 54 B3
Brethenay 52 85 D3
Le Brethon 03 136 B4
Bretigney 25 107 E4
Bretigney-Notre-Dame 25 125 F2
Bretignolles 79 130 C1
Brétignolles-le-Moulin 53 75 D1
Bretignolles-sur-Mer 85 128 B3
Bretigny 21 123 F1
Brétigny 27 31 D3
Brétigny 60 18 C4
Brétigny-sur-Orge 91 57 E4
Bretoncelles 61 77 E1
La Bretonnière 85 129 E4
Bretonvillers 25 126 B2
Brette 26 204 C3
Brette-les-Pins 72 96 C1
Bretten 68 108 B2
Brettes 16 147 D4
Bretteville 50 25 D2
Bretteville-du-Grand-Caux 76 14 B4
Bretteville-le-Rabet 14 29 E4
Bretteville-l'Orgueilleuse 14 28 C3
Bretteville-St-Laurent 76 15 D3
Bretteville-sur-Ay 50 26 B2
Bretteville-sur-Dives 14 29 F4
Bretteville-sur-Laize 14 29 D4
Bretteville-sur-Odon 14 29 D3
Brettnach 57 41 D2
Bretx 31 229 E2
Breuches 70 106 C2
Breuchotte 70 107 D2
Breugnon 58 120 C1
Breuil 51 36 A2
Breuil 80 18 C3
Le Breuil 03 153 F3
Le Breuil 51 60 A1
Le Breuil 69 171 D1
Le Breuil 71 139 E2
Breuil-Barret 85 130 B3
Le Breuil-Bernard 79 130 C2
Breuil-Bois-Robert 78 56 B1
Breuil-Chaussée 79 130 C1
Le Breuil-en-Auge 14 30 A3
Le Breuil-en-Bessin 14 28 B3
Breuil-la-Réorte 17 145 F3
Breuil-le-Sec 60 33 F2
Breuil-le-Vert 60 33 F2
Breuil-Magné 17 145 E4
Le Breuil-sous-Argenton 79 114 A4
Le Breuil-sur-Couze 63 168 B4
Breuil-sur-Marne 52 62 B4
Breuilaufa 87 149 D4
Breuilh 24 179 F4
Breuillet 17 160 B2
Breuillet 91 57 D4
Breuilpont 27 56 A1
Breurey-lès-Faverney 70 106 C2
Breuschwickersheim 67 67 D3
Breuvannes 52 85 F4
Breuvery-sur-Coole 51 61 D2
Breuville 50 24 C2
Breux 55 22 C4
Breux-Jouy 91 57 D4
Breux-sur-Avre 27 55 D3
Brévainville 41 98 B1
Bréval 78 56 A1
Brévands 50 27 E2
Brevans 39 124 B3
Le Brévedent 14 30 B3
Le Brévent 74 159 E4
Brèves 58 121 D1
Les Bréviaires 78 56 C3
Bréviandes 10 85 D3
La Brévière 14 53 E1
Bréville 14 29 E3
Bréville 16 161 F2
Bréville-sur-Mer 50 50 B1
Brévillers 62 8 C2
Brévillers 80 9 E3
Brevilliers 70 107 F3
Brévilly 08 22 A3
Brévonnes 10 83 F2
Bréxent-Énocq 62 8 B1
Brey-et-Maison-du-Bois 25 142 B2
Brézé 49 114 C3
Brézellec (Pointe de) 29 8 A2
Bréziers 05 206 B4
Brézilhac 11 253 D2
Brézins 38 188 B1
Brézolles 28 55 E3
Brezons 15 183 E4
Le Brézouard 68 88 C2
Briançon 05 191 D4
Briançonnet 06 223 D4
Brianny 21 122 B1
Briant 71 154 B2
Briantes 36 135 D4
Briare 45 100 C3
Briarres-sur-Essonne 45 80 A3
Briastre 59 11 D4
Briatexte 81 230 C2
Briaucourt 52 85 D3
Briaucourt 70 106 C2
Bricon 52 84 C4
Briconville 28 78 B1
Bricot-la-Ville 51 59 F3
Bricquebec 50 24 C3
Bricquebosq 50 24 C2
Bricqueville 14 28 A2
Bricqueville-la-Blouette 50 26 C4
Bricqueville-sur-Mer 50 50 B1
Bricy 45 99 D1
Brides-les-Bains 73 174 C4
Bridoire 24 196 A2
La Bridoire 73 173 D3
Bridoré 37 116 C4
Brie 02 19 E4
Brie 09 252 A2
Brie 16 162 C2
Brie 35 93 E1
Brie 79 131 F1
Brie 80 18 C2
Brie-Comte-Robert 77 58 A3
Brié-et-Angonnes 38 189 E3
Brie-sous-Archiac 17 161 F4
Brie-sous-Barbezieux 16 178 B1
Brie-sous-Chalais 16 178 B2
Brie-sous-Matha 17 161 F2
Brie-sous-Mortagne 17 160 C4
Briec 29 69 D2
Briel-sur-Barse 10 83 E3
Brielles 35 74 A4
Brienne 71 140 B4
Brienne-la-Vieille 10 84 A2
Brienne-le-Château 10 84 A2
Brienne-sur-Aisne 08 36 B1
Briennon 42 154 B3
Brienon-sur-Armançon 89 102 B1
Brière (Parc Régional de) 44 92 B4
Brières-les-Scellés 91 79 F1
Brieuil-sur-Chizé 79 146 B3
Brieulles-sur-Bar 08 37 F1
Brieulles-sur-Meuse 55 38 B2
Brieux 61 53 D2
Briey 54 39 F3
Briffons 63 167 E3
Brignac 34 233 F3
Brignac 56 72 A3
Brignac-la-Plaine 19 180 C2
Brignais 69 171 E3
Brignancourt 95 33 D4
Brigné 49 114 A2
Brignemont 31 229 D1
Brignogan-Plages 29 45 E1
Brignoles 83 244 B1
Brignon 30 218 B4
Le Brignon 43 185 F4
La Brigue 06 241 F1
Brigueil-le-Chantre 86 149 D1
Brigueuil 16 164 A1
Briis-sous-Forges 91 57 D4
Brillac 16 148 B4
La Brillanne 04 221 E4
Brillecourt 10 83 E1
Brillevast 50 25 D2
Brillon 59 11 D2
Brillon-en-Barrois 55 62 B3
Brimeux 62 8 B2
Brimont 51 36 B2
Brin-sur-Seille 54 64 C2
Brinay 18 118 B3
Brinay 58 121 E4
Brinckheim 68 109 D3
Brindas 69 171 D2
Bringolo 22 47 E3
Brinon-sur-Beuvron 58 121 D2
Brinon-sur-Sauldre 18 100 A4
Briod 39 141 E3
Briollay 49 95 E4
Brion 01 157 D3
Brion 36 134 C1
Brion 38 188 B1
Brion 48 200 C2
Brion 49 114 B1
Brion 71 139 D1
Brion 86 147 F1
Brion 89 102 A1
Brion (Pont de) 38 205 E1
Brion-près-Thouet 79 114 B4
Brion-sur-Ource 21 104 A1
Brionne 27 31 D3
La Brionne 23 150 B3
Briord 01 172 C2
Briosne-lès-Sables 72 76 C3
Briot 60 16 C4
Briou 41 98 C2
Brioude 43 184 C2
Brioux-sur-Boutonne 79 146 C3
Briouze 61 52 B3
Briquemesnil-Floxicourt 80 17 D2
Briquenay 08 37 F2
Briscous 64 224 C3
Brison-St-Innocent 73 173 E2
Brissac 34 234 A1
Brissac-Quincé 49 113 F2
Brissarthe 49 95 E3
Brissay-Choigny 02 19 E3
Brissy-Hamégicourt 02 19 E3
Brive-la-Gaillarde 19 181 D3
Brives 36 135 D2
Brives-Charensac 43 185 F3
Brives-sur-Charente 17 161 E3
Brivezac 19 181 F4
Brix 50 24 C2
Brixey-aux-Chanoines 55 86 A1
Brizambourg 17 161 E1
Brizay 37 115 E3
Brizeaux 55 62 B1
Brizon 74 158 C3
Broc 49 96 B4
Le Broc 06 241 D3
Le Broc 63 168 B4
Brocas 40 209 E3
Brochon 21 123 E2
Brocourt 80 16 C2
Brocourt-en-Argonne 55 38 B4
Broglie 27 54 B1
Brognard 25 107 F4
Brognon 08 20 C2
Brognon 21 123 F1
Broin 21 123 F4
Broindon 21 123 E3
Broissia 39 156 C1
Brombos 60 16 C4
Bromeilles 45 80 B3
Brommat 12 200 A1
Bromont-Lamothe 63 167 F2
Bron 69 171 F2
Broncourt 52 105 F2
Bronvaux 57 40 A3
Broons 22 72 A2
Broons-sur-Vilaine 35 73 E3
La Broque 67 66 B4
Broquiers 60 16 C4
Broquiès 12 215 E4
Brossac 16 178 A1
Brossainc 07 187 D1
Brossay 49 114 B3
Brosse 36 149 E1
La Brosse-Montceaux 77 81 D2
Brosses 89 102 B4
Brosville 27 31 F4
Brotonne (Parc Régional de) 76 31 D1
Brotonne (Pont de) 76 31 D1
Brotte-lès-Luxeuil 70 107 D2
Brotte-lès-Ray 70 106 A3
Brottes 52 85 D4
Brou 28 78 A3
Brou-sur-Chantereine 77 58 A2
Brouage 17 160 B1
Brouains 50 51 E3
Broualan 35 50 B4
Brouay 14 28 C3
Brouchaud 24 180 A2
Brouchy 80 18 C3
Brouck 57 40 C3
Brouckerque 59 3 F2
Brouderdorff 57 66 A3
Broué 28 56 A3
Brouennes 55 38 B1
Le Brouilh-Monbert 32 228 A2
Brouilla 66 262 C3
Brouillet 51 36 A3
Brouilly (Mont) 69 155 E3
Brouis (Col de) 06 241 E2
Brouqueyran 33 194 C4
Brousse 23 151 E4
Brousse 63 168 C3
Brousse 81 231 D2
La Brousse 17 161 F1
Brousse-le-Château 12 215 E4
Brousses-et-Villaret 11 253 E1
Brousseval 52 84 C1
Broussey-en-Blois 55 63 D3
Broussey-en-Woëvre 55 63 E2
Broussy-le-Grand 51 60 B3
Broussy-le-Petit 51 60 A2
Broût-Vernet 03 153 D3
Brouthières 52 85 E1
Brouvelieures 88 87 F2
Brouville 54 65 E4
Brouviller 57 66 B2
Brouy 91 80 A2
Brouzet-lès-Alès 30 218 B3
Brouzet-lès-Quissac 30 234 C1
Les Brouzils 85 129 E1
Broxeele 59 3 F3
Broye 70 124 B2
Broye 71 139 D1
Broye-les-Loups-et-Verfontaine 70 124 B1
Broyes 51 60 A3
Broyes 60 17 F4
Broze 81 214 A4
Brû 88 87 F1
Bruailles 71 140 C3
Bruay-la-Buissière 62 9 F1
Bruay-sur-l'Escaut 59 11 E2
Bruc-sur-Aff 35 92 C2
Brucamps 80 9 D4
Bruch 47 211 D2
Bruche 67 66 C4
Brucheville 50 25 E4
Brucourt 14 29 E3
Brue-Auriac 83 238
Bruebach 68 108
Brueil-en-Vexin 78 56
Bruère-Allichamps 18 135
La Bruère-sur-Loir 72 96
La Bruffière 85 112
Brugairolles 11 253
Le Brugeron 63 169
Bruges 33 193
Bruges 64 248
Brugheas 03 153
Brugnac 47 196
Brugnens 32 228
Brugny-Vaudancourt 51 60
La Bruguière 30 218
Bruguières 31 229
Bruille-lez-Marchiennes 59 10
Bruille-St-Amand 59 11
Bruis 05 205
Brûlain 79 146
Les Brulais 35 92
Brulange 57 65
La Brûlatte 53 74
Bruley 54 63
Brullemail 61 53
Brullioles 69 170
Brûlon 72 95
Brumath 67 67
Brumetz 02 35
Brunehamel 02 20
Brunelles 28 77
Les Brunels 11 231
Brunembert 62 3
Brunémont 59 10
Brunet 04 221
Bruneval 76 14
Bruniquel 82 213
Brunoy 91 57
Brunstatt 68 108
Brunville 76 15
Brunvillers-la-Motte 60 17
Brusque 12 232
Le Brusquet 04 222
Brussey 70 125
Brussieu 69 171
Brusson 51 61
Brusvily 22 72
Brutelles 80 8
Bruville 54 39
Brux 86 147
La Bruyère 70 107
Bruyères 88 87
Bruyères-et-Montbérault 02 35
Bruyères-le-Châtel 91 57
Bruyères-sur-Fère 02 35
Bruyères-sur-Oise 95 33
Bruys 02 35
Bruz 35 72
Bry 59 11
Bry-sur-Marne 94 58
Bryas 62 9
Bû 28 56
Le Bû-sur-Rouvres 14 29
Buais 50 51
Buanes 40 226
Bubertré 61 54
Bubry 56 70
Buc 78 57
Buc 90 107
Bucamps 60 33
Bucéels 14 28
Bucey-en-Othe 10 82
Bucey-lès-Gy 70 125
Bucey-lès-Traves 70 106
Buchelay 78 56
Buchères 10 83
Buchey 52 84
Buchy 57 64
Buchy 76 16
Bucilly 02 20
Bucquoy 62 10
Bucy-le-Long 02 35
Bucy-le-Roi 45 79
Bucy-lès-Cerny 02 19
Bucy-lès-Pierrepont 02 20
Bucy-St-Liphard 45 99
Budelière 23 151
Buding 57 40
Budling 57 40
Budos 33 194
Bué 18 119
Buèges (Gorges et Source de la) 34 234
Bueil 27 56
Bueil-en-Touraine 37 97
Buellas 01 156
Buet (Mont) 74 159
Buethwiller 68 108
Buffard 25 125
Buffières 71 155
Buffignécourt 70 106
Buffon 21 103
Bugarach 11 253
Bugard 65 249
Bugeat 19 166
Bugnein 64 225
Bugnicourt 59 10
Bugnières 52 104
Bugny 25 126
Le Bugue 24 196
Buhl 67 67
Buhl 68 108
Buhl-Lorraine 57 66
Buhy 95 32
Buicourt 60 32
Buigny-l'Abbé 80 8
Buigny-lès-Gamaches 80 16
Buigny-St-Maclou 80 8
Buire 02 20
Buire-au-Bois 62 9
Buire-Courcelles 80 18
Buire-le-Sec 62 8
Buire-sur-l'Ancre 80 18
Buironfosse 02 20
Le Buis 87 149
Buis-les-Baronnies 26 220
Buis-sur-Damville 27 55
Buissard 05 206
La Buisse 38 189
La Buissière 38 173

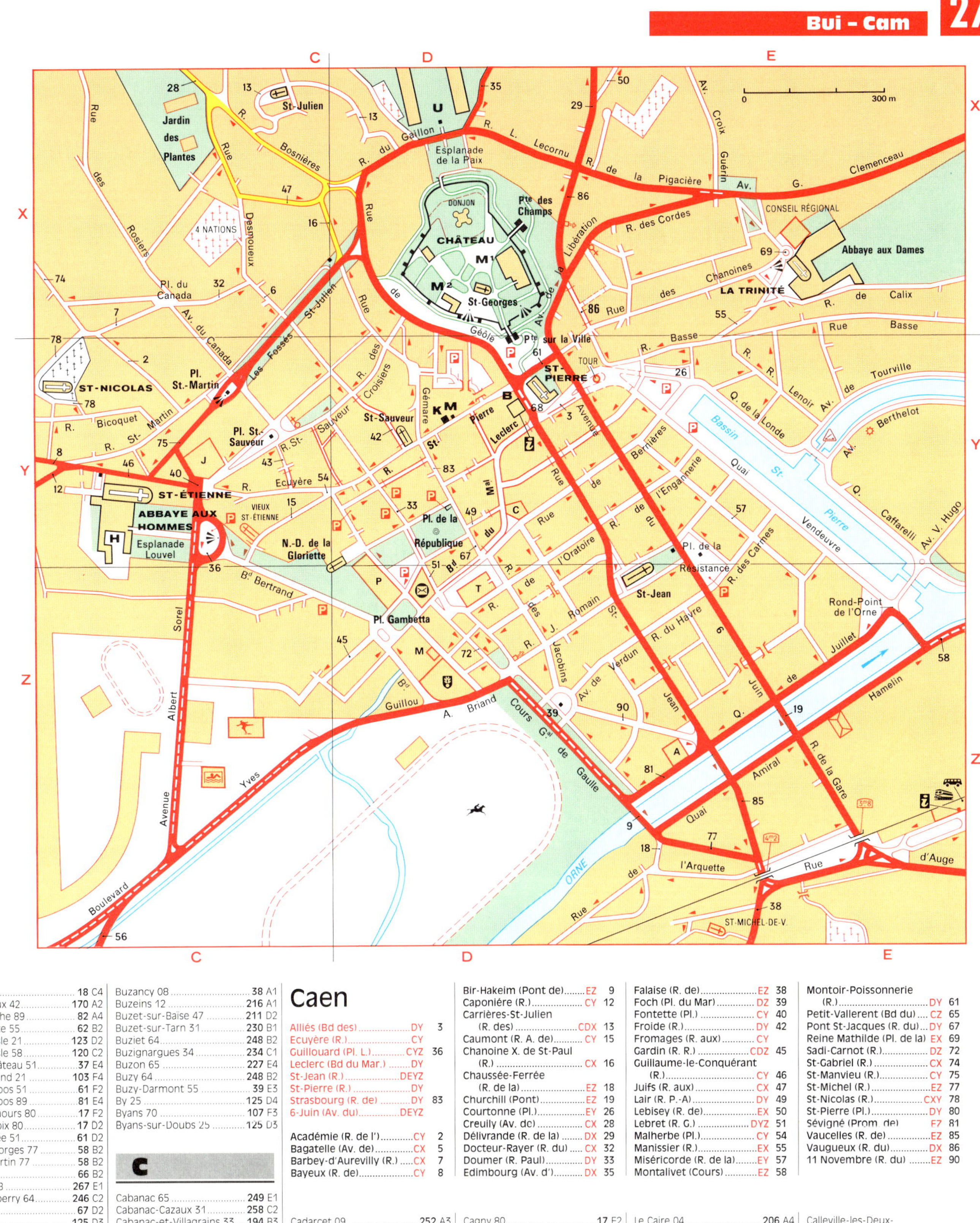

C
D
E
X
Y
Z
0
300 m
Jardin des Plantes
Rue des Rosiers
R. Bosnières
St-Julien
4 NATIONS
R. Desmoueux
Pl. du Canada
Av. du Canada
Les Fossés St-Julien
R. du Gaillon
U
Esplanade de la Paix
DONJON
CHÂTEAU
Pte des Champs
M1
M2
St-Georges
Rue de Géôle
R. L. Lecornu
R. de la Pigacière
Av. Croix Guérin
Av. G. Clemenceau
CONSEIL RÉGIONAL
Abbaye aux Dames
R. des Cordes
Av. de la Libération
Chanoines
LA TRINITÉ
R. de Calix
Rue des Chanoines
Rue Basse
Pte sur la Ville
TOUR
ST-PIERRE
ST-NICOLAS
Pl. St-Martin
R. St-Martin
Bicoquet
R. des Croisiers
Gémare
St-Sauveur
Pl. St-Sauveur
R. St-Sauveur
KM
St-Pierre
Leclerc
R. Lenoir
Av. de Tourville
Q. de la Londe
Bassin St-Pierre
Quai Vendeuvre
Q. Caffarelli
Av. V. Hugo
Berthelot
Rue Bernières
R. de l'Engannerie
Ecuyère
ST-ÉTIENNE
VIEUX ST-ÉTIENNE
ABBAYE AUX HOMMES
Esplanade Louvel
N.-D. de la Gloriette
Pl. de la République
Bd Mal Leclerc
Rue de l'Oratoire
Pl. de la Résistance
R. des Carmes
St-Jean
Rue St-Jean
R. du Havre
Bd Bertrand
Pl. Gambetta
R. des Jacobins
Rue de Romain
Av. de Verdun
Rond-Point de l'Orne
Q. de Juillet
Av. Albert Sorel
Bd Guillou
A. Briand
Cours Gal de Gaulle
Av. du 6 Juin
Q. Hamelin
Q. Amiral
R. de la Gare
ORNE
Quai de l'Arquette
Rue d'Auge
ST-MICHEL-DE-V.
Avenue Yves
Boulevard

Caen

Alliés (Bd des) .... DY 3
Ecuyère (R.) .... CY
Guillouard (Pl. L.) .... CYZ 36
Leclerc (Bd du Mar.) .... DY
St-Jean (R.) .... DEYZ
St-Pierre (R.) .... DY
Strasbourg (R. de) .... DY 83
6-Juin (Av. du) .... DEYZ

Académie (R. de l') .... CY 2
Bagatelle (Av. de) .... CX 5
Barbey-d'Aurevilly (R.) .... CX 7
Bayeux (R. de) .... CY 8
Bir-Hakeim (Pont de) .... EZ 9
Caponiére (R.) .... CY 12
Carrières-St-Julien (R. des) .... CDX 13
Caumont (R. A. de) .... CY 15
Chanoine X. de St-Paul (R.) .... CX 16
Chaussée-Ferrée (R. de la) .... EZ 18
Churchill (Pont) .... EZ 19
Courtonne (Pl.) .... EY 26
Creuily (Av. de) .... CX 28
Délivrande (R. de la) .... DX 29
Docteur-Rayer (R. du) .... CX 32
Doumer (R. Paul) .... DY 33
Edimbourg (Av. d') .... DX 35
Falaise (R. de) .... EZ 38
Foch (Pl. du Mar) .... DZ 39
Fontette (Pl.) .... CY 40
Froide (R.) .... DY 42
Fromages (R. aux) .... CY
Gardin (R. R.) .... CDZ 45
Guillaume-le-Conquérant (R.) .... CY 46
Juifs (R. aux) .... CX 47
Lair (R. P.-A) .... DY 49
Lebisey (R. de) .... EX 50
Lebret (R. G.) .... DYZ 51
Malherbe (Pl.) .... CY 54
Manissier (R.) .... EX 55
Miséricorde (R. de la) .... EY 57
Montalivet (Cours) .... EZ 58
Montoir-Poissonnerie (R.) .... DY 61
Petit-Vallerent (Bd du) .... CZ 65
Pont St-Jacques (R. du) .... DY 67
Reine Mathilde (Pl. de la) .... EX 69
Sadi-Carnot (R.) .... DZ 72
St-Gabriel (R.) .... CX 74
St-Manvieu (R.) .... CY 75
St-Michel (R.) .... EZ 77
St-Nicolas (R.) .... CXY 78
St-Pierre (Pl.) .... DY 80
Sévigné (Prom. de) .... EZ 81
Vaucelles (R. de) .... EZ 85
Vaugueux (R. du) .... DX 86
11 Novembre (R. du) .... EZ 90

isson 84 .... 219 F1
Buisson 48 .... 201 D3
Buisson 51 .... 61 F3
Buisson-Cussac 24 .... 196 C1
issoncourt 54 .... 64 C3
issy 62 .... 10 B3
jaleuf 87 .... 165 E2
lainville 55 .... 62 C1
lan 65 .... 249 F3
lat-Pestivien 22 .... 47 D4
lcy 58 .... 120 A3
léon 56 .... 71 E4
lgnéville 88 .... 86 B3
lhon 63 .... 168 C1
llainville 28 .... 78 C3
lle 25 .... 142 B1
llecourt 62 .... 10 B4
lles 60 .... 33 F1
lligny 54 .... 63 F4
llion 78 .... 57 D4
llou 28 .... 78 B3
lly 14 .... 29 D4
lly 42 .... 170 A1
lly 69 .... 171 D1
lly 76 .... 16 A3
lly-les-Mines 62 .... 10 A2
lson 08 .... 21 F4
lt 88 .... 87 F2
in 65 .... 257 D2
incey 21 .... 104 A2
ineville 62 .... 9 E3
ino-Bonnevaux 91 .... 80 A2
inus 64 .... 247 D1
inzac 16 .... 163 D2
ioux 84 .... 237 D1
irbach 67 .... 66 A1
Burbanche 01 .... 172 C1
irbure 62 .... 9 E1
ircin 38 .... 172 C4
ircy 14 .... 51 F2
ircy 77 .... 80 B3
irdignes 42 .... 187 D2
irdignin 74 .... 158 C2
ire 55 .... 63 D4
iré 61 .... 76 C1
ire-les-Templiers 21 .... 104 B3
irelles 02 .... 20 A3
ires 54 .... 65 D3
ires 61 .... 54 A4
ires-en-Bray 76 .... 16 A3
ires-les-Monts 14 .... 51 E1
ires-sur-Dives 14 .... 29 E3
ires-sur-Yvette 91 .... 57 D3
Buret 53 .... 95 E1
irey 27 .... 55 D1
irey-en-Vaux 55 .... 63 E4
irey-la-Côte 55 .... 63 E4
irg 65 .... 249 F2
irgalays 31 .... 250 B4
irgaronne 64 .... 225 E4
Burgaud 31 .... 229 E1
irgille 25 .... 124 C2
irgnac 87 .... 164 B2
irgy 71 .... 140 A4
irie 17 .... 161 E2
iriville 54 .... 65 E4
irlats 81 .... 231 E3
irlioncourt 57 .... 65 D1
irnand 71 .... 139 F3
irnevillers 25 .... 127 D1
irnhaupt-le-Bas 68 .... 108 B2
irnhaupt-le-Haut 68 .... 108 B2
iron (Château) 63 .... 168 B3
iros 64 .... 226 C4
irosse-Mendousse 64 .... 226 C3
irret 09 .... 251 F4
irsard 61 .... 53 E4
irthecourt-aux-Chênes 54 .... 64 C4
irtoncourt 57 .... 40 C3
iry 60 .... 33 F2
irzet 07 .... 202 C2
irzy 71 .... 139 F3
us 62 .... 18 C1
us-la-Mésière 80 .... 18 A4
us-lès-Artois 80 .... 9 F4
us-St-Rémy 27 .... 32 B4
uschwiller 68 .... 109 D3
usigny 59 .... 19 E1
usloup 41 .... 98 A2
usnes 62 .... 4 B4
usque 81 .... 231 D1
ussac 17 .... 161 D2
ussac 24 .... 179 E2
ussac-Forêt 17 .... 177 F2
ussang 88 .... 107 F1
ussang (Col de) 68,88 .... 108 A1
Busseau 79 .... 130 C3
usseaut 21 .... 104 A3
usséol 63 .... 168 B3
usserolles 24 .... 163 E3
usserotte-et-Montenaille 21 .... 104 C3
usset 03 .... 153 E4
ussiares 02 .... 35 D4
a Bussière 45 .... 100 C3
a Bussière 86 .... 133 D3
ussière-Badil 24 .... 163 E3
ussière-Boffy 87 .... 148 C4
ussière-Dunoise 23 .... 150 A2
ussière-Galant 87 .... 164 B3
ussière-Nouvelle 23 .... 151 E4
ussière-Poitevine 87 .... 148 C2
ussière-St-Georges 23 .... 150 C1
a Bussière-sur-Ouche 21 .... 123 D3
ussières 21 .... 104 C3
ussières 42 .... 170 B1
ussières 63 .... 151 F4
ussières 70 .... 125 D1
ussières 71 .... 155 E2
ussières 77 .... 59 D2
ussières 89 .... 122 A1
ussières-et-Pruns 63 .... 153 D4
ussières-lès-Belmont 52 .... 105 F2
usson 52 .... 85 E2
ussu 80 .... 18 C2
ussunarits-Sarrasquette 64 .... 247 D2
ussurel 70 .... 107 F4
ussus-Bussuel 80 .... 8 C4
ussy 18 .... 136 A1
Bussy 60 .... 18 C4
Bussy-Albieux 42 .... 170 A2
Bussy-en-Othe 89 .... 82 A4
Bussy-la-Côte 55 .... 62 B2
Bussy-la-Pesle 21 .... 123 D2
Bussy-la-Pesle 58 .... 120 C2
Bussy-le-Château 51 .... 37 E4
Bussy-le-Grand 21 .... 103 F4
Bussy-le-Repos 51 .... 61 F2
Bussy-le-Repos 89 .... 81 E4
Bussy-lès-Daours 80 .... 17 F2
Bussy-lès-Poix 80 .... 17 D2
Bussy-Lettrée 51 .... 61 D2
Bussy-St-Georges 77 .... 58 B2
Bussy-St-Martin 77 .... 58 B2
Bust 67 .... 66 B2
Bustanico 2B 267 E1
Bustince-Iriberry 64 .... 246 C2
Buswiller 67 .... 67 D2
Busy 25 .... 125 D3
Butgnéville 55 .... 39 E4
Buthiers 70 .... 125 E1
Buthiers 77 .... 80 B2
Butot 76 .... 15 E4
Butot-Vénesville 76 .... 14 C2
Butry-sur-Oise 95 .... 33 E4
Butteaux 89 .... 102 C1
Butten 67 .... 42 B4
Buverchy 80 .... 18 C3
Buvilly 39 .... 141 E1
La Buxerette 36 .... 134 C4
Buxerolles 21 .... 104 B2
Buxerolles 86 .... 132 B3
Buxerulles 55 .... 63 E1
Buxeuil 10 .... 83 F4
Buxeuil 36 .... 117 F3
Buxeuil 86 .... 132 C1
Buxières-d'Aillac 36 .... 134 C3
Buxières-lès-Clefmont 52 .... 85 F4
Buxières-les-Mines 03 .... 152 B1
Buxières-lès-Villiers 52 .... 84 C4
Buxières-sous-les-Côtes 55 .... 63 E1
Buxières-sous-Montaigut 63 .... 152 B3
Buxières-sur-Arce 10 .... 83 F3
Buxy 71 .... 139 F3
Buysscheure 59 .... 3 F3
Buzan 09 .... 259 D3
Buzançais 36 .... 134 A1
Buzancy 02 .... 35 E2
Buzancy 08 .... 38 A1
Buzeins 12 .... 216 A1
Buzet-sur-Baïse 47 .... 211 D2
Buzet-sur-Tarn 31 .... 230 B1
Buziet 64 .... 248 B2
Buzignargues 34 .... 234 C1
Buzon 65 .... 227 E4
Buzy 64 .... 248 B2
Buzy-Darmont 55 .... 39 E3
By 25 .... 125 D4
Byans 70 .... 107 F3
Byans-sur-Doubs 25 .... 125 D3

C

Cabanac 65 .... 249 E1
Cabanac-Cazaux 31 .... 258 C2
Cabanac-et-Villagrains 33 .... 194 B3
Cabanac-Séguenville 31 .... 229 D1
La Cabanasse 66 .... 261 E3
Cabanès 12 .... 214 C2
Cabanès 81 .... 231 D2
Le Cabanial 31 .... 230 C3
Cabannes 13 .... 236 B1
Les Cabannes 09 .... 260 B1
Les Cabannes 81 .... 214 A3
Cabara 33 .... 195 D1
Cabariot 17 .... 160 C1
Cabas-Loumassès 32 .... 250 B1
Cabasse 83 .... 238 C4
Cabestany 66 .... 262 C2
Cabidos 64 .... 226 B3
Cabourg 14 .... 29 E2
Cabrerets 46 .... 198 A4
Cabrerolles 34 .... 233 D3
Cabrespine 11 .... 253 F1
Cabrières 30 .... 218 C4
Cabrières 34 .... 233 E3
Cabrières-d'Aigues 84 .... 237 E1
Cabrières-d'Avignon 84 .... 220 A4
Cabriès 13 .... 243 D1
Cabris 06 .... 240 A2
Cachan 94 .... 57 E3
Cachen 40 .... 209 F3
Cachy 80 .... 17 F2
Cadalen 81 .... 231 D1
Cadarache (Barrage de) 04,84 .... 237 F2
Cadarcet 09 .... 252 A3
Cadarsac 33 .... 194 C1
Cadaujac 33 .... 194 B2
Cadéac 65 .... 249 F4
Cadeilhan 32 .... 228 C1
Cadeilhan-Trachère 65 .... 258 A3
Cadeillan 32 .... 228 C4
Cademène 25 .... 125 E3
Caden 56 .... 92 B3
Cadenet 84 .... 237 D1
Caderousse 84 .... 219 E3
La Cadière-d'Azur 83 .... 243 F3
La Cadière-et-Cambo 30 .... 217 F4
Cadillac 33 .... 194 C3
Cadillac-en-Fronsadais 33 .... 177 F4
Cadillon 64 .... 227 D3
Cadix 81 .... 215 D4
Cadolive 13 .... 243 E2
Cadouin 24 .... 196 C1
Cadours 31 .... 229 D2
Cadrieu 46 .... 198 B4
Caen 14 .... 29 D3
Caëstre 59 .... 4 B3
Caffiers 62 .... 3 D2
Cagnac-les-Mines 81 .... 214 B4
Cagnano 2B 264 C2
Cagnes-sur-Mer 06 .... 240 B2
Cagnicourt 62 .... 10 B3
Cagnoncles 59 .... 11 D4
Cagnotte 40 .... 225 E2
Cagny 14 .... 29 E3
Cagny 80 .... 17 F2
Cahagnes 14 .... 28 B4
Cahagnolles 14 .... 28 B3
Cahaignes 27 .... 32 B3
Cahan 61 .... 52 B2
Caharet 65 .... 249 F2
Cahon 80 .... 8 B4
Cahors 46 .... 197 F4
Cahus 46 .... 182 A4
Cahuzac 11 .... 252 C2
Cahuzac 47 .... 196 A2
Cahuzac 81 .... 231 D4
Cahuzac-sur-Adour 32 .... 227 D2
Cahuzac-sur-Vère 81 .... 214 A4
Caignac 31 .... 252 B1
Le Cailar 30 .... 235 D2
Cailhau 11 .... 253 D2
Cailhavel 11 .... 253 D2
Cailla 11 .... 261 E1
Caillac 46 .... 197 E4
Caillavet 32 .... 228 A2
Caille 06 .... 239 F1
La Caillère 85 .... 130 A3
Cailleville 76 .... 15 D2
Caillouël-Crépigny 02 .... 18 C4
Caillouet-Orgeville 27 .... 55 F1
Cailloux-sur-Fontaines 69 .... 171 E1
Cailly 76 .... 15 F4
Cailly-sur-Eure 27 .... 31 F4
La Caine 14 .... 28 C4
Cairanne 84 .... 219 F2
Le Caire 04 .... 206 A4
Cairon 14 .... 29 D3
Caisnes 60 .... 34 C1
Caissargues 30 .... 235 E1
Caix 80 .... 18 A3
Caixas 66 .... 262 B3
Caixon 65 .... 227 E4
Cajarc 46 .... 198 B4
Calacuccia 2B 266 C1
Calais 62 .... 3 D2
Calamane 46 .... 197 F4
Calan 56 .... 90 B1
Les Calanche 2A 266 A2
Calanhel 22 .... 46 C4
Les Calanques 13 .... 243 E3
Calavanté 65 .... 249 E2
Calcatoggio 2A 266 B3
Calce 66 .... 262 B1
Calenzana 2B 264 B4
Calès 24 .... 196 C1
Calès 46 .... 198 A1
Calès (Grottes de) 13 .... 236 C2
Calignac 47 .... 211 D3
Caligny 61 .... 52 A2
Callac 22 .... 46 C4
Callac 56 .... 91 F1
Callas 83 .... 239 E2
Callelongue 13 .... 243 D3
Callen 40 .... 209 F1
Callengeville 76 .... 16 B3
Calleville 27 .... 31 D3
Calleville-les-Deux-Églises 76 .... 15 E3
Callian 32 .... 227 F2
Callian 83 .... 239 F2
Calmeilles 66 .... 262 B3
Calmels-et-le-Viala 12 .... 215 F4
La Calmette 30 .... 218 B4
Calmont 12 .... 215 D2
Calmont 31 .... 252 B1
Calmoutier 70 .... 106 C3
Caloire 42 .... 186 B1
Calonges 47 .... 211 D1
Calonne-Ricouart 62 .... 9 E1
Calonne-sur-la-Lys 62 .... 4 B4
Calorguen 22 .... 72 C1
La Calotterie 62 .... 8 B1
Caluire-et-Cuire 69 .... 171 E2
Calvi 2B 264 B3
Calviac 46 .... 198 C1
Calviac-en-Périgord 24 .... 197 E1
Calvignac 46 .... 198 B4
Calvinet 15 .... 199 E2
Calvisson 30 .... 235 D1
Calzan 09 .... 252 B3
Camalès 65 .... 227 E4
Camarade 09 .... 259 F2
Camarat (Cap) 83 .... 245 E2
Camarès 12 .... 232 C1
Camaret-sur-Aigues 84 .... 219 E2
Camaret-sur-Mer 29 .... 44 C4
Camargue 30,13 .... 236 A3

280
Cam - Ces

Camargue (Parc Régional de) 13 ... 236 A4
Camarsac 33 ... 194 C1
Cambayrac 46 ... 197 E4
La Cambe 14 ... 28 A2
Cambernard 31 ... 229 E4
Cambernon 50 ... 27 D4
Cambes 33 ... 194 B2
Cambes 46 ... 198 C3
Cambes 47 ... 195 F3
Cambes-en-Plaine 14 ... 29 D3
Cambia 2B ... 267 E1
Cambiac 31 ... 230 C4
Cambieure 11 ... 253 D2
Camblain-Châtelain 62 ... 9 E1
Camblain-l'Abbé 62 ... 9 F2
Camblanes-et-Meynac 33 ... 194 B2
Cambligneul 62 ... 9 F2
Cambo-les-Bains 64 ... 224 C4
Cambon 81 ... 214 C4
Cambon-et-Salvergues 34 ... 232 C3
Cambon-lès-Lavaur 81 ... 230 C3
Camboulazet 12 ... 215 D2
Camboulit 46 ... 198 C3
Cambounès 81 ... 231 F3
Cambounet-sur-le-Sor 81 ... 231 D3
Le Cambout 22 ... 71 E3
Cambrai 59 ... 10 C4
Cambremer 14 ... 29 F3
Cambrin 62 ... 10 A1
Cambron 80 ... 8 B4
Cambronne-lès-Clermont 60 ... 33 F2
Cambronne-lès-Ribécourt 60 ... 34 C1
Camburat 46 ... 198 C3
Came 64 ... 225 D3
Camélas 66 ... 262 B2
Camelin 02 ... 35 D1
Camembert 61 ... 53 E2
Cametours 50 ... 27 D4
Camiac-et-St-Denis 33 ... 194 C1
Camiers 62 ... 8 B1
Camiran 33 ... 195 D3
Camjac 12 ... 215 D2
Camlez 22 ... 47 D1
Les Cammazes 81 ... 231 D4
Camoël 56 ... 92 A4
Camon 09 ... 252 C3
Camon 80 ... 17 F2
Camors 56 ... 91 D1
Camou-Cihigue 64 ... 247 E2
Camou-Mixe-Suhast 64 ... 225 E4
Camous 65 ... 249 F4
Campagna-de-Sault 11 ... 261 D1
Campagnac 12 ... 200 C4
Campagnac 81 ... 214 A3
Campagnac-lès-Quercy 24 ... 197 D2
Campagnan 34 ... 233 F3
Campagne 24 ... 197 D1
Campagne 34 ... 234 C1
Campagne 40 ... 209 E4
Campagne 60 ... 18 C4
Campagne-d'Armagnac 32 ... 227 E1
Campagne-lès-Boulonnais 62 ... 3 D4
Campagne-lès-Guînes 62 ... 3 D3
Campagne-lès-Hesdin 62 ... 8 C2
Campagne-lès-Wardrecques 62 ... 3 F3
Campagne-sur-Arize 09 ... 251 F2
Campagne-sur-Aude 11 ... 253 D4
Campagnolles 14 ... 51 E1
Campan 65 ... 257 F2
Campana 2B ... 265 E4
Campandré-Valcongrain 14 ... 52 B1
Camparan 65 ... 258 A3
Campbon 44 ... 111 D1
Campeaux 14 ... 51 E1
Campeaux 60 ... 16 C4
Campel 35 ... 92 C1
Campénéac 56 ... 72 A4
Campes 81 ... 214 B3
Campestre-et-Luc 30 ... 217 D4
Campet-et-Lamolère 40 ... 209 E4
Camphin-en-Carembault 59 ... 10 B1
Camphin-en-Pévèle 59 ... 5 E4
Campi 2B ... 267 E1
Campigneulles-les-Grandes 62 ... 8 B2
Campigneulles-les-Petites 62 ... 8 B2
Campigny 14 ... 28 B3
Campigny 27 ... 30 C2
Campile 2B ... 265 E3
Campistrous 65 ... 258 A1
Campitello 2B ... 265 E3
Camplong 34 ... 233 D2
Camplong-d'Aude 11 ... 254 A2
Campneuseville 76 ... 16 B2
Campo 2A ... 266 C4
Campoloro (Port de) 2B ... 267 F1
Campôme 66 ... 261 F2
Campomoro 2A ... 268 B3
Campouriez 12 ... 199 F2
Campoussy 66 ... 262 A2
Campremy 60 ... 17 E4
Camprond 50 ... 27 D4
Camps-en-Amiénois 80 ... 17 D2
Camps-la-Source 83 ... 244 B1
Camps-St-Mathurin-Léobazel 19 ... 182 A4
Camps-sur-l'Agly 11 ... 253 F4
Camps-sur-l'Isle 33 ... 178 B4
Campsas 82 ... 213 D4
Campsegret 24 ... 196 A1
Campuac 12 ... 199 F3
Campugnan 33 ... 177 D2
Campuzan 65 ... 250 A1
Camurac 11 ... 260 C1
Canaille (Cap) 13 ... 243 E3
Canale-di-Verde 2B ... 267 F1
Canals 82 ... 229 F1
Canaples 80 ... 17 E1
Canappeville 27 ... 31 F4
Canapville 14 ... 30 A2
Canapville 61 ... 53 F1
Canaules-et-Argentières 30 ... 218 A4
Canavaggia 2B ... 265 D3
Canaveilles 66 ... 261 E3
Cancale 35 ... 49 F3
Canche 62 ... 8 C2
Canchy 14 ... 28 A2
Canchy 80 ... 8 C4
Cancon 47 ... 196 B3
Candas 80 ... 9 E4
Candé 49 ... 94 B4
Candé-sur-Beuvron 41 ... 117 D1
Candes-St-Martin 37 ... 114 C3
Candillargues 34 ... 234 C3
Candor 60 ... 18 B4
Candresse 40 ... 225 E2
Canehan 76 ... 16 A1
Canéjan 33 ... 194 A2
Canens 31 ... 251 F2
Canenx-et-Réaut 40 ... 209 F3
Canet 11 ... 254 B2
Canet 34 ... 233 F3
Canet 66 ... 263 D2
Canet-de-Salars 12 ... 215 F2
Canettemont 62 ... 9 E3
Cangey 37 ... 116 C1
Caniac-du-Causse 46 ... 198 A3
Canigou (Pic du) 66 ... 261 F3
Canihuel 22 ... 70 C1
Canilhac 48 ... 200 C4
Canisy 50 ... 27 E4
Canlers 62 ... 9 D1
Canly 60 ... 34 B2
Cannectancourt 60 ... 34 C1
Cannelle 2A ... 266 B3
Cannelle 2B ... 264 B1
Cannes 06 ... 240 B3
Cannes-Écluse 77 ... 81 D2
Cannes-et-Clairan 30 ... 218 A4
Cannessières 80 ... 16 C2
Cannet 32 ... 227 D3
Le Cannet 06 ... 240 B2
Le Cannet-des-Maures 83 ... 239 D4
Canny-sur-Matz 60 ... 18 B4
Canny-sur-Thérain 60 ... 16 C4
Canohès 66 ... 262 C2
Canon 14 ... 29 E4
La Canonica 2B ... 265 F3
La Canourgue 48 ... 201 D4
Canouville 76 ... 14 C3
Cantaing-sur-Escaut 59 ... 10 C4
Cantal (Monts du) 15 ... 189 E3
Cantaous 65 ... 250 A3
Cantaron 06 ... 241 D4
Canté 09 ... 252 A2
Canteleu 76 ... 31 E1
Canteleux 62 ... 9 E3
Canteloup 14 ... 29 E4
Canteloup 50 ... 25 D2
Cantenac 33 ... 177 D3
Cantenay-Épinard 49 ... 95 D4
Cantiers 27 ... 32 B3
Cantigny 80 ... 17 F4
Cantillac 24 ... 179 E1
Cantin 59 ... 10 C3
Cantoin 12 ... 200 B1
Cantois 33 ... 194 C2
Canville-la-Rocque 50 ... 26 C2
Canville-les-Deux-Églises 76 ... 15 D3
Cany-Barville 76 ... 14 C3
Caorches-St-Nicolas 27 ... 30 C4
Caouënnec-Lanvézéac 22 ... 47 D2
Caours 80 ... 8 C4
Cap Blanc-Nez 62 ... 2 C2
Cap Corse 2B ... 264 C1
Cap-d'Ail 06 ... 241 E4
Cap-Ferret 33 ... 192 C2
Cap Gris-Nez 62 ... 2 B2
Cap Roux (Pic du) 83 ... 240 A3
Capbis 64 ... 248 C2
Capbreton 40 ... 224 C2
Capdenac 46 ... 198 C3
Capdenac-Gare 12 ... 199 D3
Capdrot 24 ... 196 C2
Capelle 59 ... 11 E3
La Capelle 02 ... 20 A1
La Capelle 48 ... 216 C1
La Capelle-Balaguier 12 ... 198 C4
La Capelle-Bleys 12 ... 214 C2
La Capelle-Bonance 12 ... 200 C4
La Capelle-et-Masmolène 30 ... 219 D3
Capelle-Fermont 62 ... 9 F2
La Capelle-lès-Boulogne 62 ... 2 C3
Capelle-les-Grands 27 ... 30 C4
Capelle-lès-Hesdin 62 ... 8 C2
Capendu 11 ... 254 A2
Capens 31 ... 251 E1
Capestang 34 ... 254 C1
Capian 33 ... 194 C2
Capinghem 59 ... 5 D4
Caplong 33 ... 195 E2
Capoulet-et-Junac 09 ... 260 B1
Cappel 57 ... 41 E4
Cappelle-Brouck 59 ... 3 F2
Cappelle-en-Pévèle 59 ... 10 C1
Cappelle-la-Grande 59 ... 4 A1
Cappy 80 ... 18 B2
Captieux 33 ... 210 A1
Capvern 65 ... 249 F3
Capvern-les-Bains 65 ... 249 F2
Caragoudes 31 ... 230 B4
Caraman 31 ... 230 C3
Caramany 66 ... 262 A2
Carantec 29 ... 46 A2
Carantilly 50 ... 27 D4
Carayac 46 ... 198 C3
Carbay 49 ... 94 A2
Carbes 81 ... 231 E3
Carbini 2A ... 269 D2
Carbon-Blanc 33 ... 194 B1
Carbonne 31 ... 251 E1
Carbonnière (Tour) 30 ... 235 D3
Carbuccia 2A ... 266 C3
Carcagny 14 ... 28 C3
Carcanières 09 ... 261 E2
Carcans 33 ... 176 B3
Carcarès-Ste-Croix 40 ... 225 F1
Carcassonne 11 ... 253 E2
Carcen-Ponson 40 ... 209 D4
Carcès 83 ... 238 C3
Carcheto-Brustico 2B ... 267 E1
Cardaillac 46 ... 198 C2
Cardan 33 ... 194 C2
Cardeilhac 31 ... 250 B2
Cardesse 64 ... 248 A1
Cardet 30 ... 218 A3
Cardo-Torgia 2A ... 268 C1
Cardonnette 80 ... 17 F2
Le Cardonnois 80 ... 17 F4
Cardonville 14 ... 27 E2
Cardroc 35 ... 72 C1
Carelles 53 ... 74 C1
Carency 62 ... 10 A2
Carennac 46 ... 198 B1
Carentan 50 ... 27 D2
Carentoir 56 ... 92 B2
Carges (Monts des) 71 ... 155 D1
Cargèse 2A ... 266 A3
Cargiaca 2A ... 269 D2
Carhaix-Plouguer 29 ... 70 A2
Carignan 08 ... 22 B4
Carignan-de-Bordeaux 33 ... 194 B1
Carisey 89 ... 102 C1
Carla-Bayle 09 ... 251 F2
Carla-de-Roquefort 09 ... 252 B4
Le Carlaret 09 ... 252 B2
Carlat 15 ... 199 F1
Carlencas-et-Levas 34 ... 233 E2
Carlepont 60 ... 34 C1
Carling 57 ... 41 D3
Carlipa 11 ... 253 D1
Carlit (Pic) 66 ... 261 D3
Carluc (Prieuré de) 04 ... 221 D4
Carlucet 46 ... 198 A2
Carlus 81 ... 231 D1
Carlux 24 ... 197 E1
Carly 62 ... 2 C4
Carmaux 81 ... 214 C3
Carnac 56 ... 90 C3
Carnac-Rouffiac 46 ... 212 C1
Carnas 30 ... 234 C1
La Carneille 61 ... 52 B2
Carnelle (Forêt de) 95 ... 33 F4
Carnet 50 ... 50 C4
Carnetin 77 ... 58 B2
Carneville 50 ... 25 D1
Carnières 59 ... 11 D4
Carnin 59 ... 10 B1
Carniol 04 ... 221 D3
Carnoët 22 ... 70 A1
Carnoët (Forêt de) 56 ... 90 A1
Carnon-Plage 34 ... 234 C3
Carnoules 83 ... 244 C1
Carnoux-en-Provence 13 ... 243 E3
Carnoy 80 ... 18 B1
Caro 56 ... 92 B1
Caro 64 ... 246 C2
Carolles 50 ... 50 B2
Caromb 84 ... 220 A3
Le Caroux 34 ... 232 C3
Carpentras 84 ... 220 A3
Carpineto 2B ... 267 E1
Carpiquet 14 ... 29 D3
Carquebut 50 ... 25 E4
Carquefou 44 ... 112 A2
Carqueiranne 83 ... 244 B3
Carrépuis 80 ... 18 B3
Carrère 64 ... 226 C3
Carresse 64 ... 225 E3
Carrières-sous-Poissy 78 ... 57 D1
Carrières-sur-Seine 78 ... 57 E2
Carro 13 ... 242 B2
Carros 06 ... 240 C1
Carrouges 61 ... 52 C4
Carry-le-Rouet 13 ... 242 C2
Cars 33 ... 177 D3
Les Cars 87 ... 164 B3
Carsac-Aillac 24 ... 197 E1
Carsac-de-Gurson 24 ... 178 B4
Carsan 30 ... 219 D2
Carsix 27 ... 31 D4
Carspach 68 ... 108 B3
Cartelègue 33 ... 177 D2
Carteret 50 ... 24 B4
Carticasi 2B ... 267 E1
Cartignies 59 ... 11 F4
Cartigny 80 ... 18 C2
Cartigny-l'Épinay 14 ... 28 A3
Carves 24 ... 197 D2
Carville 14 ... 51 E1
Carville-la-Folletière 76 ... 15 D4
Carville-Pot-de-Fer 76 ... 15 D3
Carvin 62 ... 10 B1
Casabianca 2B ... 265 E4
Casaglione 2A ... 266 B3
Casalabriva 2A ... 268 C2
Casalta 2B ... 265 E4
Casamaccioli 2B ... 266 C1
Casanova 2B ... 267 D1
Cascastel-des-Corbières 11 ... 254 B4
Casefabre 66 ... 262 B2
Caseneuve 84 ... 220 C4
Cases-de-Pène 66 ... 262 B1
Casevecchie 2B ... 267 E2
Cassaber 64 ... 225 E3
Cassagnabère-Tournas 31 ... 250 C2
Cassagnas 48 ... 217 E2
Cassagne 31 ... 251 D2
La Cassagne 24 ... 180 C4
Cassagnes 46 ... 197 D3
Cassagnes 66 ... 262 A2
Cassagnes-Bégonhès 12 ... 215 E2
Cassagnoles 30 ... 218 B3
Cassagnoles 34 ... 232 A4
Cassaigne 32 ... 211 D4
La Cassaigne 11 ... 253 D2
Cassaignes 11 ... 253 E4
Cassaniouze 15 ... 199 E2
Cassano 2B ... 264 C3
Casse Déserte 05 ... 207 C1
Cassel 59 ... 4 B3
Cassen 40 ... 225 F1
Casseneuil 47 ... 196 B4
Les Cassés 11 ... 230 C4
Casseuil 33 ... 195 D3
Cassignas 47 ... 212 A1
Cassis 13 ... 243 E3
Casson 44 ... 112 A1
Cassuéjouls 12 ... 200 B2
Cast 29 ... 69 D2
Casta 2B ... 265 D2
Castagnac 31 ... 251 F2
Castagnède 31 ... 259 D2
Castagnède 64 ... 225 E3
Castagniers 06 ... 241 D4
Castaignos-Souslens 40 ... 226 A3
Castandet 40 ... 226 C1
Castanet 12 ... 214 C2
Castanet 48 ... 202 A4
Castanet 81 ... 214 B4
Castanet 82 ... 214 A2
Castanet-le-Haut 34 ... 232 C2
Castanet-Tolosan 31 ... 230 A3
Castans 11 ... 231 F4
Casteide-Cami 64 ... 226 B4
Casteide-Candau 64 ... 226 A3
Casteide-Doat 64 ... 227 E4
Casteil 66 ... 261 F3
Castel-Sarrazin 40 ... 225 F2
Castelbajac 65 ... 249 F2
Castelbiague 31 ... 259 D2
Castelbouc (Château) 48 ... 217 D1
Castelculier 47 ... 211 F2
Castelferrus 82 ... 212 C4
Castelfranc 46 ... 197 E4
Castelgaillard 31 ... 250 C1
Castelginest 31 ... 230 A2
Casteljaloux 47 ... 210 C1
Casteljau 07 ... 202 C4
Castella 47 ... 211 F1
Castellane 04 ... 222 C4
Castellar 06 ... 241 F3
Le Castellard 04 ... 222 A2
Castellare-di-Casinca 2B ... 265 F4
Castellare-di-Mercurio 2B ... 267 D1
Castellet 84 ... 237 E1
Le Castellet 04 ... 221 F4
Le Castellet 83 ... 243 F3
Castellet-les-Sausses 04 ... 223 D3
Castellet-St-Cassien 04 ... 223 E4
Castelli (Pointe du) 44 ... 110 A1
Castello d'Arraggio 2A ... 269 E2
Castello di Cucuruzzu 2A ... 269 D2
Castello-di-Rostino 2B ... 265 E4
Castelmary 12 ... 214 C2
Castelmaurou 31 ... 230 A2
Castelmayran 82 ... 212 B3
Castelmoron-d'Albret 33 ... 195 D2
Castelmoron-sur-Lot 47 ... 196 A4
Castelnau-Barbarens 32 ... 228 C3
Castelnau-Bretenoux (Château de) 46 ... 198 B1
Castelnau-Chalosse 40 ... 225 F2
Castelnau-d'Anglès 32 ... 227 F3
Castelnau-d'Arbieu 32 ... 228 C1
Castelnau-d'Aude 11 ... 254 A2
Castelnau-d'Auzan 32 ... 210 C4
Castelnau-de-Brassac 81 ... 232 A2
Castelnau-de-Guers 34 ... 233 F4
Castelnau-de-Lévis 81 ... 214 B4
Castelnau-de-Mandailles 12 ... 200 B3
Castelnau-de-Médoc 33 ... 176 C3
Castelnau-de-Montmiral 81 ... 214 A4
Castelnau-d'Estrétefonds 31 ... 229 F1
Castelnau-Durban 09 ... 259 F2
Castelnau-le-Lez 34 ... 234 B2
Castelnau-Magnoac 65 ... 250 A1
Castelnau-Montratier 46 ... 213 D2
Castelnau-Pégayrols 12 ... 216 A3
Castelnau-Picampeau 31 ... 251 D1
Castelnau-Rivière-Basse 65 ... 227 D3
Castelnau-sur-Gupie 47 ... 195 E3
Castelnau-sur-l'Avignon 32 ... 211 E4
Castelnau-Tursan 40 ... 226 B2
Castelnau-Valence 30 ... 218 B3
Castelnaud-de-Gratecambe 47 ... 196 B4
Castelnaud-la-Chapelle 24 ... 197 D1
Castelnaudary 11 ... 252 C1
Castelnavet 32 ... 227 E2
Castelner 40 ... 226 B3
Castelnou 66 ... 262 B2
Castelreng 11 ... 253 D3
Castels 24 ... 197 D1
Castelsagrat 82 ... 212 B2
Castelsarrasin 82 ... 212 C3
Castelvieilh 65 ... 249 E1
Castelviel 33 ... 195 D2
Castennec (Site de) 56 ... 70 C4
Le Castéra 31 ... 229 E2
Castéra-Bouzet 82 ... 212 B4
Castéra-Lanusse 65 ... 249 F2
Castéra-Lectourois 32 ... 211 E4
Castéra-Lou 65 ... 249 E1
Castéra-Loubix 64 ... 227 D4
Castéra-Verduzan 32 ... 228 A1
Castéra-Vignoles 31 ... 250 C1
Castéras 09 ... 251 F2
Casterets 65 ... 250 B1
Castéron 32 ... 212 A4
Castet 64 ... 256 C2
Castet-Arrouy 32 ... 211 F4
Castetbon 64 ... 225 F4
Castétis 64 ... 226 A3
Castetnau-Camblong 64 ... 247 F1
Castetner 64 ... 225 F4
Castetpugon 64 ... 226 C3
Castets 40 ... 208 B4
Castets-en-Dorthe 33 ... 195 D3
Castex 09 ... 251 E2
Castex 32 ... 227 F4
Castex-d'Armagnac 32 ... 227 D1
Casties-Labrande 31 ... 251 D1
Castifao 2B ... 265 D3
Castiglione 2B ... 265 D4
Castillon 06 ... 241 E3
Castillon 14 ... 28 B3
Castillon 64 ... 226 B3
Castillon 64 ... 227 D3
Castillon 65 ... 257 F1
Castillon (Barrage de) 04 ... 222 C4
Castillon (Col de) 06 ... 241 E3
Castillon-de-Castets 33 ... 195 D3
Castillon-de-Larboust 31 ... 258 B4
Castillon-de-St-Martory 31 ... 250 C2
Castillon-Debats 32 ... 227 F2
Castillon-du-Gard 30 ... 219 D4
Castillon-en-Auge 14 ... 53 E1
Castillon-en-Couserans 09 ... 259 E3
Castillon-la-Bataille 33 ... 195 D1
Castillon-Massas 32 ... 228 B2
Castillon-Savès 32 ... 229 D3
Castillonnès 47 ... 196 A3
Castilly 14 ... 27 E2
Castin 32 ... 228 B2
Castineta 2B ... 265 E4
Castirla 2B ... 265 D4
Castre (Mont) 50 ... 26 C2
Castres 02 ... 19 D3
Castres 81 ... 231 E3
Castres-Gironde 33 ... 194 B2
Castries 34 ... 234 C2
Le Cateau-Cambrésis 59 ... 11 E4
Le Catelet 02 ... 19 D1
Le Catelier 76 ... 15 F3
Catenay 76 ... 32 A1
Catenoy 60 ... 34 A2
Cateri 2B ... 264 C3
Cathervielle 31 ... 258 B3
Catheux 60 ... 17 E4
Catigny 60 ... 18 B4
Catillon-Fumechon 60 ... 33 F1
Catillon-sur-Sambre 59 ... 11 E4
Catllar 66 ... 261 F2
Catonvielle 32 ... 229 D2
Cattenières 59 ... 11 D4
Cattenom 57 ... 40 B1
Catteville 50 ... 24 C4
Catus 46 ... 197 E3
Catz 50 ... 27 E2
Caubert (Monts de) 80 ... 8 B4
Caubeyres 47 ... 210 C2
Caubiac 31 ... 229 D2
Caubios-Loos 64 ... 226 B4
Caubon-St-Sauveur 47 ... 195 E3
Caubous 31 ... 258 B3
Caubous 65 ... 250 A2
Caucalières 81 ... 231 E3
La Cauchie 62 ... 9 F3
Cauchy-à-la-Tour 62 ... 9 E1
Caucourt 62 ... 9 F2
Caudan 56 ... 90 B1
Caudebec-en-Caux 76 ... 31 D1
Caudebec-lès-Elbeuf 76 ... 31 E3
Caudebronde 11 ... 231 E4
Caudecoste 47 ... 212 A3
Caudeval 11 ... 252 C3
Caudiès-de-Conflent 66 ... 261 E3
Caudiès-de-Fenouillèdes 66 ... 261 F1
Caudrot 33 ... 195 D3
Caudry 59 ... 11 D4
Cauffry 60 ... 33 F2
Caugé 27 ... 55 D1
Caujac 31 ... 251 F1
Caulaincourt 02 ... 18 C2
Le Caule-Ste-Beuve 76 ... 16 B3
Caulières 80 ... 16 C3
Caullery 59 ... 11 D4
Caulnes 22 ... 72 B2
La Caume 13 ... 236 B1
Caume (Mont) 83 ... 244 A2
Caumont 02 ... 19 D4
Caumont 09 ... 259 E2
Caumont 27 ... 31 E2
Caumont 32 ... 227 D2
Caumont 33 ... 195 D2
Caumont 62 ... 8 C3
Caumont 82 ... 212 B3
Caumont-l'Éventé 14 ... 28 B4
Caumont-sur-Durance 84 ... 219 F4
Caumont-sur-Garonne 47 ... 195 E4
Caumont-sur-Orne 14 ... 52 B1
Cauna 40 ... 226 A1
Caunay 79 ... 147 E3
Cauneille 40 ... 225 E3
Caunes-Minervois 11 ... 253 F1
La Caunette 34 ... 254 B1
Caunette-sur-Lauquet 11 ... 253 F3
Caunettes-en-Val 11 ... 253 F3
Caupenne 40 ... 226 A2
Caupenne-d'Armagnac 32 ... 227 D1
La Caure 51 ... 60 A2
Caurel 22 ... 70 C2
Caurel 51 ... 36 C2
Cauria (Mégalithes de) 2A ... 268 C3
Cauro 2A ... 266 C4
Cauroir 59 ... 10 C4
Cauroy 08 ... 37 D2
Cauroy-lès-Hermonville 51 ... 36 B2
Le Causé 82 ... 229 D1
Cause-de-Clérans 24 ... 196 B1
Caussade 82 ... 213 E2
Caussade-Rivière 65 ... 227 D3
Causse-Bégon 30 ... 216 C3
Causse de Gramat 46 ... 198 B2
Causse-de-la-Selle 34 ... 234 A1
Causse Méjean (Corniches du) 48 ... 216 C2
Causse Noir (Corniche du) 12 ... 216 C2
Caussens 32 ... 211 D4
Causses-et-Veyran 34 ... 233 D4
Caussiniojouls 34 ... 233 D3
Caussols 06 ... 240 A1
Caussou 09 ... 260 C1
Cauterets 65 ... 257 D3
Cauverville-en-Roumois 27 ... 31 D2
Cauvicourt 14 ... 29 E4
Cauvignac 33 ... 195 D4
Cauvigny 60 ... 33 E3
Cauville 14 ... 52 B1
Cauville 76 ... 14 A4
Caux 34 ... 233 E3
Caux-et-Sauzens 11 ... 253 E2
Cauzac 47 ... 212 A2
Cavagnac 46 ... 181 E4
Cavaillon 84 ... 236 B1
Cavalaire-sur-Mer 83 ... 245 E2
La Cavalerie 12 ... 216 B4
Cavan 22 ... 47 D2
Cavanac 11 ... 253 E2
Cavarc 47 ... 196 B2
Caveirac 30 ... 235 D1
Caves 11 ... 254 C4
Cavignac 33 ... 177 E3
Cavigny 50 ... 27 E3
Cavillargues 30 ... 219 D3
Cavillon 80 ... 17 D2
Cavron-St-Martin 62 ... 8 C2
Caychax 09 ... 260 C1
Cayeux-en-Santerre 80 ... 18 A3
Cayeux-sur-Mer 80 ... 8 A4
Le Cayla 81 ... 214 A4
Le Caylar 34 ... 233 E1
Caylus 82 ... 213 F2
La Cayolle (Col de) 06 ... 223 D1
Cayrac 82 ... 213 E3
Cayres 43 ... 185 E4
Cayriech 82 ... 213 E2
Le Cayrol 12 ... 200 A3
Cayrols 15 ... 199 D1
Cazac 31 ... 251 D1
Cazalis 33 ... 209 F1
Cazalis 40 ... 226 A2
Cazalrenoux 11 ... 252 C2
Cazals 46 ... 197 E3
Cazals 82 ... 213 F3
Cazals-des-Baylès 09 ... 252 C3
Cazaril-Laspènes 31 ... 258 B4
Cazaril-Tambourès 31 ... 250 A2
Cazarilh 65 ... 250 B4
Cazats 33 ... 194 C4
Cazaubon 32 ... 210 B4
Cazaugitat 33 ... 195 D2
Cazaunous 31 ... 258 C2
Cazaux 09 ... 252 A3
Cazaux-d'Anglès 32 ... 227 F2
Cazaux-Debat 65 ... 249 F4
Cazaux-Fréchet 65 ... 258 A3
Cazaux-Layrisse 31 ... 250 B4
Cazaux-Savès 32 ... 229 D3
Cazaux-Villecomtal 32 ... 227 E4
Cazavet 09 ... 259 D2
La Caze (Château de) 48 ... 216 C1
Cazeaux-de-Larboust 31 ... 258 B4
Cazedarnes 34 ... 232 C4
Cazenave-Serres-et-Allens 09 ... 260 B1
Cazeneuve 32 ... 210 C4
Cazeneuve-Montaut 31 ... 250 C2
Cazères 31 ... 251 D2
Cazères-sur-l'Adour 40 ... 226 C1
Cazes-Mondenard 82 ... 212 C2
Cazevieille 34 ... 234 B1
Cazideroque 47 ... 212 B1
Cazilhac 11 ... 253 E2
Cazilhac 34 ... 217 E4
Cazillac 46 ... 181 E4
Cazoulès 24 ... 197 F1
Cazouls-d'Hérault 34 ... 233 F3
Cazouls-lès-Béziers 34 ... 233 D4
Ceaucé 61 ... 75 D1
Ceaulmont 36 ... 134 B4
Céaux 50 ... 50 C3
Céaux-d'Allègre 43 ... 185 E2
Ceaux-en-Couhé 86 ... 147 E2
Ceaux-en-Loudun 86 ... 115 D4
Cébazan 34 ... 232 C4
Cébazat 63 ... 168 B2
Ceffonds 52 ... 84 B1
Ceignes 01 ... 156 C3
Ceilhes-et-Rocozels 34 ... 233 D1
Ceillac 05 ... 207 E2
Ceilloux 63 ... 169 D3
Ceintrey 54 ... 64 B4
Célé 46 ... 198 B4
La Celette 18 ... 136 A3
Célié 41 ... 97 E2
La Celle 03 ... 152 A2
La Celle 18 ... 136 A2
La Celle 63 ... 167 D1
La Celle 83 ... 244 B1
La Celle-Condé 18 ... 135 E2
La Celle-Dunoise 23 ... 150 A2
La Celle-en-Morvan 71 ... 122 A4
La Celle-Guenand 37 ... 133 D1
La Celle-les-Bordes 78 ... 56 C4
Celle-Lévescault 86 ... 147 E1
La Celle-St-Avant 37 ... 115 F4
La Celle-St-Cloud 78 ... 57 D2
La Celle-St-Cyr 89 ... 101 F1
La Celle-sous-Chantemerle 51 ... 60 A4
La Celle-sous-Gouzon 23 ... 151 D3
La Celle-sous-Montmirail 02 ... 59 E2
La Celle-sur-Loire 58 ... 120 A1
La Celle-sur-Morin 77 ... 58 C2
La Celle-sur-Nièvre 58 ... 120 B3
La Celle-sur-Seine 77 ... 80 C2
Cellefrouin 16 ... 163 D1
Celles 09 ... 252 B4
Celles 15 ... 184 A3
Celles 17 ... 161 E3
Celles 24 ... 179 D2
Celles 34 ... 233 E2
Celles-en-Bassigny 52 ... 105 E1
Celles-lès-Condé 02 ... 59 F1
Celles-sur-Aisne 02 ... 35 E2
Celles-sur-Belle 79 ... 146 C2
Celles-sur-Durolle 63 ... 169 D1
Celles-sur-Ource 10 ... 83 F4
Celles-sur-Plaine 88 ... 88 B1
La Cellette 23 ... 150 C1
La Cellette 63 ... 152 A3
Cellettes 16 ... 162 C1
Cellettes 41 ... 98 B4
Le Cellier 44 ... 112 B2
Cellier-du-Luc 07 ... 202 B2
Celliers 73 ... 174 B4
Cellieu 42 ... 171 D4
Cellule 63 ... 168 B1
Celon 36 ... 134 B4
Celoux 15 ... 184 B3
Celsoy 52 ... 105 E2
Cély 77 ... 80 B1
Cemboing 70 ... 106 A2
Cempuis 60 ... 17
Cénac 33 ... 194
Cénac-et-St-Julien 24 ... 197
Cenans 70 ... 125
Cendras 30 ... 218
Le Cendre 63 ... 168
Cendrecourt 70 ... 106
Cendrey 25 ... 125
Cendrieux 24 ... 179
Cénevières 46 ... 198
Cenne-Monestiés 11 ... 253
Cenon 33 ... 194
Cenon-sur-Vienne 86 ... 132
Censeau 39 ... 142
Censerey 21 ... 122
Censy 89 ... 103
Les Cent-Acres 76 ... 15
Centrès 12 ... 215
Centuri 2B ... 264
Centuri-Port 2B ... 264
Cenves 69 ... 155
Cépet 31 ... 230
Cépie 11 ... 253
Cepoy 45 ... 80
Céran 32 ... 228
Cérans-Foulletourte 72 ... 96
Cerbère 66 ... 263
Cerbois 18 ... 118
Cercamp (Château de) 62 ... 9
Cercié 69 ... 155
Cercier 74 ... 158
Cercles 24 ... 179
Cercottes 45 ... 99
Cercoux 17 ... 177 F
Le Cercueil 61 ... 53 D
Cercy-la-Tour 58 ... 138 A
Cerdon 01 ... 156 C
Cerdon 45 ... 100 A
Cère 40 ... 209
Cère 15,46 ... 183 D
Céré-la-Ronde 37 ... 116 C
Cère (Pas de) 15 ... 183
Cerelles 37 ... 97
Cérences 50 ... 50
Céreste 04 ... 237 F
Céret 66 ... 262
Cerfontaine 59 ... 12
Le Cergne 42 ... 154 C
Cergy 95 ... 57 D
Cergy-Pontoise 95 ... 57 D
Cérilly 03 ... 136
Cérilly 21 ... 103 F
Cérilly 89 ... 82
Cerisé 61 ... 76 B
Cerisi (Mont de) 61 ... 52 A
Cerisières 52 ... 85 D
Cerisiers 89 ... 82 A
Cerisy 80 ... 18 A
Cerisy-Belle-Étoile 61 ... 52 A
Cerisy-Buleux 80 ... 16 C
Cerisy-la-Forêt 50 ... 28 A
Cerisy-la-Salle 50 ... 27 D
Cerizay 79 ... 130 B
Cérizols 09 ... 251 D
Cerizy 02 ... 19 D
La Cerlangue 76 ... 30 B
La Cerleau 08 ... 21 D
Cernans 39 ... 142 A
Cernay 14 ... 53 F
Cernay 28 ... 78 A
Cernay 68 ... 108 B
Cernay 86 ... 132 A
Cernay-en-Dormois 51 ... 37 F
Cernay-la-Ville 78 ... 57 C
Cernay-l'Église 25 ... 126 C
Cernay-lès-Reims 51 ... 36 C
Cerneux 77 ... 59
Cernex 74 ... 158 A
Cerniébaud 39 ... 142 B
Cernion 08 ... 21 D
Cernon 39 ... 157 D
Cernon 51 ... 61 D
Cernoy 60 ... 34 A
Cernoy-en-Berry 45 ... 100 C
Cernusson 49 ... 113 F
Cerny 91 ... 80 A
Cerny-en-Laonnois 02 ... 35 F
Cerny-lès-Bucy 02 ... 19 E
Céron 71 ... 154 A
Cérons 33 ... 194 C
Cerqueux 14 ... 53 F
Les Cerqueux-de-Maulévrier 49 ... 113 E
Les Cerqueux-sous-Passavant 49 ... 113 F
Cerre-lès-Noroy 70 ... 107 D
Cers 34 ... 255 E
Cersay 79 ... 114 A
Cerseuil 02 ... 35 F
Cersot 71 ... 139 F
Certilleux 88 ... 86 A
Certines 01 ... 156 B
Cervens 74 ... 158 C
Cervières 05 ... 191 D
Cervières 42 ... 169 E
Cerville 54 ... 64 C
Cervione 2B ... 267 F
Cervon 58 ... 121 E
Cerzat 43 ... 185 D
Cesancey 39 ... 141 D
Césarches 73 ... 174 B
Césarville-Dossainville 45 ... 80 A
Cescau 09 ... 259 E
Cescau 64 ... 226 B
Cesny-aux-Vignes-Ouézy 14 ... 29 E
Cesny-Bois-Halbout 14 ... 52 B
Cessac 33 ... 194 C
Cessales 31 ... 230 C
Cesse 55 ... 38 B
Cesseins 01 ... 155 F
Cessenon-sur-Orb 34 ... 233 D
Cessens 73 ... 173 E1
Cesseras 34 ... 254 B1
Cesset 03 ... 152 C
Cesseville 27 ... 31 E
Cessey 25 ... 125 D
Cessey-sur-Tille 21 ... 124 A
Cessières 02 ... 19 E
Cessieu 38 ... 172 C
Cesson 77 ... 58 A

esson-Sévigné 35 ... 73 E3
essoy-en-Montois 77 ... 81 E1
essy 01 ... 158 A1
essy-les-Bois 58 ... 120 B2
estas 33 ... 193 F2
estayrols 81 ... 214 B4
eton 61 ... 77 E3
ette-Eygun 64 ... 256 B2
évennes (Corniche
des) 30,48 ... 217 E2
évennes (Parc National
des) 30,48 ... 217 E1
evins 73 ... 174 C3
eyras 34 ... 233 F2
eyrat 63 ... 168 A2
eyreste 13 ... 245 F3
eyroux 23 ... 150 A4
eyssac 43 ... 185 E4
eyssat 63 ... 167 F2
eyzériat 01 ... 156 C3
eyzérieu 01 ... 173 D1
ézac 33 ... 177 E3
ézac 46 ... 213 D1
ezais 85 ... 130 A3
ézallier 15,63 ... 183 F2
ézan 32 ... 228 A1
ezay 42 ... 169 F2
éze 30 ... 219 D2
ézens 15 ... 183 F4
ézia 39 ... 157 D1
ézy 89 ... 101 F1
haalis (Abbaye de) 60 ... 34 B4
habanais 16 ... 163 E1
a Chabanne 03 ... 153 F4
habestan 05 ... 205 F4
habeuil 26 ... 188 A4
hablis 89 ... 102 C2
habons 38 ... 172 C4
a Chabotterie 85 ... 129 D1
habottes 05 ... 206 B2
habournay 86 ... 132 A2
habrac 16 ... 163 F1
habreloche 63 ... 169 E1
habrières (Clue de) 04 ... 222 B3
habrignac 19 ... 180 C2
habrillan 26 ... 204 A2
habris 36 ... 117 F3
hacé 49 ... 114 B3
hacenay 10 ... 84 A4
hacrise 02 ... 35 E2
hadeleuf 63 ... 168 B3
hadenac 17 ... 161 E3
hadenet 48 ... 201 F4
hadrac 43 ... 185 F3
hadron 43 ... 185 F4
hadurie 16 ... 162 C4
e Chaffal 26 ... 204 B1
e Chaffaut-St-Jurson 04 ... 222 A3
haffois 25 ... 142 C1
hagey 70 ... 107 F3
hagnon 42 ... 171 D4
hagny 08 ... 21 E4
hagny 71 ... 140 A1
hahaignes 72 ... 97 D3
hahains 61 ... 53 D4
haignay 21 ... 123 F1
haignes 27 ... 56 A1
hail 79 ... 147 D2
haillac 36 ... 149 E1
haillac-sur-Vienne 87 ... 164 A1
hailland 53 ... 74 C3
haillé-les-Marais 85 ... 145 E1
haillé-sous-les-Ormeaux
85 ... 129 E3
hailles 41 ... 98 B4
haillevette 17 ... 160 B2
haillevois 02 ... 35 F1
haillexon (Lac de) 25 ... 126 C3
hailley 89 ... 82 B4
haillol (Vieux) 05 ... 206 B2
haillon 55 ... 63 E1
hailloué 61 ... 53 E3
hailly-en-Bière 77 ... 80 B1
hailly-en-Brie 77 ... 59 D3
hailly-en-Gâtinais 45 ... 100 B1
hailly-lès-Ennery 57 ... 40 B3
hailly-sur-Armançon 21 ... 122 C2
hainaz-les-Frasses 74 ... 173 F2
haînée-des-Coupis 39 ... 141 D1
haingy 45 ... 99 D2
haintré 71 ... 155 F2
haintreaux 77 ... 80 C3
haintrix-Bierges 51 ... 60 C2
a Chaise 10 ... 84 B2
a Chaise-Baudouin 50 ... 51 D2
a Chaise-Dieu 43 ... 185 E2
haise-Dieu-du-Theil 27 ... 54 C3
haix 85 ... 145 F1
a Chaize-Giraud 85 ... 128 B3
a Chaize-le-Vicomte 85 ... 129 E3
Chalabre 11 ... 253 D4
Chalagnac 24 ... 179 E3
Chalain-d'Uzore 42 ... 170 A3
Chalain (Lac de) 39 ... 141 F3
Chalain-le-Comtal 42 ... 170 B3
Chalaines 55 ... 63 E4
Chalais 16 ... 178 B2
Chalais 36 ... 133 F4
Chalais 86 ... 131 F1
Chalam (Crêt de) 01 ... 157 E2
Chalamont 01 ... 156 B4
Chalampé 68 ... 109 D2
Chalancey 52 ... 105 D3
Chalancon 26 ... 204 C3
Chalandray 86 ... 131 F3
Chalandrey 50 ... 51 D3
Chalandry 02 ... 19 F3
Chalandry-Elaire 08 ... 21 E3
Le Chalange 61 ... 53 F4
Le Chalard 87 ... 164 B4
Chalard (Saut du) 24 ... 163 F4
Chalautre-la-Grande 77 ... 59 E4
Chalautre-la-Petite 77 ... 81 F1
Chalaux 58 ... 121 F2
Chaleins 01 ... 155 F4
Chaleix 24 ... 164 A4
Chalencon 07 ... 203 E1
Chalencon (Château de) 43 ... 185 F2
Les Chalesmes 39 ... 142 A2
Châlette-sur-Loing 45 ... 100 C1
Chalette-sur-Voire 10 ... 83 F1
Chaley 01 ... 157 D4
Chalèze 25 ... 125 E2
Chalezeule 25 ... 125 E2
Chaliers 15 ... 184 B4
Chalifert 77 ... 58 B2
Chaligny 54 ... 64 B3
Chalinargues 15 ... 184 A3
Chalindrey 52 ... 105 E2
Chalivoy-Milon 18 ... 136 B2
Challain-la-Potherie 49 ... 94 B3
Challans 85 ... 128 B1
Challement 58 ... 121 D2
Challerange 08 ... 37 F2
Challes 01 ... 156 C3
Challes 72 ... 96 C1
Challes-les-Eaux 73 ... 173 F3
Challet 28 ... 55 F4
Challex 01 ... 157 F2
Challignac 16 ... 178 A1
Challonges 74 ... 157 E4
Challuy 58 ... 137 D1
Chalmaison 77 ... 81 E1
Chalmazel 42 ... 169 E2
Chalmessin 52 ... 104 C3
Chalmont (Butte de) 02 ... 35 E3
Chalmoux 71 ... 138 B3
Chalo-St-Mars 91 ... 79 E1
Le Chalon 26 ... 188 A3
Chalon-sur-Saône 71 ... 140 A2
Chalonnes-sous-le-Lude 49 ... 96 B4
Chalonnes-sur-Loire 49 ... 113 E2
Châlons 38 ... 171 F4
Châlons-du-Maine 53 ... 75 D3
Châlons-sur-Marne 51 ... 61 D1
Châlons-sur-Vesle 51 ... 36 B3
Châlonvillars 70 ... 107 F3
Chalou-Moulineux 91 ... 79 E2
Chaltrait 51 ... 60 B1
Chalus 63 ... 168 B4
Châlus 87 ... 164 B3
Chalusset (Château de) 87 ... 164 C2
Chalvignac 15 ... 182 C2
Chalvraines 52 ... 85 F3
Chamadelle 33 ... 178 A3
Chamagne 88 ... 87 D1
Chamagnieu 38 ... 172 A2
Chamalières 63 ... 168 A2
Chamalières-sur-Loire 43 ... 186 A2
Chamaloc 26 ... 204 C1
Chamant 60 ... 34 B3
Chamarande 91 ... 79 F1
Chamarandes 52 ... 85 D4
Chamaret 26 ... 204 A4
La Chamba 42 ... 169 E2
Chambain 21 ... 104 B2
Chambeire 21 ... 124 A2
Chambellay 49 ... 95 D3
Chambéon 42 ... 170 B3
Chambérat 03 ... 151 E1
Chamberaud 23 ... 150 C4
Chamberet 19 ... 165 E3
Chambéria 39 ... 141 E4
Chambéry 73 ... 173 E3
Chambeugle 89 ... 101 E2
Chambezon 43 ... 184 B1
Chambilly 71 ... 154 A2
Chamblac 27 ... 54 B1
Chamblanc 21 ... 123 F4
Chamblay 39 ... 124 C4
Chambles 42 ... 170 B4
Chamblet 03 ... 152 A2
Chambley-Bussières 54 ... 39 E4
Chambly 60 ... 33 E3
Chambœuf 21 ... 123 E2
Chambœuf 42 ... 170 C3
Chambois 61 ... 53 E2
Chambolle-Musigny 21 ... 123 E3
Chambon 17 ... 145 F3
Chambon 18 ... 135 F2
Chambon 30 ... 218 A1
Chambon 37 ... 133 D2
Le Chambon 07 ... 203 D1
Chambon (Barrage du) 38 ... 190 A3
Le Chambon-
Feugerolles 42 ... 186 B1
Chambon-la-Forêt 45 ... 80 A4
Chambon (Lac) 63 ... 167 F4
Chambon (Lac de) 36 ... 149 F1
Chambon-le-Château 48 ... 201 F1
Chambon-Ste-Croix 23 ... 150 A2
Chambon-sur-Cisse 41 ... 98 A4
Chambon-sur-Dolore 63 ... 169 D4
Chambon-sur-Lac 63 ... 167 F4
Le Chambon-sur-
Lignon 43 ... 186 B3
Chambon-sur-Voueize 23 ... 151 E3
Chambonas 07 ... 202 C4
Chambonchard 23 ... 151 E3
La Chambonie 42 ... 169 E2
Chamborand 23 ... 149 F3
Chambord 27 ... 54 B2
Chambord 41 ... 98 C4
Chamboret 87 ... 149 D4
Chamborigaud 30 ... 218 A1
Chambornay-lès-Bellevaux
70 ... 125 E1
Chambornay-lès-Pin 70 ... 125 D2
Chambors 60 ... 32 C3
Chambost-Allières 69 ... 155 D4
Chambost-
Longessaigne 69 ... 170 C2
La Chambotte 73 ... 173 E2
Chamboulive 19 ... 181 E1
Chambourcy 78 ... 57 D2
Chambourg-sur-Indre 37 ... 116 B3
Chambray 27 ... 32 A4
Chambray-lès-Tours 37 ... 116 A2
La Chambre 73 ... 190 B1
Chambrecy 51 ... 36 A3
Les Chambres 50 ... 50 C2
Chambretaud 85 ... 130 A1
Chambrey 57 ... 65 D3
Chambroncourt 52 ... 85 E2
Chambroutet 79 ... 130 C1
Chambry 02 ... 19 F4
Chambry 77 ... 58 C1
Chaméane 63 ... 168 C4
Chamelet 69 ... 155 D4
Chamery 51 ... 36 B3
Chamesey 25 ... 126 B2
Chamesol 25 ... 126 C1
Chamesson 21 ... 103 F2
Chameyrat 19 ... 181 E2
Chamigny 77 ... 59 D1
Chamilly 71 ... 139 F1
Chammes 53 ... 75 E4
Chamole 39 ... 141 E1
Chamonix-Mont-Blanc 74 ... 159 E4
Chamouillac 17 ... 177 E1
Chamouille 02 ... 35 F1
Chamouilley 52 ... 62 B4
Chamousset 73 ... 174 A3
Chamoux 89 ... 121 D1
Chamoux-sur-Gelon 73 ... 174 A3
Chamoy 10 ... 82 C4
Champ-de-Bataille 27 ... 31 E3
Le Champ-de-la-Pierre 61 ... 52 C4
Champ-d'Oiseau 21 ... 103 E4
Champ-Dolent 27 ... 55 D1
Champ-du-Boult 14 ... 51 E2
Champ du Feu 67 ... 88 C1
Champ-Haut 61 ... 53 F3
Champ-Laurent 73 ... 174 B3
Champ-le-Duc 88 ... 87 F3
Le Champ-près-Froges 38 ... 189 F1
Le Champ-St-Père 85 ... 129 E4
Champ-sur-Barse 10 ... 83 F3
Champ-sur-Drac 38 ... 189 E3
Le Champ-sur-Layon 49 ... 113 F2
Champagnac 15 ... 182 C1
Champagnac 17 ... 161 E4
Champagnac-de-Belair 24 ... 179 E1
Champagnac-la-Noaille 19 ... 182 A3
Champagnac-la-Prune 19 ... 182 A3
Champagnac-la-Rivière 87 ... 164 A2
Champagnac-le-Vieux 43 ... 185 D1
Champagnat 23 ... 151 D4
Champagnat 71 ... 141 D4
Champagnat-le-Jeune 63 ... 168 C4
Champagne 07 ... 187 E2
Champagne 17 ... 160 C1
Champagne 28 ... 56 A3
Champagné 72 ... 76 C4
Champagne-au-
Mont-d'Or 69 ... 171 E2
Champagne-en-
Valromey 01 ... 173 D1
Champagne-et-
Fontaine 24 ... 179 D1
Champagné-le-Sec 86 ... 147 E3
Champagné-les-Marais 85 ... 145 D1
Champagne-Mouton 16 ... 147 F4
Champagné-St-Hilaire 86 ... 147 F2
Champagne-sur-Loue 39 ... 125 D4
Champagne-sur-Oise 95 ... 33 E4
Champagne-sur-Seine 77 ... 80 C2
Champagne-sur-
Vingeanne 21 ... 124 B1
Champagne-Vigny 16 ... 162 B4
Champagneux 73 ... 173 D3
Champagney 25 ... 125 D2
Champagney 39 ... 124 B2
Champagney 70 ... 107 E2
Champagnier 38 ... 189 E3
Champagnole 39 ... 141 F2
Champagnolles 17 ... 161 D4
Champagny 21 ... 123 D1
Champagny-en-
Vanoise 73 ... 175 D4
Champagny-sous-
Uxelles 71 ... 139 F3
Champallement 58 ... 121 D3
Champanges 74 ... 158 C1
Champaubert 51 ... 60 A2
Champcella 05 ... 207 D2
Champcenest 77 ... 59 E3
Champcerie 61 ... 52 C2
Champcervon 50 ... 50 C2
Champcevinel 24 ... 179 F2
Champcevrais 89 ... 101 D3
Champcey 50 ... 50 C3
Champclause 43 ... 186 B4
Champcourt 52 ... 84 C2
Champcueil 91 ... 80 B1
Champdeniers 79 ... 131 D4
Champdeuil 77 ... 58 B4
Champdieu 42 ... 170 A3
Champdivers 39 ... 124 B4
Champdolent 17 ... 160 C1
Champdor 01 ... 157 D4
Champdôtre 21 ... 124 A3
Champdray 88 ... 88 A3
Champeau-en-Morvan 21 ... 122 A2
Champeaux 35 ... 73 F3
Champeaux 50 ... 50 B2
Champeaux 77 ... 58 B4
Champeaux 79 ... 131 D4
Les Champeaux 61 ... 53 E2
Champeaux-et-la-Chapelle-
Pommier 24 ... 163 E4
Champeaux-sur-Sarthe 61 ... 54 A4
Champeix 63 ... 168 B3
Champenard 27 ... 32 A4
La Champenoise 36 ... 134 C1
Champenoux 54 ... 64 C2
Champéon 53 ... 75 D2
Champétières 63 ... 169 E4
Champey 70 ... 107 E3
Champey-sur-Moselle 54 ... 64 B1
Champfleur 72 ... 76 B2
Champfleury 10 ... 60 B4
Champfleury 51 ... 36 B3
Champforgeuil 71 ... 140 A2
Champfrémont 53 ... 75 F1
Champfromier 01 ... 157 E2
Champgenéteux 53 ... 75 E2
Champguyon 51 ... 59 F3
Champhol 28 ... 78 C1
Champien 80 ... 18 B3
Champier 38 ... 172 B4
Champigné 49 ... 95 D3
Champignelles 89 ... 101 E2
Champigneul-
Champagne 51 ... 60 C1
Champigneul-sur-Vence 08 ... 21 E3
Champigneulle 08 ... 38 A2
Champigneulles 54 ... 64 B3
Champigneulles-en-Bassigny
52 ... 86 A3
Champignol-lez-Mondeville
10 ... 84 B3
Champignolles 21 ... 122 C4
Champignolles 27 ... 54 C1
Champigny 51 ... 36 B2
Champigny 89 ... 81 E2
Champigny-en-Beauce 41 ... 98 B3
Champigny-la-Futelaye 27 ... 55 F2
Champigny-le-Sec 86 ... 131 F3
Champigny-lès-Langres 52 ... 105 D1
Champigny-sous-
Varennes 52 ... 105 F1
Champigny-sur-Aube 10 ... 60 C4
Champigny-sur-Marne 94 ... 58 A2
Champigny-sur-Veude 37 ... 115 D4
Champillet 36 ... 135 E4
Champillon 51 ... 36 B4
Champis 07 ... 187 E4
Champlan 91 ... 57 E3
Champlat-et-Boujacourt 51 ... 36 A4
Champlay 89 ... 102 A1
Champlecy 71 ... 139 D4
Champlemy 58 ... 120 C2
Champlin 08 ... 20 C2
Champlin 58 ... 120 C3
Champlitte 70 ... 105 E3
Champlitte-la-Ville 70 ... 105 E3
Champlive 25 ... 125 F2
Champlon 55 ... 39 D4
Champlost 89 ... 82 B4
Champmillon 16 ... 162 B3
Champmotteux 91 ... 80 A2
Champnétery 87 ... 165 E2
Champneuville 55 ... 38 C3
Champniers 16 ... 162 C2
Champniers 86 ... 147 F2
Champniers-et-Reilhac 24 ... 163 F3
Champoléon 05 ... 206 B2
Champoly 42 ... 169 E1
Champosoult 61 ... 53 E2
Champougny 55 ... 63 E4
Champoulet 45 ... 101 D3
Champoux 25 ... 125 E1
Champrenault 21 ... 123 D1
Champrepus 50 ... 50 C2
Champrond 72 ... 77 E4
Champrond-en-Gâtine 28 ... 77 F2
Champrond-en-Perchet 28 ... 77 E2
Champrougier 39 ... 141 D1
Champs 02 ... 35 D1
Champs 61 ... 54 B4
Champs 63 ... 152 C4
Champs (Col des) 04,06 ... 223 D2
Les Champs-de-Losque 50 ... 27 D3
Les Champs-Géraux 22 ... 72 C1
Champs-Romain 24 ... 163 F4
Champs-sur-Marne 77 ... 58 A2
Champs-sur-Tarentaine 15 ... 183 D1
Champs-sur-Yonne 89 ... 102 B3
Champsac 87 ... 164 A2
Champsanglard 23 ... 150 B2
Champsecret 61 ... 52 B4
Champseru 28 ... 78 C1
Champtercier 04 ... 222 A2
Champteussé-sur-
Baconne 49 ... 95 D3
Champtocé-sur-Loire 49 ... 113 D1
Champtoceaux 49 ... 112 B2
Champtonnay 70 ... 124 C1
Champvallon 89 ... 101 F1
Champvans 39 ... 124 B3
Champvans 70 ... 124 B1
Champvans-les-
Moulins 25 ... 125 D2
Champvert 58 ... 137 F2
Champvoisy 51 ... 35 F4
Champvoux 58 ... 120 B3
Chamrousse 38 ... 189 E3
Chamvres 89 ... 101 F1
Chanac 48 ... 201 D4
Chanac-les-Mines 19 ... 181 F2
Chanaleilles 43 ... 201 E1
Chanas 38 ... 187 E1
Chanat-la-Mouteyre 63 ... 168 A2
Chanay 01 ... 157 E4
Chanaz 73 ... 173 E1
Chancay 37 ... 116 B1
Chancé 35 ... 73 E4
Chanceaux 21 ... 104 B4
Chanceaux-près-
Loches 37 ... 116 B3
Chanceaux-sur-
Choisille 37 ... 116 A1
Chancelade 24 ... 179 E2
Chancenay 52 ... 62 B3
Chancey 70 ... 124 C2
Chancia 39 ... 157 D1
Chandai 61 ... 54 C3
Chandelais (Forêt de) 49 ... 96 A4
Chandolas 07 ... 202 C4
Chandon 42 ... 154 C3
Chanéac 07 ... 186 C4
Chaneins 01 ... 155 F3
Chânes 71 ... 155 E2
Changé 53 ... 74 C4
Change 71 ... 139 F1
Changé 72 ... 96 C1
Le Change 24 ... 180 A2
Changey 52 ... 105 E1
Changis-sur-Marne 77 ... 58 C1
Changy 42 ... 154 A3
Changy 51 ... 61 F2
Changy 71 ... 154 C1
Chaniat 43 ... 185 D2
Chaniers 17 ... 161 E2
Channay 21 ... 103 D2
Channay-sur-Lathan 37 ... 115 D1
Channes 10 ... 103 E1
Chanonat 63 ... 168 B3
Chanos-Curson 26 ... 187 F3
Chanousse 05 ... 221 D1
Chanoy 52 ... 105 D1
Chanoz-Châtenay 01 ... 156 A3
Chanteau 45 ... 99 E1
Chantecoq 45 ... 81 D4
Chantecorps 79 ... 131 E4
Chanteheux 54 ... 65 D3
Chanteix 19 ... 181 E2
Chantelle 03 ... 152 C2
Chanteloup 27 ... 55 D2
Chanteloup 35 ... 73 D4
Chanteloup 50 ... 50 C1
Chanteloup 79 ... 130 C2
Chanteloup-en-Brie 77 ... 58 B2
Chanteloup-les-Bois 49 ... 113 E3
Chanteloup-les-Vignes 78 ... 57 D1
Chanteloup
(Pagode de) 37 ... 116 B1
Chantelouve 38 ... 189 F4
Chantemerle 51 ... 60 A4
Chantemerle-les-Blés 26 ... 187 F3
Chantemerle-lès-
Grignan 26 ... 203 F4
Chantemerle-sur-
la-Soie 17 ... 146 A4
Chantenay-St-Imbert 58 ... 137 D3
Chantenay-Villedieu 72 ... 96 A1
Chantepie 35 ... 73 D3
Chantérac 24 ... 179 D3
Chanterelle 15 ... 183 D2
Chanterelle 15 ... 183 E1
Chantes 70 ... 106 B3
Chantesse 38 ... 188 C2
Chanteuges 43 ... 185 D3
Chantillac 16 ... 177 F1
Chantilly 60 ... 34 A3
Chantôme 36 ... 149 F1
Chantonnay 85 ... 129 F3
Chantraine 88 ... 87 E3
Chantraines 52 ... 85 E3
Chantrans 25 ... 125 E4
Chantrigné 53 ... 75 D1
Chanu 61 ... 52 A3
Chanville 57 ... 40 C4
Chanzeaux 49 ... 113 E2
Chaon 41 ... 99 F4
Chaouilley 54 ... 86 C1
Chaource 10 ... 83 D4
Chaourse 02 ... 20 B3
Chapaize 71 ... 139 F4
Chapareillan 38 ... 173 F4
Chapdes-Beaufort 63 ... 167 F1
Chapdeuil 24 ... 179 D1
Chapeau 03 ... 137 F4
Chapeauroux 48 ... 202 A1
Chapelaine 51 ... 61 E4
La Chapelaude 03 ... 151 E1
La Chapelle 03 ... 153 E3
La Chapelle 08 ... 22 A3
La Chapelle 16 ... 162 B1
La Chapelle 56 ... 92 A1
La Chapelle 73 ... 174 B4
La Chapelle-Achard 85 ... 128 C3
La Chapelle-Agnon 63 ... 169 D3
La Chapelle-Anthenaise 53 ... 74 C3
La Chapelle-au-Mans 71 ... 138 C3
La Chapelle-au-Moine 61 ... 52 A3
La Chapelle-au-Riboul 53 ... 75 E2
La Chapelle-Aubareil 24 ... 180 B4
La Chapelle-aux-Bois 88 ... 87 D4
La Chapelle-aux-Brocs 19 ... 181 E3
La Chapelle-aux-
Chasses 03 ... 137 F3
La Chapelle-aux-Choux 72 ... 96 B3
La Chapelle-aux-Filtzméens
35 ... 73 D1
La Chapelle-aux-Lys 85 ... 130 B3
La Chapelle-aux-Naux 37 ... 115 E2
La Chapelle-aux-Saints 19 ... 181 E4
La Chapelle-Baloue 23 ... 149 F2
La Chapelle-Basse-Mer 44 ... 112 B2
La Chapelle-Bâton 17 ... 146 B4
La Chapelle-Bâton 79 ... 131 D4
La Chapelle-Bâton 86 ... 147 F3
La Chapelle-Bayvel 27 ... 30 B3
La Chapelle-Bertin 43 ... 185 D2
La Chapelle-Bertrand 79 ... 131 E3
La Chapelle-Biche 61 ... 52 A3
La Chapelle-Blanche 22 ... 72 B2
La Chapelle-Blanche 73 ... 173 F4
La Chapelle Blanche-
St-Martin 37 ... 116 B4
La Chapelle-Bouëxic 35 ... 92 C1
La Chapelle-Cécelin 50 ... 51 D2
La Chapelle-Chaussée 35 ... 72 C2
La Chapelle-Craonnaise 53 ... 94 C1
La Chapelle-
d'Abondance 74 ... 159 D1
La Chapelle-d'Alagnon 15 ... 183 F3
La Chapelle-d'Aligné 72 ... 95 F2
La Chapelle-d'Andaine 61 ... 52 B4
La Chapelle-d'Angillon 18 ... 119 D2
La Chapelle-
d'Armentières 59 ... 5 D4
La Chapelle-d'Aunainville
28 ... 79 D1
La Chapelle-d'Aurec 43 ... 186 B1
La Chapelle-de-Bragny 71 ... 140 A3
La Chapelle-de-Brain 35 ... 92 C2
La Chapelle-de-
Guinchay 71 ... 155 E2
La Chapelle-de-la-Tour 38 ... 172 C3
La Chapelle-de-
Mardore 69 ... 154 C4
La Chapelle-de-Surieu 38 ... 187 E1
Chapelle-des-Bois 25 ... 142 B3
La Chapelle-des-Fougeretz
35 ... 73 D3
La Chapelle-des-Marais 44 ... 92 B4
La Chapelle-des-Pots 17 ... 161 E2
La Chapelle-devant-
Bruyères 88 ... 88 A3
Chapelle-d'Huin 25 ... 142 B1
La Chapelle-du-Bard 38 ... 174 A4
La Chapelle-du-Bois 72 ... 77 D3
La Chapelle-du-Bois-
des-Faulx 27 ... 31 F4
La Chapelle-du-Bourgay 76 ... 15 F2
La Chapelle-du-Châtelard
01 ... 156 A3
La Chapelle-du-Fest 50 ... 28 A4
La Chapelle-du-Genêt 49 ... 113 D3
La Chapelle-du-Lou 35 ... 72 C2
La Chapelle-du-Mont-
de-France 71 ... 155 D1
La Chapelle-du-Mont-
du-Chat 73 ... 173 E2
La Chapelle-du-Noyer 28 ... 78 B4
La Chapelle-en-Juger 50 ... 27 E3
La Chapelle-en-Lafaye 42 ... 170 A4
La Chapelle-en-Serval 60 ... 34 A4
La Chapelle-en-Valgaudémar
05 ... 206 B1
La Chapelle-en-Vercors 26 ... 188 C4
La Chapelle-en-Vexin 95 ... 32 C3
La Chapelle-Enchérie 41 ... 98 B2
La Chapelle-Engerbold 14 ... 52 A1
La Chapelle-Erbrée 35 ... 74 B3
La Chapelle-Faucher 24 ... 179 F1
La Chapelle-Felcourt 51 ... 37 F4
La Chapelle-Forainvilliers
28 ... 56 A3
La Chapelle-Fortin 28 ... 54 C4
La Chapelle-Gaceline 56 ... 92 C2
La Chapelle-Gaudin 79 ... 131 D1
La Chapelle-Gaugain 72 ... 97 E2
La Chapelle-Gauthier 27 ... 54 B1
La Chapelle-Gauthier 77 ... 58 C4
La Chapelle-Geneste 43 ... 185 E1
La Chapelle-Glain 44 ... 94 A3
La Chapelle-Gonaguet 24 ... 179 E2
La Chapelle-Grésignac 24 ... 179 D1
Chapelle-Guillaume 28 ... 77 E4
La Chapelle-Hareng 27 ... 30 B4
La Chapelle-Haute-Grue 14 ... 53 E1
La Chapelle-Hermier 85 ... 128 C2
La Chapelle-Heulin 44 ... 112 B3
La Chapelle-Hugon 18 ... 136 C1
La Chapelle-Hullin 49 ... 94 B2
La Chapelle-Huon 72 ... 97 E2
La Chapelle-Iger 77 ... 58 C3
La Chapelle-Janson 35 ... 74 A2
La Chapelle-la-Reine 77 ... 80 B2
La Chapelle-Largeau 79 ... 130 B1
La Chapelle-Lasson 51 ... 60 B4
La Chapelle-Launay 44 ... 111 D1
La Chapelle-Laurent 15 ... 184 B3
La Chapelle-lès-Luxeuil 70 ... 107 D2
La Chapelle-Marcousse 63 ... 184 B1
La Chapelle-Montabourlet
24 ... 179 D1
La Chapelle-Montbrandeix
87 ... 164 A3
La Chapelle-Monthodon 02 ... 59 F1
La Chapelle-Montligeon 61 ... 77 D1
La Chapelle-Montlinard 18 ... 120 A3
La Chapelle-
Montmartin 41 ... 117 F2
La Chapelle-
Montmoreau 24 ... 163 E4
La Chapelle-Montreuil 86 ... 131 F4
Chapelle-Morthemer 86 ... 132 C4
La Chapelle-Moulière 86 ... 132 C3
La Chapelle-Moutils 77 ... 59 E3
La Chapelle-Naude 71 ... 140 C3
La Chapelle-Neuve 22 ... 46 C3
La Chapelle-Neuve 56 ... 91 D1
La Chapelle-Onzerain 45 ... 78 C4
La Chapelle-Orthemale 36 ... 134 A2
La Chapelle-Palluau 85 ... 128 C2
La Chapelle-Péchaud 24 ... 197 D2
La Chapelle-Pouilloux 79 ... 147 D3
La Chapelle-près-Sées 61 ... 53 E4
La Chapelle-Rablais 77 ... 81 D1
La Chapelle-Rainsouin 53 ... 75 D4
La Chapelle-Rambaud 74 ... 158 B3
La Chapelle-Réanville 27 ... 32 A4
La Chapelle-Rousselin 49 ... 113 E2
Chapelle-Royale 28 ... 77 F3
La Chapelle-St-André 58 ... 120 C1
La Chapelle-St-Aubert 35 ... 73 F2
La Chapelle-St-Aubin 72 ... 76 B4
La Chapelle-St-Étienne 79 ... 130 C3
La Chapelle-St-Florent 49 ... 112 C2
La Chapelle-St-Fray 72 ... 76 A4
La Chapelle-St-Géraud 19 ... 182 A4
La Chapelle-St-Jean 24 ... 180 B2
La Chapelle-St-Laud 49 ... 95 F3
La Chapelle-St-Laurent 79 ... 130 C2
La Chapelle-St-Laurian 36 ... 117 F4
La Chapelle-St-Luc 10 ... 83 D2
La Chapelle-St-Martial 23 ... 150 B4
La Chapelle-St-Martin 73 ... 173 D3
La Chapelle-St-Martin-
en-Plaine 41 ... 98 B3
La Chapelle-St-Maurice 74 ... 174 A1
La Chapelle-St-Mesmin 45 ... 99 D2
La Chapelle-St-Ouen 76 ... 32 B1
La Chapelle-St-Quillain 70 ... 106 A4
La Chapelle-St-Rémy 72 ... 76 C4
La Chapelle-St-Sauveur 44 ... 113 D1
La Chapelle-St-Sauveur 71 ... 140 C2
La Chapelle-St-Sépulcre 45 ... 101 D1
La Chapelle-St-Sulpice 77 ... 59 D4
La Chapelle-St-Ursin 18 ... 118 C4
La Chapelle-Souëf 61 ... 77 D2
La Chapelle-sous-Brancion
71 ... 140 A4
La Chapelle-sous-Dun 71 ... 154 C2
La Chapelle-sous-Orbais 51 ... 60 A2
La Chapelle-sous-
Uchon 71 ... 139 D2
Chapelle-Spinasse 19 ... 182 B1
La Chapelle-sur-
Aveyron 45 ... 101 D2
La Chapelle-sur-Chézy 02 ... 59 E1
La Chapelle-sur-Coise 69 ... 171 D3
La Chapelle-sur-Dun 76 ... 15 D2
La Chapelle-sur-Erdre 44 ... 112 A2
La Chapelle-sur-Furieuse
39 ... 125 D4
La Chapelle-sur-Loire 37 ... 115 D2
La Chapelle-sur-Oreuse 89 ... 81 F2
La Chapelle-sur-Oudon 49 ... 94 C3
La Chapelle-sur-Usson 63 ... 168 C4
La Chapelle-Taillefert 23 ... 150 B3
La Chapelle-Thècle 71 ... 140 B4
La Chapelle-Thémer 85 ... 130 A4
La Chapelle-Thireuil 79 ... 130 C4
La Chapelle-Thouarault 35 ... 72 C3
La Chapelle-Urée 50 ... 51 D3
Chapelle-Vallon 10 ... 83 D1
La Chapelle-Vaupelteigne
89 ... 102 B2
La Chapelle-Vendômoise 41 ... 98 A3
La Chapelle-Véronge 77 ... 59 E3
La Chapelle-
Vicomtesse 41 ... 97 F1
La Chapelle-Viel 61 ... 54 B3
La Chapelle-Villars 42 ... 171 E4
Chapelle-Viviers 86 ... 132 C4
Chapelle-Voland 39 ... 141 D2
La Chapelle-Yvon 14 ... 30 B4
Les Chapelles 53 ... 75 E1
Les Chapelles 73 ... 175 D3
Les Chapelles-Bourbon 77 ... 58 B3
Chapelon 45 ... 80 B4
La Chapelotte 18 ... 119 E2
Chapéry 74 ... 173 F1
Chapet 78 ... 56 C1
Chapieux (Vallée des) 73 ... 175 D2
Chapois 39 ... 142 A1
Chaponnay 69 ... 171 F3
Chaponost 69 ... 171 E2
Chappes 03 ... 152 B1
Chappes 08 ... 20 C4
Chappes 10 ... 83 E3
Chappes 63 ... 168 B1
Chaptelat 87 ... 164 C1
Chaptuzat 63 ... 152 C4
Charancieu 38 ... 173 D4
Charancin 01 ... 157 D4
Charantonnay 38 ... 172 A3
Charavines 38 ... 172 C4
Charbogne 08 ... 37 E1
Charbonnat 71 ... 138 C2
Charbonnier-les-Mines 63 ... 184 C1
Charbonnières 28 ... 77 F3
Charbonnières 71 ... 155 E1
Charbonnières-les-
Bains 69 ... 171 E2
Charbonnières-les-Sapins
25 ... 125 F3
Charbonnières-les-Varennes
63 ... 168 A1
Charbonnières-les-Vieilles
63 ... 152 B4
Charbuy 89 ... 102 A2
La Charce 26 ... 205 D4
Charcé-St-Ellier-sur-
Aubance 49 ... 114 A2
Charcenne 70 ... 124 C1
Charchigné 53 ... 75 E1
Charchilla 39 ... 141 E4
Charcier 39 ... 141 F3
Chard 23 ... 167 D1
Chardeny 08 ... 37 E2
Chardes 17 ... 177 E2
Chardogne 55 ... 62 B2
Chardonnay 71 ... 140 A4
Chareil-Cintrat 03 ... 152 C2
Charencey 21 ... 123 D1
Charency 39 ... 142 A2
Charency-Vezin 54 ... 39 D1
Charens 26 ... 205 D3
Charensat 63 ... 151 F4
Charentay 69 ... 155 E4
Charente 16,17 ... 162 B1
Charentenay 70 ... 106 A3
Charentenay 89 ... 102 A3
Charentilly 37 ... 115 F1
Charenton-du-Cher 18 ... 136 B3
Charenton-le-Pont 94 ... 57 F2
Charentonnay 18 ... 119 F3
Charette 38 ... 172 B1
Charette 71 ... 140 C1
Charey 54 ... 39 E4
Charézier 39 ... 141 E3
Chargé 37 ... 116 C1
Chargey-lès-Gray 70 ... 105 F4
Chargey-lès-Port 70 ... 106 B2
Chariez 70 ... 106 B3
Charigny 21 ... 122 B1
La Charité-sur-Loire 58 ... 120 A3
Charix 01 ... 157 D2
Charlas 31 ... 250 B2
Charles de Gaulle (Aéroport)
77,93,95 ... 58 A1
Charleval 13 ... 237 D2
Charleville 51 ... 60 A2
Charleville-Mézières 08 ... 21 E3
Charleville-sous-Bois 57 ... 40 C3
Charlieu 42 ... 154 B3
Charly 02 ... 59 E1
Charly 18 ... 136 B1
Charly 69 ... 171 E3
Charly-Oradour 57 ... 40 B3
Charmant 16 ... 162 C4
Charmant-Som 38 ... 189 E1
Charmauvillers 25 ... 126 C2
Charmé 16 ... 147 E4
La Charme 39 ... 141 E1
Le Charme 45 ... 101 D2
La Charmée 71 ... 140 A2
Charmeil 03 ... 153 D3
Le Charmel 02 ... 35 F4
Charmensac 15 ... 184 B2
Charmentray 77 ... 58 B1
Charmes 02 ... 19 E4
Charmes 03 ... 152 C4
Charmes 21 ... 124 A1
Charmes 52 ... 105 D1
Charmes 88 ... 87 D1
Charmes-en-l'Angle 52 ... 84 C2
Charmes-la-Côte 54 ... 63 F3
Charmes-la-Grande 52 ... 84 C2
Charmes-St-Valbert 70 ... 105 F2
Charmes-sur-l'Herbasse 26 ... 187 F3
Charmes-sur-Rhône 07 ... 203 F1
Charmoille 25 ... 126 B2
Charmoille 70 ... 106 B3
Charmoilles 52 ... 105 E1
Charmois 54 ... 64 C4
Charmois 90 ... 108 A3
Charmois-devant-
Bruyères 88 ... 87 E3
Charmois-l'Orgueilleux 88 ... 87 D3
Charmont 51 ... 62 A2
Charmont 95 ... 32 C4
Charmont-en-Beauce 45 ... 79 F3
Charmont-sous-
Barbuise 10 ... 83 D1

282 Les C – Che

Chartres

Ballay (R. Noel)	Y	5
Bois-Merrain (R. du)	Y	9
Changes (R. des)	Y	16
Cygne (Pl. du)	Y	26
Delacroix (R. Jacques)	Z	27
Guillaume (R. Porte)	Y	41
Marceau (Pl.)	Y	49
Marceau (R.)	Y	50
Soleil d'Or (R. du)	Y	70
Aligre (Av. d')	X	3
Alsace-Lorraine (R. d')	X	4
Beauce (Av. Jehan-de)	Y	7
Bethouart (Av.)	Y	8
Bourg (R. du)	Y	10
Brêche (R. de la)	X	12
Cardinal-Pie (R. du)	Y	14
Casanova (R. Danièle)	Y	15
Châteaudun (R. de)	Z	17
Châtelet (Pl.)	Y	18
Cheval-Blanc (R. du)	Y	19
Clemenceau (R.)	Y	20
Collin-d'Harleville (R.)	Y	21
Couronne (R. de la)	Y	24
Drouaise (R. Porte)	Y	30
Écuyers (R. des)	Y	32
Félibien (R.)	Y	33
Ferrière (R. de)	Y	35
Foulerie (R. de la)	Y	36
Gaulle (Pl. Gén de)	Y	37
Grenets (R. des)	Y	38
Guillaume (R. du Fg)	Y	39
Koenig (R. du Gén.)	Y	44
Massacre (R. du)	Y	51
Morard (Pl.)	Y	52
Moulin (Pl. Jean)	Y	53
Muret (R.)	Y	54
Péri (R. Gabriel)	Z	56
Résistance (Bd de la)	Y	61
St-Maurice (R.)	Y	64
St-Michel (R.)	Z	65
Sémard (Pl. Pierre)	Y	67
Tannerie (R. de la)	Y	71
Violette (Bd Maurice)	Y	73

Chê – Con

D
E
F
G
V
X
PARC DE MONTJUZ
Boulevard
USINES
MICHELIN
Pl. du 1er Mai
Pl. des Bughes
MAISON DES SPORTS
ST ALYRE
Tiretaine
Pl. des Carmes-Déchaux
Claudius
République
CENTRE G. COUTHON
Montlosier
N.-D. DU PORT
Marché St-Pierre
FONTAINE D'AMBOISE
VIEUX CLERMONT
CATHÉDRALE
Mon de Savaron
Pl. Sugny
CITÉ JUDICIAIRE
Fontgiève
St-Pierre-les-Minimes
Place de Jaude
St-Genès les Carmes
Pl. Delille
ST. JOSEPH
CHAPELLE DE LA VISITATION
SQUARE DE LA JEUNE RÉSISTANCE
CENTRE JAUDE
HÔTEL-DIEU
Jardin Lecoq
THÉATRE DE VERDURE
MAISON DES CONGRÈS
Pl. des Salins
Pl. Gambetta
SAINTE JEANNE D'ARC
PIERRE DE COUBERTIN
Viaduc St-Jacques
300 m

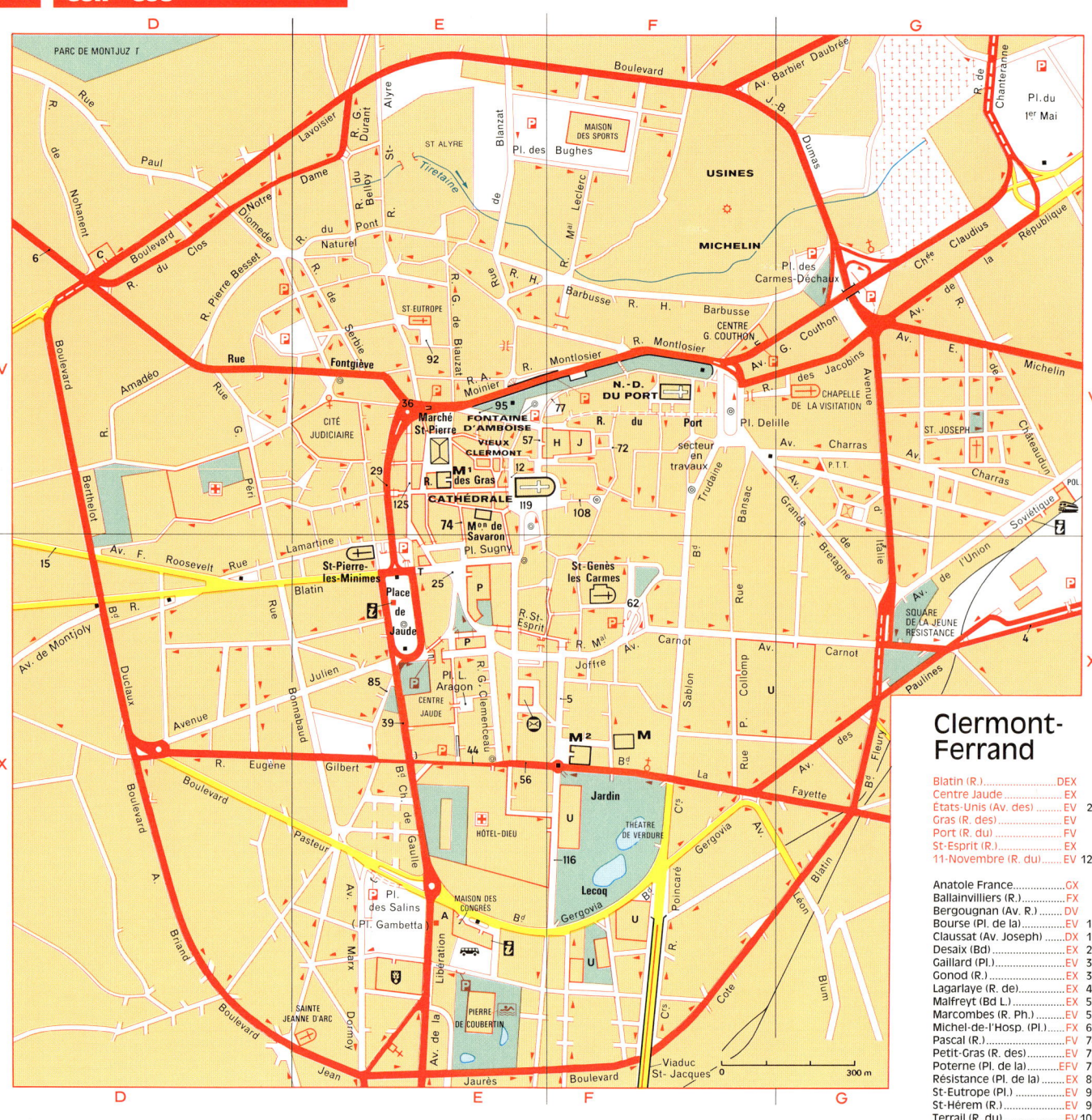

Clermont-Ferrand

Blatin (R.) .... DEX
Centre Jaude .... EX
États-Unis (Av. des) .... EV 29
Gras (R. des) .... EV
Port (R. du) .... FV
St-Esprit (R.) .... EX
11-Novembre (R. du) .... EV 125

Anatole France .... GX 4
Ballainvilliers (R.) .... FX 5
Bergougnan (Av. R.) .... DV 6
Bourse (Pl. de la) .... EV 12
Claussat (Av. Joseph) .... DX 15
Desaix (Bd) .... EX 25
Gaillard (Pl.) .... EV 36
Gonod (R.) .... EX 39
Lagarlaye (R. de) .... EX 44
Malfreyt (Bd L.) .... EX 56
Marcombes (R. Ph.) .... EV 57
Michel-de-l'Hosp. (Pl.) .... FX 62
Pascal (R.) .... FV 74
Petit-Gras (R. des) .... EV 72
Poterne (Pl. de la) .... EFV 77
Résistance (Pl. de la) .... EX 85
St-Eutrope (Pl.) .... EV 92
St-Hérem (R.) .... EV 95
Terrail (R. du) .... FV 108
Vercingétorix (Av.) .... EFX 116
Victoire (Pl. de la) .... EV 119

Condom 32 .... 211 D4
Condom-d'Aubrac 12 .... 200 B3
Condorcet 26 .... 204 B4
Condren 02 .... 19 D4
Condrieu 69 .... 171 E4
Conflandey 70 .... 106 B2
Conflans-en-Jarnisy 54 .... 39 E3
Conflans-Ste-Honorine 78 .... 57 D1
Conflans-sur-Anille 72 .... 97 E1
Conflans-sur-Lanterne 70 .... 106 C2
Conflans-sur-Loing 45 .... 101 D1
Conflans-sur-Seine 51 .... 60 A4
Confolens 16 .... 148 B4
Confolens (Cascade de) 38 .... 189 F4
Confolent-Port-Dieu 19 .... 167 D4
Confort 01 .... 157 E3
Confracourt 70 .... 106 A3
Confrançon 01 .... 156 A2
Congé-sur-Orne 72 .... 76 B3
Congénies 30 .... 235 D1
Congerville-Thionville 91 .... 79 E2
Congis-sur-Thérouanne 77 .... 58 C1
Congrier 53 .... 94 A2
Congy 51 .... 60 A2
Conie-Molitard 28 .... 78 B4
Conilhac-Corbières 11 .... 254 A2
Conilhac-de-la-Montagne 11 .... 253 E4
Conjux 73 .... 173 E2
Conlie 72 .... 76 A3
Conliège 39 .... 141 E3
Connac 12 .... 215 E4
Connangles 43 .... 185 D2
Connantray-Vaurefroy 51 .... 60 C3
Connantre 51 .... 60 B3
Connaux 30 .... 219 D3
Conne-de-Labarde 24 .... 196 A2
Connelles 27 .... 32 A3
Connerré 72 .... 76 C4
Connezac 24 .... 163 D4
Connigis 02 .... 59 F1
Conquereuil 44 .... 93 D3
Conques 12 .... 199 E3
Conques-sur-Orbiel 11 .... 253 E1
Le Conquet 29 .... 44 B3
Conqueyrac 30 .... 217 F4
Cons-la-Grandville 54 .... 39 D1
Cons-Ste-Colombe 74 .... 174 B2
Consac 17 .... 161 D4
Conségudes 06 .... 223 F4
Consenvoye 55 .... 38 B2
Consigny 52 .... 85 E3
Consolation (Cirque de) 25 .... 126 B3
Consolation-Maisonnettes 25 .... 126 B3
Contalmaison 80 .... 18 B1
Contamine-Sarzin 74 .... 157 F4
Contamine-sur-Arve 74 .... 158 B3
Les Contamines-Montjoie 74 .... 175 D1
Contault 51 .... 61 F1
Contay 80 .... 17 F1
Conte 39 .... 142 A2
Contes 06 .... 241 E3
Contes 62 .... 8 C2
Contescourt 02 .... 19 D3
Contest 53 .... 75 D2
Conteville 14 .... 29 E4
Conteville 27 .... 30 B2
Conteville 60 .... 17 D4
Conteville 76 .... 16 B3
Conteville 80 .... 9 D4
Conteville-en-Ternois 62 .... 9 E2
Conteville-lès-Boulogne 62 .... 2 C3
Conthil 57 .... 65 E1
Contigné 49 .... 95 E3
Contigny 03 .... 153 D2
Contilly 72 .... 76 C1
Continvoir 37 .... 115 D1
Contoire 80 .... 18 A3
Contrazy 09 .... 259 E2
Contré 17 .... 146 C4
Contre 80 .... 17 D3
Contréglise 70 .... 106 B2
Contremoulins 76 .... 14 B3
Contres 18 .... 136 A2
Contres 41 .... 117 E1
Contreuve 08 .... 37 E2
Contrevoz 01 .... 173 D1
Contrexéville 88 .... 86 B3
Contrières 50 .... 50 C1
Contrisson 55 .... 62 B2
Conty 80 .... 17 E3
Contz-les-Bains 57 .... 40 B1
Conzieu 01 .... 173 D2
Coole 51 .... 61 D3
Coolus 51 .... 61 D1
La Copechagnière 85 .... 129 E1
Copeyre (Belvédère de) 46 .... 198 A1
Copponex 74 .... 158 A3
Coquainvilliers 14 .... 30 A3
Coquelles 62 .... 2 C2
La Coquille 24 .... 164 A4
Corancez 28 .... 78 C2
Corancy 58 .... 121 F4
Coray 29 .... 69 E2
Corbara 2B 264 C3
Corbarieu 82 .... 213 D4
Corbas 69 .... 171 F3
Corbehem 62 .... 10 B2
Corbeil 51 .... 61 E4
Corbeil-Cerf 60 .... 33 E3
Corbeil-Essonnes 91 .... 58 A4
Corbeilles 45 .... 80 B4
Corbel 73 .... 173 E4
Corbelin 38 .... 172 C3
Corbenay 70 .... 106 C1
Corbeny 02 .... 36 A1
Corbère 66 .... 262 B2
Corbère-Abères 64 .... 227 D4
Corbère-les-Cabanes 66 .... 262 B2
Corberon 21 .... 123 E4
Corbès 30 .... 217 F3
Corbie 80 .... 17 F2
La Corbière 70 .... 107 D2
Corbières 04 .... 237 F1
Corbières 11 .... 252 C3
Corbigny 58 .... 121 E2
Corbon 14 .... 29 F4
Corbon 61 .... 77 D1
Corbonod 01 .... 157 E4
Corbreuse 91 .... 79 E1
Corcelle-Mieslot 25 .... 125 E1
Corcelles 01 .... 157 D4
Corcelles 70 .... 107 E4
Corcelles-en-Beaujolais 69 .... 155 E3
Corcelles-Ferrières 25 .... 125 D2
Corcelles-les-Arts 21 .... 140 A1
Corcelles-lès-Cîteaux 21 .... 123 F3
Corcelles-les-Monts 21 .... 123 E2
Corcieux 88 .... 88 B3
Corcondray 25 .... 125 D2
Corconne 30 .... 234 B1
Corcoué-sur-Logne 44 .... 111 F4
Corcy 02 .... 35 D3
Cordéac 38 .... 205 F1
Cordebugle 14 .... 30 B4
Cordelle 42 .... 170 A1
Cordemais 44 .... 111 E2
Cordès 63 .... 167 F3
Cordes 81 .... 214 A3
Cordes-Tolosannes 82 .... 212 C4
Cordesse 71 .... 122 B4
Cordey 14 .... 52 C2
Cordieux 01 .... 172 A1
Cordiron 25 .... 125 D2
Cordon 74 .... 159 D4
Cordonnet 70 .... 125 D1
Cordouan (Phare de) 33 .... 160 A3
Coren 15 .... 184 B3
Corenc 38 .... 189 E2
Corent 63 .... 168 B3
Corfélix 51 .... 60 A2
Corgengoux 21 .... 123 E4
Corgirnon 52 .... 105 E2
Corgnac-sur-l'Isle 24 .... 180 A1
Corgoloin 21 .... 123 E4
Corignac 17 .... 177 E2
Corlay 22 .... 70 C1
Corlée 52 .... 105 D2
Corlier 01 .... 156 C4
Cormainville 28 .... 78 C4
Cormaranche-en-Bugey 01 .... 157 D4
Cormatin 71 .... 139 F4
Corme-Écluse 17 .... 160 C3
Corme-Royal 17 .... 160 C2
Cormeilles 27 .... 30 B3
Cormeilles 60 .... 17 E4
Cormeilles-en-Parisis 95 .... 57 E1
Cormeilles-en-Vexin 95 .... 33 D4
Cormelles-le-Royal 14 .... 29 D3
Le Cormenier 79 .... 146 B3
Cormenon 41 .... 97 F1
Cormeray 41 .... 117 D1
Cormeray 50 .... 50 C4
Cormery 37 .... 116 B2
Cormes 72 .... 77 D3
Cormet de Roselend 73 .... 175 D2
Cormicy 51 .... 36 A2
Le Cormier 27 .... 55 F1
Cormolain 14 .... 28 B3
Cormont 62 .... 8 B1
Cormontreuil 51 .... 36 B3
Cormoranche-sur-Saône 01 .... 155 F2
Cormost 10 .... 83 D3
Cormot-le-Grand 21 .... 139 F1
Cormoyeux 51 .... 36 B4
Cormoz 01 .... 140 C4
Corn 46 .... 198 C3
Cornac 46 .... 198 C1
Cornant 89 .... 81 E4
Cornas 07 .... 187 E4
Cornay 08 .... 38 A2
Corné 49 .... 114 A1
Cornebarrieu 31 .... 229 F2
Corneilhan 34 .... 233 D4
Corneilla-de-Conflent 66 .... 261 F3
Corneilla-del-Vercol 66 .... 262 C2
Corneilla-la-Rivière 66 .... 262 B2
Corneillan 32 .... 227 D2
Corneuil 27 .... 55 E2
Corneville-la-Fouquetière 27 .... 31 D4
Corneville-sur-Risle 27 .... 30 C
Corniche Angevine 49 .... 113 E
Corniche Bretonne 22 .... 46 C
Corniche de l'Armorique 22 .... 46 B
Corniche du Pail 53 .... 75 F
Corniche Sublime 83 .... 239 D
Cornier 74 .... 158 B
Corniéville 55 .... 63 E
Cornil 19 .... 181 E
Cornillac 26 .... 204 C
Cornille 24 .... 179 F
Cornillé 35 .... 73 F
Cornillé-les-Caves 49 .... 95 F
Cornillon 30 .... 218 C
Cornillon 42 .... 186 B
Cornillon-Confoux 13 .... 236 C
Cornillon-en-Trièves 38 .... 205 E
Cornillon-sur-l'Oule 26 .... 204 C
Cornimont 88 .... 88 B
Cornod 39 .... 157 D
Cornot 70 .... 106 A
La Cornuaille 49 .... 94 B
Cornus 12 .... 216 B
Cornusse 18 .... 136 B
Corny 27 .... 32 B
Corny-Machéroménil 08 .... 21 D
Corny-sur-Moselle 57 .... 40 A
Coron 49 .... 113 E
Corong (Gorges du) 22 .... 70 B
Corpe 85 .... 129 F
Corpeau 21 .... 139 F
Corpoyer-la-Chapelle 21 .... 104 A
Corps 38 .... 205 F
Corps-Nuds 35 .... 73 D
Corquilleroy 45 .... 80 C
Corquoy 18 .... 135 F
Corrano 2A .... 267 D
Corravillers 70 .... 107 E
Corre 70 .... 106 B
Corrençon-en-Vercors 38 .... 188 C
Correns 83 .... 238 B
Corrèze 19 .... 181 E
Corrèze 19 .... 181 F
Corribert 51 .... 60 A
Corrobert 51 .... 59 F
Corrombles 21 .... 103 E
Corronsac 31 .... 230 A
Corroy 51 .... 60 B
Corsaint 21 .... 103 E
Corsavy 66 .... 262 A
Corscia 2B .... 266 C
Corse (Cap) 2B .... 264 C
Corse (Parc Régional) 2A,2B .... 264 B
Corsept 44 .... 111 D
Corseul 22 .... 49 D
Cortambert 71 .... 139 F
Corte 2B .... 267 D
Cortevaix 71 .... 139 F
Cortone (Col de) 2A .... 268 B
Cortrat 45 .... 100 C
Les Corvées-les-Yys 28 .... 78 A
Corveissiat 01 .... 156 C
Corvol-d'Embernard 58 .... 120 C
Corvol-l'Orgueilleux 58 .... 120 C
Corzé 49 .... 95 E
Cos 09 .... 252 A
Coscione (Plateau de) 2A .... 269 D
Cosges 39 .... 141 D
Coslédaà-Lube-Boast 64 .... 226 C
Cosmes 53 .... 94 C
Cosnac 19 .... 181 E
Cosne-d'Allier 03 .... 152 A
Cosne-sur-Loire 58 .... 120 A
Cosnes-et-Romain 54 .... 23 D
Cosqueville 50 .... 25 D
Cossaye 58 .... 137 F
Cossé-d'Anjou 49 .... 113 E
Cossé-en-Champagne 53 .... 95 F
Cossé-le-Vivien 53 .... 94 C
Cossesseville 14 .... 52 B
Cosson 41,45 .... 99 D
Cosswiller 67 .... 66 C
Costa 2B .... 264 C
Costaros 43 .... 202 A
Les Costes 05 .... 206 A
Les Costes-Gozon 12 .... 215 F
La Côte 70 .... 107 E
La Côte 2000 38 .... 189 D
La Côte-d'Aime 73 .... 175 D
La Côte-d'Arbroz 74 .... 159 D
Côte de Jade 44 .... 110 C
La Côte-en-Couzan 42 .... 169 E
La Côte-St-André 38 .... 188 B
Côte Sauvage 56 .... 90 C
Côte Vermeille 66 .... 263 D
Le Coteau 42 .... 154 B
Côtebrune 25 .... 125 F
Les Côtes-d'Arey 38 .... 171 E
Les Côtes-de-Corps 38 .... 205 F
Coti-Chiavari 2A .... 268 B
Cotignac 83 .... 238 C
Cottance 42 .... 170 B
Cottenchy 80 .... 17 F
Cottévrard 76 .... 15 F
Cottier 25 .... 124 C
Cottun 14 .... 28 B
Cou (Col de) 74 .... 158 C
La Couarde 79 .... 146 C
La Couarde-sur-Mer 17 .... 144 C
Couargues 18 .... 120 A
Coubert 77 .... 58 B
Coubeyrac 33 .... 195 D
Coubisou 12 .... 200 A
Coubjours 24 .... 180 C
Coublanc 52 .... 105 E
Coublanc 71 .... 154 C
Coublevie 38 .... 189 D
Coublucq 64 .... 226 C
Coubon 43 .... 185 F
Coubre (Forêt de la) 17 .... 160 A
La Coubre (Phare de) 17 .... 160 A
Coubron 93 .... 58 A
Couches 71 .... 139 E
Couchey 21 .... 123 E
La Coucourde 26 .... 203 F
Coucouron 07 .... 202 B

oucy 08 37 D1
oucy-la-Ville 02 35 E1
oucy-le-Château Auffrique 02 35 E1
oucy-lès-Eppes 02 20 A4
ouddes 41 117 D2
oudehard 61 53 E2
oudekerque 59 4 A1
oudekerque-Branche 59 4 A1
oudes 63 168 B3
oudeville 50 50 B1
oudons 11 253 D4
oudoux 13 237 D3
oudray 27 32 B2
oudray 45 80 A3
oudray 53 95 D2
e Coudray 28 78 C1
e Coudray-au-Perche 28 77 E3
e Coudray-Macouard 49 114 B3
e Coudray-Montceaux 91 58 A4
oudray-Rabut 14 30 A2
e Coudray-St-Germer 60 32 C2
oudray-Salbart (Château) 79 146 B1
e Coudray-sur-Thelle 60 33 E3
a Coudre 79 130 C1
oudreceau 28 77 F2
oudrecieux 72 97 D1
oudres 27 55 E2
oudroy 45 100 B2
oudun 60 34 B1
oudures 40 226 B2
oueilles 31 250 C1
ouëron 44 111 E2
ouesmes 37 96 C4
ouesmes-en-Froulay 53 74 C1
ouesnon 35 73 E2
ouesque (Barrage de) 12 199 F2
ouffé 44 112 B1
ouffi 41 117 E2
ouffoulens 11 253 E2
ouffy-sur-Sarsonne 19 166 C3
ouflens 09 259 E4
oufouleux 81 230 B1
ougnac (Grottes de) 46 197 F2
ouilly-Pont-aux-Dames 77 58 C2
ouhé 86 147 E2
ouin 62 9 F4
ouiza 11 253 E4
ouladère 31 251 D2
oulaines 72 76 B4
oulandon 03 137 E4
oulangeron 89 102 A3
oulanges 03 138 B4
oulanges 41 98 A4
oulanges-la-Vineuse 89 102 B3
oulanges-lès-Nevers 58 120 B4
oulanges-sur-Yonne 89 102 A4
oulans-sur-Gée 72 76 A4
oulans-sur-Lizon 25 125 E4
oulaures 24 180 A2
ouledoux 31 258 C3
ouleuvre 03 136 C3
oulevon 70 106 C3
oulgens 16 162 C2
oulimer 61 76 C1
oullemelle 80 17 F4
oullemont 62 9 E3
oullons 45 100 B4
oulmer 61 53 F3
oulmier-le-Sec 21 103 F2
oulmiers 45 99 D1
oulobres 34 233 E4
oulogne 62 3 D2
ouloisy 60 34 C2
oulombiers 72 76 B2
oulombiers 86 132 A4
oulombs 14 28 C3
oulombs 28 56 A3
oulombs-en-Valois 77 35 D4
oulomby 62 3 D4
oulommes 77 58 C2
oulommes-et-Marqueny 08 37 E1
oulommes-la-Montagne 51 36 B3
oulommiers 77 59 D2
oulommiers-la-Tour 41 98 A2
Coulon 79 146 A1
Coulonces 14 51 E2
Coulonces 61 53 D2
La Coulonche 61 52 B3
Coulongé 72 96 B3
Coulonge-sur-Charente 17 161 D1
Coulonges 16 162 B1
Coulonges 17 161 E3
Coulonges 86 149 D1
Coulonges-Cohan 02 35 F3
Coulonges-les-Sablons 61 77 E1
Coulonges-sur-l'Autize 79 130 C4
Coulonges-sur-Sarthe 61 52 A4
Coulonges-Thouarsais 79 131 D1
Coulonvillers 80 8 C4
Couloumé-Mondebat 32 227 E2
Coulounieix-Chamiers 24 179 E3
Coulours 89 82 B3
Couloutre 58 120 B1
Coulouvray-Boisbenâtre 50 51 D2
Coulvain 14 28 B4
Coulx 47 196 A4
Coume 57 41 D3
Counozouls 11 261 E2
Coupelle-Neuve 62 9 D1
Coupelle-Vieille 62 9 D1
Coupesarte 14 30 A4
Coupetz 51 61 D2
Coupéville 51 61 E1
Coupiac 12 215 E4
Coupray 52 104 B1
Coupru 02 59 E1
Couptrain 53 75 E1
Coupvray 77 58 B2
Couquèques 33 176 C1
Cour-Cheverny 41 98 C4
Cour-et-Buis 38 171 F4
Cour-l'Évêque 52 104 C1
La Cour-Marigny 45 100 C2
Cour-St-Maurice 25 126 C2
Cour-sur-Loire 41 98 B3
Courances 91 80 B1
Courant 17 146 A4
Courban 21 104 A1
La Courbe 61 52 C3
Courbehaye 28 78 C3
Courbépine 27 30 C4
Courbes 02 19 E3
Courbesseaux 54 64 C3
Courbette 39 141 E3
Courbeveille 53 74 B4
Courbevoie 92 57 E2
Courbiac 47 212 B1
Courbillac 16 162 A2
Courboin 02 59 E1
Courbons 04 222 A2
Courbouzon 39 141 D3
Courbouzon 41 98 C3
Courboyer 61 77 D2
Courçais 03 151 E1
Courçay 37 116 B2
Courcebœufs 72 76 B3
Courcelette 80 18 B1
Courcelles 17 146 A4
Courcelles 25 125 D3
Courcelles 45 80 A4
Courcelles 54 86 C1
Courcelles 58 120 C1
Courcelles 90 108 B4
Courcelles-au-Bois 80 9 F4
Courcelles-Chaussy 57 40 C3
Courcelles-de-Touraine 37 115 D1
Courcelles-en-Barrois 55 63 D2
Courcelles-en-Bassée 77 81 D2
Courcelles-en-Montagne 52 105 D2
Courcelles-Epayelles 60 18 A4
Courcelles-Frémoy 21 122 A1
Courcelles-la-Forêt 72 96 A2
Courcelles-le-Comte 62 10 A4
Courcelles-lès-Gisors 60 32 C3
Courcelles-lès-Lens 62 10 B2
Courcelles-lès-Montbard 21 103 E4
Courcelles-lès-Montbéliard 25 107 F4
Courcelles-lès-Semur 21 122 B1
Courcelles-Sapicourt 51 36 A3
Courcelles-sous-Châtenois 88 86 B2
Courcelles-sous-Moyencourt 80 17 D3
Courcelles-sous-Thoix 80 17 D3
Courcelles-sur-Aire 55 62 C1
Courcelles-sur-Blaise 52 84 C1
Courcelles-sur-Nied 57 40 B4
Courcelles-sur-Seine 27 32 A3
Courcelles-sur-Vesle 02 35 F2
Courcelles-sur-Viosne 95 33 D4
Courcelles-sur-Voire 10 84 A1
Courcelles-Val-d'Esnoms 52 105 D3
Courcemain 51 60 B4
Courcemont 72 76 C3
Courcerac 17 161 F1
Courcerault 61 77 D1
Courceroy 10 81 F1
Courchamp 77 59 E4
Courchamps 02 35 D4
Courchamps 49 114 B3
Courchapon 25 124 C2
Courchaton 70 107 E4
Courchelettes 59 10 B2
Courchevel (1850) 73 174 C4
Courcité 53 75 F2
Courcival 72 76 C3
Courcôme 16 147 E4
Courçon 17 145 F2
Courcoué 37 115 E4
Courcouronnes 91 57 F4
Courcoury 17 161 D2
Courcuire 70 125 D2
Courcy 14 53 D1
Courcy 50 27 D4
Courcy 51 36 B2
Courcy-aux-Loges 45 79 D4
Courdemanche 27 55 E2
Courdemanche 72 97 D2
Courdemanges 51 61 E3
Courdimanche 95 56 C1
Courdimanche-sur-Essonne 91 80 A2
Couret 31 258 C2
Courgains 72 76 B2
Courgeac 16 178 B1
Courgenard 72 77 E3
Courgenay 89 82 A2
Courgent 78 56 B2
Courgeon 61 77 D1
Courgeoût 61 77 D1
Courgis 89 102 B2
Courgivaux 51 59 F3
Courgoul 63 168 A4
Courgoul (Gorges de) 63 168 A4
Courjeonnet 51 60 A2
Courlac 16 178 B2
Courlandon 51 36 A2
Courlans 39 141 D3
Courlaoux 39 141 D3
Courlay 79 130 C2
Courléon 49 115 D1
Courlon 21 104 C3
Courlon-sur-Yonne 89 81 E2
Courmangoux 01 156 C1
Courmas 51 36 B3
Courmelles 02 35 E2
Courmemin 41 117 F1
Courménil 61 53 E2
Courmes 06 240 B1
Courmont 02 35 F4
Courmont 70 107 E3
Cournanel 11 253 E3
La Courneuve 93 57 E2
Courniou 34 232 B4
Cournols 63 168 A3
Cournon 56 92 C2
Cournon-d'Auvergne 63 168 B2
Cournonsec 34 234 A3
Cournonterral 34 234 A3
La Couronne 16 162 B3
Courouvre 55 62 C1
Courpalay 77 58 C3
Courpiac 33 194 C2
Courpière 63 169 D2
Courpignac 17 177 E1
Courquetaine 77 58 B3
Courrensan 32 227 F1
Courrières 62 10 B2
Courris 81 215 D4
Courry 30 218 B1
Cours 46 198 A4
Cours 47 211 E1
Cours 58 120 A1
Le Cours 56 92 A2
Cours-de-Monségur 33 195 E3
Cours-de-Pile 24 196 A1
Cours-la-Ville 69 154 C3
Cours-les-Bains 33 210 B1
Cours-les-Barres 18 120 A4
Coursac 24 179 E3
Coursan 11 254 C2
Coursan-en-Othe 10 82 C4
Coursegoules 06 240 A1
Courset 62 3 D4
Courseulles sur Mer 14 29 D2
Courson 14 51 D2
Courson-les-Carrières 89 102 A4
Courson-Monteloup 91 57 D4
Court d'Aron 85 129 E4
Courtacon 77 59 E3
Courtagnon 51 36 B4
Courtalain 28 78 A4
Courtanvaux 72 97 E2
Courtaoult 10 82 C4
Courtauly 11 253 D3
Courtavon 68 108 B4
Courtefontaine 25 126 C1
Courtefontaine 39 125 D3
Courteilles 27 55 D3
Courteix 19 166 C3
Courtelevant 90 108 B4
Courtemanche 80 18 A4
Courtemaux 45 81 D4
Courtémont 51 37 F4
Courtemont-Varennes 02 35 F4
Courtempierre 45 80 B4
Courtenay 38 172 B2
Courtenay 45 81 D4
Courtenot 10 83 E3
Courteranges 10 83 E2
Courteron 10 83 F4
Courtes 01 140 B4
Courtesoult-et-Gatey 70 105 F3
Courtetain-et-Salans 25 126 A2
La Courtète 11 253 D2
Courteuil 60 34 A3
Courthézon 84 219 F3
Courthiézy 51 35 F4
Courties 32 227 E3
Courtieux 60 35 D2
Courtillers 72 95 F2
Courtils 50 50 C3
La Courtine 23 166 C3
Courtisols 51 61 E1
Courtivron 21 104 C4
Courtoin 89 81 E4
Courtois-sur-Yonne 89 81 E3
Courtomer 61 53 F4
Courtomer 77 58 C4
Courtonne-la-Meurdrac 14 30 B4
Courtonne-les-Deux-Églises 14 30 B4
Courtrizy-et-Fussigny 02 36 A1
Courtry 77 58 A2
Courvaudon 14 28 C4
Courvières 25 142 B1
Courville 51 35 F3
Courville-sur-Eure 28 78 B1
Courzieu 69 171 D2
Cousance 39 141 D4
Cousances-au-Bois 55 63 D2
Cousances-les-Forges 55 62 B4
Cousin 21,89 122 A2
Cousolre 59 12 C3
Coussa 09 252 B3
Coussac-Bonneval 87 164 C4
Coussan 65 249 E2
Coussay 86 132 A2
Coussay-les-Bois 86 133 D2
Coussegrey 10 103 D1
Coussergues 12 200 B4
Coussey 88 86 A1
Coust 18 136 A3
Coustaussa 11 253 E4
Coustouge 11 254 B3
Coustouges 66 262 B4
Coutainville 50 26 C4
Coutances 50 26 C4
Coutansouze 03 152 B3
Coutarnoux 89 102 C4
Coutençon 77 81 D1
Coutens 09 252 B3
Couterne 61 52 B4
Couternon 21 123 F2
Couteuges 43 185 D2
Coutevroult 77 58 B2
Couthenans 70 107 F3
Couthures-sur-Garonne 47 195 E4
Coutiches 59 10 C2
Coutières 79 131 E4
Coutouvre 42 154 C3
Coutras 33 178 A4
Couture 16 162 C1
La Couture 62 10 A1
La Couture 85 129 E4
La Couture-Boussey 27 55 F2
Couture-d'Argenson 79 147 D4
Couture-sur-Loir 41 97 E2
Couturelle 62 9 F3
Coutures 24 179 D2
Coutures 33 195 D3
Coutures 49 114 A1
Coutures 57 65 D2
Coutures 82 212 B4
Couvains 50 27 E3
Couvains 61 54 B2
La Couvertoirade 12 216 C4
Couvertpuis 55 62 C4
Couvignon 10 84 B3
Couville 50 24 C2
Couvonges 55 62 B2
Couvrelles 02 35 E2
Couvron-et-Aumencourt 02 19 E4
Couvrot 51 61 E3
Coux 07 203 E2
Coux 17 177 E1
Coux-et-Bigaroque 24 197 D1
Couy 18 119 F3
La Couyère 35 93 E1
Couzan (Château de) 42 169 F2
Couze 87 149 D3
Couze d'Ardes 63 184 B1
Couze-et-St-Front 24 196 B1
Couzeix 87 164 C1
Couziers 37 114 C3
Couzon 03 137 D3
Couzon-au-Mont-d'Or 69 171 E1
Couzou 46 198 A2
Cox 31 229 D2
Coye-la-Forêt 60 34 A4
Coyecques 62 3 E4
Coyolles 02 34 C3
Coyrière 39 157 E1
Coyron 39 141 E4
Coyviller 54 64 C4
Cozes 17 160 C3
Cozzano 2A 267 D4
Crach 56 91 D3
Crachier 38 172 B3
Crain 89 102 A4
Craincourt 57 64 C1
Craintilleux 42 170 B3
Crainvilliers 88 86 B3
Cramaille 02 35 E3
Cramans 39 124 C4
Cramant 51 60 B1
Cramchaban 17 145 F2
Craménil 61 52 B3
Cramoisy 60 33 F3
Cramont 80 9 D4
Crampagna 09 252 A3
Cran-Gevrier 74 158 A4
Crancey 10 82 B1
Crançot 39 141 E3
Crandelles 15 182 C4
Crannes-en-Champagne 72 96 A1
Cranou (Forêt du) 29 45 F4
Crans 01 156 B4
Crans 39 142 A2
Cransac 12 199 E4
Crantenoy 54 87 D1
Cranves-Sales 74 158 B2
Craon 53 94 C2
Craon 86 131 F2
Craonne 02 36 A1
Craonnelle 02 36 A1
Crapaud (Puy) 85 130 B2
Crapeaumesnil 60 18 B4
Craponne 69 171 E2
Craponne-sur-Arzon 43 185 E1
Crapouillots (Monument des) 02 35 E1
Cras 38 188 C2
Cras 46 198 A3
Cras-sur-Reyssouze 01 156 B2
Crastatt 67 66 C3
Crastes 32 228 C2
Crasville 27 31 F3
Crasville 50 25 D2
Crasville-la-Mallet 76 15 D3
Crasville-la-Rocquefort 76 15 D3
La Crau 83 244 B3
Crau (Plaine de la) 13 236 B3
Cravanche 90 107 F3
Cravans 17 161 D3
Cravant 45 98 C2
Cravant 89 102 B3
Cravant-les-Côteaux 37 115 E3
Cravencères 32 227 E1
Cravent 78 56 A1
Crayssac 46 197 E4
Craywick 59 3 F2
Crazannes 17 161 D1
Cré 72 95 F3
Créances 50 26 C3
Créancey 21 122 C2
Créancey 52 84 C4
Crécey-sur-Tille 21 104 C4
La Crèche 79 146 C1
Crèches-sur-Saône 71 155 E2
Créchets 65 250 A3
Créchy 03 153 D2
Crécy-au-Mont 02 35 E1
Crécy-Couvé 28 55 E3
Crécy-en-Ponthieu 80 8 C3
Crécy-la-Chapelle 77 58 C2
Crécy-sur-Serre 02 19 F3
Crédin 56 71 E3
Crédogne 63 169 D1
Crégols 46 198 B4
Crégy-lès-Meaux 77 58 C1
Créhange 57 41 D4
Créhen 22 49 D3
Creil 60 34 A3
Creissan 34 254 C1
Creissels 12 216 B3
Crémarest 62 3 D4
Cremeaux 42 169 F1
Crémery 80 18 B3
Crémieu 38 172 B2
Crempigny-Bonneguête 74 157 E4
Cremps 46 213 E1
Crenans 39 141 F4
Crenay 52 85 D4
Creney-près-Troyes 10 83 D2
Crennes-sur-Fraubée 53 75 F2
Creno (Lac de) 2A 266 C2
Créon 33 194 C2
Créon-d'Armagnac 40 210 B3
Créot 71 139 F1
Crépand 21 103 E4
Crépey 54 64 A4
Crépion 55 38 C2
Crépol 26 188 A2
Crépon 14 28 C2
Crépy 02 19 E4
Crépy 62 9 D1
Crépy-en-Valois 60 34 C3
Créquy 62 8 C1
Le Crès 34 234 B2
Cresancey 70 124 C1
Crésantignes 10 83 D3
Les Cresnays 50 51 D3
Crespian 30 234 C1
Crespières 78 56 C2
Crespin 12 214 C3
Crespin 59 11 E2
Crespin 81 214 C3
Crespinet 81 214 C4
Crespy-le-Neuf 10 84 A2
Cressac-St-Genis 16 162 B4
Cressanges 03 152 C1
Cressat 23 150 C3
Cressé 17 162 A1
La Cresse 12 216 B2
Cressensac 46 181 D4
Cresserons 14 29 D2
Cresseveuille 14 29 F3
Cressia 39 141 D4
Cressin-Rochefort 01 173 D2
La Cressonnière 14 53 F1
Cressonsacq 60 34 A1
Cressy 76 15 F3
Cressy-Omencourt 80 18 B3
Cressy-sur-Somme 71 138 B3
Crest 26 204 B2
Crest-Voland 73 174 C1
Creste 63 168 A4
Crestet 84 220 A2
Le Crestet 07 187 D4
Crestot 27 31 E3
Crêt du Maure (Forêt du) 74 173 F1
Créteil 94 57 F3
Crêtes (Route des) 15 183 D4
Créton 27 55 E2
Cretteville 50 26 C2
Creuë 55 63 E1
Creully 14 28 C2
Creuse 80 17 E2
Creuse 23,36,37,86 134 B4
La Creuse 70 107 D3
Le Creusot 71 139 E2
Creutzwald 57 41 D3
Le Creux 03 136 B4
Creuzier-le-Neuf 03 153 E3
Creuzier-le-Vieux 03 153 E3
Crevans-et-la-Chapelle-lès-Granges 70 107 E4
Crevant 36 135 D4
Crevant-Laveine 63 168 C1
Crévéchamps 54 64 C4
Crèvecœur-en-Auge 14 29 F4
Crèvecœur-en-Brie 77 58 C3
Crèvecœur-le-Grand 60 17 D4
Crèvecœur-le-Petit 60 17 F4
Crèvecœur-sur-l'Escaut 59 10 C4
Creveney 70 106 C3
Crévic 54 64 C3
Crévin 35 93 E1
Crévoux 05 207 D3
Creys-et-Pusignieu 38 172 C2
Creyssac 24 179 E2
Creysse 24 196 A1
Creysse 46 198 A1
Creysseilles 07 203 E2
Creyssensac-et-Pissot 24 179 E3
Crézançay-sur-Cher 18 135 F2
Crézancy 02 59 F1
Crézancy-en-Sancerre 18 119 E2
Crézières 79 146 C3
Crézilles 54 63 F4
Cricquebœuf 14 30 A2
Cricqueville-en-Auge 14 29 E3
Cricqueville-en-Bessin 14 27 F2
Criel-sur-Mer 76 15 F1
Crillon 60 33 D1
Crillon-le-Brave 84 220 A2
Crimolois 21 123 F2
Crion 54 65 D3
La Crique 76 15 F3
Criquebeuf-en-Caux 76 14 B3
Criquebeuf-la-Campagne 27 31 E3
Criquebeuf-sur-Seine 27 31 F2
Criquetot-le-Mauconduit 76 14 C3
Criquetot-l'Esneval 76 14 A4
Criquetot-sur-Longueville 76 15 E3
Criquetot-sur-Ouville 76 15 D3
Criquiers 76 16 B4
Crisenoy 77 58 B4
Crisolles 60 18 C4
Crissay-sur-Manse 37 115 E3
Crissé 72 76 A3
Crissey 39 124 B4
Crissey 71 140 A2
Cristinacce 2A 266 B2
Cristot 14 28 C3
Criteuil-la-Magdeleine 16 162 A4
Critot 76 15 F4
Croce 2B 265 E4
Crochte 59 4 A2
Crocicchia 2B 265 E4
Crocq 23 166 C1
Le Crocq 60 17 E4
Crocy 14 53 D2
Crœttwiller 67 43 F4
Croignon 33 194 C1
Croisances 43 201 F1
Croisette 62 9 D2
Le Croisic 44 110 B2
La Croisille 27 55 D1
La Croisille-sur-Briance 87 165 E3
Croisilles 14 52 B1
Croisilles 28 56 A3
Croisilles 61 53 F3
Croisilles 62 10 B3
Croismare 54 65 D3
Croissanville 14 29 E4
Croissy-Beaubourg 77 58 B2
Croissy-sur-Celle 60 17 E3
Croissy-sur-Seine 78 57 D2
Le Croisty 56 70 B3
Croisy 18 136 B1
Croisy-sur-Andelle 76 32 A1
Croisy-sur-Eure 27 55 F1
Croix 59 5 E4
Croix 90 108 A4
La Croix-aux-Bois 08 37 F2
La Croix-aux-Mines 88 88 B2
La Croix-Avranchin 50 50 C4
La Croix-Blanche 47 211 F1
Croix-Caluyau 59 11 E4
Croix-Chapeau 17 145 E3
Croix (Col de la) 2A 266 A1
La Croix-Comtesse 17 146 B3
Croix de Fer (Col de la) 73 190 A2
La Croix-de-la-Rochette 73 174 A4
La Croix-du-Perche 28 77 F2
La Croix-en-Brie 77 59 D4
La Croix-en-Champagne 51 37 E4
Croix-en-Ternois 62 9 E2
La Croix-en-Touraine 37 116 B2
Croix-Fonsommes 02 19 E2
Croix-Fry (Col de la) 74 174 B1
Croix Haute (Col de la) 26,38 205 E2
La Croix-Helléan 56 71 F4
Croix-Mare 76 15 D4
Croix-Moligneaux 80 18 C3
Croix (Plateau de la) 74 175 D1
La Croix-St-Leufroy 27 32 A4
Croix Scaille 08 21 F1
La Croix-sur-Gartempe 87 148 C3
La Croix-sur-Ourcq 02 35 E3
La Croix-sur-Roudoule 06 223 E3
La Croix-Valmer 83 245 E2
Croixanvec 56 71 D3
Croixdalle 76 16 A3
La Croixille 53 74 B3
Croixrault 80 17 D3
Croizet-sur-Gand 42 170 B1
Crolles 38 189 E1
Crollon 50 50 C4
Cromac 87 149 E2
Cromary 70 125 E1
Cronat 71 138 A3
Cronce 43 184 C3
La Cropte 53 95 E1
Cropus 76 15 F3
Cros 30 217 F4
Cros 63 167 D4
Le Cros 34 233 E1
Cros-de-Géorand 07 202 C2
Cros-de-Montvert 15 182 B3
Cros-de-Ronesque 15 199 F1
Crosey-le-Grand 25 126 B1
Crosey-le-Petit 25 126 A1
Crosmières 72 95 F2
Crosne 91 57 F3
Crossac 44 110 C1
Crosses 18 119 E4
Crosville-la-Vieille 27 31 E3
Crosville-sur-Douve 50 25 D4
Crosville-sur-Scie 76 15 E2
Crotelles 37 97 E4
Crotenay 39 141 F2
Croth 27 55 F2
Le Crotoy 80 8 A3
Crots 05 206 C3
Crottes-en-Pithiverais 45 79 E4
Crottet 01 155 F2
Le Crouais 35 72 B2
Crouay 14 28 B2
La Croupte 14 53 F1
Crouseilles 64 227 D3
Croutelle 86 132 A4
Les Croûtes 10 102 C1
Croutoy 60 34 C2
Crouttes 61 53 E1
Crouttes-sur-Marne 02 59 D1
Crouy 02 35 E2
Crouy-en-Thelle 60 33 F3
Crouy-sur-Cosson 41 98 C3
Crouy-sur-Ourcq 77 35 D4
Le Crouzet 25 142 B2
Crouzet-Migette 25 125 E4
La Crouzille 63 152 A3
Crouzilles 37 115 E3
Crozant 23 150 A1
Croze 23 166 B2
Crozes-Hermitage 26 187 E3
Crozet 01 157 F2
Le Crozet 42 154 A3
Les Crozets 39 141 F4
Crozon 29 45 D4
Crozon-sur-Vauvre 36 150 B1
Cruas 07 203 F2
Crucey-Villages 28 55 D3
Crucheray 41 98 A3
Cruéjouls 12 200 B4
Cruet 73 173 F3
Crugey 21 123 D3
Crugny 51 36 A3
Cruguel 56 91 F1
Cruis 04 221 E3
Crulai 61 54 C3
Crupies 26 204 B3
Crupilly 02 19 F2
Cruscades 11 254 B2
Cruseilles 74 158 A3
Crusnes 54 39 E1
Crussol (Château de) 07 187 E4
Cruviers-Lascours 30 218 B3
Crux-la-Ville 58 121 D3
Cruzille 71 140 A4
Cruzilles-lès-Mépillat 01 155 F2
Cruzy 34 254 C1
Cruzy-le-Châtel 89 103 E2
Cry 89 103 E3
Cubelles 43 185 E4
Cubières 48 202 A4
Cubières-sur-Cinoble 11 253 F4
Cubiérettes 48 202 A4
Cubjac 24 180 A2
Cublac 19 180 C3
Cublize 69 154 C4
Cubnezais 33 177 E3
Cubrial 25 107 D4
Cubry 25 107 D4
Cubry-lès-Faverney 70 106 C2
Cubry-lès-Soing 70 106 B3
Cubzac-les-Ponts 33 177 E4
Cucharmoy 77 59 D4
Cuchery 51 36 A4
Cucq 62 8 B1
Cucugnan 11 262 A1
Cucuron 84 237 E1
Cudos 33 210 A
Cudot 89 101 E1
Cuébris 06 223 F4
Cuélas 32 250 A1
Cuers 83 244 B2
Cuffies 02 35 E2
Cuffy 18 137 D1
Cugand 85 112 B4
Cuges-les-Pins 13 243 F2
Cugnaux 31 229 F3
Cugney 70 124 C1
Cugny 02 18 C3
Cuguen 35 73 D1
Cuguron 31 250 A3
Cuhon 86 131 F2
Cuignières 60 34 A1
Cuigy-en-Bray 60 32 C2
Cuillé 53 94 B1
Cuinchy 62 10 A1
Cuincy 59 10 B2
Le Cuing 31 250 B2
Cuinzier 42 154 C3
Cuirieux 02 20 A3
Cuiry-Housse 02 35 F3
Cuiry-lès-Chaudardes 02 36 A2
Cuiry-lès-Iviers 02 20 B3
Cuis 51 60 B1
Cuise-la-Motte 60 34 C2
Cuiseaux 71 141 D4
Cuiserey 21 124 A1
Cuisery 71 140 B4
Cuisia 39 141 D4
Cuisiat 01 156 C2
Cuisles 51 36 A4
Cuissai 61 76 A1
Cuissy-et-Geny 02 36 A2
Cuisy 55 38 B3
Cuisy 77 58 B1
Cuisy-en-Almont 02 35 D2
La Cula 42 171 D3
Culan 18 135 F4
Culètre 21 122 C3
Culey-le-Patry 14 52 B1
Culhat 63 168 C1
Culin 38 172 B4
Culles-les-Roches 71 139 F3
Cully 14 28 C3
Culmont 52 105 E2
Culoz 01 173 E1
Cult 70 124 C2
Cultures 48 201 D4
Cumières 51 36 B4
Cumières-le-Mort-Homme 55 38 B3
Cumiès 11 252 C1
Cumont 82 229 D1
Cunac 81 214 C4
Cunault 49 114 B2
Cuncy-lès-Varzy 58 120 C2
Cunèges 24 195 F2
Cunel 55 38 B2
Cunelières 90 108 A3
Cunfin 10 84 B4
Cunlhat 63 169 D3
Cuon 49 114 B1
Cuperly 51 37 D4
Cuq 47 211 F3
Cuq 81 231 D2
Cuq-Toulza 81 230 C3
Cuqueron 64 248 A1
Curac 16 178 B2
Curan 12 215 F2
Curbans 04 206 A4
Curbigny 71 154 C2
Curçay-sur-Dive 86 114 C4
Curchy 80 18 B3
Curciat-Dongalon 01 140 C4
Curcy-sur-Orne 14 52 B1
Curdin 71 138 C3
Cure 89 102 B3
Curel 04 221 D2
Curel 52 85 D1
Curemonte 19 181 E4
Cures 72 76 A4
Curey 50 50 B4
Curgies 59 11 E2
Curgy 71 122 B4
Curienne 73 173 F3
Curières 12 200 B3
Curis-au-Mont-d'Or 69 171 E1
Curley 21 123 E3
Curlu 80 18 B1
Curmont 52 84 C2
Curnier 26 204 C4
Cursan 33 194 C1
Curtafond 01 156 A2
Curtil-St-Seine 21 123 E1
Curtil-sous-Buffières 71 155 D1
Curtil-sous-Burnand 71 139 F3
Curtil-Vergy 21 123 E3
Curvalle 81 215 D4
Curzay-sur-Vonne 86 131 F4
Curzon 85 129 E4
Cusance 25 126 A1
Cuse-et-Adrisans 25 107 D4
Cusey 52 105 E3
Cussac 15 184 A4
Cussac 87 164 A2
Cussac-Fort-Médoc 33 177 D3
Cussac-sur-Loire 43 185 F4
Cussangy 10 83 D4
Cussay 37 116 A4
Cusset 03 153 E3
Cussey-les-Forges 21 104 C3
Cussey-sur-Lison 25 125 D4
Cussey-sur-l'Ognon 25 125 D2

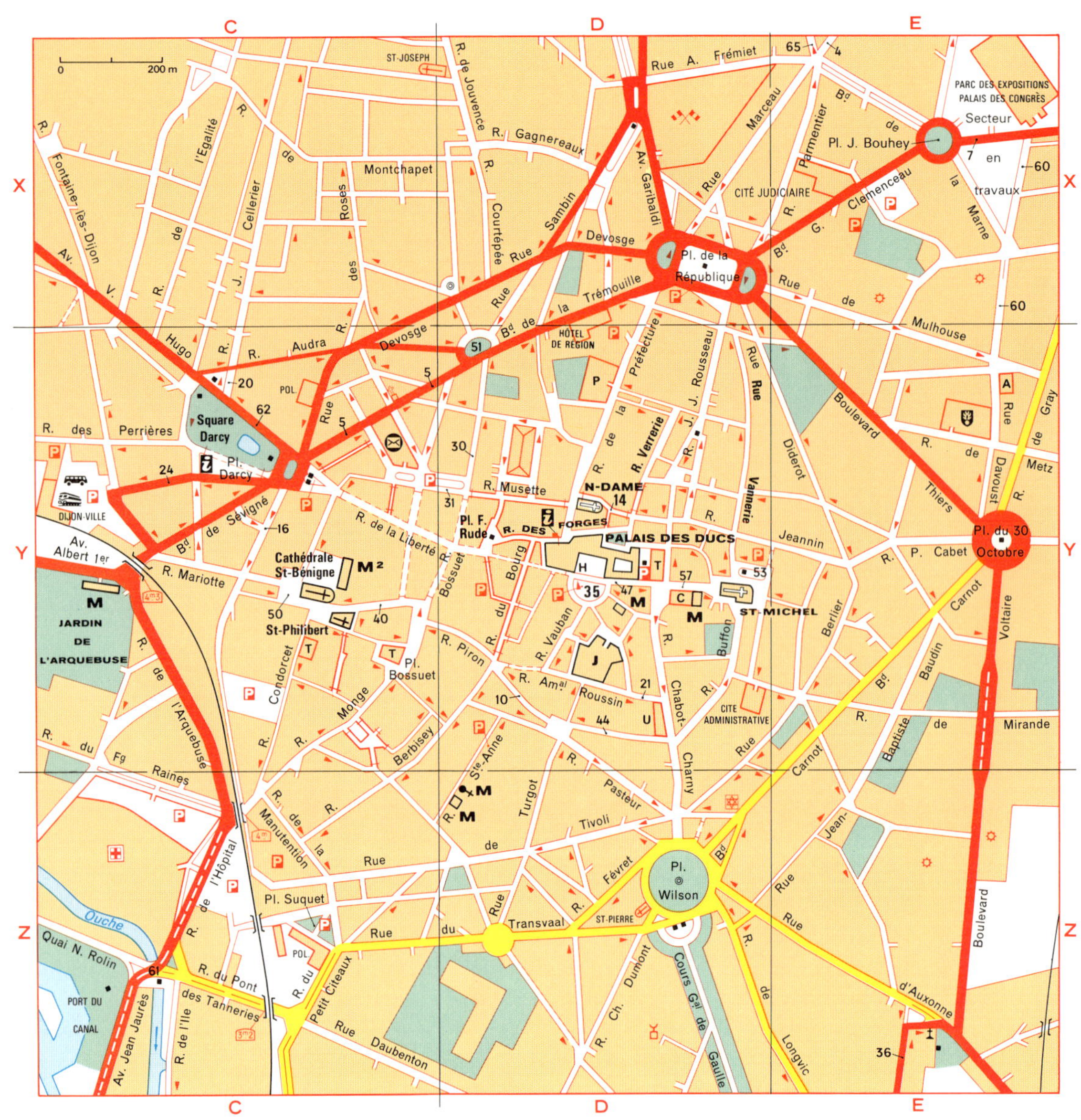

C
D
E
X
Y
Z
0
200 m
ST-JOSEPH
R. de Jouvence
R. Gagnereaux
Rue A. Frémiet
65
4
PARC DES EXPOSITIONS
PALAIS DES CONGRÈS
Secteur
Pl. J. Bouhey
7 en travaux
60
R. Fontaine-lès-Dijon
R. de l'Égalité
R. Cellerier
Montchapet
R. des Roses
R. Courtépée
Av. Garibaldi
Devosge
Marceau
Parmentier
CITÉ JUDICIAIRE
Clemenceau
la Marne
Av. V. Hugo
R. Audra
Rue Devosge
Sambin
Pl. de la République
Trémouille
51
Bd de
HÔTEL DE RÉGION
Préfecture
J. J. Rousseau
Rue de Mulhouse
20
POL
62
Square Darcy
Pl. Darcy
R. des Perrières
24
DIJON-VILLE
Bd de Sévigné
16
30
R. Musette
N-DAME
14
R. Verrerie
Vannerie
Diderot
Boulevard Thiers
R. Davoust
R. de Metz
Gray
Av. Albert 1er
R. Mariotte
Cathédrale St-Bénigne
M2
R. de la Liberté
31
Pl. F. Rude
R. DES FORGES
PALAIS DES DUCS
35
47
57
53
Jeannin
Pl. du 30 Octobre
R. P. Cabet
JARDIN DE L'ARQUEBUSE
50
St-Philibert
40
Bossuet
R. du Bourg
R. Piron
R. Vauban
ST-MICHEL
Buffon
Berlier
Carnot
Voltaire
Condorcet
Pl. Bossuet
R. Amiral Roussin
21
10
44
CITÉ ADMINISTRATIVE
Chabot-Charny
Baudin
Bd
Baptiste
Mirande
R. du Fg Raines
Monge
Berbisey
R. Ste-Anne
Turgot
Pasteur
Tivoli
R. de la Manutention
R. de l'Hôpital
Rue
Pl. Suquet
Févret
Pl. Wilson
Jean-
Ouche
Quai N. Rolin
61
R. du Pont des Tanneries
POL
R. du Petit Citeaux
Rue du Transvaal
ST-PIERRE
Dumont
Cours Gal de Gaulle
R. Ch.
Rue d'Auxonne
Boulevard
PORT DU CANAL
Av. Jean Jaurès
R. de l'Île
Rue Daubenton
R. de Longvic
36

Dijon

Darcy (Pl.) .... CY
Foch (Av. Mar.) .... CY 24
Liberté (R. de la) .... CY

Briand (Av. A.) .... EX 4
Brosses (Bd de) .... CY 5
Champagne (Bd de) .... EX 7
Charrue (R.) .... DY 10
Chouette (R. de la) .... DY 14
Dr-Chaussier (R.) .... CY 16

Dubois (Pl. A.) .... CY 20
École-de-Droit (R.) .... DY 21
Godrans (R. des) .... DY 30
Grangier (Pl.) .... DY 31
Libération (Pl. de la) .... DY 35
Magenta (R.) .... EZ 36

Michelet (R.) .... CY 40
Potet (R. du Petit) .... DY 44
Rameau (R.) .... DY 47
St-Bénigne (Pl.) .... CY 50
St-Bernard (Pl.) .... DY 51
St-Michel (Pl.) .... DY 53

Vaillant (R.) .... DY 57
Verdun (Bd de) .... EX 60
1er-Mai (Pl. du) .... CZ 61
1re-Armée-Fse (Av.) .... CY 62
26e-Dragons (R. du) .... EX 65

Cussy 14 .... 28 B2
Cussy-en-Morvan 71 .... 122 A4
Cussy-la-Colonne 21 .... 123 D4
Cussy-le-Châtel 21 .... 122 C3
Cussy-les-Forges 89 .... 121 F1
Custines 54 .... 64 B2
Cusy 74 .... 173 F2
Cusy 89 .... 103 D2
Cutry 02 .... 35 D2
Cutry 54 .... 39 E1
Cuts 60 .... 35 D1
Cutting 57 .... 65 E1
Cuttoli-Corticchiato 2A 266 C4
Cuttura 39 .... 157 E1
Cuvat 74 .... 158 A4
Cuve 70 .... 106 C1
Cuvergnon 60 .... 34 C3
Cuverville 14 .... 29 E3
Cuverville 27 .... 32 A3
Cuverville 76 .... 14 B4
Cuverville-sur-Yères 76 .... 16 A1
Cuves 50 .... 51 D3
Cuves 52 .... 85 E4
Cuves (Saut des) 88 .... 88 B3
Cuvier 39 .... 142 B1
Cuvillers 59 .... 10 C3
Cuvilly 60 .... 34 B1
Cuvry 57 .... 40 B4
Cuxac-Cabardès 11 .... 253 E1
Cuxac-d'Aude 11 .... 254 C2
Cuy 60 .... 18 B4
Cuy 89 .... 81 E3
Cuy-St-Fiacre 76 .... 32 C1
Cuzac 46 .... 199 D3
Cuzance 46 .... 181 D4
Cuzieu 01 .... 173 D1
Cuzieu 42 .... 170 B3
Cuzion 36 .... 139 B4
Cuzorn 47 .... 196 C3
Cuzy 71 .... 138 C2
Cys-la-Commune 02 .... 35 F2
Cysoing 59 .... 10 C1

D

Dabo 57 .... 66 B3
Dachstein 67 .... 67 D3
Dadonville 45 .... 80 A3
Daglan 24 .... 197 E2
Dagneux 01 .... 172 A1
Dagny 77 .... 59 D3
Dagny-Lambercy 02 .... 20 B3
Dagonville 55 .... 63 D2
La Daguenière 49 .... 114 A1
Dahlenheim 67 .... 66 C3
Daignac 33 .... 194 C1
Daigny 08 .... 22 A3
Daillancourt 52 .... 84 C2
Daillecourt 52 .... 85 F4
Dainville 62 .... 10 A3
Dainville-Bertheléville 55 .... 83 F1
Daix 21 .... 123 E2
Dalem 57 .... 41 D3
Dalhain 57 .... 65 D1
Dalhunden 67 .... 67 F2
Dallet 63 .... 168 B2
Dallon 02 .... 19 D2
Dalou 09 .... 252 B3
Dalstein 57 .... 40 C2
Daluis 06 .... 223 E3
Daluis (Gorges de) 06 .... 223 E3
Damas-aux-Bois 88 .... 87 E1
Damas-et-Bettegney 88 .... 87 D3
Damazan 47 .... 211 D1
Dambach 67 .... 43 D4
Dambach-la-Ville 67 .... 89 D1
Dambelin 25 .... 126 B1
Dambenois 25 .... 108 A4
Dambenoît-lès-Colombe 70 .... 107 D2
Damblain 88 .... 86 A4
Damblainville 14 .... 53 D1
Dambron 28 .... 79 E4
Dame-Marie 27 .... 55 D2
Dame-Marie 61 .... 77 D2
Dame-Marie-les-Bois 37 .... 98 A4
Damelevières 54 .... 64 C4
Daméraucourt 60 .... 17 D3
Damerey 71 .... 140 B2
Damery 51 .... 36 B4
Damery 80 .... 18 B3
Les Dames de Meuse 08 .... 21 E2
Damgan 56 .... 91 F4
Damiatte 81 .... 231 D2
Damigny 61 .... 76 A1
Damloup 55 .... 39 D3
Dammard 02 .... 35 D4
Dammarie 28 .... 78 C2
Dammarie-en-Puisaye 45 .... 101 D4
Dammarie-les-Lys 77 .... 80 B1
Dammarie-sur-Loing 45 .... 101 D2
Dammarie-sur-Saulx 55 .... 62 C4
Dammartin 39 .... 124 B2
Dammartin-en-Goële 77 .... 34 A4
Dammartin-en-Serve 78 .... 56 B2
Dammartin-les-Templiers 25 .... 125 F2
Dammartin-sur-Meuse 52 .... 85 F4
Dammartin-sur-Tigeaux 77 .... 58 C2
Damousies 59 .... 12 B3
Damouzy 08 .... 21 E3
Damparis 39 .... 124 B3
Dampierre 10 .... 61 D4
Dampierre 14 .... 27 F4
Dampierre 39 .... 124 C3
Dampierre 52 .... 105 E1
Dampierre-au-Temple 51 .... 37 D4
Dampierre-en-Bray 76 .... 32 B1
Dampierre-en-Bresse 71 .... 140 C2
Dampierre-en-Burly 45 .... 100 B3
Dampierre-en-Crot 18 .... 119 E1
Dampierre-en-Graçay 18 .... 118 B3
Dampierre-en-Montagne 21 .... 122 C1
Dampierre-en-Yvelines 78 .... 56 C3
Dampierre-et-Flée 21 .... 105 E4
Dampierre-le-Château 51 .... 61 F1
Dampierre-les-Bois 25 .... 108 A4
Dampierre-lès-Conflans 70 .... 106 C2
Dampierre-St-Nicolas 76 .... 15 F2
Dampierre-sous-Bouhy 58 .... 120 B1
Dampierre-sous-Brou 28 .... 78 A3
Dampierre-sur-Avre 28 .... 55 E3
Dampierre-sur-Blévy 28 .... 55 E4
Dampierre-sur-Boutonne 17 .... 146 B3
Dampierre-sur-le-Doubs 25 .... 107 F4
Dampierre-sur-Linotte 70 .... 106 C4
Dampierre-sur-Loire 49 .... 114 C2
Dampierre-sur-Moivre 51 .... 61 E2
Dampierre-sur-Salon 70 .... 105 F4
Dampjoux 25 .... 126 C1
Dampleux 02 .... 35 D3
Dampmart 77 .... 58 B2
Dampniat 19 .... 181 E3
Damprichard 25 .... 126 C2
Les Damps 27 .... 31 F2
Dampsmesnil 27 .... 32 B3
Dampvalley-lès-Colombe 70 .... 106 C3
Dampvalley-St-Pancras 70 .... 106 C1
Dampvitoux 54 .... 39 E4
Damrémont 52 .... 105 F1
Damville 27 .... 55 E2
Damvillers 55 .... 38 C2
Damvix 85 .... 145 F2
Dancé 42 .... 170 A1
Dancé 61 .... 77 E2
Dancevoir 52 .... 104 B1
Dancourt 76 .... 16 B2
Dancourt-Popincourt 80 .... 18 B4
Dancy 28 .... 78 C3
Danestal 14 .... 29 F3
Dangé-St-Romain 86 .... 132 C1
Dangeau 28 .... 78 B3
Dangers 28 .... 78 B1
Dangeul 72 .... 76 B3
Dangolsheim 67 .... 66 C3
Dangu 27 .... 32 C3
Dangy 50 .... 27 D4
Danizy 02 .... 19 E4
Danjoutin 90 .... 107 F3
Danne-et-Quatre-Vents 57 .... 66 B2
Dannelbourg 57 .... 66 B2
Dannemarie 25 .... 126 C1
Dannemarie 68 .... 108 B3
Dannemarie 78 .... 56 B3
Dannemarie-sur-Crète 25 .... 125 D2
Dannemoine 89 .... 102 C1
Dannemois 91 .... 80 B1
Dannes 62 .... 2 C4
Dannevoux 55 .... 38 B2
Danvou-la-Ferrière 14 .... 52 A1
Danzé 41 .... 97 F2
Daon 53 .... 95 D2
Daoulas 29 .... 45 E3
Daoulas (Gorges du) 22 .... 70 C2
Daours 80 .... 17 F2
Darazac 19 .... 182 B3
Darbonnay 39 .... 141 E2
Darbres 07 .... 203 E3
Darcey 21 .... 104 A4
Dardenac 33 .... 194 C2
Dardenay 52 .... 105 E3
Dardez 27 .... 31 F4
Dardilly 69 .... 171 E2
Dareizé 69 .... 171 D1
Dargies 60 .... 17 D3
Dargilan (Grotte de) 48 .... 216 C2
Dargnies 80 .... 16 B1
Dargoire 42 .... 171 E3
Darmannes 52 .... 85 D3
Darmont 55 .... 39 E3
Darnac 87 .... 148 C3
Darnétal 76 .... 31 F1
Darnets 19 .... 182 B1
Darney 88 .... 86 C4
Darney-aux-Chênes 88 .... 86 B2
Darnieulles 88 .... 87 D3
Darois 21 .... 125 E1
Darvault 77 .... 80 C3
Darvoy 45 .... 99 F2
Dasle 25 .... 108 A4
Daubensand 67 .... 89 F1
Daubeuf-la-Campagne 27 .... 31 E3
Daubeuf-près-Vatteville 27 .... 32 A3
Daubeuf-Serville 76 .... 14 B3
Daubèze 33 .... 195 D2
Daudet (Moulin de) 13 .... 236 A2
Dauendorf 67 .... 67 D1
Daumazan-sur-Arize 09 .... 251 F2
Daumeray 49 .... 95 E3
Dauphin 04 .... 221 E4
Dausse 47 .... 212 B1
Daux 31 .... 229 F2
Dauzat-sur-Vodable 63 .... 168 B4
Davayat 63 .... 168 B1
Davayé 71 .... 155 E2
Davejean 11 .... 254 A4
Davenescourt 80 .... 18 A3
Davézieux 07 .... 187 D2
Davignac 19 .... 166 B4
Davrey 10 .... 82 C4
Davron 78 .... 56 C2
Dax 40 .... 225 E2
Deauville 14 .... 29 F2
Deaux 30 .... 218 B3
Débats-Rivière-d'Orpra 42 .... 169 F2
Decazeville 12 .... 199 D3
Dechy 59 .... 10 C2
Décines-Charpieu 69 .... 171 F2
Decize 58 .... 137 E2
Dédeling 57 .... 65 D1
Dégagnac 46 .... 197 E2
Degré 72 .... 76 A4
Dehault 72 .... 77 D3
Dehéries 59 .... 19 D1
Dehlingen 67 .... 42 A4
Deinvillers 88 .... 87 E1
Delain 70 .... 105 F4
Delettes 62 .... 3 E4
Delincourt 60 .... 32 C3
Delle 90 .... 108 A4
Delme 57 .... 64 C1
Delouze 55 .... 63 D4
Le Déluge 60 .... 33 E3
Delut 55 .... 38 C1
Deluz 25 .... 125 F2
Demandolx 04 .... 222 C4
Demange-aux-Eaux 55 .... 63 D4
Demangevelle 70 .... 106 B1
Demi-Quartier 74 .... 174 C1
La Demie 70 .... 106 C3
Demigny 71 .... 140 A1
Demoiselles (Grotte des) 34 .... 217 E4
Démouville 14 .... 29 E3
Dému 32 .... 227 F1
Démuin 80 .... 18 A3
Denain 59 .... 11 D2
Dénat 81 .... 231 E1
Denazé 53 .... 94 C1
Denée 49 .... 113 F1
Dénestanville 76 .... 15 F3
Deneuille-lès-Chantelle 03 .... 152 C2
Deneuille-les-Mines 03 .... 152 A1
Deneuvre 54 .... 87 F1
Denèvre 70 .... 105 F4
Dénezé-sous-Doué 49 .... 114 B2
Dénezé-sous-le-Lude 49 .... 96 B4
Denezières 39 .... 141 F3
Denguin 64 .... 226 B4
Denicé 69 .... 155 E4
Denier 62 .... 9 E3
Denipaire 88 .... 88 B1
Dennebrœucq 62 .... 9 D1
Denneville 50 .... 26 B2
Dennevy 71 .... 139 F1
Denney 90 .... 108 A3
Denonville 28 .... 79 D2
Denting 57 .... 41 D3
Déols 36 .... 134 C2
Der-Chantecoq (Lac du) 52 .... 62 A4
Derbamont 88 .... 87 D2
Dercé 86 .... 132 A1
Derchigny 76 .... 15 F2
Dercy 02 .... 19 F3
Dernacueillette 11 .... 254 A4
Dernancourt 80 .... 18 A1
Derval 44 .... 93 E3
Désaignes 07 .... 187 D4
Désandans 25 .... 107 E4
Descartes 37 .... 133 D1
Le Deschaux 39 .... 141 D1
Le Désert 14 .... 51 F1
Désertines 03 .... 151 F2
Désertines 53 .... 74 C1
Les Déserts 73 .... 173 F3
Déservillers 25 .... 125 E4
Desges 43 .... 184 C4
Desingy 74 .... 157 E4
Desmonts 45 .... 80 B3
Desnes 39 .... 141 D2
Desseling 57 .... 65 F2
Dessenheim 68 .... 89 E4
Dessia 39 .... 156 C1
Dessoubre 25 .... 126 B2
Destord 88 .... 87 F2
La Destrousse 13 .... 243 E2
Destry 57 .... 65 D1
Desvres 62 .... 3 D4
Détain-et-Bruant 21 .... 123 D3
Détrier 73 .... 174 A4
Le Détroit 14 .... 52 C2
Les Détroits 48 .... 216 C1
Dettey 71 .... 138 C2
Dettwiller 67 .... 66 C2
Deuil-la-Barre 95 .... 57 E1
Deuillet 02 .... 19 D4
Deûlémont 59 .... 5 D3
Les Deux-Alpes 38 .... 190 A
Deux Amants (Côte des) 27 .... 32 A
Deux-Chaises 03 .... 152 C
Deux-Évailles 53 .... 75 D
Les Deux-Fays 39 .... 141 D
Deux-Jumeaux 14 .... 28 A
Deux-Verges 15 .... 200 C
Les Deux-Villes 08 .... 22 B
Deuxnouds-aux-Bois 55 .... 63 E
Deuxnouds-devant-Beauzée 55 .... 62 C
Deuxville 54 .... 65 D
Devay 58 .... 137 F
Devecey 25 .... 125 E
Devesset 07 .... 186 C
Devèze 65 .... 250 A
Devèze (Grotte de la) 34 .... 232 B
Deviat 16 .... 178 B
Dévillac 47 .... 196 C
Deville 08 .... 21 E
Déville-lès-Rouen 76 .... 31 E
La Devinière 37 .... 115 D
Devise 80 .... 18 C
Devrouze 71 .... 140 C
Deycimont 88 .... 87 F
Deyme 31 .... 230 A
Deyvillers 88 .... 87 E
Le Dézert 50 .... 27 E
Dezize-lès-Maranges 71 .... 139 F
D'Huison-Longueville 91 .... 80 A
Dhuisy 77 .... 59 D
Dhuizel 02 .... 35 F
Dhuizon 41 .... 99 D
Diable (Pont du) 73 .... 174 A
Diable (Roches du) 29 .... 70 A
Diancey 21 .... 122 B
Diane-Capelle 57 .... 65 F2
Diant 77 .... 81 D3
Diarville 54 .... 86 C
Diconne 71 .... 140 B2
Dicy 89 .... 101 E
Didenheim 68 .... 108 C2
Die 26 .... 204 C2
Diebling 57 .... 41 F3
Diebolsheim 67 .... 89 E2
Diedendorf 67 .... 66 A1
Dieffenbach-au-Val 67 .... 89 D2
Dieffenbach-lès-Wœrth 67 .... 67 E1
Dieffenthal 67 .... 89 D2
Diefmatten 68 .... 108 B2
Dième 69 .... 155 D4
Diemeringen 67 .... 66 B1
Diémoz 38 .... 172 A3
Diénay 21 .... 104 C4
Dienne 15 .... 183 E3
Dienné 86 .... 148 A1
Diennes-Aubigny 58 .... 137 F1
Dienville 10 .... 84 A2
Dieppe 76 .... 15 E2
Dieppe-sous-Douaumont 55 .... 39 D3
Dierre 37 .... 116 B2
Dierrey-St-Julien 10 .... 82 C2
Dierrey-St-Pierre 10 .... 82 C2
Diesen 57 .... 41 D3
Dietwiller 68 .... 108 C2
Dieudonné 60 .... 33 E3
Dieue-sur-Meuse 55 .... 38 C4
Dieulefit 26 .... 204 B3
Dieulivol 33 .... 195 E2
Dieulouard 54 .... 64 B2
Dieupentale 82 .... 229 E1
Dieuze 57 .... 65 E2
Diéval 62 .... 9 E2
Diffembach-lès-Hellimer 57 .... 41 E4
Diges 89 .... 102 A3
Digna 39 .... 141 D4
Dignac 16 .... 162 C4
La Digne-d'Amont 11 .... 253 D3
La Digne-d'Aval 11 .... 253 E3
Digne-les-Bains 04 .... 222 B2
Dignonville 88 .... 87 E2
Digny 28 .... 55 E4
Digoin 71 .... 138 B4
Digoine 71 .... 139 D4
Digosville 50 .... 25 D2
Digulleville 50 .... 24 B1
Dijon 21 .... 123 F2
Dilo 89 .... 82 A4
Dimancheville 45 .... 80 B3
Dimbsthal 67 .... 66 B3
Dimechaux 59 .... 12 B3
Dimont 59 .... 12 B3
Dinan 22 .... 49 E4
Dinan (Pointe de) 29 .... 68 B1
Dinard 35 .... 49 E3
Dinéault 29 .... 69 D1
Dingé 35 .... 73 D1
Dingsheim 67 .... 67 D3
Dingy-en-Vuache 74 .... 157 F3
Dingy-St-Clair 74 .... 158 B4
Dinozé 88 .... 87 E3
Dinsac 87 .... 149 D2
Dinsheim 67 .... 66 C4
Dinteville 52 .... 84 B4
Dio-et-Valquières 34 .... 233 D2
Dionay 38 .... 188 B2
Dions 30 .... 218 B4
Diors 36 .... 134 C2
Diosaz (Gorges de la) 74 .... 159 E4
Diou 03 .... 138 A4
Diou 36 .... 118 B4
Dirac 16 .... 162 C3
Dirinon 29 .... 45 E3
Dirol 58 .... 121 D2
Dissais 85 .... 129 E4
Dissangis 89 .... 102 C4
Dissay 86 .... 132 B3
Dissay-sous-Courcillon 72 .... 97 D3
Dissé-sous-Ballon 72 .... 76 B3
Dissé-sous-le-Lude 72 .... 96 B3
Distré 49 .... 114 B2
Distroff 57 .... 40 B2
Diusse 64 .... 227 D3
Divajeu 26 .... 204 A2
Dives 60 .... 18 B4
Dives 14,61 .... 29 F4
Dives-sur-Mer 14 .... 29 E3
Divion 62 .... 9 F2
Divonne-les-Bains 01 .... 158 A1

ixmont 89 82 A4
izimieu 38 172 B2
izy 51 36 B4
izy-le-Gros 02 20 B4
oazit 40 226 A2
oazon 64 226 B4
ocelles 88 87 F3
œuil-sur-le-Mignon 17 146 A3
ognen 64 247 F1
ogneville 88 87 E2
ohem 62 3 E4
ohis 02 20 B3
oignies 59 10 B4
oingt 80 18 C2
oissat 24 197 D2
oissin 38 172 C4
oix 85 145 F1
oizieux 42 187 D1
ol-de-Bretagne 35 50 A4
olaincourt 88 86 B2
olancourt 10 84 A2
olcourt 54 64 A4
ole 39 124 B3
olignon 02 20 B3
oller 68 107 F2
olleren 68 108 A2
ollon 72 77 D4
ollot 89 81 E3
olmayrac 47 211 E1
olo 22 52 A1
olomieu 38 172 C3
olus-d'Oléron 17 144 C4
olus-le-Sec 37 116 B3
olving 57 66 A2
om (Forêt du) 83 245 D2
om-le-Mesnil 08 21 F3
omagné 35 73 F4
omaize 63 169 D3
omalain 35 74 A4
omancy 74 159 D4
omarin 38 172 B3
omart-en-Ponthieu 80 17 E1
omart-sur-la-Luce 80 17 F2
omats 89 81 E4
omazan 30 219 D4
ombasle-devant-Darney 88 86 C3
ombasle-en-Argonne 55 38 B3
ombasle-en-Xaintois 88 86 C2
ombasle-sur-Meurthe 54 64 C3
omblain 52 84 C1
omblans 39 141 E2
ombras 55 38 C2
ombrot-le-Sec 88 86 B3
ombrot-sur-Vair 88 86 B2
ôme (Puy de) 63 167 F2
omecy-sur-Cure 89 121 E1
omecy-sur-le-Vault 89 121 E1
oméliers 60 17 E4
omène 38 189 E2
omérat 03 151 E1
ômes (Monts) 63 167 F2
omesmont 80 9 D4
omessargues 30 218 B4
omessin 73 173 D3
omèvre-en-Haye 54 64 A2
omèvre-sous-Montfort 88 86 C2
omèvre-sur-Avière 88 87 D3
omèvre-sur-Durbion 88 87 E2
omèvre-sur-Vezouze 54 65 E4
omeyrat 43 185 D2
omeyrot 23 150 C2
omezain-Berraute 64 247 E1
omfaing 88 88 A2
omfessel 67 66 A1
omfront 60 18 A4
omfront 61 52 A4
omfront-en-Champagne 72 76 A4
omgermain 54 63 F3
a Dominelais 35 93 E2
ominois 80 8 C3
omjean 50 51 E1
omjevin 54 65 E4
omjulien 88 86 C2
omléger-Longvillers 80 9 D4
omloup 35 73 E4
ommarie-Eulmont 54 86 C1
ommarien 52 105 E3
ommartemont 54 64 B3
Dommartin 01 156 A2
Dommartin 25 142 C1
Dommartin 58 121 E4
Dommartin 69 171 E1
Dommartin 80 17 F3
Dommartin (Anc. Abbaye de) 62 8 C3
Dommartin-aux-Bois 88 87 D3
Dommartin-Dampierre 51 37 F4
Dommartin-la-Chaussée 54 39 E4
Dommartin-la-Montagne 55 39 D4
Dommartin-le-Coq 10 83 E1
Dommartin-le-Franc 52 84 C1
Dommartin-le-St-Père 52 84 C1
Dommartin-lès-Cuiseaux 71 140 C4
Dommartin-lès-Remiremont 88 87 F4
Dommartin-lès-Toul 54 64 A3
Dommartin-lès-Vallois 88 86 C3
Dommartin-Lettrée 51 61 D3
Dommartin-sous-Amance 54 64 C2
Dommartin-sous-Hans 51 37 F4
Dommartin-sur-Vraine 88 86 B2
Dommartin-Varimont 51 61 F1
Dommary-Baroncourt 55 39 D2
Domme 24 197 E2
Dommery 08 21 D3
Dommiers 02 35 D2
Domnon-lès-Dieuze 57 65 E1
Domont 95 57 E1
Dompaire 88 87 D2
Dompcevrin 55 63 D1
Dompierre 60 18 A4
Dompierre 61 52 B3
Dompierre 88 87 E2
Dompierre-aux-Bois 55 63 D1
Dompierre-Becquincourt 80 18 B2
Dompierre-du-Chemin 35 74 A2
Dompierre-en-Morvan 21 122 A1
Dompierre-les-Églises 87 149 E2
Dompierre-les-Ormes 71 155 D1
Dompierre-les-Tilleuls 25 142 B1
Dompierre-sous-Sanvignes 71 139 D3
Dompierre-sur-Authie 80 8 C3
Dompierre-sur-Besbre 03 138 A4
Dompierre-sur-Chalaronne 01 155 F3
Dompierre-sur-Charente 17 161 E2
Dompierre-sur-Helpe 59 12 B4
Dompierre-sur-Héry 58 121 D2
Dompierre-sur-Mer 17 145 D2
Dompierre-sur-Mont 39 141 E3
Dompierre-sur-Nièvre 58 120 B3
Dompierre-sur-Veyle 01 156 B3
Dompierre-sur-Yon 85 129 E2
Dompnac 07 202 B3
Domprel 25 126 A2
Dompremy 51 61 F2
Domprix 54 39 E2
Domps 87 165 E3
Domptail 88 87 E1
Domptail-en-l'Air 54 64 C4
Domptin 02 59 E1
Domqueur 80 9 D4
Domremy-aux-Bois 55 63 D3
Domremy-en-Ornois 52 85 E2
Domremy-la-Canne 55 39 D2
Domrémy-la-Pucelle 88 86 A1
Domsure 01 156 B1
Domvallier 88 86 C2
Domvast 80 8 C3
Don 59 10 B1
Donazac 11 253 D3
Donchery 08 21 F3
Doncières 88 87 F1
Doncourt-aux-Templiers 55 39 E4
Doncourt-lès-Conflans 54 39 F3
Doncourt-lès-Longuyon 54 39 D1
Doncourt-sur-Meuse 52 85 F3
Dondas 47 212 A2
Donges 44 111 D1
Donjeux 52 85 D2
Donjeux 57 64 C1
Le Donjon 03 153 F2
Donnay 14 52 B1
Donnazac 81 214 A4
Donnelay 57 65 E2
Donnemain-St-Mamès 28 78 B4
Donnemarie 52 85 E4
Donnemarie-Dontilly 77 81 E1
Donnement 10 83 F1
Donnenheim 67 67 D2
Donnery 45 99 F1
Donneville 31 230 A4
Donnezac 33 177 E2
Donon 67 66 B4
Donon (Col du) 67 66 B4
Dontreix 23 151 F4
Dontrien 51 37 D3
Donville-les-Bains 50 50 B2
Donzac 33 194 C2
Donzac 82 212 A3
Donzacq 40 225 F2
Le Donzeil 23 150 C4
Donzenac 19 181 D2
Donzère 26 203 F4
Donzère Mondragon (Ouvrages de) 84 219 E1
Donzy 58 120 B2
Donzy-le-National 71 155 D1
Donzy-le-Pertuis 71 155 E1
Doranges 63 185 D1
Dorans 90 107 F3
Dorat 63 168 C1
Le Dorat 87 149 D2
Dorceau 61 77 E1
Dordives 45 80 C4
Dordogne 19,24,33,46 196 A1
Dore 63 169 E3
Dore-l'Église 63 185 E1
La Dorée 53 74 B1
Dorengt 02 19 F1
Dorlisheim 67 66 C4
Dormans 51 35 F4
Dormelles 77 81 D2
La Dornac 24 180 C4
Dornas 07 203 D1
Dornecy 58 121 D1
Dornes 58 137 E3
Dornot 57 40 A4
Dorres 66 261 D3
Dortan 01 157 D1
Dosches 10 83 E2
Dosnon 10 61 D4
Dossenheim-Kochersberg 67 67 D3
Dossenheim-sur-Zinsel 67 66 C2
Douadic 36 133 E3
Douai 59 10 B2
Douains 27 55 F1
Douarnenez 29 68 C2
Douaumont 55 38 C3
Douaumont (Fort de) 55 38 C3
Double (Forêt de la) 24 178 C3
Doubs 25 142 C1
Doubs 25,39 126 A1
Doubs (Saut du) 25 126 C3
Doucelles 72 76 B3
Douchapt 24 179 D2
Douchy 02 18 C3
Douchy 45 101 E1
Douchy-lès-Ayette 62 10 A4
Douchy-les-Mines 59 11 D3
Doucier 39 141 F3
Doucy 73 174 C3
Doucy-en-Bauges 73 174 A2
Doudeauville 62 3 D4
Doudeauville 76 16 B4
Doudeauville-en-Vexin 27 32 B2
Doudelainville 80 16 C1
Doudeville 76 15 D3
Doudrac 47 196 B3
Doue 77 59 D2
Doué-la-Fontaine 49 114 B3
Douelle 46 197 E4
Le Douhet 17 161 D1
Douillet 72 76 A2
Douilly 80 18 C3
Doulaincourt 52 85 D2
Doulaize 25 125 D4
Doulcon 55 38 B2
Doulevant-le-Château 52 84 C2
Doulevant-le-Petit 52 84 C1
Doulezon 33 195 D2
Le Doulieu 59 4 C4
Doullens 80 9 E4
Doumely-Bégny 08 20 C4
Doumy 64 226 C4
Dounoux 88 87 E3
Dourbie 30,48 216 C3
Dourbie (Gorges de la) 30,48 216 C3
Dourbies 30 217 D3
Dourdain 35 73 F3
Dourdan 91 79 E1
Dourdan (Forêt de) 78,91 79 E1
Dourges 62 10 B2
Dourgne 81 231 D4
Douriez 62 8 C3
Dourlers 59 12 B4
Le Dourn 81 215 D3
Dournazac 87 164 A3
Dournon 39 142 A1
Dours 65 249 E1
Doussard 74 174 A2
Doussay 86 132 A2
Douvaine 74 158 B1
Douve 50 27 D2
Douville 24 179 E4
Douville-en-Auge 14 29 F3
Douville-sur-Andelle 27 32 A2
Douvrend 76 15 F2
Douvres 01 156 C4
Douvres-la-Délivrande 14 29 D2
Douvrin 62 10 A1
Doux 08 37 D1
Doux 79 131 F2
Doux (Gorges du) 07 187 E3
Douy 28 78 A4
Douy-la-Ramée 77 34 C4
Douzains 47 196 A3
Douzat 16 162 B2
La Douze 24 180 A3
Douzens 11 254 A2
Douzillac 24 179 D3
Douzy 08 22 A3
Doville 50 26 C2
Doye 39 142 A2
Doyet 03 152 A2
Dozulé 14 29 F3
Drac 05,38 189 D4
Drac Blanc 05 206 B1
Drac (Corniche du) 38 189 D4
Dracé 69 155 E3
Draché 37 115 F4
Drachenbronn 67 43 E4
Dracy 89 101 F3
Dracy-le-Fort 71 139 F2
Dracy-lès-Couches 71 139 E1
Dracy-St-Loup 71 122 B4
Dragey 50 50 B3
Draguignan 83 239 E3
Draillant 74 158 C1
Drain 49 112 C2
Draix 04 222 B2
Draize 08 20 C4
Drambon 21 124 A2
Dramelay 39 157 D1
Drancy 93 57 F2
Drap 06 241 E4
Dravegny 02 35 F3
Draveil 91 57 F3
Drée 21 123 D2
Drée 71 154 C2
Drefféac 44 92 C4
Drémil-Lafage 31 230 B3
Le Drennec 29 45 E2
Dreslincourt 60 34 C1
Dreuil-lès-Amiens 80 17 E2
Dreuil-lès-Molliens 80 17 D2
Dreuilhe 09 252 C4
Dreux 28 55 F3
Drevant 18 136 A3
Dricourt 08 37 E2
Driencourt 80 18 C2
Drignac 15 182 C3
Drincham 59 3 F2
Drocourt 62 10 B2
Drocourt 78 32 C4
Droisy 27 55 E2
Droisy 74 157 E4
Droiturier 03 153 F2
Droizy 02 35 E3
Drom 01 156 C2
Drôme 26 204 A2
Dromesnil 80 16 C2
Dronne 24,33 163 F4
Drosay 76 15 D3
Drosnay 51 61 E4
Droué 41 77 F4
Droue-sur-Drouette 28 56 B4
Drouges 35 94 A1
Drouilly 51 61 E3
Droupt-St-Basle 10 82 C1
Droupt-Ste-Marie 10 82 C1
Drouville 54 64 C3
Drouvin-le-Marais 62 9 F1
Droux 87 149 D3
Droyes 52 84 B1
Drubec 14 30 A3
Drucat 80 8 C4
Drucourt 27 30 C4
Drudas 31 229 E2
Druelle 12 215 D1
Drugeac 15 182 C2
Druillat 01 156 B3
Drulhe 12 199 D4
Drulingen 67 66 B1
Drumettaz-Clarafond 73 173 E2
Drusenheim 67 67 E2
Druy-Parigny 58 137 E2
Druye 37 115 E2
Druyes-les-Belles-Fontaines 89 102 A4
Dry 45 99 D2
Duault 22 47 D4
Ducey 50 50 C3
Duclair 76 31 E1
Ducy-Ste-Marguerite 14 28 C3
Duerne 69 171 D2
Duesme 21 104 A3
Duffort 32 250 A1
Dugny 93 57 E1
Dugny-sur-Meuse 55 38 C4
Duhort-Bachen 40 226 C2
Duilhac-sous-Peyrepertuse 11 262 A1
Duingt 74 174 A1
Duisans 62 10 A3
Dullin 73 173 D3
Dumes 40 226 B2
Dun 09 252 B3
Dun-le-Palestel 23 150 A2
Dun-le-Poëlier 36 117 F3
Dun-les-Places 58 121 F2
Dun (Montagne de) 71 154 C2
Dun-sur-Auron 18 136 A1
Dun-sur-Grandry 58 121 E4
Dun-sur-Meuse 55 38 B2
Duneau 72 77 D4
Dunes 82 212 A3
Dunet 36 149 E1
Dung 25 107 F4
Dunière-sur-Eyrieux 07 203 E1
Dunières 43 186 C2
Dunkerque 59 3 F1
Duntzenheim 67 66 C2
Duppigheim 67 67 D4
Duran 32 228 B2
Durance 47 210 C2
Durance 4,5,13,84 221 F3
Duranus 06 241 D3
Duranville 27 30 C4
Duras 47 195 E2
Duravel 46 197 D4
Durban 32 228 B3
Durban-Corbières 11 254 B3
Durban-sur-Arize 09 259 F2
Durbans 46 198 B2
Durcet 61 52 B3
Durdat-Larequille 03 151 F2
Dureil 72 96 A2
Durenque 12 215 E3
Durfort 09 251 F2
Durfort 81 231 D4
Durfort-et-St-Martin-de-Sossenac 30 218 A4
Durfort-Lacapelette 82 212 C1
Durlinsdorf 68 108 C4
Durmenach 68 108 C4
Durmignat 63 152 B3
Durnes 25 125 F3
Durningen 67 67 D3
Durrenbach 67 67 D1
Durrenentzen 68 89 E3
Durstel 67 66 B1
Durtal 49 95 F3
Durtol 63 168 A2
Dury 02 18 C3
Dury 62 10 B3
Dury 80 17 E2
Dussac 24 180 B1
Duttlenheim 67 67 D4
Duvy 60 34 B3
Duzey 55 39 D2
Dyé 89 102 C1
Dyo 71 154 C1

E

Eancé 35 94 A2
Eaubonne 95 57 E1
Eaucourt-sur-Somme 80 16 C1
Eaunes 31 229 F4
Eaux-Bonnes 64 256 C2
Eaux-Puiseaux 10 82 C4
Eauze 32 227 E1
Eawy (Forêt d') 76 15 F3
Ébaty 21 140 A1
Ebblinghem 59 4 A3
Ébéon 17 161 E1
Eberbach-Seltz 67 43 F4
Eberbach-Wœrth 67 67 D1
Ebersheim 67 89 E2
Ebersmunster 67 89 E1
Ébersviller 57 40 C2
Éblange 57 40 C3
Ébouleau 02 20 A3
Ébréon 16 162 B1
Ébreuil 03 152 C3
L'Écaille 08 36 D2
Écaillon 59 10 C2
Écajeul 14 29 F4
Écalgrain (Baie d') 50 24 B1
Écalles-Alix 76 15 D4
Écaquelon 27 31 D3
Écardenville-la-Campagne 27 31 D4
Écardenville-sur-Eure 27 32 A4
Écausseville 50 25 D3
Écauville 27 31 E4
Eccica-Suarella 2A 266 C4
Eccles 59 12 C3
Échalas 69 171 E3
Échallat 16 162 B2
Échallon 01 157 E2
Échalot 21 104 B3
Échalou 61 52 B3
Échandelys 63 169 D4
Échannay 21 123 D2
Écharcon 91 57 F4
Échassières 03 152 B3
Échauffour 61 53 F3
Échavanne 70 107 F3
Échay 25 125 D4
Échebrune 17 161 E3
L'Échelle 08 21 D3
L'Échelle-St-Aurin 80 18 A3
Les Échelles 73 173 E4
Échelles de la Mort 25 126 C2
Échemines 10 82 C2
Échemiré 49 95 F4
Échenans 25 107 E4
Échenans-sous-Mont-Vaudois 70 107 F3
Échenay 52 85 E1
Échenevex 01 157 F1
Échenon 21 124 A3
Échenoz-la-Méline 70 106 B3
Échenoz-le-Sec 70 106 C4
Échevanne 70 124 C1
Échevannes 21 105 D4
Échevannes 25 125 F3
Échevis 26 188 C3
Échevronne 21 123 E3
Échigey 21 123 F3
Échillais 17 160 C1
Échilleuses 45 80 B3
Echinghen 62 2 C4
Échiré 79 146 B1
Échirolles 38 189 E3
Échouboulains 77 81 D1
Échourgnac 24 178 C3
Eckartswiller 67 66 B2
Eckbolsheim 67 67 D3
Eckmühl (Phare d') 29 68 B4
Eckwersheim 67 67 D2
Éclaibes 59 12 B3
Éclaires 51 62 B1
Éclance 10 84 B2
Éclans 39 124 C3
Éclaron 52 62 A4
Eclassan 07 187 E3
Écleux 39 124 C4
Éclimeux 62 9 D2
Éclose 38 172 B4
Écluse 66 262 C3
Écluse (Défilé de l') 01 157 E3
Éclusier-Vaux 80 18 B2
Écluzelles 28 55 F3
Écly 08 36 C1
Écoche 42 154 C3
Écoivres 62 9 E3
École 25 125 D2
École 73 174 A2
Écollemont 51 61 F4
Écoman 41 98 B2
Écommoy 72 96 C2
Écoquenéauville 50 27 D1
Écorcei 61 54 B3
Les Écorces 25 126 C2
Écorches 61 53 E2
Écordal 08 37 E1
Écorpain 72 97 E1
Écos 27 32 B4
Écot 25 126 C1
Écot-la-Combe 52 85 E3
Écotay-l'Olme 42 170 A3
Écots 14 53 D1
Écouché 61 53 D3
Écouen 95 57 E1
Écouflant 49 95 D4
Écouges (Route des) 38 188 C3
Écouis 27 32 B2
Écourt-St-Quentin 62 10 C3
Écoust-St-Mein 62 10 B3
Écouves (Forêt d') 61 53 D4
Écouviez 55 22 C4
L'Écouvotte 25 125 F1
Écoyeux 17 161 E1
Ecquedecques 62 9 E1
Ecques 62 3 F4
Ecquetot 27 31 E3
Ecquevilly 78 56 C1
Écrainville 76 14 B4
Écrammeville 14 28 A2
Les Écrennes 77 81 D1
Écretteville-lès-Baons 76 14 C4
Écretteville-sur-Mer 76 14 B3
Écriennes 51 61 F3
Écrille 39 141 E4
Écrins (Parc National des) 05,38 206 C1
Écromagny 70 107 E2
Écrosnes 28 56 B4
Écrouves 54 63 F3
Ectot-l'Auber 76 15 E4
Ectot-lès-Baons 76 15 D4
Écublé 28 55 F4
Écueil 51 36 B3
Écueillé 36 117 D4
Écuélin 59 12 B3
Écuelle 70 105 E4
Écuelles 71 140 B1
Écuelles 77 80 C2
Écuillé 49 95 D3
Écuires 62 8 B2
Écuisses 71 139 E2
Éculleville 50 24 B1
Écully 69 171 E2
Écuras 16 163 E3
Écurat 17 161 D2
Écurcey 25 126 C1
Écurey-en-Verdunois 55 38 C2
Écurie 62 10 A2
Écury-le-Repos 51 60 C2
Écury-sur-Coole 51 61 D2
Écutigny 21 123 D4
Écuvilly 60 18 C4
Edern 29 69 D2
Édon 16 163 D4
Les Éduts 17 146 C4
Eecke 59 4 B3
Effiat 63 153 D4
Effincourt 52 85 E1
Effry 02 20 B2
Égat 66 261 D3
Égleny 89 101 F2
Égletons 19 182 A1
Égligny 77 81 E1
Eglingen 68 108 B3
Église-Neuve-de-Vergt 24 179 E3
Église-Neuve-d'Issac 24 179 D4
Égliseneuve-d'Entraigues 63 183 E1
Égliseneuve-des-Liards 63 168 C4
Égliseneuve-près-Billom 63 168 C2
Les Églises-aux-Bois 19 165 F3
Les Églises-d'Argenteuil 17 146 B4
Églisolles 63 169 F4
Les Églisottes-et-Chalaures 33 178 B3
Égly 91 57 E4
Égreville 77 81 D3
Égriselles-le-Bocage 89 81 E4
Égry 45 80 A4
Éguelshardt 57 42 C4
Eguenigue 90 108 A3
L'Éguille 17 160 B2
Éguilles 13 237 D3
Éguilly 21 122 C2
Éguilly-sous-Bois 10 84 A3
Éguisheim 68 89 D3
Éguzon 36 149 F1
Éhuns 70 106 C2
Eichhoffen 67 89 D1
Eincheville 57 41 D4
Einvaux 54 64 C4
Einville-au-Jard 54 65 D3
Eix 55 39 D3
Élan 08 21 E3
Élancourt 78 56 C3
Elbach 68 108 B3
Elbeuf 76 31 E3
Elbeuf-en-Bray 76 32 C1
Elbeuf-sur-Andelle 76 32 A1
Élencourt 60 16 C3
Élesmes 59 12 B3
Életot 76 14 B3
Éleu-Dit-Leauwette 62 10 A2
Élincourt 59 19 D1
Élincourt-Ste-Marguerite 60 34 B1
Élise-Daucourt 51 37 F4
Ellecourt 76 16 C3
Elliant 29 69 E3
Ellon 14 28 C3
Elne 66 263 D3
Elnes 62 3 E4
Éloie 90 107 F2
Éloise 74 157 E3
Elorn 29 45 F2
Éloyes 88 87 F3
Elsenheim 67 89 E3
Elvange 57 41 D4
Elven 56 91 F2
Elzange 57 40 B2
Émagny 25 125 D2
Émalleville 27 31 F4
Émancé 78 56 B4
Émanville 27 31 E4
Émanville 76 15 E4
Emberménil 54 65 E3
Embiez (Ile des) 83 243 F4
Embourie 16 147 D4
Embres-et-Castelmaure 11 254 B4
Embreville 80 16 B1
Embrun 05 206 C3
Embry 62 8 C1
Émerainville 77 58 A2
Émerchicourt 59 10 C3
Émeringes 69 155 E2
Éméville 60 34 C3
Émiéville 14 29 E3
Emlingen 68 108 C3
Emmerin 59 10 B1
Émondeville 50 25 D3
Empeaux 31 229 E3
Empurany 07 187 D4
Empuré 16 147 D4
Empury 58 121 E2
En Calcat 81 231 E4
Encausse 32 229 D2
Encausse-les-Thermes 31 258 C2
Enchanet (Barrage d') 15 182 B4
Enchastrayes 04 207 E4
Enchenberg 57 42 B4
Encourtiech 09 259 E2
Endoufielle 32 229 D3
Énencourt-le-Sec 60 33 D3
Énencourt-Léage 60 32 C2
Enfer (Gouffre d') 42 186 C1
Enfonvelle 52 106 A1
Engayrac 47 212 A2
Engente 10 84 B2
Engenthal 67 66 B3
Engenville 45 79 F3
Enghien-les-Bains 95 57 E1
Engins 38 189 D2
Englancourt 02 20 A2
Englebelmer 80 18 A1
Englefontaine 59 11 E3
Englesqueville-en-Auge 14 30 A2
Englesqueville-la-Percée 14 27 F2
Englos 59 5 D4
Engomer 09 259 E3
Engraviès 09 252 B3
Enguialès 12 199 F3
Enguinegatte 62 3 F4
Engwiller 67 67 D1
Ennemain 80 18 C2
Ennery 57 40 B3
Ennery 95 33 E4
Ennetières-en-Weppes 59 5 D4
Ennevelin 59 10 C1
Ennezat 63 168 B1
Ennordres 18 119 D1
Enquin-les-Mines 62 9 E1
Enquin-sur-Baillons 62 8 C1
Ens 65 258 A4
Ensérune (Oppidum d') 34 255 D1
Ensigné 79 146 C3
Ensisheim 68 108 C1
Ensuès-la-Redonne 13 242 C2
Entrages 04 222 B2
Entraigues 38 189 F4
Entraigues 63 168 B1
Entraigues-sur-Sorgues 84 219 F3
Entrains-sur-Nohain 58 120 B1
Entrammes 53 74 C4
Entrange 57 40 A1
Entraunes 06 223 D2
Entraygues-sur-Truyère 12 199 F3
Entre-deux-Eaux 88 88 B2
Entre-deux-Guiers 38 173 E4
Entre-deux-Monts 39 142 A3
Entrecasteaux 83 238 C3
Entrechaux 84 220 A2
Entremont 74 158 C4
Entremont-le-Vieux 73 173 E4
Entrepierres 04 221 F2
Entrevaux 04 223 E3
Entrevennes 04 221 F4
Entrevernes 74 174 A1
Entzheim 67 67 D4
Enval 63 168 A1
Enveitg 66 261 D4
Envermeu 76 15 F2
Envronville 76 14 C4
Éourres 05 221 D2
Eoux 31 250 C1
Épagne 10 83 F2
Épagne-Epagnette 80 16 C1
Épagny 02 35 D1
Épagny 21 123 E1
Épagny 74 158 A4
Épaignes 27 30 C3
Épaney 14 53 D1
Épannes 79 146 A2
Éparcy 02 20 B2
Les Éparges 55 39 D4
Épargnes 17 160 C3
Les Éparres 38 172 B4
Épaumesnil 80 16 C2
Épaux-Bézu 02 35 E4
Épeautrolles 28 78 B2
Épécamps 80 9 D4
Épégard 27 31 E3
Épehy 80 18 C1
Épeigné-les-Bois 37 116 C2
Épeigné-sur-Dême 37 97 D3
Épénancourt 80 18 B3
Épenède 16 148 A4
Épenouse 25 126 A2
Épenoy 25 126 A3
Épense 51 62 A1
Épercieux-St-Paul 42 170 B2
Éperlecques 62 3 E3
Épernay 51 36 B4
Épernay-sous-Gevrey 21 123 E3
Épernon 28 56 B4
Éperrais 61 77 D1
Épersy 73 173 E2
Épertully 71 139 E1
Épervans 71 140 A2
Les Epesses 85 130 A1
Épeugney 25 125 E3
Epfig 67 89 D1
Épiais 41 98 B2
Épiais-lès-Louvres 95 58 A1
Épiais-Rhus 95 33 E4
Épieds 02 35 E4
Épieds 27 55 F1
Épieds 49 114 C3
Épieds-en-Beauce 45 98 C1
Épierre 73 174 B4
Épiez-sur-Chiers 54 39 D1
Épiez-sur-Meuse 55 63 E4
Épinac 71 122 C4
Épinal 88 87 E3
Épinant 52 85 F4
Épinay 27 54 B1
Épinay-Champlâtreux 95 33 F4
L'Épinay-le-Comte 61 74 C1
Épinay-sous-Sénart 91 58 A3
Épinay-sur-Duclair 76 31 D1
Épinay-sur-Odon 14 28 C4
Épinay-sur-Orge 91 57 E3
Épinay-sur-Seine 93 57 E1
L'Épine 05 205 E4
L'Épine 51 61 E1
L'Épine 85 110 B4
L'Épine-aux-Bois 02 59 E2
Épine (Col de l') 73 173 E3
Épineau-les-Voves 89 102 A1
Épineu-le-Chevreuil 72 75 F4
Épineuil 89 102 C2
Épineuil-le-Fleuriel 18 136 A4
Épineuse 60 34 A2
Épineux-le-Seguin 53 95 E1
Épiniac 35 50 A4
Épinonville 55 38 B2
Épinouze 26 187 F1
Épinoy 62 10 C3
Épiry 58 121 E3
Épisy 77 80 C2
Épizon 52 85 E2
Éplessier 80 17 D3
Éply 54 64 B1
Époisses 21 103 E4
Épône 78 56 C1
Épothémont 10 84 B1
Épouville 76 14 A4
Époye 51 36 C3
Eppe-Sauvage 59 12 C4
Eppes 02 36 A1
Eppeville 80 18 C3
Epping 57 42 B3
Épretot 76 30 B1
Épreville 76 14 B3
Épreville-en-Lieuvin 27 30 C3
Épreville-en-Roumois 27 31 D2
Épreville-près-le-Neubourg 27 31 E4
Épron 14 29 D3
Eps 62 9 E2
Epte 27,60,95 32 C3
Épuisay 41 97 F1
Équancourt 80 18 C1
Équemauville 14 30 A2
Équennes-Éramecourt 80 17 D3
Équeurdreville-Hainneville 50 24 C2
Équevilley 70 106 C2
Équevillon 39 142 A2
Équihen-Plage 62 2 B4
Équilly 50 50 C2
Équirre 62 9 D1
Éragny 95 57 D1

288 Éra - Fer

Éragny-sur-Epte 60 32 C2
Eraines 14 53 D1
Éraville 16 162 A3
Erbajolo 2B 267 E1
Erbéviller-sur-Amezule 54 64 C3
Erbray 44 93 F3
Erbrée 35 74 A3
Ercé 09 259 F3
Ercé-en-Lamée 35 93 E2
Ercé-près-Liffré 35 73 E2
Erceville 45 79 E3
Erches 80 18 A3
Ercheu 80 18 C3
Erchin 59 10 C3
Erching 57 42 B3
Erckartswiller 67 66 B1
Ercourt 80 16 C1
Ercuis 60 33 F3
Erdeven 56 90 C3
Erdre 41 112 A1
Éréac 22 72 A2
Ergersheim 67 66 C3
Ergnies 80 8 C4
Ergny 62 8 C1
Ergué-Gabéric 29 69 D3
Érin 62 9 D2
Éringes 21 103 F4
Eringhem 59 3 F2
Érize-la-Brûlée 55 62 C2
Érize-la-Grande 55 62 C1
Érize-la-Petite 55 62 C1
Érize-St-Dizier 55 62 C2
Erlon 02 19 F3
Erloy 02 20 A2
Ermenonville 60 34 B4
Ermenonville-la-Grande 28 78 B2
Ermenonville-la-Petite 28 78 B2
Ermenouville 76 15 D3
Ermitage (Château de l') 59 11 E1
Ermont 95 57 E1
Ernecourt 55 63 D3
Ernée 53 74 B2
Ernemont-Boutavent 60 16 C4
Ernemont-la-Villette 76 32 C1
Ernemont-sur-Buchy 76 32 A1
Ernes 14 53 D1
Ernestviller 57 41 F4
Ernolsheim-Bruche 67 67 D3
Ernolsheim-lès-Saverne 67 66 C2
Erny-St-Julien 62 3 F4
Érôme 26 187 E3
Érondelle 80 16 C1
Érone 2B 265 E4
Éroudeville 50 25 D3
Erp 09 259 E3
Erquery 60 33 F2
Erquinghem-le-Sec 59 5 D4
Erquinghem-Lys 59 4 C4
Erquinvillers 60 34 A1
Erquy 22 48 C3
Err 66 261 D4
Erre 59 11 D2
Errevet 70 107 F3
Errouville 54 39 E1
Ersa 2B 264 B1
Erstein 67 89 E1
Erstroff 57 41 E4
Ervauville 45 81 D4
Ervillers 62 10 A4
Ervy-le-Châtel 10 82 C4
Esbareich 65 250 A4
Esbarres 21 124 A3
Esbly 77 58 B2
Esboz-Brest 70 107 D2
Escala 65 250 A3
Escalans 40 210 B4
L'Escale 04 221 F3
Escales 11 254 B2
Escalette (Pas de l') 34 233 E1
Escalles 62 2 C2
Escalquens 31 230 B3
Escames 60 32 C1
Escamps 46 213 F1
Escamps 89 102 A3
Escandolières 12 199 E4
Escanecrabe 31 250 B1
Escardes 51 59 F3
L'Escarène 06 241 E3
Escarmain 59 11 E3
Escaro 66 261 F3
Escassefort 47 195 F3
Escatalens 82 212 C4
Escaudain 59 11 D2
Escaudes 33 210 A1
Escaudœuvres 59 10 C4
Escaufourt 59 19 E1
Escaunets 65 249 D1
Escaut 2,59 10 C3
Escautpont 59 11 E2
Escazeaux 82 229 D1
Eschau 67 67 D4
Eschbach 67 67 D1
Eschbach-au-Val 68 88 C4
Eschbourg 67 66 B2
Eschentzwiller 68 108 C2
Escherange 57 39 F1
Esches 60 33 E3
Eschwiller 67 66 A1
Esclagne 09 252 C4
Esclainvillers 80 17 F3
Esclanèdes 48 201 E4
Esclassan-Labastide 32 224 B4
Esclauzels 46 198 A4
Esclavelles 76 16 A3
Esclavolles-Lurey 51 60 A4
Escles 88 87 D3
Escles-St-Pierre 60 16 C3
Esclottes 47 195 E2
Escobecques 59 5 D4
Escœuilles 62 3 D3
Escoire 24 179 F2
Escolives-Ste-Camille 89 102 B3
Escombres-et-le-Chesnois 08 22 A3
Escondeaux 65 249 E1
Esconnets 65 257 F2
Escorailles 15 182 C3
Escornebœuf 32 229 D2
Escorpain 28 55 E3
Escos 64 225 E4
Escosse 09 252 A2
Escot 64 248 A3
Escots 65 257 F2
Escou 64 248 A2
Escoubès 64 226 C4
Escoubès-Pouts 65 249 D2
Escoulis 31 251 D3
Escouloubre 11 261 E2
Escource 40 208 B2
Escoussans 33 194 C2
Escoussens 81 231 E3
Escout 64 248 A2
Escoutoux 63 169 D2
Escoville 14 29 E3
Escragnolles 06 239 F1
Escrennes 45 79 F4
Escrignelles 45 100 C3
Escroux 81 232 A2
Escueillens 11 252 C3
Escurès 64 227 D4
Escures-sur-Favières 14 29 E4
Escurolles 03 153 D3
Ésery 74 158 B3
Eslettes 76 31 E1
Esley 88 86 C3
Eslourenties-Daban 64 249 D1
Esmans 77 81 D2
Esmery-Hallon 80 18 C3
Esmoulières 70 107 E1
Esmoulins 70 124 B1
Esnandes 17 145 D2
Esnans 25 125 F1
Esnes 59 11 D4
Esnes-en-Argonne 55 38 B3
Esnoms-au-Val 52 105 D3
Esnon 89 102 B1
Esnouveaux 52 85 E3
Espagnac 19 182 A2
Espagnac-Ste-Eulalie 46 198 B3
Espagne (Pont d') 65 257 D3
Espagnols (Pointe des) 29 45 D3
Espalais 82 212 B3
Espalem 43 184 B2
Espalion 12 200 A4
Espaly-St-Marcel 43 185 F4
Espanès 31 230 A4
Espaon 32 228 C4
Esparron 05 205 F4
Esparron 31 250 C1
Esparron 83 238 A3
Esparron-de-Verdon 04 238 B1
Esparron-la-Bâtie 04 222 A1
Esparros 65 249 F3
Esparsac 82 212 B4
Espartignac 19 181 E1
Espas 32 227 E1
Espaubourg 60 32 C2
Espèche 65 249 F3
Espéchède 64 248 C1
Espédaillac 46 198 B3
Espelette 64 224 B4
Espeluche 26 203 F3
Espenel 26 204 C2
Espérausses 81 232 A2
Espéraza 11 253 E4
Esperce 31 251 F1
Espère 46 197 F4
L'Espérou 30 217 D3
Espès-Undurein 64 247 E1
Espeyrac 12 199 F3
Espeyroux 46 198 C2
Espezel 11 261 D1
Espieilh 65 257 F2
Espiens 47 211 D2
Espiet 33 194 C1
Espinas 82 214 A2
Espinasse 15 200 B1
Espinasse 63 152 A4
Espinasse-Vozelle 03 153 D3
Espinasses 05 206 B3
Espinchal 63 183 F1
Espinouse (Monts de l') 34 232 C3
Espins 14 52 B1
Espira-de-Conflent 66 262 A2
Espira-de-l'Agly 66 262 C1
Espirat 63 168 C2
Espiute 64 225 E4
Esplantas 43 201 E1
Esplas 09 252 A2
Esplas-de-Sérou 09 251 F4
Espoey 64 248 C1
Espondeilhan 34 233 E4
Esprels 70 107 D4
Esquay-Notre-Dame 14 29 D4
Esquay-sur-Seulles 14 28 C2
Esquéhéries 02 19 F1
Esquelbecq 59 4 A2
Esquennoy 60 17 E4
Esquerchin 59 10 B2
Esquerdes 62 3 E4
Esquibien 29 68 B2
Esquièze-Sère 65 257 E3
Esquiule 64 247 F2
Les Essards 16 178 B2
Les Essards 17 161 D2
Les Essards 37 115 D2
Les Essards-Taignevaux 39 141 D1
Essarois 21 104 B2
Essars 62 9 F1
Les Essarts 27 55 D2
Les Essarts 41 97 E3
Les Essarts 85 129 E2
Les Essarts-le-Roi 78 56 C3
Les Essarts-le-Vicomte 51 59 F3
Les Essarts-lès-Sézanne 51 60 A3
Essavilly 39 142 B2
Essay 61 53 E4
Esse 16 148 B4
Essé 35 93 F1
Essegney 88 87 D1
Les Esseintes 33 195 D3
Essert 89 102 C3
Essert 90 107 F3
Essert-Romand 74 159 D2
Essertaux 80 17 E3
Essertenne 71 139 E2
Essertenne-et-Cecey 70 124 B1
Essertines-en-Châtelneuf 42 169 F3
Essertines-en-Donzy 42 170 C2
Esserts-Blay 73 174 B3
Esserts-Salève 74 158 B3
Esserval-Combe 39 142 B2
Esserval-Tartre 39 142 B2
Essey 21 122 C3
Essey-et-Maizerais 54 63 F1
Essey-la-Côte 54 87 E1
Essey-les-Eaux 52 85 E4
Essey-lès-Nancy 54 64 C3
Essey-les-Ponts 52 84 C4
Essia 39 141 E3
Essigny-le-Grand 02 19 D3
Essigny-le-Petit 02 19 D2
Essises 02 59 E1
Essômes-sur-Marne 02 59 E1
Esson 14 52 B1
Essonne 45 80 A3
Essoyes 10 84 A4
Essuiles 60 33 E1
Estables 48 201 E3
Les Estables 43 202 C1
Establet 26 205 D3
Estadens 31 258 C2
Estagel 66 262 B1
Estaing 12 200 A3
Estaing 65 257 D2
Estaires 59 4 C4
Estal 46 198 C1
Estampes 32 227 F4
Estampures 65 227 F4
Estancarbon 31 258 C1
Estandeuil 63 168 C3
Estang 32 227 D1
L'Estaque 13 243 D2
Estaque (Chaîne de l') 13 242 C2
Estarvielle 65 258 A3
Estats (Pic d') 09 260 A2
Estavar 66 261 D3
Esteil 63 184 C1
Esténos 31 250 B4
Estensan 65 258 A3
Esterel (Massif de l') 83 249 F3
Estérençuby 64 246 C2
Esternay 51 59 F3
Esterre 65 257 E3
Estevelles 62 10 B1
Esteville 76 15 F4
Estézargues 30 219 D4
Estialescq 64 248 A2
Estibeaux 40 225 F2
Estigarde 40 210 B3
Estillac 47 211 E2
Estipouy 32 228 A3
Estirac 65 227 E3
Estissac 10 82 C2
Estivals 19 181 D4
Estivareilles 03 151 F1
Estivareilles 42 186 A1
Estivaux 19 181 D2
Estoher 66 262 A3
Estos 64 248 A2
Estoublon 04 222 A4
Estouches 91 79 F2
Estourmel 59 11 D4
Estouteville-Écalles 76 16 A4
Estouy 45 80 A3
Estrablin 38 171 F4
Estramiac 32 228 C1
Estrebay 08 20 C2
Estrébœuf 80 8 A4
L'Estréchure 30 217 F3
Estrée 62 8 B1
Estrée-Blanche 62 9 E1
Estrée-Cauchy 62 9 F2
Estrée-Wamin 62 9 E3
Estréelles 62 8 B1
Estrées 02 19 D1
Estrées 59 10 C3
Estrées-Deniécourt 80 18 B2
Estrées-en-Chaussée 80 18 C1
Estrées-la-Campagne 14 52 C1
Estrées-lès-Crécy 80 8 C3
Estrées-Mons 80 18 C2
Estrées-St-Denis 60 34 A2
Estrées-sur-Noye 80 17 E3
Estrennes 88 86 C2
Estreux 59 11 E2
Estry 14 51 F1
Esves-le-Moutier 37 116 B4
Esvres 37 116 A2
Eswars 59 10 C3
Étable 73 174 A4
Étables 07 187 E3
Étables-sur-Mer 22 48 A2
Étagnac 16 163 F1
Étaimpuis 76 15 F4
Étain 55 39 D3
Étaing 62 10 B3
Étainhus 76 14 B4
Étais 21 103 F3
Étais-la-Sauvin 89 120 C1
Étalans 25 125 F3
Étalante 21 104 B3
Étalle 08 21 D2
Étalleville 76 15 D3
Étalon 80 18 B3
Étalondes 76 16 A1
Étampes 91 79 F1
Étampes-sur-Marne 02 59 E1
L'Étang-Bertrand 50 24 C3
L'Étang-la-Ville 78 57 D2
Étang-sur-Arroux 71 138 C2
L'Étang-Vergy 21 123 E3
Les Étangs 57 40 C3
Étaples 62 8 B1
Étaule 89 102 C4
Étaules 17 160 B2
Étaules 21 123 E1
Étauliers 33 177 E2
Étaux 74 158 B3
Étaves-et-Bocquiaux 02 19 E2
Étavigny 60 34 C4
Etcharry 64 247 E1
Etchebar 64 247 E2
Éteignières 08 21 D2
Eteimbes 68 108 A2
Étel 56 90 C2
Ételfay 80 18 A4
Étercy 74 173 F1
Éternoz 25 125 E4
Éterpigny 62 10 B3
Éterpigny 80 18 C2
Éterville 14 29 D3
Étevaux 21 124 A2
Eth 59 11 E2
Étienville 50 25 D4
Étigny 89 81 F3
Les Étilleux 28 77 E3
Étinehem 80 18 A2
Étiolles 91 57 F4
Étival 39 141 F4
Étival-Clairefontaine 88 88 A1
Étival-lès-le-Mans 72 96 B1
Étivey 89 103 D3
Étobon 70 107 E3
Étoges 51 60 B2
L'Étoile 39 141 E2
L'Étoile 80 17 D1
Étoile (Chaîne de l') 13 243 D2
Étoile (Chapelle de l') 73 173 E2
Étoile-St-Cyrice 05 221 D1
Étoile-sur-Rhône 26 204 A1
Éton 55 39 D2
Étormay 21 104 A4
Étouars 24 163 E3
Étourvy 10 103 D1
Étoutteville 76 15 D3
Étouvans 25 107 E4
Étouvelles 02 35 F1
Étouvy 14 51 E1
Étouy 60 33 F2
Étrabonne 25 124 C2
Étrappe 25 107 E4
L'Étrat 42 170 C4
Étray 25 126 A3
Étraye-Wavrille 55 38 C2
Étréaupont 02 20 A2
Étrechet 36 134 C2
Étréchy 18 119 E3
Étréchy 51 60 B2
Étréchy 91 79 F1
Étréham 14 28 B2
Étreillers 02 18 C2
Étréjust 80 16 C2
Étrelles 35 74 A4
Étrelles-et-la-Montbleuse 70 106 A4
Étrelles-sur-Aube 10 60 B4
Étrembières 74 158 B2
Étrépagny 27 32 B3
Étrepigney 39 124 C3
Étrépigny 08 21 E3
Étrépilly 02 35 E4
Étrépilly 77 58 C1
Étrepy 51 62 A3
Étretat 76 14 A3
Étreux 02 19 F1
Étreval 54 86 C1
Étréville 27 31 D2
Étrez 01 156 B1
Étriac 16 162 B4
Étriché 49 95 E3
Étricourt-Manancourt 80 18 C1
Étrigny 71 140 A3
Étrochey 21 103 F1
Étrœungt 59 20 A1
Étroitefontaine 70 107 D3
Les Étroits (Défilé) 74 158 C4
Étroits (Défilé des) 05 205 F2
Étroussat 03 152 C3
Étrun 59 10 C3
Étrun 62 10 A3
Etsaut 64 256 B3
Ettendorf 67 67 D2
Etting 57 42 A4
Étueffont 90 108 A2
Étufs (Cascade d') 21 104 C2
Étupes 25 108 A4
Éturqueraye 27 31 D2
Étusson 79 113 F4
Étuz 70 125 D1
Etzling 57 41 F3
Eu 76 16 A1
Eu (Haute Forêt d') 76 16 B2
Euffigneix 52 84 C3
Eugénie-les-Bains 40 226 C2
Euilly-et-Lombut 08 22 A4
Eulmont 54 64 B2
Eup 31 250 B4
Eure 27,28 55 F2
Eurre 26 204 A2
Eurville 52 62 B4
Eus 66 262 A2
Euvezin 54 63 F1
Euville 55 63 E3
Euvy 51 60 C3
Euzet 30 218 B3
Évaillé 72 97 D1
Évans 39 124 C3
Évaux-et-Ménil 88 87 D2
Évaux-les-Bains 23 151 E3
Ève 60 34 B4
Éveaux (Gorge des) 74 158 C3
Évecquemont 78 56 C1
Évenos 83 244 A2
Évergnicourt 02 36 B2
Everly 77 81 E1
Évette-Salbert 90 107 F3
Éveux 69 171 D1
Évian-les-Bains 74 143 D4
Évigny 08 21 E3
Évillers 25 125 F4
Évin-Malmaison 62 10 B2
Évires 74 158 B3
Évisa 2A 266 B2
Évosges 01 156 C4
Évran 22 72 C1
Évrange 57 40 B1
Évrecy 14 28 C4
Èvres 55 62 B1
Évreux 27 55 E1
Évricourt 60 18 B4
Évriguet 56 71 F3
Évron 53 75 E3
Évry 89 81 E3
Évry 91 57 F4
Évry-les-Châteaux 77 58 A3
Excenevex 74 158 B1
Excideuil 24 180 B1
Exermont 08 38 A2
Exideuil 16 163 E1
Exincourt 25 107 F4
Exireuil 79 146 C1
Exmes 61 53 E3
Exoudun 79 147 D1
Expiremont 17 177 F1
Eybens 38 189 E2
Eybouleuf 87 165 D2
Eyburie 19 165 E4
Eycheil 09 259 E2
Eydoche 38 172 B4
Eygalayes 26 221 D2
Eygalières 13 236 B1
Eygaliers 26 220 B2
Eygliers 05 207 D2
Eygluy-Escoulin 26 204 B1
Eygues 5,26 220 A1
Eyguians 05 221 E1
Eyguières 13 236 C2
Eygurande 19 167 D3
Eygurande-Gardedeuil 24 178 B3
Eyjeaux 87 165 D2
Eyliac 24 180 A3
Eymet 24 195 F3
Eymeux 26 188 B3
Eymouthiers 16 163 E3
Eymoutiers 87 165 E2
Eyne 66 261 D4
Eynesse 33 195 E1
Eyragues 13 236 B1
Eyrans 33 177 D2
Eyre 33,40 193 D3
Eyrein 19 182 A1
Eyrenville 24 196 B2
Eyres-Moncube 40 226 B2
Eyrieux (Vallée de l') 07 203 E1
Eyroles 26 204 C4
Eysines 33 194 A1
Eysson 25 126 A2
Eysus 64 248 A2
Eyvirat 24 179 F2
Eywiller 67 66 A1
Eyzahut 26 204 A3
Eyzerac 24 180 A1
Les Eyzies-de-Tayac 24 180 A4
Eyzin-Pinet 38 171 F4
Ézanville 95 57 E1
Èze 06 241 E4
Ézy-sur-Eure 27 55 F2

F

Fa 11 253 D4
Fabas 09 251 D3
Fabas 31 250 C1
Fabas 82 229 F1
Fabras 07 203 D3
Fabrègues 34 234 B3
Fabrezan 11 254 A2
Faches-Thumesnil 59 10 B1
Fâchin 58 121 F4
Fades (Viaduc des) 63 152 A4
La Fage-Montivernoux 48 200 C2
La Fage-St-Julien 48 201 D2
Le Faget 31 230 C3
Faget-Abbatial 32 228 B3
Fagnières 51 61 D1
Fagnon 08 21 E3
Fahy-lès-Autrey 70 105 E4
Failly 57 40 B3
Faimbe 25 107 E4
Fain-lès-Montbard 21 103 F3
Fain-lès-Moutiers 21 103 E4
Fains 27 55 F1
Fains-la-Folie 28 78 C3
Fains-les-Sources 55 62 B2
Fajac-en-Val 11 253 F3
Fajac-la-Relenque 11 252 B1
Fajoles 46 197 F2
La Fajolle 11 261 D1
Fajolles 82 212 B4
Falaise 08 37 F2
Falaise 14 52 C2
La Falaise 78 56 C1
Falck 57 41 D3
Faleyras 33 194 C2
Falga 31 230 C4
Le Falgoux 15 183 E3
Falgoux (Cirque du) 15 183 E3
Falgoux (Vallée du) 15 183 D3
Falgueyrat 24 196 A2
Falicon 06 241 D4
Falkenstein (Château de) 57 42 C4
Falkwiller 68 108 B2
Fallencourt 76 16 B2
Fallerans 25 125 F3
Falleron 85 128 C1
Falletans 39 124 B3
Fallon 70 107 D4
La Faloise 80 17 F3
Fals 47 211 F3
Falvy 80 18 C2
Famars 59 11 E3
Famechon 62 9 E4
Famechon 80 17 D3
Fameck 57 40 B2
Familly 14 54 A1
Fampoux 62 10 A3
Fanget (Col du) 04 222 B1
Fango 2B 266 B1
Fanjeaux 11 253 D2
Fanlac 24 180 B3
Le Faou 29 45 E4
Le Faouët 22 47 E2
Le Faouët 56 70 A3
Faramans 01 172 A1
Faramans 38 188 B1
Farbus 62 10 A2
Farceaux 27 32 B3
La Fare-en-Champsaur 05 206 A2
La Fare-les-Oliviers 13 237 D3
Farébersviller 57 41 E3
Fareins 01 155 E4
Faremoutiers 77 58 C2
Farges 01 157 F3
Les Farges 24 180 B3
Farges-Allichamps 18 135 F2
Farges-en-Septaine 18 119 E4
Farges-lès-Chalon 71 140 A2
Farges-lès-Mâcon 71 140 A4
Fargniers 02 19 D4
Fargues 33 194 C3
Fargues 40 226 B2
Fargues 46 197 E4
Fargues-St-Hilaire 33 194 B1
Fargues-sur-Ourbise 47 210 C2
Farincourt 52 105 F3
Farinole 2B 265 E2
La Farlède 83 244 B2
Farnay 42 171 D4
Faron (Mont) 83 244 A3
Faronville 45 79 E3
Farschviller 57 41 E3
Fatines 72 76 C4
Fatouville-Grestain 27 30 B2
Le Fau 15 183 D3
Fau-de-Peyre 48 201 D2
Fauch 81 231 E1
Faucigny 74 158 B3
La Faucille (Col de) 01 157 F1
Faucogney-et-la-Mer 70 107 E1
Faucompierre 88 87 F3
Faucon 84 220 B1
Faucon-de-Barcelonnette 04 207 D4
Faucon-du-Caire 04 206 A4
Fauconcourt 88 87 E1
Faucoucourt 02 35 E1
Faudoas 82 229 D1
Le Fauga 31 229 F4
Faugères 07 202 C4
Faugères 34 233 D3
Fauguernon 14 30 B3
Fauguerolles 47 195 F4
Fauillet 47 195 F4
Le Faulq 14 30 B3
Faulquemont 57 41 D4
Faulx 54 64 B2
Faumont 59 10 C2
Fauquembergues 62 3 E4
La Faurie 05 205 E3
Faurilles 24 196 B2
Fauroux 82 212 B2
Faussergues 81 215 D3
La Faute-sur-Mer 85 144 C1
Fauverney 21 123 F2
Fauville 27 55 E1
Fauville-en-Caux 76 14 C4
Faux 08 31 D1
Faux 24 196 B2
Faux-Fresnay 51 60 B4
Faux-la-Montagne 23 166 A2
Faux-Mazuras 23 165 F1
Faux-Vésigneul 51 61 D2
Faux-Villecerf 10 82 B2
Favalello 2B 267 E1
Favars 19 181 E2
Faveraye-Mâchelles 49 113 F2
Faverdines 18 136 A3
Faverelles 45 101 D4
Faverges 74 174 B2
Faverges-de-la-Tour 38 172 C3
Faverney 70 106 B2
Faverois 90 108 B4
Faverolles 02 35 D3
Faverolles 15 184 B4
Faverolles 28 56 B3
Faverolles 36 117 D3
Faverolles 52 105 D1
Faverolles 61 52 C3
Faverolles 80 18 A4
Faverolles-et-Coëmy 51 36 A3
Faverolles-la-Campagne 27 55 D1
Faverolles-lès-Lucey 21 104 B2
Faverolles-sur-Cher 41 116 C2
La Favière 39 142 A2
Favières 28 78 A1
Favières 54 86 B1
Favières 77 58 B3
Favières 80 8 B3
Favresse 51 61 F3
Favreuil 62 10 A4
Favrieux 78 56 B1
Le Favril 27 30 C3
Le Favril 28 78 A1
Le Favril 59 11 F4
Fay 61 54 A3
Fay 72 76 A4
Fay 80 18 B2
Le Fay 71 141 D3
Fay-aux-Loges 45 99 F1
Fay-de-Bretagne 44 111 E1
Fay-en-Montagne 39 141 E2
Fay-le-Clos 26 187 E2
Fay-les-Étangs 60 33 D3
Fay-lès-Marcilly 10 82 B2
Faÿ-lès-Nemours 77 80 C3
Le Fay-St-Quentin 60 33 E1
Fay-sur-Lignon 43 186 B4
Faycelles 46 198 C3
Faye 41 98 A2
La Faye 16 147 E4
Faye-d'Anjou 49 113 F2
Faye-la-Vineuse 37 132 B1
Faye-l'Abbesse 79 131 D2
Faye (Pas de la) 06 240 A1
Faye-sur-Ardin 79 146 B1
Le Fayel 60 34 B2
Fayence 83 239 F2
Fayet 02 19 D2
Fayet 12 232 C1
Le Fayet 74 159 D4
Fayet-le-Château 63 168 C3
Fayet-Ronaye 63 185 D1
Fayl-Billot 52 105 F2
Faymont 70 107 E3
Faymoreau 85 130 B4
Fays 52 84 C1
Fays 88 87 F3
Fays-la-Chapelle 10 83 D
Fayssac 81 214 B
Féas 64 247 F
Febvin-Palfart 62 9 E
Fécamp 76 14 B
Féchain 59 10 C
Fêche-l'Église 90 108 A
Fécocourt 54 86 B
Fédry 70 106 A
Fegersheim 67 67 D
Fégréac 44 92 C
Feigères 74 158 A
Feigneux 60 34 C
Feignies 59 12 B
Feillens 01 155 F
Feings 41 117 D
Feings 61 54 B
Feins 35 73 D
Feins-en-Gâtinais 45 101 D
Feissons-sur-Isère 73 174 C
Feissons-sur-Salins 73 174 C
Fel 61 53 E
Felce 2B 267 E
Feldbach 68 108 C
Feldkirch 68 108 C
Feliceto 2B 264 C
Félines 07 187 E
Félines 43 185 E
Félines-Minervois 34 254 A
Félines-sur-Rimandoule 26 204 B
Félines-Termenès 11 254 A
Felleries 59 12 B
Fellering 68 108 A
Felletin 23 166 B
Felluns 66 262 A
Felon 90 108 A
Felzins 46 199 D
Fenain 59 11 D
Fénay 21 123 F
Fendeille 11 252 C
Fénery 79 131 D
Fénétrange 57 66 A
Feneu 49 95 D
Fèneyrols 82 214 A
Féniers 23 166 B
Féniers (Abbaye de) 15 183 E
Fenioux 17 161 D
Fenioux 79 130 C
Fenneviller 54 65 F
Fénols 81 231 D
Le Fenouiller 85 128 B
Fenouillet 31 229 F
Fenouillet 66 261 F
Fenouillet-du-Razès 11 253 D
Fépin 08 21 E
Fer à Cheval (Cirque du) 39 141 F
Fer à Cheval (Cirque du) 74 159 E
Ferayola 2B 264 A
Fercé 44 93 F
Fercé-sur-Sarthe 72 96 A
Ferdrupt 88 107 E
La Fère 02 19 E
Fère (Château de) 02 35 F
Fère-Champenoise 51 60 B
Fère-en-Tardenois 02 35 F
Férebrianges 51 60 A
La Férée 08 20 C
Férel 56 92 A
Ferfay 62 9 E
Féricy 77 80 C
Férin 59 10 C
Fermanville 50 25 D
La Fermeté 58 137 E
Fermont (Fort de) 54 39 D
Ferney-Voltaire 01 158 A
Fernoël 63 166 C
Férolles 45 99 F
Férolles-Attilly 77 58 A
Féron 59 20 B
Ferques 62 2 C
Ferrals-les-Corbières 11 254 B2
Ferrals-les-Montagnes 34 232 A4
Ferran 11 253 D2
Ferrassières 26 220 C2
Ferrat (Cap) 06 240 C2
Le Ferré 35 50 C4
Ferrensac 47 196 B3
Ferrère 65 250 A4
Les Ferres 06 223 F4
Ferrette 68 108 C4
Ferreux 10 82 B1
La Ferrière 22 71 E3
La Ferrière 37 97 E3
La Ferrière 38 190 A1
La Ferrière 85 129 E2
La Ferrière-Airoux 86 147 F2
La Ferrière-au-Doyen 14 28 B4
La Ferrière-au-Doyen 61 54 B3
La Ferrière-aux-Étangs 61 52 B3
La Ferrière-Béchet 61 53 E4
La Ferrière-Bochard 61 76 A1
La Ferrière-de-Flée 49 94 C2
La Ferrière-Duval 14 52 A1
La Ferrière-en-Parthenay 79 131 E3
Ferrière-et-Lafolie 52 85 D1
Ferrière-Harang 14 51 E1
Ferrière-la-Grande 59 12 B3
Ferrière-la-Petite 59 12 B3
Ferrière-Larçon 37 116 B4
Ferrière-sur-Beaulieu 37 116 C3
La Ferrière-sur-Risle 27 54 C1
Ferrières 17 145 F2
Ferrières 45 80 C4
Ferrières 50 51 E4
Ferrières 54 64 C4
Ferrières 60 17 F4
Ferrières 65 256 C2
Ferrières 74 158 A4
Ferrières 77 58 B2
Ferrières 80 17 E2
Ferrières 81 231 F2
Ferrières-en-Bray 76 32 C1
Ferrières-Haut-Clocher 27 55 D1
Ferrières-la-Verrerie 61 53 F3
Ferrières-le-Lac 25 126 C2
Ferrières-les-Bois 25 125 D2
Ferrières-lès-Ray 70 106 A3

errières-lès-Scey 70 106 B3
errières-les-Verreries 34 234 B1
errières-Poussarou 34 232 C4
errières-St-Hilaire 27 54 B1
errières-St-Mary 15 184 A3
errières-sur-Ariège 09 252 A4
errières-sur-Sichon 03 153 F4
errussac 43 184 C3
ertans 25 125 E4
a Ferté 39 141 E1
a Ferté-Alais 91 80 A1
a Ferté-Beauharnais 41 99 E4
a Ferté-Bernard 72 77 D3
a Ferté-Chevresis 02 19 F3
a Ferté-Frênel 61 54 B2
a Ferté-Gaucher 77 59 E3
a Ferté-Hauterive 03 153 D1
a Ferté-Imbault 41 118 B2
a Ferté-Loupière 89 101 F2
a Ferté-Macé 61 52 C4
a Ferté-Milon 02 35 D3
a Ferté-St-Aubin 45 99 E3
a Ferté-St-Cyr 41 99 D3
a Ferté-St-Samson 76 16 B4
a Ferté-sous-Jouarre 77 59 D1
a Ferté-sur-Chiers 08 22 B4
a Ferté-Vidame 28 55 D4
a Ferté-Villeneuil 28 98 B1
ertrève 58 137 F1
ervaches 50 51 E1
ervaques 14 30 B4
escamps 80 18 A4
esches-le-Châtel 25 108 A4
esmy-le-Sart 02 19 F1
esques 76 16 B3
essanvilliers-Mattanvilliers 28 55 D3
essenheim 68 109 D1
essenheim-le-Bas 67 66 C3
essevillers 25 126 C2
es Fessey 70 107 D2
essy 74 158 C2
estalemps 24 178 C2
estes-et-St-André 11 253 D4
estieux 02 36 A1
estigny 51 36 A4
estigny 89 102 A4
estre (Col du) 05 205 F2
estubert 62 10 A1
e Fête 21 122 C3
éternes 74 158 C1
étigny 39 141 E4
eucherolles 78 57 D2
euchy 62 10 A3
eugarolles 47 211 D2
eugères 50 27 D3
euges 10 83 D2
euguerolles 27 31 E4
euguerolles-Bully 14 29 D4
euguerolles-sur-Seulles 14 28 B4
euilla 11 254 C4
euillade 16 163 D3
a Feuillade 24 181 D3
a Feuillée 29 46 A4
euillères 80 18 B2
a Feuillie 50 26 C3
a Feuillie 76 32 B1
eule 25 126 C1
euquières 60 16 C4
euquières-en-Vimeu 80 16 B1
eurs 42 170 B2
eusines 36 135 E4
eux 18 119 F3
èves 57 40 B3
éy 57 40 B4
ey-en-Haye 54 64 A1
eyt 19 167 D3
eytiat 87 164 C2
eyzin 69 171 E3
iac 81 230 C2
icaja 2B 265 E4
icajola (Anse de) 2A 266 A2
icheux 62 10 A3
ichous-Riumayou 64 226 B3
e Fidelaire 27 54 C1
e Fied 39 141 E2
e Fief-Sauvin 49 112 D2
ieffes-Montrelet 80 17 E1
iefs 62 9 E1
iennes 62 3 D3
ienvillers 80 9 D4
ier 74 158 A4
ier (Gorges du) 74 173 F1
ierville-Bray 14 29 E4
ierville-les-Mines 50 24 C3
ierville-les-Parcs 14 30 B3
e Fieu 33 178 B3
ieulaine 02 19 E2
ieux 47 211 D3
iganières 83 239 E2
Figari 2A 269 D4
Figarol 31 259 D2
Figeac 46 198 C3
Fignévelle 88 86 B4
Fignières 80 18 A3
Filain 02 35 F1
Filain 70 106 C4
Filières 76 14 B4
Filitosa (Station Préhistorique de) 2A 268 C2
Fillé 72 96 B1
Fillières 54 39 E1
Fillièvres 62 9 D3
Fillinges 74 158 B2
Fillols 66 261 F3
Filstroff 57 41 D2
Fiménil 88 87 F3
Finestret 66 262 A2
Finhan 82 212 C4
Fins 80 18 C1
Les Fins 25 126 B3
Fiquefleur-Équainville 27 30 B2
Firbeix 24 164 B3
Firfol 14 30 B4
Firmi 12 199 E3
Firminy 42 186 B1
Fislis 68 108 C4
Fismes 51 36 A3
Fitignieu 01 157 D4
Fitilieu 38 172 C3
Fitou 11 254 C4
Fitz-James 60 33 F2
Fix-St-Geneys 43 185 E3
Fixem 57 40 B1
Fixin 21 123 E2
Flabas 55 38 C2
Flacey 21 123 F1
Flacey 28 78 B3
Flacey-en-Bresse 71 141 D3
La Flachère 38 173 E4
Flachères 38 172 B4
Flacourt 78 56 B1
Flacy 89 82 B3
Flagey 25 125 E4
Flagey 52 105 D2
Flagey-Echézeaux 21 123 E3
Flagey-lès-Auxonne 21 124 B3
Flagey-Rigney 25 125 F1
Flagnac 12 199 D3
Flagy 70 106 C3
Flagy 71 139 F4
Flagy 77 81 D2
Flaignes-Havys 08 21 D2
Flainval 54 64 C3
Flamanville 50 24 B2
Flamanville 76 15 D4
Flamarens 32 212 A3
La Flamengrie 02 20 A1
La Flamengrie 59 11 F3
Flamets-Frétils 76 16 B3
Flammerans 21 124 B2
Flammerécourt 52 85 D2
Flancourt-Catelon 27 31 D2
Flangebouche 25 126 A3
Flaran (Ancienne Abbaye de) 32 211 D4
Flassan 84 220 B3
Flassans-sur-Issole 83 244 C1
Flassigny 55 38 C1
Flastroff 57 40 C2
Flat 63 168 C3
Flaucourt 80 18 B2
Flaugeac 24 196 A2
Flaugnac 46 213 D2
Flaujac-Gare 46 198 B2
Flaujac-Poujols 46 213 E1
Flaujagues 33 195 D1
Flaumont-Waudrechies 59 12 B4
Flaux 30 219 D3
Flavacourt 60 32 C2
Flaviac 07 203 F2
Flavignac 87 164 B2
Flavignerot 21 123 E2
Flavigny 18 136 B1
Flavigny 51 60 C1
Flavigny-le-Grand-et-Beaurain 02 19 F2
Flavigny-sur-Moselle 54 64 B4
Flavigny-sur-Ozerain 21 103 F4
Flavin 12 215 E2
Flavy-le-Martel 02 19 D3
Flavy-le-Meldeux 60 18 C3
Flaxieu 01 173 D1
Flaxlanden 68 108 C2
Flayat 23 166 C2
Flayosc 83 239 D3
Fléac 16 162 B3
Fléac-sur-Seugne 17 161 E4
La Flèche 72 96 A3
Fléchin 62 9 E1
Fléchy 60 17 E4
Fleckenstein (Château de) 67 43 D4
Flée 21 122 B1
Flée 72 97 D3
Fleigneux 08 21 F3
Fleisheim 57 66 B2
Fleix 86 133 D4
Le Fleix 24 195 F1
Fléré-la-Rivière 36 116 C4
Flers 61 52 B3
Flers 62 9 D3
Flers 80 18 B1
Flers-en-Escrebieux 59 10 B2
Flers-sur-Noye 80 17 E3
Flesquières 59 10 C4
Flesselles 80 17 E1
Flétrange 57 41 D4
Flêtre 59 4 B3
Fléty 58 138 B2
Fleurac 16 162 B2
Fleurac 24 180 B4
Fleurance 32 228 B1
Fleurat 23 150 A2
Fleurbaix 62 4 C4
Fleuré 61 53 D3
Fleuré 86 132 C4
Fleurey 25 126 C2
Fleurey-lès-Faverney 70 106 B2
Fleurey-lès-Lavoncourt 70 106 A3
Fleurey-lès-St-Loup 70 106 C1
Fleurey-sur-Ouche 21 123 D2
Fleurie 69 155 E3
Fleuriel 03 152 C2
Fleurieu-sur-Saône 69 171 E1
Fleurieux-sur-l'Arbresle 69 171 D1
Fleurigné 35 74 A2
Fleurigny 89 81 F2
Fleurines 60 34 A3
Fleurville 71 155 F1
Fleury 02 35 D3
Fleury 11 255 D2
Fleury 50 50 C2
Fleury 57 40 B4
Fleury 60 33 D3
Fleury 62 9 D2
Fleury 80 17 D3
Fleury-devant-Douaumont 55 38 C3
Fleury-en-Bière 77 80 B1
Fleury-la-Forêt 27 32 B2
Fleury-la-Montagne 71 154 B3
Fleury-la-Rivière 51 36 B4
Fleury-la-Vallée 89 102 A2
Fleury-les-Aubrais 45 99 E1
Fleury-Mérogis 91 57 E4
Fleury-sur-Aire 55 62 B1
Fleury-sur-Andelle 27 32 A2
Fleury-sur-Loire 58 137 E2
Fleury-sur-Orne 14 29 D3
Fléville 08 38 A2
Fléville-devant-Nancy 54 64 B3
Fléville-Lixières 54 39 E3
Flévy 57 40 B3
Flexanville 78 56 B2
Flexbourg 67 66 C3
Fley 71 139 F3
Fleys 89 102 C2
Flez-Cuzy 58 121 D2
Fligny 08 20 C2
Flin 54 65 E4
Flines-lès-Mortagne 59 11 D1
Flines-lez-Raches 59 10 C2
Flins-Neuve-Église 78 56 B2
Flins-sur-Seine 78 56 C1
Flipou 27 32 A3
Flirey 54 63 F2
Flixecourt 80 17 D1
Flize 08 21 E3
La Flocellière 85 130 A1
Flocourt 57 64 C1
Flocques 76 16 A1
Flogny-la-Chapelle 89 102 C1
Floing 08 21 F3
Floirac 17 160 C4
Floirac 33 194 B1
Floirac 46 198 A1
Florac 48 217 E1
Florange 57 40 B2
Florémont 88 87 D1
Florensac 34 255 E1
Florent-en-Argonne 51 38 A4
Florentia 39 156 C1
Florentin 81 231 D1
Florentin-la-Capelle 12 200 A3
Floressas 46 197 D4
Florimont 90 108 B4
Florimont-Gaumier 24 197 E2
Floringhem 62 9 E1
Flornoy 52 62 B4
La Flotte 17 144 C2
Flottemanville 50 25 D3
Flottemanville-Hague 50 24 C2
Floudès 33 195 D3
Floure 11 253 F2
Flourens 31 230 B3
Floursies 59 12 B4
Floyon 59 20 A1
Flumet 73 174 C1
Fluquières 02 19 D3
Fluy 80 17 D2
Foameix-Ornel 55 39 D3
Foce 2A 269 D3
Focicchia 2B 267 E1
Foëcy 18 118 C3
Le Fœil 22 47 F4
Foisches 08 13 F4
Foissac 12 198 C4
Foissac 30 218 C3
Foissiat 01 156 B1
Foissy 21 122 C3
Foissy-lès-Vézelay 89 121 E1
Foissy-sur-Vanne 89 82 A3
Foix 09 252 A4
Folcarde 31 230 C4
Folembray 02 35 D1
Folgensbourg 68 109 D3
Le Folgoët 29 45 E2
La Folie 14 28 A3
Folies 80 18 A3
Folkling 57 41 E3
Follainville-Dennemont 78 56 B1
Folles 87 149 F3
La Folletière 76 15 D4
La Folletière-Abenon 14 54 A1
Folleville 27 30 C3
Folleville 80 17 F4
Folligny 50 50 C2
Folschviller 57 41 D4
Fomerey 88 87 D2
Fomperron 79 131 E4
Fonbeauzard 31 230 A2
Foncegrive 21 104 C3
Fonches-Fonchette 80 18 B3
Foncine-le-Bas 39 142 B3
Foncine-le-Haut 39 142 B3
Foncquevillers 62 9 F4
Fondamente 12 233 D1
Fondettes 37 115 F1
Fondremand 70 106 B4
Fongalop 24 197 D2
Fongrave 47 211 E1
Fongueusemare 76 14 B3
Fonroque 24 195 F2
Fons 07 203 D3
Fons 30 218 B4
Fons 46 198 C3
Fons-sur-Lussan 30 218 C2
Fonsommes 02 19 E2
Fonsorbes 31 229 E3
Font-Romeu-Odeillo-Via 66 261 D3
Fontain 25 125 E3
Fontaine 10 84 B3
Fontaine 38 189 D2
Fontaine 90 108 A3
Fontaine-au-Bois 59 11 E4
Fontaine-au-Pire 59 11 D4
Fontaine-Bellenger 27 32 A3
Fontaine-Bonneleau 60 17 D4
Fontaine-Chaalis 60 34 B3
Fontaine-Chalendray 17 146 C4
Fontaine-Couverte 53 94 A1
Fontaine-Daniel 53 74 C2
Fontaine-de-Vaucluse 84 220 A4
Fontaine-Denis-Nuisy 51 60 A4
Fontaine-en-Bray 76 16 A4
Fontaine-en-Dormois 51 37 F3
Fontaine-Étoupefour 14 29 D3
Fontaine-Fourches 77 81 F2
Fontaine-Française 21 105 E4
Fontaine-Guérin 49 95 F4
Fontaine-Henry 14 29 D3
Fontaine-Heudebourg 27 31 F4
Fontaine-la-Gaillarde 89 81 F3
Fontaine-la-Guyon 28 78 B1
Fontaine-la-Louvet 27 30 B3
Fontaine-la-Mallet 76 30 A1
Fontaine-la-Rivière 91 79 F2
Fontaine-la-Soret 27 31 D4
Fontaine-l'Abbé 27 31 D4
Fontaine-Lavaganne 60 17 D4
Fontaine-le-Bourg 76 15 E4
Fontaine-le-Comte 86 132 A4
Fontaine-le-Dun 76 15 D2
Fontaine-le-Pin 14 52 C1
Fontaine-le-Port 77 80 C1
Fontaine-le-Puits 73 174 C4
Fontaine-le-Sec 80 16 C2
Fontaine-les-Bassets 61 53 D2
Fontaine-lès-Boulans 62 9 E1
Fontaine-lès-Cappy 80 18 B2
Fontaine-lès-Clercs 02 19 D3
Fontaine-lès-Clerval 25 126 A1
Fontaine-les-Coteaux 41 97 E2
Fontaine-lès-Croisilles 62 10 B3
Fontaine-lès-Dijon 21 123 E2
Fontaine-les-Grès 10 82 C1
Fontaine-lès-Hermans 62 9 E1
Fontaine-lès-Luxeuil 70 106 C1
Fontaine-les-Ribouts 28 55 E4
Fontaine-lès-Vervins 02 20 A2
Fontaine-l'Étalon 62 9 D3
Fontaine-Luyères 10 83 E1
Fontaine-Mâcon 10 82 A1
Fontaine-Milon 49 95 F4
Fontaine-Notre-Dame 02 19 E2
Fontaine-Notre-Dame 59 10 C4
Fontaine-Raoul 41 98 A1
Fontaine-St-Lucien 60 33 E1
La Fontaine-St-Martin 72 96 B2
Fontaine-Simon 28 77 F1
Fontaine-sous-Jouy 27 32 A4
Fontaine-sous-Montaiguillon 77 59 F4
Fontaine-sous-Montdidier 80 17 F4
Fontaine-sous-Préaux 76 31 F1
Fontaine-sur-Ay 51 36 B4
Fontaine-sur-Maye 80 8 C3
Fontaine-sur-Somme 80 17 D1
Fontaine-Uterte 02 19 D2
Fontainebleau 77 80 B1
Fontainebrux 39 141 D3
Fontaines 71 139 F2
Fontaines 85 145 F1
Fontaines 89 101 F3
Fontaines-d'Ozillac 17 177 F1
Fontaines-en-Duesmois 21 103 F3
Fontaines-en-Sologne 41 98 C4
Fontaines-les-Sèches 21 103 E2
Fontaines-St-Clair 55 38 B2
Fontaines-St-Martin 69 171 E1
Fontaines-sur-Marne 52 62 B4
Fontaines-sur-Saône 69 171 E1
Fontains 77 81 D1
Fontan 06 241 F2
Fontanès 30 234 C1
Fontanès 34 234 B1
Fontanès 42 170 C4
Fontanes 46 213 E1
Fontanes 48 202 A2
Fontanès-de-Sault 11 261 D1
Fontanes-du-Causse 46 198 A3
Fontanges 15 183 D3
Fontangy 21 122 B2
Fontanières 23 151 E3
Fontanil-Cornillon 38 189 D2
Fontannes 43 184 C2
Fontans 48 201 D2
Fontarèches 30 218 C3
Fontclaireau 16 162 C1
Fontcouverte 11 254 A2
Fontcouverte 17 161 D2
Fontcouverte-la-Toussuire 73 190 B2
La Fontelaye 76 15 E3
Fontenai-les-Louvets 61 53 D4
Fontenai-sur-Orne 61 53 D3
Fontenailles 77 58 C4
Fontenailles 89 102 A3
Fontenay 27 32 B3
Fontenay 36 117 F4
Fontenay 50 51 E3
Fontenay 71 139 D4
Fontenay 76 14 A4
Fontenay 88 87 E2
Fontenay (Ancienne Abbaye de) 21 103 F3
Fontenay-aux-Roses 92 57 E3
Fontenay-de-Bossery 10 82 A1
Fontenay-en-Parisis 95 34 A4
Fontenay-le-Comte 85 130 B4
Fontenay-le-Fleury 78 57 D2
Fontenay-le-Marmion 14 29 D4
Fontenay-le-Pesnel 14 28 C3
Fontenay-le-Vicomte 91 57 F4
Fontenay-lès-Briis 91 57 D4
Fontenay-Mauvoisin 78 56 B1
Fontenay-près-Chablis 89 102 C2
Fontenay-près-Vézelay 89 121 E1
Fontenay-St-Père 78 56 B1
Fontenay-sous-Bois 94 57 F2
Fontenay-sous-Fouronnes 89 102 B4
Fontenay-sur-Conie 28 79 D3
Fontenay-sur-Eure 28 78 B2
Fontenay-sur-Loing 45 80 C4
Fontenay-sur-Mer 50 25 E3
Fontenay-sur-Vègre 72 95 F1
Fontenay-Torcy 60 16 C4
Fontenay-Trésigny 77 58 C3
Fontenelle 02 20 A1
Fontenelle 21 105 E4
Fontenelle 90 108 A3
La Fontenelle 35 73 E1
La Fontenelle 41 77 F4
Fontenelle-en-Brie 02 59 F2
Fontenelle-Montby 25 107 D4
Les Fontenelles 25 126 C2
Fontenermont 14 51 D2
Fontenet 17 161 E1
Fontenille 16 162 C1
Fontenille 79 146 C3
Fontenilles 31 229 E3
Les Fontenis 70 125 E1
Fontenois-la-Ville 70 106 C1
Fontenois-lès-Montbozon 70 106 C4
Fontenotte 25 125 F1
Fontenouilles 89 101 E2
Fontenoy 02 35 D2
Fontenoy 89 101 F3
Fontenoy-la-Joûte 54 87 F1
Fontenoy-le-Château 88 87 D4
Fontenoy-sur-Moselle 54 64 A3
Fontenu 39 141 F3
Fonteny 39 142 A1
Fonteny 57 65 D1
Fonters-du-Razès 11 252 C2
Fontès 34 233 E3
Fontet 33 195 D3
Fontette 10 84 A4
Fontevraud-l'Abbaye 49 114 C3
Fontfroide (Abbaye de) 11 254 C2
Fontgombault 36 133 E3
Fontguenand 36 117 E3
Fontienne 04 221 E3
Fontiers-Cabardès 11 253 E1
Fontiès-d'Aude 11 253 F2
Fontjoncouse 11 254 B3
Fontoy 57 39 F2
Fontpédrouse 66 261 E3
Fontrabiouse 66 261 D2
Fontrailles 65 249 F1
Fontvannes 10 82 C2
Fontvieille 13 236 A2
Forbach 57 41 E3
Forcalqueiret 83 244 B1
Forcalquier 04 221 E4
Forcé 53 74 C4
La Force 11 253 D2
La Force 24 195 F1
Forcelles-St-Gorgon 54 86 C1
Forcelles-sous-Gugney 54 86 C1
Forceville 80 18 A1
Forceville-en-Vimeu 80 16 C1
Forcey 52 85 E3
Forciolo 2A 269 D1
La Forclaz 74 159 D1
Forest-en-Cambrésis 59 11 E4
Forest-l'Abbaye 80 8 C3
La Forest-Landerneau 29 45 E3
Forest-Montiers 80 8 B3
Forest-St-Julien 05 206 B2
Forest-sur-Marque 59 5 E4
Foreste 02 18 C3
La Forestière 51 59 F3
La Forêt-Auvray 61 52 C2
La Forêt-de-Tessé 16 147 D3
La Forêt-du-Parc 27 55 E1
La Forêt-du-Temple 23 150 B1
La Forêt-Fouesnant 29 69 D3
Forêt-la-Folie 27 32 B3
La Forêt-le-Roi 91 79 E1
La Forêt-Ste-Croix 91 79 F2
La Forêt-sur-Sèvre 79 130 B2
Forfry 77 34 B4
La Forge 88 88 A3
Forges 17 145 E3
Forges 19 181 F3
Forges 49 114 B3
Forges 61 76 B1
Forges 77 81 D1
Les Forges 23 151 D3
Les Forges 56 71 E4
Les Forges 79 131 F4
Les Forges 88 87 D3
Forges-la-Forêt 35 94 A1
Forges-les-Bains 91 57 D4
Forges-les-Eaux 76 16 B4
Forges-sur-Meuse 55 38 B3
Forgues 31 229 D4
La Forie 63 169 E3
Forléans 21 122 A1
Formentin 14 30 A3
Formerie 60 16 C4
Formigny 14 28 B2
Formiguères 66 261 D2
Fornex 09 251 E2
Fors 79 146 B2
Forstfeld 67 67 F1
Forstheim 67 67 D1
Fort-du-Plasne 39 142 A3
Fort-Louis 67 67 F1
Fort-Mahon-Plage 80 8 A2
Fort-Mardyck 59 3 F1
Fort-Moville 27 30 B2
Fortan 41 97 F2
Fortel-en-Artois 62 9 D3
La Forteresse 38 188 C1
Fortschwihr 68 89 D3
Fos 31 258 C3
Fos 34 233 E3
Fos-sur-Mer 13 242 B1
Le Fossat 09 251 F2
Fossé 08 38 A1
Fossé 41 98 B3
Fosse 66 261 F1
Le Fossé 76 16 B4
La Fosse-Corduan 10 82 B1
La Fosse-de-Tigné 49 114 A3
Fossemagne 24 180 A3
Fossemanant 80 17 E3
Fosses 95 34 A4
Les Fosses 79 146 B3
Fossès-et-Baleyssac 33 195 E3
Fosseuse 60 33 E3
Fosseux 62 9 F3
Fossieux 57 64 C2
Fossoy 02 35 E4
Fou (Gorges de la) 66 262 A4
Foucarmont 76 16 B2
Foucart 76 14 C4
Foucarville 50 25 E3
Foucaucourt-en-Santerre 80 18 B2
Foucaucourt-Hors-Nesle 80 16 C2
Foucaucourt-sur-Thabas 55 62 B1
Fouchécourt 70 106 B2
Fouchécourt 88 86 B4
Foucherans 25 125 E3
Foucherans 39 124 B3
Fouchères 10 83 E3
Fouchères 89 81 E3
Fouchères-aux-Bois 55 62 C3
Foucherolles 45 81 D4
Fouchy 67 88 C2
Foucrainville 27 55 F2
Fouday 67 88 C1
Fouencamps 80 17 F2
Fouesnant 29 69 D4
Foufflin-Ricametz 62 9 E2
Foug 54 63 F3
Fougaron 31 259 D2
Fougax-et-Barrineuf 09 252 C4
Fougeré 85 129 E3
Fougères 35 74 A2
Fougères-sur-Bièvre 41 117 D1
Les Fougerêts 56 92 B2
Fougerolles 36 135 D4
Fougerolles 70 107 D1
Fougerolles-du-Plessis 53 74 B1
Fougueyrolles 24 195 E1
La Fouillade 12 214 B2
Fouilleuse 60 34 A2
Fouillouse 05 206 A4
La Fouillouse 42 170 C4
Le Fouilloux 17 178 A2
Fouilloy 60 16 C3
Fouilloy 80 17 F2
Fouju 77 58 B4
Foulain 52 85 D4
Foulangues 60 33 F3
Foulayronnes 47 211 F2
Foulbec 27 30 B2
Foulcrey 57 65 F3
Fouleix 24 179 E4
Foulenay 39 141 D1
Fouligny 57 40 C4
Foulletorte 53 75 E3
Foulognes 14 28 B3
Foulzy 08 20 C2
Fouquebrune 16 163 C4
Fouquenies 60 33 D1
Fouquereuil 62 9 F1
Fouquerolles 60 33 E1
Fouquescourt 80 18 B3
Fouqueure 16 162 B1
Fouqueville 27 31 E3
Fouquières-lès-Béthune 62 9 F1
Fouquières-lès-Lens 62 10 B2
Four 38 172 B3
Fouras 17 145 D4
Fourbanne 25 125 F2
Fourcatier-et-Maison-Neuve 25 142 C2
Fourcès 32 210 C4
Fourchambault 58 120 B4
Fourchaud 03 153 D1
Fourches 14 53 D2
Fourcigny 80 16 C3
Fourdrain 02 19 E4
Fourdrinoy 80 17 D2
Fourg 25 125 D3
Fourges 27 32 B4
Les Fourgs 25 142 C1
Fourilles 03 152 C2
Fourmagnac 46 198 C3
Fourmetot 27 30 C2
Fourmies 59 20 B1
Fournaudin 89 82 B3
Fourneaux 42 170 B1
Fourneaux 50 51 E1
Fourneaux 73 191 D2
Fourneaux-le-Val 14 52 C2
Fournels 48 200 C1
Fournès 30 219 D4
Fournes-Cabardès 11 253 F1
Fournes-en-Weppes 59 4 C4
Le Fournet 14 30 A3
Fournet-Blancheroche 25 126 C3
Fourneville 14 30 B2
Fournival 60 33 F1
Fournols 63 169 D4
Fournoulès 15 199 E2
Fouronnes 89 102 B4
Fourques 30 235 F2
Fourques 66 262 B3
Fourques-sur-Garonne 47 195 E4
Fourqueux 78 57 D2
Fourquevaux 31 230 B3
Fours 33 177 D2
Fours 58 138 A2
Fours-en-Vexin 27 32 B3
Fourtou 11 253 F4
Foussais-Payré 85 130 B4
Foussemagne 90 108 A3
Le Fousseret 31 251 D1
Foussignac 16 162 A2
Fouvent-le-Bas 70 105 F3
Fouvent-le-Haut 70 105 F3
Fouzilhon 34 233 E4
Foville 57 64 C1
Fox-Amphoux 83 238 C2
La Foye-Monjault 79 146 A3
Fozières 34 233 E2
Fozzano 2A 269 D2
Fragnes 71 140 A2
Frahier-et-Chatebier 70 107 F3
Fraignot-et-Vesvrotte 21 104 B3
Fraillicourt 08 20 C4
Fraimbois 54 65 D4
Frain 88 86 B4
Frais 90 108 A3
Fraisans 39 124 C3
Fraisnes-en-Saintois 54 86 C1
Fraisse 24 195 F1
Fraisse-Cabardès 11 253 E1
Fraissé-des-Corbières 11 254 B4
Fraisse-sur-Agout 34 232 B3
Fraisses 42 186 B1
Fraissines 81 215 D4
Fraissinet-de-Fourques 48 217 D2
Fraissinet-de-Lozère 48 217 E1
Fraize 88 88 B3
Fralignes 10 83 E3
La Framboisière-la-Saucelle 28 55 D4
Frambouhans 25 126 C2
Framecourt 62 9 E2
Framerville-Rainecourt 80 18 A2
Framicourt 80 16 B1
Framont 70 105 F4
Frampas 52 62 A4
Francalmont 70 106 C2
Francaltroff 57 65 E1
Francarville 31 230 B3
Francastel 60 17 D4
Françay 41 98 A4
Francazal 31 259 D2
Francescas 47 211 E3
Franchesse 03 136 C3
Francheval 08 22 A3
Franchevelle 70 107 D2
Francheville 21 123 E1
Francheville 27 54 C2
Francheville 39 141 D2
Francheville 51 61 E2
Francheville 54 64 A3
Francheville 61 53 D3
Francheville 69 171 E2
La Francheville 08 21 E3
Francières 60 34 B1
Francières 80 17 D1
Francillon 36 134 B1
Francillon-sur-Roubion 26 204 B3
Francilly-Selency 02 19 D2
Francin 73 173 F4
Franclens 74 157 E3
François 79 146 B1
Francon 31 251 D1
Franconville 54 65 D4
Franconville 95 57 E1
Francoulès 46 197 F3
Francourt 70 106 A3
Francourville 28 79 D2
Francs 33 178 B4
Francueil 37 116 C2
Franey 25 125 D2
Frangy 74 157 F4
Frangy-en-Bresse 71 141 D2
Franken 68 108 C3
Frankenbourg 67 89 D2
Franleu 80 8 B4
Franois 25 125 D2
Franquevielle 31 250 A2
Franqueville 02 20 A2
Franqueville 27 31 D3
Franqueville 80 9 D4
Franqueville-St-Pierre 76 31 F2
Frans 01 155 E4
Fransart 80 18 B3
Fransèches 23 150 C4
Fransu 80 9 D4
Fransures 80 17 E3
Franvillers 80 17 F1
Franxault 21 124 A4
Frapelle 88 88 B2
Fraquelfing 57 65 F3
Fraroz 39 142 B2
Frasnay-Reugny 58 121 D4
Frasne 25 142 B1
Frasne 39 124 B3
Frasne-le-Château 70 106 B4
La Frasnée 39 141 F3
Le Frasnois 39 141 F3
Frasnoy 59 11 E3
La Frasse 74 159 D3
Frasseto 2A 267 D4
Frauenberg 57 42 A3
Frausseilles 81 214 A3
Fravaux 10 84 B3
Le Frayssé 81 215 D4
Frayssinet 46 197 F3
Frayssinet-le-Gélat 46 197 E3
Frayssinhes 46 198 C1
Frazé 28 77 F3
Fréauville 76 16 A2
Frébécourt 88 86 A1
Frébuans 39 141 D3
Le Frêche 40 210 A4
Fréchède 65 227 F4
Fréchencourt 80 17 F1
Fréchendets 65 257 F2
Le Fréchet 31 250 C2
Fréchet-Aure 65 249 F4
Fréchou 47 211 D3
Fréchou-Fréchet 65 249 E2
Frécourt 52 105 E1
Frédéric-Fontaine 70 107 E3
La Frédière 17 161 D1
Frédille 36 117 E4
Frégimont 47 211 E2
Frégouville 32 229 D3
Fréhel 22 48 C3
Fréhel (Cap) 22 49 D2
Freigné 49 94 A4
La Freissinouse 05 206 A3
Freistroff 57 40 C2
Freix-Anglards 15 182 C4
Fréjairolles 81 231 E1
Fréjeville 81 231 D3
Fréjus 83 239 F3
Fréland 68 88 C3
Frelinghien 59 5 D3
Frémainville 95 32 C4
Frémécourt 95 33 D4
Fréménil 54 65 F4
Frémeréville-sous-les-Côtes 55 63 E2
Frémery 57 65 D1
Frémestroff 57 41 E4
Frémicourt 62 10 B4
Fremifontaine 88 87 F2
Frémontiers 80 17 D3
Frémonville 54 65 F3
La Frénaye 76 30 C1
Frencq 62 8 B1
Frenelle-la-Grande 88 86 C2
Frenelle-la-Petite 88 86 C2
Frênes 61 52 A2
Freneuse 76 31 F2
Freneuse 78 32 B4
Freneuse-sur-Risle 27 31 D3
Freney 73 191 D2
Le Freney-d'Oisans 38 190 A3
Fréniches 60 18 C4
Frénois 21 104 B4
Frénois 88 86 C3
La Frénouse 53 94 C1

Frénouville 14 29 E4
Frépillon 95 57 E1
Fresles 76 16 A3
La Fresnaie-Fayel 61 53 E2
La Fresnais 35 49 F3
Fresnay 10 84 B2
Fresnay-en-Retz 44 111 D4
Fresnay-le-Comte 28 78 C2
Fresnay-le-Gilmert 28 78 B1
Fresnay-le-Long 76 15 E4
Fresnay-le-Samson 61 53 E2
Fresnay-l'Evêque 28 79 D3
Fresnay-sur-Sarthe 72 76 A2
La Fresnaye-au-Sauvage 61 52 C3
La Fresnaye-sur-Chédouet 72 76 B1
Le Fresne 27 55 D1
Le Fresne 51 61 E2
Le Fresne-Camilly 14 28 C3
Fresne-Cauverville 27 30 C3
Fresné-la-Mère 14 53 D2
Fresne-l'Archevêque 27 32 A3
Fresne-le-Plan 76 32 A2
Fresne-Léguillon 60 33 D3
Le Fresne-Poret 50 51 F3
Fresne-St-Mamès 70 106 A4
Le Fresne-sur-Loire 44 113 D1
Fresneaux-Montchevreuil 60 33 D3
Fresnes 02 35 E1
Fresnes 21 103 F4
Fresnes 41 117 D1
Fresnes 89 103 D2
Fresnes 94 57 E3
Fresnes-au-Mont 55 63 D1
Fresnes-en-Saulnois 57 65 D2
Fresnes-en-Tardenois 02 35 E4
Fresnes-en-Woëvre 55 39 D4
Fresnes-lès-Montauban 62 10 B3
Fresnes-lès-Reims 51 36 C2
Fresnes-Mazancourt 80 18 B3
Fresnes-sur-Apance 52 106 A1
Fresnes-sur-Escaut 59 11 E2
Fresnes-sur-Marne 77 58 B1
Fresnes-Tilloloy 80 16 C1
Fresneville 80 16 C2
Fresney 27 55 F1
Fresney-le-Puceux 14 29 D4
Fresney-le-Vieux 14 52 B1
Fresnicourt-le-Dolmen 62 9 F2
Fresnières 60 18 B4
Fresnois-la-Montagne 54 39 D1
Fresnoy 62 9 D2
Fresnoy-Andainville 80 16 C2
Fresnoy-au-Val 80 17 D2
Fresnoy-en-Bassigny 52 86 A4
Fresnoy-en-Chaussée 80 18 A3
Fresnoy-en-Gohelle 62 10 B2
Fresnoy-en-Thelle 60 33 E3
Fresnoy-Folny 76 16 A2
Fresnoy-la-Rivière 60 34 C3
Fresnoy-le-Château 10 83 E3
Fresnoy-le-Grand 02 19 E1
Fresnoy-le-Luat 60 34 B3
Fresnoy-lès-Roye 80 18 B3
Frespech 47 212 A1
Fresquienne 76 15 E4
Fressac 30 217 F4
Fressain 59 10 C3
Fressancourt 02 19 E4
Fresse 70 107 E2
Fresse-sur-Moselle 88 107 F1
Fresselines 23 150 A1
Fressenneville 80 16 B1
Fressies 59 10 C3
Fressin 62 8 C2
Fressines 79 146 C2
Fressinières 05 206 C1
Le Frestoy-Vaux 60 18 A4
Fresville 50 25 D3
Le Fret 29 45 D4
Fréterive 73 174 A3
Fréteval 41 98 A2
Fréthun 62 3 D2
Fretigney-et-Velloreille 70 106 B4
Frétigny 28 77 F2
Fretin 59 10 C1
Frétoy 77 59 D3
Frétoy-le-Château 60 18 C4
La Frette 38 188 C1
La Frette 71 140 B3
La Frette-sur-Seine 95 57 D1
Frettecuisse 80 16 C2
Frettemeule 80 16 B1
Frettemolle 80 16 C3
Fretterans 71 140 C1
Frettes 52 105 F3
Le Fréty 08 20 C3
Freulleville 76 15 F2
Frévent 62 9 E3
Fréville 76 15 D4
Fréville 88 85 F2
Fréville-du-Gâtinais 45 100 B1
Frévillers 62 9 F2
Frévin-Capelle 62 9 F2
Freybouse 57 41 E4
Freycenet-la-Cuche 43 202 B1
Freycenet-la-Tour 43 186 A4
Freychenet 09 252 B4
Freyming-Merlebach 57 41 E3
Freyssenet 07 203 E2
Friaize 28 78 A1
Friardel 14 54 A1
Friaucourt 80 8 A4
Friauville 54 39 E3
Fribourg 57 65 F2
Fricamps 80 17 D2
Frichemesnil 76 15 F4
Fricourt 80 18 A1
Fridefont 15 200 C1
Friedolsheim 67 66 C2
Frières-Faillouël 02 19 D3
Friesen 68 108 B3
Friesenheim 67 89 E2
Frignicourt 51 61 E3
Frise 80 18 B2
Friville-Escarbotin 80 8 A4
Frizon 88 87 D2
Froberville 76 14 B3
Frocourt 60 33 E2
Frœningen 68 108 C2
Frœschwiller 67 43 D4
Froges 38 189 F1
Frohen-le-Grand 80 9 D3
Frohen-le-Petit 80 9 D4
Frohmuhl 67 66 B1
Froideconche 70 107 D2
Froidefontaine 39 142 B2
Froidefontaine 90 108 A3
Froidestrées 02 20 A2
Froideterre 70 107 E2
Froidevaux 25 126 C2
Froideville 39 141 D2
Froidfond 85 128 C1
Froidmont-Cohartille 02 19 F3
Froidos 55 38 B4
Froissy 60 17 E4
Frôlois 21 104 A4
Frolois 54 64 B4
Fromelennes 08 13 F4
Fromelles 59 4 C4
Fromental 87 149 E3
Fromentières 51 60 A2
Fromentières 53 95 D2
Fromereville-les-Vallons 55 38 B3
Fromezey 55 39 D3
Fromont 77 80 B3
Fromy 08 22 B4
Froncles 52 85 D2
Fronsac 31 250 B4
Fronsac 33 177 F4
Frontenac 33 195 D2
Frontenac 46 198 C3
Frontenard 71 140 B1
Frontenas 69 171 D1
Frontenaud 71 140 C4
Frontenay 39 141 E2
Frontenay-Rohan-Rohan 79 146 A2
Frontenay-sur-Dive 86 131 F2
Frontenex 73 174 B3
Frontignan 34 234 A4
Frontignan-de-Comminges 31 250 B4
Frontignan-Savès 31 229 D4
Fronton 31 229 F1
Frontonas 38 172 A3
Fronville 52 85 D1
Frossay 44 111 D2
Frotey-lès-Lure 70 107 E3
Frotey-lès-Vesoul 70 106 C3
Frouard 54 64 B2
Frouville 95 33 E4
Frouzins 31 229 F3
Froville 54 87 D1
Froyelles 80 8 C3
Frozes 86 131 F3
Frucourt 80 16 C1
Frugères-les-Mines 43 184 C1
Fruges 62 9 D1
Frugières-le-Pin 43 185 D2
Fruncé 28 78 A2
Fry 76 32 B1
Fuans 25 126 B3
Fublaines 77 58 C1
Le Fugeret 04 223 D3
Le Fuilet 49 112 C2
Fuilla 66 261 F3
Fuissé 71 155 E2
Fuligny 10 84 B2
Fulleren 68 108 B3
Fultot 76 15 D3
Fulvy 89 103 D3
Fumay 08 21 E1
Fumel 47 197 D4
Fumichon 14 30 B3
Furchhausen 67 66 C2
Furdenheim 67 66 C3
Furiani 2B 265 E2
Furmeyer 05 205 F3
Fussey 21 123 D3
Fussy 18 119 D3
Fustérouau 32 227 E2
Fustignac 31 251 D1
Futeau 55 38 A4
Fuveau 13 237 F4
Fyé 72 76 A2

G

Gaas 40 225 E2
Gabarnac 33 194 C3
Gabarret 40 210 B4
Gabaston 64 226 C4
Gabat 64 225 E4
Gabian 34 233 E3
Gabillou 24 180 B2
Gabre 09 251 F3
Gabriac 12 200 A4
Gabriac 48 217 E2
Gabrias 48 201 D3
Gacé 61 53 F2
La Gacilly 56 92 B2
Gâcogne 58 121 E3
Gadancourt 95 32 C4
Gadencourt 27 55 F1
Gaël 35 72 B3
Gageac-et-Rouillac 24 195 F2
Gagnac-sur-Cère 46 181 F4
Gagnac-sur-Garonne 31 229 F2
Gagnières 30 218 A1
Gagny 93 58 A2
Gahard 35 73 E2
Gailhan 30 234 C1
Gaillac 81 214 A4
Gaillac-d'Aveyron 12 216 A1
Gaillac-Toulza 31 252 A2
Gaillagos 65 257 D2
Gaillan-en-Médoc 33 176 C1
Gaillard 74 158 B2
Gaillardbois-Cressenville 27 32 A2
La Gaillarde 76 15 D2
Gaillefontaine 76 16 B4
Gaillères 40 209 F4
Gaillon 27 32 A4
Gaillon-sur-Montcient 78 56 C1
Gainneville 76 30 B1
Gaja-et-Villedieu 11 253 D3
Gaja-la-Selve 11 252 C2
Gajac 33 195 D4
Gajan 09 259 E2
Gajan 30 218 B4
Gajoubert 87 148 B3
Galametz 62 9 D2
Galamus (Gorges de) 66 262 A1
Galan 65 249 F2
Galapian 47 211 D1
Galargues 34 234 C2
Galéria 2B 264 A4
Galey 09 259 D3
Galez 65 250 A2
Galfingue 68 108 B2
Galgan 12 199 D4
Galgon 33 177 F4
Galiax 32 227 E3
Galibier (Col du) 05 190 C3
Galié 31 250 B3
Galinagues 11 261 D1
Gallardon 28 79 D1
Gallargues-le-Montueux 30 235 D2
Le Gallet 60 17 D4
Galluis 78 56 C3
Galoperie (Étang de) 59 20 B1
Le Galz 68 88 C3
Gamaches 80 16 B1
Gamaches-en-Vexin 27 32 B3
Gamarde-les-Bains 40 225 F1
Gamarthe 64 247 D1
Gambais 78 56 B3
Gambaiseuil 78 56 B3
Gambsheim 67 67 E2
Gan 64 248 B1
Ganac 09 252 A4
Ganagobie 04 221 E3
Gancourt-St-Étienne 76 32 C1
Gandelain 61 76 A1
Gandelu 02 35 D4
Gandrange 57 40 B2
Ganges 34 217 E4
Gannat 03 152 C3
Gannay-sur-Loire 03 138 A3
Gannes 60 17 F4
Gans 33 195 D4
Ganties 31 258 C2
Ganzeville 76 14 B3
Gap 05 206 A3
Gapennes 80 8 C4
Gâprée 61 53 F4
Garabit (Viaduc de) 15 184 B4
Garac 31 229 E2
Garancières 78 56 B2
Garancières-en-Beauce 28 79 E1
Garancières-en-Drouais 28 55 E3
Garanou 09 260 C1
Garat 16 162 C3
Garcelles-Secqueville 14 29 D4
Garches 92 57 D2
Garchizy 58 120 B4
Garchy 58 120 B2
Gard (Abbaye du) 80 17 D1
Gardanne 13 237 E4
La Garde 04 222 C4
La Garde 38 190 A3
La Garde 83 244 B3
La Garde-Adhémar 26 203 F4
La Garde-Freinet 83 245 D1
La Garde-Guérin 48 202 B4
Gardefort 18 119 F2
Gardegan-et-Tourtirac 33 195 D1
Gardères 65 249 D1
Les Gardes 49 113 E3
Gardes-le-Pontaroux 16 162 C4
Gardie 11 253 E3
Gardon (Gorges du) 30 218 C4
Gardonne 24 195 F1
Gardouch 31 230 B4
Garein 40 209 E3
Garencières 27 55 E1
La Garenne-Colombes 92 57 E2
Garennes-sur-Eure 27 56 A2
Garentreville 77 80 B3
Garéoult 83 244 B1
Gargan (Mont) 87 165 E3
Garganvillar 82 212 B4
Gargas 31 230 A2
Gargas 84 220 C4
Gargenville 78 56 C1
Garges-lès-Gonesse 95 57 F1
Gargilesse-Dampierre 36 134 B4
Garidech 31 230 A2
Gariès 82 229 D1
Garigny 18 119 F4
Garin 31 258 B4
Garindein 64 247 E2
Garlan 29 46 B2
Garlède-Mondebat 64 226 C3
Garlin 64 226 C3
Le Garn 30 218 C1
La Garnache 85 128 B1
Garnat-sur-Engièvre 03 138 A3
Garnay 28 55 F3
Garnerans 01 155 F2
Garnetot 14 53 D1
Garonne 31,33,47,65,82 194 B2
Garons 30 235 E1
Garos 64 226 B3
Garravet 32 229 D4
Garrebourg 57 66 B2
Garrevaques 81 231 D4
Garrey 40 225 E2
Le Garric 81 214 C4
Garrigues 34 234 C1
Garrigues 81 230 B2
Garrigues-Ste-Eulalie 30 218 C4
Garrosse 40 208 C3
Gars 06 223 E4
Gartempe 23 150 A3
Gartempe 23,86,87 149 E3
Gas 28 56 B4
Gascogne (Golfe de) 224 B2
Gasny 27 32 B4
Gasques 82 212 B2
Gassin 83 245 E3
Le Gast 14 51 D2
Gastes 40 208 B1
Gastines 53 94 B1
Gastins 77 58 C4
Gasville-Oisième 28 78 C1
Gâtelles 28 55 E4
Gatey 39 141 D1
Gathemo 50 51 E2
Gats (Gorges des) 26 205 D2
Gatteville-le-Phare 50 25 E1
Gattières 06 240 B1
Gatuzières 48 217 D2
Gaube (Lac de) 65 257 D3
Gaubertin 45 80 A4
La Gaubretière 85 112 C4
Gauchin-Légal 62 9 F2
Gauchin-Verloingt 62 9 E2
Gauchy 02 19 D2
Gauciel 27 55 E1
La Gaudaine 28 77 F2
La Gaude 06 240 B1
Gaudechart 60 17 D4
Gaudent 65 250 A3
Gaudiempré 62 9 F4
Gaudiès 09 252 B2
Gaudonville 32 228 C1
Gaudreville-la-Rivière 27 55 D1
Gaugeac 24 196 C2
Gaujac 30 219 D3
Gaujac 32 228 C4
Gaujac 47 195 E4
Gaujacq 40 226 A2
Gaujan 32 228 C4
Le Gault-Perche 41 77 F4
Le Gault-St-Denis 28 78 C3
Le Gault-Soigny 51 59 F2
Gauré 31 230 B3
Gauriac 33 177 D3
Gauriaguet 33 177 E3
Gaussan 65 250 A2
Gausson 22 71 E2
Gauville 61 54 B2
Gauville 80 16 C3
Gauville-la-Campagne 27 31 F4
Gavarnie 65 257 E4
Gavarnie (Cirque de) 65 257 E4
Gavarret-sur-Aulouste 32 228 B1
Gavaudun 47 196 C3
Gave d'Aspe 64 248 A2
Gave d'Oloron 64 225 E3
Gave d'Ossau 64 248 A2
Gavignano 2B 265 E4
Gavisse 57 40 B1
Gavray 50 50 C1
Le Gâvre 44 93 D4
Gâvre (Forêt du) 44 93 D4
Gavrelle 62 10 B3
Gâvres 56 90 B2
Gavrinis (Î) 56 91 D3
Gavrus 14 28 C4
Gayan 65 249 E1
Gaye 51 60 A3
Gayon 64 227 D3
Gazaupouy 32 211 E4
Gazave 65 250 A3
Gazax-et-Baccarisse 32 227 F3
Gazeran 78 56 B4
Gazon du Faing 68,88 88 C3
Gazost 65 257 E2
Géanges 71 140 A1
Geaune 40 226 C2
Geay 17 160 C1
Geay 79 131 D1
Gèdre 65 257 E4
Gée 49 114 B1
Gée-Rivière 32 227 D2
Geffosses 50 26 C3
Géfosse-Fontenay 14 25 F4
Géhard (Cascade du) 88 87 E4
Gehée 36 117 E4
Geishouse 68 108 B1
Geispitzen 68 108 C2
Geispolsheim 67 67 D4
Geiswasser 68 89 E4
Geiswiller 67 66 C2
Gélacourt 54 65 E4
Gélannes 10 82 B1
Gélaucourt 54 86 C1
Gellainville 28 78 C2
Gelleboncourt 54 64 C3
Gelles 63 167 E2
Gellin 25 142 B2
Gelos 64 248 B2
Geloux 40 209 E3
Gelucourt 57 65 E2
Gelvécourt-et-Adompt 88 87 D3
Gémages 61 77 D2
Gemaingoutte 88 88 C2
Gembrie 65 250 B3
Gemeaux 21 104 C4
Gémenos 13 243 F2
Gémigny 45 99 D1
Gémil 31 230 B2
Gemmelaincourt 88 86 B2
Gémonval 25 107 E4
Gémonville 54 86 B1
Gémozac 17 161 D3
Genac 16 162 B2
Genainville 95 32 C4
Genas 69 171 F2
Génat 09 260 B1
Genay 21 103 E4
Genay 69 171 E1
Gençay 86 147 F1
Gendreville 88 86 A2
Gendrey 39 124 C3
Gené 49 94 C3
Génébrières 82 213 E4
Genech 59 10 C1
Génelard 71 139 D4
Générac 30 235 E2
Générac 33 177 E2
Générargues 30 218 A3
Générest 65 250 A3
Generville 11 252 C2
Geneslay 61 52 B4
Le Genest-St-Isle 53 74 C3
Genestelle 07 203 D2
Geneston 44 112 A4
La Genête 71 140 B4
La Genétouze 17 178 B2
La Génétouze 85 129 D2
Genêts 50 50 B3
Les Genettes 61 54 B3
Geneuille 25 125 D2
La Genevraie 61 53 F3
La Genevraye 77 80 C2
Genevreuille 70 107 D3
Genevrey 70 107 D2
Genevrières 52 105 F3
La Genevroye 52 85 D2
Geney 25 107 E4
La Geneytouse 87 165 D2
Génicourt 95 33 E4
Génicourt-sous-Condé 55 62 B2
Génicourt-sur-Meuse 55 38 C4
Genilac 42 171 D4
Genillé 37 116 C3
Genin (Lac) 01 157 D2
Génis 24 180 B2
Génissac 33 194 C1
Génissiat (Barrage de) 74 157 E3
Génissieux 26 188 A3
Genlis 21 124 A2
Gennes 25 125 E2
Gennes 49 114 B2
Gennes-Ivergny 62 9 D3
Gennes-sur-Glaize 53 95 D2
Gennes-sur-Seiche 35 74 A4
Genneteil 49 96 B4
Gennetines 03 137 E3
Genneton 79 114 A4
Genneville 14 30 B2
Gennevilliers 92 57 E1
Genod 39 156 C1
Génolhac 30 217 F1
Génos 31 250 B3
Génos 65 258 A4
Genouillac 16 163 E1
Genouillac 23 150 C2
Genouillé 17 145 F4
Genouillé 86 147 F3
Genouilleux 01 155 F3
Genouilly 18 118 A3
Genouilly 71 139 E3
Genrupt 52 105 F1
Gensac 33 195 E1
Gensac 65 227 E4
Gensac 82 212 B4
Gensac-de-Boulogne 31 250 B1
Gensac-la-Pallue 16 161 F3
Gensac-sur-Garonne 31 251 E2
Genté 16 161 F3
Gentelles 80 17 F2
Gentilly 94 57 E2
Gentioux 23 166 A2
Genvry 60 18 C4
Georfans 70 107 E4
Géovreisset 01 157 D2
Géovreissiat 01 157 D2
Ger 50 51 F3
Ger 64 249 D1
Ger 65 257 E2
Geraise 39 125 D4
Gérardmer 88 88 A3
Géraudot 10 83 E2
Gérauvilliers 55 63 D4
Gerbaix 73 173 D3
Gerbamont 88 88 A4
Gerbécourt 57 65 D2
Gerbécourt-et-Haplemont 54 64 B4
Gerbépal 88 88 B3
Gerberoy 60 32 C1
Gerbéviller 54 65 D4
Gerbier de Jonc 07 202 C1
Gercourt-et-Drillancourt 55 38 B2
Gercy 02 20 A3
Gerde 65 257 F2
Gerderest 64 227 D4
Gère-Bélesten 64 256 B2
Gergny 02 20 A2
Gergovie (Plateau de) 63 168 B2
Gergueil 21 123 D2
Gergy 71 140 A1
Gerland 21 123 E3
Germ 65 258 A4
Germagnat 01 156 C2
Germagny 71 139 F3
Germaine 02 18 C3
Germaine 51 36 B4
Germaines 52 104 C2
Germainville 28 56 A3
Germainvilliers 52 86 A3
Germay 52 85 E1
Germéfontaine 25 126 A2
Germenay 58 121 D2
Germignac 17 161 E3
Germigney 39 124 C4
Germigney 70 124 B1
Germignonville 28 79 D3
Germigny 51 36 A3
Germigny 89 102 C1
Germigny-des-Prés 45 100 A2
Germigny-l'Évêque 77 58 C1
Germigny-l'Exempt 18 136 C1
Germigny-sous-Coulombs 77 35 D4
Germigny-sur-Loire 58 120 A4
Germinon 51 60 C2
Germiny 54 64 B4
Germisay 52 85 E1
Germolles-sur-Grosne 71 155 D2
Germond-Rouvre 79 131 D4
Germondans 25 125 F1
Germont 08 37 F1
Germonville 54 87 D1
Germs-sur-l'Oussouet 65 257 E2
Gernelle 08 21 F3
Gernicourt 02 36 B1
Géronce 64 247 F1
Gerponville 76 14 C3
Gerrots 14 29 F3
Gers 32,47,65 211 F3
Gerstheim 67 89 E1
Gertwiller 67 89 D1
Geruge 39 141 E3
Gervans 26 187 E3
Gerville 76 14 B3
Gerville-la-Forêt 50 26 C2
Géry 55 62 C2
Gerzat 63 168 B2
Gesnes 55 73 D3
Gesnes-en-Argonne 55 38 A2
Gesnes-le-Gandelin 72 76 A2
Gespunsart 08 21 F2
Gestas 64 225 E4
Gesté 49 112 C3
Gestel 56 90 B1
Gestiès 09 260 B1
Gesvres 53 75 F2
Gesvres-le-Chapitre 77 58 C1
Gétigné 44 112 B3
Les Gets 74 159 D2
Geu 65 257 E2
Geudertheim 67 67 E2
Géus-d'Arzacq 64 226 B3
Geüs-d'Oloron 64 247 F1
Gévezé 35 73 D2
Gevigney-et-Mercey 70 106 C2
Gevingey 39 141 D3
Gevresin 25 125 E4
Gevrey-Chambertin 21 123 E2
Gevrolles 21 104 B1
Gevry 39 124 B4
Gex 01 157 F1
Geyssans 26 188 A3
Gez 65 249 D3
Gez-ez-Angles 65 257 E1
Gézaincourt 80 9 E4
Gezier-et-Fontenelay 70 125 D1
Gézoncourt 54 64 A2
Ghisonaccia 2B 267 F3
Ghisoni 2B 267 D3
Ghissignies 59 11 E3
Ghyvelde 59 4 B1
Giat 63 167 D2
Gibeaumeix 54 63 E4
Gibel 31 252 B1
Gibercourt 02 19 D3
Giberville 14 29 D3
Gibles 71 154 C2
Gibourne 17 161 F1
Gibret 40 225 F2
Le Gicq 17 162 A1
Gidy 45 99 E1
Giel-Courteilles 61 52 C3
Gien 45 100 C3
Gien-sur-Cure 58 122 A3
Giens 83 244 B3
Giens (Presqu'île de) 83 244 C3
Gières 38 189 E2
La Giettaz 73 174 C1
Giéville 50 28 A4
Gièvres 41 117 F2
Giey-sur-Aujon 52 104 C1
Giez 74 174 B2
Gif-sur-Yvette 91 57 D3
Giffaumont-Champaubert 51 61 F4
Gigean 34 234 A3
Gignac 34 233 F2
Gignac 46 181 D4
Gignac 84 221 D4
Gignac-la-Nerthe 13 242 C2
Gignat 63 168 B4
Gignéville 88 86 B3
Gigney 88 87 D2
Gigny 39 141 D4
Gigny 89 103 E2
Gigny-Bussy 51 61 E4
Gigny-sur-Saône 71 140 B3
Gigondas 84 219 F2
Gigors 04 206 B4
Gigors-et-Lozeron 26 204 B1
Gigouzac 46 197 F3
Gijounet 81 232 A2
Gildwiller 68 108 B2
Gilette 06 241 D3
Gilhac-et-Bruzac 07 203 F1
Gilhoc-sur-Ormèze 07 187 D4
Gillancourt 52 84 C3
Gillaumé 52 85 E1
Gilles 28 56 A2
Gilley 25 126 A4
Gilley 52 105 F3
Gillois 39 142 A2
Gillonnay 38 188 B1
Gilly-lès-Cîteaux 21 125 E3
Gilly-sur-Isère 73 174 B2
Gilly-sur-Loire 71 138 B4
Gilocourt 60 34 C3
Gimat 82 229 D1
Gimbrède 32 212 F3
Gimbrett 67 67 D2
Gimeaux 63 168 B1
Gimécourt 55 63 D2
Gimel-les-Cascades 19 181 F2
Gimeux 16 161 E3
La Gimond 42 170 C3
Gimont 32 229 D3
Gimouille 58 137 D1
Ginai 61 53 E3
Ginals 82 214 A2
Ginasservis 83 214 A2
Ginchy 80 18 B1
Gincla 11 261 F1
Gincrey 55 39 D3
Gindou 46 197 E3
Ginestas 11 254 B1
Ginestet 24 196 A1
Gingsheim 67 67 D2
Ginoles 11 253 D4
Ginouillac 46 198 A2
Gintrac 46 198 B1
Giocatojo 2B 265 E4
Gionges 51 60 B1
Giou-de-Mamou 15 184 D4
Gioux 23 166 B2
Gipcy 03 137 D4
Girac 46 198 B1
Girancourt 88 87 D3
Giraumont 54 39 F3
Giraumont 60 34 B1
Girauvoisin 55 63
Gircourt-lès-Viéville 88 87
Girecourt-sur-Durbion 88 87
Girefontaine 70 106
Giremoutiers 77 58
Girgols 15 183
Giriviller 54 87
Girmont 88 87
Girmont-Val-d'Ajol 88 87
Girolata 2A 266
Girolles 45 80
Girolles 89 102
Giromagny 90 107
Giron 01 157
Gironcourt-sur-Vraine 88 86
Gironde 17,33 160
Gironde-sur-Dropt 33 195
Girondelle 08 21
Gironville 77 80
Gironville-et-Neuville 28 55
Gironville-sous-les-Côtes 55 63
Gironville-sur-Essonne 91 80
Le Girouard 85 128
Giroussens 81 230
Giroux 36 118
Giry 58 120
Gisay-la-Coudre 27 54
Giscaro 32 229 D
Giscos 33 210
Gisors 27 32 C
Gissac 12 232 C
Gissey-le-Vieil 21 122 C
Gissey-sous-Flavigny 21 104
Gissey-sur-Ouche 21 123 D
Gisy-les-Nobles 89 81 E
Giuncaggio 2B 267 E
Giuncheto 2A 268 C
Givardon 18 136 C
Givarlais 03 151
Givenchy-en-Gohelle 62 10
Givenchy-le-Noble 62 9 E
Givenchy-lès-la-Bassée 62 10
Giverny 27 32 B
Giverville 27 10 C
Givet 08 13
Givonne 08 22
Givors 69 171 E
Givraines 45 80 A
Givrand 85 128 B
Givrauval 55 62 C
Le Givre 85 129 D
Givrezac 17 161 D
Givron 08 20 C
Givry 08 37 E
Givry 71 139
Givry 89 102
Givry-en-Argonne 51 62 A
Givry-lès-Loisy 51 60 B
Givrycourt 57 65
Gizaucourt 51 37
Gizay 86 147
Gizeux 37 115 D
Gizia 39 141 D
Gizy 02 20 A
La Glacerie 50 25 D
Glacière (Grotte de la) 25 126 A
Glageon 59 20 B
Glaignes 60 34 B
Glainans 25 126 B
Glaine-Montaigut 63 168 C
Glaire 08 21
Le Glaizil 05 206 A
Glamondans 25 125
Gland 02 35 E
Gland 89 103 E
Glandage 26 205 E
Glandieu (Cascade de) 01 173 D
Glandon 87 164 C
Glandon (Col du) 73 190 A
Glanes 46 198 C
Glanges 87 165 D
Glannes 51 61 E
Glanon 21 123
Glanville 14 29
Glatens 82 212 B
Glatigny 50 26 C
Glatigny 57 40 C
Glatigny 60 33 D
Glavenas 43 186 A
Glay 25 126 C
Gleizé 69 155 E
Glénac 56 92 B
Glénat 15 199 D
Glénay 79 131 E
Glénic 23 150 B
Glennes 02 36 A
Glénouze 86 114 C
Glère 25 127 D
Glicourt 76 15
Glisolles 27 55 D
Glisy 80 17
Glomel 22 70 B
Glonville 54 65 E
Glorianes 66 262 A
Glos 14 30 B
Glos-la-Ferrière 61 54 B
Glos-sur-Risle 27 31 D
Glozel 03 153 E
Gluiras 07 203 E1
Glun 07 187 E
Glux-en-Glenne 58 138 C1
Goas 82 229 D1
La Godefroy 50 50 C
Godenvillers 60 18 A4
Goderville 76 14 B4
Godewaersvelde 59 4 B3
Godisson 61 53 F4
La Godivelle 63 183 F1
Godoncourt 88 86 B4
Gœrlingen 67 66 A2
Gœrsdorf 67 43 D4
Goès 64 248 A2
Goetzenbruck 57 64 C4
Gœulzin 59 10 B3
Gogney 54 65 F3
Gognies-Chaussée 59 12 B2
La Gohannière 50 51 D3
Gohier 49 114 A1
Gohory 28 78 A3

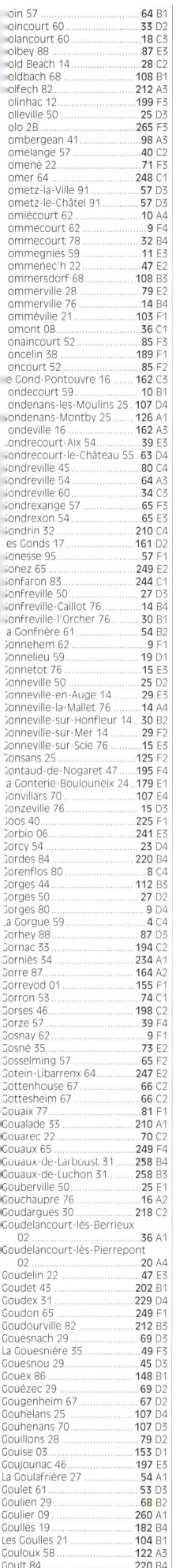

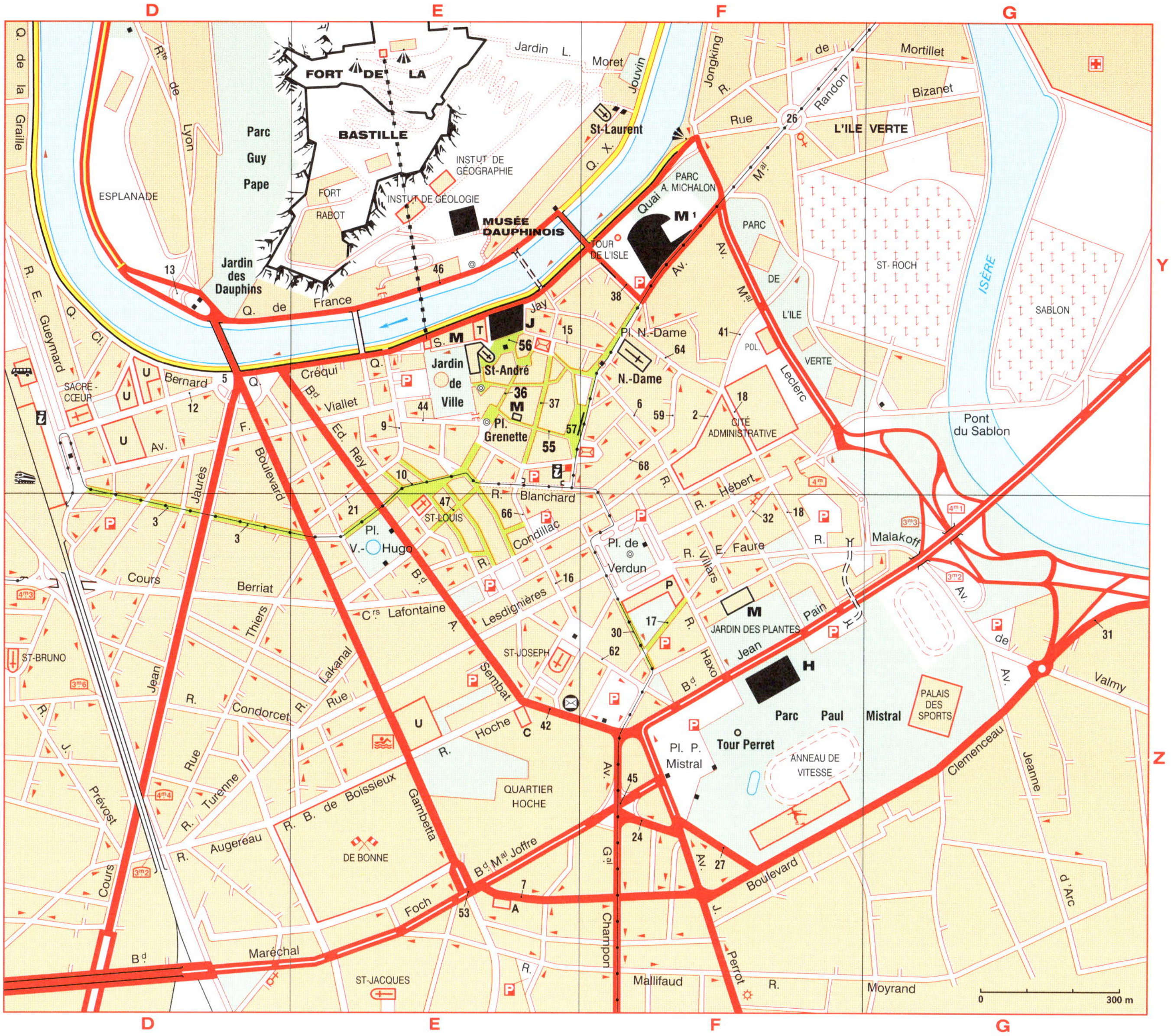

Grenoble

Blanchard (R. P.) .... EYZ
Bonne (R. de) .... EY 10
Foch (Bd Mar.) .... DEZ
Grand-Rue .... EY 36
Grenette (Pl.) .... EY

Lafayette (R.) .... EY 37
Poulat (R. F.) .... EZ 48
Victor-Hugo (Pl.) .... EZ

Alma (R. de l') .... FY 2
Alsace-Lorraine (Av.) .... DZ 3
Bastille (Pl. de la) .... DY 5
Bayard (R.) .... FY 6

Belgique
 (Av. Albert-1er-de) .... EFZ 7
Belgrade (R. de) .... EY 9
Brenier (R. C.) .... DY 12
Briand (Pl. A.) .... DY 13
Brocherie (R.) .... EY 15
Casimir-Périer (R.) .... EZ 16
Champollion (R.) .... FZ 17

Chanrion (R. J.) .... FYZ 19
Clot-Bey (R.) .... EZ 21
Diables-Bleus (Bd des) ... FZ 24
Dr Girard (Pl.) .... FY 26
Driant (Bd Col.) .... FZ 27
Fantin-Latour (R.) .... FZ 30
Flandrin (R.) .... GZ 31
Fourier (R.) .... FZ 32

L'Herminier (R. Cdt) ..... FY 41
Lavalette (Pl.) .... FY 38
Lyautey (Bd Mar.) .... EZ 42
Montorge (R.) .... EY 44
Pasteur (Pl.) .... FZ 45
Perrière (Q.) .... EY 46
Rivet (Pl. G.) .... EZ 53
Rousseau (R. J.-J.) .... EY 55

St-André (Pl.) .... EY 56
Ste-Claire (Pl.) .... EY 57
Servan (R.) .... FY 59
Strasbourg (R. de) .... FZ 62
Très-Cloîtres (R.) .... FY 64
Vicat (R.) .... FY 66
Voltaire (R.) .... FY 68

292 Gra - Hen

Grandvelle-et-le-Perrenot 70 106 B4
Grandvillars 90 108 B4
Grandville 10 61 D4
La Grandville 08 21 F3
Grandvillers 88 87 F2
Grandvillers-aux-Bois 60 34 A1
Grandvilliers 27 55 D2
Grandvilliers 60 17 D4
Grane 26 204 A2
Granès 11 253 E4
La Grange 25 126 B2
Grange-de-Vaivre 39 125 D4
Grangent (Barrage de) 42 170 B4
Grangermont 45 80 A3
Granges 71 139 F2
Les Granges 10 83 D4
Granges-d'Ans 24 180 B2
Granges-de-Vienney 25 125 F3
Les Granges-Gontardes 26 203 F4
Granges-la-Ville 70 107 E3
Granges-le-Bourg 70 107 E3
Les Granges-le-Roi 91 79 E1
Granges-les-Beaumont 26 187 F3
Granges-Maillot 25 125 E4
Granges-Narboz 25 142 C1
Granges-sur-Aube 51 60 B4
Granges-sur-Baume 39 141 E2
Granges-sur-Lot 47 211 E1
Granges-sur-Vologne 88 88 A3
Les Grangettes 25 142 C1
Grangues 14 29 E3
Granier 73 175 D3
Granier (Col du) 73 173 E4
Granieu 38 173 D3
Grans 13 226 C3
Granville 50 50 B2
Granzay 79 146 B2
Gras 07 203 E4
Les Gras 25 126 B4
Grassac 16 163 D3
Grasse 06 240 A2
Grassendorf 67 67 D2
Grateloup 47 195 F4
Gratens 31 251 D1
Gratentour 31 230 A2
Gratibus 80 18 A3
Gratot 50 26 C4
Gratreuil 51 37 E3
Grattepanche 80 17 E3
Le Gratteris 25 125 E3
Grattery 70 106 B3
Grau de Maury 11,66 262 B1
Le Grau-du-Roi 30 234 C3
Les Graulges 24 163 D4
Graulhet 81 231 D2
Grauves 51 60 B1
Graval 76 16 B3
La Grave 05 190 B3
Grave (Pointe de) 33 160 B3
Gravelines 59 3 E1
La Gravelle 53 74 B4
Gravelotte 57 40 A4
La Graverie 14 51 E1
Graveron-Sémerville 27 31 E4
Graves 16 162 A3
Graveson 13 236 A1
Gravières 07 202 B4
Gravigny 27 31 F4
Gravon 77 81 E2
Gravona 2A 266 B4
Gray 70 124 C1
Gray-la-Ville 70 124 B1
Grayan-et-l'Hôpital 33 160 B4
Graye-et-Charnay 39 141 D4
Graye-sur-Mer 14 28 C2
Grayssas 47 212 B2
Grazac 31 251 F1
Grazac 43 186 B2
Grazac 81 230 B1
Grazay 53 75 D2
Gréalou 46 198 C4
Gréasque 13 243 E1
Grébault-Mesnil 80 16 C1
Grécourt 80 18 C3
Gredisans 39 124 B3
La Grée-St-Laurent 56 71 F4
Gréez-sur-Roc 72 77 E3
Greffeil 11 253 F3
Grèges 76 15 F2
Grégy-sur-Yerres 77 58 A3
Grémecey 57 64 C2
Grémévillers 60 16 C4
Gremilly 55 38 C2
Grémonville 76 15 D4
Grenade 31 229 F2
Grenade-sur-l'Adour 40 226 B1
Grenand-lès-Sombernon 21 123 D2
Grenant 52 105 E3
Grenay 38 172 A3
Grenay 62 10 A2
Grendelbruch 67 66 B4
Grendelbruch (Signal de) 67 66 B4
Greneville-en-Beauce 45 79 F3
Grenier-Montgon 43 184 B2
Gréning 57 41 E4
Grenoble 38 189 E2
Grenois 58 121 D2
Grentheville 14 29 D3
Grentzingen 68 108 C3
Greny 76 15 F2
Gréolières 06 240 A1
Gréoux-les-Bains 04 238 A1
Grépiac 31 230 A4
Le Grès 31 229 E2
Grésigny-Ste-Reine 21 103 F4
Gresin 73 173 D3
La Gresle 42 154 C3
Gresse-en-Vercors 38 189 D4
Gressey 78 56 B2
Gresswiller 67 66 C4
Gressy 77 58 B1
Grésy-sur-Aix 73 173 E2
Grésy-sur-Isère 73 174 B3
Gretz-Armainvilliers 77 58 B3
Greucourt 70 106 A4
Greuville 76 15 E2
Greux 88 86 A1
La Grève-sur-Mignon 17 145 F2
Gréville-Hague 50 24 B1
Grévillers 62 10 A4
Greville 71 140 A4
Grez 60 17 D4
Le Grez 72 75 F3
Grez-en-Bouère 53 95 E2
Grez-Neuville 49 95 D3
Grez-sur-Loing 77 80 C2
Grézac 17 160 C3
Grézels 46 197 E4
Grèzes 24 180 C3
Grèzes 43 201 E1
Grèzes 46 198 B3
Grèzes 48 201 D4
Grézet-Cavagnan 47 210 C1
Grézian 65 249 F4
Grézieu-la-Varenne 69 171 D2
Grézieu-le-Marché 69 170 C3
Grézieux-le-Fromental 42 170 B3
Grézillac 33 194 C1
Grézillé 49 114 A2
Grézolles 42 169 F1
Gricourt 02 19 D2
Grièges 01 155 F2
Gries 67 67 E2
Griesbach 67 67 D1
Griesbach-au-Val 68 88 C4
Griesbach-le-Bastberg 67 66 C2
Griesheim-près-Molsheim 67 67 D4
Griesheim-sur-Souffel 67 67 D3
Grignan 26 204 A4
Grigneuseville 76 15 F4
Grignols 24 179 E3
Grignols 33 195 D4
Grignon 21 103 F4
Grignon 73 174 B2
Grignoncourt 88 106 A1
Grigny 62 9 D2
Grigny 69 171 E3
Grigny 91 57 E3
La Grigonnais 44 93 E4
Grillon 84 204 A4
Grilly 01 158 A1
Grimaucourt-en-Woëvre 55 39 D3
Grimaucourt-près-Sampigny 55 63 D2
Grimaud 83 245 D1
La Grimaudière 86 131 F2
Grimault 89 103 D3
Grimbosq 14 29 D4
Grimesnil 50 50 C1
Grimone (Col de) 26 205 E2
Grimonviller 54 86 C1
Grincourt-lès-Pas 62 9 F4
Grindorff 57 40 C1
Griou (Puy) 15 183 E3
La Gripperie-St-Symphorien 17 160 C2
Gripport 54 87 D1
Gript 79 146 B2
Gris-Nez (Cap) 62 2 B2
Griscourt 54 64 B2
Griselles 21 103 E2
Griselles 45 80 C4
Grisolles 02 35 E4
Grisolles 82 229 F1
Grisy 14 53 D1
Grisy-les-Plâtres 95 33 D4
Grisy-Suisnes 77 58 B3
Grisy-sur-Seine 77 81 F1
Grives 24 197 D2
Grivesnes 80 17 F3
Grivillers 80 18 A4
Grivy-Loisy 08 37 E2
Groffliers 62 8 A2
La Groise 59 11 E4
Groises 18 119 F3
Groissiat 01 157 D2
Groisy 74 158 A3
Groix 56 90 B3
Groix (Île de) 56 90 B3
Groléjac 24 197 E1
Gron 18 119 E3
Gron 89 81 E3
Gronard 02 20 A3
Le Gros Cerveau 83 244 A3
Gros-Chastang 19 182 A2
Gros-Réderching 57 42 B4
Le Gros-Theil 27 31 D3
Grosbliederstroff 57 41 F3
Grosbois 25 125 F1
Grosbois-en-Montagne 21 122 C2
Grosbois-lès-Tichey 21 124 A4
Grosbreuil 85 128 C3
Les Groseillers 79 131 D4
Groslay 95 57 E1
Groslée 01 172 C2
Grosley-sur-Risle 27 31 D4
Grosmagny 90 108 A2
Grosne 71 139 A3
Grosne 90 108 A3
Grospierres 07 203 D4
Grosrouvre 78 56 C3
Grosrouvres 54 63 F2
Grossa 2A 268 C3
Grosseto-Prugna 2A 268 C1
Grossœuvre 27 55 E1
Grossouvre 18 136 C2
Grostenquin 57 41 D4
Grosville 50 24 C3
Grouches-Luchuel 80 9 E4
Grougis 02 19 E2
Grouin (Pointe du) 35 49 F2
La Groutte 18 136 A3
Grozon 39 141 E1
Gruchet-le-Valasse 76 14 C4
Gruchet-St-Siméon 76 15 E2
Grues 85 144 C1
Gruey-lès-Surance 88 87 D4
Gruffy 74 173 F2
Grugé-l'Hôpital 49 94 B2
Grugies 02 19 D3
Grugny 76 15 E4
Gruissan 11 255 D3
Grumesnil 76 16 B4
Grun 24 179 E4
Grundviller 57 41 F4
Gruny 80 18 B3
Grury 71 138 B3
Gruson 59 5 E4
Grusse 39 141 D3
Grussenheim 68 89 D3
Grust 65 257 E3
Gruyères 08 21 E3
Le Gua 17 160 C2
Le Gua 38 189 D3
Guagno 2A 266 C2
Guagno-les-Bains 2A 266 C2
Guainville 28 56 A2
Guarbecque 62 4 B4
Guargualé 2A 268 C1
Guchan 65 258 A3
Guchen 65 249 F4
Gudas 09 252 B3
Gudmont 52 85 D2
Le Gué-d'Alleré 17 145 F2
Le Gué-de-la-Chaîne 61 77 D2
Le Gué-de-Longroi 28 79 D1
Le Gué-de-Velluire 85 145 E1
Gué-d'Hossus 08 21 D1
Le Gué-Péan 41 117 D2
Guebenhouse 57 41 F4
Gueberschwihr 68 89 D4
Guébestroff 57 65 E2
Guéblange-lès-Dieuze 57 65 E2
Guébling 57 65 E1
Guebwiller 68 108 B1
Guécélard 72 96 B2
Le Guédéniau 49 96 A4
Guégon 56 71 F4
Guéhébert 50 50 C1
Guéhenno 56 91 F1
Gueltas 56 71 D3
Guémappe 62 10 B3
Guémar 68 89 D2
Guémené-Penfao 44 93 D3
Guémené-sur-Scorff 56 70 B3
Guémicourt 80 16 C3
Guemps 62 3 D2
Guénange 57 40 B2
Guengat 29 68 C2
Guénin 56 71 D4
Guenroc 22 72 B2
Guenrouet 44 92 C4
Guenviller 57 41 E3
Guêprei 61 53 D2
Guer 56 92 C1
Guérande 44 110 B1
Guérard 77 58 C2
Guerbigny 80 18 A3
La Guerche 37 133 D1
La Guerche-de-Bretagne 35 94 A1
La Guerche-sur-l'Aubois 18 136 C1
Guercheville 77 80 B3
Guerchy 89 102 A2
Guéreins 01 155 E3
Guéret 23 150 B3
Guerfand 71 140 B2
Guérigny 58 120 B4
Guérin 47 195 E4
La Guérinière 85 110 C4
Guerlédan (Lac de) 22 70 C2
Guerlesquin 29 46 C3
Guermange 57 65 E2
Guermantes 77 58 B2
Guern 56 70 C3
Guernanville 27 54 C2
Guernes 78 56 B1
Le Guerno 56 92 A3
Guerny 27 32 C3
Guéron 14 28 B3
La Guéroulde 27 55 D2
Guerpont 55 62 C3
Guerquesalles 61 53 E2
Les Guerreaux 71 138 B4
Guerstling 57 41 D2
Guerting 57 41 D3
Guerville 76 16 B1
Guerville 78 56 B1
Gueschart 80 8 C3
Guesnain 59 10 C2
Guesnes 86 132 A1
Guessling-Hémering 57 41 D4
Guéthary 64 224 B4
Guétin (Pont-Canal du) 18 137 D1
Gueudecourt 80 18 B1
Gueugnon 71 138 C3
Gueures 76 15 E2
Gueutteville 76 15 E4
Gueutteville-les-Grès 76 15 D2
Gueux 51 36 B3
Guevenatten 68 108 B2
Guewenheim 68 108 B2
Gueytes-et-Labastide 11 253 D3
Gueyze 47 210 C3
Gugnécourt 88 87 F2
Gugney 54 86 C1
Gugney-aux-Aulx 88 87 D2
Guibermesnil 80 16 C2
Guibeville 91 57 E4
Guichainville 27 55 E1
Guiche 64 225 D3
La Guiche 71 139 E4
Guichen 35 72 C4
Guiclan 29 46 A3
Guidel 56 90 A1
Guidon du Bouquet 30 218 B3
La Guierche 72 76 B4
Guiers Mort (Gorges du) 38 189 E1
Guiers Vif (Gorges du) 38,73 173 E4
Guignecourt 60 33 E1
Guignemicourt 80 17 E2
Guignen 35 93 D1
Guignes 77 58 B4
Guigneville 45 79 F3
Guigneville-sur-Essonne 91 80 A1
Guignicourt 02 36 B1
Guignicourt-sur-Vence 08 21 E3
Guignonville 45 79 F3
Guigny 62 8 C3
Guilberville 50 51 E1
Le Guildo 22 49 D3
Guiler-sur-Goyen 29 68 C3
Guilers 29 45 D3
Guilherand-Granges 07 187 E4
Guillac 33 194 C1
Guillac 56 92 A1
Guillaucourt 80 18 A2
Guillaumes 06 223 E2
Guillemont 80 18 B1
La Guillermie 03 153 F4
Guillerval 91 79 F2
Guillestre 05 207 D2
Guilleville 28 79 D3
Guilliers 56 72 A4
Guilligomarc'h 29 70 A4
Guillon 89 103 D4
Guillon-les-Bains 25 126 A2
Guillonville 28 79 D4
Guillos 33 194 B3
Guilly 36 117 F4
Guilly 45 100 A2
Guilmécourt 76 16 A1
Guilvinec 29 68 C4
Guimaëc 29 46 B2
Guimiliau 29 45 F2
Guimps 16 161 F4
Guinarthe-Parenties 64 225 E4
Guincourt 08 21 E4
Guindrecourt-aux-Ormes 52 84 C1
Guindrecourt-sur-Blaise 52 84 C2
Guinecourt 62 9 D2
Guînes 62 3 D2
Guingamp 22 47 E3
Guinglange 57 40 C4
Guinkirchen 57 40 C3
Guinzeling 57 65 E1
Guipavas 29 45 D3
Guipel 35 73 D2
Guipronvel 29 44 C2
Guipry 35 93 D2
Guipy 58 121 D3
Guirlange 57 40 C3
Guiry-en-Vexin 95 32 C4
Guiscard 60 18 C4
Guiscriff 56 69 F3
Guise 02 19 F2
Guiseniers 27 32 B3
Le Guislain 50 51 D1
Guissény 29 45 D1
Guisy 62 8 C2
Guitalens 81 231 D3
Guitera-les-Bains 2A 267 D4
Guitinières 17 161 E4
Guitrancourt 78 56 C1
Guîtres 33 178 A4
Guitry 27 32 B3
Guitté 22 72 B2
Guivry 02 18 C4
Guizancourt 80 17 D3
Guizengeard 16 178 A2
Guizerix 65 250 A1
Gujan-Mestras 33 193 D2
Gumbrechtshoffen 67 67 D1
Gumery 10 82 A1
Gumiane 26 204 C3
Gumières 42 169 F4
Gumond 19 182 A2
Gundershoffen 67 67 D1
Gundolsheim 68 108 C1
Gungwiller 67 66 A1
Gunsbach 68 88 C3
Gunstett 67 67 D1
Guntzviller 57 66 B2
Guny 02 35 D1
Guran 31 258 B3
Gurat 16 178 C1
Gurcy-le-Châtel 77 81 E1
Gurgy 89 102 A2
Gurgy-la-Ville 21 104 B2
Gurgy-le-Château 21 104 B2
Gurmençon 64 248 A2
Gurs 64 247 F1
Gurunhuel 22 47 D3
Gury 60 18 B4
Gussainville 55 39 D3
Gussignies 59 11 F2
Guyancourt 78 57 D3
Guyans-Durnes 25 125 F3
Guyans-Vennes 25 126 B3
Guyencourt 02 36 A2
Guyencourt-Saulcourt 80 18 C1
Guyencourt-sur-Noye 80 17 F3
La Guyonnière 85 111 D4
Guyonvelle 52 105 F2
Guzargues 34 234 B2
Gy 70 125 D1
Gy-en-Sologne 41 117 E2
Gy-les-Nonains 45 101 D1
Gy-l'Évêque 89 102 A3
Gye 54 63 F3
Gyé-sur-Seine 10 83 F4

H

Habarcq 62 9 F3
Habas 40 225 E3
Habère-Lullin 74 158 C2
Habère-Poche 74 158 C2
L'Habit 27 55 F2
Hablainville 54 65 E4
Habloville 61 52 C2
Haboudange 57 65 D1
Habsheim 68 108 C2
Hachan 65 250 A1
Hackenberg (Fort de) 57 40 C2
Hâcourt 52 85 F3
Hacqueville 27 32 B3
Hadancourt-le-Haut-Clocher 60 33 D3
Hadigny-les-Verrières 88 87 E2
Hadol 88 87 E3
Hadonville-lès-Lachaussée 55 39 E4
Haegen 67 66 B2
Hagécourt 88 86 C2
Hagedet 65 227 D3
Hagen 57 40 B1
Hagenbach 68 108 B3
Hagenthal-le-Bas 68 109 D4
Hagenthal-le-Haut 68 109 D4
Haget 32 227 E4
Hagetaubin 64 226 A3
Hagetmau 40 226 B2
Hagéville 54 39 E4
Hagnéville-et-Roncourt 88 86 B2
Hagnicourt 08 21 D4
Hagondange 57 40 B3
Hague (Cap de la) 50 24 B1
Haguenau 67 67 D1
La Haie-Fouassière 44 112 B3
La Haie-Traversaine 53 75 D2
Les Haies 69 171 E4
Haigneville 54 64 C4
Haillainville 88 87 E1
Le Haillan 33 194 A1
Hailles 80 17 F3
Haillicourt 62 9 F1
Haimps 17 161 F1
Haims 86 133 D4
Hainvillers 60 18 A4
Haironville 55 62 B3
Haisnes 62 10 A1
Halatte (Forêt d') 60 34 A3
Haleine 61 52 B4
Halinghen 62 2 C4
Hallencourt 80 16 C1
Hallennes-lez-Haubourdin 59 5 D4
Hallering 57 41 D3
Les Halles 69 170 C2
Halles-sous-les-Côtes 55 38 B1
Hallignicourt 52 62 A3
Hallines 62 3 E3
Halling-lès-Boulay 57 40 C3
Hallivillers 80 17 E3
La Hallotière 76 32 B1
Halloville 54 65 F4
Halloy 60 17 D4
Halloy 62 9 E4
Halloy-lès-Pernois 80 17 E1
Hallu 80 18 B3
Halluin 59 5 E3
Halsou 64 224 C4
Halstroff 57 40 C1
Ham 80 18 C3
Le Ham 50 25 D3
Le Ham 53 75 E2
Ham-en-Artois 62 9 E1
Ham-les-Moines 08 21 D3
Ham (Roches de) 50 28 A4
Ham-sous-Varsberg 57 41 D3
Ham-sur-Meuse 08 13 F4
Hamars 14 52 B1
Hambach 57 41 F4
Hambers 53 75 E2
Hamblain-les-Prés 62 10 B3
Hambye 50 51 D1
Hamel 59 10 C3
Le Hamel 60 17 D4
Le Hamel 80 18 A2
Hamelet 80 18 A2
Hamelin 50 51 D4
Hamelincourt 62 10 A4
Hames-Boucres 62 3 D2
Hammeville 54 64 B4
Hamonville 54 63 F2
Hampigny 10 84 A1
Hampont 57 65 D2
Han-Devant-Pierrepont 55 39 D2
Han-lès-Juvigny 55 38 C1
Han-sur-Meuse 55 63 D2
Han-sur-Nied 57 40 C4
Hanau (Étang de) 57 42 C4
Hanc 79 147 D3
Hanches 28 56 B4
Hancourt 80 18 C2
Handschuheim 67 67 D3
Hangard 80 17 F2
Hangenbieten 67 67 D3
Hangest-en-Santerre 80 18 A3
Hangest-sur-Somme 80 17 D1
Hangviller 57 66 B2
Hannaches 60 32 C1
Hannapes 02 19 F1
Hannappes 08 20 C2
Hannescamps 62 9 F4
Hannocourt 57 65 D1
Hannogne-St-Martin 08 21 F3
Hannogne-St-Rémy 08 20 B4
Hannonville-sous-les-Côtes 55 39 D4
Hannonville-Suzémont 54 39 E4
Le Hanouard 76 14 C3
Hans 51 37 F4
Hantay 59 10 B1
Hanvec 29 45 E4
Hanviller 57 42 C3
Hanvoile 60 33 D1
Haplincourt 62 10 B4
Happencourt 02 19 D3
Happonvilliers 28 78 A2
Haramont 02 34 C3
Haraucourt 08 21 F4
Haraucourt 54 64 C3
Haraucourt-sur-Seille 57 65 D2
Haraumont 55 38 B2
Haravesnes 62 9 D3
Haravilliers 95 33 D3
Harbonnières 80 18 A2
Harbouey 54 65 F4
Harcanville 76 15 D3
Harchéchamp 88 86 A1
Harcigny 02 20 B3
Harcourt 27 31 D3
Harcy 08 21 D2
Hardancourt 88 87 E1
Hardanges 53 75 E2
Hardecourt-aux-Bois 80 18 B1
Hardelot-Plage 62 2 B4
Hardencourt-Cocherel 27 55 F1
Hardifort 59 4 B3
Hardinghen 62 3 D3
Hardinvast 50 24 C2
Hardivillers 60 17 E4
Hardivillers-en-Vexin 60 33 D3
La Hardoye 08 20 C3
Hardricourt 78 56 C1
La Harengère 27 31 E3
Haréville 88 86 C3
Harfleur 76 30 A1
Hargarten-aux-Mines 57 41 D3
Hargeville 78 56 B2
Hargeville-sur-Chée 55 62 B2
Hargicourt 02 19 D1
Hargicourt 80 17 F3
Hargnies 08 21 E1
Hargnies 59 11 F3
Harly 02 19 D2
Harméville 52 85 E1
Harmonville 88 86 B1
La Harmoye 22 71 D1
Harnes 62 10 B2
Harol 88 87 D3
Haroué 54 86 C1
Harponville 80 17 F1
Harprich 57 65 D1
Harquency 27 32 B3
Harreberg 57 66 B3
Harréville-les-Chanteurs 52 86 A2
Harricourt 08 38 A1
Harricourt 52 84 C2
Harsault 88 87 D4
Harskirchen 67 66 A1
Hartennes-et-Taux 02 35 E3
Hartmannswiller 68 108 B1
Hartzviller 57 66 A3
Harville 55 39 E4
Hary 02 20 B3
Haselbourg 57 66 B3
Hasnon 59 11 D2
Hasparren 64 224 C4
Haspelschiedt 57 42 C3
Haspres 59 11 D3
Hastingues 40 225 D3
Hatrize 54 39 F3
Hatten 67 67 E1
Hattencourt 80 18 B3
Hattenville 76 14 C4
Hattigny 57 65 F3
Hattmatt 67 66 C2
Hattonchâtel 55 63 E1
Hattonville 55 63 E1
Hattstatt 68 89 D4
Hauban 65 249 E3
Haubourdin 59 5 D4
Hauconcourt 57 40 B3
Haucourt 60 33 D1
Haucourt 62 10 B3
Haucourt 76 16 B4
Le Haucourt 02 19 D2
Haucourt-en-Cambrésis 59 11 D4
Haucourt-la-Rigole 55 39 E2
Haucourt-Moulaine 54 39 E1
Haudainville 55 38 C4
Haudiomont 55 39 D4
Haudivillers 60 33 E1
Haudonville 54 65 D4
Haudrecy 08 21 E3
Haudricourt 76 16 B3
Haulchin 59 11 D3
Haulies 32 228 B3
Haulmé 08 21 E2
Haumont-lès-Lachaussée 55 39 E4
Hauriet 40 226 A2
Hausgauen 68 108 C3
Haussez 76 16 B4
Haussignémont 51 61 F3
Haussimont 51 60 C3
Haussonville 54 64 C4
Haussy 59 11 D3
Haut-Asco 2B 264 C4
Haut-Barr (Château du) 67 66 B2
Haut-Clocher 57 66 A2
Le Haut-Corlay 22 70 C1
Haut-de-Bosdarros 64 248 B2
Le Haut-du-Them 70 107 E1
Haut-Kœnigsbourg (Château du) 67 89 D2
Haut Languedoc (Parc Régional du) 34,81 232 B2
Haut-Lieu 59 12 B4
Haut-Loquin 62 3 D3
Haut-Mauco 40 226 B1
Hautaget 65 250 A3
Hautbos 60 16 C4
Haute-Avesnes 62 9 F2
La Haute-Beaume 05 205 E3
La Haute-Chapelle 61 52 A4
Haute Corniche (Belvédères de la) 07 218 C1
Haute-Epine 60 17 D4
Haute-Goulaine 44 112 B2
Haute-Isle 95 32 B4
Haute-Kontz 57 40 B1
La Haute-Maison 77 58 C2
Haute-Rivoire 69 170 C2
Haute-Vigneulles 57 41 D4
Hautecloque 62 9 E2
Hautecombe (Abbaye Royale de) 73 173 E2
Hautecôte 62 9 D3
Hautecour 39 141 F3
Hautecour 73 174 C4
Hautecourt-lès-Broville 55 39 D3
Hautecourt-Romanèche 01 156 C3
Hautefage 19 182 A3
Hautefage-la-Tour 47 212 A1
Hautefaye 24 163 D4
Hautefeuille 77 58 C3
Hautefond 71 154 B1
Hautefontaine 60 35 D2
Hautefort 24 180 B2
Hauteluce 73 174 C2
Hautepierre-le-Châtelet 25 125 F4
Hauterive 03 153 E4
Hauterive 61 76 B1
Hauterive 89 102 B1
Hauterive-la-Fresse 25 126 A4
Hauterives 26 188
Hauteroche 21 104
Hautes-Duyes 04 222
Les Hautes-Rivières 08 21
Hautesvignes 47 195
Hautevelle 70 106
Hautevesnes 02 35
Hauteville 02 19
Hauteville 08 20
Hauteville 51 61
Hauteville 62 9
Hauteville 73 174
La Hauteville 78 56
Hauteville-la-Guichard 50 27
Hauteville-lès-Dijon 21 123
Hauteville-Lompnes 01 157
Hauteville-sur-Fier 74 173
Hauteville-sur-Mer 50 50
Haution 02 20
Hautmont 59 12
Hautmougey 88 87
Hautot-l'Auvray 76 15
Hautot-le-Vatois 76 14
Hautot-St-Sulpice 76 15
Hautot-sur-Mer 76 15
Hautot-sur-Seine 76 31
Hautteville-Bocage 50 25
Hautvillers 51 36
Hautvillers-Ouville 80 8
Hauville 27 31
Hauviné 08 37
Haux 33 194
Haux 64 247
Havange 57 39
Havelu 28 56
Haveluy 59 11
Havernas 80 17
Haverskerque 59 4
Le Havre 76 30
Le Havre-Antifer 76 14
Havrincourt 62 10
Havys 08 21
L'Haÿ-les-Roses 94 57
Hayange 57 40
Haybes 08 21
La Haye 76 32
La Haye 88 87
La Haye-Aubrée 27 31
La Haye-Bellefond 50 51
La Haye-de-Calleville 27 31
La Haye-de-Routot 27 31
La Haye-d'Ectot 50 24
La Haye-du-Puits 50 26
La Haye-du-Theil 27 31
La Haye-le-Comte 27 31
La Haye-Malherbe 27 31
La Haye-Pesnel 50 50
La Haye-St-Sylvestre 27 54
Hayes 57 40
Les Hayes 41 97
Haynecourt 59 10
Les Hays 39 141
Hazebrouck 59 4
Hazembourg 57 65
Le Heaulme 95 33
Héauville 50 24
Hébécourt 27 32
Hébécourt 80 17
Hébécrevon 50 27
Héberville 76 15
Hébuterne 62 9
Hèches 65 249
Hecken 68 108
Hecmanville 27 30
Hécourt 27 55
Hécourt 60 32
Hecq 59 11
Hectomare 27 31
Hédauville 80 18
Hédé 35 73
Hédouville 95 33
Hegeney 67 67
Hégenheim 68 109
Heidolsheim 67 89
Heidwiller 68 108
Heiligenberg 67 66
Heiligenstein 67 89
Heillecourt 54 64
Heilles 60 33
Heilly 80 17
Heiltz-le-Hutier 51 61
Heiltz-le-Maurupt 51 62
Heiltz-l'Évêque 51 61
Heimersdorf 68 108
Heimsbrunn 68 108
Heining-lès-Bouzonville 57 41
Heippes 55 62
Heiteren 68 89
Heiwiller 68 108
Hélesmes 59 11
Hélette 64 246
Helfaut 62 3
Helfrantzkirch 68 108
Helléan 56 71
Hellemmes-Lille 59 5
Hellenvilliers 27 55
Hellering-lès-Fénétrange 57 66
Helleville 50 24
Hellimer 57 41
Héloup 61 76
Helpe Majeure 59 12
Helstroff 57 40
Hem 59 5
Hem-Hardinval 80 9
Hem-Lenglet 59 10
Hem-Monacu 80 18
Hémevez 50 25
Hémévillers 60 34
Hémilly 57 40
Héming 57 65
Hémonstoir 22 71
Hénaménil 54 65
Hénanbihen 22 48
Hénansal 22 48
Hendaye 64 244
Hendecourt-lès-Cagnicourt 62 10
Hendecourt-lès-Ransart 62 10
Hénencourt 80 18
Henflingen 68 108

ɘngoat 22 ... 47 E2
ɘngwiller 67 ... 66 B3
ènin-Beaumont 62 ... 10 B2
ènin-sur-Cojeul 62 ... 10 A3
èninel 62 ... 10 B3
ɘnnebont 56 ... 90 C1
ɘnnecourt 88 ... 87 D3
ɘnnemont 55 ... 39 D3
ɘnneveux 62 ... 3 D3
ɘnnezel 88 ... 86 C4
ɘnnezis 27 ... 32 B3
ènon 22 ... 71 E1
ènonville 60 ... 33 D3
ènouville 76 ... 31 E1
ɘnrichemont 18 ... 119 D2
ɘnridorff 57 ... 66 B2
ɘnriville 57 ... 41 E3
ènu 62 ... 9 F4
ɘnvic 29 ... 46 A2
èrange 57 ... 66 B2
èrault 30,34 ... 234 A2
ɘrbault 41 ... 98 A4
ɘrbécourt 80 ... 18 B2
ɘrbelles 62 ... 3 F4
Herbergement 85 ... 129 D1
erbeuval 08 ... 22 B4
erbeuville 55 ... 39 D4
erbeville 78 ... 56 C2
erbéviller 54 ... 65 E4
erbeys 38 ... 189 E3
ɘs Herbiers 85 ... 129 F1
erbignac 44 ... 92 A4
erbinghen 62 ... 3 D3
erbisse 10 ... 60 C4
erbitzheim 67 ... 42 A4
erblay 95 ... 57 D1
erbsheim 67 ... 89 E1
ercé 53 ... 74 C1
erchies 60 ... 33 D1
a Hérelle 60 ... 17 F4
érenguerville 50 ... 50 C1
érépian 34 ... 233 D3
ères 65 ... 227 E3
ergnies 59 ... 11 E1
ergugney 88 ... 87 D1
éric 44 ... 111 F1
éric (Gorges d') 34 ... 232 C3
éricourt 62 ... 9 E2
éricourt 70 ... 107 F3
éricourt-en-Caux 76 ... 15 D3
éricourt-sur-Thérain 60 ... 16 C4
éricy 77 ... 80 C1
a Hérie 02 ... 20 B2
e Hérie-la-Viéville 02 ... 19 F2
ériménil 54 ... 65 D4
érimoncourt 25 ... 108 A4
érin 59 ... 11 D2
érissart 80 ... 17 F1
érisson 03 ... 136 B4
érisson (Cascades du) 39 ... 141 F3
erleville 80 ... 18 B2
a Herlière 62 ... 9 F3
erlies 59 ... 10 A1
erlin-le-Sec 62 ... 9 E2
erlincourt 62 ... 9 E2
erly 62 ... 8 C1
erly 80 ... 18 B3
erm 40 ... 225 D1
.'Herm 09 ... 252 B4
ermanville-sur-Mer 14 ... 29 D2
.es Hermaux 48 ... 200 C4
ermaville 62 ... 9 F3
ermé 77 ... 81 F1
ermelange 57 ... 66 A3
ermelinghen 62 ... 3 D3
.'Hermenault 85 ... 130 A4
erment 63 ... 167 D2
ermeray 78 ... 56 B4
ermerswiller 67 ... 43 E4
ermes 60 ... 33 E2
ermeville 76 ... 14 A4
erméville-en-Woëvre 55 ... 39 D3
ermies 62 ... 10 B4
ermillon 73 ... 190 B1
Hermin 62 ... 9 F2
L'Hermitage 35 ... 73 D3
L'Hermitage-Lorge 22 ... 71 E1
Les Hermites 37 ... 97 E3
L'Hermitière 61 ... 77 D2
Hermival-les-Vaux 14 ... 30 B3
Hermonville 51 ... 36 B2
Hernicourt 62 ... 9 E2
Herny 57 ... 40 C4
Le Héron 76 ... 32 A1
Héronchelles 76 ... 32 A1
Hérouville 95 ... 33 E4
Hérouville-St-Clair 14 ... 29 D3
Hérouvillette 14 ... 29 E3
Herpelmont 88 ... 87 F3
Herpont 51 ... 61 F1
Herpy-l'Arlésienne 08 ... 36 C1
Herqueville 27 ... 32 A3
Herqueville 50 ... 24 B1
Herran 31 ... 259 D2
Herré 40 ... 210 B3
Herrère 64 ... 248 A2
Herrin 59 ... 10 B1
Herrlisheim 67 ... 67 E2
Herrlisheim-près-Colmar 68 ... 89 D4
Herry 18 ... 120 A3
Herserange 54 ... 23 E4
Hersin-Coupigny 62 ... 9 F2
Hertzing 57 ... 65 F3
Hervelinghen 62 ... 2 C2
Hervilly 80 ... 18 C2
Héry 58 ... 121 D2
Héry 89 ... 102 B2
Héry-sur-Alby 74 ... 173 F1
Herzeele 59 ... 4 B2
Hesbécourt 80 ... 18 B2
Hescamps 80 ... 16 C3
Hesdigneul-lès-Béthune 62 ... 9 F1
Hesdigneul-lès-Boulogne 62 ... 2 C4
Hesdin 62 ... 8 C2
Hesdin-l'Abbé 62 ... 2 C4
Hésingue 68 ... 109 D3
Hesmond 62 ... 8 C2
Hesse 57 ... 66 A3
Hessenheim 67 ... 89 E2

E
F
G
H
Y
Z
FORT DE STE-ADRESSE
SANVIC
STE-JEANNE D'ARC
FORT DE TOURNEVILLE
STE-MARIE
JENNER
TUNNEL
R. du Fort
R. de Ste-Adresse
Clément
Cochet
Marical
R. de la Cavée Verte
R. D. de Boissière
Rue de Cronstadt
Rue Faure
R. Mac Orlan
Tourneville
Rue Félix-Faure
Lafaurie
Boulevard Albert 1er
PLAGE
R. Guillemard
R. d'Étretat
Rue des Gobelins
R. d'Ingouville
Flaubert
Coty
Rue Renan
Ernest
STE-ANNE
Bougainville
R. A. Briand
Joffre
le Rond-Point
R. J. Tellier
R. Hélène
STE-MARIE
Demidoff
ST-VINCENT DE-PAUL
ST-MICHEL
R. P. Faure
R. Bellanger
SQUARE ST-ROCH
Braque
France
Delavigne
Anatole
Rue Jules Lecesne
Porte Océane
AVENUE FOCH
Bd de Strasbourg
Rousseau
Cours de la République
QUARTIER
ST-JOSEPH
Espace Niemeyer
Quai George V
BASSIN DU COMMERCE
CENTRE DE COMMERCE INTERNATIONAL
DOUANES
Colbert
VAUBAN
Frissard
BASSIN
Quai
DOCKS
BASSIN DES
Guérin
Aviateur
Courbet
Amiral
ANSE DES RÉGATES
ANSE DE JOINVILLE
DIGUE NORD
Boulevard François 1er
Clemenceau
Richelieu
MODERNE
Notre-Dame
BASSIN DU ROI
ST-FRANÇOIS
BASSIN DE LA BARRE
CENTRE ADMF DU PORT AUTONOME
BASSIN DE LA CITADELLE
TERMINAL DE GRANDE-BRETAGNE
GARE MARITIME
L'EURE
BASSIN DE L'EURE
R. Marceau
Rue Bellot
Bd Amiral Mouchez
Q. de la Saône
PORT
AVANT-PORT
ANSE FRASCATI
Sémaphore
BASSIN DE LA MANCHE
TERMINAL D'IRLANDE
ARRIÈRE-PORT
Q. de la Marine
Av. Corbeaux
0
300 m

Le Havre

Briand (R. A.) ... HY
Delavigne (R. C.) ... GHY
Étretat (R. d') ... EY
Joffre (R. Maréchal) ... GHY
Paris (R. de) ... FZ
République (Cours de la) ... HY

Alma (R. de l') ... EY 3
Anfray (R.) ... GZ 5
Angoulême (Chaussée d') ... GZ 6
Archinard (Av. Général) ... GZ 9
Bernardin-de-St-Pierre (R.) ... FZ 13
Bretagne (R. de) ... FGZ 14
Brindeau (R. L.) ... EFZ 15
Chevalier-de-la Barre (Cours) ... HZ 18
Churchill (Bd W.) ... HZ 24
Commerce (Passerelle du) ... GZ 26
Delaroche (R. M.) ... FY 28
Delavigne (Quai C.) ... GZ 29
Doumer (R.P.) ... EFZ 31
Drapiers (R. des) ... FZ 32
Faidherbe (R. du Général) ... GZ 36
Féré (Quai Michel) ... FZ 37
Foubert (R.) ... EY 39
Gallieni (R. du Mar.) ... GY 40
Gaulle (R. du Général-de) ... EY 42
Genestal (R. H.) ... FY 43
Honegger (R. A.) ... FZ 46
Hôtel-de-Ville (Pl. de l') ... FYZ 47
Huet (R. A.-A.) ... FY 49
Iles (Quai des) ... GZ 52
Kennedy (Chaussée J.) ... EFZ 53
La Bourdonnais (R.) ... EY 54
Laffitte (R. Ch.) ... HZ 56
Lamblardie (Quai) ... FGZ 57
Leclerc (Av. du Général) ... FY 58
Lebon (R. Ph.) ... HY 60
Le Testu (Quai G.) ... FZ 61
Louer (R. J.) ... FY 63
Mailleraye (R. de la) ... EZ 64
Massillon (R.) ... HY 65
Maupassant (R. G.-de) ... EY 67
Neustrie (R. de) ... HY 71
Notre-Dame (Quai) ... FZ 72
Pasteur (R.) ... HY 75
Perret (Pl. Auguste) ... FZ 76
Risson (R. F.) ... GY 80
Séry (R.) ... EZ 86
Southampton (Quai de) ... FZ 87
Victor Hugo (R.) ... FZ 91
Videcoq (Quai) ... FZ 92
Voltaire (R.) ... EFZ 94
Wilson (R. du Président) ... EY 96
24e-Territorial (Chaussée du) ... GZ 97

Hestroff 57 ... 40 C2
Hestrud 59 ... 12 C3
Hestrus 62 ... 9 E2
Hétomesnil 60 ... 17 D4
Hettange-Grande 57 ... 40 B1
Hettenschlag 68 ... 89 E4
Heubécourt-Haricourt 27 ... 32 B4
Heuchin 62 ... 9 E1
Heucourt-Croquoison 80 ... 16 D2
Heudebouville 27 ... 32 A3
Heudicourt 27 ... 32 C2
Heudicourt 80 ... 18 C1
Heudicourt-sous-les-Côtes 55 ... 63 E1
Heudreville-en-Lieuvin 27 ... 30 C3
Heudreville-sur-Eure 27 ... 31 F4
Heugas 40 ... 225 E2
Heugleville-sur-Scie 76 ... 15 E3
Heugnes 36 ... 117 E4
Heugon 61 ... 54 A2
Heugueville-sur-Sienne 50 ... 26 C4
Heuilley-Cotton 52 ... 105 E2
Heuilley-le-Grand 52 ... 105 E2
Heuilley-sur-Saône 21 ... 124 B2
Heuland 14 ... 29 F3
Heume-l'Église 63 ... 167 E2
La Heunière 27 ... 32 A4
Heuqueville 27 ... 32 A3
Heuqueville 76 ... 14 A4
Heuringhem 62 ... 3 F4
Heurteauville 76 ... 31 D1
Heurtevent 14 ... 53 E1
Heussé 50 ... 51 E4
Heutrégiville 51 ... 36 C2
Heuzecourt 80 ... 9 D4
Heyrieux 38 ... 172 A3
Hézecques 62 ... 9 D1
Le Hézo 56 ... 91 E3
Hibarette 65 ... 249 D2
Hières-sur-Amby 38 ... 172 B2
Hierges 08 ... 13 F4
Hiermont 80 ... 9 D3
Hiers-Brouage 17 ... 160 B1
Hiersac 16 ... 162 B3
Hiesse 16 ... 148 A4
Hiesville 50 ... 25 E4
Hiéville 14 ... 53 D1
Higuères-Souye 64 ... 226 C4
Hiis 65 ... 249 E2
Hilbesheim 57 ... 66 A2
Hillion 22 ... 48 B3
Hilsenheim 67 ... 89 E2
Hilsprich 57 ... 41 E4
Hinacourt 02 ... 19 D3
Hinckange 57 ... 40 C3
Hindisheim 67 ... 67 D4
Hindlingen 68 ... 108 B3
Hinges 62 ... 9 F1
Le Hinglé 22 ... 72 B1
Hinsbourg 67 ... 66 B1
Hinsingen 67 ... 65 F1
Hinx 40 ... 225 E2
Hippoltskirch 68 ... 108 C4
Hipsheim 67 ... 67 D4
Hirel 35 ... 49 F3
Hirschland 67 ... 66 A2
Hirsingue 68 ... 108 C3
Hirson 02 ... 20 B2
Hirtzbach 68 ... 108 B3
Hirtzfelden 68 ... 108 C1
His 31 ... 259 D2
Hitte 65 ... 249 E2
Hoc (Pointe du) 14 ... 27 F1
Hochfelden 67 ... 67 D2
Hochstatt 68 ... 108 C2
Hochstett 67 ... 67 D2
Hocquigny 50 ... 50 C2
Hocquincourt 80 ... 16 C1
Hocquinghen 62 ... 3 D3
Hodenc-en-Bray 60 ... 33 D1
Hodenc-l'Evêque 60 ... 33 E2
Hodeng-au-Bosc 76 ... 16 B2
Hodeng-Hodenger 76 ... 32 B1
Hodent 95 ... 32 C4
Hœdic (Ile de) 56 ... 91 E4
Hœnheim 67 ... 67 E3
Hœrdt 67 ... 67 E2
Hoéville 54 ... 65 D3
Hoffen 67 ... 43 E4
Les Hogues 27 ... 32 A2
La Hoguette 14 ... 53 D2
Hohatzenheim 67 ... 67 D2
Hohengœft 67 ... 66 C3
Hohfrankenheim 67 ... 67 D2
Hohneck 88 ... 88 B4
Hohrod 68 ... 88 C3
Le Hohwald 67 ... 89 D1
Hohwiller 67 ... 43 E4
Holacourt 57 ... 65 D1
Holçarté (Crevasses d') 64 ... 247 E3
Holling 57 ... 40 C2
Holnon 02 ... 19 D2
Holque 59 ... 3 E2
Holtzheim 67 ... 67 D3
Holtzwihr 68 ... 89 D3
Holving 57 ... 41 F4
Le Hom 14 ... 52 B1
Hombleux 80 ... 18 C3
Homblières 02 ... 19 E2
Hombourg 68 ... 109 D2
Hombourg-Budange 57 ... 40 C2
Hombourg-Haut 57 ... 41 E3
L'Hôme-Chamondot 61 ... 54 C4
Homécourt 54 ... 39 F3
Hommarting 57 ... 66 B2
Hommert 57 ... 66 B3
Hommes 37 ... 115 D1
Le Hommet-d'Arthenay 50 ... 27 E3
Homps 11 ... 254 A1
Homps 32 ... 228 C1
Hon-Hergies 59 ... 11 F2
Hondainville 60 ... 33 F2
Hondeghem 59 ... 4 B3
Hondevilliers 77 ... 59 E2
Hondouville 27 ... 31 F4
Hondschoote 59 ... 4 B2
Honfleur 14 ... 30 B1
Honguemare-Guenouville 27 ... 31 D2
Honnechy 59 ... 19 E1
Honnecourt-sur-Escaut 59 ... 19 D1
L'Honor-de-Cos 82 ... 213 D3
Honskirch 57 ... 65 F1
Hontanx 40 ... 226 C1
L'Hôpital 57 ... 41 E3
Hôpital-Camfrout 29 ... 45 E4
L'Hôpital-d'Orion 64 ... 225 F4
L'Hôpital-du-Grosbois 25 ... 125 F3
L'Hôpital-le-Grand 42 ... 170 B3
L'Hôpital-le-Mercier 71 ... 154 A1
L'Hôpital-St-Blaise 64 ... 247 F1
L'Hôpital-St-Lieffroy 25 ... 126 A1
L'Hôpital-sous-Rochefort 42 ... 169 F2
Hôpitaux (Cluse des) 01 ... 172 C1
Les Hôpitaux-Neufs 25 ... 142 C2
Les Hôpitaux-Vieux 25 ... 142 C2
Horbourg 68 ... 89 D3
Hordain 59 ... 11 D3
La Horgne 08 ... 21 E4
Horgues 65 ... 249 E2
L'Horme 42 ... 171 D4
Hornaing 59 ... 11 D2
Hornoy-le-Bourg 80 ... 16 C2
Le Horps 53 ... 75 E1
Horsarrieu 40 ... 226 A2
Hortes 52 ... 105 E2
Horville-en-Ornois 55 ... 85 E1
L'Hosmes 27 ... 55 D2
L'Hospitalet 04 ... 221 D3
L'Hospitalet-du-Larzac 12 ... 216 C4
L'Hospitalet-près-l'Andorre 09 ... 260 C3
Hossegor 40 ... 224 C2
Hosta 64 ... 247 D2
Hoste 57 ... 41 E4
Hostens 33 ... 193 F4
Hostias 01 ... 172 C1
Hostun 26 ... 188 B3
L'Hôtellerie 14 ... 30 B4
L'Hôtellerie-de-Flée 49 ... 94 C2
Hotonnes 01 ... 157 E4
Hotot-en-Auge 14 ... 29 F3
Hottot-les-Bagues 14 ... 28 C3
Hottviller 57 ... 42 B4
La Houblonnière 14 ... 30 A4
Les Houches 74 ... 159 E4
Houchin 62 ... 9 F1
Houdain 62 ... 9 F2
Houdain-lez-Bavay 59 ... 11 F3
Houdan 78 ... 56 B3
Houdancourt 60 ... 34 B2
Houdelaincourt 55 ... 63 D4
Houdelaucourt-sur-Othain 55 ... 39 D2
Houdelmont 54 ... 64 B4
Houdemont 54 ... 64 B3
Houdetot 76 ... 15 D2
Houdilcourt 08 ... 36 C2
Houdreville 54 ... 64 B4
Houécourt 88 ... 86 B2
Houeillès 47 ... 210 B2
Houesville 50 ... 27 D2
Houetteville 27 ... 31 F4
Houéville 88 ... 86 B1
Houeydets 65 ... 249 F2
Le Houga 32 ... 227 D1
Houilles 78 ... 57 D2
Houlbec-Cocherel 27 ... 32 A4
Houlbec-près-le-Gros-Theil 27 ... 31 D3
Houldizy 08 ... 21 E2
Houlette 16 ... 162 A2
Houlgate 14 ... 29 E2
Houlle 62 ... 3 E3
Le Houlme 76 ... 31 E1
L'Houmeau 17 ... 145 D2
Hounoux 11 ... 252 C2
Houplin-Ancoisne 59 ... 10 B1
Houplines 59 ... 5 D4
Houppeville 76 ... 31 F1
Houquetot 76 ... 14 B4
Hourc 65 ... 249 E1
Hourges 51 ... 36 A3
Hours 64 ... 248 C2
Hourtin 33 ... 176 B2
Hourtous (Le Roc des) 48 ... 216 C2
Houry 02 ... 20 A3
Houssay 41 ... 97 F3
Houssay 53 ... 94 C1
La Houssaye 27 ... 54 C1
La Houssaye-Béranger 76 ... 15 E4
La Houssaye-en-Brie 77 ... 58 C3
Le Housseau 53 ... 75 D1
Houssen 68 ... 89 D3
Housseras 88 ... 88 A2
Housset 02 ... 19 F3
Housséville 54 ... 86 C1
La Houssière 88 ... 88 A3
La Houssoye 60 ... 33 D2
Houtaud 25 ... 142 C1
Houtkerque 59 ... 4 B2
Houtteville 50 ... 27 D2
Houville-en-Vexin 27 ... 32 A3
Houville-la-Branche 28 ... 78 C1
Houvin-Houvigneul 62 ... 9 E3
Houx 28 ... 56 B4
Hoymille 59 ... 4 A2
Huanne-Montmartin 25 ... 125 F1
Hubersent 62 ... 8 B1
Hubert-Folie 14 ... 29 D4
Huberville 50 ... 25 D3
Huby-St-Leu 62 ... 8 C2
Huchenneville 80 ... 16 C1
Huchet (Courant d') 40 ... 208 A4
Huclier 62 ... 9 E2
Hucqueliers 62 ... 8 C1
Hudimesnil 50 ... 50 B2
Hudiviller 54 ... 64 C3
Huelgoat 29 ... 46 B4
Huest 27 ... 55 E1
Huêtre 45 ... 99 D1

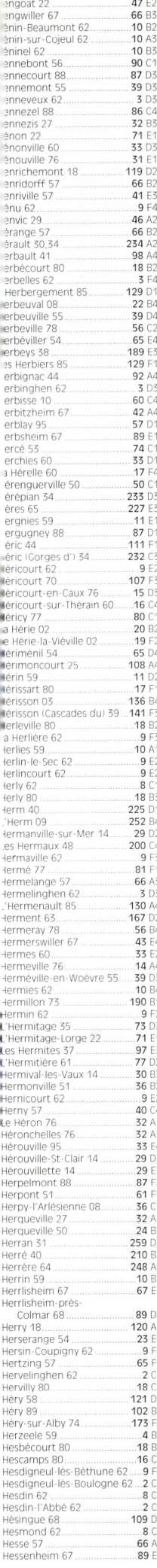

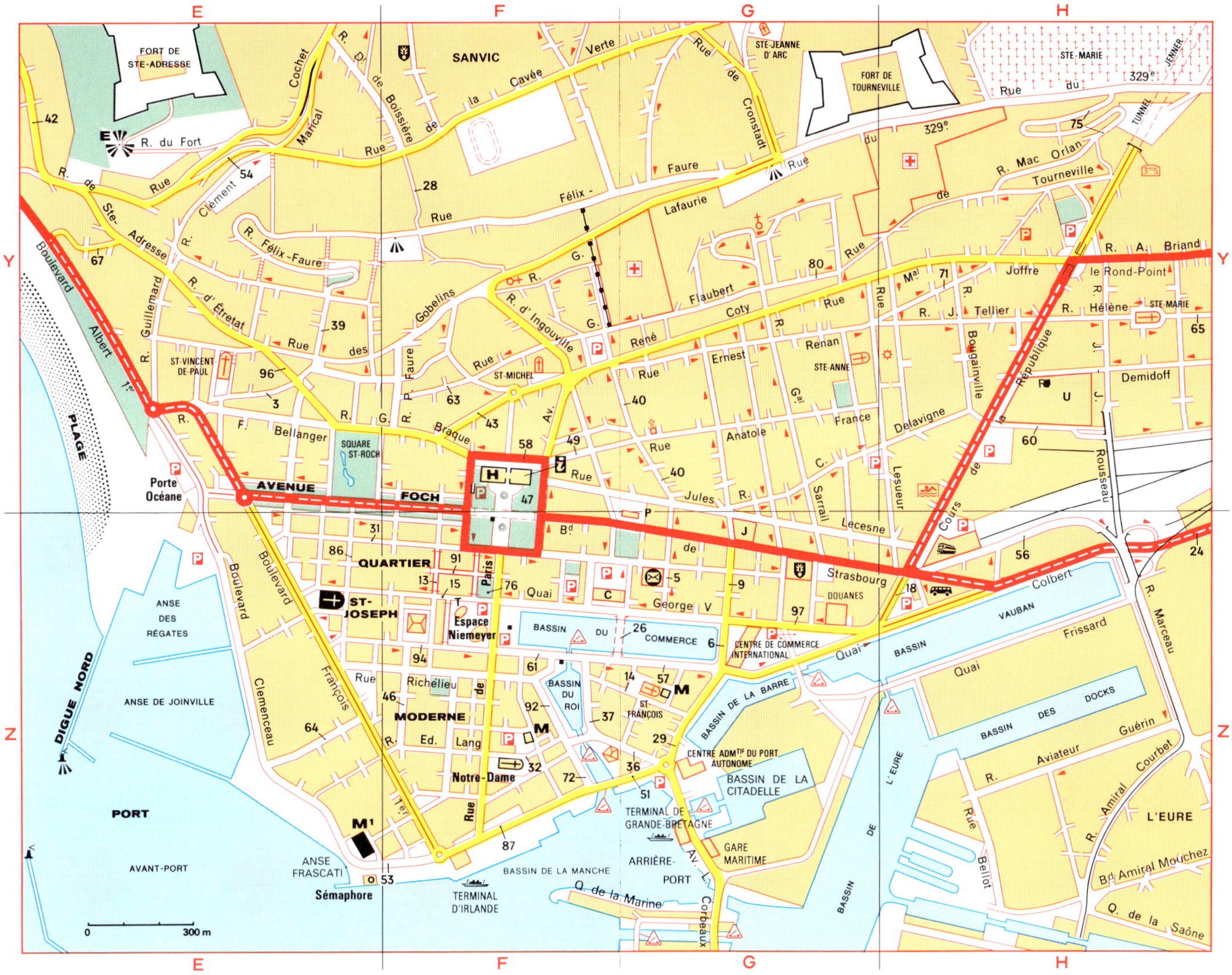

294 Hue - Le L

Huez 38 190 A3
Hugier 70 124 C2
Hugleville-en-Caux 76 15 E4
Huiles (Vallée des) 73 174 A4
Huillé 49 95 F3
Huilliécourt 52 85 F3
Huilly-sur-Seille 71 140 B3
Huiron 51 61 E3
Huismes 37 115 D3
Huisne 61,72 77 D4
Huisnes-sur-Mer 50 50 C3
Huisseau-en-Beauce 41 97 F3
Huisseau-sur-Cosson 41 98 C4
Huisseau-sur-Mauves 45 99 D2
L'Huisserie 53 74 C4
Hulluch 62 10 A1
Hultehouse 57 66 B2
Humbauville 51 61 D3
Humbécourt 52 62 A4
Humbercamps 62 9 F4
Humbercourt 80 9 E3
Humbert 62 8 C1
Humberville 52 85 E2
Humbligny 18 119 E2
Humerœuille 62 9 D2
Humes 52 105 D1
Humières 62 9 D2
Hunaudaie (Château de) 22 49 D4
Hunawihr 68 89 D3
Hundling 57 41 F3
Hundsbach 68 108 C3
Huningue 68 109 D3
Hunspach 67 43 E4
Hunting 57 40 C1
Huos 31 250 B3
Huparlac 12 200 A2
Huppain 14 28 B2
Huppy 80 16 C1
Hurbache 88 88 B1
Hure 33 195 D3
Hurecourt 70 106 B1
Hures-la-Parade 48 216 C2
Huriel 03 151 E1
Hurigny 71 155 E1
Hurlevents (Site des) 03 153 E3
Hurtières 38 189 F1
Hurtigheim 67 67 D3
Husseren-les-Châteaux 68 89 D4
Husseren-Wesserling 68 108 A1
Hussigny-Godbrange 54 39 E1
Husson 50 51 E4
Huttendorf 67 67 D2
Huttenheim 67 89 E1
Hyds 03 152 A2
Hyémondans 25 126 B1
Hyencourt-le-Grand 80 18 B2
Hyenville 50 26 C4
Hyères 83 244 B3
Hyères (Iles d') 83 245 D3
Hyet 70 106 B4
Hyèvre-Magny 25 126 A1
Hyèvre-Paroisse 25 126 A1
Hymont 88 86 C2

I

Ibarrolle 64 247 D2
Ibigny 57 65 F3
Ibos 65 249 D2
Ichtratzheim 67 67 D4
Ichy 77 80 B3
Idaux-Mendy 64 247 E2
Idrac-Respaillès 32 228 A3
Idron 64 248 C1
Ids-St-Roch 18 135 E3
If (Château d') 13 243 D3
Iffendic 35 72 B3
Les Iffs 35 72 C2
Ifs 14 29 D4
Les Ifs 76 16 A2
Igé 61 77 D2
Igé 71 155 E1
Ignaucourt 80 18 A2
Ignaux 09 260 C2
Igney 54 65 E3
Igney 88 87 E2
Ignol 18 136 C1
Igny 70 106 A4
Igny 91 57 E3
Igny (Abbaye d') 51 36 A3
Igny-Comblizy 51 60 A1
Igon 64 248 C2
Igornay 71 122 B4
Igoville 27 31 F2
Iguerande 71 154 B3
Iholdy 64 247 D1
Ile-aux-Moines 56 91 E3
L'Ile-Bouchard 37 115 E3
Ile-d'Aix 17 145 D4
Ile-d'Arz 56 91 E3
Ile-de-Batz 29 46 A1
Ile-de-Bréhat 22 47 F1
L'Ile-d'Elle 85 145 E1
Ile-d'Houat 56 91 D4
L'Ile-d'Olonne 85 128 B3
L'Ile-d'Yeu 85 128 A2
L'Ile-Rousse 2B 264 C2
L'Ile-St-Denis 93 57 E2
Ile-Savary 36 33 F1
Ilhan 65 249 F4
Ilharre 64 225 E4
Illhat 09 252 B4
Les Ilhes 11 253 E1
Ilhet 65 249 F4
Ilheu 65 258 B2
Ill 67,68 108 C1
Illange 57 40 B2
Illartein 09 259 D3
Illat 09 252 B4
Illats 33 194 B3
Ille 35 73 D1
Ille-sur-Têt 66 262 B2
Illeville-sur-Montfort 27 31 D2
Illfurth 68 108 C2
Illhaeusern 68 89 D2
Illiat 01 155 F2
Illier-et-Laramade 09 260 B1
Illiers-Combray 28 78 A2
Illiers-l'Évêque 27 55 E2
Illies 59 10 A1
Illifaut 22 72 A3
Illkirch-Graffenstaden 67 67 D4
Illois 76 16 B3
Illoud 52 85 F3
Illy 08 21 F3
Illzach 68 108 C2
Ilonse 06 223 F3
Imbleville 76 15 E3
Imbsheim 67 66 C2
Imécourt 08 38 A1
Imling 57 66 A2
Imphy 58 137 E1
Inaumont 08 20 C4
Incarville 27 31 F3
Incheville 76 16 A1
Inchy 59 11 D4
Inchy-en-Artois 62 10 B4
Incourt 62 9 D2
Indevillers 25 127 D1
Indre 44 111 F2
Indre 36,37 116 B3
Indrois 37 116 C3
Ineuil 18 135 F2
Les Infournas 05 206 A2
Ingenheim 67 66 C2
Ingersheim 68 89 D3
Inghem 62 3 F4
Inglange 57 40 B2
Ingolsheim 67 43 E4
Ingouville 76 15 D2
Ingrandes 36 133 E4
Ingrandes 49 113 D1
Ingrandes 86 132 C1
Ingrandes-de-Touraine 37 115 D2
Ingrannes 45 100 A1
Ingré 45 99 D1
Inguiniel 56 70 B4
Ingwiller 67 66 C1
Injoux-Génissiat 01 157 E3
Innenheim 67 67 D4
Innimond 01 172 C2
Inor 55 22 B4
Insming 57 65 F1
Insviller 57 65 F1
Intraville 76 15 F2
Intres 07 186 C4
Intréville 28 79 E2
Intville-la-Guétard 45 79 F3
Inval-Boiron 80 16 C2
Inxent 62 8 B1
Inzecca (Défilé de l') 2B 267 E3
Inzinzac-Lochrist 56 90 C1
Ippécourt 55 38 B4
Ippling 57 41 F3
Irai 61 54 C3
Irais 79 131 E1
Irancy 89 102 B3
Iraty (Forêt d') 64 247 D3
Iré-le-Sec 55 38 C1
Irigny 69 171 E3
Irissarry 64 246 C1
Irles 80 10 A4
Irmstett 67 66 C3
Irodouër 35 72 C2
Iron 02 19 F1
Irouléguy 64 246 C2
Irreville 27 31 F4
Is-en-Bassigny 52 85 F4
Is-sur-Tille 21 104 C4
Isbergues 62 4 A4
Isches 88 86 B4
Isdes 45 100 A3
Isenay 58 138 A1
Iseran (Col de l') 73 175 F4
Isère 26,38,73 174 B3
Isigny-le-Buat 50 51 D3
Isigny-sur-Mer 14 27 E2
Island 89 121 E1
Isle 87 164 C2
Isle 24,33 164 B4
L'Isle-Adam 95 33 E4
L'Isle-Arné 32 228 C3
Isle-Aubigny 10 61 D4
Isle-Aumont 10 83 D3
L'Isle-Bouzon 32 211 F4
L'Isle-d'Abeau 38 172 B3
L'Isle-de-Noé 32 228 A3
L'Isle-d'Espagnac 16 162 C3
L'Isle-en-Dodon 31 228 C4
Isle-et-Bardais 03 136 B3
L'Isle-Jourdain 32 229 E3
L'Isle-Jourdain 86 148 B2
Isle-St-Georges 33 194 B2
L'Isle-sur-la-Sorgue 84 220 A4
L'Isle-sur-le-Doubs 25 107 E4
Isle-sur-Marne 51 61 F3
L'Isle-sur-Serein 89 103 D4
Les Isles-Bardel 14 52 C2
Isles-les-Meldeuses 77 58 C1
Isles-lès-Villenoy 77 58 B2
Isles-sur-Suippe 51 36 C2
Les Islettes 55 38 A4
Isneauville 76 31 F1
Isola 06 223 F2
Isola 2000 06 223 F2
Isolaccio-di-Fiumorbo 2B 267 E3
Isômes 52 105 D3
Ispagnac 48 217 D1
Ispoure 64 246 C2
Isques 62 2 C4
Issac 24 179 D4
Les Issambres 83 239 F4
Issamoulenc 07 203 D2
Issancourt-et-Rumel 08 21 F3
Issanlas 07 202 B2
Issans 25 107 F4
Les Issards 09 252 B3
Issarlès 07 202 B1
Issé 44 93 F3
Isse 51 36 C4
Issel 11 252 C1
Issendolus 46 198 B2
Issenhausen 67 66 C2
Issenheim 68 108 C1
Issepts 46 198 C3
Isserpent 03 153 E3
Isserteaux 63 168 C3
Issigeac 24 196 B2
Issirac 30 218 C2
Issoire 63 168 B4
Issolud (Puy d') 46 181 E4
Issoncourt 55 62 C1
Issor 64 248 A2
Issou 78 56 C1
Issoudun 36 135 D1
Issoudun-Létrieix 23 150 C4
Issus 31 230 A4
Issy-les-Moulineaux 92 57 E2
Issy-l'Évêque 71 138 C3
Istres 13 236 C4
Les Istres-et-Bury 51 60 C1
Isturits 64 225 D4
Isturits et d'Oxocelhaya (Grottes d') 64 225 D4
Itancourt 02 19 E3
Iteuil 86 132 A4
Ithorots-Olhaïby 64 247 E1
Iton 27 31 F4
Ittenheim 67 67 D3
Ittersviller 67 89 D1
Itteville 91 80 A1
Ittlenheim 67 66 C3
Itxassou 64 224 C4
Itzac 81 214 A3
Ivergny 62 9 E3
Iverny 77 58 B1
Iviers 02 20 B3
Iville 27 31 E3
Ivors 60 34 C3
Ivory 39 141 F1
Ivoy-le-Pré 18 119 D2
Ivrey 39 125 D4
Ivry-en-Montagne 21 122 C4
Ivry-la-Bataille 27 56 A2
Ivry-le-Temple 60 33 D3
Ivry-sur-Seine 94 57 E2
Iwuy 59 11 D3
Izaourt 65 250 B3
Izaut-de-l'Hôtel 31 258 C2
Izaux 65 249 F3
Izé 53 75 E3
Izeaux 38 188 C1
Izel-lès-Équerchin 62 10 B2
Izel-les-Hameaux 62 9 F3
Izenave 01 157 D4
Izernore 01 157 D2
Izeron 38 188 C3
Izeste 64 256 B1
Izeure 21 123 F3
Izier 21 123 F2
Izieu 01 173 D3
Izoard (Col d') 05 207 E1
Izon 33 177 E4
Izon-la-Bruisse 26 221 D1
Izotges 32 227 D2
Izy 45 79 E4

J

Jablines 77 58 B2
Jabreilles-les-Bordes 87 149 F4
Jabrun 15 200 B2
Jacob-Bellecombette 73 173 E3
Jacou 34 234 B2
Jacque 65 249 E1
Jade (Côte de) 44 110 C3
Jagny-sous-Bois 95 33 F4
Jaignes 77 58 C1
Jaillans 26 188 B3
La Jaille-Yvon 49 95 D3
Jaillon 54 64 A2
Jailly 58 121 D4
Jailly-les-Moulins 21 122 C1
Jainvillotte 88 86 A2
Jalesches 23 150 C2
Jaleyrac 15 182 C2
Jaligny-sur-Besbre 03 153 E1
Jallais 49 113 D3
Jallanges 21 123 F4
Jallans 28 78 B4
Jallaucourt 57 64 C2
Jallerange 25 124 C2
Jalognes 18 119 F3
Jalogny 71 155 E1
Jâlons 51 60 C1
Jambles 71 139 F2
Jambville 78 32 C4
Jaméricourt 60 33 D2
Jametz 55 38 C1
Janailhac 87 164 C3
Janaillat 23 150 A4
Jancigny 21 124 B1
Jandun 08 21 D3
Janneyrias 38 172 A2
Jans 44 93 E3
Janville 14 29 E3
Janville 28 79 E3
Janville 60 34 C2
Janville-sur-Juine 91 79 F1
Janvilliers 51 60 A2
Janvry 51 36 B3
Janvry 91 57 D4
Janzé 35 93 F1
Jarcieu 38 187 F1
Jarcy (Moulin de) 94 58 A3
La Jard 17 161 D3
Jard-sur-Mer 85 144 B1
Jardin 38 171 F4
Le Jardin 19 182 B2
Jardres 86 132 C4
Jargeau 45 99 F2
Jarjayes 05 206 A3
Jarménil 88 87 E3
Jarnac 16 162 A3
Jarnac-Champagne 17 161 E3
Jarnages 23 150 C3
La Jarne 17 145 D3
Jarnioux 69 155 E4
Jarnosse 42 154 C3
Jarny 54 39 E3
Jarret 65 257 E2
Jarrie 38 189 E3
La Jarrie 17 145 E3
La Jarrie-Audouin 17 146 A4
Jarrier 73 190 B1
Jars 18 119 E1
Jarsy 73 174 A2
Jarville-la-Malgrange 54 64 C3
Jarzé 49 95 F4
Jas 42 170 C2
Jasney 70 106 C1
Jassans-Riottier 01 155 E4
Jasseines 10 83 E1
Jasseron 01 156 B2
Jasses 64 247 F1
Jastres 07 203 D3
Jatxou 64 224 C4
Jau (Col de) 66 261 E2
Jau-Dignac-et-Loirac 33 160 B4
La Jaubernie 07 203 E2
Jaucourt 10 84 B3
La Jaudonnière 85 130 A3
Jaudrais 28 55 E4
Jaujac 07 202 C3
Jauldes 16 162 C2
Jaulges 89 102 C1
Jaulgonne 02 35 F4
Jaulnay 37 132 B1
Jaulnes 77 81 F1
Jaulny 54 64 A1
Jaulzy 60 34 C2
Jaunac 07 186 C4
Jaunay-Clan 86 132 B3
Jaures 24 179 E4
Jausiers 04 207 E4
Jaux 60 34 B2
Jauzé 72 76 C3
Javaugues 43 185 D2
Javené 35 74 A2
Javerdat 87 164 B1
Javerlhac-et-la-Chapelle-St-Robert 24 163 E3
Javernant 10 83 D3
La Javie 04 222 B2
Javols 48 201 D2
Javrezac 16 161 E2
Javron-les-Chapelles 53 75 E1
Jax 43 185 D3
Jaxu 64 247 D2
Jayac 24 180 C4
Jayat 01 156 A1
Jazeneuil 86 131 F4
Jazennes 17 161 D3
Jeancourt 02 19 D2
Jeandelaincourt 54 64 C2
Jeandelize 54 39 E3
Jeanménil 88 87 F2
Jeansagnière 42 169 E2
Jeantes 02 20 B3
Jebsheim 68 89 E3
Jegun 32 228 A2
La Jemaye 24 178 C3
Jenlain 59 11 E3
Jenzat 03 152 C3
Jésonville 88 86 C3
Jessains 10 84 A2
Jetterswiller 67 66 C3
Jettingen 68 108 C3
Jeu-les-Bois 36 134 C3
Jeu-Maloches 36 117 E4
Jeufosse 78 56 A1
Jeugny 10 83 D4
Jeumont 59 12 C3
Jeurre 39 157 D1
Jeurre (Parc de) 91 79 F1
Jeux-lès-Bard 21 103 E4
Jeuxey 88 87 E3
Jevoncourt 54 86 C1
Jezainville 54 64 B2
Jézeau 65 249 F4
Joannas 07 202 C3
Job 63 169 E3
Jobourg 50 24 B1
Jobourg (Nez de) 50 24 B1
Joch 66 262 A2
Jœuf 54 39 F3
Joffre (Route) 68 108 A2
Joganville 50 25 D3
Joigny 89 102 A1
Joigny-sur-Meuse 08 21 E2
Joinville 52 85 D1
Joinville-le-Pont 94 57 F2
Joiselle 51 59 F3
Jolimetz 59 11 E3
Jolivet 54 65 D3
Jonage 69 172 A2
Joncels 34 233 D2
La Jonchère 85 129 E4
La Jonchère-St-Maurice 87 149 F4
Jonchères 26 205 D3
Joncherey 90 108 A4
Jonchery 52 85 D3
Jonchery-sur-Suippe 51 37 E3
Jonchery-sur-Vesle 51 36 A3
Joncourt 02 19 D2
Joncreuil 10 61 E4
Joncy 71 139 E3
Jongieux 73 173 E2
Jonquerets-de-Livet 27 54 B1
Jonquerettes 84 219 F4
Jonquery 51 36 A4
Jonquières 11 254 B3
Jonquières 34 233 E2
Jonquières 60 34 B2
Jonquières 81 231 E2
Jonquières 84 219 E3
Jonquières-St-Vincent 30 235 F1
Jons 69 172 A2
Jonte (Gorges de la) 12,48 216 C2
Jonval 08 21 E4
Jonvelle 70 106 A1
Jonville-en-Woëvre 55 39 E4
Jonzac 17 161 E4
Jonzier-Épagny 74 157 F3
Jonzieux 42 186 C1
Joppécourt 54 39 E2
Jorquenay 52 105 D1
Jort 14 53 D1
Jorxey 88 87 D2
Josat 43 185 D2
Joserand 63 152 C4
Josnes 41 98 C2
Josse 40 225 D2
Josselin 56 71 F4
Jossigny 77 58 B2
Jou-sous-Monjou 15 183 E4
Jouac 87 149 E2
Jouaignes 02 35 F3
Jouancy 89 103 D3
Jouarre 77 59 D2
Jouars-Pontchartrain 78 56 C3
Jouaville 54 39 F3
Joucas 84 220 B4
Joucou 11 261 E1
Joudes 71 141 D4
Joudreville 54 39 E2
Joué-du-Bois 61 52 C4
Joué-du-Plain 61 53 D3
Joué-en-Charnie 72 75 F4
Joué-l'Abbé 72 76 B4
Joué-lès-Tours 37 115 F2
Joué-sur-Erdre 44 93 F4
Jouet-sur-l'Aubois 18 120 A4
Jouey 21 122 C3
Jougne 25 142 C2
Jouhe 39 124 B3
Jouhet 86 133 D4
Jouillat 23 150 B2
Jouques 13 237 F2
Jouqueviel 81 214 B2
Jourgnac 87 164 C2
Journans 01 156 C3
Journet 86 148 C1
Journiac 24 180 A4
Journy 62 3 D3
Jours-en-Vaux 21 122 C4
Jours-lès-Baigneux 21 104 A3
Joursac 15 184 B3
Joussé 86 148 A2
Jouvençon 71 140 B4
Joux 69 170 C1
Joux (Château de) 25 142 C1
Joux (Forêt de la) 39 142 A1
Joux-la-Ville 89 102 C4
Jouy 28 78 C1
Jouy 89 81 D3
Jouy-aux-Arches 57 40 A4
Jouy-en-Argonne 55 38 B4
Jouy-en-Josas 78 57 E3
Jouy-en-Pithiverais 45 79 F4
Jouy-le-Châtel 77 59 D3
Jouy-le-Moutier 95 57 D1
Jouy-le-Potier 45 99 D3
Jouy-lès-Reims 51 36 B3
Jouy-Mauvoisin 78 56 B1
Jouy-sous-les-Côtes 55 63 E2
Jouy-sous-Thelle 60 33 D2
Jouy-sur-Eure 27 32 A4
Jouy-sur-Morin 77 59 E2
Joyeuse 07 202 C4
Joyeux 01 156 A4
Joze 63 168 C1
Jû-Belloc 32 227 E3
Juan-les-Pins 06 240 B2
Juaye-Mondaye 14 28 C3
Jubainville 88 86 A1
La Jubaudière 49 113 D3
Jubécourt 55 38 B4
Jublains 53 75 D2
Le Juch 29 68 C2
Jugazan 33 194 C2
Jugeals-Nazareth 19 181 D3
Jugon-les-Lacs 22 72 A1
Jugy 71 140 A3
Juicq 17 161 D1
Juif 71 140 C3
Juignac 16 178 C1
Juigné-des-Moutiers 44 94 A3
Juigné-sur-Loire 49 113 F1
Juigné-sur-Sarthe 72 95 F2
Juignettes 27 54 B2
Juillac 19 180 C2
Juillac 32 227 E3
Juillac 33 195 D1
Juillac-le-Coq 16 161 F3
Juillaguet 16 162 C4
Juillan 65 249 D2
Juillé 16 162 C1
Juillé 72 76 B3
Juillé 79 146 C3
Juillenay 21 122 B2
Juilles 32 228 C3
Juilley 50 50 C4
Juilly 21 122 B1
Juilly 77 58 B1
Jujurieux 01 156 C3
Julianges 48 184 C4
Juliénas 69 155 E2
Julienne 16 162 A2
Jullianges 43 185 E2
Jullié 69 155 E2
Jullouville 50 50 B2
Jully 89 103 E2
Jully-lès-Buxy 71 139 F3
Jully-sur-Sarce 10 83 E4
Julos 65 249 D2
Julvécourt 55 38 B4
Jumeauville 78 56 B2
Jumeaux 63 184 C1
Les Jumeaux 79 131 E2
Jumel 80 17 F3
Jumelles 27 55 E2
Jumelles 49 114 B1
La Jumellière 49 113 E2
Jumencourt 02 35 E1
Jumièges 76 31 E1
Jumigny 02 36 A2
Jumilhac-le-Grand 24 164 B4
Junas 30 235 D2
Junay 89 102 C2
Juncalas 65 257 E2
Jungholtz 68 108 B1
Junhac 15 199 E2
Les Junies 46 197 E3
Juniville 08 37 D2
Juno Beach 14 29 D2
Jupilles 72 96 C2
Jurançon 64 248 B1
Juranville 45 80 B4
Juré 42 169 F1
Jurignac 16 162 B4
Jurques 14 28 B4
Jurvielle 31 258 B3
Jury 57 40 B4
Juscorps 79 146 B2
Jusix 47 195 E3
Jussac 15 183 D4
Jussarupt 88 88 A3
Jussas 17 177 F2
Jussat 63 153 D4
Jussecourt-Minecourt 51 61 F2
Jussey 70 106 A2
Jussy 02 19 D3
Jussy 57 40 A4
Jussy 89 102 B3
Jussy-Champagne 18 136 B1
Jussy-le-Chaudrier 18 120 A3
Justian 32 227 F1
Justine-Herbigny 08 20 C4
Justiniac 09 252 A2
Jutigny 77 81 E1
Juvaincourt 88 86 C2
Juvancourt 10 84 B4
Juvanzé 10 84 A2
Juvardeil 49 95 E3
Juvelize 57 65 E2
Juvignac 34 234 B3
Juvigné 53 74 B3
Juvignies 60 33 E1
Juvigny 02 35 E1
Juvigny 51 61 D1
Juvigny 74 158 B2
Juvigny-en-Perthois 55 62 C4
Juvigny-le-Tertre 50 51 E3
Juvigny-sous-Andaine 61 52 B4
Juvigny-sur-Loison 55 38 C1
Juvigny-sur-Orne 61 53 D3
Juvigny-sur-Seulles 14 28 C3
Juville 57 64 C1
Juvinas 07 202 C2
Juvincourt-et-Damary 02 36 A2
Juvisy-sur-Orge 91 57 E3
Juvrecourt 54 65 D2
Juxue 64 247 D1
Juzanvigny 10 84 A1
Juzennecourt 52 84 C3
Juzes 31 230 C4
Juzet-de-Luchon 31 258 B4
Juzet-d'Izaut 31 258 C2
Juziers 78 56 C1

K

Kakouetta (Gorges de) 64 257 E3
Kalhausen 57 42 A4
Kaltenhouse 67 67 E2
Kanfen 57 40 A1
Kappelen 68 109 D3
Kappelkinger 57 65 F1
Katzenthal 68 88 C3
Kauffenheim 67 67 F1
Kaysersberg 68 88 C3
Kédange-sur-Canner 57 40 C2
Keffenach 67 43 E4
Kembs 68 109 D2
Kemplich 57 40 C2
Kerazan-en-Loctudy 29 68 C4
Kerbach 57 41 F3
Kerbors 22 47 E1
Kerdévot 29 69 D3
Kerfons (Chapelle de) 22 46 C2
Kerfot 22 47 E2
Kerfourn 56 71 D3
Kergloff 29 69 F1
Kergrist 56 71 D3
Kergrist-Moëlou 22 70 B1
Kerien 22 47 D4
Kerjean 29 45 F2
Kerlaz 29 68 C2
Kerling-lès-Sierck 57 40 C1
Kerlouan 29 45 E1
Kermaria 56 47 F2
Kermaria-Sulard 22 47 D1
Kermoroc'h 22 47 D2
Kernascléden 56 70 B4
Kernével 29 69 E3
Kernilis 29 45 D2
Kernouës 29 45 E2
Kerpert 22 70 C1
Kerprich-aux-Bois 57 65 F2
Kersaint-Plabennec 29 45 D2
Kertzfeld 67 89 E1
Kervignac 56 90 C2
Keskastel 67 41 F4
Kesseldorf 67 67 F1
Kienheim 67 67 D2
Kientzheim 68 89 D3
Kiffis 68 108 C4
Killem 59 4 B2
Kilstett 67 67 E2
Kindwiller 67 67 D1
Kingersheim 68 108 C2
Kintzheim 67 89 D2
Kirchberg 68 108 A2
Kirchheim 67 66 C3
Kirrberg 67 66 A2
Kirrwiller 67 66 C2
Kirsch-lès-Sierck 57 40 C1
Kirschnaumen 57 40 C1
Kirviller 57 65 F1
Klang 57 40 C2
Kleinfrankenheim 67 67 D3
Kleingœft 67 66 C2
Klingenthal 67 66 C4
Knœringue 68 108 C3
Knœrsheim 67 66 C3
Knutange 57 39 F2
Kœking 57 40 B1
Kœnigsmacker 57 40 B1
Kœstlach 68 108 C4
Kœtzingue 68 108 C3
Kœur-la-Grande 55 63 D2
Kœur-la-Petite 55 63 D2
Kogenheim 67 89 E1
Kolbsheim 67 67
Krautergersheim 67 67
Krautwiller 67 67
Le Kremlin-Bicêtre 94 57
Kriegsheim 67 67
Kruth 68 108
Kuhlendorf 67 67
Kunheim 68 89
Kuntzig 57 40
Kurtzenhouse 67 67
Kuttolsheim 67 66
Kutzenhausen 67 43

L

Laà-Mondrans 64 225
Laas 32 227
Laas 45 79
Laàs 64 225
Labalme 01 156
Labarde 33 177
Labaroche 68 88
Labarrère 32 210
Labarthe 32 228
Labarthe 82 213
Labarthe-Bleys 81 214
Labarthe-Inard 31 258
Labarthe-Rivière 31 250
Labarthe-sur-Lèze 31 229
Labarthète 32 227
Labassère 65 257
Labastide 65 249
Labastide-Beauvoir 31 230
Labastide-Castel-Amouroux 47 210
Labastide-Cézéracq 64 226
Labastide-Chalosse 40 226
Labastide-Clermont 31 251
Labastide-d'Anjou 11 252
Labastide-d'Armagnac 40 210
Labastide-de-Juvinas 07 202
Labastide-de-Lévis 81 214
Labastide-de-Penne 82 213
Labastide-de-Virac 07 218
Labastide-Dénat 81 231
Labastide-du-Haut-Mont 46 199
Labastide-du-Temple 82 212
Labastide-du-Vert 46 197
Labastide-en-Val 11 253
Labastide-Esparbairenque 11 231
Labastide-Gabausse 81 214
Labastide-Marnhac 46 213
Labastide-Monréjeau 64 226
Labastide-Murat 46 198
Labastide-Paumès 31 251
Labastide-Rouairoux 81 232
Labastide-St-Georges 81 230
Labastide-St-Pierre 82 213
Labastide-St-Sernin 31 230
Labastide-Savès 32 229
Labastide-Villefranche 64 225
Labastidette 31 229
Labathude 46 198
Labatie-d'Andaure 07 187
Labatmale 64 248
Labatut 09 252
Labatut 40 225
Labatut 64 227
Labatut-Rivière 65 227
Labbeville 95 33
Labeaume 07 203
Labécède-Lauragais 11 231
Labège 31 230
Labégude 07 203
Labéjan 32 228
Labenne 40 224
Labergement-du-Navois 25 125
Labergement-Foigney 21 124
Labergement-lès-Auxonne 21 124
Labergement-lès-Seurre 21 123
Labergement-Ste-Marie 25 142
Laberlière 60 18
Labescau 33 195
Labesserette 15 199
Labessette 63 167
Labessière-Candeil 81 231
Labets-Biscay 64 225
Labeuville 55 39
Labeuvrière 62 9
Labeyrie 64 226
Lablachère 07 202
Laboissière-en-Santerre 80 18
Laboissière-en-Thelle 60 33
Laboissière-St-Martin 80 16
Laborde 65 249
Laborel 26 221
Labosse 60 33
Labouheyre 40 208
Labouiche (Rivière Souterrain de) 09 252
Laboulbène 81 231
Laboule 07 202
Labouquerie 24 196
Labouret (Col du) 04 222
Labourgade 82 212
Labourse 62 10
Laboutarie 81 231
Labretonie 47 195
Labrihe 32 229
Labrit 40 209
Labroquère 31 250
Labrosse 45 80
Labrousse 15 199
Labroye 62 8
Labruguière 81 231
Labruyère 21 123
Labruyère 60 34
Labruyère-Dorsa 31 230
Labry 54 39
Labuissière 62 9
Laburgade 46 213
Lac-des-Rouges-Truites 39 142
Le Lac-d'Issarlès 07 202

Lac – Lav **295**

ARMENTIÈRES, 17 Km
LAMBERSART
LA MADELEINE
CITADELLE
BOIS DE BOULOGNE
Canteleu
Pte Chapelle
Port de Lille
Cormontaigne
Wazemmes
Montebello
Porte des Postes
Porte d'Arras
Porte de Douai
Porte de Valenciennes
Foire Commerciale
NOREXPO
EURALILLE
GARE LILLE-FLANDRES
GARE LILLE-SUD
GARE TGV LILLE-EUROPE
Secteur en travaux
Caulier
Fives
JARDIN DES PLANTES
HAUBOURDIN
CITÉ HOSPITALIÈRE
SECLIN 11 km
A 1 : ARRAS 52 km PARIS 219 km
A 27 : TOURNAI 28 km
OOSTENDE 76 km BRUGGE 72 km
IEPER 31 km
19 km ARMENTIÈRES
38 km BÉTHUNE
73 km DUNKERQUE
112 km CALAIS
115 km BOULOGNE
132 km LE TOUQUET
300 m

Lille

Gambetta (R.Léon) .... BCV
Nationale (R.) .... BCV

Bapaume (R. de) .... CX 12
Bateliers (R. des) .... CU 13
Beethoven (Av.) .... AX 14
Bernos (R.) .... DV 18
Béthune (R. du Fg de) .... AX 19
Bigo-Danel (Bd) .... BV 21
Blanqui (R.) .... DV 22
Boilly (R.) .... DV 25
Carrel (R. Armand) .... DX 38
Colpin (R. du Lt) .... BUV 45
Cordonnier (R. Denis) .... DX 51
Courmont (R.) .... CX 53
Cuvier (Av.) .... BV 57
Debierre (R. Ch.) .... DV 58
Défenseurs de Lille (Bd) .... CDX 60
Destrée (Av. Julien) .... DV 65
Dr-Calmette (Bd) .... DV 67
Dorez (Pl. B.) .... BX 68
Dubuisson (Bd Émile) .... DV 69
Fébvrier (Pl. J.) .... CX 78
Gaulle (R. du Gén.-de) .... CU 85
Guérin (R. Camille) .... DV 90
Halle (R. de la) .... CU 93
Javary (R.) .... DV 105
Justice (R. de la) .... BX 110
Lagrange (Av. Léo) .... AV 112
Lambret (Av. Oscar) .... AX 116
Lebas (Bd J.B.) .... CVX 119
Le Corbusier (R.) .... CDV 124
Lefèvre (R. G.) .... DV 125
Louis XIV (Bd) .... CDV 131
Marronniers (Allée des) .... BU 137
Marx-Dormoy (Av.) .... AV 138
Maubeuge (R. de) .... DX 139
Max (Av. Adolphe) .... BU 140
Mottez (R. F.) .... DV 144
Pont Neuf (R. du) .... CU 154
Prés.-Hoover (Bd. du) .... DV 155
Princesse (R.) .... BU 156
St-Armand (R.) .... DX 165
Solférino (R.) .... BCVX
Toul (R. de) .... BV 178
Valenciennes (R. de) .... DX 185
Verdun (Bd de) .... DX 189
Voltaire (R.) .... BCU 192
43e-Rég.-d'Infanterie (Av. du) .... BV 199

Lavault-de-Frétoy 58 .... 121 F4
Lavault-Ste-Anne 03 .... 151 F2
Lavaur 24 .... 197 D3
Lavaur 81 .... 230 C2
Lavaurette 82 .... 213 F2
Lavausseau 86 .... 131 F4
Lavaveix-les-Mines 23 .... 150 C4
Lavazan 33 .... 210 B1
Laveissenet 15 .... 183 F3
Laveissière 15 .... 184 E3
Lavelanet 09 .... 252 C4
Lavelanet-de-Comminges 31 .... 251 E1
Laveline-devant-Bruyères 88 .... 88 A3
Laveline-du-Houx 88 .... 87 F3
Lavenay 72 .... 97 E2
Laventie 62 .... 4 C4
Laveraët 32 .... 227 F3
Lavercantière 46 .... 197 E3
Laverdines 18 .... 119 F4
Lavergne 46 .... 198 B2
Lavergne 47 .... 195 F3
Lavernat 72 .... 96 C3
Lavernay 25 .... 125 D2
Lavernhe 12 .... 216 A1
Lavernose-Lacasse 31 .... 229 E4
Lavernoy 52 .... 105 F1
Laverrière 60 .... 17 D3
Laversine 02 .... 35 D2
Laversines 60 .... 33 E2
Lavérune 34 .... 234 B3
Laveyron 26 .... 187 E2
Laveyrune 07 .... 202 A3
Laveyssière 24 .... 179 D4
Lavezzi (Iles) 2A 269 E4
Lavieu 42 .... 170 A4
Laviéville 80 .... 18 A1
Lavigerie 15 .... 183 E3
Lavignac 87 .... 164 B2
Lavignéville 55 .... 63 E1
Lavigney 70 .... 106 A3
Lavigny 39 .... 141 E2
Lavillatte 07 .... 202 B2
Laville-aux-Bois 52 .... 85 E4
Lavilledieu 07 .... 203 D3
Lavilleneuve 52 .... 85 F4
Lavilleneuve-au-Roi 52 .... 84 C3
Lavilleneuve-aux-Fresnes 52 .... 84 C3
Lavilletertre 60 .... 33 D3
Lavincourt 55 .... 62 C3
Laviolle 07 .... 203 D2
Laviron 25 .... 126 B2
Lavit 82 .... 212 B4
Lavoine 03 .... 153 F4
Lavoncourt 70 .... 106 A3
Lavours 01 .... 173 D1
Lavoûte-Chilhac 43 .... 184 C3
Lavoûte-Polignac 43 .... 185 F3
Lavoûte-sur-Loire 43 .... 185 F3
Lavoux 86 .... 132 C3
Lavoye 55 .... 38 B4
Lawarde-Mauger-l'Hortoy 80 .... 17 E3
Laxou 54 .... 64 B3
Lay 42 .... 154 C4
Lay 85 .... 144 C1
Lay-Lamidou 64 .... 247 F1
Lay-St-Christophe 54 .... 64 B2
Lay-St-Remy 54 .... 63 E3
Laye 05 .... 206 A2
Laymont 32 .... 229 D4
Layrac 47 .... 211 F3
Layrac-sur-Tarn 31 .... 230 B1
Layrisse 65 .... 257 E1
Lays-sur-le-Doubs 71 .... 140 C1
Laz 29 .... 69 E2
Lazenay 18 .... 118 B4
Lazer 05 .... 221 E1
Léalvillers 80 .... 17 F1
Léaupartie 14 .... 29 F3
Léaz 01 .... 157 E3
Lebetain 90 .... 108 A4
Lebeuville 54 .... 87 D1
Lebiez 62 .... 8 C2
Leboulin 32 .... 228 B2
Lebreil 46 .... 212 C1
Lebucquière 62 .... 10 B4
Lécaude 14 .... 29 F4
Lecci 2A 269 E2
Lecelles 59 .... 11 D1
Lecey 52 .... 105 E2
Lechâtelet 21 .... 123 F4
Léchelle 62 .... 18 C1
Léchelle 77 .... 59 E4
La Léchère 73 .... 174 C3
Les Lèches 24 .... 179 D4
Lécluse 59 .... 10 B3
Lécourt 52 .... 85 F4
Lécousse 35 .... 74 A1
Lecques 30 .... 234 C1
Les Lecques 83 .... 243 F3
Lect 39 .... 157 D1
Lectoure 32 .... 211 F4
Lecumberry 64 .... 247 D2
Lécussan 31 .... 250 A2
Lédas-et-Penthiès 81 .... 215 D3
Lédat 47 .... 196 B4
Lédenon 30 .... 218 C4
Lédergues 12 .... 215 D3
Lederzeele 59 .... 3 F3
Ledeuix 64 .... 248 A2
Lédignan 30 .... 218 B4
Ledinghem 62 .... 3 D4
Ledringhem 59 .... 4 A2
Lée 64 .... 248 C1
Leers 59 .... 5 E4
Lées-Athas 64 .... 248 A3
Lefaux 62 .... 8 B1
Leffard 14 .... 52 C1
Leffincourt 08 .... 37 E2
Leffonds 52 .... 105 D1
Leffrinckoucke 59 .... 4 A1
Leforest 62 .... 10 B2
Lège 31 .... 250 B4
Legé 44 .... 129 D1
Lège-Cap-Ferret 33 .... 192 C1
Légéville-et-Bonfays 88 .... 86 C3
Léglantiers 60 .... 34 A1
Légna 39 .... 157 D1
Légny 69 .... 171 D1
Léguevin 31 .... 229 E3
Léguillac-de-Cercles 24 .... 179 D1
Léguillac-de-l'Auche 24 .... 179 E3
Léhélec 56 .... 92 B3
Léhon 22 .... 49 E4
Leigné-les-Bois 86 .... 133 D2
Leigné-sur-Usseau 86 .... 132 B1
Leignes-sur-Fontaine 86 .... 133 D4
Leigneux 42 .... 169 F2
Leimbach 68 .... 108 B2
Leintrey 54 .... 65 E3
Leiterswiller 67 .... 67 E1
Lélex 01 .... 157 F2
Lelin-Lapujolle 32 .... 227 D2
Lelling 57 .... 41 D4
Lemainville 54 .... 64 C4
Leman (Lac) 74 .... 143 D4
Lembach 67 .... 43 D4
Lemberg 57 .... 42 C4
Lembeye 64 .... 227 D4
Lembras 24 .... 196 A1
Lemé 02 .... 20 A2
Lème 64 .... 226 C3
Leménil-Mitry 54 .... 87 D1
Lémeré 37 .... 115 E4
Lemmecourt 88 .... 86 A2
Lemmes 55 .... 38 C4
Lemoncourt 57 .... 64 C1
Lempaut 81 .... 231 D3
Lempdes 43 .... 184 B1
Lempdes 63 .... 168 B2
Lempire 02 .... 19 D1
Lempire-aux-Bois 55 .... 38 C4
Lemps 07 .... 187 E3
Lemps 26 .... 220 C1
Lempty 63 .... 168 C2
Lempzours 24 .... 179 F1
Lemud 57 .... 40 C4
Lemuy 39 .... 142 A1
Lénault 14 .... 52 A1
Lenax 03 .... 153 F2
Lencloître 86 .... 132 B2
Lencouacq 40 .... 209 F3
Lendresse 64 .... 226 A4
Lengelsheim 57 .... 42 C3
Lengronne 50 .... 50 C1
Lenharrée 51 .... 60 C3
Léning 57 .... 65 E1
Lénizeul 52 .... 85 F4
Lennon 29 .... 69 E1
Lenoncourt 54 .... 64 C3
Lens 62 .... 10 A2
Lens-Lestang 26 .... 188 A2
Lent 01 .... 156 B3
Lent 39 .... 142 A2
Lente (Forêt de) 26 .... 188 C4
Lentigny 42 .... 154 A4
Lentillac-Lauzès 46 .... 198 A3
Lentillac-St-Blaise 46 .... 199 D3
Lentillères 07 .... 203 D3
Lentilles 10 .... 84 A1
Lentilly 69 .... 171 D2
Lentiol 38 .... 188 A1
Lento 2B 265 D3
Léobard 46 .... 197 E2
Léogeats 33 .... 194 B3
Léognan 33 .... 194 A2
Léojac 82 .... 213 D3
Léon 40 .... 208 A4
Léoncel 26 .... 188 B4
Léotoing 43 .... 184 B1
Léouville 45 .... 79 F3
Léoville 17 .... 177 F1
Lépanges-sur-Vologne 88 .... 87 F3
Lépaud 23 .... 151 E2
Lépin-le-Lac 73 .... 173 D3
Lépinas 23 .... 150 B4
Lépine 62 .... 8 B2
Lépron-les-Vallées 08 .... 21 D3
Lepuix 90 .... 107 F2
Lepuix-Neuf 90 .... 108 B3
Léran 09 .... 252 C3
Lercoul 09 .... 260 B1
Léré 18 .... 119 F1
Léren 64 .... 225 E3
Lérigneux 42 .... 169 F3
Lérins (Iles de) 06 .... 240 B3
Lerm-et-Musset 33 .... 210 B1
Lerné 37 .... 114 C3
Lérouville 55 .... 63 D2
Lerrain 88 .... 86 C3
Léry 21 .... 104 B4
Léry 27 .... 31 F3
Lerzy 02 .... 20 A2
Lesbœufs 80 .... 18 B1
Lesbois 53 .... 74 C1
Lescar 64 .... 248 B1
Leschaux 74 .... 174 A2
Leschelles 02 .... 19 F1
Lescheraines 73 .... 173 F2
Leschères 39 .... 141 F4
Leschères-sur-le-Blaiseron 52 .... 85 D2
Lescherolles 77 .... 59 E3
Lescheroux 01 .... 156 B1
Lesches 77 .... 58 B2
Lesches-en-Diois 26 .... 205 D3
Lescouët-Gouarec 22 .... 70 B2
Lescousse 09 .... 252 A2
Lescout 81 .... 231 D3
Lescun 64 .... 256 A2
Lescuns 31 .... 251 D2
Lescure 09 .... 259 F2
Lescure-d'Albigeois 81 .... 214 C4
Lescure-Jaoul 12 .... 214 B2
Lescurry 65 .... 249 E1
Lesdain 59 .... 10 C4
Lesdins 02 .... 19 D2
Lesges 02 .... 35 F2
Lesgor 40 .... 208 C4
Lésigny 77 .... 58 A3
Lésigny 86 .... 133 D2
Le Leslay 22 .... 47 E4
Lesme 71 .... 138 A3
Lesménils 54 .... 64 B1
Lesmont 10 .... 83 F1
Lesneven 29 .... 45 E2
Lesparre-Médoc 33 .... 176 B1
Lesparrou 09 .... 252 C4
Lespéron 07 .... 202 B2
Lesperon 40 .... 208 B4
Lespesses 62 .... 9 E1
Lespielle 64 .... 227 D4
Lespignan 34 .... 255 D1
Lespinasse 31 .... 229 F2
Lespinassière 11 .... 232 A4
Lespinoy 62 .... 8 C2
Lespiteau 31 .... 258 C2
Lespouey 65 249
Lespourcy 64 227
Lespugue 31 250
Lesquerde 66 262
Lesquielles-St-Germain 02 19
Lesquin 59 5
Lessac 16 148
Lessard-en-Bresse 71 140
Lessard-et-le-Chêne 14 30
Lessard-le-National 71 140
Lessay 50 26
Lesse 57 65
Lesseux 88 88
Lessières (Pointe des) 73 175
Lesson 85 146
Lessy 57 40
Lestanville 76 15
Lestards 19 165
Lestelle-Bétharram 64 248
Lestelle-de-St-Martory 31 250
Lesterps 16 148
Lestiac-sur-Garonne 33 194
Lestiou 41 98
Lestournelles (Grottes de) 47 211
Lestrade-et-Thouels 12 215
Lestre 50 25
Lestrem 62 4
Létanne 08 22
Lételon 03 136
Léthuin 28 79
Letia 2A 266
Létra 69 155
Létricourt 54 64
Letteguives 27 32
Lettret 05 206
Leubringhen 62 2
Leuc 11 253
Leucamp 15 199
Leucate 11 254
Leucate (Cap) 11 254
Leuchey 52 105
Leudeville 91 57
Leudon-en-Brie 77 59
Leuglay 21 104
Leugny 86 132
Leugny 89 101
Leuhan 29 69
Leuilly-sous-Coucy 02 35
Leulinghem 62 3
Leulinghen-Bernes 62 2
Leurville 52 85
Leury 02 35
Leutenheim 67 67
Leuville-sur-Orge 91 57
Leuvrigny 51 36
Le Leuy 40 226
Leuze 02 20
Levainville 28 79
Leval 59 11
Leval 90 108
Levallois-Perret 92 57
Levant (Ile du) 83 245
Levaré 53 74
Levécourt 52 85
Levens 06 241
Levergies 02 19
Levernois 21 123
Léves 28 78
Les Lèves-et-Thoumeyragues 33 195
Levesville-la-Chenard 28 79
Levet 18 135
Levie 2A 269
Levier 25 125
Lévignac 31 229
Lévignac-de-Guyenne 47 195
Lévignacq 40 208
Lévignen 60 34
Lévigny 10 84
Levis 89 101
Lévis-St-Nom 78 56
Levoncourt 55 63
Levoncourt 68 108
Levroux 36 134
Lewarde 59 10
Lexy 54 39
Ley 57 65
Leychert 09 252
Leydé (Pointe de) 29 68
Leyme 46 198
Leymen 68 109
Leyment 01 172
Leynes 71 155
Leynhac 15 199
Leyr 54 64
Leyrat 23 151
Leyrieu 38 172
Leyritz-Moncassin 47 210
Leyssard 01 156
Leyvaux 15 184
Leyviller 57 41
Lez 31 250
Lez-Fontaine 59 12
Lézan 30 218
Lézardrieux 22 47
Lézat 39 142
Lézat-sur-Lèze 09 251
Lezay 79 147
Lezennes 59 5
Lezéville 52 85
Lezey 57 65
Lézignac-Durand 16 163
Lézignan 65 249
Lézignan-Corbières 11 254
Lézignan-la-Cèbe 34 233
Lézigné 49 95
Lézigneux 42 170
Lézinnes 89 103
Lezoux 63 168
Lhéraule 60 33
Lherm 31 229
Lherm 46 197
Lhéry 51 36
Lhez 65 249
Lhommaizé 86 148
Lhomme 72 97
Lhôpital 01 157
Lhor 57 65
Lhospitalet 46 213

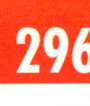

Lho - Lou
297

houmois 79 131 E3
huis 01 172 C2
huitre 10 61 D4
huys 02 35 F3
ac 65 227 E4
ancourt 60 34 A2
ancourt-Fosse 80 18 B3
ancourt-St-Pierre 60 33 D3
art 08 20 C3
as 32 229 E3
as-d'Armagnac 32 227 D1
ausson 34 233 E2
baros 65 249 F1
bercourt 62 10 B1
bermont 60 18 C3
bourne 33 177 F4
cey-sur-Vingeanne 21 105 E4
chans-Sunhar 64 247 E2
chères 16 162 C1
chères-près-
Aigremont 89 102 C3
chères-sur-Yonne 89 121 D1
chos 64 247 E1
chtenberg 67 66 C1
court 80 18 B2
cq-Athérey 64 247 E3
cques 62 3 D3
cy-Clignon 02 35 D4
drezing 57 65 E1
ebensviller 68 109 D4
ebsdorf 68 108 C4
ebvillers 25 126 C1
ederschiedt 57 42 C3
effrans 70 106 B4
e Liège 37 116 C3
éhon 57 40 B4
encourt 62 9 E3
eoux 31 250 C2
èpvre 68 88 C2
éramont 80 18 C3
ercourt 80 17 D1
ères 62 9 E1
ergues 69 155 E4
ernais 21 122 B3
ernolles 03 153 F1
erval 02 35 F1
erville 60 33 D3
es 65 257 F2
esle 25 125 D4
esse-Notre-Dame 02 20 A4
essies 59 12 B4
esville-sur-Douve 50 27 D2
ettres 62 3 F4
eu-St-Amand 59 11 D3
euche 06 223 F3
eucourt 70 124 C1
eudieu 38 172 B4
eurac 09 252 B4
euran-Cabrières 34 233 E3
euran-lès-Béziers 34 233 E4
eurey 27 30 C3
euron 35 92 C1
eusaint 50 25 D3
eusaint 77 58 A4
eutadès 15 200 B1
euvillers 60 34 A1
évans 70 107 D3
évin 62 10 A2
èvremont 25 126 A4
ez 02 19 D3
ez 85 145 F1
ézey 88 88 A3
iffol-le-Grand 88 85 F2
iffol-le-Petit 52 85 F2
iffré 35 73 E3
igardes 32 211 E3
igescourt 80 8 C4
iget (Chartreuse du) 37 116 C3
Liginiac 19 182 C1
Liglet 86 133 E4
Lignac 36 149 D1
Lignairolles 11 252 C3
Lignan-de-Bazas 33 194 C4
Lignan-de-Bordeaux 33 194 B1
Lignan-sur-Orb 34 233 D4
Lignareix 19 166 C3
Ligné 16 162 B1
Ligné 44 112 B1
Lignères 61 53 F3
Lignereuil 62 9 F3
Lignerolles 03 151 F2
Lignerolles 21 104 B1
Lignerolles 27 55 E2
Lignerolles 36 135 E4
Lignerolles 61 54 B4
Lignéville 88 86 B3
Ligneyrac 19 181 E4
Lignières 10 102 C1
Lignières 18 135 E2
Lignières 41 98 A2
Lignières 80 18 A4
Lignières-Châtelain 80 16 C3
Lignières-de-Touraine 37 115 E2
Lignières-en-Vimeu 80 16 C2
Lignières-la-Carelle 72 76 B1
Lignières-Orgères 53 52 C4
Lignières-Sonneville 16 162 A3
Lignières-sur-Aire 55 63 D2
Lignol 56 70 B3
Lignol-le-Château 10 84 B3
Lignon 51 61 E4
Lignorelles 89 102 B2
Lignou 61 52 C3
Ligny-en-Barrois 55 62 C3
Ligny-en-Brionnais 71 154 B2
Ligny-Haucourt 59 11 D4
Ligny-le-Châtel 89 102 B2
Ligny-le-Ribault 45 99 D3
Ligny-lès-Aire 62 9 E1
Ligny-St-Flochel 62 9 E2
Ligny-sur-Canche 62 9 D3
Ligny-Thilloy 62 10 A4
Ligré 37 115 D3
Ligron 72 96 A2
Ligsdorf 68 108 C4
Ligueil 37 116 B4
Ligueux 24 179 F2
Ligueux 33 195 F2
Ligugé 86 132 A4
Lihons 80 18 B2
Lihus 60 17 D4
Les Lilas 93 57 F2
Lilhac 31 250 C1
Lilignod 01 157 D4
Lille 59 5 D4
Lillebonne 76 30 C1
Lillemer 35 49 F3
Lillers 62 9 F1
Lilly 27 32 B2
Limalonges 79 147 E3
Limans 04 221 D3
Limanton 58 138 A1
Limas 69 155 E4
Limay 78 56 B1
Limbrassac 09 252 C3
Limé 02 35 F2
Limeil-Brévannes 94 57 F3
Limendous 64 248 C1
Limeray 37 116 C1
Limersheim 67 67 D4
Limerzel 56 92 A3
Limésy 76 15 E4
Limetz-Villez 78 32 B4
Limeuil 24 196 C1
Limeux 18 118 B4
Limeux 80 16 C1
Limey-Remenauville 54 64 A1
Limeyrat 24 180 A3
Limoges 87 164 C2
Limoges-Fourches 77 58 B4
Limogne-en-Quercy 46 213 F1
Limoise 03 137 D3
Limon 58 137 F3
Limonest 69 171 E1
Limons 63 153 D4
Limont-Fontaine 59 12 B3
Limony 07 187 E1
Limours 91 57 D4
Limousis 11 253 F1
Limoux 11 253 E3
La Limouzinière 44 114 F4
La Limouzinière 85 129 E3
Limpiville 76 14 B3
Linac 46 199 D3
Linard 23 150 B2
Linards 87 165 D3
Linars 16 162 B3
Linas 91 57 E4
Linay 08 22 B4
Linazay 86 147 E3
Lincel 04 221 D4
Lincheux-Hallivillers 80 17 D2
Lindebeuf 76 15 D3
Le Lindois 16 163 E2
Lindre-Basse 57 65 E2
Lindre-Haute 57 65 E2
Lindry 89 102 A2
Linexert 70 107 D2
Lingé 36 133 E2
Lingeard 50 51 E3
Lingèvres 14 28 B3
Linghem 62 4 A4
Lingolsheim 67 67 D3
Lingreville 50 50 B1
Linguizzetta 2B 267 F1
Linières-Bouton 49 114 C1
Liniers 86 132 C3
Liniez 36 117 F4
Linsdorf 68 108 C4
Linselles 59 5 D3
Linthal 68 88 C4
Linthelles 51 60 B3
Linthes 51 60 B3
Lintot 76 14 C4
Lintot-les-Bois 76 15 E3
Linxe 40 208 A4
Liny-devant-Dun 55 38 B2
Linzeux 62 9 D2
Liocourt 57 64 C1
Liomer 80 16 C2
Le Lion-d'Angers 49 95 D3
Lion-devant-Dun 55 38 B1
Lion-en-Beauce 45 79 E4
Lion-en-Sullias 45 100 B3
Lion-sur-Mer 14 29 D2
Liorac-sur-Louyre 24 196 B1
Le Lioran 15 183 E3
Liouc 30 218 A4
Liourdres 19 198 B1
Liouville 55 63 E2
Lioux 84 220 B4
Lioux-les-Monges 23 167 D1
Liposthey 40 208 C1
Lipsheim 67 67 D4
Lirac 30 219 D3
Liré 49 112 C1
Lirey 10 83 D3
Lironcourt 88 106 A1
Lironville 54 64 A2
Liry 08 37 E2
Lisbourg 62 9 D1
Lisieux 14 30 B3
Lisle 24 179 E2
Lisle 41 98 A2
Lisle-en-Barrois 55 62 B1
Lisle-en-Rigault 55 62 B3
Lisle-sur-Tarn 81 230 C1
Lislet 02 20 B3
Lison 14 27 E3
Lison (Sources du) 25 125 E4
Lisores 14 53 E1
Lisors 27 32 B2
Lissac 09 252 A1
Lissac 43 185 E3
Lissac-et-Mouret 46 198 C3
Lissac-sur-Couze 19 181 D3
Lissay-Lochy 18 135 F1
Lisse 47 211 D3
Lisse-en-Champagne 51 61 E2
Lisses 91 57 E4
Lisseuil 63 152 B4
Lissey 55 38 C2
Lissieu 69 171 E1
Lissy 77 58 B4
Listrac-de-Durèze 33 195 D2
Listrac-Médoc 33 176 C3
Lit-et-Mixe 40 208 A3
Lithaire 50 26 C2
Litteau 14 28 A3
Littenheim 67 66 C2
Litz 60 33 F2
Livaie 61 76 A1
Livarot 14 53 E1
Liverdun 54 64 B2
Liverdy-en-Brie 77 58 B3
Livernon 46 198 B3
Livers-Cazelles 81 214 B3
Livet 53 75 E3
Livet-en-Saosnois 72 76 B2
Livet-et-Gavet 38 189 F3
Livet-sur-Authou 27 30 C3
Livilliers 95 33 E4
Livinhac-le-Haut 12 199 D3
La Livinière 34 254 A1
Livradois-Forez (Parc
Régional du) 42,63 169 E3
Livradois (Monts du) 63 169 D4
Livré 53 94 B1
Livré-sur-Changeon 35 73 F3
Livron 64 249 D2
Livron-sur-Drôme 26 203 F2
Livry 14 28 B4
Livry 58 137 D2
Livry-Gargan 93 58 A2
Livry-Louvercy 51 37 D4
Livry-sur-Seine 77 80 C1
Lixhausen 67 66 C2
Lixheim 57 66 B2
Lixing-lès-Rouhling 57 41 F3
Lixing-lès-St-Avold 57 41 E4
Lixy 89 81 E3
Lizac 82 212 C3
Lizant 86 147 F3
Lizeray 36 135 D1
Lizières 23 149 F3
Lizine 25 125 E4
Lizines 77 81 E1
Lizio 56 91 F1
Lizos 65 249 E1
Lizy 02 35 E1
Lizy-sur-Ourcq 77 58 C1
La Llagonne 66 261 E3
Llauro 66 262 B3
Llo 66 261 D4
Llupia 66 262 B2
Lobsann 67 43 E4
Loc-Brévalaire 29 45 D2
Loc Dieu (Ancienne
Abbaye) 12 214 A1
Loc-Eguiner 29 45 F3
Loc-Eguiner-
St-Thégonnec 29 46 A3
Loc-Envel 22 46 C3
Locarn 22 70 B1
Loché 71 155 E2
Loché-sur-Indrois 37 117 D4
Loches 37 116 B3
Loches-sur-Ource 10 84 A4
Le Locheur 14 28 C4
Lochieu 01 157 E4
Lochwiller 67 66 C2
Locmalo 56 70 C3
Locmaria 56 90 C4
Locmaria-Berrien 29 46 B4
Locmaria-Grand-Champ 56 91 E2
Locmaria-Plouzané 29 44 C3
Locmariaquer 56 91 D3
Locmélar 29 45 F3
Locminé 56 91 E1
Locmiquélic 56 90 B2
Locoal-Mendon 56 90 C2
Locon 62 9 F1
Loconville 60 33 D3
Locqueltas 56 91 E2
Locquénolé 29 46 A2
Locquignol 59 11 E3
Locquirec 29 46 B2
Locronan 29 68 C2
Loctudy 29 68 C4
Locunolé 29 70 A4
Loddes 03 153 F2
Lodes 31 250 B2
Lodève 34 233 E2
Lods 25 125 F4
Lœuilley 70 124 B1
Lœuilly 80 17 E3
Loffre 59 10 C2
La Loge 62 8 C2
La Loge-aux-Chèvres 10 83 F2
Loge-Fougereuse 85 130 B3
La Loge-Pomblin 10 83 D4
Logelheim 68 89 D4
Les Loges 14 28 B4
Les Loges 52 105 E2
Les Loges 76 14 B3
Les Loges-en-Josas 78 57 D3
Les Loges-Marchis 50 51 D4
Les Loges-Margueron 10 83 D4
Les Loges-Saulces 14 52 C2
Les Loges-sur-Brécey 50 51 D2
Lognes 77 58 A2
Logny-Bogny 08 21 D3
Logny-lès-Aubenton 02 20 C2
Logny-lès-Chaumont 08 20 C4
Logonna-Daoulas 29 45 E4
Logrian-Florian 30 218 A4
Logron 28 78 A3
Loguivy-Plougras 22 46 C3
Lohéac 35 93 D1
Lohitzun-Oyhercq 64 247 E1
Lohr 67 66 B1
Lohuec 22 46 C3
Loigné-sur-Mayenne 53 94 C1
Loigny-la-Bataille 28 79 D4
Loing 45,77,89 101 E3
Loiré 49 94 B3
Loire 3,7,18,34,37,41,42,
43,45,49,58,71 115 E2
Loire-les-Marais 17 145 E4
Loiré-sur-Nie 17 146 B4
Loire-sur-Rhône 69 171 E3
Loiron 53 74 B4
Loisail 61 77 D1
Loisey-Culey 55 62 C2
Loisia 39 141 D4
Loisieux 73 173 D2
Loisin 74 158 B2
Loison 55 39 D2
Loison-sous-Lens 62 10 B2
Loison-sur-Créquoise 62 8 C

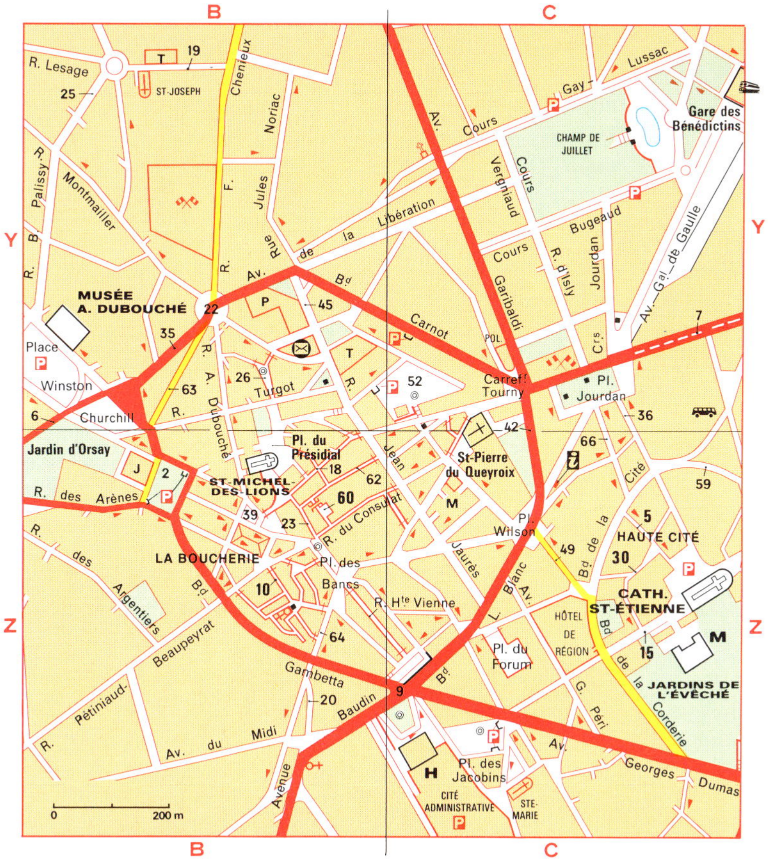
B
C
Y
Z
R. Lesage
ST-JOSEPH
Chenieux
Noriac
Palissy
Montmailler
Jules
Gay
Lussac
Gare des Bénédictins
CHAMP DE JUILLET
Libération
Cours
Vergniaud
Cours
Bugeaud
Jourdan
R. d'Isly
Av. Gal de Gaulle
MUSÉE A. DUBOUCHÉ
Place
Winston
Churchill
Carnot
Garibaldi
Turgot
Carref Tourny
Pl. Jourdan
Jardin d'Orsay
Pl. du Présidial
St-Pierre du Queyroix
ST-MICHEL-DES-LIONS
des Arènes
Consulat
Cité
HAUTE CITÉ
LA BOUCHERIE
Pl. des Bancs
Jaurès
Blanc
Pl. Wilson
CATH. ST-ÉTIENNE
HÔTEL DE RÉGION
H^te Vienne
Argentiers
Beaupeyrat
Pl. du Forum
JARDINS DE L'ÉVÊCHÉ
Gambetta
Baudin
Pétiniaud
Midi
Pl. des Jacobins
Georges
Dumas
Péri
Cordeie
CITÉ ADMINISTRATIVE
STE-MARIE
Avenue
0
200 m

Limoges

Clocher (R. du)	BZ	18
Consulat (R. du)	BZ	
Jaurès (R. Jean)	BCZ	
République (Pl. de la)	CY	52
Aine (P. de l')	BZ	2
Allois (R. des)	CZ	5
Amphithéâtre (R. de l')	BY	6
Benedictins (Av. des)	CY	7
Betoulle (Pl. L)	CZ	9
Boucherie (R. de la)	BZ	10
Cathédrale (R. de la)	CZ	15
Coopérateurs (R. des)	BY	19
Dupuytren (R.)	BZ	20
Dusssoubs (Pl. D)	BY	22
Ferrerie (R.)	BZ	23
Fonderie (R.de la)	BY	25
Fontaines-des-Barres (Pl.)	BY	26
Haute-Cité (R.)	CZ	30
Louvrier-de-Lajolais (R.)	BY	35
Maupas (R. du)	CY	36
Motte (Pl. de la)	BZ	39
Perrin (R. G.)	CY	42
Préfecture (R. de la)	BY	45
Raspail (R.)	CZ	49
St-Maurice (Bd.)	CZ	59
Temple (Cour du)	BZ	60
Temple (R. du)	BZ	62
Victor- Hugo (Bd.)	BY	63
Vigne-de-Fer (R.)	BZ	64
71e Mobile (R. du)	CZ	66

Loisy 54 64 B2
Loisy 71 140 B3
Loisy-en-Brie 51 60 B2
Loisy-sur-Marne 51 61 E3
Loivre 51 36 B2
Loix 17 144 C2
Loizé 79 147 D3
Lolif 50 50 C3
Lolme 24 196 C2
Lombard 25 125 D3
Lombard 39 141 D2
Lombers 81 231 E1
Lombez 32 229 D4
Lombia 64 249 D1
Lombrès 65 250 A3
Lombreuil 45 100 C1
Lombrives (Grotte de) 09 260 B1
Lombron 72 76 C4
Lomme 59 5 D4
Lommerange 57 39 F2
Lommoye 78 56 A1
Lomné 65 249 F3
Lomont 70 107 E3
Lomont
(Montagnes du) 25 126 B1
Lomont-sur-Crête 25 126 A1
Lompnas 01 172 C1
Lompnieu 01 157 D4
Lomprat 59 5 D3
Lonçon 64 226 B3
La Londe 76 31 E2
La Londe-les-Maures 83 244 C3
Londigny 16 147 E3
Londinières 76 16 A2
Long 80 17 D1
Longages 31 251 E1
Longaulnay 35 72 C2
Longavesnes 80 18 C1
Longchamp 21 124 A2
Longchamp 52 85 F3
Longchamp 88 87 E2
Longchamp-sous-Châtenois
88 86 B2
Longchamp-sur-Aujon 10 84 B3
Longchamps 27 32 B2
Longchamps-sur-Aire 55 62 C1
Longchaumois 39 142 A4
Longcochon 39 142 B4
Longeau 52 105 D2
Longeault 21 124 A2
Longeaux 55 62 C3
Longechaux 25 126 A3
Longechenal 38 172 B4
Longecourt-en-Plaine
21 123 F3
Longecourt-lès-Culêtre
21 122 C3
Longefoy 73 175 D3
Longemaison 25 126 A3
Longepierre 71 140 C1
Le Longeron 49 112 C4
Longes 69 171 E4
Longessaigne 69 170 C2
Longevelle 70 107 D3
Longevelle-lès-Russey 25 126 B2
Longevelle-sur-Doubs 25 107 E4
Longèves 17 145 E2
Longèves 85 130 A4
Longeville 25 125 F4
La Longeville 25 126 A4
Longeville-en-Barrois 55 62 C3
Longeville-lès-Metz 57 40 B3
Longeville-lès-St-Avold 57 41 D3
Longeville-sur-la-Laines 52 84 B1
Longeville-sur-Mer 85 129 D4
Longeville-sur-Mogne 10 83 D3
Longevilles-Mont-d'Or
25 142 C2
Longfossé 62 3 D4
La Longine 70 107 E1
Longjumeau 91 57 E3
Longlaville 54 23 E4
Longmesnil 76 16 B4
Longnes 72 76 A4
Longnes 78 56 B2
Longny-au-Perche 61 54 C4
Longperrier 77 34 A4
Longpont 02 35 D3
Longpont-sur-Orge 91 57 E4
Longpré-le-Sec 10 84 A3
Longpré-les-
Corps-Saints 80 17 D1
Longraye 14 28 B3
Longré 16 147 D4
Longroy 76 16 B1
Longsols 10 83 E1
Longué-Jumelles 49 114 B1
Longueau 80 17 F2
Longuefuye 53 95 D2
Longueil 76 15 E2
Longueil-Annel 60 34 B1
Longueil-Ste-Marie 60 34 B2
Longuenesse 62 3 E3
Longuenoë 61 53 D4
Longuerue 76 32 A1
Longues-sur-Mer 14 28 C2
Longuesse 95 33 D4
Longueval 80 18 B1
Longueval-Barbonval 02 35 F2
Longueville 14 28 A2
Longueville 47 195 E4
Longueville 50 50 B2
Longueville 62 3 D3
Longueville 77 81 E1
La Longueville 59 11 B3
Longueville-sur-Aube 10 60 B4
Longueville-sur-Scie 76 15 E3
Longuevillette 80 9 E4
Longuyon 54 39 D1
Longvic 21 123 F2
Longvillers 14 28 C4
Longvillers 62 8 B1
Longvillers 80 9 D4
Longwilliers 78 57 D4
Longwé 08 37 F2
Longwy 54 23 D4
Longwy-sur-le-Doubs 39 141 D1
Lonlay-l'Abbaye 61 51 F3
Lonlay-le-Tesson 61 52 C3
Lonnes 16 162 C1
Lonny 08 21 D2
Lonrai 61 76 A1
Lons 64 248 B1
Lons-le-Saunier 39 141 E3
Lonzac 17 161 E3
Le Lonzac 19 165 E4
Looberghe 59 3 F2
Loon-Plage 59 3 E1
Loos 59 5 D4
Loos-en-Gohelle 62 10 A2
Looze 89 102 A1
Lopérec 29 45 F4
Loperhet 29 45 E3
Lopigna 2A 266 B3
Loqueffret 29 46 A4
Lor 02 36 B1
Loray 25 126 A3
Lorcières 15 184 C4
Lorcy 45 80 B4
Lordat 09 260 C1
Loré 61 75 D1
Lorentzen 67 66 B1
Loreto-di-Casinca 2B 265 E3
Loreto-di-Tallano 2A 269 D2
Lorette 42 171 D4
Le Loreur 50 50 C2
Loreux 41 118 A1
Lorey 54 64 C4
Le Lorey 50 27 D4
Lorges 41 98 C2
Lorgies 62 10 A1
Lorgues 83 239 D3
Lorient 56 90 B2
Loriges 03 153 D2
Lorignac 17 161 D4
Lorigné 79 147 D3
Loriol-du-Comtat 84 219 F3
Loriol-sur-Drôme 26 203 F2
Lorlanges 43 184 B1
Lorleau 27 32 B2
Lormaison 60 33 E3
Lormaye 28 56 A4
Lormes 58 121 E2
Lormont 33 194 B1
Lornay 74 157 F4
Loromontzey 54 87 D1
Le Loroux 35 74 B1
Le Loroux-Bottereau 44 112 B2
Lorp-Sentaraille 09 259 E2
Lorquin 57 66 A3
Lorraine (Parc Régional
de) 54,55 63 F1
Lorrez-le-Bocage-Préaux 77 81 D3
Lorris 45 100 B2
Lorry-lès-Metz 57 40 B3
Lorry-Mardigny 57 64 B1
Lortet 65 249 F3
Los Masos 66 262 A3
Loscouët-sur-Meu 22 72 A3
Losne 21 124 A3
Losse 40 210 B3
Lostanges 19 181 E3
Lostroff 57 65 E1
Lot 48 200 B4
Lot 12,46,47 198 A4
Lothey 29 69 D1
Lottinghen 62 3 D4
Le Lou-du-Lac 35 72 C2
Louailles 72 95 F2
Louan 77 59 F4
Louannec 22 47 D1
Louans 37 116 A3
Louargat 22 47 D3
Louâtre 02 35 D3
Loubajac 65 249 D2
Loubaresse 07 202 B3
Loubaresse 15 184 B4
Loubaut 09 251 E2
Loube (Montagne de la)
83 244 B1
Loubédat 32 227 E2
Loubejac 24 197 D3
Loubens 09 252 A3
Loubens 33 195 D3
Loubens-Lauragais 31 230 C3
Loubers 81 214 A3
Loubersan 32 228 A3
Loubès-Bernac 47 195 F2
Loubeyrat 63 168 A1
Loubieng 64 225 E4
La Loubière 12 215 E1
Loubière (Grottes) 13 243 D2
Loubières 09 252 A3
Loubigné 79 146 C3
Loubillé 79 147 D4
Loublande 79 113 D4
Lubressac 46 198 B1
Loucé 61 53 D3

A
B
C
D
E
U
V
X
Y
Z
TREVOUX 28 km D 433
BOURG 62 km
NANTUA 96 km
Bd de Ceinture PALAIS DES CONGRÈS
PARC DE LA TÊTE D'OR
RHÔNE
SAÔNE
ST-CHARLES
TUNNEL
68 km MÂCON 184 km MOULINS
Croix Rousse
Croix-Rousse
LES TRABOULES
PL. DES TERREAUX
ST-BRUNO
Pont Morand
Pont de Lattre
LES BROTTEAUX
Masséna
Vitton
Brotteaux
GARE ST-PAUL
ST-JEAN
FOURVIÈRE
N.-D. DE FOURVIÈRE
VIEUX LYON
LOYASSE
68 km MÂCON AUTOROUTE A6
THÉÂTRES ROMAINS
FUNICULAIRE
ST-JUST
PL. BELLECOUR
Pont Lafayette
Pont Wilson
Part Dieu
LA PART DIEU
GARE LA PART DIEU
CENTRE COMMERCIAL RÉGIONAL
COMMUNAUTÉ URBAINE
Guichard
Guillotière
Saxe Gambetta
Garibaldi
LA GUILLOTIÈRE
CENTRE NAUTIQUE
Pont de l'Université
Pont Gallieni
Pl Carnot
GARE DE PERRACHE
Pl. E. Wernert
TUNNEL DE FOURVIÈRE
CRÉMIEU 37 km D 517
GRENOBLE 104 km CHAMBERY 98 km LA TOUR DU PIN 55 km N6, A 43
107 km GRENOBLE 113 km CHAMBERY
AIRE INTERNATIONALE
ST-ETIENNE 63 km
A 7, D 3
VIENNE 27 km N 7
D 518
400 m

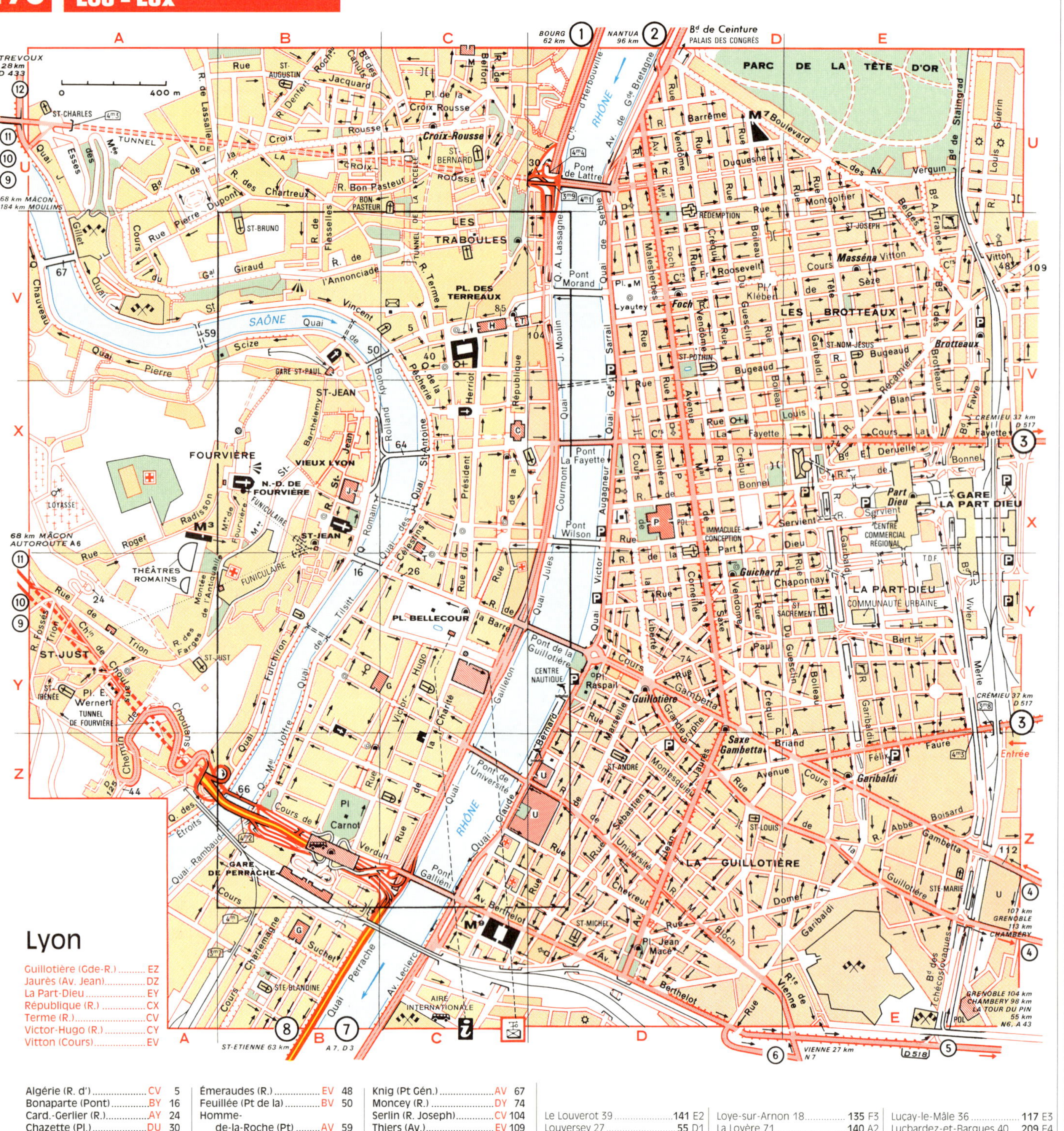

Lyon

Guillotière (Gde-R.) .... EZ
Jaurès (Av. Jean) .... DZ
La Part-Dieu .... EY
République (R.) CX
Terme (R.) CV
Victor-Hugo (R.) .... CY
Vitton (Cours) .... EV

Algérie (R. d') .... CV 5
Bonaparte (Pont) .... BY 16
Card.-Gerlier (R.) .... AY 24
Chazette (Pl.) .... DU 30
Constantine (R. de) .... CV 40
Debrousse (Av.) .... AZ 44
Émeraudes (R.) .... EV 48
Feuillée (Pt de la) .... BV 50
Homme-de-la-Roche (Pt) .... AV 59
Juin (Pt Mar.) .... CX 64
Kitchener (Pont) .... BZ 66
Knig (Pt Gén.) .... AV 67
Moncey (R.) .... DY 74
Serlin (R. Joseph) .... CV 104
Thiers (Av.) .... EV 109
Thomas (Crs A.) .... EZ 112

Loucelles 14 .... 28 C3
Louch (Cascade de) 06 .... 223 F2
Louchats 33 .... 193 F3
Louches 62 .... 3 E3
Louchy-Montfand 03 .... 153 D2
Loucrup 65 .... 249 E2
Loudéac 22 .... 71 E3
Loudenvielle 65 .... 258 A4
Loudervielle 65 .... 258 A4
Loudes 43 .... 185 E3
Loudet 31 .... 250 B2
Loudrefing 57 .... 65 F2
Loudun 86 .... 114 C4
Loué 72 .... 75 F4
Loue 25,39 .... 124 C4
Louer 40 .... 225 F1
Louerre 49 .... 114 A2
Louesme 21 .... 104 B1
Louesme 89 .... 101 E2
Louestault 37 .... 97 D3
Loueuse 60 .... 16 C4
Louey 65 .... 249 D2
Lougé-sur-Maire 61 .... 52 C3
Lougratte 47 .... 196 B3
Lougres 25 .... 107 E4
Louhans 71 .... 140 C3
Louhossoa 64 .... 246 C1
Louignac 19 .... 180 C2
Louin 79 .... 131 E2
Louisfert 44 .... 93 F3
Louit 65 .... 249 E1
Loulans-Verchamp 70 .... 125 F1
Loulay 17 .... 146 A4
Loulle 39 .... 142 A2
Loup (Gorges du) 06 .... 240 A1
La Loupe 28 .... 77 F1
Loupeigne 02 .... 33 F3
Loupershouse 57 .... 41 E4
Loupes 33 .... 194 B1
Loupfougères 53 .... 75 E2
Loupia 11 .... 253 D3
Loupiac 12 .... 198 C3
Loupiac 15 .... 182 C3
Loupiac 33 .... 194 C3
Loupiac 46 .... 197 F1
Loupiac 81 .... 230 C1
Loupiac-de-la-Réole 33 .... 195 D3
Loupian 34 .... 234 A4
Louplande 72 .... 96 B1
Loupmont 55 .... 63 E2
Louppy-le-Château 55 .... 62 B2
Louppy-sur-Chée 55 .... 62 B2
Louppy-sur-Loison 55 .... 38 C1
La Louptière-Thénard 10 .... 81 A2
Lourches 59 .... 11 D3
Lourde 31 .... 250 B3
Lourdes 65 .... 249 D2
Lourdios-Ichère 64 .... 247 F3
Lourdoueix-St-Michel 36 .... 150 A1
Lourdoueix-St-Pierre 23 .... 150 B1
Lourenties 64 .... 248 C1
Loures-Barousse 65 .... 250 B3
Louresse-Rochemenier 49 .... 114 A2
Lourmais 35 .... 73 D1
Lourmarin 84 .... 237 D1
Lournand 71 .... 155 E1
Lourouer-St-Laurent 36 .... 135 D3
Le Louroux 37 .... 116 A3
Le Louroux-Béconnais 49 .... 94 C4
Louroux-Bourbonnais 03 .... 136 B4
Louroux-de-Beaune 03 .... 152 B2
Louroux-de-Bouble 03 .... 152 B2
Louroux-Hodement 03 .... 152 A1
Lourquen 40 .... 225 F2
Lourties-Monbrun 32 .... 228 B4
Loury 45 .... 99 F1
Louslitges 32 .... 227 E3
Loussous-Débat 32 .... 227 E2
Loutehel 35 .... 92 C1
Loutremange 57 .... 40 C3
Loutzviller 57 .... 42 B3
Louvagny 14 .... 53 D1
Louvaines 49 .... 94 C3
Louvatange 39 .... 124 C3
Louveciennes 78 .... 57 D2
Louvemont 52 .... 62 A4
Louvencourt 80 .... 9 F4
Louvenne 39 .... 156 C1
Louvergny 08 .... 21 E4
Louverné 53 .... 74 C3
Le Louverot 39 .... 141 E2
Louversey 27 .... 55 D1
Louvetot 76 .... 14 C4
Louvie-Juzon 64 .... 248 C2
Louvie-Soubiron 64 .... 256 C2
La Louvière-Lauragais 11 .... 252 B1
Louvières 14 .... 28 A2
Louvières 52 .... 85 E4
Louvières-en-Auge 61 .... 53 D2
Louviers 27 .... 31 F3
Louvigné 53 .... 75 D4
Louvigné-de-Bais 35 .... 73 F4
Louvigné-du-Désert 35 .... 74 B1
Louvignies-Quesnoy 59 .... 11 E3
Louvigny 14 .... 29 D3
Louvigny 57 .... 64 B1
Louvigny 64 .... 226 B3
Louvigny 72 .... 76 B2
Louvil 59 .... 10 C1
Louville-la-Chenard 28 .... 79 D2
Louvilliers-en-Drouais 28 .... 55 E3
Louvilliers-lès-Perche 28 .... 55 E4
Louvois 51 .... 36 C4
Louvrechy 80 .... 17 F3
Louvres 95 .... 58 A1
Louvroil 59 .... 12 B3
Louye 27 .... 55 F2
Louzac-St-André 16 .... 161 E2
Louze 52 .... 84 B1
Louzes 72 .... 76 C1
Louzignac 17 .... 162 A1
Louzouer 45 .... 81 D4
Louzy 79 .... 114 B4
Lovagny 74 .... 158 A4
Loxéville 55 .... 63 D3
Loyat 56 .... 71 F4
La Loye 39 .... 124 C4
Loye-sur-Arnon 18 .... 135 F3
La Loyère 71 .... 140 A2
Loyes 01 .... 156 B4
Loyettes 01 .... 172 B2
Lozanne 69 .... 171 D1
Lozari 2B 264 C2
Lozay 17 .... 146 A4
Loze 82 .... 213 F2
Lozère (Mont) 48 .... 202 A4
Lozinghem 62 .... 9 E1
Lozon 50 .... 27 D3
Lozzi 2B 266 C1
Luant 36 .... 134 B3
Le Luart 72 .... 77 D4
Lubbon 40 .... 210 B3
Lubécourt 57 .... 65 D2
Lubéron (Montagne du) 84 .... 237 D1
Lubéron (Parc Régional du) 04,84 .... 237 E1
Lubersac 19 .... 180 C1
Lubey 54 .... 39 E3
Lubilhac 43 .... 184 B2
Lubine 88 .... 88 C2
Lublé 37 .... 96 C4
Lubret-St-Luc 65 .... 249 F1
Luby-Betmont 65 .... 249 F1
Luc 12 .... 215 E1
Luc 48 .... 202 A3
Luc 65 .... 249 E2
Le Luc 83 .... 239 D4
Luc-Armau 64 .... 227 D4
Luc-en-Diois 26 .... 205 D3
Luc-sur-Aude 11 .... 253 E4
Luc-sur-Mer 14 .... 29 D2
Luc-sur-Orbieu 11 .... 254 B2
Lucarré 64 .... 227 D4
Luçay-le-Libre 36 .... 118 A4
Luçay-le-Mâle 36 .... 117 E3
Lucbardez-et-Bargues 40 .... 209 F4
Lucciana 2B 265 E3
Lucé 28 .... 78 B1
Lucé 61 .... 52 A4
Lucé-sous-Ballon 72 .... 76 B3
Luceau 72 .... 96 C3
Lucelle 68 .... 108 C4
Lucenay 69 .... 171 E1
Lucenay-le-Duc 21 .... 103 F4
Lucenay-lès-Aix 58 .... 137 F3
Lucenay-l'Évêque 71 .... 122 B4
Lucéram 06 .... 241 E3
Lucerne (Abbaye de la) 50 .... 50 C2
La Lucerne-d'Outremer 50 .... 50 C2
Lucey 21 .... 104 B2
Lucey 54 .... 63 F3
Lucey 73 .... 173 E2
Lucgarier 64 .... 248 C1
Luchapt 86 .... 148 B3
Luchat 17 .... 160 C2
Luché-Pringé 72 .... 96 B3
Luché-sur-Brioux 79 .... 146 C3
Luché-Thouarsais 79 .... 131 D1
Lucheux 80 .... 9 E4
Luchy 60 .... 33 E1
Lucinges 74 .... 158 B2
Lucmau 33 .... 210 A1
Luçon 85 .... 129 E4
Lucq-de-Béarn 64 .... 248 A1
Lucquy 08 .... 37 D1
Les Lucs-sur-Boulogne 85 .... 129 D1
Lucy 51 .... 60 A1
Lucy 57 .... 65 D1
Lucy 76 .... 16 A3
Lucy-le-Bocage 02 .... 35 E4
Lucy-le-Bois 89 .... 102 C4
Lucy-sur-Cure 89 .... 102 B3
Lucy-sur-Yonne 89 .... 102 E
Le Lude 72 .... 96 E
Ludes 51 .... 36 E
Ludesse 63 .... 168 E
Ludiès 09 .... 252 E
Ludon-Médoc 33 .... 177 D
Ludres 54 .... 64 E
Lüe 40 .... 208 C
Lué-en-Baugeois 49 .... 95 F
Luemschwiller 68 .... 108 C
Luère (Col de la) 69 .... 171 D
Lugagnac 46 .... 213 F
Lugagnan 65 .... 257 E
Lugaignac 33 .... 194 C
Lugan 12 .... 199 E
Lugan 81 .... 230 E
Lugarde 15 .... 183 E
Lugasson 33 .... 194 C
Luglon 40 .... 209 D
Lugny 02 .... 20 A
Lugny 71 .... 140 A
Lugny-Bourbonnais 18 .... 136 E
Lugny-Champagne 18 .... 119 F
Lugny-lès-Charolles 71 .... 154 E
Lugo-di-Nazza 2B .... 267 E
Lugon-et-l'Ile-du-Carnay 33 .... 177 F
Lugos 33 .... 193 E
Lugrin 74 .... 159 D
Le Luguet 63 .... 184 A
Lugy 62 .... 9 D
Le Luhier 25 .... 126 B
Luigné 49 .... 114 A
Luigny 28 .... 77 F
Luisandre (Mt) 01 .... 156 C
Luisans 25 .... 126 B
Luisant 28 .... 78 C
Luisetaines 77 .... 18 E
Luitré 35 .... 74 A
Lullin 74 .... 158 C
Lully 74 .... 158 C
Lumbin 38 .... 189 E
Lumbres 62 .... 3 E
Lumeau 28 .... 79 D
Lumes 08 .... 21 E
Luméville-en-Ornois 55 .... 85 E
Lumigny 77 .... 58 C
Lumio 2B .... 264 B
Lunac 12 .... 214 B
Lunan 46 .... 199 D
Lunas 24 .... 179 D
Lunas 34 .... 233 D
Lunax 31 .... 250 B
Lunay 41 .... 97 F
Luneau 03 .... 154 A
Lunegarde 46 .... 198 B
Lunel 34 .... 235 D
Lunel-Viel 34 .... 234 C
Luneray 76 .... 15 E
Lunery 18 .... 135 E
Lunéville 54 .... 65 D
Le Luot 50 .... 50 C
Lupcourt 54 .... 64 C
Lupé 42 .... 187 D
Lupersat 23 .... 151 D
Lupiac 32 .... 227 F
Luplanté 28 .... 78 B
Luppé-Violles 32 .... 227 D
Luppy 57 .... 64 C
Lupsault 16 .... 147 D
Lupstein 67 .... 66 C
Luquet 65 .... 249 D
Lurais 36 .... 133 E
Luray 28 .... 55 F
Lurbe-St-Christau 64 .... 248 A
Lurcy 01 .... 155 E
Lurcy-le-Bourg 58 .... 120 C
Lurcy-Lévis 03 .... 136 C
Luré 42 .... 169 F
Lure 70 .... 107 D
Lure (Montagne de) 04 .... 221 E
Lureuil 36 .... 133 E
Luri 2B .... 264 B
Luriecq 42 .... 170 A
Lurs 04 .... 221 E
Lury-sur-Arnon 18 .... 118 B
Lus-la-Croix-Haute 26 .... 205 E
Lusanger 44 .... 93 E
Lusans 25 .... 125 F
Luscan 31 .... 250 B
Lusignac 24 .... 178 C
Lusignan 86 .... 147 E
Lusignan-Petit 47 .... 211 E
Lusigny 03 .... 137 F
Lusigny-sur-Barse 10 .... 83 E
Lusigny-sur-Ouche 21 .... 123 D
Lussac 16 .... 163 D
Lussac 17 .... 161 E
Lussac 33 .... 178 A
Lussac-les-Châteaux 86 .... 148 B
Lussac-les-Églises 87 .... 149 D
Lussagnet 40 .... 226 C
Lussagnet-Lusson 64 .... 226 C
Lussan 30 .... 218 C
Lussan 32 .... 228 C
Lussan-Adeilhac 31 .... 251 D
Lussant 17 .... 145 F
Lussas 07 .... 203 D
Lussas-et-Nontronneau 24 .... 163 E
Lussat 23 .... 151 D
Lussat 63 .... 168 B
Lussault-sur-Loire 37 .... 116 B
Lusse 88 .... 88 C
Lusseray 79 .... 146 C
Lustar 65 .... 249 F
Luthenay-Uxeloup 58 .... 137 E
Luthézieu 01 .... 173 D
Lutilhous 65 .... 249 F
Luttange 57 .... 40 B
Luttenbach-près-Munster 68 .... 88 C
Lutter 68 .... 108 C
Lutterbach 68 .... 108 C
Lutz-en-Dunois 28 .... 78 B
Lutzelbourg 57 .... 66 B
Lutzelhouse 67 .... 66 B
Luvigny 88 .... 66 A
Lux 21 .... 105 D
Lux 31 .... 230 C

ux 71 140 A2
uxé 16 162 C1
uxe-Sumberraute 64 225 E4
uxémont-et-Villotte 51 61 E3
uxeuil-les-Bains 70 107 D2
uxey 40 209 E1
uxiol 25 125 F1
uyères 10 83 E2
uynes 37 115 F1
uz-St-Sauveur 65 257 E3
uzancy 77 59 D1
uzarches 95 33 F4
uzay 79 131 E1
uzé 37 115 E4
uze 70 107 F3
uzech 46 197 E4
uzenac 09 260 C1
uzeret 36 134 A4
a Luzerne 50 27 E3
uzillat 63 168 C1
uzillé 37 116 C2
uzinay 38 171 F3
uzoir 02 20 B2
uzy 58 138 B2
uzy-St-Martin 55 38 B1
uzy-sur-Marne 52 85 D4
y-Fontaine 02 19 D3
yas 07 203 E2
yaud 74 158 C1
ye 36 117 E3
ynde 59 4 A3
yoffans 70 107 E3
yon 69 171 E2
yons (Forêt de) 27,76 32 B2
yons-la-Forêt 27 32 B2
ys 58 121 D2
ys 64 248 B2
ys-lez-Lannoy 59 5 E4
ys-St-Georges 36 134 C3
ys (Vallée du) 31 258 B4

M

Maast-et-Violaine 02 35 E3
Maâtz 52 105 E3
Mably 42 154 B3
Macau 33 177 D4
Macaye 64 224 C4
Macé 61 53 E3
Macey 10 82 C2
Macey 50 50 C4
Machault 08 37 E2
Machault 77 80 C1
Maché 85 128 C2
Machecoul 44 111 E4
Mâchecourt 02 20 A4
Machemont 60 34 C1
Macheren 57 41 E3
Machézal 42 170 C1
Machiel 80 8 B3
Machilly 74 158 B2
La Machine 58 137 F1
Machy 10 83 D3
Machy 80 8 B3
Macinaggio 2B 264 C1
Mackenheim 67 89 E2
Mackwiller 67 66 A1
Maclas 42 187 D1
Macogny 02 35 D3
Mâcon 71 155 F2
Maconcourt 52 85 D1
Maconcourt 88 86 B1
Maconge 21 122 C3
Macornay 39 141 E3
Mâcot-la-Plagne 73 175 D3
Macqueville 17 162 A2
Macquigny 02 19 E2
Madaillan 47 211 E1
Madecourt 88 86 C2
Madegney 88 87 D2
La Madelaine-sous-Montreuil 62 8 B2
La Madeleine 59 5 D4
La Madeleine-Bouvet 61 77 E1
La Madeleine (Col de la) 73 174 B4
La Madeleine-de-Nonancourt 27 55 E3
La Madeleine-sur-Loing 77 80 C3
La Madeleine-Villefrouin 41 98 B2
Madeloc (Tour) 66 263 D3
Madic 15 183 D1
Madière 09 252 A3
Madine (Lac de) 55 63 E1
Madirac 33 194 B2
Madiran 65 227 D2
Madon 54,88 64 B4
Madone d'Utelle 06 241 D3
Madonne-et-Lamerey 88 87 D2
Madranges 19 165 F4
Madré 53 75 E1
Madriat 63 184 B1
Maël-Carhaix 22 70 A1
Maël-Pestivien 22 47 D4
Maennolsheim 67 66 C2
Maffliers 95 33 F4
Maffrécourt 51 37 F4
Magalas 34 233 E4
La Magdeleine 16 147 D4
La Magdeleine-sur-Tarn 31 230 A1
Le Mage 61 77 E1
Magenta 51 36 B4
Les Mages 30 218 B2
Magescq 40 225 D1
Magland 74 159 D3
Magnac-Bourg 87 165 D3
Magnac-Laval 87 149 D2
Magnac-Lavalette-Villars 16 162 C4
Magnac-sur-Touvre 16 162 C3
Magnan 32 227 D1
Magnant 10 83 F3
Magnanville 78 56 B1
Magnas 32 211 F4
Magnat-l'Étrange 23 166 C2
Magné 79 146 A2
Magné 86 147 F1
Magnet 03 153 E2
Magneux 51 36 A3
Magneux 52 62 B4
Magneux-Haute-Rive 42 170 B3
Magneville 50 24 C3
Magnicourt 10 83 E1
Magnicourt-en-Comte 62 9 F2
Magnicourt-sur-Canche 62 9 E3
Magnien 21 122 C4
Magnières 54 87 E1
Magnieu 01 173 D2
Les Magnils-Reigniers 85 129 E4
Magnivray 70 107 D2
Magnoncourt 70 106 C1
Le Magnoray 70 106 B4
Magny 28 78 B2
Magny 68 108 B3
Magny 89 121 F1
Le Magny 36 135 D4
Le Magny 88 106 C1
Les Magny 70 107 D4
Magny-Châtelard 25 125 F2
Magny-Cours 58 137 D1
Magny-Danigon 70 107 E3
Magny-en-Bessin 14 28 C2
Magny-en-Vexin 95 32 C4
Magny-Fouchard 10 84 A3
Magny-Jobert 70 107 E3
Magny-la-Campagne 14 29 E4
Magny-la-Fosse 02 19 D2
Magny-la-Ville 21 122 B1
Magny-Lambert 21 103 F3
Magny-le-Désert 61 52 C4
Magny-le-Freule 14 29 E4
Magny-le-Hongre 77 58 B2
Magny-lès-Aubigny 21 123 F3
Magny-les-Hameaux 78 57 D3
Magny-lès-Jussey 70 106 B1
Magny-lès-Villers 21 123 E3
Magny-Lormes 58 121 E2
Magny-Montarlot 21 124 A2
Magny-St-Médard 21 124 A1
Magny-sur-Tille 21 123 F2
Magny-Vernois 70 107 D3
Magoar 22 47 D4
Magrie 11 253 D3
Magrin 81 230 C3
Magstatt-le-Bas 68 108 C3
Magstatt-le-Haut 68 108 C3
Maguelone 34 234 B4
Mahalon 29 68 B2
Mahéru 61 54 A3
Maîche 25 126 C2
Maidières 54 64 B1
Maignaut-Tauzia 32 211 D4
Maigné 72 96 A1
Maignelay-Montigny 60 34 A1
Mailhac 11 254 B1
Mailhac-sur-Benaize 87 149 E2
Mailhat 63 168 C4
Mailhoc 81 214 B4
Mailholas 31 251 E2
Maillane 13 236 A1
Maillas 40 210 A2
Maillat 01 157 D3
Maillé 37 115 F4
Maillé 85 145 F1
Maillé 86 131 F3
Maillebois 28 55 E4
La Mailleraye-sur-Seine 76 31 D1
Maillères 40 209 F3
Mailleroncourt-Charette 70 106 C2
Mailleroncourt-St-Pancras 70 106 B1
Maillet 03 136 B4
Maillet 36 134 B4
Mailley-et-Chazelot 70 106 B4
Maillezais 85 145 F1
Maillot 89 81 F3
Mailly 71 154 B2
Mailly-Champagne 51 36 C4
Mailly-la-Ville 89 102 B4
Mailly-le-Camp 10 60 C3
Mailly-le-Château 89 102 B4
Mailly-Maillet 80 17 F3
Mailly-Raineval 80 17 F3
Mailly-sur-Seille 54 64 B1
Les Maillys 21 124 A3
Maimbeville 60 34 A2
Mainbresson 08 20 C3
Mainbressy 08 20 C3
Maincourt-sur-Yvette 78 56 C3
Maincy 77 58 B4
Maine 49 113 F1
Maine-de-Boixe 16 162 C1
Maine-Giraud 16 162 B4
Mainfonds 16 162 B4
Maing 59 11 D3
Mainneville 27 32 C2
Mainsat 23 151 E4
Maintenay 62 8 B2
Maintenon 28 56 A4
Mainterne 28 55 E3
Mainvillers 57 41 D4
Mainvilliers 28 78 B1
Mainvilliers 45 80 A2
Mainxe 16 162 A3
Mainzac 16 163 D4
Mairé 86 133 D2
Mairé-Levescault 79 147 E3
Mairieux 59 12 B3
Mairy 08 22 A4
Mairy-Mainville 54 39 E2
Mairy-sur-Marne 51 61 D2
Maisdon-sur-Sèvre 44 112 B3
Maisey-le-Duc 21 104 A2
Maisières-Notre-Dame 25 125 E3
Maisnières 80 16 B1
Maisnil 62 9 E2
Le Maisnil 59 4 C4
Maisnil-lès-Ruitz 62 9 F2
Maisod 39 141 E4
Maison-des-Champs 10 84 A3
La Maison-Dieu 58 121 D1
Maison-Feyne 23 150 A2
Maison-Maugis 61 77 E1
Maison-Ponthieu 80 8 C3
Maison-Roland 80 8 C4
Maison-Rouge 77 59 D4
Maisoncelle 62 9 D2
Maisoncelle-et-Villers 08 21 F4
Maisoncelle-St-Pierre 60 33 E1
Maisoncelle-Tuilerie 60 17 E4
Maisoncelles 52 85 F3
Maisoncelles 72 97 D1
Maisoncelles-du-Maine 53 95 D1
Maisoncelles-en-Brie 77 58 C2
Maisoncelles-en-Gâtinais 77 80 B3
Maisoncelles-la-Jourdan 14 51 F2
Maisoncelles-Pelvey 14 28 B4
Maisoncelles-sur-Ajon 14 28 C4
Maisonnais 18 135 E3
Maisonnais 79 147 D3
Maisonnais-sur-Tardoire 87 163 E2
Maisonneuve 86 131 F2
Maisonnisses 23 150 B4
Maisons 11 254 A4
Maisons 14 28 B2
Maisons 28 79 D2
Maisons-Alfort 94 57 F2
Maisons-du-Bois 25 126 A4
Maisons-en-Champagne 51 61 E3
Maisons-Laffitte 78 57 D1
Maisons-lès-Chaource 10 103 D1
Maisons-lès-Soulaines 10 84 B2
Maisonsgoutte 67 88 C1
Maisontiers 79 131 D2
Maisse 91 80 A2
Maissemy 02 19 D2
Maixe 54 65 D3
Maizeray 55 39 E4
Maizeroy 57 40 C4
Maizery 57 40 C4
Maizet 14 29 D4
Maizey 55 63 D1
Maizicourt 80 9 D3
Maizières 14 53 D1
Maizières 52 81 C1
Maizières 54 64 B4
Maizières 62 9 E2
Maizières 70 106 B4
Maizières-la-Grande-Paroisse 10 82 B1
Maizières-lès-Brienne 10 84 A1
Maizières-lès-Metz 57 40 B3
Maizières-les-Vic 57 86 E2
Maizières-sur-Amance 52 105 F2
Maizilly 42 154 C3
Maizy 02 36 A2
Majastres 04 222 B4
Malabat 32 227 F4
La Malachère 70 125 E1
Malafretaz 01 156 B2
Mâlain 21 123 D2
Malaincourt 88 86 A3
Malaincourt-sur-Meuse 52 85 F3
Malakoff 92 57 E2
Malancourt 55 38 B3
Malandry 08 22 B4
Malange 39 124 C3
Malans 25 125 E4
Malans 70 124 C2
Malansac 56 92 A2
Malarce-sur-la-Thines 07 202 B4
Malataverne 26 203 F4
Malaucène 84 220 A2
Malaucourt-sur-Seille 57 64 C2
Malaumont 55 63 D2
Malaunay 76 31 E1
Malause 82 212 B3
Malaussanne 64 226 B3
Malaussène 06 223 F3
Malauzat 63 168 A1
Malavillers 54 39 E2
Malay 71 139 F4
Malay-le-Grand 89 81 F3
Malay-le-Petit 89 81 F3
Malbo 15 183 E4
Malbosc 07 218 A1
Malbouhans 70 107 E2
Malbouzon 48 200 C3
Malbrans 25 125 E3
Malbuisson 25 142 C2
Mâle 61 77 E2
Malegoude 09 252 C3
Malemort-du-Comtat 84 220 B3
Malemort-sur-Corrèze 19 181 D3
La Malène 48 216 C1
Malepeyre (Sabot de) 48 216 C1
Malesherbes 45 80 A2
Malestroit 56 92 A1
Malétable 61 54 C4
Maleville 12 214 B1
Malfourat (Moulin de) 24 196 A2
Malgré Tout (Mont) 08 21 E1
Malguénac 56 70 C3
La Malhoure 22 71 F1
Malicornay 36 134 B4
Malicorne 03 152 A2
Malicorne 89 101 E2
Malicorne-sur-Sarthe 72 96 A2
Maligny 21 122 C4
Maligny 89 102 B2
Malijai 04 221 F3
Malincourt 59 19 D1
Malintrat 63 168 B2
Malissard 26 204 A1
Malaville 16 162 A3
Mallefougasse 04 221 E3
Malleloy 54 64 B2
Mallemoisson 04 222 A3
Mallemort 13 236 C2
Malléon 09 252 B3
Malleret 23 166 C2
Malleret-Boussac 23 150 C3
Mallerey 39 141 D3
Malleval 38 188 C3
Malleval 42 187 E1
Malleville-les-Grès 76 14 C2
Malleville-sur-le-Bec 27 31 D3
Mallièvre 85 130 A1
Malling 57 40 B1
Malloué 14 51 E1
La Malmaison 02 36 B1
Malmerspach 68 108 A1
Malmy 51 37 F3
Malo-les-Bains 59 4 A1
Malons-et-Elze 30 202 B4
Malouy 27 30 C4
Malpart 80 17 F3
Malpas 25 142 C1
Malras 11 253 D3
Malrevers 43 185 F3
Malroy 57 40 B3
Maltat 71 138 B3
Maltot 14 29 D4
Malval 23 150 B2
Malvalette 43 186 B1
Malves-en-Minervois 11 253 F2
Malvezie 31 250 B3
Malvières 43 185 E1
Malviès 11 253 D3
Malville 44 111 E1
Malvillers 70 106 A2
Malzéville 54 64 B3
Le Malzieu-Forain 48 201 E1
Le Malzieu-Ville 48 201 E1
Malzy 02 19 F2
Mambouhans 25 126 B1
Mamers 72 76 C2
Mametz 62 3 F4
Mametz 80 18 B1
Mamey 54 64 A2
Mamirolle 25 125 E3
Manas 26 204 A3
Manas-Bastanous 32 228 A4
Manaurie 24 180 B4
Mance 54 39 F2
La Mancelière 28 55 D4
La Mancellière 50 51 D3
La Mancellière-sur-Vire 50 27 E4
Mancenans 25 107 E4
Mancenans-Lizerne 25 126 C2
Mancey 71 140 A3
Manchecourt 45 80 A3
Manciet 32 227 E1
Mancieulles 54 39 E2
Mancioux 31 250 C1
Mancy 51 60 B1
Mandacou 24 196 A2
Mandagout 30 217 E4
Mandailles-St-Julien 15 183 E3
Mandelieu-la-Napoule 06 240 A2
Manderen 57 40 C1
Mandeure 25 107 F4
Mandeville 27 31 E3
Mandeville-en-Bessin 14 28 A2
Mandray 88 88 B2
Mandres 27 54 C3
Mandres-aux-Quatre-Tours 54 63 F2
Mandres-en-Barrois 55 85 E1
Mandres-la-Côte 52 85 E4
Mandres-les-Roses 94 58 A3
Mandres-sur-Vair 88 86 B3
Mandrevillars 70 107 F3
Manduel 30 235 E1
Mane 04 221 E4
Mane 31 259 D2
Manéglise 76 14 A4
Manéhouville 76 15 E2
Manent-Montané 32 250 B1
Manerbe 14 30 A3
Mangiennes 55 39 D2
Manglieu 63 168 C3
Mangonville 54 87 D1
Manhac 12 215 D2
Manheulles 55 39 D4
Manhoué 57 64 C2
Manicamp 02 19 D4
Manigod 74 174 B1
Manigod (Vallée de) 74 174 B1
Manin 62 9 F3
Maninghem 62 8 C1
Maninghen-Henne 62 2 C3
Maniquerville 76 14 B3
Manlay 21 122 B3
Manneville-ès-Plains 76 15 D2
Manneville-la-Goupil 76 14 B4
Manneville-la-Pipard 14 30 B3
Manneville-la-Raoult 27 30 B2
Manneville-sur-Risle 27 30 C2
Mannevillette 76 14 A4
Mano 40 193 F4
Le Manoir 14 28 C2
Le Manoir 27 31 F2
Manois 52 85 E2
Manom 57 40 B2
Manoncourt-en-Vermois 54 64 C3
Manoncourt-en-Woëvre 54 63 F2
Manonville 54 64 A2
Manonviller 54 65 E4
Manosque 04 238 A1
Manot 16 163 E1
Manou 28 77 F1
Manre 08 37 E3
Le Mans 72 96 B1
Mansac 19 181 D3
Mansan 65 249 E1
Mansat-la-Courrière 23 150 D3
Manse 37 115 E3
Manse (Col de) 05 206 B3
Mansempuy 32 228 C2
Mansencôme 32 211 D4
Manses 09 252 B3
Mansigné 72 96 B2
Mansle 16 162 C1
Manso 2B 266 B1
Mansonville 82 212 A3
Manspach 68 108 B3
Mant 40 226 B3
Mantaille (Château) 26 47 D2
Mantallot 22 47 D2
Mantenay-Montlin 01 156 A1
Mantes-la-Jolie 78 56 B1
Mantes-la-Ville 78 56 B1
Mantet 66 261 F3
Manteyer 05 206 A3
Manthelan 37 116 A3
Manthelon 27 55 D2
Manthes 26 187 F2
Mantilly 61 51 F4
Mantoche 70 124 B1
Mantry 39 141 E2
Manvieux 14 28 C2
Many 57 41 D4
Manzac-sur-Vern 24 179 E3
Manzat 63 152 B4
Manziat 01 155 F1
Marac 52 105 D1

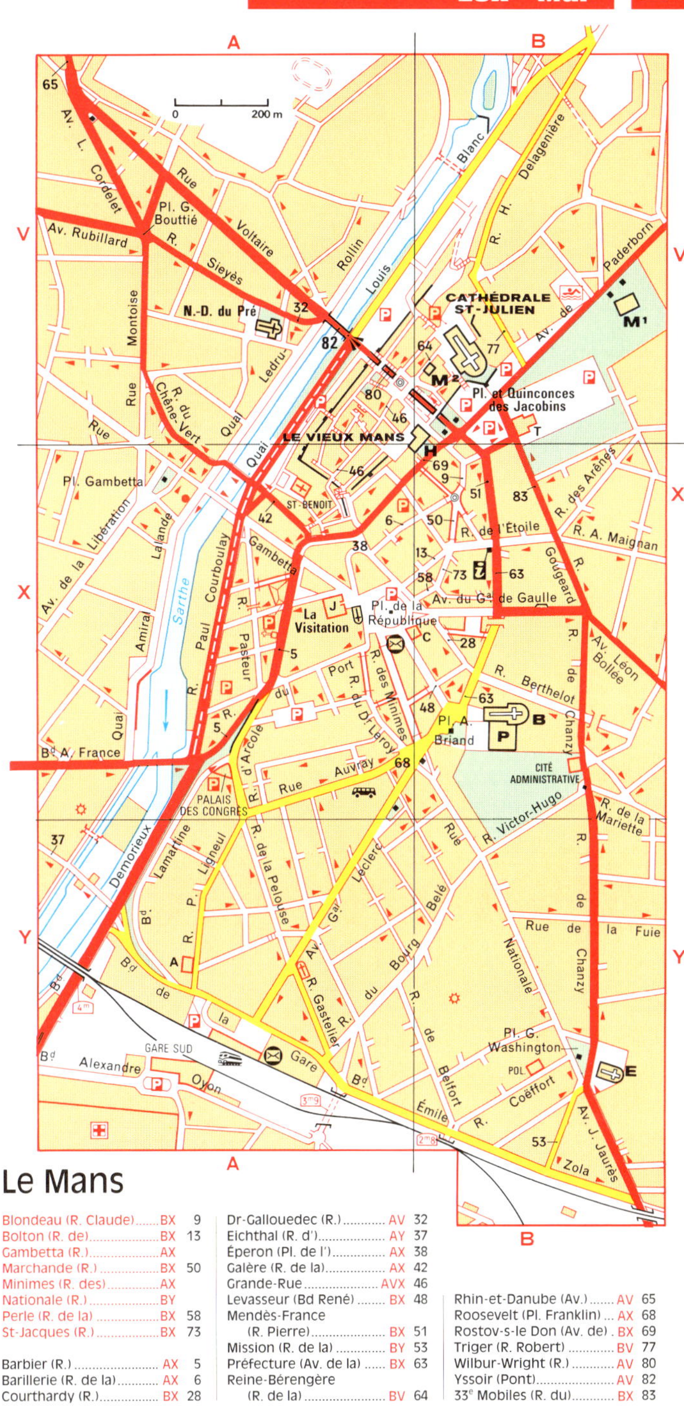

A
B
V
X
Y
0
200 m
Av. Rubillard
Pl. G. Bouttié
Voltaire
Sieyès
Rollin
Louis Blanc
Delagenière
Paderborn
CATHÉDRALE ST-JULIEN
N.-D. du Pré
Montoise
Pl. et Quinconces des Jacobins
LE VIEUX MANS
Pl. Gambetta
de la Libération
ST-BENOIT
R. de l'Étoile
R. A. Maignan
Lalande
Sarthe
Courboulay
Paul
Amiral
La Visitation
Pl. de la République
Av. du Gal de Gaulle
Gougeard
R. Berthelot
Pl. A. Briand
CITÉ ADMINISTRATIVE
Bd A. France
Quai
PALAIS DES CONGRÈS
Auvray
R. Victor-Hugo
Demorieux
Lamartine
Ligneul
R. de la Pelouse
Leclerc
Belle
Rue de la Fuie
Nationale
Chanzy
Bourg
GARE SUD
Alexandre
Oyon
Gare
R. Gastelier
R. de Belfort
Pl. G. Washington
Coëffort
Av. J. Jaurès
Zola
Émile

Le Mans

Blondeau (R. Claude) BX 9
Bolton (R. de) BX 13
Gambetta (R.) AX
Marchande (R.) BX 50
Minimes (R. des) AX
Nationale (R.) BY
Perle (R. de la) BX 58
St-Jacques (R.) BX 73
Barbier (R.) AX 5
Barillerie (R. de la) AX 6
Courthardy (R.) BX 28
Dr-Gallouedec (R.) AV 32
Eichthal (R. d') AY 37
Éperon (Pl. de l') AX 38
Galère (R. de la) AX 42
Grande-Rue AVX 46
Levasseur (Bd René) BX 48
Mendès-France (R. Pierre) BX 51
Mission (R. de la) BY 53
Préfecture (Av. de la) BX 63
Reine-Bérengère (R. de la) BV 64
Rhin-et-Danube (Av.) AV 65
Roosevelt (Pl. Franklin) AX 68
Rostov-s-le Don (Av. de) BX 69
Triger (R. Robert) BV 77
Wilbur-Wright (R.) AV 80
Yssoir (Pont) AV 82
33e Mobiles (R. du) BX 83

Marainville-sur-Madon 88 86 C1
Marainviller 54 65 D3
Le Marais 62 57 D4
Le Marais-la-Chapelle 14 53 D2
Marais Poitevin, Val de Sèvre et Vendée (Parc Régional) 17,85,86 145 E1
Marais-Vernier 27 30 C1
Marais Vernier 27 30 C2
Marambat 32 227 F1
Marandeuil 21 124 A2
Marange-Silvange 57 40 A3
Marange-Zondrange 57 41 D3
Marans 17 145 E2
Marans 49 94 C3
Maransin 33 177 F3
Marant 62 8 C2
Maranville 52 84 C3
Maranwez 08 20 C3
Marast 70 107 D4
Marat 63 169 E3
Les Marats 55 62 C2
Marault 52 85 D3
Maraussan 34 255 D1
Maravat 32 228 C2
Maray 41 118 A3
Maraye-en-Othe 10 82 C3
Marbache 54 64 B2
Marbaix 59 11 F4
Marbeuf 27 31 E4
Marbéville 52 84 C2
Marbotte 55 63 D2
Marboué 28 78 B4
Marboz 01 156 B1
Marby 08 21 D2
Marc-la-Tour 19 181 F2
Marçais 18 135 F3
Marçay 37 115 D3
Marçay 86 147 E1
Marcé 49 95 E4
Marcé-sur-Esves 37 115 F4
Marcei 61 53 D3
Marcelcave 80 18 A2
Marcellaz 74 158 B3
Marcellaz-Albanais 74 173 F1
Marcellois 21 122 C2
Marcellus 47 195 E4
Marcenais 33 177 F3
Marcenat 03 153 D2
Marcenat 15 183 F2
Marcenay 21 103 E2
Marcenod 42 170 C3
Marcey-les-Grèves 50 50 C3
Marchainville 61 54 C4
Marchais 02 20 A4
Marchais-Beton 89 101 E2
Marchais-en-Brie 02 59 E2
Marchal 15 183 D1
Marchamp 01 172 C2
Marchampt 69 155 D3
Marchastel 15 183 E2
Marchastel 48 200 C3
Marchaux 25 125 E2
La Marche 58 120 A3
Marché-Allouarde 80 18 B3
Marchélepot 80 18 B2
Marchemaisons 61 53 F4
Marchémoret 77 34 B4
Marchenoir 41 98 B2
Marcheprime 33 193 E2
Marches 26 188 A4
Les Marches 73 173 F4
Marcheseuil 21 122 B3
Marchésieux 50 27 D3
Marchéville 28 78 B2
Marcheville 80 8 C3
Marchéville-en-Woëvre 55 39 D4
Marchezais 28 56 A3
Marchiennes 59 10 C2
Marciac 32 227 E3
Marcieu 38 189 D4
Marcieux 73 173 E3
Marcigny 71 154 B2
Marcigny-sous-Thil 21 122 B1
Marcilhac-sur-Célé 46 198 B3
Marcillac 33 177 E2
Marcillac-la-Croisille 19 182 B2
Marcillac-la-Croze 19 181 E4
Marcillac-Lanville 16 162 B1
Marcillac-St-Quentin 24 180 B4
Marcillac-Vallon 12 199 F4
Marcillat 63 152 C4
Marcillat-en-Combraille 03 151 F3
Marcillé-la-Ville 53 75 D2
Marcillé-Raoul 35 73 E1
Marcillé-Robert 35 73 F4
Marcilloles 38 188 B1
Marcilly 50 50 C3
Marcilly 77 58 C1
Marcilly-d'Azergues 69 171 E1
Marcilly-en-Bassigny 52 105 E1
Marcilly-en-Beauce 41 97 F2
Marcilly-en-Gault 41 118 A1
Marcilly-en-Villette 45 99 E2
Marcilly-la-Campagne 27 55 E2
Marcilly-la-Gueurce 71 154 C1
Marcilly-le-Châtel 42 170 A3
Marcilly-le-Hayer 10 82 B2
Marcilly-lès-Buxy 71 139 F3
Marcilly-lès-Vitteaux 21 122 C1
Marcilly-Ogny 21 122 B2

Marcilly-sur-Eure 27 ... 55 F2
Marcilly-sur-Maulne 37 ... 96 C4
Marcilly-sur-Seine 51 ... 60 A4
Marcilly-sur-Tille 21 ... 104 C4
Marcilly-sur-Vienne 37 ... 115 E4
Marck 62 ... 3 D2
Marckolsheim 67 ... 89 E3
Marclopt 42 ... 170 B3
Marcoing 59 ... 10 C4
Marcolès 15 ... 199 E2
Marcollin 38 ... 188 A1
Marcols-les-Eaux 07 ... 203 D1
Marçon 72 ... 97 D3
Marconne 62 ... 9 D2
Marconnelle 62 ... 8 C2
Marcorignan 11 ... 254 C2
Marcoule 30 ... 219 E2
Marcoussis 91 ... 57 E4
Marcoux 04 ... 222 B2
Marcoux 42 ... 170 A2
Marcq 08 ... 38 A2
Marcq 78 ... 56 C2
Marcq-en-Barœul 59 ... 5 D4
Marcq-en-Ostrevant 59 ... 10 C3
Marcy 02 ... 19 E2
Marcy 58 ... 120 C2
Marcy 69 ... 171 D1
Marcy-l'Étoile 69 ... 171 E2
Marcy-sous-Marle 02 ... 19 F3
Mardeuil 51 ... 36 B4
Mardié 45 ... 99 F2
Mardilly 61 ... 53 F2
Mardor 52 ... 105 D1
Mardore 69 ... 154 C3
Mardyck 59 ... 3 F1
Mareau-aux-Bois 45 ... 79 F4
Mareau-aux-Prés 45 ... 99 D2
Marèges (Barrage de) 19 ... 182 C1
Mareil-en-Champagne 72 ... 96 A1
Mareil-en-France 95 ... 33 F4
Mareil-le-Guyon 78 ... 56 C2
Mareil-Marly 78 ... 57 D2
Mareil-sur-Loir 72 ... 96 A3
Mareil-sur-Mauldre 78 ... 56 C2
Mareilles 52 ... 85 E3
Marenla 62 ... 8 C2
Marennes 17 ... 160 B1
Marennes 69 ... 171 F3
Maresché 72 ... 76 B3
Maresches 59 ... 11 E3
Maresquel-Ecquemicourt 62 ... 8 C2
Marest 62 ... 9 E2
Marest-Dampcourt 02 ... 19 D4
Marest-sur-Matz 60 ... 34 B1
Marestaing 32 ... 229 D3
Marestmontiers 80 ... 17 F3
Maresville 62 ... 8 B1
Les Marêts 77 ... 59 E3
Maretz 59 ... 19 E1
Mareugheol 63 ... 168 B4
Mareuil 16 ... 162 A2
Mareuil 24 ... 163 D4
Mareuil-Caubert 80 ... 16 C1
Mareuil-en-Brie 51 ... 60 A1
Mareuil-en-Dôle 02 ... 35 F3
Mareuil-la-Motte 60 ... 34 B1
Mareuil-le-Port 51 ... 36 A4
Mareuil-lès-Meaux 77 ... 58 C2
Mareuil-sur-Arnon 18 ... 135 E1
Mareuil-sur-Ay 51 ... 36 B4
Mareuil-sur-Cher 41 ... 117 D2
Mareuil-sur-Lay 85 ... 129 E4
Mareuil-sur-Ourcq 60 ... 35 D4
Marey 88 ... 86 B3
Marey-lès-Fussey 21 ... 123 E3
Marey-sur-Tille 21 ... 104 C4
Marfaux 51 ... 36 B3
Marfontaine 02 ... 19 F3
Margain (Bec du) 38 ... 189 E1
Margaux 33 ... 177 D3
Margencel 74 ... 158 C1
Margency 95 ... 57 E1
Margeride (Montagne de la) 15,43,48 ... 184 C4
Margerides 19 ... 182 C1
Margerie-Chantagret 42 ... 170 A4
Margerie-Hancourt 51 ... 61 E4
Margès 26 ... 188 A3
Margilley 70 ... 105 F3
Margival 02 ... 35 E2
Le Margnès 81 ... 232 A2
Margny 08 ... 22 B4
Margny 51 ... 60 A1
Margny-aux-Cerises 60 ... 18 B4
Margny-lès-Compiègne 60 ... 34 B2
Margny-sur-Matz 60 ... 34 B1
Margon 28 ... 77 E2
Margon 34 ... 233 E4
Margouët-Meymes 32 ... 227 E2
Margueray 50 ... 51 D1
Marguerittes 30 ... 235 E1
Margueron 33 ... 195 E2
Marguestau 32 ... 210 B4
Margut 08 ... 22 B4
Mariac 07 ... 203 D1
Mariaud 04 ... 222 C1
Maricourt 80 ... 18 B1
Marie 06 ... 223 F3
Marieulles 57 ... 40 B4
Marieux 80 ... 9 E4
Marigna-sur-Valouse 39 ... 156 C1
Marignac 17 ... 161 E4
Marignac 31 ... 250 B4
Marignac 82 ... 229 D1
Marignac-en-Diois 26 ... 204 C1
Marignac-Lasclares 31 ... 251 D1
Marignac-Laspeyres 31 ... 251 D2
Marignana 2A ... 266 B2
Marignane 13 ... 242 C1
Marigné 49 ... 95 D3
Marigné-Laillé 72 ... 96 C2
Marigné-Peuton 53 ... 94 C1
Marignier 74 ... 158 C3
Marignieu 01 ... 173 D1
Marigny 03 ... 137 D4
Marigny 39 ... 141 F3
Marigny 50 ... 27 D4
Marigny 51 ... 60 B3
Marigny 71 ... 139 E3
Marigny 79 ... 146 B2
Marigny-Brizay 86 ... 132 B2
Marigny-Chemereau 86 ... 147 E1
Marigny-en-Orxois 02 ... 35 D4
Marigny-le-Cahouët 21 ... 122 B1
Marigny-le-Châtel 10 ... 82 B2
Marigny-l'Église 58 ... 121 F2
Marigny-lès-Reullée 21 ... 123 E4
Marigny-les-Usages 45 ... 99 E1
Marigny-Marmande 37 ... 115 E4
Marigny-St-Marcel 74 ... 173 F1
Marigny-sur-Yonne 58 ... 121 D2
Marillac-le-Franc 16 ... 163 D2
Le Marillais 49 ... 112 C1
Marillet 85 ... 130 B3
Marimbault 33 ... 194 C4
Marimont-lès-Bénestroff 57 ... 65 E1
Marin 74 ... 158 C1
Marines 95 ... 33 D4
Maringes 42 ... 170 C3
Maringues 63 ... 168 C1
Mariol 03 ... 153 E4
Marions 33 ... 210 B1
Marissel 60 ... 33 E2
Marizy 71 ... 139 E4
Marizy-St-Mard 02 ... 35 D3
Marizy-Ste-Geneviève 02 ... 35 D3
Le Markstein 68 ... 108 A1
Marle 02 ... 20 A3
Marlemont 08 ... 21 D3
Marlenheim 67 ... 66 C3
Marlens 74 ... 174 B2
Marlers 80 ... 16 C3
Marles-en-Brie 77 ... 58 C3
Marles-les-Mines 62 ... 9 F1
Marles-sur-Canche 62 ... 8 C2
Marlhes 42 ... 186 C2
Marliac 31 ... 252 A2
Marliens 21 ... 123 F3
Marlieux 01 ... 156 A3
Marlioz 74 ... 157 F3
Marly 57 ... 40 B4
Marly 59 ... 11 E2
Marly-Gomont 02 ... 20 A2
Marly-la-Ville 95 ... 34 A4
Marly-le-Roi 78 ... 57 D2
Marly-sous-Issy 71 ... 138 B3
Marly-sur-Arroux 71 ... 138 C3
Marmagne 18 ... 118 C4
Marmagne 21 ... 103 E3
Marmagne 71 ... 139 D2
Marmande 47 ... 195 E4
Marmanhac 15 ... 183 D4
Marmano (Forêt de) 2B ... 267 D3
Marmeaux 89 ... 103 D4
Marmesse 52 ... 84 C4
Marminiac 46 ... 197 E3
Marmont-Pachas 47 ... 211 E3
Marmouillé 61 ... 53 E3
Marmoutier 67 ... 66 C3
Marnac 24 ... 197 D1
Marnand 69 ... 154 C4
Marnans 38 ... 188 B2
Marnaves 81 ... 214 A3
Marnay 70 ... 124 C2
Marnay 71 ... 140 A3
Marnay 86 ... 147 F1
Marnay-sur-Marne 52 ... 85 D4
Marnay-sur-Seine 10 ... 82 A1
Marnaz 74 ... 158 C3
Marne 2,51,52,77 ... 62 B4
La Marne 44 ... 111 E4
Marne-la-Vallée 77 ... 58 A2
Marnefer 61 ... 54 B2
Marnes 79 ... 131 F1
Marnes-la-Coquette 92 ... 57 D2
Marnézia 39 ... 141 E3
Marnhagues-et-Latour 12 ... 233 D1
Marnoz 39 ... 141 F1
Marœuil 62 ... 10 A3
Maroilles 59 ... 11 F4
La Marolle-en-Sologne 41 ... 99 D4
Marolles 14 ... 30 B4
Marolles 41 ... 98 B3
Marolles 51 ... 61 E3
Marolles 60 ... 35 D3
Marolles-en-Beauce 91 ... 79 F2
Marolles-en-Brie 77 ... 59 D3
Marolles-en-Brie 94 ... 58 A3
Marolles-en-Hurepoix 91 ... 57 E4
Marolles-lès-Bailly 10 ... 85 E3
Marolles-les-Braults 72 ... 76 C3
Marolles-les-Buis 28 ... 77 F2
Marolles-lès-St-Calais 72 ... 97 E1
Marolles-sous-Lignières 10 ... 102 C1
Marolles-sur-Seine 77 ... 81 D2
Marollette 72 ... 76 C2
Marols 42 ... 170 A4
Maromme 76 ... 31 E1
Mâron 36 ... 134 C2
Maron 54 ... 64 B3
Maroncourt 88 ... 86 C2
Maronne 15,19 ... 182 B3
Maronne (Gorges de la) 15 ... 182 C3
Maroué 22 ... 48 C4
Marpain 39 ... 124 B2
Marpaps 40 ... 226 A3
Marpent 59 ... 12 C3
Marpiré 35 ... 73 F3
Marquaix 80 ... 18 C2
Marquay 24 ... 180 B4
Marquay 62 ... 9 E2
Marquefave 31 ... 251 E1
Marquéglise 60 ... 34 B1
Marquein 11 ... 252 B1
Marquenterre (Domaine du) 80 ... 8 A3
Marquerie 65 ... 249 E1
Marques 76 ... 16 B3
Marquette-en-Ostrevant 59 ... 10 C3
Marquette-lez-Lille 59 ... 5 D4
Marquèze 40 ... 209 D2
Marquigny 08 ... 21 E4
Marquillies 59 ... 10 A1
Marquion 62 ... 10 B3
Marquise 62 ... 2 C3
Marquivillers 80 ... 18 A4
Marquixanes 66 ... 262 A2
Marray 37 ... 97 E3
Marre 55 ... 38 C3
La Marre 39 ... 141 E2
Mars 07 ... 186 C4
Mars 30 ... 217 D4
Mars 42 ... 154 C3
Les Mars 23 ... 151 E4
Mars-la-Tour 54 ... 39 F4
Mars-sous-Bourcq 08 ... 37 E2
Mars-sur-Allier 58 ... 137 D2
Marsa 11 ... 261 E1
Marsac 16 ... 162 B2
Marsac 23 ... 149 F3
Marsac 65 ... 249 E1
Marsac 82 ... 212 A4
Marsac-en-Livradois 63 ... 169 E4
Marsac-sur-Don 44 ... 93 E3
Marsac-sur-l'Isle 24 ... 179 E3
Marsainvilliers 45 ... 80 A3
Marsais 17 ... 146 A3
Marsais-Ste-Radégonde 85 ... 130 A4
Marsal 57 ... 65 D2
Marsal 81 ... 214 C4
Marsalès 24 ... 196 C2
Marsan 32 ... 228 C2
Marsaneix 24 ... 179 F3
Marsangis 51 ... 60 B4
Marsangy 89 ... 81 E4
Marsannay-la-Côte 21 ... 123 E2
Marsannay-le-Bois 21 ... 123 F1
Marsanne 26 ... 204 A3
Marsas 33 ... 177 E3
Marsas 65 ... 257 F2
Marsat 63 ... 168 B1
Marsaz 26 ... 187 F3
Marseillan 32 ... 227 F3
Marseillan 34 ... 255 F1
Marseillan 65 ... 249 E1
Marseille 13 ... 243 D2
Marseille-en-Beauvaisis 60 ... 17 D4
Marseille-lès-Aubigny 18 ... 120 A4
Marseillette 11 ... 254 A2
Marsillargues 34 ... 235 D2
Marsilly 17 ... 145 D2
Marsilly 57 ... 40 B4
Marsolan 32 ... 61 E2
Marson 51 ... 61 E2
Marson-sur-Barboure 55 ... 63 D3
Marsonnas 01 ... 156 A1
Marsoulas 31 ... 259 D1
Marssac-sur-Tarn 81 ... 214 B4
Martagny 27 ... 32 C2
Martailly-lès-Brancion 71 ... 140 A4
Martainneville 80 ... 16 B1
Martainville 14 ... 52 C1
Martainville 27 ... 30 B2
Martainville-Épreville 76 ... 32 A1
Martaizé 86 ... 131 F1
Martel 46 ... 181 D4
Marthemont 54 ... 64 B4
Marthille 57 ... 65 D1
Marthod 73 ... 174 B2
Marthon 16 ... 163 D3
Martiel 12 ... 214 A1
Martigna 39 ... 157 D1
Martignargues 30 ... 218 B3
Martignas-sur-Jalle 33 ... 193 F1
Martignat 01 ... 157 D2
Martigné 53 ... 75 D3
Martigné-Briand 49 ... 114 A2
Martigné-Ferchaud 35 ... 93 F2
Martigny 02 ... 20 B2
Martigny 50 ... 51 D3
Martigny 76 ... 15 F2
Martigny-Courpierre 02 ... 36 A1
Martigny-le-Comte 71 ... 139 D4
Martigny-les-Bains 88 ... 76 B3
Martigny-les-Gerbonvaux 88 ... 86 B1
Martigny-sur-l'Ante 14 ... 52 C1
Martigues 13 ... 242 C2
Martillac 33 ... 194 B2
Martin (Cap) 06 ... 241 E4
Martin-Église 76 ... 15 F2
Les Martinanches 63 ... 169 D3
Martincourt 54 ... 64 A2
Martincourt 60 ... 33 D1
Martincourt-sur-Meuse 55 ... 38 B1
Martinet 85 ... 128 C2
Le Martinet 30 ... 218 A2
Martinpuich 62 ... 18 B1
Martinvast 50 ... 24 C2
Martinvelle 88 ... 86 C4
Martisserre 31 ... 228 C4
Martizay 36 ... 133 E2
Martot 27 ... 31 F3
Martragny 14 ... 28 C3
La Martre 83 ... 239 E1
Martres 33 ... 194 C2
Les Martres-d'Artière 63 ... 168 B2
Martres-de-Rivière 31 ... 250 B3
Les Martres-de-Veyre 63 ... 168 B3
Martres-sur-Morge 63 ... 168 B1
Martres-Tolosane 31 ... 251 D2
Martrin 12 ... 215 E4
Martrois 21 ... 122 C2
La Martyre 29 ... 45 E3
Les Martys 11 ... 231 E4
Maruéjols-lès-Gardon 30 ... 218 B4
Marval 87 ... 163 F3
Marvaux-Vieux 08 ... 37 E2
Marvejols 48 ... 201 D3
Marvelise 25 ... 107 E4
Marville 55 ... 38 C1
Marville-les-Bois 28 ... 55 F4
Marville-Moutiers-Brûlé 28 ... 55 F3
Mary 71 ... 139 E3
Mary (Puy) 15 ... 183 E3
Mary-sur-Marne 77 ... 58 C1
Marzal (Aven de) 07 ... 218 C1
Marzan 56 ... 92 A3
Marzens 81 ... 230 C2
Marzy 58 ... 137 D1
Le Mas 06 ... 223 E4
Mas-Blanc-des-Alpilles 13 ... 236 A1
Mas-Cabardès 11 ... 253 E1
Le Mas-d'Agenais 47 ... 195 E4
Le Mas-d'Artige 23 ... 166 B2
Mas-d'Auvignon 32 ... 211 E4
Le Mas-d'Azil 09 ... 251 F3
Mas-de-Londres 34 ... 234 B1
Le Mas-de-Tence 43 ... 186 C3
Mas-des-Cours 11 ... 253 F2
Mas-d'Orcières 48 ... 201 F4
Mas-Grenier 82 ... 212 C4
Mas-St-Chély 48 ... 217 D1
Mas-Stes-Puelles 11 ... 252 C1
Le Mas-Soubeyran 30 ... 217 F3
Masbaraud-Mérignat 23 ... 150 A4
Mascaraàs-Haron 64 ... 226 C3
Mascaras 32 ... 227 F3
Mascaras 65 ... 249 E2
Mascarville 31 ... 230 B3
Masclat 46 ... 197 F1
Masevaux 68 ... 108 A2
Maslacq 64 ... 226 A4
Masléon 87 ... 165 E2
Maslives 41 ... 98 C3
Le Masnau-Massuguiès 81 ... 232 A1
Masnières 59 ... 10 C4
Masny 59 ... 10 C2
Masparraute 64 ... 225 D4
Maspie-Lalonquère-Juillacq 64 ... 227 D4
Masquières 47 ... 197 D4
Massabrac 31 ... 251 F2
Massac 11 ... 254 A4
Massac 17 ... 162 A1
Massac-Séran 81 ... 230 C2
Massaguel 81 ... 231 E4
Massais 79 ... 114 A4
Massals 81 ... 232 A1
Massanes 30 ... 218 B3
Massangis 89 ... 103 D3
Massat 09 ... 259 F3
Massay 18 ... 118 B3
Le Massegros 48 ... 216 B1
Masseilles 33 ... 195 D4
Massels 47 ... 212 A1
Massérac 44 ... 93 D3
Masseret 19 ... 165 D4
Masseube 32 ... 228 B4
Massiac 15 ... 184 B2
Massieu 38 ... 173 D4
Massieux 01 ... 171 E1
Massiges 51 ... 37 F3
Massignac 16 ... 163 E2
Massignieu-de-Rives 01 ... 173 D2
Massillargues-Attuech 30 ... 218 A3
Massilly 71 ... 139 F4
Massingy 21 ... 104 A1
Massingy 74 ... 173 E1
Massingy-lès-Semur 21 ... 103 F4
Massingy-lès-Vitteaux 21 ... 122 C1
Massognes 86 ... 131 F2
Massoins 06 ... 223 F3
Massongy 74 ... 158 B1
Massoulès 47 ... 212 A1
Massugas 33 ... 195 E2
Massy 71 ... 139 F4
Massy 76 ... 16 A3
Massy 91 ... 57 E3
Mastaing 59 ... 11 D3
Matafelon-Granges 01 ... 157 D2
Les Matelles 34 ... 234 B2
Matemale 66 ... 261 E3
Matha 17 ... 161 F1
Mathaux 10 ... 83 F2
Mathay 25 ... 126 C1
Mathenay 39 ... 141 E1
Les Mathes 17 ... 160 B2
Mathieu 14 ... 29 D3
Mathons 52 ... 84 C1
Mathonville 76 ... 16 A4
Matignicourt-Goncourt 51 ... 61 F3
Matignon 22 ... 49 D3
Matigny 80 ... 18 C3
Matougues 51 ... 60 C1
Matour 71 ... 155 D2
Matra 2B ... 267 E1
Matringhem 62 ... 9 D1
Mattaincourt 88 ... 86 C2
Mattexey 54 ... 87 E1
Matton-et-Clémency 08 ... 22 B3
Mattstall 67 ... 43 D4
Matzenheim 67 ... 89 E1
Maubec 38 ... 172 B3
Maubec 82 ... 229 D1
Maubec 84 ... 236 C1
Maubert-Fontaine 08 ... 21 D2
Maubeuge 59 ... 12 B3
Maubourguet 65 ... 227 E4
Mauchamps 91 ... 79 F1
Maucomble 76 ... 16 A3
Maucor 64 ... 226 C4
Maucourt 60 ... 18 C4
Maucourt 80 ... 18 B3
Maucourt-sur-Orne 55 ... 39 D3
Maudétour-en-Vexin 95 ... 32 C4
Mauguio 34 ... 234 C3
Maulain 52 ... 85 F4
Maulais 79 ... 131 E1
Maulan 55 ... 62 C3
Maulay 86 ... 115 D4
Maulde 59 ... 11 D1
Maulde 23,87 ... 165 E2
Maule 78 ... 56 C2
Mauléon 79 ... 130 B1
Mauléon-Barousse 65 ... 250 A4
Mauléon-d'Armagnac 32 ... 210 A4
Mauléon-Licharre 64 ... 247 E1
Maulers 60 ... 33 E1
Maulette 78 ... 56 B2
Maulévrier 49 ... 113 E4
Maulévrier-Ste-Gertrude 76 ... 14 C4
Maulichères 32 ... 227 D2
Maumusson 44 ... 94 B4
Maumusson 82 ... 212 B4
Maumusson-Laguian 32 ... 227 D3
Mauny 76 ... 31 E2
Maupas 10 ... 83 D3
Maupas 32 ... 227 D1
Maupas 18 ... 119 E3
Maupas (Défilé de) 38 ... 190 A2
Mauperthuis 77 ... 58 C3
Maupertuis 50 ... 51 D1
Maupertus-sur-Mer 50 ... 25 D2
Mauprévoir 86 ... 148 A3
Mauquenchy 76 ... 16 A4
Mauran 31 ... 251 D2
Maure 64 ... 227 D4
Maure (Col de) 04 ... 222 B1
Maure-de-Bretagne 35 ... 92 C1
Maurecourt 78 ... 57 D1
Mauregard 77 ... 58 A1
Mauregny-en-Haye 02 ... 36 A1
Maureilhan 34 ... 255 D1
Maureillas-las-Illas 66 ... 262 B3
Mauremont 31 ... 230 B4
Maurens 24 ... 179 D4
Maurens 31 ... 230 C4
Maurens 32 ... 229 D3
Maurens-Scopont 81 ... 230 C3
Maurepas 78 ... 56 C3
Maurepas 80 ... 18 B1
Maures (Corniche des) 83 ... 245 D3
Maures (Massif des) 83 ... 239 E4
Mauressac 31 ... 251 F1
Mauressargues 30 ... 218 B4
Maureville 31 ... 230 B3
Mauriac 15 ... 182 C2
Mauriac 33 ... 195 D2
Mauriat 63 ... 184 B1
Mauries 40 ... 226 C2
Maurin 34 ... 207 E2
Maurines 15 ... 200 C1
Maurois 59 ... 11 D4
Mauron 56 ... 72 A3
Mauroux 32 ... 212 A4
Mauroux 46 ... 197 D4
Maurrin 40 ... 226 C1
Maurs 15 ... 199 D2
Maurupt-le-Montois 51 ... 62 A3
Maury 66 ... 262 A1
Mausoléo 2B ... 264 C3
Maussac 19 ... 166 B4
Maussane-les-Alpilles 13 ... 236 B2
Maussans 70 ... 125 F1
Mautes 23 ... 166 C1
Mauvages 55 ... 63 D4
Mauvaisin 31 ... 252 A1
Mauves 07 ... 187 E3
Mauves-sur-Huisne 61 ... 77 D1
Mauves-sur-Loire 44 ... 112 B2
Mauvezin 31 ... 229 D4
Mauvezin 32 ... 228 C2
Mauvezin 65 ... 249 F2
Mauvezin-d'Armagnac 40 ... 210 B4
Mauvezin-de-Prat 09 ... 259 D2
Mauvezin-de-Ste-Croix 09 ... 259 F2
Mauvezin-sur-Gupie 47 ... 195 E3
Mauvières 36 ... 133 E4
Mauvilly 21 ... 104 A3
Maux 58 ... 121 E4
Mauzac 31 ... 251 E1
Mauzac-et-Grand-Castang 24 ... 196 C1
Mauzé-sur-le-Mignon 79 ... 146 A2
Mauzé-Thouarsais 79 ... 114 A4
Mauzens-et-Miremont 24 ... 180 A4
Mauzun 63 ... 168 C3
Maves 41 ... 98 B3
Mavilly-Mandelot 21 ... 123 D4
La Maxe 57 ... 40 B3
Maxent 35 ... 72 B4
Maxéville 54 ... 64 B3
Maxey-sur-Meuse 88 ... 86 A1
Maxey-sur-Vaise 55 ... 63 E4
Maxilly-sur-Léman 74 ... 159 D1
Maxilly-sur-Saône 21 ... 124 B2
Maxou 46 ... 197 F4
Maxstadt 57 ... 41 E4
May-en-Multien 77 ... 34 C4
Le May-sur-Èvre 49 ... 113 D3
May-sur-Orne 14 ... 29 D4
Mayac 24 ... 180 A2
Mayenne 53 ... 75 D2
Mayenne 49,53 ... 74 C3
Mayet 72 ... 96 C2
Le Mayet-de-Montagne 03 ... 153 F4
Le Mayet-d'École 03 ... 153 D3
Maylis 40 ... 226 A2
Maynal 39 ... 141 D4
Les Mayons 83 ... 245 D1
Mayot 02 ... 19 E3
Mayrac 46 ... 198 A1
Mayran 12 ... 215 D1
La Mayrand 63 ... 184 A1
Mayrègne 31 ... 258 B3
Mayres 07 ... 202 C2
Mayres 63 ... 185 E1
Mayres-Savel 38 ... 205 E1
Mayreville 11 ... 252 C2
Mayrinhac-Lentour 46 ... 198 B1
Mayronnes 11 ... 253 F3
Maysel 60 ... 33 F3
Mazagran 08 ... 37 E2
Mazamet 81 ... 231 F4
Mazan 84 ... 220 A3
Mazan (Forêt de) 07 ... 202 B2
Mazan-l'Abbaye 07 ... 202 B2
Mazangé 41 ... 97 F2
Mazaugues 83 ... 244 A1
Mazaye 63 ... 167 F2
Mazé 49 ... 114 B1
Le Mazeau 85 ... 146 A1
Mazeirat 23 ... 150 B3
Mazeley 88 ... 87 D2
Mazeray 17 ... 161 D1
Mazères 09 ... 252 B2
Mazères 33 ... 194 C4
Mazères 32 ... 227 E3
Mazères-de-Neste 65 ... 250 A3
Mazères-Lezons 64 ... 248 B1
Mazères-sur-Salat 31 ... 251 D2
Mazerier 03 ... 152 C3
Mazerny 08 ... 21 E4
Mazerolles 16 ... 163 E2
Mazerolles 17 ... 161 D3
Mazerolles 40 ... 209 F4
Mazerolles 64 ... 226 B4
Mazerolles 65 ... 249 F1
Mazerolles 86 ... 148 B1
Mazerolles-du-Razès 11 ... 253 D2
Mazerolles-le-Salin 25 ... 125 D2
Mazerulles 54 ... 64 C2
Mazet-St-Voy 43 ... 186 B3
Mazeuil 86 ... 131 F2
Mazeyrat-Aurouze 43 ... 185 D2
Mazeyrat-Crispinhac 43 ... 185 D3
Mazeyres (Puy de) 63 ... 168 A3
Mazeyrolles 24 ... 197 D2
La Mazière-aux-Bons-Hommes 23 ... 167 D1
Mazières 16 ... 163 E2
Mazières-de-Touraine 37 ... 115 E1
Mazières-en-Gâtine 79 ... 131 D4
Mazières-en-Mauges 49 ... 113 E4
Mazières-Naresse 47 ... 196 B3
Mazières-sur-Béronne 79 ... 146 C2
Mazille 71 ... 155 D1
Mazingarbe 62 ... 10 A1
Mazinghem 62 ... 4 A4
Mazinghien 59 ... 19 F1
Mazion 33 ... 177 D3
Mazirat 03 ... 151 E3
Mazirot 88 ... 86 C2
Le Mazis 80 ... 16 C2
Mazoires 63 ... 184 A1
Mazouau 65 ... 249 F3
Mazuby 11 ... 261 D1
Les Mazures 08 ... 21 E2
Mazzola 2B ... 267 E1
Méailles 04 ... 223 D3
Méallet 15 ... 182 C2
Méasnes 23 ... 150 A1
Meaucé 28 ... 77 F1
Méaudre 38 ... 189 D3
La Meauffe 50 ... 27 E3
La Méaugon 22 ... 47 F3
Meaulne 03 ... 136 B4
Méaulte 80 ... 18 A1
Méautis 50 ... 27 D2
Meaux 77 ... 58 C1
Meaux-la-Montagne 69 ... 155 D4
Meauzac 82 ... 212 C3
Mecé 35 ... 73 F2
Mechmont 46 ... 197 F3
Mécleuves 57 ... 40 B4
Mécrin 55 ... 36 D2
Mécringes 51 ... 59 F2
Médan 78 ... 57 D1
Médavy 61 ... 53 E3
Medeyrolles 63 ... 185 E1
Médière 25 ... 107 E4
Médillac 16 ... 178 B2
Médis 17 ... 160 B3
Médonville 88 ... 86 A3
Médous (Grotte de) 65 ... 257 F2
Médréac 35 ... 72 B2
Mée 53 ... 94 C2
Le Mée 28 ... 98 C1
Le Mée-sur-Seine 77 ... 80 B1
Mées 40 ... 225 D2
Les Mées 04 ... 221 F3
Les Mées 72 ... 76 B2
Mées (Rochers des) 04 ... 221 F3
Mégange 57 ... 40 C3
Megève 74 ... 174 C1
Mégevette 74 ... 158 C2
Mégrit 22 ... 72 B1
Méharicourt 80 ... 18 B3
Méharin 64 ... 225 D4
Méhers 41 ... 117 E2
Méhoncourt 54 ... 64 C4
Méhoudin 61 ... 75 E1
Mehun-sur-Yèvre 18 ... 118 C3
La Meignanne 49 ... 95 D4
Meigné 49 ... 114 B2
Meigné-le-Vicomte 49 ... 96 B4
Meigneux 77 ... 81 E1
Meigneux 80 ... 16 C3
La Meije 05,38 ... 190 B3
Meilars 29 ... 68 B2
Meilhac 87 ... 164 B2
Meilhan 32 ... 228 B4
Meilhan 40 ... 209 D4
Meilhan-sur-Garonne 47 ... 195 E3
Meilhards 19 ... 165 E4
Meilhaud 63 ... 168 B4
Meillac 35 ... 43 D1
Meillant 18 ... 136 A2
Meillard 03 ... 152 C1
Le Meillard 80 ... 9 D4
La Meilleraie-Tillay 85 ... 130 B2
Meilleray 77 ... 59 E2
La Meilleraye-de-Bretagne 44 ... 93 F4
Meillerie 74 ... 159 D1
Meillers 03 ... 137 D4
Meillier-Fontaine 08 ... 21 E2
Meillon 64 ... 248 C1
Meillonnas 01 ... 156 C2
Meilly-sur-Rouvres 21 ... 122 C3
Meisenthal 57 ... 42 B4
Meistratzheim 67 ... 67 D4
Le Meix 21 ... 104 C4
Le Meix-St-Epoing 51 ... 60 A3
Le Meix-Tiercelin 51 ... 61 D4
Méjannes-le-Clap 30 ... 218 C2
Méjean (Causse) 48 ... 217 D2
Mela 2A ... 269 D2
Mélagues 12 ... 232 C2
Mélamare 76 ... 30 C1
Melan 04 ... 222 A2
Mélas 07 ... 203 E3
Melay 49 ... 113 E3
Melay 52 ... 106 A1
Melay 71 ... 154 A3
Le Mêle-sur-Sarthe 61 ... 53 F4
Mélecey 70 ... 107 D4
Melesse 35 ... 73 D2
Melgven 29 ... 69 E4
Mélicocq 60 ... 34 B1
Mélicourt 27 ... 54 B1
Méligny-le-Grand 55 ... 63 D3
Méligny-le-Petit 55 ... 63 D3
Melin 70 ... 106 A2
Melincourt 70 ... 106 B1
Mélisey 70 ... 107 E2
Mélisey 89 ... 103 D1
Meljac 12 ... 215 D3
Mellac 29 ... 69 F4
Mellé 35 ... 51 D4
Melle 79 ... 146 C2
Mellecey 71 ... 139 F2
Melleran 79 ... 147 D3
Melleray 72 ... 77 E4
Melleray (Abbaye de) 44 ... 93 F4
Melleray-la-Vallée 53 ... 75 D1
Melleroy 45 ... 101 D2
Melles 31 ... 258 C3
Melleville 76 ... 16 A1
Mellionnec 22 ... 70 B2
Mello 60 ... 33 F3
Meloisey 21 ... 123 D4
Melrand 56 ... 70 C4
Melsheim 67 ... 66 C2
Melun 77 ... 58 A4
Melun-Sénart 77 ... 58 A4
Melve 04 ... 221 F1
Melz-sur-Seine 77 ... 81 F1
Membrey 70 ... 106 A3
La Membrolle-sur-Choisille 37 ... 115 F1
La Membrolle-sur-Longuenée 49 ... 95 D4
Membrolles 41 ... 98 C1
Méménil 88 ... 87 F2
Mémise (Pic de) 74 ... 159 D1
Memmelshoffen 67 ... 43 E4
Le Mémont 25 ... 126 C3
Menades 89 ... 121 E1
Ménarmont 88 ... 87 F1
Menars 41 ... 98 B3
Menat 63 ... 152 B3
Menaucourt 55 ... 63 D3
Mencas 62 ... 9 D1
Menchhoffen 67 ... 66 C1
Mende 48 ... 201 E4
Mendionde 64 ... 224 C4
Menditte 64 ... 247 E2
Mendive 64 ... 247 D2
Ménéac 56 ... 71 F3
Menée (Col de) 26,38 ... 205 E2
Ménerbes 84 ... 237 D1
Ménerval 76 ... 32 C1
Ménerville 78 ... 56 B1
Menesble 21 ... 104 B2
Méneslies 80 ... 16 B1
Ménesplet 24 ... 178 B4
Ménesqueville 27 ... 32 A2
Ménessaire 21 ... 122 A3
Menestreau 58 ... 120 B1
Ménestreau-en-Villette 45 ... 99 E3
Menet 15 ... 183 D2
Menetou-Couture 18 ... 120 A4
Menetou-Râtel 18 ... 119 F2
Menetou-Salon 18 ... 119 D3
Menetou-sur-Nahon 36 ... 117 F3
Ménétréol-sous-Sancerre 18 ... 119 F2
Ménétréol-sur-Sauldre 18 ... 118 C1
Ménétréols-sous-Vatan 36 ... 118 A4
Ménetreuil 71 ... 140 B3
Ménétreux-le-Pitois 21 ... 103 F4
Ménétrol 63 ... 168 B1
Menétru-le-Vignoble 39 ... 141 E2
Menétrux-en-Joux 39 ... 141 F3
Ménévillers 60 ... 34 A1
Menez-Bré 22 ... 47 D3
Ménez-Hom 29 ... 68 C1
Menglon 26 ... 205 D2
La Ménière 61 ... 54 A4
Ménigoute 79 ... 131 E4
Ménil 53 ... 95 D2
Le Ménil 88 ... 107 F1
Ménil-Annelles 08 ... 37 D1
Ménil-aux-Bois 55 ... 63 D2
Le Ménil-Bérard 61 ... 54 B3
Le Ménil-Broût 61 ... 76 B1
Le Ménil-Ciboult 61 ... 51 F2
Le Ménil-de-Briouze 61 ... 52 B3
Ménil-de-Senones 88 ... 88 B1
Ménil-en-Xaintois 88 ... 86 B2
Ménil-Erreux 61 ... 76 B1
Ménil-Froger 61 ... 53 E3
Ménil-Glaise 61 ... 52 C3
Ménil-Gondouin 61 ... 52 C3
Le Ménil-Guyon 61 ... 53 F4
Ménil-Hermei 61 ... 52 C2
Ménil-Hubert-en-Exmes 61 ... 53 E2
Ménil-Hubert-sur-Orne 61 ... 52 B2
Ménil-Jean 61 ... 52 C3
Ménil-la-Horgne 55 ... 63 D3
Ménil-la-Tour 54 ... 63 F2
Ménil-Lépinois 08 ... 37 D2
Le Ménil-Scelleur 61 ... 53 D4
Ménil-sur-Belvitte 88 ... 87 F1
Ménil-sur-Saulx 55 ... 62 C4
Le Ménil-Vicomte 61 ... 53 F3
Ménil-Vin 61 ... 52 C2
Ménilles 27 ... 55 F1
La Ménitré 49 ... 114 B1
Mennecy 91 ... 57 F4
Mennessis 02 ... 19 D3
Mennetou-sur-Cher 41 ... 118 A2
Menneval 27 ... 30 C4
Menneville 02 ... 36 B2
Menneville 62 ... 3 D4
Mennevret 02 ... 19 E1
Mennouveaux 52 ... 85 E4
Ménoire 19 ... 181 F3
Menomblet 85 ... 130 B2
Menoncourt 90 ... 108 A3
Ménonval 76 ... 16 A3
Menotey 39 ... 124 B3
Menou 58 ... 120 B2
Menouville 95 ... 33 E4
Menoux 70 ... 106 B2
Le Menoux 36 ... 134 B4
Mens 38 ... 205 E1
Mensignac 24 ... 179 E2
Menskirch 57 ... 40 C2
Mentheville 76 ... 14 B3
Menthon-St-Bernard 74 ... 174 A1
Menthonnex-en-Bornes 74 ... 158 A3
Menthonnex-sous-Clermont 74 ... 157 F4
Mentières 15 ... 184 B3
Menton 06 ... 241 F4
Mentque-Nortbécourt 62 ... 3 E3
Menucourt 95 ... 57 D1
Les Menus 61 ... 55 D4

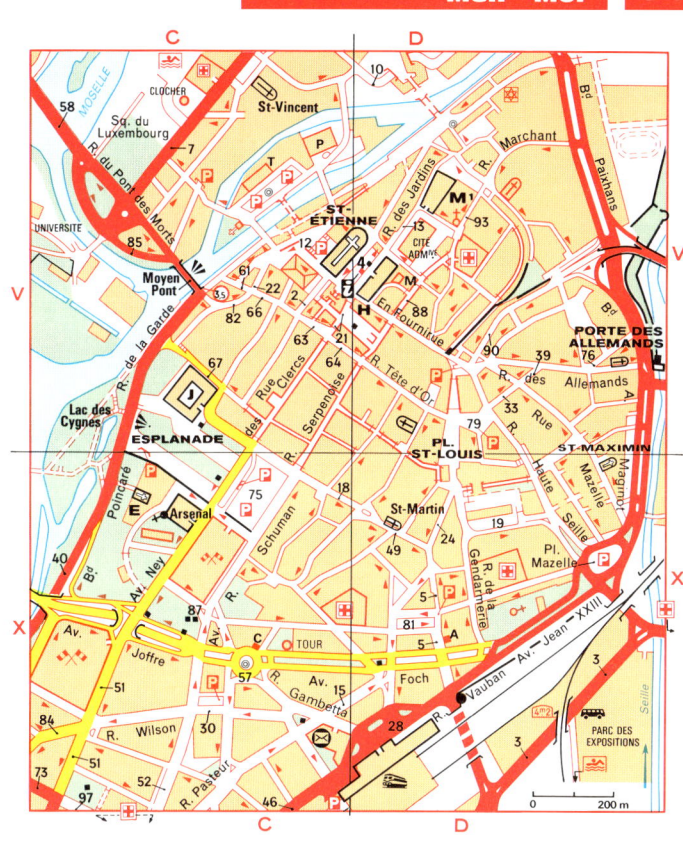

Metz

Ambroise-Thomas (R.)	CV 2
Clerc (R. des)	CV
En Fournirue	DV
Fabert (R.)	CV 21
Jardins (R. des)	DV
Palais (R. du)	CV 63
Petit-Paris (R. du)	CV 64
St-Louis (Pl.)	DVX
Schuman (Av. R.)	CX
Serpenoise (R.)	CV
Tête d'Or (R. de la)	DV 91
Amphithéâtre (Av.)	DX 3
Armes (Pl. d')	DV 4
Augustins (R. des)	DX 5
Belle-Isle (R.)	CV 7
Chambière (R.)	DV 10
Chambre (Pl. de)	CV 12
Chanoine-Collin (R.)	DV 13
Charlemagne (R.)	CX 15
Coëtlosquet (R. du)	CX 18
Coislin (Pl.)	DX 19
Faisan (R. du)	CV 22
Fontaine (R. de la)	DX 24
Gaulle (Pl. du Gén. de)	CX 28
George (Pl. du Roi)	CX 30
Gde-Armée (R. de la)	DV 33
Hache (R. de la)	DV 39
Hegly (Allée V.)	CX 40
La Fayette (R.)	CV 46
Lasalle (R.)	DX 49
Lattre-de-T. (Av. de)	CX 51
Leclerc-de-H. (Av.)	CX 52
Mondon (Pl. R.)	CX 57
Morts (Pont des)	CV 58
Paix (R. de)	CV 61
Pierre-Hardie (R. de la)	CV 66
Poncelet (R.)	CV 67
Prés. Kennedy (Av.)	CX 73
République (Pl. de la)	CX 75
St-Eucaire (R.)	DV 76
St-Simplice (Pl.)	DV 79
St-Thiébault (Pl.)	DX 81
Ste-Marie (R.)	CV 82
Salis (R. de)	CV 84
Sérot (Bd Robert)	CV 85
Serpenoise (Porte)	CX 87
Taison (R.)	DV 88
Tanneurs (R. des)	DV 90
Trinitaires (R. des)	DV 93
Verlaine (R.)	CX 97

Moliets-et-Maa 40 208 A4
Molinchart 02 19 E4
Molines-en-Queyras 05 207 E1
Molinet 03 154 A1
Molineuf 41 98 B4
Molinges 39 157 E1
Molinghem 62 4 A4
Molinons 89 82 A3
Molinot 21 122 C4
Molins-sur-Aube 10 83 E1
Molitg-les-Bains 66 261 F2
Mollans 70 107 D3
Mollans-sur-Ouvèze 26 220 B2
Mollau 68 108 A1
Mollégès 13 236 B1
Molles 03 153 E3
Les Mollettes 73 173 F4
Molleville 11 252 C1
Molliens-au-Bois 80 17 F1
Molliens-Vidame 80 17 D2
Mollkirch 67 66 C4
Mollon 01 156 B4
Molompize 15 184 B2
Molosmes 89 103 D2
Moloy 21 104 B4
Molphey 21 122 A2
Molpré 39 142 B2
Molring 57 65 E1
Molsheim 67 66 C4
Moltifao 2B 265 D4
Les Molunes 39 157 F1
Momas 64 226 B4
Mombrier 33 177 E3
Momères 65 249 E2
Momerstroff 57 41 D3
Mommenheim 67 67 D2
Momuy 40 226 A2
Momy 64 227 D4
Monacia-d'Aullène 2A 269 D3
Monacia-d'Orezza 2B 265 E4
Monaco 99 241 E4
Monampteuil 02 35 F1
Monassut-Audiracq 64 226 C4
Le Monastère 12 215 E1
Le Monastier 48 201 D4
Le Monastier-sur-Gazeille 43 186 A4
Monay 39 141 E1
Monbadon 33 178 A4
Monbahus 47 196 A3
Monbalen 47 211 F1
Monbardon 32 228 C4
Monbazillac 24 196 A2
Monbéqui 82 212 C4
Monbert 32 228 A2
Monblanc 32 229 D4
Monbos 24 195 F2
Monbouan 35 73 F4
Monbrun 32 229 D2
Moncale 2B 264 B3
Moncassin 32 228 A4
Moncaup 31 258 C2
Moncaup 64 227 D3
Moncaut 47 211 E3
Moncayolle-Larrory-Mendibieu 64 247 E1
Moncé-en-Belin 72 96 B1
Moncé-en-Saosnois 72 76 C2
Monceau-le-Neuf-et-Faucouzy 02 19 F3
Monceau-le-Waast 02 19 F4
Monceau-lès-Leups 02 19 E4
Monceau-St-Waast 59 11 F4
Monceau-sur-Oise 02 19 F2
Monceaux 60 34 A2
Les Monceaux 14 30 A4
Monceaux-au-Perche 61 77 E1
Monceaux-en-Bessin 14 28 C3
Monceaux-l'Abbaye 60 16 C4
Monceaux-le-Comte 58 121 D2
Monceaux-sur-Dordogne 19 181 F3
Moncel-lès-Lunéville 54 65 D4
Moncel-sur-Seille 54 64 C2
Moncel-sur-Vair 88 86 A1
La Moncelle 08 22 A3
Moncetz-l'Abbaye 51 61 F3
Moncetz-Longevas 51 61 D2
Moncey 25 125 E1
Monchaux-Soreng 76 16 B2
Monchaux-sur-Écaillon 59 11 D3
Moncheaux 59 10 C2
Moncheaux-lès-Frévent 62 9 E3
Monchecourt 59 10 C3
Monchel-sur-Canche 62 9 D3
Moncheux 57 64 C1
Monchiet 62 9 F3
Monchy-au-Bois 62 9 F4
Monchy-Breton 62 9 E2
Monchy-Cayeux 62 9 D2
Monchy-Humières 60 34 B1
Monchy-Lagache 80 18 C2
Monchy-le-Preux 62 10 B3
Monchy-St-Éloi 60 34 A3
Monchy-sur-Eu 76 16 A1
Moncla 64 226 C3
Monclar 32 210 B4
Monclar 47 196 A4
Monclar-de-Quercy 82 213 E4
Monclar-sur-Losse 32 227 F3
Moncley 25 125 D2
Moncontour 22 71 E1
Moncontour 86 131 F1
Moncorneil-Grazan 32 228 B4
Moncourt 57 65 E3
Moncoutant 79 130 C2
Moncrabeau 47 211 D3
Moncy 61 52 A2
Mondavezan 31 251 D2
Mondaye (Abbaye de) 14 28 B3
Mondelange 57 40 B2
Mondement-Montgivroux 51 60 A3
Mondescourt 60 18 C4
Mondevert 35 74 B4
Mondeville 14 29 D3
Mondeville 91 80 A1
Mondicourt 62 9 E4
Mondigny 08 21 E3
Mondilhan 31 250 B1
Mondion 86 132 B1
Mondon 25 125 F1
Mondonville 31 229 F2
Mondonville-St-Jean 28 79 D2
Mondorff 57 40 B1
Mondoubleau 41 97 F1
Mondouzil 31 230 B3
Mondragon 84 219 E2
Mondrainville 14 28 C4
Mondrecourt 55 62 C1
Mondrepuis 02 20 B1
Mondreville 77 80 B4
Mondreville 78 56 A2
Monédières (Massif des) 19 165 F4
Monein 64 248 A1
Monès 31 229 D4
Monespie 09 252 A3
Monestier 03 152 C2
Monestier 07 187 D2
Monestier 24 195 F2
Le Monestier 63 169 E4
Monestier-d'Ambel 38 205 F1
Monestier-de-Clermont 38 189 D4
Le Monestier-du-Percy 38 205 E1
Monestier-Merlines 19 167 D3
Monestier-Port-Dieu 19 167 D4
Monestiés 81 214 B3
Monestrol 31 252 B1
Monétay-sur-Allier 03 153 D1
Monétay-sur-Loire 03 153 F1
Monéteau 89 102 B2
Monêtier-Allemont 05 206 A4
Le Monêtier-les-Bains 05 190 C4
Monfaucon 24 178 C4
Monfaucon 65 227 E4
Monferran-Plavès 32 228 B3
Monferran-Savès 32 229 D3
Monflanquin 47 196 C3
Monfort 32 228 C1
Monfréville 14 27 E2
Mongaillard 47 211 D2
Mongausy 32 228 C3
Mongauzy 33 195 D3
Monget 40 226 B3
La Mongie 65 257 F3
Monguilhem 32 227 D1
Monheurt 47 211 D1
Monhoudou 72 76 C2
Monieux 84 220 C3
Monistrol-d'Allier 43 185 D4
Monistrol-sur-Loire 43 186 B2
Monlaur-Bernet 32 250 A1
Monléon-Magnoac 65 250 A2
Monlet 43 185 E2
Monlezun 32 227 F3
Monlezun-d'Armagnac 32 227 D1
Monlong 65 250 A2
Monmadalès 24 196 B2
Monmarvès 24 196 B2
Monnai 61 54 A2
Monnaie 37 97 E4
Monneren 57 40 C2
La Monnerie-le-Montel 63 169 D1
Monnerville 91 79 E2
Monnes 02 35 D4
Monnet-la-Ville 39 141 F2
Monnetay 39 141 D4
Monnetier-Mornex 74 158 B2
Monneville 60 33 D3
Monnières 39 124 B3
Monnières 44 112 B3
Monoblet 30 217 F4
Monpardiac 32 227 F4
Monpazier 24 196 C2
Monpezat 64 227 D3
Monprimblanc 33 194 C3
Mons 16 162 B1
Mons 17 161 F1
Mons 30 218 B3
Mons 31 230 B3
Mons 34 233 D3
Mons 63 153 D4
Mons 83 239 F2
Mons-Boubert 80 8 B4
Mons-en-Barœul 59 5 E4
Mons-en-Laonnois 02 35 F1
Mons-en-Montois 77 81 E1
Mons-en-Pévèle 59 10 C1
Monsac 24 196 B2
Monsaguel 24 196 B2
Monsec 24 179 D1
Monségur 33 195 E3
Monségur 40 226 B3
Monségur 47 196 C4
Monségur 64 227 E4
La Monselie 15 183 D2
Monsempron-Libos 47 196 C4
Monsireigne 85 130 A2
Monsols 69 155 D2
Monsteroux-Milieu 38 171 F4
Monsures 80 17 E3
Monswiller 67 66 C2
Mont 64 226 A4
Mont 65 258 A3
Mont 71 138 B3
Mont-Bernanchon 62 9 F1
Mont-Bertrand 14 51 E1
Mont Blanc (Massif du) 74 175 E1
Mont-Bonvillers 54 39 E2
Le Mont-Caume 83 244 A2
Mont-Cauvaire 76 15 F4
Mont Cenis (Massif du) 73 191 E2
Mont-d'Astarac 32 250 B1
Mont-Dauphin 05 207 D2
Mont-de-Galié 31 250 B3
Mont-de-Lans 38 190 A3
Mont-de-Laval 25 126 B3
Mont-de-l'If 76 15 D4
Mont-de-Marrast 32 228 A4
Mont-de-Marsan 40 209 F4
Mont-de-Vougney 25 126 C2
Mont-des-Cats 59 4 B3
Mont-devant-Sassey 55 38 B1
Le Mont-Dieu 08 21 F4
Mont-Disse 64 227 D3
Mont-Dol 35 50 A4
Mont d'Or 69 171 E1
Le Mont-Dore 63 167 F3
Mont-d'Origny 02 19 E2
Mont-et-Marré 58 121 D4
Mont-Laurent 08 37 D1
Mont-le-Vernois 70 106 B3
Mont-le-Vignoble 54 63 F3
Mont-lès-Lamarche 88 86 B4
Mont-lès-Neufchâteau 88 86 A2
Mont-lès-Seurre 71 140 B1
Mont-l'Étroit 54 63 F4
Mont-l'Évêque 60 34 A3
Mont-Louis 66 261 E3
Mont-Noir 59 4 C3
Mont-Notre-Dame 02 35 F3
Mont-Ormel 61 53 E2
Mont-près-Chambord 41 98 C4
Mont-Réal 24 179 D4
Mont-Roc 81 231 F1
Mont-Rond (Sommet du) 01 157 F1
Le Mont-St-Adrien 60 33 D1
Mont-St-Aignan 76 31 F1
Mont-St-Éloi 62 10 A2
Mont-St-Jean 02 20 C3
Mont-St-Jean 21 122 B2
Mont-St-Jean 72 75 F3
Mont-St-Léger 70 106 A3
Mont-St-Martin 02 35 F3
Mont-St-Martin 08 37 E2
Mont-St-Martin 38 189 D2
Mont-St-Martin 54 23 D4
Le Mont-St-Michel 50 50 B3
Mont-St-Père 02 35 E4
Mont-St-Remy 08 37 D2
Mont-St-Sulpice 89 102 B1
Mont-St-Vincent 71 139 E3
Mont-Saxonnex 74 158 C3
Mont (Signal de) 71 138 B3
Mont-sous-Vaudrey 39 124 C4
Mont-sur-Courville 51 36 A3
Mont-sur-Meurthe 54 65 D4
Mont-sur-Monnet 39 141 F2
Mont-Valérien (Fort) 92 57 E2
Mont-Villers 55 39 D4
Montabard 61 53 D2
Montabès (Puy de) 12 199 F3
Montabon 72 96 C3
Montabot 50 51 D1
Montacher-Villegardin 89 81 D3
Montadet 32 229 D4
Montady 34 255 D1
Montagagne 09 251 F4
Montagna-le-Reconduit 39 141 D4
Montagna-le-Templier 39 156 C1
Montagnac 04 238 B1
Montagnac 30 218 B4
Montagnac 34 233 F4
Montagnac-d'Auberoche 24 180 A2
Montagnac-la-Crempse 24 179 E4
Montagnac-sur-Auvignon 47 211 E2
Montagnac-sur-Lède 47 196 C3
Montagnat 01 156 B3
Montagne 33 178 A4
Montagne 38 188 B3
La Montagne 44 111 F3
La Montagne 70 107 E1
Montagne de Reims (Parc Régional de la) 51 36 B4
Montagne-Fayel 80 17 D2
Montagne Noire 11,81 231 F4
Montagnes Noires 29,56 70 A2
La Montagnette 13 236 A1
Montagney 25 106 C4
Montagney 70 124 C2
Montagnieu 01 172 C2
Montagnieu 38 172 C3
Montagnol 12 232 C1
Montagnole 73 173 E3
Montagny 42 154 C4
Montagny 69 171 E3
Montagny 73 174 C4
Montagny-en-Vexin 60 32 C3
Montagny-lès-Beaune 21 123 E4
Montagny-lès-Buxy 71 139 F3
Montagny-les-Lanches 74 173 F1
Montagny-lès-Seurre 21 124 A4
Montagny-Ste-Félicité 60 34 B4
Montagny-sur-Grosne 71 155 D1
Montagoudin 33 195 D3
Montagrier 24 179 D2
Montagudet 82 212 C2
Montagut 64 226 B3
Montaignac-St-Hippolyte 19 182 A1
Montaigne 24 195 E1
Montaigu 02 36 A1
Montaigu 39 141 E3
Montaigu 85 112 B4
Montaigu (Butte de) 53 75 E3
Montaigu-de-Quercy 82 212 B1
Montaigu-la-Brisette 50 25 D2
Montaigu-le-Blin 03 153 E2
Montaigu-les-Bois 50 51 D1
Montaiguët-en-Forez 03 153 F2
Montaigut 63 152 A3
Montaigut-le-Blanc 23 150 A3
Montaigut-le-Blanc 63 168 A3
Montaigut-sur-Save 31 229 E2
Montaillé 72 97 E1
Montailleur 73 174 B3
Montaillou 09 261 D1
Montaimont 73 190 B1
Montain 39 141 E3
Montain 82 212 C4
Montainville 28 78 C3
Montainville 78 56 C2
Montal (Château de) 46 198 B1
Montalba-le-Château 66 262 A2
Montalembert 79 147 E3
Montalet-le-Bois 78 32 C4
Montalet (Roc de) 81 232 B2
Montalieu-Vercieu 38 172 C1
Montalzat 82 213 E2
Montamat 32 228 C4
Montambert 58 138 A2
Montamel 46 197 F3
Montamisé 86 132 B3
Montamy 14 51 F1
Montanay 69 171 E1
Montancy 25 127 D1
Montandon 25 126 C2
Montanel 50 50 C4
Montaner 64 249 D1
Montanges 01 157 E3
Montans 81 230 C1
Montapas 58 121 D4
Montarcher 42 169 F4
Montardit 09 259 D1
Montardon 64 226 C4
Montaren-et-St-Médiers 30 218 C3
Montargis 45 100 C1
Montarlot 77 81 D2
Montarlot-lès-Champlitte 70 105 E3
Montarlot-lès-Rioz 70 125 E1
Montarnaud 34 234 A2
Montaron 58 138 A1
Montastruc 47 196 A4
Montastruc 65 249 F2
Montastruc 82 213 D3
Montastruc-de-Salies 31 259 D2
Montastruc-la-Conseillère 31 230 B2
Montastruc-Savès 31 251 D1
Le Montat 46 213 D1
Montataire 60 33 F3
Montauban 35 72 B2
Montauban 82 213 D3
Montauban-de-Luchon 31 258 B4
Montauban-de-Picardie 80 18 B1
Montauban-sur-l'Ouvèze 26 220 C1
Montaud 34 234 C2
Montaud 38 189 D2
Montaudin 53 74 B1
Montaulieu 26 220 B1
Montaulin 10 83 E3
Montaure 27 31 F3
Montauriol 11 252 C1
Montauriol 47 196 B3
Montauriol 66 262 B3
Montauriol 81 214 C3
Montauroux 83 239 F2
Montaut 09 252 B2
Montaut 24 196 B2
Montaut 31 251 E1
Montaut 32 228 A4
Montaut 40 226 A1
Montaut 47 196 B3
Montaut 64 248 C2
Montaut-les-Créneaux 32 228 B2
Montautour 35 74 A3
Montauville 54 64 A1
Montay 59 11 E4
Montayral 47 197 D4
Montazeau 24 195 E1
Montazels 11 253 E4
Montbard 21 103 E4
Montbarla 82 212 C2
Montbarrey 39 124 C4
Montbarrois 45 80 A4
Montbartier 82 213 D4
Montbavin 02 35 F1
Montbazens 12 199 D4
Montbazin 34 234 A3
Montbazon 37 116 A2
Montbel 09 252 C4
Montbel 48 201 F3
Montbéliard 25 107 F4
Montbéliardot 25 126 B3
Montbellet 71 140 A4
Montbenoît 25 126 A4
Montberaud 31 251 E2
Montbernard 31 250 C1
Montberon 31 230 A
Montbert 44 112 A
Montberthault 21 122 A
Montbeton 82 213 D
Montbeugny 03 137 F
Montbizot 72 76 B
Montblainville 55 38 A
Montblanc 34 233 E
Montboillon 70 125 D
Montboissier 28 78 B
Montbolo 66 262 B
Montbonnot-St-Martin 38 189 E
Montboucher 23 165 E
Montboucher-sur-Jabron 26 203 F
Montboudif 15 183 E
Montbouton 90 108 A4
Montbouy 45 101 D2
Montboyer 16 178 B2
Montbozon 70 106 C4
Montbrand 05 205 E3
Montbras 55 63 E4
Montbray 50 51 D2
Montbré 51 36 B3
Montbrehain 02 19 D
Montbrison 26 204 B4
Montbrison 42 170 A3
Montbron 16 163 E3
Montbronn 57 42 B4
Montbrun 46 198 C4
Montbrun 48 217 D1
Montbrun 87 164 A3
Montbrun-Bocage 31 251 E2
Montbrun-des-Corbières 11 254 A2
Montbrun-Lauragais 31 230 A4
Montbrun-les-Bains 26 220 C2
Montcabrier 46 197 D3
Montcabrier 81 230 B3
Montcaret 24 195 D1
Montcarra 38 172 B3
Montcavrel 62 8 B1
Montceau 38 172 C3
Montceau-et-Écharnant 21 123 D4
Montceau-les-Mines 71 139 D3
Montceaux 01 155 F3
Montceaux-les-Mines 77 58 C1
Montceaux-lès-Provins 77 59 E3
Montceaux-lès-Vaudes 10 83 D3
Montceaux-l'Étoile 71 154 B1
Montceaux-Ragny 71 140 A3
Montcel 73 173 E2
Le Montcel 63 152 C4
Montcenis 71 139 D2
Montcet 01 156 A2
Montcey 70 106 C3
Montchaboud 38 189 E3
Montchal 42 170 C2
Montchal (Puy de) 63 167 F4
Montchâlons 02 36 A1
Montchamp 14 51 F1
Montchamp 15 184 B3
Montchanin 71 139 E2
Montcharvot 52 105 F1
Montchaton 50 26 C4
Montchaude 16 162 A4
Montchauvet 14 51 F1
Montchauvet 78 56 B2
Montchenu 26 188 A2
Montcheutin 08 37 F2
Montchevrel 61 54 A4
Montchevrier 36 134 C4
Montclar 04 206 C4
Montclar 11 253 E2
Montclar 12 215 E4
Montclar-de-Comminges 31 251 D2
Montclar-Lauragais 31 252 B1
Montclar-sur-Gervanne 26 204 B2
Montclard 43 185 D2
Montcléra 46 197 E3
Montclus 05 205 E4
Montclus 30 218 C2
Montcombroux-les-Mines 03 153 F1
Montcony 71 140 C3
Montcorbon 45 101 E1
Montcornet 02 20 B3
Montcornet 08 21 E2
Montcourt 70 106 B1
Montcourt-Fromonville 77 80 C2
Montcoy 71 140 B2
Montcresson 45 100 C2
Montcuit 50 27 D3
Montculot 21 123 E2
Montcuq 46 212 C1
Montcusel 39 157 D1
Montcy-Notre-Dame 08 21 E3
Montdardier 30 217 D4
Montdauphin 77 59 E2
Montdidier 57 65 E1
Montdidier 80 18 A4
Montdoré 70 106 B1
Montdoumerc 46 213 E2
Montdragon 81 231 D2
Montdurausse 81 213 E4
Monte 2B 265 E4
Monte-Carlo 241 E4
Monte Cecu 2B 267 D1
Monte Cinto 2B 266 C1
Monte d'Oro 2B 267 D3
Monte Incudine 2A 269 E1
Monte Renoso 2B 267 D3
Monte San Petrone 2B 265 E4
Monte Sant'Angelo 2B 264 C3
Monte Stello 2B 265 F1
Monteaux 41 116 C1
Montebourg 50 25 D3
Montech 82 212 C4
Montécheroux 25 126 C1
Montegrosso 2B 264 B3
Montégut 32 228 B2
Montégut 40 210 A4
Montégut 65 250 A3
Montégut-Arros 32 227 F4
Montégut-Bourjac 31 251 D1
Montégut-en-Couserans 09 259 E2
Montégut-Lauragais 31 230 C4

Monaco Monte-Carlo

Albert-1er (Bd) CYZ
Grimaldi (R.) CYZ
Moulins (Bd des) DX 32
Ostende (Av. d') DY 34
Princesse Caroline (R.) CZ 48
Princesse Charlotte (Bd) DXY

Armes (Pl. d') CZ 2
Basse (R.) CDZ 3
Castro (R. Col.-de) CZ 7
Comte-Félix-Gastaldi (R.) DZ 10
Crovetto-Frères (Av.) CZ 12
Gaulle (Av. du Gal. de) DX 14
Kennedy (Av. J.F.) DY 23
Larvotto (Bd du) DX 25
Leclerc (Bd. du) DX 26
Libération (Pl. de la) DX 27
Madone (Av. de la) DX 28
Major (Rampe) CZ 29
Monte Carlo (Av. de) DY 30
Notari (R. L.) CYZ 33
Palais (Pl. du) CZ 35
Papalins (Av. des) CZ 36
Pêcheurs (Ch. des) DZ 40
Porte Neuve (Av. de la) DZ 41
Prince Héréditaire Albert (Av.) CZ 42
Prince Pierre (Av.) CZ 44
Princesse Antoinette (Av.) CY 46
Princesse Marie-de Lorraine (R.) DZ 54
République (Bd. de la) DX 58
Spélugues (Av. des) DX 62
Ste. Dévote (Pl.) CY 63
Suffren-Reymond (R.) CZ 64

MOYENNE CORNICHE
BEAUSOLEIL
MONTE-CARLO
Casino
SUN CASINO
COMPLEXE DES SPÉLUGUES
CENTRE DE CONGRÈS AUDITORIUM
CENTRE DE RENCONTRES INTERNATIONALES
Ste-Dévote
PORT
LA CONDAMINE
FORT ANTOINE
MONACO
PALAIS
Vieille Ville
Cathédrale
MUSÉE OCÉANOGRAPHIQUE
JARDINS ST-MARTIN
ANSE DE LA GRUE
PORT DE FONTVIEILLE
FONTVIEILLE
JARDIN EXOTIQUE
PARC PCESSE ANTOINETTE
St-Martin
TUNNEL
ASCENSEUR
SAN REMO CALVI, NICE
200 m

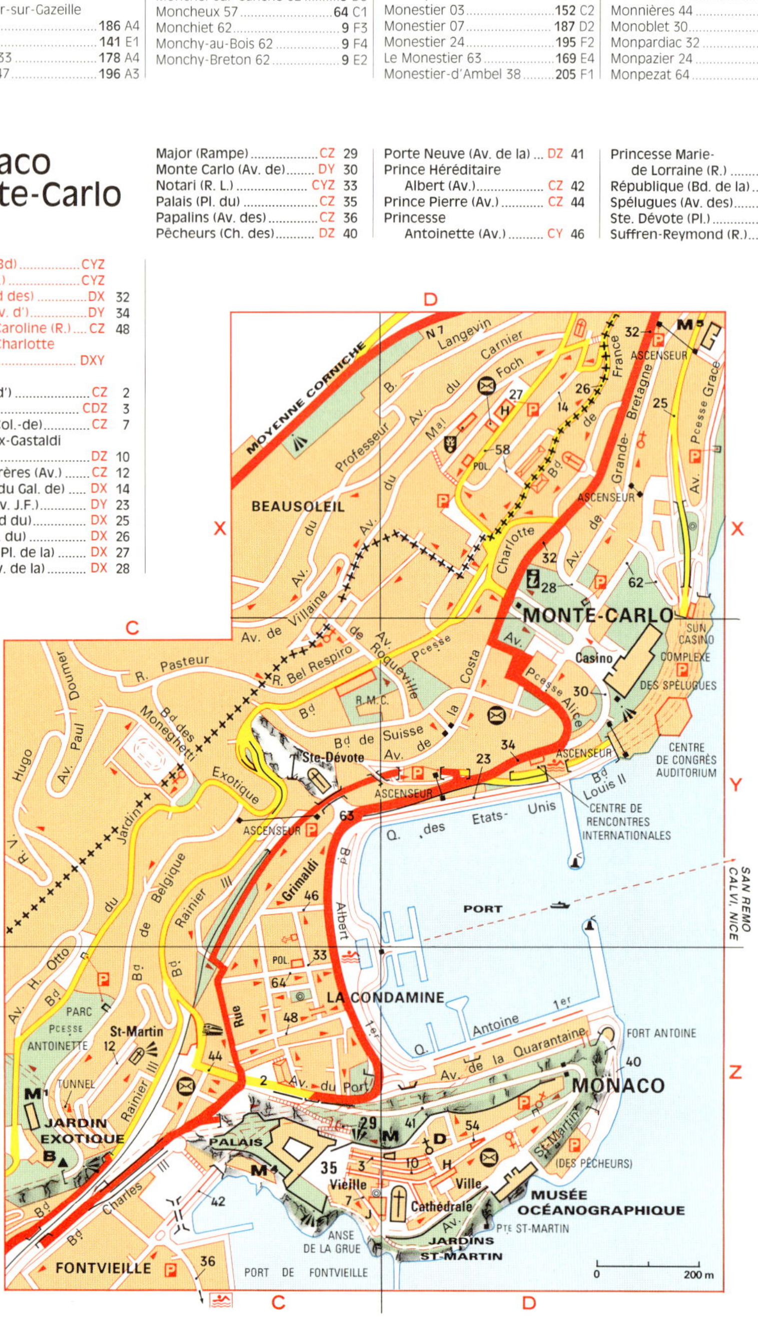

Mon – Mor 303

Montpellier street index

Street	Grid
Astruc (R.)	EY 9
Comédie (Pl. de la)	FY
Fg-de-la-Saunerie (R.)	EZ 41
Grand-Rue-J.-Moulin	FYZ
Jeu-de-Paume (Bd du)	EY
Loge (R. de la)	FY
Maguelone (R.)	FZ
St-Guilhem (R.)	EY
Sarrail (Bd)	FY
Verdun (R. de)	FZ
Albert-1er (Pl.)	EX 2
Anatole-France (R.)	EZ 3
Ancien-Courrier (R.)	EFY 4
Aragon (R. Jacques d')	FY 5
Argenterie (R. de l')	FY 7
Bouisson-Bertrand (Av.)	EX 15
Bras-de-Fer (R. du)	FY 17
Cambacérès (R.)	EY 20
Carbonnerie (R. de la)	FY 21
Castellane (Pl.)	EFY 22
Chabaneau (Pl.)	EY 25
Écoles Laïques (R. des)	FX 32
Embouque-d'Or (R.)	FY 34
Fg-de-Nîmes (R. du)	FX 45
Fournarié (R.)	FY 45
Friperie (R. de la)	FY 48
Girone (R. de)	FY 49
Jacques-Cœur (R.)	FY 54
Jaurès (Pl. Jean)	FY 55
Marché-aux-Fleurs (Pl.)	FY 60
Martyrs-de-la-R. (Pl.)	FY 61
Montpellieret (R.)	FY 63
Observatoire (R. de l')	FZ 65
Petit-Scel (R. du)	EY 66
Pétrarque (Pl.)	EY 68
Rondelet (R.)	EZ 75
St-Ravy (Pl.)	FY 79
Ste-Anne (R.)	EY 80
Trésoriers-de-la-Bourse (R.)	FY 82
Trésoriers-de-France (R.)	FY 84
Vialleton (Bd du Pr.)	EY 85
Vieille-Intendance (R.)	EY 87

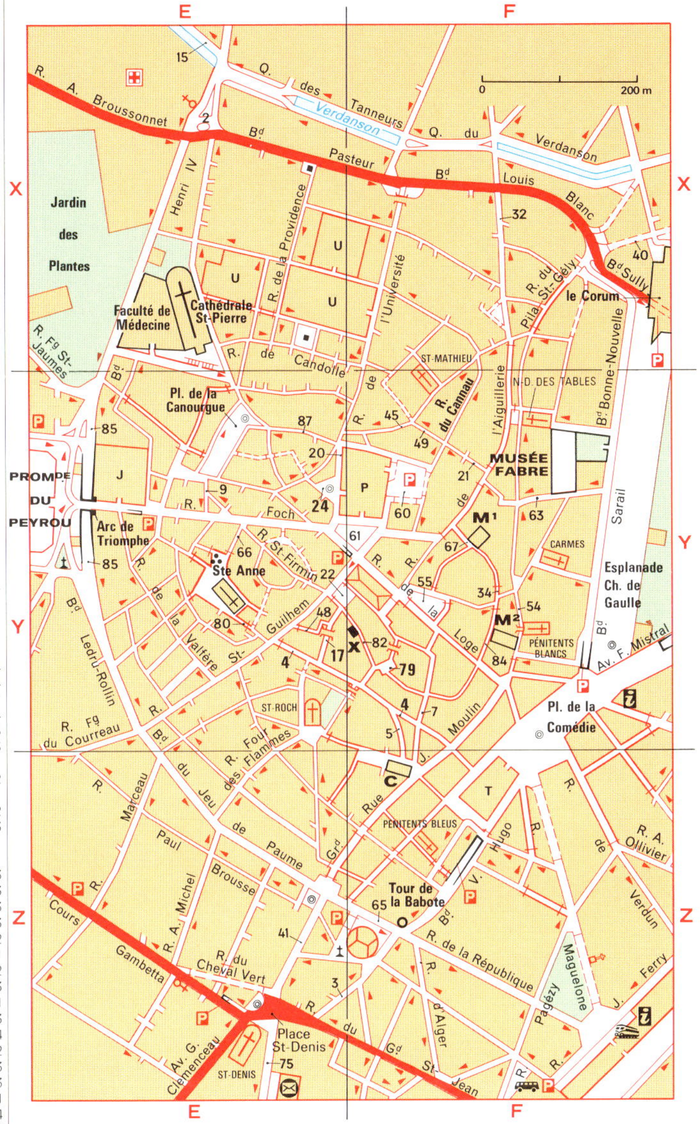

304 Mor - Néb

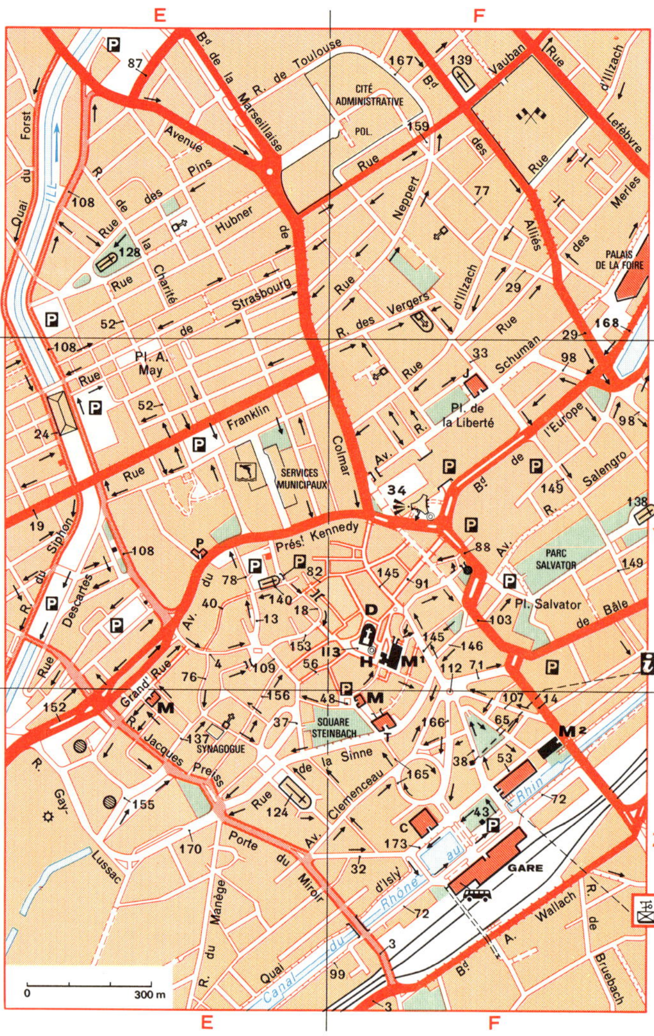
E
F
X
Y
Z
CITÉ ADMINISTRATIVE
POL.
PALAIS DE LA FOIRE
SERVICES MUNICIPAUX
PARC SALVATOR
Pl. Salvator
SQUARE STEINBACH
SYNAGOGUE
GARE
Pl. de la Liberté
Pl. A. May
R. de Toulouse
Bd de la Marseillaise
Vauban
Rue d'Illzach
Lefebvre
Avenue
Pins
Hubner
Strasbourg
Franklin
Colmar
Schuman
l'Europe
Salengro
Prés! Kennedy
Descartes
Siphon
Grand' Rue
Jacques Preiss
Sinne
Clemenceau
Porte du Miroir
Lussac
Manège
Quai
Canal du Rhône au Rhin
Wallach
Bruebach
Quai du Forst
Bâle
Gay
0
300 m

Mulhouse

Colmar (Av. de) .... EXY
Prés.-Kennedy (Av. du) .... EFY
Sauvage (R. du) .... FY 145

Altkirch (Av. et Pt d') .... FZ 3
Arsenal (R. de l') .... EY 4
Bonbonnière (R.) .... EY 13
Bonnes-Gens (R. des) .... FZ 14
Bons-Enfants (R. des) .... EY 18
Briand (Av. Aristide) .... EY 19
Cloche (Quai de la) .... EY 24
Dreyfus (R. du Capit) .... FX 29
Ehrmann (R. Jules) .... FZ 32
Ensisheim (R. d') .... FY 33
Europe (Pl. de l') .... FY 34
Fleurs (R. des) .... EZ 37
Foch (Av. du Mar.) .... FZ 38
Franciscains (R. des) .... EY 41
Gaulle (Pl. Gén. de) .... FZ 43
Guillaume-Tell (Pl.) .... FZ 48
Heilmann (R. Josué) .... EXY 52
Henner (R. J.-J.) .... FZ 53
Henriette (R.) .... EY 56
Joffre (Av. du Mar.) .... FZ 65
Lattre-de-T. (Av. Mar. de) . FY 71
Leclerc (Av. du Gén.) .... FZ 72
Loi (R. de la) .... EY 76
Loisy (R. du Lt de) .... FX 77
Lorraine (R. de) .... EY 78
Maréchaux (R. des) .... EY 82
Mertzau (R. de la) .... EX 87
Metz (R. de) .... FY 88
Moselle (R. de la) .... FY 91
Norfeld (R. du) .... FY 98
Oran (Quai d') .... FZ 99
Pasteur (R. Louis) .... FY 103
Poincaré (R.) .... FZ 107
Prés.-Roosevelt (Bd du) .... EXY 108
Raisin (R. du) .... EY 109
République (Pl. de la) ...... FY 112
Réunion (Pl. de la) .... FY 113
St-Étienne (Temple) .... FY D
St-Étienne (✝) .... EZ 124
St-Fridolin (✝) .... EX 128
Ste-Claire (R.) .... EZ 137
Ste-Geneviève (✝) .... FY 138
Ste-Jeanne-d'Arc (✝) .... FX 139
Ste-Marie (✝) .... EY 140
Somme (R. de la) .... FY 146
Stalingrad (R. de) .... FY 149
Stoessel (Bd Charles) .... EZ 152
Tanneurs (R. des) .... EY 153
Tour-du-Diable (R.) .... EZ 155
Trois-Rois (R. des) .... EZ 156
Vauban (Pl.) .... FX 159
Wicky (Av. Auguste) .... FZ 165
Wilson (R.) .... FZ 166
Wolf (R. de) .... FX 167
Wyler (Allée William) .... FX 168
Zillisheim (R. de) .... EZ 170
17-Novembre (R. du) .... FZ 173

Moriani-Plage 2B 265 F4
Morienne 76 .... 16 C3
Morienval 60 .... 34 C3
Morières-lès-Avignon 84 ..... 219 F4
Moriers 28 .... 78 B3
Morieux 22 .... 48 B3
Moriez 04 .... 222 C3
Morigny 50 .... 51 E2
Morigny-Champigny 91 .... 79 F1
Morillon 74 .... 159 D3
Moringhem 62 .... 3 E3
Morionvilliers 52 .... 85 E2
Morisel 80 .... 17 F3
Moriville 88 .... 87 E2
Moriviller 54 .... 65 D4
Morizécourt 88 .... 86 B4
Morizès 33 .... 195 D3
Morlaàs 64 .... 248 C1
Morlac 18 .... 135 F3
Morlaincourt 55 .... 63 D3
Morlaix 29 .... 46 A3
Morlancourt 80 .... 18 A2
Morlanne 64 .... 226 B3
Morlet 71 .... 139 E1
Morley 55 .... 62 C4
Morlhon-le-Haut 12 .... 214 B1
Morlincourt 60 .... 18 C4
Mormaison 85 .... 129 D1
Mormal (Forêt de) 59 .... 12 A3
Mormant 77 .... 58 C4
Mormant-sur-Vernisson 45 .... 100 C1
Mormès 32 .... 227 D1
Mormoiron 84 .... 220 B3
Mornac 16 .... 162 C3
Mornac-sur-Seudre 17 .... 160 B2
Mornand 42 .... 170 B3
Mornans 26 .... 204 B3
Mornant 69 .... 171 D3
Mornas 84 .... 219 E2
Mornay 21 .... 105 E4
Mornay 71 .... 139 E4
Mornay-Berry 18 .... 119 F4
Mornay-sur-Allier 18 .... 137 D2
Moroges 71 .... 139 F2
Morogues 18 .... 119 E3
Morosaglia 2B 265 E4
Morre 25 .... 125 E2
Morsain 02 .... 35 D1
Morsains 51 .... 59 F2
Morsalines 50 .... 25 E2
Morsan 27 .... 30 C3
Morsang-sur-Orge 91 .... 57 E4
Morsang-sur-Seine 91 .... 58 A4
Morsbach 57 .... 41 E3
Morsbronn-les-Bains 67 .... 67 D1
Morschwiller 67 .... 67 D1
Morschwiller-le-Bas 68 .... 108 C2
Morsiglia 2B 264 B1
Le Mort-Homme 55 .... 38 B3
Mortagne 88 .... 88 A2
Mortagne-au-Perche 61 .... 54 B4
Mortagne-du-Nord 59 .... 11 D1
Mortagne-sur-Gironde 17 ... 160 C4
Mortagne-sur-Sèvre 85 ...... 113 D4
Mortain 50 .... 51 E3
Mortcerf 77 .... 58 C3
La Morte 38 .... 189 E3
Morteau 25 .... 126 B3
Morteaux-Couliboeuf 14 ...... 53 D1
Mortefontaine 02 .... 35 D2
Mortefontaine 60 .... 34 A4
Mortefontaine-en-Thelle 60 .. 33 E3
Mortemart 87 .... 148 C4
Mortemer 60 .... 18 A4
Mortemer 76 .... 16 B3
Morterolles-sur-Semme 87 . 149 E3
Mortery 77 .... 59 E4
Morthomiers 18 .... 118 C4
Mortiercrolles 53 .... 94 C2
Mortiers 02 .... 19 F3
Mortiers 17 .... 177 F1
Morton 86 .... 114 C3
Mortrée 61 .... 53 E4
Mortroux 23 .... 150 B1
Mortzwiller 68 .... 108 A2
Morval 39 .... 156 C1
Morval 62 .... 18 B1
Morvan (Parc Régional du) 58 .... 121 F2
Morvillars 90 .... 108 A3
Morville 50 .... 25 D3
Morville 88 .... 86 B2
Morville-en-Beauce 45 .... 79 F3
Morville-lès-Vic 57 .... 65 D2
Morville-sur-Andelle 76 .... 32 A1
Morville-sur-Nied 57 .... 64 C1
Morville-sur-Seille 54 .... 64 B1
Morvillers 60 .... 16 C4
Morvillers-St-Saturnin 80 .... 16 C3
Morvilliers 10 .... 84 A2
Morvilliers 28 .... 55 D4
Mory 62 .... 10 A4
Mory-Montcrux 60 .... 17 F4
Morzine 74 .... 159 D2
Moselle 54,57,70,88 .... 87 B2
Mosles 14 .... 28 B2
Moslins 51 .... 60 B1
Mosnac 16 .... 162 B3
Mosnac 17 .... 161 E4
Mosnay 36 .... 134 B3
Mosnes 37 .... 116 C1
Mosset 66 .... 261 F2
Mosson 21 .... 104 A1
Mostuéjouls 12 .... 216 B2
Motey-Besuche 70 .... 124 C2
Motey-sur-Saône 70 .... 106 A4
La Mothe-Achard 85 .... 128 C3
La Mothe-St-Héray 79 .... 147 D1
Mothern 67 .... 43 F4
Motreff 29 .... 70 A2
La Motte 22 .... 71 E2
La Motte 83 .... 239 E3
La Motte-Chalancon 26 .... 204 C4
La Motte-d'Aigues 84 .... 237 E1
La Motte-d'Aveillans 38 .... 189 E4
La Motte-de-Galaure 26 .... 187 F2
La Motte-du-Caire 04 .... 221 F1
La Motte-en-Bauges 73 ...... 174 A2
La Motte-en-Champsaur 05 .... 206 A2
La Motte-Fanjas 26 .... 188 B3
La Motte-Feuilly 36 .... 135 E4
La Motte-Fouquet 61 .... 52 C4
La Motte-St-Jean 71 .... 138 C4
La Motte-St-Martin 38 .... 189 E4
La Motte-Servolex 73 .... 173 E3
La Motte-Ternant 21 .... 122 B2
La Motte-Tilly 10 .... 82 A1
Mottereau 28 .... 78 A3
Motteville 76 .... 15 D4
Mottier 38 .... 172 B4
Motz 73 .... 157 E4
Mouacourt 54 .... 65 E3
Mouais 44 .... 93 E3
Mouans-Sartoux 06 .... 240 A2
Mouaville 54 .... 39 E3
Mouazé 35 .... 73 E2
Mouchamps 85 .... 129 F2
Mouchan 32 .... 211 D4
Mouchard 39 .... 125 D4
La Mouche 50 .... 50 C2
Le Moucherotte 38 .... 189 D2
Mouchès 32 .... 228 A3
Mouchin 59 .... 11 D1
Mouchy-le-Châtel 60 .... 33 E2
Moudeyres 43 .... 186 A4
Mouen 14 .... 28 C3
Mouettes 27 .... 55 F2
Mouffy 89 .... 102 A3
Mouflaines 27 .... 32 B3
Mouflers 80 .... 17 D1
Mouflières 80 .... 16 C2
Mougins 06 .... 240 A2
Mougon 79 .... 146 C2
Mouguerre 64 .... 224 C3
Mouhers 36 .... 134 C4
Mouhet 36 .... 149 E1
Mouhous 64 .... 226 C3
Mouillac 33 .... 177 E4
Mouillac 82 .... 213 F2
La Mouille 39 .... 142 A4
Mouilleron 52 .... 104 C3
Mouilleron-en-Pareds 85 .... 130 A3
Mouilleron-le-Captif 85 ...... 129 D2
Mouilly 55 .... 39 D4
Moulainville 55 .... 39 D3
Moularès 81 .... 214 C3
Moulay 53 .... 75 D2
Moulayrès 81 .... 231 D2
Moulédous 65 .... 249 F2
Moulès-et-Baucels 34 .... 217 E4
Mouleydier 24 .... 196 B1
Moulézan 30 .... 218 B4
Moulhard 28 .... 77 F3
Moulicent 61 .... 54 C4
Moulidars 16 .... 162 B3
Mouliets-et-Villemartin 33 .. 195 D1
Mouliherne 49 .... 114 C1
Moulin-Mage 81 .... 232 B2
Moulin-Neuf 09 .... 252 C3
Moulin-Neuf 24 .... 178 B4
Moulin-sous-Touvent 60 .... 34 C1
Moulineaux 76 .... 31 E2
Moulines 14 .... 52 C1
Moulines 50 .... 51 E4
Moulinet 06 .... 241 F2
Moulinet 47 .... 196 A3
Le Moulinet-sur-Solin 45 ..... 100 C2
Moulins 02 .... 36 A2
Moulins 03 .... 137 E4
Moulins 35 .... 73 E4
Moulins 79 .... 113 E4
Moulins-en-Tonnerrois 89 .. 103 D3
Moulins-Engilbert 58 .... 121 E4
Moulins-la-Marche 61 .... 54 B3
Moulins-le-Carbonnel 72 ...... 76 A2
Moulins-lès-Metz 57 .... 40 B4
Moulins-St-Hubert 55 .... 22 A4
Moulins-sur-Céphons 36 ..... 117 E4
Moulins-sur-Orne 61 .... 53 D3
Moulins-sur-Ouanne 89 .... 101 F3
Moulins-sur-Yèvre 18 .... 119 D4
Moulis 09 .... 259 E3
Moulis-en-Médoc 33 .... 176 C3
Moulismes 86 .... 148 C2
Moulle 62 .... 3 E3
Moulon 33 .... 194 C1
Moulon 45 .... 100 B1
Moulotte 55 .... 39 E4
Moult 14 .... 29 E4
Moumoulous 65 .... 249 E1
Moumour 64 .... 247 F2
Mounes-Prohencoux 12 ..... 232 B1
Mounine (Saut de la) 12,46 . 198 C4
Mourède 32 .... 227 F1
Mourens 33 .... 194 C3
Mourenx 64 .... 226 A4
Mouret 12 .... 199 F4
Moureuille 63 .... 152 B3
Mourèze 34 .... 233 E3
Mourèze (Cirque de) 34 .... 233 E3
Mouriès 13 .... 236 B2
Mouriez 62 .... 8 C2
Mourioux-Vieilleville 23 .... 150 A4
Mourjou 15 .... 199 E2
Mourmelon-le-Grand 51 .... 37 D4
Mourmelon-le-Petit 51 .... 37 D4
Mournans-Charbonny 39 .... 142 A2
Mouron 08 .... 37 F2
Mouron-sur-Yonne 58 .... 121 E3
Mouroux 77 .... 58 C2
Mourre Nègre 84 .... 237 E1
Mours 95 .... 33 E4
Mours-St-Eusèbe 26 .... 188 A3
Mourvilles-Basses 31 .... 230 B4
Mourvilles-Hautes 31 .... 230 C4
Mouscardès 40 .... 225 E3
Moussac 30 .... 218 B4
Moussac 86 .... 148 B2
Moussages 15 .... 183 D2
Moussan 11 .... 254 C3
Moussé 35 .... 94 A1
Mousseaux-lès-Bray 77 .... 81 E2
Mousseaux-Neuville 27 .... 55 F2
Mousseaux-sur-Seine 78 .... 56 B1
Moussey 10 .... 83 D3
Moussey 57 .... 65 E3
Moussey 88 .... 88 B1
Les Moussières 39 .... 157 E1
Mousson 54 .... 64 B1
Mousson (Butte de) 54 .... 64 B1
Moussonvilliers 61 .... 54 C4
Moussoulens 11 .... 253 E1
Moussy 51 .... 60 B1
Moussy 58 .... 102 C3
Moussy 95 .... 33 D4
Moussy-le-Neuf 77 .... 34 A4
Moussy-le-Vieux 77 .... 58 A1
Moussy-Verneuil 02 .... 35 F2
Moustajon 31 .... 258 B4
Moustéru 22 .... 47 D3
Moustey 40 .... 209 D1
Moustier 47 .... 195 F3
Moustier-en-Fagne 59 .... 12 C4
Moustier-Ventadour 19 ...... 182 B1
Moustiers-Ste-Marie 04 .... 222 B4
Le Moustoir 22 .... 70 A2
Moustoir-Ac 56 .... 91 E1
Moustoir-Remungol 56 .... 71 D4
La Moutade 63 .... 152 C4
Moutaine 39 .... 142 A1
Moutardon 16 .... 147 F4
Le Moutaret 38 .... 173 F4
Mouterhouse 57 .... 42 C4
Mouterre-Silly 86 .... 114 C4
Mouterre-sur-Blourde 86 ... 148 B3
Mouthe 25 .... 142 B2
Le Moutherot 25 .... 124 C2
Mouthier-en-Bresse 71 .... 141 D1
Mouthier-Haute-Pierre 25 .. 125 F4
Mouthiers-sur-Boëme 16 ... 162 C3
Mouthoumet 11 .... 254 A4
Moutier-d'Ahun 23 .... 150 C3
Moutier-Malcard 23 .... 150 B1
Moutier-Rozeille 23 .... 166 B1
Moutiers 28 .... 79 D2
Moutiers 35 .... 94 A1
Moutiers 54 .... 39 F3
Moûtiers 73 .... 174 C4
Moutiers 89 .... 101 E4
Moutiers-au-Perche 61 .... 77 E1
Les Moutiers-en-Auge 14 ..... 53 D2
Les Moutiers-en-Cinglais 14 . 29 D4
Les Moutiers-en-Retz 44 ..... 111 D3
Les Moutiers-Hubert 14 .... 53 F1
Moutiers-les-Mauxfaits 85 .. 129 D4
Moutiers-St-Jean 21 .... 103 E4
Moutiers-sous-Argenton 79 .... 131 D1
Moutiers-sous-Chantemerle 79 .... 130 B3
Moutiers-sur-le-Lay 85 .... 129 F3
Mouton 16 .... 162 C1
Mouton-Rothschild 33 .... 176 C2
Moutonne 39 .... 141 E4
Moutonneau 16 .... 162 C1
Moutoux 39 .... 142 A2
Moutrot 54 .... 64 A4
Mouvaux 59 .... 5 D4
Moux 11 .... 254 A2
Moux-en-Morvan 58 .... 122 A3
Mouxy 73 .... 173 E2
Mouy 60 .... 33 F2
Mouy-sur-Seine 77 .... 81 E1
Mouzay 37 .... 116 B4
Mouzay 55 .... 38 B1
Mouzeil 44 .... 112 B1
Mouzens 24 .... 197 D1
Mouzens 81 .... 230 C3
Mouzeuil-St-Martin 85 .... 129 F4
Mouzieys-Panens 81 .... 214 A3
Mouzieys-Teulet 81 .... 231 E1
Mouzillon 44 .... 112 B3
Mouzon 08 .... 22 A4
Mouzon 16 .... 163 E2
Moval 90 .... 108 A3
Moÿ-de-l'Aisne 02 .... 19 D3
Moyaux 14 .... 30 B3
Moydans 05 .... 205 D4
Moye 74 .... 173 E1
Moyemont 88 .... 87 E2
Moyen 54 .... 65 D4
Moyencourt 80 .... 18 C3
Moyencourt-lès-Poix 80 .... 17 D3
Moyenmoutier 88 .... 88 B1
Moyenneville 60 .... 34 A1
Moyenneville 62 .... 10 A4
Moyenneville 80 .... 16 C1
Moyenvic 57 .... 65 D2
Moyeuvre-Grande 57 .... 40 A3
Moyeuvre-Petite 57 .... 40 A2
Moyon 50 .... 51 D1
Moyrazès 12 .... 215 D1
Moyvillers 60 .... 34 B2
Mozac 63 .... 168 B1
Mozé-sur-Louet 49 .... 113 F1
Muchedent 76 .... 15 F3
Mudaison 34 .... 234 C2
Muel 35 .... 72 B3
Muespach 68 .... 108 C3
Muespach-le-Haut 68 .... 108 C3
Mugron 40 .... 226 A1
Muhlbach-sur-Bruche 67 ...... 66 B4
Muhlbach-sur-Munster 68 .... 88 C4
Muides-sur-Loire 41 .... 98 C3
Muidorge 60 .... 33 E1
Muids 27 .... 32 A3
Muille-Villette 80 .... 18 C3
Muirancourt 60 .... 18 C4
Muizon 51 .... 36 B3
Les Mujouls 06 .... 223 E4
La Mulatière 69 .... 171 E2
Mulcent 78 .... 56 B2
Mulcey 57 .... 65 E2
Mulhausen 67 .... 66 C1
Mulhouse 68 .... 108 C2
Mulsanne 72 .... 96 B1
Mulsans 41 .... 98 B3
Mun 65 .... 249 F1
Munchhausen 67 .... 43 F4
Munchhouse 68 .... 108 C1
Muncq-Nieurlet 62 .... 3 E2
Mundolsheim 67 .... 67 D3
Muneville-le-Bingard 50 .... 26 C3
Muneville-sur-Mer 50 .... 50 B1
Le Mung 17 .... 161 D1
Munster 57 .... 65 F1
Munster 68 .... 88 C4
Muntzenheim 68 .... 89 E3
Munwiller 68 .... 108 C1
Mur-de-Barrez 12 .... 200 A1
Mur-de-Bretagne 22 .... 71 D2
Mur-de-Sologne 41 .... 117 E1
Muracciole 2B 267 D2
Murasson 12 .... 232 B2
Murat 03 .... 152 B1
Murat 15 .... 183 F3
Murat-le-Quaire 63 .... 167 E3
Murat-sur-Vèbre 81 .... 232 C2
Murato 2B 265 E3
La Muraz 74 .... 158 B3
Murbach 68 .... 108 B1
La Mure 38 .... 189 E4
La Mure-Argens 04 .... 222 C3
Mureaumont 60 .... 16 C4
Les Mureaux 78 .... 56 C1
Mureils 26 .... 187 F2
Murel (Cascades de) 19 .... 181 F3
Mûres 74 .... 173 F1
Muret 31 .... 229 F4
Muret-et-Crouttes 02 .... 35 E3
Muret-le-Château 12 .... 199 F4
La Murette 38 .... 189 D1
Murianette 38 .... 189 E2
Murinais 38 .... 188 C2
Murles 34 .... 234 B2
Murlin 58 .... 120 B3
Muro 2B 264 C3
Murol 63 .... 167 F3
Murols 12 .... 199 F2
Muron 17 .... 145 F4
Murs 36 .... 133 F1
Murs 84 .... 220 B4
Mûrs-Erigné 49 .... 113 F1
Murs-et-Gélignieux 01 .... 173 D3
Murtin-et-Bogny 08 .... 21 D2
Murvaux 55 .... 38 B2
Murviel-lès-Béziers 34 .... 233 D4
Murviel-lès-Montpellier 34 .. 234 A3
Murville 54 .... 39 E2
Murzo 2A 266 B2
Mus 30 .... 235 D2
Muscourt 02 .... 36 A2
Musculdy 64 .... 247 E2
Musièges 74 .... 157 F4
Musigny 21 .... 122 C3
Musseau 52 .... 104 C3
Mussey-sur-Marne 52 .... 85 D2
Mussidan 24 .... 179 D4
Mussig 67 .... 89 E2
Mussy-la-Fosse 21 .... 103 F4
Mussy-sous-Dun 71 .... 154 C2
Mussy-sur-Seine 10 .... 103 F1
Mutigney 39 .... 124 B2
Mutigny 51 .... 36 B4
Mutrécy 14 .... 29 D4
Muttersholtz 67 .... 89 E2
Mutzenhouse 67 .... 67 D2
Mutzig 67 .... 66 C4
Le Muy 83 .... 239 E3
Muzeray 55 .... 39 D2
Muzillac 56 .... 92 A3
Muzy 27 .... 55 F3
Myans 73 .... 173 F3
Myennes 58 .... 120 A1
Myon 25 .... 125 D4

N

Nabas 64 .... 247 E1
Nabinaud 16 .... 178 C2
Nabirat 24 .... 197 E2
Nabringhen 62 .... 3 D3
Nachamps 17 .... 146 A4
Nadaillac 24 .... 180 C4
Nadaillac-de-Rouge 46 .... 197 F1
Nades 03 .... 152 B3
Nadillac 46 .... 198 A3
Naftel 50 .... 51 D3
Nagel-Séez-Mesnil 27 .... 55 D2
Nages 81 .... 232 B2
Nages-et-Solorgues 30 .... 235 D1
Nahuja 66 .... 261 D4
Nailhac 24 .... 180 B2
Naillat 23 .... 150 A2
Nailloux 31 .... 252 B1
Nailly 89 .... 81 E3
Naintré 86 .... 132 B2
Nainville-les-Roches 91 .... 80 B1
Naisey 25 .... 125 F2
Naives-en-Blois 55 .... 63 D3
Naix-aux-Forges 55 .... 63 D3
Naizin 56 .... 71 D4
Najac 12 .... 214 B2
Nalliers 85 .... 129 F4
Nalliers 86 .... 133 D3
Nalzen 09 .... 252 B4
Nambsheim 68 .... 89 E4
Nampcel 60 .... 35 D1
Nampcelles-la-Cour 02 .... 20 E
Nampont-St-Martin 80 .... 8 E
Namps-au-Mont 80 .... 17 D
Namps-au-Val 80 .... 17 D
Nampteuil-sous-Muret 02 ..... 35 E
Nampty 80 .... 17 E
Nan-Sous-Thil 21 .... 122 E
Nanc-lès-St-Amour 39 .... 156 C
Nançay 18 .... 118 C
Nance 39 .... 141 D
Nances 73 .... 173 E
Nanclars 16 .... 162 C
Nançois-le-Grand 55 .... 63 D
Nançois-sur-Ornain 55 .... 62 C
Nancras 17 .... 160 C
Nancray 25 .... 125 E
Nancray-sur-Rimarde 45 .... 80 A
Nancuise 39 .... 141 E
Nancy 54 .... 64 B
Nancy-sur-Cluses 74 .... 158 C
Nandax 42 .... 154 B
Nandy 77 .... 58 A
Nangeville 45 .... 80 A
Nangis 77 .... 58 C
Nangy 74 .... 158 B
Nannay 58 .... 120 B
Nans 25 .... 107 D
Les Nans 39 .... 142 A
Nans-les-Pins 83 .... 238 A
Nans-sous-Ste-Anne 25 .... 125 E
Nant 12 .... 216 C
Nant-le-Grand 55 .... 62 C
Nant-le-Petit 55 .... 62 C
Nanteau-sur-Essonne 77 .... 80 A
Nanteau-sur-Lunain 77 .... 80 C
Nanterre 92 .... 57 E
Nantes 44 .... 111 F
Nantes-en-Ratier 38 .... 189 E
Nanteuil 79 .... 146 C
Nanteuil-Auriac-de-Bourzac 24 .... 178 C
Nanteuil-en-Vallée 16 .... 147 F
Nanteuil-la-Forêt 51 .... 36 B
Nanteuil-la-Fosse 02 .... 35 E
Nanteuil-le-Haudouin 60 .... 34 B
Nanteuil-lès-Meaux 77 .... 58 C
Nanteuil-Notre-Dame 02 ...... 35 E
Nanteuil-sur-Aisne 08 .... 36 C
Nanteuil-sur-Marne 77 .... 59 D
Nantey 39 .... 156 C
Nantheuil 24 .... 180 A
Nanthiat 24 .... 180 A
Nantiat 87 .... 149 D
Nantillé 17 .... 161 E
Nantillois 55 .... 38 B
Nantilly 70 .... 124 B
Nantoin 38 .... 172 B
Nantois 55 .... 62 C
Nanton 71 .... 140 A
Nantouillet 77 .... 58 B
Nantoux 21 .... 123 D
Nantua 01 .... 157 D
Naours 80 .... 17 E
Napoléon (Route) 04,05,06,38 .... 222 C4
La Napoule-Plage 06 .... 240 A3
Narbéfontaine 57 .... 41 D3
Narbief 25 .... 126 C3
Narbonne 11 .... 254 C2
Narcastet 64 .... 248 B
Narcy 52 .... 62 B4
Narcy 58 .... 120 A3
Nargis 45 .... 80 C4
Narnhac 15 .... 200 A1
Narp 64 .... 225 F4
Narrosse 40 .... 225 E2
Nasbinals 48 .... 200 C3
Nassandres 27 .... 31 D4
Nassiet 40 .... 226 A2
Nassigny 03 .... 136 A4
Nastringues 24 .... 195 E1
Nattages 01 .... 173 D2
Natzwiller 67 .... 88 C1
Naucelle 12 .... 215 D2
Naucelles 15 .... 183 D4
Naujac-sur-Mer 33 .... 176 B2
Naujan-et-Postiac 33 .... 194 C2
Nauroy 02 .... 19 D1
Naussac 12 .... 199 D4
Naussac 48 .... 202 A2
Naussannes 24 .... 196 B2
Nauvay 72 .... 76 C3
Nauviale 12 .... 199 E4
Navacelles 30 .... 218 B2
Navacelles (Cirque de) 30 .... 233 F1
Navailles-Angos 64 .... 226 C4
Navarin (Mon. de la Ferme) 51 .... 37 E3
Navarrenx 64 .... 247 F1
Naveil 41 .... 97 F2
Navenne 70 .... 106 C3
Naves 03 .... 152 C3
Naves 07 .... 218 A1
Naves 19 .... 181 E2
Naves 59 .... 11 D3
Naves 73 .... 174 C3
Navès 81 .... 231 E3
Nâves-Parmelan 74 .... 158 B4
Navilly 71 .... 140 B1
Nay 50 .... 27 D3
Nay-Bourdettes 64 .... 248 C2
Nayemont-les-Fosses 88 .... 88 B2
Le Nayrac 12 .... 200 A3
Nazelles-Négron 37 .... 116 B1
Né (Mont) 65 .... 250 A4
Néac 33 .... 178 A4
Néant-sur-Yvel 56 .... 72 A4
Neau 53 .... 75 D3
Neaufles-Auvergny 27 .... 54 C2
Neaufles-St-Martin 27 .... 32 C3
Neauphe-sous-Essai 61 .... 53 E4
Neauphe-sur-Dive 61 .... 53 E2
Neauphle-le-Château 78 .... 56 C2
Neauphle-le-Vieux 78 .... 56 C2
Neauphlette 78 .... 56 A2
Neaux 42 .... 154 B4
Nébian 34 .... 233 F3
Nébias 11 .... 253 D4
Nébing 57 .... 65 E1
Nébouzat 63 .... 167 F2

Néc - Nor 305

écy 61 53 D2
edde 87 165 F2
édon 62 9 E1
édonchel 62 9 E1
eewiller-près-Lauterbourg 67 43 F4
effes 05 206 A3
effiès 34 233 E3
éfiach 66 262 B2
égrepelisse 82 213 E3
égreville 50 24 C3
égrondes 24 180 A1
éhou 50 24 C3
ehwiller 67 43 D4
eige (Crêt de la) 01 157 F2
elling 57 65 F1
emours 77 80 C3
empont-St-Firmin 62 8 B2
énigan 31 250 B1
enon 39 124 C3
éons-sur-Creuse 36 133 D2
éoules 83 289 B1
éouvielle (Massif de) 65 257 E3
éoux 23 166 C1
epvant 55 22 B4
érac 47 211 D3
erbis 40 226 A3
ercillac 16 161 F2
éré 17 146 C4
éret 36 135 E4
érigean 33 194 C1
érignac 86 148 B2
éris-les-Bains 03 151 F2
ernier 74 158 B1
éron 28 56 A4
éronde 42 170 B1
éronde-sur-Dore 63 169 D2
érondes 18 136 B1
erpol-et-Serres 38 188 C2
ers 30 218 B3
ersac 16 162 B3
ervieux 42 170 B2
erville-la-Forêt 95 33 F4
éry 60 34 B3
eschers 63 168 B3
escus 09 251 F3
esle 80 18 B3
esle-et-Massoult 21 103 F2
esle-Hodeng 76 16 B3
esle-la-Reposte 51 59 F4
esle-le-Repons 51 36 A4
esle-l'Hôpital 80 16 C2
esle-Normandeuse 76 16 B2
esles 62 2 C4
esles 77 58 C3
esles-la-Montagne 02 59 E1
esles-la-Vallée 95 33 E4
eslette 80 16 B2
esmy 85 129 D3
esploy 45 100 A1
espouls 19 181 D4
esque (Gorges de la) 84 220 B3
essa 2B 264 C3
estier 65 250 A3
ettancourt 55 62 A2
eublans 39 140 C1
eubois 67 89 D1
e Neubourg 27 31 E4
euchâtel-Urtière 25 126 C1
Neuf-Berquin 59 4 C4
Neuf-Brisach 68 89 E4
Neuf-Église 63 152 B3
Neuf-Marché 76 32 C2
Neuf-Mesnil 59 12 B3
Neufbosc 76 16 A4
Le Neufbourg 50 51 E3
Neufchâteau 88 86 A2
Neufchâtel-en-Bray 76 16 A3
Neufchâtel-en-Saosnois 72 76 B2
Neufchâtel-Hardelot 62 2 C4
Neufchâtel-sur-Aisne 02 36 B2
Neufchef 57 40 A2
Neufchelles 60 34 C4
Neuffons 33 195 D3
Neuffontaines 58 121 E2
Neufgrange 57 42 A4
Neuflieux 02 19 D4
Neuflize 08 37 D2
Neufmaison 08 21 D3
Neufmaisons 54 65 F4
Neufmanil 08 21 F2
Neufmesnil 50 26 C2
Neufmoulin 80 8 C4
Neufmoulins 57 65 F3
Neufmoutiers-en-Brie 77 58 B3
Le Neufour 55 38 A4
Neufvillage 57 65 E1
Neufvy-sur-Aronde 60 34 A1
Neugartheim-Ittlenheim 67 66 C3
Neuhaeusel 67 67 F1
Neuil 37 115 E3
Neuilh 65 257 E2
Neuillac 17 161 E4
Neuillay-les-Bois 36 134 B2
Neuillé 49 114 C2
Neuillé-le-Lierre 37 97 F4
Neuillé-Pont-Pierre 37 97 D4
Neuilly 27 55 F1
Neuilly 58 121 D3
Neuilly 89 102 A1
Neuilly-en-Donjon 03 154 A2
Neuilly-en-Dun 18 136 B2
Neuilly-en-Sancerre 18 119 E2
Neuilly-en-Thelle 60 33 F3
Neuilly-en-Vexin 95 33 D3
Neuilly-la-Forêt 14 27 E2
Neuilly-le-Bisson 61 76 B1
Neuilly-le-Brignon 37 133 D1
Neuilly-le-Dien 80 8 C3
Neuilly-le-Malherbe 14 28 C4
Neuilly-le-Réal 03 153 D1
Neuilly-le-Vendin 53 75 E1
Neuilly-lès-Dijon 21 123 F2
Neuilly-l'Évêque 52 105 E1
Neuilly-l'Hôpital 80 8 C4
Neuilly-Plaisance 93 57 F2
Neuilly-St-Front 02 35 D3
Neuilly-sous-Clermont 60 33 F2
Neuilly-sur-Eure 61 55 D4
Neuilly-sur-Marne 93 58 A2
Neuilly-sur-Seine 92 57 E2
Neuilly-sur-Suize 52 85 D4
Neulette 62 9 D2
Neulise 42 170 B1
Neulles 17 161 E4
Neulliac 56 71 D3
Neung-sur-Beuvron 41 99 D4
Neunkirchen-lès-Bouzonville 57 41 D2
Neuntelstein 67 89 D1
Neure 03 136 C2
Neurey-en-Vaux 70 106 C2
Neurey-lès-la-Demie 70 106 C4
Neuve-Chapelle 62 10 A1
Neuve-Eglise 67 89 D1
La Neuve-Grange 27 32 B2
La Neuve-Lyre 27 54 C2
Neuve-Maison 02 20 B1
Neuvecelle 74 159 D1
Neuvéglise 15 200 B1
Neuvelle-lès-Champlitte 70 105 F4
Neuvelle-lès-Cromary 70 125 E1
Neuvelle-lès-Grancey 21 104 C3
Neuvelle-lès-la-Charité 70 106 B4
La Neuvelle-lès-Lure 70 107 E2
La Neuvelle-lès-Scey 70 106 A3
Neuvelle-lès-Voisey 52 106 A1
Neuves-Maisons 54 64 B3
La Neuveville-devant-Lépanges 88 87 F3
La Neuveville-sous-Châtenois 88 86 B2
La Neuveville-sous-Montfort 88 86 C3
Neuvic 19 182 C1
Neuvic 24 179 D3
Neuvic-Entier 87 165 E2
Neuvicq 17 178 A2
Neuvicq-le-Château 17 162 A2
Neuvillalais 72 76 A3
Neuville 19 181 F3
Neuville 63 168 C2
La Neuville 59 10 B1
Neuville-à-Maire 08 21 F4
Neuville-au-Bois 80 16 C1
Neuville-au-Cornet 62 9 E2
Neuville-au-Plain 50 25 D3
La Neuville-au-Pont 51 37 F4
Neuville-aux-Bois 45 79 E4
La Neuville-aux-Bois 51 62 A1
La Neuville-aux-Joûtes 08 20 C2
La Neuville-aux-Larris 51 36 B4
La Neuville-aux-Tourneurs 08 20 C2
Neuville-Bosc 60 33 D3
La Neuville-Bosmont 02 20 A3
Neuville-Bourjonval 62 18 C1
La Neuville-Chant-d'Oisel 76 31 F2
Neuville-Coppegueule 80 16 C2
La Neuville-d'Aumont 60 33 E2
Neuville-Day 08 37 E1
Neuville-de-Poitou 86 132 A3
La Neuville-du-Bosc 27 31 D3
Neuville-en-Avesnois 59 11 E3
Neuville-en-Beaumont 50 24 C4
La Neuville-en-Beine 02 19 D4
Neuville-en-Ferrain 59 5 E3
La Neuville-en-Hez 60 33 F2
La Neuville-en-Tourne-à-Fuy 08 37 D2
Neuville-en-Verdunois 55 62 C1
Neuville-Ferrières 76 16 A3
La Neuville-Garnier 60 33 D2
La Neuville-Housset 02 19 F3
La Neuville-lès-Bray 80 18 B3
Neuville-lès-Dames 01 156 A3
Neuville-lès-Decize 58 137 E2
Neuville-lès-Dieppe 76 15 F2
La Neuville-lès-Dorengt 02 19 F1
Neuville-lès-Lœuilly 80 17 E3
Neuville-lès-This 08 21 E3
Neuville-lès-Vaucouleurs 55 63 E4
La Neuville-lès-Wasigny 08 20 C4
Neuville-près-Sées 61 53 E3
Neuville-St-Amand 02 19 D2
La Neuville-St-Pierre 60 33 E1
Neuville-St-Rémy 59 10 C4
Neuville-St-Vaast 62 10 A2
La Neuville-Sire-Bernard 80 18 A3
Neuville-sous-Montreuil 62 8 B1
Neuville-sur-Ailette 02 36 A1
Neuville-sur-Ain 01 156 C3
Neuville-sur-Authou 27 30 C3
Neuville-sur-Brenne 37 97 F3
Neuville-sur-Escaut 59 11 D3
La Neuville-sur-Essonne 45 80 A3
Neuville-sur-Margival 02 35 E1
Neuville-sur-Oise 95 57 D1
Neuville-sur-Ornain 55 62 B2
La Neuville-sur-Oudeuil 60 17 D4
La Neuville-sur-Ressons 60 34 B1
Neuville-sur-Saône 69 171 E1
Neuville-sur-Sarthe 72 76 B4
Neuville-sur-Seine 10 83 F4
Neuville-sur-Touques 61 53 F2
Neuville-sur-Vannes 10 82 C3
La Neuville-Vault 60 33 D1
Neuville-Vitasse 62 10 A3
Neuviller-la-Roche 67 88 C1
Neuviller-lès-Badonviller 54 65 F4
Neuviller-sur-Moselle 54 64 C4
Neuvillers-sur-Fave 88 88 B2
Neuvillette 02 19 E2
Neuvillette 80 9 E3
Neuvillette-en-Charnie 72 75 F4
Neuvilley 39 141 E1
Neuvilly 59 11 D4
Neuvilly-en-Argonne 55 38 B3
Neuvireuil 62 10 B2
Neuvizy 08 21 D4
Neuvy 03 137 E4
Neuvy 41 98 C4
Neuvy 51 59 F3
Neuvy-au-Houlme 61 52 C2
Neuvy-Bouin 79 130 C3
Neuvy-deux-Clochers 18 119 E2
Neuvy-en-Beauce 28 79 E3
Neuvy-en-Champagne 72 76 A4
Neuvy-en-Dunois 28 78 C3
Neuvy-en-Mauges 49 113 E2
Neuvy-en-Sullias 45 100 A2
Neuvy-Grandchamp 71 138 B4
Neuvy-le-Barrois 18 136 C2
Neuvy-le-Roi 37 97 D4
Neuvy-Pailloux 36 135 D1
Neuvy-St-Sépulchre 36 134 C4
Neuvy-Sautour 89 82 C4
Neuvy-sur-Barangeon 18 118 C2
Neuvy-sur-Loire 58 101 D4
Neuwiller 68 109 D4
Neuwiller-lès-Saverne 67 66 C2
Névache 05 191 D3
Nevera (Ponte de) 2B 267 F1
Nevers 58 137 D1
Névez 29 69 E4
Névian 11 254 C2
Néville 76 15 D2
Néville-sur-Mer 50 25 E1
Nevoy 45 100 B3
Nevy-lès-Dole 39 124 B4
Nevy-sur-Seille 39 141 E2
Nexon 87 164 C3
Ney 39 142 A2
Neydens 74 158 A3
Les Neyrolles 01 157 D3
Neyron 01 171 F2
Nézel 78 56 C1
Nézignan-l'Évêque 34 233 F4
Niafles 53 94 B2
Niaux 09 260 B1
Niaux (Grotte de) 09 260 B1
Nibas 80 8 A4
Nibelle 45 80 A4
Nibles 04 221 F4
Nice 06 240 C1
Nicey 21 103 E2
Nicey-sur-Aire 55 62 C2
Nicole 47 211 D1
Nicorps 50 26 C4
Le Nid d'Aigle 74 175 D1
Nideck (Château et Cascade du) 67 66 B3
Niderhoff 57 66 A3
Niderviller 57 66 A2
Nied 57 40 C3
Niederbronn-les-Bains 67 43 D4
Niederbruck 68 108 A2
Niederentzen 68 89 D4
Niederhaslach 67 66 C4
Niederhausbergen 67 67 D3
Niederhergheim 68 89 D4
Niederlauterbach 67 43 F4
Niedermodern 67 67 D1
Niedermorschwihr 68 88 C3
Niedernai 67 66 C4
Niederrœdern 67 67 F1
Niederschaeffolsheim 67 67 D2
Niederseebach 67 43 E4
Niedersoultzbach 67 66 C1
Niedersteinbach 67 43 D4
Niederstinzel 57 66 A1
Niedervisse 57 41 D3
Nielles-lès-Ardres 62 3 E3
Nielles-lès-Bléquin 62 3 E4
Nielles-lès-Calais 62 3 D2
Nieppe 59 4 C4
Niergnies 59 10 C4
Nieudan 15 182 C4
Nieuil 16 163 D1
Nieuil-l'Espoir 86 132 B4
Nieul 87 164 C1
Nieul-le-Dolent 85 129 D3
Nieul-le-Virouil 17 177 E1
Nieul-lès-Saintes 17 161 D2
Nieul-sur-l'Autise 85 146 A1
Nieul-sur-Mer 17 145 D2
Nieulle-sur-Seudre 17 160 B2
Nieurlet 59 3 F3
Niévroz 01 172 A1
Niffer 68 109 D2
Niherne 36 134 B2
Nijon 52 86 A3
Nilvange 57 40 A2
Nîmes 30 235 D1
Nîmes le Vieux (Chaos de) 48 217 D2
Nino (Lac de) 2B 266 C2
Ninville 52 85 F4
Niort 79 146 B2
Niort-de-Sault 11 261 D1
Niort-la-Fontaine 53 75 D1
Niozelles 04 221 E4
Nissan-lez-Enserune 34 255 D1
Nistos 65 250 A3
Nitry 89 103 B3
Nitting 57 66 A3
Nive 64 246 C1
Nivelle 59 11 D1
Nivillac 56 92 B4
Nivillers 60 33 E1
Nivolas-Vermelle 38 172 B3
Nivollet-Montgriffon 01 156 C4
Nixéville 55 38 B4
Le Nizan 33 194 C4
Nizan-Gesse 31 250 B2
Nizas 32 229 D3
Nizas 34 233 E3
Nizerolles 03 153 E3
Nizy-le-Comte 02 36 B1
Noailhac 12 199 E3
Noailhac 19 181 E3
Noailhac 81 231 F3
Noaillac 33 195 D4
Noaillan 33 194 B4
Noailles 19 181 D3
Noailles 60 33 E2
Noailles 81 214 B4
Noailly 42 154 B3
Noalhac 48 200 C1
Noalhat 63 168 C1
Noards 27 30 C3
Nocario 2B 265 E4
Nocé 61 77 D2
Noceta 2B 267 D2
Nochize 71 154 B1
La Nocle-Maulaix 58 138 B2
Nod-sur-Seine 21 104 A2
Nods 25 125 F3
Noé 31 251 E1
Noé 89 81 F3
La Noë-Blanche 35 93 D2
Noë-les-Mallets 10 84 A4
La Noë-Poulain 27 30 C3
Noël-Cerneux 25 126 B3
Noëllet 49 94 B3
Les Noës 42 154 A4
Les Noës-près-Troyes 10 83 D2
Nœux-lès-Auxi 62 9 D3
Nœux-les-Mines 62 9 F1
Nogaret 31 230 C4
Nogaro 32 227 D1
Nogent-en-Bassigny 52 85 E4
Nogent-en-Othe 10 82 C3
Nogent-l'Abbesse 51 36 C3
Nogent-l'Artaud 02 59 E1
Nogent-le-Bernard 72 76 C3
Nogent-le-Phaye 28 78 C1
Nogent-le-Roi 28 56 A4
Nogent-le-Rotrou 28 77 E2
Nogent-le-Sec 27 55 D2
Nogent-lès-Montbard 21 103 E4
Nogent-sur-Aube 10 83 E1
Nogent-sur-Eure 28 78 B2
Nogent-sur-Loir 72 96 C3
Nogent-sur-Marne 94 58 A2
Nogent-sur-Oise 60 33 F3
Nogent-sur-Seine 10 82 A1
Nogent-sur-Vernisson 45 100 C2
Nogentel 02 59 E1
Nogna 39 141 E3
Noguères 64 226 A4
Nohanent 63 168 A2
Nohant-en-Goût 18 119 E4
Nohant-en-Graçay 18 118 A3
Nohant-Vic 36 135 D3
Nohèdes 66 261 F2
Nohic 82 230 A1
Noidan 21 122 B2
Noidans-le-Ferroux 70 106 B4
Noidans-lès-Vesoul 70 106 B3
Noidant-Chatenoy 52 105 E2
Noidant-le-Rocheux 52 105 D2
Noilhan 32 229 D3
Nointel 60 34 A2
Nointel 95 33 F4
Nointot 76 14 B4
Noir (Causse) 12,30,48 216 C3
Noircourt 02 20 B4
Noirefontaine 25 126 C1
Noirémont 60 33 E1
Noirétable 42 169 E2
Noirlac (Ancienne Abbaye de) 18 136 A2
Noirlieu 51 61 F1
Noirlieu 79 131 D1
Noirmoutier-en-l'Ile 85 110 C4
Noirmoutier (Ile de) 85 110 C4
Noiron 70 124 C1
Noiron-sous-Gevrey 21 123 F3
Noiron-sur-Bèze 21 124 A1
Noiron-sur-Seine 21 103 F1
Noironte 25 125 D2
Noirpalu 50 50 C2
Noirterre 79 131 D1
Noirval 08 37 F1
Noiseau 94 58 A3
Noisiel 77 58 A2
Noisseville 57 40 B3
Noisy-le-Grand 93 58 A2
Noisy-le-Roi 78 57 D2
Noisy-le-Sec 93 57 F2
Noisy-Rudignon 77 81 D2
Noisy-sur-École 77 80 B2
Noisy-sur-Oise 95 33 F4
Noizay 37 116 B1
Noizé 79 131 E1
Nojals-et-Clotte 24 196 B2
Nojeon-en-Vexin 27 32 B2
Nolay 21 139 F1
Nolay 58 120 C3
Nolléval 76 32 B1
Nollieux 42 170 A2
Nomain 59 10 C1
Nomdieu 47 211 E3
Nomécourt 52 85 D1
Nomeny 54 64 C1
Nomexy 88 87 D2
Nommay 25 107 F4
Nompatelize 88 88 A2
Nonac 16 178 B1
Nonancourt 27 55 E3
Nonant 14 28 C3
Nonant-le-Pin 61 53 E3
Nonards 19 181 F4
Nonaville 16 162 A4
Noncourt-sur-le-Rongeant 52 85 E1
Nonette 63 168 B4
Nonglard 74 157 F4
Nonhigny 54 65 F4
Nonières 07 187 D4
Nonsard 55 63 E1
Nontron 24 163 E4
Nonville 77 80 C3
Nonville 88 86 C4
Nonvilliers-Grandhoux 28 78 A2
Nonza 2B 265 E1
Nonzeville 88 87 F2
Noordpeene 59 4 A3
Nordausques 62 3 E3
Nordheim 67 66 C3
Nordhouse 67 67 D4
Nore (Pic de) 11 232 A4
Noreuil 62 10 B4
Norges-la-Ville 21 123 F1
Normandel 61 54 C4
Normandie-Maine (Parc Régional) 53,61 76 A2
Normanville 27 31 F4
Normanville 76 14 C3
Normée 51 60 C2
Normier 21 122 B2
Norolles 14 30 B3
Noron-la-Poterie 14 28 B3
Noron-l'Abbaye 14 52 C2
Noroy 60 34 A1
Noroy-le-Bourg 70 107 D3

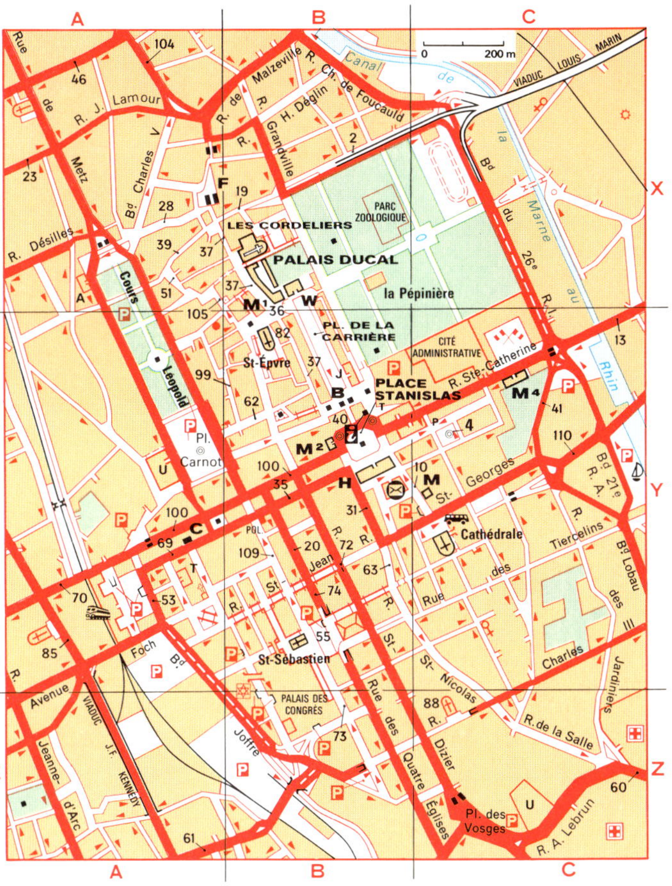
PALAIS DUCAL
LES CORDELIERS
PARC ZOOLOGIQUE
La Pépinière
PL. DE LA CARRIÈRE
CITÉ ADMINISTRATIVE
PLACE STANISLAS
St-Epvre
Cathédrale
St-Sébastien
PALAIS DES CONGRÈS
Pl. des Vosges
Canal de la Marne au Rhin
VIADUC LOUIS MARIN
VIADUC J.F. KENNEDY
0 200 m

Nancy

Dominicains (R. des)	BY	31
Gambetta (R.)	BY	35
Grande-Rue	BXY	
Héré (R.)	BY	40
Mazagran (R.)	AY	53
Mengin (Pl. Henri)	BY	55
Mouja (R. du Pont)	BY	63
Poincaré (R. R.)	AY	70
Point-Central	BY	72
Ponts (R. des)	BYZ	73
Raugraff (R.)	BY	74
Stanislas (R.)	BY	100
Trois-Maisons (R. du Fg des)	AX	104
Adam (R. Sigisbert)	BX	2
Alliance (Pl. d')	CY	4
Barrès (R. Maurice)	CY	10
Bazin (R. H.)	CY	13
Braconnot (R.)	BX	19
Carmes (R. des)	BY	20
Chanoine-Jacob (R.)	AX	23
Craffe (R. de la)	AX	28
Gaulle (Pl. Gén.-de)	BX	36
Haut-Bourgeois (R.)	AX	39
Ile de Corse (R. l')	CY	41
Keller (R. Charles)	AX	46
Loups (R. des)	AX	51
Molitor (R.)	CZ	60
Mon Désert (R. de)	ABZ	61
Monnaie (R. de la)	BY	62
Poincaré (R. H.)	AY	69
St-Léon (R.)	AY	85
Source (R. de la)	AY	99
Trouillet (R.)	AXY	105
Visitation (R. de la)	BY	109

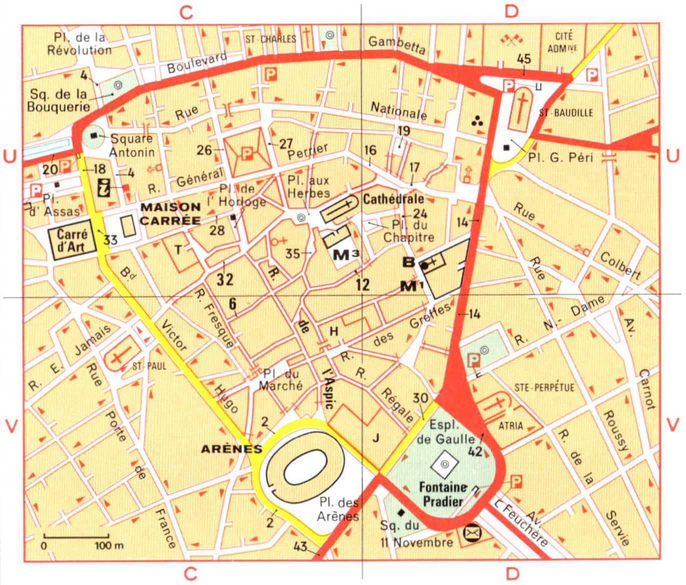
ARÈNES
MAISON CARRÉE
Carré d'Art
Cathédrale
Square Antonin
Esp. de Gaulle
Fontaine Pradier
Sq. du 11 Novembre
Boulevard Gambetta
Rue Nationale
CITÉ ADM.
ST-BAUDILLE
ST-PERPÉTUE
ST-PAUL
0 100 m

Nîmes

Madeleine (R.)	CU	32
Nationale (R.)	CDU	
Perrier (R. Gén.)	CU	
République (R. de la)	CV	43
Victor-Hugo (Bd)	CUV	
Aspic (R. de l')	CUV	
Courbet (Bd Amiral)	DUV	14
Crémieux (Rue)	DU	16
Curaterie (R.)	DU	17
Daudet (Bd A.)	CU	18
Gambetta (Bd)	CDU	
Grand'Rue	DU	24
Guizot (R.)	CU	26
Arènes (Bd des)	CV	2
Auguste (R.)	CU	4
Bernis (R. de)	CV	6
Chapitre (R. du)	CU	12
Esclafidous (Pl. des)	DU	19
Fontaine (Q. de la)	CU	20
Halles (R. des)	CU	27
Horloge (R. de l')	CU	28
Libération (Bd de la)	DV	30
Maison Carrée (Pl. de la)	CU	33
Marchands (R. des)	CU	35
Prague (Bd de)	DV	42
Saintenac (Bd E.)	DU	45

D
E
F
Y
Z
Bd Châteaudun
Coulmiers
Caban
Patay
Rue de Bannier
Av. de Paris
Zola
Émile
Vignat
PALAIS DES SPORTS
R. du Château-Gaillard
St-Vincent
été 1994
Pl. Gambetta
R. Mal Foch
Xaintrailles
Bd Rocheplatte
St-Jean
ST-PATERNE
Pl. d'Arc
Pl. Albert 1er
R. Marcel Proust
Eugène
PARC LOUIS PASTEUR
ST-VINCENT
Bellebat
R. d'Alsace-Lorraine
Alexandre Martin
Lemaitre
ST-MARC
R. St-Marc
R. H. Lavedan
Grands-Champs
Lionne
R. de la République
Campo Santo
R. des Cordiers
d'Illiers
R. des Carmes
Pl. du Martroi
R. Jeanne d'Arc
STE-CROIX
R. Desfriches
ST-EUVERTE
Bourdon Blanc
Carrefl de Bourgogne
HÔTEL DE RÉGION
Bourgogne
Rue de Bourgogne
Croix
Bois
N.-D. DES MIRACLES
TOUR
Cloître St-Aignan
St-P. le Puellier
St-Aignan
N.-DAME DE RECOUVRANCE
Pl. du Châtelet
ST-DONATIEN
ST-LAURENT
Quai St-Laurent
Quai Barentin
Quai Cypierre
Quai du Châtelet
Quai du Fort Alleaume
Q. du Roi
Pont Mal Joffre
Pont George V
Pont René Thinat
LOIRE
Quai des Augustins
Av. de Trévise
Pl. St-Charles
0
300 m

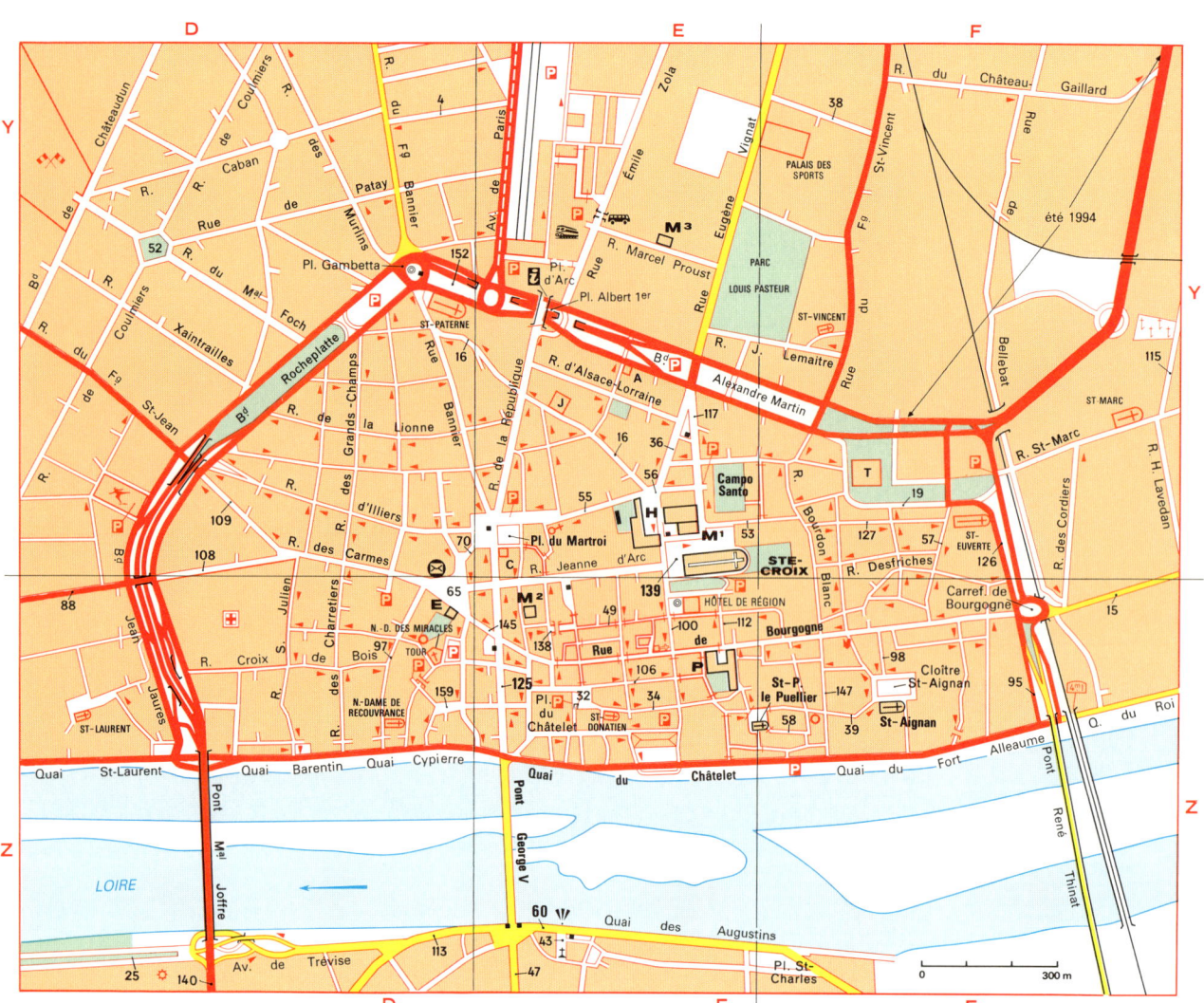

Orléans

Bannier (R.) .... DY
Jeanne-d'Arc (R.) .... EY
République (R. de la) .... EY
Royale (R.) .... EZ 125
Tabour (R. du) .... EZ 145

Antigna (R.) .... DY 4
Bourgogne (R. Fg-de) .... FZ 15
Bretonnerie (R. de la) .... DY 16
Briand (Bd A.) .... FY 19
Champ-de-Mars (Av.) .... DZ 25
Châtelet (Square du) .... EZ 32
Charpenterie (R. de la) .... EZ 34
Chollet (R. Théophile) .... EY 36
Claye (R. de la) .... FY 38
Coligny (R.) .... FZ 39
Croix-de-la-Pucelle (R.) .... EZ 43
Dauphine (Av.) .... EZ 47
Dolet (R. Étienne) .... EFZ 49
Dunois (Pl.) .... DY 52
Dupanloup (R.) .... EY 53
Escures (R. d') .... EY 55
Ételon (R. de l') .... FY 57
Folie (R. de la) .... FZ 58
Fort-Alleaume (Quai) .... FZ 59
Fort-des-Tourelles (Q.) .... EZ 60
Gaulle (Pl. Gén. de) .... DZ 65
Hallebarde (R. de la) .... DY 70
Madeleine (R. Fg) .... DZ 88
Motte-Sanguin (Bd. de) .... FZ 95
Notre-Dame-de-Recouvrance (R.) .... DZ 97
Oriflamme (R. de l') .... FZ 98
Parisie (R.) .... EZ 100
Poirier (R. du) .... EZ 106
Pte-Madeleine (R.) .... DY 108
Pte-St-Jean (R.) .... DY 109
Pothier (R.) .... EZ 112
Prague (Quai) .... DZ 113
Rabier (R. F.) .... EY 117
St-Euverte (Bd) .... FYZ 126
St-Euverte (R.) .... FY 127
Ste-Catherine (R.) .... EZ 138
Ste-Croix (Pl.) .... EYZ 139
Secrétain (Av.R.) .... DZ 140
Tourneuve (R. de la) .... FZ 140
Verdun (Bd de) .... DY 152
Vieux-Marché (Pl.) .... DY 159

Noroy-lès-Jussey 70 .... 106 A2
Noroy-sur-Ourcq 02 .... 35 D3
Norrent-Fontes 62 .... 9 E1
Norrey-en-Auge 14 .... 53 D1
Norrey-en-Bessin 14 .... 28 C3
Norrois 51 .... 61 E3
Norroy 88 .... 86 B3
Norroy-le-Sec 54 .... 39 E2
Norroy-le-Veneur 57 .... 40 B3
Norroy-lès-Pont-à-Mousson 54 .... 64 A1
Nort-Leulinghem 62 .... 3 E3
Nort-sur-Erdre 44 .... 112 A1
Nortkerque 62 .... 3 E2
Norville 76 .... 31 D4
La Norville 91 .... 57 E4
Nossage-et-Bénévent 05 .... 221 E1
Nossoncourt 88 .... 87 F1
Nostang 56 .... 90 C2
Noth 23 .... 149 F2
Nothalten 67 .... 89 D1
Notre-Dame-d'Aiguebelle (Abbaye de) 26 .... 203 F4
Notre-Dame-d'Aliermont 76 .... 16 A2
Notre-Dame-d'Allençon 49 .... 113 F2
Notre-Dame-d'Aulps (Abbaye de) 74 .... 159 D2
Notre-Dame-d'Ay 07 .... 187 D3
Notre-Dame-de-Bellecombe 73 .... 174 C1
Notre-Dame-de-Bliquetuit 76 .... 31 D4
Notre-Dame-de-Boisset 42 .... 154 B4
Notre-Dame-de-Bondeville 76 .... 31 E1
Notre-Dame-de-Buenne 12 .... 199 E4
Notre-Dame-de-Cenilly 50 .... 27 E4
Notre-Dame-de-Clausis 05 .... 207 F2
Notre-Dame-de-Commiers 38 .... 189 E4
Notre-Dame-de-Courson 14 .... 53 F1
Notre-Dame-de-Fresnay 14 .... 33 E1
Notre-Dame-de-Garaison (Collège) 65 .... 250 A2
Notre-Dame-de-Gravenchon 76 .... 30 C1
Notre-Dame-de-la-Cour 22 .... 47 F3
Notre-Dame-de-la-Gorge 74 .... 175 D1
Notre-Dame-de-la-Mer 78 .... 56 A1
Notre-Dame-de-la-Roche 78 .... 56 C3
Notre-Dame-de-la-Rouvière 30 .... 217 E3
Notre-Dame-de-la-Salette 38 .... 206 A1
Notre-Dame-de-la-Serra (Belvédère) 2B 264 B3
Notre-Dame-de-l'Epau (Abbaye) 72 .... 96 C1
Notre-Dame-de-l'Ermitage 42 .... 169 E2
Notre-Dame-de-l'Isle 27 .... 32 B4
Notre-Dame-de-Livaye 14 .... 29 F4
Notre-Dame-de-Livoye 50 .... 51 D2
Notre-Dame-de-Londres 34 .... 234 B1
Notre-Dame-de-Lorette (Colline de) 62 .... 10 A2
Notre-Dame-de-l'Osier 38 .... 188 C2
Notre-Dame-de-Lumières 84 .... 220 A3
Notre-Dame-de-Mésage 38 .... 189 E3
Notre-Dame-de-Monts 85 .... 128 A1
Notre-Dame-de-Piétat 64 .... 248 B2
Notre-Dame-de-Randol (Abbaye) 63 .... 168 A3
Notre-Dame-de-Riez 85 .... 128 B2
Notre-Dame-de-Sanilhac 24 .... 179 E3
Notre-Dame-de-Timadeuc (Abbaye) 56 .... 71 E3
Notre-Dame-de-Tronoën 29 .... 68 C4
Notre-Dame-de-Vassivière 63 .... 167 F4
Notre-Dame-de-Vaux 38 .... 189 E4
Notre-Dame-d'Elle 50 .... 28 A4
Notre-Dame-d'Épine 27 .... 30 C3
Notre-Dame-des-Anges 83 .... 244 C1
Notre-Dame-des-Dombes (Abbaye de) 01 .... 156 A4
Notre-Dame-des-Fontaines 06 .... 241 F1
Notre-Dame-des-Landes 44 .... 111 E1
Notre-Dame-des-Millières 73 .... 174 B3
Notre-Dame-des-Neiges (Trappe de) 07 .... 202 B3
Notre-Dame-d'Estrées 14 .... 29 F4
Notre-Dame-d'Oé 37 .... 116 A1
Notre-Dame-d'Or 86 .... 131 F2
Notre-Dame-du-Bec 76 .... 14 A4
Notre-Dame-du-Crann 29 .... 69 F2
Notre-Dame-du-Cruet 73 .... 190 B1
Notre-Dame-du-Hamel 27 .... 54 B2
Notre-Dame-du-Mai 83 .... 244 A3
Notre-Dame-du-Parc 76 .... 15 F3
Notre-Dame-du-Pé 72 .... 95 F3
Notre-Dame-du-Pré 73 .... 174 C3
Notre-Dame-du-Rocher 61 .... 52 B2
Notre-Dame-du-Touchet 50 .... 51 E4
Notre-Dame (Forêt de) 94 .... 58 A3
Nottonville 28 .... 78 C4
La Nouaille 23 .... 166 B1
Nouaillé-Maupertuis 86 .... 132 B4
Nouainville 50 .... 24 C2
Nouan-le-Fuzelier 41 .... 99 E4
Nouans 72 .... 76 B3
Nouans-les-Fontaines 37 .... 117 D3
Nouart 08 .... 38 A1
Nouâtre 37 .... 115 F4
La Nouaye 35 .... 72 C3
La Noue 51 .... 59 F3
Noueilles 31 .... 230 A4
Nougaroulet 32 .... 229 C2
Nouhant 23 .... 151 E2
Nouic 87 .... 148 C4
Nouilhan 65 .... 227 E4
Les Nouillers 17 .... 161 D1
Nouillonpont 55 .... 39 D2
Nouilly 57 .... 40 B3
Noulens 32 .... 227 E1
Nourard-le-Franc 60 .... 33 F1
Nourray 41 .... 98 A3
Nousse 40 .... 225 F2
Nousseviller-lès-Bitche 57 .... 42 B3
Nousseviller-St-Nabor 57 .... 41 F3
Nousty 64 .... 248 C1
Nouvelle-Église 62 .... 3 E2
Nouvion 80 .... 8 B3
Le Nouvion-en-Thiérache 02 .... 20 A1
Nouvion-et-Catillon 02 .... 19 E3
Nouvion-le-Comte 02 .... 19 E3
Nouvion-le-Vineux 02 .... 35 F1
Nouvion-sur-Meuse 08 .... 21 F3
Nouvoitou 35 .... 73 E4
Nouvron-Vingré 02 .... 35 D2
Nouzerines 23 .... 150 C1
Nouzerolles 23 .... 150 A1
Nouziers 23 .... 150 B1
Nouzilly 37 .... 97 E4
Nouzonville 08 .... 21 E2
Novacelles 63 .... 185 D1
Novalaise 73 .... 173 E3
Novale 2B 267 E1
Novéant-sur-Moselle 57 .... 40 A4
Novel 74 .... 159 D1
Novella 2B 265 D3
Noves 13 .... 219 F4
Noviant-aux-Prés 54 .... 63 F3
Novillard 90 .... 108 A3
Novillars 25 .... 125 E2
Novillers 60 .... 33 E3
Novion-Porcien 08 .... 21 D4
Novy-Chevrières 08 .... 37 D1
Noyal 22 .... 48 C4
Noyal-Muzillac 56 .... 92 A3
Noyal-Pontivy 56 .... 71 D3
Noyal-sous-Bazouges 35 .... 73 D1
Noyal-sur-Brutz 44 .... 93 F2
Noyal-sur-Seiche 35 .... 73 D4
Noyal-sur-Vilaine 35 .... 73 E3
Noyales 02 .... 19 E2
Noyalo 56 .... 91 E3
Noyant 49 .... 96 B4
Noyant-d'Allier 03 .... 137 D4
Noyant-de-Touraine 37 .... 115 F3
Noyant-et-Aconin 02 .... 35 E2
Noyant-la-Gravoyère 49 .... 94 B3
Noyant-la-Plaine 49 .... 114 A2
Noyarey 38 .... 189 D2
Noyelle-Vion 62 .... 9 F3
Noyelles-en-Chaussée 80 .... 8 C3
Noyelles-Godault 62 .... 10 B2
Noyelles-lès-Humières 62 .... 9 D2
Noyelles-lès-Seclin 59 .... 10 B1
Noyelles-lès-Vermelles 62 .... 10 A1
Noyelles-sous-Bellonne 62 .... 10 B3
Noyelles-sous-Lens 62 .... 10 A2
Noyelles-sur-Escaut 59 .... 10 C4
Noyelles-sur-Mer 80 .... 8 B4
Noyelles-sur-Sambre 59 .... 11 F4
Noyelles-sur-Selle 59 .... 11 D3
Noyellette 62 .... 9 F3
Noyen-sur-Sarthe 72 .... 96 A2
Noyen-sur-Seine 77 .... 81 F1
Le Noyer 05 .... 206 A2
Le Noyer 18 .... 119 E2
Le Noyer 73 .... 173 F2
Noyer (Col du) 05 .... 206 A2
Le Noyer-en-Ouche 27 .... 54 C1
Noyers 27 .... 32 C3
Noyers 45 .... 100 B1
Noyers 52 .... 85 F4
Noyers 55 .... 62 B2
Noyers 89 .... 103 D3
Noyers-Bocage 14 .... 28 C4
Noyers-Pont-Maugis 08 .... 21 F3
Noyers-St-Martin 60 .... 33 E1
Noyers-sur-Cher 41 .... 117 D2
Noyers-sur-Jabron 04 .... 221 E2
Noyon 60 .... 18 C4
Nozay 10 .... 83 D1
Nozay 44 .... 93 E4
Nozay 91 .... 57 E4
Nozeroy 39 .... 142 A2
Nozières 07 .... 187 D4
Nozières 18 .... 135 F3
Nuaillé 49 .... 113 E3
Nuaillé-d'Aunis 17 .... 145 E2
Nuaillé-sur-Boutonne 17 .... 146 B4
Nuars 58 .... 121 E1
Nubécourt 55 .... 62 C1
Nucourt 95 .... 33 D4
Nueil-sous-Faye 86 .... 115 D4
Nueil-sur-Argent 79 .... 130 C1
Nueil-sur-Layon 49 .... 114 A3
Nuelles 69 .... 171 D1
Nuillé-le-Jalais 72 .... 76 C4
Nuillé-sur-Vicoin 53 .... 94 C1
Nuisement-sur-Coole 51 .... 61 D2
Nuits 89 .... 103 E3
Nuits-St-Georges 21 .... 123 E3
Nullemont 76 .... 16 B3
Nully 52 .... 84 B2
Nuncq 62 .... 9 E3
Nuret-le-Ferron 36 .... 134 A3
Nurieux-Volognat 01 .... 157 D3
Nurlu 80 .... 18 C1
Nuzéjouls 46 .... 197 F3
Nyer 66 .... 261 F3
Nyoiseau 49 .... 94 C3
Nyons 26 .... 220 A1

O

O (Château d') 61 .... 53 E3
Obenheim 67 .... 89 E1
Oberbronn 67 .... 43 D4
Oberbruck 68 .... 108 A2
Oberdorf 68 .... 108 C3
Oberdorf-Spachbach 67 .... 67 D1
Oberdorff 57 .... 41 D2
Oberentzen 68 .... 108 C1
Obergailbach 57 .... 42 B3
Oberhaslach 67 .... 66 C4
Oberhausbergen 67 .... 67 D3
Oberhergheim 68 .... 89 D4
Oberhoffen-lès-Wissembourg 67 .... 43 E4
Oberhoffen-sur-Moder 67 .... 67 E2
Oberlarg 68 .... 108 C4
Oberlauterbach 67 .... 43 F4
Obermodern 67 .... 66 C1
Obermorschwihr 68 .... 89 D4
Obermorschwiller 68 .... 108 C3
Obernai 67 .... 66 C4
Oberrœdern 67 .... 67 E1
Obersaasheim 68 .... 89 E4
Oberschaeffolsheim 67 .... 67 D3
Obersoultzbach 67 .... 66 C1
Obersteinbach 67 .... 43 D4
Oberstinzel 57 .... 66 A2
Obervisse 57 .... 41 D3
Obies 59 .... 11 F3
L'Obiou 38 .... 205 F1
Objat 19 .... 181 D2
Oblinghem 62 .... 9 F1
Obrechies 59 .... 12 B3
Obreck 57 .... 65 D2
Observatoire de Haute Provence 04 .... 221 E4
Obsonville 77 .... 80 B3
Obterre 36 .... 133 E1
Obtrée 21 .... 103 F1
Ocana 2A 266 C4
Occagnes 61 .... 53 D2
Occey 52 .... 105 D3
Occhiatana 2B 264 C3
Occoches 80 .... 9 E4
Ochancourt 80 .... 8 A4
Oches 08 .... 38 A1
Ochey 54 .... 64 A4
Ochiaz 01 .... 157 E3
Ochtezeele 59 .... 4 A3
Ocquerre 77 .... 58 C1
Ocqueville 76 .... 14 C3
Octeville 50 .... 24 C2
Octeville-l'Avenel 50 .... 25 D2
Octeville-sur-Mer 76 .... 14 A4
Octon 34 .... 233 E2
Odars 31 .... 230 B3
Odenas 69 .... 155 E3
Oderen 68 .... 108 A1
Odet 29 .... 69 D3
Odival 52 .... 85 E4
Odomez 59 .... 11 E2
Odos 65 .... 249 E2
Odratzheim 67 .... 66 C3
Œillon (Crêt de l') 42 .... 187 D1
Oëlleville 88 .... 86 C2
Oermingen 67 .... 42 A4
Œting 57 .... 41 E3
Oëtre (Roche d') 61 .... 52 B4
Œuf-en-Ternois 62 .... 9 D2
Œuilly 02 .... 36 A2
Œuilly 51 .... 36 A4
Œutrange 57 .... 40 A1
Œyregave 40 .... 225 D3
Œyreluy 40 .... 225 E2
Oëy 55 .... 63 D3
Offekerque 62 .... 3 D2
Offemont 90 .... 107 F3
Offendorf 67 .... 67 E2
Offignies 80 .... 16 C3
Offin 62 .... 8 C2
Offlanges 39 .... 124 B3
Offoy 60 .... 17 D3
Offoy 80 .... 18 C3
Offranville 76 .... 15 E2
Offrethun 62 .... 2 C3
Offroicourt 88 .... 86 C2
Offwiller 67 .... 66 C1
Ogenne-Camptort 64 .... 247 F1
Oger 51 .... 60 C1
Ogeu-les-Bains 64 .... 248 A2
Ogéviller 54 .... 65 E4
Ogliastro 2B 264 B2
Ognes 02 .... 19 D4
Ognes 51 .... 60 B3
Ognes 60 .... 34 B4
Ognéville 54 .... 86 C1
Ognolles 60 .... 18 B3
Ognon 60 .... 34 B3
Ognon 25,70 .... 107 E2
Ogy 57 .... 40 C4
Ohain 59 .... 20 B1
Oherville 76 .... 14 C3
Ohis 02 .... 20 B2
Ohlungen 67 .... 67 D2
Ohnenheim 67 .... 89 E2
L'Oie 85 .... 129 F2
Oigney 70 .... 106 A2
Oignies 62 .... 10 B2
Oigny 21 .... 104 A4
Oigny 41 .... 77 E4
Oigny-en-Valois 02 .... 35 D3
Oingt 69 .... 155 E4
Oinville-St-Liphard 28 .... 79 E3
Oinville-sous-Auneau 28 .... 79 D1
Oinville-sur-Montcient 78 .... 56 C1
Oiron 79 .... 131 E1
Oiry 51 .... 60 A1
Oise 2,60,95 .... 34 C1
Oiselay-et-Grachaux 70 .... 125 D1
Oisemont 80 .... 16 C2
Oisilly 21 .... 124 A1
Oisly 41 .... 117 D1
Oison 45 .... 79 E4
Oisseau 53 .... 75 D2
Oisseau-le-Petit 72 .... 76 A2
Oissel 76 .... 31 F2
Oissery 77 .... 34 B4
Oissy 80 .... 17 D2
Oisy 02 .... 19 F1
Oisy 58 .... 120 C1
Oisy 59 .... 11 D2
Oisy-le-Verger 62 .... 10 C3
Oizé 72 .... 96 B2
Oizon 18 .... 119 D1
Olan (Pic d') 05 .... 206 B1
Olargues 34 .... 232 C2
Olby 63 .... 167 F2
Olcani 2B 265 E1
Oléac-Debat 65 .... 249 E1
Oléac-Dessus 65 .... 249 E2
Olemps 12 .... 215 E1
Olendon 14 .... 53 D1
Oléron (Ile d') 17 .... 160 A1
Oletta 2B 265 E2
Olette 66 .... 261 E3
Olhain (Château d') 62 .... 9 F2
Olivese 2A 269 D1

livet 45 99 E2
livet 53 74 B3
lizy 08 37 F2
lizy 51 36 A4
lizy-sur-Chiers 55 22 B4
llainville 88 86 B2
llainville 91 57 E4
llans 25 125 F1
llé 28 78 B2
lle (Combe d') 73 190 A2
lley 54 39 E3
llezy 02 19 D3
llières 55 39 D2
llières 83 238 A3
es Ollières 74 158 B4
es Ollières-sur-Eyrieux 07 203 E1
lliergues 63 169 D3
llioules 83 244 A3
lloix 63 168 A3
es Olmes 69 171 D1
lmet 63 169 D2
lmet-et-Villecun 34 233 E2
lmeta-di-Capocorso 2B 265 E1
lmeta-di-Tuda 2B 265 E3
lmeto 2A 268 C2
lmi-Cappella 2B 264 C3
lmiccia 2A 269 D2
lmo 2B 265 E3
lonne-sur-Mer 85 128 C3
lonzac 34 254 B1
loron-Ste-Marie 64 248 A2
ls-et-Rinhodes 12 198 C4
ltingue 68 108 C4
lwisheim 67 67 D2
maha Beach 14 28 B2
mblèze 26 204 C1
mblèze (Gorges d') 26 204 B1
mécourt 60 16 C4
melmont 54 64 B4
es Omergues 04 221 D2
merville 95 32 C4
messa 2B 267 D1
met 33 194 C3
mex 65 257 D1
mey 51 61 E2
micourt 08 21 F4
miécourt 80 18 B3
missy 02 19 D2
mméel 61 53 E2
mmeray 57 65 E3
mmoy 61 53 D2
Omont 08 21 E4
Omonville 76 15 E3
Omonville-la-Petite 50 24 B1
Omonville-la-Rogue 50 24 B1
Omps 15 199 E1
Oms 66 262 B3
Onans 25 107 E4
Onard 40 225 F1
Onay 70 124 C1
Oncieu 01 156 C4
Oncourt 88 87 D2
Oncy-sur-École 91 80 B2
Ondefontaine 14 52 A1
Ondes 31 229 F1
Ondres 40 224 C3
Ondreville-sur-Essonne 45 80 A3
Onesse-et-Laharie 40 208 B3
Onet-le-Château 12 215 E1
Oneux 80 8 C4
Ongles 04 221 E3
Onglières 39 142 A2
Onjon 10 83 E2
Onlay 58 138 B1
Onnaing 59 11 E2
Onnion 74 158 C2
Onoz 39 141 E4
Ons-en-Bray 60 33 D2
Ontex 73 173 E2
Onville 54 39 F4
Onvillers 80 18 A4
Onzain 41 98 A4
Oô 31 258 B4
Oô (Lac d') 31 258 B4
Oost-Cappel 59 4 B2
Opio 06 240 A2
Opme 63 168 A3
Opoul-Périllos 66 254 B4
Oppède-le-Vieux 84 236 C1
Oppedette 04 221 D4
Oppenans 70 107 D3
Oppy 62 10 B2
Optevoz 38 172 B2
Or (Mont d') 25 142 C2
Or (Mont d') 69 171 E1
Oraàs 64 225 E4
Oradour 15 200 B1
Oradour 16 162 B1
Oradour-Fanais 16 148 B3
Oradour-St-Genest 87 148 C2
Oradour-sur-Glane 87 164 B1
Oradour-sur-Vayres 87 164 A2
Orain 21 105 E3
Orainville 02 36 B2
Oraison 04 221 F4
Orange 84 219 E2
Orb 34 233 D4
Orb (Gorges de l') 34 233 D2
Orbagna 39 141 D3
Orbais-l'Abbaye 51 60 A1
Orban 81 231 D1
Orbec 14 54 A1
Orbeil 63 168 C4
Orbessan 32 228 B3
Orbey 68 88 C3
Orbigny 37 117 D3
Orbigny-au-Mont 52 105 E1
Orbigny-au-Val 52 105 E1
Orbois 14 28 B4
L'Orbrie 85 130 B4
Orçay 41 118 B2
Orcemont 78 56 C4
Orcenais 18 135 F3
Orcet 63 168 B2
Orcevaux 52 105 D2
Orchaise 41 98 A4
Orchamps 39 124 C3
Orchamps-Vennes 25 126 B3
Orches 86 132 B1
Orchies 59 10 C1
Orcier 74 158 C1
Orcières 05 206 C2
Orcinas 26 204 B3
Orcines 63 168 A2
Orcival 63 167 F3
Orconte 51 61 F3
Ordan-Larroque 32 228 A2
Ordiarp 64 247 E2
Ordizan 65 249 E2
Ordonnac 33 176 C2
Ordonnaz 01 172 C1
Ore 31 250 B3
Orègue 64 225 D4
Oreilla 66 261 E3
Orelle 73 190 C2
Oresmaux 80 17 E3
Organ 65 250 A1
Orgeans-Blanchefontaine 25 126 C2
Orgedeuil 16 163 D3
Orgeix 09 260 C2
Orgelet 39 141 E4
Orgères 35 73 D4
Orgères 61 53 F3
Orgères-en-Beauce 28 78 C3
Orgerus 78 56 B2
Orges 52 84 C4
Orgeux 21 123 F1
Orgeval 02 36 A1
Orgeval 78 56 C2
Orgibet 09 259 D3
Orglandes 50 25 D3
Orgnac (Aven d') 07 218 C1
Orgnac-l'Aven 07 218 C1
Orgnac-sur-Vézère 19 181 D1
Orgon 13 236 C1
Orgueil 82 213 D4
Orgues 19 183 D1
Orhy (Pic d') 64 247 D3
Oricourt 70 107 D3
Orient (Forêt d') 10 83 F2
Orieux 65 249 F2
Orignac 65 249 E2
Origne 33 194 B4
Origné 53 94 C1
Orignolles 17 177 F2
Origny 21 104 A3
Origny-en-Thiérache 02 20 B2
Origny-le-Butin 61 76 C2
Origny-le-Roux 61 76 C2
Origny-le-Sec 10 82 B1
Origny-Ste-Benoite 02 19 E2
Orin 64 247 F1
Orincles 65 249 E1
Oriocourt 57 64 C2
Oriol-en-Royans 26 188 B4
Oriolles 16 178 A1
Orion 64 225 F4
Oris-en-Rattier 38 189 E4
Orist 40 225 D2
Orival 16 178 B2
Orival 76 31 E2
Orival 80 16 C3
Orival (Roches d') 76 31 E2
Orléans 45 99 E2
Orléat 63 168 C1
Orleix 65 249 E1
Orliac 24 197 D2
Orliac-de-Bar 19 181 F1
Orliaguet 24 197 F1
Orliénas 69 171 E3
Orlu 09 260 C2
Orlu 28 79 E2
Orly 94 57 E3
Orly-sur-Morin 77 59 D2
Ormancey 52 105 D1
Ormeaux 77 58 C3
Ormenans 70 106 C4
Ormersviller 57 42 B3
Ormes 10 60 C4
Ormes 27 31 E4
Ormes 45 99 D1
Ormes 51 36 B3
Ormes 71 140 B3
Les Ormes 86 132 C1
Les Ormes 89 101 F2
Ormes-et-Ville 54 64 C4
Les Ormes-sur-Voulzie 77 81 E1
Ormesson 77 80 C3
Ormesson-sur-Marne 94 58 A3
Ormoiche 70 106 C2
Ormoy 28 56 A4
Ormoy 70 106 B1
Ormoy 89 102 B1
Ormoy 91 57 F4
Ormoy-la-Rivière 91 79 F2
Ormoy-le-Davien 60 34 C3
Ormoy-lès-Sexfontaines 52 85 D3
Ormoy-sur-Aube 52 84 B4
Ormoy-Villers 60 34 B3
Ornacieux 38 188 B1
Ornain 51,55 62 A2
Ornaisons 11 254 B2
Ornans 25 125 E3
Orne 14,61 29 D4
Orne 54,55,57 39 E3
Ornel 55 39 D3
Ornes 55 38 C3
Ornex 01 158 A2
Ornézan 32 228 B3
Orniac 46 198 A3
Ornolac-Ussat-les-Bains 09 260 B1
Ornon 38 189 F3
Orny 57 40 B4
Oroër 60 33 E1
Oroix 65 249 D1
Oron 57 65 D1
Oroux 79 131 E3
Orphin 78 56 C4
Orpierre 05 221 D1
Orquevaux 52 85 E2
Les Orres 05 207 D3
Orret 21 104 A4
Orriule 64 225 F4
Orrouer 28 78 B2
Orrouy 60 34 B3
Orry-la-Ville 60 34 A4
Ors 59 11 E4
Orsan 30 219 D3
Orsanco 64 247 D1
Orsans 11 252 C2
Orsans 25 126 A2
Orsay 91 57 D3
Orschwihr 68 108 B1
Orschwiller 67 89 D2
Orsennes 36 150 A1
Orsinval 59 11 E3
Orsonnette 63 168 C4
Orsonville 78 79 D1
Ortaffa 66 262 C3
Ortale 2B 267 E1
Ortenbourg 67 89 D2
Orthevielle 40 225 D3
Orthez 64 225 F3
Orthoux-Sérignac-Quilhan 30 218 A4
Ortillon 10 83 E1
Ortiporio 2B 265 E4
Orto 2A 266 C2
Ortoncourt 88 87 E1
Orus 09 260 A1
Orval 18 136 A3
Orval 50 26 C4
Orvault 44 111 F2
Orvaux 27 55 D1
Orve 25 126 B1
Orveau 91 80 A1
Orveau-Bellesauve 45 80 A3
Orville 21 105 D4
Orville 36 117 F3
Orville 45 80 A3
Orville 61 53 F2
Orville 62 9 E4
Orvillers-Sorel 60 18 A4
Orvilliers 78 56 B2
Orvilliers-St-Julien 10 82 C1
Orx 40 224 C2
Os-Marsillon 64 226 A4
Osani 2A 266 A1
Osches 55 62 B1
Osenbach 68 88 C4
Oslon 71 140 A2
Osly-Courtil 02 35 D2
Osmanville 14 27 E2
Osmery 18 136 B1
Osmets 65 249 F1
Osmoy 18 119 D4
Osmoy 78 56 B2
Osmoy-St-Valery 76 16 A3
Osne-le-Val 52 81 D1
Osnes 08 22 A3
Osny 95 33 D4
L'Ospédale 2A 269 E2
Ospédale (Forêt de l') 2A 269 E2
Osquich (Col d') 64 247 D2
Ossages 40 225 F3
Ossas-Suhare 64 247 E2
Osse 25 125 F2
Ossé 35 73 E4
Osse-en-Aspe 64 256 A2
Osséja 66 261 D4
Osselle 25 125 D3
Ossen 65 257 D2
Ossenx 64 225 F4
Osserain-Rivareyte 64 225 E4
Ossès 64 246 C1
Ossey-les-Trois-Maisons 10 82 B1
Ossun 65 249 D2
Ossun-ez-Angles 65 257 E1
Ostabat-Asme 64 247 D1
Ostel 02 35 F2
Ostheim 68 89 D3
Osthoffen 67 67 D3
Osthouse 67 89 E1
Ostreville 62 9 E2
Ostricourt 59 10 B2
Ostwald 67 67 D3
Ota 2A 266 B2
Othe 54 38 C1
Othe (Forêt d') 10,89 82 B4
Othis 77 34 B4
Ottange 57 39 F1
Ottersthal 67 66 C2
Otterswiller 67 66 C2
Ottmarsheim 68 109 D2
Ottonville 57 40 C3
Ottrott 67 66 C4
Ottwiller 67 66 B1
Ouagne 58 121 D1
Ouainville 76 14 C3
Ouanne 89 102 A3
Ouarville 28 79 D2
Les Oubeaux 14 27 E2
Ouchamps 41 117 D1
Ouches 42 154 A4
Oucques 41 98 B2
Oudalle 76 30 B1
Oudan 58 120 C2
Oudeuil 60 33 D1
Oudezeele 59 4 B3
Oudincourt 52 85 D3
Oudon 44 112 B1
Oudrenne 57 40 C1
Oudry 71 138 C4
Oueilloux 65 249 E2
Ouerre 28 56 A3
Ouessant 29 44 A2
Ouézy 14 29 E4
Ouffières 14 28 C4
Ouge 70 105 F2
Ouges 21 123 F2
Ougney 39 124 C2
Ougney-Douvot 25 125 F2
Ougny 58 121 E4
Ouhans 25 125 F4
Ouides 43 201 F1
Ouillat (Col de l') 66 262 C3
Ouillon 64 248 C1
Ouilly-du-Houley 14 30 B3
Ouilly-le-Tesson 14 52 C1
Ouilly-le-Vicomte 14 30 A3
Ouistreham 14 29 E3
Oulches 36 134 A3
Oulches-la-Vallée-Foulon 02 36 A2
Oulchy-la-Ville 02 35 E3
Oulchy-le-Château 02 35 E3
Oulins 28 56 A2
Oulles 38 189 F3
Oullins 69 171 E2
Oulmes 85 146 A1
Oulon 58 120 C3
Ounans 39 124 C4
Oupia 34 254 B1
Our 39 124 C3
Ource 10,21 104 B2
Ourcel-Maison 60 17 E4
Ourches 26 204 B1
Ourches-sur-Meuse 55 63 E3
Ourcq 02 35 D3
Ourde 65 250 A4
Ourdis-Cotdoussan 65 257 E2
Ourdon 65 257 E2
Ourouër 58 120 C4
Ouroux 69 155 D2
Ouroux-en-Morvan 58 121 F3
Ouroux-sous-le-Bois-Ste-Marie 71 154 C1
Ouroux-sur-Saône 71 140 B2
Ours (Pic de l') 83 240 A3
Oursbelille 65 249 D1
Ourscamps (Abbaye d') 60 34 C1
Ourtigas (Col de l') 34 232 C3
Ourton 62 9 E2
Ourville-en-Caux 76 14 C3
Ousse 64 248 C1
Ousse-Suzan 40 209 D4
Oussières 39 141 E1
Ousson-sur-Loire 45 100 C4
Oussoy-en-Gâtinais 45 100 C1
Oust 09 259 F3
Oust-Marest 80 16 A1
Ousté 65 257 E2
Outarville 45 79 E3
Outines 51 61 F4
Outreau 62 2 C4
Outrebois 80 9 D4
Outremécourt 52 86 A3
Outrepont 51 61 F3
Outriaz 01 157 D3
Ouvans 25 126 A2
Ouve-Wirquin 62 3 E4
Ouveillan 11 254 C1
Ouvèze 26,84 219 F2
Ouville 50 51 D1
Ouville-la-Bien-Tournée 14 29 F4
Ouville-la-Rivière 76 15 E2
Ouville-l'Abbaye 76 15 D3
Ouvrouer-les-Champs 45 99 F2
Ouzilly 86 132 B2
Ouzilly-Vignolles 86 131 F1
Ouzouer-des-Champs 45 100 C2
Ouzouer-le-Doyen 41 98 B1
Ouzouer-le-Marché 41 98 C1
Ouzouer-sous-Bellegarde 45 100 B1
Ouzouer-sur-Loire 45 100 B2
Ouzouer-sur-Trézée 45 101 D3
Ouzous 65 257 D2
Ovanches 70 106 B3
Ovillers-la-Boisselle 80 18 A1
Oxelaëre 59 4 B3
Oyé 71 154 B2
Oye-et-Pallet 25 142 C1
Oye-Plage 62 3 E2
Oyes 51 60 A2
Oyeu 38 172 C4
Oyonnax 01 157 D2
Oyré 86 132 C1
Oyrières 70 105 F4
Oysonville 28 79 E2
Oytier-St-Oblas 38 172 A3
Oz 38 190 A2
Ozan 01 155 F1
Oze 05 205 F3
Ozenay 71 140 A4
Ozenx 64 225 F4
Ozerailles 54 39 E3
Ozeville 50 25 D3
Ozières 52 85 F3
Ozillac 17 177 E1
Ozoir-la-Ferrière 77 58 B3
Ozoir-le-Breuil 28 98 C1
Ozolles 71 154 C1
Ozon 07 187 E3
Ozon 65 249 F2
Ozouer-le-Repos 77 58 C4
Ozouer-le-Voulgis 77 58 B3
Ozourt 40 225 F2

P

Paars 02 35 F2
Pabu 22 47 E3
La Pacaudière 42 154 A3
Paccionitoli 2A 269 D2
Pacé 35 73 D3
Pacé 61 76 A1
Pact 38 187 F1
Pacy-sur-Armançon 89 103 D2
Pacy-sur-Eure 27 55 F1
Padern 11 254 A4
Padiès 81 215 D3
Padirac 46 198 B1
Padirac (Gouffre de) 46 198 B1
Padoux 88 87 E2
Pageas 87 164 B3
Pagney 39 124 C2
Pagney-derrière-Barine 54 63 F3
Pagnoz 39 125 D4
Pagny-la-Blanche-Côte 55 63 E4
Pagny-la-Ville 21 123 F4
Pagny-le-Château 21 123 F4
Pagny-lès-Goin 57 64 B1
Pagny-sur-Meuse 55 63 E3
Pagny-sur-Moselle 54 64 A1
Pagolle 64 247 E1
Pailhac 65 249 F4
Pailharès 07 187 D3
Pailherols 15 183 E4
Pailhès 09 251 F3
Pailhès 34 233 D4
Paillart 60 17 E4
Paillas (Moulins de) 83 245 E2
Paillé 17 146 B4
Paillencourt 59 10 C3
Paillet 33 194 B2
Pailloles 47 196 B4
Pailly 89 81 F2
Le Pailly 52 105 E2
Paimbœuf 44 111 D2
Paimpol 22 47 E1
Paimpont 35 72 B4
Painblanc 21 122 C3
Paiolive (Bois de) 07 218 B1
Pair-et-Grandrupt 88 88 B2
Paissy 02 36 A2
Paisy-Cosdon 10 82 B3
Paizay-le-Chapt 79 146 C3
Paizay-le-Sec 86 133 D4
Paizay-le-Tort 79 146 C3
Paizay-Naudouin 16 147 D4
Pajay 38 188 A1
Pal (Zoo du) 03 138 A4
Paladru 38 172 C4
Paladru (Lac de) 38 172 C4
Palaggiu (Alignements de) 2A 268 C3
Palairac 11 254 A4
Le Palais 56 90 C4
Le Palais-sur-Vienne 87 164 C1
Palaiseau 91 57 E3
Palaiseul 52 105 E2
Palaja 11 253 E2
Palaminy 31 251 D2
Palante 70 107 E3
Palantine 25 125 D3
Palasca 2B 264 C3
Palau-de-Cerdagne 66 261 D4
Palau-del-Vidre 66 262 C3
Palavas-les-Flots 34 234 C3
Palazinges 19 181 E3
Paley 77 80 C3
Paleyrac 24 196 C1
Palhers 48 201 D4
Palinges 71 139 D4
Pâlis 10 82 B2
Palise 25 125 E1
Palisse 19 182 B1
Palladuc 63 169 D1
Pallanne 32 227 F3
Palleau 71 140 B1
Pallegney 88 87 E2
Le Pallet 44 112 B3
Palleville 81 231 D3
La Pallu 53 52 C4
Palluau 85 128 C2
Palluau-sur-Indre 36 134 A1
Palluaud 16 178 C1
Pallud 73 174 B2
Palluel 62 10 C3
Palmas 12 215 F1
Palneca 2A 267 D4
Palogneux 42 169 F2
Palombaggia (Plage de) 2A 269 E3
La Palud-sur-Verdon 04 239 D1
Paluel 76 14 C2
Pamfou 77 81 D1
Pamiers 09 252 B3
Pampelonne 81 214 C3
Pamplie 79 130 C4
Pamproux 79 146 D1
Panassac 32 228 B4
Panazol 87 164 C2
Pancé 35 93 E1
Pancey 52 85 E1
Pancheraccia 2B 267 E2
Pancy-Courtecon 02 35 F1
Pandrignes 19 181 F2
Pange 57 40 C4
Panges 21 123 D1
Panilleuse 27 32 B4
Panissage 38 172 C4
Panissières 42 170 C2
Panjas 32 227 D1
Pannecé 44 94 A4
Pannecières 45 79 F2
Pannes 45 100 C1
Pannes 54 63 F1
Pannesière-Chaumard (Barrage de) 58 121 F3
Pannessières 39 141 E2
Panon 72 76 B2
Panossas 38 172 B2
La Panouse 48 201 F2
Pantin 93 57 E2
Panzoult 37 115 E3
Papleux 02 20 A1
Paradou 13 236 A2
Paramé 35 49 E3
Parassy 18 119 E3
Parata 2B 265 E4
Parata (Pointe de la) 2A 266 A4
Paray-Douaville 78 79 D1
Paray-le-Frésil 03 137 F3
Paray-le-Monial 71 154 B1
Paray-sous-Briailles 03 153 D2
Paray-Vieille-Poste 91 57 E3
Paraza 11 254 B2
Parbayse 64 248 A1
Parc-d'Anxtot 76 14 B4
Parçay-les-Pins 49 115 D1
Parçay-Meslay 37 116 A1
Parçay-sur-Vienne 37 115 E4
Parcé 35 74 A2
Parcé-sur-Sarthe 72 95 F2
Parcey 39 124 B4
Parcieux 01 171 E1
Parcoul 24 178 B2
Le Parcq 62 9 D2
Parcy-et-Tigny 02 35 E3
Pardailhan 34 232 C4
Pardaillan 47 195 F3
Pardies 64 226 A4
Pardies-Piétat 64 248 C2
Pardines 63 168 B4
Paréac 65 249 D2
Pareid 55 39 E4
Pareloup (Lac de) 12 215 F2
Parempuyre 33 177 D4
Parennes 72 75 F3
Parent 63 168 B3
Parentignat 63 168 B4
Parentis-en-Born 40 208 B1
Parenty 62 8 B1
Parey-St-Césaire 54 64 B4
Parey-sous-Montfort 88 86 B2
Parfondeval 02 20 C3
Parfondeval 61 77 D1
Parfondru 02 36 A1
Parfondrupt 55 39 E3
Parfouru-l'Éclin 14 28 B3
Parfouru-sur-Odon 14 28 C4
Pargnan 02 36 A2
Pargny 80 18 C3
Pargny-Filain 02 35 F1
Pargny-la-Dhuys 02 59 F1
Pargny-les-Bois 02 19 F3
Pargny-lès-Reims 51 36 B3
Pargny-Resson 08 37 D1
Pargny-sous-Mureau 88 85 F2
Pargny-sur-Saulx 51 62 A2
Pargues 10 83 E4
Parignargues 30 235 D1
Parigné 35 74 A1
Parigné-le-Pôlin 72 96 B2
Parigné-l'Évêque 72 96 C1
Parigné-sur-Braye 53 75 D2
Parigny 42 154 B4
Parigny 50 51 D4
Parigny-la-Rose 58 120 C2
Parigny-les-Vaux 58 120 B4
Paris 75 57 E2
Paris-l'Hôpital 71 139 F1
Parisot 81 230 C1
Parisot 82 214 A2
Parlan 15 199 D1
Parleboscq 40 210 B4
Parly 89 101 F3
Parmain 95 33 E4
Parmilieu 38 172 B1
Parnac 36 149 F1
Parnac 46 197 E4
Parnans 26 188 B3
Parnay 18 136 A2
Parnay 49 114 C3
Parné-sur-Roc 53 74 C4
Parnes 60 32 C3
Parnot 52 86 A4
Les Paroches 55 63 D1
Parois 55 38 B4
Paron 89 81 E3
Paroy 25 125 D4
Paroy 77 81 E1
Paroy-en-Othe 89 82 B4
Paroy-sur-Saulx 52 62 C4
Paroy-sur-Tholon 89 101 F1
Parpeçay 36 117 E3
Parpeville 02 19 E3
Parranquet 47 196 C3
Parroy 54 65 D3
Pars-lès-Chavanges 10 83 F1
Pars-lès-Romilly 10 82 A1
Parsac 23 150 C3
Parthenay 79 131 E3
Parthenay-de-Bretagne 35 72 C3
Partinello 2A 266 B1
Parux 54 65 F4
Parves 01 173 D2
Parville 27 55 E1
Parvillers-le-Quesnoy 80 18 B3
Parzac 16 163 D1
Le Pas 53 75 D1
Les Pas 50 50 B4
Pas-de-Jeu 79 131 F1
Pas-en-Artois 62 9 E4
Le Pas-St-l'Homer 61 77 E1
Pasilly 89 103 D3
Paslières 63 168 C1
Pasly 02 35 E2
Pasques 21 123 E2
Le Pasquier 39 141 F2
Passa 66 262 C3
Le Passage 38 172 C3
Le Passage 47 211 E2
Passais-la-Conception 61 51 F4
Passavant 25 126 A2
Passavant-en-Argonne 51 38 A4
Passavant-la-Rochère 70 106 B1
Passavant-sur-Layon 49 114 A3
Passel 60 34 C1
Passenans 39 141 E2
Passin 01 157 D4
Passins 38 172 C2
Passirac 16 178 A1
Passonfontaine 25 126 A3
Passy 71 139 E4
Passy 74 159 D4
Passy 89 81 F4
Passy-en-Valois 02 35 D3
Passy-Grigny 51 36 A4
Passy-sur-Marne 02 35 F4
Passy-sur-Seine 77 81 F1
Pastricciola 2A 266 C2
Patay 45 79 D4
Patornay 39 141 E3
Patrimonio 2B 265 E2
Pau 64 248 B1
Paucourt 45 84 C4
Paudy 36 118 A4
Pauilhac 32 228 B1
Pauillac 33 177 D2
Paule 22 70 A2
Paulhac 15 183 F4
Paulhac 31 230 B2
Paulhac 43 184 C2
Paulhac-en-Margeride 48 184 C4
Paulhaguet 43 185 D2
Paulhan 34 233 F3
Paulhe 12 216 B3
Paulhenc 15 200 B1
Paulhiac 47 196 C3
Pauliac (Puy de) 19 181 E3
Pauligne 11 253 D3
Paulin 24 180 C4
Paulinet 81 231 F1
Paulmy 37 133 D1
Paulnay 36 133 F2
Paulx 44 111 E4
Paunat 24 196 C1
Pause (Col de) 09 259 E4
Paussac-et-St-Vivien 24 179 E1
Pautaines-Augeville 52 85 E2
Pauvres 08 37 E2
Pavant 02 59 E1
Pavezin 42 171 D4
Pavie 32 228 B3
Le Pavillon-Ste-Julie 10 82 C2
Les Pavillons-sous-Bois 93 58 A2
Pavilly 76 15 E4
Pavin (Lac) 63 167 F4
Payns 10 82 C2
Payra-sur-l'Hers 11 252 C1
Payrac 46 197 F2
Payré 86 147 E2
Payrignac 46 197 E2
Payrin-Augmontel 81 231 F3
Payros-Cazautets 40 226 B2
Payroux 86 148 A2
Payssous 31 258 C2
Payzac 07 202 C4
Payzac 24 180 C1
Pazayac 24 181 C3
Paziols 11 262 B1
Pazy 58 121 D3
Le Péage-de-Roussillon 38 187 E1
Péas 51 60 A3
Peaugres 07 187 E2
Péaule 56 92 A3
Péault 85 129 E4
Pébées 32 229 D4
Pébrac 43 185 D4
Pech 09 260 B1
Pech-Luna 11 252 C2
Pech-Merle (Grotte du) 46 198 B3
Péchabou 31 230 A3
Pécharic-et-le-Py 11 252 C2
Péchaudier 81 231 D3
Pechbonnieu 31 230 A2
Pechbusque 31 230 A3
Le Pêchereau 36 134 B4
Pécorade 40 226 C2
Le Pecq 78 57 D2
Pecquencourt 59 10 C2
Pecqueuse 91 57 D4
Pécy 77 59 D4
Pédernec 22 47 D3
Pégairolles-de-Buèges 34 233 F1
Pégairolles-de-l'Escalette 34 233 E1
Pégomas 06 240 A2
Le Pègue 26 204 B4
Péguilhan 31 250 B1
Peigney 52 105 D1
Peillac 56 92 B2
Peille 06 241 E3
Peillon 06 241 E4
Peillonnex 74 158 B3
Peintre 39 124 B3
Les Peintures 33 178 A3
Peipin 04 221 F2
Peisey-Nancroix 73 175 D3
Pel-et-Der 10 83 F1
Pélissanne 13 236 C2
Pellafol 38 205 F1
Pelleautier 05 206 A3
Pellefigue 32 228 C4
Pellegrue 33 195 E2
Pelleport 31 229 E2
Pellerey 21 104 B4
Le Pellerin 44 111 E2
La Pellerine 49 115 D1
La Pellerine 53 74 B2
Pellevoisin 36 134 A1
Pellouailles-les-Vignes 49 95 E4
Pelonne 26 204 C4
Pelouse 48 201 F3
Pelousey 25 125 D2
Peltre 57 40 B4
Pélussin 42 187 D1
Pelves 62 10 B3
Pelvoux 05 190 C4
Pelvoux (Belvédère du) 05 207 D1
Penchard 77 58 B1
Pencran 29 45 E3
Pendé 80 8 A4
Pendus (Rocher des) 15 183 E4
Pénestin 56 91 F4
Penguily 22 71 F1
Penhir (Pointe de) 29 68 A1
Penin 62 9 F3
Penly 76 15 F1
Penmarch 29 68 B4
Pennautier 11 253 E2
Penne 81 213 F3
La Penne 06 223 E4
Penne-d'Agenais 47 212 A1
La Penne-sur-Huveaune 13 243 E3
La Penne-sur-l'Ouvèze 26 220 B1
Pennedepie 14 30 A2
Pennes-le-Sec 26 204 C2
Les Pennes-Mirabeau 13 243 D1
Pennesières 70 106 B4
Penol 38 188 B1
Pensol 87 163 F3
Penta-Acquatella 2B 265 E4
Penta-di-Casinca 2B 265 E4
Penvénan 22 47 D1
Péone 06 223 E2
Pépieux 11 254 A1
Pérassay 36 150 C1
Peray 72 76 C3
Perceneige 89 81 F2
Percey 89 102 C1
Percey-le-Grand 70 105 E3
Percey-le-Pautel 52 105 D2
Percey-sous-Montormentier 52 105 E3
Le Perchay 95 33 D4
La Perche 18 136 A3
Perche (Forêt du) 61 54 B4
Perchède 32 227 D1
Percy 50 51 D1
Le Percy 38 205 E1
Percy-en-Auge 14 29 E4
Perdreauville 78 56 B1
Perdrix (Crêt de la) 42 187 D1
Péré 17 145 F3
Péré 65 249 F2

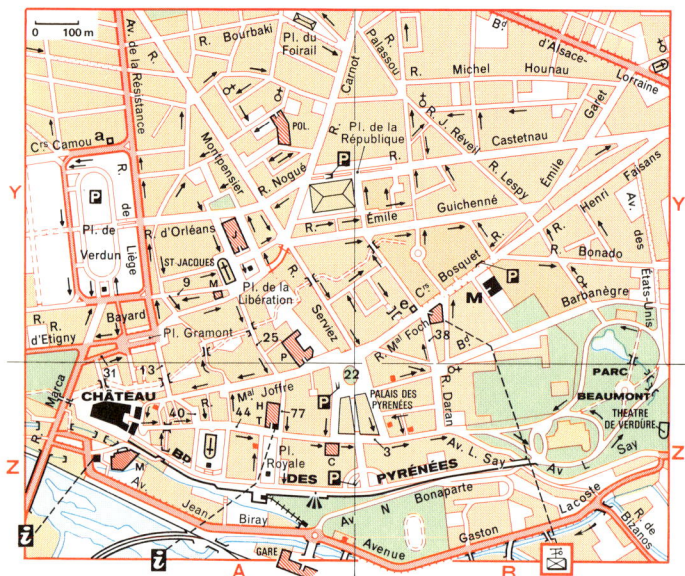

Pau

Barthou (R. Louis)	BZ	3
Cordeliers (R. des)	AY	25
Henri-IV (R.)	AZ	44
St-Louis (R.)	AZ	77
Serviez (R.)	AY	
Bernadotte (R.)	AY	9
Bordenave-d'Abère (R.)	AZ	13
Clemenceau (Pl. G.)	ABZ	22
Espalungue (R. d')	AZ	31
Etigny (R. d')	AY	32
Gambetta (R.)	BY	38
Gassion (R.)	AZ	40

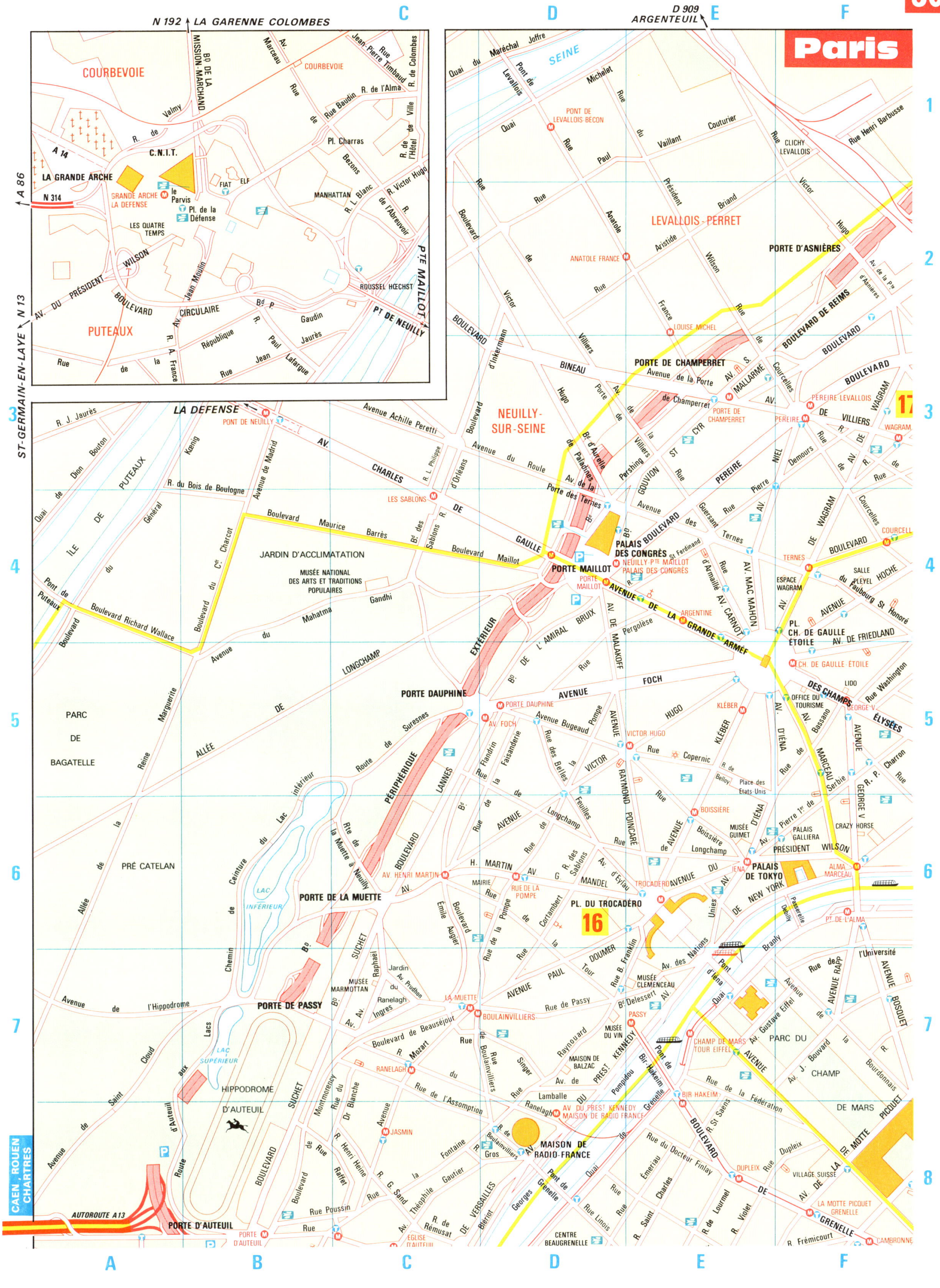
Paris
N 192 LA GARENNE COLOMBES
D 909 ARGENTEUIL
COURBEVOIE
C.N.I.T.
LA GRANDE ARCHE
GRANDE ARCHE LA DEFENSE
le Parvis
Pl. de la Défense
LES QUATRE TEMPS
MANHATTAN
ROUSSEL HŒCHST
PT DE NEUILLY
PTE MAILLOT
PUTEAUX
BOULEVARD CIRCULAIRE
A 14
A 86
N 314
N 13
ST-GERMAIN-EN-LAYE
LA DEFENSE
PONT DE NEUILLY
SEINE
PONT DE LEVALLOIS BÉCON
LEVALLOIS-PERRET
ANATOLE FRANCE
LOUISE MICHEL
PORTE D'ASNIÈRES
PORTE DE CHAMPERRET
CLICHY LEVALLOIS
NEUILLY-SUR-SEINE
LES SABLONS
JARDIN D'ACCLIMATATION
MUSÉE NATIONAL DES ARTS ET TRADITIONS POPULAIRES
PALAIS DES CONGRÈS
PORTE MAILLOT
NEUILLY PTE MAILLOT PALAIS DES CONGRÈS
ARGENTINE
PEREIRE LEVALLOIS
WAGRAM
COURCELLES
TERNES
SALLE PLEYEL
PL. CH. DE GAULLE ÉTOILE
CH. DE GAULLE ÉTOILE
OFFICE DU TOURISME
GEORGE V
LIDO
CRAZY HORSE
PARC DE BAGATELLE
PORTE DAUPHINE
AV. FOCH
VICTOR HUGO
KLÉBER
BOISSIÈRE
MUSÉE GUIMET
IÉNA
PALAIS DE TOKYO
ALMA MARCEAU
PT. DE L'ALMA
PRÉ CATELAN
LAC INFÉRIEUR
PORTE DE LA MUETTE
AV. HENRI MARTIN
RUE DE LA POMPE
TROCADERO
PL. DU TROCADÉRO
16
17
PORTE DE PASSY
MUSÉE MARMOTTAN
LA MUETTE
BOULAINVILLIERS
MUSÉE CLEMENCEAU
PASSY
MUSÉE DU VIN
MAISON DE BALZAC
CHAMP DE MARS TOUR EIFFEL
PARC DU CHAMP DE MARS
LAC SUPÉRIEUR
HIPPODROME D'AUTEUIL
RANELAGH
JASMIN
BIR HAKEIM
AV. DU PREST KENNEDY MAISON DE RADIO FRANCE
MAISON DE RADIO-FRANCE
DUPLEIX
LA MOTTE PICQUET GRENELLE
CAMBRONNE
CENTRE BEAUGRENELLE
AUTOROUTE A13
PORTE D'AUTEUIL
ÉGLISE D'AUTEUIL
CAEN, ROUEN CHARTRES
BOULEVARD PÉRIPHÉRIQUE
BOULEVARD EXTÉRIEUR
AVENUE DE LA GRANDE ARMÉE
AVENUE DES CHAMPS ÉLYSÉES
AV. CHARLES DE GAULLE
ALLÉE DE LONGCHAMP
AVENUE FOCH
BOULEVARD DE GRENELLE

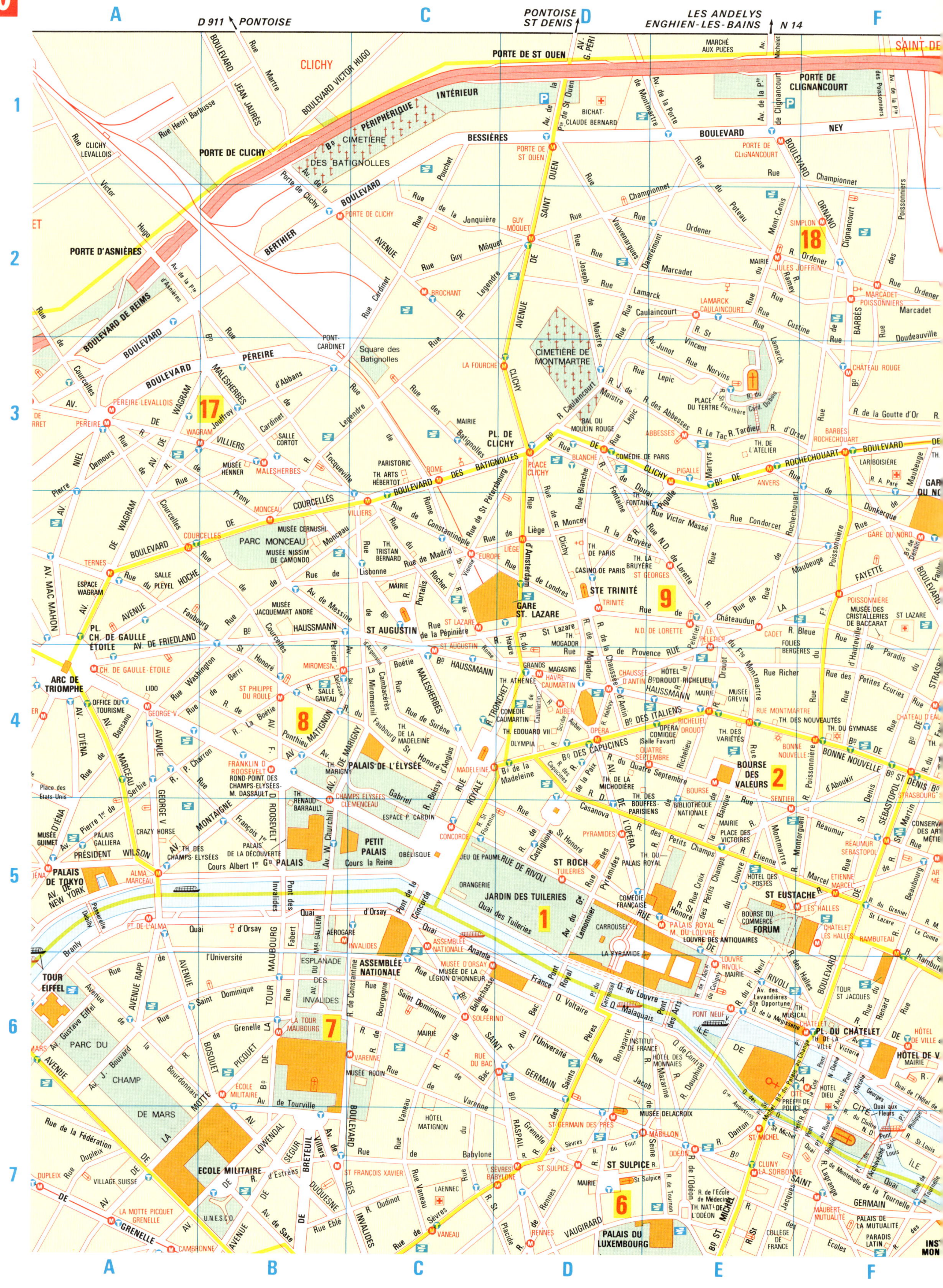
A
B
C
D
E
F
1
2
3
4
5
6
7
D 911 PONTOISE
PONTOISE ST DENIS
LES ANDELYS ENGHIEN-LES-BAINS
N 14
SAINT-DE
CLICHY
PORTE DE ST OUEN
MARCHÉ AUX PUCES
PORTE DE CLIGNANCOURT
BOULEVARD VICTOR HUGO
PÉRIPHÉRIQUE
INTÉRIEUR
BICHAT-CLAUDE BERNARD
Rue Henri Barbusse
Rue CLICHY LEVALLOIS
PORTE DE CLICHY
CIMETIÈRE DES BATIGNOLLES
BESSIÈRES
BOULEVARD
NEY
PORTE DE ST OUEN
PORTE DE CLIGNANCOURT
Championnet
PORTE D'ASNIÈRES
BOULEVARD BERTHIER
GUY MÔQUET
Ordener
Marcadet
SIMPLON
18
JULES JOFFRIN
MARCADET POISSONNIERS
BROCHANT
LAMARCK CAULAINCOURT
Caulaincourt
BOULEVARD DE REIMS
PONT CARDINET
Square des Batignolles
CIMETIÈRE DE MONTMARTRE
Custine
Doudeauville
LA FOURCHE
CHÂTEAU ROUGE
PÉREIRE
PEREIRE-LEVALLOIS
17
WAGRAM
MALESHERBES
VILLIERS
PLACE DU TERTRE
BAL DU MOULIN ROUGE
ABBESSES
BARBÈS ROCHECHOUART
PL. DE CLICHY
BOULEVARD DES BATIGNOLLES
ROME
PLACE CLICHY
BLANCHE
PIGALLE
ANVERS
BOULEVARD ROCHECHOUART
LARIBOISIÈRE
GARE DU NORD
MONCEAU
COURCELLES
PARC MONCEAU
MUSÉE CERNUSHI
MUSÉE NISSIM DE CAMONDO
EUROPE
LIÈGE
TH. DE PARIS
CASINO DE PARIS
ST GEORGES
STE TRINITÉ
TRINITÉ
9
TERNES
BOULEVARD HOCHE
SALLE PLEYEL
ESPACE WAGRAM
AV. MAC MAHON
MUSÉE JACQUEMART ANDRÉ
HAUSSMANN
ST AUGUSTIN
GARE ST. LAZARE
ST LAZARE
N.D. DE LORETTE
CADET
FOLIES BERGÈRES
POISSONNIÈRE
MUSÉE DES CRISTALLERIES DE BACCARAT
PL. CH. DE GAULLE ÉTOILE
AV. DE FRIEDLAND
ARC DE TRIOMPHE
CH. DE GAULLE-ÉTOILE
MIROMESNIL
ST PHILIPPE DU ROULE
SALLE GAVEAU
GRANDS MAGASINS
HAVRE CAUMARTIN
CHAUSSÉE D'ANTIN
HÔTEL DROUOT-RICHELIEU
MUSÉE GREVIN
RUE MONTMARTRE
GEORGE V
8
MATIGNON
OPÉRA
B° DES CAPUCINES
B° DES ITALIENS
RICHELIEU DROUOT
TH. DES VARIÉTÉS
BONNE NOUVELLE
TH. DU GYMNASE
FRANKLIN D. ROOSEVELT
ROND-POINT DES CHAMPS-ÉLYSÉES-M. DASSAULT
PALAIS DE L'ÉLYSÉE
MADELEINE
BOURSE DES VALEURS
2
CHAMPS ÉLYSÉES CLEMENCEAU
ESPACE P. CARDIN
BIBLIOTHÈQUE NATIONALE
SENTIER
STRASBOURG
PALAIS GALLIERA
CRAZY HORSE
TH. DES CHAMPS-ÉLYSÉES
PETIT PALAIS
OBÉLISQUE
CONCORDE
PYRAMIDES
PLACE DES VICTOIRES
RÉAUMUR SÉBASTOPOL
PRÉSIDENT WILSON
G° PALAIS
Cours Albert 1er
Cours la Reine
JEU DE PAUME
RUE DE RIVOLI
ST ROCH
TUILERIES
PALAIS ROYAL
PALAIS DE TOKYO
ALMA MARCEAU
ORANGERIE
JARDIN DES TUILERIES
1
COMÉDIE FRANÇAISE
ST EUSTACHE
LES HALLES
FORUM
PALAIS ROYAL M. DU LOUVRE
LOUVRE DES ANTIQUAIRES
CARROUSEL
LA PYRAMIDE
CHÂTELET LES HALLES
RAMBUTEAU
TOUR EIFFEL
PT DE L'ALMA
Quai d'Orsay
AÉROGARE
INVALIDES
ASSEMBLÉE NATIONALE
MUSÉE D'ORSAY
MUSÉE DE LA LÉGION D'HONNEUR
LOUVRE RIVOLI
PONT NEUF
PL. DU CHÂTELET
HÔTEL DE VILLE
PARC DU CHAMP DE MARS
ESPLANADE DES INVALIDES
LA TOUR MAUBOURG
7
SOLFÉRINO
RUE DU BAC
INSTITUT DE FRANCE
HÔTEL DES MONNAIES
CITÉ
HÔTEL DIEU
PRÉFRE DE POLICE
ÉCOLE MILITAIRE
VARENNE
MUSÉE RODIN
HÔTEL MATIGNON
ST GERMAIN DES PRÉS
MUSÉE DELACROIX
MABILLON
ODÉON
ST MICHEL
ST SULPICE
CLUNY LA SORBONNE
MAUBERT MUTUALITÉ
VILLAGE SUISSE
DUPLEIX
LA MOTTE PICQUET GRENELLE
U.N.E.S.C.O.
ST FRANCOIS XAVIER
SÈVRES BABYLONE
VANEAU
RENNES
6
PALAIS DU LUXEMBOURG
COLLÈGE DE FRANCE
PALAIS DE LA MUTUALITÉ
PARADIS LATIN
CAMBRONNE
GRENELLE

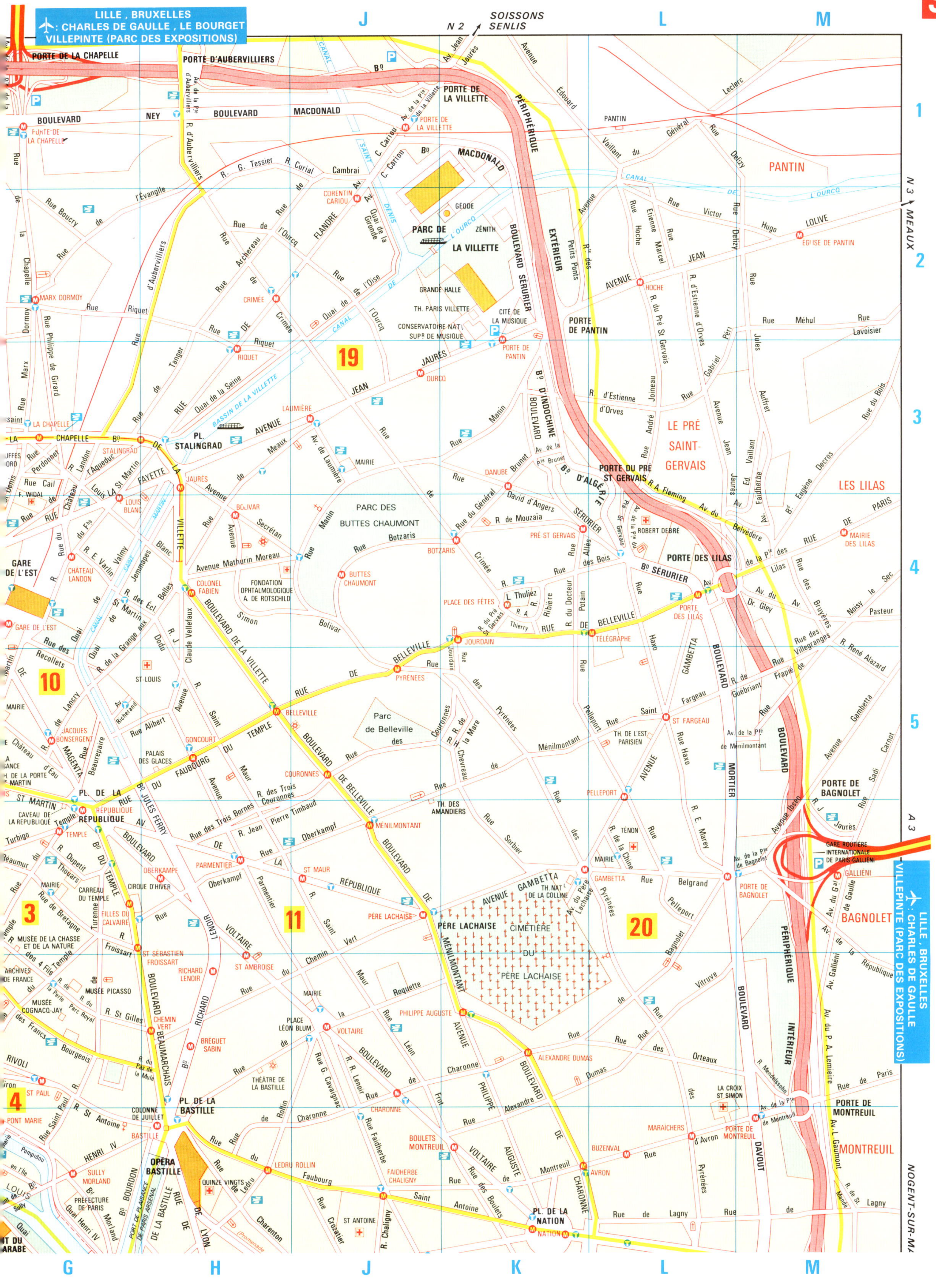
LILLE, BRUXELLES
CHARLES DE GAULLE, LE BOURGET
VILLEPINTE (PARC DES EXPOSITIONS)
J
L
M
N 2
SOISSONS
SENLIS
PORTE DE LA CHAPELLE
PORTE D'AUBERVILLIERS
PORTE DE LA VILLETTE
BOULEVARD
NEY
MACDONALD
PÉRIPHÉRIQUE
PANTIN
CANAL
L'OURCQ
N 3
MEAUX
1
2
3
4
5
PARC DE LA VILLETTE
GÉODE
ZÉNITH
GRANDE HALLE
TH. PARIS VILLETTE
CONSERVATOIRE NAT. SUP. DE MUSIQUE
CITÉ DE LA MUSIQUE
PORTE DE PANTIN
BOULEVARD SÉRURIER
EXTÉRIEUR
19
JAURÈS
JEAN
PL. STALINGRAD
BASSIN DE LA VILLETTE
LA CHAPELLE
GARE DE L'EST
PARC DES BUTTES CHAUMONT
BOTZARIS
BUTTES CHAUMONT
PLACE DES FÊTES
PORTE DU PRÉ ST GERVAIS
LE PRÉ SAINT-GERVAIS
LES LILAS
PORTE DES LILAS
ROBERT DEBRÉ
BELLEVILLE
JOURDAIN
TÉLÉGRAPHE
10
PYRÉNÉES
Parc de Belleville
GAMBETTA
ST FARGEAU
PORTE DE BAGNOLET
GARE ROUTIÈRE INTERNATIONALE DE PARIS GALLIÉNI
GALLIÉNI
BAGNOLET
A 3
PL. DE LA RÉPUBLIQUE
RÉPUBLIQUE
11
PÈRE LACHAISE
CIMETIÈRE DU PÈRE LACHAISE
20
MÉNILMONTANT
3
MUSÉE PICASSO
PL. DE LA BASTILLE
4
OPÉRA BASTILLE
PL. DE LA NATION
NATION
PORTE DE MONTREUIL
MONTREUIL
NOGENT-SUR-MARNE
G
H
J
K
L
M

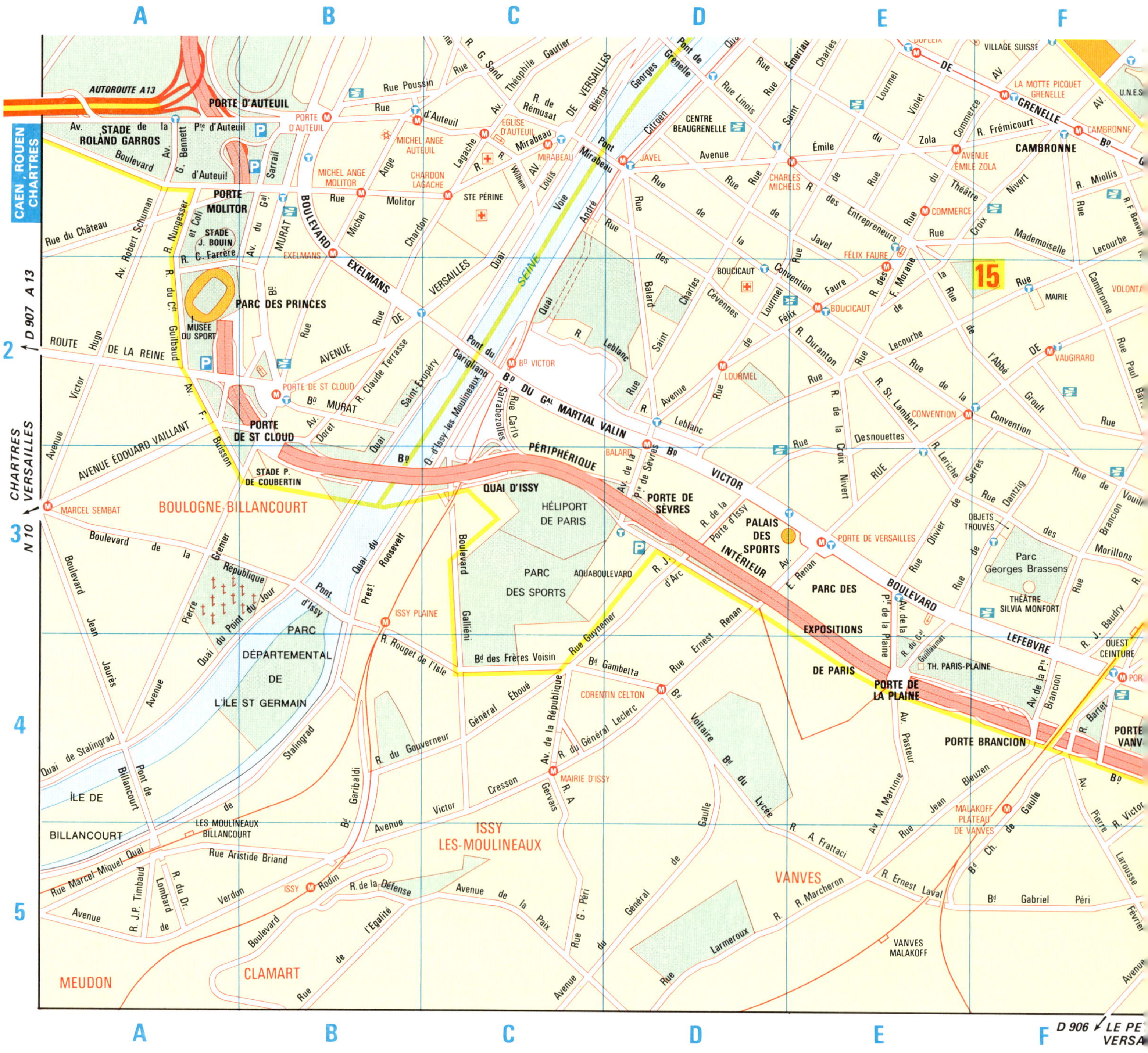

A B C D E F
AUTOROUTE A13
PORTE D'AUTEUIL
STADE ROLAND GARROS
PORTE MOLITOR
STADE J. BOUIN
PARC DES PRINCES
MUSÉE DU SPORT
ROUTE DE LA REINE
PORTE DE ST CLOUD
STADE P. DE COUBERTIN
BOULOGNE-BILLANCOURT
MARCEL SEMBAT
PARC DÉPARTEMENTAL DE L'ÎLE ST GERMAIN
ÎLE DE BILLANCOURT
LES MOULINEAUX BILLANCOURT
MEUDON
CLAMART
ISSY-LES-MOULINEAUX
ISSY PLAINE
QUAI D'ISSY
HÉLIPORT DE PARIS
PARC DES SPORTS
AQUABOULEVARD
PÉRIPHÉRIQUE
SEINE
BD DU GAL MARTIAL VALIN
BD VICTOR
PORTE DE SÈVRES
PALAIS DES SPORTS
PORTE DE VERSAILLES
PARC DES EXPOSITIONS DE PARIS
BOULEVARD LEFEBVRE
PORTE DE LA PLAINE
PORTE BRANCION
CORENTIN CELTON
MAIRIE D'ISSY
VANVES
MALAKOFF PLATEAU DE VANVES
VANVES MALAKOFF
Parc Georges Brassens
THÉÂTRE SILVIA MONFORT
TH. PARIS-PLAINE
CENTRE BEAUGRENELLE
JAVEL
CHARLES MICHELS
BOUCICAUT
LOURMEL
FÉLIX FAURE
COMMERCE
CAMBRONNE
LA MOTTE PICQUET GRENELLE
VAUGIRARD
CONVENTION
VOLONTAIRES
MIRABEAU
EXELMANS
MICHEL ANGE MOLITOR
MICHEL ANGE AUTEUIL
CHARDON LAGACHE
ÉGLISE D'AUTEUIL
VILLAGE SUISSE
U.N.E.S.C.O.
OBJETS TROUVÉS
15
CAEN ROUEN CHARTRES
D 907 A 13
CHARTRES VERSAILLES
N 10
D 906 LE PE VERSA

0 500m

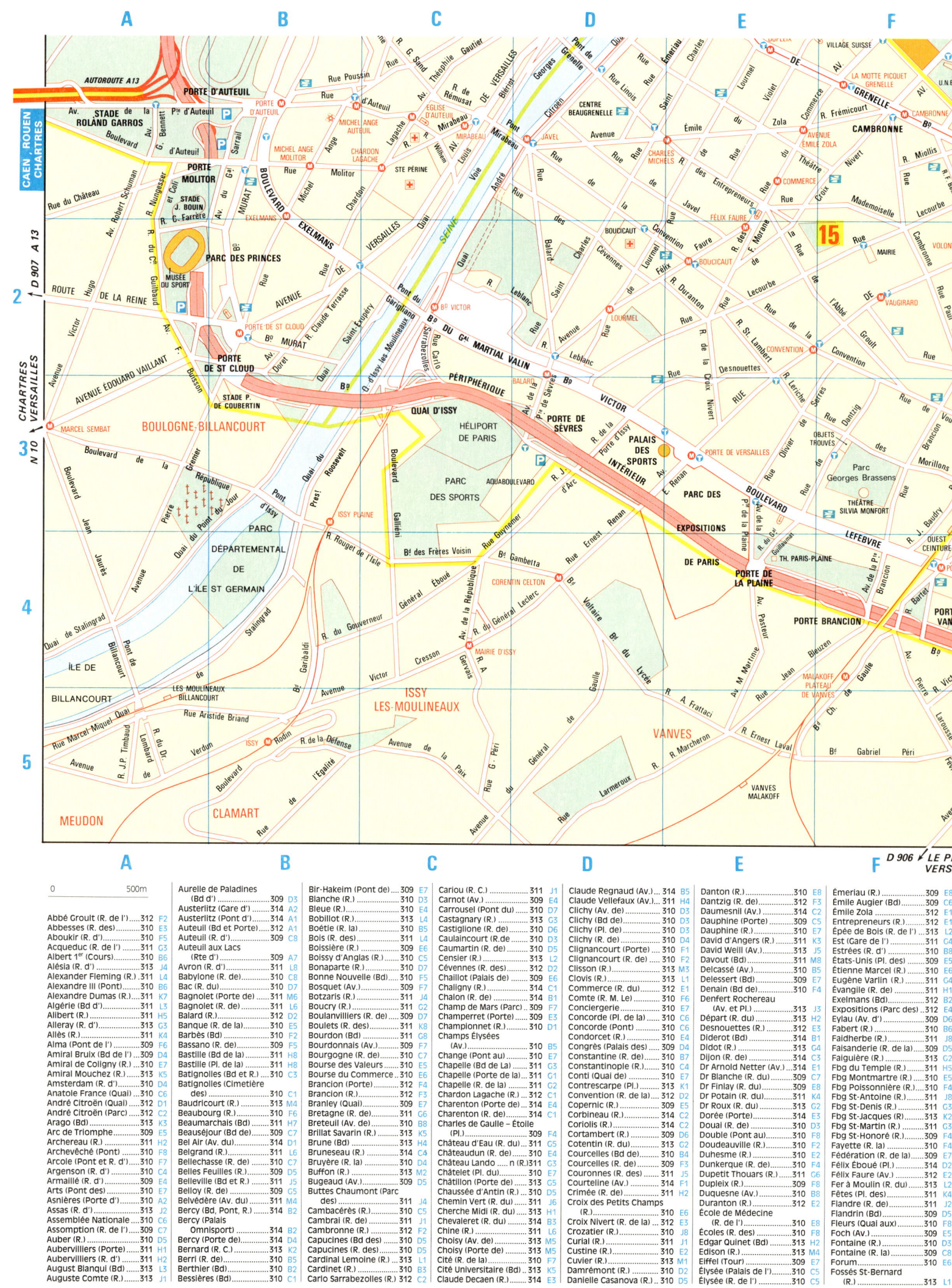

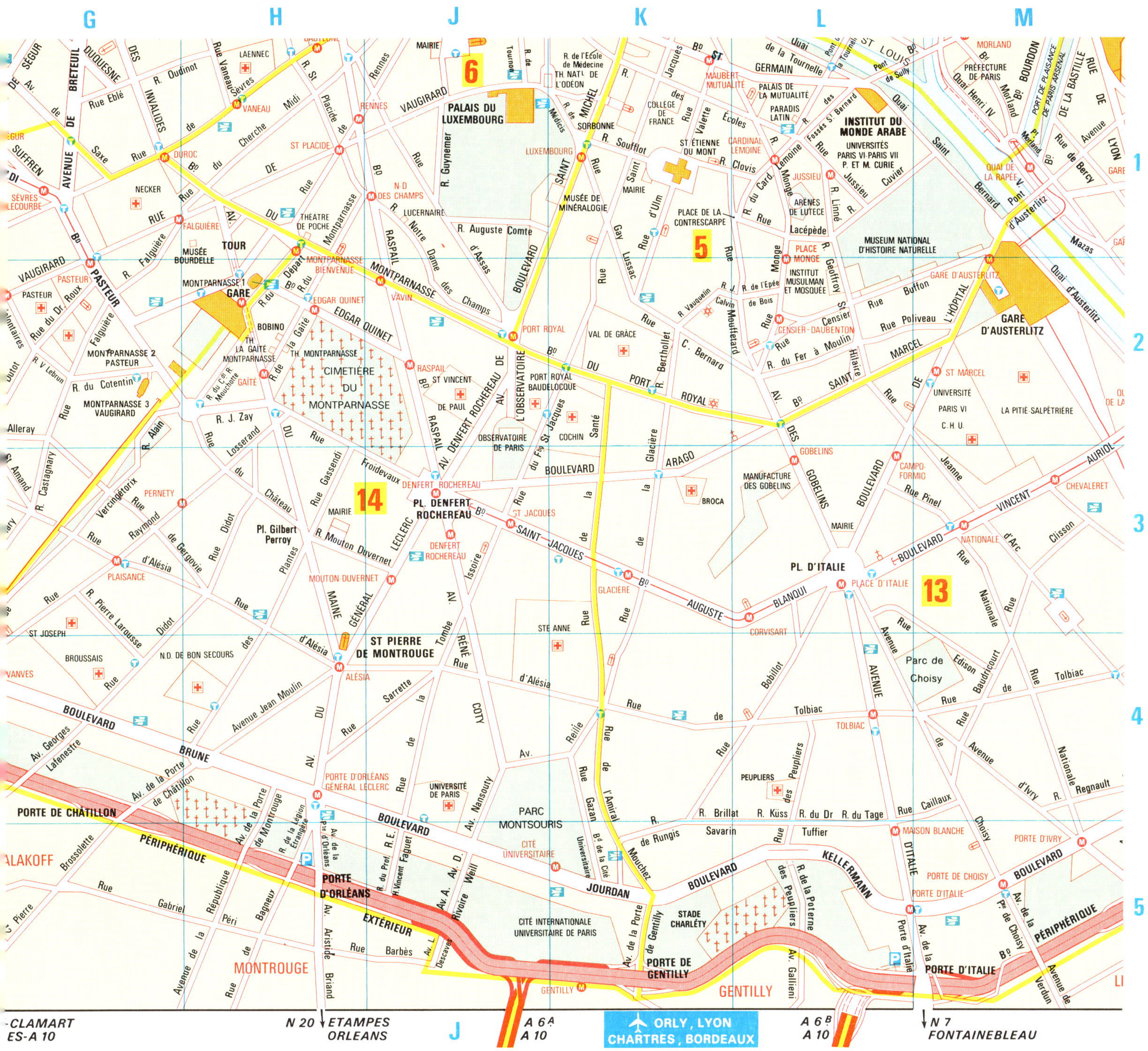

G
H
J
K
L
M
1
2
3
4
5
PALAIS DU LUXEMBOURG
INSTITUT DU MONDE ARABE
UNIVERSITÉS PARIS VI-PARIS VII P. ET M. CURIE
MUSEUM NATIONAL D'HISTOIRE NATURELLE
GARE D'AUSTERLITZ
MONTPARNASSE 1 GARE
CIMETIÈRE DU MONTPARNASSE
TOUR
PL. DENFERT ROCHEREAU
PL. D'ITALIE
PL. Gilbert Perroy
ST PIERRE DE MONTROUGE
PARC MONTSOURIS
CITÉ INTERNATIONALE UNIVERSITAIRE DE PARIS
STADE CHARLÉTY
PORTE DE CHÂTILLON
PORTE D'ORLÉANS
PORTE DE GENTILLY
PORTE D'ITALIE
PÉRIPHÉRIQUE
BOULEVARD BRUNE
BOULEVARD JOURDAN
BOULEVARD KELLERMANN
BOULEVARD SAINT MICHEL
BOULEVARD DE PORT ROYAL
BOULEVARD ARAGO
BOULEVARD SAINT MARCEL
BOULEVARD DE L'HÔPITAL
BOULEVARD AUGUSTE BLANQUI
BOULEVARD VINCENT AURIOL
BOULEVARD DE MONTPARNASSE
EDGAR QUINET
PLACE DE LA CONTRESCARPE
LA PITIÉ SALPÊTRIÈRE
OBSERVATOIRE DE PARIS
Parc de Choisy
MALAKOFF
MONTROUGE
GENTILLY
5
6
13
14
-CLAMART
ES-A 10
N 20 ETAMPES ORLEANS
A 6A A 10
ORLY, LYON CHARTRES, BORDEAUX
A 6B A 10
N 7 FONTAINEBLEAU

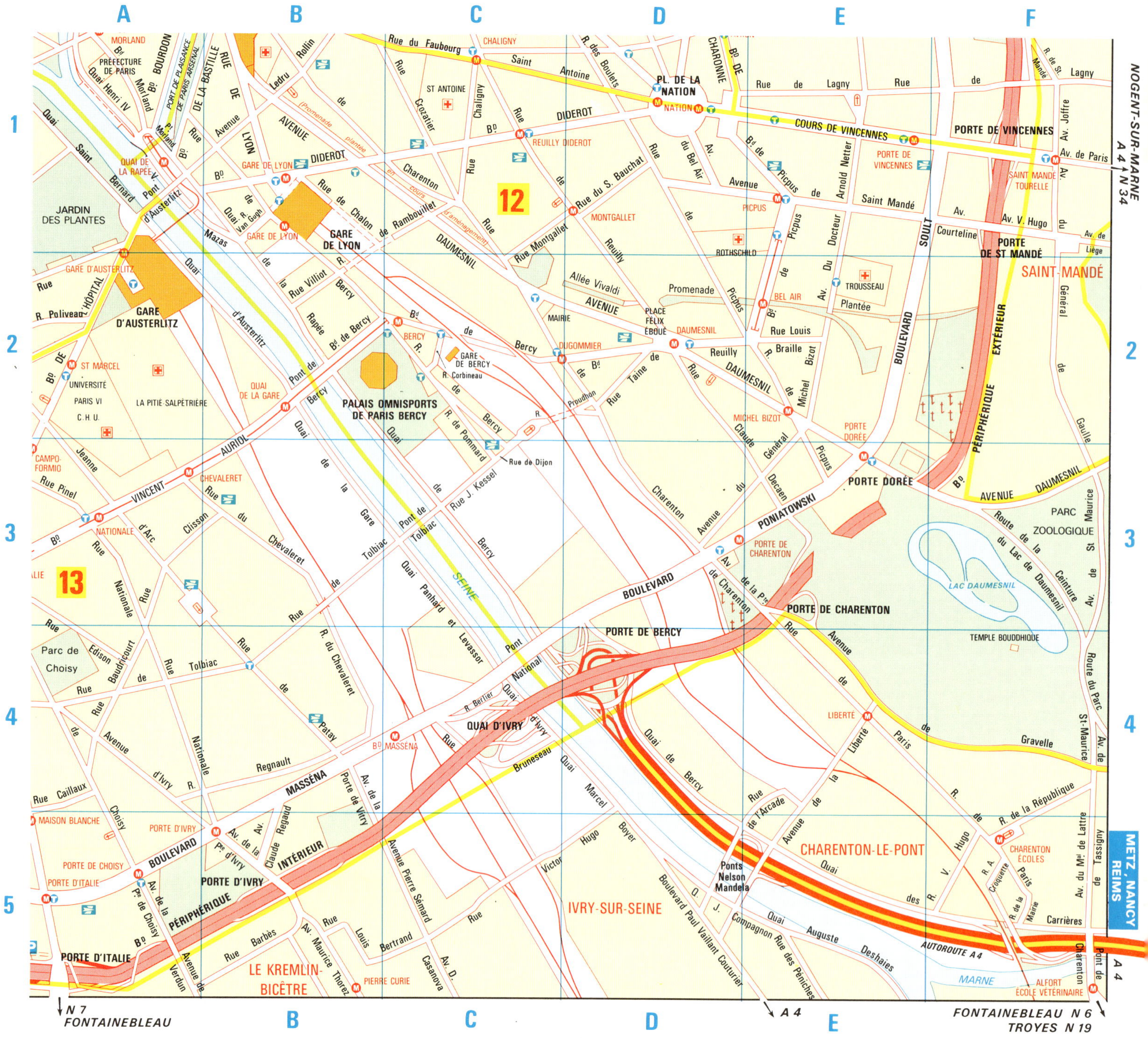
A
B
C
D
E
F
1
2
3
4
5
12
13
JARDIN DES PLANTES
GARE D'AUSTERLITZ
GARE DE LYON
PALAIS OMNISPORTS DE PARIS BERCY
PL. DE LA NATION
PORTE DE VINCENNES
PORTE DE ST MANDÉ
SAINT-MANDÉ
PORTE DORÉE
PARC ZOOLOGIQUE
LAC DAUMESNIL
TEMPLE BOUDDHIQUE
PORTE DE CHARENTON
PORTE DE BERCY
QUAI D'IVRY
PORTE D'IVRY
PORTE D'ITALIE
PORTE DE CHOISY
LE KREMLIN-BICÊTRE
IVRY-SUR-SEINE
CHARENTON-LE-PONT
SEINE
MARNE
AUTOROUTE A4
BOULEVARD PÉRIPHÉRIQUE
PÉRIPHÉRIQUE EXTÉRIEUR
Parc de Choisy
UNIVERSITÉ PARIS VI C.H.U.
LA PITIÉ-SALPÊTRIÈRE
Ponts Nelson Mandela
NOGENT-SUR-MARNE A 4 N 34
METZ, NANCY REIMS
N 7 FONTAINEBLEAU
A 4
FONTAINEBLEAU N 6
TROYES N 19

Plo - Pru
315

ouégat-Moysan 29 46 C3
ouénan 29 46 A2
ouër-sur-Rance 22 49 F4
ouescat 29 45 F1
ouézec 22 47 E2
ouézoch 29 46 A2
oufragan 22 47 F4
ougar 29 45 F2
ougasnou 29 46 B2
ougastel-Daoulas 29 45 D3
ougonvelin 29 44 C3
ougonven 29 46 B3
ougonver 22 47 D3
ougoulm 29 45 F1
ougoumelen 56 91 D3
lougourvest 29 45 F2
lougras 22 46 C3
lougrescant 22 47 D1
louguenast 22 71 E2
louguerneau 29 45 D1
louguernével 22 70 B2
louguiel 22 47 D1
louguin 29 44 C2
louha 22 47 F2
louharnel 56 90 C3
louhinec 29 68 B3
louhinec 56 90 C2
louider 29 45 E1
louigneau 29 46 B3
louisy 22 47 D3
loulec'h 22 46 C2
loumagoar 22 47 E3
loumanach 22 46 C1
loumilliau 22 46 C2
loumoguer 29 44 C3
lounéour-Ménez 29 46 A3
lounéour-Trez 29 45 E1
lounérin 22 46 C3
lounéventer 29 45 E2
lounévez-Lochrist 29 45 E1
lounévez-Moëdec 22 46 C3
lounévez-Quintin 22 70 C1
lounévézel 29 69 F1
lourac'h 22 46 C4
louray 56 70 B2
lourhan 22 47 F3
lourin 29 44 C2
lourin-lès-Morlaix 29 46 B3
lourivo 22 47 E2
louvain 62 10 B3
louvara 22 47 F3
louvien 29 45 D2
louvorn 29 45 F2
louyé 29 69 F1
louzané 29 44 C3
louzélambre 22 46 C2
louzévédé 29 45 F2
lovan 29 68 B3
loyart-et-Vaurseine 02 36 A1
e Ployron 60 18 A4
lozévet 29 68 B3
ludual 22 47 F2
luduno 22 49 D3
lufur 22 46 C2
luguffan 29 68 C3
luherlin 56 92 A2
lumaudan 22 72 B1
lumaugat 22 72 B2
lumelec 56 91 F1
luméliau 56 71 D4
lumelin 56 91 D1
lumergat 56 91 D2
lumetot 14 29 D3
Plumieux 22 71 F3
Plumont 39 124 C3
Pluneret 56 91 D2
Plurien 22 48 C3
Plusquellec 22 46 C4
Plussulien 22 70 C2
Pluvault 21 124 A3
Pluvet 21 124 A3
Pluvigner 56 91 D2
Pluzunet 22 47 D2
Pocancy 51 60 C1
Pocé-les-Bois 35 73 F3
Pocé-sur-Cisse 37 116 B1
Podensac 33 194 B3
Le Poët 05 221 E1
Le Poët-Célard 26 204 B3
Le Poët-en-Percip 26 220 C1
Le Poët-Laval 26 204 A3
Le Poët-Sigillat 26 220 B1
Pœuilly 80 18 C2
Poey-de-Lescar 64 226 B4
Poey-d'Oloron 64 248 A1
Poëzat 03 152 C4
Poggio-di-Nazza 2B 267 E3
Poggio-di-Venaco 2B 267 D1
Poggio-d'Oletta 2B 265 E2
Poggio-Marinaccio 2B 265 E4
Poggio-Mezzana 2B 265 F4
Poggiolo 2A 266 C2
Pogny 51 61 E2
Poids-de-Fiole 39 141 E3
Poigny 77 59 E4
Poigny-la-Forêt 78 56 B3
Poil 58 138 C1
Poilcourt-Sydney 08 36 C2
Poilhes 34 254 C1
Poillé-sur-Vègre 72 95 F1
Poilley 35 74 A1
Poilley 50 50 C3
Poilly 51 36 A3
Poilly-lez-Gien 45 100 B3
Poilly-sur-Serein 89 102 C2
Poilly-sur-Tholon 89 102 A2
Poinçon-lès-Larrey 21 103 F1
Le Poinçonnet 36 134 C2
Poincy 77 58 C1
Poinsenot 52 104 C3
Poinson-lès-Fayl 52 105 F2
Poinson-lès-Grancey 52 104 C3
Poinson-lès-Nogent 52 85 E4
Point-Sublime 48 216 C1
Pointel 61 52 C3
Pointis-de-Rivière 31 250 B3
Pointis-Inard 31 258 C2
Pointre 39 124 B2
Pointvillers 25 125 D4
Poinville 28 79 E3
Le Poiré-sur-Velluire 85 145 E1
Le Poiré-sur-Vie 85 129 D2
Poiroux 85 129 D4
Poisat 38 189 E2
Poiseul 52 105 E1
Poiseul-la-Grange 21 104 B4
Poiseul-la-Ville-et-Laperrière 21 104 A4
Poiseul-lès-Saulx 21 104 C4
Poiseux 58 120 B3
Poisieux 18 118 B4
Le Poislay 41 77 F4
Poisoux 39 156 C1
Poisson 71 154 B1
Poissons 52 85 D1
Poissy 78 57 D1
Poisvilliers 28 78 C1
Poisy 74 158 A4
La Poitevinière 49 113 D2
Poitiers 86 132 B4
Poivres 10 61 D3
Poix 51 61 E1
Poix-de-Picardie 80 17 D3
Poix-du-Nord 59 11 E3
Poix-Terron 08 21 E4
Le Poizat 01 157 D3
Polaincourt-et-Clairefontaine 70 106 B1
Polastron 31 251 D1
Polastron 32 228 C3
Poleymieux-au-Mont-d'Or 69 171 E1
Poliénas 38 188 C2
Polignac 17 177 F2
Polignac 43 185 F3
Poligné 35 93 E1
Poligny 05 206 A2
Poligny 10 83 E3
Poligny 39 141 E1
Poligny 77 80 C3
Polincove 62 3 E3
Polisot 10 83 E4
Polisy 10 83 E4
Pollestres 66 262 C2
Polliat 01 156 A2
Pollieu 01 173 D1
Pollionnay 69 171 D2
Polminhac 15 183 D4
Polveroso 2B 265 E4
Pomacle 51 36 C2
Pomarède 46 197 E3
La Pomarède 11 230 C4
Pomarez 40 225 F2
Pomas 11 253 E3
Pomay 03 137 F4
Pomayrols 12 200 C4
Pomerol 33 177 F4
Pomérols 34 233 F4
Pomeys 69 170 C3
Pommard 21 123 D4
Pommera 62 9 E4
La Pommeraie-sur-Sèvre 85 130 B2
La Pommeraye 14 52 B1
La Pommeraye 49 113 D1
Pommeret 22 48 B4
Pommereuil 59 11 E4
Pommereux 76 16 B4
Pommeréval 76 16 A3
Pommerieux 53 94 C2
Pommérieux 57 40 B4
Pommerit-Jaudy 22 47 D2
Pommerit-le-Vicomte 22 47 E2
Pommerol 26 205 D4
Pommeuse 77 58 C2
Pommevic 82 212 B3
Pommier 62 9 F4
Pommier-de-Beaurepaire 38 188 A1
Pommiers 02 35 E2
Pommiers 30 217 E4
Pommiers 36 134 B4
Pommiers 42 170 A2
Pommiers 69 155 E4
Pommiers-la-Placette 38 189 D1
Pommiers-Moulons 17 177 F1
Pomoy 70 107 D3
Pompadour 19 181 D1
Pompaire 79 131 D3
Pompéjac 33 194 C4
Pompelle (Forêt de la) 51 36 C3
Pompertuzat 31 230 A4
Pompey 54 64 B2
Pompiac 32 229 D3
Le Pompidou 48 217 E2
Pompierre 88 86 A2
Pompierre-sur-Doubs 25 126 B1
Pompiey 47 211 D2
Pompignac 33 194 B1
Pompignan 30 217 F4
Pompignan 82 229 F1
Pompogne 47 210 C2
Pomponne 77 58 B2
Pomport 24 195 F2
Pomps 64 226 B3
Pomy 11 253 D3
Poncé-sur-le-Loir 72 97 D2
Poncey-lès-Athée 21 124 B2
Poncey-sur-l'Ignon 21 104 B4
Le Ponchel 62 9 D3
Ponches-Estruval 80 8 C3
Ponchon 60 33 E2
Poncin 01 156 C3
Poncins 42 170 B2
Pondaurat 33 195 D3
Le Pondy 18 136 B2
Ponet-et-St-Auban 26 204 C1
Ponlat-Taillebourg 31 250 B3
Pons 17 161 E3
Ponsampère 32 228 A4
Ponsan-Soubiran 32 250 A1
Ponsas 26 187 E3
Ponson-Debat-Pouts 64 249 D1
Ponson-Dessus 64 249 D1
Ponsonnas 38 189 E4
Pont 21 124 A3
Pont-à-Marcq 59 10 C1
Pont-à-Mousson 54 64 B1
Pont-à-Vendin 62 10 B1
Pont-Arcy 02 35 F2
Pont-Audemer 27 30 C2
Pont-Authou 27 31 D3
Pont-Aven 29 69 F4
Pont-Bellanger 14 51 E1
Pont Calleck (Forêt de) 56 70 B4
Le Pont-Chrétien-Chabenet 36 134 B3
Pont-Croix 29 68 B2
Pont-d'Ain 01 156 C3
Pont-d'Arc 07 218 C1
Pont-de-Barret 26 204 B3
Le Pont-de-Beauvoisin 38 173 D3
Pont-de-Briques 62 2 C4
Pont-de-Buis-lès-Quimerch 29 69 D1
Pont-de-Chéruy 38 172 A2
Le Pont-de-Claix 38 189 E3
Pont-de-Gennes 72 76 C4
Pont-de-Labeaume 07 202 C2
Pont-de-l'Arche 27 31 F3
Pont-de-Larn 81 231 F3
Pont-de-l'Isère 26 187 F4
Pont-de-Metz 80 17 E2
Pont de Mirabeau 84 237 F2
Le Pont-de-Montvert 48 217 E1
Le Pont-de-Planches 70 106 B4
Pont-de-Poitte 39 141 E3
Pont-de-Roide 25 126 C1
Pont-de-Ruan 37 115 F2
Pont-de-Salars 12 215 F2
Pont-de-Salars (Lac de) 12 215 F2
Pont-de-Vaux 01 155 F1
Pont-de-Veyle 01 155 F2
Pont-d'Hérault 30 217 E4
Pont-d'Héry 39 142 A1
Pont-d'Ouilly 14 52 B2
Pont-du-Bois 70 86 C4
Pont-du-Casse 47 211 F2
Pont-du-Château 63 168 B2
Pont du Diable (Gorges du) 74 159 D1
Pont-du-Gard 30 219 D4
Pont-du-Navoy 39 141 F2
Pont-en-Royans 38 188 C3
Pont-Érambourg 61 52 B2
Pont-et-Massène 21 122 B1
Pont-Évêque 38 171 F4
Pont-Farcy 14 51 E1
Pont-Hébert 50 27 E3
Pont-la-Ville 52 84 C4
Pont-l'Abbé 29 68 C4
Pont-l'Abbé-d'Arnoult 17 160 C1
Pont-lès-Bonfays 88 86 C3
Pont-lès-Brie 80 18 B2
Pont-les-Moulins 25 126 A1
Pont-l'Évêque 14 30 A2
Pont-l'Évêque 60 18 C4
Pont-Melvez 22 47 D4
Pont-Noyelles 80 17 F2
Pont-Remy 80 17 D1
Pont-St-Esprit 30 219 D2
Pont-St-Mard 02 35 D1
Pont-St-Martin 44 111 F3
Pont St-Nicolas 30 218 C4
Pont-St-Pierre 27 32 A2
Pont-St-Vincent 54 64 B3
Pont-Ste-Marie 10 83 D2
Pont-Ste-Maxence 60 34 A3
Pont-Salomon 43 186 B1
Pont-Scorff 56 90 B1
Pont-sur-l'Ognon 70 107 D4
Pont-sur-Madon 88 86 C1
Pont-sur-Meuse 55 63 D2
Pont-sur-Sambre 59 11 F3
Pont-sur-Seine 10 82 B1
Pont-sur-Vanne 89 82 A3
Pont-sur-Yonne 89 81 E2
Pont-Trambouze 69 154 C3
Pontacq 64 249 D2
Pontailler-sur-Saône 21 124 B2
Pontaix 26 204 C2
Pontamafrey 73 190 B1
Pontarion 23 150 B4
Pontarlier 25 142 C1
Pontarmé 60 34 A4
Pontaubault 50 50 C3
Pontaubert 89 121 E1
Pontault-Combault 77 58 A3
Pontaumur 63 167 E2
Pontavert 02 36 A2
Pontcarré 77 58 B2
Pontcey 70 106 B3
Pontchardon 61 53 F1
Pontcharra 38 173 F4
Pontcharra-sur-Turdine 69 170 C1
Pontcharraud 23 166 C1
Pontchartrain 78 56 C2
Pontchâteau 44 92 C4
Pontcirq 46 197 E3
Ponte Nuovo 2B 265 D4
Pontécoulant 14 52 B2
Ponteilla 66 262 C2
Ponteils-et-Brésis 30 202 B4
Pontenx-les-Forges 40 208 B1
Le Pontet 73 174 A4
Le Pontet 84 219 E4
Les Pontets 25 142 B2
Pontevès 83 238 B3
Ponteyraud 24 178 C2
Pontfaverger-Moronvilliers 51 37 D3
Pontgibaud 63 167 F2
Pontgouin 28 78 A1
Ponthévrard 78 56 C4
Ponthion 51 61 F3
Ponthoile 80 8 B3
Le Ponthou 29 46 B3
Ponthoux 39 157 E1
Pontiacq-Viellepinte 64 249 D1
Pontigné 49 96 A4
Pontigny 89 102 B1
Pontis 04 206 C3
Pontivy 56 71 D3
Pontlevoy 41 116 C1
Pontmain 53 74 B1
Pontoise 95 33 E4
Pontoise-lès-Noyon 60 34 C1
Pontonx-sur-l'Adour 40 225 E1
Pontorson 50 50 B4
Pontours 24 196 B1
Pontoux 71 140 B1
Pontoy 57 40 B4
Pontpierre 57 41 D4
Pontpoint 60 34 A2
Pontrieux 22 47 E2
Pontru 02 19 D2
Pontruet 02 19 D2
Ponts 50 50 C3
Les Ponts-de-Cé 49 113 F1
Ponts-et-Marais 76 16 A1
Pontvallain 72 96 B2
Popian 34 233 F3
Popolasca 2B 265 D4
Porcaro 56 92 B1
Porcelette 57 41 D3
Porchères 33 178 B4
Porcheresse 16 162 B4
La Porcherie 87 165 D3
Porcheux 60 33 D2
Porcheville 78 56 C1
Porcieu-Amblagnieu 38 172 B1
Pordic 22 48 A3
Le Porge 33 193 D1
Pornic 44 111 D3
Pornichet 44 110 B2
Porquéricourt 60 18 C4
Porquerolles (Île de) 83 244 C3
Porri 2B 265 E4
Porspoder 29 44 C2
Port 01 157 D3
Le Port 09 251 F4
Port-Brillet 53 74 B3
Port-Camargue 30 234 C3
Port-Coton (Aiguilles de) 56 90 B4
Port-Cros (Île de) 83 243 D3
Port-de-Bouc 13 242 B2
Port-de-Lanne 40 225 D3
Port-de-Piles 86 115 F4
Port-d'Envaux 17 161 D1
Port-des-Barques 17 145 D4
Port-Donnant 56 90 B4
Port-en-Bessin-Huppain 14 28 B2
Port-Grimaud 83 245 E1
Port-la-Nouvelle 11 254 C3
Port-Launay 29 69 D1
Port-le-Grand 80 8 B4
Port-Lesney 39 125 D4
Port-Louis 56 90 B2
Port-Manech 29 69 E4
Le Port-Marly 78 57 D2
Port-Mort 27 32 A3
Port-Royal-des-Champs (Abbaye de) 78 57 D3
Port-St-Louis-du-Rhône 13 242 A2
Port-St-Père 44 111 E3
Port-Ste-Foy-et-Ponchapt 24 195 E1
Port-Ste-Marie 47 211 D2
Port-sur-Saône 70 106 B3
Port-sur-Seille 54 64 B1
Port-Vendres 66 263 D3
Port-Villez 78 32 B4
Porta 66 260 C3
La Porta 2B 265 E4
Portbail 50 26 B2
Porte (Col de) 38 189 E1
Porte-Joie 27 31 F3
Porté-Puymorens 66 260 C3
Le Portel 62 2 B4
Portel-des-Corbières 11 254 C3
Portes 27 55 D1
Portes 30 218 A2
Portes (Calvaire de) 01 172 C1
Portes d'Enfer 86 148 C2
Les Portes-en-Ré 17 144 C2
Portes-en-Valdaine 26 204 A3
Portes-lès-Valence 26 204 A1
Portet 64 227 D3
Portet-d'Aspet 31 259 D3
Portet-de-Luchon 31 258 B3
Portet-sur-Garonne 31 230 A3
Portets 33 194 B2
Porticcio 2A 268 B1
Portieux 88 87 D2
Portiragnes 34 255 E1
Porto 2A 266 B2
Porto (Golfe de) 2A 266 A2
Porto-Pollo 2A 268 B2
Porto-Vecchio 2A 269 E3
Ports 37 115 F4
Posanges 21 122 C1
Poses 27 31 F3
Possesse 51 61 F2
Possonnière 41 97 E3
La Possonnière 49 113 E1
La Postolle 89 82 A2
Postroff 57 66 A1
Potangis 51 60 A4
Potelières 30 218 B2
Potelle 59 11 E3
La Poterie 22 48 C4
La Poterie-au-Perche 61 54 C4
La Poterie-Cap-d'Antifer 76 14 A3
La Poterie-Mathieu 27 30 C3
Pothières 21 103 F1
Potigny 14 52 C1
Potte 80 18 B3
Pouan-les-Vallées 10 60 C4
Pouançay 86 114 C4
Pouancé 49 94 A2
Pouant 86 115 D4
Poubeau 31 258 B3
Poucharramet 31 229 E4
Pouchergues 65 258 A3
Poudenas 47 210 C3
Poudenx 40 226 B3
Poudis 81 231 D3
Poudry (Gouffre de) 25 125 F3
Poueyferré 65 249 D2
La Pouëze 49 94 C4
Pouffonds 79 146 C2
La Pouge 23 150 B4
Le Pouget 34 233 F3
Pougnadoresse 30 219 D3
Pougné 16 147 F4
Pougne-Hérisson 79 131 D3
Pougny 01 157 F3
Pougny 58 120 A2
Pougues-les-Eaux 58 120 B4
Pougy 10 83 E1
Pouillac 17 177 F2
Pouillat 01 156 C1
Pouillé 41 117 D2
Pouillé 85 130 A4
Pouillé 86 132 C4
Pouillé-les-Côteaux 44 112 C1
Pouillenay 21 103 F4
Pouilley-Français 25 125 D2
Pouilley-les-Vignes 25 125 D2
Pouillon 40 225 E2
Pouillon 51 36 B2
Pouilloux 71 139 D3
Pouilly 57 40 B4
Pouilly 60 33 D3
Pouilly-en-Auxois 21 122 C2
Pouilly-en-Bassigny 52 105 F1
Pouilly-le-Monial 69 155 E4
Pouilly-lès-Feurs 42 170 B2
Pouilly-les-Nonains 42 154 A4
Pouilly-sous-Charlieu 42 154 B3
Pouilly-sur-Loire 58 120 A2
Pouilly-sur-Meuse 55 22 A4
Pouilly-sur-Saône 21 123 F4
Pouilly-sur-Serre 02 19 F3
Pouilly-sur-Vingeanne 21 105 E4
Le Poujol-sur-Orb 34 233 D3
Poujols 34 233 E2
Poulaines 36 117 F3
Poulains (Pointe des) 56 90 B3
Poulainville 80 17 E2
Poulan-Pouzols 81 231 D1
Poulangy 52 85 E4
Poulay 53 75 D2
Pouldergat 29 68 C2
Pouldouran 22 47 E1
Pouldreuzic 29 68 C3
Le Pouldu 29 90 A1
Poule-les-Écharmeaux 69 155 D3
Pouliacq 64 226 C3
Les Poulières 88 88 A3
Pouligney 25 125 E1
Pouligny-Notre-Dame 36 135 D4
Pouligny-St-Martin 36 135 D4
Pouligny-St-Pierre 36 133 E3
Le Pouliguen 44 110 B2
Poullan-sur-Mer 29 68 B2
Poullaouen 29 46 B4
Poullignac 16 178 B1
Poulx 30 218 C4
Poumarous 65 249 E2
Poupas 82 212 A4
Poupry 28 79 D4
Pouques-Lormes 58 121 E2
Pourcharesses 48 202 A4
Pourchères 07 203 E2
Pourcieux 83 238 A3
Pourcy 51 36 B4
Pourlans 71 140 C1
Pournoy-la-Chétive 57 40 C4
Pournoy-la-Grasse 57 40 B4
Pourrain 89 102 A3
Pourri (Mont) 73 175 E3
Pourrières 83 238 A3
Poursac 16 147 E4
Poursay-Garnaud 17 146 B4
Poursiugues-Boucoue 64 226 C3
Pourtalet (Col du) 64 256 B4
Pouru-aux-Bois 08 22 A3
Pouru-St-Remy 08 22 A3
Poussan 34 234 A4
Poussanges 23 166 B2
Poussay 88 86 C2
Pousseaux 58 102 A4
Poussignac 47 210 C1
Poussy-la-Campagne 14 29 E4
Pousthomy 12 232 A1
Le Pout 33 194 B1
Pouvrai 61 77 D2
Pouxeux 88 87 E3
Pouy 65 250 A1
Pouy-de-Touges 31 251 D1
Pouy-Loubrin 32 228 B4
Pouy-Roquelaure 32 211 E3
Pouy-sur-Vannes 10 82 B2
Pouyastruc 65 249 E1
Pouydesseaux 40 209 F4
Pouydraguin 32 227 E2
Pouylebon 32 227 F3
Pouzac 65 249 E3
Pouzauges 85 130 B2
Pouzay 37 115 E4
Pouze 31 230 A4
Pouzilhac 30 219 D3
Le Pouzin 07 203 F2
Pouzioux 86 132 C4
Pouzol 63 152 B3
Pouzolles 34 233 E4
Pouzols 34 233 F3
Pouzols-Minervois 11 254 B1
Pouzy-Mésangy 03 136 C3
Poyanne 40 225 E1
Poyans 70 124 B1
Poyartin 40 225 F2
Poyols 26 205 D3
Pozières 80 18 A1
Pra-Loup 04 207 D4
Le Pradal 34 233 D3
Les Pradeaux 63 168 C4
Pradel (Col du) 09,11 261 D1
Pradelle 26 204 C3
Pradelles 43 202 A2
Pradelles 59 4 B3
Pradelles-Cabardès 11 231 F4
Pradelles-en-Val 11 253 F2
Pradère-les-Bourguets 31 229 E2
Prades 07 203 D3
Prades 09 260 C1
Prades 43 185 D4
Prades 66 261 F2
Prades 81 231 D3
Les Prades 15 183 F2
Prades-d'Aubrac 12 200 B3
Prades-le-Lez 34 234 B2
Prades-Salars 12 215 F2
Prades-sur-Vernazobre 34 232 C4
Le Pradet 83 244 B3
Pradettes 09 252 C3
Pradières 09 252 B4
Pradiers 15 183 F2
Pradinas 12 214 C2
Pradines 19 166 A4
Pradines 42 154 B4
Pradines 46 197 F4
Pradons 07 203 D4
Prads 04 222 C1
Prahecq 79 146 B2
Prailles 79 146 C2
Pralognan-la-Vanoise 73 175 D4
Prâlon 21 123 D2
Pralong 42 170 A3
Prangey 52 105 D2
Pranles 07 203 E2
Pranzac 16 163 D3
Le Prarion 74 159 D4
Praslay 52 104 C3
Praslin 10 83 E4
Prasville 28 79 D3
Prat 22 47 D2
Prat-Bonrepaux 09 259 D2
Prato-di-Giovellina 2B 265 D4
Prats-de-Carlux 24 197 E1
Prats-de-Mollo-la-Preste 66 262 A4
Prats-de-Sournia 66 262 A1
Prats-du-Périgord 24 197 D2
Pratviel 81 230 C3
Pratz 39 156 E1
Pratz 52 84 C3
Prauthoy 52 105 D3
Pray 41 98 A3
Praye 54 86 C1
Prayols 09 252 A4
Prayssac 46 197 E4
Prayssas 47 211 E1
Le Praz-de-Lys 74 158 C3
Praz-sur-Arly 74 174 C1
Le Pré-d'Auge 14 30 A3
Pré de Madame Carle 05 190 C4
Pré-en-Pail 53 75 F1
Pré-St-Évroult 28 78 C3
Le Pré-St-Gervais 93 57 E2
Pré-St-Martin 28 78 C3
Préaux 07 187 D3
Préaux 36 117 D4
Préaux 53 95 E1
Préaux 76 31 F1
Préaux 77 81 D3
Les Préaux 27 30 C2
Préaux-Bocage 14 28 C4
Préaux-du-Perche 61 77 D2
Préaux-St-Sébastien 14 53 F1
Prébois 38 205 E1
Précey 50 50 C3
Préchac 32 228 B1
Préchac 33 194 B4
Préchac 65 257 D2
Préchac-sur-Adour 32 227 E3
Préchacq-Josbaig 64 247 F1
Préchacq-les-Bains 40 225 E1
Préchacq-Navarrenx 64 247 F1
Précieux 42 170 B3
Précigné 72 95 F2
Précilhon 64 248 A2
Précorbin 50 27 E4
Précy 18 120 A4
Précy-le-Sec 89 102 C4
Précy-Notre-Dame 10 83 F1
Précy-St-Martin 10 83 F1
Précy-sous-Thil 21 122 B1
Précy-sur-Marne 77 58 B1
Précy-sur-Oise 60 33 F3
Précy-sur-Vrin 89 101 F1
Prédefin 62 9 D1
Préfailles 44 110 C3
Préfontaines 45 80 C4
Prégentil 38 189 F3
Prégilbert 89 102 B3
Préguillac 17 161 D3
Préhy 89 102 B2
Preignac 33 194 C3
Preignan 32 228 B2
Preigney 70 106 A2
Preixan 11 253 E2
Prémanon 39 142 A4
Premeaux-Prissey 21 123 E3
Prémery 58 120 C3
Prémesques 59 5 D4
Prémeyzel 01 173 D2
Prémian 34 232 B3
Premières 21 124 A2
Prémierfait 10 83 D1
Prémilhat 03 151 E2
Prémillieu 01 172 C1
Prémol (Forêt de) 38 189 E3
Prémont 02 19 E1
Prémontré 02 35 E1
Prendeignes 46 198 C2
Préneron 32 227 F2
La Prénessaye 22 71 E2
Prenois 21 123 E1
Prénouvellon 41 98 C1
Prénovel 39 141 F4
Prény 54 64 A1
Préporché 58 138 B1
Prépotin 61 54 B4
Les Prés 26 205 D3
Les Prés-Vuillins 25 126 A4
Présailles 43 202 B1
Préseau 59 11 E3
Présentevillers 25 107 F4
Préserville 31 230 B3
Présilly 39 141 E4
Présilly 74 158 A3
Presle 73 174 A4
Presles 14 51 F2
Presles 38 188 C3
Presles 95 33 E4
Presles-en-Brie 77 58 B3
Presles-et-Boves 02 35 F2
Presles-et-Thierny 02 35 F1
Presly 18 119 D2
Presnoy 45 100 B1
Presque (Grotte de) 46 198 B1
Pressac 86 148 A3
Pressagny-l'Orgueilleux 27 32 B4
Pressiat 01 156 C2
Pressignac 16 163 F2
Pressignac-Vicq 24 196 B1
Pressigny 52 105 F2
Pressigny 79 131 E2
Pressigny-les-Pins 45 100 C2
Pressins 38 173 D4
Pressy 62 9 E1
Pressy-sous-Dondin 71 139 E4
La Prétière 25 107 E4
Pretin 39 141 F1
Prétot-Ste-Suzanne 50 26 C2
Prétot-Vicquemare 76 15 D3
Prêtre (La Roche du) 25 126 B3
Prêtreville 14 30 B4
Préty 71 140 B4
Pretz-en-Argonne 55 62 B1
Preuilly 18 118 C4
Preuilly-la-Ville 36 133 E3
Preuilly-sur-Claise 37 133 E2
Preures 62 8 C1
Preuschdorf 67 43 D4
Preuseville 76 16 B2
Preutin-Higny 54 39 E2
Preux-au-Bois 59 11 E4
Preux-au-Sart 59 11 F3
Préval 72 77 D3
Prévelles 72 76 C3
Prévenchères 48 200 B4
Préveranges 18 151 D1
Prévessin-Moëns 01 158 A2
La Prévière 49 94 A3
Prévillers 60 17 D4
Prévinquières 12 214 C1
Prévocourt 57 64 C1
Prey 27 55 E1
Prey 88 87 F3
Preyssac-d'Excideuil 24 180 B1
Prez 08 20 C2
Prez-sous-Lafauche 52 85 F2
Prez-sur-Marne 52 62 B4
Priaires 79 146 A3
Priay 01 156 B4
Priez 02 35 D4
Prignac 17 161 E1
Prignac-en-Médoc 33 176 C1
Prignac-et-Marcamps 33 177 E4
Prigonrieux 24 196 A1
Primarette 38 187 F1
Primat 08 37 F2
Primel-Trégastel 29 46 B2
Primelin 29 68 A2
Primelles 18 135 E1
Prin-Deyrançon 79 146 A2
Prinçay 86 132 A1
Princé 35 74 A3
Pringy 51 61 E2
Pringy 74 158 A4
Pringy 77 80 B1
Prinquiau 44 111 D1
Prinsuéjols 48 200 C3
Printzheim 67 66 C2
Prisces 02 20 A3
Prisches 59 11 F4
Prissac 36 134 A4
Prissé 71 155 E2
Prissé-la-Charrière 79 146 B3
Privas 07 203 E2
Privezac 12 214 C1
Prix-lès-Mézières 08 21 E3
Priziac 56 70 B3
Prizy 71 154 C1
La Proiselière-et-Langle 70 107 D2
Proissans 24 180 C4
Proisy 02 19 F2
Proix 02 19 F2
Projan 32 226 C3
Promilhanes 46 214 A1
Prompsat 63 168 A1
Prondines 63 167 E2
Pronleroy 60 34 A1
Pronville 62 10 B4
Propiac 26 220 B1
Propières 69 155 D3
Propriano 2A 268 C2
Prosnes 51 37 D3
Prouais 28 56 A3
Prouilly 51 36 B2
Proumeyssac (Gouffre de) 24 196 C1
Proupiary 31 250 C2
Proussy 14 52 B2
Prouvais 02 36 B2
Prouville 80 9 D4
Prouvy 59 11 D3
Prouzel 80 17 E2
Provemont 27 32 B3
Provence (Croix de) 13 237 F3
Provenchère 25 126 B2
Provenchère 70 106 C2
Provenchères-lès-Darney 88 86 B3
Provenchères-sur-Fave 88 88 C2
Provenchères-sur-Marne 52 85 D2
Provenchères-sur-Meuse 52 85 F4
Provency 89 102 C4
Proverville 10 84 B3
Proveysieux 38 189 D2
Proville 59 10 C4
Provin 59 10 B1
Provins 77 59 E4
Proviseux-et-Plesnoy 02 36 B1
Proyart 80 18 B2
Prudemanche 28 55 E3
Prudhomat 46 198 B1
Prugnanes 66 262 A1
Prugny 10 82 C3
Pruillé 49 95 D4
Pruillé-le-Chétif 72 96 B1
Pruillé-l'Éguillé 72 97 D2
Pruines 12 199 F4
Prunay 51 36 C3

316 Pru - Rib

Prunay-Belleville 10 82 B2
Prunay-Cassereau 41 97 F3
Prunay-en-Yvelines 78 79 D1
Prunay-le-Gillon 28 78 C2
Prunay-le-Temple 78 56 B2
Prunay-sur-Essonne 91 80 A2
Prunelli-di-Casacconi 2B 265 E3
Prunelli-di-Fiumorbo 2B 267 E3
Prunelli (Gorges du) 2A 264 C4
Prunet 07 202 C3
Prunet 15 199 F1
Prunet 31 230 B3
Prunet-et-Belpuig 66 262 B3
Prunières 05 206 C3
Prunières 38 189 E4
Prunières 48 201 D1
Pruniers 36 135 D2
Pruniers-en-Sologne 41 117 F2
Pruno 2B 265 E4
Prunoy 89 101 E1
Prusly-sur-Ource 21 104 A2
Prusy 10 103 D1
Pruzilly 71 155 E2
Puberg 67 66 B1
Publier 74 158 C1
Publy 39 141 E3
Puceul 44 93 E4
Le Puch 09 261 E2
Puch-d'Agenais 47 211 D1
Puchay 27 32 B2
Puchevillers 80 17 F1
Le Puech 34 233 E2
Puéchabon 34 234 A2
Puéchoursi 81 230 C3
Puechredon 30 218 A4
Puellemontier 52 84 B1
Puessans 25 125 F1
Puget 84 237 D1
Puget-Rostang 06 223 E3
Puget-sur-Argens 83 239 F3
Puget-Théniers 06 222 E3
Puget-Ville 83 244 C2
Pugey 25 125 E3
Pugieu 01 173 D1
Puginier 11 252 C1
Pugnac 33 177 E3
Pugny 79 130 C2
Pugny-Chatenod 73 173 E2
Puichéric 11 254 A2
Le Puid 88 88 B1
Puilacher 34 233 F3
Puilaurens 11 261 F1
Puilboreau 17 145 2D
Puilly-et-Charbeaux 08 22 B4
Puimichel 04 221 F3
Puimisson 34 233 D4
Puimoisson 04 222 A4
La Puisaye 28 55 D4
Puiseaux 45 80 B3
Puiselet-le-Marais 91 79 F2
Puisenval 76 16 A2
Le Puiset 28 79 E3
Le Puiset-Doré 49 112 C2
Puiseux 08 21 D4
Puiseux 28 55 F4
Puiseux-en-Bray 60 32 C2
Puiseux-en-France 95 34 A4
Puiseux-en-Retz 02 35 D3
Puiseux-le-Hauberger 60 33 E3
Puisieulx 51 36 C3
Puisieux 62 10 A4
Puisieux 77 34 C4
Puisieux-et-Clanlieu 02 19 F2
Puissalicon 34 233 E4
Puisseguin 33 178 A4
Puisserguier 34 254 C1
Puits 21 103 F3
Le Puits-des-Mèzes 52 85 E3
Puits-et-Nuisement 10 83 F3
Puits (Étang du) 45 100 A4
Puits-la-Vallée 60 17 E4
Puivert 11 253 D4
Pujaudran 32 299 E3
Pujaut 30 219 E3
Pujo 65 249 E1
Pujo-le-Plan 40 226 C1
Pujols 33 195 D1
Pujols 47 211 F1
Les Pujols 09 252 B3
Pujols-sur-Ciron 33 194 B3
Le Puley 71 139 E3
Puligny-Montrachet 21 139 F1
Pullay 27 55 D3
Pulligny 54 64 B4
Pulney 54 86 C1
Pulnoy 54 64 C3
Pulvérières 63 167 F1
Pulversheim 68 108 C1
Punchy 80 18 B3
Punerot 88 86 B1
Puntous 65 250 A1
Puntous de Laguian 32 227 F4
Pupillin 39 141 E1
Pure 08 22 B3
Purgerot 70 106 B2
Pusey 70 106 C3
Pusignan 69 172 A2
Pussay 91 79 E2
Pussigny 37 115 F4
Pussy 73 174 C3
Pusy-et-Épenoux 70 106 C3
Putanges-Pont-Écrepin 61 52 C2
Puteaux 92 57 E2
Putot-en-Auge 14 29 F3
Putot-en-Bessin 14 28 C3
Puttelange-aux-Lacs 57 41 F4
Puttelange-lès-Thionville 57 40 B1
Puttigny 57 65 D2
Puxe 54 39 E3
Puxieux 54 39 E4
Le Puy 25 125 F1
Le Puy 33 195 E2
Puy-d'Arnac 19 181 E4
Puy de Dôme 63 167 F2
Puy-de-Serre 85 130 B4
Puy-du-Lac 17 145 F4
Le Puy-en-Velay 43 185 F4
Puy-Ferrand 18 135 E3
Puy-Guillaume 63 169 D1
Puy Hardy 79 130 C4
Puy-l'Évêque 46 197 D4
Puy-Malsignat 23 151 D4
Le Puy-Notre-Dame 49 114 B3
Puy-St-André 05 191 D4
Le Puy-St-Bonnet 49 113 D4
Puy-St-Eusèbe 05 206 C3
Puy-St-Gulmier 63 167 D2
Puy-St-Martin 26 204 A3
Puy-St-Pierre 05 191 D4
Puy-St-Vincent 05 206 C1
Le Puy-Ste-Réparade 13 237 E2
Puy-Sanières 05 206 C3
Puybarban 33 195 D3
Puybegon 81 230 C1
Puybrun 46 198 B1
Puycalvel 81 231 D2
Puycasquier 32 228 C2
Puycelci 81 213 F4
Puycornet 82 213 D2
Puydaniel 31 251 F1
Puydarrieux 65 250 A1
La Puye 86 133 D3
Puygaillard-de-Lomagne 82 212 B4
Puygaillard-de-Quercy 82 213 F3
Puygiron 26 203 F3
Puygouzon 81 214 C4
Puygros 73 173 F3
Puyguilhem 24 179 F1
Puyjourdes 46 214 A1
Puylagarde 82 214 A1
Puylaroque 82 213 E2
Puylaurens 81 231 D3
Puylausic 32 229 D4
Puyloubier 13 237 F3
Puymangou 24 178 B3
Puymartin 24 197 E1
Puymaurin 31 250 C1
Puyméras 84 220 A1
Puymiclan 47 195 F4
Puymirol 47 212 A2
Puymorens (Col de) 66 260 C3
Puymoyen 16 162 C3
Puynormand 33 178 B4
Puyol-Cazalet 40 226 B3
Puyoô 64 225 E3
Puypéroux 16 162 B4
Puyravault 17 145 F3
Puyravault 85 145 D1
Puyréaux 16 162 C1
Puyrenier 24 163 D4
Puyrolland 17 146 A4
Puységur 32 228 B1
Puysségur 31 229 D2
Puysserampion 47 195 F3
Puyvalador 66 261 E2
Puyvert 84 237 D1
Puzeaux 80 18 B3
Puzieux 57 64 C1
Puzieux 88 86 C2
Py 66 261 F3
La Pyle 27 31 E3
Pyle (Pont de la) 39 141 E4
Pyrénées (Parc National des) 65 257 E4
Pys 80 10 A4

Q

Quaëdypre 59 4 A2
Quaix-en-Chartreuse 38 189 D2
Quantilly 18 119 D3
Quarante 34 254 C1
Quarouble 59 11 E2
Quarré-les-Tombes 89 121 F2
La Quarte 70 105 F2
Le Quartier 63 152 A3
Quasquara 2A 266 C4
Quatre-Champs 08 37 F1
Les Quatre-Routes 46 181 E4
Quatre Vios (Col des) 07 203 D2
Quatremare 27 31 F3
Quatzenheim 67 67 D3
Quéant 62 10 B4
Queaux 86 148 B2
Québriac 35 73 D1
Quédillac 35 72 B2
Queige 73 174 C2
Quelaines-St-Gault 53 94 C1
Quelmes 62 3 E3
Quelneuc 56 92 C2
Quéménéven 29 69 D2
Quemigny-Poisot 21 123 E3
Quemigny-sur-Seine 21 104 A3
Quemper-Guézennec 22 47 E2
Quemperven 22 47 D2
Quend 80 8 B3
Quénécan (Forêt de) 22,56 70 C2
Quenne 89 102 B2
Quenoche 70 106 C4
Quenza 2A 269 D1
Quercamps 62 3 E3
Quercitello 2B 265 E4
Quérénaing 59 11 D3
Quéribus (Château de) 11 262 B1
Quérigut 09 261 D2
Quernes 62 4 A4
Querqueville 50 24 C1
Querré 49 95 D3
Querrien 29 70 A4
Querrieu 80 17 F2
Quers 70 107 D2
Quesmy 60 18 C4
Le Quesne 80 16 C2
Le Quesnel 80 18 A3
Le Quesnel-Aubry 60 33 F1
Le Quesnoy 59 11 E3
Le Quesnoy-en-Artois 62 9 D2
Quesnoy-le-Montant 80 8 B4
Quesnoy-sur-Airaines 80 17 D2
Quesnoy-sur-Deûle 59 5 D3
Quesques 62 3 D4
Quessigny 27 55 E1
Quessoy 22 48 B4
Quessy 02 19 D4
Questembert 56 92 A2
Questrecques 62 2 C4
Quet-en-Beaumont 38 205 F1
Quetigny 21 123 F2
Quettehou 50 25 E2
Quettetot 50 24 C3
Quetteville 14 30 B2
Quettreville-sur-Sienne 50 50 C1
Queudes 51 60 A3
La Queue-en-Brie 94 58 A2
La Queue-les-Yvelines 78 56 C2
Queuille 63 152 B4
Queuille (Méandre de) 63 152 A4
Quevauvillers 80 17 D2
Quéven 56 90 B1
Quévert 22 49 E4
Quevillon 76 31 E2
Quevilloncourt 54 86 C1
Quévreville-la-Poterie 76 31 F2
Queyrac 33 176 B1
Queyras (Parc Régional du) 05 207 E2
Queyrières 43 186 A3
Queyssac 24 196 A1
Queyssac-les-Vignes 19 181 E4
Quézac 15 199 D2
Quézac 48 217 D1
Quiberon 56 90 C4
Quiberville 76 15 E2
Quibou 50 27 D4
Quié 09 260 B1
Quiers 77 58 C4
Quiers-sur-Bézonde 45 100 B1
Quiéry-la-Motte 62 10 B2
Quierzy 02 18 C4
Quiestède 62 3 F4
Quiévelon 59 12 B3
Quiévrechain 59 11 E2
Quièvrecourt 76 16 A3
Quiévy 59 11 D4
Quilen 62 8 C1
Quilinen 29 69 D2
Quillan 11 253 E4
Quillane (Col de la) 66 261 E3
Quillebeuf-sur-Seine 27 30 C1
Le Quillio 22 71 D2
Quilly 08 37 E2
Quilly 44 92 C4
Quily 56 92 A1
Quimper 29 69 D3
Quimperlé 29 69 F4
Quincampoix 76 31 F1
Quincampoix-Fleuzy 60 16 C3
Quinçay 86 132 A3
Quincerot 21 103 E4
Quincerot 89 103 D1
Quincey 10 82 B1
Quincey 21 123 E3
Quincey 70 106 C3
Quincié-en-Beaujolais 69 155 D3
Quincieu 38 188 C2
Quincieux 69 171 E1
Quincy 18 118 C3
Quincy-Basse 02 35 E1
Quincy-Landzécourt 55 38 B1
Quincy-le-Vicomte 21 103 E4
Quincy-sous-le-Mont 02 35 F3
Quincy-sous-Sénart 91 58 A3
Quincy-Voisins 77 58 C2
Quinéville 50 25 E3
Quingey 25 125 D3
Quinquempoix 60 33 E1
Quins 12 215 D2
Quinsac 24 179 F1
Quinsac 33 194 B2
Quinson 04 238 B2
Quinssaines 03 151 E2
Quint 31 230 B3
Quintal 74 173 F1
La Quinte 72 76 A4
Quintenas 07 187 D2
Quintenic 22 48 C3
Quintigny 39 141 D2
Quintillan 11 254 B4
Quintin 22 47 F4
Le Quiou 22 72 C1
Quirbajou 11 261 E1
Quiry-le-Sec 80 17 F4
Quissac 30 218 A4
Quissac 46 198 B3
Quistinic 56 70 C4
Quittebeuf 27 31 E4
Quitteur 70 105 F4
Quivières 80 18 C2
Quœux-Haut-Maînil 62 9 D3

R

Rabastens 81 230 B1
Rabastens-de-Bigorre 65 227 E4
Rabat-les-Trois-Seigneurs 09 252 A4
La Rabatelière 85 129 E1
Rablay-sur-Layon 49 113 F2
Rabodanges 61 52 C2
Rabou 05 206 A3
Rabouillet 66 261 F2
Racamadou (Belvédère de) 24 196 C1
Racécourt 88 87 D2
Rachecourt-sur-Marne 52 62 B4
Rachecourt-Suzémont 52 84 C1
Raches 59 10 C2
Racines 10 82 C4
La Racineuse 71 140 B2
Racquinghem 62 4 A4
Racrange 57 65 E1
Raddon-et-Chapendu 70 107 D1
Radenac 56 71 E4
Radepont 27 32 A2
Radinghem 62 9 D1
Radinghem-en-Weppes 59 4 C4
Radioastronomie (Station de) 18 118 C2
Radon 61 76 B1
Radonvilliers 10 83 F2
Radule (Cascade de) 2B 266 C1
Raedersdorf 68 108 C4
Raedersheim 68 108 C1
Raffetot 76 14 C4
Rageade 15 184 C3
Rahart 41 98 A2
Rahay 72 97 E1
Rahling 57 42 B4
Rahon 25 126 B1
Rahon 39 124 B4
Rai 61 54 B3
Raids 50 27 D3
Raillencourt-Ste-Olle 59 10 C4
Railleu 66 261 E3
Raillicourt 08 21 E4
Raillimont 02 20 C3
Raimbeaucourt 59 10 C2
Rainans 39 124 B3
Raincheval 80 17 F1
Raincourt 70 106 A1
Le Raincy 93 58 A2
Rainfreville 76 15 E3
Rainneville 80 17 F1
Rainsars 59 12 B4
Rainville 88 86 B2
Rainvillers 60 33 D2
Les Rairies 49 95 F3
Raismes 59 11 D2
Raissac 09 252 C4
Raissac-d'Aude 11 254 B2
Raissac-sur-Lampy 11 253 D1
Raix 16 147 E4
Raizeux 78 56 B4
Ramasse 01 156 C2
Ramatuelle 83 245 E2
Rambaud 05 206 B3
Rambervillers 88 87 E2
Rambluzin-et-Benoite-Vaux 55 62 C1
Rambouillet 78 56 C4
Rambucourt 55 63 E2
Ramburelles 80 16 C1
Rambures 80 16 B2
Ramecourt 62 9 E2
Ramecourt 88 86 C2
Ramerupt 10 61 D4
Ramicourt 02 19 D1
Ramillies 59 10 C3
Rammersmatt 68 108 B2
Ramonchamp 88 107 E1
Ramonville-St-Agne 31 230 A3
Ramoulu 45 80 A3
Ramous 64 225 F3
Ramousies 59 12 B4
Ramouzens 32 227 F1
Rampan 50 27 E3
Rampieux 24 196 C2
Rampillon 77 58 C4
Rampont 55 38 B4
Rampoux 46 197 E3
Ramstein 67 89 D2
Rancé 01 155 F4
Rance 22,35 49 E3
Rancenay 25 125 D3
Rancennes 08 13 F4
Rances 10 84 A1
Ranchal 69 154 C3
Ranchot 39 124 C3
Ranchy 14 28 B3
Rancogne 16 163 D3
Rancon 87 149 D3
Rançonnières 52 105 F1
Rancourdray 50 51 E3
Rancourt 80 18 B1
Rancourt 88 86 C3
Rancourt-sur-Ornain 55 62 A2
Rancy 71 140 B3
Randan 63 153 D4
Randens 73 174 B3
Randevillers 25 126 B2
Randonnai 61 54 C3
Rânes 61 52 C3
Rang 25 126 B1
Rang-du-Fliers 62 8 A2
Rangecourt 52 85 F4
Rangen 67 66 C3
Ranguevaux 57 40 A2
Rannée 35 94 A1
Ranrupt 67 88 C1
Rans 39 124 C3
Ransart 62 9 F3
Ranspach 68 108 A1
Ranspach-le-Bas 68 109 D3
Ranspach-le-Haut 68 108 C3
Rantechaux 25 126 A3
Rantigny 60 33 F2
Ranton 86 114 C4
Rantzwiller 68 108 C3
Ranville 14 29 E3
Ranville-Breuillaud 16 162 A1
Ranzevelle 70 106 B1
Ranzières 55 39 D4
Raon-aux-Bois 88 87 E4
Raon-lès-Leau 54 66 A4
Raon-l'Étape 88 88 A1
Raon-sur-Plaine 88 66 A4
Rapaggio 2B 265 E4
Rapale 2B 265 E3
Rapey 88 87 D2
Rapilly 14 52 C2
Rapsécourt 51 61 F1
Raray 60 34 B3
Rarécourt 55 38 B4
Rasiguères 66 262 A1
Raslay 86 114 C3
Rasteau 84 219 F2
Ratenelle 71 140 B4
Ratières 26 187 F2
Ratilly 89 101 E4
Ratte 71 140 C3
Ratzwiller 67 42 B4
Raucoules 43 186 B2
Raucourt 54 64 B1
Raucourt-au-Bois 59 11 E3
Raucourt-et-Flaba 08 21 F4
Raulecourt 55 63 E2
Raulhac 15 200 A1
Rauret 43 202 A1
Rauville-la-Bigot 50 24 C3
Rauville-la-Place 50 26 C1
Rauwiller 67 66 A2
Rauzan 33 195 D2
Raveau 58 120 B3
Ravel 63 168 C2
Ravenel 60 34 A1
Ravennefontaines 52 85 F4
Ravenoville 50 25 E3
Raves 88 88 B2
Raviège (Lac de la) 34,81 232 A3
Ravières 89 103 E3
Ravigny 53 76 A1
Raville 57 40 C4
Raville-sur-Sânon 54 65 D3
Ravilloles 39 157 E1
La Ravoire 73 173 E3
Ray-Pic (Cascade du) 07 202 C1
Ray-sur-Saône 70 106 A3
Raye-sur-Authie 62 8 C3
Rayet 47 196 C3
Raymond 18 136 B1
Raynans 25 107 F4
Rayol-Canadel-sur-Mer 83 245 D2
Rayssac 81 231 F1
Raz (Pointe du) 29 68 A2
Razac-de-Saussignac 24 195 F1
Razac-d'Eymet 24 196 A2
Razac-sur-l'Isle 24 179 E3
Raze 70 106 B3
Razecueillé 31 258 C2
Razengues 32 229 D2
Razès 87 149 E4
Razimet 47 210 C1
Razines 37 132 B1
Ré (Île de) 17 144 C2
Réal 66 261 E2
Réalcamp 76 16 C2
Réallon 05 206 C3
Réalmont 81 231 E1
Réalville 82 213 E3
Réans 32 227 E1
Réau 77 58 A4
Réaumont 38 189 D1
Réaumur 85 130 B2
Réaup 47 210 C3
Réauville 26 203 F4
Réaux 17 161 E4
Rebais 77 59 D2
Rebecques 62 3 F4
Rébénacq 64 248 B2
Rebergues 62 3 D3
Rebets 76 32 A1
Rebeuville 88 86 A2
Rebigue 31 230 A4
Rebourguil 12 232 B1
Rebourseaux 89 102 B1
Reboursin 36 118 A4
Rebréchien 45 99 E1
Rebreuve-Ranchicourt 62 9 F2
Rebreuve-sur-Canche 62 9 E3
Rebreuviette 62 9 E3
Recanoz 39 141 D2
Recey-sur-Ource 21 104 B2
Réchésy 90 108 B4
Réchicourt 55 39 D2
Réchicourt-la-Petite 54 65 D3
Réchicourt-le-Château 57 65 F3
Récicourt 55 38 B3
Réclainville 28 79 D2
Reclesne 71 122 B4
Reclinghem 62 9 D1
Réclonville 54 65 E4
Recloses 77 80 B2
Recologne 25 125 D2
Recologne 70 106 A3
Recologne-lès-Rioz 70 106 B4
Recoubeau-Jansac 26 204 C2
Recoules-d'Aubrac 48 200 C2
Recoules-de-Fumas 48 201 D3
Recoules-Prévinquières 12 216 A1
Récourt 52 105 E1
Récourt 62 10 B3
Récourt-le-Creux 55 63 D1
Recouvrance 90 108 A3
Le Recoux 48 216 B1
Recques-sur-Course 62 8 B1
Recques-sur-Hem 62 3 E3
Recquignies 59 12 B3
Le Reculey 14 51 F1
Reculfoz 25 142 B2
Recurt 65 250 A2
Recy 51 61 D1
Rédange 57 39 E1
Rédené 29 90 B1
Redessan 30 235 F1
Réding 57 66 A2
Redon 35 92 B3
Redortiers 04 221 D3
Réez-Fosse-Martin 60 34 C4
Reffannes 79 131 E4
Reffroy 55 63 D3
Reffuveille 50 51 D3
Refranche 25 125 E4
Régades 31 258 C2
Régalon (Gorges du) 84 236 C1
Régat 09 252 C4
Regnauville 62 8 C3
Regnévelle 88 86 B4
Regnéville-sur-Mer 50 26 C4
Regnéville-sur-Meuse 55 38 C3
Regney 88 87 D2
Régnié-Durette 69 155 E3
Regnière-Écluse 80 8 B3
Regniowez 08 21 D2
Regny 02 19 E2
Régny 42 154 C4
La Regrippière 44 112 C3
Réguiny 56 71 E4
Réguisheim 68 108 C1
Régusse 83 238 C2
Rehaincourt 88 87 E1
Rehainviller 54 65 D4
Rehaupal 88 88 A3
Reherrey 54 65 E4
Réhon 54 39 E1
Reichsfeld 67 89 D1
Reichshoffen 67 67 D1
Reichstett 67 67 E3
Reignac 16 178 A1
Reignac 33 177 E2
Reignac-sur-Indre 37 116 B3
Reignat 63 168 C2
Reigneville-Bocage 50 25 D3
Reignier 74 158 B3
Reigny 18 135 F4
Reilhac 15 183 D4
Reilhac 43 185 D3
Reilhac 46 198 B2
Reilhaguet 46 198 A2
Reilhanette 26 220 C2
Reillanne 04 221 D4
Reillon 54 65 E3
Reilly 60 32 C3
Reimerswiller 67 67 E1
Reims 51 36 B3
Reims-la-Brûlée 51 61 F3
La Reine Blanche 60 34 A4
Reinhardsmunster 67 66 B3
Reiningue 68 108 B2
Reipertswiller 67 66 C1
Reithouse 39 141 E3
Reitwiller 67 67 D3
Réjaumont 32 228 B1
Réjaumont 65 250 A2
Rejet-de-Beaulieu 59 19 F1
Relanges 88 86 C3
Relans 39 141 D2
Le Relecq-Kerhuon 29 45 D3
Relevant 01 156 A3
Rely 62 9 E1
Remaisnil 80 9 D3
Rémalard 61 77 E1
Remaucourt 02 19 D2
Remaucourt 08 20 C4
La Remaudière 44 112 B2
Remaugies 80 18 A4
Remauville 77 80 C3
Rembercourt 55 62 C1
Rembercourt-sur-Mad 54 63 F1
Rémécourt 60 34 A2
Rémelfang 57 40 C2
Rémelfing 57 42 A3
Rémeling 57 40 C1
Remennecourt 55 62 A2
Remenoville 54 87 E1
Rémérangles 60 33 F1
Réméréville 54 64 C3
Rémering-lès-Hargarten 57 41 D2
Rémering-lès-Puttelange 57 41 E4
Remicourt 51 62 A1
Remicourt 88 86 C2
Remiencourt 80 17 F3
Remies 02 19 E3
Remigny 02 19 D3
Remigny 71 139 F1
Rémilly 57 40 C4
Rémilly 58 138 B2
Remilly-Aillicourt 08 22 A4
Remilly-en-Montagne 21 123 D2
Remilly-les-Pothées 08 21 D3
Remilly-sur-Lozon 50 27 D3
Remilly-sur-Tille 21 123 F2
Remilly-Wirquin 62 3 E4
Réminiac 56 92 B1
Remiremont 88 87 E4
Remoiville 55 38 C1
Remollon 05 206 B3
Remomeix 88 88 B2
Remoncourt 54 65 E3
Remoncourt 88 86 C3
Rémondans-Vaivre 25 126 C1
Rémonville 08 38 A2
Remoray 25 142 B2
Remouillé 44 112 B4
Remoulins 30 219 D4
Removille 88 86 B2
Rempnat 87 166 A3
La Remuée 76 30 B1
Remungol 56 71 D4
Rémuzat 26 204 C4
Remy 60 34 B2
Rémy 62 10 B3
Renac 35 92 C2
Renage 38 188 C1
Renaison 42 154 A4
Renansart 02 19 E3
Renaucourt 70 106 A3
La Renaudie 63 169 E2
La Renaudière 49 112 C3
Renauvoid 88 87 D3
Renay 41 98 A2
Renazé 53 94 B2
Rencurel 38 188 C3
René 72 76 B2
Renédale 25 125 F4
Renescure 59 4 A3
Renève 21 124 B1
Réning 57 65 E1
Rennemoulin 78 57 D2
Rennepont 52 84 C3
Rennes 35 73 D3
Rennes-en-Grenouilles 53 75 D1
Rennes-le-Château 11 253 E4
Rennes-les-Bains 11 253 E4
Rennes-sur-Loue 25 125 D4
Renneval 02 20 B3
Renneville 08 20 B4
Renneville 27 32 A2
Renneville 31 230 B4
Renno 2A 266 B2
Réno Valdieu (Forêt de) 61 77 D1
Le Renouard 61 53 E1
Rentières 63 184 B1
Renty 62 9 D1
Renung 40 226 C2
Renwez 08 21 E2
La Réole 33 195 D3
La Réorthe 85 129 F3
Réotier 05 207 D2
Repaix 54 65 F3
La Répara-Auriples 26 204 B2
Réparsac 16 161 F2
Le Repas 61 52 B2
Repel 88 86 B2
Repentigny 14 29 F3
Replonges 01 155 F2
Le Reposoir 74 158
Les Repôts 39 141
Reppe 90 108
Requeil 72 96
Réquista 12 215
Rès (Dent de) 07 203
Résenlieu 61 53
La Résie-St-Martin 70 124
Résigny 02 20
Resson 55 62
Ressons 60 33
Ressons-le-Long 02 35
Ressons-sur-Matz 60 34
Les Ressuintes 28 55
Restigné 37 115
Restinclières 34 234
Restonica (Gorges de la) 2B 267
Le Retail 79 130
Rétaud 17 161
Reterre 23 151
Rethel 08 37
Retheuil 02 34
Rethondes 60 34
Rethonvillers 80 18
Réthoville 50 25
Retiers 35 93
Retjons 40 210 A
Retonfey 57 40 C
Rétonval 76 16 E
Retournac 43 186 A
Retschwiller 67 43
Rettel 57 40 E
Rety 62 2 C
Retz (Forêt de) 02 35 D
Retzwiller 68 108 E
Reugney 25 125 E
Reugny 03 151 F
Reugny 37 116 E
Reuil 51 36 A
Reuil-en-Brie 77 59 D
Reuil-sur-Brêche 60 33 E
Reuilly 27 31 F
Reuilly 36 118 E
Reuilly-Sauvigny 02 35 F
Reulle-Vergy 21 123 E
Reumont 59 11 D
La Réunion 47 210 C
Reutenbourg 67 66 C
Reuves 51 60 A
Reuville 76 15 D
Reux 14 30 A
Revard (Mont) 73 173 F
Réveillon 51 59 E
Réveillon 61 77 D
Revel 31 231 D
Revel 38 189 E
Revel-Tourdan 38 188 A
Revelles 80 17 D
Revens 30 216 C
Reventin-Vaugris 38 171 E
Revercourt 28 55 E
Revest-des-Brousses 04 221 D
Revest-du-Bion 04 221 D
Le Revest-les-Eaux 83 244 A
Revest-les-Roches 06 241 D
Revest-St-Martin 04 221 E
La Revêtizon 79 146 B
Reviers 14 29 D
Revigny 39 141 E3
Revigny (Creux de) 39 141 E3
Revigny-sur-Ornain 55 62 B2
Réville 50 25 E2
Réville-aux-Bois 55 38 C2
Révillon 02 36 A2
Revin 08 21 E1
Revollat (Croix de) 38 189 F2
Revonnas 01 156 B3
Rexingen 67 66 B1
Rexpoëde 59 4 B2
Reyersviller 57 42 B4
Reygade 19 181 F4
Reynel 52 85 E2
Reynès 66 262 B3
Reynier 04 222 A1
Reyniès 82 213 D4
Reyrevignes 46 198 C3
Reyrieux 01 171 E1
Reyssouze 01 155 F1
Reyvroz 74 158 C1
Rezay 18 135 E3
Rezé 44 112 A3
Rézentières 15 184 B3
Rezonville 57 39 F4
Rezza 2A 266 C3
Rhèges 10 60 B4
Le Rheu 35 73 D3
Rhin 67,68 67 F2
Rhinau 67 89 F1
Rhodes 57 65 F2
Rhodon 41 98 B3
Rhône 1,7,13,26,38,69, 73,74,84 203 F1
Rhue 15,19 183 D1
Rhuis 60 34 B2
La Rhune 64 246 A1
Ri 61 53 D2
Ria-Sirach 66 261 F2
Riaillé 44 94 A4
Le Rialet 81 231 F3
Rians 18 119 E3
Rians 83 238 A2
Riantec 56 90 B2
Le Riau 03 137 E3
Riaucourt 52 85 D3
Riaville 55 39 D4
Ribagnac 24 196 A2
Ribarrouy 64 226 C3
Ribaute 11 254 A3
Ribaute-les-Tavernes 30 218 A3
Le Ribay 53 75 E1
Ribeaucourt 55 62 C4
Ribeaucourt 80 9 D4
Ribeauville 02 19 F1
Ribeauvillé 68 89 D2
Ribécourt-Dreslincourt 60 34 C1
Ribécourt-la-Tour 59 10 C4
Ribemont 02 19 E3
Ribemont-sur-Ancre 80 18 A1
Ribennes 48 201 E3

bérac 24 ..... 179 D2
bes 07 ..... 202 C4
beyret 05 ..... 205 D4
biers 05 ..... 221 E2
bouisse 11 ..... 252 C2
boux 83 ..... 253 F2
Ricamarie 42 ..... 186 C1
carville 76 ..... 14 C4
carville-du-Val 76 ..... 15 F3
caud 11 ..... 252 C1
caud 65 ..... 249 F2
s Riceys 10 ..... 103 E1
Richardais 35 ..... 49 E2
chardménil 54 ..... 64 B4
charville 91 ..... 79 E1
che 57 ..... 65 D1
Riche 37 ..... 115 F1
chebourg 52 ..... 85 D4
chebourg 62 ..... 10 A1
chebourg 78 ..... 56 B2
checourt 55 ..... 63 E2
chelieu 37 ..... 115 D4
cheling 57 ..... 41 F4
chemont 16 ..... 161 F2
chemont 24 ..... 179 E1
chemont 57 ..... 40 B2
chemont 76 ..... 16 B3
chemont (Col de) 01 ..... 157 E4
cherenches 84 ..... 219 F1
cheval 57 ..... 63 F3
cheville 27 ..... 32 B3
chtolsheim 67 ..... 89 E2
ichwiller 68 ..... 108 C2
icourt 32 ..... 227 E3
icquebourg 60 ..... 34 B1
iec-sur-Belon 29 ..... 69 F4
iedheim 67 ..... 66 C2
iedisheim 68 ..... 108 C2
iedseltz 67 ..... 43 E4
iedwihr 68 ..... 89 D3
iel-les-Eaux 21 ..... 104 A1
iencourt 80 ..... 17 D2
iencourt-lès-Bapaume 62 ..... 10 B4
iencourt-lès-Cagnicourt 62 ..... 10 C3
iervescemont 90 ..... 107 F2
iespach 68 ..... 108 C3
ieucazé 31 ..... 258 C2
ieucros 09 ..... 252 B3
ieulay 59 ..... 10 C2
ieumajou 31 ..... 230 C4
ieumes 31 ..... 229 E4
ieupeyroux 12 ..... 214 C1
ieussec 34 ..... 232 B4
ieutort-de-Randon 48 ..... 201 E3
ieux 31 ..... 251 E2
ieux 51 ..... 59 F2
ieux 56 ..... 92 B3
ieux 60 ..... 34 A3
ieux 76 ..... 16 B2
ieux-de-Pelleport 09 ..... 252 A3
ieux-en-Cambrésis 59 ..... 11 D3
ieux-en-Val 11 ..... 254 A3
ieux-Minervois 11 ..... 254 A1
iez 04 ..... 238 C1
igarda 66 ..... 262 A2
igaud 06 ..... 223 E3
ignac 12 ..... 214 C1
ignac 46 ..... 198 B1
ignat 01 ..... 156 C3
ignaucourt 55 ..... 62 C1
igné 79 ..... 131 D1
igney 25 ..... 125 E1
Rignieux-le-Franc 01 ..... 156 B4
Rignosot 25 ..... 125 E1
Rignovelle 70 ..... 107 D2
Rigny 70 ..... 105 F4
Rigny-la-Nonneuse 10 ..... 82 B2
Rigny-la-Salle 55 ..... 63 E3
Rigny-le-Ferron 10 ..... 82 B3
Rigny-St-Martin 55 ..... 63 E3
Rigny-sur-Arroux 71 ..... 138 C4
Rigny-Ussé 37 ..... 115 D2
Riguepeu 32 ..... 227 F2
Rilhac-Lastours 87 ..... 164 B3
Rilhac-Rancon 87 ..... 164 C1
Rilhac-Treignac 19 ..... 165 E4
Rilhac-Xaintrie 19 ..... 182 B3
Rillans 25 ..... 125 F1
Rillé 37 ..... 115 D1
Rillieux-la-Pape 69 ..... 171 F1
Rilly-la-Montagne 51 ..... 36 B3
Rilly-Ste-Syre 10 ..... 82 C1
Rilly-sur-Aisne 08 ..... 37 E1
Rilly-sur-Loire 41 ..... 116 C1
Rilly-sur-Vienne 37 ..... 115 E4
Rimaucourt 52 ..... 85 E2
Rimbach-près-Guebwiller 68 ..... 108 B1
Rimbach-près-Masevaux 68 ..... 108 A1
Rimbachzell 68 ..... 108 B1
Rimbez-et-Baudiets 40 ..... 210 C3
Rimboval 62 ..... 8 C1
Rimeize 48 ..... 201 D2
Rimling 57 ..... 42 B3
Rimogne 08 ..... 21 D2
Rimon-et-Savel 26 ..... 204 C2
Rimondeix 23 ..... 150 C2
Rimons 33 ..... 195 D2
Rimont 09 ..... 259 F2
Rimou 35 ..... 73 E1
Rimplas 06 ..... 223 F2
Rimsdorf 67 ..... 66 A1
Ringeldorf 67 ..... 67 D1
Ringendorf 67 ..... 67 D2
Rinxent 62 ..... 2 C3
Riocaud 33 ..... 195 E2
Riolan (Clue du) 06 ..... 223 E4
Riolas 31 ..... 250 C1
Riols 34 ..... 232 B3
Le Riols 81 ..... 214 A3
Riom 63 ..... 168 B1
Riom-ès-Montagnes 15 ..... 183 E2
Rioms 26 ..... 220 C1
Rion-des-Landes 40 ..... 208 C4
Rions 33 ..... 194 B2
Riorges 42 ..... 154 B4
Riotord 43 ..... 186 C2
Rioux 17 ..... 161 D3
Rioux-Martin 16 ..... 178 B2
Rioz 70 ..... 125 E1
Ripaille 74 ..... 158 C1
Riqueval (Souterrain de) 02 ..... 19 D2
Riquewihr 68 ..... 89 D3
Ris 63 ..... 153 E4
Ris 65 ..... 249 F4
Ris-Orangis 91 ..... 57 F4
Riscle 32 ..... 227 D2
Risle 27,61 ..... 31 D3
Risoul 05 ..... 207 D2
Ristolas 05 ..... 207 F1
Rittershoffen 67 ..... 67 E1
Ritzing 57 ..... 40 C1
Riupeyrous 64 ..... 226 C4
Rivarennes 36 ..... 134 A3
Rivarennes 37 ..... 115 E2
Rivas 42 ..... 170 B3
Rivau 37 ..... 115 D3
Rive-de-Gier 42 ..... 171 D4
Rivecourt 60 ..... 34 B2
Rivedoux-Plage 17 ..... 144 C3
Rivehaute 64 ..... 225 F4
Rivel 11 ..... 252 C4
Riventosa 2B 267 D2
Rivèrenert 09 ..... 259 F3
Riverie 69 ..... 171 D3
Rivery 80 ..... 17 E2
Rives 38 ..... 188 C1
Rives 47 ..... 196 B3
Les Rives 34 ..... 233 E1
Rivesaltes 66 ..... 262 C1
Rivière 37 ..... 115 D3
Rivière 62 ..... 10 A3
La Rivière 33 ..... 177 F4
La Rivière 38 ..... 188 C2
La Rivière-de-Corps 10 ..... 83 D2
La Rivière-Drugeon 25 ..... 142 B1
La Rivière-Enverse 74 ..... 159 D3
Rivière-les-Fosses 52 ..... 105 D3
Rivière-Saas-et-Gourby 40 ..... 225 D2
La Rivière-St-Sauveur 14 ..... 30 B2
Rivière-sur-Tarn 12 ..... 216 B2
La Rivière-Thibouville 27 ..... 31 D4
Rivières 16 ..... 163 D2
Rivières 30 ..... 218 B2
Rivières 81 ..... 214 B4
Les Rivières-Henruel 51 ..... 61 E3
Rivières-le-Bois 52 ..... 105 E2
Riville 76 ..... 14 C3
Rivolet 69 ..... 155 D4
Rix 39 ..... 142 B2
Rix 58 ..... 121 D1
Rixheim 68 ..... 108 C2
La Rixouse 39 ..... 142 A4
Rizaucourt 52 ..... 84 C2
Roaillan 33 ..... 194 C4
Roaix 84 ..... 219 F2
Roanne 42 ..... 154 B4
Roannes-St-Mary 15 ..... 199 E1
Robécourt 88 ..... 86 A3
Robecq 62 ..... 4 B4
Robehomme 14 ..... 29 E3
Robersart 59 ..... 11 E4
Robert-Espagne 55 ..... 62 B3
Robert-le-Diable (Château de) 76 ..... 31 E2
Robert-Magny 52 ..... 84 C1
Robertot 76 ..... 15 D3
Roberval 60 ..... 34 B3
Robiac-Rochessadoule 30 ..... 218 A2
Robien 22 ..... 47 F4
Robin (Mont) 50 ..... 51 D1
La Robine-sur-Galabre 04 ..... 222 A2
Robion 84 ..... 236 C1
Le Roc 46 ..... 197 F1
Roc (Puy du) 03 ..... 153 F3
Le Roc-St-André 56 ..... 92 A1
Rocamadour 46 ..... 198 A2
Rocbaron 83 ..... 244 B1
Roccapina 2A 68 C4
Rocé 41 ..... 98 A2
Roche 38 ..... 172 A3
Roche 41 ..... 98 C2
Roche 42 ..... 169 F3
La Roche-aux-Fées 35 ..... 93 F1
Roche aux Sept Villages 08 ..... 21 E2
Roche-Baron (Château de) 43 ..... 186 A1
La Roche-Bernard 56 ..... 92 B4
La Roche-Blanche 44 ..... 112 C1
La Roche-Blanche 63 ..... 168 B3
La Roche-Canillac 19 ..... 182 A2
La Roche-Chalais 24 ..... 178 B3
Roche-Charles-la-Mayrand 63 ..... 168 A4
La Roche-Clermault 37 ..... 115 D3
La Roche-Courbon 17 ..... 160 C1
Roche-d'Agoux 63 ..... 151 F4
La Roche-de-Glun 26 ..... 187 E4
La Roche-de-Rame 05 ..... 207 D1
La Roche-Derrien 22 ..... 47 D2
La Roche-des-Arnauds 05 ..... 206 A3
La Roche-en-Brenil 21 ..... 122 A2
Roche-en-Régnier 43 ..... 185 F2
Roche-et-Raucourt 70 ..... 105 F3
La Roche-Guyon 95 ..... 32 B4
La Roche-Jagu 22 ..... 47 E2
Roche-la-Molière 42 ..... 170 C4
La Roche-l'Abeille 87 ..... 164 C3
Roche-le-Peyroux 19 ..... 182 C1
La Roche-lès-Aigueperse 63 ..... 152 C4
Roche-lès-Clerval 25 ..... 126 A1
Roche-lez-Beaupré 25 ..... 125 E2
La Roche-Mabile 61 ..... 76 A1
La Roche-Maurice 29 ..... 45 E3
La Roche-Noire 63 ..... 168 B2
La Roche-Pichemer 53 ..... 75 D3
La Roche-Posay 86 ..... 133 D2
Roche-qui-Boit (Barrage de la) 50 ..... 50 C3
La Roche-Racan 37 ..... 96 D4
La Roche-Rigault 86 ..... 132 A1
Roche-St-Secret-Béconne 26 ..... 204 B4
La Roche-sur-Foron 74 ..... 158 B3
La Roche-sur-Grane 26 ..... 204 A2
La Roche-sur-le-Buis 26 ..... 220 B1

A
B
C
X
Y
Z
0
300 m
PORTE MARS
CHlle FOUJITA
FG. CÉRÈS
CERNAY
ERLON
CATHÉDRALE
St-Jacques
HINCMAR
LE BARBATRE
LES COUTURES
Cirque
Manège
PONT DE VESLE
Espace André Malraux
PARC
LÉO LAGRANGE
COURLANCY
STE-ANNE
BASILIQUE ST-REMI
FLÉCHAMBAULT
Pl. Royale
Pl. A. Briand
ST-THOMAS
STE-JEANNE-D'ARC
NORD
SUD
CAVE
Parc Pommery
ST-NICAISE
ST-MAURICE
A. DELAUNE
AUTOROUTE A4
N 31
N 44
N 51
RD 380
RD 366
D 9
Canal
Vesle

Reims

Arbalète (R. de l') ..... BY 3
Cadran St-Pierre (R.) ..... ABY 13
Carnot (R.) ..... BY 19
Drouet d'Erlon (Pl.) ..... AY 38
Étape (R. de l') ..... AY 40
Jean-Jaurès (Av.) ..... BCX
Laon (Av.de) ..... AX
Talleyrand (R. de) ..... AXY
Vesle (R. de) ..... AY
Anatole-France (Cours) ..... BY 2
Boulard (R.) ..... ABY 5
Boulingrin (Pl. du) ..... BX 6
Buirette (R.) ..... AY 12
Carmes (R. des) ..... BZ 16
Carnégie (Pl.) ..... BY 17
Colbert (R.) ..... BXY 26
Desteuque (R. E.) ..... BY 31
Dieu-Lumière (R.) ..... CZ 32
Dr-Jacquin (R.) ..... BXY 33
Droits-de-l'Homme (Pl.) ..... CZ 37
Dubois (R. Th.) ..... AY 39
Forum (Pl.) ..... BY 47
Gerbert (R.) ..... BCY 50
Gouraud (Rd-Pt Gén.) ..... CZ 51
Grand-Cerf (R. du) ..... CZ 52
Herduin (R. Lt.) ..... BY 53
Jamot (Pl. Paul) ..... BY 56
J.-J.-Rousseau (R.) ..... BX 58
Lambert (Bd Victor) ..... CZ 59
Langlet (Crs J.-B.) ..... BY 60
Magdeleine (R.) ..... AY 63
Martyrs de la Résistance (Pl. des) ..... BY 65
Montlaurent (R.) ..... CY 67
Myron-Herrick (Pl.) ..... BY 68
Prés.-Roosevelt (R.) ..... AX 71
République (Pl.) ..... BX 72
St-Nicaise (Pl.) ..... CZ 78
Sarrail (R. Gén.) ..... ABX 82
Temple (R. du) ..... BX 85
Thillois (R.) ..... AY 86
Université (R. de l') ..... BY 88

Roche-sur-Linotte-et-Sorans-les-Cordiers 70 ..... 106 C4
La Roche-sur-Yon 85 ..... 129 D3
La Roche-Vanneau 21 ..... 122 C1
La Roche-Vineuse 71 ..... 155 E1
Rochebaudin 26 ..... 204 B3
La Rochebeaucourt-et-Argentine 24 ..... 163 D4
Rochebloine 07 ..... 187 D4
Rochebonne (Château de) 07 ..... 186 C4
Rochebrune 05 ..... 206 B4
Rochebrune 16 ..... 163 F1
Rochebrune 26 ..... 220 B1
Rochebrune 74 ..... 174 C1
Rochechinard 26 ..... 188 B3
Rochechouart 87 ..... 164 A2
Rochecolombe 07 ..... 203 D4
Rochecorbon 37 ..... 116 A1
Rochefort 17 ..... 145 E4
Rochefort 21 ..... 104 A3
Rochefort 42 ..... 169 F2
Rochefort 73 ..... 173 D3
Rochefort-du-Gard 30 ..... 219 E4
Rochefort-en-Terre 56 ..... 92 A2
Rochefort-en-Valdaine 26 ..... 204 A4
Rochefort-en-Yvelines 78 ..... 56 C4
Rochefort-Montagne 63 ..... 167 E3
Rochefort (Rocher de) 42 ..... 154 A4
Rochefort-Samson 26 ..... 188 B4
Rochefort-sur-la-Côte 52 ..... 85 D3
Rochefort-sur-Loire 49 ..... 113 E2
Rochefort-sur-Nenon 39 ..... 124 B3
La Rochefoucauld 16 ..... 163 D2
Rochefourchat 26 ..... 204 C3
La Rochegiron 04 ..... 221 D3
Rochegude 26 ..... 219 E2
Rochegude 30 ..... 218 B2
Rochejean 25 ..... 142 C2
La Rochelambert 43 ..... 185 E3
La Rochelle 17 ..... 145 D3
La Rochelle 70 ..... 105 F2
La Rochelle-Normande 50 ..... 50 C2
Rochemaure 07 ..... 203 E3
La Rochénard 79 ..... 146 A2
Rochepaule 07 ..... 186 C3
La Rochepot 21 ..... 139 F1
Rocher 07 ..... 203 D3
Le Rocher 53 ..... 75 E3
Le Rocher-Portail 35 ..... 73 F1
Le Rochereau 86 ..... 132 A3
Les Rochers-Sévigné 35 ..... 74 A4
Roches 23 ..... 150 C2
Roches (Col des) 25 ..... 126 C3
Les Roches-de-Condrieu 38 ..... 171 E4
Roches-lès-Blamont 25 ..... 126 C1
Les Roches-l'Évêque 41 ..... 97 F2
Roches-Prémarie-Andillé 86 ..... 132 B4
Roches-sur-Marne 52 ..... 62 B4
Roches-sur-Rognon 52 ..... 85 D2
Rocheservière 85 ..... 112 A4
Rochessauve 07 ..... 203 E2
Rochesson 88 ..... 88 A4
Rochetaillée 42 ..... 186 C1
Rochetaillée 52 ..... 104 C2
Rochetaillée-sur-Saône 69 ..... 171 E1
Rochetoirin 38 ..... 172 C3
Rochetrejoux 85 ..... 130 A2
La Rochette 04 ..... 223 E4
La Rochette 05 ..... 206 B3
La Rochette 07 ..... 186 B4
La Rochette 16 ..... 162 C2
La Rochette 23 ..... 150 C4
La Rochette 73 ..... 174 A4
La Rochette 77 ..... 80 C1
La Rochette-du-Buis 26 ..... 220 C1
Rocheville 50 ..... 24 C3
Rochonvillers 57 ..... 39 F1
Rochy-Condé 60 ..... 33 E2
Rocles 03 ..... 152 B1
Rocles 07 ..... 202 C3
Rocles 48 ..... 202 A2
Roclincourt 62 ..... 10 A2
Rocourt 88 ..... 86 A3
Rocourt-St-Martin 02 ..... 35 E4
Rocquancourt 14 ..... 29 D4
La Rocque 14 ..... 52 A2
Rocquefort 76 ..... 15 D4
Rocquemont 60 ..... 34 B3
Rocquemont 76 ..... 15 F4
Rocquencourt 60 ..... 17 F4
Rocquencourt 78 ..... 57 D2
Rocques 14 ..... 30 B3
Rocquigny 02 ..... 20 B1
Rocquigny 08 ..... 20 C3
Rocquigny 62 ..... 18 B1
Rocroi 08 ..... 21 D2
Rodalbe 57 ..... 65 E1
Rodelinghem 62 ..... 3 D3
Rodelle 12 ..... 200 A4
Rodemack 57 ..... 40 B1
Roderen 68 ..... 108 B2
Rodern 68 ..... 89 D2
Rodès 66 ..... 262 A2
Rodez 12 ..... 215 E1
Rodilhan 30 ..... 235 E1
Rodome 11 ..... 261 D1
La Roë 53 ..... 94 B1
Roëllecourt 62 ..... 9 E2
Rœschwoog 67 ..... 67 F1
Rœulx 59 ..... 11 D3
Rœux 62 ..... 10 B3
Roézé-sur-Sarthe 72 ..... 96 B1
Roffey 89 ..... 102 C1
Roffiac 15 ..... 184 A3
Rogalle 09 ..... 259 E3
Rogécourt 02 ..... 19 E4
Rogerville 76 ..... 30 B1
Rogéville 54 ..... 64 A2
Roggenhouse 68 ..... 109 D1
Rogliano 2B 264 C1
Rogna 39 ..... 157 E1
Rognac 13 ..... 237 D3
Rognaix 73 ..... 174 C3
Rognes 13 ..... 237 D2
Rognon 25 ..... 125 F1
Rognonas 13 ..... 219 E4
Rogny 02 ..... 20 A3
Rogny-les-Sept-Écluses 89 ..... 101 D3
Rogues 30 ..... 217 D4
Rogy 80 ..... 17 E3
Rohaire 28 ..... 54 C3
Rohan 56 ..... 71 E3
Rohr 67 ..... 66 C2
Rohrbach-lès-Bitche 57 ..... 42 B4
Rohrwiller 67 ..... 67 E2
Roiffé 86 ..... 114 C3
Roiffieux 07 ..... 187 D2
Roiglise 80 ..... 18 B3
Le Roignais 73 ..... 175 D2
Roilly 21 ..... 122 B1
Roinville 28 ..... 79 D1
Roinville 91 ..... 79 E1
Roinvilliers 91 ..... 79 F2
Roisel 80 ..... 18 B2
Les Roises 55 ..... 85 F1
Roisey 42 ..... 187 D1
Roissard 38 ..... 205 E1
Roissy-en-Brie 77 ..... 58 B2
Roissy-en-France 95 ..... 57 F1
Roiville 61 ..... 53 E2
Roizy 08 ..... 36 C2
Rolampont 52 ..... 105 D1
Rolbing 57 ..... 42 C3
Rollainville 88 ..... 86 A2
Rollancourt 62 ..... 9 D2
Rolleboise 78 ..... 56 B1
Rolleville 76 ..... 14 A4
Rollot 80 ..... 18 A4
Rom 79 ..... 147 E2
Romagnat 63 ..... 168 B2
Romagne 33 ..... 194 C2
Romagné 35 ..... 73 F2
Romagne 86 ..... 147 E2
La Romagne 08 ..... 20 C3
La Romagne 49 ..... 113 D4
Romagne-sous-les-Côtes 55 ..... 38 C2
Romagne-sous-Montfaucon 55 ..... 38 A2
Romagnieu 38 ..... 173 D3
Romagny 50 ..... 51 E3
Romagny 68 ..... 108 B3
Romagny-sous-Rougemont 90 ..... 108 A2
Romain 25 ..... 125 F1
Romain 39 ..... 124 C2

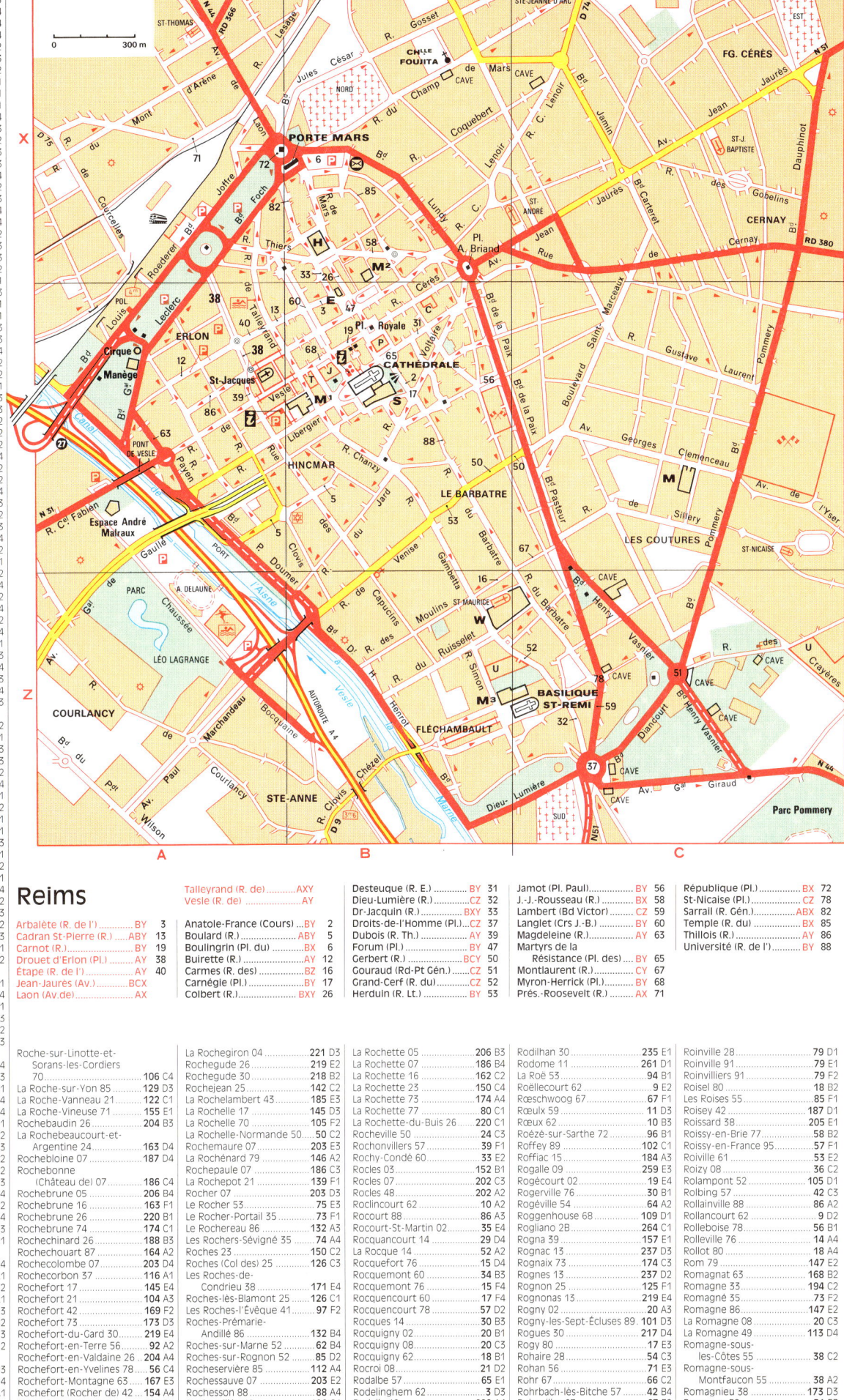

318 Rom – Sai

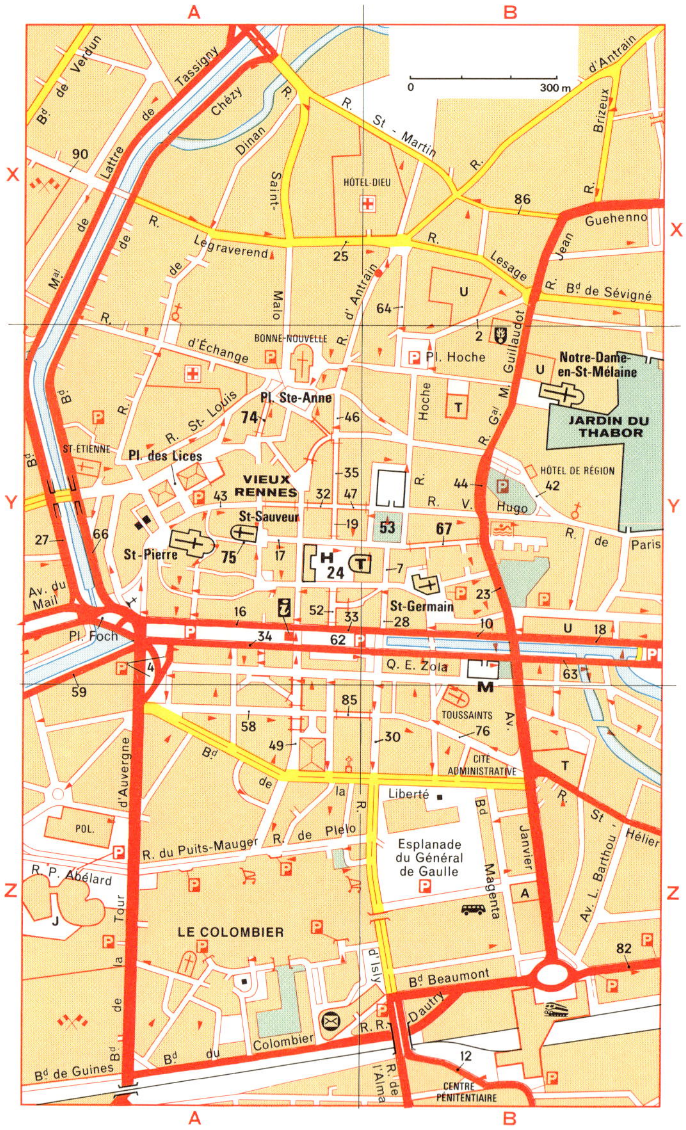
A
B
X
Y
Z
0
300 m
Bd de Verdun
Tassigny
Chézy
Dinan
d'Antrain
St-Martin
Brizeux
Lattre
Saint-Malo
HÔTEL DIEU
Guehenno
Legraverend
Lesage
Jean
Bd de Sévigné
BONNE-NOUVELLE
d'Échange
Pl. Hoche
Guillaudot
Notre-Dame-en-St-Mélaine
JARDIN DU THABOR
Pl. Ste-Anne
St-Louis
Hoche
ST-ÉTIENNE
Pl. des Lices
VIEUX RENNES
HÔTEL DE RÉGION
Hugo
Paris
St-Sauveur
St-Pierre
St-Germain
Av. du Mail
Pl. Foch
Q. E. Zola
TOUSSAINTS
CITÉ ADMINISTRATIVE
Liberté
Bd d'Auvergne
POL.
R. du Puits-Mauger
Plelo
Esplanade du Général de Gaulle
Janvier
Magenta
St-Hélier
Av. L. Barthou
R. P. Abélard
LE COLOMBIER
Bd Beaumont
Dautry
Colombier
Bd de Guines
CENTRE PENITENTIAIRE

Rennes

Du-Guesclin (R.) AY 16
Estrées (R. d') AY 19
Jaurès (R. Jean) BY 28
Joffre (R. Mar.) BZ 30
La-Fayette (R.) AY 32
Le-Bastard (R.) AY 35
Liberté (Bd de la) ABZ
Monnaie (R. de la) AY 43
Motte-Fablet (R.) AY 46
Nationale (R.) ABY 47
Nemours (R. de) AZ 49
Orléans (R. d') AY 52
Palais (Pl. du) BY 53
Vasselot (R.) AZ 85
Borderie (R. de la) BXY 2
Bretagne (Pl. de) AY 4
Cavell (R. Edith) BY 7
Châteaubriand (Quai) BY 10
Châtillon (R.de) BZ 12
Duguay-Trouin (Quai) AY 16
Dujardin (Quai) BY 18
Gambetta (R.) BY 24
Hôtel-Dieu (R. de l') AX 25
Ille-et-Rance (Quai) AY 27
Lamartine (Quai) ABY 33
Lamennais (Quai) AY 34
Mairie (Pl. de la) AY 40
Martenot (R.) BY 42
Motte (Cont. de la) BY 44
Poullain-Duparc (R.) AZ 58
Prévalaye (Q. de la) AY 59
République (Pl. de la) AY 62
Richemont (Q. de) BY 63
Robien (R. de) BX 64
St-Cast (Quai) AY 66
St-Georges (R.) BY 67
St-Michel (R.) AY 74
St-Sauveur (R.) AY 75
St-Thomas (R.) BZ 76
Solférino (Bd) BZ 82
Vincennes (R. de) BX 86
41e-d'Infanterie (R.) AX 90

Romain 51 36 A2
Romain 54 64 C4
Romain-aux-Bois 88 86 A4
Romain-sur-Meuse 52 85 F3
Romainville 93 57 F2
Roman 27 55 D2
Romanche 5,38 190 B3
Romanèche 01 156 C2
Romanèche-Thorins 71 155 E3
Romange 39 124 C3
Romans 01 156 A3
Romans 79 146 C1
Romans-sur-Isère 26 188 A3
Romanswiller 67 66 C3
Romazières 17 146 C4
Romazy 35 73 E1
Rombach-le-Franc 68 88 C2
Rombas 57 40 A3
Rombies-et-Marchipont 59 11 E2
Rombly 62 4 A4
Romegoux 17 160 C1
Romelfing 57 66 A2
Romenay 71 140 B4
Romeny-sur-Marne 02 59 E1
Romeries 59 11 E3
Romery 02 19 F2
Romery 51 36 B4
Romescamps 60 16 C3
Romestaing 47 195 D4
Romette 05 206 A3
Romeyer 26 205 D1
La Romieu 32 211 E4
Romigny 51 36 A3
Romiguières 34 233 E1
Romillé 35 72 C2
Romilly 41 97 F1
Romilly-la-Puthenaye 27 54 C1
Romilly-sur-Aigre 28 98 B1
Romilly-sur-Andelle 27 31 F2
Romilly-sur-Seine 10 82 B1
Romont 88 87 E1
Romorantin-Lanthenay 41 117 F2
Rompon 07 203 F2
Rônai 61 53 D2
Roncenay 10 83 D3
Le Roncenay-Authenay 27 55 D2
Roncey 50 50 C1
Ronchamp 70 107 E2
Ronchaux 25 125 D4
Ronchères 02 35 F4
Ronchères 89 101 E3
Roncherolles-en-Bray 76 16 A4
Roncherolles-sur-le-Vivier 76 31 F1
Ronchin 59 5 D4
Ronchois 76 16 B3
Roncourt 57 40 A3
Roncq 59 5 D3
La Ronde 17 145 F2
La Ronde 79 130 B2
La Ronde-Haye 50 26 C3
Rondefontaine 25 142 B2
Ronel 81 231 E1
Ronfeugerai 61 52 B2
Rongères 03 153 E2
Ronnet 03 152 A3
Ronno 69 154 C4
Ronquerolles 95 33 E4
Ronsenac 16 162 C4
Ronssoy 80 18 B2
Rontalon 69 171 D3
Ronthon 50 50 C3
Rontignon 64 248 B1
Ronvaux 55 39 D3
Roôcourt-la-Côte 52 85 D3
Roost-Warendin 59 10 C2
Roppe 90 108 A3
Roppenheim 67 67 F1
Roppentzwiller 68 108 C3
Roppeviller 57 42 C3
La Roque-Alric 84 220 A2
La Roque-Baignard 14 30 A3
La Roque-d'Anthéron 13 237 D2
La Roque-Esclapon 83 239 E1
La Roque-Gageac 24 197 E1
La Roque-Ste-Marguerite 12 216 B3
La Roque-sur-Cèze 30 219 D2
La Roque-sur-Pernes 84 220 A4
Roquebillière 06 241 D2
Roquebrun 34 233 D3
Roquebrune 32 227 F2
Roquebrune 33 195 D3
Roquebrune-Cap-Martin 06 241 E4
Roquebrune (Montagne de) 83 239 E3
Roquebrune-sur-Argens 83 239 F3
La Roquebrussanne 83 244 A1
Roquecor 82 212 B1
Roquecourbe 81 231 F2
Roquecourbe-Minervois 11 254 A2
Roquedur 30 217 E4
Roquefavour (Aqueduc de) 13 243 D1
Roquefère 11 253 F1
Roquefeuil 11 261 D1
Roquefixade 09 252 B4
Roquefort 32 228 B2
Roquefort 40 210 A3
Roquefort 47 211 E2
Roquefort-de-Sault 11 261 E2
Roquefort-des-Corbières 11 254 C4
Roquefort-la-Bédoule 13 243 E3
Roquefort-les-Cascades 09 252 B4
Roquefort-les-Pins 06 240 B2
Roquefort-sur-Garonne 31 251 D2
Roquefort-sur-Soulzon 12 216 A4
Roquelaure 32 228 B2
Roquelaure-St-Aubin 32 229 D2
Roquemaure 30 219 E3
Roquemaure 81 230 B1
Roquepine 32 211 E4
Roqueredonde 34 233 D1
Roques 31 229 F3
Roques 32 227 F1
Roqueserière 31 230 B2
Roquessels 34 233 D3
Roquesteron 06 223 F4
Roquestéron-Grasse 06 223 F4
Roquetaillade 11 253 E3
Roquetaillade 33 194 C4
Roquetoire 62 4 A4
La Roquette 27 32 A3
La Roquette-sur-Siagne 06 240 A2
La Roquette-sur-Var 06 241 D3
Roquettes 31 251 F2
Roquevaire 13 243 E2
Roquevidal 81 230 C3
Roquiague 64 247 E2
La Roquille 33 195 F2
Rorbach-lès-Dieuze 57 65 E2
Rorschwihr 68 89 D2
Rorthais 79 130 B1
Rosanbo 22 46 C2
Rosans 05 205 D4
Rosay 39 141 D4
Rosay 76 15 F3
Rosay 78 56 B2
Rosay-sur-Lieure 27 32 B2
Rosazia 2A 266 C3
Rosbruck 57 41 E3
Roscanvel 29 45 D3
Roscoff 29 46 A2
Rosel 14 29 D3
Roselier (Pointe du) 22 48 B3
Rosenau 68 109 D3
Rosenwiller 67 66 C4
Roset-Fluans 25 125 D3
Rosey 70 106 B4
Rosey 71 139 F2
Rosheim 67 66 C4
La Rosière 70 107 E1
Rosières 07 202 C4
Rosières 21 105 E4
Rosières 43 186 A3
Rosières 60 34 B3
Rosières 81 214 C3
Rosières-aux-Salines 54 64 C4
Rosières-devant-Bar 55 62 C2
Rosières-en-Blois 55 63 E4
Rosières-en-Haye 54 64 A2
Rosières-en-Santerre 80 18 A3
Rosières-près-Troyes 10 83 D3
Rosières-sur-Barbèche 25 126 B2
Rosières-sur-Mance 70 106 A2
Les Rosiers 49 114 B2
Rosiers-de-Juillac 19 180 C2
Rosiers-d'Égletons 19 182 A1
Rosis 34 232 C3
Rosnay 36 133 F3
Rosnay 51 36 B3
Rosnay 85 129 E4
Rosnay-l'Hôpital 10 83 F1
Rosnes 55 62 C2
Rosnoën 29 45 E4
Rosny-sous-Bois 93 58 A2
Rosny-sur-Seine 78 56 B1
Rosoy 60 34 A2
Rosoy 89 81 F3
Rosoy-en-Multien 60 34 C4
Rosoy-le-Vieil 45 81 D4
Rosoy-sur-Amance 52 105 E2
Rospez 22 47 D2
Rospigliani 2B 267 E2
Rosporden 29 69 E3
Rossay 86 115 D4
Rosselange 57 40 A2
Rossfeld 67 89 E1
Rossillon 01 172 C1
Rosso (Capo) 2A 266 A2
Rosteig 67 66 B1
Rostrenen 22 70 B2
Rosult 59 11 D2
Rosureux 25 126 B2
Rotalier 39 141 D3
Rotangy 60 17 D4
Rothau 67 66 B4
Rothbach 67 66 C1
Rotherens 73 174 A4
La Rothière 10 84 A2
Rothois 60 17 D4
Rothonay 39 141 D4
Rotondo (Monte) 2B 267 D2
Les Rotours 61 52 C2
Rots 14 29 D3
Rott 67 43 E4
Rottelsheim 67 67 D2
Rottier 26 205 D4
Rou-Marson 49 114 B2
Rouairoux 81 232 A4
Rouans 44 111 E2
La Rouaudière 53 94 A2
Roubaix 59 5 E4
Roubia 11 254 B2
Roubion 06 223 F2
Roucamps 14 52 A1
Roucourt 59 10 C2
Roucy 02 36 A2
Roudouallec 56 69 F2
Rouécourt 52 85 D2
Rouède 31 259 D2
Rouellé 61 51 F4
Rouelles 52 104 C2
Rouelles 76 30 A1
Rouen 76 31 F2
Rouessé-Fontaine 72 76 B2
Rouessé-Vassé 72 75 F3
Rouet 34 234 B1
Rouez 72 75 F3
Rouffach 68 89 D4
Rouffange 39 124 C2
Rouffiac 15 182 B4
Rouffiac 16 178 B2
Rouffiac 17 161 E2
Rouffiac 81 231 D1
Rouffiac-d'Aude 11 253 E2
Rouffiac-des-Corbières 11 254 A4
Rouffiac-Tolosan 31 230 A2
Rouffignac 17 177 E1
Rouffignac 24 180 A3
Rouffignac-de-Sigoulès 24 196 A2
Rouffigny 50 51 D2
Rouffilhac 46 197 F2
Rouffy 51 60 C1
Rougé 44 93 F2
La Rouge 61 77 E2
Rouge-Perriers 27 31 D4
Rougeau (Forêt de) 77,91 58 A4
Rougefay 62 9 D3
Rougegoutte 90 107 F2
Rougemont 21 103 E3
Rougemont 25 107 D4
Rougemont-le-Château 90 108 A2
Rougemontiers 27 31 D2
Rougemontot 25 125 F1
Rougeou 41 117 E2
Rougeries 02 20 A3
Les Rouges-Eaux 88 88 A2
Le Rouget 15 199 D1
Rougeux 52 105 F2
Rougiers 83 244 A1
Rougnac 16 163 D4
Rougnat 23 151 E4
Rougon 04 239 D1
Rouhe 25 125 D3
Rouhling 57 41 F3
Rouillac 16 162 B2
Rouillac 22 72 A2
Rouillé 86 147 D1
Rouillon 72 76 B4
Rouilly 77 59 E4
Rouilly-Sacey 10 83 E2
Rouilly-St-Loup 10 83 D3
Roujan 34 233 E3
Roulans 25 125 F2
Le Roulier 88 87 F3
Roullée 72 76 C1
Roullens 11 253 E2
Roullet 16 162 B3
Roullours 14 51 F2
Roumagne 47 195 F3
Roumare 76 31 E1
Roumazières-Loubert 16 163 E1
Roumégoux 15 199 D1
Roumégoux 81 231 E1
Roumengoux 09 252 C3
Roumens 31 230 C4
Roumoules 04 238 C1
Rountzenheim 67 67 E1
Roupeldange 57 40 C3
Rouperroux 61 53 D4
Rouperroux-le-Coquet 72 76 C3
Roupy 02 19 D3
La Rouquette 12 214 B1
Roure 06 223 F2
Le Rouret 06 240 B1
Rousies 59 12 B3
Roussac 87 149 D4
Roussas 26 203 F4
Roussay 49 112 C3
Roussayrolles 81 214 A3
Rousseloy 60 33 F3
Roussennac 12 199 E4
Roussent 62 8 B2
Rousses 48 217 E2
Les Rousses 39 142 B4
Rousset 05 206 B3
Rousset 13 237 F3
Le Rousset 71 139 E4
Rousset (Col de) 26 205 D1
Rousset-les-Vignes 26 204 B4
La Roussière 27 54 B1
Roussieux 26 220 C1
Roussillon 38 187 E1
Roussillon 84 220 B4
Roussillon-en-Morvan 71 122 A4
Roussillon (Plaine du) 66 262 C3
Roussines 16 163 E2
Roussines 36 149 E1
Rousson 30 218 B2
Rousson 89 81 E4
Roussy-le-Village 57 40 B1
Route des Crêtes 68,88 88 B3
Route Joffre 68 108 A2
Route Napoléon 04,05,06,38 222 C4
Routelle 25 125 D3
Routes 76 15 D3
Routier 11 253 D3
Routot 27 31 D2
Rouvenac 11 253 D4
Rouves 54 64 B1
La Rouvière 30 218 B4
Rouvignies 59 11 D3
Rouville 45 80 A2
Rouville 60 34 C3
Rouville 76 14 C4
Rouvillers 60 34 A1
Rouvray 21 122 A1
Rouvray 27 32 A4
Rouvray 89 102 B1
Rouvray-Catillon 76 16 A4
Rouvray-St-Denis 28 79 E2
Rouvray-St-Florentin 28 78 C3
Rouvray-Ste-Croix 45 79 D4
Rouvrel 80 17 F3
Rouvres 14 53 D1
Rouvres 28 56 A2
Rouvres 60 34 C4
Rouvres 77 34 B4
Rouvres-Arbot 52 104 C2
Rouvres-en-Plaine 21 123 F2
Rouvres-en-Woëvre 55 39 E3
Rouvres-en-Xaintois 88 86 C2
Rouvres-la-Chétive 88 86 A2
Rouvres-les-Bois 36 117 F4
Rouvres-les-Vignes 10 84 B3
Rouvres-St-Jean 45 79 F2
Rouvres-sous-Meilly 21 122 C3
Rouvres-sur-Meuse 55 63 D1
Rouvrois-sur-Othain 55 39 D2
Rouvroy 02 19 D2
Rouvroy 62 10 B2
Rouvroy-en-Santerre 80 18 A3
Rouvroy-les-Merles 60 17 F4
Rouvroy-Ripont 51 37 F3
Rouvroy-sur-Audry 08 21 D3
Rouvroy-sur-Marne 52 85 D2
Rouvroy-sur-Serre 02 20 C3
Le Roux 07 202 C2
Rouxeville 50 28 A4
La Rouxière 44 112 C1
Rouxmesnil-Bouteilles 76 15 E2
Rouy 58 121 D4
Rouy-le-Grand 80 18 C3
Rouy-le-Petit 80 18 C3
Rouze 09 261 D2
Rouzède 16 163 E2
Rouziers 15 199 D2
Rouziers-de-Touraine 37 97 D4
Le Rove 13 243 D2
Rove (Souterrain du) 13 243 D2
Roville-aux-Chênes 88 87 E1
Roville-devant-Bayon 54 87 D1
Rovon 38 188 C2
Roy-Boissy 60 16 C4
Roya 06 241 E2
Royan 17 160 B3
Royas 38 172 A4
Royat 63 168 A2
Royaucourt 60 17 F4
Royaucourt-et-Chailvet 02 35 F1
Royaumeix 54 63 F2
Royaumont (Abbaye de) 95 33 F4
Roybon 38 188 B2
Roye 70 107 E3
Roye 80 18 B3
Roye-sur-Matz 60 18 B4
Royer 71 140 A4
Royère-de-Vassivière 23 166 A2
Royères 87 165 D1
Roynac 26 204 A3
Royon 62 8 C1
Royville 76 15 E3
Roz-Landrieux 35 50 A4
Roz-sur-Couesnon 35 50 B4
Rozay-en-Brie 77 58 C3
Le Rozel 50 24 B3
Rozelieures 54 87 E1
Rozemont (Château de) 58 137 E2
Rozérieulles 57 40 A4
Rozerotte 88 86 C2
Rozès 32 228 A1
Rozet-St-Albin 02 35 E3
Le Rozier 48 216 B2
Rozier-Côtes-d'Aurec 42 186 A1
Rozier-en-Donzy 42 170 B2
Rozières 52 84 B1
Rozières-en-Beauce 45 99 D1
Rozières-sur-Crise 02 35 E2
Rozières-sur-Mouzon 88 86 A3
Roziers-St-Georges 87 165 D2
Rozoy-Bellevalle 02 59 E1
Rozoy-sur-Serre 02 20 B3
Ruages 58 121 E2
Ruan 45 79 E4
Ruan-sur-Egvonne 41 98 A1
Ruaudin 72 96 C1
Ruaux 88 87 E4
Rubécourt-et-Lamécourt 08 22 A3
Rubelles 77 58 B4
Rubempré 80 17 F1
Rubercy 14 28 B2
Rubescourt 80 18 A4
Rubigny 08 20 C3
Rubrouck 59 3 F3
Ruca 22 49 D3
Ruch 33 195 D2
Rucqueville 14 28 C3
Rudeau-Ladosse 24 163 D4
Rudelle 46 198 B2
Rue 80 8 B3
La Rue-St-Pierre 60 33 F2
La Rue-St-Pierre 76 15 F4
Ruederbach 68 108 C3
Rueil-la-Gadelière 28 55 D3
Rueil-Malmaison 92 57 D2
Ruelisheim 68 108 C1
Ruelle-sur-Touvre 16 162 C3
Les Rues-des-Vignes 59 10 C4
Ruesnes 59 11 E3
Rueyres 46 198 B2
Ruffaud (Étang de) 19 181 F2
Ruffec 16 147 E4
Ruffec 36 133 F3
Ruffey-le-Château 25 125 D2
Ruffey-lès-Beaune 21 123 E4
Ruffey-lès-Echirey 21 123 F1
Ruffey-sur-Seille 39 141 D2
Ruffiac 47 210 B1
Ruffiac 56 92 B1
Ruffieu 01 157 D4
Ruffieux 73 173 E1
Ruffigné 44 93 F2
Rugles 27 54 C2
Rugney 88 87 D2
Rugny 89 103 D1
Ruhans 70 106 C4
Ruillé-en-Champagne 72 75 F4
Ruillé-Froid-Fonds 53 95 D1
Ruillé-le-Gravelais 53 74 B4
Ruillé-sur-Loir 72 97 D2
Ruisseauville 62 9 D1
Ruitz 62 9 F
Rullac-St-Cirq 12 215 D
Rully 14 52 A
Rully 60 34 E
Rully 71 139 F
Rumaisnil 80 17 E
Rumaucourt 62 10 C
Rumegies 59 11 D
Rumengol 29 45 E
Rumersheim 67 67 D
Rumersheim-le-Haut 68 109 D
Rumesnil 14 29 F
Rumigny 08 20 C
Rumigny 80 17 E
Rumilly 62 8 C
Rumilly 74 173 E
Rumilly-en-Cambrésis 59 10 C
Rumilly-lès-Vaudes 10 83 E
Ruminghem 62 3 E
Rumont 55 62 C
Rumont 77 80 B
Runan 22 47 D
Rungis 94 57 E
Ruoms 07 203 D
Rupéreux 77 59 E
Ruppes 88 86 A
Rupt 52 85 D
Rupt-aux-Nonains 55 62 B
Rupt-devant-St-Mihiel 55 63 D
Rupt-en-Woëvre 55 39 D
Rupt-sur-Moselle 88 107 E
Rupt-sur-Othain 55 38 C
Rupt-sur-Saône 70 106 B
Rurange-lès-Thionville 57 40 B
Rurey 25 125 E
Rusio 2B 267 E
Russ 67 66 B
Russange 57 39 F
Le Russey 25 126 C
Russy 14 28 B
Russy-Bémont 60 34 C
Rustenhart 68 89 D
Rustiques 11 253 F
Rustrel 84 220 C
Rustroff 57 40 C
Rutali 2B 265 E
Ruvigny 10 83 D
Ruy 38 172 B
Ruyaulcourt 62 10 B
Ruynes-en-Margeride 15 184 B
Ry 76 32 A
Rye 39 141 D
Ryes 14 28 C

S

Saâcy-sur-Marne 77 59 D1
Saales 67 88 C1
Saâne-St-Just 76 15 E3
Saasenheim 67 89 E2
Sabadel-Latronquière 46 198 C2
Sabadel-Lauzès 46 198 A3
Sabaillan 32 228 C4
Sabalos 65 249 E1
Sabarat 09 251 F3
Sabarros 65 250 A2
Sabazan 32 227 E2
Sablé-sur-Sarthe 72 95 E2
Les Sables-d'Olonne 85 128 C4
Sablet 84 220 A2
Sablières 07 202 B3
Sablonceaux 17 160 C2
Sablonnières 77 59 E2
Sablons 33 178 A4
Sablons 38 187 E1
Sabonnères 31 229 D4
La Sabotterie 08 31 E4
Sabran 30 219 D2
Sabres 40 209 D2
Saccourvielle 31 258 B3
Sacé 53 74 C3
Sacey 50 50 C4
Saché 37 115 F2
Sachin 62 9 E1
Sachy 08 22 A3
Sacierges-St-Martin 36 134 A4
Saclas 91 79 F2
Saclay 91 57 D3
Saconin-et-Breuil 02 35 D2
Sacoué 65 250 A3
Le Sacq 27 55 D2
Sacquenay 21 105 D4
Sacquenville 27 31 E4
Sacy 51 36 B3
Sacy 89 102 C3
Sacy-le-Grand 60 34 A2
Sacy-le-Petit 60 34 A2
Sadeillan 32 228 A4
Sadillac 24 196 A2
Sadirac 33 194 B2
Sadournin 65 249 F1
Sadroc 19 181 D2
Saessolsheim 67 66 C2
Saffais 54 64 C4
Saffloz 39 141 F3
Saffré 44 93 E4
Saffres 21 122 C2
Sagelat 24 197 D2
Sagnat 23 150 A2
Sagnes-et-Goudoulet 07 202 C2
Sagone 2A 266 B3
Sagone (Golfe de) 2A 266 A3
Sagonne 18 136 B2
Sagy 71 140 C3
Sagy 95 56 C1
Sahorre 66 261 F3
Sahune 26 204 C4
Sahurs 76 31 E2
Sai 61 53 D3
Saignes 15 183 D1
Saignes 46 198 B2
Saigneville 80 8 B4
Saignon 84 220 C4
Saiguède 31 229 E3
Sail-les-Bains 42 154 A2
Sail-sous-Couzan 42 169 F2
Sailhan 65 258 A3
Saillac 19 181 E4

ıillac 46 ...... 213 F1
ıillagouse 66 ...... 261 D4
ıillans 26 ...... 204 B2
ıillans 33 ...... 177 F4
ıillant 63 ...... 169 F4
e Saillant 19 ...... 181 D2
ıillat-sur-Vienne 87 ...... 163 F1
ıillenard 71 ...... 141 D3
ıilly 08 ...... 22 B4
ıilly 52 ...... 85 E1
ıilly 71 ...... 139 E4
ıilly 78 ...... 56 C1
ıilly-Achâtel 57 ...... 64 C1
ıilly-au-Bois 62 ...... 9 F4
ıilly-en-Ostrevent 62 ...... 10 B3
ıilly-Flibeaucourt 80 ...... 8 B4
ıilly-Labourse 62 ...... 10 A1
ıilly-Laurette 80 ...... 18 A2
ıilly-le-Sec 80 ...... 18 A2
ıilly-lez-Cambrai 59 ...... 10 C3
ıilly-lez-Lannoy 59 ...... 5 E4
ıilly-Saillisel 80 ...... 18 B1
ıilly-sur-la-Lys 62 ...... 4 C4
ain-Bel 69 ...... 171 D2
aincaize-Meauce 58 ...... 137 D1
ainghin-en-Mélantois 59 ...... 10 C1
ainghin-en-Weppes 59 ...... 10 B1
ainneville 76 ...... 14 A4
ainpuits 89 ...... 101 F4
ains 35 ...... 50 B4
ains-du-Nord 59 ...... 12 B4
ains-en-Amiénois 80 ...... 17 E2
ains-en-Gohelle 62 ...... 10 A2
ains-lès-Fressin 62 ...... 8 C2
ains-lès-Marquion 62 ...... 10 B4
ains-lès-Pernes 62 ...... 9 E1
ains-Morainvillers 60 ...... 17 F4
ains-Richaumont 02 ...... 19 F2
e Saint 56 ...... 70 A3
t-Aaron 22 ...... 48 C3
t-Abit 64 ...... 248 C2
t-Abraham 56 ...... 92 A1
t-Acheul 80 ...... 9 D4
t-Adjutory 16 ...... 163 D2
t-Adrien 22 ...... 47 E3
t-Adrien (Roches de) 76 ...... 31 F2
t-Affrique 12 ...... 216 A4
t-Affrique-les-Montagnes 81 ...... 231 E3
t-Agathon 22 ...... 47 E3
t-Agil 41 ...... 77 E4
St-Agnan 02 ...... 59 F1
St-Agnan 58 ...... 122 A2
St-Agnan 71 ...... 138 B4
St-Agnan 81 ...... 230 B2
St-Agnan 89 ...... 81 E2
St-Agnan-de-Cernières 27 ...... 54 B1
St-Agnan-en-Vercors 26 ...... 188 C4
St-Agnan-le-Malherbe 14 ...... 28 C4
St-Agnan-sur-Erre 61 ...... 77 D2
St-Agnan-sur-Sarthe 61 ...... 54 A4
St-Agnant 17 ...... 160 B1
St-Agnant-de-Versillat 23 ...... 149 F2
St-Agnant-près-Crocq 23 ...... 166 C2
St-Agnant-sous-les-Côtes 55 ...... 63 E2
St-Agnet 40 ...... 226 C2
St-Agnin-sur-Bion 38 ...... 172 B3
St-Agoulin 63 ...... 152 C4
St-Agrève 07 ...... 186 C4
St-Aignan 08 ...... 21 F3
St-Aignan 33 ...... 177 F4
St-Aignan 41 ...... 117 D2
St-Aignan 56 ...... 70 C2
St-Aignan 72 ...... 76 C3
St-Aignan 82 ...... 212 B3
St-Aignan-de-Couptrain 53 ...... 75 E1
St-Aignan-de-Cramesnil 14 ...... 29 D4
St-Aignan-des-Gués 45 ...... 100 A2
St-Aignan-des-Noyers 18 ...... 136 B2
St-Aignan-Grandlieu 44 ...... 111 F3
St-Aignan-le-Jaillard 45 ...... 100 B3
St-Aignan-sur-Roë 53 ...... 94 A2
St-Aignan-sur-Ry 76 ...... 32 A1
St-Aigne 24 ...... 196 B1
St-Aigny 36 ...... 133 E3
St-Aigulin 17 ...... 178 B3
St-Ail 54 ...... 39 F3
St-Albain 71 ...... 155 F1
St-Alban 01 ...... 156 C3
St-Alban 22 ...... 48 C3
St-Alban 31 ...... 229 F2
St-Alban-Auriolles 07 ...... 202 C4
St-Alban-d'Ay 07 ...... 187 D2
St-Alban-de-Montbel 73 ...... 173 D3
St-Alban-de-Roche 38 ...... 172 B3
St-Alban-des-Hurtières 73 ...... 174 B4
St-Alban-des-Villards 73 ...... 190 B1
St-Alban-du-Rhône 38 ...... 187 E1
St-Alban-en-Montagne 07 ...... 202 A2
St-Alban-les-Eaux 42 ...... 154 A4
St-Alban-Leysse 73 ...... 173 E3
St-Alban-sur-Limagnole 48 ...... 201 E2
St-Albin-de-Vaulserre 38 ...... 173 D4
St-Alexandre 30 ...... 219 D2
St-Algis 02 ...... 20 A2
St-Allouestre 56 ...... 70 E4
St-Alpinien 23 ...... 151 D4
St-Alyre-d'Arlanc 63 ...... 185 D1
St-Alyre-ès-Montagne 63 ...... 184 A1
St-Amadou 09 ...... 252 B3
St-Amancet 81 ...... 231 D4
St-Amand 23 ...... 151 D4
St-Amand 50 ...... 28 A4
St-Amand 62 ...... 9 F4
St-Amand-de-Belvès 24 ...... 197 D2
St-Amand-de-Coly 24 ...... 180 C3
St-Amand-de-Vergt 24 ...... 179 E4
St-Amand-des-Hautes-Terres 27 ...... 31 E3
St-Amand-en-Puisaye 58 ...... 101 E4
St-Amand-Jartoudeix 23 ...... 165 E1
St-Amand-le-Petit 87 ...... 165 E2
St-Amand-les-Eaux 59 ...... 11 D2
St-Amand-Longpré 41 ...... 97 F3
St-Amand-Magnazeix 87 ...... 149 E3
St-Amand-Montrond 18 ...... 136 A3
St-Amand-sur-Fion 51 ...... 61 E2
St-Amand-sur-Ornain 55 ...... 63 D3
St-Amand-sur-Sèvre 79 ...... 130 B1

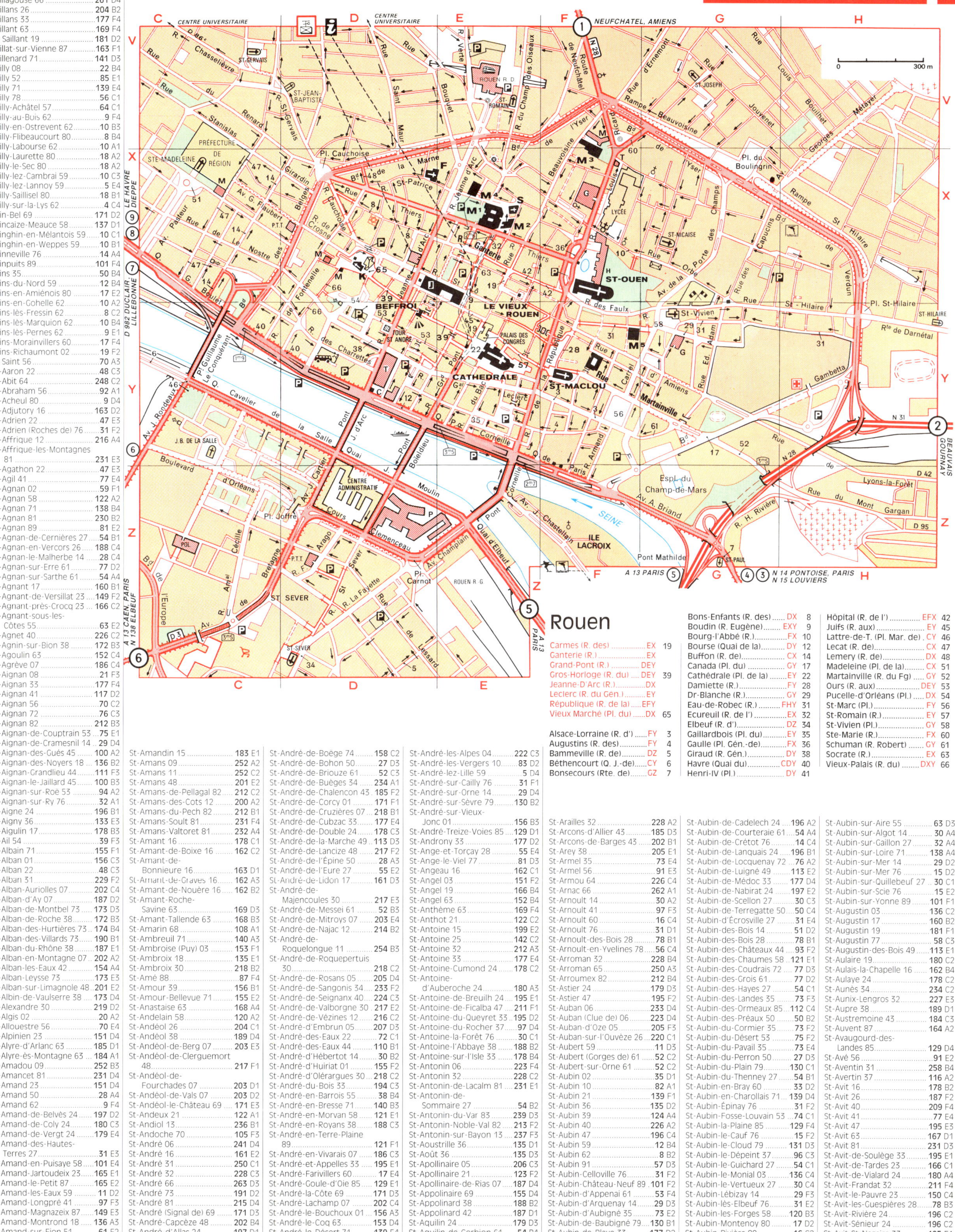

C
D
E
F
G
H
V
X
Y
Z
CENTRE UNIVERSITAIRE
NEUFCHATEL, AMIENS
0
300 m
LE HAVRE DIEPPE
D 982 DUCLAIR, LILLEBONNE
A 13 CAEN, PARIS
N 138 ELBEUF
BEAUVAIS GOURNAY
A 13 PARIS
N 14 PONTOISE, PARIS
N 15 LOUVIERS
N 28
N 31
D 42
D 95
ST-GERVAIS
ST-JEAN-BAPTISTE
ROUEN R. D.
ST-ROMAIN
ST-JOSEPH
PRÉFECTURE DE RÉGION
STE-MADELEINE
Pl. Cauchoise
Pl. du Boulingrin
LYCÉE
ST-NICAISE
ST-OUEN
BEFFROI
LE VIEUX ROUEN
TOUR ST ANDRÉ
PALAIS DES CONGRÈS
CATHEDRALE
ST-MACLOU
St-Vivien
Pl. St-Hilaire
ST-HILAIRE
Rte de Darnétal
Gambetta
Martainville
Espl. du Champ-de-Mars
Lyons-la-Forêt
Mont Gargan
J. B. DE LA SALLE
CENTRE ADMINISTRATIF
Pl. Joffre
ST SEVER
Pl. Carnot
ROUEN R. G.
ILE LACROIX
Pont Mathilde
ST-PAUL
SEINE
Av. J. Rondeaux
Quai Cavelier de la Salle
Pont J. d'Arc
Pont Boieldieu
Pont Corneille
Boulevard d'Orléans
Cours Clemenceau
Av. Champlain
Quai d'Elbeuf
R. La Fayette
Av. A. Briand
Av. J. Chastellain
R. H. Rivière
Bd de l'Europe

Rouen

Carmes (R. des) ...... EX 19
Ganterie (R.) ...... EX
Grand-Pont (R.) ...... DEY
Gros-Horloge (R. du) ...... DEY 39
Jeanne-D'Arc (R.) ...... DX
Leclerc (R. du Gén.) ...... EY
République (R. de la) ...... EFY
Vieux Marché (Pl. du) ...... DX 65

Alsace-Lorraine (R. d') ...... FY 3
Augustins (R. des) ...... FY 4
Bammeville (R. de) ...... DZ 5
Béthencourt (Q. J.-de) ...... CY 6
Bonsecours (Rte. de) ...... GZ 7
Bons-Enfants (R. des) ...... DX 8
Boudin (R. Eugène) ...... EXY 9
Bourg-l'Abbé (R.) ...... FX 10
Bourse (Quai de la) ...... DY 12
Buffon (R. de) ...... CX 14
Canada (Pl. du) ...... GY 17
Cathédrale (Pl. de la) ...... EY 22
Damiette (R.) ...... FY 28
Dr-Blanche (R.) ...... GY 29
Eau-de-Robec (R.) ...... FHY 31
Ecureuil (R. de l') ...... EX 32
Elbeuf (R. d') ...... DZ 34
Gaillardbois (Pl. du) ...... EY 35
Gaulle (Pl. Gén.-de) ...... FX 36
Giraud (R. Gén.) ...... DY 38
Havre (Quai du) ...... CDY 40
Henri-IV (Pl.) ...... DY 41
Hôpital (R. de l') ...... EFX 42
Juifs (R. aux) ...... EY 45
Lattre-de-T. (Pl. Mar. de) ...... CY 46
Lecat (R. de) ...... CX 47
Lemery (R. de) ...... DX 48
Madeleine (Pl. de la) ...... CX 51
Martainville (R. du Fg) ...... GY 52
Ours (R. aux) ...... DEY 53
Pucelle-d'Orléans (Pl.) ...... DX 54
St-Marc (Pl.) ...... FY 56
St-Romain (R.) ...... EY 57
St-Vivien (Pl.) ...... GY 58
Ste-Marie (R.) ...... FX 60
Schuman (R. Robert) ...... GY 61
Socrate (R.) ...... EX 63
Vieux-Palais (R. du) ...... DXY 66

St-Amandin 15 ...... 183 E1
St-Amans 09 ...... 252 A2
St-Amans 11 ...... 252 C2
St-Amans 48 ...... 201 E2
St-Amans-de-Pellagal 82 ...... 212 C2
St-Amans-des-Cots 12 ...... 200 A2
St-Amans-du-Pech 82 ...... 212 B1
St-Amans-Soult 81 ...... 231 F4
St-Amans-Valtoret 81 ...... 232 A4
St-Amant 16 ...... 178 C1
St-Amant-de-Boixe 16 ...... 162 C2
St-Amant-de-Bonnieure 16 ...... 163 D1
St-Amant-de-Graves 16 ...... 162 A3
St-Amant-de-Nouère 16 ...... 162 B2
St-Amant-Roche-Savine 63 ...... 169 D3
St-Amant-Tallende 63 ...... 168 B3
St-Amarin 68 ...... 108 A1
St-Ambreuil 71 ...... 140 A3
St-Ambroise (Puy) 03 ...... 153 F1
St-Ambroix 18 ...... 135 E1
St-Ambroix 30 ...... 218 B2
St-Amé 88 ...... 87 F4
St-Amour 39 ...... 156 B1
St-Amour-Bellevue 71 ...... 155 E2
St-Anastaise 63 ...... 168 A4
St-Andelain 58 ...... 120 A2
St-Andéol 26 ...... 204 C1
St-Andéol 38 ...... 189 D4
St-Andéol-de-Berg 07 ...... 203 E3
St-Andéol-de-Clerguemort 48 ...... 217 F1
St-Andéol-de-Fourchades 07 ...... 203 D1
St-Andéol-de-Vals 07 ...... 203 D2
St-Andéol-le-Château 69 ...... 171 E3
St-Andeux 21 ...... 122 A1
St-Andiol 13 ...... 236 B1
St-Andoche 70 ...... 105 F3
St-André 06 ...... 241 D4
St-André 16 ...... 161 E2
St-André 31 ...... 250 C1
St-André 32 ...... 228 C3
St-André 66 ...... 263 D3
St-André 73 ...... 191 D2
St-André 81 ...... 215 D4
St-André (Signal de) 69 ...... 171 D3
St-André-Capcèze 48 ...... 202 B4
St-André-d'Allas 24 ...... 197 D1
St-André-d'Apchon 42 ...... 154 A4
St-André-de-Bagé 01 ...... 155 F2
St-André-de-Boëge 74 ...... 158 C2
St-André-de-Bohon 50 ...... 27 D3
St-André-de-Briouze 61 ...... 52 C3
St-André-de-Buèges 34 ...... 234 A1
St-André-de-Chalencon 43 ...... 185 F2
St-André-de-Corcy 01 ...... 171 F1
St-André-de-Cruzières 07 ...... 218 B1
St-André-de-Cubzac 33 ...... 177 E4
St-André-de-Double 24 ...... 178 C3
St-André-de-la-Marche 49 ...... 113 D3
St-André-de-Lancize 48 ...... 217 F2
St-André-de-l'Épine 50 ...... 28 A3
St-André-de-l'Eure 27 ...... 55 E2
St-André-de-Lidon 17 ...... 161 D3
St-André-de-Majencoules 30 ...... 217 E3
St-André-de-Messei 61 ...... 52 B3
St-André-de-Mitroys 07 ...... 203 E4
St-André-de-Najac 12 ...... 214 B2
St-André-de-Roquelongue 11 ...... 254 B3
St-André-de-Roquepertuis 30 ...... 218 C2
St-André-de-Rosans 05 ...... 205 D4
St-André-de-Sangonis 34 ...... 233 F2
St-André-de-Seignanx 40 ...... 224 C3
St-André-de-Valborgne 30 ...... 217 E2
St-André-de-Vézines 12 ...... 216 C2
St-André-d'Embrun 05 ...... 207 D3
St-André-des-Eaux 22 ...... 72 C1
St-André-des-Eaux 44 ...... 110 B1
St-André-d'Hébertot 14 ...... 30 B2
St-André-d'Huiriat 01 ...... 155 F2
St-André-d'Olérargues 30 ...... 218 C2
St-André-du-Bois 33 ...... 194 C3
St-André-en-Barrois 55 ...... 38 B4
St-André-en-Bresse 71 ...... 140 B3
St-André-en-Morvan 58 ...... 121 E1
St-André-en-Royans 38 ...... 188 C3
St-André-en-Terre-Plaine 89 ...... 121 F1
St-André-en-Vivarais 07 ...... 186 C3
St-André-et-Appelles 33 ...... 195 E1
St-André-Farivillers 60 ...... 17 E4
St-André-Goule-d'Oie 85 ...... 129 E1
St-André-la-Côte 69 ...... 171 D3
St-André-Lachamp 07 ...... 202 C4
St-André-le-Bouchoux 01 ...... 156 A3
St-André-le-Coq 63 ...... 153 D4
St-André-le-Désert 71 ...... 139 E4
St-André-le-Gaz 38 ...... 172 C3
St-André-le-Puy 42 ...... 170 B3
St-André-les-Alpes 04 ...... 222 C3
St-André-les-Vergers 10 ...... 83 D2
St-André-lez-Lille 59 ...... 5 D4
St-André-sur-Cailly 76 ...... 31 F1
St-André-sur-Orne 14 ...... 29 D4
St-André-sur-Sèvre 79 ...... 130 B2
St-André-sur-Vieux-Jonc 01 ...... 156 B3
St-André-Treize-Voies 85 ...... 129 D1
St-Androny 33 ...... 177 D2
St-Ange-et-Torçay 28 ...... 55 E4
St-Ange-le-Viel 77 ...... 81 D3
St-Angeau 16 ...... 162 C1
St-Angel 03 ...... 151 F2
St-Angel 19 ...... 166 B4
St-Angel 63 ...... 152 B4
St-Anthème 63 ...... 169 F4
St-Anthot 21 ...... 122 C2
St-Antoine 15 ...... 199 E2
St-Antoine 25 ...... 142 C2
St-Antoine 32 ...... 212 A3
St-Antoine 33 ...... 177 E4
St-Antoine-Cumond 24 ...... 178 C2
St-Antoine-d'Auberoche 24 ...... 180 A3
St-Antoine-de-Breuilh 24 ...... 195 E1
St-Antoine-de-Ficalba 47 ...... 211 F1
St-Antoine-du-Queyret 33 ...... 195 D2
St-Antoine-du-Rocher 37 ...... 97 D4
St-Antoine-la-Forêt 76 ...... 30 C1
St-Antoine-l'Abbaye 38 ...... 188 B2
St-Antoine-sur-l'Isle 33 ...... 178 B4
St-Antonin 06 ...... 223 F4
St-Antonin 32 ...... 228 C2
St-Antonin-de-Lacalm 81 ...... 231 E1
St-Antonin-de-Sommaire 27 ...... 54 B2
St-Antonin-du-Var 83 ...... 239 D3
St-Antonin-Noble-Val 82 ...... 213 F2
St-Antonin-sur-Bayon 13 ...... 237 F3
St-Aoustrille 36 ...... 135 D1
St-Août 36 ...... 135 D3
St-Apollinaire 05 ...... 206 C3
St-Apollinaire 21 ...... 123 F2
St-Apollinaire-de-Rias 07 ...... 187 D4
St-Appolinaire 69 ...... 155 D4
St-Appolinard 38 ...... 188 B2
St-Appolinard 42 ...... 187 D1
St-Aquilin 24 ...... 179 D3
St-Aquilin-de-Corbion 61 ...... 54 B4
St-Aquilin-de-Pacy 27 ...... 55 F1
St-Araille 31 ...... 251 D1
St-Arailles 32 ...... 228 A2
St-Arcons-d'Allier 43 ...... 185 D3
St-Arcons-de-Barges 43 ...... 202 B1
St-Arey 38 ...... 205 E1
St-Armel 35 ...... 73 E4
St-Armel 56 ...... 91 E3
St-Armou 64 ...... 226 C4
St-Arnac 66 ...... 262 A1
St-Arnoult 14 ...... 30 A2
St-Arnoult 41 ...... 97 F3
St-Arnoult 60 ...... 16 C4
St-Arnoult 76 ...... 31 D1
St-Arnoult-des-Bois 28 ...... 78 B1
St-Arnoult-en-Yvelines 78 ...... 56 C4
St-Arroman 32 ...... 228 B4
St-Arroman 65 ...... 250 A3
St-Arroumex 82 ...... 212 B4
St-Astier 24 ...... 179 D3
St-Astier 47 ...... 195 F2
St-Auban 06 ...... 233 D4
St-Auban (Clue de) 06 ...... 223 D4
St-Auban-d'Oze 05 ...... 205 F3
St-Auban-sur-l'Ouvèze 26 ...... 220 C1
St-Aubert 59 ...... 11 D3
St-Aubert (Gorges de) 61 ...... 52 C2
St-Aubert-sur-Orne 61 ...... 52 C2
St-Aubin 02 ...... 35 D1
St-Aubin 10 ...... 82 A1
St-Aubin 21 ...... 139 F1
St-Aubin 36 ...... 135 D2
St-Aubin 39 ...... 124 A4
St-Aubin 40 ...... 226 A2
St-Aubin 47 ...... 196 C4
St-Aubin 59 ...... 12 B4
St-Aubin 62 ...... 8 B2
St-Aubin 91 ...... 57 D3
St-Aubin-Celloville 76 ...... 31 F2
St-Aubin-Château-Neuf 89 ...... 101 F2
St-Aubin-d'Appenai 61 ...... 53 F4
St-Aubin-d'Arquenay 14 ...... 29 D3
St-Aubin-d'Aubigné 35 ...... 73 E2
St-Aubin-de-Baubigné 79 ...... 130 B1
St-Aubin-de-Blaye 33 ...... 177 D2
St-Aubin-de-Bonneval 61 ...... 54 A1
St-Aubin-de-Branne 33 ...... 194 C1
St-Aubin-de-Cadelech 24 ...... 196 A2
St-Aubin-de-Courteraie 61 ...... 54 A4
St-Aubin-de-Crétot 76 ...... 14 C4
St-Aubin-de-Lanquais 24 ...... 196 B1
St-Aubin-de-Locquenay 72 ...... 76 A2
St-Aubin-de-Luigné 49 ...... 113 E2
St-Aubin-de-Médoc 33 ...... 177 D4
St-Aubin-de-Nabirat 24 ...... 197 E2
St-Aubin-de-Scellon 27 ...... 30 C3
St-Aubin-de-Terregatte 50 ...... 50 C4
St-Aubin-d'Écrosville 27 ...... 31 E4
St-Aubin-des-Bois 14 ...... 51 D2
St-Aubin-des-Bois 28 ...... 78 B1
St-Aubin-des-Châteaux 44 ...... 93 F2
St-Aubin-des-Chaumes 58 ...... 121 E1
St-Aubin-des-Coudrais 72 ...... 77 D3
St-Aubin-des-Grois 61 ...... 77 D2
St-Aubin-des-Hayes 27 ...... 54 C1
St-Aubin-des-Landes 35 ...... 73 F3
St-Aubin-des-Ormeaux 85 ...... 112 C4
St-Aubin-des-Préaux 50 ...... 50 B2
St-Aubin-du-Cormier 35 ...... 73 F2
St-Aubin-du-Désert 53 ...... 75 F2
St-Aubin-du-Pavail 35 ...... 73 E4
St-Aubin-du-Perron 50 ...... 27 D3
St-Aubin-du-Plain 79 ...... 130 C1
St-Aubin-du-Thenney 27 ...... 54 B1
St-Aubin-en-Bray 60 ...... 33 D2
St-Aubin-en-Charollais 71 ...... 139 D4
St-Aubin-Épinay 76 ...... 31 F2
St-Aubin-Fosse-Louvain 53 ...... 74 C1
St-Aubin-la-Plaine 85 ...... 129 F4
St-Aubin-le-Cauf 76 ...... 15 F2
St-Aubin-le-Cloud 79 ...... 131 D3
St-Aubin-le-Dépeint 37 ...... 96 C3
St-Aubin-le-Guichard 27 ...... 54 C1
St-Aubin-le-Monial 03 ...... 136 C4
St-Aubin-le-Vertueux 27 ...... 30 C4
St-Aubin-Lébizay 14 ...... 29 F3
St-Aubin-lès-Elbeuf 76 ...... 31 E2
St-Aubin-les-Forges 58 ...... 120 B3
St-Aubin-Montenoy 80 ...... 17 D2
St-Aubin-Rivière 80 ...... 16 C2
St-Aubin-Routot 76 ...... 30 B1
St-Aubin-sous-Erquery 60 ...... 34 A2
St-Aubin-sur-Aire 55 ...... 63 D3
St-Aubin-sur-Algot 14 ...... 30 A4
St-Aubin-sur-Gaillon 27 ...... 32 A4
St-Aubin-sur-Loire 71 ...... 138 A4
St-Aubin-sur-Mer 14 ...... 29 D2
St-Aubin-sur-Mer 76 ...... 15 D2
St-Aubin-sur-Quillebeuf 27 ...... 30 C1
St-Aubin-sur-Scie 76 ...... 15 E2
St-Aubin-sur-Yonne 89 ...... 101 F1
St-Augustin 03 ...... 136 C2
St-Augustin 17 ...... 160 B2
St-Augustin 19 ...... 181 F1
St-Augustin 77 ...... 58 C3
St-Augustin-des-Bois 49 ...... 113 E1
St-Aulaire 19 ...... 180 C2
St-Aulais-la-Chapelle 16 ...... 162 B4
St-Aulaye 24 ...... 178 C2
St-Aunès 34 ...... 234 C2
St-Aunix-Lengros 32 ...... 227 E3
St-Aupre 38 ...... 189 D1
St-Austremoine 43 ...... 184 C3
St-Auvent 87 ...... 164 A2
St-Avaugourd-des-Landes 85 ...... 129 D4
St-Avé 56 ...... 91 E2
St-Aventin 31 ...... 258 B4
St-Avertin 37 ...... 116 A2
St-Avit 16 ...... 178 B2
St-Avit 26 ...... 187 F2
St-Avit 40 ...... 209 F4
St-Avit 41 ...... 77 E4
St-Avit 47 ...... 195 E3
St-Avit 63 ...... 167 D1
St-Avit 81 ...... 231 D3
St-Avit-de-Soulège 33 ...... 195 E1
St-Avit-de-Tardes 23 ...... 166 C1
St-Avit-de-Vialard 24 ...... 180 A4
St-Avit-Frandat 32 ...... 211 F4
St-Avit-le-Pauvre 23 ...... 150 C4
St-Avit-les-Guespières 28 ...... 78 B3
St-Avit-Rivière 24 ...... 196 C2
St-Avit-Sénieur 24 ...... 196 C2
St-Avit-St-Nazaire 33 ...... 195 F1
St-Avold 57 ...... 41 D3
St-Avre 73 ...... 190 B1

320 St-A – St-G

St-Ay 45 99 D2
St-Aybert 59 11 E2
St-Avgulf 83 239 F4
St-Babel 63 168 C3
St Baldoph 73 173 E3
St-Bandry 02 35 D2
St-Baraing 39 124 B4
St-Barbant 87 148 B3
St-Bard 23 166 C1
St-Bardoux 26 187 F3
St-Barnabé 22 71 E3
St-Barthélemy 38 188 A1
St-Barthélemy 40 224 C3
St-Barthélemy 50 51 E3
St-Barthélemy 56 70 C4
St-Barthélemy 70 107 E2
St-Barthélemy 77 59 E2
St-Barthélemy-d'Agenais 47 195 F4
St-Barthélemy-d'Anjou 49 113 F1
St-Barthélemy-de-Bellegarde 24 178 C3
St-Barthélemy-de-Bussière 24 163 F3
St-Barthélemy-de-Séchilienne 38 189 E3
St-Barthélemy-de-Vals 26 187 E3
St-Barthélemy-le-Meil 07 203 D1
St-Barthélemy-le-Pin 07 187 D4
St-Barthélemy-le-Plain 07 187 E3
St-Barthélemy-Lestra 42 170 C2
St-Basile 07 187 D4
St-Baslemont 88 86 C3
St-Baudel 18 135 E2
St-Baudelle 53 75 D2
St-Baudille-de-la-Tour 38 172 B2
St-Baudille-et-Pipet 38 205 E1
St-Bauld 37 116 A3
St-Baussant 54 63 F1
St-Bauzeil 09 252 A3
St-Bauzély 30 218 B4
St-Bauzile 07 203 F2
St-Bauzile 48 201 E4
St-Bauzille-de-la-Sylve 34 233 F3
St-Bauzille-de-Montmel 34 234 C2
St-Bauzille-de-Putois 34 234 B1
St-Bazile 87 163 F2
St-Bazile-de-la-Roche 19 182 A3
St-Bazile-de-Meyssac 19 181 E4
St-Béat 31 258 C3
St-Beaulize 12 216 B4
St-Beauzeil 82 212 B1
St-Beauzély 12 216 A2
St-Beauzile 81 214 A3
St-Beauzire 43 185 D1
St-Beauzire 63 168 B1
St-Bénézet 30 218 B4
St-Bénigne 01 156 A1
St-Benin 59 11 E4
St-Benin-d'Azy 58 120 C4
St-Benin-des-Bois 58 120 C3
St-Benoist-sur-Mer 85 144 C1
St-Benoist-sur-Vanne 10 82 B3
St-Benoît 01 172 C2
St-Benoît 04 223 D3
St-Benoît 11 253 D3
St-Benoît 86 132 B4
St-Benoît-de-Carmaux 81 214 B3
St-Benoît-des-Ombres 27 30 C3
St-Benoît-des-Ondes 35 49 F3
St-Benoît-d'Hébertot 14 30 B2
St-Benoît-du-Sault 36 149 E1
St-Benoit-en-Diois 26 204 C2
St-Benoît-en-Woëvre 55 63 E1
St-Benoît-la-Chipotte 88 87 F1
St-Benoît-la-Forêt 37 115 D3
St-Benoît-sur-Loire 45 100 A2
St-Benoît-sur-Seine 10 83 D2
St-Bérain 43 185 D4
St-Bérain-sous-Sanvignes 71 139 D3
St-Bérain-sur-Dheune 71 134 F2
St-Bernard 01 155 E4
St-Bernard 21 123 E3
St-Bernard 38 189 E1
St-Bernard 57 40 C2
St-Bernard 68 108 B2
St-Béron 73 173 D4
St-Berthevin 53 74 C4
St-Berthevin-la-Tannière 53 74 B1
St-Bertrand-de-Comminges 31 250 A3
St-Biez-en-Belin 72 96 B2
St-Bihy 22 71 D1
St-Blaise 06 241 D3
St-Blaise 74 158 A3
St-Blaise-du-Buis 38 188 C1
St-Blaise-la-Roche 67 88 C1
St-Blaise (Rouilles de) 13 236 B4
St-Blancard 32 250 B1
St-Blimont 80 8 A4
St-Blin 52 85 E2
St-Boès 64 225 F3
St-Bohaire 41 98 B3
St-Boil 71 139 F3
St-Boingt 54 87 E1
St-Bois 01 173 D2
St-Bomer 28 77 E3
St-Bômer-les-Forges 61 52 A3
St-Bon 51 59 F3
St-Bon-Tarentaise 73 175 D4
St-Bonnet 16 162 A4
St-Bonnet (Signal de) 69 155 D4
St-Bonnet-Avalouze 19 181 F2
St-Bonnet-Briance 87 165 D3
St-Bonnet-de-Bellac 87 148 C3
St-Bonnet-de-Chavagne 38 188 B3
St-Bonnet-de-Chirac 48 201 D4
St-Bonnet-de-Condat 15 183 E2
St-Bonnet-de-Cray 71 154 B2
St-Bonnet-de-Four 03 152 B2
St-Bonnet-de-Joux 71 139 E4
St-Bonnet-de-Montauroux 48 201 F1
St-Bonnet-de-Mure 69 171 F2
St-Bonnet-de-Rochefort 03 152 C3
St-Bonnet-de-Salendrinque 30 217 F3
St-Bonnet-de-Salers 15 183 D3
St-Bonnet-de-Valclérieux 26 188 B2
St-Bonnet-de-Vieille-Vigne 71 139 D4
St-Bonnet-des-Bruyères 69 155 D2
St-Bonnet-des-Quarts 42 154 A3
St-Bonnet-du-Gard 30 219 D4
St-Bonnet-Elvert 19 182 A3
St-Bonnet-en-Bresse 71 140 C1
St-Bonnet-en-Champsaur 05 206 A2
St-Bonnet-la-Rivière 19 180 C2
St-Bonnet-le-Bourg 63 185 D1
St-Bonnet-le-Chastel 63 169 D4
St-Bonnet-le-Château 42 186 A1
St-Bonnet-le-Courreau 42 169 F3
St-Bonnet-le-Froid 43 186 C3
St-Bonnet-le-Troncy 69 155 D3
St-Bonnet-l'Enfantier 19 181 D2
St-Bonnet-lès-Allier 63 168 B2
St-Bonnet-les-Oules 42 170 C4
St-Bonnet-les-Tours-de-Merle 19 182 B3
St-Bonnet-près-Bort 19 167 D4
St-Bonnet-près-Orcival 63 167 F3
St-Bonnet-près-Riom 63 168 B1
St-Bonnet-sur-Gironde 17 177 D1
St-Bonnet-Tronçais 03 136 B3
St-Bonnot 58 120 C3
St-Bouize 18 119 F2
St-Brancher 89 121 F1
St-Branchs 37 116 A3
St-Brandan 22 47 F4
St-Brès 30 218 B2
St-Brès 32 228 C1
St-Brès 34 234 C2
St-Bresson 30 217 E4
St-Bresson 70 107 D1
St-Bressou 46 198 C2
St-Brevin-les-Pins 44 110 C2
St-Briac-sur-Mer 35 49 D3
St-Brice 16 161 F2
St-Brice 33 195 D2
St-Brice 50 50 C3
St-Brice 53 95 E2
St-Brice 61 52 A4
St-Brice 77 59 E4
St-Brice-Courcelles 51 36 B3
St-Brice-de-Landelles 50 51 D4
St-Brice-en-Coglès 35 73 F1
St-Brice-sous-Forêt 95 57 E1
St-Brice-sous-Rânes 61 52 C3
St-Brice-sur-Vienne 87 164 A1
St-Brieuc 22 48 A3
St-Brieuc-de-Mauron 56 72 A3
St-Brieuc-des-Iffs 35 72 C2
St-Bris-des-Bois 17 161 E2
St-Bris-le-Vineux 89 102 B3
St-Brisson 58 122 A2
St-Brisson-sur-Loire 45 100 C3
St-Broing 70 124 C1
St-Broing-les-Moines 21 104 B3
St-Broingt-le-Bois 52 105 E2
St-Broingt-les-Fosses 52 105 D3
St-Broladre 35 50 B4
St-Bueil 38 173 D4
St-Cado 56 90 C2
St-Calais 72 97 E1
St-Calais-du-Désert 53 75 F1
St-Calez-en-Saosnois 72 76 C2
St-Cannat 13 237 D2
St-Caprais 03 136 B4
St-Caprais 18 135 F1
St-Caprais 32 228 C3
St-Caprais 46 197 E3
St-Caprais-de-Blaye 33 177 E2
St-Caprais-de-Bordeaux 33 194 B2
St-Caprais-de-Lerm 47 212 A2
St-Capraise-de-Lalinde 24 196 B1
St-Capraise-d'Eymet 24 196 A2
St-Caradec 22 71 D2
St-Caradec-Trégomel 56 70 B3
St-Carné 22 72 B1
St-Carreuc 22 48 A4
St-Cassien 24 196 C2
St-Cassien 38 189 D1
St-Cassin 73 173 E3
St-Cast-le-Guildo 22 49 D3
St-Castin 64 226 C4
St-Célerin 72 76 C3
St-Céneré 53 75 D3
St-Céneri-le-Gérei 61 76 A2
St-Céols 18 119 E3
St-Céré 46 198 C1
St-Cergues 74 158 B2
St-Cernin 15 182 C3
St-Cernin 46 198 A3
St-Cernin-de-Labarde 24 196 A2
St-Cernin-de-Larche 19 181 D3
St-Cernin-de-l'Herm 24 197 D3
St-Cernin-de-Reilhac 24 180 A4
St-Césaire 17 161 E2
St-Césaire-de-Gauzignan 30 218 B3
St-Cézaire (Grottes de) 06 239 F2
St-Cézaire-sur-Siagne 06 239 F2
St-Cézert 31 229 E1
St-Chabrais 23 151 D3
St-Chaffrey 05 191 D4
St-Chamant 15 183 D3
St-Chamant 19 181 F3
St-Chamarand 46 197 F2
St-Chamas 13 236 C3
St-Chamassy 24 196 C1
St-Chamond 42 171 D4
St-Champ 01 173 D2
St-Chaptes 30 218 B4
St-Charles-de-Percy 14 51 F1
St-Charles-la-Forêt 53 95 D1
St-Chartier 36 135 D3
St-Chartres 86 131 F2
St-Chef 38 172 B3
St-Chels 46 198 B4
St-Chély-d'Apcher 48 201 D2
St-Chély-d'Aubrac 12 200 B3
St-Chéron 51 61 E4
St-Chéron 91 57 D4
St-Chéron-des-Champs 28 56 A4
St-Chinian 34 232 C4
St-Christ-Briost 80 18 C2
St-Christaud 31 251 E2
St-Christaud 32 227 F3
St-Christo-en-Jarez 42 170 C4
St-Christol 07 203 D1
St-Christol 34 234 C2
St-Christol 84 220 C3
St-Christol-de-Rodières 30 218 C2
St-Christol-lès-Alès 30 218 A3
St-Christoly-de-Blaye 33 177 E3
St-Christoly-Médoc 33 176 C1
St-Christophe 03 153 E3
St-Christophe 16 148 B4
St-Christophe 17 145 E3
St-Christophe 23 150 B3
St-Christophe 28 78 B4
St-Christophe 69 155 D2
St-Christophe 81 214 B3
St-Christophe 86 132 B1
St-Christophe-à-Berry 02 35 D2
St-Christophe-d'Allier 43 201 F1
St-Christophe-de-Chaulieu 61 51 F3
St-Christophe-de-Double 33 178 B3
St-Christophe-de-Valains 35 73 E2
St-Christophe-des-Bardes 33 195 D1
St-Christophe-des-Bois 35 74 A2
St-Christophe-Dodinicourt 10 83 F1
St-Christophe-du-Bois 49 113 D4
St-Christophe-du-Foc 50 24 C2
St-Christophe-du-Jambet 72 76 A3
St-Christophe-du-Ligneron 85 128 C1
St-Christophe-du-Luat 53 75 D3
St-Christophe-en-Bazelle 36 117 F3
St-Christophe-en-Boucherie 36 135 E3
St-Christophe-en-Bresse 71 140 B2
St-Christophe-en-Brionnais 71 154 B2
St-Christophe-en-Champagne 72 96 A1
St-Christophe-en-Oisans 38 190 B4
St-Christophe-et-le-Laris 26 188 A2
St-Christophe-la-Couperie 49 112 C2
St-Christophe-la-Grotte 73 173 E4
St-Christophe-le-Chaudry 18 135 F4
St-Christophe-le-Jajolet 61 53 D3
St-Christophe-les-Gorges 15 182 C3
St-Christophe-sur-Avre 27 54 C3
St-Christophe-sur-Condé 27 30 C3
St-Christophe-sur-Dolaison 43 185 E4
St-Christophe-sur-Guiers 38 173 E4
St-Christophe-sur-le-Nais 37 96 C3
St-Christophe-sur-Roc 79 146 B1
St-Christophe-Vallon 12 199 E4
St-Cibard 33 178 B4
St-Cierge-la-Serre 07 203 F1
St-Cierge-sous-le-Cheylard 07 186 C4
St-Ciergues 52 105 D1
St-Ciers-Champagne 17 161 E4
St-Ciers-d'Abzac 33 177 F4
St-Ciers-de-Canesse 33 177 D3
St-Ciers-du-Taillon 17 161 D4
St-Ciers-sur-Bonnieure 16 162 C1
St-Ciers-sur-Gironde 33 177 D2
St-Cirgue 81 215 D4
St-Cirgues 43 184 C3
St-Cirgues 46 199 D2
St-Cirgues-de-Jordanne 15 183 D4
St-Cirgues-de-Malbert 15 182 C3
St-Cirgues-de-Prades 07 202 C3
St-Cirgues-en-Montagne 07 202 C2
St-Cirgues-la-Loutre 19 182 B3
St-Cirgues-sur-Couze 63 168 B4
St-Cirice 82 212 A3
St-Cirq 24 197 D1
St-Cirq 82 213 E3
St-Cirq-Lapopie 46 198 A4
St-Cirq-Madelon 46 197 E2
St-Cirq-Souillaguet 46 197 F2
St-Civran 36 134 A4
St-Clair 07 187 D2
St-Clair 46 197 F2
St-Clair 82 212 B2
St-Clair 86 131 F1
St-Clair (Mont) 34 234 A4
St-Clair-d'Arcey 27 30 C4
St-Clair-de-Halouze 61 52 A3
St-Clair-de-la-Tour 38 172 C3
St-Clair-du-Rhône 38 171 E4
St-Clair-sur-Epte 95 32 C3
St-Clair-sur-Galaure 38 188 B2
St-Clair-sur-l'Elle 50 27 E3
St-Clair-sur-les-Monts 76 15 D4
St-Clar 32 212 A4
St-Clar-de-Rivière 31 229 E4
St-Claud 16 163 D1
St-Claude 39 157 E1
St-Claude-de-Diray 41 98 B4
St-Clément 02 20 B3
St-Clément 03 153 F4
St-Clément 07 186 B4
St-Clément 15 183 E4
St-Clément 19 181 E1
St-Clément 30 234 C1
St-Clément 34 234 B2
St-Clément 54 65 D4
St-Clément 89 81 F3
St-Clément-à-Arnes 08 37 D2
St-Clément-de-la-Place 49 94 C4
St-Clément-de-Régnat 63 153 D4
St-Clément-de-Valorgue 63 169 F4
St-Clément-de-Vers 69 154 C2
St-Clément-des-Baleines 17 144 B2
St-Clément-des-Levées 49 114 B2
St-Clément-les-Places 69 170 C2
St-Clément-Rancoudray 50 51 E3
St-Clément-sur-Durance 05 207 D2
St-Clément-sur-Guye 71 139 E3
St-Clément-sur-Valsonne 69 170 C1
St-Clémentin 79 130 C1
St-Clet 22 47 E2
St-Cloud 92 57 D2
St-Cloud-en-Dunois 28 78 B4
St-Colomb-de-Lauzun 47 196 A3
St-Colomban 44 111 F4
St-Colomban-des-Villards 73 190 B1
St-Côme 33 194 C4
St-Côme-de-Fresné 14 28 C2
St-Côme-d'Olt 12 200 B4
St-Côme-du-Mont 50 27 D2
St-Côme-et-Maruéjols 30 235 D1
St-Congard 56 92 B2
St-Connan 22 47 E4
St-Connec 22 71 D2
St-Constant 15 199 D2
St-Contest 14 29 D3
St-Corneille 72 76 C4
St-Cornier-des-Landes 61 51 F3
St-Cosme 68 108 B3
St-Cosme-en-Vairais 72 76 C2
St-Couat-d'Aude 11 254 A2
St-Couat-du-Razès 11 253 D3
St-Coulitz 29 69 D1
St-Coulomb 35 49 F2
St-Coutant 16 147 F4
St-Coutant 79 147 D2
St-Coutant-le-Grand 17 145 F4
St-Créac 32 212 A4
St-Créac 65 257 E2
St-Crépin 05 207 D2
St-Crépin 17 145 F4
St-Crépin-aux-Bois 60 34 C2
St-Crépin-d'Auberoche 24 180 A3
St-Crépin-de-Richemont 24 179 E1
St-Crépin-et-Carlucet 24 180 C4
St-Crépin-Ibouvillers 60 33 E3
St-Crespin 14 29 F4
St-Crespin 76 15 E3
St-Crespin-sur-Moine 49 112 C3
St-Cricq 32 229 D2
St-Cricq-Chalosse 40 226 A2
St-Cricq-du-Gave 40 225 E3
St-Cricq-Villeneuve 40 209 F4
St-Cybardeaux 16 162 B2
St-Cybranet 24 197 E2
St-Cyprien 19 180 C2
St-Cyprien 24 197 D1
St-Cyprien 42 170 B4
St-Cyprien 46 213 D1
St-Cyprien 66 263 D2
St-Cyprien-sur-Dourdou 12 199 E3
St-Cyr 07 187 E2
St-Cyr 50 25 D3
St-Cyr 71 140 A3
St-Cyr 86 132 B3
St-Cyr 87 164 A2
St-Cyr-au-Mont-d'Or 69 171 E2
St-Cyr-de-Favières 42 154 B4
St-Cyr-de-Salerne 27 31 D3
St-Cyr-de-Valorges 42 170 C1
St-Cyr-des-Gâts 85 130 A3
St-Cyr-du-Bailleul 50 51 F4
St-Cyr-du-Doret 17 145 F2
St-Cyr-du-Gault 41 98 A3
St-Cyr-du-Ronceray 14 30 B4
St-Cyr-en-Arthies 95 32 C4
St-Cyr-en-Bourg 49 114 C3
St-Cyr-en-Pail 53 75 F1
St-Cyr-en-Talmondais 85 129 E4
St-Cyr-en-Val 45 99 E2
St-Cyr-la-Lande 79 114 B4
St-Cyr-la-Rivière 91 79 F2
St-Cyr-la-Roche 19 180 C2
St-Cyr-la-Rosière 61 77 D2
St-Cyr-le-Chatoux 69 155 D4
St-Cyr-le-Gravelais 53 74 B4
St-Cyr-l'École 78 57 D2
St-Cyr-les-Champagnes 24 180 C1
St-Cyr-les-Colons 89 102 B3
St-Cyr-les-Vignes 42 170 C3
St-Cyr-Montmalin 39 124 C4
St-Cyr-sous-Dourdan 91 57 D4
St-Cyr-sur-le-Rhône 69 171 E4
St-Cyr-sur-Loire 37 115 F1
St-Cyr-sur-Menthon 01 156 A2
St-Cyr-sur-Mer 83 243 F3
St-Cyr-sur-Morin 77 59 D2
St-Cyran-du-Jambot 36 116 C4
St-Dalmas-le-Selvage 06 223 E1
St-Daunès 46 212 C1
St-Denis 11 253 E1
St-Denis 30 218 B2
St-Denis 79 131 D4
St-Denis 89 81 F3
St-Denis 93 57 E1
St-Denis-Catus 46 197 F3
St-Denis-Combarnazat 63 168 C1
St-Denis-d'Aclon 76 15 E2
St-Denis-d'Anjou 53 95 E2
St-Denis-d'Augerons 27 54 B1
St-Denis-d'Authou 28 77 F2
St-Denis-de-Cabanne 42 154 C3
St-Denis-de-Gastines 53 74 C2
St-Denis-de-Jouhet 36 135 D4
St-Denis-de-l'Hôtel 45 99 F1
St-Denis-de-Mailloc 14 30 B4
St-Denis-de-Méré 14 52 B2
St-Denis-de-Palin 18 136 A1
St-Denis-de-Pile 33 177 F4
St-Denis-de-Vaux 71 139 F2
St-Denis-de-Villenette 61 52 B4
St-Denis-des-Coudrais 72 77 D3
St-Denis-des-Monts 27 31 D3
St-Denis-des-Murs 87 165 D2
St-Denis-des-Puits 28 78 A2
St-Denis-d'Oléron 17 144 C4
St-Denis-d'Orques 72 75 F4
St-Denis-du-Béhélan 27 55 D2
St-Denis-du-Payré 85 145 D1
St-Denis-du-Pin 17 146 A4
St-Denis-en-Bugey 01 156 C4
St-Denis-en-Margeride 48 201 E2
St-Denis-en-Val 45 99 E2
St-Denis-la-Chevasse 85 129 E1
St-Denis-le-Ferment 27 32 C2
St-Denis-le-Gast 50 50 C1
St-Denis-le-Thiboult 76 32 A1
St-Denis-le-Vêtu 50 50 C1
St-Denis-lès-Bourg 01 156 B2
St-Denis-lès-Martel 46 181 E4
St-Denis-les-Ponts 28 78 B4
St-Denis-lès-Rebais 77 59 D2
St-Denis-Maisoncelles 14 51 F1
St-Denis-sur-Coise 42 170 C3
St-Denis-sur-Huisne 61 77 D1
St-Denis-sur-Loire 41 98 B3
St-Denis-sur-Ouanne 89 101 E2
St-Denis-sur-Sarthon 61 76 A1
St-Denis-sur-Scie 76 15 E3
St-Deniscourt 60 16 C4
St-Denœux 62 8 C1
St-Denoual 22 48 C3
St-Derrien 29 45 E2
St-Désert 71 139 F2
St-Désir 14 30 A4
St-Désirat 07 187 E2
St-Désiré 03 135 F4
St-Dézery 19 166 C4
St-Dézéry 30 218 B4
St-Didier 21 122 A2
St-Didier 35 73 F3
St-Didier 39 141 D2
St-Didier 58 121 D2
St-Didier 84 220 A3
St-Didier-au-Mont-d'Or 69 171 E2
St-Didier-d'Allier 43 185 E4
St-Didier-d'Aussiat 01 156 A2
St-Didier-de-Bizonnes 38 172 B4
St-Didier-de-Formans 01 155 F4
St-Didier-de-la-Tour 38 172 C3
St-Didier-des-Bois 27 31 E3
St-Didier-en-Bresse 71 140 B2
St-Didier-en-Brionnais 71 154 B2
St-Didier-en-Donjon 03 154 A1
St-Didier-en-Velay 43 186 B2
St-Didier-la-Forêt 03 153 D3
St-Didier-sous-Aubenas 07 203 D3
St-Didier-sous-Écouves 61 53 D4
St-Didier-sous-Riverie 69 171 D3
St-Didier-sur-Arroux 71 138 C2
St-Didier-sur-Beaujeu 69 155 D3
St-Didier-sur-Chalaronne 01 155 F3
St-Didier-sur-Doulon 43 185 D2
St-Didier-sur-Rochefort 42 169 E2
St-Dié 88 88 B2
St-Dier-d'Auvergne 63 169 D3
St-Diéry 63 168 A4
St-Dionizy 30 235 D1
St-Disdier 05 205 F2
St-Divy 29 45 E3
St-Dizant-du-Bois 17 177 D1
St-Dizant-du-Gua 17 161 D4
St-Dizier 52 62 B3
St-Dizier-en-Diois 26 205 D3
St-Dizier-la-Tour 23 150 C3
St-Dizier-les-Domaines 23 150 C2
St-Dizier-l'Évêque 90 108 A4
St-Dizier-Leyrenne 23 150 A4
St-Dolay 56 92 B3
St-Domet 23 151 D4
St-Domineuc 35 72 C1
St-Donan 22 47 F4
St-Donat 63 167 E4
St-Donat-sur-l'Herbasse 26 187 F3
St-Dos 64 225 E3
St-Doulchard 18 119 D4
St-Drézéry 34 234 C2
St-Dyé-sur-Loire 41 98 C3
St-Eble 43 185 D3
St-Ébremond-de-Bonfossé 50 27 E4
St-Edmond 71 154 B3
St-Égrève 38 189 D2
St-Élier 27 55 D1
St-Éliph 28 77 F1
St-Élix 32 228 C4
St-Élix-le-Château 31 251 E1
St-Élix-Séglan 31 250 C2
St-Élix-Theux 32 228 A4
St-Ellier-du-Maine 53 74 B1
St-Ellier-les-Bois 61 53 D4
St-Éloi 01 156 B4
St-Éloi 23 150 B4
St-Éloi 58 137 D1
St-Éloi-de-Fourques 27 31 D3
St-Élophe 88 86 A1
St-Eloy 29 45 F3
St-Éloy-d'Allier 03 135 F4
St-Éloy-de-Gy 18 119 D3
St-Éloy-la-Glacière 63 169 D3
St-Éloy-les-Mines 63 152 B3
St-Éloy-les-Tuileries 19 180 C1
St-Éman 28 78 A2
St-Émiland 71 139 E1
St-Émilion 33 195 D1
St-Ennemond 03 137 E3
St-Épain 37 115 F3
St-Epvre 57 64 C1
St-Erblon 35 73 D4
St-Erblon 53 94 A2
St-Erme-Outre-et-Ramecourt 02 36 A1
St-Escobille 91 79 E1
St-Esteben 64 225 D4
St-Estèphe 16 162 B3
St-Estèphe 24 163 E3
St-Estèphe 33 177 D2
St-Estève 66 262 C2
St-Estève-Janson 13 237 D2
St-Étienne 42 170 C4
St-Étienne-à-Arnes 08 37 E2
St-Étienne-au-Mont 62 2 C4
St-Étienne-au-Temple 51 61 D1
St-Étienne-aux-Clos 19 167 D3
St-Étienne-Cantalès 15 182 C4
St-Étienne-d'Albagnan 34 232 C3
St-Étienne-de-Baigorry 64 246 C2
St-Étienne-de-Boulogne 07 203 D2
St-Étienne-de-Brillouet 85 129 F4
St-Étienne-de-Carlat 15 199 F1
St-Étienne-de-Chigny 37 115 E1
St-Étienne-de-Chomeil 15 183 D1
St-Étienne-de-Crossey 38 189 D1
St-Étienne-de-Cuines 73 190 B1
St-Étienne-de-Fontbellon 07 203 D3
St-Étienne-de-Fougères 47 196 A4
St-Étienne-de-Fursac 23 149 F3
St-Étienne-de-Gourgas 34 233 E2
St-Étienne-de-Lisse 33 195 D1
St-Étienne-de-l'Olm 30 218 B3
St-Étienne-de-Lugdarès 07 202 B3
St-Étienne-de-Maurs 15 199 D2
St-Étienne-de-Mer-Morte 44 128 C1
St-Étienne-de-Montluc 44 111 E2
St-Étienne-de-Puycorbier 24 178 C3
St-Étienne-de-St-Geoirs 38 188 C1
St-Étienne-de-Serre 07 203 E1
St-Étienne-de-Tinée 06 223 E1
St-Étienne-de-Tulmont 82 213 E3
St-Étienne-de-Valoux 07 187 E2
St-Étienne-de-Vicq 03 153 E3
St-Étienne-de-Villeréal 47 196 C3
St-Étienne-des-Champs 63 167 D2
St-Étienne-des-Guérets 41 98 A4
St-Étienne-des-Oullières 69 155 E3
St-Étienne-des-Sorts 30 219 D2
St-Étienne-d'Orthe 40 225 D2
St-Étienne-du-Bois 01 156 B2
St-Étienne-du-Bois 85 129 D1
St-Étienne-du-Grès 13 236 A1
St-Étienne-du-Gué-de-l'Isle 22 71 E3
St-Étienne-du-Rouvray 76 31 F2
St-Étienne-du-Valdonnez 48 201 F4
St-Étienne-du-Vauvray 27 31 F3
St-Étienne-du-Vigan 43 202 A2
St-Étienne-en-Bresse 71 140 B2
St-Étienne-en-Coglès 35 73 F1
St-Étienne-en-Dévoluy 05 206 A2
St-Étienne-Estréchoux 34 233 D2
St-Étienne-la-Cigogne 79 146 A3
St-Étienne-la-Geneste 19 182 C1
St-Étienne-la-Thillaye 14 30 A2
St-Étienne-la-Varenne 69 155 E3
St-Étienne-l'Allier 27 30 C3
St-Étienne-Lardeyrol 43 186 A3
St-Étienne-le-Laus 05 206 B3
St-Étienne-le-Molard 42 170 B2
St-Étienne-les-Orgues 04 221 E3
St-Étienne-lès-Remiremont 88 87 F4
St-Étienne-Roilaye 60 34 C2
St-Étienne-sous-Bailleul 27 32 A4
St-Étienne-sous-Barbuise 10 83 D1
St-Étienne-sur-Blesle 43 184 B2
St-Étienne-sur-Chalaronne 01 155 F3
St-Étienne-sur-Reyssouze 01 156 A1
St-Étienne-sur-Suippe 51 36 C2
St-Étienne-sur-Usson 63 168 C4
St-Étienne-Vallée-Française 48 217 F2
St-Eugène 02 59 F1
St-Eugène 17 161 F4
St-Eugène 71 138 C2
St-Eulien 51 62 A3
St-Euphraise-et-Clairizet 51 36 B3
St-Euphrône 21 122 B1
St-Eusèbe 71 139 E3
St-Eusèbe 74 157 F4
St-Eusèbe-en-Champsaur 05 206 A2
St-Eustache 74 174 A1
St-Eustache-la-Forêt 76 30 C1
St-Eutrope 16 178 B1
St-Eutrope-de-Born 47 196 B3
St-Évarzec 29 69 D3
St-Evroult-de-Montfort 61 53 F2
St-Evroult-Notre-Dame-du-Bois 61 54 B2
St-Exupéry 33 195 D3
St-Exupéry-les-Roches 19 166 C4
St-Eynard (Fort du) 38 189 D2
St-Fargeau 89 101 E3
St-Fargeau-Ponthierry 77 58 A4
St-Fargeol 03 151 F3
St-Faust 64 248 B1
St-Félicien 07 187 D3
St-Féliu-d'Amont 66 262 B2
St-Féliu-d'Avall 66 262 B2
St-Félix 03 153 E2
St-Félix 16 178 B1
St-Félix 17 146 A3
St-Félix 46 199 D3
St-Félix 60 33 F2
St-Félix 74 173 E1
St-Félix-de-Bourdeilles 24 179 E1
St-Félix-de-Foncaude 33 195 D3
St-Félix-de-l'Héras 34 233 E1
St-Félix-de-Lodez 34 233
St-Félix-de-Lunel 12 199
St-Félix-de-Pallières 30 217
St-Félix-de-Reillac-et-Mortemart 24 180
St-Félix-de-Rieutord 09 252
St-Félix-de-Sorgues 12 232
St-Félix-de-Tournegat 09 252
St-Félix-de-Villadeix 24 196
St-Félix-Lauragais 31 230
St-Fergeux 08 20
St-Ferjeux 70 107
St-Ferme 33 195
St-Ferréol 31 250
St-Ferréol 74 174
St-Ferréol (Bassin de) 31 231
St-Ferréol-d'Auroure 43 186
St-Ferréol-des-Côtes 63 169
St-Ferréol-Trente-Pas 26 204
St-Ferriol 11 253
St-Fiacre 22 47
St-Fiacre 56 70
St-Fiacre 77 58
St-Fiacre-sur-Maine 44 112
St-Fiel 23 150
St-Firmin 05 206
St-Firmin 54 86
St-Firmin 58 120
St-Firmin 71 139
St-Firmin-des-Bois 45 101
St-Firmin-des-Prés 41 98
St-Firmin-sur-Loire 45 100
St-Flavy 10 82
St-Florent 45 100
St-Florent 2B 265
St-Florent (Golfe de) 2B 265
St-Florent-des-Bois 85 129
St-Florent-le-Vieil 49 113
St-Florent-sur-Auzonnet 30 218
St-Florent-sur-Cher 18 135
St-Florentin 36 117
St-Florentin 89 102
St-Floret 63 168
St-Floris 62 4
St-Flour 15 184
St-Flour 63 169
St-Flour-de-Mercoire 48 202
St-Flovier 37 133
St-Floxel 50 25
St-Folquin 62 3
St-Fons 69 171
St-Forgeot 71 122
St-Forget 78 57
St-Forgeux 69 171
St-Forgeux-Lespinasse 42 154
St-Fort 53 95
St-Fort-sur-Gironde 17 160
St-Fort-sur-le-Né 16 161
St-Fortunat-sur-Eyrieux 07 203
St-Fraigne 16 147
St-Fraimbault 61 74
St-Fraimbault-de-Prières 53 75
St-Frajou 31 250
St-Franc 73 173
St-Franchy 58 120
St-François-de-Sales 73 173
St-François-Lacroix 57 40
St-François-Longchamp 73 174
St-Frégant 29 45
St-Fréjoux 19 166
St-Frézal-d'Albuges 48 202
St-Frézal-de-Ventalon 48 217
St-Frichoux 11 254
St-Frion 23 166
St-Fromond 50 27
St-Front 16 162
St-Front 43 186
St-Front-d'Alemps 24 179
St-Front-de-Pradoux 24 179
St-Front-la-Rivière 24 163
St-Front-sur-Lémance 47 197
St-Front-sur-Nizonne 24 163
St-Froult 17 160
St-Fulgent 85 129
St-Fulgent-des-Ormes 61 76
St-Fuscien 80 17
St-Gabriel 13 236
St-Gabriel-Brécy 14 28
St-Gal 48 201
St-Gal-sur-Sioule 63 152
St-Galmier 42 170
St-Gand 70 106
St-Ganton 35 93
St-Gatien-des-Bois 14 30
St-Gaudens 31 250
St-Gaudent 86 147
St-Gaudéric 11 252
St-Gault 53 94
St-Gaultier 36 134
St-Gauzens 81 230
St-Gayrand 47 211 D1
St-Gein 40 226 C1
St-Gelais 79 146 B1
St-Gelven 22 70 C2
St-Gély-du-Fesc 34 234 B2
St-Génard 79 146 C3
St-Gence 87 164 B1
St-Généroux 79 131 E1
St-Genès-Champanelle 63 168 A2
St-Genès-Champespe 63 183 E1
St-Genès-de-Blaye 33 177 D3
St-Genès-de-Castillon 33 195 D1
St-Genès-de-Fronsac 33 177 F4
St-Genès-de-Lombaud 33 194 B2
St-Genès-du-Retz 63 152 C4
St-Genès-la-Tourette 63 169 D4
St-Genest 03 151 F2
St-Genest 88 87 E1
St-Genest-d'Ambière 86 132 B2
St-Genest-de-Beauzon 07 202 C4
St-Genest-de-Contest 81 231 D2
St-Genest-Lachamp 07 203 D1
St-Genest-Lerpt 42 170 C4
St-Genest-Malifaux 42 186 C1
St-Genest-sur-Roselle 87 165 D3
St-Geneys-près-St-Paulien 43 185 E3
St-Gengoulph 02 35 D4

t-Gengoux-de-Scissé 71 .... 140 A4
t-Gengoux-le-National 71 .. 139 F3
t-Geniès 24 .... 180 C4
t-Geniès-Bellevue 31 .... 230 A2
t-Geniès-de-Comolas 30 .... 219 E3
t-Geniès-de-Fontedit 34 .... 233 D4
t-Geniès-de-Malgoirès 30 . 218 B4
t-Geniès-de-Varensal 34 .... 232 C2
t-Geniès-des-
Mourgues 34 .... 234 C2
t-Geniez 04 .... 221 F1
t-Geniez-d'Olt 12 .... 200 C4
t-Geniez-ô-Merle 19 .... 182 B3
t-Genis 05 .... 205 E4
t-Genis-de-Saintonge 17 .... 161 D4
t-Génis-des-Fontaines 66 . 262 C3
t-Genis-d'Hiersac 16 .... 162 B2
t-Genis-du-Bois 33 .... 194 C2
t-Genis-l'Argentière 69 .... 171 D2
t-Genis-Laval 69 .... 171 E2
t-Genis-les-Ollières 69 .... 171 E2
t-Genis-Pouilly 01 .... 157 F2
t-Genis-sur-Menthon 01 .... 156 A2
t-Genix-sur-Guiers 73 .... 173 D3
t-Genou 36 .... 134 A1
t-Genouph 37 .... 115 F1
t-Geoire-en-Valdaine 38 .... 173 D4
t-Geoirs 38 .... 188 C1
t-Georges 15 .... 184 B4
t-Georges 16 .... 147 E4
t-Georges 32 .... 229 D2
t-Georges 47 .... 196 C4
t-Georges 57 .... 65 F3
t-Georges 62 .... 9 D2
t-Georges 82 .... 213 F2
t-Georges (Gorges de) 11 .. 261 E1
t-Georges-Armont 25 .... 126 B1
t-Georges-Blancaneix 24 .... 195 F1
t-Georges-Buttavent 53 .... 74 C2
t-Georges-d'Annebecq 61 .. 52 C3
t-Georges-d'Aunay 14 .... 28 B4
t-Georges-d'Aurac 43 .... 185 D3
t-Georges-de-Baroille 42 .. 170 B1
t-Georges-de-Bohon 50 .... 27 D3
t-Georges-de-Chesné 35 .... 73 F2
t-Georges-de-
Commiers 38 .... 189 E3
St-Georges-de-Cubillac 17 .... 161 E4
St-Georges-de-Didonne 17 160 B3
St-Georges-de-
Gréhaigne 35 .... 50 B4
St-Georges-de-la-Couée 72 .. 97 D2
St-Georges-de-la-Rivière 50 .. 24 B4
St-Georges-de-Lévéjac 48 .... 216 C1
St-Georges-de-Livoye 50 .... 51 D3
St-Georges-de-Longuepierre
17 .... 146 B4
St-Georges-de-
Luzençon 12 .... 216 A3
St-Georges-de-Mons 63 .... 167 F1
St-Georges-de-
Montaigu 85 .... 129 E1
St-Georges-de-
Montclard 24 .... 179 E4
St-Georges-de-Noisné 79 .... 131 D4
St-Georges-de-Pointindoux
85 .... 128 C3
St-Georges-de-Poisieux 18. 136 A3
St-Georges-de-Reintembault
35 .... 50 C4
St-Georges-de-Reneins 69 .. 155 E3
St-Georges-de-Rex 79 .... 146 A2
St-Georges-de-Rouelley 50 .. 51 F4
St-Georges-d'Elle 50 .... 28 A3
St-Georges-des-Agoûts 17 . 177 D1
St-Georges-des-
Coteaux 17 .... 161 D2
St-Georges-des-Groseillers
61 .... 52 B2
St-Georges-des-Hurtières
73 .... 174 B4
St-Georges-des-Sept-
Voies 49 .... 114 A2
St-Georges-
d'Espéranche 38 .... 172 A3
St-Georges-d'Oléron 17 .... 144 C4
St-Georges-d'Orques 34 .... 234 B3
St-Georges-du-Bois 17 .... 145 F3
St-Georges-du-Bois 49 .... 95 F4
St-Georges-du-Bois 72 .... 96 B1
St-Georges-du-Mesnil 27 .... 30 C3
St-Georges-du-Puy-de-
la-Garde 49 .... 113 E3
St-Georges-du-Rosay 72 .... 77 D3
St-Georges-du-Vièvre 27 .... 30 C3
St-Georges-en-Auge 14 .... 53 E1
St-Georges-en-Couzan 42 .... 169 F2
St-Georges-Haute-Ville 42 .. 170 B4
St-Georges-la-Pouge 23 .... 150 B4
St-Georges-Lagricol 43 .... 185 F2
St-Georges-le-Fléchard 53 .... 75 D4
St-Georges-le-Gaultier 72 .... 75 F2
St-Georges-lès-Baillargeaux
86 .... 132 B3
St-Georges-les-Bains 07 .... 203 F1
St-Georges-les-Landes 87 .... 149 E2
St-Georges-Montcocq 50 .... 27 E3
St-Georges-Motel 27 .... 55 F3
St-Georges-Nigremont 23 .. 166 C2
St-Georges-sur-Allier 63 .... 168 B2
St-Georges-sur-Arnon 36 .... 118 B4
St-Georges-sur-Baulche 89 102 A2
St-Georges-sur-Cher 41 .... 116 C2
St-Georges-sur-Erve 53 .... 75 E3
St-Georges-sur-Eure 28 .... 78 B1
St-Georges-sur-Fontaine 76 .. 31 F1
St-Georges-sur-l'Aa 59 .... 3 E2
St-Georges-sur-la-Prée 18 .. 118 B3
St-Georges-sur-Layon 49 .... 114 A3
St-Georges-sur-Loire 49 .... 113 E1
St-Georges-sur-Moulon 18. 119 D3
St-Georges-sur-Renon 01 .... 156 A3
St-Geours-d'Auribat 40 .... 225 F1
St-Geours-de-
Maremne 40 .... 225 D2
St-Gérand 56 .... 71 D3
St-Gérand-de-Vaux 03 .... 153 D1
St-Gérand-le-Puy 03 .... 153 E2
St-Géraud 47 .... 195 E3
St-Géraud-de-Corps 24 .... 178 C4

St-Géréon 44 .... 112 C1
St-Germain 07 .... 203 D3
St-Germain 10 .... 83 D3
St-Germaine 54 .... 87 D1
St-Germain 70 .... 107 D2
St-Germain 86 .... 133 D4
St-Germain-au-
Mont-d'Or 69 .... 171 E1
St-Germain-Beaupré 23 .... 149 F2
St-Germain-Chassenay 58 .... 137 E2
St-Germain-d'Anxure 53 .... 74 C3
St-Germain-d'Arcé 72 .... 96 C3
St-Germain-d'Aunay 61 .... 54 A1
St-Germain-de-Belvès 24 .... 197 D1
St-Germain-de-Calberte 48 217 F2
St-Germain-de-Clairefeuille
61 .... 53 E3
St-Germain-de-
Confolens 16 .... 148 B4
St-Germain-de-Coulamer 53 .75 F2
St-Germain-de-Fresney 27 .... 55 E1
St-Germain-de-Grave 33 .... 194 C3
St-Germain-de-Joux 01 .... 157 E2
St-Germain-de-
la-Coudre 61 .... 77 D2
St-Germain-de-la-Grange 78 56 C2
St-Germain-de-la-Rivière
33 .... 177 F4
St-Germain-de-Livet 14 .... 30 A4
St-Germain-de-Longue-
Chaume 79 .... 131 D3
St-Germain-de-
Lusignan 17 .... 161 E4
St-Germain-de-Marencennes
17 .... 145 F3
St-Germain-de-Martigny 61.. 54 A4
St-Germain-de-
Modéon 21 .... 122 A1
St-Germain-de-
Montbron 16 .... 163 D3
St-Germain-de-
Montgommery 14 .... 53 E1
St-Germain-de-Pasquier 27 .... 31 E3
St-Germain-de-Princay 85 .. 129 F2
St-Germain-de-Salles 03 .... 152 C3
St-Germain-de-
Tallevende 14 .... 51 E2
St-Germain-de-
Tournebut 50 .... 25 D2
St-Germain-de-Varreville 50 .. 25 E3
St-Germain-de-Vibrac 17 .... 161 F4
St-Germain-d'Ectot 14 .... 28 B4
St-Germain-d'Elle 50 .... 28 A4
St-Germain-des-Angles 27 .... 31 F4
St-Germain-des-Bois 18 .... 136 A1
St-Germain-des-Bois 58 .... 121 D2
St-Germain-des-
Champs 89 .... 121 F1
St-Germain-des-Essourts 76. 32 A1
St-Germain-des-Fossés 03 .. 153 D3
St-Germain-des-Grois 61 .... 77 E2
St-Germain-des-Prés 24 .... 180 B1
St-Germain-des-Prés 45 .... 101 D1
St-Germain-des-Prés 49 .... 113 E1
St-Germain-des-Prés 81 .... 231 D3
St-Germain-des-Vaux 50 .... 24 B1
St-Germain-d'Esteuil 33 .... 176 C2
St-Germain-d'Étables 76 .... 15 F2
St-Germain-du-Bel-Air 46 .... 197 F3
St-Germain-du-Bois 71 .... 140 C2
St-Germain-du-Corbéis 61 .... 76 A1
St-Germain-du-Crioult 14 .... 52 A2
St-Germain-du-Pert 14 .... 27 E2
St-Germain-du-Pinel 35 .... 74 A4
St-Germain-du-Plain 71 .... 140 B3
St-Germain-du-Puch 33 .... 194 C1
St-Germain-du-Puy 18 .... 119 D4
St-Germain-du-
Salembre 24 .... 179 D3
St-Germain-du-Seudre 17 .... 161 D4
St-Germain-du-Teil 48 .... 201 D4
St-Germain-en-
Brionnais 71 .... 154 C2
St-Germain-en-Coglès 35 .... 73 F1
St-Germain-en-Laye 78 .... 57 D2
St-Germain-en-
Montagne 39 .... 142 A2
St-Germain-et-Mons 24 .... 196 A1
St-Germain-la-Blanche-
Herbe 14 .... 29 D3
St-Germain-la-
Campagne 27 .... 30 B4
St-Germain-la-
Chambotte 73 .... 173 E2
St-Germain-la-Gâtine 28 .... 78 B1
St-Germain-la-
Montagne 42 .... 154 C2
St-Germain-la-Poterie 60 .... 33 D1
St-Germain-la-Ville 51 .... 61 D2
St-Germain-l'Aiguiller 85 .... 130 B3
St-Germain-Langot 14 .... 52 C1
St-Germain-Laprade 43 .... 183 F3
St-Germain-Laval 42 .... 169 F2
St-Germain-Laval 77 .... 81 D2
St-Germain-Lavolps 19 .... 166 B3
St-Germain-Laxis 77 .... 58 B4
St-Germain-le-Châtelet 90 .. 108 A2
St-Germain-le-Fouilloux 53 .... 74 C3
St-Germain-le-Gaillard 28 .... 78 B1
St-Germain-le-Gaillard 50 .... 24 C3
St-Germain-le-Guillaume 53 . 74 C3
St-Germain-le-Rocheux 21 . 104 A2
St-Germain-le-Vasson 14 .... 52 C1
St-Germain-le-Vieux 61 .... 53 F4
St-Germain-Lembron 63 .... 168 B4
St-Germain-lès-Arlay 39 .... 141 E2
St-Germain-lès-Arpajon 91 .... 57 E4
St-Germain-les-Belles 87 .... 165 D3
St-Germain-lès-Buxy 71 .... 140 A3
St-Germain-lès-Corbeil 91 .... 58 A4
St-Germain-les-Paroisses
01 .... 173 D2
St-Germain-lès-Senailly 21 .. 103 E4
St-Germain-les-Vergnes 19 181 E2
St-Germain-Lespinasse 42 .... 154 A3
St-Germain-l'Herm 63 .... 169 D4
St-Germain-près-
Herment 63 .... 167 D2
St-Germain-Source-
Seine 21 .... 104 A4

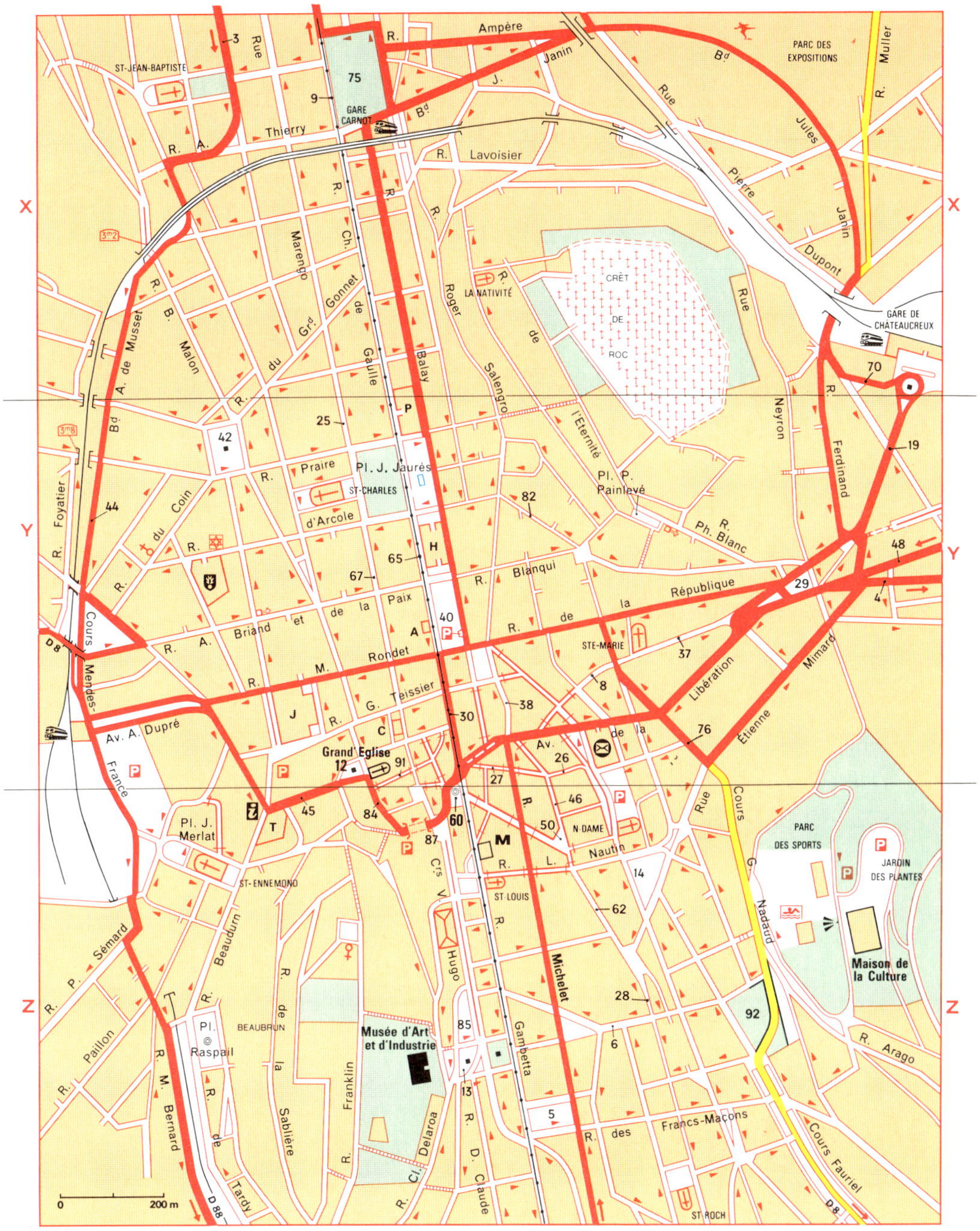

X
Y
Z
St-JEAN-BAPTISTE
GARE CARNOT
75
Ampère
Janin
Thierry
Lavoisier
PARC DES EXPOSITIONS
Muller
Jules
Pierre
Dupont
Jamin
GARE DE CHÂTEAUCREUX
CRÊT DE ROC
LA NATIVITÉ
Marengo
Gonnet
Malon
Mussel
Foyatier
Coin
Salengro
Neyron
Ferdinand
Praire
Pl. J. Jaurès
St-CHARLES
d'Arcole
Pl. P. Painlevé
Ph. Blanc
Blanqui
Paix
République
Briand
Rondet
Teissier
Libération
Mimard
STE-MARIE
Grand' Eglise
Av. A. Dupré
France
Mendès
Cours
Pl. J. Merlat
St-ENNEMOND
N-DAME
Nautin
St-LOUIS
PARC DES SPORTS
JARDIN DES PLANTES
Nadaud
Maison de la Culture
Sémard
Beaudinn
Hugo
Michelet
Musée d'Art et d'Industrie
BEAUBRUN
Pl. Raspail
Paillon
Bernard
Sablière
Franklin
Delaroa
Gambetta
Claude
Tardy
Francs-Maçons
Arago
Cours Fauriel
ST ROCH
0
200 m

St-Étienne

Bérard (R. P.) .... Y 8
Foy (R. Gén.) .... Y 30
Gambetta (R.) .... Z
Gaulle (R. Ch. de) X
Gervais (R. E.) .... Y 37
Grand-Moulin (R. du) .... Y 38
Hôtel-de-Ville (Pl. de l') .... Y 40
Libération (Av. de la) .... Y
Michelet (R.) .... Z

Peuple (Pl. du) .... Z 60
Président Wilson (R.) .... Y 65
République (R. de la) .... Y
Résistance (R. de la) .... Y 67

Albert 1er (Bd) .... X 3
Alliés (R. des) .... Y 4
Anatole France (R.) .... Z 5
Badouillère (R. de la) .... Z 6
Bergson (R.) .... X 9
Bouchard (Crs J.) .... Z 13
Chavanelle (Pl.) .... Z 14

Denfert-Rochereau (Av.) .... Y 19
Dormoy (R. M.) .... Y 25
Dupré (R. G.) .... Y 26
Escoffier (R.D.) .... Y 27
Fougerolle (R.) .... Z 28
Fourneyron (Pl.) .... Y 29
Jacquard (Pl.) .... Y 42
Krumnow (Bd. F) .... Y 44
Loubet (R.E.) .... YZ 45
Martyrs-de-Vingré (R. des) Z 46
Montat (R. de la) .... Y 48
Pointe-Cadet (R.) .... Z 62

Rivière (R. du Sergent) .... X 70
Sadi-Carnot (Pl.) .... X 75
Sauzéa (R. H.) .... Y 76
Servet (R. M.) .... Y 82
Théatre (R. du) .... Z 84
Thomas (Pl. A.) .... Z 85
Ursules (Pl. des) .... Z 87
Ville (R. de la) .... Y 91
Villebœuf (Pl.) .... Z 92

St-Germain-sous-Cailly 76 .... 15 F4
St-Germain-sous-Doue 77 .... 59 D2
St-Germain-sur-Avre 27 .... 55 E3
St-Germain-sur-Ay 50 .... 26 C3
St-Germain-sur-Bresle 80 .... 16 C2
St-Germain-sur-Eaulne 76 .... 16 A3
St-Germain-sur-École 77 .... 80 B1
St-Germain-sur-Ille 35 .... 73 D2
St-Germain-sur-l'Arbresle
69 .... 171 D1
St-Germain-sur-Meuse 55 .... 63 E3
St-Germain-sur-Moine 49 .... 112 C3
St-Germain-sur-Morin 77 .... 58 B2
St-Germain-sur-Renon 01 .... 156 A3
St-Germain-sur-Rhône 74 .... 157 E3
St-Germain-sur-Sarthe 72 .... 76 A2
St-Germain-sur-Sèves 50 .... 27 D3
St-Germain-sur-Vienne 37 .. 114 C3
St-Germain-Village 27 .... 30 C2
St-Germainmont 08 .... 36 C1
St-Germé 32 .... 227 D2
St-Germer-de-Fly 60 .... 32 C2
St-Germier 31 .... 230 B4
St-Germier 32 .... 229 D2
St-Germier 79 .... 147 D1
St-Germier 81 .... 231 E2
St-Géron 43 .... 184 C1
St-Gérons 15 .... 182 B4
St-Gervais 16 .... 147 F4
St-Gervais 30 .... 219 D2
St-Gervais 33 .... 177 E4
St-Gervais 38 .... 188 C2
St-Gervais 85 .... 128 A1
St-Gervais 95 .... 32 C3
St-Gervais-d'Auvergne 63 .... 152 A4
St-Gervais-de-Vic 72 .... 97 E2
St-Gervais-des-Sablons 61 .... 53 E2
St-Gervais-du-Perron 61 .... 53 E4
St-Gervais-en-Belin 72 .... 96 B2
St-Gervais-en-Vallière 71 .... 140 B1

St-Gervais-la-Forêt 41 .... 98 B4
St-Gervais-les-Bains 74 .... 159 D4
St-Gervais-les-Trois-
Clochers 86 .... 132 B1
St-Gervais-sous-
Meymont 63 .... 169 D3
St-Gervais-sur-Couches 71 .. 139 E1
St-Gervais-sur-Mare 34 .... 232 C2
St-Gervais-sur-Roubion 26 .. 204 A3
St-Gervasy 30 .... 218 C4
St-Gervazy 63 .... 184 B1
St-Géry 24 .... 178 C4
St-Géry 46 .... 198 A4
St-Geyrac 24 .... 180 A3
St-Gibrien 51 .... 61 D1
St-Gilbert (Ancienne
Abbaye de) 03 .... 153 D2
St-Gildas 22 .... 47 E4
St-Gildas (Pointe de) 44 .... 110 C3
St-Gildas-de-Rhuys 56 .... 91 D4
St-Gildas-des-Bois 44 .... 92 C4
St-Gilles 30 .... 235 E2
St-Gilles 35 .... 72 C3
St-Gilles 36 .... 149 F1
St-Gilles 50 .... 27 E4
St-Gilles 51 .... 36 A3
St-Gilles 71 .... 139 F1

St-Gilles-Croix-de-Vie 85 .... 128 B2
St-Gilles-de-Crétot 76 .... 14 C4
St-Gilles-de-la-Neuville 76 .... 14 B4
St-Gilles-des-Marais 61 .... 52 A4
St-Gilles-du-Mené 22 .... 71 F2
St-Gilles-les-Bois 22 .... 47 E2
St-Gilles-les-Fôrets 87 .... 165 E3
St-Gilles-Pligeaux 22 .... 70 C1
St-Gilles-Vieux-Marché 22 .... 71 D2
St-Gineis-en-Coiron 07 .... 203 E3
St-Gingolph 74 .... 159 D1
St-Girod 73 .... 173 E2
St-Girons 09 .... 259 E2
St-Girons 64 .... 225 F3
St-Girons-d'Aiguevives 33 .... 177 E3
St-Gladie-Arrive-Munein 64 . 225 E4
St-Glen-Penguily 22 .... 71 F1
St-Goazec 29 .... 69 F2
St-Gobain 02 .... 19 E4
St-Gobert 02 .... 20 A3
St-Goin 64 .... 247 F1
St-Gond (Marais de) 51 .... 60 B2
St-Gondon 45 .... 100 B3
St-Gondran 35 .... 72 C2
St-Gonéry 22 .... 47 D1
St-Gonlay 35 .... 72 B3
St-Gonnery 56 .... 71 D3

St-Gor 40 .... 210 A3
St-Gorgon 56 .... 92 B3
St-Gorgon 88 .... 87 F2
St-Gorgon-Main 25 .... 126 A4
St-Gouéno 22 .... 71 F2
St-Gourgon 41 .... 97 F3
St-Gourson 16 .... 147 F4
St-Goussaud 23 .... 149 F4
St-Gouvry 56 .... 71 E3
St-Gratien 80 .... 17 F1
St-Gratien 95 .... 57 E1
St-Gratien-Savigny 58 .... 138 A1
St-Gravé 56 .... 92 B2
St-Grégoire 35 .... 73 D3
St-Grégoire 81 .... 214 C4
St-Grégoire-d'Ardennes 17 . 161 E4
St-Grégoire-du-Vièvre 27 .... 30 C3
St-Griède 32 .... 227 D2
St-Groux 16 .... 162 C1
St-Guen 22 .... 71 D2
St-Guilhem-le-Désert 34 .... 233 F2
St-Guillaume 38 .... 189 D4
St-Guinoux 35 .... 49 F3
St-Guiraud 34 .... 233 F2
St-Guyomard 56 .... 91 F2
St-Haon 43 .... 202 A1
St-Haon-le-Châtel 42 .... 154 A4

St-Haon-le-Vieux 42 .... 154 A3
St-Héand 42 .... 170 C4
St-Hélen 22 .... 49 E4
St-Hélier 21 .... 123 D1
St-Hellier 76 .... 15 F3
St-Herblain 44 .... 111 F2
St-Herblon 44 .... 112 C1
St-Herbot 29 .... 46 A4
St-Hérent 63 .... 168 B4
St-Hernin 29 .... 69 F1
St-Hervé 22 .... 71 D2
St-Hilaire 03 .... 137 D4
St-Hilaire 11 .... 253 E3
St-Hilaire 16 .... 162 A4
St-Hilaire 25 .... 125 F1
St-Hilaire 31 .... 229 E4
St-Hilaire 38 .... 189 E1
St-Hilaire 43 .... 184 C1
St-Hilaire 46 .... 199 D2
St-Hilaire 63 .... 151 F3
St-Hilaire 91 .... 79 F1
St-Hilaire-au-Temple 51 .... 37 D4
St-Hilaire-Bonneval 87 .... 165 D2
St-Hilaire-Cottes 62 .... 9 E1
St-Hilaire-Cusson-la-
Valmitte 42 .... 186 A1
St-Hilaire-de-Beauvoir 34 .... 234 C2

322 St-H – St-M

St-Hilaire-de-Brens 38 172 B2
St-Hilaire-de-Brethmas 30 218 B3
St-Hilaire-de-Briouze 61 52 C3
St-Hilaire-de-Chaléons 44 111 D3
St-Hilaire-de-Clisson 44 112 B3
St-Hilaire-de-Court 18 118 B3
St-Hilaire-de-Gondilly 18 119 F4
St-Hilaire-de-la-Côte 38 188 B1
St-Hilaire-de-la-Noaille 33 195 D3
St-Hilaire-de-Lavit 48 217 F2
St-Hilaire-de-Loulay 85 112 B4
St-Hilaire-de-Lusignan 47 211 E2
St-Hilaire-de-Riez 85 128 B2
St-Hilaire-de-Villefranche 17 161 D1
St-Hilaire-de-Voust 85 130 B3
St-Hilaire-des-Landes 35 73 F2
St-Hilaire-des-Loges 85 130 B4
St-Hilaire-d'Estissac 24 179 D4
St-Hilaire-d'Ozilhan 30 219 D4
St-Hilaire-du-Bois 17 177 E1
St-Hilaire-du-Bois 33 195 D2
St-Hilaire-du-Bois 49 113 F3
St-Hilaire-du-Bois 85 130 A3
St-Hilaire-du-Harcouët 50 51 D3
St-Hilaire-du-Maine 53 74 B3
St-Hilaire-du-Rosier 38 188 B3
St-Hilaire-en-Lignières 18 135 E3
St-Hilaire-en-Morvan 58 121 F4
St-Hilaire-en-Woëvre 55 39 E4
St-Hilaire-Foissac 19 182 B1
St-Hilaire-Fontaine 58 138 A2
St-Hilaire-la-Croix 63 152 B4
St-Hilaire-la-Forêt 85 144 B1
St-Hilaire-la-Gérard 61 53 E4
St-Hilaire-la-Gravelle 41 98 B1
St-Hilaire-la-Palud 79 145 F2
St-Hilaire-la-Plaine 23 150 C3
St-Hilaire-la-Treille 87 149 E2
St-Hilaire-le-Château 23 150 B4
St-Hilaire-le-Châtel 61 54 B4
St-Hilaire-le-Grand 51 37 D3
St-Hilaire-le-Lierru 72 77 D4
St-Hilaire-le-Petit 51 37 D3
St-Hilaire-le-Vouhis 85 129 F3
St-Hilaire-les-Andrésis 45 81 D4
St-Hilaire-les-Courbes 19 165 F3
St-Hilaire-les-Monges 63 167 E2
St-Hilaire-les-Places 87 164 C3
St-Hilaire-lez-Cambrai 59 11 D4
St-Hilaire-Luc 19 182 B1
St-Hilaire-Petitville 50 27 D2
St-Hilaire-Peyroux 19 181 E2
St-Hilaire-St-Florent 49 114 B2
St-Hilaire-St-Mesmin 45 99 E2
St-Hilaire-sous-Charlieu 42 154 B3
St-Hilaire-sous-Romilly 10 82 B1
St-Hilaire-sur-Benaize 36 133 E4
St-Hilaire-sur-Erre 61 77 E2
St-Hilaire-sur-Helpe 59 12 B4
St-Hilaire-sur-Puiseaux 45 100 C2
St-Hilaire-sur-Risle 61 54 B3
St-Hilaire-sur-Yerre 28 78 A4
St-Hilaire-Taurieux 19 181 F3
St-Hilarion 78 56 B4
St-Hilliers 77 59 E4
St-Hippolyte 12 199 F2
St-Hippolyte 15 183 E2
St-Hippolyte 17 160 C1
St-Hippolyte 25 126 C1
St-Hippolyte 33 195 D1
St-Hippolyte 37 116 C4
St-Hippolyte 63 168 A1
St-Hippolyte 66 262 C1
St-Hippolyte 68 89 D2
St-Hippolyte-de-Caton 30 218 B3
St-Hippolyte-de-Montaigu 30 219 D3
St-Hippolyte-du-Fort 30 217 F4
St-Hippolyte-le-Graveyron 84 220 A2
St-Honoré 38 189 E4
St-Honoré 76 15 F3
St-Honoré-les-Bains 58 138 B1
St-Hostien 43 186 A3
St-Hubert 57 40 C3
St-Huruge 71 139 F4
St-Hymer 14 30 A3
St-Hymetière 39 157 D1
St-Igeaux 22 70 C2
St-Igest 12 199 D4
St-Ignan 31 250 B2
St-Ignat 63 168 B1
St-Igny-de-Roche 71 154 C3
St-Igny-de-Vers 69 155 D2
St-Illide 15 182 C3
St-Illiers-la-Ville 78 56 A1
St-Illiers-le-Bois 78 56 A1
St-Ilpize 43 184 C2
St-Images 51 36 B4
St-Inglevert 62 2 C2
St-Isle 53 74 B4
St-Ismier 38 189 E2
St-Izaire 12 215 E4
St-Jacques 04 222 B3
St-Jacques-d'Aliermont 76 15 F2
St-Jacques-d'Ambur 63 167 E1
St-Jacques-d'Atticieux 07 187 D1
St-Jacques-de-la-Lande 35 73 D4
St-Jacques-de-Néhou 50 24 C3
St-Jacques-de-Thouars 79 114 B4
St-Jacques-des-Arrêts 69 155 D2
St-Jacques-des-Blats 15 183 E4
St-Jacques-des-Guérets 41 97 E2
St-Jacques-en-Valgodemard 05 206 A1
St-Jacques-sur-Darnétal 76 31 F1
St-Jacut-de-la-Mer 22 49 D3
St-Jacut-du-Mené 22 71 F2
St-Jacut-les-Pins 56 92 B2
St-Jal 19 181 E1
St-James 50 50 C4
St-Jammes 64 226 C4
St-Jans-Cappel 59 4 C3
St-Jean 31 230 A2
St-Jean-aux-Amognes 58 120 C4
St-Jean-aux-Bois 08 20 C3
St-Jean-aux-Bois 60 34 C2
St-Jean-Bonnefonds 42 170 C4
St-Jean-Brévelay 56 91 E1
St-Jean-Cap-Ferrat 06 241 E4
St-Jean-Chambre 07 203 E1
St-Jean-d'Aigues-Vives 09 252 C4
St-Jean-d'Alcapiès 12 216 A4
St-Jean-d'Angély 17 146 A4
St-Jean-d'Angle 17 160 C1
St-Jean-d'Ardières 69 155 E3
St-Jean-d'Arves 73 190 B2
St-Jean-d'Arvey 73 173 F3
St-Jean-d'Assé 72 76 A3
St-Jean-d'Ataux 24 179 D3
St-Jean-d'Aubrigoux 43 185 E1
St-Jean-d'Aulps 74 159 D2
St-Jean-d'Avelanne 38 173 D4
St-Jean-de-Barrou 11 254 B4
St-Jean-de-Bassel 57 65 F2
St-Jean-de-Beauregard 91 57 D3
St-Jean-de-Belleville 73 174 C4
St-Jean-de-Beugné 85 129 F4
St-Jean-de-Blaignac 33 194 C1
St-Jean-de-Bœuf 21 123 D3
St-Jean-de-Boiseau 44 111 E3
St-Jean-de-Bonneval 10 83 D3
St-Jean-de-Bournay 38 172 A4
St-Jean-de-Braye 45 99 E2
St-Jean-de-Buèges 34 234 A1
St-Jean-de-Ceyrargues 30 218 B3
St-Jean-de-Chevelu 73 173 E2
St-Jean-de-Côle 24 179 F1
St-Jean-de-Cornies 34 234 C2
St-Jean-de-Couz 73 173 E4
St-Jean-de-Crieulon 30 218 A4
St-Jean-de-Cuculles 34 234 B2
St-Jean-de-Daye 50 27 E3
St-Jean-de-Duras 47 195 F2
St-Jean-de-Folleville 76 30 C1
St-Jean-de-Fos 34 233 F2
St-Jean-de-Gonville 01 157 F2
St-Jean-de-la-Blaquière 34 233 F2
St-Jean-de-la-Croix 49 113 F1
St-Jean-de-la-Forêt 61 77 D2
St-Jean-de-la-Haize 50 50 C3
St-Jean-de-la-Léqueraye 27 30 C3
St-Jean-de-la-Motte 72 96 B3
St-Jean-de-la-Neuville 76 14 B4
St-Jean-de-la-Porte 73 174 A3
St-Jean-de-la-Rivière 50 24 C4
St-Jean-de-la-Ruelle 45 99 E1
St-Jean-de-Laur 46 198 B4
St-Jean-de-Lier 40 225 F1
St-Jean-de-Linières 49 113 E1
St-Jean-de-Liversay 17 145 E2
St-Jean-de-Livet 14 30 B4
St-Jean-de-Losne 21 124 A3
St-Jean-de-Luz 64 224 A4
St-Jean-de-Marcel 81 214 C3
St-Jean-de-Marsacq 40 225 D2
St-Jean-de-Maruéjols-et-Avéjan 30 218 B2
St-Jean-de-Maurienne 73 190 B1
St-Jean-de-Minervois 34 232 B4
St-Jean-de-Moirans 38 189 D1
St-Jean-de-Monts 85 128 A2
St-Jean-de-Muzols 07 187 E3
St-Jean-de-Nay 43 185 E3
St-Jean-de-Niost 01 172 B1
St-Jean-de-Paracol 11 253 D4
St-Jean-de-Pourcharesse 07 202 C4
St-Jean-de-Rebervilliers 28 55 E4
St-Jean-de-Rives 81 230 C2
St-Jean-de-Sauves 86 131 F2
St-Jean-de-Savigny 50 27 F3
St-Jean-de-Serres 30 218 A4
St-Jean-de-Sixt 74 158 C4
St-Jean-de-Soudain 38 172 C3
St-Jean-de-Tholome 74 158 C3
St-Jean-de-Thouars 79 131 E1
St-Jean-de-Thurac 47 211 F2
St-Jean-de-Thurigneux 01 155 F4
St-Jean-de-Touslas 69 171 E3
St-Jean-de-Trézy 71 139 E2
St-Jean-de-Valériscle 30 218 B2
St-Jean-de-Vals 81 231 E2
St-Jean-de-Vaulx 38 189 E3
St-Jean-de-Vaux 71 139 F2
St-Jean-de-Védas 34 234 B3
St-Jean-de-Verges 09 252 A3
St-Jean-Delnous 12 215 D3
St-Jean-des-Baisants 50 28 A4
St-Jean-des-Bois 61 51 F3
St-Jean-des-Champs 50 50 C2
St-Jean-des-Échelles 72 77 D3
St-Jean-des-Essartiers 14 28 B4
St-Jean-des-Mauvrets 49 113 F1
St-Jean-des-Ollières 63 168 C3
St-Jean-des-Vignes 69 171 D1
St-Jean-d'Estissac 24 179 D4
St-Jean-d'Étreux 39 156 C1
St-Jean-devant-Possesse 51 61 F2
St-Jean-d'Eyraud 24 179 D4
St-Jean-d'Hérans 38 205 E1
St-Jean-d'Heurs 63 168 C2
St-Jean-d'Illac 33 193 E1
St-Jean-d'Ormont 88 88 B2
St-Jean-du-Bois 72 96 A2
St-Jean-du-Bouzet 82 212 B4
St-Jean-du-Bruel 12 216 C4
St-Jean-du-Cardonnay 76 31 E1
St-Jean-du-Castillonnais 09 259 D3
St-Jean-du-Corail 50 51 E4
St-Jean-du-Corail-des-Bois 50 51 D2
St-Jean-du-Doigt 29 46 B2
St-Jean-du-Falga 09 252 A3
St-Jean-du-Gard 30 217 F3
St-Jean-du-Marché 88 87 F3
St-Jean-du-Pin 30 218 A3
St-Jean-du-Puy 13 243 F1
St-Jean-du-Thenney 27 54 B1
St-Jean-en-Royans 26 188 B4
St-Jean-en-Val 63 168 C4
St-Jean-et-St-Paul 12 216 B4
St-Jean-Froidmentel 41 98 B1
St-Jean-Kerdaniel 22 47 E3
St-Jean-Kourtzerode 57 66 B2
St-Jean-la-Bussière 69 154 C4
St-Jean-la-Fouillouse 48 201 F2
St-Jean-la-Poterie 56 92 B3
St-Jean-la-Vêtre 42 169 E2
St-Jean-Lachalm 43 185 E4
St-Jean-Lagineste 46 198 B1
St-Jean-Lasseille 66 262 C3
St-Jean-le-Blanc 14 52 A1
St-Jean-le-Blanc 45 99 E2
St-Jean-le-Centenier 07 203 E3
St-Jean-le-Comtal 32 228 B3
St-Jean-le-Priche 71 155 F1
St-Jean-le-Puy 42 154 A4
St-Jean-le-Thomas 50 50 B3
St-Jean-le-Vieux 01 156 C4
St-Jean-le-Vieux 38 189 E2
St-Jean-le-Vieux 64 246 C2
St-Jean-lès-Buzy 55 39 E3
St-Jean-les-Deux-Jumeaux 77 58 C1
St-Jean-lès-Longuyon 54 38 C1
St-Jean-Lespinasse 46 198 B1
St-Jean-Lherm 31 230 B2
St-Jean-Ligoure 87 164 C3
St-Jean-Mirabel 46 199 D3
St-Jean Mont 88 86 B3
St-Jean-Pied-de-Port 64 246 C2
St-Jean-Pierre-Fixte 28 77 E2
St-Jean-Pla-de-Corts 66 262 B3
St-Jean-Poudge 64 226 C3
St-Jean-Poutge 32 228 A2
St-Jean-Rohrbach 57 41 E4
St-Jean-Roure 07 186 C4
St-Jean-St-Germain 37 116 C4
St-Jean-St-Gervais 63 184 C1
St-Jean-St-Nicolas 05 206 B2
St-Jean-Saverne 67 66 C2
St-Jean-Soleymieux 42 70 A4
St-Jean-sur-Couesnon 35 73 F2
St-Jean-sur-Erve 53 75 E4
St-Jean-sur-Mayenne 53 74 C3
St-Jean-sur-Moivre 51 61 E1
St-Jean-sur-Reyssouze 01 156 A1
St-Jean-sur-Tourbe 51 37 E4
St-Jean-sur-Veyle 01 155 F2
St-Jean-sur-Vilaine 35 73 F3
St-Jean-Trolimon 29 68 C4
St-Jeannet 04 222 A4
St-Jeannet 06 240 B1
St-Jeanvrin 18 135 E4
St-Jeoire 74 158 C3
St-Jeoire-Prieuré 73 173 F3
St-Jeure-d'Andaure 07 186 C3
St-Jeure-d'Ay 07 187 E3
St-Jeures 43 186 B3
St-Joachim 44 110 C1
St-Jodard 42 170 B1
St-Joire 55 63 D4
St-Jores 50 27 D2
St-Jorioz 74 174 A1
St-Jory 31 229 F2
St-Jory-de-Chalais 24 164 A4
St-Jory-las-Bloux 24 180 A1
St-Joseph 42 171 D3
St-Joseph 50 25 D2
St-Joseph-de-Rivière 38 189 D1
St-Joseph-des-Bancs 07 203 D2
St-Josse 62 8 B1
St-Jouan-de-l'Isle 22 72 B2
St-Jouan-des-Guérets 35 49 E3
St-Jouin 14 29 F3
St-Jouin-Bruneval 76 14 A4
St-Jouin-de-Blavou 61 76 C1
St-Jouin-de-Marnes 79 131 E1
St-Jouin-de-Milly 79 130 C2
St-Jouvent 87 164 C1
St-Juan 25 126 A2
St-Judoce 22 72 C1
St-Juéry 12 215 E4
St-Juéry 48 200 C1
St-Juéry 81 214 C4
St-Juire-Champgillon 85 130 A3
St-Julia 31 230 C4
St-Julia-de-Bec 11 253 E4
St-Julien 13 242 C2
St-Julien 21 123 F1
St-Julien 22 47 F4
St-Julien 31 251 E2
St-Julien 34 232 C3
St-Julien 38 172 B2
St-Julien 39 156 C1
St-Julien 69 155 E4
St-Julien 70 106 A3
St-Julien 88 86 B4
St-Julien-aux-Bois 19 182 B3
St-Julien-Beychevelle 33 177 D3
St-Julien-Boutières 07 186 C4
St-Julien-Chapteuil 43 186 A4
St-Julien-d'Ance 43 185 F2
St-Julien-d'Armagnac 40 210 B4
St-Julien-d'Arpaon 48 217 E1
St-Julien-d'Asse 04 222 A4
St-Julien-de-Bourdeilles 24 179 E1
St-Julien-de-Briola 11 252 C2
St-Julien-de-Cassagnas 30 218 B2
St-Julien-de-Chédon 41 116 C2
St-Julien-de-Civry 71 154 C1
St-Julien-de-Concelles 44 112 B2
St-Julien-de-Coppel 63 168 C3
St-Julien-de-Crempse 24 179 D4
St-Julien-de-Gras-Capou 09 252 C3
St-Julien-de-Jonzy 71 154 B2
St-Julien-de-la-Liègue 27 32 A4
St-Julien-de-la-Nef 30 217 E4
St-Julien-de-Lampon 24 197 F1
St-Julien-de-l'Escap 17 161 E1
St-Julien-de-l'Herms 38 172 A4
St-Julien-de-Mailloc 14 30 B4
St-Julien-de-Peyrolas 30 219 D1
St-Julien-de-Raz 38 189 D1
St-Julien-de-Toursac 15 199 D2
St-Julien-de-Vouvantes 44 94 A3
St-Julien-des-Chazes 43 185 D4
St-Julien-des-Landes 85 128 C3
St-Julien-des-Points 48 217 F2
St-Julien-d'Eymet 24 196 A2
St-Julien-d'Oddes 42 170 A1
St-Julien-du-Gua 07 203 D2
St-Julien-du-Pinet 43 186 A3
St-Julien-du-Puy 81 231 D2
St-Julien-du-Sault 89 81 F4
St-Julien-du-Serre 07 203 D2
St-Julien-du-Terroux 53 75 E1
St-Julien-du-Tournel 48 201 F4
St-Julien-du-Verdon 04 222 C4
St-Julien-en-Beauchêne 05 205 E3
St-Julien-en-Born 40 208 A3
St-Julien-en-Champsaur 05 206 A2
St-Julien-en-Genevois 74 158 A3
St-Julien-en-Quint 26 204 C1
St-Julien-en-St-Alban 07 203 E2
St-Julien-en-Vercors 26 188 C3
St-Julien-Gaulène 81 215 D4
St-Julien-la-Geneste 63 152 A4
St-Julien-la-Genête 23 151 E3
St-Julien-la-Vêtre 42 169 E2
St-Julien-Labrousse 07 187 D4
St-Julien-l'Ars 86 132 B4
St-Julien-le-Châtel 23 151 D3
St-Julien-le-Faucon 14 30 A4
St-Julien-le-Montagnier 83 238 A2
St-Julien-le-Pèlerin 19 182 B4
St-Julien-le-Petit 87 165 E2
St-Julien-le-Roux 07 203 E1
St-Julien-le-Vendômois 19 164 C4
St-Julien-lès-Gorze 54 39 E4
St-Julien-lès-Metz 57 40 B3
St-Julien-lès-Montbéliard 25 107 F4
St-Julien-les-Rosiers 30 218 A2
St-Julien-lès-Russey 25 126 C2
St-Julien-les-Villas 10 83 D2
St-Julien-Maumont 19 181 E4
St-Julien-Molhesabate 43 186 C2
St-Julien-Molin-Molette 42 187 D1
St-Julien-Mont-Denis 73 190 C1
St-Julien-près-Bort 19 182 C1
St-Julien-Puy-Lavèze 63 167 E3
St-Julien-sous-les-Côtes 55 63 E2
St-Julien-sur-Bibost 69 171 D2
St-Julien-sur-Calonne 14 30 B3
St-Julien-sur-Cher 41 117 F2
St-Julien-sur-Dheune 71 139 E2
St-Julien-sur-Reyssouze 01 156 A1
St-Julien-sur-Sarthe 61 76 C1
St-Julien-sur-Veyle 01 156 A2
St-Julien-Vocance 07 187 D2
St-Junien 87 164 A1
St-Junien-la-Bregère 23 165 F1
St-Junien-les-Combes 87 149 D3
St-Jure 57 64 B1
St-Jurs 04 222 B4
St-Just 01 156 B2
St-Just 07 219 D1
St-Just 15 201 D1
St-Just 18 119 D4
St-Just 24 179 D1
St-Just 27 32 B4
St-Just 34 234 C2
St-Just 35 92 C2
St-Just 63 169 E4
St-Just-Chaleyssin 38 171 F3
St-Just-d'Avray 69 155 D4
St-Just-de-Bélengard 11 253 D3
St-Just-de-Claix 38 188 B3
St-Just-en-Bas 42 169 F2
St-Just-en-Brie 77 59 D4
St-Just-en-Chaussée 60 33 F1
St-Just-en-Chevalet 42 169 E1
St-Just-et-le-Bézu 11 253 E4
St-Just-et-Vacquières 30 218 B3
St-Just-Ibarre 64 247 D2
St-Just-la-Pendue 42 170 B1
St-Just-le-Martel 87 165 D1
St-Just-Luzac 17 160 B1
St-Just-Malmont 43 186 C1
St-Just-près-Brioude 43 184 C2
St-Just-St-Rambert 42 170 B4
St-Just-Sauvage 51 60 A4
St-Just-sur-Dive 49 114 B3
St-Just-sur-Viaur 12 215 D3
St-Justin 32 227 E3
St-Justin 40 210 A4
St-Juvat 22 72 B1
St-Juvin 08 38 A2
St-Lactencin 36 134 B1
St-Lager 69 155 E3
St-Lager-Bressac 07 203 F2
St-Lamain 39 141 E2
St-Lambert 14 52 B1
St-Lambert 78 57 D3
St-Lambert-des-Levées 49 114 B2
St-Lambert-du-Lattay 49 113 E2
St-Lambert-et-Mont-de-Jeux 08 37 E1
St-Lambert-la-Potherie 49 95 D4
St-Lambert-sur-Dive 61 53 E2
St-Langis lès-Mortagne 61 77 D1
St-Lanne 65 227 D3
St-Laon 86 114 C4
St-Lary 09 259 D3
St-Lary 32 228 B2
St-Lary-Boujean 31 250 B2
St-Lary-Soulan 65 258 A4
St-Lattier 38 188 B3
St-Launeuc 22 72 A2
St-Laure 63 168 C1
St-Laurent 08 21 E3
St-Laurent 18 118 C3
St-Laurent 22 47 D2
St-Laurent 23 150 C3
St-Laurent 31 250 C1
St-Laurent 47 211 D2
St-Laurent 56 92 B2
St-Laurent 58 120 A2
St-Laurent 74 158 B3
St-Laurent-Blangy 62 10 A3
St-Laurent-Bretagne 64 227 D4
St-Laurent-Chabreuges 43 184 C2
St-Laurent-d'Agny 69 171 E3
St-Laurent-d'Aigouze 30 235 D2
St-Laurent-d'Andenay 71 139 E2
St-Laurent-d'Arce 33 177 E4
St-Laurent-de-Belzagot 16 178 B1
St-Laurent-de-Brèvedent 76 30 B1
St-Laurent-de-Carnols 30 219 D2
St-Laurent-de-Cerdans 66 262 A4
St-Laurent-de-Céris 16 163 E1
St-Laurent-de-Chamousset 69 170 C2
St-Laurent-de-Cognac 16 161 E2
St-Laurent-de-Condel 14 29 D4
St-Laurent-de-Cuves 50 51 D2
St-Laurent-de-Gosse 40 225 D3
St-Laurent-de-Jourdes 86 148 A1
St-Laurent-de-la-Barrière 17 145 F4
St-Laurent-de-la-Cabrerisse 11 254 B3
St-Laurent-de-la-Plaine 49 113 E2
St-Laurent-de-la-Prée 17 145 E4
St-Laurent-de-la-Salanque 66 263 D1
St-Laurent-de-la-Salle 85 130 A3
St-Laurent-de-Lévézou 12 216 A2
St-Laurent-de-Lin 37 96 B4
St-Laurent-de-Mure 69 172 A2
St-Laurent-de-Muret 48 201 D3
St-Laurent-de-Neste 65 250 A3
St-Laurent-de-Terregatte 50 51 D4
St-Laurent-de-Trèves 48 217 E2
St-Laurent-de-Vaux 69 171 D2
St-Laurent-de-Veyrès 48 200 C2
St-Laurent-des-Arbres 30 219 E3
St-Laurent-des-Autels 49 112 C2
St-Laurent-des-Bâtons 24 179 F4
St-Laurent-des-Bois 27 55 F2
St-Laurent-des-Bois 41 98 C2
St-Laurent-des-Combes 16 178 B1
St-Laurent-des-Combes 33 195 D1
St-Laurent-des-Hommes 24 178 C4
St-Laurent-des-Mortiers 53 95 D2
St-Laurent-des-Vignes 24 196 A1
St-Laurent-d'Oingt 69 171 D1
St-Laurent-d'Olt 12 200 C4
St-Laurent-d'Onay 26 188 A2
St-Laurent-du-Bois 33 195 D3
St-Laurent-du-Cros 05 206 A2
St-Laurent-du-Mont 14 29 F4
St-Laurent-du-Mottay 49 113 D1
St-Laurent-du-Pape 07 203 F1
St-Laurent-du-Plan 33 195 D3
St-Laurent-du-Pont 38 189 D1
St-Laurent-du-Tencement 27 54 B2
St-Laurent-du-Var 06 240 B1
St-Laurent-du-Verdon 04 238 B1
St-Laurent-en-Beaumont 38 189 E4
St-Laurent-en-Brionnais 71 154 C2
St-Laurent-en-Caux 76 15 D3
St-Laurent-en-Gâtines 37 97 E4
St-Laurent-en-Grandvaux 39 142 A3
St-Laurent-en-Royans 26 188 C3
St-Laurent-la-Conche 42 170 B3
St-Laurent-la-Gâtine 28 56 A3
St-Laurent-la-Roche 39 141 D3
St-Laurent-la-Vallée 24 197 D2
St-Laurent-la-Vernède 30 218 C3
St-Laurent-le-Minier 30 217 E4
St-Laurent-les-Bains 07 202 B3
St-Laurent-les-Églises 87 165 D1
St-Laurent-les-Tours 46 198 C1
St-Laurent-Lolmie 46 212 C1
St-Laurent-Médoc 33 176 C3
St-Laurent-Nouan 41 98 C3
St-Laurent-Rochefort 42 169 F2
St-Laurent-sous-Coiron 07 203 D3
St-Laurent-sur-Gorre 87 164 B2
St-Laurent-sur-Manoire 24 179 F3
St-Laurent-sur-Mer 14 28 B2
St-Laurent-sur-Othain 55 39 D2
St-Laurent-sur-Saône 01 155 F2
St-Laurent-sur-Sèvre 85 130 A1
St-Laurs 79 130 C4
St-Léger 06 223 E3
St-Léger 16 162 B4
St-Léger 17 161 D3
St-Léger 47 211 D1
St-Léger 50 50 C2
St-Léger 53 75 E4
St-Léger 62 10 A4
St-Léger 73 174 B4
St-Léger 77 59 D2
St-Léger-aux-Bois 60 34 C1
St-Léger-aux-Bois 76 16 B2
St-Léger-Bridereix 23 149 F2
St-Léger-de-Balson 33 194 B4
St-Léger-de-Fougeret 58 121 F4
St-Léger-de-la-Martinière 79 147 D2
St-Léger-de-Montbrillais 86 114 C4
St-Léger-de-Montbrun 79 114 B4
St-Léger-de-Peyre 48 201 D3
St-Léger-de-Rôtes 27 31 D4
St-Léger-des-Aubées 28 79 D2
St-Léger-des-Bois 49 113 E1
St-Léger-des-Prés 35 73 D1
St-Léger-des-Vignes 58 137 F2
St-Léger-du-Bois 71 122 C4
St-Léger-du-Bourg-Denis 76 31 F2
St-Léger-du-Gennetey 27 31 D3
St-Léger-du-Malzieu 48 201 D1
St-Léger-du-Ventoux 84 220 B2
St-Léger-Dubosq 14 29 F3
St-Léger-en-Bray 60 33 D2
St-Léger-en-Yvelines 78 56 C3
St-Léger-la-Montagne 87 149 F4
St-Léger-le-Guérétois 23 150 B3
St-Léger-le-Petit 18 120 A3
St-Léger-lès-Authie 80 9 F4
St-Léger-lès-Domart 80 17 D1
St-Léger-les-Mélèzes 05 206 B2
St-Léger lès-Paray 71 138 C4
St-Léger-les-Vignes 44 111 E3
St-Léger-Magnazeix 87 149 E2
St-Léger-près-Troyes 10 83 D3
St-Léger-sous-Beuvray 71 138 C2
St-Léger-sous-Brienne 10 83 F1
St-Léger-sous-Cholet 49 113 D3
St-Léger-sous-la-Bussière 71 155 D2
St-Léger-sous-Margerie 10 61 E4
St-Léger-sur-Bresle 80 16 C2
St-Léger-sur-Dheune 71 139 F2
St-Léger-sur-Roanne 42 154 B4
St-Léger-sur-Sarthe 61 76 C1
St-Léger-sur-Vouzance 03 154 A1
St-Léger-Triey 21 124 A2
St-Léger-Vauban 89 121 F1
St-Léomer 86 148 C1
St-Léon 03 153 F1
St-Léon 31 230 B4
St-Léon 33 194 C2
St-Léon 47 211 D1
St-Léon-d'Issigeac 24 196 B2
St-Léon-sur-l'Isle 24 179 D3
St-Léon-sur-Vézère 24 180 B4
St-Léonard 32 228 C1
St-Léonard 51 36 C3
St-Léonard 62 2 C4
St-Léonard 76 14 B3
St-Léonard 88 88 B2
St-Léonard-de-Noblat 87 165 D1
St-Léonard-des-Bois 72 76 A2
St-Léonard-des-Parcs 61 53 F3
St-Léonard-en-Beauce 41 98 B2
St-Léons 12 216 A2
St-Léopardin-d'Augy 03 137 D3
St-Léry 56 72 A3
St-Leu-d'Esserent 60 33 F3
St-Leu-la-Forêt 95 57 E1
St-Lézer 65 227 E4
St-Lézin 49 113 E2
St-Lié 51 36 B3
St-Lieux-Lafenasse 81 231 E2
St-Lieux-lès-Lavaur 81 230 B2
St-Lin 79 131 D4
St-Lions 04 222 B3
St-Lizier 09 259 E2
St-Lizier-du-Planté 32 229 D4
St-Lô 50 27 E3
St-Lô-d'Ourville 50 26 B2
St-Lon-les-Mines 40 225 D2
St-Longis 72 76 C2
St-Lormel 22 49 D3
St-Lothain 39 141 E2
St-Loube 32 229 D4
St-Loubert 33 194 C3
St-Loubès 33 177 E4
St-Loubouer 40 226 B2
St-Louet-sur-Seulles 14 28 C4
St-Louet-sur-Vire 50 51 E1
St-Louis 57 66 B2
St-Louis 68 109 D3
St-Louis-de-Montferrand 33 177 E4
St-Louis-en-l'Isle 24 179 D3
St-Louis-et-Parahou 11 261 F1
St-Louis-lès-Bitche 57 42 B4
St-Loup 03 153 D2
St-Loup 17 146 A4
St-Loup 23 151 D3
St-Loup 39 124 A4
St-Loup 50 50 C3
St-Loup 51 60 A3
St-Loup 58 120 A1
St-Loup 69 171 D1
St-Loup 82 212 A3
St-Loup (Pic) 34 234 B1
St-Loup-Cammas 31 230 A2
St-Loup-Champagne 08 36 C1
St-Loup-de-Buffigny 10 82 B1
St-Loup-de-Fribois 14 29 F4
St-Loup-de-Gonois 45 81 D4
St-Loup-de-la-Salle 71 140 A1
St-Loup-de-Naud 77 59 D4
St-Loup-de-Varennes 71 140 A2
St-Loup-des-Chaumes 18 135 F2
St-Loup-des-Vignes 45 80 A4
St-Loup-d'Ordon 89 101 E1
St-Loup-du-Dorat 53 95 E1
St-Loup-du-Gast 53 75 D1
St-Loup-en-Comminges 31 250 B2
St-Loup-Hors 14 28 B3
St-Loup-Lamairé 79 131 E2
St-Loup-Nantouard 70 124 C1
St-Loup-sur-Aujon 52 104 C1
St-Loup-sur-Cher 41 118 A2
St-Loup-sur-Semouse 70 106 C1
St-Loup-Terrier 08 21 E4
St-Loyer-des-Champs 61 53 D3
St-Lubin-de-Cravant 28 55 E3
St-Lubin-de-la-Haye 28 56 B2
St-Lubin-des-Joncherets 28 55 E3
St-Lubin-en-Vergonnois 41 98 B4
St-Luc 27 55 E1
St-Lucien 28 56 B4
St-Lucien 76 32 B1
St-Lumier-en-Champagne 51 61 E2
St-Lumier-la-Populeuse 51 62 A3
St-Lumine-de-Clisson 44 112 B3
St-Lumine-de-Coutais 44 111 E3
St-Lunaire 35 49 E3
St-Luperce 28 78 B1
St-Lupicin 39 157 E1
St-Lupien 10 82 B2
St-Lyé 10 83 D2
St-Lyé-la-Forêt 45 79 E4
St-Lyphard 44 110 C1
St-Lys 31 229 E3
St-Macaire 33 194 C3
St-Macaire-du-Bois 49 114 B3
St-Macaire-en-Mauges 49 113 D3
St-Maclou 27 30 B2
St-Maclou-de-Folleville 76 15 E3
St-Maclou-la-Brière 76 14 B4
St-Macoux 86 147 E3
St-Maden 22 72 B2
St-Magne 33 193 F3
St-Magne-de-Castillon 33 195 D1
St-Maigner 63 151 F3
St-Maigrin 17 161 F4
St-Maime 04 221 E4
St-Maixant 23 151 D4
St-Maixant 33 194 C3
St-Maixent 72 77 D4
St-Maixent-l'École 79 146 C1
St-Maixent-sur-Vie 85 128 B2
St-Maixme-Hauterive 28 55 E4
St-Malo 35 49 E2
St-Malo-de-Beignon 56 72 B4
St-Malo-de-Guersac 44 110 C1
St-Malo-de-la-Lande 50 26 C4
St-Malo-de-Phily 35 93 D1
St-Malo-des-Trois-Fontaines 56 71 F4
St-Malô-du-Bois 85 130 A1
St-Malo-en-Donziois 58 120 C2
St-Malon-sur-Mel 35 72 B3
St-Mamert 69 155 D2
St-Mamert-du-Gard 30 218 B4
St-Mamet 31 258 B4
St-Mamet-la-Salvetat 15 199 E1
St-Mammès 77 80 C2
St-Mandé 94 57 F2
St Mandé-sur-Brédoire 17 146 B4
St-Mandrier-sur-Mer 83 244 B3
St-Manvieu-Bocage 14 51 E2
St-Manvieu-Norrey 14 28 C3
St-Marc 15 200 D1
St-Marc-à-Frongier 23 166 B1
St-Marc-à-Loubaud 23 166 A2
St-Marc-du-Cor 41 97 F1
St-Marc-Jaumegarde 13 237 E3
St-Marc-la-Lande 79 131 D4
St-Marc-le-Blanc 35 73 F1
St-Marc-sur-Couesnon 35 73 F2
St-Marc-sur-Seine 21 104 A3
St-Marcan 35 50 B4
St-Marceau 08 21 E3
St-Marceau 72 76 B3
St-Marcel 01 156 A4
St-Marcel 08 21 E3
St-Marcel 27 32 A4
St-Marcel 36 134 B4
St-Marcel 54 39 F4
St-Marcel 56 92 A2
St-Marcel 70 106 A2
St-Marcel 71 140 A2
St-Marcel 73 174 C3
St-Marcel-Bel-Accueil 38 172 B3
St-Marcel-Campes 81 214 B3
St-Marcel-d'Ardèche 07 219 D1
St-Marcel-de-Careiret 30 219 D2
St-Marcel-de-Félines 42 170 B1
St-Marcel-du-Périgord 24 196 B1
St-Marcel-d'Urfé 42 169 F1
St-Marcel-en-Marcillat 03 151 F3
St-Marcel-en-Murat 03 152 B2
St-Marcel-l'Éclairé 69 170 C1
St-Marcel-lès-Annonay 07 187 D2
St-Marcel-lès-Sauzet 26 203 F3
St-Marcel-lès-Valence 26 187 F4
St-Marcel-Paulel 31 230 B2
St-Marcel-sur-Aude 11 254 C2
St-Marcelin-de-Cray 71 139 E4
St-Marcellin 38 188 C2
St-Marcellin-en-Forez 42 170 B4
St-Marcellin-lès-Vaison 84 220 A2
St-Marcet 31 258 C1
St-Marcory 24 196 C2
St-Marcouf 14 28 A3
St-Marcouf 50 25 E3
St-Mard 02 35 F2
St-Mard 17 145 F3
St-Mard 54 64 C4
St-Mard 77 58 B1
St-Mard 80 18 B3
St-Mard-de-Réno 61 77 D1
St-Mard-de-Vaux 71 139 F2
St-Mard-lès-Rouffy 51 60 C1
St-Mard-sur-Auve 51 37 F4
St-Mard-sur-le-Mont 51 62 A1
St-Mards 76 15 E3
St-Mards-de-Blacarville 27 30 C2
St-Mards-de-Fresne 27 30 C4
St-Mards-en-Othe 10 82 C3
St-Marien 23 151 D1
St-Mariens 33 177 E3
St-Mars-de-Coutais 44 111 E3
St-Mars-de-Locquenay 72 97 D1
St-Mars-d'Égrenne 61 51 F4
St-Mars-d'Outillé 72 96 C2
St-Mars-du-Désert 44 112 B1
St-Mars-du-Désert 53 75 F2
St-Mars-en-Brie 77 59 E3
St-Mars-la-Brière 72 76 C4
St-Mars-la-Jaille 44 94 A4
St-Mars-la-Réorthe 85 130 A1
St-Mars-sous-Ballon 72 76 B3
St-Mars-sur-Colmont 53 74 C1
St-Mars-sur-la-Futaie 53 74 B1
St-Marsal 66 262 B3
St-Marsault 79 130 B2
St-Martial 07 202 C1
St-Martial 15 200 C1
St-Martial 16 178 B1
St-Martial 17 146 B4
St-Martial 30 217 E3
St-Martial 33 194 C3
St-Martial-d'Albarède 24 180 B2
St-Martial-d'Artenset 24 178 C4
St-Martial-de-Gimel 19 181 F2
St-Martial-de-Mirambeau 17 177 D1
St-Martial-de-Nabirat 24 197 E2
St-Martial-de-Valette 24 163 E4
St-Martial-de-Vitaterne 17 161 E4
St-Martial-Entraygues 19 182 A3
St-Martial-le-Mont 23 150 C4
St-Martial-le-Vieux 23 166 C3
St-Martial-sur-Isop 87 148 C3
St-Martial-sur-Né 17 161 E3
St-Martial-Viveyrol 24 178 C1
St-Martin 32 228 A3

St-Martin 54 65 E4
St-Martin 56 92 B2
St-Martin 65 249 E2
St-Martin 66 262 A1
St-Martin 67 88 C1
St-Martin 83 238 B3
St-Martin (Abbaye de) 66 261 F3
St-Martin-au-Bosc 76 16 B2
St-Martin-au-Laërt 62 3 F3
St-Martin-aux-Arbres 76 15 D4
St-Martin-aux-Bois 60 34 A1
St-Martin-aux-Buneaux 76 14 C2
St-Martin-aux-Champs 51 61 E2
St-Martin-aux-Chartrains 14 30 A2
St-Martin-Belle-Roche 71 155 F1
St-Martin-Bellevue 74 158 A4
St-Martin-Boulogne 62 2 C3
St-Martin-Cantalès 15 182 C3
St-Martin-Château 23 165 F1
St-Martin-Choquel 62 3 D4
St-Martin-d'Abbat 45 100 A2
St-Martin-d'Ablois 51 60 B1
St-Martin-d'Août 26 187 F2
St-Martin-d'Arberoue 64 225 D4
St-Martin-d'Arc 73 190 C2
St-Martin-d'Arcé 49 96 A4
St-Martin-d'Ardèche 07 219 D1
St-Martin-d'Armagnac 32 227 D2
St-Martin-d'Arrossa 64 246 C1
St-Martin-d'Ary 17 177 F2
St-Martin-d'Aubigny 50 27 D3
St-Martin-d'Audouville 50 25 D2
St-Martin-d'Auxigny 18 119 D3
St-Martin-d'Auxy 71 139 E2
St-Martin-de-Bavel 01 173 D1
St-Martin-de-Beauville 47 212 A2
St-Martin-de-Belleville 73 174 C4
St-Martin-de-Bernegoue 79 146 B2
St-Martin-de-Bienfaite-la-Cressonnière 14 30 B4
St-Martin-de-Blagny 14 28 A3
St-Martin-de-Bonfossé 50 27 E4
St-Martin-de-Boscherville 76 31 E1
St-Martin-de-Bossenay 10 82 B1
St-Martin-de-Boubaux 48 217 F2
St-Martin-de-Brem 85 128 B3
St-Martin-de-Bréthencourt 78 79 E1
St-Martin-de-Brômes 04 238 B1
St-Martin-de-Caralp 09 252 A3
St-Martin-de-Castillon 84 221 D4
St-Martin-de-Cenilly 50 51 D1
St-Martin-de-Clelles 38 205 E1
St-Martin-de-Commune 71 139 E1
St-Martin-de-Connée 53 75 F3
St-Martin-de-Coux 17 178 A3
St-Martin-de-Crau 13 236 A2
St-Martin-de-Curton 47 210 B1
St-Martin-de-Fontenay 14 29 D4
St-Martin-de-Fraigneau 85 130 B4
St-Martin-de-Fressengeas 24 180 A1
St-Martin-de-Fugères 43 202 B1
St-Martin-de-Goyne 32 211 E4
St-Martin-de-Gurson 24 178 B4
St-Martin-de-Hinx 40 225 D2
St-Martin-de-Juillers 17 146 B4
St-Martin-de-Jussac 87 164 A1
St-Martin-de-la-Brasque 84 237 E1
St-Martin-de-la-Cluze 38 189 D4
St-Martin-de-la-Coudre 17 146 A3
St-Martin-de-la-Lieue 14 30 B4
St-Martin-de-la-Mer 21 122 A3
St-Martin-de-la-Place 49 114 B2
St-Martin-de-la-Porte 73 190 C2
St-Martin-de-Laives 71 140 A3
St-Martin-de-Lamps 36 134 B1
St-Martin-de-Landelles 50 51 D4
St-Martin-de-Lansuscle 48 217 E2
St-Martin-de-l'Arçon 34 232 C3
St-Martin-de-Laye 33 177 F4
St-Martin-de-Lenne 12 200 B4
St-Martin-de-Lerm 33 195 D3
St-Martin-de-Lixy 71 154 C3
St-Martin-de-Londres 34 234 A1
St-Martin-de-Mâcon 79 114 B4
St-Martin-de-Mailloc 14 30 B4
St-Martin-de-Mieux 14 52 C2
St-Martin-de-Nigelles 28 56 B4
St-Martin-de-Queyrières 05 207 D1
St-Martin-de-Ré 17 144 C2
St-Martin-de-Ribérac 24 179 D2
St-Martin-de-St-Maixent 79 146 C1
St-Martin-de-Salencey 71 139 E4
St-Martin-de-Sallen 14 52 B1
St-Martin-de-Sanzay 79 114 B4
St-Martin-de-Seignanx 40 224 C3
St-Martin-de-Sescas 33 194 C3
St-Martin-de-Tallevende 14 51 E2
St-Martin-de-Valamas 07 186 C4
St-Martin-de-Valgalgues 30 218 A2
St-Martin-de-Varreville 50 25 E3
St-Martin-de-Vaulserre 38 173 D4
St-Martin-de-Vers 46 198 A3
St-Martin-de-Villeréal 47 196 C3
St-Martin-de-Villereglan 11 253 E3
St-Martin-d'Écublei 61 54 C2
St-Martin-d'Entraigues 79 146 C3
St-Martin-d'Entraunes 06 223 D2
St-Martin-des-Besaces 14 28 B4
St-Martin-des-Bois 41 97 E3
St-Martin-des-Champs 18 120 A3
St-Martin-des-Champs 29 46 A2
St-Martin-des-Champs 50 50 C3
St-Martin-des-Champs 77 59 E3
St-Martin-des-Champs 78 56 B2
St-Martin-des-Champs 89 101 E3
St-Martin-des-Combes 24 179 E4
St-Martin-des-Entrées 14 28 C2
St-Martin-des-Fontaines 85 130 A4
St-Martin-des-Lais 03 138 A3
St-Martin-des-Landes 61 52 C4
St-Martin-des-Monts 72 77 D3
St-Martin-des-Noyers 85 129 F2
St-Martin-des-Olmes 63 169 E4
St-Martin-des-Pézerits 61 54 B4
St-Martin-des-Plains 63 168 C4
St-Martin-des-Prés 22 71 D1
St-Martin-des-Puits 11 254 A3
St-Martin-des-Tilleuls 85 112 C4
St-Martin-d'Estréaux 42 153 F3
St-Martin-d'Hardinghem 62 3 E4
St-Martin-d'Hères 38 189 E2
St-Martin-d'Heuille 58 120 B4
St-Martin-d'Ollières 63 185 D1
St-Martin-Don 14 51 E1
St-Martin-d'Oney 40 209 E4
St-Martin-d'Ordon 89 101 E1
St-Martin-d'Oydes 09 252 A2
St-Martin-du-Bec 76 14 A4
St-Martin-du-Bois 33 177 F4
St-Martin-du-Bois 49 94 C3
St-Martin-du-Boschet 77 59 E3
St-Martin-du-Clocher 16 147 E4
St-Martin-du-Fouilloux 49 113 E1
St-Martin-du-Fouilloux 79 131 E3
St-Martin-du-Frêne 01 157 D3
St-Martin-du-Lac 71 154 B2
St-Martin-du-Limet 53 94 B2
St-Martin-du-Manoir 76 30 B1
St-Martin-du-Mesnil-Oury 14 30 A4
St-Martin-du-Mont 01 156 C3
St-Martin-du-Mont 21 123 D1
St-Martin-du-Mont 71 140 C3
St-Martin-du-Puy 33 195 D2
St-Martin-du-Puy 58 121 E2
St-Martin-du-Tartre 71 139 F3
St-Martin-du-Tertre 89 81 E3
St-Martin-du-Tertre 95 33 F4
St-Martin-du-Tilleul 27 30 C4
St-Martin-du-Var 06 241 D3
St-Martin-du-Vieux-Bellême 61 76 C2
St-Martin-du-Vivier 76 31 F1
St-Martin-d'Uriage 38 189 E2
St-Martin-en-Bière 77 80 B1
St-Martin-en-Bresse 71 140 B2
St-Martin-en-Campagne 76 15 F1
St-Martin-en-Gâtinois 71 140 B1
St-Martin-en-Haut 69 171 D3
St-Martin-en-Vercors 26 188 C3
St-Martin-Gimois 32 228 C3
St-Martin-la-Campagne 27 31 E4
St-Martin-la-Garenne 78 56 B1
St-Martin-la-Méanne 19 182 A3
St-Martin-la-Patrouille 71 139 E3
St-Martin-la-Plaine 42 171 D3
St-Martin-la-Sauveté 42 169 F2
St-Martin-Labouval 46 198 B4
St-Martin-Lacaussade 33 177 D3
St-Martin-Laguépie 81 214 A3
St-Martin-l'Aiguillon 61 52 C4
St-Martin-Lalande 11 253 D1
St-Martin-l'Ars 86 148 A2
St-Martin-Lars-en-Ste-Hermine 85 130 A3
St-Martin-l'Astier 24 179 D3
St-Martin-le-Beau 37 116 B2
St-Martin-le-Bouillant 50 51 D2
St-Martin-le-Châtel 01 156 A2
St-Martin-le-Colonel 26 188 B4
St-Martin-le-Gaillard 76 16 A1
St-Martin-le-Gréard 50 24 C2
St-Martin-le-Hébert 50 24 C3
St-Martin-le-Mault 87 149 D1
St-Martin-le-Nœud 60 33 E2
St-Martin-le-Pin 24 163 E4
St-Martin-le-Redon 46 197 D4
St-Martin-le-Supérieur 07 203 E3
St-Martin-le-Vieil 11 253 D1
St-Martin-le-Vieux 87 164 B2
St-Martin-le-Vinoux 38 189 E2
St-Martin-les-Eaux 04 221 E4
St-Martin-lès-Langres 52 105 D1
St-Martin-lès-Melle 79 146 C2
St-Martin-lès-Seyne 04 206 B4
St-Martin-Lestra 42 170 C2
St-Martin-l'Heureux 51 37 D3
St-Martin-l'Hortier 76 16 A3
St-Martin-l'Inférieur 07 203 E3
St-Martin-Longueau 60 34 A2
St-Martin-Lys 11 261 E1
St-Martin-Osmonville 76 15 F4
St-Martin-Petit 47 195 E3
St-Martin-Rivière 02 19 E1
St-Martin-St-Firmin 27 30 C3
St-Martin-Ste-Catherine 23 149 F4
St-Martin-Sepert 19 181 D1
St-Martin-sous-Montaigu 71 139 F2
St-Martin-sous-Vigouroux 15 200 B1
St-Martin-sur-Armançon 89 103 D2
St-Martin-sur-Cojeul 62 10 A3
St-Martin-sur-Ecaillon 59 11 E3
St-Martin-sur-la-Chambre 73 190 B1
St-Martin-sur-la-Renne 52 84 C3
St-Martin-sur-le-Pré 51 61 D1
St-Martin-sur-Nohain 58 120 A2
St-Martin-sur-Ocre 45 100 C3
St-Martin-sur-Ocre 89 101 F2
St-Martin-sur-Oreuse 89 81 F2
St-Martin-sur-Ouanne 89 101 E2
St-Martin-Terressus 87 165 D1
St-Martin-Valmeroux 15 183 D3
St-Martin-Vésubie 06 241 D2
St-Martinien 03 151 E2
St-Martory 31 250 C2
St-Mary 16 163 D1
St-Mary-le-Plain 15 184 B2
St-Masmes 51 36 C2
St-Mathieu 87 163 F2
St-Mathieu (Pointe de) 29 44 B3
St-Mathieu-de-Tréviers 34 234 B2
St-Mathurin 85 128 C3
St-Mathurin-Léobazel 19 182 A4
St-Mathurin-sur-Loire 49 114 A1
St-Matré 46 212 C1
St-Maudan 22 71 E3
St-Maudez 22 49 D4
St-Maugan 35 72 B3
St-Maulvis 80 16 C2
St-Maur 18 135 F4
St-Maur 32 227 F4
St-Maur 36 134 B2
St-Maur 39 141 E3
St-Maur 60 17 D4
St-Maur (Abbaye de) 49 114 A1
St-Maur-des-Bois 50 51 D2
St-Maur-des-Fossés 94 57 F2
St-Maur-sur-le-Loir 28 78 B3
St-Maurice 52 105 E2
St-Maurice 58 121 D4
St-Maurice 63 168 B3
St-Maurice 67 89 D1
St-Maurice 94 57 F2
St-Maurice-aux-Forges 54 65 F4
St-Maurice-aux-Riches-Hommes 89 82 A2
St-Maurice-Crillat 39 141 F3
St-Maurice-d'Ardèche 07 203 D3
St-Maurice-de-Beynost 01 171 F1
St-Maurice-de-Cazevieille 30 218 B3
St-Maurice-de-Gourdans 01 172 A1
St-Maurice-de-Lestapel 47 196 A3
St-Maurice-de-Lignon 43 186 B2
St-Maurice-de-Rémens 01 156 B4
St-Maurice-de-Rotherens 73 173 D3
St-Maurice-de-Satonnay 71 155 E1
St-Maurice-de-Tavernole 17 161 E4
St-Maurice-de-Ventalon 48 217 F1
St-Maurice-des-Champs 71 139 F3
St-Maurice-des-Lions 16 148 B4
St-Maurice-des-Noues 85 130 B3
St-Maurice-d'Ételan 76 30 C1
St-Maurice-d'Ibie 07 203 E4
St-Maurice-du-Désert 61 52 B4
St-Maurice-Échelotte 25 107 E4
St-Maurice-en-Chalencon 07 203 E1
St-Maurice-en-Cotentin 50 24 C3
St-Maurice-en-Gourgois 42 186 B1
St-Maurice-en-Quercy 46 198 C2
St-Maurice-en-Rivière 71 140 B1
St-Maurice-en-Trièves 38 205 E1
St-Maurice-en-Valgodemard 05 206 A1
St-Maurice-la-Clouère 86 147 F1
St-Maurice-la-Fougereuse 79 113 F4
St-Maurice-la-Souterraine 23 149 F3
St-Maurice-le-Girard 85 130 B3
St-Maurice-le-Vieil 89 101 F2
St-Maurice-les-Brousses 87 164 C3
St-Maurice-lès-Charencey 61 54 C3
St-Maurice-lès-Châteauneuf 71 154 C2
St-Maurice-lès-Couches 71 139 F1
St-Maurice-l'Exil 38 187 E1
St-Maurice-Montcouronne 91 57 D4
St-Maurice-Navacelles 34 233 F1
St-Maurice-près-Crocq 23 166 C1
St-Maurice-près-Pionsat 63 151 F4
St-Maurice-St-Germain 28 78 A1
St-Maurice-sous-les-Côtes 55 39 D4
St-Maurice-sur-Adour 40 226 B1
St-Maurice-sur-Aveyron 45 101 D2
St-Maurice-sur-Dargoire 69 171 D3
St-Maurice-sur-Eygues 26 219 F1
St-Maurice-sur-Fessard 45 100 C1
St-Maurice-sur-Huisne 61 77 D1
St-Maurice-sur-Loire 42 154 B4
St-Maurice-sur-Mortagne 88 87 E1
St-Maurice-sur-Moselle 88 107 F1
St-Maurice-sur-Vingeanne 21 105 E4
St-Maurice-Thizouaille 89 101 F2
St-Maurin 47 212 B2
St-Max 54 64 B3
St-Maxent 80 16 C1
St-Maximin 30 218 C4
St-Maximin 38 173 F4
St-Maximin 60 33 F3
St-Maximin-la-Ste-Baume 83 238 A4
St-Maxire 79 146 B1
St-May 26 204 C4
St-Mayeul 03 136 B4
St-Mayeux 22 71 D2
St-Mayme-de-Péreyrol 24 179 E4
St-Méard 87 165 D3
St-Méard-de-Drône 24 179 D2
St-Méard-de-Gurçon 24 195 E1
St-Médard 16 162 A1
St-Médard 16 162 A4
St-Médard 17 177 F1
St-Médard 31 250 C2
St-Médard 32 228 A3
St-Médard 36 117 D4
St-Médard 46 197 E3
St-Médard 57 65 E2
St-Médard 64 226 A3
St-Médard 79 146 C2
St-Médard-d'Aunis 17 145 E3
St-Médard-de-Guizières 33 178 B4
St-Médard-de-Mussidan 24 178 C3
St-Médard-de-Presque 46 198 B1
St-Médard-d'Excideuil 24 180 B1
St-Médard-d'Eyrans 33 194 B2
St-Médard-en-Forez 42 170 C3
St-Médard-en-Jalles 33 194 A1
St-Médard-la-Rochette 23 150 C4
St-Médard-Nicourby 46 198 C2
St-Médard-sur-Ille 35 73 D2
St-Méen 29 45 E2
St-Méen-le-Grand 35 72 B2
St-Melaine 35 73 F3
St-Melaine-sur-Aubance 49 113 F1
St-Mélany 07 202 C3
St-Méloir 22 49 D4
St-Méloir-des-Ondes 35 49 F3
St-Même-le-Tenu 44 111 E4
St-Même-les-Carrières 16 162 A3
St-Memmie 51 61 D1
St-Menge 88 86 B2
St-Menges 08 21 F3
St-Menoux 03 137 D4
St-Merd-de-Lapleau 19 182 B2
St-Merd-la-Breuille 23 167 D2
St-Merd-les-Oussines 19 166 B3
St-Méry 77 58 B4
St-Meslin-du-Bosc 27 31 E3
St-Mesmes 77 58 B1
St-Mesmin 10 82 C1
St-Mesmin 21 123 D2
St-Mesmin 24 180 C1
St-Mesmin 85 130 B2
St-Mexant 19 181 E2
St-Mézard 32 211 E3
St-M'Hervé 35 74 A3
St-M'Hervon 35 72 B2
St-Micaud 71 139 E3
St-Michel 02 20 C2
St-Michel 2B 265 D4
St-Michel 09 252 A2
St-Michel 16 162 B3
St-Michel 31 251 D2
St-Michel 32 228 A4
St-Michel 34 233 E1
St-Michel 45 80 A4
St-Michel 52 105 D3
St-Michel 64 246 C2
St-Michel 82 212 B3
St-Michel (Mont) 73 173 F3
St-Michel (Montagne) 29 46 A4
St-Michel-Chef-Chef 44 110 C2
St-Michel-d'Aurance 07 203 D1
St-Michel-de-Bannières 46 181 E4
St-Michel-de-Boulogne 07 203 D2
St-Michel-de-Castelnau 33 210 B1
St-Michel-de-Chabrillanoux 07 203 E1
St-Michel-de-Chaillol 05 206 B2
St-Michel-de-Chavaignes 72 77 D4
St-Michel-de-Cuxa (Abbaye) 66 261 F3
St-Michel-de-Dèze 48 217 F2
St-Michel-de-Double 24 178 C3
St-Michel-de-Feins 53 95 D2
St-Michel-de-Frigolet (Abbaye) 13 236 A1
St-Michel-de-Fronsac 33 177 F4
St-Michel-de-Grandmont (Prieuré) 34 233 E2
St-Michel-de-la-Pierre 50 27 D3
St-Michel-de-la-Roë 53 94 B1
St-Michel-de-Lanès 11 252 B1
St-Michel-de-Lapujade 33 195 E3
St-Michel-de-Lescure 81 214 C4
St-Michel-de-Livet 14 53 E1
St-Michel-de-Llotes 66 262 B2
St-Michel-de-Maurienne 73 190 C2
St-Michel-de-Montaigne 24 195 D1
St-Michel-de-Montjoie 50 51 E2
St-Michel-de-Mourcairol 34 233 D3
St-Michel-de-Plélan 22 49 D4
St-Michel-de-Rieufret 33 194 B3
St-Michel-de-Rivière 24 178 B3
St-Michel-de-St-Geoirs 38 188 C1
St-Michel-de-Vax 81 214 A3
St-Michel-de-Veisse 23 166 B1
St-Michel-de-Villadeix 24 179 E4
St-Michel-de-Volangis 18 119 D3
St-Michel-des-Andaines 61 52 B4
St-Michel-des-Loups 50 50 B2
St-Michel-d'Euzet 30 219 D2
St-Michel-d'Halescourt 76 16 B4
St-Michel-en-Beaumont 38 205 F1
St-Michel-en-Brenne 36 133 F2
St-Michel-en-Grève 22 46 C2
St-Michel-en-l'Herm 85 145 D1
St-Michel-Escalus 40 208 A4
St-Michel-et-Chanveaux 49 94 B3
St-Michel-Labadié 81 215 D4
St-Michel-le-Cloucq 85 130 B4
St-Michel-l'Écluse-et-Léparon 24 178 B3
St-Michel-les-Portes 38 205 D1
St-Michel-l'Observatoire 04 221 D4
St-Michel-Loubéjou 46 198 B1
St-Michel-Mont-Mercure 85 130 A2
St-Michel-sous-Bois 62 8 C1
St-Michel-sur-Loire 37 115 D2
St-Michel-sur-Meurthe 88 88 B2
St-Michel-sur-Orge 91 57 E4
St-Michel-sur-Rhône 42 171 E4
St-Michel-sur-Savasse 26 188 A3
St-Michel-sur-Ternoise 62 9 E2
St-Michel-Tubœuf 61 54 C3
St-Mihiel 55 63 D1
St-Mitre-les-Remparts 13 242 B1
St-Molf 44 110 B1
St-Momelin 59 3 F3
St-Mont 32 227 D2
St-Montant 07 203 E4
St-Moré 89 102 C4
St-Moreil 23 165 E1
St-Morel 08 37 E2
St-Morillon 33 194 B3
St-Mury-Monteymond 38 189 F2
St-Myon 63 152 C4
St-Nabor 67 66 C4
St-Nabord 88 87 E4
St-Nabord-sur-Aube 10 61 D1
St-Naixent 24 196 A1
St-Nauphary 82 213 D4
St-Nazaire 30 219 D2
St-Nazaire 44 110 C2
St-Nazaire 66 263 D2
St-Nazaire (Site de) 19 182 C1
St-Nazaire-d'Aude 11 254 B2
St-Nazaire-de-Ladarez 34 233 D3
St-Nazaire-de-Pézan 34 234 C2
St-Nazaire-de-Valentane 82 212 B2
St-Nazaire-des-Gardies 30 218 A4
St-Nazaire-en-Royans 26 188 B3
St-Nazaire-le-Désert 26 204 C3
St-Nazaire-les-Eymes 38 189 E2
St-Nazaire-sur-Charente 17 145 D4
St-Nectaire 63 168 A3
St-Nic 29 68 C1
St-Nicodème 22 70 B1
St-Nicolas 56 70 A3
St-Nicolas 62 10 A3
St-Nicolas-aux-Bois 02 19 E4
St-Nicolas-Courbefy 87 164 B3
St-Nicolas-d'Aliermont 76 15 F2
St-Nicolas-d'Attez 27 55 D2
St-Nicolas-de-Bliquetuit 76 31 D1
St-Nicolas-de-Bourgueil 37 114 C2
St-Nicolas-de-Brem 85 128 B3
St-Nicolas-de-la-Balerme 47 212 A3
St-Nicolas-de-la-Grave 82 212 B3
St-Nicolas-de-la-Haie 76 14 C4
St-Nicolas-de-la-Taille 76 30 C1
St-Nicolas-de-Macherin 38 189 D1
St-Nicolas-de-Pierrepont 50 26 C2
St-Nicolas-de-Port 54 64 C3
St-Nicolas-de-Redon 44 92 C3
St-Nicolas-de-Sommaire 61 54 B2
St-Nicolas-des-Biefs 03 153 F4
St-Nicolas-des-Bois 50 51 D2
St-Nicolas-des-Bois 61 76 A1
St-Nicolas-des-Laitiers 61 54 A2
St-Nicolas-des-Motets 37 97 F4
St-Nicolas-du-Bosc 27 31 E3
St-Nicolas-du-Pélem 22 70 C1
St-Nicolas-du-Tertre 56 92 B2
St-Nicolas-la-Chapelle 10 82 A1
St-Nicolas-la-Chapelle 73 174 C1
St-Nicolas-lès-Cîteaux 21 123 E3
St-Nizier-d'Azergues 69 155 D3
St-Nizier-de-Fornas 42 186 A1
St-Nizier-du-Moucherotte 38 189 D2
St-Nizier-le-Bouchoux 01 140 C4
St-Nizier-le-Désert 01 156 B3
St-Nizier-sous-Charlieu 42 154 B3
St-Nizier-sur-Arroux 71 138 C2
St-Nolff 56 91 F2
St-Nom-la-Bretèche 78 57 D2
St-Offenge-Dessous 73 173 F2
St-Offenge-Dessus 73 173 F2
St-Omer 14 52 B1
St-Omer 62 3 F3
St-Omer-Capelle 62 3 E2
St-Omer-en-Chaussée 60 33 D1
St-Ondras 38 172 C4
St-Onen-la-Chapelle 35 72 B3
St-Oradoux-de-Chirouze 23 166 C2
St-Oradoux-près-Crocq 23 166 C1
St-Orens 32 229 D2
St-Orens-de-Gameville 31 230 A3
St-Orens-Pouy-Petit 32 211 E4
St-Ost 32 228 A4
St-Ouen 17 162 A1
St-Ouen 41 98 A2
St-Ouen 80 17 D1
St-Ouen 93 57 E2
St-Ouen-d'Attez 27 55 D2
St-Ouen-d'Aunis 17 145 E2
St-Ouen-de-la-Cour 61 77 D1
St-Ouen-de-Mimbré 72 76 A2
St-Ouen-de-Pontcheuil 27 31 E3
St-Ouen-de-Sécherouvre 61 54 B4
St-Ouen-de-Thouberville 27 31 E2
St-Ouen-des-Alleux 35 73 F2
St-Ouen-des-Besaces 14 28 B4
St-Ouen-des-Champs 27 30 C2
St-Ouën-des-Toits 53 74 B3
St-Ouën-des-Vallons 53 75 D3
St-Ouen-Domprot 51 61 D4
St-Ouen-du-Breuil 76 15 E4
St-Ouen-du-Mesnil-Oger 14 29 E3
St-Ouen-du-Tilleul 27 31 E3
St-Ouen-en-Belin 72 96 B2
St-Ouen-en-Brie 77 58 C4
St-Ouen-en-Champagne 72 95 F1
St-Ouen-la-Rouërie 35 73 E1
St-Ouen-l'Aumône 95 57 D1
St-Ouen-le-Brisoult 61 52 C4
St-Ouen-le-Houx 14 53 E1
St-Ouen-le-Mauger 76 15 E3
St-Ouen-le-Pin 14 30 A4
St-Ouen-lès-Parey 88 86 B3
St-Ouen-les-Vignes 37 116 B1
St-Ouen-Marchefroy 28 56 A2
St-Ouen-sous-Bailly 76 16 A2
St-Ouen-sur-Gartempe 87 149 D3
St-Ouen-sur-Iton 61 54 C3
St-Ouen-sur-Loire 58 137 E1
St-Ouen-sur-Maire 61 52 C3
St-Ouen-sur-Morin 77 59 D2
St-Oulph 10 82 C1
St-Ours 63 167 F1
St-Ours 73 173 F2
St-Outrille 18 118 A3
St-Ovin 50 50 C3
St-Oyen 73 174 C3
St-Pabu 29 44 C2
St-Paër 76 31 E1
St-Pair 14 29 E3
St-Pair-du-Mont 14 29 F4
St-Pair-sur-Mer 50 50 B2
St-Pal-de-Chalencon 43 185 F1
St-Pal-de-Mons 43 186 B2
St-Pal-de-Senouire 43 185 E2
St-Palais 03 151 D1
St-Palais 18 119 D3
St-Palais 33 177 D1
St-Palais 64 247 D1
St-Palais-de-Négrignac 17 177 F2
St-Palais-de-Phiolin 17 161 D4
St-Palais-du-Né 16 161 F4
St-Palais-sur-Mer 17 160 B3
St-Pancrace 24 179 E1
St-Pancrace 73 190 B1
St-Pancrasse 38 189 E1
St-Pancré 54 23 D4
St-Pandelon 40 225 E2
St-Pantaléon 46 213 D1
St-Pantaléon 71 139 D1
St-Pantaléon 84 220 B4
St-Pantaléon-de-Lapleau 19 182 B1
St-Pantaléon-de-Larche 19 181 D3
St-Pantaléon-les-Vignes 26 204 B4
St-Pantaly-d'Ans 24 180 A2
St-Pantaly-d'Excideuil 24 180 B2
St-Papoul 11 253 D1
St-Pardon-de-Conques 33 194 C3
St-Pardoult 17 146 B4
St-Pardoux 63 152 B4
St-Pardoux 63 167 E4
St-Pardoux 79 131 D4
St-Pardoux 87 149 E4
St-Pardoux-Corbier 19 181 D1
St-Pardoux-d'Arnet 23 166 C1
St-Pardoux-de-Drône 24 179 D2
St-Pardoux-du-Breuil 47 195 E4
St-Pardoux-et-Vielvic 24 196 C2
St-Pardoux-Isaac 47 195 F3
St-Pardoux-la-Croisille 19 182 A2
St-Pardoux-la-Rivière 24 163 F4
St-Pardoux-le-Neuf 19 166 C1
St-Pardoux-le-Neuf 23 166 C3
St-Pardoux-le-Vieux 19 166 C3
St-Pardoux-les-Cards 23 150 C4
St-Pardoux-l'Ortigier 19 181 E2
St-Pardoux-Morterolles 23 165 F1
St-Pargoire 34 233 F3
St-Parize-en-Viry 58 137 E2
St-Parize-le-Châtel 58 137 D2
St-Parres-aux-Tertres 10 83 D2
St-Parres-lès-Vaudes 10 83 E3
St-Parthem 12 199 E3
St-Pastour 47 196 B4
St-Pastous 65 257 F2
St-Paterne 72 76 B1
St-Paterne-Racan 37 97 D4
St-Pathus 77 34 B4
St-Patrice 37 115 D2
St-Patrice-de-Claids 50 26 C3
St-Patrice-du-Désert 61 52 C4
St-Paul 04 207 E3
St-Paul 06 240 B1
St-Paul 19 182 A2
St-Paul 33 177 D3
St-Paul 60 33 D1
St-Paul 61 52 A3
St-Paul 65 250 A3
St-Paul 73 173 E2
St-Paul 87 165 D2
St-Paul 88 86 B2
St-Paul-aux-Bois 02 35 D1
St-Paul-Cap-de-Joux 81 231 D2
St-Paul-de-Baïse 32 228 A1
St-Paul-de-Fenouillet 66 262 A1
St-Paul-de-Fourques 27 31 D3
St-Paul-de-Jarrat 09 252 B4
St-Paul-de-Loubressac 46 213 E1
St-Paul-de-Salers 15 183 D3
St-Paul-de-Serre 24 179 E3
St-Paul-de-Tartas 43 202 A1
St-Paul-de-Varax 01 156 B3
St-Paul-de-Varces 38 189 D3
St-Paul-de-Vern 46 198 C1
St-Paul-de-Vézelin 42 170 A1
St-Paul-des-Landes 15 182 C4
St-Paul-d'Espis 82 212 B3
St-Paul-d'Izeaux 38 188 C1
St-Paul-d'Oueil 31 258 B3
St-Paul-du-Bois 49 113 F4
St-Paul-du-Vernay 14 28 B3
St-Paul-d'Uzore 42 170 A3
St-Paul-en-Born 40 208 B2
St-Paul-en-Chablais 74 159 D1
St-Paul-en-Cornillon 42 186 B1
St-Paul-en-Forêt 83 239 F3
St-Paul-en-Gâtine 79 130 C3
St-Paul-en-Jarez 42 171 D4
St-Paul-en-Pareds 85 130 A2
St-Paul-et-Valmalle 34 234 A3
St-Paul-la-Coste 30 218 A2
St-Paul-la-Roche 24 164 B4
St-Paul-le-Froid 48 201 F2
St-Paul-le-Gaultier 72 75 F2
St-Paul-le-Jeune 07 218 B1
St-Paul-lès-Dax 40 225 E2
St-Paul-les-Fonts 30 219 D3
St-Paul-lès-Monestier 38 189 D4
St-Paul-lès-Romans 26 188 B3
St-Paul-lez-Durance 13 237 F2
St-Paul-Lizonne 24 178 C2
St-Paul-Mont-Penit 85 128 C2
St-Paul-sur-Isère 73 174 B3
St-Paul-sur-Save 31 229 E2
St-Paul-Trois-Châteaux 26 219 E1
St-Paulet 11 230 C4
St-Paulet-de-Caisson 30 219 D2
St-Paulien 43 185 E3
St-Pavace 72 76 B4
St-Pé-d'Ardet 31 250 B3
St-Pé-de-Bigorre 65 248 C2
St-Pé-de-Léren 64 225 E3
St-Pé-Delbosc 31 250 B1
St-Pé-St-Simon 47 210 C3
St-Pée-sur-Nivelle 64 224 B4
St-Pellerin 28 78 A4
St-Pellerin 50 27 E2
St-Péran 35 72 B4
St-Péravy-Épreux 45 79 E3
St-Péravy-la-Colombe 45 99 D1
St-Péray 07 187 E4
St-Perdon 40 209 E4
St-Perdoux 24 196 A2
St-Perdoux 46 198 C3
St-Père 35 49 F3
St-Père 58 120 A1
St-Père 89 121 E1
St-Père-en-Retz 44 111 D2
St-Père-sur-Loire 45 100 A2
St-Péreuse 58 121 E4
St-Pern 35 72 C2
St-Perreux 56 92 B3
St-Péver 22 47 E3
St-Pey-d'Armens 33 195 D1
St-Pey-de-Castets 33 195 D1
St-Phal 10 83 D4
St-Philbert-de-Bouaine 85 112 A4
St-Philbert-de-Grand-Lieu 44 111 F4
St-Philbert-des-Champs 14 30 B3
St-Philbert-du-Peuple 49 114 C1
St-Philbert-du-Pont-Charrault 85 130 A3
St-Philbert-en-Mauges 49 113 D3
St-Philbert-sur-Boissey 27 31 D3
St-Philbert-sur-Orne 61 52 C2
St-Philbert-sur-Risle 27 30 C2
St-Philibert 21 123 E3
St-Philibert 56 91 D3
St-Philippe-d'Aiguille 33 195 D1
St-Philippe-du-Seignal 33 195 F1
St-Piat 28 56 B4
St-Pierre 04 223 E4
St-Pierre 15 182 C1
St-Pierre 31 230 B3
St-Pierre 39 142 A3
St-Pierre 51 60 C1
St-Pierre 67 89 D1
St-Pierre (Arcs de) 48 216 C2
St-Pierre-à-Arnes 08 37 D2
St-Pierre-à-Champ 79 114 A4
St-Pierre-à-Gouy 80 17 D2
St-Pierre-Aigle 02 35 D2
St-Pierre-Avez 05 221 E1
St-Pierre-Azif 14 29 F2
St-Pierre-Bellevue 23 165 F1
St-Pierre-Bénouville 76 15 E3
St-Pierre-Bois 67 89 D1
St-Pierre-Brouck 59 3 E2
St-Pierre-Canivet 14 52 C1
St-Pierre-Chérignat 23 150 A4
St-Pierre-Colamine 63 168 A4
St-Pierre-d'Albigny 73 174 A3
St-Pierre-d'Allevard 38 189 F1
St-Pierre-d'Alvey 73 173 D3
St-Pierre-d'Amilly 17 146 A3
St-Pierre-d'Argençon 05 205 E3
St-Pierre-d'Arthéglise 50 24 C3
St-Pierre-d'Aubézies 32 227 F2
St-Pierre-d'Aurillac 33 194 C3
St-Pierre-d'Autils 27 32 B4
St-Pierre-de-Bailleul 27 32 A4
St-Pierre-de-Bat 33 194 C2
St-Pierre-de-Belleville 73 174 B4
St-Pierre-de-Bœuf 42 187 E1
St-Pierre-de-Bressieux 38 188 B1
St-Pierre-de-Buzet 47 211 D2
St-Pierre-de-Caubel 47 196 A4
St-Pierre-de-Cernières 27 54 B1
St-Pierre-de-Chandieu 69 171 F3
St-Pierre-de-Chartreuse 38 189 E1
St-Pierre-de-Chérennes 38 188 C3
St-Pierre-de-Chevillé 72 97 D3
St-Pierre-de-Chignac 24 180 A3
St-Pierre-de-Clairac 47 211 F2
St-Pierre-de-Côle 24 179 F1
St-Pierre-de-Colombier 07 202 C2
St-Pierre-de-Cormeilles 27 30 B3
St-Pierre-de-Coutances 50 26 C4
St-Pierre-de-Curtille 73 173 E2
St-Pierre-de-Frugie 24 164 B3
St-Pierre-de-Fursac 23 149 F3
St-Pierre-de-Genebroz 73 173 E4
St-Pierre-de-Jards 36 118 B4
St-Pierre-de-Juillers 17 146 B4
St-Pierre-de-la-Fage 34 233 F1
St-Pierre-de-Lages 31 230 B3
St-Pierre-de-Lamps 36 134 B1
St-Pierre-de-l'Île 17 146 B4
St-Pierre-de-Maillé 86 133 D3
St-Pierre-de-Mailloc 14 30 B4
St-Pierre-de-Manneville 76 31 E2
St-Pierre-de-Méaroz 38 205 F1
St-Pierre-de-Mésage 38 189 E3
St-Pierre-de-Mézoargues 13 235 F1
St-Pierre-de-Mons 33 194 C3
St-Pierre-de-Nogaret 48 200 C4
St-Pierre-de-Plesguen 35 79 F4
St-Pierre-de-Rivière 09 252 A4
St-Pierre-de-Salerne 27 31 D3
St-Pierre-de-Semilly 50 27 F4
St-Pierre-de-Soucy 73 174 A4
St-Pierre-de-Trivisy 81 231 F2
St-Pierre-de-Varengeville 76 31 E1
St-Pierre-de-Varennes 71 139 E2
St-Pierre-de-Vassols 84 220 A3
St-Pierre-dels-Forcats 66 261 E3
St-Pierre-d'Entremont 61 52 A2
St-Pierre-d'Entremont 38 173 E4
St-Pierre-d'Entremont 73 173 E4
St-Pierre-des-Bois 72 96 A1
St-Pierre-des-Champs 11 254 A3
St-Pierre-des-Corps 37 116 A1
St-Pierre-des-Échaubrognes 79 113 E4
St-Pierre-des-Fleurs 27 31 E3
St-Pierre-des-Ifs 14 30 A4
St-Pierre-des-Ifs 27 30 C3
St-Pierre-des-Jonquières 76 16 A2
St-Pierre-des-Landes 53 74 B2
St-Pierre-des-Loges 61 54 A3
St-Pierre-des-Nids 53 76 A1

St-Pierre-des-Ormes 72 76 C2
St-Pierre-des-Tripiers 48 216 C2
St-Pierre-d'Exideuil 86 147 E3
St-Pierre-d'Eyraud 24 195 F1
St-Pierre-d'Irube 64 224 C3
St-Pierre-d'Oléron 17 144 C4
St-Pierre-du-Bosguérard 27 31 E3
St-Pierre-du-Bû 14 52 C2
St-Pierre-du-Champ 43 185 F2
St-Pierre-du-Chemin 85 130 B3
St-Pierre-du-Fresne 14 28 B4
St-Pierre-du-Jonquet 14 29 E3
St-Pierre-du-Lorouër 72 97 D2
St-Pierre-du-Mesnil 27 54 B1
St-Pierre-du-Mont 14 27 F2
St-Pierre-du-Mont 40 209 E4
St-Pierre-du-Mont 58 120 C2
St-Pierre-du-Palais 17 178 A3
St-Pierre-du-Perray 91 58 A4
St-Pierre-du-Regard 61 52 B2
St-Pierre-du-Val 27 30 B2
St-Pierre-du-Vauvray 27 31 F3
St-Pierre-Église 50 25 D2
St-Pierre-en-Faucigny 74 158 C3
St-Pierre-en-Port 76 14 B2
St-Pierre-en-Val 76 16 A1
St-Pierre-en-Vaux 21 122 C4
St-Pierre-Eynac 43 186 A4
St-Pierre-la-Bourlhonne 63 169 E3
St-Pierre-la-Bruyère 61 77 E2
St-Pierre-la-Cour 53 74 B3
St-Pierre-la-Garenne 27 32 A4
St-Pierre-la-Noaille 42 154 B3
St-Pierre-la-Palud 69 171 D2
St-Pierre-la-Rivière 61 53 E2
St-Pierre-la-Roche 07 203 E2
St-Pierre-la-Vieille 14 52 B1
St-Pierre-Lafeuille 46 197 F4
St-Pierre-Langers 50 50 B2
St-Pierre-Laval 03 153 F3
St-Pierre-Lavis 76 14 C4
St-Pierre-le-Bost 23 151 D1
St-Pierre-le-Chastel 63 167 F2
St-Pierre-le-Déchausselat 07 202 C4
St-Pierre-le-Moûtier 58 137 D2
St-Pierre-le-Vieux 48 201 D1
St-Pierre-le-Vieux 71 155 D2
St-Pierre-le-Vieux 76 15 D2
St-Pierre-le-Vieux 85 145 F1
St-Pierre-le-Viger 76 15 D2
St-Pierre-lès-Bitry 60 35 D2
St-Pierre-les-Bois 18 135 F3
St-Pierre-lès-Champs 60 32 C2
St-Pierre-lès-Elbeuf 76 31 E3
St-Pierre-les-Étieux 18 136 A2
St-Pierre-lès-Franqueville 02 20 A2
St-Pierre-lès-Nemours 77 80 C3
St-Pierre-Montlimart 49 113 D2
St-Pierre-Quiberon 56 90 C3
St-Pierre-Roche 63 167 F2
St-Pierre-sur-Dives 14 53 D1
St-Pierre-sur-Doux 07 186 C3
St-Pierre-sur-Dropt 47 195 E3
St-Pierre-sur-Erve 53 75 E4
St-Pierre-sur-l'Hâte 68 88 C2
St-Pierre-sur-Orthe 53 75 F3
St-Pierre-sur-Vence 08 21 E3
St-Pierre-Tarentaine 14 51 F1
St-Pierre-Toirac 46 198 C3
St-Pierremont 02 20 A3
St-Pierremont 08 38 A1
St-Pierremont 88 87 E1
St-Pierreville 07 203 E1
St-Pierrevillers 55 39 D2
St Pilon 83 243 F2
St-Plaisir 03 136 C3
St-Plancard 31 250 B2
St-Planchers 50 50 B2
St-Plantaire 36 150 A1
St-Point 71 155 D2
St-Point-Lac 25 142 C2
St-Pois 50 51 D2
St-Poix 53 94 B1
St-Pol-de-Léon 29 46 A2
St-Pol-sur-Mer 59 3 F1
St-Pol-sur-Ternoise 62 9 E2
St-Polgues 42 170 A1
St-Polycarpe 11 253 E3
St-Pompain 79 146 A1
St-Pompont 24 197 D2
St-Poncy 15 184 B3
St-Pons 04 206 C4
St-Pons 07 203 E3
St-Pons (Parc-de) 13 243 F2
St-Pons-de-Mauchiens 34 233 F3
St-Pons-de-Thomières 34 232 B4
St-Pons-la-Calm 30 219 D3
St-Pont 03 153 D3
St-Porchaire 17 160 C1
St-Porquier 82 212 C4
St-Pôtan 22 49 D3
St-Pouange 10 83 D3
St-Pourçain-sur-Besbre 03 153 E1
St-Pourçain-sur-Sioule 03 153 D2
St-Prancher 88 86 B2
St-Préjet-Armandon 43 185 D2
St-Préjet-d'Allier 43 201 F1
St-Prest 28 78 C1
St-Preuil 16 162 A3
St-Priest 07 203 E2
St-Priest 23 151 D3
St-Priest 69 171 F2
St-Priest-Bramefant 63 153 D4
St-Priest-d'Andelot 03 152 C4
St-Priest-de-Gimel 19 181 F2
St-Priest-des-Champs 63 152 A4
St-Priest-en-Jarez 42 170 C4
St-Priest-en-Murat 03 152 B2
St-Priest-la-Feuille 23 149 F3
St-Priest-la-Marche 18 151 D1
St-Priest-la-Plaine 23 150 A3
St-Priest-la-Prugne 42 153 F4
St-Priest-la-Roche 42 170 B1
St-Priest-la-Vêtre 42 169 E2
St-Priest-le-Betoux 87 149 E3
St-Priest-les-Fougères 24 164 B4
St-Priest-Ligoure 87 164 C3
St-Priest-Palus 23 165 E1
St-Priest-sous-Aixe 87 164 B2
St-Priest-Taurion 87 165 D1
St-Prim 38 171 E4
St-Privat 07 203 D3
St-Privat 19 182 B3
St-Privat 24 178 C2
St-Privat 34 233 E2
St-Privat-d'Allier 43 185 D4
St-Privat-de-Champclos 30 218 C1
St-Privat-de-Vallongue 48 217 F2
St-Privat-des-Vieux 30 218 B2
St-Privat-du-Dragon 43 184 C2
St-Privat-du-Fau 48 201 D1
St-Privat-la-Montagne 57 40 A3
St-Privé 71 139 E3
St-Privé 89 101 D3
St-Prix 03 153 F2
St-Prix 07 187 D4
St-Prix 71 138 C1
St-Prix 95 57 E1
St-Prix-lès-Arnay 21 122 C3
St-Projet 46 197 F2
St-Projet 82 213 F1
St-Projet-de-Salers 15 183 D3
St-Projet-St-Constant 16 163 D2
St-Prouant 85 130 A2
St-Pryvé-St-Mesmin 45 99 E2
St-Puy 32 228 A1
St-Python 59 11 D3
St-Quantin-de-Rançanne 17 161 D4
St-Quay-Perros 22 46 C1
St-Quay-Portrieux 22 48 A2
St-Quentin 02 19 D2
St-Quentin-au-Bosc 76 16 A2
St-Quentin-de-Baron 33 194 C1
St-Quentin-de-Blavou 61 76 C1
St-Quentin-de-Caplong 33 195 E2
St-Quentin-de-Chalais 16 178 B2
St-Quentin-des-Isles 27 30 C4
St-Quentin-des-Prés 60 32 C1
St-Quentin-du-Dropt 47 196 B2
St-Quentin-en-Mauges 49 113 D2
St-Quentin-en-Tourmont 80 8 A3
St-Quentin-en-Yvelines 78 56 C3
St-Quentin-Fallavier 38 172 A3
St-Quentin-la-Chabanne 23 166 B1
St-Quentin-la-Motte-Croix-au-Bailly 80 8 A4
St-Quentin-la-Poterie 30 218 C3
St-Quentin-la-Tour 09 252 C3
St-Quentin-le-Petit 08 20 B4
St-Quentin-le-Verger 51 60 A4
St-Quentin-les-Anges 53 94 C2
St-Quentin-lès-Beaurepaire 49 96 A3
St-Quentin-les-Chardonnets 61 51 F2
St-Quentin-les-Marais 51 61 E2
St-Quentin-lès-Troo 41 97 E2
St-Quentin-sur-Charente 16 163 E1
St-Quentin-sur-Coole 51 61 D2
St-Quentin-sur-Indrois 37 116 B3
St-Quentin-sur-Isère 38 189 D1
St-Quentin-sur-le-Homme 50 50 C3
St-Quentin-sur-Nohain 58 120 A2
St-Quentin-sur-Sauxillanges 63 168 C4
St-Quintin-sur-Sioule 63 152 C3
St-Quirc 09 252 A1
St-Quirin 57 66 A3
St-Rabier 24 180 B3
St-Racho 71 154 C2
St-Rainier 2B 264 C3
St-Rambert-d'Albon 26 187 E2
St-Rambert-en-Bugey 01 156 C4
St-Raphaël 24 180 B2
St-Raphaël 83 239 F3
St-Régis-du-Coin 42 186 C2
St-Règle 37 116 C1
St-Remèze 07 218 C1
St-Remimont 54 64 C4
St-Remimont 88 86 B2
St-Rémy 01 156 B2
St-Rémy 12 214 B1
St-Rémy 14 52 B1
St-Rémy 19 166 C3
St-Rémy 21 103 E3
St-Rémy 24 178 C4
St-Remy 70 106 B2
St-Rémy 71 140 A2
St-Rémy 79 146 A1
St-Remy 88 88 A1
St-Rémy-au-Bois 62 8 C2
St-Rémy-aux-Bois 54 87 D1
St-Rémy-Blanzy 02 35 E3
St-Rémy-Boscrocourt 76 16 A1
St-Remy-Chaussée 59 12 B4
St-Rémy-de-Blot 63 152 B4
St-Rémy-de-Chargnat 63 168 C4
St-Rémy-de-Chaudes-Aigues 15 200 C2
St-Rémy-de-Maurienne 73 174 B4
St-Rémy-de-Provence 13 236 B1
St-Rémy-de-Salers 15 183 D3
St-Rémy-de-Sillé 72 75 F3
St-Rémy-des-Landes 50 26 C2
St-Rémy-des-Monts 72 76 C2
St-Remy-du-Nord 59 12 B3
St-Rémy-du-Plain 35 73 E1
St-Rémy-du-Val 72 76 B2
St-Remy-en-Bouzemont-St-Genest-et-Isson 51 61 F4
St-Remy-en-l'Eau 60 33 F1
St-Rémy-en-Mauges 49 112 C2
St-Rémy-en-Montmorillon 86 148 C2
St-Rémy-en-Rollat 03 153 D3
St-Remy-la-Calonne 55 39 D4
St-Rémy-la-Vanne 77 59 D2
St-Rémy-la-Varenne 49 114 A1
St-Remy-le-Petit 08 36 C2
St-Rémy-lès-Chevreuse 78 57 D3
St-Rémy-l'Honoré 78 56 C3
St-Remy-sous-Barbuise 10 83 D1
St-Remy-sous-Broyes 51 60 A3
St-Rémy-sur-Avre 28 55 E3
St-Remy-sur-Bussy 51 37 E4
St-Rémy-sur-Creuse 86 132 C1
St-Rémy-sur-Durolle 63 169 D1
St-Renan 29 44 C3
St-Restitut 26 219 E1
St-Révérend 85 128 B2
St-Révérien 58 121 D3
St-Rieul 22 48 C4
St-Rigomer-des-Bois 72 76 B2
St-Rimay 41 97 F2
St-Riquier 80 8 C4
St-Riquier-en-Rivière 76 16 B2
St-Riquier-ès-Plains 76 14 C2
St-Rirand 42 154 A4
St-Rivoal 29 45 F4
St-Robert 19 180 C2
St-Robert 47 212 A2
St-Robert (la Chapelle) 24 163 D3
St-Roch 37 115 F1
St-Roch-sur-Égrenne 61 51 F4
St-Rogatien 17 145 D3
St-Roger 08 21 E4
St-Romain 16 178 B2
St-Romain 21 123 D4
St-Romain 39 157 E1
St-Romain 63 169 F4
St-Romain 86 147 F2
St-Romain (Mont) 71 140 A4
St-Romain (Puy de) 63 168 B3
St-Romain-au-Mont-d'Or 69 171 E1
St-Romain-d'Ay 07 187 D2
St-Romain-de-Benet 17 160 C2
St-Romain-de-Colbosc 76 30 B1
St-Romain-de-Jalionas 38 172 B2
St-Romain-de-Lerps 07 187 E4
St-Romain-de-Monpazier 24 196 C2
St-Romain-de-Popey 69 171 D1
St-Romain-de-Surieu 38 187 E1
St-Romain-des-Iles 71 155 E3
St-Romain-d'Urfé 42 169 E1
St-Romain-en-Gal 69 171 E4
St-Romain-en-Gier 69 171 E3
St-Romain-en-Jarez 42 171 D3
St-Romain-en-Viennois 84 220 A2
St-Romain-et-St-Clément 24 180 A1
St-Romain-la-Motte 42 154 A3
St-Romain-la-Virvée 33 177 E4
St-Romain-Lachalm 43 186 C2
St-Romain-le-Noble 47 212 A2
St-Romain-le-Preux 89 101 F1
St-Romain-le-Puy 42 170 B4
St-Romain-les-Atheux 42 186 C1
St-Romain-sous-Gourdon 71 139 E3
St-Romain-sous-Versigny 71 138 C3
St-Romain-sur-Cher 41 117 D2
St-Romain-sur-Gironde 17 160 C4
St-Roman 26 205 D2
St-Roman (Abbaye de) 34 235 F1
St-Roman-de-Codières 30 217 E4
St-Roman-de-Malegarde 84 219 F1
St-Romans 38 188 C3
St-Romans-des-Champs 79 146 B2
St-Romans-lès-Melle 79 146 C2
St-Rome 31 230 B4
St-Rome-de-Cernon 12 216 A4
St-Rome-de-Dolan 48 216 B2
St-Rome-de-Tarn 12 216 A3
St-Romphaire 50 27 E4
St-Rustice 31 229 F1
St-Saëns 76 15 F4
St-Saire 76 16 A3
St-Salvadou 12 214 B2
St-Salvadour 19 181 F1
St-Salvi-de-Carcavès 81 232 A1
St-Salvy 47 211 E1
St-Salvy-de-la-Balme 81 231 F3
St-Samson 14 29 E3
St-Samson 53 75 F1
St-Samson 56 71 E3
St-Samson-de-Bonfossé 50 27 E4
St-Samson-de-la-Roque 27 30 C1
St-Samson-la-Poterie 60 16 C4
St-Samson-sur-Rance 22 49 E4
St-Sandoux 63 168 B3
St-Santin 12 199 D3
St-Santin-Cantalès 15 182 C4
St-Santin-de-Maurs 15 199 D3
St-Sardos 47 211 E1
St-Sardos 82 212 C4
St-Satur 18 119 F2
St-Saturnin 15 183 E2
St-Saturnin 16 162 B3
St-Saturnin 18 135 E4
St-Saturnin 48 201 D4
St-Saturnin 51 60 B4
St-Saturnin 63 168 B3
St-Saturnin 72 76 B4
St-Saturnin-de-Lenne 12 200 C4
St-Saturnin-de-Lucian 34 233 F2
St-Saturnin-du-Bois 17 146 A3
St-Saturnin-du-Limet 53 94 B2
St-Saturnin-lès-Apt 84 220 C4
St-Saturnin-lès-Avignon 84 219 F4
St-Saturnin-sur-Loire 49 114 A1
St-Saud-Lacoussière 24 164 A4
St-Sauflieu 80 17 E3
St-Saulge 58 121 D4
St-Saulve 59 11 E2
St-Saury 15 199 D1
St-Sauvant 17 161 E2
St-Sauvant 86 147 D1
St-Sauves-d'Auvergne 63 167 E3
St-Sauveur 05 207 D3
St-Sauveur 21 124 B1
St-Sauveur 24 196 B1
St-Sauveur 29 49 F3
St-Sauveur 31 229 F2
St-Sauveur 33 176 C2
St-Sauveur 38 188 C3
St-Sauveur 54 66 A4
St-Sauveur 60 34 B2
St-Sauveur 70 107 D2
St-Sauveur 79 131 D2
St-Sauveur 80 17 E2
St-Sauveur 86 132 C2
St-Sauveur-Camprieu 30 217 D3
St-Sauveur-d'Aunis 17 145 E2
St-Sauveur-de-Carrouges 61 53 D4
St-Sauveur-de-Cruzières 07 218 B1
St-Sauveur-de-Flée 49 94 C2
St-Sauveur-de-Ginestoux 48 201 F2
St-Sauveur-de-Landemont 49 112 C2
St-Sauveur-de-Meilhan 47 195 D4
St-Sauveur-de-Montagut 07 203 E1
St-Sauveur-de-Peyre 48 201 D3
St-Sauveur-de-Pierrepont 50 26 C2
St-Sauveur-de-Puynormand 33 178 B4
St-Sauveur-d'Émalleville 76 14 B4
St-Sauveur-des-Landes 35 73 F2
St-Sauveur-en-Diois 26 204 B2
St-Sauveur-en-Puisaye 89 101 F3
St-Sauveur-en-Rue 42 186 C2
St-Sauveur-Gouvernet 26 220 C1
St-Sauveur-la-Pommeraye 50 50 C2
St-Sauveur-la-Sagne 63 185 D1
St-Sauveur-la-Vallée 46 198 A3
St-Sauveur-Lalande 24 178 C4
St-Sauveur-le-Vicomte 50 24 C3
St-Sauveur-Lendelin 50 27 D3
St-Sauveur-lès-Bray 77 81 E1
St-Sauveur-Marville 28 55 E4
St-Sauveur-sur-École 77 80 B1
St-Sauveur-sur-Tinée 06 223 F2
St-Sauvier 03 151 D1
St-Sauvy 32 228 C2
St-Savin 33 177 E3
St-Savin 38 172 B3
St-Savin 65 257 D2
St-Savin 86 133 D4
St-Savinien 17 161 D1
St-Saviol 86 147 E3
St-Savournin 13 243 E2
St-Sébastien 23 149 F1
St-Sébastien 38 205 E1
St-Sébastien-d'Aigrefeuille 30 218 A3
St-Sébastien-de-Morsent 27 55 E1
St-Sébastien-de-Raids 50 27 D3
St-Sébastien-sur-Loire 44 112 A2
St-Secondin 86 148 A2
St-Ségal 29 69 D1
St-Séglin 35 92 C1
St-Seine 58 138 B2
St-Seine-en-Bâche 21 124 B3
St-Seine-l'Abbaye 21 123 D1
St-Seine-sur-Vingeanne 21 105 E4
St-Selve 33 194 B2
St-Senier-de-Beuvron 50 50 C4
St-Senier-sous-Avranches 50 50 C3
St-Senoch 37 116 B4
St-Senoux 35 93 D1
St-Sériès 34 234 C2
St-Sernin 07 203 D3
St-Sernin 11 252 B2
St-Sernin 47 195 F2
St-Sernin-du-Bois 71 139 E2
St-Sernin-du-Plain 71 139 F1
St-Sernin-lès-Lavaur 81 231 D3
St-Sernin-sur-Rance 12 232 A1
St-Sérotin 89 81 E3
St-Servais 22 46 C4
St-Servais 29 45 F2
St-Servant 56 71 F4
St-Setiers 19 166 B3
St-Seurin-de-Bourg 33 177 D3
St-Seurin-de-Cadourne 33 176 C2
St-Seurin-de-Cursac 33 177 D3
St-Seurin-de-Palenne 17 161 E3
St-Seurin-de-Prats 24 195 E1
St-Seurin-sur-l'Isle 33 178 B4
St-Sève 33 195 D3
St-Sever 40 226 B1
St-Sever (Forêt de) 14 51 E2
St-Sever-Calvados 14 51 E2
St-Sever-de-Rustan 65 249 E1
St-Sever-de-Saintonge 17 161 E2
St-Sever-du-Moustier 12 232 B2
St-Séverin 16 178 C2
St-Séverin-d'Estissac 24 179 D4
St-Séverin-sur-Boutonne 17 146 B3
St-Siffret 30 218 C3
St-Sigismond 45 99 D1
St-Sigismond 49 113 D1
St-Sigismond 74 159 D3
St-Sigismond 85 145 F1
St-Sigismond-de-Clermont 17 161 E4
St-Silvain-Bas-le-Roc 23 151 D2
St-Silvain-Bellegarde 23 151 D4
St-Silvain-Montaigut 23 150 A3
St-Silvain-sous-Toulx 23 151 D2
St-Siméon 27 30 C3
St-Siméon 61 74 C1
St-Siméon 77 59 D2
St-Siméon-de-Bressieux 38 188 B1
St-Simeux 16 162 B3
St-Simon 02 19 D3
St-Simon 15 183 D4
St-Simon 16 162 B3
St-Simon 46 198 B2
St-Simon-de-Bordes 17 177 E1
St-Simon-de-Pellouaille 17 161 D3
St-Sixt 74 158 B3
St-Sixte 42 170 A2
St-Sixte 47 212 A3
St-Solen 22 49 E4
St-Solve 19 181 D2
St-Sorlin 69 171 D3
St-Sorlin-d'Arves 73 190 B2
St-Sorlin-de-Conac 17 177 D1
St-Sorlin-de-Morestel 38 172 C3
St-Sorlin-de-Vienne 38 171 F4
St-Sorlin-en-Bugey 01 172 B1
St-Sorlin-en-Valloire 26 187 F2
St-Sornin 03 152 B1
St-Sornin 16 163 D2
St-Sornin 17 160 B2
St-Sornin 85 129 E4
St-Sornin-la-Marche 87 148 C3
St-Sornin-Lavolps 19 181 D1
St-Sornin-Leulac 87 149 E3
St-Soulan 32 228 C3
St-Souplet 59 19 E1
St-Souplet-sur-Py 51 37 D3
St-Soupplets 77 58 B1
St-Sozy 46 198 A1
St-Stail 88 88 B1
St-Suliac 35 49 E3
St-Sulpice 01 156 A2
St-Sulpice 07 219 D1
St-Sulpice 41 98 B4
St-Sulpice 46 198 B3
St-Sulpice 49 114 A1
St-Sulpice 53 95 D1
St-Sulpice 58 120 C4
St-Sulpice 60 33 E2
St-Sulpice 63 167 E3
St-Sulpice 70 107 D3
St-Sulpice 73 173 E3
St-Sulpice 81 230 B2
St-Sulpice-d'Arnoult 17 160 C1
St-Sulpice-de-Cognac 16 161 E2
St-Sulpice-de-Faleyrens 33 194 C1
St-Sulpice-de-Favières 91 57 E4
St-Sulpice-de-Grimbouville 27 30 B2
St-Sulpice-de-Guilleragues 33 195 E3
St-Sulpice-de-Mareuil 24 163 E4
St-Sulpice-de-Pommiers 33 195 D2
St-Sulpice-de-Roumagnac 24 179 D2
St-Sulpice-de-Royan 17 160 B2
St-Sulpice-de-Ruffec 16 163 D1
St-Sulpice-des-Landes 35 93 E2
St-Sulpice-des-Landes 44 94 A4
St-Sulpice-des-Rivoires 38 173 D4
St-Sulpice-d'Excideuil 24 180 A1
St-Sulpice-en-Pareds 85 130 A3
St-Sulpice-et-Cameyrac 33 177 E4
St-Sulpice-la-Forêt 35 73 E3
St-Sulpice-Laurière 87 149 F4
St-Sulpice-le-Dunois 23 150 A2
St-Sulpice-le-Guérétois 23 150 B3
St-Sulpice-le-Verdon 85 129 D1
St-Sulpice-les-Bois 19 166 B3
St-Sulpice-les-Champs 23 150 C4
St-Sulpice-les-Feuilles 87 149 E2
St-Sulpice-sur-Lèze 31 251 F1
St-Sulpice-sur-Risle 61 54 B2
St-Supplet 54 39 E2
St-Sylvain 14 29 E4
St-Sylvain 19 181 F3
St-Sylvain 76 15 D2
St-Sylvain-d'Anjou 49 95 E4
St-Sylvestre 07 187 E4
St-Sylvestre 74 173 F1
St-Sylvestre 87 149 E4
St-Sylvestre-Cappel 59 4 B3
St-Sylvestre-de-Cormeilles 27 30 B3
St-Sylvestre-Pragoulin 63 153 D4
St-Sylvestre-sur-Lot 47 212 A1
St-Symphorien 04 221 F2
St-Symphorien 18 135 F2
St-Symphorien 27 30 C2
St-Symphorien 33 194 B4
St-Symphorien 35 72 C2
St-Symphorien 48 201 F1
St-Symphorien 72 75 F4
St-Symphorien 79 146 B2
St-Symphorien-d'Ancelles 71 155 E2
St-Symphorien-de-Lay 42 170 B1
St-Symphorien-de-Mahun 07 187 D3
St-Symphorien-de-Marmagne 71 139 D2
St-Symphorien-de-Thénières 12 200 A2
St-Symphorien-des-Bois 71 154 C2
St-Symphorien-des-Bruyères 61 54 B2
St-Symphorien-des-Monts 50 51 E4
St-Symphorien-d'Ozon 69 171 F3
St-Symphorien-le-Château 28 79 D1
St-Symphorien-le-Valois 50 26 C2
St-Symphorien-les-Buttes 50 27 F4
St-Symphorien-sous-Chomérac 07 203 F2
St-Symphorien-sur-Coise 69 170 C3
St-Symphorien-sur-Couze 87 149 E4
St-Symphorien-sur-Saône 21 124 A3
St-Thégonnec 29 46 A3
St-Thélo 22 71 D2
St-Théodorit 30 218 A4
St-Théoffrey 38 189 E4
St-Thibaud-de-Couz 73 173 E4
St-Thibault 10 83 D3
St-Thibault 21 122 C2
St-Thibault 60 16 C3
St-Thibault-des-Vignes 77 58 B2
St-Thibaut 02 35 F3
St-Thibéry 34 233 F4
St-Thiébaud 39 125 D4
St-Thiébault 52 85 F3
St-Thierry 51 36 B2
St-Thois 29 69 E2
St-Thomas 02 36 A2
St-Thomas 31 229 E3
St-Thomas-de-Conac 17 177 D1
St-Thomas-de-Courceriers 53 75 F2
St-Thomas-de-Pastoreccia 2B 265 E4
St-Thomas-en-Argonne 51 37 F3
St-Thomas-en-Royans 26 188 B3
St-Thomas-la-Garde 42 170 B3
St-Thomé 07 203 E4
St-Thonan 29 45 E2
St-Thual 35 72 C2
St-Thurial 35 72 C4
St-Thuriau 56 70 D4
St-Thurien 27 30 C2
St-Thurien 29 69 F3
St-Thurin 42 169 E2
St-Tricat 62 3 D2
St-Trimoël 22 71 F1
St-Trinit 84 220 C3
St-Trivier-de-Courtes 01 140 B4
St-Trivier-sur-Moignans 01 155 F3
St-Trojan 33 177 D3
St-Trojan-les-Bains 17 160 A1
St-Tropez 83 245 E1
St-Tugdual 56 70 B3
St-Tugen 29 68 A2
St-Ulphace 72 77 E3
St-Ulrich 68 108 B3
St-Uniac 35 72 B3
St-Urbain 29 45 E3
St-Urbain 52 85 D1
St-Urbain 85 128 B1
St-Urcisse 47 212 A2
St-Urcisse 81 213 E4
St-Urcize 15 200 C2
St-Ursin 50 50 C2
St-Usage 10 84 A4
St-Usage 21 124 A3
St-Usuge 71 140 C3
St-Utin 51 61 E4
St-Uze 26 187 E2
St-Vaast-de-Longmont 60 34 B3
St-Vaast-d'Équiqueville 76 15 F2
St-Vaast-Dieppedalle 76 15 D3
St-Vaast-du-Val 76 15 E3
St-Vaast-en-Auge 14 29 F2
St-Vaast-en-Cambrésis 59 11 D4
St-Vaast-en-Chaussée 80 17 E1
St-Vaast-la-Hougue 50 25 E2
St-Vaast-lès-Mello 60 33 F3
St-Vaast-sur-Seulles 14 28 C3
St-Vaize 17 161 D2
St-Valbert 70 107 D1
St-Valentin 36 134 C1
St-Valérien 85 130 A4
St-Valérien 89 81 E3
St-Valery 60 16 C3
St-Valery-en-Caux 76 15 D2
St-Valery-sur-Somme 80 8 B4
St-Vallerin 71 139 F3
St-Vallier 16 178 B2
St-Vallier 26 187 E2
St-Vallier 71 139 E3
St-Vallier 88 87 D2
St-Vallier-de-Thiey 06 239 F1
St-Vallier-sur-Marne 52 105 E2
St-Varent 79 131 E1
St-Vaury 23 150 A3
St-Venant 62 4 B4
St-Vénérand 43 185 E4
St-Vérain 58 120 A1
St-Véran 05 207 E2
St-Vérand 38 188 B2
St-Vérand 69 171 D1
St-Vérand 71 155 E2
St-Vert 43 185 D1
St-Viance 19 181 D2
St-Viâtre 41 99 E4
St-Viaud 44 111 D2
St-Victeur 72 76 A2
St-Victor 03 151 F1
St-Victor 07 187 D3
St-Victor 15 182 C4
St-Victor 24 179 D2
St-Victor-de-Buthon 28 77 F1
St-Victor-de-Cessieu 38 172 B3
St-Victor-de-Chrétienville 27 30 C4
St-Victor-de-Malcap 30 218 B2
St-Victor-de-Morestel 38 172 C2
St-Victor-de-Réno 61 77 E1
St-Victor-d'Épine 27 30 C3
St-Victor-des-Oules 30 218 C3
St-Victor-en-Marche 23 150 B3
St-Victor-et-Melvieu 12 215 F3
St-Victor-la-Coste 30 219 D3
St-Victor-la-Rivière 63 167 F4
St-Victor-l'Abbaye 76 15 F3
St-Victor-Malescours 43 186 B2
St-Victor-Montvianeix 63 169 D1
St-Victor-Rouzaud 09 252 A3
St-Victor-sur-Arlanc 43 185 E1
St-Victor-sur-Avre 27 54 C3
St-Victor-sur-Loire 42 170 B4
St-Victor-sur-Ouche 21 123 D2
St-Victor-sur-Rhins 42 154 C4
St-Victoret 13 237 D4
St-Victour 19 166 C4
St-Victurnien 87 164 B1
St-Vidal 43 185 E3
St-Vigor 27 55 F1
St-Vigor-des-Mézerets 14 52 A1
St-Vigor-des-Monts 50 51 E1
St-Vigor-d'Ymonville 76 30 B1
St-Vigor-le-Grand 14 28 C2
St-Vincent 15 183 D2
St-Vincent 31 230 C4
St-Vincent 43 185 F3
St-Vincent 63 168 B4
St-Vincent 64 248 C2
St-Vincent 82 213 E2
St-Vincent (Gorge du) 15 183 D3
St-Vincent-Bragny 71 138 C4
St-Vincent-Cramesnil 76 30 B1
St-Vincent-de-Barbeyrargues 34 234 B
St-Vincent-de-Barrès 07 203 F
St-Vincent-de-Boisset 42 154 B
St-Vincent-de-Connezac 24 179 D
St-Vincent-de-Cosse 24 197 D
St-Vincent-de-Durfort 07 203 E
St-Vincent-de-Lamontjoie 47 211 E
St-Vincent-de-Mercuze 38 189 F
St-Vincent-de-Paul 33 177 E
St-Vincent-de-Paul 40 225 E
St-Vincent-de-Pertignas 33 195 D
St-Vincent-de-Reins 69 155 D
St-Vincent-de-Tyrosse 40 224 C
St-Vincent-des-Bois 27 32 A
St-Vincent-des-Landes 44 93 F
St-Vincent-des-Prés 71 139 E
St-Vincent-des-Prés 72 76 C
St-Vincent-d'Olargues 34 232 C
St-Vincent-du-Boulay 27 30 C
St-Vincent-du-Lorouër 72 97 D
St-Vincent-du-Pendit 46 198 C
St-Vincent-en-Bresse 71 140 B
St-Vincent-Jalmoutiers 24 178 C
St-Vincent-la-Châtre 79 147 D
St-Vincent-la-Commanderie 26 188 B4
St-Vincent-le-Paluel 24 197 E
St-Vincent-les-Forts 04 206 C4
St-Vincent-Lespinasse 82 212 B
St-Vincent-Puymaufrais 85 129 F
St-Vincent-Rive-d'Olt 46 197 E4
St-Vincent-Sterlanges 85 129 F2
St-Vincent-sur-Graon 85 129 D4
St-Vincent-sur-Jabron 04 221 E2
St-Vincent-sur-Jard 85 144 B1
St-Vincent-sur-l'Isle 24 180 A2
St-Vincent-sur-Oust 56 92 B2
St-Vinnemer 89 103 D2
St-Vit 25 125 D
St-Vital 73 174 B
St-Vite 47 196 C4
St-Vitte 18 136 A4
St-Vitte-sur-Briance 87 165 D
St-Vivien 17 145 D
St-Vivien 24 195 E1
St-Vivien-de-Blaye 33 177 E3
St-Vivien-de-Médoc 33 160 B4
St-Vivien-de-Monségur 33 195 E3
St-Voir 03 153 E1
St-Vougay 29 45 F2
St-Vrain 51 62 A3
St-Vrain 91 57 E4
St-Vran 22 71 F2
St-Vulbas 01 172 B1
St-Waast 59 11 F3
St-Wandrille-Rançon 76 31 E1
St-Witz 95 34 A4
St-Xandre 17 145 D2
St-Yaguen 40 209 D4
St-Yan 71 154 B1
St-Ybard 19 181 D1
St-Ybars 09 251 F2
St-Yon 91 57 D4
St-Yorre 03 153 E4
St-Yrieix-la-Montagne 23 166 A1
St-Yrieix-la-Perche 87 164 C4
St-Yrieix-le-Déjalat 19 166 A4
St-Yrieix-les-Bois 23 150 B3
St-Yrieix-sous-Aixe 87 164 B1
St-Yrieix-sur-Charente 16 162 B2
St-Ythaire 71 139 F4
St-Yvi 29 69 E3
St-Yvoine 63 168 B3
St-Yzan-de-Soudiac 33 177 E3
St-Yzans-de-Médoc 33 176 C1
St-Zacharie 83 243 F2
Ste-Adresse 76 30 A1
Ste-Agathe 63 169 D2
Ste-Agathe-d'Aliermont 76 16 A2
Ste-Agathe-en-Donzy 42 170 C1
Ste-Agathe-la-Bouteresse 42 170 A2
Ste-Agnès 06 241 E3
Ste-Agnès 38 189 F2
Ste-Agnès 39 141 D3
Ste-Alauzie 46 213 D1
Ste-Alvère 24 179 F4
Ste-Anastasie 15 184 A3
Ste-Anastasie 30 218 C4
Ste-Anastasie-sur-Issole 83 244 B1
Ste-Anne 25 125 E4
Ste-Anne 32 229 D2
Ste-Anne 41 98 A2
Ste-Anne (Col) 13 243 E2
Ste-Anne-d'Auray 56 91 D2
Ste-Anne-la-Palud 29 68 C2
Ste-Anne-St-Priest 87 165 E2
Ste-Anne-sur-Brivet 44 92 C4
Ste-Anne-sur-Gervonde 38 172 B4
Ste-Anne-sur-Vilaine 35 93 D2
Ste-Aulde 77 59 D1
Ste-Aurence-Cazaux 32 228 A4
Ste-Austreberthe 62 9 D2
Ste-Austreberthe 76 15 E4
Ste-Barbe 56 70 A3
Ste-Barbe 57 40 B3
Ste-Barbe 88 87 F1
Ste-Barbe-sur-Gaillon 27 32 A3
Ste-Baume (Gorge de la) 07 203 E4
Ste-Baume (Massif de la) 13,83 238 A4
Ste-Bazeille 47 195 E3
Ste-Beuve-en-Rivière 76 16 B3
Ste-Blandine 38 172 C3
Ste-Blandine 79 146 C2
Ste-Brigitte 56 70 C2
Ste-Camelle 11 252 C1
Ste-Catherine 2B 264 C2
Ste-Catherine 62 10 A3
Ste-Catherine 63 169 D4
Ste-Catherine 69 171 D3

Ste-Catherine-de-Fierbois 37 115 F3
Ste-Cécile 36 117 F3
Ste-Cécile 50 51 D2
Ste-Cécile 71 155 E1
Ste-Cécile 85 129 F2
Ste-Cécile-d'Andorge 30 218 A2
Ste-Cécile-du-Cayrou 81 213 F4
Ste-Cécile-les-Vignes 84 219 E2
Ste-Céronne-lès-Mortagne 61 54 B4
Ste-Cérotte 72 97 E1
Ste-Christie 32 228 B2
Ste-Christie-d'Armagnac 32 227 E1
Ste-Christine 2B 267 F1
Ste-Christine 49 113 D2
Ste-Christine 63 152 B4
Ste-Christine 85 146 A1
Ste-Colombe 16 162 C1
Ste-Colombe 17 177 F2
Ste-Colombe 21 122 C1
Ste-Colombe 25 142 C1
Ste-Colombe 33 195 D1
Ste-Colombe 35 93 F1
Ste-Colombe 40 226 B2
Ste-Colombe 46 198 C2
Ste-Colombe 50 25 D3
Ste-Colombe 66 262 B2
Ste-Colombe 69 171 E4
Ste-Colombe 76 15 D3
Ste-Colombe 77 59 D4
Ste-Colombe 89 103 D4
Ste-Colombe-de-Duras 47 195 E2
Ste-Colombe-de-la-Commanderie 66 262 B2
Ste-Colombe-de-Peyre 48 201 D2
Ste-Colombe-de-Villeneuve 47 211 F1
Ste-Colombe-des-Bois 58 120 B2
Ste-Colombe-en-Bruilhois 47 211 E2
Ste-Colombe-la-Campagne 27 32 A4
Ste-Colombe-la-Commanderie 27 31 E4
Ste-Colombe-sur-Gand 42 170 C1
Ste-Colombe-sur-Guette 11 261 F1
Ste-Colombe-sur-l'Hers 11 252 C4
Ste-Colombe-sur-Loing 89 101 F4
Ste-Colombe-sur-Seine 21 103 F2
Ste-Colome 64 248 B2
Ste-Consorce 69 171 D2
Ste-Croix 01 172 A1
Ste-Croix 02 36 A1
Ste-Croix 12 198 C4
Ste-Croix 24 196 C2
Ste-Croix 26 204 C2
Ste-Croix 46 212 C1
Ste-Croix 71 140 C3
Ste-Croix 81 214 B4
Ste-Croix (Lac de) 04,83 238 C1
Ste-Croix-à-Lauze 04 221 D4
Ste-Croix-aux-Mines 68 88 C2
Ste-Croix-de-Caderle 30 217 F3
Ste-Croix-de-Mareuil 24 163 D4
Ste-Croix-de-Quintillargues 34 234 B1
Ste-Croix-de-Verdon 04 238 C1
Ste-Croix-du-Mont 33 194 C3
Ste-Croix-en-Jarez 42 171 D4
Ste-Croix-en-Plaine 68 89 D4
Ste-Croix-Grand-Tonne 14 28 C3
Ste-Croix-Hague 50 24 C2
Ste-Croix-sur-Aizier 27 30 C2
Ste-Croix-sur-Buchy 76 32 A1
Ste-Croix-sur-Mer 14 28 C2
Ste-Croix-sur-Orne 61 52 C2
Ste-Croix-Vallée-Française 48 217 E2
Ste-Croix-Volvestre 09 251 E2
Ste-Dode 32 228 A4
Ste-Eanne 79 146 C1
Ste-Engrâce 64 247 E3
Ste-Enimie 48 217 D1
Ste-Eugénie-de-Villeneuve 43 185 D3
Ste-Eulalie 07 202 C1
Ste-Eulalie 11 253 E2
Ste-Eulalie 33 177 E4
Ste-Eulalie 48 201 E2
Ste-Eulalie-d'Ans 24 180 B2
Ste-Eulalie-de-Cernon 12 216 B4
Ste-Eulalie-d'Eymet 24 195 F2
Ste-Eulalie-d'Olt 12 200 B4
Ste-Eulalie-en-Born 40 208 B1
Ste-Eulalie-en-Royans 26 188 C3
Ste-Euphémie 01 155 E4
Ste-Euphémie-sur-Ouvèze 26 220 C1
Ste-Eusoye 60 17 E4
Ste-Fauste 36 135 D2
Ste-Féréole 19 181 D2
Ste-Feyre 23 150 B3
Ste-Feyre-la-Montagne 23 166 C1
Ste-Flaive-des-Loups 85 129 D3
Ste-Florence 33 195 D1
Ste-Florence 85 129 F2
Ste-Florine 43 184 C1
Ste-Foi 09 252 C2
Ste-Fortunade 19 181 F2
Ste-Foy 40 209 F4
Ste-Foy 71 154 B2
Ste-Foy 76 15 F3
Ste-Foy 85 128 C3
Ste-Foy-d'Aigrefeuille 31 230 B3
Ste-Foy-de-Belvès 24 197 D2
Ste-Foy-de-Longas 24 196 C1
Ste-Foy-de-Montgommery 14 53 E1
Ste-Foy-de-Peyrolières 31 229 E4
Ste-Foy-la-Grande 33 195 E1
Ste-Foy-la-Longue 33 194 C3
Ste-Foy-l'Argentière 69 170 C2
Ste-Foy-lès-Lyon 69 171 E2
Ste-Foy-St-Sulpice 42 170 B2
Ste-Foy-Tarentaise 73 175 E3
Ste-Gauburge-Ste-Colombe 61 54 A3
Ste-Gemme 17 160 C2
Ste-Gemme 32 228 C1
Ste-Gemme 33 195 D3
Ste-Gemme 36 134 A2
Ste-Gemme 51 35 F4
Ste-Gemme 79 131 D1
Ste-Gemme 81 214 C3
Ste-Gemme-en-Sancerrois 18 119 F1
Ste-Gemme-la-Plaine 85 129 F4
Ste-Gemme-Martaillac 47 210 C1
Ste-Gemme-Moronval 28 56 A3
Ste-Gemmes 41 98 B2
Ste-Gemmes-d'Andigné 49 94 C3
Ste-Gemmes-le-Robert 53 75 E3
Ste-Gemmes-sur-Loire 49 113 F1
Ste-Geneviève 02 20 B3
Ste-Geneviève 50 25 E2
Ste-Geneviève 54 64 B2
Ste-Geneviève 60 33 E3
Ste-Geneviève 76 16 A4
Ste-Geneviève-des-Bois 45 101 D2
Ste-Geneviève-des-Bois 91 57 E4
Ste-Geneviève-lès-Gasny 27 32 B4
Ste-Geneviève-sur-Argence 12 200 A2
Ste-Germaine 10 84 B3
Ste-Hélène 33 176 C4
Ste-Hélène 48 201 F4
Ste-Hélène 56 90 C2
Ste-Hélène 71 139 F2
Ste-Hélène 88 87 F2
Ste-Hélène-Bondeville 76 14 B3
Ste-Hélène-du-Lac 73 173 F4
Ste-Hélène-sur-Isère 73 174 B3
Ste-Hermine 85 129 F3
Ste-Honorine-de-Ducy 14 28 B3
Ste-Honorine-des-Pertes 14 28 B2
Ste-Honorine-du-Fay 14 28 C4
Ste-Honorine-la-Chardonne 61 52 B2
Ste-Honorine-la-Guillaume 61 52 C2
Ste-Innocence 24 195 F2
Ste-Jalle 26 220 B1
Ste-Jamme-sur-Sarthe 72 76 B3
Ste-Julie 01 172 B1
Ste-Juliette 82 212 C2
Ste-Juliette-sur-Viaur 12 215 D2
Ste-Léocadie 66 261 D4
Ste-Lheurine 17 161 E4
Ste-Livière 52 62 A4
Ste-Livrade 31 229 E2
Ste-Livrade-sur-Lot 47 196 B4
Ste-Lizaigne 36 118 B4
Ste-Luce 38 205 F1
Ste-Luce-sur-Loire 44 112 A2
Ste-Lucie 2B 65 E2
Ste-Lucie-de-Tallano 2A 269 D2
Ste-Lunaise 18 135 F1
Ste-Magnance 89 122 A1
Ste-Marguerite 43 185 D2
Ste-Marguerite 88 88 B2
Ste-Marguerite-de-Carrouges 61 52 C4
Ste-Marguerite-de-l'Autel 27 54 C2
Ste-Marguerite-de-Viette 14 53 E1
Ste-Marguerite-d'Elle 14 27 F3
Ste-Marguerite-des-Loges 14 53 E1
Ste-Marguerite-en-Ouche 27 54 B1
Ste-Marguerite-Lafigère 07 202 B4
Ste-Marguerite-sur-Duclair 76 31 D1
Ste-Marguerite-sur-Fauville 76 14 C3
Ste-Marguerite-sur-Mer 76 15 E2
Ste-Marie 05 205 D4
Ste-Marie 08 37 E3
Ste-Marie 15 200 B1
Ste-Marie 25 107 E4
Ste-Marie 32 228 C2
Ste-Marie 35 92 C2
Ste-Marie 44 110 C3
Ste-Marie 58 120 C3
Ste-Marie 65 258 B2
Ste-Marie 66 263 D2
Ste-Marie (Col de) 68,88 88 C2
Ste-Marie-à-Py 51 37 E3
Ste-Marie-au-Bosc 76 14 A3
Ste-Marie-aux-Anglais 14 29 F4
Ste-Marie-aux-Chênes 57 39 F3
Ste-Marie-aux-Mines 68 88 C2
Ste-Marie-Cappel 59 4 B3
Ste-Marie-d'Alloix 38 189 F1
Ste-Marie-d'Alvey 73 173 D3
Ste-Marie-de-Chignac 24 179 F3
Ste-Marie-de-Cuines 73 190 B1
Ste-Marie-de-Gosse 40 225 D3
Ste-Marie-de-Ré 17 144 C3
Ste-Marie-de-Vars 05 207 D2
Ste-Marie-de-Vatimesnil 27 32 B3
Ste-Marie-de-Vaux 87 164 B1
Ste-Marie-des-Champs 76 15 D4
Ste-Marie-des-Chazes 43 185 D3
Ste-Marie-du-Bois 50 51 E4
Ste-Marie-du-Bois 53 75 E1
Ste-Marie-du-Lac-Nuisement 51 61 F4
Ste-Marie-du-Menez-Hom 29 68 C1
Ste-Marie-du-Mont 38 173 E4
Ste-Marie-du-Mont 50 25 E4
Ste-Marie-en-Chanois 70 107 D1
Ste-Marie-en-Chaux 70 106 C2
Ste-Marie-Kerque 62 3 E2
Ste-Marie-la-Blanche 21 123 E4
Ste-Marie-la-Robert 61 52 C4
Ste-Marie-Lapanouze 19 182 C1
Ste-Marie-Laumont 14 51 E1
Ste-Marie-Outre-l'Eau 14 51 E1
Ste-Marie-sur-Ouche 21 123 D2
Ste-Marthe 27 55 D1
Ste-Marthe 47 195 E4
Ste-Maure 10 83 D2
Ste-Maure-de-Peyriac 47 210 C3
Ste-Maure-de-Touraine 37 115 F4
Ste-Maxime 83 245 E1
Ste-Même 17 161 E1
Ste-Menehould 51 38 A4
Ste-Mère 32 211 F4
Ste-Mère-Église 50 25 D3
Ste-Mesme 78 79 E1
Ste-Mondane 24 197 E1
Ste-Montaine 18 118 C1
Ste-Mulders (Chapelle) 62 3 F3
Ste-Nathalène 24 197 E1
Ste-Néomaye 79 146 C1
Ste-Odile (Mont) 67 66 C4
Ste-Olive 01 155 F4
Ste-Opportune 61 52 B3
Ste-Opportune-du-Bosc 27 31 D3
Ste-Opportune-la-Mare 27 30 C2
Ste-Orse 24 180 B2
Ste-Osmane 72 97 D2
Ste-Ouenne 79 146 B1
Ste-Pallaye 89 102 B3
Ste-Paule 69 155 D4
Ste-Pazanne 44 111 E3
Ste-Pexine 85 129 F3
Ste-Pience 50 50 C2
Ste-Pôle 54 65 F4
Ste-Preuve 02 20 A4
Ste-Radegonde 12 215 E1
Ste-Radegonde 17 160 C1
Ste-Radegonde 24 196 B2
Ste-Radegonde 32 228 B1
Ste-Radegonde 33 195 D1
Ste-Radegonde 71 138 C3
Ste-Radegonde 79 114 A4
Ste-Radégonde 86 132 C3
Ste-Radégonde-des-Noyers 85 145 E1
Ste-Ramée 17 161 D4
Ste-Reine 70 106 A4
Ste-Reine 73 174 A3
Ste-Reine-de-Bretagne 44 92 B4
Ste-Restitute 2B 264 B3
Ste-Roseline 83 239 E3
Ste-Ruffine 57 40 B4
Ste-Sabine 21 123 D3
Ste-Sabine 24 196 B2
Ste-Sabine-sur-Longève 72 76 A3
Ste-Savine 10 83 D2
Ste-Scolasse-sur-Sarthe 61 84 A4
Ste-Segrée 80 16 C3
Ste-Sève 29 46 A3
Ste-Sévère 16 161 F2
Ste-Sévère-sur-Indre 36 150 C1
Ste-Sigolène 43 186 B2
Ste-Solange 18 119 E3
Ste-Soline 79 147 D2
Ste-Souline 16 178 B1
Ste-Soulle 17 145 E2
Ste-Suzanne 09 251 F2
Ste-Suzanne 25 107 F4
Ste-Suzanne 53 75 E4
Ste-Suzanne 64 225 F3
Ste-Suzanne-sur-Vire 50 27 E4
Ste-Terre 33 195 D1
Ste-Thérence 03 151 F2
Ste-Thorette 18 118 C4
Ste-Tréphine 22 70 C2
Ste-Trie 24 180 C2
Ste-Tulle 04 237 F1
Ste-Valière 11 254 B1
Ste-Vaubourg 08 37 E1
Ste-Verge 79 114 B4
Ste-Vertu 89 102 C3
Ste-Victoire (Montagne) 13 237 F3
Sainteny 50 27 D3
Saintes 17 161 D2
Stes-Maries-de-la-Mer 13 235 E4
Saintines 60 34 B3
Saintry-sur-Seine 91 58 A4
Saints 77 58 C3
Saints 89 101 F4
Sts-Geosmes 52 105 D2
Sts-Peyres (Barrage des) 81 232 A3
Sainville 28 79 E2
Saire 50 25 D2
Saires 86 132 A1
Saires-la-Verrerie 61 52 B3
Saisies (Col des) 73 174 C2
Saissac 11 253 D1
Saisseval 80 17 D2
Saisy 71 139 E1
Saivres 79 146 C1
Le Saix 05 205 E4
Saix 81 231 E3
Saix 86 114 C3
Saizenay 39 125 D4
Saizerais 54 64 B2
Saizy 58 121 E2
Sajas 31 229 D4
Salagnac 24 180 B2
Salagnon 38 172 B3
Salagou (Barrage du) 34 233 E2
Salaise-sur-Sanne 38 187 E1
Salans 39 125 D3
Salasc 34 233 E3
Salaunes 33 176 C4
Salavas 07 218 C1
Salavre 01 156 C1
Salazac 30 219 D2
Salbris 41 118 B1
Les Salces 48 200 C3
Saléchan 65 250 B4
Saleich 31 259 D2
Saleignes 17 146 C4
Saleilles 66 262 C2
Les Salelles 07 202 C4
Les Salelles 48 201 D4
Salency 60 18 C4
Salenthal 67 66 C3
Saléon 05 221 E1
Salérans 05 221 D2
Salerm 31 250 C1
Salernes 83 238 C3
Salers 15 183 D3
Sales 74 173 E1
Salesches 59 11 E3
La Salette-Fallavaux 38 206 A1
Salettes 26 204 A3
Salettes 43 202 B1
Saleux 80 17 E2
Salève (Mont) 74 158 A3
Salice 2A 266 C3
Saliceto 2B 265 E4
Saliès 81 231 E1
Salies-de-Béarn 64 225 E3
Salies-du-Salat 31 251 D3
Salignac 04 221 F2
Salignac 33 177 E4
Salignac-de-Mirambeau 17 177 E1
Salignac-Eyvigues 24 180 C4
Salignac-sur-Charente 17 161 E3
Saligney 39 124 C2
Saligny 85 129 D2
Saligny 89 81 F3
Saligny-le-Vif 18 119 F4
Saligny-sur-Roudon 03 153 F1
Saligos 65 257 E3
Salin-de-Giraud 13 236 A4
Salindres 30 218 B2
Salinelles 30 234 C1
Salins 15 182 C2
Salins 77 81 D1
Salins-les-Bains 39 125 D4
Salins-les-Thermes 73 174 C4
Salives 21 104 B3
Sallagriffon 06 223 E4
Sallanches 74 159 D4
Sallaumines 62 10 B2
La Salle 71 155 F1
La Salle 88 88 A2
La Salle-de-Vihiers 49 113 E3
La Salle-en-Beaumont 38 205 F1
La Salle-et-Chapelle-Aubry 49 113 D2
La Salle les Alpes 05 191 D4
La Salle-Prunet 48 217 E1
Sallebœuf 33 194 B1
Sallèdes 63 168 C3
Sallèles-Cabardès 11 253 F1
Sallèles-d'Aude 11 254 C2
Sallen 14 28 B4
Sallenelles 14 29 E3
Sallenôves 74 157 F4
Sallertaine 85 128 B1
Salles 33 193 E3
Salles 47 196 C3
Salles 65 257 D2
Salles 79 147 D1
Salles 81 214 B3
Salles (Croix des) 74 174 C1
Les Salles 33 195 E1
Les Salles 42 169 E1
Salles-Adour 65 249 E2
Salles-Arbuissonnas-en-Beaujolais 69 155 E4
Salles-Courbatiès 12 199 D4
Salles-Curan 12 215 F2
Salles-d'Angles 16 161 F3
Salles-d'Armagnac 32 227 D1
Salles-d'Aude 11 255 D2
Salles-de-Barbezieux 16 162 A4
Salles-de-Belvès 24 197 D2
Salles-de-Villefagnan 16 147 E4
Les Salles-du-Gardon 30 218 A2
Salles-et-Pratviel 31 258 B3
Salles-la-Source 12 199 F4
Salles-Lavalette 16 178 C1
Les Salles-Lavauguyon 87 163 F2
Salles-Mongiscard 64 225 F3
Salles-sous-Bois 26 204 A4
Salles-sur-Garonne 31 251 E1
Salles-sur-l'Hers 11 252 B1
Salles-sur-Mer 17 145 D3
Les Salles-sur-Verdon 83 238 C1
Sallespisse 64 226 A3
Salmagne 55 62 C3
Salmaise 21 123 D1
Salmbach 67 43 F4
Salmiech 12 215 E2
Salomé 59 10 A1
Salon 10 60 B4
Salon 24 179 F4
Salon-de-Provence 13 236 C2
Salon-la-Tour 19 165 D4
Salonnes 57 65 D2
Salornay-sur-Guye 71 139 F4
Salouël 80 17 E2
Salperwick 62 3 F3
Salsein 09 259 D3
Salses-le-Château 66 262 C1
Salsigne 11 253 E1
Salt-en-Donzy 42 170 C2
Salvagnac 81 213 F4
Salvagnac-Cajarc 12 198 B4
Salvagnac-St-Loup 12 198 C4
La Salvetat-Belmontet 82 213 E4
La Salvetat-Lauragais 31 230 C3
La Salvetat-Peyralès 12 214 C2
La Salvetat-St-Gilles 31 229 F3
La Salvetat-sur-Agout 34 232 B3
Salvezines 11 261 F1
Salvi (Col de) 2B 264 B3
Salviac 46 197 E2
Salvizinet 42 170 B2
Salza 11 253 F3
Salzuit 43 185 D2
Samadet 40 226 B2
Saman 31 250 B2
Samaran 32 228 B4
Samatan 32 229 D4
Samazan 47 195 E4
Sambin 41 117 D1
Sambourg 89 103 D2
Sambre 2,59 11 F4
Saméon 59 11 D1
Samer 62 2 C4
Samerey 21 124 B3
Sames 64 225 D3
Sammarçolles 86 115 D4
Sammeron 77 58 C1
Samoëns 74 159 D3
Samognat 01 157 D2
Samogneux 55 38 C3
Samois-sur-Seine 77 80 C1
Samonac 33 177 D3
Samoreau 77 80 C1
Samouillan 31 251 D1
Samoussy 02 19 F4
Sampans 39 124 B3
Sampigny 55 63 D2
Sampigny-lès-Maranges 71 139 F1
Sampolo 2A 267 D4
Sampzon 07 203 D4
Samson 25 125 D4
Samsons-Lion 64 227 D4
Samuran 65 250 B3
San Cervone (Col de) 2B 267 E1
San-Damiano 2B 265 E4
San-Gavino-d'Ampugnani 2B 265 E4
San-Gavino-di-Carbini 2A 269 D2
San-Gavino-di-Fiumorbo 2B 267 E3
San-Gavino-di-Tenda 2B 265 D3
San-Giovanni-di-Moriani 2B 265 F4
San-Giuliano 2B 267 F1
San-Lorenzo 2B 265 E4
San-Martino-di-Lota 2B 265 E2
San-Michele de Murato 2B 265 E3
San-Nicolao 2B 265 F4
San Pietro di Verde (Forêt de) 2A,2B 267 D3
San Stefano (Col de) 2B 265 E3
Sana 31 251 D2
Sanary-sur-Mer 83 244 A3
Sancé 71 155 F1
Sancergues 18 120 A3
Sancerre 18 119 F2
Sancey-le-Grand 25 126 B2
Sancey-le-Long 25 126 B2
Sancheville 28 78 C3
Sanchey 88 87 D3
Sancoins 18 136 C2
Sancourt 27 32 C2
Sancourt 59 10 C3
Sancourt 80 18 C3
Sancy 54 39 F2
Sancy 77 58 C2
Sancy (Puy de) 63 167 E4
Sancy-les-Cheminots 02 35 E2
Sancy-lès-Provins 77 59 E3
Sand 67 89 E1
Sandarville 28 78 B2
Sandaucourt 88 86 B2
Sandillon 45 99 F2
Sandouville 76 30 B1
Sandrans 01 156 A3
Sangatte 62 2 C2
Sanghen 62 3 D3
Sanguinaires (Iles) 2A 266 A4
Sanguinet 40 193 D4
Sanilhac 07 202 C3
Sanilhac-Sagriès 30 218 C4
Sannat 23 151 E3
Sannerville 14 29 E3
Sannes 84 237 E1
Sannois 95 57 E1
Sanous 65 227 E4
Sanry-lès-Vigy 57 40 B3
Sanry-sur-Nied 57 40 C4
Sans-Vallois 88 86 C3
Sansa 66 261 E2
Sansac-de-Marmiesse 15 199 E1
Sansac-Veinazès 15 199 E2
Sansais 79 146 A2
Sansan 32 228 B3
Sanssac-l'Église 43 185 E3
Sanssat 03 153 E2
Santa-Lucia-di-Mercurio 2B 267 D1
Santa-Lucia-di-Moriani 2B 265 F4
Santa-Manza (Golfe de) 2A 269 E4
Santa-Maria 2B 264 C1
Santa-Maria-di-Lota 2B 265 E2
Santa-Maria-Figaniella 2A 268 C2
Santa-Maria-Poggio 2B 267 F1
Santa-Maria-Sicché 2A 268 C1
Santa-Reparata-di-Balagna 2B 264 C3
Santa-Reparata-di-Moriani 2B 265 F4
Sant'Andréa-di-Bozio 2B 267 E1
Sant'Andréa-di-Cotone 2B 267 F1
Sant'Andréa-d'Orcino 2A 266 B3
Santans 39 124 C4
Sant'Antonino 2B 264 C3
Santeau 45 79 F4
Santec 29 45 F1
Santenay 21 139 F1
Santenay 41 98 A4
Santeny 94 58 A3
Santes 59 5 D4
Santeuil 28 79 D2
Santeuil 95 33 D4
Santigny 89 103 D4
Santilly 28 79 D3
Santilly 71 139 F3
Santo-Pietro-di-Tenda 2B 265 E3
Santo-Pietro-di-Venaco 2B 267 D2
Santoche 25 126 A1
Santosse 21 123 D4
Santranges 18 119 F1
Sanvensa 12 214 B1
Sanvignes-les-Mines 71 139 D3
Sanxay 86 131 F4
Sanzay 79 131 D1
Sanzey 54 63 F2
Saon 14 28 B2
Saône 25 125 E2
Saône 1,21,69,70,71,88 124 B2
Saonnet 14 28 B2
Saorge 06 241 F2
Saosnes 72 76 B2
Saou 26 204 B2
Le Sap 61 54 A2
Le Sap-André 61 54 A2
Sapignicourt 51 62 A3
Sapignies 62 10 A4
Sapin Président 39 142 A1
Sapogne-et-Feuchères 08 21 F3
Sapogne-sur-Marche 08 22 B4
Sapois 39 142 A2
Sapois 88 88 A4
Saponay 02 35 E3
Saponcourt 70 106 B1
Le Sappey 74 158 A3
Le Sappey-en-Chartreuse 38 189 E2
Saramon 32 228 C3
Saran 45 99 E1
Saraz 25 125 E4
Sarbazan 40 210 A3
Sarcé 72 96 B3
Sarceaux 61 55 D3
Sarcelles 95 57 E1
Sarcenas 38 189 E1
Sarcey 52 85 E4
Sarcey 69 171 D1
Sarcicourt 52 85 D3
Sarcos 32 228 B4
Sarcus 60 16 C3
Sarcy 51 36 A3
Sardan 30 234 C1
Sardent 23 150 B4
Sardieu 38 188 B1
Sardon 63 152 C4
Sardy-lès-Epiry 58 121 E3
Sare 64 224 B4
Sargé-lès-le-Mans 72 76 B4
Sargé-sur-Braye 41 97 E1
Sari-d'Orcino 2A 266 B3
Sari-Solenzara 2A 269 F1
Sariac-Magnoac 65 250 A1
Sarlabous 65 257 F2
Sarlande 24 164 B4
Sarlat-la-Canéda 24 197 E1
Sarliac-sur-l'Isle 24 180 A2
Sarniguet 65 249 E1
Sarnois 60 17 D4
Saron-sur-Aube 51 60 A4
Sarp 65 250 B3
Sarpourenx 64 225 F4
Sarragachies 32 227 D2
Sarrageois 25 142 B2
Sarraguzan 32 249 F1
Sarralbe 57 41 F4
Sarraltroff 57 66 A2
Sarran 19 182 A1
Sarrance 64 248 A3
Sarrancolin 65 249 F3
Sarrans (Barrage de) 12 200 A1
Sarrant 32 229 D1
Sarras 07 187 E2
Sarrazac 24 180 B1
Sarrazac 46 181 E4
Sarraziet 40 226 B2
Sarre 57,67 42 A4
Sarre-Union 67 66 A1
Sarrebourg 57 66 A2
Sarrecave 31 250 B2
Sarreguemines 57 42 A3
Sarreinsming 57 42 A3
Sarremezan 31 250 B2
Sarrewerden 67 66 A1
Sarrey 52 85 E4
Sarriac-Bigorre 65 227 E4
Sarrians 84 219 F3
Sarrigné 49 95 E4
Sarrogna 39 141 E4
Sarrola-Carcopino 2A 266 C3
Sarron 40 226 C3
Sarrouilles 65 249 E2
Sarroux 19 183 C1
Sarry 51 61 D2
Sarry 71 154 B2
Sarry 89 103 D3
Le Sars 62 18 B1
Sars-et-Rosières 59 11 D2
Sars-le Bois 62 9 E3
Sars-Poteries 59 12 B4
Sartène 2A 268 C3
Sartes 88 86 A2
Sarthe 49,72 76 B4
Sartilly 50 50 C2
Sarton 62 9 E4
Sartre (Cascade du) 15 183 E2
Sartrouville 78 57 D1
Sarzay 36 135 D3
Sarzeau 56 91 E3
Sasnières 41 97 F3
Sassangy 71 139 F3
Sassay 41 117 E1
Sassegnies 59 11 F4
Sassenage 38 189 D2
Sassenay 71 140 A2
Sassetot-le-Malgardé 76 15 E3
Sassetot-le-Mauconduit 76 14 C3
Sasseville 76 15 D3
Sassey 27 31 F4
Sassey-sur-Meuse 55 38 B1
Sassierges-St-Germain 36 135 D2
Sassis 65 257 E3
Sassy 14 53 D1
Sathonay-Camp 69 171 E1
Sathonay-Village 69 171 F1
Satillieu 07 187 D3
Satolas-et-Bonce 38 172 A2
Saturargues 34 234 C2
Saubens 31 229 F4
Saubion 40 224 C2
Saubole 64 249 D1
Saubrigues 40 224 C2
Saubusse 40 225 D2
Saucats 33 194 A2
Saucède 64 247 F1
La Saucelle 28 55 D4
Sauchay 76 15 F2
Sauchy-Cauchy 62 10 C3
Sauchy-Lestrée 62 10 C3
Sauclières 12 216 C4
Saucourt-sur-Rognon 52 85 D2
Saudemont 62 10 B3
Saudoy 51 60 A3
Saudron 52 85 E1
Saudrupt 55 62 B3
Saugeot 39 141 F3
Saugnac-et-Cambran 40 225 E2
Saugnacq-et-Muret 40 193 E4
Saugon 33 177 E2
Saugues 43 185 D4
Sauguis-St-Étienne 64 247 E2
Saugy 18 135 E1
Saujac 12 198 C4
Saujon 17 160 C2
La Saulce 05 206 A4
Saulce-sur-Rhône 26 203 F2
Saulces-Champenoises 08 37 E1
Saulces-Monclin 08 21 D4
Saulcet 03 153 D2
Saulchery 02 59 E1
Saulchoy 62 8 C2
Le Saulchoy 60 17 D4
Saulchoy-sous-Poix 80 17 D3
Saulcy 10 84 B2
Le Saulcy 88 88 B1
Saulcy-sur-Meurthe 88 88 B2
Sauldre 18,41 118 A2
Saules 25 125 F3
Saules 71 139 F3
Saulgé 86 148 C1
Saulgé-l'Hôpital 49 114 A2
Saulges 53 95 E1
Saulgond 16 163 F1
Sauliac-sur-Célé 46 198 B4
Saulieu 21 122 B2
Saulire (Sommet de) 73 175 D4
Saulles 52 105 E3
Saulmory-et-Villefranche 55 38 B1
Saulnay 36 133 F2
Saulnes 54 23 E4
Saulnières 28 55 E3
Saulnières 35 93 E1
Saulnot 70 107 E3
Saulny 57 40 B3
Saulon-la-Chapelle 21 123 F3
Saulon-la-Rue 21 123 F3
La Saulsotte 10 59 F4
Sault 84 220 C3
Sault (Plateau de) 11 261 D1
Sault-Brénaz 01 172 C1
Sault-de-Navailles 64 226 A3
Sault-lès-Rethel 08 37 D1
Sault-St-Remy 08 36 C1
Saultain 59 11 E2
Saulty 62 9 F3
Saulx 70 106 C3
Saulx-en-Barrois 55 63 D3
Saulx-le-Duc 21 104 C4
Saulx-lès-Champlon 55 39 D4
Saulx-les-Chartreux 91 57 E3
Saulx-Marchais 78 56 C2
Saulxerotte 54 86 B1
Saulxures 52 105 F1
Saulxures 67 88 C1
Saulxures-lès-Bulgnéville 88 86 B3
Saulxures-lès-Nancy 54 64 C3
Saulxures-lès-Vannes 54 63 F4
Saulxures-sur-Moselotte 88 88 A4
Saulzais-le-Potier 18 136 A4
Saulzet 03 152 C3
Saulzet-le-Froid 63 167 F3
Saulzoir 59 11 D3
Saumane 04 221 D3
Saumane 30 217 E3
Saumane-de-Vaucluse 84 220 A4
Sauméjan 47 210 B2
Saumeray 28 78 B3
Saumont 47 211 E3
Saumont-la-Poterie 76 16 B4
Saumos 33 176 B4
Saumur 49 114 B2
Saunay 37 97 F4
La Saunière 23 150 B3
Saunières 71 140 B1
Sauqueuse-St-Lucien 60 33 D1
Sauqueville 76 15 E2
Saurais 79 131 E3
Saurat 09 252 A4
Sauret-Besserve 63 152 A4
Saurier 63 168 A4
Sausheim 68 108 C2
Saussan 34 234 B3
Saussay 28 55 F2
Saussay 76 15 E4
Saussay-la-Campagne 27 32 B2
La Saussaye 27 31 E3
Saussemesnil 50 25 D2
Saussenac 81 214 C4
Saussens 31 230 B3
Sausses 04 223 D3
Sausset-les-Pins 13 242 C2
Sausseuzemare-en-Caux 76 14 B4
Saussey 21 122 C4
Saussey 50 26 C4
Saussignac 24 195 F2
Saussines 34 234 C1
Saussy 21 123 E1
Sautadet (Cascade du) 30 219 D2
Sautel 09 252 C4
Sauternes 33 194 B3
Sautet (Barrage du) 38 205 F1
Sauteyrargues 34 234 B1
Sauto 66 261 E3
Sautron 44 111 E2
Sauvage-Magny 52 84 B1
La Sauvagère 61 52 B4
Les Sauvages 69 170 C1
Sauvagnac 16 163 E2
Sauvagnac (Signal de) 87 149 F4
Sauvagnas 47 212 A2
Sauvagnat 63 167 D2
Sauvagnat-Ste-Marthe 63 168 B3
Sauvagney 25 125 D2
Sauvagnon 64 226 B4
Sauvagny 03 152 A1
Sauvain 42 169 F3
Sauvat 15 183 D2
Sauve 30 217 F4
La Sauve 33 194 C2
Sauvelade 64 226 A4
Sauverny 01 158 A1
Sauvessanges 63 185 E1
La Sauvetat 32 228 B1
La Sauvetat 63 168 B3
La Sauvetat-de-Savères 47 212 A2
La Sauvetat-du-Dropt 47 195 F3
La Sauvetat-sur-Lède 47 196 B4
La Sauveté 42 169 F2

326 Sau - Som

Sauveterre 30 219 E3
Sauveterre 32 228 C4
Sauveterre 48 217 D1
Sauveterre 65 227 E4
Sauveterre 81 232 A4
Sauveterre 82 213 D2
Sauveterre (Causse de) 48 216 C1
Sauveterre-de-Béarn 64 225 E4
Sauveterre-de-Comminges 31 250 B3
Sauveterre-de-Guyenne 33 195 D2
Sauveterre-de-Rouergue 12 214 C2
Sauveterre-la-Lémance 47 197 D3
Sauveterre-St-Denis 47 211 F2
Sauviac 32 228 A4
Sauviac 33 194 C4
Sauvian 34 255 D1
Sauviat 63 169 D2
Sauviat-sur-Vige 87 165 E1
Sauvignac 16 178 A2
Sauvigney-lès-Gray 70 124 C1
Sauvigney-lès-Pesmes 70 124 B2
Sauvigny 55 63 E4
Sauvigny-le-Beuréal 89 122 A1
Sauvigny-le-Bois 89 102 C4
Sauvigny-les-Bois 58 137 E1
Sauville 08 21 F4
Sauville 88 86 A3
Sauvillers-Mongival 80 17 F3
Sauvimont 32 229 D4
Sauvoy 55 63 E3
Saux 46 212 C1
Saux 82 213 E2
Saux-et-Pomarède 31 250 B2
Sauxillanges 63 168 C4
Sauze 06 223 E2
Le Sauze 04 207 D4
Le Sauze-du-Lac 05 206 C3
Sauzé-Vaussais 79 147 E3
Sauzelles 36 133 E3
Sauzet 26 203 F3
Sauzet 30 218 B4
Sauzet 46 197 E4
La Sauzière-St-Jean 81 213 F4
Sauzon 56 90 B3
Savarthès 31 250 C2
Savas 07 187 D2
Savas-Mépin 38 172 A4
Savasse 26 203 F3
Save 31,32,65 228 C4
Savenay 44 111 D1
Savenès 82 229 E1
Savennes 23 150 B3
Savennes 63 167 D3
Savennières 49 113 E1
Saverdun 09 252 A2
Savères 31 251 D1
Saverne 67 66 C2
Saveuse 80 17 E2
Savianges 71 139 F3
Savières 10 82 C2
Savigna 39 141 E4
Savignac 12 214 A1
Savignac 33 195 D4
Savignac-de-Duras 47 195 E2
Savignac-de-l'Isle 33 177 F4
Savignac-de-Miremont 24 180 A4
Savignac-de-Nontron 24 163 F4
Savignac-Lédrier 24 180 C1
Savignac-les-Églises 24 180 A2
Savignac-les-Ormeaux 09 260 C2
Savignac-Mona 32 229 D4
Savignac-sur-Leyze 47 196 C4
Savignargues 30 218 A4
Savigné 86 147 F3
Savigné-l'Évêque 72 76 B4
Savigné-sous-le-Lude 72 96 A3
Savigné-sur-Lathan 37 115 E1
Savigneux 01 155 F4
Savigneux 42 170 B3
Savignies 60 33 D1
Savigny 50 27 D4
Savigny 52 105 F3
Savigny 69 171 D2
Savigny 74 157 F3
Savigny 88 87 D2
Savigny-en-Revermont 71 141 D3
Savigny-en-Sancerre 18 119 F1
Savigny-en-Septaine 18 119 D4
Savigny-en-Terre-Plaine 89 103 D4
Savigny-en-Véron 37 114 C3
Savigny-le-Sec 21 123 E1
Savigny-le-Temple 77 58 A4
Savigny-le-Vieux 50 51 E4
Savigny-lès-Beaune 21 123 D4
Savigny-Lévescault 86 132 B4
Savigny-Poil-Fol 58 138 B2
Savigny-sous-Faye 86 132 A1
Savigny-sous-Mâlain 21 123 D2
Savigny-sur-Aisne 08 37 E2
Savigny-sur-Ardres 51 36 A3
Savigny-sur-Braye 41 97 E2
Savigny-sur-Clairis 89 81 E4
Savigny-sur-Grosne 71 139 F3
Savigny-sur-Orge 91 57 E3
Savigny-sur-Seille 71 140 B3
Savilly 21 122 B3
Savine (Col de la) 39 142 A3
Savines-le-Lac 05 206 C3
Savins 77 81 E1
Savoillan 84 220 C2
Savoisy 21 103 F3
Savolles 21 124 A1
Savonnières 37 115 F2
Savonnières-devant-Bar 55 62 C2
Savonnières-en-Perthois 55 62 C4
Savonnières-en-Woëvre 55 63 E1
Savouges 21 123 F3
Savournon 05 205 E4
Savoyeux 70 106 A4
Savy 02 19 D2
Savy-Berlette 62 9 F2
Saxel 74 158 B2
Saxi-Bourdon 58 120 C4
Saxon-Sion 54 86 C1
Sayat 63 168 A2
Saze 30 219 E4
Sazeray 36 150 C1
Sazeret 03 152 B2
Sazilly 37 115 E3
Sazos 65 257 E3
Scaër 29 69 F3
Scala di Santa Regina (Défilé de la) 2B 266 C1
Scandola (Réserve naturelle de) 2A 266 A1
Scarpe 59,62 10 C2
Scata 2B 265 E4
Sceau-St-Angel 24 163 E4
Sceautres 07 203 E3
Sceaux 89 103 D4
Sceaux 92 57 E3
Sceaux-d'Anjou 49 95 D3
Sceaux-du-Gâtinais 45 80 B4
Sceaux-sur-Huisne 72 77 D4
Scey-en-Varais 25 125 E3
Scey-sur-Saône-et-St-Albin 70 106 B3
Schaeffersheim 67 67 D4
Schaffhouse-près-Seltz 67 67 F1
Schaffhouse-sur-Zorn 67 67 D2
Schalbach 57 66 B2
Schalkendorf 67 67 D1
Scharrachbergheim 67 66 C3
Scheibenhard 67 43 F4
Scherlenheim 67 66 C2
Scherwiller 67 89 D2
Schillersdorf 67 66 C1
Schiltigheim 67 67 D3
Schirmeck 67 66 B4
Schirrhein 67 67 E1
Schirrhoffen 67 67 E1
Schleithal 67 43 F4
Schlierbach 68 108 C2
Schlucht (Col de la) 88 88 B3
Schmittviller 57 42 B4
Schneckenbusch 57 66 A2
Schnersheim 67 67 D3
Schœnau 67 89 E2
Schœnbourg 67 66 B2
Schœneck 57 41 E3
Schœnenbourg 67 43 E4
Schopperten 67 66 A1
Schorbach 57 42 B3
Schwabwiller 67 67 E1
Schweighouse-sur-Moder 67 67 D2
Schweighouse-Thann 68 108 B2
Schwenheim 67 66 C2
Schwerdorff 57 41 D2
Schweyen 57 42 B3
Schwindratzheim 67 67 D2
Schwoben 68 108 C3
Schwobsheim 67 89 E2
La Scia 38 189 E1
Sciecq 79 146 B1
Scientrier 74 158 B3
Scieurac-et-Flourès 32 227 F3
Sciez 74 158 B1
Scillé 79 140 C3
Scionzier 74 158 C3
Scolca 2B 265 E3
Scorbé-Clairvaux 86 132 B2
Scorff 56 70 B4
Scrignac 29 46 B4
Scrupt 51 62 A3
Scy-Chazelles 57 40 B3
Scye 70 106 B3
Sdragonato (Grotte du) 2A 269 D4
Séailles 32 227 E2
La Séauve-sur-Semène 43 186 B2
Sébazac-Concourès 12 215 E1
Sébécourt 27 54 C1
Sébeville 50 25 E4
Seboncourt 02 19 E1
Sebourg 59 11 E2
Sébouville 45 79 E3
Sébrazac 12 200 A4
Séby 64 226 B3
Secenans 70 107 E4
Séchault 08 37 F3
Sécheras 07 187 E3
Sécheval 08 21 E2
Séchilienne 38 189 E3
Séchin 25 125 F1
Seclin 59 10 B1
Secondigné-sur-Belle 79 146 C3
Secondigny 79 130 C3
Secourt 57 64 C1
Secqueville-en-Bessin 14 28 C3
Sedan 08 21 F3
Sédeilhac 31 250 A2
Séderon 26 221 D2
Sedze-Maubecq 64 249 D1
Sedzère 64 248 C1
Sée 50 50 C3
Seebach 67 43 E4
Sées 61 53 E4
Séez 73 175 D2
Ségalas 47 196 A3
Ségalas 65 227 E4
La Ségalassière 15 199 D1
Séglien 56 70 C3
Ségny 01 158 A2
Segonzac 16 162 A3
Segonzac 19 180 C2
Segonzac 24 179 D1
Ségos 32 226 C2
Ségoufielle 32 229 E3
Segré 49 94 C3
Ségreville 31 230 C4
Ségrie 72 76 A3
Ségrie-Fontaine 61 52 B2
Segrois 21 123 D2
Ségry 36 135 E1
La Séguinière 49 113 D4
Ségur 12 215 F2
Le Ségur 81 214 A4
Ségur-le-Château 19 180 C1
Ségur-les-Villas 15 183 E2
Ségura 09 252 B3
Séguret 84 220 A2
Ségus 65 257 D2
Seich 65 250 A3
Seichamps 54 64 C3
Seichebrières 45 100 A1
Seicheprey 54 63 E2
Seiches-sur-le-Loir 49 95 E4
Seignalens 11 252 C3
Seigné 17 146 C4
Seignelay 89 102 B1
Seigneulles 55 62 C2
Seignosse 40 224 C2
Seigny 21 103 F4
Seigy 41 117 D2
Seilh 31 229 F2
Seilhac 19 181 E1
Seilhan 31 250 A3
Seillac 41 98 A4
Seillans 83 239 E2
Seille 39,71 140 C3
Seille 54,57 65 D2
Seillonnaz 01 172 C1
Seillons-Source-d'Argens 83 238 A3
Seine 10,21,27,75,76,77,78,91 31 F2
Seine-Port 77 58 A4
Seingbouse 57 41 E3
Seissan 32 228 B4
Seix 09 259 E3
Le Sel-de-Bretagne 35 93 E1
Selaincourt 54 64 A4
Selens 02 35 D1
Sélestat 67 89 D2
Séligné 79 146 C3
Séligney 39 141 E1
Selincourt 80 16 C2
La Selle-Craonnaise 53 94 B2
La Selle-en-Coglès 35 73 F1
La Selle-en-Hermoy 45 101 D1
La Selle-en-Luitré 35 74 A2
La Selle-Guerchaise 35 94 A1
La Selle-la-Forge 61 52 B3
La Selle-sur-le-Bied 45 81 D4
Selles 27 30 C2
Selles 51 37 D2
Selles 62 3 D4
Selles 70 106 B1
Selles-St-Denis 41 118 A2
Selles-sur-Cher 41 117 E2
Selles-sur-Nahon 36 117 E4
Sellières 39 141 D2
Selommes 41 98 A3
Seloncourt 25 108 A4
Selongey 21 105 D4
Selonnet 04 206 B4
Seltz 67 67 F1
La Selve 02 20 B4
La Selve 12 215 E3
Selvigny 59 11 D4
Sem 09 260 A1
Sémalens 81 231 D3
Semallé 61 76 B1
Semarey 21 122 C2
Sembadel 43 185 E2
Sembas 47 211 F1
Semblançay 37 97 D4
Sembleçay 36 117 F3
Sembouès 32 227 E4
Séméac 65 249 E2
Séméacq-Blachon 64 227 D3
Semécourt 57 40 B3
Sémelay 58 138 B2
Semens 33 194 C3
Sementron 89 101 F3
Sémeries 59 12 B4
Semerville 41 98 B1
Semezanges 21 123 D3
Sémézies-Cachan 32 228 C3
Semide 08 37 E2
Semillac 17 177 D1
Semilly 52 85 F2
Semmadon 70 106 A2
Semoine 10 60 C3
Semond 21 104 A3
Semondans 25 107 E4
Semons 38 172 B4
Semousies 59 12 B4
Semoussac 17 177 D1
Semoutiers 52 85 D4
Semoy 08 21 F2
Semoy 45 99 E1
Sempesserre 32 211 F3
Sempigny 60 34 C1
Sempy 62 8 C1
Semur-en-Auxois 21 122 B1
Semur-en-Brionnais 71 154 B2
Semur-en-Vallon 72 77 D4
Semussac 17 160 C3
Semuy 08 37 E1
Le Sen 40 209 E2
Sénac 65 227 E4
Senaide 88 106 A1
Sénaillac-Latronquière 46 199 D2
Sénaillac-Lauzès 46 198 A3
Senailly 21 103 E4
Senan 89 101 F1
Sénanque (Abbaye de) 84 220 B4
Senantes 28 56 B3
Senantes 60 32 C1
Senard 55 62 B1
Sénarens 31 251 D1
Senargent 70 107 E3
Senarpont 80 16 B2
Sénart (Forêt de) 91 57 F3
Sénas 13 236 C2
Senaud 39 156 C1
Senaux 81 232 A2
Sencenac-Puy-de-Fourches 24 179 E2
Senconac 09 260 C1
Sendets 33 195 D4
Sendets 64 248 C1
Séné 56 91 E3
Sène (Mont de) 21 139 F1
Sénéchas 30 218 A1
Sénèque (Tour de) 2B 264 B2
Sénergues 12 199 F3
Senesse-de-Senabugue 09 252 C3
Sénestis 47 195 E4
Séneujols 43 185 F4
Senez 04 222 B4
Sénezergues 15 199 E2
Sengouagnet 31 258 C2
Séniergues 46 198 A2
Senillé 86 132 C2
Seninghem 62 3 E4
Senlecques 62 3 D4
Senlis 60 34 A3
Senlis 62 9 D1
Senlis-le-Sec 80 18 A1
Senlisse 78 57 D3
Senneçay 18 135 F1
Sennecé-lès-Mâcon 71 155 F1
Sennecey-le-Grand 71 140 A3
Sennecey-lès-Dijon 21 123 F2
Sennely 45 99 F3
Sennevières 37 116 C4
Senneville-sur-Fécamp 76 14 B3
Sennevoy-le-Bas 89 103 E2
Sennevoy-le-Haut 89 103 E2
Senon 55 39 D2
Senonches 28 55 D4
Senoncourt 70 106 B2
Senoncourt-les-Maujouy 55 38 C4
Senones 88 88 B1
Senonges 88 86 C3
Senonnes 53 94 A2
Senonville 55 63 D1
Senots 60 33 D3
Senouillac 81 214 B4
Sénoville 50 24 B3
Senozan 71 155 F1
Sens 89 81 F3
Sens-Beaujeu 18 119 E2
Sens-de-Bretagne 35 73 E2
Sens-sur-Seille 71 140 C2
Sentein 09 259 D3
Sentelie 80 17 D3
Sentenac-de-Sérou 09 251 F4
Sentenac-d'Oust 09 259 E3
Sentheim 68 108 B2
Sentilly 61 53 D3
La Sentinelle 59 11 D2
Sentous 65 249 F1
Senuc 08 37 F2
Senven-Léhart 22 47 E4
Sépeaux 89 101 F1
Sepmeries 59 11 E3
Sepmes 37 116 A4
Seppois-le-Bas 68 108 B4
Seppois-le-Haut 68 108 B4
Sept-Fontaines (Anc.abbaye de) 08 21 E3
Sept-Forges 61 75 D1
Sept-Frères 14 51 E2
Sept-Meules 76 16 A2
Sept-Saulx 51 36 C4
Sept-Sorts 77 59 D1
Sept-Vents 14 28 B4
Les Sept Iles 22 46 B1
Septème 38 171 F3
Septèmes-les-Vallons 13 243 D2
Septeuil 78 56 B2
Septfonds 82 213 E2
Septfonds 89 101 E3
Septfontaines 25 125 F4
Septmoncel 39 157 E1
Septmonts 02 35 E2
Septsarges 55 38 B2
Septvaux 02 19 E4
Sepvigny 55 63 E4
Sepvret 79 147 D2
Sepx 31 250 C2
Sequedin 59 5 D4
Sequehart 02 19 D2
Le Sequestre 81 214 B4
Serain 02 19 D1
Seraincourt 08 20 C4
Seraincourt 95 56 C1
Sérandon 19 182 C1
Séranon 06 239 F1
Serans 60 32 C3
Serans 61 52 C3
Seranville 54 87 E1
Séranvillers-Forenville 59 11 D4
Seraucourt 55 62 C1
Seraucourt-le-Grand 02 19 D3
Seraumont 88 85 F1
Serazereux 28 56 A4
Serbannes 03 153 D3
Serbonnes 89 81 E2
Serches 02 35 E2
Sercœur 88 87 E2
Sercus 59 4 A4
Sercy 71 139 F3
Serdinya 66 261 F3
Sère 32 228 B4
Sère-en-Lavedan 65 257 D2
Sère-Lanso 65 257 E2
Sère-Rustaing 65 249 F1
Serécourt 88 86 B4
Séreilhac 87 164 B2
Serein 21,89 102 C2
Serémange-Erzange 57 40 A2
Sérempuy 32 228 C2
Sérénac 81 215 D4
Sérent 56 91 F1
Sérévillers 60 17 F4
Sereyrède (Col de la) 30 217 D3
Serez 27 55 F1
Sérézin-de-la-Tour 38 172 B3
Sérézin-du-Rhône 69 171 E3
Sergeac 24 180 B4
Sergenaux 39 141 D1
Sergenon 39 141 D1
Sergines 89 81 E2
Sergy 01 157 F2
Sergy 02 35 F3
Séricourt 62 9 E3
Sériers 15 184 A4
Sérifontaine 60 32 C2
Sérignac 46 197 D4
Sérignac 82 212 B4
Sérignac-Péboudou 47 196 A3
Sérignac-sur-Garonne 47 211 E2
Sérignan 34 255 E1
Sérignan-du-Comtat 84 219 E2
Sérigné 85 130 A4
Sérigny 61 77 D2
Sérigny 86 132 B1
Sérilhac 19 181 E3
Seringes-et-Nesles 02 35 F3
Séris 41 98 C3
Serley 71 140 C2
Sermages 58 121 E4
Sermaise 49 95 F4
Sermaise 91 79 F1
Sermaises 45 79 F2
Sermaize 60 18 C4
Sermaize-les-Bains 51 62 A2
Sermamagny 90 107 F2
Sermange 39 124 C3
Sermano 2B 267 E1
Sermentizon 63 169 D2
Sermentot 14 28 C4
Sermérieu 38 172 C2
Sermersheim 67 89 E1
Sermesse 71 140 B1
Sermiers 51 36 B3
Sermizelles 89 102 C4
Sermoise 02 35 E2
Sermoise-sur-Loire 58 137 D1
Sermoyer 01 140 B4
Sermur 23 151 E4
Sernhac 30 219 D4
Serocourt 88 86 B4
Séron 65 249 D1
Serpaize 38 171 F3
La Serpent 11 253 E4
Serques 62 3 E3
Serqueux 52 86 A4
Serqueux 76 16 B4
Serquigny 27 31 D4
Serra-di-Ferro 2A 268 B2
Serra-di-Fiumorbo 2B 267 E3
Serra-di-Scopamène 2A 269 D2
Serrabone (Prieuré de) 66 262 A3
Serralongue 66 262 A4
Serrant 49 113 E1
Serraval 74 174 B1
La Serre 12 215 E4
La Serre-Bussière-Vieille 23 151 D4
Serre-Chevalier 05 190 C4
Serre-les-Moulières 39 124 C3
Serre-les-Sapins 25 125 D2
Serre-Ponçon (Barrage et Lac de) 05 206 C3
Serres 05 205 E4
Serres 11 253 E4
Serres 54 65 D3
Serres-Castet 64 226 C4
Serres-et-Montguyard 24 196 A2
Serres-Gaston 40 226 B2
Serres-Morlaàs 64 248 C1
Serres-Ste-Marie 64 226 B4
Serres-sur-Arget 09 252 A4
Serreslous-et-Arribans 40 226 A2
Serriera 2A 266 B1
Serrières 07 187 E1
Serrières 71 155 E2
Serrières-de-Briord 01 172 C2
Serrières-en-Chautagne 73 173 E1
Serrières-sur-Ain 01 156 C3
Serrigny 89 102 C2
Serrigny-en-Bresse 71 140 B2
Serris 77 58 B2
Serrouville 54 39 E2
Serruelles 18 135 F1
Sers 16 163 D3
Sers 65 257 E3
Servais 02 19 D4
Serval 02 35 F2
Servance 70 107 E2
Servanches 24 178 C3
Servant 63 152 B3
Servas 01 156 B3
Servas 30 218 B2
Servaville-Salmonville 76 32 A1
Serverette 48 201 E2
Serves-sur-Rhône 26 187 E3
Servian 34 233 E4
Servière (Lac) 63 167 F3
Servières 48 201 E3
Servières-le-Château 19 182 A3
Serviers-et-Labaume 30 218 C3
Serviès 81 231 D2
Serviès-en-Val 11 253 F3
Servignat 01 156 A1
Servigney 25 106 C4
Servigney 70 106 C2
Servigny 50 26 C4
Servigny-lès-Raville 57 40 C4
Servigny-lès-Ste-Barbe 57 40 B3
Serville 28 56 A3
Servilly 03 153 E2
Servin 25 126 A2
Servins 62 9 F2
Servon 50 50 C3
Servon 77 58 A3
Servon-Melzicourt 51 37 F3
Servon-sur-Vilaine 35 73 E3
Servoz 74 159 E4
Sery 08 20 C4
Sery 89 102 B4
Séry-lès-Mézières 02 19 E3
Séry-Magneval 60 34 B3
Serzy-et-Prin 51 36 A3
Sessenheim 67 67 F1
Sète 34 234 A4
Setques 62 3 E3
Settons (Lac des) 58 122 A3
Seudre 17 160 C3
Seugy 95 33 F4
Seuil 08 37 D1
Seuillet 03 153 E3
Seuilly 37 115 D3
Seur 41 98 B4
Le Seure 17 161 E2
Seurre 21 123 F4
Seux 80 17 D2
Seuzey 55 63 D1
Sevelinges 42 154 C3
Sevenans 90 107 F3
Sévérac 44 92 C4
Sévérac-le-Château 12 216 B1
Sévérac-l'Église 12 215 F1
Séveraissette 05 206 A2
Seveux 70 106 A4
Sévignac 22 72 A1
Sévignacq 64 226 C4
Sévignacq-Meyracq 64 248 B2
Sévigny 61 53 D2
Sévigny-la-Forêt 08 21 D2
Sévigny-Waleppe 08 20 B4
Sévis 76 15 F3
Sevrai 61 53 D3
Sevran 93 58 A1
Sèvre-Nantaise 44,79,85 112 C4
Sèvre-Niortaise 17,79 145 E2
Sèvres 92 57 E2
Sèvres-Anxaumont 86 132 B4
Sevrey 71 140 A2
Sévrier 74 174 A1
Sévry 18 119 F3
Sewen 68 108 A2
Sexcles 19 182 A4
Sexey-aux-Forges 54 64 B3
Sexey-les-Bois 54 64 B3
Sexfontaines 52 84 C3
Seychalles 63 168 C2
Seyches 47 195 F3
Seyne 04 222 B1
La Seyne-sur-Mer 83 244 A3
Seynes 30 218 B3
Seynod 74 173 F1
Seyre 31 252 B1
Seyresse 40 225 E2
Seyssel 74 157 E4
Seysses 31 229 F3
Seysses-Savès 32 229 D3
Seyssinet-Pariset 38 189 D2
Seyssins 38 189 D2
Seyssuel 38 171 E3
Seythenex 74 174 B2
Seytroux 74 159 D2
Sézanne 51 60 A3
Sianne 15,43 184 B2
Siarrouy 65 249 D1
Siaugues-St-Romain 43 185 D3
Sibiril 29 45 F1
Sibiville 62 9 E3
Siccieu-St-Julien-et-Carisieu 38 172 B2
Sichamps 58 120 C3
Sicié (Cap) 83 244 A3
Sickert 68 108 A2
Sideville 50 24 C2
Sidiailles 18 135 F4
Siecq 17 162 A1
Siegen 67 43 F4
Les Sièges 89 82 A3
Sierck-les-Bains 57 40 C1
Sierentz 68 109 D3
Sierroz (Gorges du) 73 173 E2
Siersthal 57 42 B4
Sierville 76 15 E4
Siest 40 225 D2
Sieurac 81 231 D1
Sieuras 09 251 F2
Siévoz 38 189 E4
Siewiller 67 66 B2
Sigale 06 223 E4
Sigalens 33 195 D4
Sigean 11 254 C3
Sigloy 45 99 F2
Signac 31 250 B4
Signes 83 244 A2
Signéville 52 85 E2
Signy-l'Abbaye 08 21 D3
Signy-le-Petit 08 20 C2
Signy-Montlibert 08 22 B4
Signy-Signets 77 58 C1
Sigogne 16 162 A2
Sigolsheim 68 89 D3
Sigonce 04 221 E3
Sigottier 05 205 E4
Sigoulès 24 195 F2
Sigournais 85 130 A2
Sigoyer 04 221 F1
Sigoyer 05 206 A3
Siguer 09 260 B1
Sigy 77 81 E1
Sigy-en-Bray 76 32 B1
Sigy-le-Châtel 71 139 F4
Silfiac 56 70 C3
Silhac 07 203 E1
Sillans 38 188 C1
Sillans-la-Cascade 83 238 C3
Sillars 86 148 B1
Sillas 33 210 B1
Sillé (Forêt de) 53,72 75 F3
Sillé-le-Guillaume 72 75 F3
Sillé-le-Philippe 72 76 C4
Sillegny 57 64 B1
Sillery 51 36 C3
Silley 25 125 E4
Silley-Bléfond 25 125 F2
Sillingy 74 157 F4
Silly-en-Gouffern 61 53 E3
Silly-en-Saulnois 57 40 B4
Silly-la-Poterie 02 35 D3
Silly-le-Long 60 34 B4
Silly-sur-Nied 57 40 C3
Silly-Tillard 60 33 E2
Silmont 55 62 C3
Siltzheim 67 42 A4
Silvacane (Ancienne Abbaye de) 13 237 D2
Silvareccio 2B 265 E4
Silvarouvres 52 84 B4
Simacourbe 64 227 D4
Simandre 01 156 C2
Simandre 71 140 B3
Simandres 69 171 E3
Simard 71 140 C2
Simencourt 62 9 F3
Simeyrols 24 197 E1
Simiane-Collongue 13 237 E4
Simiane-la-Rotonde 04 221 D3
Simorre 32 228 C4
Simplé 53 94 C1
Simserhof (Fort du) 57 42 B4
Sin-le-Noble 59 10 C2
Sinard 38 189 D4
Sinceny 02 19 D4
Sincey-lès-Rouvray 21 122 A
Sindères 40 208 C
Singles 63 167 D
Singleyrac 24 196 A
Singly 08 21 E
Singrist 67 66 C
Sinsat 09 260 B
Sinzos 65 249 E
Sion 32 227 E
Sion 54 86 C
Sion-les-Mines 44 93 E
Sioniac 19 181 F
Sionne 88 86 A
Sionviller 54 65 D
Siorac-en-Périgord 24 197 D
Sioule (Gorges de la) 63 152 B
Sioule 3,63 153 D
Siouville-Hague 50 24 B
Sirac 32 229 D
Siracourt 62 9 D
Siradan 65 250 B
Siran 15 182 B
Siran 34 254 A
Sireix 65 257 D
Sireuil 16 162 B
Sireuil 24 180 B
Sirod 39 142 A
Siros 64 248 B
Sisco 2B 264 C
Sissonne 02 20 A
Sissy 02 19 E
Sistels 82 212 A
Sisteron 04 221 E
Sivergues 84 237 E
Sivignon 71 155 D
Sivry 54 64 B
Sivry-Ante 51 62 A
Sivry-Courtry 77 80 C
Sivry-la-Perche 55 38 B
Sivry-sur-Meuse 55 38 B
Six-Fours-les-Plages 83 244 A
Sixt-Fer-à-Cheval 74 159 E
Sixt-sur-Aff 35 92 C
Sizun 29 45 F
Sizun (Réserve du Cap) 29 68 B
Smarves 86 132 B
Smermesnil 76 16 B
Soccia 2A 266 C
Sochaux 25 107 F
Socourt 88 87 D1
Socx 59 4 A2
Sode 31 258 B
Sœurdres 49 95 D
Sognolles-en-Montois 77 81 E1
Sogny-aux-Moulins 51 61 D
Sogny-en-l'Angle 51 62 A2
Soignolles 14 29 E4
Soignolles-en-Brie 77 58 B4
Soindres 78 56 B1
Soing 70 106 A3
Soings-en-Sologne 41 117 E1
Soirans-Fouffrans 21 124 A3
Soissons 02 35 E2
Soissons-sur-Nacey 21 124 B2
Soisy-Bouy 77 81 F1
Soisy-sous-Montmorency 95 57 E1
Soisy-sur-École 91 80 B1
Soisy-sur-Seine 91 57 F4
Soize 02 20 B3
Soizé 28 77 E3
Soizy-aux-Bois 51 60 A2
Solaise (Tête du) 74 175 E4
Solaize 69 171 E3
Solaro 2B 267 E4
Solbach 67 88 C1
Soleilhas 04 223 D4
Solemont 25 126 B1
Solente 60 18 B3
Solenzara 2A 269 F1
Le Soler 66 262 B2
Solérieux 26 219 E1
Solers 77 58 B4
Solesmes 59 11 E4
Solesmes 72 95 F2
Soleymieu 38 172 B2
Soleymieux 42 170 A4
Solférino 40 208 C2
Solgne 57 64 C1
Soliers 14 29 D4
Solignac 87 164 C2
Solignac-sous-Roche 43 186 A2
Solignac-sur-Loire 43 185 F4
Solignat 63 168 B4
Soligny-la-Trappe 61 54 B4
Soligny-les-Étangs 10 82 A2
Sollacaro 2A 268 C2
Sollières-Sardières 73 191 E1
Solliès-Pont 83 244 B2
Solliès-Toucas 83 244 B2
Solliès-Ville 83 244 B2
Sologny 71 155 E1
Solomiac 32 228 C1
Solre-le-Château 59 12 C4
Solrinnes 59 12 B3
Solterre 45 100 C2
Solutré-Pouilly 71 155 E2
Somain 59 11 D2
Sombacour 25 142 C1
Sombernon 21 123 D2
Sombrin 62 9 F3
Sombrun 65 227 D4
Somloire 49 113 F4
Sommaing 59 11 E3
Sommaisne 55 62 B1
Sommancourt 52 84 C1
Sommant 71 122 A4
Sommauthe 08 38 A1
Somme 02,80 17 D1
Somme-Bionne 51 37 F4
Somme-Suippe 51 37 E4
Somme-Tourbe 51 37 E4
Somme-Vesle 51 61 E1
Somme-Yèvre 51 61 F1
Sommecaise 89 101 E2
Sommedieue 55 39 D4
Sommeilles 55 62 B1
Sommelans 02 35 E4
Sommelonne 55 62 B3
Sommepy-Tahure 51 37 E3

Som - Sto 327

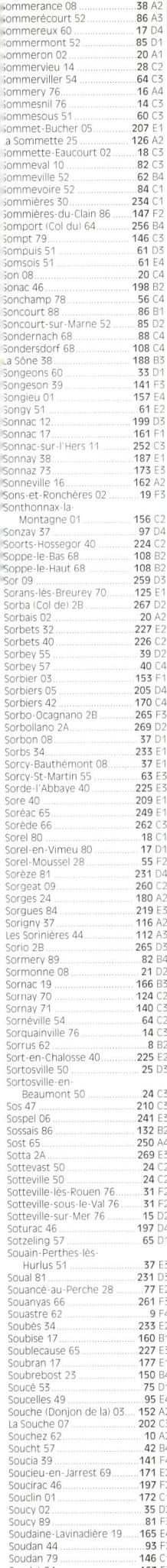

Strasbourg

Kléber (Pl.) CV

Street	Grid
Alsace (Av. d')	DV 2
Bach (Bd J. S.)	EV 6
Bischwiller (R. de)	BU 10
Boussingault (R.)	EU 14
Brigade Alsace-Lorraine (R.)	CY 15
Dordogne (Bd de la)	DU 22
Fustel-de-Coulanges (Quai)	CY 33
Grand-Pont (R. du)	EX 34
Haguenau (R. de)	BU 39
Humann (R.)	BX 42
Kœnig (Quai du Gén.)	CY 44
Kœnigshoffen (R. de)	AX 45
Massenet (R.)	DU 52
Ohmacht (R.)	DU 57
Pierre (R. du Fg de)	CV 62
Président Edwards (Bd du)	DU 67
Président Poincaré (Bd)	BU 68
Richter (R. Fr. X.)	EU 73
Schirmeck (Rte de)	AY 79
Schutzenberger (Av.)	CT 80
Schweighaeuser (R.)	DV 82
Tarade (R.)	EX 87
Tauler (Bd)	DU 88
Travail (R. du)	BU 90
Vienne (Rte de)	CY 92
Wagner (R. R.)	EV 96
Wasselonne (R. de)	ABX 97
Wissembourg (R. de)	BU 98

Sto - Tor

Stotzheim 67 89 D1
Straiture (Défilé de) 88 88 B3
Strasbourg 67 67 E3
Strazeele 59 4 B3
Strenquels 46 181 E4
Strette (Défilé des) 2B 267 E3
Strueth 68 108 B3
Struth 67 66 B1
Le Struthof 67 66 B4
Stuckange 57 40 B2
Stundwiller 67 43 E4
Sturzelbronn 57 42 C4
Stutzheim-Offenheim 67 67 D3
Suarce 90 108 B3
Suaucourt-et-Pisseloup 70 105 F3
Suaux 16 163 E1
Le Subdray 18 118 C4
Sublaines 37 116 B2
Subles 14 28 B3
Subligny 18 119 F1
Subligny 50 50 C2
Subligny 89 81 E3
Suc-au-May 19 165 F4
Suc-et-Sentenac 09 260 A1
Succieu 38 172 B4
Sucé-sur-Erdre 44 112 A1
Sucy-en-Brie 94 58 A3
Suèvres 41 98 C3
Sugères 63 168 C3
Sugny 08 37 E2
Suhescun 64 246 C1
Suilly-la-Tour 58 120 A2
Suin 71 155 D1
Suin (Butte de) 71 155 D1
Suippes 51 37 E4
Suisse 57 65 D1
Suizy-le-Franc 51 60 A1
Sulignat 01 155 F3
Sully 14 28 B2
Sully 60 32 C1
Sully 71 122 C4
Sully-la-Chapelle 45 99 F1
Sully-sur-Loire 45 100 A3
Sulniac 56 91 F2
Sumène 30 217 E4
Sundhoffen 68 89 D4
Sundhouse 67 89 E2
Superbagnères 31 258 B4
Supt 39 142 A1
Surat 63 168 B1
Surba 09 260 B1
Surbourg 67 67 E1
Surcamps 80 17 D1
Surdoux 87 165 E3
Suré 61 76 C2
Suresnes 92 57 E2
Surfonds 72 97 D1
Surfontaine 02 19 E3
Surgères 17 145 F3
Surgy 58 102 A4
Suriauville 88 86 B3
Surin 79 130 C4
Surin 86 147 F3
Suris 16 163 E1
Surjoux 01 157 E4
Surmont 25 126 B2
Surques 62 3 D3
Surrain 14 28 B2
Surtainville 50 24 B3
Surtauville 27 31 E3
Survie 61 53 E2
Surville 14 30 B2
Surville 27 31 F3
Surville 50 26 B2
Survilliers 95 34 A4
Sury 08 21 E3
Sury-aux-Bois 45 100 A1
Sury-en-Vaux 18 119 F2
Sury-ès-Bois 18 119 E1
Sury-le-Comtal 42 170 B4
Sury-près-Léré 18 119 F1
Surzur 56 91 F3
Sus 64 247 F1
Sus-St-Léger 62 9 E3
Suscinio (Château de) 56 91 E4
Susmiou 64 247 F1
Sussac 87 165 E3
Sussargues 34 234 C2
Sussat 03 152 C3
Sussey 21 122 B3
Susville 38 189 E4
Sutrieu 01 157 D4
Suzan 09 251 F3
Suzanne 08 37 E1
Suzanne 80 18 B2
Suzannecourt 52 85 D1
Suzay 27 32 B3
Suze 26 204 B2
Suze-la-Rousse 26 219 E1
La Suze-sur-Sarthe 72 96 B1
Suzette 84 220 A2
Suzoy 60 18 C4
Suzy 02 35 E1
Sword Beach 14 29 E2
Sy 08 37 F1
Syam 39 142 A2
Sylvains-les-Moulins 27 55 E2
Sylvanès 12 232 C1
Le Syndicat 88 87 F4

T

Tabaille-Usquain 64 225 E4
Tabanac 33 194 B2
La Table 73 174 A4
Le Tablier 85 129 E3
Tabre 09 252 C4
Tache 42 154 A4
La Tâche 16 163 D1
Tachoires 32 228 B4
Tacoignières 78 56 B2
Taconnay 58 121 D2
Taden 22 49 E4
Tadousse-Ussau 64 226 C3
Taglio-Isolaccio 2B 265 F4
La Tagnière 71 139 D2
Tagnon 08 36 C1
Tagolsheim 68 108 C3
Tagsdorf 68 108 C3
Tailhac 43 184 C4
Taillades 84 236 C1
Le Taillan-Médoc 33 193 F1
Taillancourt 55 63 E4
Taillant 17 161 D1
Taillebois 61 52 B2
Taillebourg 17 161 D1
Taillebourg 47 195 E4
Taillecavat 33 195 E3
Taillecourt 25 107 F4
La Taillée 85 145 E1
Taillefontaine 02 34 C2
Taillepied 50 24 C4
Taillet 66 262 B3
Taillette 08 21 D2
Tailleville 14 29 D2
Taillis 35 74 A3
Tailly 08 38 A1
Tailly 21 140 A1
Tailly 80 17 D2
Tain-l'Hermitage 26 187 E3
Taingy 89 102 A4
Taintrux 88 88 B2
Taisnières-en-Thiérache 59 11 F4
Taisnières-sur-Hon 59 11 F3
Taisnil 80 17 E3
Taissy 51 36 C3
Taix 81 214 B4
Taizé 71 139 F4
Taizé 79 131 E1
Taizé-Aizie 16 147 E4
Taizy 08 36 C1
Tajan 65 250 A2
Talairan 11 254 A3
Talais 33 160 B4
Talange 57 40 B3
Talant 21 123 E2
Talasani 2B 265 F4
La Talaudière 42 170 C4
Talazac 65 249 D1
Talcy 41 98 C2
Talcy 89 103 D4
Talence 33 194 A1
Talencieux 07 187 E2
Talensac 35 72 C3
Talissieu 01 173 D1
Talizat 15 184 A3
Tallans 25 125 F1
Tallard 05 206 A4
Tallenay 25 125 E2
Tallende 63 168 B3
Taller 40 208 B4
Talloires 74 174 A1
Tallone 2B 267 E2
Le Tallud 79 131 D3
Tallud-Ste-Gemme 85 130 A3
Talmas 80 17 E1
Talmay 21 124 B1
Talmont 17 160 C3
Talmont-St-Hilaire 85 128 C4
Talmontiers 60 32 C2
Talon 58 121 D2
Talus-St-Prix 51 60 A2
Taluyers 69 171 E3
Tamerville 50 25 D3
Tamnay-en-Bazois 58 121 E4
Tamniès 24 180 B4
Le Tanargue 07 202 C3
Tanavelle 15 184 A4
Tanay 21 124 A1
Tancarville 76 30 C1
Tancoigné 49 114 A3
Tancon 71 154 C3
Tanconville 54 65 F3
Tancrou 77 58 C1
Tancua 39 142 A4
Tangry 62 9 E2
Taninges 74 159 D3
Tanis 50 50 C4
Tanlay 89 103 D2
Tannay 08 37 F1
Tannay 58 121 D2
Tanneron 83 240 A2
Tanneron (Massif du) 06,83 240 A2
Tannerre-en-Puisaye 89 101 E3
Tannières 02 35 F3
Tannois 55 62 C3
Tanques 61 53 D3
Tantes (Pic de) 65 257 E4
Tantonville 54 86 C1
Le Tanu 50 50 C2
Tanus 81 214 C3
Tanville 61 53 D4
Tanzac 17 161 D3
Taponas 69 155 E3
Taponnat-Fleurignac 16 163 D3
Tapoul (Gorges du) 48 217 D2
Tarabel 31 250 B3
Taradeau 83 239 D3
Tarare 69 170 C1
Tarascon 13 236 A1
Tarascon-sur-Ariège 09 260 B1
Tarasteix 65 249 D1
Taravo 2A 268 C2
Tarbes 65 249 D2
Tarcenay 25 125 E3
Tarco 2A 269 F2
Tardais 28 55 D4
Tardes 23 151 D3
Tardets-Sorholus 64 247 E2
La Tardière 85 130 B3
Tardinghen 62 2 C2
Tarentaise 42 186 C1
Tarerach 66 262 A2
Targassonne 66 261 D3
Targé 86 132 C2
Target 03 152 C2
Targon 33 194 C2
Tarn 12,31,81,82 215 F3
Tarn (Gorges du) 12,48 216 C1
Tarnac 19 166 A3
Tarnès 33 177 F4
Tarnos 40 224 C3
Taron-Sadirac-Viellenave 64 226 C3
Tarquimpol 57 64 E2
Tarrano 2B 267 E1
Tarsac 32 227 D2
Tarsacq 64 226 B4
Tarsul 21 104 C4
Tart-l'Abbaye 21 124 A3
Tart-le-Bas 21 124 A3
Tart-le-Haut 21 123 F3
Tartagine 2B 264 C3
Tartagine (Forêt de) 2B 264 C4
Tartaras 42 171 D3
Tartas 40 225 F1
Tartécourt 70 106 B2
Tartiers 02 35 D2
Tartigny 60 17 F4
Tartonne 04 222 B3
Le Tartre 71 141 D2
Le Tartre-Gaudran 78 56 B3
Tarzy 08 20 C2
Tasque 32 227 E2
Tassé 72 96 A1
Tassenières 39 141 D1
Tassillé 72 96 A1
Tassin-la-Demi-Lune 69 171 E2
Tasso 2A 267 D4
Tatinghem 62 3 E3
Le Tâtre 16 178 A1
Tau (Bassin de) 34 234 A4
Taugon 17 145 F2
Taulanne 04 222 C4
Taulé 29 46 A2
Taulignan 26 204 A4
Taulis 66 262 B3
Taupont 56 71 F4
Tauriac 33 177 E3
Tauriac 46 198 B1
Tauriac 81 230 B1
Tauriac-de-Camarès 12 233 D1
Tauriac-de-Naucelle 12 214 C3
Tauriers 07 202 C3
Taurignan-Castet 09 259 E2
Taurignan-Vieux 09 259 E2
Taurinya 66 261 F3
Taurize 11 253 F3
Taussac 12 199 F1
Taussac-la-Billière 34 233 D3
Tautavel 66 262 B1
Tauves 63 167 E4
Tauxières-Mutry 51 36 C4
Tauxigny 37 116 B3
Tavaco 2A 266 C3
Tavant 37 115 E3
Tavaux 39 124 B4
Tavaux-et-Pontséricourt 02 20 A3
Tavel 30 219 E3
Tavera 2A 266 C3
Tavernay 71 122 B4
Tavernes 83 238 B2
Taverny 95 57 E1
Tavers 45 98 C3
Tavey 70 107 F3
Tavignano 2B 267 E2
Tavignano (Gorges du) 2B 267 D1
Taxat-Senat 03 152 C3
Taxenne 39 124 C2
Tayac 33 178 B4
Taybosc 32 228 C1
Tayrac 12 214 C2
Tayrac 47 212 A2
Tazenat (Gour de) 63 152 B4
Tazilly 58 138 B2
Tech 66 262 B3
Le Tech 66 262 A4
Têche 38 188 C2
Técou 81 231 D1
Teghime (Col de) 2B 265 E2
Le Teich 33 193 D2
Teigny 58 121 D1
Le Teil 07 203 E3
Teilhède 63 168 A1
Teilhet 09 252 B3
Teilhet 63 152 A3
Teillay 35 93 E2
Teillay-le-Gaudin 45 79 E3
Teillay-St-Benoît 45 79 E4
Teillé 44 94 A4
Teillé 72 76 B3
Teillet 81 231 F1
Teillet-Argenty 03 151 E2
Le Teilleul 50 51 E4
Teillots 24 180 C2
Teissières-de-Cornet 15 182 C4
Teissières-lès-Bouliès 15 199 F1
Télégraphe (Col du) 73 190 C2
Telgruc-sur-Mer 29 68 C1
Tellancourt 54 39 D1
Tellecey 21 124 A2
Tellières-le-Plessis 61 53 F4
Teloché 72 96 C1
Le Temple 33 193 D1
Le Temple 41 97 F1
Le Temple 79 130 B1
Le Temple-de-Bretagne 44 111 E1
Temple-Laguyon 24 180 B2
Le Temple-sur-Lot 47 211 E1
Templemars 59 10 B1
Templeuve 59 10 C1
Templeux-la-Fosse 80 18 C1
Templeux-le-Guérard 80 18 B2
Tenay 01 172 C1
Tence 43 186 B3
Tencin 38 189 F1
Tende 06 241 F1
Tendon 88 87 F3
Tendron 18 136 C1
Tendu 36 134 B3
Teneur 62 9 D2
Tennie 72 76 A4
Tenteling 57 41 E3
Tercé 86 132 C4
Tercillat 23 150 C1
Tercis-les-Bains 40 225 D2
Terdeghem 59 4 B3
Tergnier 02 19 D4
Terjat 03 151 F3
Termes 08 37 F2
Termes 11 254 A3
Termes 48 200 C1
Termes-d'Armagnac 32 227 D2
Termignon 73 191 E1
Terminiers 28 79 D4
Ternand 69 155 D4
Ternant 17 146 A4
Ternant 21 123 E3
Ternant 58 138 B2
Ternant-les-Eaux 63 168 B4
Ternas 62 9 E2
Ternat 52 104 C1
Ternay 41 97 E3
Ternay 69 171 E3
Ternay 86 114 B4
Ternay (Barrage du) 07 187 D2
Les Ternes 15 184 A4
Ternuay-Melay-et-St-Hilaire 70 107 E2
Terny-Sorny 02 35 E1
Terramesnil 80 9 E4
La Terrasse 38 189 F1
La Terrasse 69 155 E3
La Terrasse-sur-Dorlay 42 171 D4
Terrasson-la-Villedieu 24 180 C3
Terrats 66 262 B2
Terraube 32 211 E4
Terre-Clapier 81 231 E1
Terrebasse 31 251 D2
Terrefondrée 21 104 B3
Terrehault 72 76 C3
Les Terres-de-Chaux 25 126 C1
La Terrisse 12 200 B2
Terroles 11 253 E4
Terron-sur-Aisne 08 37 E1
Terrou 46 198 C2
Tersanne 26 188 A2
Tersannes 87 149 D2
Terssac 81 214 B4
Tertre-Rouge (Parc Zoologique du) 72 96 A3
Le Tertre-St-Denis 78 56 B1
Tertry 80 18 C2
Terves 79 130 C2
Terville 57 40 B2
Tessancourt-sur-Aubette 78 56 C1
Tessé-Froulay 61 52 B4
Tessé-la-Madeleine 61 52 B4
Tessel 14 28 C3
Tessens 73 174 C3
Tesson 17 161 D3
Tessonnière 79 131 E2
La Tessoualle 49 113 D4
Tessy-sur-Vire 50 51 E1
La Teste 33 192 C3
Têt 66 262 B2
Tétaigne 08 22 A4
Tête des Cuveaux 88 87 F3
Téteghem 59 4 A1
Téterchen 57 41 D3
Teting-sur-Nied 57 41 D4
Teuillac 33 177 E3
Teulat 81 230 B2
Teurthéville-Bocage 50 25 D2
Teurthéville-Hague 50 24 C2
Teyjat 24 163 E3
Teyran 34 234 B2
Teyssières 26 204 B4
Teyssieu 46 198 C1
Teyssode 81 230 C2
Thaas 51 60 B3
Thabor (Mont) 05,73 191 D2
Thaims 17 160 C3
Thairé 17 145 E3
Thaix 58 138 A2
Thal-Drulingen 67 66 A1
Thal-Marmoutier 67 66 B2
Thalamy 19 167 D4
Thann 68 108 B1
Thannenkirch 68 89 D2
Thanvillé 67 89 D2
Thaon 14 29 D3
Thaon-les-Vosges 88 87 E2
Tharaux 30 218 C2
Tharoiseau 89 121 E1
Tharot 89 102 C4
Thaumiers 18 136 B2
Thauron 23 150 B4
Thauvenay 18 119 F2
Thèbe 65 250 B4
Théding 57 41 E3
Thédirac 46 197 E3
Thégra 46 198 B1
Théhillac 56 92 B3
Le Theil 03 152 C2
Le Theil 50 25 D2
Le Theil 61 77 D2
Le Theil-Bocage 14 52 A2
Le Theil-de-Bretagne 35 93 F1
Le Theil-en-Auge 14 30 B2
Le Theil-Nolent 27 30 C3
Theil-Rabier 16 147 D4
Theil-sur-Vanne 89 82 A3
Theillay 41 118 B2
Theillement 27 31 D3
Theix 56 91 F3
Theizé 69 155 E4
Thel 69 154 C3
Théligny 72 77 E3
Thélis-la-Combe 42 187 D1
Thélod 54 64 B4
Thelonne 08 21 F4
Thélus 62 10 A2
Théméricourt 95 33 D4
Thèmes 89 101 F1
Thémines 46 198 B2
Théminettes 46 198 B2
Thénac 17 161 D3
Thénac 24 195 F2
Thenailles 02 20 B2
Thenay 36 134 A3
Thenay 41 117 D1
Thenelles 02 19 E2
Thénésol 73 174 B2
Theneuil 37 115 E4
Theneuille 03 136 C4
Thénezay 79 131 F3
Thénioux 18 118 B2
Thenissey 21 104 A4
Thénisy 77 81 E1
Thennelières 10 83 E2
Thennes 80 17 F3
Thenon 24 180 B3
Thénorgues 08 38 A2
Théoule-sur-Mer 06 240 A2
Thérain 60 33 D1
Therdonne 60 33 E2
Thérines 60 16 C4
Thermes-Magnoac 65 250 B1
Thérondels 12 200 A1
Thérouanne 62 3 F4
Thérouldeville 76 14 C3
Thervay 39 124 C2
Thésée 41 117 D2
Thésy 39 142 A1
Thétieu 40 225 E1
Theuley 70 106 A3
Théus 05 206 B3
Théus (Demoiselles coiffées de) 05 206 B3
Theuville 28 78 C2
Theuville 95 33 D4
Theuville-aux-Maillots 76 14 C3
Theuvy-Achères 28 55 F4
Thevet-St-Julien 36 135 E3
Théville 50 25 D2
Thevray 27 54 C1
They-sous-Montfort 88 86 B2
They-sous-Vaudemont 54 86 C1
Theys 38 189 F1
Théza 66 262 C2
Thézac 17 160 C2
Thézac 47 197 D4
Thézan-des-Corbières 11 254 B3
Thézan-lès-Béziers 34 233 D4
Thèze 04 221 F1
Thèze 64 226 C3
Thézey-St-Martin 54 64 C1
Théziers 30 219 D4
Thézillieu 01 173 D1
Thézy-Glimont 80 17 F3
Thiais 94 57 E3
Thiancourt 90 108 A4
Thianges 58 137 F1
Thiant 59 11 D3
Thiat 87 148 C2
Thiaucourt-Regniéville 54 63 F1
Thiaville-sur-Meurthe 54 88 A1
Thiberville 27 30 C4
Thibie 51 60 C1
Thibivillers 60 33 D3
Thibouville 27 31 D4
Thicourt 57 41 D4
Thiébauménil 54 65 D4
Thiéblemont-Farémont 51 61 F3
Thiébouhans 25 126 C2
Thieffrain 10 83 F3
Thieffrans 70 106 C4
Thiéfosse 88 88 A4
Thiel-sur-Acolin 03 137 F4
Thiembronne 62 3 E4
Thiénans 70 106 C4
Thiennes 59 4 B4
Thiepval 80 18 A1
Thiergeville 76 14 B3
Thiernu 02 20 A3
Thiers 63 169 D1
Thiers-sur-Thève 60 34 A4
Thierville 27 31 D3
Thierville-sur-Meuse 55 38 C3
Thiéry 06 223 F3
Thiescourt 60 18 B4
Thiètreville 76 14 C3
Le Thieulin 28 78 A2
Thieulloy-la-Ville 80 17 D3
Thieulloy-l'Abbaye 80 17 D2
Thieuloy-St-Antoine 60 17 D4
La Thieuloye 62 9 E2
Thieux 60 33 E1
Thieux 77 58 B1
Thiéville 14 29 F4
Thièvres 62 9 E4
Thièvres 80 9 E4
Thiézac 15 183 E4
Thignonville 45 79 F3
Thil 01 171 F1
Thil 10 84 B2
Thil 21 122 B1
Thil 31 229 E2
Thil 51 36 B2
Thil 54 39 E1
Le Thil 27 32 B2
Thil-Manneville 76 15 E2
Le Thil-Riberpré 76 16 B4
Thil-sur-Arroux 71 138 C2
Thilay 08 21 F2
Le Thillay 95 57 F1
Thilleux 52 84 B1
Les Thilliers-en-Vexin 27 32 B3
Thillois 51 36 B3
Thillombois 55 63 D1
Thillot 55 39 D4
Le Thillot 88 107 F1
Thilouze 37 115 F3
Thimert 28 55 E4
Thimonville 57 64 C1
Thimory 45 100 C1
Thin-le-Moutier 08 21 D3
Thines 07 202 B4
Thiolières 63 169 E3
Thionne 03 153 E1
Thionville 57 40 B2
Thiouville 76 14 C3
Thiraucourt 88 86 C2
Thiré 85 129 F4
Thiron-Gardais 28 77 F2
This 08 21 E3
Thise 25 125 E2
Thivars 28 78 B2
Thivencelle 59 11 E2
Thiverny 60 33 F3
Thiverval-Grignon 78 56 C2
Thivet 52 85 E4
Thiviers 24 180 A1
Thiville 28 78 B4
Thizay 36 135 D1
Thizay 37 114 C3
Thizy 69 154 C4
Thizy 89 103 D4
Thoard 04 222 A2
Thodure 38 188 B1
Thoigné 72 76 B3
Thoiras 30 217 F3
Thoiré-sous-Contensor 72 76 B2
Thoiré-sur-Dinan 72 97 D2
Thoires 21 104 A1
Thoirette 39 156 C2
Thoiria 39 141 F4
Thoiry 01 157 F2
Thoiry 73 173 F3
Thoiry 78 56 C2
Thoissey 01 155 E3
Thoissia 39 156 C1
Thoisy-la-Berchère 21 122 B2
Thoisy-le-Désert 21 122 C2
Thoix 80 17 D3
Thol-lès-Millières 52 85 F3
Thollet 86 149 D1
Thollon 74 159 D1
Le Tholonet 13 237 E3
Le Tholy 88 88 A3
Thomer-la-Sôgne 27 55 E2
Thomery 77 80 C2
Thomirey 21 122 C4
Thonac 24 180 B2
Thônes 74 174 B1
Thonnance-lès-Joinville 52 85 D1
Thonnance-les-Moulins 52 85 E1
Thonne-la-Long 55 22 C4
Thonne-le-Thil 55 22 B4
Thonne-les-Prés 55 22 B4
Thonnelle 55 22 B4
Thonon-les-Bains 74 158 C1
Les Thons 88 86 B4
Thonville 57 41 D4
Le Thor 84 220 A4
Thorailles 45 81 D4
Thoraise 25 125 D3
Thorame-Basse 04 222 C2
Thorame-Haute 04 222 C2
Thoras 43 201 F1
Thoré-la-Rochette 41 97 F2
Thorée-les-Pins 72 96 A3
Thorens-Glières 74 158 B4
Thorey 89 103 D1
Thorey-en-Plaine 21 123 F3
Thorey-Lyautey 54 86 C1
Thorey-sous-Charny 21 122 B2
Thorey-sur-Ouche 21 123 D3
Thorigné 79 146 C2
Thorigné-d'Anjou 49 95 D3
Thorigné-en-Charnie 53 75 E4
Thorigné-sur-Dué 72 77 D4
Thorigné-sur-Vilaine 35 73 E3
Thorigny 79 146 A3
Thorigny 85 129 E3
Thorigny-sur-Marne 77 58 B2
Thorigny-sur-Oreuse 89 82 A2
Le Thoronet 83 239 D3
Thorrenc 07 187 E2
Thors 10 84 B2
Thors 17 161 F1
Thory 80 17 F3
Thory 89 102 C4
Thoste 21 122 A1
Le Thot 24 180 B4
Thou 18 119 E1
Thou 45 101 D4
Le Thou 17 145 E3
Thouarcé 49 113 F2
Thouaré-sur-Loire 44 112 A2
Thouars 79 114 B4
Thouars-sur-Arize 09 251 E2
Thouars-sur-Garonne 47 211 D2
Thouarsais-Bouildroux 85 130 A3
Thouet 49,79 114 B3
Le Thoult-Trosnay 51 60 A2
Le Thour 08 36 B1
Le Thoureil 49 114 A1
Thourie 35 93 F1
Thouron 87 149 D4
Thourotte 60 34 B1
Thoury 41 98 C3
Thoury-Férottes 77 81 D2
Thoux 32 229 D2
Thubœuf 53 75 E1
Le Thuel 02 20 B4
Thuellin 38 172 C3
Thuès-entre-Valls 66 261 E3
Thueyts 07 202 C2
Thugny-Trugny 08 37 D1
La Thuile 73 173 F3
Les Thuiles 04 207 D4
Thuilley-aux-Groseilles 54 64 A4
Thuillières 88 86 C3
Thuir 66 262 B2
Le Thuit 27 32 A3
Le Thuit-Anger 27 31 E3
Thuit-Hébert 27 31 D2
Le Thuit-Signol 27 31 E3
Le Thuit-Simer 27 31 E3
Thulay 25 126 C1
Thumeréville 54 39 E3
Thumeries 59 10 B1
Thun-l'Évêque 59 10 C3
Thun-St-Amand 59 11 D1
Thun-St-Martin 59 11 D3
Thur 68,88 108 A1
Thurageau 86 132 A2
Thuré 86 132 B2
Thuret 63 153 D4
Thurey 71 140 B2
Thurey-le-Mont 25 125 E1
Thuriès (Château) 81 214 C3
Thurins 69 171 D2
Thury 21 122 C4
Thury 89 101 F4
Thury-en-Valois 60 34 C4
Thury-Harcourt 14 52 B1
Thury-sous-Clermont 60 33 F2
Thusy 74 157 F4
Thuy 65 249 F1
Thyez 74 158 C3
Thyl 73 190 C2
Tibiran-Jaunac 65 250 A3
Ticheville 61 53 F2
Tichey 21 124 A4
Tieffenbach 67 66 B1
Tiercé 49 95 E3
Tiercelet 54 39 E1
Le Tiercent 35 73 E2
Tierceville 14 28 C2
Tieste-Uragnoux 32 227 E3
La Tieule 48 216 B1
Tiffauges 85 112 C4
Tigeaux 77 58 C2
Tigery 91 58 A4
Tignac 09 260 C1
Tigné 49 114 A3
Tignécourt 88 86 B4
Tignes 73 175 E4
Le Tignet 06 240 A2
Tignieu-Jameyzieu 38 172 A2
Tigny-Noyelle 62 8 B2
Tigy 45 99 F2
Til-Châtel 21 105 D4
Tilh 40 225 F3
Tilhouse 65 249 F3
Tillac 32 227 F4
Tillay-le-Péneux 28 79 D3
Tillé 60 33 E1
Tillenay 21 124 A3
Le Tilleul 76 14 A3
Tilleul-Dame-Agnès 27 55 D1
Le Tilleul-Lambert 27 31 E4
Le Tilleul-Othon 27 31 D4
Tilleux 88 86 A2
Tillières 49 112 C3
Tillières-sur-Avre 27 55 D3
Tilloloy 80 18 B4
Tillou 79 146 C3
Tilloy-et-Bellay 51 61 E1
Tilloy-Floriville 80 16 B1
Tilloy-lès-Conty 80 17 E3
Tilloy-lès-Hermaville 62 9 F2
Tilloy-lès-Mofflaines 62 10 A3
Tilloy-lez-Cambrai 59 10 C3
Tilloy-lez-Marchiennes 59 11 D2
Tilly 27 32 B4
Tilly 36 149 D1
Tilly 78 56 B2
Tilly-Capelle 62 9 D2
Tilly-la-Campagne 14 29 D4
Tilly-sur-Meuse 55 63 D1
Tilly-sur-Seulles 14 28 C3
Tilques 62 3 E3
Tincey-et-Pontrebeau 70 106 A3
Tinchebray 61 52 A2
Tincourt-Boucly 80 18 C1
Tincques 62 9 F2
Tincry 57 64 C1
Tinée 06 223 F3
Tingry 62 2 C4
Tinqueux 51 36 B3
Tinténiac 35 73 D2
Tintry 71 139 E1
Tintury 58 121 D4
Tiranges 43 185 F2
Tirent-Pontéjac 32 228 C3
Tirepied 50 51 C3
Tissey 89 102 C2
Le Titre 80 8 B4
Tiuccia 2A 266 B3
Tivernon 45 79 E3
Tiviers 15 184 B3
Tivolaggio 2A 268 C3
Tizac-de-Curton 33 194 C1
Tizac-de-Lapouyade 33 177 F3
Tizzano 2A 268 C3
Tocane-St-Apre 24 179 D2
Tocqueville 27 30 C2
Tocqueville 50 25 E2
Tocqueville-en-Caux 76 15 D3
Tocqueville-les-Murs 76 14 C3
Tocqueville-sur-Eu 76 15 F1
Tœufles 80 16 B1
Toges 08 37 F1
Togny-aux-Bœufs 51 61 D2
Tolla 2A 266 C4
Tollaincourt 88 86 A4
Tollent 62 8 C3
Tollevast 50 24 C2
La Tombe 77 81 E2
Tombebœuf 47 196 A4
Tomblaine 54 64 C3
Tomino 2B 264 C1
Les Tonils 26 204 C3
Tonnac 81 214 A3
Tonnay-Boutonne 17 145 F4
Tonnay-Charente 17 145 E4
Tonneins 47 211 D1
Tonnerre 89 102 C2
Tonneville 50 24 C2
Tonnoy 54 64 C4
Tonquédec 22 47 D2
Torcé 35 73 F4
Torcé-en-Vallée 72 76 C3
Torcé-Viviers-en-Charnie 53 75 E4
Torcenay 52 105 E2
Torchamp 61 52 A4
Torchefelon 38 172 C4
Torcheville 57 65 E1
Torcieu 01 172 B1
Torcy 62 8 C1
Torcy 71 139 E2
Torcy 77 58 B2
Torcy-en-Valois 02 35 D4
Torcy-et-Pouligny 21 122 A1
Torcy-le-Grand 10 60 C4
Torcy-le-Grand 76 15 F3
Torcy-le-Petit 10 60 C4
Torcy-le-Petit 76 15 F3
Tordères 66 262 B3
Tordouet 14 30 B4
Torfou 49 112 C4
Torfou 91 57 E4
Torigni-sur-Vire 50 28 A4
Tornac 30 218 A3
Tornay 52 105 F3
Le Torp-Mesnil 76 15 D3
Torpes 25 125 D3
Torpes 71 141 D2
Le Torpt 27 30 B2
Le Torquesne 14 30 A3
Torre 2A 269 E2
Torreilles 66 263 D1
Torsac 16 162 C3
Torsiac 43 184 B1

Toulouse

Name	Ref
Alsace-Lorr. (R. d')	FY 2
Capitole (Pl. du)	FY 25
Lafayette (R.)	GY 83
Metz (R. de)	GY
Rémusat (R. de)	FY
St-Antoine du T. (R.)	GY 132
Saint-Rome (R.)	FY
Wilson (Pl.)	GY
Arnaud-Bern. (R.)	FX 4
Bonnefoy (R. Fg)	HX 15
Bonrepos (Bd)	GX 16
Boulbonne (R.)	GY 18
Capitole (Pl. du)	FY 25
Changes (R. des)	FY 32
Daurade (Pl. de la)	FY 37
Dupuy (Pl.)	HY 49
Embouchure (Port)	DX 53
Feuga (Allée P.)	FZ 57
Frères Lion (R. des)	GY 62
Gambetta (R.)	FY 64
Griffoul Dor. (Bd)	HZ 72
Guesde (Allée J.)	GZ 73
Hauriou (Av. M.)	FZ 75
Jaurès (Allées J.)	GX 78
Lafayette (R.)	GY 83
Laz.-Carnot (Bd.)	GY 87
Pargaminières (R.)	FY 109
Patte d'Oie (Pl.)	DZ 110
Pompidou (Allée)	HX 118
Pt Guilhemery (R.)	HY 119
Pujol (Av. C.)	HY 121
Romiguières (R.)	FY 129
Sabatier (Allées)	HZ 131
St-Étienne (Port)	HY 133
St-Sauveur (Port)	HZ 135
St-Simon (Rte de)	DZ 136
Sémard (Bd P.)	GX 142
Suau (R. J.)	FY 145
Wilson (Pl.)	GY 160

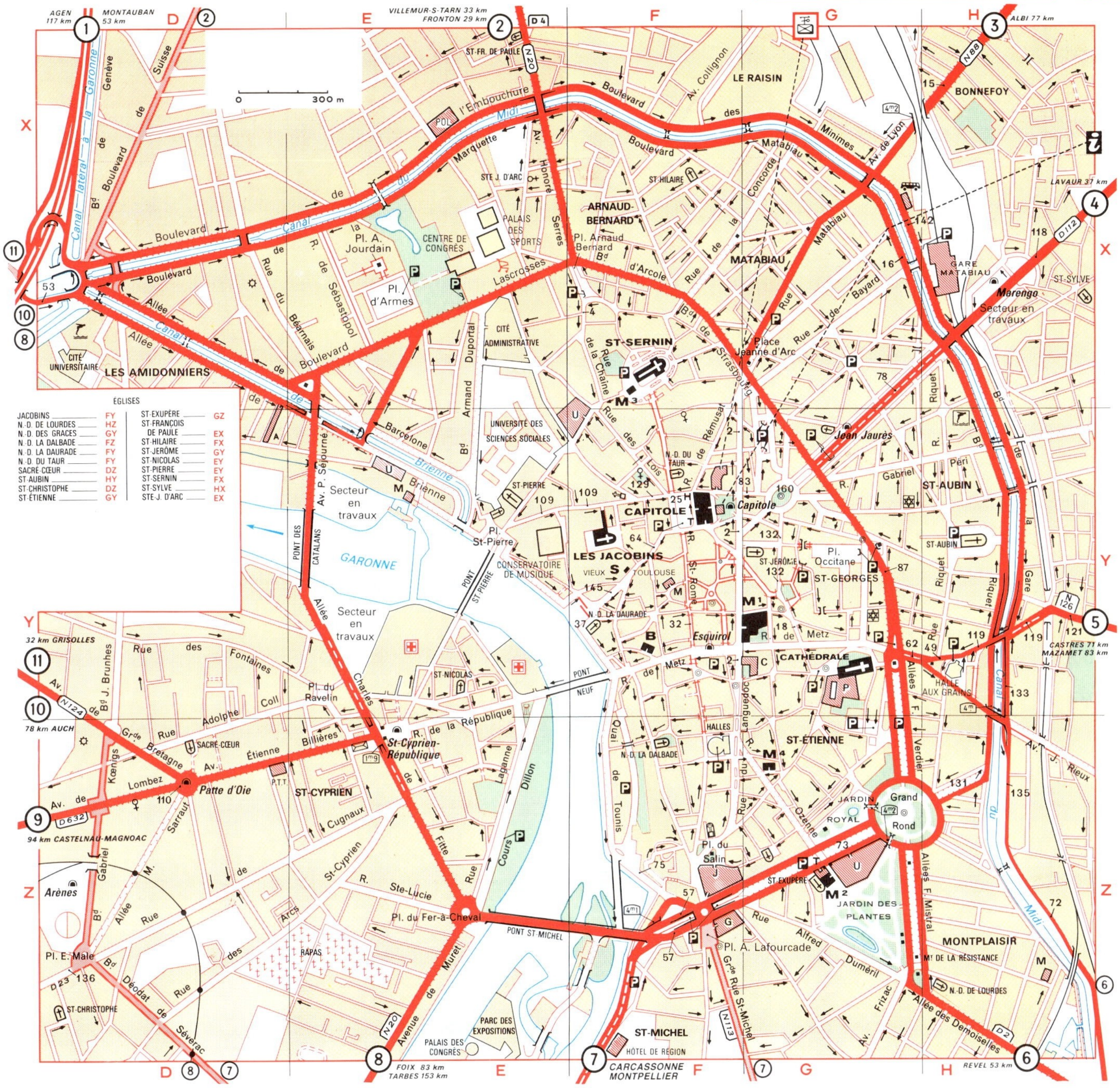

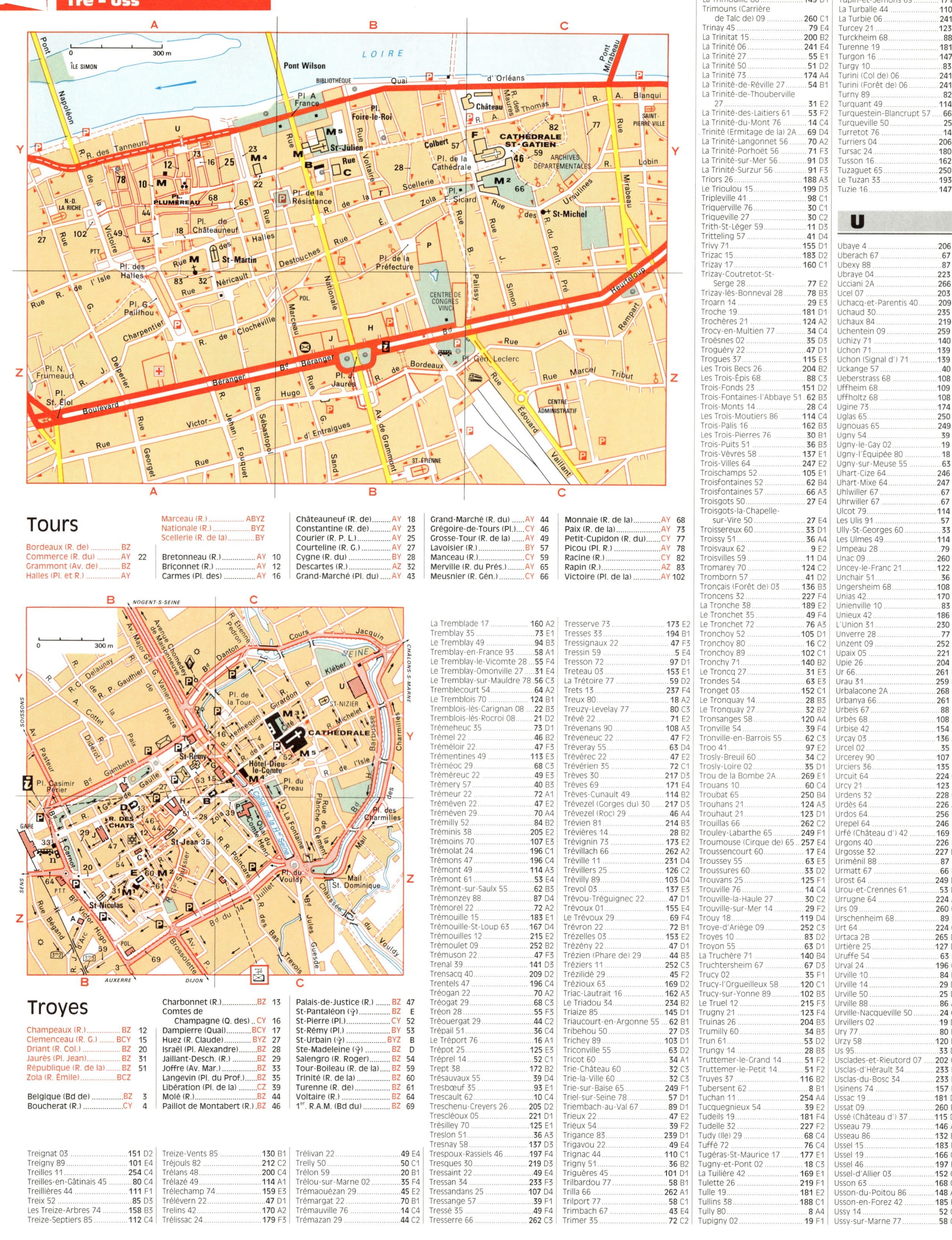

LOIRE
ÎLE SIMON
Pont Wilson
BIBLIOTHÈQUE
Quai d' Orléans
Pont Napoléon
Pont Mirabeau
Pl. A. France
Pl. Foire-le-Roi
St-Julien
Château
CATHÉDRALE ST-GATIEN
ARCHIVES DÉPARTEMENTALES
Pl. de la Cathédrale
Colbert
R. des Tanneurs
PL. PLUMEREAU
N.-D. LA RICHE
Pl. de Châteauneuf
Pl. de la Résistance
Scellerie
Ursulines
St-Michel
St-Martin
Halles
Pl. des Halles
Rue Nationale
Rue de Bordeaux
Pl. de la Préfecture
CENTRE DE CONGRÈS VINCI
Pl. G. Paillhou
Charpentier
R. de Clocheville
Bd Béranger
Pl. J. Jaurès
Pl. Gén. Leclerc
Bd Heurteloup
Rue Marcel Tribut
Pl. N. Frumeaud
Pl. St. Éloi
Boulevard
Victor-Hugo
Rue d' Entraigues
Av. de Grammont
ST-ÉTIENNE
CENTRE ADMINISTRATIF
Rue Edouard Vaillant
Rue Georget
Rue Jehan Fouquet
Rue Sébastopol
Rue Sand
Rue Palissy
Rue Simon
Rempart
Rue Marceau
Rue Mirabeau
Saint-Pierre-Ville
A
B
C
Y
Z

Tours

Bordeaux (R. de) .... BZ
Commerce (R. du) .... AY 22
Grammont (Av. de) .... BZ
Halles (Pl. et R.) .... AY
Marceau (R.) .... ABYZ
Nationale (R.) .... BYZ
Scellerie (R. de la) .... BY

Bretonneau (R.) .... AY 10
Briçonnet (R.) .... AY 12
Carmes (Pl. des) .... AY 16
Châteauneuf (R. de) .... AY 18
Constantine (R. de) .... AY 23
Courier (R. P. L.) .... AY 25
Courteline (R. G.) .... AY 27
Cygne (R. du) .... BY 28
Descartes (R.) .... AZ 32
Grand-Marché (Pl. du) ..... AY 43
Grand-Marché (R. du) ...... AY 44
Grégoire-de-Tours (Pl.) .... CY 46
Grosse-Tour (R. de la) ...... AY 49
Lavoisier (R.) .... BY 57
Manceau (R.) .... CY 59
Merville (R. du Prés.) .... AY 65
Meusnier (R. Gén.) .... CY 66
Monnaie (R. de la) .... AY 68
Paix (R. de la) .... AY 73
Petit-Cupidon (R. du) .... CY 77
Picou (Pl. R.) .... AY 78
Racine (R.) .... CY 82
Rapin (R.) .... AZ 83
Victoire (Pl. de la) .... AY 102

NOGENT-S-SEINE
CHÂLONS-S-MARNE
SOISSONS
SENS
AUXERRE
DIJON
SEINE
Cours Jacquin
Kléber
ST-NIZIER
CATHÉDRALE
Hôtel-Dieu-le-Comte
Pl. du Préau
Pl. de la Tour
St-Rémy
St-Jean
St-Nicolas
R. DES CHATS
GARE
Pl. Casimir Périer
Bd Gambetta
Bd Danton
Bd Carnot
Av. Pasteur
Bd Victor Hugo
Canal de la H.te Seine
Bd du 14 Juillet
Pl. du Vouldy
Mail St. Dominique
Pl. des Charmilles
Av. Brossolette
R. Voltaire
A
B
C
Y
Z

Troyes

Champeaux (R.) .... BZ 12
Clemenceau (R. G.) .... BCY 15
Driant (R. Col.) .... BZ 20
Jaurès (Pl. Jean) .... BZ 31
République (R. de la) .... BZ 51
Zola (R. Émile) .... BCZ

Belgique (Bd de) .... BZ 3
Boucherat (R.) .... CY 4
Charbonnet (R.) .... BZ 13
Comtes de Champagne (Q. des) .. CY 16
Dampierre (Quai) .... BCY 17
Huez (R. Claude) .... BYZ 27
Israël (Pl. Alexandre) .... BZ 28
Jaillant-Desch. (R.) .... BZ 29
Joffre (Av. Mar.) .... BZ 33
Langevin (Pl. du Prof.) ...... BZ 35
Libération (Pl. de la) .... CZ 39
Molé (R.) .... BZ 44
Paillot de Montabert (R.) . BZ 46
Palais-de-Justice (R.) .... BZ 47
St-Pantaléon (✝) .... BZ E
St-Pierre (Pl.) .... CY 52
St-Rémy (Pl.) .... BY 53
St-Urbain (✝) .... BYZ B
Ste-Madeleine (✝) .... BZ D
Salengro (R. Roger) .... BZ 54
Tour-Boileau (R. de la) ..... BZ 59
Trinité (R. de la) .... BZ 60
Turenne (R. de) .... BZ 61
Voltaire (R.) .... BZ 64
1er. R.A.M. (Bd du) .... BZ 69

Treignat 03 ... 151 D2
Treigny 89 ... 101 E4
Treilles 11 ... 254 C4
Treilles-en-Gâtinais 45 ... 80 C4
Treillières 44 ... 111 F1
Treix 52 ... 85 D3
Les Treize-Arbres 74 ... 158 B3
Treize-Septiers 85 ... 112 C4
Treize-Vents 85 ... 130 B1
Tréjouls 82 ... 212 C2
Trélans 48 ... 200 C4
Trélazé 49 ... 114 A1
Trélechamp 74 ... 159 E3
Trélévern 22 ... 47 D1
Trelins 42 ... 170 A2
Trélissac 24 ... 179 F3
Trélivan 22 ... 49 E4
Trelly 50 ... 50 C1
Trélon 59 ... 20 B1
Trélou-sur-Marne 02 ... 35 F4
Trémaouézan 29 ... 45 E2
Trémargat 22 ... 70 B1
Trémauville 76 ... 14 C4
Trémazan 29 ... 44 C2
La Tremblade 17 ... 160 A2
Tremblay 35 ... 73 E1
Le Tremblay 49 ... 94 B3
Tremblay-en-France 93 ... 58 A1
Le Tremblay-le-Vicomte 28 ... 55 F4
Le Tremblay-Omonville 27 ... 31 E4
Le Tremblay-sur-Mauldre 78 ... 56 C3
Tremblecourt 54 ... 64 A2
Le Tremblois 70 ... 124 B1
Tremblois-lès-Carignan 08 ... 22 B3
Tremblois-lès-Rocroi 08 ... 21 D2
Trémeheuc 35 ... 73 D1
Trémel 22 ... 46 B2
Tréméloir 22 ... 47 F3
Trémentines 49 ... 113 E3
Tréméoc 29 ... 68 C3
Tréméreuc 22 ... 49 E3
Trémery 57 ... 40 B3
Trémeur 22 ... 72 A1
Tréméven 22 ... 47 E2
Tréméven 29 ... 70 A4
Trémilly 52 ... 84 B2
Tréminis 38 ... 205 E2
Trémoins 70 ... 107 E3
Trémolat 24 ... 196 C1
Trémons 47 ... 196 C4
Trémont 49 ... 114 A3
Trémont 61 ... 53 E4
Trémont-sur-Saulx 55 ... 62 B3
Trémonzey 88 ... 87 D4
Trémorel 22 ... 72 A2
Trémouille 15 ... 183 E1
Trémouille-St-Loup 63 ... 167 D4
Trémouilles 12 ... 215 E2
Trémoulet 09 ... 252 B2
Trémuson 22 ... 47 F3
Trenal 39 ... 141 D3
Trensacq 40 ... 209 D2
Trentels 47 ... 196 C4
Tréogan 22 ... 70 A2
Tréogat 29 ... 68 C3
Tréon 28 ... 55 F3
Tréouergat 29 ... 44 C2
Trépail 51 ... 36 C4
Le Tréport 76 ... 16 A1
Trépot 25 ... 125 E3
Tréprel 14 ... 52 C1
Trept 38 ... 172 B2
Trésauvaux 55 ... 39 D4
Tresbœuf 35 ... 93 E1
Trescault 62 ... 10 C4
Treschenu-Creyers 26 ... 205 D2
Trescléoux 05 ... 221 D1
Trésilley 70 ... 125 E1
Treslon 51 ... 36 A3
Tresnay 58 ... 137 D3
Trespoux-Rassiels 46 ... 197 F4
Tresques 30 ... 219 D3
Tressaint 22 ... 49 E4
Tressan 34 ... 233 F3
Tressandans 25 ... 107 D4
Tressange 57 ... 39 F1
Tressé 35 ... 49 F4
Tresserre 66 ... 262 C3
Tresserve 73 ... 173 E2
Tresses 33 ... 194 B1
Tressignaux 22 ... 47 F3
Tressin 59 ... 5 E4
Tresson 72 ... 97 D1
Treteau 03 ... 153 E1
La Trétoire 77 ... 59 D2
Trets 13 ... 237 F4
Treux 80 ... 18 A2
Treuzy-Levelay 77 ... 80 C3
Trévé 22 ... 71 E2
Trévenans 90 ... 108 A3
Tréveneuc 22 ... 47 F2
Tréveray 55 ... 63 D4
Trévérec 22 ... 47 E2
Trévérien 35 ... 72 C1
Trèves 30 ... 217 D3
Trèves 69 ... 171 E4
Trèves-Cunault 49 ... 114 B2
Trévezel (Gorges du) 30 ... 217 D3
Trévezel (Roc) 29 ... 46 A4
Trévien 81 ... 214 B3
Trévières 14 ... 28 B2
Trévignin 73 ... 173 E2
Trévillach 66 ... 262 A2
Tréville 11 ... 231 D4
Trévillers 25 ... 126 C2
Trévilly 89 ... 103 D4
Trevol 03 ... 137 E3
Trévou-Tréguignec 22 ... 47 D1
Trévoux 01 ... 155 E4
Le Trévoux 29 ... 69 F4
Trévron 22 ... 72 B1
Trézelles 03 ... 153 E2
Trézény 22 ... 47 D1
Trézien (Phare de) 29 ... 44 B3
Tréziers 11 ... 252 C3
Trézilidé 29 ... 45 F2
Trézioux 63 ... 169 D2
Triac-Lautrait 16 ... 162 A3
Le Triadou 34 ... 234 B2
Triaize 85 ... 145 D1
Triaucourt-en-Argonne 55 ... 62 B1
Tribehou 50 ... 27 D3
Trichey 89 ... 103 D1
Triconville 55 ... 63 D2
Tricot 60 ... 34 A1
Trie-Château 60 ... 32 C3
Trie-la-Ville 60 ... 32 C3
Trie-sur-Baïse 65 ... 249 F1
Triel-sur-Seine 78 ... 57 D1
Triembach-au-Val 67 ... 89 D1
Trieux 22 ... 47 E2
Trieux 54 ... 39 F2
Trigance 83 ... 239 D1
Trigavou 22 ... 49 E4
Trignac 44 ... 110 C1
Trigny 51 ... 36 B2
Triguères 45 ... 101 D1
Trilbardou 77 ... 58 B1
Trilla 66 ... 262 A1
Trilport 77 ... 58 C1
Trimbach 67 ... 43 E4
Trimer 35 ... 72 C2
La Trimouille 86 ... 149 D1
Trimouns (Carrière de Talc de) 09 ... 260 C1
Trinay 45 ... 79 E4
La Trinitat 15 ... 200 B2
La Trinité 06 ... 241 E4
La Trinité 27 ... 55 E1
La Trinité 50 ... 51 D2
La Trinité 73 ... 174 A4
La Trinité-de-Réville 27 ... 54 B1
La Trinité-de-Thouberville 27 ... 31 E2
La Trinité-des-Laitiers 61 ... 53 F2
La Trinité-du-Mont 76 ... 14 C4
Trinité (Ermitage de la) 2A ... 69 D4
La Trinité-Langonnet 56 ... 70 A2
La Trinité-Porhoët 56 ... 71 F3
La Trinité-sur-Mer 56 ... 91 D3
La Trinité-Surzur 56 ... 91 F3
Triors 26 ... 188 A3
Le Trioulou 15 ... 199 D3
Tripleville 41 ... 98 C1
Triquerville 76 ... 30 C1
Triqueville 27 ... 30 C2
Trith-St-Léger 59 ... 11 D3
Tritteling 57 ... 41 D4
Trivy 71 ... 155 D1
Trizac 15 ... 183 D2
Trizay 17 ... 160 C1
Trizay-Coutretot-St-Serge 28 ... 77 E2
Trizay-lès-Bonneval 28 ... 78 B3
Troarn 14 ... 29 E3
Troche 19 ... 181 D1
Trochères 21 ... 124 A2
Trocy-en-Multien 77 ... 34 C4
Troësnes 02 ... 35 D3
Troguéry 22 ... 47 D1
Trogues 37 ... 115 E3
Les Trois Becs 26 ... 204 B2
Les Trois-Épis 68 ... 88 C3
Trois-Fonds 23 ... 151 D2
Trois-Fontaines-l'Abbaye 51 ... 62 B3
Trois-Monts 14 ... 28 C4
Les Trois-Moutiers 86 ... 114 C4
Trois-Palis 16 ... 162 B3
Les Trois-Pierres 76 ... 30 B1
Trois-Puits 51 ... 36 B3
Trois-Vèvres 58 ... 137 E1
Trois-Villes 64 ... 247 E2
Troischamps 52 ... 105 E1
Troisfontaines 52 ... 62 B4
Troisfontaines 57 ... 66 A3
Troisgots 50 ... 27 E4
Troisgots-la-Chapelle-sur-Vire 50 ... 27 E4
Troissereux 60 ... 33 D1
Troissy 51 ... 36 A4
Troisvaux 62 ... 9 E2
Troisvilles 59 ... 11 D4
Tromarey 70 ... 124 C2
Tromborn 57 ... 41 D2
Tronçais (Forêt de) 03 ... 136 B3
Troncens 32 ... 227 F4
La Tronche 38 ... 189 E2
Le Tronchet 35 ... 49 F4
Le Tronchet 72 ... 76 A3
Tronchoy 52 ... 105 D1
Tronchoy 80 ... 16 C2
Tronchoy 89 ... 102 C1
Tronchy 71 ... 140 B2
Le Troncq 27 ... 31 E3
Trondes 54 ... 63 E3
Tronget 03 ... 152 C1
Le Tronquay 14 ... 28 B3
Le Tronquay 27 ... 32 B2
Tronsanges 58 ... 120 A4
Tronville 54 ... 39 F4
Tronville-en-Barrois 55 ... 62 C3
Troo 41 ... 97 E2
Trosly-Breuil 60 ... 34 C2
Trosly-Loire 02 ... 35 D1
Trou de la Bombe 2A ... 269 E1
Trouans 10 ... 60 C4
Troubat 65 ... 250 B4
Trouhans 21 ... 124 A3
Trouhaut 21 ... 123 D1
Trouillas 66 ... 262 C2
Trouley-Labarthe 65 ... 249 F1
Troumouse (Cirque de) 65 ... 257 E4
Troussencourt 60 ... 17 E4
Troussey 55 ... 63 E3
Troussures 60 ... 33 D2
Trouvans 25 ... 125 F1
Trouville 76 ... 14 C4
Trouville-la-Haule 27 ... 30 C2
Trouville-sur-Mer 14 ... 29 F2
Trouy 18 ... 119 D4
Troye-d'Ariège 09 ... 252 C3
Troyes 10 ... 83 D2
Troyon 55 ... 63 D1
La Truchère 71 ... 140 B4
Truchtersheim 67 ... 67 D3
Trucy 02 ... 35 F1
Trucy-l'Orgueilleux 58 ... 120 C1
Trucy-sur-Yonne 89 ... 102 B3
Le Truel 12 ... 215 F3
Trugny 21 ... 123 F4
Truinas 26 ... 204 B3
Trumilly 60 ... 34 B3
Trun 61 ... 53 D2
Trungy 14 ... 28 B3
Truttemer-le-Grand 14 ... 51 F2
Truttemer-le-Petit 14 ... 51 F2
Truyes 37 ... 116 B2
Tubersent 62 ... 8 B1
Tuchan 11 ... 254 A4
Tucquegnieux 54 ... 39 E2
Tudeils 19 ... 181 F4
Tudelle 32 ... 227 F2
Tudy (Ile) 29 ... 68 C4
Tuffé 72 ... 76 C4
Tugéras-St-Maurice 17 ... 177 E1
Tugny-et-Pont 02 ... 18 C3
La Tuilière 42 ... 169 E1
Tulette 26 ... 219 F1
Tulle 19 ... 181 E2
Tullins 38 ... 188 C1
Tully 80 ... 8 A4
Tupigny 02 ... 19 F1
Tupin-et-Semons 69 ... 171 E4
La Turballe 44 ... 110 A1
La Turbie 06 ... 241 E4
Turcey 21 ... 123 D1
Turckheim 68 ... 88 C3
Turenne 19 ... 181 E3
Turgon 16 ... 147 F4
Turgy 10 ... 83 D4
Turini (Col de) 06 ... 241 E2
Turini (Forêt de) 06 ... 241 E2
Turny 89 ... 82 B4
Turquant 49 ... 114 C3
Turquestein-Blancrupt 57 ... 66 A4
Turqueville 50 ... 25 E3
Turretot 76 ... 14 A4
Turriers 04 ... 206 B4
Tursac 24 ... 180 B4
Tusson 16 ... 162 B1
Tuzaguet 65 ... 250 A3
Le Tuzan 33 ... 193 F4
Tuzie 16 ... 147 E4

U

Ubaye 4 ... 206 C4
Uberach 67 ... 67 D1
Ubexy 88 ... 87 D2
Ubraye 04 ... 223 D4
Ucciani 2A ... 266 C3
Ucel 07 ... 203 D3
Uchacq-et-Parentis 40 ... 209 E4
Uchaud 30 ... 235 D2
Uchaux 84 ... 219 E2
Uchentein 09 ... 259 D3
Uchizy 71 ... 140 A4
Uchon 71 ... 139 D2
Uchon (Signal d') 71 ... 139 D2
Uckange 57 ... 40 B2
Ueberstrass 68 ... 108 B3
Uffheim 68 ... 109 D3
Uffholtz 68 ... 108 B1
Ugine 73 ... 174 B2
Uglas 65 ... 250 A2
Ugnouas 65 ... 249 E1
Ugny 54 ... 39 D1
Ugny-le-Gay 02 ... 19 D4
Ugny-l'Équipée 80 ... 18 C3
Ugny-sur-Meuse 55 ... 63 E3
Uhart-Cize 64 ... 246 C2
Uhart-Mixe 64 ... 247 D1
Uhlwiller 67 ... 67 D1
Uhrwiller 67 ... 67 D1
Ulcot 79 ... 114 A4
Les Ulis 91 ... 57 D3
Ully-St-Georges 60 ... 33 F3
Les Ulmes 49 ... 114 B3
Umpeau 28 ... 79 D1
Unac 09 ... 260 C1
Uncey-le-Franc 21 ... 122 C2
Unchair 51 ... 36 A3
Ungersheim 68 ... 108 C1
Unias 42 ... 170 B3
Unienville 10 ... 83 F2
Unieux 42 ... 186 B1
L'Union 31 ... 230 A2
Unverre 28 ... 77 F3
Unzent 09 ... 252 A2
Upaix 05 ... 221 E1
Upie 26 ... 204 A1
Ur 66 ... 261 D4
Urau 31 ... 259 D2
Urbalacone 2A ... 268 C1
Urbanya 66 ... 261 F2
Urbeis 67 ... 88 C1
Urbès 68 ... 108 A1
Urbise 42 ... 154 A2
Urçay 03 ... 136 A3
Urcel 02 ... 35 F1
Urcerey 90 ... 107 F3
Urciers 36 ... 135 E4
Urcuit 64 ... 224 C3
Urcy 21 ... 123 E2
Urdens 32 ... 228 C1
Urdès 64 ... 226 A4
Urdos 64 ... 256 B3
Urepel 64 ... 246 B2
Urfé (Château d') 42 ... 169 F1
Urgons 40 ... 226 B2
Urgosse 32 ... 227 D2
Uriménil 88 ... 87 E3
Urmatt 67 ... 66 B4
Urost 64 ... 249 D1
Urou-et-Crennes 61 ... 53 D3
Urrugne 64 ... 224 A4
Urs 09 ... 260 C1
Urschenheim 68 ... 89 E3
Urt 64 ... 224 C3
Urtaca 2B ... 265 D3
Urtière 25 ... 127 D2
Uruffe 54 ... 63 E4
Urval 24 ... 196 C1
Urville 10 ... 84 B3
Urville 14 ... 29 D4
Urville 50 ... 25 D3
Urville 88 ... 86 A3
Urville-Nacqueville 50 ... 24 C1
Urvillers 02 ... 19 D3
Ury 77 ... 80 B2
Urzy 58 ... 120 B4
Us 95 ... 33 D4
Usclades-et-Rieutord 07 ... 202 C2
Usclas-d'Hérault 34 ... 233 F1
Usclas-du-Bosc 34 ... 233 E2
Usinens 74 ... 157 E4
Ussac 19 ... 181 D2
Ussat 09 ... 260 B1
Ussé (Château d') 37 ... 115 D2
Usseau 79 ... 146 A3
Usseau 86 ... 132 B1
Ussel 15 ... 183 F3
Ussel 19 ... 166 C4
Ussel 46 ... 197 F3
Ussel-d'Allier 03 ... 152 C3
Usson 63 ... 168 C4
Usson-du-Poitou 86 ... 148 A2
Usson-en-Forez 42 ... 185 F1
Ussy 14 ... 52 C1
Ussy-sur-Marne 77 ... 58 C1

staritz 64 224 B4
stou 09 259 F4
tah Beach 50 27 E1
telle 06 241 D3
ttenheim 67 89 E1
ttenhoffen 67 67 D1
ttwiller 67 66 C1
vernet-Fours 04 207 D4
xeau 71 138 C3
xegney 88 87 D3
xelles 39 141 F3
xem 59 4 B1
z 65 257 D2
za 40 208 B3
zan 64 226 B3
zay-le-Venon 18 136 A2
zech 46 197 F3
zein 64 226 B4
zel 22 71 D2
zelle 25 107 D4
zemain 88 87 D3
zer 07 203 D3
zer 65 257 F1
zerche 19 181 D1
zès 30 218 C3
zeste 33 194 C4
zos 64 248 C1

V

aas 72 96 C3
abre 81 231 F2
abre-Tizac 12 214 C2
abres 15 183 B4
abres 30 217 F3
abres-l'Abbaye 12 215 F4
accarès (Étang de) 13 235 F3
acherauville 55 38 C3
achères 04 221 D4
achères-en-Quint 26 204 C1
acheresse 74 159 D1
a Vacheresse-et-la-Rouillie 88 86 B3
acheresses-les-Basses 28 56 A4
a Vacherie 27 31 F4
acognes-Neuilly 14 28 C4
acon 55 63 E3
acquerie 80 9 D4
a Vacquerie 14 28 B4
a Vacquerie-et-St-Martin-de-Castries 34 233 F1
acquerie-le-Boucq 62 9 D3
acqueriette-Erquières 62 9 D3
acqueville 54 65 E4
acqueyras 84 219 F2
acquières 34 234 B1
acquiers 31 230 A1
adans 39 141 E1
adans 70 124 B1
adelaincourt 55 38 B4
adenay 51 37 D4
adencourt 02 19 E2
adencourt 80 17 F1
adonville 55 63 D2
agnas 07 218 C1
agney 88 88 A4
ahl-Ebersing 57 41 E4
ahl-lès-Bénestroff 57 65 E1
ahl-lès-Faulquemont 57 41 D4
aiges 53 75 E4
ailhan 34 233 E3
ailhauquès 34 234 A2
ailhourles 12 214 A1
aillac 46 198 A2
aillant 52 105 D3
ailly 10 83 D2
ailly 74 158 C1
ailly-sur-Aisne 02 35 F2
ailly-sur-Sauldre 18 119 E1
ains 50 50 C3
airé 85 128 C3
aire-Arcier 25 125 E2
aire-le-Petit 25 125 E2
aire-sous-Corbie 80 18 A2
aires-sur-Marne 77 58 A2
aison-la-Romaine 84 220 A2
aissac 82 213 E3
aite 70 105 F3
a Vaivre 70 107 D1
aivre-et-Montoille 70 106 B3
al 15 183 D1
e Val 83 238 B4
e Val-André 22 48 B3
e Val-d'Ajol 88 107 D1
al-d'Auzon 10 83 E1
e Val-David 27 55 E1
al-de-Bride 57 65 E2
al-de-Fier 74 157 F4
e Val-de-Couhenans 70 107 D3
e Val-de-Guéblange 57 41 F4
al-de-la-Haye 76 31 E2
al-d'Epy 39 156 C1
al-de-Mercy 89 102 B3
al-de-Roulans 25 125 F1
al-de-Saâne 76 15 E3
al-de-Vesle 51 36 C3
al-de-Vière 51 61 F2
al-des-Prés 05 191 D4
al-d'Isère 73 175 E4
al-d'Izé 35 73 F3
al-et-Châtillon 54 66 A4
e Val Gallerand 27 54 C1
al-Joly (Lac du) 59 12 C4
al-Maravel 26 205 D3
e Val-St-Éloi 70 106 C2
e Val-St-Germain 91 57 D4
e Val-St-Père 50 50 C3
al-Suzon 21 123 E1
alady 12 199 E4
alailles 27 30 C4
alaire 41 117 D1
alanjou 49 113 F3
alaurie 26 203 F4
alavoire 04 222 A1
alay 70 124 C2
albeleix 63 168 A4
albelle 04 221 E2
alberg 06 223 E2
Valbonnais 38 189 E4
Valbonne 06 240 B2
Valbonne (Ancienne Chartreuse de) 30 219 D2
Valcabrère 31 250 A3
Valcanville 50 25 D2
Valcebollère 66 261 D4
Valcivières 63 169 E3
Valcourt 52 62 A4
Valdahon 25 126 A3
Valdampierre 60 33 D3
Valdeblore 06 241 D2
Le Valdécie 50 24 C3
Valdelancourt 52 84 B4
Valderiès 81 214 C4
Valderoure 06 239 F1
Valdieu-Lutran 68 108 B3
Valdivienne 86 132 C4
Valdo-Niello (Forêt de) 2B 266 C1
Valdoie 90 107 F3
Valdrôme 26 205 D3
Valdurenque 81 231 E3
Valeille 42 170 C2
Valeilles 82 212 B1
Valeins 01 155 F3
Valempoulières 39 141 F2
Valençay 36 117 E3
Valence 16 163 D1
Valence 26 187 E4
Valence 82 212 B3
Valence-d'Albigeois 81 215 D4
Valence-en-Brie 77 58 D1
Valence-sur-Baïse 32 228 A1
Valenciennes 59 11 E2
Valencin 38 171 F3
Valencogne 38 172 C4
Valennes 72 97 E1
Valensole 04 221 F4
Valentigney 25 107 F4
Valentin 25 125 E2
Valentine 31 258 C2
Valenton 94 57 F3
Valergues 34 234 C2
Valernes 04 221 F1
Valescourt 60 33 F1
Valette 15 183 D2
La Valette 38 189 E4
Valette (Barrage de la) 19 182 A2
La Valette-du-Var 83 244 B3
Valeuil 24 179 E2
Valeyrac 33 176 C1
Valezan 73 175 D3
Valff 67 89 E1
Valfin-sur-Valouse 39 156 C1
Valflaunès 34 234 B1
Valfleury 42 171 D4
Valframbert 61 76 B1
Valfroicourt 88 86 C3
Valgaudemar 05 206 A1
Valgorge 07 202 C3
Valhey 54 65 D3
Valhuon 62 9 E2
Valiergues 19 166 C4
Valignat 03 152 C3
Valigny 03 136 B3
Valinco (Golfe de) 2A 268 B2
Valines 80 8 A4
Valjouffrey 38 206 A1
Valjouze 15 184 A3
La Valla 42 169 E2
La Valla-en-Gier 42 186 C1
Vallabrègues 30 235 F1
Vallabrix 30 218 C3
Vallan 89 102 A3
Vallangoujard 95 33 E4
Vallans 79 146 A2
Vallant-St-Georges 10 82 C1
Vallauris 06 240 B2
Valle-d'Alesani 2B 267 E1
Valle-di-Campoloro 2B 267 F1
Valle-di-Mezzana 2A 266 B3
Valle-di-Rostino 2B 265 E4
Valle-d'Orezza 2B 265 E4
Vallecalle 2B 265 E3
La Vallée 17 160 C1
La Vallée-au-Blé 02 20 A2
Vallée (Étang de la) 45 100 A1
La Vallée-Mulâtre 02 19 E1
Vallègue 31 230 C4
Valleiry 74 157 F3
Vallenay 18 135 F2
Vallentigny 10 84 A1
Vallerange 57 65 E1
Vallérargues 30 218 C3
Valleraugue 30 217 E3
Vallères 37 115 E2
Valleret 52 84 C1
Vallereuil 24 179 D3
Vallerois-le-Bois 70 106 C4
Vallerois-Lorioz 70 106 C4
Valleroy 25 125 E1
Valleroy 52 105 F3
Valleroy 54 39 F3
Valleroy-aux-Saules 88 86 C2
Valleroy-le-Sec 88 86 C3
Vallery 89 81 E3
Vallesvilles 31 230 B3
Vallet 17 177 F2
Vallet 44 112 B3
Valletot 27 30 C2
La Vallette 42 170 C2
Vallica 2B 264 C3
Vallières 10 103 D1
Vallières 23 166 B1
Vallières 74 173 E1
Vallières-les-Grandes 41 116 C1
Valliguières 30 219 D3
Valliquerville 76 14 C4
Valloire 73 190 C2
Valloires (Abbaye de) 80 8 B2
Vallois 54 87 E1
Les Vallois 88 86 C3
Vallon-en-Sully 03 136 A4
Vallon-Pont-d'Arc 07 203 D4
Vallon-sur-Gée 72 96 A1
Vallorcine 74 159 E3
Vallouise 05 206 C1
Valmagne (Abbaye de) 34 33 F4
Valmanya 66 262 A3
Valmascle 34 233 E3
Valmeinier 73 190 C2
Valmestroff 57 40 B2
Valmigère 11 253 F4
Valmondois 95 33 E4
Valmont 57 41 D4
Valmont 76 14 C3
Valmunster 57 40 C3
Valmy 51 37 F4
Valognes 50 25 D3
Valojoulx 24 180 B4
Valonne 25 126 B1
Valoreille 25 126 C2
Valouse 26 204 B4
Valprionde 46 212 C1
Valprivas 43 186 A2
Valpuiseaux 91 80 A2
Valras-Plage 34 255 E1
Valréas 84 219 F1
Valros 34 233 E4
Valroufié 46 197 F4
Vals 09 252 B3
Vals-le-Chastel 43 185 D2
Vals-les-Bains 07 203 D2
Vals-près-le-Puy 43 185 F4
Valsaintes 04 221 D4
Valsemé 14 30 A3
Valserine 01,74 157 E2
Valserres 05 206 B3
Valsonne 69 170 C1
Le Valtin 88 88 B3
Valuéjols 15 184 F4
Valvignères 07 203 E4
Valz-sous-Châteauneuf 63 184 C1
Valzergues 12 199 D4
Van (Pointe du) 29 68 A2
Vanault-le-Châtel 51 61 F2
Vanault-les-Dames 51 61 F2
Vançais 79 147 D2
Vancé 72 97 E2
La Vancelle 67 89 D2
Vanclans 25 126 A3
Vançon 04 222 A1
Vandeins 01 156 A2
Vandelainville 54 39 F4
Vandelans 70 125 E1
Vandeléville 54 86 B1
Vandélicourt 60 34 B1
Vandenesse 58 138 A1
Vandenesse-en-Auxois 21 122 C3
Vandeuil 51 36 A3
Vandières 51 36 A4
Vandières 54 64 A1
Vandœuvre-lès-Nancy 54 64 B3
Vandoncourt 25 108 A4
Vandré 17 145 F3
Vandrimare 27 32 A2
Vandy 08 37 F1
Vanlay 10 83 D4
Vannaire 21 104 A1
Vanne 70 106 A3
Le Vanneau 79 146 A2
Vannecourt 57 65 D1
Vannecrocq 27 30 C2
Vannes 56 91 E3
Vannes-le-Châtel 54 63 F4
Vannes-sur-Cosson 45 99 F3
Vannoz 39 142 A2
Vanoise (Parc National de la) 73 174 E4
Vanosc 07 187 D2
Les Vans 07 218 B1
Vantoux 57 40 B3
Vantoux-et-Longevelle 70 125 D1
Vantoux-lès-Dijon 21 123 E1
Vanves 92 57 E2
Vanvey 21 104 A2
Vanvillé 77 59 D4
Vanxains 24 178 C2
Vany 57 40 B3
Vanzac 17 177 F1
Vanzay 79 147 E2
Vanzy 74 157 E3
Vaour 81 213 F3
Var 6 223 E3
Varacieux 38 188 C2
Varades 44 112 C1
Varages 83 238 B2
Varaignes 24 163 E3
Varaire 46 213 F1
Varaize 17 161 E1
Varambon 01 156 B4
Varanges 21 123 F2
Varangéville 54 64 C3
Varaville 14 29 E3
Varces-Allières-et-Risset 38 189 D3
Vareilles 23 149 F2
Vareilles 71 154 C2
Vareilles 89 82 A3
Varen 82 214 A2
Varengeville-sur-Mer 76 15 E2
Varenguebec 50 26 C2
La Varenne 49 112 B2
Varenne-l'Arconce 71 154 B2
Varenne-St-Germain 71 154 B1
La Varenne-St-Hilaire 94 57 F3
Varenne-sur-le-Doubs 71 140 C1
Varennes 24 196 B1
Varennes 31 230 B4
Varennes 37 116 B4
Varennes 80 17 F1
Varennes 82 213 E4
Varennes 86 132 A2
Varennes 89 102 C1
Varennes-Changy 45 100 C2
Varennes-en-Argonne 55 38 A3
Varennes-Jarcy 91 58 A3
Varennes-le-Grand 71 140 A2
Varennes-lès-Mâcon 71 155 F2
Varennes-lès-Narcy 58 120 A3
Varennes-St-Honorat 43 185 D3
Varennes-St-Sauveur 71 140 C4
Varennes-sous-Dun 71 154 C2
Varennes-sur-Allier 03 153 D2
Varennes-sur-Amance 52 105 F1
Varennes-sur-Fouzon 36 117 E3
Varennes-sur-Loire 49 114 C2
Varennes-sur-Morge 63 168 B1
Varennes-sur-Seine 77 81 D2
Varennes-sur-Tèche 03 153 E2
Varennes-sur-Usson 63 168 C4
Varennes-Vauzelles 58 120 B4
Varès 47 195 F4
Varesnes 60 18 C4
Varessia 39 141 E4
Varetz 19 181 D2
Varilhes 09 252 A3
Varinfroy 60 34 C4
Variscourt 02 36 B1
Varize 28 78 C4
Varize 57 40 C3
Varmonzey 88 87 D2
Varnéville 55 63 E2
Varneville-Bretteville 76 15 E4
Varney 55 62 B2
Varogne 70 106 C2
Varois-et-Chaignot 21 123 F2
Varouville 50 25 E1
Varrains 49 114 C2
Varreddes 77 58 C1
Vars 05 207 D2
Vars 16 162 C2
Vars 70 105 E4
Vars (Col de) 04,05 207 E3
Vars-sur-Roseix 19 180 C2
Varsberg 57 41 D3
Varvinay 55 63 E1
Varzay 17 161 D2
Varzy 58 120 C2
Vascœuil 27 32 A1
Vasles 79 131 E4
Vasouy 14 30 A2
Vasperviller 57 66 A3
Vassel 63 168 C2
Vasselay 18 119 D3
Vasselin 38 172 C3
Vassens 02 35 D1
Vasseny 02 35 F2
Vassieux-en-Vercors 26 188 C4
Vassimont-et-Chapelaine 51 60 C3
Vassincourt 55 62 B2
Vassivière (Lac de) 87 165 F2
Vassogne 02 36 A2
Vassonville 76 15 E3
Vassy 14 52 A2
Vassy 89 103 D4
Le Vast 50 25 D2
Vasteville 50 24 C2
Les Vastres 43 186 B4
Vatan 36 118 A4
Vathiménil 54 65 D4
Vatierville 76 16 B3
Vatilieu 38 188 C2
Vatimont 57 40 C4
Vatry 51 61 D2
Vattetot-sous-Beaumont 76 14 B4
Vattetot-sur-Mer 76 14 A3
Vatteville 27 32 A3
Vatteville-la-Rue 76 31 D1
Vaubadon 14 28 B3
Vauban 71 154 B2
Vaubecourt 55 62 B1
Vaubexy 88 87 D2
Vaucé 53 74 C1
Vaucelles 14 28 B2
Vaucelles (Ancienne Abbaye de) 59 10 C4
Vaucelles-et-Beffecourt 02 35 F1
Vauchamps 25 125 F2
Vauchamps 51 59 F2
Vauchassis 10 82 C3
Vauchelles 60 18 C4
Vauchelles-lès-Authie 80 9 E4
Vauchelles-lès-Domart 80 17 D1
Vauchelles-les-Quesnoy 80 8 C4
Vauchignon 21 122 C4
Vauchonvilliers 10 84 A2
Vauchoux 70 106 B3
Vauchrétien 49 113 F2
Vauciennes 51 36 B4
Vauciennes 60 34 C3
Vauclair (Abbaye de) 02 36 A1
Vauclaix 58 121 E3
Vauclerc 51 61 F3
Vaucluse 25 126 B2
Vaucluse (Plateau de) 84 220 C3
Vauclusotte 25 126 C2
Vaucogne 10 61 D4
Vauconcourt-Nervezain 70 106 A3
Vaucouleurs 55 63 E4
Vaucourt 54 65 E3
Vaucourtois 77 58 C2
Vaucresson 92 57 D2
Vaudancourt 60 32 C3
Vaudebarrier 71 154 C1
Vaudelnay 49 114 B3
Vaudeloges 14 53 D1
Vaudemange 51 36 C4
Vaudémont 54 86 C1
Vaudémont (Signal de) 54 86 C1
Vaudes 10 83 D3
Vaudesincourt 51 37 D3
Vaudesson 02 35 E1
Vaudeurs 89 82 A4
Vaudevant 07 187 D3
Vaudeville 54 86 C1
Vaudéville 88 87 E2
Vaudeville-le-Haut 55 85 F1
Vaudherland 95 57 F1
Vaudigny 54 64 D1
Le Vaudioux 39 142 A2
Vaudoncourt 55 39 D2
Vaudoncourt 57 40 C3
Vaudoncourt 88 86 B3
Le Vaudoué 77 80 B2
Vaudoy-en-Brie 77 59 D3
Vaudreching 57 40 C2
Vaudrecourt 52 86 A3
Vaudrémont 52 84 C3
Le Vaudreuil 27 31 F3
Vaudreuille 31 231 D4
Vaudreville 50 25 D3
Vaudrey 39 124 C4
Vaudricourt 62 9 F1
Vaudricourt 80 8 A4
Vaudrimesnil 50 26 C3
Vaudringhem 62 3 E4
Vaudrivillers 25 126 A2
Vaudry 14 51 F2
Vaufrey 25 127 D1
Vaugines 84 237 E1
Vaugneray 69 171 D2
Vaugrigneuse 91 57 D4
Vauhallan 91 57 E3
Vaujany 38 190 A2
Vaujours 93 58 A1
Vaulandry 49 96 A4
Le Vaulmier 15 183 D2
Vaulnaveys-le-Bas 38 189 E3
Vaulnaveys-le-Haut 38 189 E3
Vaulry 87 149 D4
Vault-de-Lugny 89 121 E1
Vaulx 62 9 D3
Vaulx 74 157 F4
Vaulx-en-Velin 69 171 F2
Vaulx-Milieu 38 172 A3
Vaulx-Vraucourt 62 10 B4
Le Vaumain 60 33 D2
Vaumas 03 153 E1
Vaumeilh 04 221 F1
Vaumoise 60 34 C3
Vaumort 89 82 A3
Vaunac 24 180 A1
Vaunaveys-la-Rochette 26 204 B2
Vaunoise 61 76 C2
La Vaupalière 76 31 E1
Vaupillon 28 77 F1
Vaupoisson 10 83 E1
Vauquois 55 38 B3
Vauréal 95 57 D1
Vaureilles 12 199 D4
Vaurezis 02 35 E2
Le Vauroux 60 33 D2
Vausse (Prieuré de) 89 03 D3
Vausseroux 79 131 E4
Vautebis 79 131 E4
Vauthiermont 90 108 A2
Vautorte 53 74 C2
Vauvenargues 13 237 F3
Vauvert 30 235 D2
Vauville 14 29 F2
Vauville 50 24 B2
Vauvillers 70 106 B1
Vauvillers 80 18 A2
Vaux 03 151 F1
Vaux 31 230 C4
Vaux 57 40 A4
Vaux 86 147 E2
Vaux 89 102 B3
Vaux-Andigny 02 19 E1
Vaux (Belvédère de) 80 18 B1
Vaux-Champagne 08 37 E1
Vaux (Culée de) 39 141 E2
Les Vaux de Cernay 78 56 C3
Vaux-devant-Damloup 55 38 C3
Vaux-en-Amiénois 80 17 E1
Vaux-en-Beaujolais 69 155 D4
Vaux-en-Bugey 01 172 B1
Vaux-en-Dieulet 08 38 A1
Vaux-en-Pré 71 139 F3
Vaux-en-Vermandois 02 18 C2
Vaux-et-Chantegrue-Malpas 25 142 C1
Vaux-la-Douce 52 105 E1
Vaux-la-Grande 55 63 D3
Vaux-la-Petite 55 63 D3
Vaux-Lavalette 16 178 C1
Vaux-le-Moncelot 70 106 B4
Vaux-le-Pénil 77 80 C1
Vaux-le-Vicomte (Château de) 77 58 B4
Vaux-lès-Mouron 08 37 F2
Vaux-lès-Mouzon 08 22 A4
Vaux-lès-Palameix 55 39 D4
Vaux-les-Prés 25 125 D2
Vaux-lès-Rubigny 08 20 C3
Vaux-lès-St-Claude 39 157 D1
Vaux-Marquenneville 80 16 C1
Vaux-Montreuil 08 21 D4
Vaux-Rouillac 16 162 A2
Vaux-Saules 21 123 D1
Vaux-sous-Aubigny 52 105 D3
Vaux-sur-Aure 14 28 B2
Vaux-sur-Blaise 52 84 C1
Vaux-sur-Eure 27 55 F1
Vaux-sur-Lunain 77 81 D3
Vaux-sur-Mer 17 160 B3
Vaux-sur-Poligny 39 141 E2
Vaux-sur-St-Urbain 52 85 D2
Vaux-sur-Seine 78 56 C1
Vaux-sur-Seulles 14 28 C3
Vaux-sur-Somme 80 18 A2
Vaux-sur-Vienne 86 132 C1
Vaux-Villaine 08 21 D3
Vauxaillon 02 35 E1
Vauxbons 52 104 C1
Vauxbuin 02 35 D2
Vauxcéré 02 35 F2
Vauxrenard 69 155 E2
Vauxtin 02 35 F2
Vavincourt 55 62 C2
Vavray-le-Grand 51 61 F2
Vavray-le-Petit 51 61 F2
Vaxainville 54 65 E4
Vaxoncourt 88 87 E2
Vaxy 57 65 D2
Vay 44 93 D4
Vaychis 09 260 C2
Vaylats 46 213 E1
Vayrac 46 181 E4
Vayres 33 194 C1
Vayres 87 163 F2
Vayres-sur-Essonne 91 80 A1
Vazeilles-Limandre 43 185 E3
Vazeilles-près-Saugues 43 201 E1
Vazerac 82 213 D2
Veauce 03 152 B3
Veauche 42 170 C3
Veauchette 42 170 B3
Veaugues 18 119 F2
Veaunes 26 187 F3
Veauville-lès-Baons 76 15 D4
Veauville-lès-Quelles 76 15 D3
Vèbre 09 260 C1
Vebret 15 183 D1
Vebron 48 217 D2
Veckersviller 57 66 B1
Veckring 57 40 C2
Vecoux 88 87 F4
Vecquemont 80 17 F2
Vecqueville 52 85 D1
Vedène 84 219 F4
Védrines-St-Loup 15 184 C3
Véel 55 62 B2
Végennes 19 181 E4
Vého 54 65 E3
Veigné 37 116 A2
Veigy-Foncenex 74 158 B2
Veilhes 81 230 C3
Veilleins 41 117 F1
Veilly 21 122 C3
Veix 19 165 F4
Velaine-en-Haye 54 64 B3
Velaine-sous-Amance 54 64 C3
Velaines 55 62 C3
Velanne 38 173 D4
Velars-sur-Ouche 21 123 E2
Velaux 13 237 D3
Velennes 60 33 E1
Velennes 80 17 D3
Velesmes 70 124 C1
Velesmes-Essarts 25 125 D3
Velet 70 124 B1
Vélieux 34 232 B4
Vélines 24 195 E1
Vélizy-Villacoublay 78 57 E3
Velle-le-Châtel 70 106 B3
Velle-sur-Moselle 54 64 C4
Vellèches 86 132 C1
Vellechevreux-et-Courbenans 70 107 E4
Velleclaire 70 125 D1
Vellefaux 70 106 C4
Vellefrey-et-Vellefrange 70 125 D1
Vellefrie 70 106 C3
Velleguindry-et-Levrecey 70 106 B4
Velleminfroy 70 106 C3
Vellemoz 70 106 A4
Velleron 84 220 A4
Vellerot-lès-Belvoir 25 126 B1
Vellerot-lès-Vercel 25 126 A2
Velles 36 134 B3
Velles 52 105 F2
Vellescot 90 108 A3
Vellevans 25 126 A2
Vellexon-Queutrey-et-Vaudey 70 106 A4
Velloreille-lès-Choye 70 124 C1
Velluire 85 145 E1
Velogny 21 122 C1
Velone-Orneto 2B 265 F4
Velorcey 70 106 C2
Velosnes 55 38 C1
Velotte-et-Tatignécourt 88 86 C2
Vélu 62 10 B4
Velving 57 41 D2
Vélye 51 60 C2
Velzic 15 183 D4
Vémars 95 34 A4
Venables 27 32 A3
Venaco 2B 267 D2
Venansault 85 129 D2
Venarey-les-Laumes 21 103 F4
Venarsal 19 181 E2
Venas 03 136 B4
Venasque 84 220 A3
Vence 06 240 B1
Vence (Col de) 06 240 B1
Vendargues 34 234 C2
Vendat 03 153 D3
Vendays-Montalivet 33 176 B1
Vendée 17,85 145 E1
Vendegies-au-Bois 59 11 E4
Vendegies-sur-Écaillon 59 11 E3
Vendeix (Roche) 63 167 E4
Vendel 35 73 F2
La Vendelée 50 26 C4
Vendelles 02 19 D2
Vendémian 34 233 F3
Vendenesse-lès-Charolles 71 154 C1
Vendenesse-sur-Arroux 71 138 C3
Vendenheim 67 67 D3
Vendes 14 28 C3
Vendeuil 02 19 E3
Vendeuil-Caply 60 17 E4
Vendeuvre 14 53 D1
Vendeuvre-du-Poitou 86 132 B2
Vendeuvre-sur-Barse 10 83 F3
Vendeville 59 10 C1
Vendhuile 02 19 D1
Vendières 02 59 E2
Vendin-le-Vieil 62 10 A1
Vendin-lès-Béthune 62 9 F1
Vendine 31 230 C3
Vendœuvres 36 134 A2
Vendoire 24 178 C1
Vendôme 41 98 A2
Vendranges 42 170 B1
Vendrennes 85 129 F2
Vendres 34 255 D1
Vendresse 08 21 F4
Vendresse-Beaulne 02 35 F2
Vendrest 77 35 D4
La Vendue-Mignot 10 83 D3
Vénéjan 30 219 D2
Venelles 13 237 E2
Vénérand 17 161 E2
Venère 70 124 C1
Vénérieu 38 172 B3
Vénérolles 02 19 F1
Venerque 31 230 A4
Vénès 81 231 E2
Venesmes 18 135 F2
Vénestanville 76 15 D3
Venette 60 34 B2
Veneux-les-Sablons 77 80 C2
Vénevelles 72 96 B3
Veney 54 65 E4
Vengeons 50 51 E2
Venise 25 125 E1
Venisey 70 106 B2
Vénissieux 69 171 E2
Venizel 02 35 E2
Venizy 89 82 B4
Vennans 25 125 F2
Vennecy 45 99 F1
Vennes 25 126 B3
Vennezey 54 87 E1
Venon 27 31 E3
Venon 38 189 E2
Venosc 38 190 A3
Venouse 89 102 B2
Venoy 89 102 B2
Vensac 33 176 B1
Vensat 63 152 C4
Ventabren 13 237 D3
Ventadour (Château de) 19 182 B1
Ventavon 05 205 F4
Ventelay 51 36 A2
Ventenac 09 252 B3
Ventenac-Cabardès 11 253 E1
Ventenac-en-Minervois 11 254 B2
Venterol 04 206 A4
Venterol 26 204 B4
Les Ventes 27 55 D1
Les Ventes-de-Bourse 61 76 B1
Ventes-St-Rémy 76 16 A3
Venteuges 43 185 D4
Venteuil 51 36 A4
Venthon 73 174 B2
Ventiseri 2B 267 E4
Ventouse 16 163 D1
Ventoux (Mont) 84 220 B2
Ventron 88 107 F1
La Ventrouze 61 54 C4
Venzolasca 2B 265 E3
Ver 50 50 C1
Ver-lès-Chartres 28 78 C2
Ver-sur-Launette 60 34 B4
Ver-sur-Mer 14 28 C2
Vérac 33 177 F4
Véranne 42 187 D1
Vérargues 34 234 C2
Véraza 11 253 E4
Verberie 60 34 B2
Verbiesles 52 85 D4
Vercel-Villedieu-le-Camp 25 126 A2
Verchain-Maugré 59 11 D3
Verchaix 74 159 D3
Vercheny 26 204 C2
Les Verchers-sur-Layon 49 114 A3
Verchin 62 9 D1
Verchocq 62 8 C1
Vercia 39 141 D3
Verclause 26 205 D4
Vercoiran 26 220 B1
Vercors (Parc Régional du) 26,38 188 C4
Vercourt 80 8 B3
Verdaches 04 222 B1
Verdalle 81 231 E3
Verde (Col de) 2A,2B 267 D3
Verdelais 33 194 C3
Verdelot 77 59 E2
Verdenal 54 65 E3
Verderel-lès-Sauqueuse 60 33 E1
Verderonne 60 34 A2
Verdes 41 98 C1
Verdèse 2B 265 E4
Verdets 64 248 A1
Le Verdier 81 214 A4
La Verdière 83 238 B2
Verdigny 18 119 F2
Verdille 16 162 A1
Verdilly 02 39 E4
Verdon 24 196 B1
Verdon 51 59 F1
Verdon 4,83 222 C3
Verdon (Grand Canyon du) 04 239 D1
Le Verdon-sur-Mer 33 160 B3
Verdonnet 21 103 E3
Verdun 09 260 B1
Verdun 55 38 C3
Verdun-en-Lauragais 11 253 D1
Verdun-sur-Garonne 82 229 E1
Verdun-sur-le-Doubs 71 140 B1
Vereaux 18 136 C1
Verel-de-Montbel 73 173 D3
Verel-Pragondran 73 173 E3
Véretz 37 116 A2
Vereux 70 105 F4
Verfeil 31 230 B2
Verfeil 82 214 A2
Verfeuil 30 218 C2
Vergaville 57 65 E2
Vergéal 35 73 F4
La Vergenne 70 107 D3
Le Verger 35 72 C3
Le Verger 49 95 E3
Verger-sur-Dive 86 131 F2
Vergeroux 17 145 E4
Verges 39 141 E3
Vergetot 76 14 A4
Vergezac 43 185 E4
Vergèze 30 235 D2
Vergheas 63 151 F4
Vergies 80 16 C2
Vergigny 89 102 B1
Vergio (Col de) 2A,2B 266 B1
Vergisson 71 155 E2
Vergné 17 146 A3
La Vergne 17 146 A4
Vergoignan 32 227 D2
Vergoncey 50 50 C4
Vergongheon 43 184 C1
Vergonnes 49 94 B2
Vergons 04 222 C4
Vergranne 25 126 A1
Vergt 24 179 E4
Vergt-de-Biron 24 196 C3
Le Verguier 02 19 D2
Véria 39 141 D4
Vérignon 83 238 C2

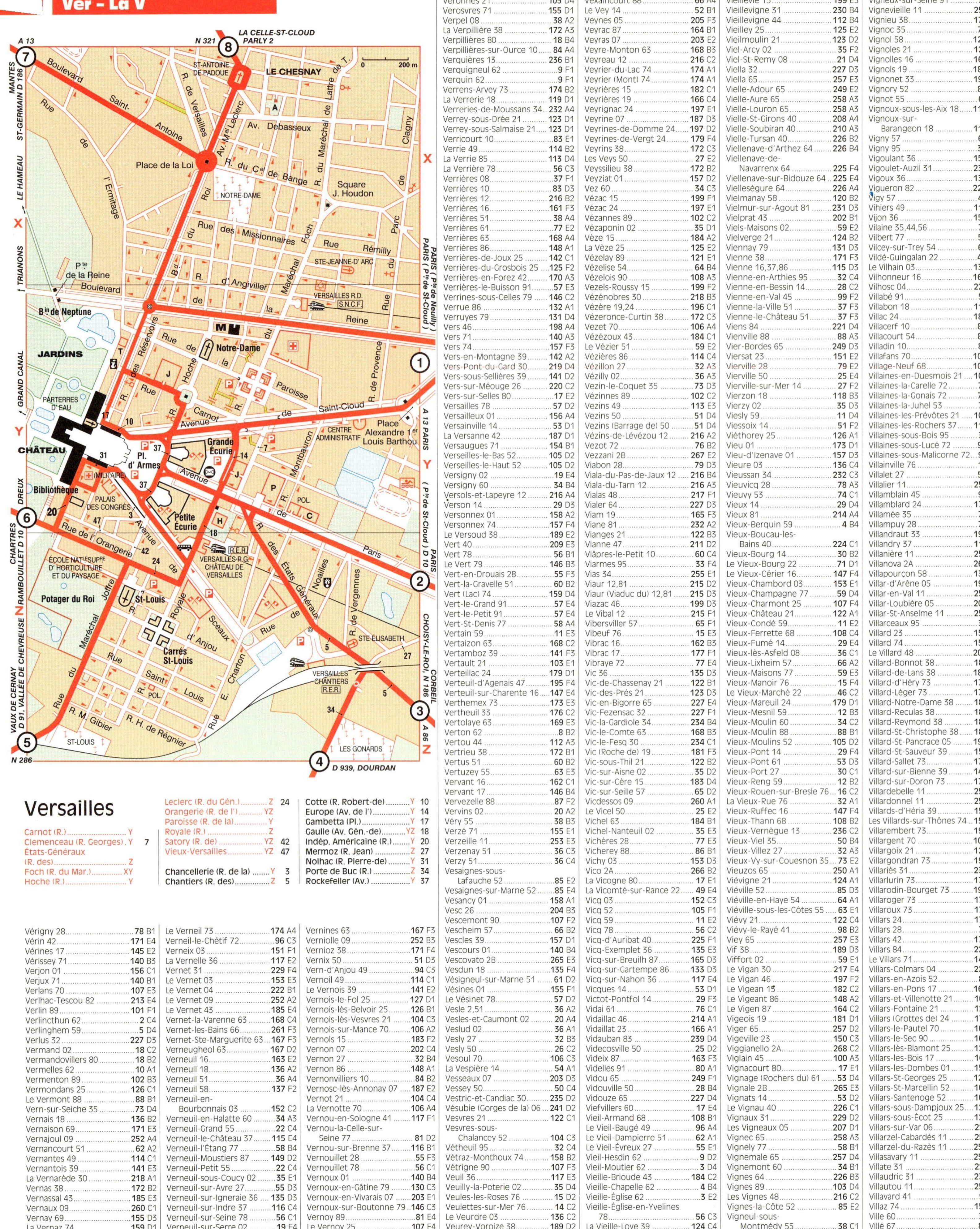
LA CELLE-ST-CLOUD PARLY 2
A 13
N 321
MANTES ST-GERMAIN D 186
LE HAMEAU
TRIANONS
GRAND CANAL
DREUX
CHARTRES RAMBOUILLET D 10
VAUX DE CERNAY D 91, VALLÉE DE CHEVREUSE
N 286
D 939, DOURDAN
CORBEIL CHOISY-LE-ROI, N 186
A 86
PARIS (Pte de St-Cloud) D 10
A 13 PARIS
PARIS (Pte de Neuilly) PARIS (Pte de St-Cloud)
LE CHESNAY
ST-ANTOINE DE PADOUE
Boulevard Saint-Antoine
Rue de l'Ermitage
Place de la Loi
Av. Debasseux
R. du Maréchal de Lattre de T.
Clagny
Square J. Houdon
NOTRE-DAME
Rue des Missionnaires
Rue Rémilly
STE-JEANNE-D'ARC
Pte de la Reine
Boulevard de la Reine
Bin de Neptune
JARDINS
PARTERRES D'EAU
CHÂTEAU
Bibliothèque
PALAIS DES CONGRÈS
Notre-Dame
Rue de la Paroisse
R. de Provence
Saint-Cloud
Place Alexandre 1er Louis Barthou
CENTRE ADMINISTRATIF
Grande Écurie
Pl. d'Armes
Petite Écurie
VERSAILLES R.D. S.N.C.F.
VERSAILLES R.G. CHÂTEAU DE VERSAILLES
ÉCOLE NATLE SUPRE D'HORTICULTURE ET DU PAYSAGE
Potager du Roi
St-Louis
Carrés St-Louis
Rue d'Anjou
Rue de Vergennes
STE-ÉLISABETH
VERSAILLES CHANTIERS
ST-LOUIS
LES GONARDS
R. H. de Régnier
R. M. Gibier
Rue des États-Généraux
Rue de Noailles
Av. de Paris
X
Y
Z
0
200 m

Versailles

Carnot (R.) ..... Y
Clemenceau (R. Georges) ..... Y 7
États-Généraux (R. des) ..... Z
Foch (R. du Mar.) ..... XY
Hoche (R.) ..... Y
Leclerc (R. du Gén.) ..... Z 24
Orangerie (R. de l') ..... YZ
Paroisse (R. de la) ..... Y
Royale (R.) ..... Z
Satory (R. de) ..... YZ 42
Vieux-Versailles ..... YZ 47

Chancellerie (R. de la) ..... Y 3
Chantiers (R. des) ..... Z 5
Cotte (R. Robert-de) ..... Y 10
Europe (Av. de l') ..... Y 14
Gambetta (Pl.) ..... Y 17
Gaulle (Av. Gén.-de) ..... YZ 18
Indép. Américaine (R.) ..... Y 20
Mermoz (R. Jean) ..... Z 27
Nolhac (R. Pierre-de) ..... Y 31
Porte de Buc (R.) ..... Z 34
Rockefeller (Av.) ..... Y 37

Vérigny 28 ..... 78 B1
Vérin 42 ..... 171 E4
Vérines 17 ..... 145 E2
Vérissey 71 ..... 140 B3
Verjon 01 ..... 156 C1
Verjux 71 ..... 140 B1
Verlans 70 ..... 107 E3
Verlhac-Tescou 82 ..... 213 E4
Verlin 89 ..... 101 F1
Verlincthun 62 ..... 2 C4
Verlinghem 59 ..... 5 D4
Verlus 32 ..... 227 D3
Vermand 02 ..... 18 C2
Vermandovillers 80 ..... 18 B2
Vermelles 62 ..... 10 A1
Vermenton 89 ..... 102 B3
Vermondans 25 ..... 126 C1
Le Vermont 88 ..... 88 B1
Vern-sur-Seiche 35 ..... 73 D4
Vernais 18 ..... 136 B2
Vernaison 69 ..... 171 E3
Vernajoul 09 ..... 252 A4
Vernancourt 51 ..... 62 A2
Vernantes 49 ..... 114 C1
Vernantois 39 ..... 141 E3
La Vernarède 30 ..... 218 A1
Vernas 38 ..... 172 B2
Vernassal 43 ..... 185 E3
Vernaux 09 ..... 260 C1
Vernay 69 ..... 155 D3
La Vernaz 74 ..... 159 D1
Verne 25 ..... 125 F1
Verne (Chartreuse de la) 83 ..... 245 D2
Vernègues 13 ..... 236 C2
Verneiges 23 ..... 151 D2
Le Verneil 73 ..... 174 A4
Verneil-le-Chétif 72 ..... 96 C3
Verneix 03 ..... 151 F1
La Vernelle 36 ..... 117 E2
Vernet 31 ..... 229 F4
Le Vernet 03 ..... 153 E3
Le Vernet 04 ..... 222 B1
Le Vernet 09 ..... 252 A2
Le Vernet 43 ..... 185 E4
Vernet-la-Varenne 63 ..... 168 C4
Vernet-les-Bains 66 ..... 261 F3
Vernet-Ste-Marguerite 63 ..... 167 F3
Verneugheol 63 ..... 167 D2
Verneuil 16 ..... 163 E2
Verneuil 18 ..... 136 A2
Verneuil 51 ..... 36 A4
Verneuil 58 ..... 137 F2
Verneuil-en-Bourbonnais 03 ..... 152 C2
Verneuil-en-Halatte 60 ..... 34 A3
Verneuil-Grand 55 ..... 22 C4
Verneuil-le-Château 37 ..... 115 E4
Verneuil-l'Étang 77 ..... 58 B4
Verneuil-Moustiers 87 ..... 149 D2
Verneuil-Petit 55 ..... 22 C4
Verneuil-sous-Coucy 02 ..... 35 E1
Verneuil-sur-Avre 27 ..... 55 D3
Verneuil-sur-Igneraie 36 ..... 135 D3
Verneuil-sur-Indre 37 ..... 116 C4
Verneuil-sur-Seine 78 ..... 56 C1
Verneuil-sur-Serre 02 ..... 19 F4
Verneuil-sur-Vienne 87 ..... 164 B1
Verneusses 27 ..... 54 B2
Vernéville 57 ..... 39 F3
Vernie 72 ..... 76 A3
Vernierfontaine 25 ..... 125 F3
Vernines 63 ..... 167 F3
Verniolle 09 ..... 252 B3
Vernioz 38 ..... 171 F4
Vernix 50 ..... 51 D3
Vern-d'Anjou 49 ..... 94 C3
Vernoil 49 ..... 114 C1
Le Vernois 39 ..... 141 E2
Vernois-le-Fol 25 ..... 127 D1
Vernois-lès-Belvoir 25 ..... 126 B1
Vernois-lès-Vesvres 21 ..... 104 C3
Vernois-sur-Mance 70 ..... 106 A2
Vernols 15 ..... 183 F2
Vernon 07 ..... 202 C4
Vernon 27 ..... 32 B4
Vernon 86 ..... 148 A1
Vernonvilliers 10 ..... 84 B2
Vernosc-lès-Annonay 07 ..... 187 E2
Vernot 21 ..... 104 C4
La Vernotte 70 ..... 106 A4
Vernou-en-Sologne 41 ..... 117 F1
Vernou-la-Celle-sur-Seine 77 ..... 81 D2
Vernou-sur-Brenne 37 ..... 116 B1
Vernouillet 28 ..... 55 F3
Vernouillet 78 ..... 56 C1
Vernoux 01 ..... 140 B4
Vernoux-en-Gâtine 79 ..... 130 C3
Vernoux-en-Vivarais 07 ..... 203 E1
Vernoux-sur-Boutonne 79 ..... 146 C3
Vernoy 89 ..... 81 E4
Le Vernoy 25 ..... 107 E4
Vernusse 03 ..... 152 B2
Verny 57 ..... 40 B4
Vero 2A 266 C3
Véron 89 ..... 81 F4
Véronne 26 ..... 204 C2
Véronnes 21 ..... 105 D4
Verosvres 71 ..... 155 D1
Verpel 08 ..... 38 A2
La Verpillière 38 ..... 172 A3
Verpillières 80 ..... 18 B4
Verpillières-sur-Ource 10 ..... 84 A4
Verquières 13 ..... 236 B1
Verquigneul 62 ..... 9 F1
Verquin 62 ..... 9 F1
Verrens-Arvey 73 ..... 174 B2
La Verrerie 18 ..... 119 D1
Verreries-de-Moussans 34 ..... 232 A4
Verrey-sous-Drée 21 ..... 123 D1
Verrey-sous-Salmaise 21 ..... 123 D1
Verricourt 10 ..... 83 E1
Verrie 49 ..... 114 B2
La Verrie 85 ..... 113 D4
La Verrière 78 ..... 56 C3
Verrières 08 ..... 37 F1
Verrières 10 ..... 83 D3
Verrières 12 ..... 216 B2
Verrières 16 ..... 161 F3
Verrières 51 ..... 38 A4
Verrières 61 ..... 77 E2
Verrières 63 ..... 168 A4
Verrières 86 ..... 148 A1
Verrières-de-Joux 25 ..... 142 C1
Verrières-du-Grosbois 25 ..... 125 F2
Verrières-en-Forez 42 ..... 170 A3
Verrières-le-Buisson 91 ..... 57 E3
Verrines-sous-Celles 79 ..... 146 C2
Verrue 86 ..... 132 A1
Verruyes 79 ..... 131 D4
Vers 46 ..... 198 A4
Vers 71 ..... 140 A3
Vers 74 ..... 157 F3
Vers-en-Montagne 39 ..... 142 A2
Vers-Pont-du-Gard 30 ..... 219 D4
Vers-sous-Sellières 39 ..... 141 D2
Vers-sur-Méouge 26 ..... 220 C2
Vers-sur-Selles 80 ..... 17 E2
Versailles 78 ..... 57 D2
Versailleux 01 ..... 156 A4
Versainville 14 ..... 53 D1
La Versanne 42 ..... 187 D1
Versaugues 71 ..... 154 B1
Verseilles-le-Bas 52 ..... 105 D2
Verseilles-le-Haut 52 ..... 105 D2
Versigny 02 ..... 19 E4
Versigny 60 ..... 34 B4
Versols-et-Lapeyre 12 ..... 216 A4
Verson 14 ..... 29 D3
Versonnex 01 ..... 158 A2
Versonnex 74 ..... 157 F4
Le Versoud 38 ..... 189 E2
Vert 40 ..... 209 E3
Vert 78 ..... 56 B1
Le Vert 79 ..... 146 B3
Vert-en-Drouais 28 ..... 55 F3
Vert-la-Gravelle 51 ..... 60 B2
Vert (Lac) 74 ..... 159 D4
Vert-le-Grand 91 ..... 57 E4
Vert-le-Petit 91 ..... 57 E4
Vert-St-Denis 77 ..... 58 A4
Vertain 59 ..... 11 E3
Vertaizon 63 ..... 168 C2
Vertamboz 39 ..... 141 F3
Vertault 21 ..... 103 E1
Verteillac 24 ..... 179 D1
Verteuil-d'Agenais 47 ..... 195 F4
Verteuil-sur-Charente 16 ..... 147 E4
Verthemex 73 ..... 173 E3
Vertheuil 33 ..... 176 C2
Vertolaye 63 ..... 169 E3
Verton 62 ..... 8 B2
Vertou 44 ..... 112 A3
Vertrieu 38 ..... 172 B1
Vertus 51 ..... 60 B2
Vertuzey 55 ..... 63 E3
Vervant 16 ..... 162 C1
Vervant 17 ..... 146 B4
Vervezelle 88 ..... 87 F2
Vervins 02 ..... 20 A2
Véry 55 ..... 38 B3
Verzé 71 ..... 155 E1
Verzeille 11 ..... 253 E3
Verzenay 51 ..... 36 C3
Verzy 51 ..... 36 C4
Vesaignes-sous-Lafauche 52 ..... 85 E2
Vesaignes-sur-Marne 52 ..... 85 E4
Vesancy 01 ..... 158 A1
Vesc 26 ..... 204 B3
Vescemont 90 ..... 107 F2
Vescheim 57 ..... 66 B2
Vescles 39 ..... 157 D1
Vescours 01 ..... 140 B4
Vescovato 2B 265 E3
Vesdun 18 ..... 135 F4
Vésigneul-sur-Marne 51 ..... 61 D2
Vésines 01 ..... 155 F1
Le Vésinet 78 ..... 57 D2
Vesle 2,51 ..... 36 A2
Vesles-et-Caumont 02 ..... 20 A4
Veslud 02 ..... 36 A1
Vesly 27 ..... 32 B3
Vesly 50 ..... 26 C2
Vesoul 70 ..... 106 C3
La Vespière 14 ..... 54 A1
Vesseaux 07 ..... 203 D3
Vessey 50 ..... 50 C4
Vestric-et-Candiac 30 ..... 235 D2
Vésubie (Gorges de la) 06 ..... 241 D2
Vesvres 21 ..... 122 C1
Vesvres-sous-Chalancey 52 ..... 104 C3
Vétheuil 95 ..... 32 C4
Vétraz-Monthoux 74 ..... 158 B2
Vétrigne 90 ..... 107 F3
Veuil 36 ..... 117 E3
Veuilly-la-Poterie 02 ..... 35 D4
Veules-les-Roses 76 ..... 15 D2
Veulettes-sur-Mer 76 ..... 14 C2
Le Veurdre 03 ..... 136 C2
Veurey-Voroize 38 ..... 189 D2
La Veuve 51 ..... 61 D1
Veuves 41 ..... 116 C1
Veuvey-sur-Ouche 21 ..... 123 D3
Veuxhaulles-sur-Aube 21 ..... 104 B1
Vevy 39 ..... 141 E3
Vexaincourt 88 ..... 66 A4
Le Vey 14 ..... 52 B1
Veynes 05 ..... 205 F3
Veyrac 87 ..... 164 B1
Veyras 07 ..... 203 E2
Veyre-Monton 63 ..... 168 B3
Veyreau 12 ..... 216 C2
Veyrier-du-Lac 74 ..... 174 A1
Veyrier (Mont) 74 ..... 174 A1
Veyrières 15 ..... 182 C1
Veyrières 19 ..... 166 C4
Veyrignac 24 ..... 197 E1
Veyrine 07 ..... 187 D3
Veyrines-de-Domme 24 ..... 197 D2
Veyrines-de-Vergt 24 ..... 179 F4
Veyrins 38 ..... 172 C3
Les Veys 50 ..... 27 E2
Veyssilieu 38 ..... 172 B2
Veyziat 01 ..... 157 D2
Vez 60 ..... 34 C3
Vézac 15 ..... 199 F1
Vézac 24 ..... 197 E1
Vézannes 89 ..... 102 C2
Vézaponin 02 ..... 35 D1
Vèze 15 ..... 184 A2
La Vèze 25 ..... 125 E2
Vézelay 89 ..... 121 E1
Vézelise 54 ..... 64 B4
Vézelois 90 ..... 108 A3
Vezels-Roussy 15 ..... 199 F2
Vézénobres 30 ..... 218 B3
Vézère 19,24 ..... 196 C1
Vézeronce-Curtin 38 ..... 172 C3
Vezet 70 ..... 106 A4
Vézézoux 43 ..... 184 C1
Le Vézier 51 ..... 59 E2
Vézières 86 ..... 114 C4
Vézillon 27 ..... 32 A3
Vézilly 02 ..... 36 A3
Vezin-le-Coquet 35 ..... 73 D3
Vézinnes 89 ..... 102 C2
Vezins 49 ..... 113 E3
Vezins 50 ..... 51 D4
Vezins (Barrage de) 50 ..... 51 D4
Vézins-de-Lévézou 12 ..... 216 A2
Vezot 72 ..... 76 B2
Vezzani 2B 267 E2
Viabon 28 ..... 79 D3
Viala-du-Pas-de-Jaux 12 ..... 216 B4
Viala-du-Tarn 12 ..... 216 A3
Vialas 48 ..... 217 F1
Vialer 64 ..... 227 D3
Viam 19 ..... 165 F3
Viane 81 ..... 232 A2
Vianges 21 ..... 122 B3
Vianne 47 ..... 211 D2
Viâpres-le-Petit 10 ..... 60 C4
Viarmes 95 ..... 33 F4
Vias 34 ..... 255 E1
Viaur 12,81 ..... 215 D2
Viaur (Viaduc du) 12,81 ..... 215 D3
Viazac 46 ..... 199 D3
Le Vibal 12 ..... 215 F1
Vibersviller 57 ..... 65 F1
Vibeuf 76 ..... 15 E3
Vibrac 16 ..... 162 B3
Vibrac 17 ..... 177 F1
Vibraye 72 ..... 77 E4
Vic 36 ..... 135 D3
Vic-de-Chassenay 21 ..... 122 B1
Vic-des-Prés 21 ..... 123 D3
Vic-en-Bigorre 65 ..... 227 E4
Vic-Fezensac 32 ..... 227 F1
Vic-la-Gardiole 34 ..... 234 B4
Vic-le-Comte 63 ..... 168 B3
Vic-le-Fesq 30 ..... 234 C1
Vic (Roche de) 19 ..... 181 F3
Vic-sous-Thil 21 ..... 122 B2
Vic-sur-Aisne 02 ..... 35 D2
Vic-sur-Cère 15 ..... 183 D4
Vic-sur-Seille 57 ..... 65 D2
Vicdessos 09 ..... 260 A1
Le Vicel 50 ..... 25 E2
Vichel 63 ..... 184 B1
Vichel-Nanteuil 02 ..... 35 E3
Vichères 28 ..... 77 E3
Vicherey 88 ..... 86 B1
Vichy 03 ..... 153 D3
Vico 2A 266 B2
La Vicogne 80 ..... 17 E1
La Vicomté-sur-Rance 22 ..... 49 E4
Vicq 03 ..... 152 C3
Vicq 52 ..... 105 F1
Vicq 59 ..... 11 E2
Vicq 78 ..... 56 C2
Vicq-d'Auribat 40 ..... 225 F1
Vicq-Exemplet 36 ..... 135 E3
Vicq-sur-Breuilh 87 ..... 165 D3
Vicq-sur-Gartempe 86 ..... 133 D3
Vicq-sur-Nahon 36 ..... 117 E4
Vicques 14 ..... 53 D1
Victot-Pontfol 14 ..... 29 F3
Vidai 61 ..... 76 C1
Vidaillac 46 ..... 214 A1
Vidaillat 23 ..... 166 A1
Vidauban 83 ..... 239 D4
Videcosville 50 ..... 25 D2
Videix 87 ..... 163 F3
Videlles 91 ..... 80 A1
Vidou 65 ..... 249 F1
Vidouville 50 ..... 28 B4
Vidouze 65 ..... 227 D4
Viefvillers 60 ..... 17 E4
Vieil-Armand 68 ..... 108 B1
Le Vieil-Baugé 49 ..... 96 A4
Le Vieil-Dampierre 51 ..... 62 A1
Le Vieil-Évreux 27 ..... 55 E1
Vieil-Hesdin 62 ..... 9 D2
Vieil-Moutier 62 ..... 3 D4
Vieille-Brioude 43 ..... 184 C2
Vieille-Chapelle 62 ..... 4 B4
Vieille-Église 62 ..... 3 E2
Vieille-Église-en-Yvelines 78 ..... 56 C3
La Vieille-Loye 39 ..... 124 C4
La Vieille-Lyre 27 ..... 54 C2
Vieille-Toulouse 31 ..... 230 A3
Vieilles-Maisons-sur-Joudry 45 ..... 100 B2
Vieillespesse 15 ..... 184 B3
Vieillevie 15 ..... 199 E3
Vieillevigne 31 ..... 230 B4
Vieillevigne 44 ..... 112 B4
Vieilley 25 ..... 125 E2
Vieilmoulin 21 ..... 123 D2
Viel-Arcy 02 ..... 35 F2
Viel-St-Remy 08 ..... 21 D4
Viella 32 ..... 227 D3
Viella 65 ..... 257 E3
Vielle-Adour 65 ..... 249 E2
Vielle-Aure 65 ..... 258 A3
Vielle-Louron 65 ..... 258 A3
Vielle-St-Girons 40 ..... 208 A4
Vielle-Soubiran 40 ..... 210 A3
Vielle-Tursan 40 ..... 226 B2
Viellenave-d'Arthez 64 ..... 226 B4
Viellenave-de-Navarrenx 64 ..... 225 F4
Viellenave-sur-Bidouze 64 ..... 225 E4
Vielleségure 64 ..... 226 A4
Vielmanay 58 ..... 120 B2
Vielmur-sur-Agout 81 ..... 231 D3
Vielprat 43 ..... 202 B1
Viels-Maisons 02 ..... 59 E2
Vielverge 21 ..... 124 B2
Viennay 79 ..... 131 D3
Vienne 38 ..... 171 F3
Vienne 16,37,86 ..... 115 D3
Vienne-en-Arthies 95 ..... 32 C4
Vienne-en-Bessin 14 ..... 28 C2
Vienne-en-Val 45 ..... 99 F2
Vienne-la-Ville 51 ..... 37 F3
Vienne-le-Château 51 ..... 37 F3
Viens 84 ..... 221 D4
Vienville 88 ..... 88 A3
Vier-Bordes 65 ..... 249 D3
Viersat 23 ..... 151 E2
Vierville 28 ..... 79 E2
Vierville 50 ..... 25 E4
Vierville-sur-Mer 14 ..... 27 F2
Vierzon 18 ..... 118 B3
Vierzy 02 ..... 35 D3
Viesly 59 ..... 11 D4
Viessoix 14 ..... 51 F2
Viéthorey 25 ..... 126 A1
Vieu 01 ..... 173 D1
Vieu-d'Izenave 01 ..... 157 D3
Vieure 03 ..... 136 C4
Vieussan 34 ..... 232 C3
Vieuvicq 28 ..... 78 A3
Vieuvy 53 ..... 74 C1
Vieux 14 ..... 29 D4
Vieux 81 ..... 214 A4
Vieux-Berquin 59 ..... 4 B4
Vieux-Boucau-les-Bains 40 ..... 224 C1
Vieux-Bourg 14 ..... 30 B2
Le Vieux-Bourg 22 ..... 71 D1
Le Vieux-Cérier 16 ..... 147 F4
Vieux-Chambord 03 ..... 153 E1
Vieux-Champagne 77 ..... 59 D4
Vieux-Charmont 25 ..... 107 F4
Vieux-Château 21 ..... 122 A1
Vieux-Condé 59 ..... 11 E2
Vieux-Ferrette 68 ..... 108 C4
Vieux-Fumé 14 ..... 29 E4
Vieux-lès-Asfeld 08 ..... 36 C1
Vieux-Lixheim 57 ..... 66 A2
Vieux-Maisons 77 ..... 59 E3
Vieux-Manoir 76 ..... 15 F4
Le Vieux-Marché 22 ..... 46 C2
Vieux-Mareuil 24 ..... 179 D1
Vieux-Mesnil 59 ..... 12 B3
Vieux-Moulin 60 ..... 34 C2
Vieux-Moulin 88 ..... 88 B1
Vieux-Moulins 52 ..... 105 D2
Vieux-Pont 14 ..... 29 F4
Vieux-Pont 61 ..... 53 D3
Vieux-Port 27 ..... 30 C1
Vieux-Reng 59 ..... 12 B2
Vieux-Rouen-sur-Bresle 76 ..... 16 C2
La Vieux-Rue 76 ..... 32 A1
Vieux-Ruffec 16 ..... 147 F4
Vieux-Thann 68 ..... 108 B2
Vieux-Vernègue 13 ..... 236 C2
Vieux-Viel 35 ..... 50 B4
Vieux-Villez 27 ..... 32 A3
Vieux-Vy-sur-Couesnon 35 ..... 73 E2
Vieuzos 65 ..... 250 A1
Viévigne 21 ..... 124 A1
Viéville 52 ..... 85 D3
Viéville-en-Haye 54 ..... 64 A1
Viéville-sous-les-Côtes 55 ..... 63 E1
Viévy 21 ..... 122 C4
Viévy-le-Rayé 41 ..... 98 B2
Viey 65 ..... 257 E3
Vif 38 ..... 189 D3
Viffort 02 ..... 59 E1
Le Vigan 30 ..... 217 E4
Le Vigan 46 ..... 197 F2
Le Vigean 15 ..... 182 C2
Le Vigeant 86 ..... 148 A2
Le Vigen 87 ..... 164 C2
Vigeois 19 ..... 181 D1
Viger 65 ..... 257 D2
Vigeville 23 ..... 150 C3
Viggianello 2A 268 C2
Viglain 45 ..... 100 A3
Vignacourt 80 ..... 17 E1
Vignage (Rochers du) 61 ..... 53 D4
Vignale 2B 265 E3
Vignats 14 ..... 53 D2
Le Vignau 40 ..... 226 C1
Vignaux 31 ..... 229 D2
Les Vigneaux 05 ..... 207 D1
Vignec 65 ..... 258 A3
Vignely 77 ..... 58 B1
Vignemale 65 ..... 257 D4
Vignemont 60 ..... 34 B1
Vignes 64 ..... 226 B3
Vignes 89 ..... 103 D4
Les Vignes 48 ..... 216 C2
Vignes-la-Côte 52 ..... 85 E2
Vigneul-sous-Montmédy 55 ..... 38 C1
Vigneulles 54 ..... 64 C4
Vigneulles-lès-Hattonchâtel 55 ..... 63 E1
Vigneux-de-Bretagne 44 ..... 111 E1
Vigneux-Hocquet 02 ..... 20 B3
Vigneux-sur-Seine 91 ..... 57 F
Vignevieille 11 ..... 253 F
Vignieu 38 ..... 172 C
Vignoc 35 ..... 73 D
Vignol 58 ..... 121 D
Vignoles 21 ..... 123 E
Vignolles 16 ..... 162 A
Vignols 19 ..... 181 D
Vignonet 33 ..... 194 C
Vignory 52 ..... 85 D
Vignot 55 ..... 63 E
Vignoux-sous-les-Aix 18 ..... 119 D
Vignoux-sur-Barangeon 18 ..... 118 C
Vigny 57 ..... 64 C
Vigny 95 ..... 33 D
Vigoulant 36 ..... 150 C
Vigoulet-Auzil 31 ..... 230 A
Vigoux 36 ..... 134 A
Vigueron 82 ..... 229 D
Vigy 57 ..... 40 E
Vihiers 49 ..... 113 F
Vijon 36 ..... 150 C
Vilaine 35,44,56 ..... 73 E
Vilbert 77 ..... 58 C
Vilcey-sur-Trey 54 ..... 64 A
Vildé-Guingalan 22 ..... 49 D
Le Vilhain 03 ..... 136 E
Vilhonneur 16 ..... 163 D
Vilhosc 04 ..... 221 F
Villabé 91 ..... 57 F
Villabon 18 ..... 119 E
Villac 24 ..... 180 C
Villacerf 10 ..... 83 D
Villacourt 54 ..... 87 D
Villadin 10 ..... 82 E
Villafans 70 ..... 107 D
Village-Neuf 68 ..... 109 D
Villaines-en-Duesmois 21 ..... 103 F
Villaines-la-Carelle 72 ..... 76 C
Villaines-la-Gonais 72 ..... 77 D
Villaines-la-Juhel 53 ..... 75 E
Villaines-les-Prévôtes 21 ..... 103 E
Villaines-les-Rochers 37 ..... 115 E
Villaines-sous-Bois 95 ..... 33 F
Villaines-sous-Lucé 72 ..... 97 D
Villaines-sous-Malicorne 72 ..... 96 A
Villainville 76 ..... 14 A
Villalet 27 ..... 55 D
Villalier 11 ..... 253 F
Villamblain 45 ..... 98 C
Villamblard 24 ..... 179 E
Villamée 35 ..... 74 A
Villampuy 28 ..... 78 C
Villandraut 33 ..... 194 E
Villandry 37 ..... 115 E
Villanière 11 ..... 253 E
Villanova 2A ..... 266 E
Villapourçon 58 ..... 138 E
Villar-d'Arêne 05 ..... 190 E
Villar-en-Val 11 ..... 253 F
Villar-Loubière 05 ..... 206 E
Villar-St-Anselme 11 ..... 253 E
Villarceaux 95 ..... 32 C
Villard 23 ..... 150 A
Villard 74 ..... 158 C
Le Villard 48 ..... 201 D
Villard-Bonnot 38 ..... 189 E
Villard-de-Lans 38 ..... 189 D
Villard-d'Héry 73 ..... 174 A
Villard-Léger 73 ..... 174 A
Villard-Notre-Dame 38 ..... 189 F
Villard-Reculas 38 ..... 189 F
Villard-Reymond 38 ..... 189 F
Villard-St-Christophe 38 ..... 189 E
Villard-St-Pancrace 05 ..... 191 D
Villard-St-Sauveur 39 ..... 157 E
Villard-Sallet 73 ..... 174 A
Villard-sur-Bienne 39 ..... 142 A
Villard-sur-Doron 73 ..... 174 C
Villardebelle 11 ..... 253 F
Villardonnel 11 ..... 253 E
Villards-d'Héria 39 ..... 157 E
Les Villards-sur-Thônes 74 ..... 158 E
Villarembert 73 ..... 190 E
Villargent 70 ..... 107 D
Villargoix 21 ..... 122 E
Villargondran 73 ..... 190 E
Villariès 31 ..... 230 A
Villarlurin 73 ..... 174 C
Villarodin-Bourget 73 ..... 191 D
Villaroger 73 ..... 175 E
Villaroux 73 ..... 173 F
Villars 24 ..... 179 F
Villars 28 ..... 78 C
Villars 42 ..... 170 C
Villars 84 ..... 220 C
Le Villars 71 ..... 140 E
Villars-Colmars 04 ..... 222 C
Villars-en-Azois 52 ..... 84 E
Villars-en-Pons 17 ..... 161 D
Villars-et-Villenotte 21 ..... 103 F
Villars-Fontaine 21 ..... 123 E
Villars (Grottes de) 24 ..... 179 F
Villars-le-Pautel 70 ..... 106 E
Villars-le-Sec 90 ..... 108 A
Villars-lès-Blamont 25 ..... 126 C
Villars-les-Bois 17 ..... 161 E
Villars-les-Dombes 01 ..... 156 A
Villars-St-Georges 25 ..... 125 D
Villars-St-Marcellin 52 ..... 106 A
Villars-Santenoge 52 ..... 104 C
Villars-sous-Dampjoux 25 ..... 126 C
Villars-sous-Écot 25 ..... 126 E
Villars-sur-Var 06 ..... 223 F
Villarzel-Cabardès 11 ..... 253 F
Villarzel-du-Razès 11 ..... 253 D
Villasavary 11 ..... 253 D
Villate 31 ..... 229 F
Villaudric 31 ..... 230 A
Villautou 11 ..... 252 C
Villavard 41 ..... 97 F
Villaz 74 ..... 158 E
Ville 60 ..... 34 C
Villé 67 ..... 89 D
La Ville 69 ..... 154 C
Ville-au-Montois 54 ..... 39 E
Ville-au-Val 54 ..... 64 E
La Ville-aux-Bois 10 ..... 84 E

a Ville-aux-Bois-lès-Dizy 02 20 B4
a Ville-aux-Bois-lès-Pontavert 02 36 B1
a Ville-aux-Clercs 41 98 A1
a Ville-aux-Dames 37 116 A1
a Ville-aux-Nonains 28 55 D4
ille-d'Avray 92 57 D2
ille-devant-Belrain 55 62 C2
ille-devant-Chaumont 55 38 C2
'ille-di-Paraso 2B 264 C3
'ille-di-Pietrabugno 2B 265 E2
a Ville-Dieu-du-Temple 82 212 C3
'ille-Dommange 51 36 B3
a Ville-du-Bois 91 57 E3
'ille-du-Pont 25 126 A4
'ille-en-Blaisois 52 84 C1
'ille-en-Sallaz 74 158 C3
'ille-en-Selve 51 36 C4
'ille-en-Tardenois 51 36 A3
'ille-en-Vermois 54 64 C3
'ille-en-Woëvre 55 39 D3
a Ville-ès-Nonais 35 49 E3
'ille-Houdlémont 54 23 D4
'ille-Issey 55 63 E3
'ille-la-Grand 74 158 B2
'ille-Langy 58 137 F1
'ille-le-Marclet 80 17 D1
'ille-St-Jacques 77 81 D2
'ille-Savoye 02 35 F3
'ille-sous-Anjou 38 187 E1
'ille-sous-la-Ferté 10 84 B3
a Ville-sous-Orbais 51 60 A1
'ille-sur-Ancre 80 18 A1
'ille-sur-Arce 10 83 F4
'ille-sur-Cousances 55 38 B4
'ille-sur-Illon 88 87 D3
'ille-sur-Jarnioux 69 155 E4
'ille-sur-Lumes 08 21 F3
'ille-sur-Retourne 08 37 D2
'ille-sur-Saulx 55 62 B3
'ille-sur-Terre 10 84 B2
'ille-sur-Tourbe 51 37 F3
'ille-sur-Yron 54 39 E4
'illeau 28 78 C3
'illebadin 61 53 E2
Villebarou 41 98 B4
Villebaudon 50 51 D1
Villebazy 11 253 E3
Villebéon 77 81 D3
Villebernier 49 114 C2
Villeberny 21 122 C1
Villebichot 21 123 F3
Villeblevin 89 81 E2
Villebois 01 172 C1
Villebois-Lavalette 16 162 C4
Villebois-les-Pins 26 221 D1
Villebon 28 78 A2
Villebon-sur-Yvette 91 57 E3
Villebougis 89 81 E3
Villebourg 37 97 D3
Villebout 41 98 A1
Villebramar 47 196 A3
Villebret 03 151 F2
Villebrumier 82 213 E4
Villecelin 18 135 E2
Villecerf 77 80 C2
Villecey-sur-Mad 54 39 F4
Villechantria 39 156 C1
Villechauve 41 97 F3
Villechenève 69 170 C2
Villechétif 10 83 D2
Villechétive 89 82 A4
Villechien 50 51 E4
Villecien 89 101 F1
Villécloye 55 38 C1
Villecomtal 12 199 F4
Villecomtal-sur-Arros 32 227 F4
Villecomte 21 104 C4
Villeconin 91 79 F1
Villecourt 80 18 C3
Villecresnes 94 58 A3
Villecroze 83 239 D2
Villedaigne 11 254 B2
Villedieu 15 184 B4
Villedieu 21 103 E1
Villedieu 84 220 A1
La Villedieu 17 146 B3
La Villedieu 23 166 A2
La Villedieu 48 201 E2
Les Villedieu 25 142 C2
La Villedieu-du-Clain 86 147 F1
La Villedieu-en-Fontenette 70 106 C2
Villedieu-la-Blouère 49 112 C3
Villedieu-le-Château 41 97 E3
Villedieu-lès-Bailleul 61 53 D2
Villedieu-les-Poêles 50 51 D2
Villedieu-sur-Indre 36 134 B2
Villedômain 37 117 D4
Villedômer 37 97 F4
Villedoux 17 145 E2
Villedubert 11 253 F2
Villefagnan 16 147 E4
Villefargeau 89 102 A2
Villefavard 87 149 D3
Villeferry 21 122 C1
Villefloure 11 253 E2
Villefollet 79 146 C3
Villefontaine 38 172 A3
Villefort 11 253 D4
Villefort 48 202 B4
Villefranche 32 228 C4
Villefranche 89 101 E1
Villefranche-d'Albigeois 81 231 F1
Villefranche-d'Allier 03 152 B1
Villefranche-de-Conflent 66 261 F3
Villefranche-de-Lauragais 31 230 B4
Villefranche-de-Lonchat 24 178 B4
Villefranche-de-Panat 12 215 E3
Villefranche-de-Panat (Lac de) 12 215 F3
Villefranche-de-Rouergue 12 214 B1
Villefranche-du-Périgord 24 197 D3
Villefranche-du-Queyran 47 210 C1
Villefranche-le-Château 26 220 C2
Villefranche-sur-Cher 41 117 F2
Villefranche-sur-Mer 06 241 E4
Villefranche-sur-Saône 69 155 E4
Villefrancœur 41 98 B3
Villefrancon 70 124 C1
Villefranque 64 224 C4
Villefranque 65 227 D3
Villegagnon 77 59 D3
Villegailhenc 11 253 E1
Villegats 16 147 E4
Villegats 27 56 A1
Villegaudin 71 140 B2
Villegenon 18 119 E1
Villegly 11 253 F1
Villegongis 36 134 B1
Villegouge 33 177 F4
Villegouin 36 134 A1
Villegruis 77 59 F4
Villegusien 52 105 D3
Villeherviers 41 118 A2
Villejésus 16 162 B1
Villejoubert 16 162 C2
Villejuif 94 57 E3
Villejust 91 57 E3
Villelaure 84 237 E2
Villeloin-Coulangé 37 117 D3
Villelongue 65 257 E2
Villelongue-d'Aude 11 253 D3
Villelongue-de-la-Salanque 66 263 D2
Villelongue-dels-Monts 66 262 C3
Villeloup 10 82 C2
Villemade 82 213 E3
Villemagne 11 253 D1
Villemagne-l'Argentière 34 233 D3
Villemain 79 147 D4
Villemandeur 45 100 C1
Villemanoche 89 81 E2
Villemardy 41 98 A3
Villemaréchal 77 80 C3
Villemareuil 77 58 C1
Villematier 31 230 A1
Villemaur-sur-Vanne 10 82 B3
Villembits 65 249 F1
Villembray 60 33 D1
Villemer 77 80 C2
Villemer 89 102 A1
Villemereuil 10 83 D3
Villemervry 52 104 C3
Villemeux-sur-Eure 28 56 A3
Villemoirieu 38 172 B2
Villemoiron-en-Othe 10 82 C3
Villemoisan 49 113 D1
Villemoisson-sur-Orge 91 57 E3
Villemolaque 66 262 C3
Villemomble 93 58 A2
Villemontais 42 154 A4
Villemontoire 02 35 E3
Villemorien 10 83 E4
Villemorin 17 146 C4
Villemoron 52 104 C3
Villemort 86 133 E4
Villemotier 01 156 B1
Villemoustaussou 11 253 E2
Villemoutiers 45 100 B1
Villemoyenne 10 83 E3
Villemur 65 250 A1
Villemur-sur-Tarn 31 230 A1
Villemurlin 45 100 A3
Villemus 04 221 D4
Villenauxe-la-Grande 10 59 F4
Villenauxe-la-Petite 77 81 F1
Villenave 40 209 D4
Villenave-de-Rions 33 194 B2
Villenave-d'Ornon 33 194 B2
Villenave-près-Béarn 65 227 D4
Villenave-près-Marsac 65 249 E1
Villenavotte 89 81 E3
Villeneuve 01 155 F4
Villeneuve 04 221 E4
Villeneuve 09 259 D3
Villeneuve 12 198 C4
Villeneuve 33 177 D3
La Villeneuve 23 167 D1
La Villeneuve 71 140 C1
La Villeneuve-au-Châtelot 10 59 F4
Villeneuve-au-Chemin 10 82 C4
La Villeneuve-au-Chêne 10 83 E3
La Villeneuve-Bellenoye-et-la-Maize 70 106 C2
Villeneuve-d'Allier 43 184 C2
Villeneuve-d'Amont 25 142 A1
Villeneuve-d'Ascq 59 5 E4
Villeneuve-d'Aval 39 124 C4
Villeneuve-de-Berg 07 203 E3
Villeneuve-de-Duras 47 195 E2
Villeneuve-de-la-Raho 66 262 C2
Villeneuve-de-Marc 38 172 A4
Villeneuve-de-Marsan 40 209 F4
Villeneuve-de-Mézin 47 211 D3
Villeneuve-de-Rivière 31 250 B2
Villeneuve-d'Entraunes 06 223 E2
Villeneuve-des-Escaldes 66 261 D3
Villeneuve-d'Olmes 09 252 C4
Villeneuve-du-Latou 09 251 F2
Villeneuve-du-Paréage 09 252 B3
La Villeneuve-en-Chevrie 78 56 A1
Villeneuve-en-Montagne 71 139 F3
Villeneuve-Frouville 41 98 B2
Villeneuve-la-Comptal 11 252 C1
Villeneuve-la-Comtesse 17 146 B3
Villeneuve-la-Dondagre 89 81 E3
Villeneuve-la-Garenne 92 57 E1
Villeneuve-la-Guyard 89 81 E2
Villeneuve-la-Lionne 51 59 E3
Villeneuve-la-Rivière 66 262 C2
Villeneuve-l'Archevêque 89 82 A3
Villeneuve-le-Comte 77 58 B2
Villeneuve-le-Roi 94 57 F3
Villeneuve-Lécussan 31 250 A2
Villeneuve-Lembron 63 168 B4
Villeneuve-lès-Avignon 30 219 E4
Villeneuve-lès-Béziers 34 255 D1
Villeneuve-les-Bordes 77 81 D1
Villeneuve-lès-Bouloc 31 230 A2
Villeneuve-les-Cerfs 63 153 D4
La Villeneuve-lès-Charleville 51 60 A2
Villeneuve-lès-Charnod 39 156 C1
La Villeneuve-les-Convers 21 104 A4
Villeneuve-les-Corbières 11 254 B4
Villeneuve-les-Genêts 89 101 E3
Villeneuve-lès-Lavaur 81 230 C3
Villeneuve-lès-Maguelone 34 234 B3
Villeneuve-lès-Montréal 11 253 D2
Villeneuve-les-Sablons 60 33 E3
Villeneuve-Loubet 06 240 B2
Villeneuve-Minervois 11 253 F1
Villeneuve-Renneville-Chevigny 51 60 C1
Villeneuve-St-Denis 77 58 B2
Villeneuve-St-Georges 94 58 A3
Villeneuve-St-Germain 02 35 E2
Villeneuve-St-Nicolas 28 78 C2
Villeneuve-St-Salves 89 102 B2
Villeneuve-St-Vistre-et-Villevotte 51 60 A4
Villeneuve-sous-Charigny 21 122 B1
Villeneuve-sous-Dammartin 77 58 B1
Villeneuve-sous-Pymont 39 141 D3
La Villeneuve-sous-Thury 60 34 C4
Villeneuve-sur-Allier 03 137 E3
Villeneuve-sur-Auvers 91 79 F1
Villeneuve-sur-Bellot 77 59 E2
Villeneuve-sur-Cher 18 118 C4
Villeneuve-sur-Conie 45 78 C4
Villeneuve-sur-Fère 02 35 E3
Villeneuve-sur-Lot 47 211 F1
Villeneuve-sur-Verberie 60 34 B3
Villeneuve-sur-Vère 81 214 B4
La Villeneuve-sur-Vingeanne 21 105 E4
Villeneuve-sur-Yonne 89 81 F4
Villeneuve-Tolosane 31 229 F3
Villeneuvette 34 233 F3
Villennes-sur-Seine 78 57 D1
Villenouvelle 17 146 B3
Villenouvelle 31 230 B4
Villenoy 77 58 B1
Villentrois 36 117 E3
Villeny 41 99 D4
Villepail 53 75 F1
Villeparisis 77 58 A1
Villeparois 70 106 C3
Villeperdrix 26 204 C4
Villeperdue 37 115 F3
Villeperrot 89 81 E3
Villepinte 11 253 D1
Villepinte 93 58 A1
Villeporcher 41 97 F3
Villepot 44 94 A2
Villepreux 78 57 D2
Villequier 76 31 D1
Villequier-Aumont 02 19 D4
Villequiers 18 119 F4
Viller 57 41 D4
Villerable 41 97 F3
Villerbon 41 98 B3
Villeréal 47 196 B3
Villereau 45 79 E4
Villereau 59 11 E3
Villerest 42 154 B4
Villeret 02 19 D2
Villeret 10 84 A1
Villereversure 01 156 C3
Villermain 41 98 C2
Villeromain 41 98 A3
Villeron 95 34 A4
Villerouge-Termenès 11 254 A3
Villeroy 77 58 B1
Villeroy 80 16 C2
Villeroy 89 81 E3
Villeroy-sur-Méholle 55 63 D3
Villers 42 154 C3
Villers 88 86 C2
Villers-Agron-Aiguizy 02 36 A4
Villers-Allerand 51 36 B3
Villers-au-Bois 62 10 A2
Villers-au-Flos 62 18 B1
Villers-au-Tertre 59 10 C3
Villers-aux-Bois 51 60 B1
Villers-aux-Érables 80 17 F3
Villers-aux-Noeuds 51 36 B3
Villers-aux-Vents 55 62 B2
Villers-Bocage 14 28 C4
Villers-Bocage 80 17 E1
Villers-Bouton 70 125 D1
Villers-Bretonneux 80 18 A2
Villers-Brûlin 62 9 F2
Villers-Buzon 25 125 D2
Villers-Campsart 80 16 C2
Villers-Canivet 14 52 C1
Villers-Carbonnel 80 18 B2
Villers-Cernay 08 22 A3
Villers-Châtel 62 9 F2
Villers-Chemin-et-Mont-lès-Étrelles 70 125 D1
Villers-Chief 25 126 A2
Villers-Cotterêts 02 35 D3
Villers-devant-Dun 55 38 B2
Villers-devant-le-Thour 08 36 B1
Villers-devant-Mouzon 08 22 A4
Villers-Écalles 76 31 E1
Villers-en-Argonne 51 62 A1
Villers-en-Arthies 95 32 C4
Villers-en-Cauchies 59 11 D3
Villers-en-Haye 54 64 B2
Villers-en-Ouche 61 54 A2
Villers-en-Prayères 02 35 F2
Villers-en-Vexin 27 32 B3
Villers-Farlay 39 124 C4
Villers-Faucon 80 18 B2
Villers-Franqueux 51 36 B2
Villers-Grélot 25 125 F1
Villers-Guislain 59 18 C1
Villers-Hélon 02 35 D3
Villers-la-Chèvre 54 39 D1
Villers-la-Combe 25 126 A2
Villers-la-Faye 21 123 E3
Villers-la-Montagne 54 39 E1
Villers-la-Ville 70 107 D4
Villers-le-Château 51 61 D1
Villers-le-Lac 25 126 B3
Villers-le-Rond 54 39 D1
Villers-le-Sec 02 19 E3
Villers-le-Sec 51 62 A2
Villers-le-Sec 55 62 C3
Villers-le-Sec 70 106 C3
Villers-le-Tilleul 08 21 E4
Villers-le-Tourneur 08 21 D4
Villers-les-Bois 39 141 E1
Villers-lès-Cagnicourt 62 10 B3
Villers-lès-Guise 02 19 F2
Villers-lès-Luxeuil 70 106 C2
Villers-lès-Mangiennes 55 39 D2
Villers-lès-Moivrons 54 64 C2
Villers-lès-Nancy 54 64 B3
Villers-les-Ormes 36 134 B2
Villers-les-Pots 21 124 A3
Villers-lès-Roye 80 18 A3
Villers-l'Hôpital 62 9 D3
Villers-Marmery 51 36 C4
Villers-Outréaux 59 19 D1
Villers-Pater 70 106 C4
Villers-Patras 21 103 F1
Villers-Plouich 59 10 C4
Villers-Pol 59 11 E3
Villers-Robert 39 124 B4
Villers-Rotin 21 124 B3
Villers-St-Barthélemy 60 33 D2
Villers-St-Christophe 02 18 C3
Villers-St-Frambourg 60 34 A3
Villers-St-Genest 60 34 C4
Villers-St-Martin 25 126 A1
Villers-St-Paul 60 34 A3
Villers-St-Sépulcre 60 33 E2
Villers-Semeuse 08 21 E3
Villers-Sir-Simon 62 9 F3
Villers-Sire-Nicole 59 12 B2
Villers-sous-Ailly 80 17 D1
Villers-sous-Chalamont 25 142 A1
Villers-sous-Châtillon 51 36 A4
Villers-sous-Foucarmont 76 16 B2
Villers-sous-Montrond 25 125 E3
Villers-sous-Pareid 55 39 E3
Villers-sous-Prény 54 64 A1
Villers-sous-St-Leu 60 33 F3
Villers-Stoncourt 57 40 C4
Villers-sur-Auchy 60 32 C1
Villers-sur-Authie 80 8 B3
Villers-sur-Bar 08 21 F3
Villers-sur-Bonnières 60 33 D1
Villers-sur-Coudun 60 34 B1
Villers-sur-Fère 02 35 F3
Villers-sur-le-Mont 08 21 E3
Villers-sur-le-Roule 27 32 A3
Villers-sur-Mer 14 29 F2
Villers-sur-Meuse 55 38 C4
Villers-sur-Nied 57 65 D1
Villers-sur-Port 70 106 B2
Villers-sur-Saulnot 70 107 E4
Villers-sur-Trie 60 32 C2
Villers-Tournelle 80 17 F4
Villers-Vaudey 70 106 A3
Villers-Vermont 60 16 C4
Villers-Vicomte 60 17 E4
Villerserine 39 141 E1
Villersexel 70 107 D4
Villerupt 54 39 E1
Villerville 14 30 A2
Villery 10 83 D3
Villes 01 157 E3
Villes-sur-Auzon 84 220 B3
Villesalem 86 133 E4
Villeseneux 51 60 C1
Villeselve 60 18 C3
Villeseneux 51 61 D1
Villesèque 46 197 D4
Villesèque-des-Corbières 11 254 B3
Villesèquelande 11 253 E2
Villesiscle 11 253 D2
Villespassans 34 254 C1
Villespy 11 253 D1
Villetaneuse 93 57 E1
Villetelle 34 235 D2
La Villetelle 23 166 C1
Villethierry 89 81 E3
Villeton 47 211 D1
Villetoureix 24 179 D2
Villetritouls 11 253 F3
Villetrun 41 98 A2
Villette 54 39 D1
Villette 73 174 C3
Villette 78 56 B2
La Villette 14 52 B1
Villette-d'Anthon 38 172 A2
Villette-de-Vienne 38 171 F3
Villette-lès-Arbois 39 141 E1
Villette-lès-Dole 39 124 B4
Villette-sur-Ain 01 156 B4
Villette-sur-Aube 10 60 C4
Villettes 27 31 E4
Les Villettes 43 186 B2
Villeurbanne 69 171 E2
Villevallier 89 81 F4
Villevaudé 77 58 B2
Villevenard 51 60 A2
Villevêque 49 95 E4
Villeveyrac 34 234 A3
Villevieille 30 234 C1
Villevieux 39 141 D2
Villevocance 07 187 D2
Villevoques 45 80 B4
Villexanton 41 98 B3
Villexavier 17 177 E1
Le Villey 39 141 D1
Villey-le-Sec 54 64 A3
Villey-St-Étienne 54 64 A3
Villey-sur-Tille 21 104 C4
Villez-Champ-Dominel 27 32 A4
Villez-sur-le-Neubourg 27 31 D4
Villié-Morgon 69 155 E3
Villiers 36 133 F1
Villiers 86 132 A3
Villiers-Adam 95 33 E4
Villiers-au-Bouin 37 96 C4
Villiers-aux-Bois 52 62 B4
Villiers-aux-Chênes 52 84 C2
Villiers-aux-Corneilles 51 60 A4
Villiers-Charlemagne 53 95 D1
Villiers-Couture 17 146 C4
Villiers-en-Bière 77 80 B1
Villiers-en-Bois 79 146 B3
Villiers-en-Désœuvre 27 56 A1
Villiers-en-Lieu 52 62 A3
Villiers-en-Morvan 21 122 B3
Villiers-en-Plaine 79 146 A1
Villiers-Fossard 50 27 E3
Villiers-Herbisse 10 60 C4
Villiers-le-Bâcle 91 57 D3
Villiers-le-Bel 95 57 E1
Villiers-le-Bois 10 103 E1
Villiers-le-Duc 21 104 A2
Villiers-le-Mahieu 78 56 B2
Villiers-le-Morhier 28 56 B4
Villiers-le-Pré 50 50 C4
Villiers-le-Roux 16 147 E4
Villiers-le-Sec 14 28 C2
Villiers-le-Sec 52 85 D4
Villiers-le-Sec 58 120 C2
Villiers-le-Sec 95 33 F4
Villiers-lès-Aprey 52 105 D2
Villiers-les-Hauts 89 103 D3
Villiers-Louis 89 81 F3
Villiers-St-Benoît 89 101 E2
Villiers-St-Denis 02 59 E1
Villiers-St-Fréderic 78 56 C2
Villiers-St-Georges 77 59 E4
Villiers-St-Orien 28 78 C4
Villiers-sous-Grez 77 80 C2
Villiers-sous-Mortagne 61 54 B4
Villiers-sous-Praslin 10 83 E4
Villiers-sur-Chizé 79 146 B3
Villiers-sur-Loir 41 97 F2
Villiers-sur-Marne 52 85 D2
Villiers-sur-Marne 94 58 A2
Villiers-sur-Morin 77 58 C2
Villiers-sur-Orge 91 57 E4
Villiers-sur-Seine 77 81 F1
Villiers-sur-Suize 52 105 D1
Villiers-sur-Tholon 89 101 F2
Villiers-sur-Yonne 58 121 D1
Villiers-Vineux 89 102 C1
Villiersfaux 41 97 F3
Villieu 01 172 B1
Villing 57 41 D2
Villognon 16 162 C1
Villon 89 103 E1
Villoncourt 88 87 E2
Villons-les-Buissons 14 29 D3
Villorceau 45 98 C2
Villosanges 63 167 E1
Villotran 60 33 D2
Villotte 88 86 B3
La Villotte 89 101 F2
Villotte-devant-Louppy 55 62 B2
Villotte-St-Seine 21 123 D1
Villotte-sur-Aire 55 62 C2
Villotte-sur-Ource 21 104 A2
Villouxel 88 85 F2
Villuis 77 81 F2
Villy 08 22 B4
Villy 89 102 B2
Villy-Bocage 14 28 C4
Villy-en-Auxois 21 122 C1
Villy-en-Trodes 10 83 F3
Villy-le-Bas 76 16 A2
Villy-le-Bois 10 83 D3
Villy-le-Bouveret 74 158 A3
Villy-le-Maréchal 10 83 D3
Villy-le-Moutier 21 123 E4
Villy-le-Pelloux 74 158 A4
Villy-lez-Falaise 14 53 D2
Vilory 70 106 C2
Vilosnes 55 38 B2
Vilsberg 57 66 B2
Vimarcé 53 75 F3
Vimenet 12 216 A1
Viménil 88 87 F2
Vimines 73 173 E3
Vimont 14 29 E4
Vimory 45 100 C1
Vimoutiers 61 53 E1
Vimpelles 77 81 E1
Vimy 62 10 A2
Vimy (Mémorial canadien de) 62 10 A2
Vinaigre (Mont) 83 240 A3
Vinantes 77 58 B1
Vinassan 11 254 C2
Vinax 17 146 C4
Vinay 38 188 C2
Vinay 51 60 B1
Vinça 66 262 A2
Vincelles 39 141 D3
Vincelles 51 60 A1
Vincelles 71 140 C3
Vincelles 89 102 B3
Vincelottes 89 102 B3
Vincennes 94 57 F2
Vincent 39 141 D2
Vincey 88 87 D2
Vincly 62 9 D1
Vincy-Manœuvre 77 34 C4
Vincy-Reuil-et-Magny 02 20 B3
Vindecy 71 154 A2
Vindefontaine 50 26 C2
Vindelle 16 162 C2
Vindey 51 60 A3
Vindrac-Alayrac 81 214 A3
Vinets 10 61 D4
Vineuil 36 134 B1
Vineuil 41 98 B4
Vineuil-St-Firmin 60 34 A3
La Vineuse 71 139 F4
Vinezac 07 203 D3
Vingrau 66 262 B1
Vingt-Hanaps 61 53 E4
Vinnemerville 76 14 C2
Vinneuf 89 81 E2
Vinon 18 119 F2
Vinon-sur-Verdon 83 238 A2
Vins-sur-Caramy 83 238 C4
Vinsobres 26 220 A1
Le Vintrou 81 231 F2
Vinzelles 63 168 C1
Vinzelles 71 155 E2
Vinzier 74 159 D1
Vinzieux 07 187 D1
Viocourt 88 86 B2
Viodos-Abense-de-Bas 64 247 E1
Violaines 62 10 A1
Violay 42 170 C1
Violès 84 219 F2
Violot 52 105 E2
Viols-en-Laval 34 234 A2
Viols-le-Fort 34 234 A2
Vioménil 88 86 C3
Vion 07 187 E3
Vion 72 95 F2
Vions 73 173 E1
Vionville 57 39 F4
Viozan 32 228 A4
Viplaix 03 151 E1
Vira 09 252 B3
Vira 66 261 F1
Virac 81 214 B3
Virandeville 50 24 C2
Virargues 15 183 F3
Virazeil 47 195 E4
Vire 14 51 E2
Viré 71 155 F1
Vire 14,50 27 E4
Viré-en-Champagne 72 95 F1
Vire-sur-Lot 46 197 D4
Vireaux 89 103 D2
Virecourt 54 87 D1
Virelade 33 194 B2
Viremont 39 157 D1
Vireux-Molhain 08 13 E4
Vireux-Wallerand 08 13 F4
Virey 50 51 D4
Virey 70 124 C1
Virey-le-Grand 71 140 A2
Virey-sous-Bar 10 83 E3
Virginy 51 37 F3
Viriat 01 156 B2
Viricelles 42 170 C3
Virieu 38 172 C4
Virieu-le-Grand 01 173 D1
Virieu-le-Petit 01 173 D1
Virigneux 42 170 C2
Virignin 01 173 D2
Viriville 38 188 B1
Virlet 63 151 F3
Virming 57 65 E1
Viroflay 78 57 D3
Virollet 17 161 D3
Vironchaux 80 8 B3
Vironvay 27 31 F3
Virsac 33 177 E4
Virson 17 145 E3
Virville 76 14 B4
Viry 39 157 E2
Viry 71 139 D4
Viry 74 158 A3
Viry-Châtillon 91 57 F3
Viry-Noureuil 02 19 D4
Vis 30,34 234 A1
Vis-en-Artois 62 10 B3
Vis (Gorges de la) 30,34 233 F1
Visan 84 219 F1
Viscomtat 63 169 E2
Viscos 65 257 D3
Le Viseney 39 141 E1
Viserny 21 103 E4
Visker 65 249 E2
Vismes-au-Val 80 16 B1
Visoncourt 70 106 C2
Vissac-Auteyrac 43 185 D3
Vissec 30 217 D4
Visseiche 35 94 A1
Viterbe 81 230 C2
Viterne 54 64 B4
Vitot 27 31 E3
Vitrac 15 199 E1
Vitrac 24 197 E1
Vitrac 63 152 B4
Vitrac-en-Viadène 12 200 B2
Vitrac-St-Vincent 16 163 D2
Vitrac-sur-Montane 19 182 A1
Vitrai-sous-Laigle 61 54 C3
Vitray 03 136 B3
Vitray-en-Beauce 28 78 B3
Vitray-sous-Brézolles 28 55 E3
Vitré 35 74 A3
Vitré 79 146 C2
Vitreux 39 124 C2
Vitrey 54 64 B4
Vitrey-sur-Mance 70 106 A2
Vitrimont 54 65 D3
Vitrolles 05 205 F4
Vitrolles 13 237 D4
Vitrolles 84 237 F1
Vitry-aux-Loges 45 100 A1
Vitry-en-Artois 62 10 B3
Vitry-en-Charollais 71 154 B1
Vitry-en-Montagne 52 104 C2
Vitry-en-Perthois 51 61 E3
Vitry-la-Ville 51 61 D2
Vitry-Laché 58 121 D3
Vitry-le-Croisé 10 84 A3
Vitry-le-François 51 61 E3
Vitry-lès-Cluny 71 139 F4
Vitry-lès-Nogent 52 85 E4
Vitry-sur-Loire 71 138 A3
Vitry-sur-Orne 57 40 A2
Vitry-sur-Seine 94 57 F3
Vittarville 55 38 C2
Vitteaux 21 122 C1
Vittefleur 76 15 D2
Vittel 88 86 B3
Vittersbourg 57 65 F1
Vittoncourt 57 40 C4
Vittonville 54 64 B1
Vitz-sur-Authie 80 9 D3
Viuz-en-Sallaz 74 158 C2
Viuz-la-Chiésaz 74 173 F1
Vivaise 02 19 E4
Vivans 42 154 A3
Vivario 2B 267 D2
Viven 64 226 C4
Viverols 63 185 F1
Vivès 66 262 B3
Vivey 52 104 C3
Le Vivier 66 262 A1
Vivier-au-Court 08 21 F3
Le Vivier-sur-Mer 35 49 F3
Vivières 02 35 D3
Viviers 07 203 E4
Viviers 57 64 C1
Viviers 89 102 C2
Viviers-du-Lac 73 173 E2
Viviers-le-Gras 88 86 B3
Viviers-lès-Lavaur 81 230 C3
Viviers-lès-Montagnes 81 231 E3
Viviers-lès-Offroicourt 88 86 C2
Viviers-sur-Artaut 10 84 A4
Viviers-sur-Chiers 54 39 D1
Viviès 09 252 B3
Viviez 12 199 D3
Viville 16 162 A4
Vivoin 72 76 B3
Vivonne 86 147 E1
Vivy 49 114 C2
Vix 21 103 F1
Vix 85 145 F1
Vizille 38 189 E3
Vizos 65 257 E3
Vizzavona 2B 267 D3
Vizzavona (Forêt de) 2B 267 D2
Vocance 07 187 D2
Vodable 63 168 B4
Vœgtlinshofen 68 88 C4
Vœlfling-lès-Bouzonville 57 41 D2
Vœllerdingen 67 66 A1
Vœuil-et-Giget 16 162 C3
Vogelgrun 68 89 E4
Voglans 73 173 E3
Vogüé 07 203 D3
Voharies 02 20 A3
Void 55 63 E3
Le Voide 49 113 F3
Voie Sacrée 55 62 C1
Voigny 10 84 B3
Voilemont 51 37 F4
Voillans 25 126 A1
Voillecomte 52 84 C1
Voimhaut 57 40 C4
Voinémont 54 64 B4
Voingt 63 167 D2
Voinsles 77 58 C3
Voipreux 51 60 C2
Voires 25 125 F3
Voiron 38 189 D1
Voirons 74 158 B2
Voiscreville 27 31 D3
Voise 28 79 D2
Voisenon 77 58 B4
Voisey 52 106 A1
Voisines 52 105 D2
Voisines 89 81 F3
Voisins-le-Bretonneux 78 57 D3
Voissant 38 173 D4
Voissay 17 146 A4
Voiteur 39 141 E2
La Voivre 70 107 E2
La Voivre 88 88 B1
Les Voivres 88 87 D4
Voivres-lès-le-Mans 72 96 B1
Volcans d'Auvergne (Parc Régional des) 63 168 A3
Volckerinckhove 59 3 F3
Volesvres 71 138 C4
Volgelsheim 68 89 E4
Volgré 89 101 F1
Volksberg 67 66 B1
Vollore-Montagne 63 169 D2
Vollore-Ville 63 169 D2
Volmerange-lès-Boulay 57 40 C3
Volmerange-les-Mines 57 40 A1
Volmunster 57 42 C4
Volnay 21 123 D4
Volnay 72 97 D1
Volon 70 106 A3
Volonne 04 221 F3
Volpajola 2B 265 E3
Volstroff 57 40 B2
Volvent 26 204 C3
Volvic 63 168 A1
Volx 04 221 E4
Vomécourt 88 87 E2
Vomécourt-sur-Madon 88 86 C1
Voncourt 52 103 F3
Voncq 08 37 E1
Vonges 21 124 B2
Vongnes 01 173 D1
Vonnas 01 156 A2
Voray-sur-l'Ognon 70 125 E1
Voreppe 38 189 D1
Vorey 43 185 F2
Vorges 02 35 F1
Vorges-les-Pins 25 125 D3
Vorly 18 136 A1
Vornay 18 136 A1
Vors 12 215 D2
Vosbles 39 157 D1
Vosges du Nord (Parc Régional des) 57,67 42 C4
Vosne-Romanée 21 123 E3
Vosnon 10 82 C4
Vou 37 116 B4
Vouarces 51 60 B4
Voudenay 21 122 B4
Voué 10 83 D1
Vouécourt 52 85 D2
Vouël 02 19 D4
Vougécourt 70 106 B1
Vougeot 21 123 E3
Vouglans (Lac de) 39 141 E4
Vougrey 10 83 E4
Vougy 42 154 B3
Vougy 74 158 C3
Vouharte 16 162 B2

Vouhé 17 145 F3
Vouhé 79 131 D4
Vouhenans 70 107 D3
Vouillé 79 146 B2
Vouillé 86 132 A3
Vouillé-les-Marais 85 145 E1
Vouillers 51 62 A3
Vouillon 36 135 D2
Vouilly 14 27 E2
Voujeaucourt 25 107 F4
Voulaines-les-Templiers 21 104 B2
Voulangis 77 58 C2
Voulême 86 147 E3
Voulgézac 16 162 B4
Voulon 86 147 E1
Voulpaix 02 20 A2
La Voulte-sur-Rhône 07 203 F1
Voultegon 79 130 C1
Voulton 77 59 E4
Voulx 77 81 D3
Vouneuil-sous-Biard 86 132 A4
Vouneuil-sur-Vienne 86 132 C3
Vourey 38 189 D1
Vourles 69 171 E3
Voussac 03 152 B2
Voutenay-sur-Cure 89 102 C4
Voutezac 19 181 D2
Vouthon 16 163 D3
Vouthon-Bas 55 85 F1
Vouthon-Haut 55 85 F1
Voutré 53 75 E3
Vouvant 85 130 B4
Vouvray 01 157 E3
Vouvray 37 116 A1
Vouvray-sur-Huisne 72 77 D4
Vouvray-sur-Loir 72 97 D3
Vouxey 88 86 B2
Vouzailles 86 131 F3
Vouzan 16 163 D3
Vouzeron 18 118 C2
Vouziers 08 37 F2
Vouzon 41 99 F3
Vouzy 51 60 C1
La Vove 61 77 D1
Voves 28 78 C3
Vovray-en-Bornes 74 158 A3
Voyenne 02 19 F3
Voyennes 80 18 C3
Voyer 57 66 A3
La Vraie-Croix 56 91 F2
Vraignes-en-Vermandois 80 18 C2
Vraignes-lès-Hornoy 80 16 C2
Vraincourt 52 85 D3
Vraiville 27 31 E3
Vrasville 50 25 D1
Vraux 51 61 D1
Vrécourt 88 86 A3
Vred 59 10 C2
Vregille 70 125 D2
Vregny 02 35 E2
Vrély 80 18 A3
Le Vrétot 50 24 C3
Vriange 39 124 B3
Vrigne-aux-Bois 08 21 F3
Vrigne-Meuse 08 21 F3
Vrigny 45 79 F4
Vrigny 51 36 B3
Vrigny 61 53 D3
Vritz 44 94 B4
Vrizy 08 37 E1
Vrocourt 60 33 D1
Vroil 51 62 A2
Vroncourt 54 86 C1
Vroncourt-la-Côte 52 85 F3
Vroville 88 86 C2
Vry 57 40 C3
Vue 44 111 E2
Vuillafans 25 125 F3
Vuillecin 25 142 C1
Vuillery 02 35 E2
Vulaines 10 82 B3
Vulaines-lès-Provins 77 59 D4
Vulaines-sur-Seine 77 80 C1
Vulbens 74 157 F3
Vulmont 57 64 C1
Vulvoz 39 157 E1
Vy-le-Ferroux 70 106 B3
Vy-lès-Filain 70 106 C4
Vy-lès-Lure 70 107 D3
Vy-lès-Rupt 70 106 A3
Vyans-le-Val 70 107 F4
Vyt-lès-Belvoir 25 126 B1

W

Waben 62 8 B2
Wacquemoulin 60 34 A1
Wacquinghen 62 2 C3
Wadelincourt 08 21 F3
Wadimont 08 20 C3
Wadonville-en-Woëvre 55 39 D4
Wagnon 08 21 D4
Wahagnies 59 10 B1
Wahlbach 68 108 C3
Wahlenheim 67 67 D2
Wail 62 9 D2
Wailly 62 10 A3
Wailly 80 17 E3
Wailly-Beaucamp 62 8 B2
Walbach 68 88 C3
Walbourg 67 67 E1
La Walck 67 67 D1
Waldersbach 67 88 C1
Waldhambach 67 66 B1
Waldhouse 57 42 C3
Waldighofen 68 108 C3
Waldolwisheim 67 66 C2
Waldweistroff 57 40 C2
Waldwisse 57 40 C1
Walheim 68 108 C3
Walincourt-Selvigny 59 19 D1
Wallers 59 11 D2
Wallers-Trélon 59 12 C4
Wallon-Cappel 59 4 B3
Walschbronn 57 42 C3
Walscheid 57 66 B3
Waltembourg 57 66 B2
Waltenheim 68 108 C3
Waltenheim-sur-Zorn 67 67 D2
Waly 55 62 B1
Wambaix 59 11 D4
Wambercourt 62 8 C2
Wambez 60 32 C1
Wambrechies 59 5 D4
Wamin 62 9 D2
Wanchy-Capval 76 16 A2
Wancourt 62 10 B3
Wandignies-Hamage 59 11 D2
Wanel 80 16 C1
Wangen 67 66 C3
Wangenbourg 67 66 B3
Wannehain 59 10 C1
Wanquetin 62 9 F3
La Wantzenau 67 67 E3
Warby 08 21 E3
Warcq 55 39 D3
Wardrecques 62 3 F4
Wargemoulin-Hurlus 51 37 F3
Wargnies 80 17 E1
Wargnies-le-Grand 59 11 E3
Wargnies-le-Petit 59 11 E3
Warhem 59 4 B2
Warlaing 59 11 D2
Warlencourt-Eaucourt 62 10 A4
Warlincourt-lès-Pas 62 9 F4
Warloy-Baillon 80 17 F1
Warluis 60 33 E2
Warlus 62 10 A3
Warlus 80 17 D2
Warluzel 62 9 E3
Warmeriville 51 36 C2
Warnécourt 08 21 E3
Warneton 59 5 D3
Warsy 80 18 A3
Warvillers 80 18 A3
Wasigny 08 21 D4
Wasnes-au-Bac 59 10 C3
Wasquehal 59 5 E4
Wasselonne 67 66 C3
Wasserbourg 68 88 C4
Wassigny 02 19 F1
Wassy 52 84 C1
Le Wast 62 2 C3
Watigny 02 20 C2
Watronville 55 39 D3
Watten 59 3 E3
Wattignies 59 10 B1
Wattignies-la-Victoire 59 12 B3
Wattrelos 59 5 E4
Wattwiller 68 108 B1
Wavignies 60 33 E1
Waville 54 39 F4
Wavrans-sur-l'Aa 62 3 E4
Wavrans-sur-Ternoise 62 9 E2
Wavrechain-sous-Denain 59 11 D2
Wavrechain-sous-Faulx 59 10 C3
Wavrille 55 38 C2
Wavrin 59 10 B1
Waziers 59 10 C2
Weckolsheim 68 89 E4
Wegscheid 68 108 A2
Weinbourg 67 66 C1
Weislingen 67 66 B1
Weitbruch 67 67 E2
Weiterswiller 67 66 C
Welles-Pérennes 60 17 F
Wemaers-Cappel 59 4 A
Wentzwiller 68 109 C
Werentzhouse 68 108 C
Wervicq-Sud 59 5 D
West-Cappel 59 4 B
Westbécourt 62 3 E
Westhalten 68 89 D
Westhoffen 67 66 C
Westhouse 67 89 E
Westhouse-Marmoutier 67 66 C
Westrehem 62 9 E
Wettolsheim 68 89 D
Weyer 67 66 A
Weyersheim 67 67 E
Wickerschwihr 68 89 D
Wickersheim 67 66 C
Wicquinghem 62 8 C
Wicres 59 10 B
Widehem 62 2 C
Widensolen 68 89 E
Wiège-Faty 02 19 F
Wiencourt-l'Équipée 80 18 A
Wierre-au-Bois 62 2 C
Wierre-Effroy 62 2 C
Wiesviller 57 42 A
Wignehies 59 20 B
Wignicourt 08 21 D
Wihr-au-Val 68 88 C
Wihr-en-Plaine 68 89 D
Wildenstein 68 88 B
Wildersbach 67 88 C
Willeman 62 9 D

Terminal de Calais

ACCÈS AUX NAVETTES "LE SHUTTLE"
TO "LE SHUTTLE"
SORTIE
EXIT
Véhicules de tourisme
Passenger transport
Frêt / Freight
Station-service / Petrol station
FOLKESTONE
0
500 m
TUNNEL
COQUELLES
D 243E
Boulevard
Urbain
FORT NIEULAY
CALAIS
A 16
TERMINAL PASSAGERS
PASSENGER TERMINAL
PÉAGE
TOLL
Services Restaurants
Commerces - Shops
Amenities Restaurants
CONTRÔLES FRONTALIERS
FRONTIER CONTROLS
Centre d'information
Exhibition center
Boulevard
Urbain
BOULOGNE
Rond-point
des Sapins
Zone d'affectation
Allocation area
PÉAGE
TOLL
CONTRÔLES FRONTALIERS
FRONTIER CONTROLS
VIEUX COQUELLES
TERMINAL FRÊT
FREIGHT TERMINAL
Rampes de débarquement
Unloading ramps
Platforms
Quais
Rampes d'embarquement
Loading ramps
Zone d'affectation
Allocation area
CALAIS PARIS
T.G.V.

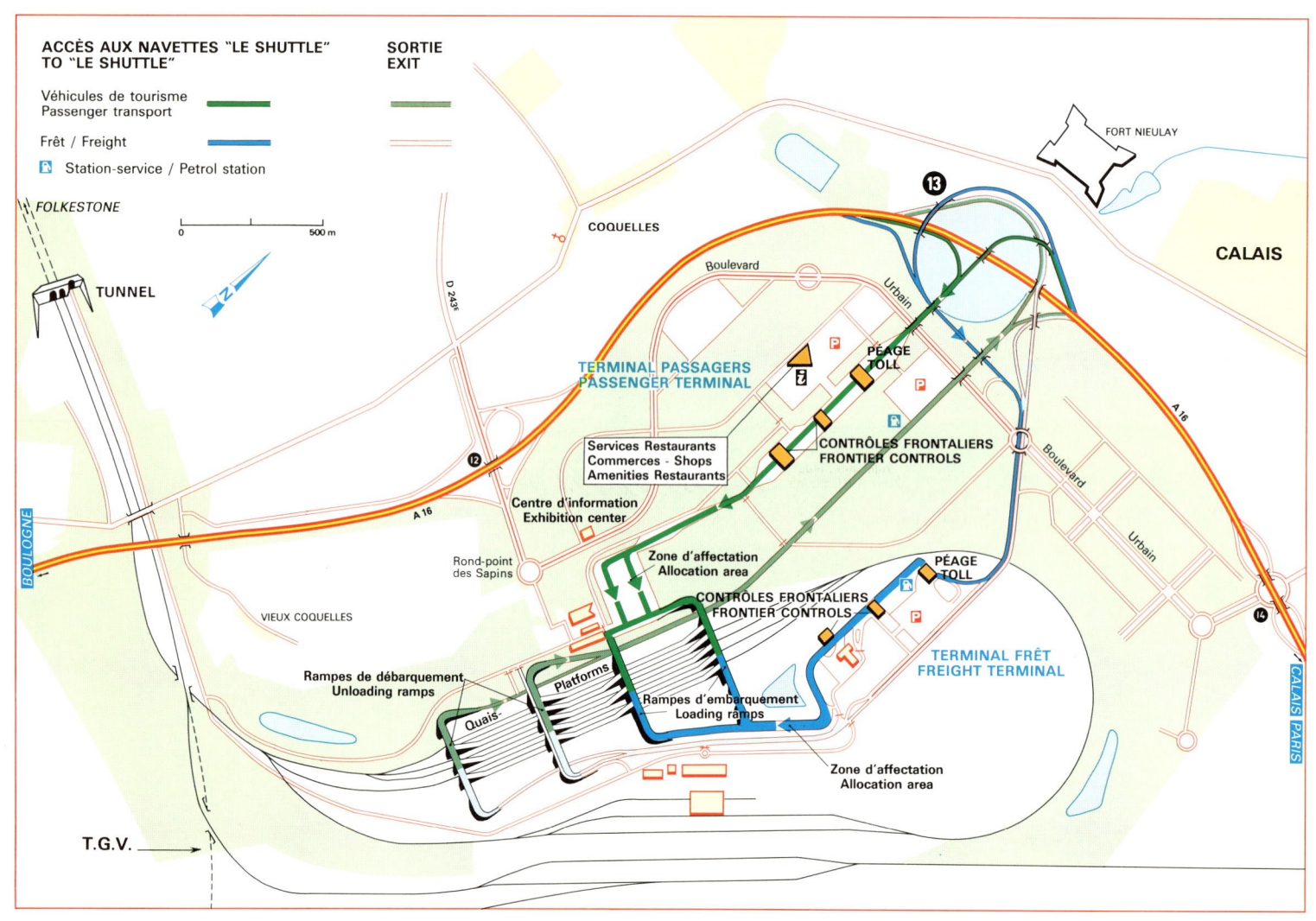

'llems 59 ... 5 E4
llencourt 62 ... 9 D3
ller 68 ... 108 C3
ller-sur-Thur 68 ... 108 B1
lleroncourt 55 ... 62 C3
illerval 62 ... 10 A1
illerwald 57 ... 41 F4
illgottheim 67 ... 66 C3
illiers 08 ... 22 B3
illies 59 ... 12 C4
ilshausen 67 ... 66 C2
ilwisheim 67 ... 66 C2
imereux 62 ... 2 C3
imille 62 ... 2 C3
immenau 67 ... 66 C1
imy 02 ... 20 B2
indstein 67 ... 43 D4
'ingen 67 ... 43 D4
'ingen-sur-Moder 67 ... 66 C1
'ingersheim 67 ... 67 D2
'ingles 62 ... 10 A1
'inkel 68 ... 108 C4
'innezeele 59 ... 4 B3
'intersbourg 57 ... 66 B2
'intershouse 67 ... 67 D2
intzenbach 67 ... 43 F4
'intzenheim 68 ... 89 D3
'intzenheim-Kochersberg 67 ... 66 C3
/irwignes 62 ... 2 C4
/iry-au-Mont 80 ... 16 D1
/isches 67 ... 66 B4
/isembach 88 ... 88 C2
/iseppe 55 ... 38 B1
Wismes 62 ... 3 E4
Wisques 62 ... 3 E3
Wisques (Abbaye St-Paul de) 62 ... 3 E3
Wissant 62 ... 2 C2
Wissembourg 67 ... 43 E4
Wissignicourt 02 ... 35 E1
Wissous 91 ... 57 E3
Witry-lès-Reims 51 ... 36 C2
Wittelsheim 68 ... 108 C2
Wittenheim 68 ... 108 C1
Witternesse 62 ... 4 A4
Witternheim 67 ... 89 E1
Wittersdorf 68 ... 108 C3
Wittersheim 67 ... 67 D2
Wittes 62 ... 4 A4
Wittisheim 67 ... 89 E2
Wittring 57 ... 42 A4
Wiwersheim 67 ... 67 D3
Wizernes 62 ... 3 E3
Woël 55 ... 63 E4
Wœlfling-lès-Sarreguemines 57 ... 42 A3
Wœllenheim 67 ... 66 C3
Wœrth 67 ... 43 D4
Woignarue 80 ... 8 A4
Woimbey 55 ... 63 D1
Woincourt 80 ... 16 B1
Woinville 55 ... 63 E1
Woippy 57 ... 40 B3
Woirel 80 ... 16 C2
Wolfersdorf 68 ... 108 B3
Wolfgantzen 68 ... 89 E4
Wolfisheim 67 ... 67 D3
Wolfskirchen 67 ... 66 A1
Wolschheim 67 ... 66 C2
Wolschwiller 68 ... 108 C4
Wolxheim 67 ... 66 C3
Wormhout 59 ... 4 B2
Woustviller 57 ... 41 F4
Wuenheim 68 ... 108 B1
Wuisse 57 ... 65 E2
Wulverdinghe 59 ... 3 F3
Wy-dit-Joli-Village 95 ... 32 C4
Wylder 59 ... 4 B2

X

Xaffévillers 88 ... 87 F1
Xaintrailles 47 ... 211 D2
Xaintray 79 ... 130 C4
Xambes 16 ... 162 C2
Xammes 54 ... 63 F1
Xamontarupt 88 ... 87 F3
Xanrey 57 ... 65 D2
Xanton-Chassenon 85 ... 130 B4
Xaronval 88 ... 86 C1
Xermaménil 54 ... 65 D4
Xertigny 88 ... 87 E4
Xeuilley 54 ... 64 B4
Xirocourt 54 ... 86 C1
Xivray-et-Marvoisin 55 ... 63 E2
Xivry-Circourt 54 ... 39 E2
Xocourt 57 ... 64 C1
Xonrupt-Longemer 88 ... 88 B3
Xonville 54 ... 39 E4
Xouaxange 57 ... 66 A3
Xousse 54 ... 65 E3
Xures 54 ... 65 E3

Y

Y 80 ... 18 C3
Yainville 76 ... 31 D1
Yaucourt-Bussus 80 ... 8 C4
Ychoux 40 ... 208 C1
Ydes 15 ... 183 D1
Yébleron 76 ... 14 C4
Yèbles 77 ... 58 B4
Yenne 73 ... 173 D2
Yermenonville 28 ... 56 B4
Yerres 91 ... 58 A3
Yerville 76 ... 15 D4
Yèvre 18 ... 119 E4
Yèvre-la-Ville 45 ... 80 A3
Yèvre-le-Châtel 45 ... 80 A3
Yèvres 28 ... 78 A3
Yèvres-le-Petit 10 ... 83 F1
Yffiniac 22 ... 48 B4
Ygos-St-Saturnin 40 ... 209 D3
Ygrande 03 ... 136 C4
Ymare 76 ... 31 F2
Ymeray 28 ... 79 D1
Ymonville 28 ... 79 D3
Yolet 15 ... 199 F1
Yoncq 08 ... 22 A4
Yonne 58,77,89 ... 81 F3
Yonval 80 ... 8 B4
Youx 63 ... 152 A3
Yport 76 ... 14 B3
Ypreville-Biville 76 ... 14 C3
Yquebeuf 76 ... 15 F4
Yquelon 50 ... 50 B2
Yronde-et-Buron 63 ... 168 B3
Yrouerre 89 ... 102 C2
Yser 59 ... 4 B2
Yssac-la-Tourette 63 ... 168 B1
Yssandon 19 ... 180 C2
Yssandon (Puy d') 19 ... 180 C2
Yssingeaux 43 ... 186 B3
Ysson (Puy d') 63 ... 168 B4
Ytrac 15 ... 199 E1
Ytres 62 ... 18 C1
Yutz 57 ... 40 B2
Yvecrique 76 ... 15 D3
Yvernaumont 08 ... 21 E3
Yversay 86 ... 132 A3
Yves 17 ... 145 D4
Les Yveteaux 61 ... 52 C3
Yvetot 76 ... 15 D4
Yvetot-Bocage 50 ... 25 D3
Yvias 22 ... 47 E2
Yviers 16 ... 178 B2
Yvignac 22 ... 72 B1
Yville-sur-Seine 76 ... 31 E2
Yvoire 74 ... 158 B1
Yvoy-le-Marron 41 ... 99 E3
Yvrac 33 ... 194 B1
Yvrac-et-Malleyrand 16 ... 163 D2
Yvrandes 61 ... 51 F3
Yvré-le-Pôlin 72 ... 96 B2
Yvré-l'Évêque 72 ... 76 B4
Yvrench 80 ... 8 C4
Yvrencheux 80 ... 8 C4
Yzengremer 80 ... 16 B1
Yzernay 49 ... 113 E4
Yzeron 69 ... 171 D2
Yzeure 03 ... 137 E4
Yzeures-sur-Creuse 37 ... 133 D2
Yzeux 80 ... 17 D1
Yzosse 40 ... 225 E2

Z

Zaessingue 68 ... 108 C3
Zalana 2B ... 267 E1
Zarbeling 57 ... 65 E1
Zegerscappel 59 ... 4 A2
Zehnacker 67 ... 66 C3
Zeinheim 67 ... 66 C3
Zellenberg 68 ... 89 D3
Zellwiller 67 ... 89 E1
Zermezeele 59 ... 4 A3
Zérubia 2A ... 269 D2
Zetting 57 ... 42 A4
Zévaco 2A ... 267 D4
Zicavo 2A ... 267 D4
Zigliara 2A ... 268 C1
Zilia 2B ... 264 C3
Zilling 57 ... 66 B2
Zillisheim 68 ... 108 C2
Zimmerbach 68 ... 88 C3
Zimmersheim 68 ... 108 C1
Zimming 57 ... 41 D3
Zincourt 88 ... 87 E2
Zinswiller 67 ... 67 D1
Zittersheim 67 ... 66 B1
Zœbersdorf 67 ... 66 C2
Zollingen 67 ... 66 A1
Zommange 57 ... 65 E2
Zonza 2A ... 269 D2
Zorn 57 ... 66 B3
Zoteux 62 ... 3 D4
Zouafques 62 ... 3 E3
Zoufftgen 57 ... 40 B1
Zoza 2A ... 269 D2
Zuani 2B ... 267 E1
Zudausques 62 ... 3 E3
Zutkerque 62 ... 3 E2
Zutzendorf 67 ... 66 C1
Zuydcoote 59 ... 4 A1
Zuytpeene 59 ... 4 A3

Folkestone Terminal

0
400 m
N
CALAIS
DOVER
TUNNEL
Crete Road
Cherry Garden Av.
13
Unloading ramps
Rampes de débarquement
Way
Pilgrims
Platforms-Quais
M 20
Administration - Amenities - Restaurant - Shops
Administration - Services - Restaurant - Commerces
Loading ramps
Rampes d'embarquement
Allocation area
Zone d'affectation
FOLKESTONE
FOLKESTONE WEST
PEENE
control centre
CHERITON
Cheriton Road
FREIGHT TERMINAL
TERMINAL FRÊT
PASSENGER TERMINAL
TERMINAL PASSAGERS
FRONTIER CONTROLS
CONTRÔLES FRONTALIERS
FRONTIER CONTROLS
CONTRÔLES FRONTALIERS
Cheriton High Street
A 2034
Military Road
12
Horn Street
NEWINGTON
TOLLS
PÉAGES
Exhibition centre
Centre d'information
FROGHOLT
A 20
M 20
LYMINGE
B 2065
11a
LONDON
HYTHE
TO "LE SHUTTLE"
ACCÈS AUX NAVETTES "LE SHUTTLE"
EXIT
SORTIE
Passenger transport
Véhicules de tourisme
Freight / Frêt
Petrol station / Station-service

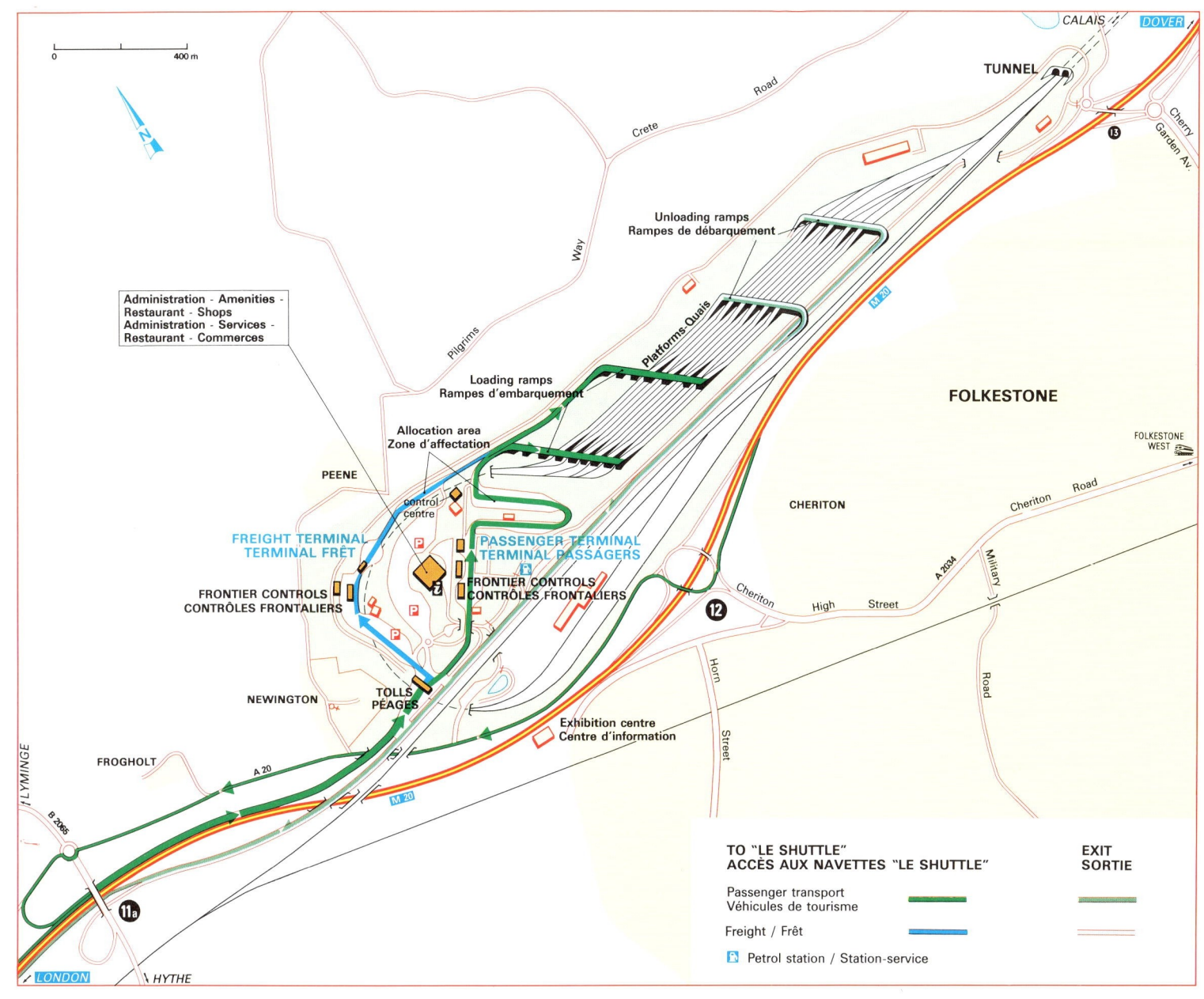

Distances in France

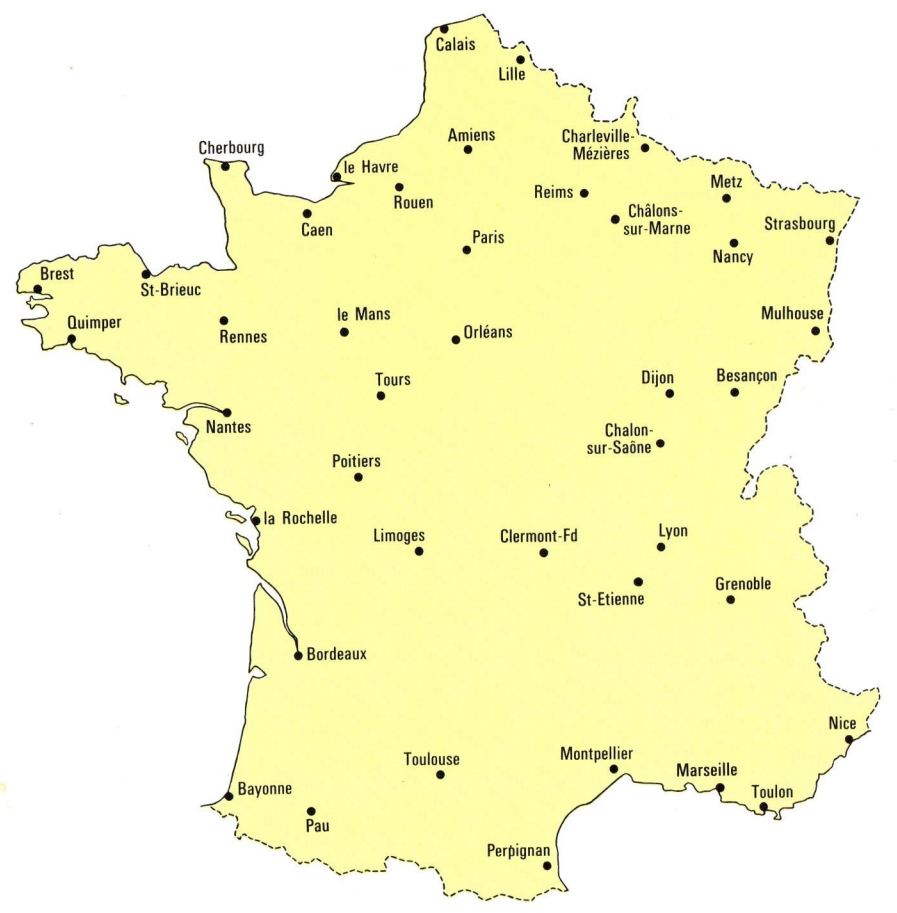

Distances between principal towns

Distances are shown in kilometres and are calculated from centres and along the best roads from a motoring point of view, not necessarily following the shortest routes. To obtain a round figure conversion from kilometres to miles multiply the kilometre figure by 5 and divide by 8; for a more precise conversion, multiply by 0.6214.

From a French town to a destination outside France

Calculate the distance from your starting point to the nearest red town located on your proposed itinerary. Add to this the distance from this town to your destination town, shown on the table opposite.

Example **Bordeaux – Paris** 580 km

	Amiens	Bayonne	Besançon	Bordeaux	Brest	Caen	Calais	Chalon-sur-Saône	Châlons-sur-Marne	Charleville-Mézières	Cherbourg	Clermont-Ferrand	Dijon	Grenoble	Le Havre	Lille	Limoges	Lyon	Le Mans	Marseille	Metz	Montpellier	Mulhouse	Nancy	Nantes	Nice	Orléans	Paris	Pau	Perpignan	Poitiers	Quimper	Reims	Rennes	La Rochelle	Rouen	Saint-Brieuc	Saint-Étienne	Strasbourg	Toulon	Toulouse
Bayonne	922																																								
Besançon	503	868																																							
Bordeaux	728	185	674																																						
Brest	611	816	962	622																																					
Caen	239	751	644	557	371																																				
Calais	149	1065	608	871	708	336																																			
Chalon-sur-Saône	486	760	110	566	893	575	628																																		
Châlons-sur-Marne	217	930	293	736	754	403	321	326																																	
Charleville-Mézières	192	992	398	798	815	464	268	431	104																																
Cherbourg	361	831	766	637	397	124	456	697	525	586																															
Clermont-Ferrand	574	544	320	360	760	556	717	212	424	529	678																														
Dijon	461	817	83	623	868	550	570	68	255	360	672	269																													
Grenoble	719	804	288	661	1126	808	861	235	559	664	930	301	301																												
Le Havre	178	818	608	624	481	109	273	539	367	370	231	582	514	772																											
Lille	116	993	536	799	723	351	116	557	250	180	473	645	498	790	289																										
Limoges	548	413	459	219	602	454	690	351	486	617	552	176	408	477	556	619																									
Lyon	611	810	255	533	1018	700	753	127	451	556	822	173	193	105	664	682	349																								
Le Mans	331	621	570	427	402	152	406	501	362	423	279	405	476	734	219	425	301	626																							
Marseille	921	673	565	645	1267	1010	1064	438	762	866	1132	415	504	272	974	992	591	313	813																						
Metz	359	1099	265	905	923	572	463	336	158	173	694	536	265	569	536	369	725	461	531	771																					
Montpellier	908	514	552	486	1107	897	1051	425	749	853	1019	349	491	294	961	979	427	300	746	163	758																				
Mulhouse	540	1005	135	811	1089	771	644	242	331	382	893	457	224	438	735	600	596	382	697	692	233	679																			
Nancy	381	1049	207	855	888	546	486	285	159	202	668	485	214	518	510	421	624	410	496	720	54	707	175																		
Nantes	510	518	749	324	297	287	591	680	541	602	313	466	655	717	404	604	308	613	185	969	710	810	876	675																	
Nice	1081	835	602	807	1428	1170	1223	597	921	1026	1292	575	663	333	1134	1152	751	472	972	189	931	325	676	880	1131																
Orléans	279	651	395	457	545	260	421	326	244	348	382	301	301	524	287	350	275	420	142	704	456	642	522	372	306	864															
Paris	150	774	407	580	597	240	293	337	164	225	362	426	312	570	204	221	399	462	205	773	333	760	456	307	384	932	130														
Pau	922	107	961	194	816	751	1065	833	930	992	831	499	899	702	818	993	366	708	621	572	1099	412	1088	1049	518	733	651	774													
Perpignan	1017	428	702	451	1072	998	1159	574	898	1003	1088	450	640	443	1025	1088	509	449	877	313	908	153	829	857	775	474	744	868	326												
Poitiers	485	441	523	247	480	336	627	414	493	554	432	278	518	531	404	556	120	427	183	712	662	549	660	612	185	871	214	336	441	698											
Quimper	591	748	922	554	72	351	686	853	714	775	377	693	828	944	461	777	535	840	362	1199	883	1040	1049	848	229	1361	505	557	748	1005	412										
Reims	170	911	335	717	734	383	275	368	49	81	505	563	297	601	347	203	537	493	342	804	191	791	372	200	521	963	267	144	911	940	473	696									
Rennes	415	626	712	432	245	174	510	643	504	565	200	559	618	876	285	567	379	768	152	962	673	918	839	638	108	1121	295	347	626	883	259	210	484								
La Rochelle	619	377	747	183	438	395	762	558	627	689	453	413	653	675	487	690	224	571	269	828	796	668	874	746	140	989	348	471	377	633	138	372	608	248							
Rouen	117	811	541	617	494	122	212	472	300	309	244	515	447	705	86	229	489	597	194	907	469	894	668	443	379	1067	220	137	811	958	373	475	280	298	464						
Saint-Brieuc	467	728	818	534	143	227	562	749	610	671	253	665	724	982	337	579	480	874	258	1068	779	1019	945	744	210	1227	401	453	728	984	360	131	590	101	350	350					
Saint-Étienne	669	691	313	507	947	694	812	186	510	614	816	148	252	154	722	740	324	61	544	330	519	317	440	468	633	490	440	521	628	467	447	862	552	697	591	655	804				
Strasbourg	516	1109	238	915	1080	729	621	346	315	331	851	561	327	536	693	527	700	485	688	796	162	783	112	146	867	772	613	490	1191	932	819	1042	348	830	954	626	937	544			
Toulon	986	740	630	712	1333	1075	1128	502	826	931	1197	480	568	324	1039	1057	656	377	877	64	836	230	757	785	1036	150	773	837	638	379	781	1267	868	1031	894	972	1137	395	860		
Toulouse	849	294	790	245	867	802	991	662	787	918	882	369	728	531	857	920	303	537	672	401	996	241	917	945	569	562	576	700	193	206	492	801	837	677	428	790	779	431	1020	467	
Tours	386	540	514	346	469	234	529	445	394	456	361	336	420	558	301	457	221	454	81	739	563	677	641	513	199	898	115	238	540	797	103	423	375	219	237	275	326	474	721	803	589

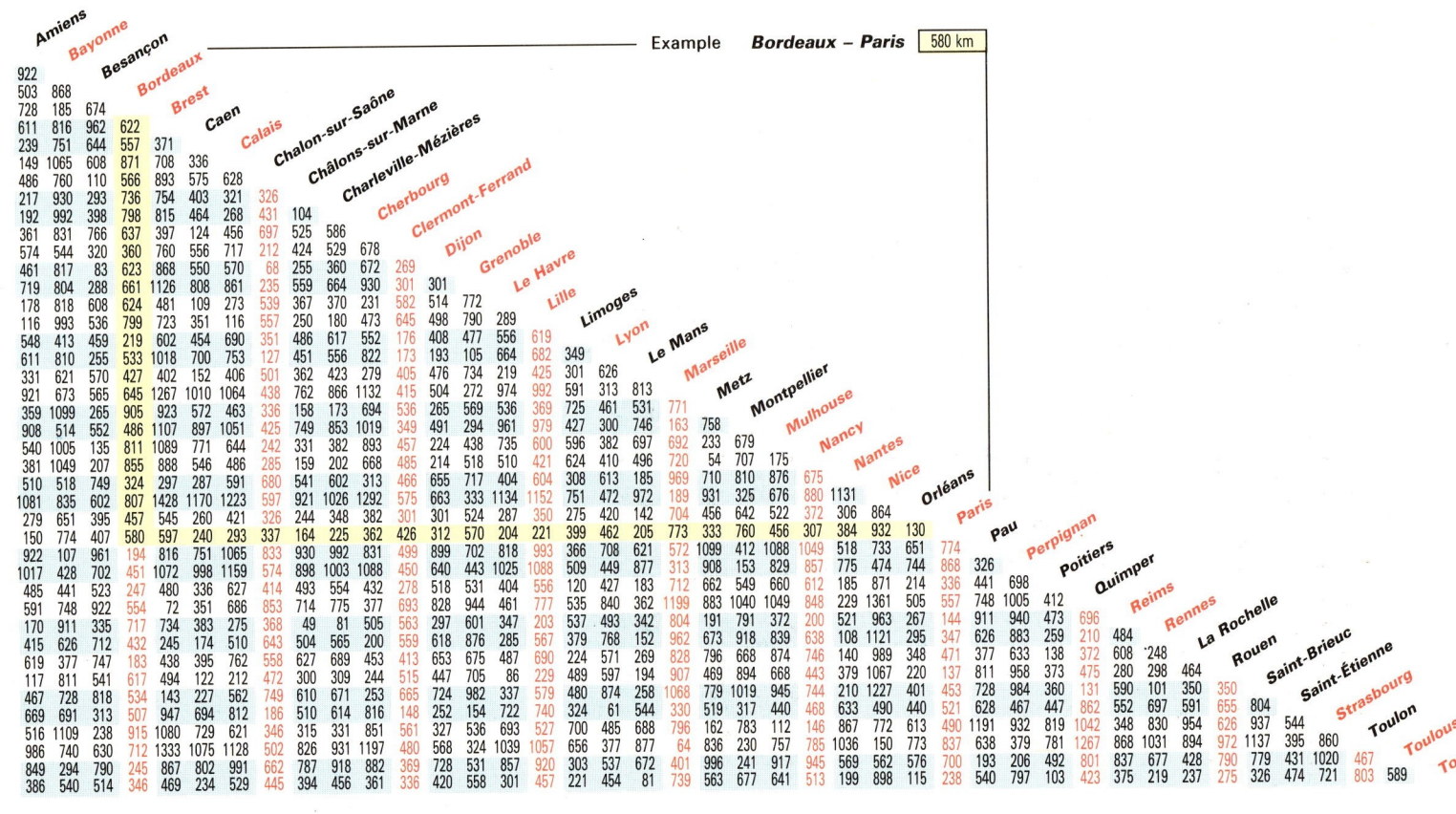